房地产开发经营业纳税评估模型的应用与操作实务（第二版）

上册

贾忠华 著

中国商业出版社

图书在版编目（CIP）数据

房地产开发经营业纳税评估模型的应用与操作实务：第二版：上下册／贾忠华著．—北京：中国商业出版社，2021.5

ISBN 978-7-5208-1591-8

Ⅰ.①房… Ⅱ.①贾… Ⅲ.①房地产业-税收管理-评估-中国 Ⅳ.①F812.423

中国版本图书馆 CIP 数据核字（2021）第 062423 号

责任编辑：刘毕林

中国商业出版社出版发行
010-63180647　www.c-cbook.com
（100053　北京广安门内报国寺 1 号）
新 华 书 店 经 销
北京中兴印刷有限公司印刷

* * *

787 毫米×1092 毫米　16 开　69.75 印张　1328 千字
2021 年 5 月第 1 版　2021 年 5 月第 1 次印刷
定价：186.00 元（上下册）

* * * *

（如有印装质量问题可更换）

序 言

房地产行业与相关产业关联度高、带动性强，与人民生活密切相关，不仅在整个国民经济中具有举足轻重的重要地位，也成为许多地区地方税收的支柱产业。房地产行业是一个非常特殊的行业，它牵涉到投资、策划、广告、销售、设计、施工、监理、物业、装饰、材料、商业等相关产业，工程周期长、关联环节多、经营结构复杂，是税收征管的难点和重点。

纳税评估是一项国际通行的税收征管制度，是税收风险应对的主要方法，是一项融管理与服务于一体的税收管理活动，对于促进纳税人税法遵从、堵塞征管漏洞具有重要作用。2005年3月，国家税务总局制定下发《纳税评估管理办法（试行）》以来，纳税评估工作已在全国广泛开展起来。尤其是近年来，各地在税源专业化管理试点中，普遍把纳税评估作为专业化管理的主要抓手，进行了积极有益的探索。在总结各地经验的基础上，2011年2月，国家税务总局编委会出版了《行业纳税评估模型及案例选编（1）》，其中，"房地产开发经营业纳税评估模型及案例"就是由贾忠华同志负责编写的。

贾忠华同志长期从事基层纳税评估、稽查等工作，具有丰富的实践经验；深入钻研税收相关理论知识，具有较强的综合分析能力。本书就是他总结多年开展房地产行业纳税评估丰富实践经验的结晶，既具有行业特点和专业知识，又逻辑严谨、通俗易懂，不失为一本开展房地产开发经营业纳税评估的指南和教材。

由于纳税评估在我国开展的时间还不长，在流程、制度、方法、手段等方面还有待进一步探索和完善。我希望借本书的出版，吸引更多的税务干部对这种探索、完善给予关注和参与，共同为这种探索、完善作出努力。

国家税务总局征管和科技司司长 李林军

二〇一二年三月

再版前言

我国的新冠肺炎疫情，终于在 2020 年 2 月 22 日出现明显好转：全国新增疑似病例 882 例和确诊病例 648 例（湖北省外是 18 例），首次同时降到三位数；包括北京在内 21 个省（自治区、直辖市）新增确诊病例为 0；第三个"十四天"周期已经过去 5 天了。

雨水已过，惊蛰将至，寒冬即将过去！

2012 年 7 月，我出版了第一本书《房地产开发经营纳税评估模型的应用与操作实务》，现在是第二版。此书的再版有几个原因：第一本书也是第一版，初出茅庐、初露头角，那时候就已经想着要再版，且不止一次；2016 年实施"营改增"，加之《中华人民共和国增值税法》现已征求完意见了，肯定需要再版；恰值新冠肺炎疫情暴发，难得有充足时间来完成第二版的编写和校订工作。

第二版在第一版大纲基础上进行了大幅增加，内容更全面、阐述更具体，实务性和可操作性也更强。以如何开展"房地产开发与经营业"行业纳税评估为例，本书全面阐述和探索了"**如何开展某一行业的行业纳税评估和税源专业化管理**"。本书适用范围：开展房地产开发与经营业的税源专业化管理、行业税收风险防控（纳税评估)、实施税务稽查和房地产企业纳税自查。适用对象：大企业税收风险分析、纳税评估、税务稽查检查、区（县）局和省市局各级风险防控（税源专业化管理）人员以及广大财税执业者。

需要说明的是，此书与《税源专业化管理》、《纳税评估理论与实务》（上下册）共同构成"甲行家税源管理丛书系列"。为了体现每套书的系统性和完整性，也便于各书之间更好的衔接，部分内容难免有所交叉或重复。

贾忠华

二〇二〇年二月二十二日

目 录（上册）

第一章 房地产开发经营业概述 ... 1
- 第一节 相关概念及经营特点 ... 1
- 第二节 房地产开发经营流程 ... 12
- 第三节 土地使用权的取得 ... 29
- 第四节 合作开发模式的会计核算及税务处理 ... 40
- 第五节 营改增若干问题的明确 ... 53
- 第六节 行业应缴纳税费汇总 ... 69

第二章 纳税评估概述 ... 84
- 第一节 纳税申报 ... 84
- 第二节 信息管税 ... 94
- 第三节 纳税评估 ... 104
- 第四节 纳税评估是管理行为 ... 112
- 第五节 工作流程及主要内容 ... 123
- 第六节 开展行业纳税评估流程 ... 131

第三章 收入优先原则 ... 147
- 第一节 应税收入与预缴税款 ... 147
- 第二节 房地产开发企业收入核算 ... 165
- 第三节 视同销售和价外费用 ... 183
- 第四节 增值税和差额征税 ... 204
- 第五节 成本和费用核算 ... 222
- 第六节 不征税收入和免税收入 ... 246

第四章　信息采集与确定评估对象 … 269

第一节　滚动开发与现金池业务 … 269
第二节　经营数据与涉税信息采集 … 280
第三节　项目税源信息采集 … 296
第四节　销售管理信息采集 … 311
第五节　确定纳税评估对象 … 328
第六节　税务风险与应对 … 343

第五章　纳税评估指标体系建设 … 360

第一节　纳税评估指标概述 … 360
第二节　房地产开发通用（财务）分析指标 … 370
第三节　房地产开发纳税评估指标 … 386
第四节　建立纳税评估指标体系 … 399
第五节　税负率不是评判指标 … 423
第六节　行业财务核算特点及主要内容 … 436

附件：

附件一：商品房开发工作流程 … 448

附件二：《商品房销售管理办法》中华人民共和国建设部令第 88 号 … 449

附件三：《城市商品房预售管理办法》中华人民共和国建设部令 … 455

附件四：《中华人民共和国城市房地产管理法》（2019 年修正） … 458

附件五：《城市房地产开发经营管理条例》中华人民共和国国务院令第 248 号 …… 466

附件六：《房屋建筑和市政基础设施工程施工分包管理办法》 … 470

附件七：《中华人民共和国企业法人登记管理条例施行细则》（2019 年修订版） …… 473

附件八：国家税务总局关于发布《纳税信用管理办法（试行）》的公告 …… 484

附件九：关于印发《关于对房地产领域相关失信责任主体实施联合惩戒的合作备忘录》的通知 … 489

附件十：《房屋建筑和市政基础设施项目工程总承包管理办法》 …… 498

附件十一：国家税务总局关于营改增后土地增值税若干征管规定的公告 …… 503

附件十二：财政部关于印发《增值税会计处理规定》的通知 …………… 505

附件十三：国家税务总局关于1元以下应纳税额和滞纳金处理问题的公告 … 512

附件十四：国家税务总局关于发布《房地产开发企业销售自行开发的
房地产项目增值税征收管理暂行办法》的公告 …………… 513

附件十五：国家税务总局关于发布《纳税人转让不动产增值税征收
管理暂行办法》的公告 ……………………………………… 517

附件十六：国家税务总局关于发布《纳税人提供不动产经营租赁服务增值税
征收管理暂行办法》的公告 ………………………………… 520

附件十七：最高人民法院关于虚开增值税专用发票定罪量刑标准
有关问题的通知（法〔2018〕226号） …………………… 523

附件十八：财政部、国家税务总局关于营业税若干政策问题的通知 …… 524

附件十九：财政部、国家税务总局关于明确金融、房地产开发、教育
辅助服务等增值税政策的通知 ……………………………… 529

附件二十：国家税务总局关于房地产开发企业土地增值税清算
涉及企业所得税退税有关问题的公告 ……………………… 532

附件二十一：国家税务总局关于纳税人转让不动产缴纳增值税
差额扣除有关问题的公告 ………………………………… 534

附件二十二：国家税务总局关于企业重组业务企业所得税
征收管理若干问题的公告 ………………………………… 535

附件二十三：《纳税评估理论与实务》简介 ……………………………… 539

第一章　房地产开发经营业概述

第一节　相关概念及经营特点

房地产业作为我国国民经济的重要组成部分，在国民经济体系中处于先导性、基础性、支柱产业的地位；特别是在推动城市建设、促进经济增长和提高居住生活水平等方面发挥着重大作用。按照国民经济行业分类国家标准（GB/T4754—2017）的划分，广义的房地产业包括房地产开发经营（K7010）、物业管理（K7020）、房地产中介服务（K7030）、房地产租赁经营（K7040）和其他房地产活动（K7090）。本书阐述的重点主要是从事房地产开发经营的房地产企业，即房地产业（大类）之房地产开发经营子行业（中类）。

进入21世纪以来，我国的房地产市场日趋火爆并成为国民经济增长的热点，房地产业直接拉动了国民生产总值的增长和带来的税收收入增长，成为原地税和地方财政收入的主要税源，在很多地区，甚至成为当地经济发展的支柱。简要回顾如下：

国民经济和社会发展统计数据表明，早在2009年，我国全年房地产开发投资就达36232亿元，比2008年增长16.1%，其中，北京市全年完成房地产开发投资2337.7亿元，比2008年增长22.5%；全年缴纳地方税费总额371.3亿元，占全市地税组织税收收入的21%。

随着房地产市场的持续升温，为促进房地产业持续健康发展，政府相应出台了一系列限制发展的措施，如限售、限价、限签、限贷等举措，房地产行业的发展有所放缓，地域差距也进一步扩大。

2017年，全国商品房销售面积为15.8亿平方米，同比增长7.9%。其中商品住宅销售面积13.2亿平方米，同比增长5.4%。价格方面，百城新建住宅均价环比涨幅持续回落，整体趋稳。三、四线城市在宽松的政策环境以及棚改货币化支持下，楼市全面回暖拉动全国销售面积上扬。

由于房地产业与金融业、商业关联度高，带动性强，又和人民生活密切相关，因此一直是国家宏观经济调控的重点，也是税收征管的重点和难点行业之一。如何加强对房地产开发经营业的税收管理，有效规范房地产开发经营业的纳税行为，全面提升行业纳税遵从度，将是今后一段时期实施税源专业化管理和税收风险管理的核心内容，任重道远。

一、相关概念

（一）行业相关概念

【房地产】 是指房屋财产和土地财产的总称，在经济学上被称为不动产。不动产是指不能移动，移动后会引起性质、形状改变的财产，包括房地产物、构筑物、土地及其他土地附着物，很多国家也将房地产称为物业。

【房地产业】 是指通过市场运营机制从事房地产投资、开发、建设、销售、出租、管理、服务、咨询等项目的产业，具体包括房地产开发经营（K7010）、物业管理（K7020）、房地产中介服务（K7030）、房地产租赁经营（K7040）和其他房地产活动（K7090）。

【房地产开发】 是指依据《中华人民共和国城市房地产管理法》（以下简称《城市房地产管理法》）的规定，在取得国有土地使用权的土地上进行基础设施、房屋建设的行为。房地产开发可分为土地开发和房屋开发。土地开发主要是指房屋建设的前期工作即基础设施建设，主要有两种情形：一是新区土地开发，即把"生地"变为"熟地"；二是旧城区改造或二次开发。房屋开发，就是房屋建设，包括住宅、商业用房等经营性建筑物、配套设施以及其他建筑物、附着物的建造等。

【房地产开发经营】 是指房地产开发经营企业在城市规划区内的国有土地上进行的基础设施建设、房屋建设，并转让房地产开发项目或者销售、出租商品房的行为。

根据《中华人民共和国城市房地产开发经营管理条例》（以下简称《城市房地产开发经营管理条例》）第二条的规定，房地产开发经营是房地产开发企业在城市规划区内国有土地上进行基础设施建设、房屋建设，并转让房地产开发项目或者销售、出租商品房的行为。因此房地产开发和房地产开发经营是有区别的，两者对主体的资质要求是不同的。前者不一定要求具有房地产开发经营资格，如有国有土地使用权的企业自建房；而后者就要求具有房地产开发经营资格。

【销售不动产】 按照国家税务总局的《营业税税目注释》（试行稿）中的具体解释：销售不动产是指有偿转让不动产所有权的行为，适用税率为5%。本税目的征收范围包括：销售建筑物或构筑物，销售其他土地附着物。

1. 销售建筑物或构筑物

是指有偿转让建筑物或构筑物的所有权的行为。以转让有限产权或永久使用权方式销售建筑物，视同销售建筑物。

2. 销售其他土地附着物

是指有偿转让其他土地附着物的所有权的行为。其他土地附着物，是指建筑物或构筑物以外的其他附着于土地的不动产。

单位将不动产无偿赠与他人，视同销售不动产。在销售不动产时连同不动产所占土地的使用权一并转让的行为，比照销售不动产征税。以不动产投资入股，参与接受投资方利润分配、共同承担投资风险的行为，不征营业税。但转让该项股权，应按本税目征税。

不动产租赁，不按本税目征税。"营业税改征增值税"（以下简称"营改增"）后只是适用税率发生变化，其他没有变化。

【资质等级】按照《城市房地产开发经营管理条例》第五条的规定，设立房地产开发企业，除应当符合有关法律、行政法规规定的企业设立条件外，还应当具备下列条件：（一）有100万元以上的注册资本；（二）有4名以上持有资格证书的房地产专业、建筑工程专业的专职技术人员，2名以上持有资格证书的专职会计人员。省、自治区、直辖市人民政府可对设立房地产开发企业的注册资本和专业技术人员的条件作出高于前款的规定。《房地产开发企业资质管理规定》对我国房地产开发企业划分了5个资质等级：注册资本分别为2000万元、1000万元、500万元、200万元、100万元，其中一、二、三级开发企业三年内开发面积分别达到30万平方米、15万平方米、5万平方米。

开发资质的适用范围：

房地产开发企业应该按照其核定的资质等级条件承担相应的房地产开发项目。一级资质房地产开发企业可承担建筑面积在20万平方米以上居住区的开发建设任务，以及其他与其投资能力相当的房地产开发建设任务。技术复杂程度不受限制，经批准可以承担专门的土地开发任务。二级资质房地产开发企业可承担建筑面积在20万平方米以上居住区的开发建设任务，以及其他与其投资能力相当的房地产开发建设任务。原则上不得承担专门的土地开发任务和技术要求特别高的建筑项目。三级资质房地产开发企业可承担建筑面积在12万平方米以上居住区的开发建设任务，以及其他与其投资能力相当的房地产开发建设任务，但不得承担含有12层以上、跨度超过24米的建筑项目。

（二）各种面积概念、测算标准及公摊计算

【建筑面积】是指房屋外墙（柱）勒脚以上各层的外围水平投影面积，包括阳台、挑廊、地下室、室外楼梯等，且具备有上盖，结构牢固，层高2.20米以上（含2.20米）的永久性建筑。具体可划分为计算全部建筑面积的范围、计算一半建筑面积的范围和不计算建筑面积的范围。

1. 计算全部建筑面积的范围

永久性结构的单层房屋，按一层计算建筑面积；多层房屋按各层建筑面积的总和计算。房屋内的夹层、插层、技术层及其梯间、电梯间等高度在2.20米以上部位计算建筑面积。穿过房屋的通道，房屋内的门厅、大厅，均按一层计算面积。门厅、大厅内的回廊部分，层高在2.20米以上的，按其水平投影面积计算。

楼梯间、电梯（观光梯）井、提物井、垃圾道、管道井等均按房屋自然层计算面积。房屋天面上，属永久性建筑，层高在2.20米以上的楼梯间、水箱间、电梯机房及斜面结构屋顶高度在2.20米以上的部位，按其外围水平投影面积来计算。挑楼、全封闭阳台，按其外围水平投影面积来计算。

2. 计算一半建筑面积的范围

与房屋相连的有上盖无柱的走廊、檐廊，按其围护结构外围水平投影面积的一半计算。

独立柱、单排柱的门廊、车棚、货棚等属永久性建筑的，按其上盖水平投影面积的一半计算。未封闭的阳台、挑廊，按其围护结构的外围水平投影面积的一半计算。无顶盖的室外楼梯，按各层水平投影面积的一半计算。有顶盖不封闭的永久性的架空通廊，按外围水平投影面积的一半计算建筑面积。

3. 不计算建筑面积的范围

整体建筑中层高小于2.20米以下的夹层、插层、技术层和层高小于2.20米的地下室和半地下室不计算建筑面积。

突出房屋墙面的构件、配件、装饰柱、装饰性的玻璃幕墙、垛、勒脚、台阶、无柱雨篷等。房屋之间无上盖的架空通廊。房屋的天面、挑台、天面上的花园、泳池。建筑物内的操作平台、上料平台及利用建筑物的空间安置箱、罐的平台。骑楼、过街楼的底层，用作道路街巷通行的部分。

【共有建筑面积】是指各产权主共同占有或共同使用的建筑面积。主要包括：电梯井、管道井、楼梯间、垃圾道、变电室、设备间、公共门厅、过道、地下室、值班警卫室等，以及为整幢建筑物服务的公共用房和管理用房的建筑面积，以水平投影面积计算。共有建筑面积还包括套与公共建筑之间的分隔墙，以及外墙（包括山墙）水平投影面积一半的建筑面积。独立使用的地下室、车棚、车库，为多幢服务的警卫室、管理用房，作为人防工程的地下室都不计入共有建筑面积。

共有建筑面积的计算方法：整幢建筑物的建筑面积扣除整幢建筑物各套的套内建筑面积之和，并扣除已作为独立使用的地下室、车棚、车库、为多幢服务的警卫室、管理用房以及人防工程等建筑面积，即为整幢建筑物的共有建筑面积。共有建筑面积的分摊方法如下：

1. 住宅楼共有建筑面积的分摊方法：住宅楼以幢为单元，根据各套房屋的套内建筑面积，求得各套房屋分摊所得的共有建筑分摊面积。

2. 商住楼共有建筑面积的分摊方法：首先根据住宅和商业的不同使用功能，按各自的建筑面积将全幢的共有建筑面积分摊成住宅和商业两部分，即住宅部分分摊得到的全幢共有建筑面积和商业部分分摊得到的全幢共有建筑面积。然后将住宅和商业部分各自的分摊面积再做分摊。

住宅部分：将分摊得到的全幢共有建筑面积，加上住宅部分本身的共有建筑面积，按各套内的建筑面积分摊计算各套房屋的分摊面积。商业部分：将分摊得到的全幢共有建筑面积，加上本身的共有建筑面积，按各层套内的建筑面积依比例分摊至各层，作为各层共有建筑面积的一部分，加至各层的共有建筑面积中，得到各层总的共有建筑面积，然后再根据层内各套房屋的套内建筑面积按比例分摊至各套，求出各套房屋分摊得到的共有建筑面积。

3. 多功能综合楼共有建筑面积的分摊方法：多功能综合楼共有建筑面积按照各自的功能，参照商住楼的分摊计算方法进行分摊。

【房屋的使用面积】是指房屋户内全部可供使用的空间，按房屋的内墙面水平投影面积计算。

【房屋的产权面积】是指产权主依法拥有房屋所有权的房屋建筑面积。房屋产权面积由直辖市、市、县房地产行政主管部门登记确权认定。销售面积最终以产权面积为准，包括"套"或"单元"建筑面积与分摊的共有建筑面积之和。

按现行规定，与住房或商业用房不在同一建筑体内的建筑面积，不得作为公摊面积分摊，即独立成体的社区用房、物业用房、空调机房、配电用房、地下人防设施、网球场、幼儿园、游泳池和菜市场等公建配套设施，不得作为公摊面积分摊。因此，可售面积一般少于建筑面积。建筑面积在工程竣工验收时就可以确认，但产权面积要以最后房管部门认可的测绘面积为准。

《中华人民共和国民法典》明确规定：建筑区划内，规划用于停放汽车的车位、车库应当首先满足业主的需要，其归属由当事人通过出售、附赠或出租等方式约定。占用业主共有的道路或其他场地用于停放汽车的车位，是属于全体业主共有的。

另外，《城市商品房预售管理办法》规定：按套内建筑面积或者建筑面积计价的，当事人应当在合同中载明合同约定面积与产权登记面积发生误差的处理方式。合同未作约定的，按以下原则处理：

（一）面积误差比绝对值在3%以内（含3%）的，据实结算房价款；（二）面积误差比绝对值超出3%时，买受人有权退房。买受人退房的，房地产开发企业应当在买受人提出退房之日起30日内将买受人已付房价款退还给买受人，同时支付已付房价款利息。买受人不退房的，产权登记面积大于合同约定面积时，面积误差比在3%以内（含3%）部分的房价款由买受人补足；超出3%部分的房价款由房地产开发企业承担，产权归买受人。产权登记面积小于合同约定面积时，面积误差比绝对值在3%以内（含3%）部分的房价款由房地产开发企业返还买受人；绝对值超出3%部分的房价款由房地产开发企业双倍返还买受人。

（三）财税相关概念

【数学模型】是指对于现实世界的某一特定对象，为了某个特定的目的，做出一些必要的简化和假设，运用适当的数学工具得到一个数学结构。纳税评估数学模型就是针对纳税评估工作过程中实际问题的一种抽象，基于数学理论和方法，用数学符号、数学关系式、数学命题、图形图表等来刻画被评估对象的纳税遵从度与其内在联系的模型。

【纳税评估模型】是针对纳税评估工作过程中实际问题的一种抽象，基于数学理论和方法，用数学符号、数学关系式、数学命题、图形图表等来刻画被评估对象的纳税遵从度与其内在联系的模型。

【房地产开发经营业纳税评估】是指税务部门根据纳税申报资料以及所掌握的相关涉税信息，通过特定的程序和方法，对从事房地产开发经营（K7010）的纳税人在一定期间内履行纳税义务、扣缴义务的真实性、准确性、合法性进行系统的综合评定，并对一般涉税问题进行处理的工作过程。特别提示，不包括物业管理（K7020）、房地产中介服务（K7030）、房地产租赁经营（K7040）和其他房地产活动（K7090）。

二、经营范围、盈利模式及主要特点

（一）经营范围及分类

目前，房地产开发经营业的经营范围主要有：房地产开发、建造、销售、出租和管理其自建商品房及配套设施。

在《中华人民共和国城市规划法》中明确规定："统一规划、合理布局、因地制宜、综合开发、配套建设"是中国城市建设的基本方针，其本质特点就体现在"综合"和"配套"上。所谓综合是指对地下设施，如给水、排水、供电、供热、煤气、通信等设施进行综合开发；配套则指对住宅、工商业用房、文教卫生设施、园林绿化、道路交通及其他公用设施进行配套建设，保证城市的生产、生活、服务和文化设施的协调发展，提高城市的整体功能。按照不同的划分标准，房地产开发经营分为四种类型。

1. 根据开发深度的不同，分为土地开发和房屋开发

土地开发是将生地变为"三通一平"或"七通一平"的熟地开发；房屋开发则在"熟地"的基础上进行房屋建设的开发活动。土地一级开发，是指土地储备机构按规定确定土地一级开发单位，依照土地利用总体规划和城市规划，对国有土地、集体土地依法实施拆迁、收回、征收和市政基础设施建设，达到土地供应条件的行为。

2. 根据开发建设项目所处位置和建设内容的不同，分为新区开发和旧城改造，简称为新开发和再开发

新开发是城市的外延和扩展，城市新区房地产开发具有拆迁量小，但配套设施建设投资大的特点；再开发则是对原有城市功能的改造和扩充，涉及拆迁安置改造等环节，程序更为复杂，具有地价高、拆迁量大、开发难度大等特点。

3. 根据投资方式不同，分为独立建房、联合开发和合作建房

独立建房是由房地产开发企业独家出资、自负盈亏，独自组织完成征地拆迁、规划设计、建设销售等全部开发过程；联合开发是几家开发企业共同出资开发商品房，并按投资比例共同承担风险，共同分享盈亏的开发方式；合作建房是一方出地、另一方出资，按协商的比例分配开发商品房或进行利润分成的开发方式。

4. 根据开发建设项目的使用功能不同，可分为普通住宅（含经济适用房）、公寓、别墅、商用、写字楼等多种开发形式

（二）盈利模式

根据房地产开发经营的增值方式的不同，盈利模式主要划分为六种：综合运作型、地产开发型、房产开发型、物业持有型、整合销售型和金融投资型。

1. 综合运作型：从土地获取到物业开发及销售全程参与自行开发，通过销售回收投资。盈利特性：盈利包括土地增值，策划增值，工程建造增值，营销策划增值。

2. 地产开发型：以经营土地为主，通过规划，成片出让，同时与开发结合。盈利特性：通过土地运作实现盈利，收益巨大。

3. 房产开发型：进行房产开发，通过销售回收投资。盈利特性：通过房屋建设销售实现盈利，物业设计及成本控制对利润有较大影响。

4. 物业持有型：物业开发后自行持有，通过物业经营回收投资。盈利特性：随物业开发逐渐提升，总体较为稳定。

5. 整合销售型：通过全程策划和市场营销提升房地产市场价值，实现销售利润回收。盈利特性：总体收益较高，但阶段性强，如项目分配合理可形成较稳定的现金流。

6. 金融投资型：从资本角度涉足于房地产开发各个环节，通过开发外包与概念提升相结合，注重资产增值与现金回收。盈利特性：盈利来源贯穿房地产产业链各环节，通过开发外包与概念提升相结合，注重资产增值与现金回收。

（三）行业经营特点

与其他商品相比，房地产有其特有的性质，如固定性（不可移动）、永久性（使用年限长）、完整性（每套产品都有一套完整的档案资料）和价值高等。就投资角度而言，从事房地产开发经营呈现以下特点。

1. 生产周期长，经营业务复杂

从一个项目的立项、审批、施工到完成房屋销售、入住及整个项目清算，往往需

要 3~5 年或更长时间，生产周期长；开发经营业务复杂，一项经营业务囊括了征地、拆迁、勘察、设计、施工、销售、售后服务等过程。

2. 资金密集型产业，对金融机构依赖程度大

由于房地产开发投资金额巨大，经营过程中资产负债率高，前期投入大，资金压力大，大多数开发企业都选择向金融机构融资方式募集资金。根据国家统计局发布的数据，通常房地产行业平均资产负债率达到 70%以上，比工业企业高出近 20 个百分点。

3. 市场具有地区性、分散性和差异性

房地产市场具有较强的地区性特征，不同的城市之间、同一城市的不同地段之间的住房需求和价格水平都有明显的差异；整个房地产市场是由许多分散在各地的地方市场所组成，各个市场大多自成体系，具有明显的分散性；房地产市场的不完全竞争，使得市场价格的可比性不强。

4. 产品价值实现方式存在多样性

开发的商品房的产品价值实现方式很多，如：销售、出租、投资等，一般按分户分套分割销售，并且可以预售，同时购房者相当一部分是个人，会存在大量现金交易。

5. 全面涉及各项税费，税收收入不均衡

在日常经营过程涉及绝大多数税费，其中，在"土地取得与开发和项目设计施工"阶段的涉税事项和缴纳税种较少，主要集中在"房屋销（预）售和租售管理"阶段。

三、拿地——土地使用权的划拨、出让与转让

在我国，土地是属于国家所有的，土地使用权是指依法对国有土地或农民集体土地所享有的占有、收益、利用和有限处分的权利。

（一）土地使用权划拨

土地使用权划拨是指县级以上人民政府依法批准，在土地使用者缴纳补偿、安置等费用后将该幅土地交付其使用，或者将土地使用权无偿交付给土地使用者使用的行为。划拨土地使用权的条件是：国家机关用地和军事用地；城市基础设施用地和公益事业用地；国家重点扶持的能源、交通、水利等项目用地；法律、行政法规规定的其他用地。老国有企业的原有用地一般属政府划拨范围。

以划拨方式取得土地使用权的，转让房地产时，应当按照国务院规定，报有批准权的人民政府审批。有批准权的人民政府准予转让的，应当由受让方办理土地使用权出让手续，并依照国家有关规定缴纳土地使用权出让金。有批准权的人民政府按照国务院规定决定可以不办理土地使用权出让手续的，转让方应当按照国务院规定将转让房地产所获收益中的土地收益上缴国家或者作其他处理。

（二）土地使用权出让

土地使用权出让是指国家将国有土地使用权在一定年限内出让给土地使用者，由土地使用者向国家支付土地使用权出让金的行为。城市规划区内的集体所有土地，经依法征用转为国有土地后，该幅国有土地的使用权可以有偿转让。土地使用权出让，可以采取拍卖、招标或者双方协议的方式。2002年7月1日起施行的《招标拍卖挂牌出让国有土地使用权规定》（原国土资源部令第11号）明确规定：商业、旅游、娱乐和商品住宅等各类经营性用地，必须以招标、拍卖或者挂牌方式出让，商业、旅游、娱乐和商品住宅以外用途的土地的供地计划公布后，同一宗地有两个以上的意向用地者的，也应当采用招标、拍卖或者挂牌方式出让。

土地使用权出让年限：居住用地70年，工业用地50年，教育、科技、文化、卫生、体育用地50年，商业、旅游、娱乐用地40年，综合用地或者其他用地50年。

按照《中华人民共和国城市房地产管理法》规定，以出让方式取得土地使用权进行房地产开发的，必须按照土地使用权出让合同约定的土地用途、动工开发期限开发土地。超过出让合同约定的动工开发日期满一年未动工开发的，可以征收相当于土地使用权出让金百分之二十以下的土地闲置费；满二年未动工开发的，可以无偿收回土地使用权；但是，因不可抗力或者政府、政府有关部门的行为或者动工开发必需的前期工作造成动工开发迟延的除外。

（三）土地使用权转让

土地使用权转让是指经出让方式获得土地使用权的土地使用者，通过买卖、赠与、交换或者其他方式将土地使用权再转移的行为。

以出让方式取得土地使用权的，转让房地产时，应当符合下列条件：按照出让合同约定已经支付全部土地使用权出让金，并取得土地使用权证书；按照出让合同约定进行投资开发，属于房屋建设工程的，完成开发投资总额的百分之二十五以上，属于成片开发土地的，形成工业用地或者其他建设用地条件。转让房地产时房屋已经建成的，还应当持有房屋所有权证书。

房地产转让，应当签订书面转让合同，合同中应当载明土地使用权取得的方式。以出让方式取得土地使用权的，转让房地产后，其土地使用权的使用年限为原土地使用权出让合同约定的使用年限减去原土地使用者已经使用年限后的剩余年限。

以出让方式取得土地使用权的，转让房地产后，受让人改变原土地使用权出让合同约定的土地用途的，必须取得原出让方和市、县人民政府城市规划行政主管部门的同意，签订土地使用权出让合同变更协议或者重新签订土地使用权出让合同，相应调整土地使用权出让金。

房地产开发经营的拿地主要是通过出让和转让两种方式，还有一种情况就是合作建房，相关内容将在本书的本章第四节"合作开发模式的会计核算及税务处理"中详细阐述。

四、商品房销售模式

（一）价格机制

开发商品的出售价格,包括总成本和利润两个主要组成部分。

1. 总成本是指在"房地"产商品开发和流通过程中所投入的总费用,主要包括房屋建筑造价和"房地"产商品的流通费用。

（1）房屋建筑造价是形成"房地"产出售价格的基础,包括:①基地价格。通常是熟地的价格。如果购买的不是熟地,则基地价格可以细分为基地开发费、动迁用房建筑安装工程费等。②勘察设计费。包括勘测钻探费和设计费。③房屋建筑安装工程费。④共建配套费。指在街坊范围内,按有关市政公用设施配套标准所支付的供水、电、气、通信、排污、排水、道路、绿化等费用。⑤管理费。建设过程中支付的管理费用,包括开发公司职工工资、办公费等。⑥贷款利息。指房地产企业在开发经营过程中使用外部资金所支付的利息费用。⑦税(费)。房地产企业交纳的各种税费,如契税、土地增值税、城市维护建设税和上缴行政管理费用等等。

（2）流通费用是商品在流通领域中所耗费的一切物化劳动、活劳动的货币表现。如房屋竣工后、出售前发生的管理费、看守费、销售人员的工资、办公费等。

2. 利润是指房地产开发经营企业的投资收益。

利润量的大小通常取决于总成本和社会平均利润率,计算公式为:

$$利润 = 总成本 \times 社会平均利润率$$

"房地产"商品价格的构成,除了上述房屋建筑造价、流通费用和利润三大主要因素之外,还有一些其他因素:

房屋装修。房屋装修标准的高低不同,价格不同,装修标准超过同类房屋的标准时,通常可以在原价上增5%~15%。

房屋设备及附属设施。房屋设备的好坏不同,价格不同,附属设施的完善与否,价格不同。

地段、层次、朝向增减因素。一般通过在原价基础上确定的增减率来综合处理地段、层次和朝向三因素对价格的影响。

（二）预售许可证制度

根据我国《城市房地产管理法》、《城市房地产开发经营管理条例》及《城市商品房预售管理办法》的规定,商品房预售应当符合下列条件:

1. 已交付全部土地使用权出让金,取得土地使用权证书;

2. 持有建设工程规划许可证;

3. 按提供预售的商品房计算,投入开发建设的资金达到工程建设总投资的百分之二十五以上，并已经确定施工进度和竣工交付日期。

开发企业申请办理《商品房预售许可证》应当提交下列证件（复印件）及资料：

1. 上述1、2、3项规定的证明材料；
2. 开发企业的《营业执照》和资质等级证书；
3. 工程施工合同；
4. 商品房预售方案。预售方案应当说明商品房的位置、装修标准、竣工交付日期、预售总面积、交付使用后的物业管理等内容，并应当附商品房预售总平面图、分层平面图。

（三）销售模式

一般情况下，商品房的销售分为自销、代销和包销三种模式。

1. 自销模式

自销是指开发商通过自己的售楼处进行的对外销售。在自销模式下，商品房不经过任何中介直接从开发商销售给业主。此种销售模式具有销售费用低、易于管理和控制的特点。

2. 代销模式

代销是指开发商与房地产代销商签订商品房代销合同，约定在一定时期内，将商品房委托代理商以开发商的名义与买受人签订商品房买卖合同，代理商根据合同约定与开发商结算代理佣金。此种销售模式能够充分发挥开发商和销售商的专业特长，节约人力和精力。但是会加大销售费用，而且未能售出的商品房的风险仍由开发商承担。

3. 包销模式

包销是指开发商与包销人签订商品房包销合同，约定在包销期内，开发商将一定数量的（已建成的或未建成的）商品房，在确定包销基价的前提下，交由包销人以开发商的名义与买受人签订商品房买卖合同，包销期限届满，包销人与开发商根据实际销售情况结算包销佣金，并由包销人以约定的包销基价买入未出售的剩余商品房。此种销售模式具有职责分离、风险分担的特点，开发商将商品房采取基价卖断的方式转移给销售商，可以降低开发产品积压风险，但是增加销售费用，降低利润。

（四）销售渠道

因为销售模式的不同，房地产的销售渠道主要有直接销售和间接销售两种。

1. 直接销售渠道

房地产开发企业自己承担全部流通职能，直接将房地产商品销售给顾客，是目前房地产最主要的营销渠道。

直接销售的优势：（1）房地产发展商控制开发经营全过程，可以避免某些素质较低代理商介入造成的营销短期行为；（2）产销直接见面，便于房地产发展商直接了解顾客需求、购买特点及变化趋势，由此可较快调整楼盘的各种功能。

直接销售的劣势：（1）房地产商直接销售，难以汇集营销方面确有专长的人才，难以形成营销专业优势，从而影响营销业绩提升；（2）房地产发展商直接销售，会分散企业人力、物力、财力，分散企业决策层精力，可能使企业顾此失彼，生产和销售两头都受影响。

2. 间接销售渠道

房地产发展商把自己开发的产品委托给中介如房地产代销商销售。

间接销售的优势：（1）有利于发挥营销专业特长。房地产中间商如代理商往往集中了市场调研、广告文案设计、现场销售接待等各方面的营销人才，便于从专业上保证房地产商开发的房地产商品销售成功；（2）有利于房地产商集中精力，缓解人力、物力、财力的不足，重点进行开发、工程方面的工作。

间接销售的劣势：中国目前房地产中间商良莠不齐，专业素养和职业道德水准差异很大，可能增加地产商的时间成本，减少项目开发利润。

第二节 房地产开发经营流程

房地产业是税源管理的重点行业，其中开发经营业是重点中的重点，也是难点中的难点。全面加强对房地产开发经营业的管理，对税务干部的业务水平有较高的要求。只有深入掌握行业经营流程，熟悉行业经营过程中的"物资流"、"资金流"和"信息流"才能有效提高税源专业化管理水平。通常，一个完整的房地产项目从开始立项到竣工一般包括前期准备、建设施工、预售及产权转移、租售管理等各个阶段。

本节分别从行政审批、项目开发和财税管理三个不同角度，分别解析每个项目的房地产开发经营流程：一是行政审批须经历5个审批环节，即：项目立项、规划审批、施工审批、销售审批和产权登记；二是一个房地产项目的开发流程包括8个经营阶段：项目设想及可行性研究、项目立项及企业审批、项目规划、土地使用权取得、征地与拆迁、工程建设、房地产经营和物业管理；三是实施税源专业化管理和税收风险防控的4个管理阶段：土地取得与前期开发、项目设计施工、房屋销（预）售和租售管理。

一、项目开发经营流程之行政审批

一般情况下，从行政审批角度，房地产项目从开始到竣工，须经历5个审批环节：项目立项、规划审批、施工审批、销售审批、产权登记。

（一）土地使用权的取得与项目立项

1. 土地使用权的取得

根据原国土资源部《招标拍卖挂牌出让国有土地使用权规定》的规定，2002年7

月1日以后，对各类经营性用地，必须以招标、拍卖或挂牌方式取得。中国房地产开发用地主要通过有偿方式取得，开发企业需履行"招、拍、挂"出让程序取得国有建设用地（微利开发项目也可以通过协议出让方式获取土地、保障性住房用地通过划拨方式获取）。主要流程如下：

通过招拍挂的方式进行土地竞标，签订成交确认书，与国土资源管理局签订土地出让合同，缴纳土地出让金，缴纳契税、耕地占用税后，由国土资源局下发国有土地使用权证书（如图1-1）。

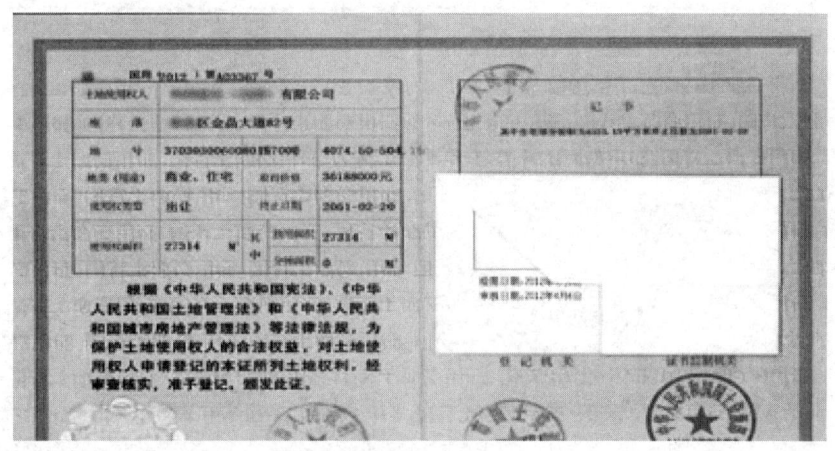

图1-1 国有土地使用权证

2. 开发项目立项

首先需要向发改委或房地产开发管理办公室报送项目建议书，取得批准项目建议书的批复，依据项目建议书的批复编制可行性研究报告报发改委审批获准，并列入年度固定资产投资计划。

目前，国家发改委对房地产项目立项审批制度已改为备案制。开发企业需提交项目申请报告、相应开发资质的营业执照、资信证明、工程招标方案、项目用地预审意见书等材料向发改委进行项目备案。

（二）项目规划审批

房地产企业必须向规划部门办理项目规划的申报手续，在取得"两证一书"即建设用地规划许可证、建设工程规划许可证和审定设计方案通知书后，方可开工。房地产建设项目的规划行政许可程序，主要分为两个阶段：第一阶段为规划方案审批及办理《建设用地规划许可证》（如图1-2）；第二阶段为施工图审查及办理《建设工程规划许可证》（如图1-3）。具体事项如下：

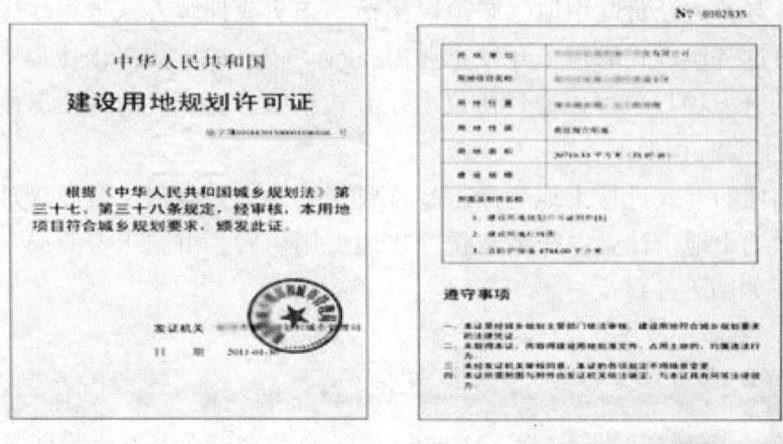

图 1-2　建设用地规划许可证

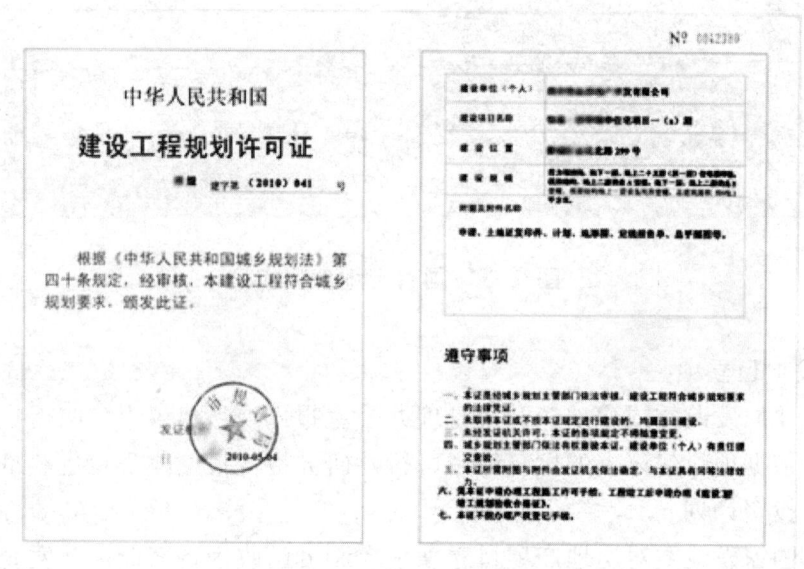

图 1-3　建设工程规划许可证

1. 委托有资质单位编制环境影响评估报告，办理环境影响评价审批意见书、地震安全性评价意见、文物保护审批意见、水土保持方案审批意见等前置批准文件。

2. 根据规划设计条件，房地产企业委托设计单位进行规划方案设计。获得规划部门、消防部门的总平方案审批，办理选址意见书及总平图（红线图）。

3. 房地产企业提交建设用地规划证申报表、建设项目有效计划批准文件，项目选址意见书，已批准的总平面图（红线图）、规划设计条件及附图、土地出让（转让）合同或划拨土地证明等材料，向规划部门申领《建设用地规划许可证》。

4. 委托地质勘探，设计单位深化设计提交施工图，办理人防审核、消防审核等图纸审查，规划部门对施工图进行审查，并核发《建设工程规划许可证》。

（三）建设施工审批

根据前期审批的规划设计图纸和文件，通过招投标程序选择施工承包单位（承包方式主要有包工包料和包工不包料两种），到建设主管部门办理《建筑工程施工许可证》（如图1-4），施工承包单位进场施工。主要流程如下：

1. 房地产企业对项目工程进行发包，确定施工单位，签订建筑工程施工承包合同。
2. 选择工程监理公司，办理工程建设质量监督注册手续，办理施工报建手续。
3. 建设主管部门对工程开工条件进行审查，核发《建筑工程施工许可证》。
4. 与"四源"供应单位（自来水、煤气、供热、污水处理）签订协议，按规定支付有关费用。
5. 具备施工条件后由工程监理公司签发开工令，项目开始施工。
6. 项目竣工后，报请有关部门进行综合验收，建筑工程质量监督部门负责对房地产企业提供的竣工验收报告进行备案审查，出具建设工程项目竣工综合验收备案证明即《工程竣工验收备案表》。

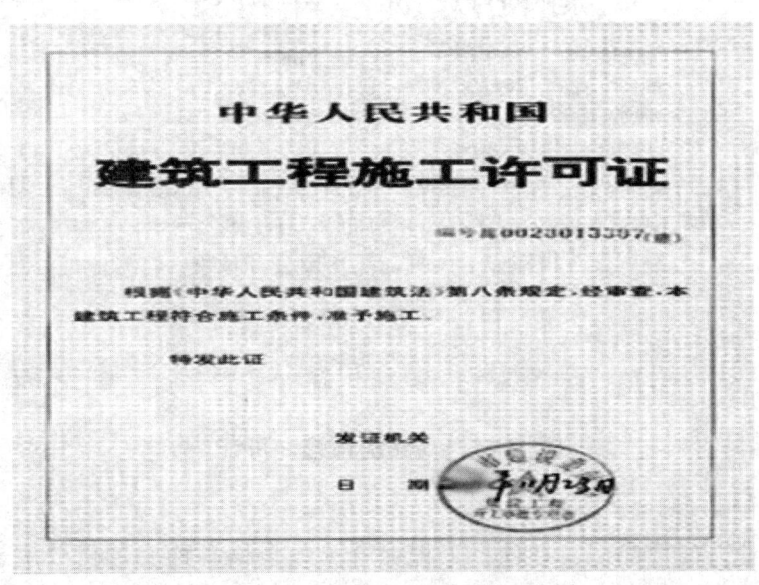

图1-4 建筑工程施工许可证

（四）商品房预售

商品房销售按产品完工程度分商品房预售和商品房现售。商品房预售是房地产企业将正在建设中的商品房预先出售给买受人，由买受人交付定金或者房价款；商品房现售是房地产企业将竣工验收合格的商品房出售给买受人，由买受人交付定金或者房价款。商品房预售是房地产企业常用的销售方式。房地产企业采用商品房预售，应当向房地产管理部门办理预售登记，核发《商品房预售许可证》（如图1-5）。申请办理《商品房预售许可证》应当提交下列证件（复印件）及资料：

1. 证明材料包括：（1）已交付全部土地使用权出让金，取得土地使用权证书；（2）持有建设工程规划许可证和施工许可证；（3）按提供预售的商品房计算，投入开发建设的资金达到工程建设总投资的25%以上，并已经确定施工进度和竣工交付日期。
2. 房地产企业的《企业法人营业执照》和开发资质等级证书。
3. 工程施工承包合同。
4. 商品房预售方案。预售方案应当说明商品房的位置、装修标准、竣工交付日期、预售总面积、交付使用后的物业管理等内容，并应当附商品房预售总平面图、分层平面图。

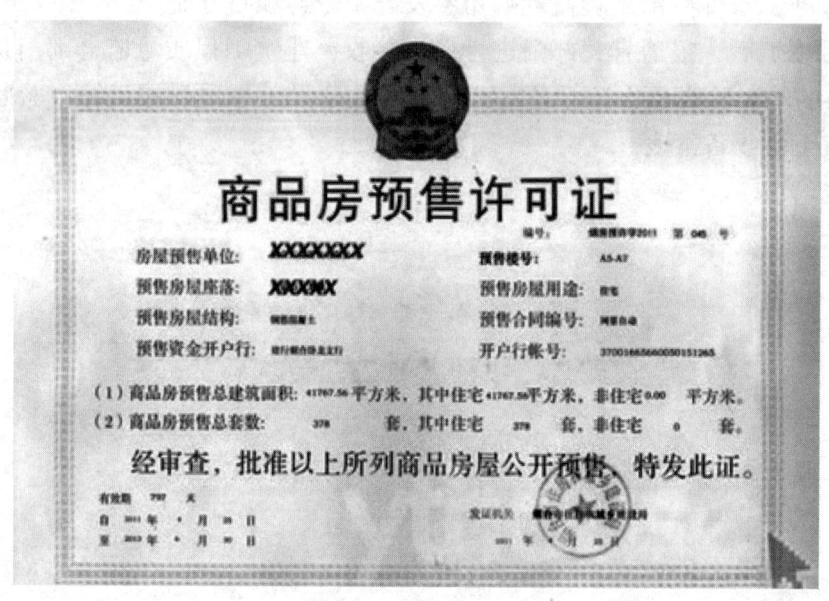

图1-5 商品房预售许可证

（五）产权登记

房地产企业开发商品房，在项目工程综合验收合格、购房者付清房款后交付商品房时需向购房者提供《住宅质量保证书》和《住宅使用说明书》进行产权转移，并按照规定向房产管理部门办理新建商品房所有权初始登记（大产权证）以及为购房者办理分户房屋产权登记证（房本）。

办理新建商品房所有权初始登记（大产权证）时，房地产企业应提交材料：（1）申请书；（2）企业法人营业执照；（3）用地证明文件或者土地使用权证；（4）建设用地规划许可证；（5）建设工程规划许可证；（6）施工许可证；（7）房屋竣工验收资料；(8)房屋测绘成果；(9)根据有关规定应当提交的其他文件。房产管理部门受理后查验提交的文件，核实后登记入册建档并颁发房屋产权证。

特别强调，全国各地房地产开发流程不尽一致，同一业务办理机构名称也不尽相同。但其主要的审批部门和审批成果基本一致。

下面是各审批环节的主要流程及涉税信息：

房地产企业开发审批流程及涉税信息

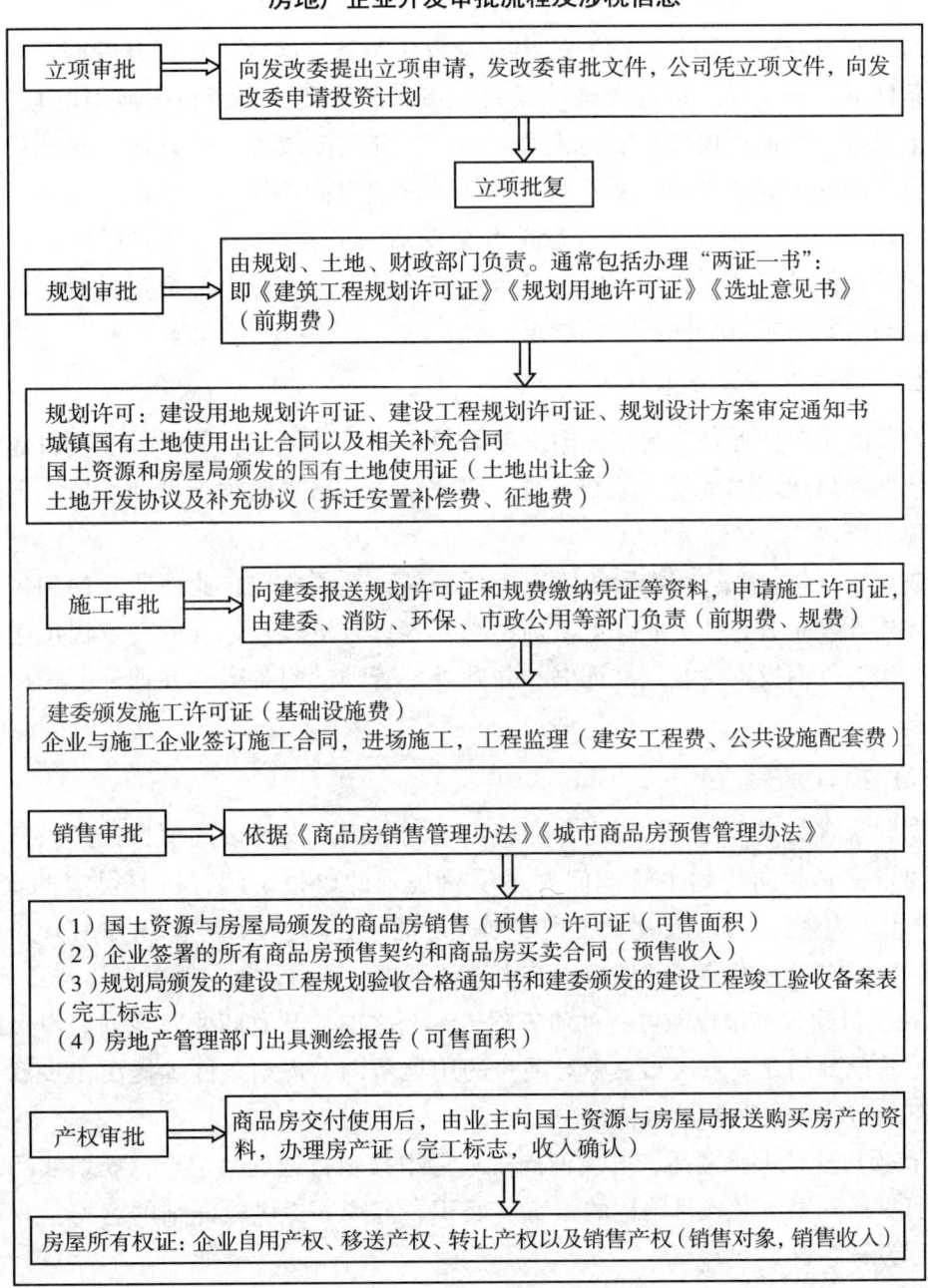

二、项目开发经营流程之项目实施

一个房地产项目的开发经营流程,大体上包括8个阶段:项目设想及可行性研究、项目立项及企业审批、项目规划、取得土地使用权、征地与拆迁、工程建设、房地产经营和物业管理。

（一）项目设想及可行性研究

房地产开发企业（即开发商）提出开发设想是整个房地产项目开发的起点。在市场经济条件下,开发设想是否准确地反映了市场的需要,是否符合政府的规划要求,将决定未来整个房地产项目开发的成败。因此,开发商应首先认真研究房地产市场的变化趋势,确定不同地段的发展前景,把握不同项目的市场需求状况。其次,设想究竟有没有真正的市场前景,开发楼盘是否会得到购买者青睐,需要进行可行性研究;项目土地是否能够招拍挂成功,银行是否同意给予资金支持,不可预见费用的考虑是否充分,都需要参考可行性研究的结果。

（二）项目立项及企业审批

本阶段的主要任务是:起草并向发改委报送项目建议书,取得批准项目建议书的批复;依据项目建议书批复,编制可行性研究报告,报发改委审批获准后,即取得年度预备项目资格。

新成立的开发企业,在本阶段除以上任务外,还须办理企业注册登记和税务登记事宜。涉外开发企业,在企业登记之前,必须签订合资或合作合同、章程报送外经贸委审批,领取外商投资企业批准证书,并到外汇管理部门备案,办理外汇账户开户手续。

（三）项目规划

根据国家有关城市规划的规定,在城市规划区内开发建设的项目,必须符合城市规划的要求,必须向规划主管部门办理项目规划的申报手续,在取得"两证一书"（《建设用地规划许可证》《建设工程规划许可证》《审定设计方案通知书》）后,方可开工建设。在已开发使用的城镇国有土地范围内,项目规划申报的基本步骤如下:

1. 在项目建议书报批或可行性研究报告编制之前,开发商要向规划局申报规划要点,规划管理部门在要点通知书中对项目的用地范围、规划条件等提出初步意见,作为计划部门进行批复时的参考依据。

2. 在项目建议书批复后,开发商向规划局申报项目选址、定点,规划部门下达选址规划意见通知书,对项目用地的位置、面积、范围等提供较详细的意见,并可同时下达规划设计条件。

3. 根据规划设计条件,委托设计机构进行规划方案设计。开发商在完成方案设计后，向规划部门提出审定申请。

4. 通过审定的设计方案，是编制初步设计或施工图的依据，也是取得建设用地规划许可证的必备文件。

5. 开发商依据审定的规划设计方案通知书和可行性研究报告批复，在规划主管部门征询土地及拆迁部门有关用地及拆迁安置的意见后，即可向规划局申领建设用地规划许可证。该证是取得土地使用权、办理土地使用证的必备文件。

6. 申领建设工程规划许可证，是在项目列入年度正式计划后，申请办理开工手续之前，需要进行的验证工程建设符合规划要求的最后法定程序，该证是申办开工的必备文件。

（四）取得土地使用权

开发商在项目立项通过（取得建议书批复，可行性研究批复），并取得建设用地规划许可证后，即可办理取得土地使用权的手续。根据《城市房地产管理法》的有关规定，房地产开发用地的取得方式有三种：出让、转让和划拨。通过出让、转让方式取得使用权的法律凭证是国有土地使用权证；通过划拨取得土地使用权的临时证件是建设用地批准书。2002年7月1日，实行土地招牌挂办法后，对各类经营性用地，必须以招标、拍卖或者挂牌方式取得。

（五）征地与拆迁

征地是指项目选址用地为集体土地时，要按照法定的程序和依据报请有批准权限的政府（一般为省级以上人民政府）审批，并对集体土地及地上物等依法补偿、补助后，将集体土地转为国有土地的一种行为。该工作在领取建设用地规划许可证后即可进行。

拆迁是指项目选址在城市规划区内的国有土地上，为达到施工的场地条件，拆除建设用地上原有房屋及其附属物，并对原用地者进行补偿、安置的行为。该工作在取得建设用地批准书或规划许可证后可提出申请。征地、拆迁工作的完成是申请项目开工的必备条件。

（六）工程建设

工程建设阶段，是指房地产开发项目从列入年度施工计划起，到项目施工全部完成，通过有关部门的综合验收，达到业户可使用状态的过程。需要完成的主要报批手续：在取得政府的用地批复及建设用地规划许可证后，向发改委申请列入年度开工计划；同时，与"四源"供应单位（自来水、煤气、供热、污水处理）签订协议，按规定支付有关费用。此后，向建委提出申请开工报告，填报建设开工审批表；到招标投标管理部门，办理招标批准手续，选择施工单位；到工程建设质量监督站，办理质量监督注册手续；到建委申领建设工程开工证。项目竣工后，报请有关主管部门进行综合验收,并取得竣工备案登记证明。

（七）房地产经营

房地产经营,是开发商通过对所开发房地产的销售、出租,实现预期投资收益的行为。房地产开发商既可自营,也可委托专业的中介机构销售和出租。销售的房地产分期房和现房两种,但都必须先取得政府主管部门颁发的预售（销售）许可证件,买卖合同和租赁契约均需要经过政府主管部门鉴证方为有效。

（八）物业管理

物业管理,是开发商在房地产交付使用后,向全体业主提供房屋设备、公共配套设施维护、安全保卫、环境治理等社会化专业化的管理服务。开发商在向有关主管部门申请进行项目竣工验收之前,必须落实物业管理的机构和措施。物业管理,可以委托给取得行业主管部门（国土资源和房屋管理局）资质认定证书的专业管理公司进行,也可以由开发商自己组建管理机构实施。组建物业管理机构,必须先向行业主管部门申请资质审查,获准后向工商管理部门申请企业注册登记,领取工商营业执照,方可从事物业管理活动。

在实行招牌挂方式下,房地产开发的流程大大简化。首先到土地交易中心参与土地竞拍,取得中标通知书后,签订《国有土地出让合同》及补充协议,并签订《履约保证书》。然后到发改委申请年度投资计划,进行选址、规划设计,办理相关的审批手续。

三、项目开发经营流程之财税管理

根据房地产开发经营的流程,以实施财税管理为切入点,一个房地产项目从开始立项到销售结束主要分为四个阶段:土地取得与前期开发、项目和配套设施设计施工、房屋销（预）售和租售管理。各阶段主要经营内容如下。

（一）土地取得与前期开发

土地取得是指以征用或受让的方式取得国有土地使用权。前期开发是指在土地、房屋开发前,进行规划、设计、可行性研究以及水文地质勘测、测绘、场地平整等前期准备工作。

对于取得土地的开发商,该阶段主要涉及契税、土地使用税、印花税和相关个人所得税等,从财务核算角度看,只涉及涉税支出,主要包括两个方面:一是土地征用及拆迁补偿费,如土地征用费、耕地占用税、劳动力安置费、地上地下附着物拆迁补偿费、安置动迁用房支出等;二是前期工程费,如土地开发前发生的规划、设计、可行性研究以及水文地质勘测、测绘、场地平整等费用。

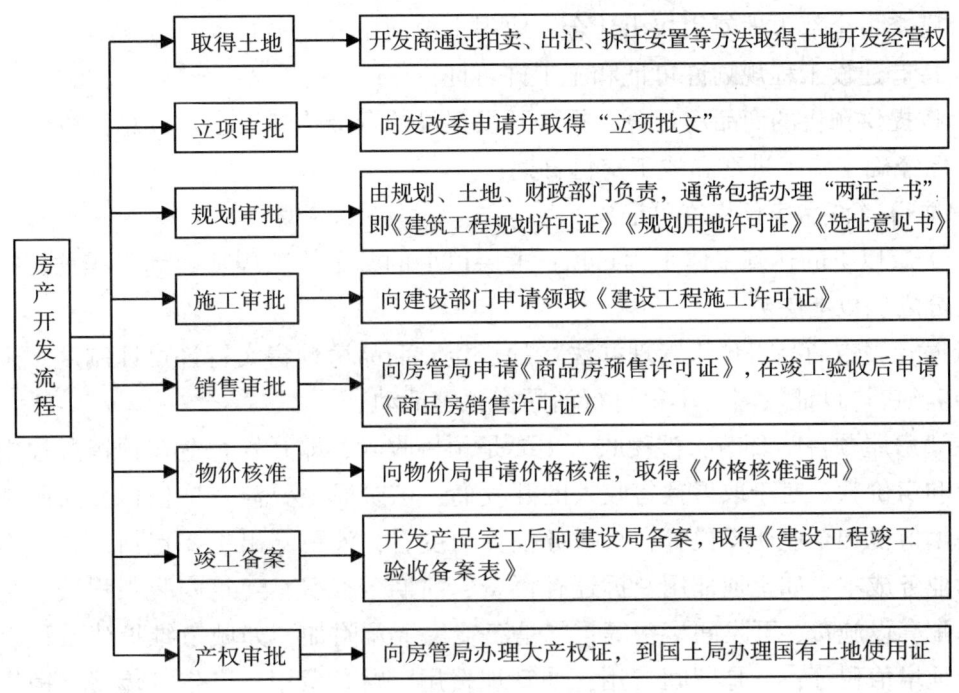

图 1-6 房产开发流程图

(二) 项目和配套设施设计施工

设计施工是指在前期开发建设完工（如已拆迁）的土地上进行房屋建设，主要包括两个方面：一是房屋开发建设，如规划设计、工程施工、竣工验收等；二是配套设施开发建设，如营业性公共配套设施（商店、银行、邮局等）、非营业性公共配套设施（学校、医院等）和小区内公共配套设施（居委会、幼儿园、给排水、供电）等。

在"设计施工"环节，财务核算仍只涉及支出，具体包括五个方面：一是前期工程费，如房屋开发前发生的规划、设计、可行性研究等费用；二是建筑安装工程费，如按施工图施工所发生的各项建筑安装工程费和设备费；三是基础设施费，如供电、供水、供气、排污、排洪、通信、照明、绿化、环保、道路等基础设施费用；四是配套设施费，如可计入开发成本的不能有偿转让的公共配套设施费用；五是开发间接费，比如企业内部独立核算单位及开发现场管理机构，为开发经营而发生的现场管理机构人员的工资、福利费、折旧费、修理费、办公费、水电费、劳动保护费等。

(三) 房屋销(预)售

根据《城市房地产管理法》、《城市房地产开发经营管理条例》、《城市商品房预售管理办法》的规定，商品房预售，指房地产开发企业将正在建设中的房屋预先出售给承购人，由承购人支付定金或房价款的行为。商品房预售应当符合下列条件：

1. 已交付全部土地使用权出让金，取得土地使用权证书；
2. 持有建设工程规划许可证和施工许可证；
3. 按提供预售的商品房计算，投入开发建设的资金达到工程建设总投资的25%以上，并已经确定施工进度和竣工交付日期；
4. 取得《商品房预售许可证》；
5. 七层以下的达到主体工程封顶；七层以上的，主体工程须建到工程预算投资总额的三分之二以上层数。

依据《城市商品房预售管理办法》的规定，商品房预售实行许可证制度。未取得《商品房预售许可证》者，不得进行商品房预售活动。

在"房屋预售"环节，涉税收入主要是预售收入，即开发企业在预售过程中取得的定金和房价款。对于取得预售收入的开发商，该阶段主要涉及增值税金及附加、预缴土地增值税和企业所得税等，从财务核算角度看，涉税支出主要包括三个方面：一是主营业务成本，如土地征用及拆迁补偿费、前期工程费、建筑安装工程费、基础建设费、配套设施费、开发间接费等；二是流转税金及附加，如城市维护建设税、印花税、土地增值税等；三是期间费用，如管理费用、财务费用、广告宣传费、销售代理费等其他销售费用。

（四）租售管理

完工销售是指项目开发完工，正式对外经营并确认营业收入。《关于房地产开发业务征收企业所得税问题的通知》（国税发〔2006〕31号）文件对房地产企业的产品销售做出的更加明细的规定，符合下列条件之一的，应视为开发产品已经完工：（1）竣工证明已报房地产管理部门备案的开发产品；（2）已开始投入使用的开发产品；（3）已取得了初始产权证明的开发产品。

在"租售管理"环节，涉及绝大多数税费，从财务核算角度看，涉税收入主要是主营业务收入（商品房销售收入、配套设施销售收入、代建工程收入、出租开发产品的租金收入等）、其他业务收入（材料销售收入、无形资产使用费收入、固定资产出租收入等）；涉税支出主要是主营业务成本、营业税金及附加、期间费用等。

根据财会〔2016〕22号文规定，全面试行"营业税改征增值税"后，"营业税金及附加"科目名称调整为"税金及附加"科目。该科目核算企业经营活动发生的消费税、城市维护建设税、资源税、教育费附加及房产税、土地使用税、车船使用税、印花税等相关税费；利润表中的"营业税金及附加"项目调整为"税金及附加"项目。2016年5月1日之前是在"管理费用"科目中列支的"四小税"（房产税、土地使用税、车船税、印花税），2016年5月1日之后调整到"税金及附加"科目。

四、主要开发经营流程图

（一）房地产开发经营总流程图（如图 1-7）

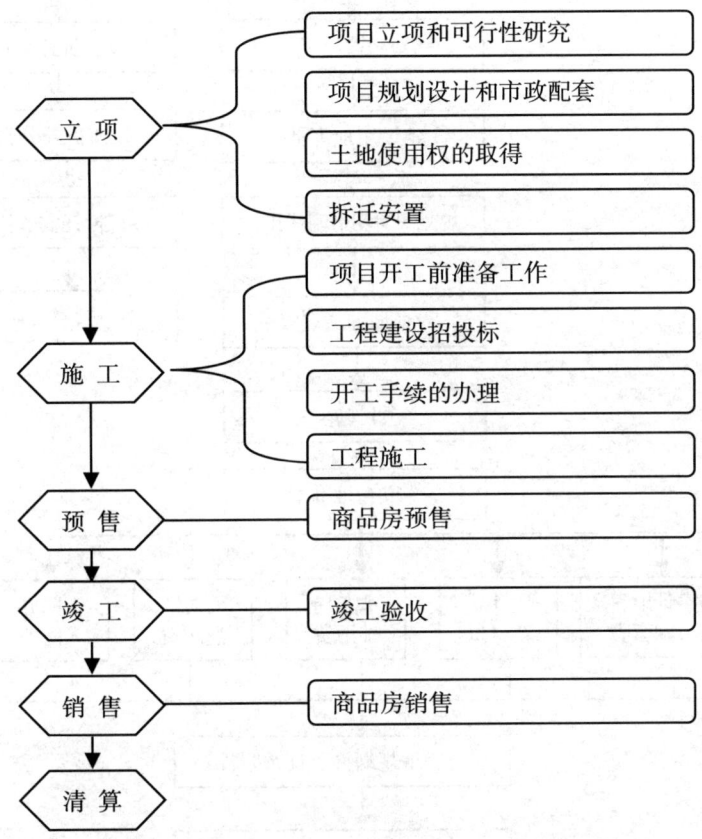

图 1-7　房地产开发经营总流程图

（二）房地产开发项目运作流程图（如图1-8）

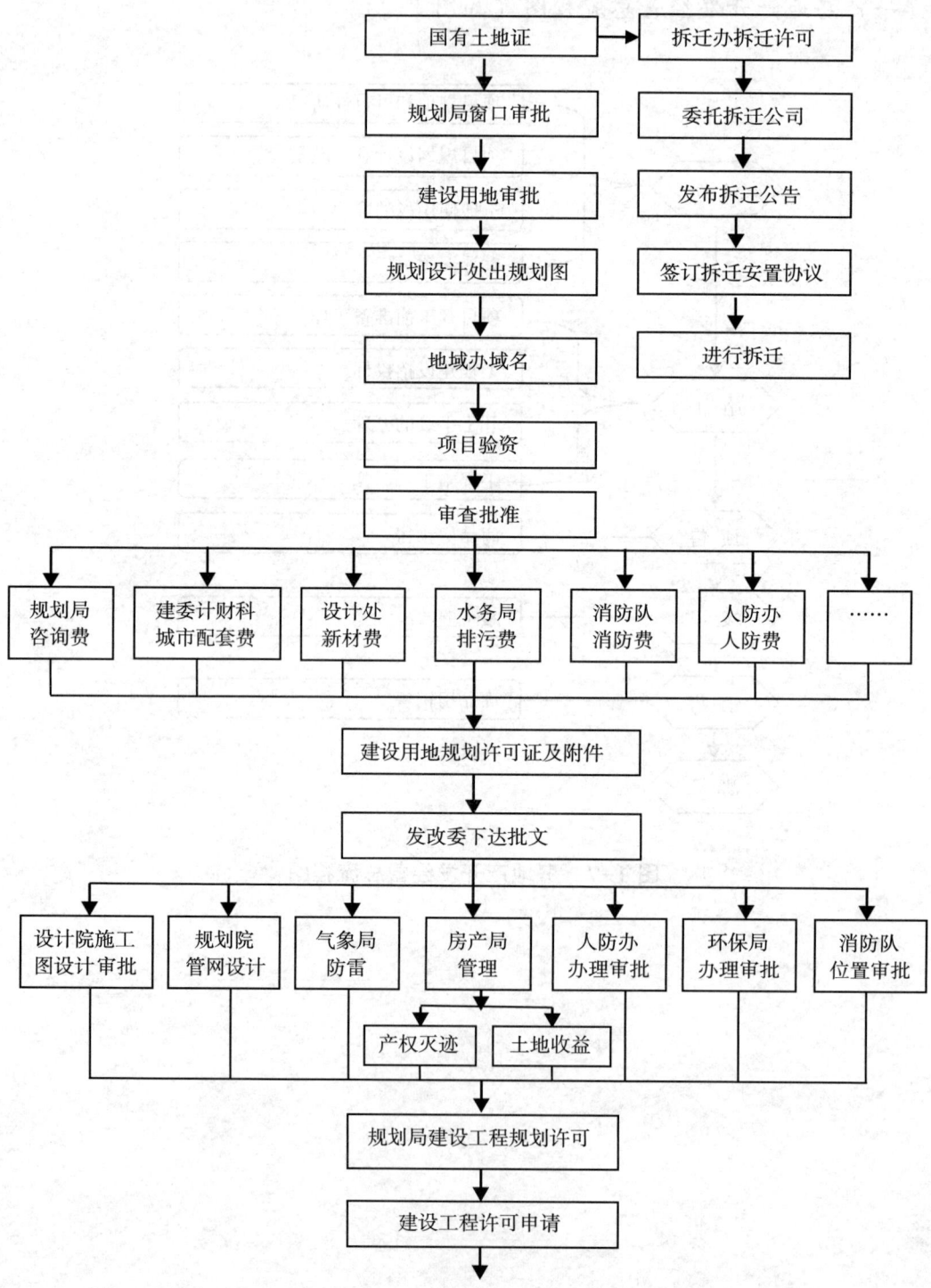

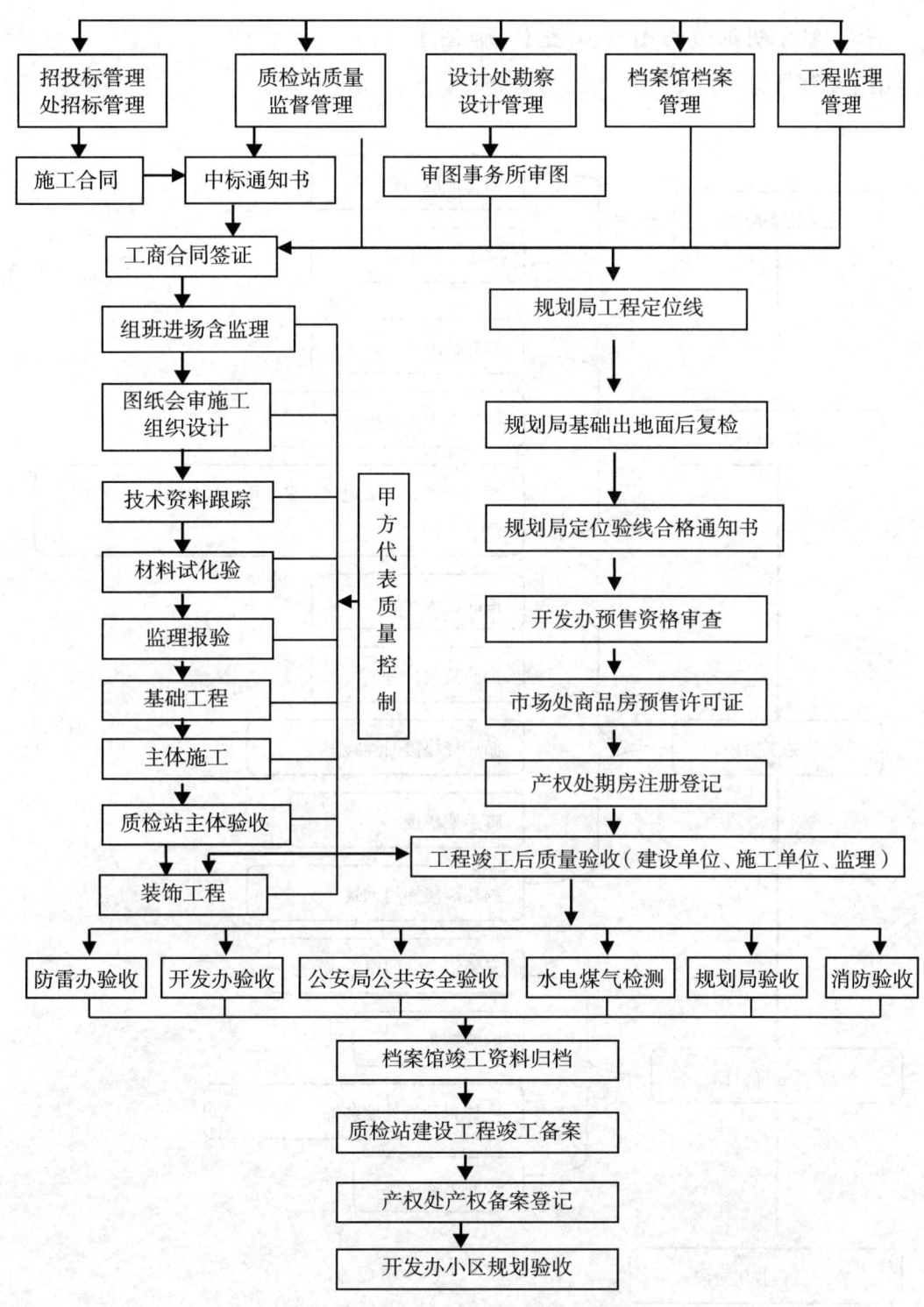

图 1-8 房地产开发项目运作流程图

（三）部分明细流程图（如图 1-9～图 1-11）

明细流程图（一）

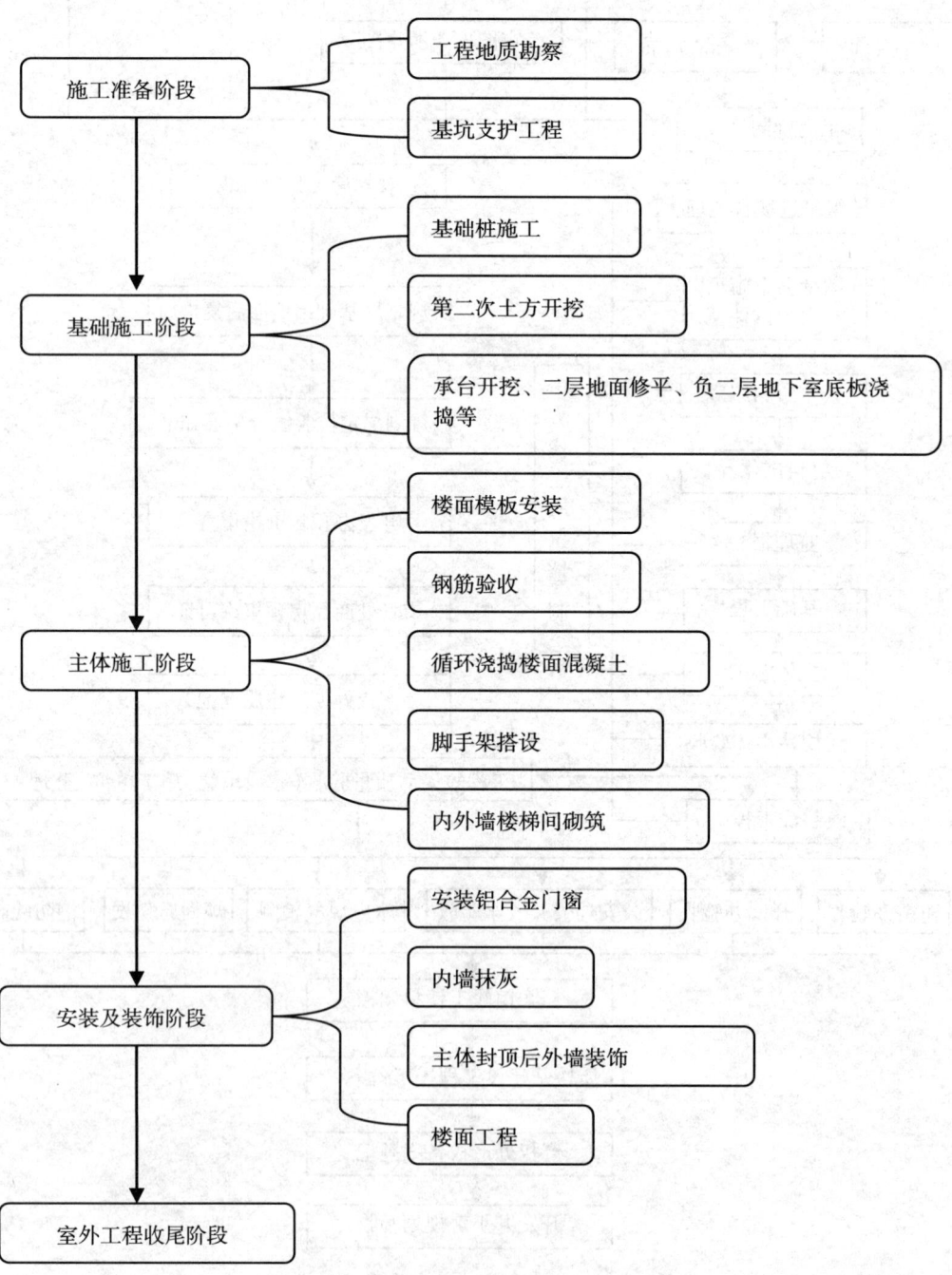

图 1-9　房屋建筑施工流程图

明细流程图（二）

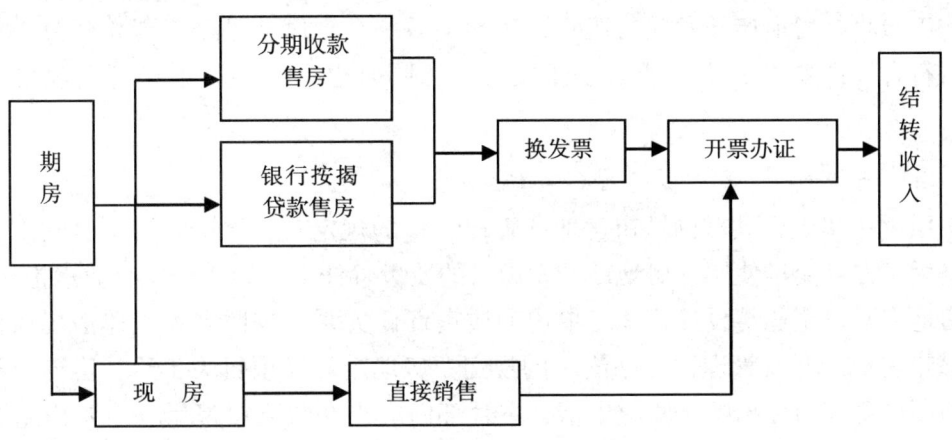

图 1-10 预售、销售流程图

明细流程图（三）

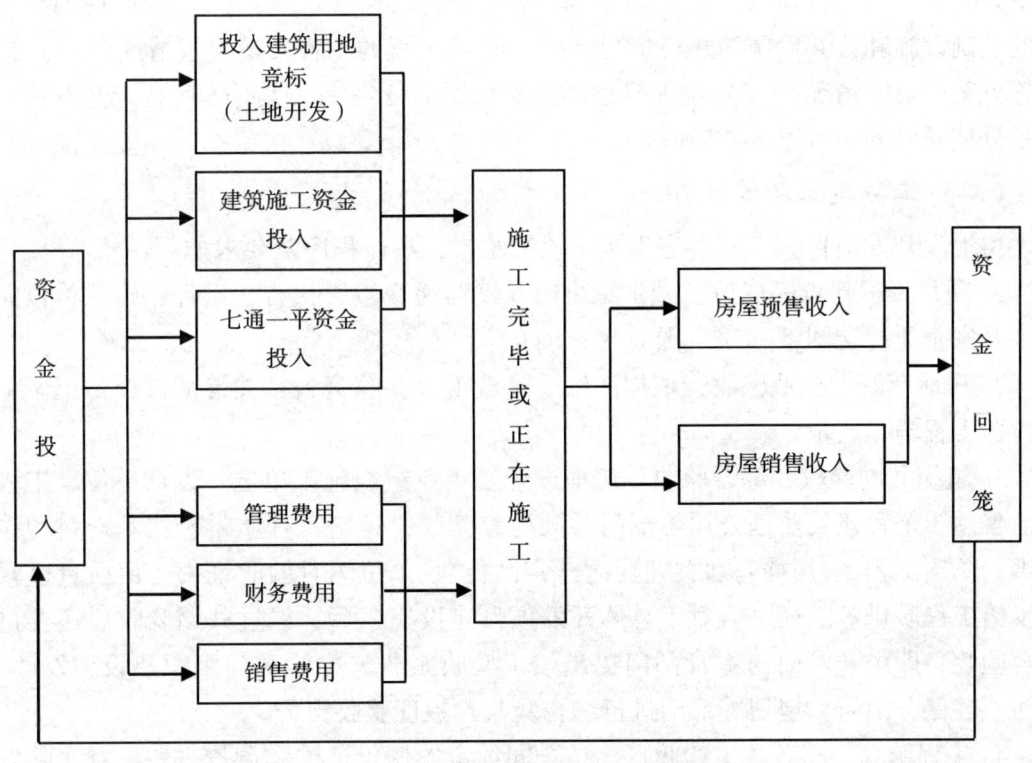

图 1-11 开发经营资金流量示意图

五、竣工验收管理

竣工验收是房地产开发项目运营过程的最后一个程序，是全面考核建设工作、检查是否符合设计要求和工程质量的重要环节，同时也是确保房地产开发项目质量的关键。

（一）工程竣工验收的依据与内容

按照《中华人民共和国城市房地产管理法》的规定：房地产开发项目竣工，经验收合格后，方可交付使用。房地产开发项目的质量责任由房地产开发企业承担。

房地产开发企业与设计、施工单位的质量责任关系，按照有关法律法规执行。按照《城市房地产开发管理暂行办法》的规定，房地产开发项目竣工后，房地产开发企业应当向主管部门提出综合验收申请，主管部门应当在收到申请后一个月内组织有关部门进行综合验收，对涉及公共安全的内容，组织工程质量监督、规划、消防、人防等有关部门或单位进行验收。综合验收不合格的，是不准交付使用的。按照《房地产开发经营条例》的规定，房地产开发项目竣工且经验收合格后，方可交付使用；未经验收或验收不合格的，不得交付使用。住宅小区等群体房地产开发项目竣工，应当依照下列要求组织综合验收：（1）城市规划设计条件的落实情况；（2）城市规划要求配套的基础设施和公共设施的建设情况；（3）单项工程的工程质量验收情况；（4）拆迁安置方案的落实情况；（5）物业管理的落实情况。住宅小区等群体房地产开发项目如果是分期开发的，可以分期验收。

（二）工程竣工验收程序

房地产开发项目竣工后，应当组织竣工验收，具体程序及要求如下：

1. 项目工程建设完成后，施工单位向开发商递交竣工报告，设计、施工单位向房地产开发企业提交图纸（竣工图）。

2. 房地产开发企业验收，根据图纸、隐蔽工程验收资料、关键部位施工记录，初步检验工程施工质量。

3. 组织共同验收和综合验收。房地产开发企业组织施工单位、设计单位、工程质量监督站、工程建设监理公司等部门共同检查验收，评定工程质量、技术资料和竣工图纸。单项工程经过共同验收，验收合格者由验收单位填具验收证书，由质量监督部门发给工程质量等级证书。对于总体开发项目建设完工后，经过共同验收后还要进行综合验收，即由开发商向主管部门提出竣工验收报告，主管部门组织建设、发改委、人防、环保、消防、规划等部门进行综合验收，签证验收报告。

4. 工程结算。工程竣工验收后，按合同约定的调价范围和调价方法，对实际发生的工程量增减、设备和材料价差等进行调整后计算和确定的价格，经房地产开发企业与施工单位确认的工程竣工结算价，反映的是工程项目的实际造价。

5. 编制并移交竣工档案。开发建设项目的技术资料和竣工图是使用单位进行管理和进一步改造、扩建的依据，是城市进一步发展的重要技术档案。开发项目竣工后，要认真组织整理技术资料，绘制竣工图纸，移交给使用单位和城市建设档案馆。

（三）项目竣工验收备案

按照《房屋建筑工程和市政基础设施工程竣工验收备案管理暂行办法》的规定：建设单位应当自工程竣工验收合格之日起15日内，依照本办法规定，向工程所在地的县级以上地方人民政府建设主管部门（以下简称备案机关）备案。因此，房地产开发企业是开发项目综合验收备案的第一责任单位，依据法律、法规，承担相关责任。

开发企业办理工程竣工验收备案应当提交下列文件：（1）工程竣工验收备案表。(2) 工程竣工验收报告。竣工验收报告应当包括工程报建日期，施工许可证号，施工图设计文件审查意见，勘察、设计、施工、工程监理等单位分别签署的质量合格文件及验收人员签署的竣工验收原始文件，市政基础设施的有关质量检测和功能性试验资料以及备案机关认为需要提供的有关资料。(3) 法律、行政法规规定应当由规划、环保等部门出具的认可文件或者准许使用文件。(4) 法律规定应当由公安消防部门出具的对大型的人员密集场所和其他特殊建设工程验收合格的证明文件。(5) 施工单位签署的工程质量保修书。(6) 法规、规章规定必须提供的其他文件。住宅工程还应当提交《住宅质量保证书》和《住宅使用说明书》。

备案机关收到建设单位报送的竣工验收备案文件，验证文件齐全后，应当在工程竣工验收备案表上签署文件收讫。工程质量监督机构应当在工程竣工验收之日起5日内，向备案机关提交工程质量监督报告。备案机关发现建设单位在竣工验收过程中有违反国家有关建设工程质量管理规定行为的，应当在收讫竣工验收备案文件15日内，责令停止使用，重新组织竣工验收。

第三节 土地使用权的取得

《中华人民共和国土地管理法》将土地分为农用地、建设用地和未利用地三类。其中，建设用地是指建造建筑物、构筑物的土地，包括城乡住宅和公共设施用地、工矿用地、交通水利设施用地、旅游用地、军事设施用地等；根据用途的不同，建设用地还可以分为房地产开发用地和其他建设用地。房地产开发的前提条件是取得建设用地国有土地的使用权，否则是违法的。

一、相关概念

目前，实施房地产开发经营涉及的房屋拆迁补偿主要有3种形式：产权调换、货币补偿、产权调换和货币补偿相结合。安置费用主要包括搬家补助费、临时安置补助费和经济损失补偿费。征地费用主要包括土地补偿费、青苗补偿费、地上附着物补偿费、安置补助费、新菜地开发建设基金、耕地占用税和土地管理费。

（一）土地使用权与土地所有权的区别

土地所有权是指土地所有者在法律规定的范围内，对其拥有的土地享有的权利，这种权利包括占有权、使用权、收益权和处分权。中国土地分集体所有制和国家所有制。农村和城市郊区的土地，除由法律规定属于国家所有的以外，都属于集体所有；城市土地属于国家所有。任何单位和个人不能取得土地的所有权。

土地使用权是指土地使用者依法享有使用和取得土地利益的权利。根据法律规定，土地使用权受法律保护，任何单位和个人不得侵犯。同时，法律也规定，使用土地的单位和个人，除享有一定的权利外，还必须对土地承担保护和合理利用义务。土地使用权可以依法转让。

（二）拆迁安置补偿费

1. 城市房屋拆迁补偿费

房屋拆迁将对被拆除房屋的所有人造成一定的财产损失，因此，拆迁补偿的对象应是被拆除房屋及其附属的所有人，包括产权人、代管人和国家授权的国有房屋及其附属物的管理人。房屋拆迁补偿主要有以下3种方式：

【产权调换】是指拆迁人以原地或异地建设的房屋补偿给被拆迁房屋的所有人，继续保持其对房屋的所有权。产权调换的面积按照被拆迁房屋的建筑面积计算。

补偿标准：采取产权调换方式的补偿标准是被拆除房屋的建筑面积。其中，偿还面积与原面积相等的部分，按重置价格计算结构差价；偿还面积超过原面积部分，按商品房价格结算；偿还面积不足原面积部分，按重置价格结合成新度结算。

【货币补偿】是指拆迁人将拆除房屋的价值，以货币结算的方式补偿给被拆迁房屋的所有人。作价补偿金额的计算，按照被拆除房屋建筑面积的重置价格结合成新度因素计算。

补偿标准：按照被拆除房屋的建筑面积的重置价格结合成新度计算。实行货币补偿的，应由房屋所在地房地产管理部门或法定评估机构对被拆除房屋进行评估，以评估价格作为计算依据。

【产权调换和货币补偿相结合】是指拆迁人按照被拆除房屋的建筑面积数量，以其中一定面积的房屋补偿给拆迁房屋的所有人，其他面积按照作价折合成货币支付给被拆迁房屋的所有人。

2. 房屋拆迁安置费

【安置对象】拆迁人在拆迁活动中除了对拆迁房屋的所有人给予补偿外，还应对拆除房屋的使用人给予安置，以切实保障被拆除房屋使用人的使用权。安置的对象是被拆除房屋的使用人而不是所有人。

【安置形式】一般分为：一次性安置和过渡安置。一次性安置是指被撤离拆迁房屋的使用人直接迁入安置房，没有周转过渡期，拆迁人与被拆迁安置对象就房屋问题一次处理完毕。过渡安置是指拆迁人不能一次解决安置用房，可以由拆迁人先对被拆迁安置对象进行临时安置，过一段时间后再迁入安置房。因此，临迁房的提供和过渡期的长短是过渡安置中需要重点解决的问题。

【安置标准】拆迁安置的标准因被拆除房屋的性质不同而有所区别：拆除非住宅房屋，按照原建筑面积安置；拆除住宅房屋，由省、自治区、直辖市人民政府根据当地实际情况，按照原建筑面积，也可以按照原使用面积或原居住面积安置；对按照原面积安置住房有困难的被拆除房屋使用人，可以适当增加安置面积。

【安置费用】包括搬家补助费、临时安置补助费和经济损失补偿费。搬家补助费是被拆迁人因原居住房屋被拆除，需迁移他处居住，在搬家过程中发生的费用。此项费用由拆迁人负担。临时安置补助费是对被拆迁人因迁离原居住地而在生活中所增加的一些额外支出费用的补偿。临时安置补助费的补助对象主要是自行安排住处的被拆迁房屋使用人。

（三）征地费

【土地补偿费】是对农村集体经济组织因土地被征用而造成经济损失的一种补偿，只能由被征地单位用于再生产投资，不得付给农民个人。按照《中华人民共和国土地管理法》第四十七条规定，征用土地的，按照被征用土地的原用途给予补偿。征用耕地的补偿费，为该耕地被征前3年平均年产值的6~10倍。征用其他土地的补偿费标准，由省、自治区、直辖市参照征用耕地的补偿费标准规定。

【青苗补偿费】青苗补偿费是指因征地时对其正在生长的农作物受到损害给予的补偿。只补一季，无青苗损失者无该项补偿。在农村实行承包责任制后，农民自行承包土地的青苗补偿费应付给本人，属于集体种植的，其青苗补偿费可纳入当年集体收入。凡在协商征地方案后抢种的农作物、树木等一律不予补偿。

【地上附着物补偿费】地上附着物是指房屋、水井、树木、涵洞、桥梁、公路、水利设施、林木等地面建筑物、构筑物和附着物等。视协商征地方案前地上附着物价值与折旧情况确定。应根据"拆什么，补什么；拆多少，补多少，不低于原来水平"的原则确定。如附着物产权属个人，则该补助费付给个人。

【安置补助费】是指发给安置被征地劳动力的单位，作为劳动力安置与培训的支出，以及作为不能就业人员的生活补助。该项费用应支付给被征地单位和安置劳动力的单位，不得挪作他用或私分。

按照《中华人民共和国土地管理法》的规定，每一个农业人口的安置补助标准，为该耕地被征用前3年平均年产值的4~6倍，但每公顷被征用耕地的安置补助费，最高不得超过被征用前3年平均年产值的15倍,个别特殊情况还可适当增加,以保证维持群众原有生产和生活水平为原则。但是,安置补助费的总和,不得超过土地被征用前3年平均年产值的30倍。

【耕地占用税】是对占用耕地建房或者从事其他非农业建设的单位和个人征收的一种税收,目的是合理利用土地资源,节约用地,保护农用耕地。

耕地占用税征收范围,不仅包括占用耕地,还包括占用鱼塘、园地、菜地及其农业用地建房或者从事其他非农业建设,均按实际占用的面积和规定的税额一次性征收。耕地是指用于种植农作物的土地。占用前3年曾用于种植农作物的土地视为耕地。纳税人必须在经土地管理部门批准占用耕地之日起二十日内缴纳耕地占用税。

【土地管理费】主要作为征地工作中所发生的办公、会议、培训、宣传、差旅费、借用人员工资等必要费用。一般支付给拆迁部门。土地管理费的收取标准,一般是在土地补偿费、青苗补偿费、地面附着物补偿费、安置补助费四项费用之和的基础上提取2%~4%。如果是征地包干,其提取基数为四项费用之和加上粮食价差、副食补贴、不可预见费等费用。

二、土地使用权的取得方式

房地产开发建设用地是指开发商在开发过程中所需要使用的土地,即对依法取得的国有土地使用权进行投资开发建设基础设施和房屋的国有土地。其使用权的取得方式主要有划拨、出让和受(转)让等。

(一) 以划拨方式取得

国有土地使用权划拨是指县级以上人民政府依法批准,在土地使用者缴纳补偿、安置等费用后将该幅土地交付其使用,或者将土地使用权无偿交付给土地使用者使用的行为。

以划拨方式取得土地使用权,适用于经济适用房等城镇保障性安居工程建设用地。1998年7月3日,国务院发布的《国务院关于进一步深化城镇住房制度改革加快住房建设的通知》(国发〔1998〕23号)规定:"经济适用住房建设应符合土地利用总体规划和城市总体规划,坚持合理利用土地、节约用地的原则。经济适用住房建设用地应在建设用地年度计划中统筹安排,并采取行政划拨方式供应"。2009年以来,国务院一再强调,保障性安居工程的主体是廉租房和经济适用房,其供地方式统一为划拨,而棚户区改造则以原地改建为主。

(二) 以出让方式取得

土地使用权出让是指国家以土地所有者身份,按指定地块的使用年限、用途和城市规划等条件,将国有土地使用权出让给土地使用者,并向土地使用者收取土地使用权出让金的行为。出让交易双方是国家和用地单位或个人。前者是出让者,后者是受让者，出让后的土地，土地所有权仍为国家所有，用地者通过有偿形式获得土地使用的权利，并通过开发利用土地获得收益。

使用权有偿出让的土地，必须是国有土地；集体所有的土地必须办理征用手续转化为国有土地后，才能出让。有偿出让的地块可以是待开发的土地（生地），也可以是完成市政设施（七通一平）的土地（熟地），还可以是连同地上建筑物及附属设施一并出让的土地。根据《城镇国有土地使用权出让和转让暂行条例》规定，各类用地使用权出让的最高年限为：（1）居住用地70年；（2）工业用地50年；（3）教育、科技、文化、卫生、体育用地50年；（4）商业、旅游、娱乐用地40年；（5）综合用地或其他用地50年。

按照《中华人民共和国城市房地产管理法》和《招标拍卖挂牌出让国有土地使用权规定》的规定，我国当前的国有土地使用权出让方式有四种：协议出让、招标出让、拍卖出让和挂牌出让。

1. 协议出让土地使用权，是当事人双方经过反复协商，最终达成出让协议，经登记受让人取得土地使用权的形式。由于协议出让不对外公开，容易滋生暗箱操作、产生腐败现象，因此，政府对此有严格的报批程序。国务院原国土资源部于2002年5月9日发布《招标拍卖挂牌出让国有土地使用权规定》中明确规定：自2002年7月1日起，全国各地区的商业、旅游、娱乐、写字楼和商品住宅等各类经营性用地都必须以招标拍卖挂牌出让。自2003年8月1日起开始施行的《协议出让国有土地使用权规定》更是对协议出让的审批、程序过程作出更加详细更加严格的规范。

2. 招标出让土地使用权，是市、县人民政府土地行政主管部门或者其委托的中介机构就国有土地的使用权发布招标公告，邀请特定或者不特定的公民、法人和其他组织参加国有土地使用权投标，根据投标结果确定土地使用者的行为。招标出让土地使用权，是在规划规定期限内由符合条件的单位和个人以书面投标形式，竞投某地段土地使用权，由招标人根据一定要求择优确定受让人，由受让人在办理完一切手续后取得土地使用权方式。

3. 拍卖出让土地使用权，是市、县人民政府土地行政主管部门或者其委托的中介机构就国有土地的使用权发布拍卖公告，由竞买人在指定时间、地点进行公开竞价，根据出价结果确定土地使用者的行为。拍卖出让，是在指定时间、公开场合，在土地管理部门拍卖主持人主持下，竞标者按规定方式应价，竞投土地使用权，由出价高者获得土地使用权的土地出让方式。

4. 挂牌出让土地使用权，是指市、县人民政府土地行政主管部门或者其委托的中介机构就国有土地的使用权发布挂牌公告，按公告规定的期限将拟出让宗地的交易条件在指定的土地交易场所挂牌公布，接受竞买人的报价申请并更新挂牌价格，根据挂牌期限截止时的出价结果确定土地使用者的行为。

按照当前法律法规规定，工业、商业、旅游、娱乐和商品住宅等经营性用地和同一宗地有两个以上意向用地者的，应当以招标、拍卖或者挂牌方式出让，就是耳熟能详的"招、拍、挂"。

三、土地使用权转让或项目转让

（一）土地使用权转让

土地使用权转让是土地使用者根据国家规定，在规定的土地使用年限内，在履行原合同义务前提下，将土地使用权再转移给其他使用者的经济行为。土地使用权转让形式主要有出售交换和赠予等形式。

按照《中华人民共和国城镇国有土地使用权出让和转让暂行条例》第十九条的规定："土地使用权转让是指土地使用者将土地使用权再转移的行为，包括出售、交换、赠予。未按土地使用权出让合同规定的期限和条件投资开发、利用土地的，土地使用权不得转让。"第二十二条规定："土地使用者通过转让方式取得的土地使用权，其使用年限为土地使用权出让合同规定的使用年限减去原土地使用者已使用年限后的剩余年限。"

此外，土地使用权转让形式还有出租、抵押、继承等形式。

（二）项目转让

项目转让是房地产企业将其名下的房地产开发项目通过合同转让给另一房地产企业开发经营的行为。项目转让的条件和程序：

1. 转让房地产开发项目应当符合《中华人民共和国城市房地产管理法》第三十八条、第三十九条规定的房地产转让条件。

2. 受让的房地产开发企业应当具备与受让的房地产开发项目相应的营业范围和资质等级。

3. 项目转让人和受让人应当签订书面的房地产开发项目转让合同。房地产开发项目转让合同是明确项目转让人和受让人相互之间权利义务的协议。房地产开发项目转让合同应当包括所转让的房地产开发项目基本情况，项目转让价格及支付方式，土地使用权变更登记，双方的其他有关权利、纠纷的解决方式等主要条款。

4. 办理所转让的房地产开发项目土地使用权变更登记手续。

5. 项目转让人和受让人应当自土地使用权变更登记手续办理完毕之日起30日内，持房地产开发项目转让合同到地产开发主管部门备案。

6. 房地产开发企业转让房地产开发项目时，尚未完成拆迁补偿安置的，原拆迁补偿安置合同中有关的权利义务随之转移给受让人。项目转让人应当书面通知被拆迁人。

综上所述，房地产开发经营取得土地使用权的方式主要有三种，划拨方式比较特殊且数量有限，出让和转让方式比较普遍且法律形式清晰、简单。无论是税源管理还是税收风险防控或纳税评估，只要取得核心数据采取信息比对（对比分析）就能识别风险或发现问题。真正扰乱税收秩序甚至是严重税收违法行为发生的，真正的税务管理难点和重点，是复杂的"出钱、出地、出资质（管理）"的两结合或三结合的合作建房。

四、合作建房

最高人民法院对合作建房的司法解释是这样规定的：享有土地使用权的一方以土地使用权作为投资与他人合作建房，签订的合建合同是土地使用权有偿转让的一种特殊形式，除办理合建审批手续外，还应依法办理土地使用权变更登记手续。合建合同对房地产权属有约定的，按合同约定确认权属；约定不明确的，可依据双方投资以及对房屋管理使用等情况，确认土地使用权和房屋所有权的权属。

——摘自《最高人民法院关于审理房地产管理法施行前房地产开发经营案件若干问题的解答》（法发〔1996〕2号）

国家税务总局对合作建房行为应如何征收营业税做解答时，这样界定合作建房：合作建房是指由一方提供土地使用权，另一方提供资金，合作建房。合作建房的方式一般有两种：第一种方式是纯粹的"以物易物"，即双方以各自拥有的土地使用权和房屋所有权相互交换。第二种方式是甲方以土地使用权、乙方以货币资金合股成立合营企业合作建房。

——摘自《国家税务总局关于印发〈营业税问题解答（之一）〉的通知》（国税发〔1995〕156号）

实际上合作建房的方式有很多种，不局限于"一方提供土地使用权，另一方提供资金"这种方式，按通俗的说法只要参与建房的各方共同通过签订合同或协议等方式合作开发房地产的行为，即为合作建房。常见的方式：（1）双方以各自拥有的土地使用权和房屋所有权相互交换；（2）一方提供土地使用权，另一方提供资金，双方签订合同共担风险、共享利润，以其中的房地产开发企业一方的名义合作开发房地产项目；（3）双方以各自拥有的土地使用权或者货币成立合营企业开发房地产项目，采取固定收益分配方式；（4）一方提供土地使用权，另一方提供资金，成立合营企业即房地产企业，采取风险共担、利润共享的分配方式。

合作建房的相关内容，将在本书本章的第四节"合作开发模式的会计核算及税务处理"中详细阐述。

五、旧城改造时国有土地上房屋征收补偿的流程

旧城改造应根据《国有土地上房屋征收与补偿条例》对国有土地上房屋进行拆迁征收并予以补偿，具体流程如下。

（一）旧城改造立项，确定征收范围

对危房集中、基础设施落后等地段由市、县级人民政府依照城乡规划法等有关规定房屋征收决定、实施旧城区改造，办理项目立项手续。同时市、县级人民政府将旧城改造纳入政府年度工作计划，并根据行政管理辖区权限及地理特征确定征收范围。

旧城改造立项及确定范围后，由市、县级人民政府以招标、邀标或招商引资形式初步确定投资主体。

（二）确定征收部门

旧城改造立项及确定改造范围后，市、县级人民政府确定房屋征收部门办理房屋征收的相关工作。房屋征收部门可以直接办理征收工作，也可委托房屋征收实施单位承担房屋征收与补偿的具体工作。

征收部门确定后，旧城改造投资主体按步骤（一）明确的义务，向房屋征收部门或房屋征收实施单位提供相应的必要资金，以利启动房屋征收相关工作。房屋征收部门书面通知相关部门暂停办理拟改造区域内的户口迁入、旧房改建、房产过户等相关手续，但暂停时间最长一年。

（三）对被征收物进行入户登记

房屋征收部门对拟改造区域范围内的房屋的权属、区位、用途、建筑面积等初步物权状况组织调查登记，被调查对象应予以配合。调查结果应当在房屋征收范围内向被征收人公布，登记物权状况为拟定补偿方案提供数据支持。

当被征收物权缺少法定权属文件或法定权属文件不完善时，征收部门组织有关单位对无权属文件的物权经调查后进行认定或处理。对认定为合法建筑和未超过批准期限的临时建筑，应当给予补偿，对认定为违建和超过批准期限的临建不予补偿。

（四）草拟征收补偿方案

房屋征收部门根据入户调查被征收物的概算价值、旧城改造估算容积率和可建产品预期收益，在平衡相关各方利益的基础上草拟《征收补偿方案（建议稿）》报市、县级人民政府审议。

（五）公布《征收补偿方案（征求意见稿）》

市、县级人民政府，对房屋征收部门提交的《征收补偿方案（建议稿）》组织相关部门进行论证并修改，修改后的《征收补偿方案（征求意见稿）》应当以政府名义予以公布，征求公众意见，征求意见的时间不得少于30天。

（六）修订征收补偿方案并公布

《征收补偿方案（征求意见稿）》征求时限结束后，市、县级人民政府应当根据公众提出的修改意见对《征收补偿方案（征求意见稿）》进行修改或补充，修改或补充后的《征收补偿方案》应当及时向公众公布，公布事项包含公众对《征收补偿方案（征求意见稿）》提出的主要意见、修改或补充的情况等。

当被征收区域内的多数被征收人对《征收补偿方案》有异议时，做出房屋征收决定的市、县级人民政府应当及时组织由被征收人和公众代表参加的听证会，对《征收补偿方案》进行听证，根据听证会的情况修改《征收补偿方案》并及时公布。

（七）做出是否征收的决定

市、县级人民政府公布《征收补偿方案》后，应当按照有关规定对旧城改造项目进行社会稳定风险评估并制定具体的应对风险预案。房屋征收决定涉及被征收人数量达到一定值时，是否做出征收决定应当经市、县人民政府常务会议讨论。讨论结果系做出征收决定时，进入步骤（八）流程。讨论结果系暂不做出征收决定时，退至步骤（四）流程。

征收决定做出后，市、县级人民政府应当根据征收部门提交的征收工作进度计划，结合定稿的《征收补偿方案》以书面形式告知投资主体搬迁资金使用概算，投资主体应及时对政府告知的搬迁资金使用概算数据进行财务投资分析，如财务分析结果无风险按概算要求准备并划拨相应的资金，如有风险应及时与制定搬迁资金使用概算的机构进行沟通，以尽快达成资金使用共识。

（八）公布公告征收决定

市、县级人民政府做出房屋征收决定后应当及时在当地主流媒体上以公告形式公布旧城改造征收决定。征收决定应当载明：《征收补偿方案》及其必要的附件；对征收决定有异议时的行政复议及行政诉讼权利及其他事项（如被征收人选定房地产价格评估机构的方法及期限等）。

（九）被征收人选定评估机构

征收决定公布后，涉征范围内的物权所有人协商选定房地产价格评估机构，协商不成的，通过多数决定或随机选定等方式确定，具体办法由省、自治区、直辖市人民政府制定。

（十）对被征收物进行评估

房地产价格评估机构确定后，房屋征收部门代表被征收人与该机构签订委托评估合同，评估机构依据委托评估合同办理被征收房屋的价值评估工作。

被征收人对评估确定的被征收房屋价值有异议的，可以向房地产价格评估机构申请复核评估，对复核结果有异议时，可以向房地产价格评估专家委员会申请鉴定。

（十一）签订征收补偿协议

房屋征收部门工作人员与被征收主体，就补偿方式、金额、支付期限、产权调换房屋地点和面积、搬迁费、临时安置费或者周转用房、停产停业损失、搬迁期限、过渡方式和期限等事项，订立征收补偿协议。

选择房屋产权调换的，市、县级人民政府应当提供用于产权调换的房屋（可以是在改建地段的房屋，也可是就近地段的房屋），并与被征收人计算、结清被征收房屋价值与用于产权调换房屋价值的差价。因征收房屋造成搬迁的，房屋征收部门应当向被征收人支付搬迁费。产权调换房屋交付前，房屋征收部门应当向被征收人支付临时安置费或者提供周转用房。

选择货币补偿的，价值不得低于房屋征收决定公告之日被征收房屋同地段房地产的市场价格。

部分被征收人与房屋征收部门在《征收补偿方案》确定的签约期限内不能达成征收补偿协议，或者被征收房屋所有权人不明确的，由房屋征收部门报请做出房屋征收决定的市、县级人民政府按照征收补偿方案作出补偿决定并在征收范围内予以公告。

被征收人对征收补偿决定不服的，可以依法申请行政复议，也可以依法提起行政诉讼。

（十二）履行《征收补偿协议》，实施征收补偿

实施房屋征收应当先补偿、后搬迁。做出房屋征收决定的市、县级人民政府对被征收人给予补偿后，被征收人应当在补偿协议约定或者补偿决定确定的搬迁期限内完成搬迁。

当被征收人不履行补偿协议时，房屋征收部门通过法律渠道督促被征收人履行协议。如果被征收人在法定期限内对市、县级人民政府做出的补偿决定不申请行政复议或者不提起行政诉讼，在补偿决定规定的期限内又不搬迁的，由作出房屋征收决定的市、县级人民政府依法申请人民法院强制执行并同时予以补偿。强制执行申请书应当附具补偿金额和专户存储账号、产权调换房屋和周转用房的地点和面积等材料。任何单位和个人不得采取暴力、威胁或者违反规定中断供水、供热、供气、供电和道路通行等非法方式迫使被征收人搬迁。

（十三）征收完毕，交付拆迁

所有被征收人搬迁后，对被征收物予以拆除。市、县人民政府或房屋征收部门将房屋征收文档副本转交给投资主体。投资主体有责任无条件履行房屋征收部门与被征收人所签订的《征收补偿协议》所明确义务。

六、新区开发时农业用地的征用补偿

新区开发是把农业或者其他非城市用地改造为适合工商业、居民住宅、商品房以及其他城市用途的建设用地，即把"生地"变为"熟地"，把自然状态的土地变为可供建造房屋和各类设施的建筑用地。新区开发中把农业用地变成建设用地，在征地过程中应依法予以补偿。

（一）征用农业用地的性质

按照《中华人民共和国土地管理法》等有关法律和法规规定，需要征用农业用地的建设项目，必须是已经列入国家固定资产投资计划，并经主管部门批准的建设项目。

国家在征用农业用地的过程中，会引起一系列经济和产权关系的变化。首先，通过征地改变了土地的使用性质，即把原来的农业用地改变为城市用地。其次，通过征地改变了土地所有权关系，即把原来的农民集体所有的土地改变为城市国家所有的土地。再次，在征地过程中，由于农民丧失了土地的所有权，所以必须对农村集体土地所有者进行补偿。同时因土地使用权性质的变化，从而也使土地实现了价值增值。

（二）农业用地征用的审批权限

按照《中华人民共和国土地管理法》的规定，只有国务院和省级人民政府才有农用地转用和征地的审批权。农用地转用，即将耕地、林地、草地等直接用于农业生产的土地转变为建造建筑物、构筑物的土地，必须经过国务院和省级人民政府批准。在已批准的农用地转用范围内，具体建设项目用地可由市、县级人民政府批准。

按照《中华人民共和国土地管理法》的规定，国务院和省级人民政府关于征地的审批权限划分如下：征用基本农田；基本农田以外的耕地超过35公顷的；其他土地超过70公顷的必须由国务院批准。除了由国务院批准的征用土地，其他需要征用的土地，由省、市人民政府批准。省级人民政府批准征用的土地，必须同时报国务院备案。

（三）农业用地征用的补偿

国家建设征用农民集体所有的土地，必须给予补偿。《中华人民共和国土地管理法》对征用土地补偿的步骤、标准和用途都做出了相应的规定。

1. 办理征地补偿登记。需要征用的土地，依照法定程序批准后，由县级以上人民政府，在当地予以公告，并组织实施。被征用土地的所有权人、使用权人应当在公告规定的期限内，持土地权属证书，到当地人民政府土地管理部门办理土地征用补偿登记。

2. 确定土地补偿的标准。按照《中华人民共和国土地管理法》的规定，确定对征用土地补偿标准时，必须根据被征用土地的原来用途（即是耕地还是非耕地），按照不同的标准给予补偿。

（1）征用耕地的补偿。如果征用的是耕地，补偿必须按照以下的规定进行：

第一，耕地补偿费的构成。耕地补偿费包括：土地补偿费、安置补偿费、地上附着物补偿费、青苗补偿费等。

第二，土地补偿费的标准。土地补偿费是该耕地被征用前三年平均年产值的6倍到10倍。

第三，安置补偿费的标准。安置补偿费，由需要安置的农业人口数量决定。需要安置的农业人口数量是由被征用的耕地数量除以征用前被征用单位人均占有耕地的数量计算。每一个需要安置的人口的安置补偿费标准，为该耕地被占用前三年平均年产值的 4~6 倍。一般情况下每公顷被征用的耕地的安置补偿费，最高不得超过被征用前三年平均年产值的 15 倍。如果上述土地补偿费和安置补偿费不能够使需要安置的农民保持原有的生活水平，经省、自治区、直辖市人民政府批准，可以增加安置补偿费。

土地补偿费、安置补助费的补偿标准中土地被征用前三年平均年产值按当地统计部门审定的最基层单位统计年报和经物价部门认可的单价为准。

（2）征用其他土地补偿和补偿标准。征用其他土地的土地补偿费和安置费标准，由省、自治区、直辖市人民政府参照征用耕地的补偿费和安置费的标准确定。

（3）征用土地的附着物和青苗补偿标准。被征用土地上的附着物和青苗补偿标准，由省、自治区、直辖市人民政府规定。

第四节　合作开发模式的会计核算及税务处理

无论是"合作开发"还是"合作建房"，是否是真合作，其本质或判定标准就是"四共"标准：共同投资、共同经营、共担风险、共负盈亏（Joint investment, joint operation, joint risk and joint profit and loss）。符合四共条件的是真，否则为假。

关于以国有土地使用权投资合作建房问题，最高人民法院在《最高人民法院关于审理房地产管理法施行前房地产开发经营案件若干问题解答》（法发〔1996〕2号）中明确：

"18. 享有土地使用权的一方以土地使用权作为投资与他人合作建房，签订的合建合同是土地使用权有偿转让的一种特殊形式，除办理合建审批手续外，还应依法办理土地使用权变更登记手续。未办理土地使用权变更登记手续的，一般应当认定合建合同无效，但双方已实际履行了合同，或房屋已基本建成，又无其他违法行为的，可认定合建合同有效，并责令当事人补办土地使用权变更登记手续。

22. 名为合作建房，实为土地使用权转让的合同，可按合同实际性质处理。如土地使用权的转让符合法律规定的，可认定合同有效，不因以合作建房为名而认定合同无效。"

在《最高人民法院关于审理涉及国有土地使用权合同纠纷案件适用法律问题的解释》（法释〔2005〕5号）中规定：

"第十四条　本解释所称的合作开发房地产合同，是指当事人订立的以提供出让土地使用权、资金等作为共同投资，共享利润、共担风险合作开发房地产为基本内容的协议。

第二十四条 合作开发房地产合同约定提供土地使用权的当事人不承担经营风险，只收取固定利益的，应当认定为土地使用权转让合同。

第二十五条 合作开发房地产合同约定提供资金的当事人不承担经营风险，只分配固定数量房屋的，应当认定为房屋买卖合同。

第二十六条 合作开发房地产合同约定提供资金的当事人不承担经营风险，只收取固定数额货币的，应当认定为借款合同。

第二十七条 合作开发房地产合同约定提供资金的当事人不承担经营风险，只以租赁或其他形式使用房屋的，应当认定为房屋租赁合同。"

实务中，打着合作建房的幌子，"假股权实债权"和"假股权实资产转让"的案例屡见不鲜、比比皆是。假的真不了，是否是合作，经营实质更重于法律形式！

一、合作开发模式

关于合作建房，对合作建房行为应如何征收营业税？国家税务总局在《国家税务总局关于印发〈营业税问题解答（之一）〉的通知》（国税发〔1995〕156号）中明确：

合作建房，是指由一方（以下简称甲方）提供土地使用权，另一方（以下简称乙方）提供资金，合作建房。合作建房的方式一般有两种：

第一种方式是纯粹的"以物易物"，即双方以各自拥有的土地使用权和房屋所有权相互交换。具体的交换方式也有以下两种：

（一）土地使用权和房屋所有权相互交换，双方都取得了拥有部分房屋的所有权。在这一合作过程中，甲方以转让部分土地使用权为代价，换取部分房屋的所有权，发生了转让土地使用权的行为；乙方则以转让部分房屋的所有权为代价，换取部分土地的使用权，发生了销售不动产的行为。因而合作建房的双方都发生了营业税的应税行为。对甲方应按"转让无形资产"税目中的"转让土地使用权"子税目征税；对乙方应按"销售不动产"税目征税。由于双方没有进行货币结算，因此应当按照原《中华人民共和国营业税暂行条例实施细则》第十五条的规定分别核定双方各自的营业额。如果合作建房的双方（或任何一方）将分得的房屋销售出去，则又发生了销售不动产行为，应对其销售收入再按"销售不动产"税目征收营业税。

（二）以出租土地使用权为代价换取房屋所有权。例如，甲方将土地使用权出租给乙方若干年，乙方投资在该土地上建造建筑物并使用，租赁期满后，乙方将土地使用权连同所建的建筑物归还甲方。在这一经营过程中，乙方是以建筑物为代价换得若干年的土地使用权，甲方是以出租土地使用权为代价换取建筑物。甲方发生了出租土地使用权的行为，对其按"服务业——租赁业"税目征营业税；乙方发生了销售不动产的行为，对其按"销售不动产"税目征营业税。对双方分别征税时，其营业额也按

《中华人民共和国营业税暂行条例实施细则》第十五条的规定核定。

第二种方式是甲方以土地使用权、乙方以货币资金合股，成立合营企业，合作建房。对此种形式的合作建房，则要视具体情况确定如何征税。

（一）房屋建成后如果双方采取风险共担、利润共享的分配方式，按照营业税"以无形资产投资入股，参与接受投资方的利润分配、共同承担投资风险的行为，不征营业税"的规定，对甲方向合营企业提供的土地使用权，视为投资入股，对其不征营业税；只对合营企业销售房屋取得的收入按销售不动产征营业税；对双方分得的利润不征税。

（二）房屋建成后甲方如果采取按销售收入的一定比例提成的方式参与分配，或提取固定利润，则不属营业税规定的投资入股不征营业税行为，而属甲方将土地使用权转让给合营企业的行为，那么，对甲方取得的固定利润或从销售收入按比例提取的收入按"转让无形资产"征税；对合营企业则按全部房屋的销售收入依"销售不动产"税目征营业税。

（三）如果房屋建成后双方按一定比例分配房屋，则此种经营行为，也未构成营业税所称的以无形资产投资入股，共同承担风险的不征营业税的行为。因此，首先对甲方向合营企业转让的土地，按"转让无形资产"征营业税，其营业额按实施细则第十五条的规定核定。因此，对合营企业的房屋，在分配给甲乙方后，若各自销售则再按"销售不动产"征营业税。

营改增后，只是税种由营业税改为增值税，上述相关规定是依然有效的。

（一）"真"合作开发

1．"同行合作"模式

同行合作，是指房地产开发企业之间签订项目开发合同，共同投资开发项目。又分两种情形，即：共同开发、挂靠开发。

（1）共同开发

项目所需《土地开发使用证》《建设规划许可证》《开工许可证》《工程施工合同》都是以双方的名义办理。共同开发也分为两种情形：

① 按投资比例分配开发产品。在这种情况下，投资双方一般分别建账，双方各自按投资比例核算应分摊的开发成本、费用、开发产品，分别销售，分别计算经营成果。采取这合作方式，合作双方可以看作两个独立的房地产企业。

② 投资比例分配利润。在这种情况下，投资双方一般统一建账，统一核算开发成本、费用、开发产品，统一销售、统一计算经营成果，然后，再根据双方投资比例进行利润分配。采取这种合作方式实质是一个房地产企业实施开发经营。

（2）挂靠开发

挂靠开发一般是合作双方有一方具有开发权（被挂靠方），另一方没有开发权

（挂靠方）。被挂靠方以自己的名义办理《土地开发可证》、《建设规划许可证》、《开工许可证》、《工程施工合同》等一切手续），挂靠方出资，并根据合作开发协议，委托甲方进行管理，最终享有"部分开发产品"的销售权（挂靠方售出的房屋，由被挂靠方负责开具发票）。采取这种合作形式，真正的开发主体是被挂靠方。

同行合作，与普通开发业务基本相似，会计与税收业务的处理也应比照普通房地产开发进行。

2. "共同合作"模式

合作双方或三方，只有是以"四共"——共同投资、共同经营、共担风险、共负盈亏为目的合作开发，才是真正的合作开发或合作建房。主要模式包括以下三种：

（1）合作建房（a）

甲方拥有土地，乙方拥有资金及资质，合作建房，共同销售后，根据股权占比分配盈亏或分房子。

此种合作建房，必须是联合立项，或者乙方立项。适用相关文件及内容包括：原营业税的国税函发〔1995〕156号文件的第17条规定、企业所得税的国税发〔2009〕31号文件的第31条、土地增值税的财税〔1995〕48号文件。

（2）合作建房（b）

甲方拥有土地，也拥有开发资质，乙方拥有资金，合作建房，共同销售后根据股权占比分配盈亏或分房子。

以甲方为主体开发，实际由乙方运作；乙方将资金投入到甲方。适用相关文件及内容包括：国税函〔2005〕1003号、国税发〔2009〕31号文件36条、财税〔1995〕48号等文件。

（3）合作建房（c）

甲方拥有土地，乙方拥有开发资质，丙方拥有资金，合作建房，共同销售后根据股权占比分配盈亏或分房子。

（二）"假"合作开发

透过现象看本质，百花齐放的涉及股权的众多"繁杂"的合作开发模式，更多的就是"假股权实资产"，就是卖地或"以物易物"。

1. 直接"购买股权"的合作建房

目标公司有块地，将目标公司的其他资产先清理掉，然后卖公司100%股权，该方式是目前运用非常普遍的方式。如果买方没有充分调查研究或税负问题考虑不周全，那么后果可能会很严重。此模式的税收业务实质就是卖地，是卖方恶意税收筹划之后，将应由卖方承担的税负转嫁给买方，最典型的税种是土地增值税。

卖方：一般情况是只有企业所得税，没有营业（增值）税和土地增值税。（财税〔2002〕191号、国税函〔2000〕687号）特殊情况是如果土地使用权证发生本质变更或"过户"则涉及营业（增值）税和土地增值税。

买方：税负较重，风险非常大。股权溢价不允许作为成本在所得税和土地增值税前扣除，相当于对方少缴的土地增值税递延到下游来了（资本结构的一般变化，其税收待遇不变）。同时，标的企业既往少缴的税款和其他潜在负债风险，也会一并同时转移过来的。

2. 先设立境外公司再"购买股权"的合作建房

（1）股权架构设计：最普遍的做法是：①先在境外避税地如维尔京群岛设立控股公司。②再在香港地区设立二级控股公司。③香港地区的公司全资控股大陆有地一方公司。

（2）操作模式：①在维尔京群岛转让香港公司的股权，价款在境外支付。②理论上，中国大陆没有征税权。

（3）目前，反避税措施是很到位的：①按照国税函〔2009〕698号文件可以"穿透"，侥幸的是如果企业不是上市公司的话，由于此类转让非常隐蔽，税务局很难发现。②根据内地和香港协定，如果不动产占到目标股权50%，中国内地有征税权。在第二议定书中再确定，这里的50%是在36个月之内，曾经达到过50%。

3. 直接同目标企业合并或有地一方投资到地产公司，然后目标公司的股东卖股权

甲公司准备购买乙公司的土地，乙公司先将其他资产清理掉，只有一块土地。甲公司和乙公司合并，或是乙公司将土地投资到甲公司，再立项，然后将所持有的股权变现。

操作模式：

（1）甲公司直接将乙公司吸收合并（国税函〔2002〕165号、财税〔2003〕183号、财税〔2009〕59号、财税〔2008〕175号）；（2）12个月后，乙公司股东将股权转售给甲公司原有股东。

甲行家点评：企业合并法律程序比较复杂，但是在几乎零税负的情况下将土地拿到手，如果能够操作成功，税收利益很大。目前政策只要其中有一方是房地产公司，就没戏的！政策明确，这是死路一条，而事实如此又是为什么呢？只是政策执行有问题，政策本身是没问题的。

4. 分立一个新公司，然后合并（先分立，后合并）

购买方将资金投资到有地的目标企业，然后分立（或让产分股、或让产赎股）。例如：甲公司欲购买乙公司的土地，土地价值2亿元。甲公司以现金2亿元在乙公司投资入股；乙公司分立，其中这块土地分立出一个新公司。12个月后转让股权（让产赎股）。

上述情况，就是当前很多专家的"税收筹划"，这都只是一条死路。

二、不同"合作"模式的会计核算及税务处理

通常所说的"合作建房"指的就是非同行合作建房,其中有一方是不具备房地产开发经营资质的。非同行合作,是指由一方(甲方)提供土地使用权,另一方(乙方)提供资金或资质,共同合作建房。一般分为三种形式:即以物易物、合营建房和项目合作。

(一) 以物易物

以物易物,即双方以各自拥有的"土地使用权""房屋所有权"相互交换。具体交换方式有以下两种:以"土地使用权"换取"房屋所有权"、以出租"土地使用权"换取"房屋所有权"。

1. 以"土地使用权"换取"房屋所有权"(非货币性资产交换,在交换完成时进行账务处理)

甲企业(简称甲方)拥有某项土地使用权,账面成本2亿元,已计提摊销5000万元,以"土地使用权"换取"房屋所有权"方式与乙房地产企业(简称乙方)合作开发。项目完工后,甲方按照约定分得市场价为3亿元的房屋,增值税税率为9%(不考虑其他附加税费)。甲乙双方应如何进行账务处理?

(1) 会计处理:

① 投资业务发生时,双方均可以不做账务处理;

② 按照规定返还房屋时:

投资单位的账务处理:出售土地使用权属于偶然发生的交易事项,因此出售损益通过营业外收支核算。

借:固定资产——换回房屋　　　　　　　　　　　300 000 000
　　累计摊销——土地摊销　　　　　　　　　　　 50 000 000
　　贷:无形资产　　　　　　　　　　　　　　　 200 000 000
　　　　应交税费——应交增值税(税率9%)　　　　24 770 600
　　　　营业外收入　　　　　　　　　　　　　　 125 229 400

被投资单位的账务处理:

借:开发成本——土地征用及拆迁补偿费　　　　　300 000 000
　　贷:主营业务收入　　　　　　　　　　　　　 300 000 000

(2) 税务处理:

① 增值税处理:采取以"土地使用权"换取"房屋所有权"方式合作开发,双方均发生产权转移行为:

甲方属于"以地换房",应按"转让无形资产"税目申报缴纳增值税;

乙方属于"以房换地",应按"销售不动产"税目申报缴纳增值税。

② 土地增值税：

甲方，根据财税〔2006〕21号的规定，以土地使用权向房地产企业投资的应征收土地增值税；如果在投资过程中产生增值，须申报缴纳土地增值税。

乙方在开发过程中产生增值的，也要再缴纳土地增值税。

③ 企业所得税：

甲方取得的转让土地使用权所得，应计入"营业外收入"并计算缴纳企业所得税。

乙方换出房屋取得收入正常入账以后，按照非货币性资产交换原则，要按照相同的价值计入开发成本（或者在建工程）。

营改增后，土地扣除成本偏低，增值税负明显增加，纳税风险剧增。

2. 以"出租使用权"换取"房屋所有权"

甲企业用某项土地使用权，与乙房地产企业合作开发。房屋建成后，成本价大约15000万元。合作协议约定项目完工后，房屋归乙方使用10年，10年后归还，假定该房屋使用寿命50年，已经计提折旧3000万元，归还时市场公允价25000万元。销售不动产、房屋租赁增值税税率均9%（不考虑其他税费）。甲乙双方应如何进行会计核算和税务处理？

（1）会计处理：

① 投资业务发生时，双方均可以不做会计处理。

② 按照规定返还房屋时（略）。

（2）以物易物的税务处理：

① 营业（增值）税：

根据国税函发〔1995〕156号规定：以出租"土地使用权"换取"房屋所有权"方式进行开发。甲方未发生产权转移行为，属于"土地租赁"，按"服务业——租赁"征收营业（增值）税；

乙方发生产权转移行为，属于"以房换地"，应按"销售不动产"申报缴纳营业（增值）税。

② 土地增值税：

甲方未涉及国有土地使用权转移，不涉及土地增值税；

乙方归还房屋按照"销售旧建筑物"计算缴纳土地增值税。

③ 企业所得税：

甲方取得收入属于营业性收入，计入"其他业务收入"处置；

乙方取得销售旧建筑物收入，虽然按照规定应缴纳增值税，但是仍应按照固定资产清理程序处理，取得的净收益，计入"营业外收入"处置。

（二）合营建房

合营建房，是指甲方以土地使用权、乙方以货币资金出资成立合营企业实施房地产开发建房。分三种情形：双方风险共担、利润共享（共同销售）；甲方按销售比例提成或提取固定利润（固定收益）；双方按一定比例分配房屋（各自销售）。

1. 双方风险共担、利润共享（无增值税、可操控土地增值税税负）

此种方式，甲方参与经营管理，一切经营、管理活动都以新成立的合营企业的名义开展。

甲企业某项土地使用权，账面成本2000万元。已提摊销500万元，作价3000万元向乙房地产公司投资。第三年，收到分回利润450万元。

(1) 会计处理

① 投资业务发生时：

投资单位的账务处理：

借：长期股权投资　　　　　　　　　　　　　　　　　30 000 000
　　累计摊销——土地摊销　　　　　　　　　　　　　5 000 000
　　贷：无形资产　　　　　　　　　　　　　　　　　20 000 000
　　　　营业外收入　　　　　　　　　　　　　　　　15 000 000

被投资单位的账务处理：

借：开发成本——土地征用及拆迁补偿费（土地）　　　30 000 000
　　贷：实收资本——甲方（非货币资产）　　　　　　30 000 000

② 分配利润时：

投资单位的账务处理：

借：应收账款　　　　　　　　　　　　　　　　　　　4 500 000
　　贷：投资收益　　　　　　　　　　　　　　　　　4 500 000

被投资单位的账务处理：

借：利润分配——应付利润　　　　　　　　　　　　　4 500 000
　　贷：应付利润　　　　　　　　　　　　　　　　　4 500 000

③ 实际拨付利润时：

投资单位的账务处理：

借：银行存款　　　　　　　　　　　　　　　　　　　4 500 000
　　贷：应收账款　　　　　　　　　　　　　　　　　4 500 000

被投资单位的账务处理：

借：应付利润　　　　　　　　　　　　　　　　　　　4 500 000
　　贷：银行存款　　　　　　　　　　　　　　　　　4 500 000

(2) 税务处理：

① 增值税：按照国税函发〔1995〕156号文件的规定，采取"双方风险公担、利润共享"合作模式开发的：甲方以"土地使用权"入股，属于"以无形资产入股"，

不征"转让无形资产"增值税，乙方按照销售不动产征收增值税。

② 土地增值税：按照财税〔2006〕21 号文件的规定：以土地使用权向房地产企业投资，应征收土地增值税，甲方如果在投资过程中产生增值，要缴纳土地增值税。乙方在开发过程中产生增值也要缴纳土地增值税。

③ 企业所得税：按照《企业所得税法》第二十六条的规定，"符合条件的居民企业之间的股息、红利等权益性投资收益不征企业所得税"。所以，甲方分回利润不用缴纳企业所得税。

乙方支付的是税后利润，不能够在企业所得税前扣除。

2. 甲方按销售比例提成或提取固定利润（要钱不要房）

此种方式，甲方不参与经营管理，一切经营、管理活动同样都以新成立的合营企业的名义开展。

甲企业拥有某项土地使用权，账面成本 2000 万元。已提摊销 500 万元，与乙房地产企业合作开发。项目完工后，按照销售比例分回提成 3000 万元，增值税税率为 9%（不考虑其他税费）。甲乙双方应如何进行账务处理？

（1）会计处理：

① 投资业务发生时，双方均可以不做账务处理；

② 按照销售比例给付提成或给付提取固定利润时：

投资单位的账务处理：

借：银行存款	30 000 000
累计摊销——土地摊销	5 000 000
贷：无形资产	20000000
应交税费——应交增值税	2 477 000
营业外收入	12 523 000

被投资单位的账务处理：

借：开发成本——土地征用及拆迁补偿费	30 000 000
贷：银行存款	30 000 000

（2）税务处理：

① 增值税：按照国税函发〔1995〕156 号文件的规定，采取"甲方按销售比例提成、或提取固定利润"的合作模式开发的，甲方将土地使用权转移到乙方，应按照"转让无形资产——土地使用权"税目征收增值税；乙方按照销售不动产征收增值税。

② 土地增值税：按照财税〔2006〕21 号文件的规定，以土地使用权向房地产企业投资，应征收土地增值税。甲方如果在投资过程中产生增值应要缴纳土地增值税。乙方在开发过程中产生增值也要缴纳土地增值税。

③ 企业所得税：甲方按比例分回提成，产生的收益应计入"营业外收入"，并计

算缴纳企业所得税。乙方分出的提成不能冲减本企业的收入，对应开发成本不得税前扣除。

3. 销售前双方按一定比例分配房屋（适用于甲分回房产，做自持物业）

此种方式，甲方参与经营管理，以新成立的合营企业的名义开展经营管理活动。财务核算也以"新成立的合营企业"为主体。但是，商品房竣工验收后不以合营企业名义销售，而是先按一定比例将房屋分配给甲乙双方自行处理，或持有或销售。

甲企业拥有某项土地使用权，账面成本 2000 万元，已提摊销 500 万元，与乙房地产企业合作开发。项目完工后，甲方按照规定分得的成本价为 3000 万元的房屋，增值税税率为 9%（不考虑其他税费）。甲乙双方应如何进行账务处理？

(1) 会计处理：

① 投资业务发生时，双方均可以不做账务处理；

② 按照规定分配房屋时：

投资单位的账务处理：

借：固定资产	30 000 000
累计摊销——土地摊销	5 000 000
贷：无形资产	20 000 000
应交税费——应交增值税	2 477 000
营业外收入	12 523 000

被投资单位的账务处理：

借：开发成本——土地征用及拆迁补偿费	30 000 000
贷：开发产品	30 000 000

(2) 税务处理：

① 增值税：按照国税函〔1995〕156 号文件的规定，采取"双方按一定比例分配房屋"模式合作开发的，甲方将土地使用权转移到乙方，应按照"转让无形资产——土地使用权"税目征收增值税；双方按比例分配房屋时不缴纳增值税；分配房屋后，如果各自销售，再按"销售不动产"征收增值税。

② 土地增值税：按照财税〔2006〕21 号文件的规定，以土地使用权向房地产企业投资，应征收土地增值税。甲方如果在投资过程中产生增值，要缴纳土地增值税。乙方在开发过程中产生增值也要缴纳土地增值税。

③ 企业所得税：甲乙双方分回房屋再销售，分别计算缴纳相关税费和企业所得税。

（三）项目合作

以甲乙双方某企业为主体，联合其他企业、单位、个人合作或合资开发房地产项目，就项目本身而言，利润共享、风险共担。但是，合作双方就该项目不成立独立法人公司。

项目合作是一种不规范或不清晰的合作模式,投资业务因缺少必要的法律支持,在会计核算上处理方式多样且矛盾。例如,计入"投资"处理,没有经过增资注册;作为"负债"处理,又掩盖了业务的事实真相。

(1) 会计处理:

主流观点认为,项目合作实质上是一种融资行为,属于公司之间的资金拆借,只是支付利息的方式有所不同。资金拆借,是按照拆借金额的百分比支付利息,而项目合作是按照项目收益的百分比支付利息。实质性差异是:资金拆借利息计入"财务费用"在税前扣除,影响本年实现利润和可分配利润;而项目合作利息无法计入财务费用,因在税后支付,也无法直接影响本年实现利润。

这是一种比较特殊的处理方法。即按照负债来管理,同时利息又在税后体现。需要注意的是在进行会计报表填制时,应该说明"利润分配——未分配利润"减少的部分,就相当于是增加了税前的"财务费用"。具体处理方法如下:

① 投资方的账务处理:

A. 投资业务发生时:

借:长期债权投资——应收项目合作款(出资额)

　　贷:银行存款

B. 项目完成后,每年双方就此项目所获得的收益按协议分成时:

借:应收合作项目款——某项目(应计收益)

　　贷:投资收益

C. 收到房地产公司支付的合作项目收益时:

借:银行存款

　　贷:应收合作项目款——某项目(应计收益)

D. 项目完成后,按协议退还投资时:

借:银行存款

　　贷:长期债权投资——应收项目合作款(出资额)

② 被投资人房地产公司会计处理:做相反会计分录。

(2) 税务处理:

项目合作的增值税处理,与"真正意义"的合作开发完全相同。在进行企业所得税处理时,应注意到国税发〔2009〕31号文件第三十六条的规定:企业以本企业为主体联合其他企业、单位、个人合作或合资开发房地产项目,且该项目未成立独立法人公司的,按下列规定进行处理:

① 凡开发合同或协议中约定向投资各方(即合作、合资方,下同)分配开发产品的,企业在首次分配开发产品时,如该项目已经结算计税成本,其应分配给投资方开

发产品的计税成本与其投资额之间的差额计入当期应纳税所得额；如未结算计税成本，则将投资方的投资额视同销售收入进行相关的税务处理。

② 凡开发合同或协议中约定分配项目利润的，应按以下规定处理：

A. 企业应将该项目形成的营业利润额并入当期应纳税所得额统一申报缴纳企业所得税，不得在税前分配该项目的利润。同时不能因接受投资方投资额而在成本中摊销或在税前扣除相关的利息支出。

B. 投资方取得该项目的营业利润应视同股息、红利进行相关的税务处理。

三、合作建房税收政策

下面增值税内容，主要还是原营业税具体规定，营改增是平移的，就是不再征收营业税，改成征收增值税，税率有变化而已。

（一）增值（营业）税

参见《国家税务总局关于印发《营业税问题解答（之一）的通知》（国税函发〔1995〕156号），详细内容请查阅原文件。

问：对合作建房行为应如何征收营业税？

答：合作建房，是指由一方（以下简称甲方）提供土地使用权，另一方（以下简称乙方）提供资金，合作建房。合作建房方式一般有两种：

第一种方式是纯粹的"以物易物"，即双方以各自拥有的土地使用权和房屋所有权相互交换。具体的交换方式也有以下两种：

（一）土地使用权和房屋所有权相互交换，双方都取得了拥有部分房屋的所有权。在这一合作过程中，甲方以转让部分土地使用权为代价，换取部分房屋的所有权，发生了转让土地使用权的行为；乙方则以转让部分房屋的所有权为代价，换取部分土地的使用权，发生了销售不动产的行为。因而合作建房的双方都发生了营业税的应税行为。对甲方应按"转让无形资产"税目中的"转让土地使用权"子目征税；对乙方应按"销售不动"税目征税。由于双方没有进行货币结算，因此应当按照实施细则第十五条的规定分别核定双方各自的营业额。如果合作建房的双方（或任何一方）将分得的房屋销售出去，则又发生了销售不动产行为，应对其销售收入再按"销售不动产"税目征收营业税。

（二）以出租土地使用权为代价换取房屋所有权。例如，甲方将土地使用权出租给乙方若干年，乙方投资在该土地上建造建筑物并使用，租赁期满后，乙方将土地使用权连同所建的建筑物归还甲方。在这一经营过程中，乙方是以建筑物为代价换得若干年的土地使用权，甲方是以出租土地使用权为代价换取建筑物。甲方发生了出租土地使用权的行为，对其按"服务业——租赁业"征营业税；乙方发生了销售不动产的行为，对其按"销售不动产"税目征营业税。

第二种方式是甲方以土地使用权乙方以货币资金合股，成立合营企业，合作建房。对此种形式的合作建房，则要视具体情况确定如何征税。

（一）房屋建成后如果双方采取风险共担、利润共享的分配方式，按照营业税"以无形资产投资入股，参与接受投资方的利润分配，共同承担投资风险的行为，不征营业税"的规定，对甲方向合营企业提供的土地使用权，视为投资入股，对其不征营业税；只对合营企业销售房屋取得的收入按销售不动产征税；对双方分得的利润不征营业税。

（二）房屋建成后甲方如果采取按销售收入的一定比例提成的方式参与分配，或提取固定利润，则不属营业税所称的投资入股不征营业税的行为，而属于甲方将土地使用权转让给合营企业的行为，那么，对甲方取得的固定利润或从销售收入按比例提取的收入按"转让无形资产"征税；对合营企业按全部房屋的销售收入依"销售不动产"税目征营业税。

（三）如果房屋建成后双方按一定比例分配房屋，则此种经营行为，也未构成增值税所称的以无形资产投资入股，共同承担风险的不征营业税的行为。因此，首先对甲方向合营企业转让的土地，按"转让无形资产"征税，其营业额按实施细则第十五条的规定核定。因此，对合营企业所建设的房屋，在分配给甲乙方后，如果各自销售，则再按"销售不动产"征营业税。

甲行家点评：虽是历史，久矣！然，清晰、透彻、实用也！应学会历史地、发展地分析和解决财税问题。经济发展是延续的、有规律可循的，税收征管政策也应该是延续的、有规律可循的。

（二）土地增值税

1.《财政部　国家税务总局关于土地增值税一些具体问题规定的通知》（财税字〔1995〕第048号）

（1）关于以房地产进行投资、联营的征免税问题

对于以房地产进行投资、联营的，投资、联营的一方以土地（房地产）作价入股进行投资或作为联营条件，将房地产转让到所投资、联营的企业中时，暂免征收土地增值税。对投资、联营企业将上述房地产再转让的，应征收土地增值税。

（2）关于合作建房的征免税问题

对于一方出地，一方出资金，双方合作建房，建成后按比例分房自用的，暂免征收土地增值税；建成后转让的，应征收土地增值税。对于一方出地，一方出资金，双方合作建房，建成后按比例分房自用的，暂免征收土地增值税；建成后转让的，应征收土地增值税。

2.《财政部　国家税务总局关于土地增值税若干问题的通知》（财税〔2006〕21号）

对于以土地（房地产）作价入股进行投资或联营的，凡所投资、联营的企业从事房地产开发的，或者房地产开发企业以其建造的商品房进行投资和联营的，均不适用《财政部　国家税务总局关于土地增值税一些具体问题规定的通知》（财税字〔1995〕048号）第一条暂免征收土地增值税的规定。

甲行家点评：政策很明确，投资、联营和合作建房的，建房和建房后自己使用的，暂免征收土地增值税，均为再转让时，应征收土地增值税。但是，从事房地产开发经营的，除外、除外、除外的！

（三）企业所得税

在《房地产开发经营业务企业所得税处理办法》（国税发〔2009〕31号）文件中，明确规定：

第三十六条　企业以本企业为主体联合其他企业、单位、个人合作或合资开发房地产项目，且该项目未成立独立法人公司的，按下列规定进行处理：

（一）凡开发合同或协议中约定向投资各方（即合作、合资方，下同）分配开发产品的，企业在首次分配开发产品时，如该项目已经结算计税成本，其应分配给投资方开发产品的计税成本与其投资额之间的差额计入当期应纳税所得额；如未结算计税成本，则将投资方的投资额视同销售收入进行相关的税务处理。

（二）凡开发合同或协议中约定分配项目利润的，应按以下规定进行处理：

1. 企业应将该项目形成的营业利润额并入当期应纳税所得额统一申报缴纳企业所得税，不得在税前分配该项目的利润。同时不能因接受投资方投资额而在成本中摊销或在税前扣除相关的利息支出。

2. 投资方取得该项目的营业利润应视同股息、红利进行相关的税务处理。

第三十七条　企业以换取开发产品为目的，将土地使用权投资其他企业房地产开发项目的，按以下规定进行处理：

企业应在首次取得开发产品时，将其分解为转让土地使用权和购入开发产品两项经济业务进行所得税处理，并按应从该项目取得的开发产品（包括首次取得的和以后应取得的）的市场公允价值计算确认土地使用权转让所得或损失。

第五节　营改增若干问题的明确

2020年7月5日，笔者打开电脑后，搜索"营改增"的结果有3903个项目（含111个文件夹），至少有上万份文档。看似声势浩大波澜不惊的"营改增"，其实根本谈不上是又一次税制改革，依然是1994年分税制改革的继续，或者说营改增标志着1994年分税制改革的结束。

1994年分税制改革的主要内容，是自1994年1月起开征原营业税和增值税及消费税，这三税的前身是中华人民共和国产品税，改革开始就注定营业税是要改征增值税的，因为营业税存在着重复征税！2003年前重复征税是很严重的，随着营业税差额征税范围的不断扩大和完善，在2003年后严重的重复征税得到有效缓解但是仍然存在着，例如房地产行业中建安成本部分，建筑公司先缴纳3%"建筑业"税目的营业税，在房地产公司销售时再缴纳5%"销售不动产"税目的营业税。

2013年5月，《财政部 国家税务总局关于在全国开展交通运输业和部分现代服务业营业税改征增值税试点税收政策的通知》（财税〔2013〕37号）下发："经国务院批准，自2013年8月1日起，在全国范围内开展交通运输业和部分现代服务业营改增试点。"由此拉开中国营业税改征增值税的序幕，至今营改增尚未结束，依然是进行时……

2017年11月，《中华人民共和国营业税暂行条例》废止，这只是废止营业税。原征收营业税的行业如何征收增值税，还在初步完善中。营改增何时结束？甲行家的观点是：《中华人民共和国增值税法》颁布实施之日，则营业税改征增值税结束之时！

下面这句话，是《财政部 国家税务总局关于全面推开营业税改征增值税试点的通知》（财税〔2016〕36号 发布日期：2016-03-23）中最后一条，也是最最重要的一句话。"第五十五条 纳税人增值税的征收管理，按照本办法和《中华人民共和国税收征收管理法》及现行增值税征收管理有关规定执行。"其中的"现行增值税征收管理有关规定"如何准确认识和正确理解呢？

应该是：2016年5月1日起实施营改增的相关行业，如房地产、建筑安装、文化体育等，自2016年5月1日起开始缴纳增值税时，适用的不只是36号文件及后续相关规定，而是1994年1月1日开始征收增值税至今的所有关于增值税的有效文件的相关规定。

这是营改增最重要的一句话，然而几年时间过去了，又有多少位财税执业人员真正关注到和准确理解这条规定呢？！

一、记住这段重复征税的历史

重复征税是指对同一征税对象课征多种税或实行多次征税。重复征税违背税收的合理负担原则，是科学合理的税收制度中不应该出现的，也是一个国家在制定税收制度时应力求避免的。1994年工商税制改革后的营业税时代，是重复征税的时代（1994年1月至2016年4月），需要记住这段重复征税的历史。

（一）1994年分税制改革概述

这是新中国成立以来规模最大、范围最广、内容最深刻、力度最强的工商税制改革。第一阶段（1994年至2000年），全面税制改革；第二阶段（2001年至2007年），费改税和简并税种；2008年以后，留下一个较难解决的问题：营业税重复征税。

第一阶段（1994年至2000年），全面税制改革。

1. 全面改革流转税。以实行规范化的增值税为核心，相应设置消费税、营业税，建立新的流转税课税体系，对外资企业停止征收原工商统一税，实行新的流转税制。

2. 对内资企业实行统一的企业所得税。取消原来分别设置的国营企业所得税、国营企业调节税、集体企业所得税和私营企业所得税，同时，国营企业不再执行企业承包上缴所得税的包干制。

3. 统一个人所得税。取消原个人收入调节税和城乡个体工商业户所得税，对个人收入和个体工商户的生产经营所得统一实行修订后的《个人所得税法》。

4. 调整、撤并和开征其他一些税种。如：调整资源税、城市维护建设税和城镇土地使用税；取消集市交易税、牲畜交易税、烧油特别税、奖金税和工资调节税；开征土地增值税、证券交易印花税；盐税并入资源税，特别消费税并入消费税。

改革后的税种设置由原来37个减少为23个，初步实现了税制简化、规范和高效统一。

第二阶段（2001年至2007年），费改税和简并税种。

2001年以后，随着社会主义市场经济的不断完善，中国又推行了以"费改税"、内外资企业所得税合并、增值税的转型为主要内容的税制改革。

1. 税费制度调整中的"费改税"，将一些具有税收特征的收费项目转化为税收。例如：自2001年1月1日起在全国范围内征收车辆购置税，开征的同时，取消了车辆购置附加费。2006年3月14日，第十届全国人大第四次会议通过决议，宣布在全国范围内取消农业税。

2. 内外资企业所得税的合并。制定适应中国市场经济发展要求和国际发展趋势的企业所得税法，2007年3月16日，第十届全国人大第五次会议审议通过了《中华人民共和国企业所得税法》，结束了企业所得税法律制度对内外资分立的局面，逐步建立起一个规范、统一、公平、透明的企业所得税法律制度。

3. 修改过的《城镇土地使用税暂行条例》也于2007年1月1日起正式实施。这次修改将外商投资企业和外国企业也纳入了城镇土地使用税的纳税人范围，同时根据社会经济的发展情况，将税额标准也做了提高；2006年4月28日国务院还公布了《烟叶税暂行条例》，对烟叶的收购实行20%的比例税率。这样，截至2007年底，中国现行税制中的税种设置进一步减少为18个，税制更加规范和统一。

留下一个亟待解决的问题：营业税的重复征税。

（二）重复征税

【重复征税】是指对同一征税对象课征多种税或实行多次征税。其表现形式包括：（1）对同一商品流转额课征多种税；（2）在商品流转的各个环节多次课征同一种税；

(3) 在生产环节中对原材料、半成品及产成品等道道征税；(4) 两个以上国家对同一课税对象同时行使税收管辖权，所造成的国际间双重课税。

营业税的重复征税是属于"（1）对同一商品流转额课征多种税和（3）在生产环节中对原材料、半成品及产成品等道道征税"，例如：水泥，在生产环节出厂征增值税（原税率17%，税负率约5%）；该水泥在建筑公司施工使用后，征收"建筑安装"税目的营业税（原税率3%，税负率3%）；改征增值税后，这个3%营业税就没有了！该水泥在房地产开发公司在销售商品房时候，又要征"销售不动产"税目的营业税（原税率5%，税负率5%）；改征增值税后，这个5%营业税就也没有了！

是否存在重复征税是判别一个国家或地区税收制度是否科学和是否合理的基本标准，是判别一个税种是否合理准确的客观依据，存在重复征税是影响经济发展和政治安全的不确定因素，很关键。根据税收管辖权的不同和国家政权界限的客观存在，重复征税可以分为国内重复征税和国际重复征税。重复征税的存在，既不利于国内经济发展，更不利于国际贸易。原营业税就是存在重复征税的。

【国际重复征税】国际重复征税（International Double Taxation）是"国内重复征税"的对称，主要是指两个或两个以上国家或地区各自依据自己的税收管辖权在同一纳税期内，对同一或不同跨国纳税人的同一征税对象或税源所进行的同时征税。国际重复征税使跨国纳税人负担了双重甚至多重税收，必然削弱其国际竞争能力，影响其从事跨国投资的积极性，从而不利于国际间人、财、物的合理流动和加强国际经济分工合作的顺利进行。

国际重复征税产生的前提条件：一是纳税人，包括自然人和法人，拥有跨国所得，即在其居住国以外的国家取得收入或占有财产；二是两国对同一纳税人都行使税收管辖权。

两国对同一纳税人重复管辖，主要是一国按居民税收管辖权，另一国按收入来源地税收管辖权，对同一纳税人的同一所得重复征税。

二、营改增存在的问题与建议

2013年5月至2019年11月，从交通运输业和部分现代服务业全国试点到增值税法征求意见稿的征求意见，历时七载的营业税改征增值税，可谓相当不易。

（一）营改增概述

1. 2003年1月，《财政部　国家税务总局关于营业税若干政策问题的通知》（财税〔2003〕16号）明确，关于营业额问题的二十项内容中，涉及差额征税的有十四项。随着差额征税的逐步明确，营业税重复征税问题得到一定程度缓解。

2. 为进一步深化1994年分税制改革，解决增值税和营业税并存导致的重复征税问题，2011年10月，国务院决定开展营改增试点，逐步将征收营业税的行业改为征收增值税。2012年1月1日起,率先在上海实施了交通运输业和部分现代服务业营改增试点。2012年9月1日至2012年12月1日,交通运输业和部分现代服务业营改增试点由上海市分4批次扩大至北京市、江苏省、安徽省、福建省(含厦门市)、广东省(含深圳市)、天津市、浙江省(含宁波市)、湖北省等8省(直辖市);2013年5月,《财政部 国家税务总局关于在全国开展交通运输业和部分现代服务业营业税改征增值税试点税收政策的通知》(财税〔2013〕37号)明确,经国务院批准,自2013年8月1日起,在全国范围内开展交通运输业和部分现代服务业营改增试点。

3. 2016年3月,《财政部 国家税务总局关于全面推开营业税改征增值税试点的通知》(财税〔2016〕36号)明确,经国务院批准,自2016年5月1日起,在全国范围内全面推开营业税改征增值税(简称营改增)试点,建筑业、房地产业、金融业、生活服务业等全部营业税纳税人,纳入试点范围,由缴纳营业税改为缴纳增值税。

4. 2017年11月,《国务院关于废止〈中华人民共和国营业税暂行条例〉和修改〈中华人民共和国增值税暂行条例〉的决定》(国务院令第691号),国务院决定废止《中华人民共和国营业税暂行条例》,同时对《中华人民共和国增值税暂行条例》作了修改。

5. 2019年11月,财政部、国家税务总局关于《中华人民共和国增值税法(征求意见稿)》向社会公开征求意见。

营改增经历了"部分行业部分地区试点、部分行业全国试点、全部征收营业税行业全国试点和营业税全国废止"四个阶段。

【营改增逸事·趣闻】

2016年5月1日,全国各地原国家税务局网站,被"第一张××省、第一张××省(自治区、直辖市)××区(市、县)税务局的增值税发票"刷屏,真是"喜闻乐见、大快人心、普天同庆、奔走相告"。从2013年开始到2016年,整整四年,全国各地各个财税培训机构欢天喜地地培训了一轮又一轮的"营改增",财税讲师的课酬水涨船高,赚得盆满钵满,把原征收营业税的财税人员讲得晕头转向、手足无措。

【全面推开营改增试点的意义?】

营改增是供给侧结构性改革的重要举措,在前期试点成效显著的基础上,全面推开营改增试点,覆盖面更广,意义更大。具体体现在以下四个方面。

一是实现了增值税对货物、劳务、服务和无形资产(让渡资产使用权)的全覆盖,基本消除了重复征税,打通了全社会全行业所有企业的增值税抵扣链条,促进了社会化再分工的细化和深化协作,有力地支持了服务业发展和制造业转型升级;

二是将不动产纳入抵扣范围,比较完整地实现了规范的消费型增值税制度,有利于扩大企业投资,增强企业经营活力;

三是进一步减轻企业税负,实现"降成本",用短期财政收入的"减"换取持续

发展势能的"增",为保持经济增长、产业升级迈向中高端水平打下了坚实基础;

四是创造了更加公平、中性的税收环境,有效释放市场在经济活动中的作用和活力,在推动产业转型、结构优化、消费升级、创新创业和深化供给侧结构性改革等方面将发挥重要的促进作用。

(二) 亟待解决的问题

营改增的最大特点是减少重复征税,可以促使社会形成更好的良性循环,有利于企业降低税负。

1. 完善进项税额扣除规定,实现金融行业的全部营改增

【纳税人问】请问营改增以后,我们公司支付贷款利息取得银行开具的增值税发票,能用来抵扣进项税吗?

【国家税务总局答】按照《营业税改征增值税试点实施办法》的规定,无论是试点纳税人,还是原增值税纳税人,购进贷款服务的进项税额,不论是否能取得发票,都是不允许从销项税额中抵扣的。

金融是经济运行的血液。金融业是指经营金融商品的相关行业,包括银行业、证券业、保险业、信托业和租赁业等。2016年5月1日,全面"营改增",实现了增值税征收范围的全覆盖。使中国的增值税税制实现了从半消费型(部分固定资产进项税额准许抵扣)到消费型增值税的转变。在营业税税制环境下,金融业适用税率5%。在增值税税制环境下,金融业一般纳税人适用税率6%,小规模纳税人适用征收率3%(含特定金融机构中的一般纳税人的可选择简易计税方法的金融服务)。

以商业银行为例,在营业税制下的计税基础是营业收入。营业收入主要包括三大类型,利息收入、手续费及佣金收入和其他净收益。中国商业银行利润的主要来源是贷款的利差,即利息收入,多年来,净利息收入占总营业收入的比例一直保持在70%以上。商业银行第二大收入来源,是中间业务。手续费及佣金收入是商业银行长期以来主要的中间业务,也是商业银行转型发展的重点。

金融业可抵扣范围很广,主要有信息系统软硬件及维护费、网络传输费用、外包的呼叫中心服务费用、广告、宣传费用、安保、押运费用、不动产的购置、租赁、修缮、装潢费用、各类办公用品、水电费等运营支出,购买交通运输车辆等费用,其抵扣税率为6%、9%和13%。

营改增后,金融业与实体经济的增值税抵扣链条并未完全打通,尚未实现金融行业的全部或彻底营改增问题,也客观存在着。

目前,金融企业是一般纳税人,其提供贷款服务所取得的全部利息及利息性质的收入都要计算销项税额,但是贷款利息支出也就是接受贷款方向贷款方支付的利息费,以及与该笔贷款直接相关的投融资顾问费、手续费、咨询费等费用,其进项税额不得从销项税额中抵扣。这就意味着金融业尤其是银行业与实体经济之间的增值税抵扣链

条并未完全打通，银行提供贷款服务发生的相关业务成本相当一部分需要银行自身消化，而不能通过增值税扣税链条转嫁给被服务对象。

因此，贷款利息支出不允许抵扣进项税额的规定，未能实现增值税抵扣链条的全部抵扣，既增加了金融业下游企业的负担，也影响银行等金融机构的收益。

2. 规范简易计税适用范围，完善进项税额计算扣除机制，实现建安行业的全面营改增

2016年5月1日后，建筑安装行业增值税一般纳税人可以选择简易计税的范围包括以下四种：

（1）以清包工的方式提供建筑服务项目的一般纳税人，可以选择用简易计税的方法进行计税；

上述所指的是施工方不采购建筑工程所需要的材料或是只采购辅助的材料，且收取人工费用、管理费用或者其他费用的建筑服务项目。

（2）为甲供工程提供的建筑服务项目的一般纳税人，可以选择简易计税方式来计税；

甲供工程即指全部或是部分设备、材料、动力由工程发包方自己自行进行采购的建筑工程。

（3）为建筑工程老项目所提供的建筑服务项目的一般纳税人，可选简易计税方法进行计税；

所谓建筑工程的老项目，解释如下：①《建筑工程施工许可证》标注的合同开工的日期在2016年4月30日期限之前的建筑工程项目；②没有取得《建筑工程施工许可证》许可资质的，建筑工程中承包合同所标注的开工日期在2016年4月30日期限之前的建筑工程项目。

（4）跨县（市）提供建筑服务的一般纳税人，选择适用简易计税方法计税的，应当将取得的全部价款于价外费用扣除支付的分包款后的余额作为销售额，依照3%的征收率来计算应纳税额。纳税人需依据上述的计税方法在建筑服务的发生地预缴税款之后，向机构所在地主管税务机关申请纳税申报。

仅仅一年后，2017年8月，财政部和国家税务总局下发《关于建筑服务等营改增试点政策的通知》（财税〔2017〕58号）文件明确规定：

现将营改增试点期间建筑服务等政策补充通知如下：

一、建筑工程总承包单位为房屋建筑的地基与基础、主体结构提供工程服务，建设单位自行采购全部或部分钢材、混凝土、砌体材料、预制构件的，适用简易计税方法计税。

地基与基础、主体结构的范围，按照《建筑工程施工质量验收统一标准》（GB50300-2013）附录B《建筑工程的分部工程、分项工程划分》中的"地基与基

础""主体结构"分部工程的范围执行。

这不是简单的第五种简易计税，这是一个质变的规定，按照国民经济行业分类建筑业包括五大类：房屋建筑业、土木工程建筑业、建筑安装业、建筑装饰、装修和其他建筑业。"地基与基础、主体结构"是房屋建筑业、土木工程建筑业的主体，而这两个大类又是建筑业的主体。不言而喻也。

3. 全面平移延续营业税的征管规定

2018年6月15日，省级以下的原国税和原地税已经合并。营改增前地税对于原征收营业税的行业，已经积累了二十二年的管理经验和规范完善的政策规定。营改增后，没有做到全面平移，现在还是试点中，而且已经合并，亡羊补牢并不晚。比如：营业税的差额征税、房地产行业营业税的"收付实现制式"的确认纳税义务发生时间、建筑业的异地经营管理办法等等。改革并不是简单地否定过去！

（三）完善增值税税制的建议

由单一的凭票扣除或者是以凭增值税专用发票等抵扣凭证抵扣进项税额为主的模式，增加类似农产品计算扣除进项税额的计算扣除法，变成"凭票扣除＋计算扣除"的模式，这样可以有效解决建筑业和金融业的尚未全面（彻底）营改增的问题。

三、房地产业营改增若干问题的明确

营改增后，即2016年5月1日后，原各省（自治区、直辖市及计划单列市）国家税务局，纷纷出台《××营改增政策指引》，或者是《××营改增问题解答》、《××营改增政策答疑》之类的文章。指引也好，解答也罢，都不是财政部或国家税务总局的文件，可以理解为是各省、自治区、直辖市（计划单列市）的原国家税务局的政策执行口径和指导意见，仅此而已，是否准确依然是以相关税法、实施条例或细则、行政法规及规定（就是国家税务总局及以上的）为准的。下面，归集整理了房地产开发经营行业的六类十八个典型营改增问题：

（一）老项目简易计税，因没有进项税可扣，维持原营业税税负

1. 营改增后购置不动产取得的进项税额应如何抵扣？

答：按照《营业税改征增值税试点有关事项的规定》（财税〔2016〕36号附件二）第一条第（四）款，适用一般计税方法的试点纳税人，2016年5月1日后取得并在会计制度上按固定资产核算的不动产或者2016年5月1日后取得的不动产在建工程，其进项税额应自取得之日起分2年从销项税额中抵扣，第一年抵扣比例为60%，第二年抵扣比例为40%。

取得不动产，包括以直接购买、接受捐赠、接受投资入股、自建以及抵债等各种形式取得不动产，不包括房地产开发企业自行开发的房地产项目。

融资租入的不动产以及在施工现场修建的临时建筑物、构筑物，其进项税额不适

用上述分 2 年抵扣的规定。

2. 营改增试点纳税人发生增值税应税行为适用免税、减税的能放弃免税、减税吗？

答：根据《财政部 国家税务总局关于全面推开营业税改征增值税试点的通知》（财税〔2016〕36 号）的规定，纳税人发生应税行为适用免税、减税规定的，可以放弃免税、减税，并按照有关规定缴纳增值税。放弃免税、减税后，36 个月内不得再申请。

3. 营改增试点纳税人发生应税行为同时适用免税和零税率的可以进行选择吗？

答：按照财税〔2016〕36 号文件的规定，纳税人发生应税行为同时适用免税和零税率规定的，纳税人可以选择适用免税或者零税率。

（二）房地产开发经营业是差额征税

4. 房地产开发企业扣除土地价款有何具体规定？

答：允许扣除的土地价款包括房地产开发企业一般纳税人的新项目和选择一般计税方法的老项目，应建立台账登记土地价款的扣除情况，扣除的土地价款不得超过纳税人实际支付的土地价款。

房地产开发企业一般纳税人老项目选择适用一般计税方法的，其 5 月 1 日后确认的增值税销售额，可以扣除对应的土地出让价款。可以扣除的土地价款是指向政府、土地管理部门或受政府委托收取土地价款的单位直接支付的土地价款，也包括缴纳的契税和向政府缴纳的其他费用。

房地产开发企业分公司在项目发生地办理税务登记，因总公司与政府签订开发合同，土地价款由总公司名义支付，房地产开发企业分公司凭土地出让金凭证原件按规定扣除土地出让价款。在税制设置上，允许房地产开发企业扣除支付给政府的土地出让金，只是针对一般计税房地产项目，如果简易计税房地产项目，土地出让金照样不可以扣，在房地产项目增值税管理办法里有具体规定。

随后，可扣除范围有所扩大。

5. 房地产企业的开发项目在营改增前拆迁动工，营改增后开发项目竣工。房地产企业按照拆迁安置协议的约定，向原居民无偿转让的回迁安置房是否缴纳增值税？如果要缴纳增值税，应按什么价格作为增值税的计税依据？

答：房地产开发公司对被拆迁户实行房屋产权调换，其实质是以不动产所有权为表现形式的经济利益的交换，不论是根据营业税税收政策，还是根据营改增税收政策，都应按"销售不动产"税目纳税。对于营改增后办理产权转移手续的拆迁安置房，由于房地产企业在营改增前未向原居民收取房屋价款，按照营业税纳税义务发生时间的规定不需要缴纳营业税。根据营改增试点实施办法中增值税义务发生时间的相关规定，房地产企业应以与原居民办理房屋产权转移手续的时间作为增值税纳税义务发生时间，按规定计算缴纳增值税。

根据国家现行法律法规规定，以招拍挂方式出让的土地，政府应以"熟地"出让，并主导完成此拆迁补偿工作。也就是说，负责拆迁工作的主体是政府而不是房地产开发商。但在实务操作中，因政府没有精力或者不愿意先期投入资金进行土地一级开发等原因，拆迁安置和"三通（或七通）一平"等基础工作是由房地产开发企业完成的。因此，需要根据房地产支付地价款的具体方式确定拆迁还原房的计税依据。对于采取"净挂毛交"方式出让的土地，即以净地招拍挂，而实际交付的是毛地，政府再以土地出让金返还形式返给开发企业资金用于拆迁安置的，房地产公司拿地后在红线内建造安置房，完工后交付给被拆迁户，实为向政府销售安置房，政府以此安置房补偿被拆迁户。因此，房地产拆迁安置房的计税依据应为收到的政府返还的拆迁安置款与原居民支付的超出拆迁安置面积的差价款之和。

对拆迁安置房的计税价格，可参照原营业税政策的相关规定，对拆迁协议内约定偿还给原居民的房屋面积，以房屋的成本价作为增值税的计税依据，房屋成本价=（房屋建造成本+房屋土地成本）×（1+成本利润率）；对原居民支付的超出拆迁安置面积部分的差价款，以实际收到的价款作为计税依据。

6. 房地产企业一次拿地，分期开发。目前，只拿了第一期的施工许可证。在第一期预售时，由于后期的规划及许可证均未下来，也不知道后期的可售面积有多大，其在第一期销售时土地价款如何扣除？（即第一期可售面积占总面积的比例无法确定）按什么方法扣除？

答：房地产企业一次性购地，分次开发，可供销售建筑面积无法一次全部确定的，按以下顺序计算当期允许扣除分摊土地价款：

（1）计算出已开发项目所对应的土地出让金：已开发项目所对应的土地出让金=土地出让金×（已开发项目占地面积÷开发用地总面积）

（2）再按照以下公式计算当期允许扣除的土地价款：当期允许扣除的土地价款=（当期销售房地产项目建筑面积÷房地产项目可供销售建筑面积）×已开发项目所对应的土地出让金。当期销售房地产项目建筑面积，是指当期进行纳税申报的增值税销售额对应的建筑面积。房地产项目可供销售建筑面积，是指房地产项目可以出售的总建筑面积，不包括销售房地产项目时未单独作价结算的配套公共设施的建筑面积。

（3）按上述公式计算出的允许扣除的土地价款要按项目进行清算，且其总额不得超过支付的土地出让金总额。

7. 纳税人转让土地使权如何纳税？

答：纳税人在转让建筑物或者构筑物时一并转让其所占土地的使用权的，按照销售不动产缴纳增值税。

纳税人仅转让土地使用权的，应按"销售无形资产——转让土地使用权"税目缴纳增值税，具体分以下两种情况：

（1）根据财税〔2016〕47号文件规定，纳税人转让2016年4月30日前取得的土地使用权，可以选择适用简易计税方法，以取得的全部价款和价外费用减去取得该土地使用权的原价后的余额为销售额，按照5%的征收率计算缴纳增值税。

（2）纳税人发生除财税〔2016〕47号文件规定情形以外的转让土地使用权行为，一般纳税人应以销售额全额按适用税率即11%计算缴纳增值税，小规模纳税人应以销售额全额按3%的征收率计算缴纳增值税。

（三）预缴与跨区经营的相关问题

8. 建筑公司总部在北京，项目施工地在河北，以往都在河北的地税局缴纳营业税，营改增后，纳税地点有变化吗？增值税怎么缴呢？

答：从普遍规定上讲，增值税的纳税地点与营业税的纳税地点确实有所不同。增值税是在机构所在地纳税，而营业税制下，建筑企业是在劳务发生地纳税。营改增后，对建筑企业的增值税纳税地点，做出了衔接性的征管安排如下：

即，建筑企业在项目施工地，先向当地"国税机关"按一定比例预缴税款；回到机构所在地，进行完整的税款核算后，还需要再按规定向机构所在地主管"国税机关"申报缴纳增值税，项目施工地已预缴的税款，可以在机构所在地申报纳税时予以抵减。

您的公司在机构所在地主管国税机关登记为增值税一般纳税人，项目施工地的预缴比例是2%；如果登记为增值税小规模纳税人，或是适用简易计税方法的一般纳税人，项目施工地的预缴比例是3%。并且，如果您的公司在河北的项目还有分包，那么分包支出在计算预缴税款时，还可以从项目的营业额中扣除。

计算公式：预缴税款=（项目营业额-分包支出）×预缴比例。

9. 青岛市范围内房地产开发企业跨县（市、区）销售自行开发房产如何预缴税款？

答：青岛市范围内房地产开发企业跨县（市、区）销售自行开发的房地产项目的，应在项目所在地预缴税款。

2016年5月1日以后，新发生的青岛市范围内房地产开发企业跨县（市、区）销售自行开发的房地产项目的，需在机构所在地主管国税机关办理《外出经营活动税收管理证明》，向在建项目发生地主管国税机关进行报验登记，参照销售不动产的预缴税款处理规定，在项目所在地按照5%进行预缴，回机构所在地办理纳税申报，并自行开具增值税发票。对需要代开具增值税专用发票的，可向项目所在地主管国税机关申请代开增值税专用发票。

10. 房地产开发企业采取预收款方式销售所开发的房地产项目，如何预缴增值税？

答：根据《财政部　国家税务总局关于全面推开营业税改征增值税试点的通知》

（财税〔2016〕36 号）规定，房地产开发企业采取预收款方式销售所开发的房地产项目，在收到预收款时按照 3%的预征率预缴增值税。

11. 营改增后，一般纳税人销售自行开发的房地产项目，预缴和申报应怎么操作？

答：根据《国家税务总局关于发布〈房地产开发企业销售自行开发的房地产项目增值税征收管理暂行办法〉的公告》（国家税务总局公告 2016 年第 18 号）的规定，一般纳税人采取预收款方式销售自行开发的房地产项目，应在取得预收款的次月纳税申报期，按照 3%的预征率向主管国税机关预缴税款。

一般纳税人销售自行开发的房地产项目适用一般计税方法计税的，应按照规定的增值税纳税义务发生时间，以当期销售额和 11%的适用税率计算当期应纳税额，抵减已预缴税款后，向主管国税机关申报纳税。未抵减完的预缴税款可以结转下期继续抵减。

一般纳税人销售自行开发的房地产项目适用简易计税方法计税的，应按照规定的增值税纳税义务发生时间，以当期销售额和 5%的征收率计算当期应纳税额，抵减已预缴税款后，向主管国税机关申报纳税。未抵减完的预缴税款可以结转下期继续抵减。

（四）"新从新、旧从旧"是营改增的基本原则

12. 房地产开发企业同时存在多个项目的能否分别选择简易计税和一般计税方法？

答：对于房地产开发企业一般纳税人同时存在多个项目，符合选择简易计税规定的，可以按照项目分别选择简易计税和一般计税。

13. 关于房地产企业将自行开发的产品用于出租，增值税是否适用简易计税，适用条件如何？

答：关于这个问题，《财政部 国家税务总局关于全面推开营业税改征增值税试点的通知》（财税〔2016〕36 号）以及《国家税务总局关于发布〈纳税人提供不动产经营租赁服务增值税征收管理暂行办法〉》（国家税务总局公告 2016 年第 16 号）已经对此进行了明确，房地产开发企业如果是小规模纳税人，其出租不动产应适用简易计税方法；如果是一般纳税人，则要根据取得不动产的时间来判定，2016 年 4 月 30 日前取得的不动产属于"老"的不动产，可以选择适用简易计税方法；2016 年 5 月 1 日以后取得的不动产属于"新"的不动产，出租时适用的是一般计税方法。

14. 房地产开发企业跨区经营的所得税，如何申报缴纳？

答：房地产开发企业跨区经营的所得税管理，属于跨省经营的，2013 年度汇算，根据国家税务总局 2013 年第 57 号公告，按照"统一计算、分级管理、就地预缴、汇总清算、财政调库"的办法计算缴纳企业所得税，分支机构应在项目所在地按月或按季预缴企业所得税。

跨地区经营房地产企业，可以不办理营业执照，以项目部模式经营。房地产开发企业合法的项目部不属于独立纳税人，不在项目所在地纳税，应汇总由总机构统一汇

算清缴所得税。

（五）开具发票问题

15. 房地产开发企业收取预收款，如何开具发票？

答：第一种处理方式：按照有关规定，房地产开发企业采取预收款方式销售自行开发的房地产项目，应在收到预收款时按照3%的预征率预缴增值税。2016年5月1日以后，为保证不影响购房者正常业务办理，允许房地产开发企业在收到预收款时，向购房者开具增值税普通发票，待正式交易完成时，对预收款时开具的增值税普通发票予以冲红，收回原发票，同时开具全额的增值税发票。

根据《营业税改征增值税试点实施办法》的规定，房地产开发企业采取预收款方式销售自行开发的房地产项目，应在收到预收款时按照3%的预征率预缴增值税。

第二种处理方式：营改增后，为保证不影响购房者正常业务办理，允许房地产开发企业在收到预收款时，向购房者开具增值税普通发票，在开具增值税普通发票时暂选择"零税率"开票，在发票备注栏单独备注"预收款"。开票金额为实际收到的预收款全款，待下个月申报期内通过《增值税预缴税款表》进行申报并按照规定预缴增值税。在申报当期增值税时，不再将已经预缴税款的预收款通过申报表进行体现，将来正式确认收入开具不动产销售发票时也不再进行红字冲回。

16. 房地产开发企业已缴纳营业税，需补开增值税发票如何开具？

答：房地产开发企业销售自行开发的房地产项目，其2016年4月30日前收取并已向主管地税机关申报缴纳营业税的预收款，未开具营业税发票的，可以开具增值税普通发票，不得开具增值税专用发票。补开的增值税普通发票应在备注栏注明"补开营业税发票"。

根据《国家税务总局关于发布〈房地产开发企业销售自行开发的房地产项目增值税征收管理暂行办法〉的公告》（国家税务总局公告2016年第18号）第十七条和第二十四条的规定，一般纳税人和小规模纳税人销售自行开发的房地产项目，其2016年4月30日前收取并已向主管地税机关申报缴纳营业税的预收款，未开具营业税发票的，可以开具增值税普通发票，不得开具增值税专用发票。根据《关于营改增试点若干征管问题的公告》（国家税务总局公告2016年第53号）第九条第十一项规定，增加6"未发生销售行为的不征税项目"，用于纳税人收取款项但未发生销售货物、应税劳务、服务、无形资产或不动产的情形。"未发生销售行为的不征税项目"下设601"预付卡销售和充值"、602"销售自行开发的房地产项目预收款"、603"已申报缴纳营业税未开票补开票"。使用"未发生销售行为的不征税项目"编码，发票税率栏应填写"不征税"，不得开具增值税专用发票。

（六）计税依据问题

17. 营改增后，合同贴花时，如何确定印花税的计税依据？

答：各地执行口径仍按照印花税条例规定，依据合同所载金额确定计税依据。合同中所载金额和增值税分开注明的，按不含增值税的合同金额确定计税依据，未分开注明的，以合同所载金额为计税依据。关于增值税免税情形下计税依据问题免征增值税的，确定契税、房产税和土地增值税计税依据时，其成交价格、租金收入、转让房地产取得的收入，均不扣减增值税额。

18. 营改增后，如何核定计税价格？

答：在计征契税、房产税、土地增值税等税种时，税务部门对纳税人申报的成交价格明显偏低又无正当理由的，有权核定计税价格。这次通知中明确规定税务部门核定的计税价格或收入不含增值税，这样方便基层征收窗口人员操作，提高征管效率。营改增后，对免征增值税的二手房纳税申报，合同价格就是不含税价格，税务部门在受理时，可直接与评估价格相比较，依据孰高原则，确定计税价格。

备注：因上述问题是在2018年6月15日原国税和原地税合并之前的答复，所以，表述为项目所在或机构所在地的国（地）税机关。

岁月留痕，下面附件是营改增的培训课程大纲和随思随感与随笔。

附件一：

只有准确认识　　才能坦然面对

营改增后建筑安装行业的经营风险★纳税规划★实务应对

（湖南·2017年4月）

一年过去，只变得更困惑和迷茫。"营改增"对于建筑安装行业的影响是无比深远的，甚至是颠覆性的，如何准确梳理增值税制下建筑施工企业存在的各类问题，如何规避营改增后的经营风险，远离虚开专票并化解涉税风险呢？

抓住焦点——专票、税率和税负率！建安行业的增值税税负比营业税税负减轻多少？！"从5月1日起，将营改增试点范围扩大到建筑业、房地产业、金融业、生活服务业，并将所有企业新增不动产所含增值税纳入抵扣范围，确保所有行业税负只减不增。"——2016年两会《政府工作报告》。事实是！

剖析难点——"新老项目交替"的会计核算与涉税处理！营改增后支付"拖欠供应商材料款、支付拖欠工程款、收回老项目拖欠工程款（应收账款）"的涉税处理，营改增前的在建项目或未完工项目营改增后的涉税处理，营改增后会计核算的真正风险点是那些？如何甄别和判断增值税的伪筹划？！

不是答案的答案，不是方法的方法！

不仅解答您想知道的，而且告诉您不知道的！

贾忠华，国家税务总局《房地产开发经营业纳税评估模型及案例》主编，国家税务总局编写全国税务系统业务能力培训教材《房地产税收管理实务》（2015年11月）主审之一，中央财经大学财政税务学院研究生"税务风险管理"课程讲师，中国注册税务师协会特聘"纳税评估理论与实务"讲师。双"四位一体"的"双职"优秀财税讲师，具有丰富的经历——"税务所、县市局、省局和总局"四级；经验——"税款征收、日常征管、纳税评估（风险防控）和税务稽查"四位一体；专著——《房地产开发经营业纳税评估模型的应用与操作实务》（2012-7）、《税源专业化管理》（2014-10）、《纳税评估理论与实务》（2019-11）和《税务管理信息系统概论》。对整体税收征管发展趋势、税源专业化管理、税收程序性管理、税务风险管理、企业纳税风险预防与控制、税务行政复议与诉讼、纳税规划与反税收筹划等均有务实准确的认识和研究成果。

一、营停征与增开征

1. 准确认识增值税，这是开启营改增之门的第一步
2. 营业税与增值税的代扣代缴，相同的概念确是南辕北辙的内容
3. 建筑安装行业划分标准和依据
4. 增值税的计算方法

★准确务实的理论认识是实务的基础和条件

二、原始凭证与专用发票

5. 增值税扣税凭证
6. 增值税专用发票的管理、使用、抵扣以及风险管控
7. 合同控税•以票控税•信息管税
8. 专用发票的案例点评

★纳税义务是法定的，与真实经营结果和准确会计核算是绑定的

三、行政处罚与刑罚

9. 您和公司面临的纳税风险
10. 虚开发票行为的罪与罚
11. 盲目筹划是作茧自缚
12. 逃税罪的认定与处罚

★蝇头小利，得不偿失

四、预征率、税率和税负率

13. 纳税人实行简易征税办法适用的征收率
14. 为什么预征？预征率是如何算出来的？
15. 一般纳税核算下的预征税款能进行其他增值税应税抵顶吗？

16. 税务局为什么总是拿税负率说事？

★多地的国地税共同管理是福还是祸？

五、"新从新、旧从旧"的会计核算与涉税处理

17. 您在营改增后的账怎么做？做对了吗？

18. 营改增前已经完工的项目，但未与业主进行工程结算，营改增后支付工程款的税务处理

19. 新老项目衔接——账务如何处理？老的账务处理应该怎么走？

20. 营改增前的在建项目或未完工项目营改增后的涉税处理

六、重点关注问题与困惑

21. 营改增前购买建筑材料已经用于建设工程，营改增后支付拖欠供应商材料款如何涉税处理？

22. 老项目在营改增后继续施工发生的增值税进项税能否抵扣？

23. 逾期增值税扣税凭证如何抵扣及未按期申报抵扣增值税扣税凭证如何处理？

附件二：

2016 年营改增随笔

营改应该智者赢，
只问沉浮谁该主。
增值只增圣贤之，
急功近利不当时。

营改增随笔之一（2016 年 3 月）

营业谁赢赢谁，
增值增谁谁增。
智者传道授业，
愚者自娱自乐。
财税厚积薄发，
能力日积月累。
涛斌骏樊赵甲，
胸怀坦荡自主。

营改增随笔之二（2016 年 4 月）

营改本该泰然之，
运筹帷幄失佳时。
乱象环生何时止？
扪心自问杞人痴！

营改增随笔之三（2016 年 5 月）

忆昨日平分秋色，
看明朝大权旁落。
地官员手足无措，
国税官措手不及。
营停增开本无错，
官僚喜功黯失色。
渐行渐近日常事，
营改终归智者赢！

营改增随笔之四（2016 年 6 月）

忆昨日波澜不惊，
思今朝错乱不堪。
盼明日遥遥无期，
唯恪守实事求是。
时间是灵丹妙药，
经历才刻骨铭心。
能力非一蹴而就，
心态必泰然处之。

营改增随笔之五（2016年7月）

第六节　行业应缴纳税费汇总

房地产开发经营的特点及其产品（如商品房）的特殊性，决定了在房地产开发经营的各个阶段和运作环节，其财务核算的固有特性。本节主要是讲在房地产开发经营过程中，按照时间进程，梳理一下"拿地—施工—销售—持有"四个阶段的应缴纳税费情况，即各阶段应缴纳税费汇总。

一、行业财务核算的内容和特点

（一）财务核算的主要内容

房地产开发经营的行业财务核算，无论是主要内容还是特点，在房地产开发不同阶段的侧重点各有不同。简单来讲，房地产开发经营过程可分为项目设立（拿地）阶段、施工开发（建设）阶段、房地产销售阶段和售后服务（持有）阶段，前三个阶段一般是需要4至6年。

1. 项目设立（拿地）阶段

成立新的房地产开发企业必须按规定办理有关登记注册手续，包括办理企业名称登记、验资、银行开户及各项登记等。因此，该阶段的财务核算重点是注册资本金（投资）、募集筹集（负债）运营资金与筹建费用的核算，核算的难点是对投资方投入的非现金资产（包括存货、固定资产、无形资产）的如何估值计价入库的财务核算。具体体现在：

（1）取得土地使用权的核算。取得土地使用权是房地产企业开发房地产的前提，土地成本也是开发产品成本的主要组成部分，因此加强土地成本的核算显得尤为重要，在财务核算中要注重不同方式下取得土地的核算区别。核算难点是非招拍挂方式取得土地使用权的财务核算，如股权转让方式、合作建房方式等。

（2）取得项目借款的核算。由于房地产开发项目资金需求量较大，项目借款期限较长，在会计上作"长期借款"核算。为了反映和监督企业长期借款的借入、应计利息和归还本息的情况，应设置"长期借款"科目。核算难点与重点不是对借款利息费用的核算，包括利息费用的费用化与资本化的计算和处理，而是假股权真债权的假股实（真）债、"出资、出地、出资质"的双方或三方合作建房方式等。

2. 施工开发（建设）阶段

（1）开发前物资准备。包括为开发商品房而购置原材料、固定资产等，财务核算要点是对购入物资的计价及领用发出时的成本核算。

（2）房地产开发成本的核算。这是指企业将开发一定数量的商品房所支出的全部费用按成本项目进行归集和分配，最终计算出开发项目总成本和单位建筑面积成本的过程。主要包括土地开发成本、房屋开发成本、配套设施开发成本及代建工程开发成本的核算。开发成本核算的难点是必须建立和完善成本核算基础工作，正确归集和分配开发成本及费用，准确、完善地提供成本核算资料，及时发现成本管理中存在问题。

3. 房地产销（预）售阶段

（1）房地产企业销售业务核算，包括预售和现售两个阶段。销售业务核算主要包括主营业务收入和其他业务收入的核算。房地产销售收入是指房地产开发企业自行开发的房地产在市场上进行销售获得的收入，包括土地使用权转让收入、商品房（包括周转房）销售收入、配套设施销售收入等。取得预售收入（预收账款）按照规定预缴增值税、土地增值税和企业所得税是核算难点。

【预售】采取预售方式，也称"期房销售"。预售方式是指房地产开发企业为加速资金回笼，减少投资成本，将正在建设中的房地产预先出售给承购人，由承购人支付定金或房价款的行为。根据《城市商品房预售管理办法》（建设部令第40号）有关规定，房地产开发企业需要符合下列条件，才能实行预售商品房：

① 已交付全部土地使用权出让金，取得土地使用权；

② 持有《建设工程规划许可证》和《施工许可证》；

③ 按提供预售的商品房计算，投入开发建设的资金达到工程建设总投资的25%以上，并已经确定施工进度和竣工交付日期；

④ 取得《商品房预售许可证》。

商品房预售时，房地产开发企业应当与承购人签订商品房预售合同，并在签约之日起30日内持商品房预售合同向县级以上人民政府房地产管理部门和土地管理部门办理登记备案手续。

【现售】采取商品房现售方式，也称"现房销售"。商品房现售是指房地产开发企业将竣工验收合格的商品房出售给买受人，并由买受人支付房价款的行为。根据《商品房销售管理办法》（建设部令第88号）规定，对商品房现售，应当符合以下条件：

① 现售商品房的房地产开发企业应当具有企业法人营业执照和房地产开发企业资质证书；

② 取得土地使用权证书或者使用土地的批准文件；

③ 持有《建设工程规划许可证》和《施工许可证》；

④ 已通过竣工验收；

⑤ 拆迁安置已经落实；

⑥ 供水、供电、供热、燃气、通信等配套基础设施具备交付使用条件，其他配套基础设施和公共设施具备交付使用条件或者已确定施工进度和交付日期；

⑦ 物业管理方案已经落实。

在符合以上要求后，房地产开发企业应当在商品房现售前，将房地产开发项目竣工验收报告单及符合商品房现售条件的有关证明文件报送房地产开发主管部门备案。销售时，房地产开发企业和买受人应当订立书面商品房买卖合同，并提供《住宅质量保证书》《住宅使用说明书》，买卖双方签订《商品房买卖合同》以及《商品房买卖合同补充协议》。

（2）房地产开发产品的核算。开发产品是指企业已经完成全部开发建设过程，并已验收合格，符合国家建设标准和设计要求，可以按照合同规定的条件移交订购单位，或对外出售、出租的产品，包括土地（建设场地）、房屋、配套设施和代建工程。为了正确核算开发产品的增加、减少、结存情况，开发企业应设置资产类"开发产品"账户。该账户借方登记已竣工验收的开发产品实际成本，贷方反映结转对外销售、转让、结算或出租的开发产品实际成本。月末借方余额表示尚未销售、转让、结算或出租的各种开发产品的实际成本。核算的难点是分期分片开发的土地成本配比、各项期间费用的及时准确分摊和建安工程成本决算等。

4. 售后（持有）阶段

项目清算和利润分配，是该阶段的主要财务核算内容。先土地增值税清算，再企业所得税汇算清缴，其次是退还预缴多缴企业所得税，这个顺序是要求及时且不可本末倒置的。

利润分配是指企业根据国家有关规定和公司章程、投资者协议等，对企业当年可供分配的利润进行的分配。

可供分配利润=当年实现的净利润+年初未分配利润（或-年初未弥补亏损）+其他转入

利润分配的顺序：①弥补以前年度亏损；②提取法定盈余公积；③提取任意盈余公积；④向投资者分配利润。

企业应通过"利润分配"科目，核算企业利润的分配。结转后，"利润分配——未分配利润"科目如为贷方余额，表明累积未分配的利润数；如为借方余额，则表明累积未弥补的亏损数额。

（二）财务核算的主要特点

房地产开发企业生产经营及其商品的特殊性决定了其财务核算的特殊性。同其他行业相比，房地产开发经营行业的财务核算，"独有"特点体现在：收入核算特殊、成本核算复杂、利润分配多样。

1. 营业收入核算的特点

房地产开发企业营业收入一般包括土地使用权转让收入、商品房销售收入、配套设施转让收入、其他业务收入等，营业收入的形式具有多样性和特殊性。收入的多样性也导致了营业利润的多样性与特殊性。

（1）多样性。对一定的地区或地段进行总体规划，统一开发和建设，因此开发的内容具有综合性和多样性。

（2）坏账风险较小。用于房地产销售一般采用一次性付款或银行按揭付款，产品一旦预售成功，企业一般均可以实现销售收入，因此坏账风险较小。

2. 开发产品成本核算的特点

（1）成本构成核算难度大。房地产开发建设活动的生产成本主要指开发产品的成本，包括土地征用及拆迁补偿费、前期工程费、建筑安装工程费、基础设施建设费、公共配套设施费、开发间接费用及其他开发费用等，开发成本的核算难度较大。

（2）核算时间跨度长。房地产项目开发的周期较长，少则 2~3 年，多则超过 5 年，因此房地产成本费用核算的时间跨度很长。

（3）不同项目核算差异性较大。不同的房地产项目受地域、项目定位、产品功能、用途、规模等各方面因素的影响较大，导致不同项目之间的差异性较大，每个项目都或多或少地有各自特点。

（4）滚动开发核算难度大。房地产开发活动中，在多个项目同时开发、一个项目分多期开发等形象很普遍，因此不同项目、不同期开发项目成本发生差异大，使得企业按项目、楼盘等进行成本核算难度增大。

3. 利润分配形式的特点

房地产开发企业的投资主体相当广泛，参与方式也各有特点，最为常见的是项目投资合作（企业并不进行注册资本变更登记），项目完成后投资合作也即完成，合作双方根据项目的盈利情况进行利润分配，分配形式也不尽相同，既有现金分配的，也有按产品分成的，较其他行业有其自身的特点。

二、中国税制概述

"税收是国家为满足一般的社会公共需要，按照事先确定的标准，对社会剩余产品所进行的强制、无偿的分配。"税收是凭借国家政治权力实现的特殊分配，是国家通过制定法律来实现的。税收的强制性、固定性和无偿性，决定了税收制度也具有政治性和经济性。

对于税收的概念应从以下几方面理解：

第一，从直观来看，税收是国家取得财政收入的一种重要手段。

第二，从物质形态看，税收缴纳的形式是实物或货币。

第三，从本质上来看，税收是凭借国家政治权力实现的特殊分配。

第四，从形式特征来看，税收具有无偿性、强制性、固定性的特征。

第五，从职能来看，税收具有财政和经济两大职能。特点：适用范围的广泛性；取得财政收入的及时性；征收数额上的稳定性。经济职能主要表现在：调节总供求平衡；调节资源配置；调节社会财富分配。

中华人民共和国的税法由全国人民代表大会审议通过，其实施条例由国务院颁布。财政部和国家税务总局被授权解释并执行税法及实施条例。同时，国家税务总局也负责监督原地方税务局（1993 至 7 月至 2018 年 6 月）的征收管理。《中华人民共和国税收征收管理法》是为了加强税收征收管理，规范税收征收和缴纳行为，保障国家税收收入，保护纳税人的合法权益，促进经济和社会发展而制定的法律。该法由第九届全国人民代表大会常务委员会第二十一次会议于 1992 年 9 月通过，自 1993 年 1 月 1 日起施行。现行版本为 2015 年 4 月由第十二届全国人民代表大会常务委员会第十四次会议修订的。

下面通过"税种设置、课税制度分类和已立法"三个方面对中国现行税收制度进行简要介绍：

（一）税种设置

1. 税种设置

中华人民共和国征收税种较多且征收范围广泛，包括所得税、流转税、财产税、行为税和资源税等共计 18 个税种。具体包括：增值税、消费税、企业所得税、个人所得税、资源税、城镇土地使用税、房产税、城市维护建设税、耕地占用税、土地增值税、车辆购置税、车船税、印花税、契税、烟叶税、关税、船舶吨税和环境保护税，其中 16 个税种由税务部门负责征收，关税和船舶吨税由海关负责征收，进口货物的增值税、消费税由海关代征。

2. 税种介绍

【增值税】单位和个人销售或进口货物，提供服务、让渡资产使用权、销售无形资产或不动产时，应缴纳增值税。由于增值税主要实行凭增值税专用发票等抵扣凭证进行抵扣税款的一般计税方法，因此对纳税人的会计核算水平要求较高，要求能够准确核算销项税额、进项税额和应纳税额。但实际情况是有众多的纳税人达不到这一要求，因此《中华人民共和国增值税暂行条例》按经营规模大小和会计核算是否健全划分为一般纳税人和小规模纳税人。

【消费税】消费税适用于生产和进口特定种类的商品，包括：烟、酒、珠宝、鞭炮、焰火、汽油和柴油及相关产品、摩托车、小汽车、高尔夫球具、游艇、奢侈类手表、一次性筷子、实木地板和电池等。按商品的种类，消费税可根据商品的销售价格或销售数量计算应缴的消费税。除关税和增值税外，某些商品另外需要缴纳消费税。

【城市维护建设税】凡缴纳流转税的单位和个人，都是城市维护建设税（以下简称城建税）的纳税义务人。城建税以纳税人实际缴纳的流转税（即增值税和消费税）税额为计税依据，按照一定的税率计算缴纳。城建税税率根据地区的不同分为三档：纳税人所在市区的，税率为7%；所在县城、镇的，税率为5%；其他地区税率为1%。

【教育费附加】教育费附加以纳税人实际缴纳的流转税（即增值税和消费税）税额为计征依据按3%的税率征收。凡缴纳流转税的单位和个人，都是教育费附加的纳税义务人。

【地方教育费附加】地方教育费附加以纳税人实际缴纳的流转税（即增值税和消费税）税额为计征依据按2%的税率征收。凡缴纳流转税的单位和个人，都是地方教育费附加的纳税义务人。

【土地增值税】土地增值税是对有偿转让或处置不动产取得的收入减去"扣除项目"后的"增值收入"按30%～60%的超率累进税率征收的一种税。土地增值税是土地的增值税！

【关税】对进口货物征收关税，由海关在进口环节征收。一般来说，关税采用从量税或从价税的形式征收。

【印花税】所有书立、领受"应税凭证"的单位和个人都应缴纳印花税。印花税税率从借款合同金额的0.5‰（万分之零点五）到财产租赁合同、财产保险合同金额的0.1%（千分之一）不等。对于营业执照、专利、商标以及其他权利许可证照按每本人民币5元征收印花税。不在印花税税目范围内的书立合同不需要缴纳印花税。印花税是行为税，和合同是否生效、变更、撤销等都没有关系，不退税。单笔应纳税额超过500元的填写缴款书入库后到税务部门划销，单笔应纳税额小于500元的粘贴印花税票并自行划销。

【车辆购置税】车辆购置税是对所有购买和进口汽车、摩托车、电车、挂车、农用运输车行为，按计税价格10%征收的一种税。

【契税】土地使用权或房屋所有权的买卖、赠与或交换需按成交价格或市场价格的3%至5%征收契税，每变更一次就由受让人缴纳一次。其中，计征契税的成交价格是不含增值税的。

【车船税】车船税是对所有在中华人民共和国境内的车辆和船舶征收的一种税，每年按定额缴纳。通常，载货汽车按其载重吨数定额计税，而载客汽车和摩托车按辆定额计税，船舶则按其净吨位定额计税。工矿厂区内自用（不上公路行驶）的车船免税。

【船舶吨税】 船舶吨税是对自中国境外港口进入境内港口的船舶征收的一种税，由海关代为征收。其所适用税率根据船籍不同分为优惠税率和普通税率。应税船舶按照船舶净吨位和吨税执照期限确定税率，再乘以净吨位计算税额。

【城镇土地使用税】 城镇土地使用税是对在城市、县城、建制镇、工矿区范围内使用土地的单位和个人征收的一种税。税额是按年以纳税人实际占用的土地面积乘以地方政府核定的每平方米固定税额（俗称定额税率）计算的，定额税率是每年0.6元至30元/平方米。具体征收标准由各省、自治区、直辖市人民政府确定，且是变动的。

【耕地占用税】 耕地占用税是对占用耕地建房或者从事非农业建设的单位或者个人征收的一种税。税额是以纳税人实际占用耕地面积乘以地方政府核定的每平方米固定税额计算，一次性征收。

【房产税】 房产税是对房屋和建筑物的所有人、使用人或是代管人征收的税种。从价计征的，其计税依据为房产原值一次减去10%~30%后的余值。从租计征的，以房产租金收入为计税依据。从价计征10%~30%的具体减除幅度由省、自治区、直辖市人民政府确定。如北京市、浙江省规定具体减除幅度为30%。

【环境保护税】 自2018年1月1日起，对在中华人民共和国境内领域及海域直接向环境排放大气污染物、水污染物、固体废物和噪声的企业征收环境保护税。环境保护税采用从量计征，即以应税污染物的当量或者排放量作为计税依据乘以环保税额标准。

【资源税】 开采原油、天然气、煤炭、盐、金属和非金属原矿等自然资源，应以销售额或销售数量为依据计算缴纳资源税，具体税率由国务院规定。于2016年7月1日起，在河北省作为试点征收水资源税，以从量计征的方式征收。

【烟叶税】 烟叶税是向在中国境内收购烟叶的单位征收的税种。纳税人按烟叶收购金额的20%向烟叶收购地的主管税务部门缴纳。

【文化事业建设费】 从事娱乐业、广告业务的单位和个人按营业额的3%缴纳文化事业建设费。其中：

（1）娱乐服务应缴费额=娱乐服务计费销售额×3%

娱乐服务计费销售额，为缴纳义务人提供娱乐服务取得的全部含税价款和价外费用。

（2）广告服务应缴费额=广告服务计费销售额×3%

计费销售额，为缴纳义务人提供广告服务取得的全部含税价款和价外费用，减除支付给其他广告公司或广告发布者的含税发布费后的余额。

【企业所得税】 企业所得税是对法人组织的生产经营所得和其他所得征收的一种

税，纳税年度按公历年计算、税率（基本税率25%）、在年度次年的5月31日或之前完成纳税申报。

【**个人所得税**】在中国境内有住所的个人需就其全球收入在中国缴纳个人所得税。具体包括：工资、薪金所得；劳务报酬所得；稿酬所得；特许权使用费所得；经营所得；利息、股息、红利所得；财产租赁所得；财产转让所得；偶然所得。

在上述18税种和3项收费中，房地产开发经营业一般情况下不涉及以下五税一费，即消费税、烟叶税、资源税、环境保护税、船舶吨税和文化事业建设费。接下来会按照房地产开发经营的四个阶段对各阶段应缴纳的主要税费进行具体阐述。

（二）课税制度分类

按照税种设置的不同，中国税收制度可以分为四类：流转（消费）课税制度、所得课税制度、财产课税制度和行为课税制度。

1. 流转（消费）课税制度

流转税是以商品生产流转额和非生产流转额为课税对象征收的一类税。以最终消费者为税收承担者而设计的税收制度，主要包括以增值税为代表的一般消费税制度和以包括消费税、资源税、城市维护建设税及其附加费制度、车辆购置税和烟叶税制度在内的中国特别消费税制度。流转税制度是我国税制的主要部分，成为我国政府获取税收收入的主要制度工具。

2. 所得课税制度

所得税亦称收益税，是指以各种所得额为课税对象的一类税。以所得赚取者为税收承担者而设计的税收制度，包括企业所得税和个人所得税制度。企业所得税是一种按年计算的对不同类型法人组织取得的净收入而征收的一种税收，个人所得税是对个人取得的不同类型（税目）的所得分别按年、月或次计算缴纳的一种税收。

3. 财产（资源）课税制度

财产税是指以纳税人所拥有或支配的财产为课税对象的一类税。以财产拥有者为税收承担者而设计的税收制度，主要包括耕地占用税、城镇土地使用税、房产税、土地增值税、车船税和船舶吨税在内的针对土地、房屋和车船三种特殊财产拥有者所征税的税收。除了房产税按照货币价值征税外，耕地占用税、城镇土地使用税、车船税和船舶吨税都是以占用的面积、辆、吨位等实物计量单位作为计税依据。

资源税是指对在中国境内从事资源开发的单位和个人征收的一类税，现行税制中资源税、土地增值税、耕地占用税和城镇土地使用税都属于资源税。

4. 行为课税制度

行为税是指以纳税人的某些特定行为为课税对象的一类税，如：印花税、契税、关税和环境保护税。

（三）已立法税种

中华人民共和国已立法税种的立法情况统计表
（截至 2020 年 8 月）

序号	标题	文号	发布时间
1	中华人民共和国城市维护建设税法	中华人民共和国主席令第 51 号	2020-08-11
2	中华人民共和国契税法	中华人民共和国主席令第 52 号	2020-08-11
3	中华人民共和国资源税法	中华人民共和国主席令第 33 号	2019-08-26
4	中华人民共和国车辆购置税法	中华人民共和国主席令第 19 号	2018-12-29
5	中华人民共和国耕地占用税法	中华人民共和国主席令第 18 号	2018-12-29
6	中华人民共和国烟叶税法	中华人民共和国主席令第 84 号	2017-12-27
7	中华人民共和国船舶吨税法	中华人民共和国主席令第 85 号	2017-12-27
8	中华人民共和国环境保护税法	中华人民共和国主席令第 61 号	2016-12-25
9	中华人民共和国个人所得税法	中华人民共和国主席令 2011 年第 48 号	2011-06-30
10	中华人民共和国车船税法	中华人民共和国主席令第 43 号	2011-02-25
11	中华人民共和国企业所得税法	中华人民共和国主席令第 63 号	2007-03-16

三、应缴纳税费

下面按照房地产开发经营的四个阶段：项目设立（拿地）阶段、施工开发（建设）阶段、房地产销售阶段和售后（持有）阶段，对各阶段应缴纳税费进行归集汇总。

（一）应缴纳税费汇总

目前，房地产业经营过程中，既包括具有开发经营资质的公司从事的房地产开发经营业务也包括其他企业或个人涉及的房地产经营业务，涉及缴纳（含代扣代缴和代收代缴）以下四大类 16 种税费：

1. 流转税类。包括"3 税 2 费"：

土地增值税、增值税、城市维护建设税、教育费附加和地方教育费附加。其中，增值税，主营业务适用税率 9% 和老项目的征收率 5%。税目：销售不动产、转让土地使用权、服务业的租赁业。

按纳税人取得的营业收入或销售不动产收入征收的。

2. 所得税类。包括 2 个税种：

(1) 企业所得税（含代收代缴）；(2) 代扣代缴个人所得税。

按照纳税人取得的应纳税所得额征收的。

3. 财产税类。包括 5 个税种：

(1) 房产税；(2) 城镇土地使用税；(3) 车船税；(4) 车辆购置税；(5) 耕地占用税。

这些税种是对纳税人拥有或使用的财产征收的。

4. 行为税类。包括 4 个税种：

(1) 关税；(2) 印花税；(3) 契税；(4) 环境保护税。

这些税种是对特定行为或为达到特定目的而征收的。

其中，房地产开发经营企业的主体税种包括：增值税、企业所得税、印花税、土地增值税和代扣代缴个人所得税。这些也是税收征管的重点税种。同时，存续期间自始至终都涉及的税种包括：印花税、代扣代缴个人所得税、房产税、城镇土地使用税和车船税。

（二）项目设立（拿地）阶段

1. 取得土地时，应缴纳契税、耕地占用税和城镇土地使用税

(1) 契税

契税是对在中华人民共和国境内转移土地、房屋权属时向承受土地使用权、房屋所有权的单位和个人征收的一种税。契税以按土地使用权、房屋所有权转移时的成交价格为计税依据。现行契税税率为 3%～5%，各地有减半征收的情况。

应纳税额＝房地产成交价格或评估价格×税率

(2) 耕地占用税

占用耕地建房或者从事非农业建设的单位或者个人，为耕地占用税的纳税人，应当依照本条例规定缴纳耕地占用税。

耕地占用税的税额规定如下：

①人均耕地不超过 1 亩的地区（以县级行政区域为单位，下同），每平方米为 10 元至 50 元；②人均耕地超过 1 亩但不超过 2 亩的地区，每平方米为 8 元至 40 元；③人均耕地超过 2 亩但不超过 3 亩的地区，每平方米为 6 元至 30 元；④人均耕地超过 3 亩的地区，每平方米为 5 元至 25 元。

(3) 城镇土地使用税

城镇土地使用税以纳税人实际占用的土地面积为计税依据，依照规定税额计算征收，按年计征分季申报缴纳。

2. 设计、施工、监理、咨询的印花税

印花税是对在经济活动和经济交往中书立、领受印花税暂行条例所列举的各种凭证所征收的一种兼有行为性质的凭证税。实务中又分为从价计税和从量计税两种。

应纳税额＝计税金额×税率 或者 应纳税额＝凭证数量×单位税额

（1）开发企业的会计账簿、营业执照等贴印花税；在办理房地产权属证件时，应按权利许可证照，按件交纳印花税五元。（从量计征）

（2）土地使用权出让转让书立的凭证（合同），《关于印花税若干政策的通知》（财税〔2006〕162号）第三条规定，按产权转移书据征收印花税。（从价计征）

（3）在土地开发咨询、施工、采购、房产出售、出租活动中所书立的合同、书据等，应按照印花税有关规定缴纳印花税。（从价计征）

3. 代扣代缴人所得税

个人所得税是以个人取得的各项应税所得为对象征收的一种税。支付所得的单位或者个人为个人所得税的扣缴义务人，按照税法规定代扣代缴个人所得税，是扣缴义务人的法定义务。

房地产开发企业除了通常的代扣代缴个人所得税业务以外，特殊的就是代扣代缴拆迁补偿、挡光或施工补偿、晚交房和晚办产权补偿等各项补偿的个人所得税。

（三）施工开发（建设）阶段

印花税、代扣代缴个人所得税、城镇土地使用税，同上。

（四）房地产销售阶段

无论是转让土地使用权，销售期房还是销售现房，随着收取预收款或定金，进入重点税收监管阶段，主要包括：增值税（城建税、教育费附加）、土地增值税、企业所得税、代扣代缴个人所得税和印花税。

1. 增值税

（1）税目与税率：增值税涉及转让无形资产和销售不动产（包括销售建筑物或构筑物、销售其他土地附着物）两个税目，税率都是9%；土地租赁和不动产租赁，不按转让无形资产和销售不动产纳税，而是按照租赁业税目纳税，税率都是6%。

（2）特殊规定：在销售不动产时连同不动产所占土地的使用权一并转让的行为，比照销售不动产征税。转让不动产有限产权或永久使用权，以及单位将不动产无偿赠与他人，视同销售不动产。

（3）纳税地及纳税时间：纳税人销售不动产、转让土地使用权，向土地房屋所在地主管税务机关申报缴纳增值税。增值税的纳税义务发生时间，为纳税人收讫营业收入款项或者取得索取营业收入款项凭据的当天。纳税人转让土地使用权或者销售不动产，采用预收款方式的，其纳税义务发生时间为收到预收款的当天。单位赠与不动产的，纳税义务发生时间为不动产所有权转移的当天。

（4）抵减问题：单位和个人销售或转让其购置的不动产或受让的土地使用权，以全部收入减去不动产或土地使用权的购置或受让原价后的余额为营业额。单位和个人销售或转让抵债所得的不动产、土地使用权的，以全部收入减去抵债时该项不动产或土地使用权作价后的余额为营业额。

2. 城市维护建设税

计税依据是纳税人实际缴纳的增值税税额。不同地区的纳税人实行不同档次的税率，税率分别为7%、5%、1%。

计算公式为：应纳税额=增值税税额×税率

3. 教育费附加

教育费附加的计税依据是纳税人实际缴纳增值税的税额，费率为3%。

计算公式为：应交教育费附加额=应纳增值税税额×费率

4. 土地增值税

计税依据是纳税人转让房地产所取得的增值额。增值额为纳税人转让房地产取得的收入减除《条例》和《细则》规定的扣除项目金额后的余额。税率为30%、40%、50%、60%，土地增值税预征税率各地区不等。

计算公式为：应交土地增值税=增值额×费率-速算扣除数-预缴税金

5. 印花税

进行房屋买卖的，签订的购房合同应按产权转移书据所载金额万分之五缴纳印花税，通常在房地产交易活动同时收取。

（五）售后（持有）阶段

1. 房产税

（1）以房产税原值（评估值）为计税依据，税率为1.2%。

计算公式为：

房产税年应纳税额=房产原值（评估值）×（1-30%）×1.2%

（2）以租金收入为计税依据的，税率为12%。

计算公式为：

房产税年应纳税额=年租金收入×12%

2. 企业所得税

计税依据：应纳税所得额=收入总额-准予扣除项目金额

适用税率：

（1）企业所得税的税率为25%。

（2）非居民企业取得本法第三条第三款规定的所得，适用税率为20%。

（3）符合条件的小型微利企业，减按20%的税率征收企业所得税。

（4）国家需要重点扶持的高新技术企业，减按15%的税率征收企业所得税。

3. 出租（自用）房屋或土地相关税费

（1）按"服务业——租赁业"税目计算缴纳增值税（城建税、教育费附加），涉及企业所得税、代扣代缴个人所得税、房产税、城镇土地使用税（费）和印花税。

(2) 自用房屋或土地，应缴纳的房产税、土地使用税（费）。

(3) 赠与房屋或土地，应视同销售不动产缴纳增值税（城建税、教育费附加）、土地增值税。

(4) 股利分配，代扣代缴个人所得税，个人股东所得股利按股息、红利所得计税。

房地产开发经营业所涉及增值税税目及事项汇总表

税目		税率	涉税事项
销售不动产		9%和5%	销售房屋及配套设施；（营改增前老项目适用5%） 售房中的代收款项； 售房违约金； 房屋赠与； 以房抵债或以房换房； 合作建房； 转让在建项目（已进入建筑物施工阶段）
转让无形资产		9%	转让土地使用权； 赠与土地使用权； 转让在建项目（已完成或正在进行土地前期开发，尚未进入施工阶段）； 转让其他无形资产
建筑业		9%	销售自营工程所建房屋； 代建工程
服务业	租赁业	6%	出租房屋、土地； 出租其他固定资产
	其他服务业	6%	兼营物业管理收入； 物业管理代收款项； 兼营房地产咨询业； 将企业或企业部分资产出包、租赁收取的承包费、租赁费

四、房地产开发经营的相关费用

通常情况下，在实施房地产开发过程中，除了纳税外，还需要缴纳包含行政事业性收费的许多相关费用，约包括以下的101项费用。

（一）立项阶段

1. 编制可行性研究报告书费；

（二）办理用地阶段

2. 征地管理费；3. 土地权属登记费；4. 土地出让金；5. 地产交易手续费；6. 土地评估费；7. 地下管网市政路网图费；8. 用地放（定）线费；

（三）房屋拆迁阶段

9. 房屋拆迁管理费；10. 房屋拆迁补偿安置费；11. 房屋拆迁费；

（四）勘察设计阶段

12. 工程监理费；13. 工程地质勘察费；14. 建筑工程设计费；15. 二次精装修设计费；16. 室外园林绿化设计费；17. 铝合金门窗幕墙设计费；18. 专业钢结构工程设计费；19. 设计合同监证费；20. 合同审核费；21. 勘察合同审核费；22. 设计方案评审费；

（五）项目报验阶段

23. 工程报建手续费；24. 市政设施配套费；25. 建筑工程质量监督费；26. 建筑工程安全监督费；27. 人防方案审核费；28. 人防工程异地建设费；29. 施工临时用电占用费；30. 永久供电设施安装费；31. 供水管径基本费；32. 供水管道施工安装费；33. 消防方案审核费；34. 消防验收检测费；35. 编制环保评估报告书费；36. 环保方案评估审核费；37. 环保检测费；38. 园林绿化方案评审费；39. 园林竣工现场检测费；40. 气象防雷方案审核费；41. 技术质量监督方案审核费；42. 竣工技术质量检测费；43. 节水方案审核费；44. 安全监控方案审核费；45. 工程竣工安全监控检测费；46. 施工图纸审核费；47. 民工工资保证金；48. 工程建设保证金费；49. 建筑工程定位放线费；50. 主体竣工现场环境检测费；

（六）招投标阶段

51. 工程招标或登记费；52. 工程招标公告费；53. 工程招标有形场地租用费；54. 工程招标专家评标费；55. 工程招标代理费；56. 工程预算编制费；

（七）施工阶段

57. 建筑工程施工费；58. 工程保险金；59. 施工污水排放费；60. 建筑施工作业时间许可证费；61. 建筑噪音超标费；62. 建筑渣土处置费；63. 施工占道费；64. 占道挖掘费；65. 燃气设施安装费；66. 燃气设计、开户费；67. 电话和网络设施费；68. 电视信号开户费；69. 门窗幕墙检测检验费；70. 非常规材料检测费；71. 生活用水检测费；72. 水池消毒清洗费；73. 工程结算审核费；74. 生活垃圾清运费；

（八）竣工销售阶段

75.房屋建筑面积测量费；76.房屋评估费用；77.房地产销售经纪费；78.房屋交易手续费；79.房屋所有权登记费；80.房产档案保管费；81.房屋变更登记费；82.提供利用房地产档案收费；83.出具房地产等项证明收费；84.房地产抵押登记管理费；85.抵押贷款合同公证费；86.房地产抵押贷款评估费；87.抵押贷款手续费；88.抵押财产保险费；89.房屋拍卖费用；90.房屋维修基金；91.项目前期的物业管理费；

（九）其他相关费用

92.财务费用；93.职工工资；94.职工医疗、失业、工伤、计生、退休金和住房公积金；95.行政管理费；96.物业管理费；97.各团体协会年会员费；98.企业各种年检费；99.各种技术人员的培训注册费；100.法律顾问咨询费；101.财务年审计或法人审计费。

第二章 纳税评估概述

> 本章强调"纳税申报是法律行为，信息管税是大势所趋，纳税评估是信息管税的核心，是行政管理行为，不是行政执法行为"，部分引用《纳税评估理论与实务》（上册）相关章节的内容。只有准确的认识，才是成功的开始，本章旨在解决准确认识什么是纳税评估，详细阐述纳税评估工作流程和如何开展行业纳税评估工作。

第一节 纳税申报

世间万物，奥妙无穷！人都是在探索"为什么"过程中成长、成熟和成功的。如果按照"五W原则"——What是什么？Why为什么？Where在哪里？Who谁？When什么时间？那么，对于税收征管最基础事项之纳税申报又该如何理解和感悟呢？

正确、准确、全面认识和理解纳税申报，不是很重要，而是非常重要！

一、"只有准确认识才是成功的开始"之纳税申报

纳税申报是指纳税人、扣缴义务人在发生法定纳税义务后，按照税法或税务机关相关行政法规所规定的内容，在申报期限内，以书面形式向主管税务机关提交有关纳税事项及应缴税款的法律行为。它是纳税人、扣缴义务人履行纳税义务、承担法律责任的主要依据，是税务部门征管信息的主要来源和税务管理的一项重要制度。

纳税人、扣缴义务人的纳税申报或者代扣代缴、代收代缴税款报告表的主要内容包括：税种、税目、应纳税项目或者应代扣代缴、代收代缴税款项目、适用税率或者单位税额、计税依据、扣除项目及标准、应纳税额或者应代扣代缴、代收代缴税额、税款所属期限等。

纳税申报的核心是计税依据和税款所属期限。

在《中华人民共和国税收征收管理法》第三节"纳税申报"中，具体规定如下：

"第二十五条　纳税人必须依照法律、行政法规规定或者税务机关依照法律、行政法规的规定确定的申报期限、申报内容如实办理纳税申报，报送纳税申报表、财务会计报表以及税务机关根据实际需要要求纳税人报送的其他纳税资料。

扣缴义务人必须依照法律、行政法规规定或者税务机关依照法律、行政法规的规定确定的申报期限、申报内容如实报送代扣代缴、代收代缴税款报告表以及税务机关根据实际需要要求扣缴义务人报送的其他有关资料。

第二十六条　纳税人、扣缴义务人可以直接到税务机关办理纳税申报或者报送代扣代缴、代收代缴税款报告表，也可以按照规定采取邮寄、数据电文或者其他方式办理上述申报、报送事项。

第二十七条　纳税人、扣缴义务人不能按期办理纳税申报或者报送代扣代缴、代收代缴税款报告表的，经税务机关核准，可以延期申报。

经核准延期办理前款规定的申报、报送事项的，应当在纳税期内按照上期实际缴纳的税额或者税务机关核定的税额预缴税款，并在核准的延期内办理税款结算。"

在《中华人民共和国税收征收管理法实施细则》第四章"纳税申报"中，具体规定如下："第三十条　税务机关应当建立、健全纳税人自行申报纳税制度。经税务机关批准，（飞狼财税通编注：根据2013年7月18日国务院令第638号《国务院关于废止和修改部分行政法规的决定》，本细则自2013年7月18日起删去第三十条第一款中的'经税务机关批准'。）纳税人、扣缴义务人可以采取邮寄、数据电文方式办理纳税申报或者报送代扣代缴、代收代缴税款报告表。

数据电文方式，是指税务机关确定的电话语音、电子数据交换和网络传输等电子方式。

第三十一条　纳税人采取邮寄方式办理纳税申报的，应当使用统一的纳税申报专用信封，并以邮政部门收据作为申报凭据。邮寄申报以寄出的邮戳日期为实际申报日期。

纳税人采取电子方式办理纳税申报的，应当按照税务机关规定的期限和要求保存有关资料，并定期书面报送主管税务机关。

第三十二条　纳税人在纳税期内没有应纳税款的，也应当按照规定办理纳税申报。

纳税人享受减税、免税待遇的，在减税、免税期间应当按照规定办理纳税申报。

第三十三条　纳税人、扣缴义务人的纳税申报或者代扣代缴、代收代缴税款报告表的主要内容包括：税种、税目，应纳税项目或者应代扣代缴、代收代缴税款项目，计税依据，扣除项目及标准，适用税率或单位税额，应退税项目及税额、应减免税项目及税额，应纳税额或应代扣代缴、代收代缴税额，税款所属期限、延期缴纳税款、欠税、滞纳金等。

第三十四条 纳税人办理纳税申报时,应当如实填写纳税申报表,并根据不同的情况相应报送下列有关证件、资料:

(一) 财务会计报表及其说明材料;

(二) 与纳税有关的合同、协议书及凭证;

(三) 税控装置的电子报税资料;

(四) 外出经营活动税收管理证明和异地完税凭证;

(五) 境内或者境外公证机构出具的有关证明文件;

(六) 税务机关规定应当报送的其他有关证件、资料。

第三十五条 扣缴义务人办理代扣代缴、代收代缴税款报告时,应当如实填写代扣代缴、代收代缴税款报告表,并报送代扣代缴、代收代缴税款的合法凭证以及税务机关规定的其他有关证件、资料。

第三十六条 实行定期定额缴纳税款的纳税人,可以实行简易申报、简并征期等申报纳税方式。

第三十七条 纳税人、扣缴义务人按照规定的期限办理纳税申报或者报送代扣代缴、代收代缴税款报告表确有困难,需要延期的,应当在规定的期限内向税务机关提出书面延期申请,经税务机关核准,在核准的期限内办理。

纳税人、扣缴义务人因不可抗力,不能按期办理纳税申报或报送代扣代缴、代收代缴税款报告表的,可以延期办理;但是,应当在不可抗力情形消除后立即向税务机关报告。税务机关应当查明事实,予以核准。"

综上所述,之所以如此大篇幅规定纳税申报,是为了彰显其重要性。纳税申报是一项法律行为,是纳税人(扣缴义务人)主动发起的要式行为,是纳税人(扣缴义务人)履行纳税义务、承担法律责任的主要依据。

"纳税申报=按期及时+如实准确"!

为什么要纳税申报?为什么不能取消纳税申报?

纳税申报是法律行为,是纳税人履行纳税义务、承担法律责任的主要依据。如果未及时如实申报和未足额纳税,即存在晚报、瞒报和漏报行为,将面临巨大税收风险,包括财产损失、人身自由罚和信誉罚等,如加收税款滞纳金、行政处罚的罚款,甚至是刑事处罚的罚金、有期徒刑或无期徒刑。

二、纳税申报主体与地点

(一) 纳税申报主体

只要是有应纳税义务发生,就应该履行纳税申报行为!

不仅是依法已向税务部门办理税务登记的纳税人。包括:

(1) 各项收入均应当纳税的纳税人；(2) 全部或部分产品、项目或者税种享受减税、免税照顾的纳税人； (3) 当期营业额未达起征点或没有营业收入的纳税人；(4) 实行定期定额纳税的纳税人；(5) 应当缴纳企业所得税以及其他税种的纳税人。

而且，按规定不需向税务部门办理税务登记，以及应当办理而未办理税务登记的纳税人。只要是有应纳税行为的发生，就应该履行纳税申报义务，实施申报纳税！

再说税务登记。它是税务部门依据税法规定，对纳税人的生产、经营活动进行登记管理的一项法定制度，也是纳税人依法履行纳税义务的法定手续。意义在于：有利于税务部门了解纳税人的基本情况，掌握税源，加强征收与管理，防止漏管漏征，建立税务部门与纳税人之间正常的工作联系，强化税收政策和法规的宣传，增强依法纳税意识等。

税务登记证是纳税人和扣缴义务人的权利资格凭证，除按照规定不需要发给税务登记证件的外，纳税人办理下列相关事项时，必须持有其税务登记证件：

(1) 开立银行基本账户；
(2) 申请减税、免税、退税；
(3) 申请办理延期申报、延期缴纳税款；
(4) 领购发票；
(5) 申请开具外出经营活动税收管理证明；
(6) 办理停业、歇业；
(7) 其他有关税务事项。

是否办理或拥有税务登记证，与是否负有应纳税义务是没有必然联系的，换句话就是是否履行应纳税义务和办没办税务登记证没有任何关系，和是否已经办理税务登记注销也没有任何关系。

(二) 纳税申报地点

在纳税义务人、纳税义务发生时间、纳税申报期限和纳税地点的各项具体规定中，关于纳税申报地点限制是最宽泛的，随着信息技术飞速发展和为纳税人服务意识的逐渐增强，全国各地陆续推行"同城通办"。即纳税人或扣缴义务人在所处城市就近任何一个办税服务厅均可办理税务登记、申报纳税、发票领用代开等日常业务，税务部门将在今后工作中逐步扩大"同城通办"业务范围，让纳税人或扣缴义务人享受更多的便利。这个"同城通办"条件是属地管辖原则下的，是以省、自治区、直辖市一级为界限的，以县（县级市）级为基本单元的。纳税申报地点的规定，是税收征管属地管辖的直接体现。目前，我国的税收属地管辖原则是以我国行政级别和区域划分为条件的，中央——省（自治区、直辖市）——地（区）市——县（县级市）——街道办（镇乡），各级对应的税务局：国家税务总局——省（自治区、直辖市）税务局——地（区）市税务局——县（县级市）税务局——街道办税务所或（镇乡）税务分局（股）。网上纳税申报是因为互联网而改变的生活方式，并未因此影响或改变税收征管属地管辖之根基。

无论是地区经济差异还是税收征管属地管辖，体现在税收征管法律法规制定和执行上就是因地制宜，在我国，税收征管属地管辖的底线是省（自治区、直辖市）！同省可以同政策执行口径，跨省无效！

三、纳税义务发生时间

纳税义务发生时间是指纳税人依照税法规定负有纳税义务的时间，即纳税义务发生的当天。由于纳税人的某些应税行为和取得应税收入在发生时间上不尽一致，为正确界定征纳双方之间的征纳关系和应尽职责，税法对纳税义务的发生时间一般都作了明确规定。

首先，以消费税为例，消费税是在对货物普遍征收增值税的基础上，选择少数消费品再征收的一个税种，主要是为了调节产品结构，引导消费方向，保证国家财政收入。消费税实行价内税，只在应税消费品的生产、委托加工和进口环节缴纳，在以后的批发、零售等环节，因为价款中已包含消费税不用再缴纳，税款最终由消费者承担。

对于消费税纳税义务发生时间的确定：

（一）纳税人销售应税消费品的，按不同的销售结算方式，分别为：

1. 采取赊销和分期收款结算方式的，为书面合同约定的收款日期的当天，书面合同没有约定收款日期或者无书面合同的，为发出应税消费品的当天。

2. 采取预收货款结算方式的，为发出应税消费品的当天。

3. 采取托收承付和委托银行收款方式的，为发出应税消费品并办妥托收手续的当天。

4. 采取其他结算方式的，为收讫销售款或取得索取销售款凭据当天。

（二）纳税人自产自用应税消费品的，为移送使用的当天。

（三）纳税人委托加工应税消费品的，为纳税人提货的当天。

（四）纳税人进口应税消费品的，为报关进口的当天。

其次，以增值税为例。增值税是中国最主要的税种，对于增值税纳税义务发生时间，主要是指增值税纳税人、扣缴义务人发生应税、扣缴税款行为应承担纳税义务、扣缴义务的起始时间，是以商品（含应税劳务）在流转过程中产生的增值额作为计税依据而征收的一种流转税。

增值税纳税义务发生时间的确定标准较之前发生了一些变化，具体规定整理如下：

（一）销售货物或者应税劳务，为收讫销售款项或者取得索取销售款项凭据的当天；先开具发票的，为开具发票的当天。

同时，对于"收讫销售款项或者取得索取销售款项凭据的当天"，按销售结算方式的不同，又具体规定为：

1. 采取直接收款方式销售货物，不论货物是否发出，均为收到销售款或者取得索取销售款凭据的当天。

2. 采取托收承付和委托银行收款方式销售货物，为发出货物并办妥托收手续的当天。

3. 采取赊销和分期收款方式销售货物，为书面合同约定的收款日期的当天，无书面合同的或者书面合同没有约定收款日期的，为货物发出的当天。

4. 采取预收货款方式销售货物，为货物发出的当天，但生产销售生产工期超过12个月的大型机械设备、船舶、飞机等货物，为收到预收款或者书面合同约定的收款日期的当天。

5. 委托其他纳税人代销货物，为收到代销单位的代销清单或者收到全部或者部分货款的当天。未收到代销清单及货款的，为发出代销货物满180天的当天。

6. 销售应税劳务，为提供劳务同时收讫销售款或者取得索取销售款的凭据的当天。

7. 纳税人发生视同销售货物行为，为货物移送的当天。

（二）进口货物，为报关进口的当天。

特别注意：增值税扣缴义务发生时间为纳税人增值税纳税义务发生的当天。

四、纳税申报方式与期限

（一）纳税申报方式

对于纳税人或扣缴义务人，可以采取不同的方式来进行纳税申报或是代扣（代收）代缴税款的申报，大多可以采用邮寄或是数据电文（网上纳税申报）的方式。

【邮寄申报】 纳税人采取邮寄纳税申报表的方式办理纳税申报的，应当使用统一的纳税申报专用信封，并以邮政部门收据作为申报凭据。邮寄申报以寄出的邮戳日期为实际申报日期。

【数据电文申报】 数据电文申报是指税务部门确定的电子数据交换和网络传输等电子方式。纳税人采取电子方式办理纳税申报的，应当按照税务部门规定的期限和要求保存有关资料，并定期书面报送主管税务部门。

（二）纳税申报期限

一般情况下，纳税人和扣缴义务人的纳税申报是分税种进行的，包括增值税、消费税、企业所得税等各税种都有明确的纳税申报期限。原来是分税种而不同期限申报的，例如：1998年，营业税是每月10日前，个人所得税是每月7日前，房产税和企业所得税是每季末次月15日前，遇到节假日是不顺延的。随着为纳税人服务意识的不断深入，同时各税种纳税申报期限重叠，为了方便纳税人和扣缴义务人及时进行纳税申报,时间基本统一为每月15日前(遇节假日顺延)。

1. 增值税和消费税纳税申报期限

缴纳增值税、消费税的纳税人,纳税申报期限是相同的,分别为1日、3日、5日、10日、15日、1个月或者1个季度。纳税人的具体纳税期限,由主管税务部门根据纳税人应纳税额的大小分别核定;不能按照固定期限纳税的,可以按次纳税。

纳税人以1个月或者1个季度为1个纳税期的,自期满之日起15日内申报纳税;以1日、3日、5日、10日或者15日为1个纳税期的,自期满之日起5日内预缴税款,于次月1日起15日内申报纳税并结清上月应纳税款。

2. 企业所得税纳税申报期限

缴纳企业所得税的纳税人应当在月份或者季度终了后15日内,向其所在地主管税务部门办理预缴所得税申报。

① 企业所得税分月或者分季预缴。

② 企业应当自月份或者季度终了之日起15日内,向税务部门报送预缴企业所得税纳税申报表,预缴税款。

③ 企业应当自年度终了之日起5个月内,向税务部门报送年度企业所得税纳税申报表,并汇算清缴,结清应缴应退税款。

④ 企业在报送企业所得税纳税申报表时,应当按照规定附送财务会计报告和其他有关资料。

⑤ 企业在年度中间终止经营活动的,应当自实际经营终止之日起60日内,向税务部门办理当期企业所得税汇算清缴。企业应当在办理注销登记前,就其清算所得向税务机关申报并依法缴纳企业所得税。

3. 个人所得税纳税申报期限

《中华人民共和国个人所得税法》(2018版)具体规定如下:

"第十一条 居民个人取得综合所得,按年计算个人所得税;有扣缴义务人的,由扣缴义务人按月或者按次预扣预缴税款;需要办理汇算清缴的,应当在取得所得的次年三月一日至六月三十日内办理汇算清缴。预扣预缴办法由国务院税务主管部门制定。

居民个人向扣缴义务人提供专项附加扣除信息的,扣缴义务人按月预扣预缴税款时应当按照规定予以扣除,不得拒绝。

非居民个人取得工资、薪金所得,劳务报酬所得,稿酬所得和特许权使用费所得,有扣缴义务人的,由扣缴义务人按月或者按次代扣代缴税款,不办理汇算清缴。

第十二条 纳税人取得经营所得,按年计算个人所得税,由纳税人在月度或者季度终了后十五日内向税务机关报送纳税申报表,并预缴税款;在取得所得的次年三月三十一日前办理汇算清缴。

纳税人取得利息、股息、红利所得,财产租赁所得,财产转让所得和偶然所得,按月或者按次计算个人所得税,有扣缴义务人的,由扣缴义务人按月或者按次代扣代缴税款。

第十三条　纳税人取得应税所得没有扣缴义务人的,应当在取得所得的次月十五日内向税务机关报送纳税申报表,并缴纳税款。

纳税人取得应税所得,扣缴义务人未扣缴税款的,纳税人应当在取得所得的次年六月三十日前,缴纳税款;税务机关通知限期缴纳的,纳税人应当按照期限缴纳税款。

居民个人从中国境外取得所得的,应当在取得所得的次年三月一日至六月三十日内申报纳税。

非居民个人在中国境内从两处以上取得工资、薪金所得的,应当在取得所得的次月十五日内申报纳税。

纳税人因移居境外注销中国户籍的,应当在注销中国户籍前办理税款清算。

第十四条　扣缴义务人每月或者每次预扣、代扣的税款,应当在次月十五日内缴入国库,并向税务机关报送扣缴个人所得税申报表。

纳税人办理汇算清缴退税或者扣缴义务人为纳税人办理汇算清缴退税的,税务机关审核后,按照国库管理的有关规定办理退税。"

4. 资源税

纳税人纳税期限为1日、3日、5日、10日、15日或者1个月,由主管税务部门根据实际情况具体核定。不能按固定期限计算纳税的,可以按次计算纳税。

纳税人以个月为纳税期的,自期满之日起10日内申报纳税;以1日、3日、5日、10日或者15日为一期纳税的,自期满之日起5日内预缴税款,于次月1日起10日内申报纳税并结清上月税款。

5. 房产税

房产税按年征收、分期缴纳。纳税期限由省、自治区、直辖市人民政府规定。

6. 车船税

车船税的纳税义务发生时间,为车船管理部门核发的车船登记证书或者行驶证书所记载日期的当月。车船税按年申报缴纳。具体申报纳税期限由省、自治区、直辖市人民政府确定。

7. 耕地占用税

获准占用耕地的单位或者个人应当在收到土地管理部门的通知之日起30日内向耕地所在地税务部门申报缴纳耕地占用税。

8. 城镇土地使用税

土地使用税按年计算、分期缴纳。缴纳期限由省、自治区、直辖市人民政府确定。

对新征用土地,依照下列规定缴纳土地使用税:(一)征用的耕地,自批准征用之日起满1年时开始缴纳土地使用税;(二)征用的非耕地,自批准征用次月起缴纳土地使用税。

9. 印花税

应纳税凭证应当于书立或者领受时贴花（申报缴纳税款）。同一种类应纳税凭证，需频繁贴花的，应向主管税务部门申请按期汇总缴纳印花税。汇总缴纳限期额由地方税务部门确定，但最长期限不得超过1个月。

10. 城市维护建设税

纳税人在申报增值税、消费税的同时进行纳税申报。

五、纳税申报报表与资料

（一）纳税申报报表

不知从何时起，无论是税务部门工作人员还是企业办税人员（包括事务所的税务师和会计师），一股关于纳税申报表的填表说明、类似《全国税收征管规范》的各类规范，甚至是"金税三期"程序设置等的错误认识之风愈演愈烈。错误地认为上述规定或要求就是征管依据。这是把鸡毛当令箭！填表说明也好，规范也罢，都是将现行税收征管法律法规进行流程性梳理和归集，并不代表税收征管政策制度和法律法规规定。

目前，部分省市或地区将对纳税人办理的大量常见涉税业务提供"免填单"服务，不再要求手工填表，改由办税服务厅人员根据您报送资料和税收征管信息系统的历史数据打印表单请纳税人确认，尽可能提高纳税申报的效率。这是很好的进步。

（二）纳税申报资料

根据不同的情况，相应报送下列有关资料：

1. 财务会计报表及其说明材料；
2. 与纳税有关的合同、协议书及凭证；
3. 税控装置的电子报税资料；
4. 外出经营活动税收管理证明和异地完税凭证；
5. 境内或者境外公证机构出具的有关证明文件；
6. 纳税人、扣缴义务人的纳税申报或者代扣代缴、代收代缴税款报告表的主要内容包括：税种、税目，应纳税项目或应代扣代缴、代收代缴税款项目，计税依据，扣除项目及标准，适用税率或单位税额，应退税项目及税额、应减免税项目及税额，应纳税额或应代扣代缴、代收代缴税额，税款所属期限、延期缴纳税款、欠税、滞纳金等；
7. 扣缴义务人办理代扣代缴、代收代缴税款报告时，应当如实填写代扣代缴、代收代缴税款报告表，并报送代扣代缴、代收代缴税款的合法凭证以及税务机关规定的其他有关证件、资料；

8. 税务部门规定应当报送的其他有关证件、资料。

六、纳税申报管理

(一) 纳税申报是法律行为

法律行为一词源于德国民法典,意思是"行为人创设其意欲的法律关系而从事的意思表示行为"。《中华人民共和国民法典》第一百三十三条规定:民事法律行为是民事主体通过意思表示设立、变更、终止民事法律关系的行为。

法律行为具有以下三个特征:第一,法律性。法律行为是法的现象的重要组成部分,是由法律规定的、具有法律意义、可以用法律进行评价的人的行为,由此区别于一般的社会行为。第二,社会性。法律行为作为人的活动,具有社会性的特征,法律行为并不是一种孤立的行为,而是其他社会行为的一种形式或一个方面。第三,法律行为是能够为人的意志所支配的行为,具有意志性。法律行为是人所实施的行为,受人的意志所支配。反映了其对一定的社会价值的认同,一定利益和行为结果的追求以及一定的活动方式的选择。

在法定期限内未及时实施纳税申报是违法行为,对于未申报行为,主管税务局将依据《中华人民共和国税收征收管理法》实施行政处罚。

(二) 违反纳税申报规定的法律后果

《中华人民共和国税收征收管理法》的具体规定如下:

"第六十二条 纳税人未按照规定的期限办理纳税申报和报送纳税资料的,或者扣缴义务人未按照规定的期限向税务机关报送代扣代缴、代收代缴税款报告表和有关资料的,由税务机关责令限期改正,可以处二千元以下的罚款;情节严重的,可以处二千元以上一万元以下的罚款。

第六十三条 纳税人伪造、变造、隐匿、擅自销毁账簿、记账凭证,或者在账簿上多列支出或者不列、少列收入,或者经税务机关通知申报而拒不申报或者进行虚假的纳税申报,不缴或者少缴应纳税款的,是偷税。对纳税人偷税的,由税务机关追缴其不缴或者少缴的税款、滞纳金,并处不缴或者少缴的税款百分之五十以上五倍以下的罚款;构成犯罪的,依法追究刑事责任。

扣缴义务人采取前款所列手段,不缴或者少缴已扣、已收税款,由税务机关追缴其不缴或者少缴的税款、滞纳金,并处不缴或者少缴的税款百分之五十以上五倍以下的罚款;构成犯罪的,依法追究刑事责任。

第六十四条 纳税人、扣缴义务人编造虚假计税依据的,由税务机关责令限期改正,并处五万元以下的罚款。

纳税人不进行纳税申报,不缴或者少缴应纳税款的,由税务机关追缴其不缴或者少缴的税款、滞纳金,并处不缴或者少缴的税款百分之五十以上五倍以下的罚款。

第三十五条　纳税人有下列情形之一的，税务机关有权核定其应纳税额：

（一）依照法律、行政法规的规定可以不设置账簿的；

（二）依照法律、行政法规的规定应当设置账簿但未设置的；

（三）擅自销毁账簿或者拒不提供纳税资料的；

（四）虽设置账簿，但账目混乱或者成本资料、收入凭证、费用凭证残缺不全，难以查账的；

（五）发生纳税义务，未按照规定的期限办理纳税申报，经税务机关责令限期申报，逾期仍不申报的；

（六）纳税人申报的计税依据明显偏低，又无正当理由的。

税务机关核定应纳税额的具体程序和方法，由国务院税务主管部门规定。"

这是行为罚，通过实施稽查检查发现未申报行为背后存在"偷逃抗骗"税而实施的处罚是结果罚！在实务中，应该是各罚各的。

七、纳税申报与纳税评估的关系

纳税评估是指税务部门运用数据信息对比分析等手段，对纳税人和扣缴义务人纳税申报情况的真实性和准确性做出定性和定量的判断，并采取进一步征管措施的管理行为。纳税评估工作遵循强化管理、优化服务；分类实施、因地制宜；人机结合、简便易行的原则。它是强化税源管理主要手段，是降低税收风险，减少税款流失，不断提高税收征管的质量和效率的有效方法。这是《全国税收征管规范1.2版》中的"2.10.1 纳税评估"部分，关于纳税评估的业务概述。

纳税评估是源于纳税申报，既包括已纳税申报也包括应纳税申报。经过涉税疑点核实后的纳税评估结果，即税务约谈或实地调查核实后，纳税人填写的《纳税情况自查报告表》是纳税人接受税务部门政策宣传辅导后，进行自查自纠后对已纳税申报行为的补充和纠正，是再次纳税申报，或者称为是"补充再申报"。

第二节　信息管税

2009年6月，国家税务总局在全国税收征管和科技工作会议上，正式提出并确定了"信息管税"工作思路，即将"以票控税"向"信息管税"转变作为统领今后税收征管工作的主要思路。为什么要"信息管税"，"信息管税"面临什么问题，如何才能把"信息管税"做好？希望通过对这些问题的研究，能为中国税收征管改革提供有益的探索。值得一提的是，信息管税并不是信息化管税。

一、我国税收征管的改革与现状

我国税收征管的改革，自20世纪80年代初开始，历时40余载，先后经历了"税务专管员时代"、"办税服务厅时代"和正在进行时的"税源专业化管理"时代。

(一) 征管改革的历程及特征

从1982年到1995年是税收征管"专管员时代"。当时社会生产力水平不高，以单一的公有制经济形式为主，且简单的税制结构，减免缓退等管理权高度集中在最基层的专管员手中。专管员一人到户，各税统管，权力高度集中，"征、管、查"一人负责，一个人说了算。这种征管模式的优点是效率较高，税务专管员责任明确。缺点是监督制约机制较弱，征纳双方法律责任不清楚、不明确。

从1995年到2005年是税收征管"办税厅时代"。已经建立社会主义市场经济体制，税务部门为纳税人的服务意识加强，纳税人的权利与义务感突出，意识觉醒。以纳税申报和优化服务为基础，以计算机网络为依托，集中征收，重点稽查。这种征管模式的优点是以征收大厅作为征纳双方交流的平台，优化了纳税服务，加快了计算机的应用，税务稽查的威力开始发挥。缺点是基础资料、基础制度没有建立；重实体轻程序——淡化责任、疏于管理；税源管理缺位——底数不清、情况不明。

随着征管改革的不断深入，通过探索和掌握税收征管工作规律，职责分工逐步明确，业务流程更加优化，岗责体系基本完善，税收征管基础不断夯实，即将进入"税源专业化管理"时代。依法行政——税收执法的规范化水平不断提高；优化服务——随着减轻纳税人负担、维护纳税人合法权益等工作的深入推进，纳税人对税务部门的满意度不断提升；信息管税——搭建税源监控分析平台，推进与相关部门的信息共享；这种征管模式的优点是由重税政管理转向重程序管理，税源管理的中心由税务登记转向税源监控，建立了全国统一的税收征管信息系统（CTAIS软件），以实现信息化为基础，初步建立专业化管理新格局。

(二) 征管现状

税源专业化管理是税收征管工作的重点和难点，是深化征管改革的终极目标。自2009年起，中国的税收征管现状可以用"引入三个理念"开始"六个转变"来概括。"三个理念"包括纳税遵从风险防控（纳税风险管理）、税收流失率和信息管税。"六个转变"是指以税务登记为中心向以税源管理为中心转变、以税政管理（实体管理）为中心向以程序管理为中心转变、"以票控税"为中心向"信息管税"为中心转变、以垂直管理为中心向以扁平管理为中心转变、以经验执法为中心向以依法行政为中心转变、以个体管理为中心向以团队管理为中心转变。

什么是"以票控税"？以票控税也称以票管税，是指利用发票的特殊功能，通过加强发票管理，强化财务监督，对纳税人的纳税行为实施约束、监督和控制，以达到堵塞税收漏洞、增加税收收入、提高税收征管质量的目的。"以票控税"是现实中形成的、长久以来行之有效的管理方法和手段，是没有最优的次优选择，在现实中是手段，甚至成了理念。长期以来，税务部门依赖发票来确定纳税义务，形成了"以票管税"的局面，而且对发票的依赖越来越严重。本书所述"以票控税"是不包括增值税专用发票的。

二、"以票控税"面临的问题

根据 2010 年 12 月 20 日国务院新修订的《中华人民共和国发票管理办法》第三条规定："……发票，是指在购销商品、提供或者接受服务以及从事其他经营活动中，开具、收取的收付款凭证。"这是官方定义。而百度查询的结果："发票是指一切单位和个人在购销商品、提供或接受服务以及从事其他经营活动中，所开具和收取的业务凭证，是会计核算的原始依据，也是审计机关、税务机关执法检查的重要依据。"

由此可以得出结论：发票是凭证。那么，开不开票和缴不缴税有关系吗？

无论是管税还是控税，主体是作为国家行政机关的税务局，目的是通过发票管理来监控纳税人收入支出的情况，从而减少税收流失组织税收收入。提出"以票控税"的主导思想是中国的税收收入以间接税（流转税）为主，只要管好发票，即可确保税收收入。提出"以票控税"的假想条件是发票全覆盖社会生产经营的每个角落。而在十几年的实践中，"以票控税"却变成了"以票缴税"，多开票多缴税，少开票少缴税，不开票不缴税！

下面简要阐述"以票控税"面临的主要问题。

（一）缺乏理论依据

首先，纳税人是否及时足额履行纳税义务的计税依据是应税收入和生产经营所得，不是发票。"以票控税"前提是纳税人收入均通过开具发票入账，支出均通过取得发票付出，纳税人依法正确用票，消费者主动自觉索票。这是不现实的。同时，不同税种的纳税义务确定，均没有按照发票来界定的规定。按照发票征税只是权宜之计。销售额、营业额、应纳税所得额的确定过程中，发票可以作为确定纳税义务的原始证据，但发票并不是必要条件。存在不开票或者虚开发票的情况下，以票管税陷入窘境，不开票或者虚开发票泛滥的情况下，以票控税就是失败的。

（二）现金交易和诱惑普遍存在

目前，不仅现金交易普遍存在，而且自然人及家庭消费居多，商家往往拿消费折扣来诱使消费者不索取发票，消费者在权衡国家税收与个人利益后选择保护个人利益，因此税收流失现象普遍存在。如零售商对消费者收款时，开发票是 100 元，不开发票是 95 元；餐饮饭店对消费者不开发票打 95 折或送饮料等。

（三）制假售假和虚开代开发票日趋猖獗

早在2013年，全国共查处制售假发票和非法代开发票案件9.1万起，缴获假发票1.36亿份，查处各类非法发票605万余份，查补税款138亿元。2013年5月审计署网站消息，黔彭高速施工单位涉7821余万元假发票。云南罗平"8·17"特大制售假发票案，共查获假发票票面金额达10520亿余元。触目惊心，匪夷所思。正是对发票的依赖，导致发票违法犯罪行为日益猖獗。

（四）管控成本居高不下

为了维系"以票控税"，打击制假售假和虚开代开发票行为，税务局和公安部门投入大量人力财力物力。一是建立查询系统，面向社会公众的真伪查询系统。二是建立验证系统，将发票真伪鉴别强制嵌入税收管理系统和工作流程，实现发票对税收的强制控管。三是严厉查处。在《国家税务总局关于认真做好2015年打击发票违法犯罪活动工作的通知》（税总发〔2015〕34号）中具体要求：各地税务机关要继续将发票整治工作与税收各类检查工作有机结合起来，把发票使用情况的检查工作作为税收检查的必查环节和必查项目，做到"查税必查票""查账必查票""查案必查票"。四是联合办公。联合公安部门加强打击发票违法犯罪活动工作，加大制售假发票"卖方市场"的打击力度，采取有效措施打源头、端窝点，联合查办一批发票犯罪重大案件。

"以票控税"还要控多久？还能控多久？2009年国家税务总局关于印发《全国普通发票简并票种统一式样工作实施方案》的通知（国税发〔2009〕142号）中提出全面提升普通发票管理的规范化和信息化水平，逐步实现税务机关从"以票控税"向"信息管税"的转变，《国家税务总局关于认真做好2012年打击发票违法犯罪活动工作的通知》（国税发〔2012〕12号）中也提出，各地税务机关要以逐步实现从"以票控税"向"信息管税"的转变为目标。除了拭目以待，还是拭目以待！

三、"信息管税"是征管改革的必然选择

国家税务总局针对当前税收管理水平和纳税人数量不断增多，企业的组织形式和经营方式不断创新多样，财务核算的水平不断提高，税源管理的复杂性和风险性不断加大，征纳双方信息不对称等矛盾日益突出的现状，为切实提高税源管理水平和税收征管质量，提出"信息管税"。

（一）相关概念

【数据】是科学实验、检验、统计等所获得的和用于科学研究、技术设计、查证、决策等的数值或符号。数据是指存储在某种介质上能够识别的物理符号。

百度的名词解释：数据是关于自然、社会现象和科学试验的定量或定性的记录，是科学研究最重要的基础，具有数值属性和物理属性。

【信息】即音讯、消息；通信系统传输和处理的对象，泛指人类社会传播的一切内容。人通过获得、识别自然界和社会的不同信息来区别不同事物，得以认识和改造世界。在一切通信和控制系统中，信息是一种普遍联系的形式。

经济管理学家认为"信息是提供决策的有效数据"。电子学家、计算机科学家认为"信息是电子线路中传输的信号"。美国信息管理专家霍顿给信息下的定义是："信息是为了满足用户决策的需要而经过加工处理的数据。"简单地说，信息是经过加工的数据，或者说，信息是数据处理的结果。

数据是原始事实，而信息是数据处理的结果。

【信息管税】是指以现代信息技术为依托，以对涉税信息的采集、分析、应用为主线，加强业务与技术的高度融合，着力解决征纳双方信息不对称问题，不断提高纳税人（或扣缴义务人）的税法遵从度和税务部门的税收征管水平。

（二）信息管税的内涵

1. 主体

税源专业化管理是整个税收征管工作的核心和基础，"信息管税"的最终目的是加强税源管理。实施信息管税的主体是税源管理部门和税收管理员，建立健全信息化、专业化、立体化的税源管理体系是"信息管税"的落脚点。其中，信息化是手段，是指完善预警分析、纳税评估等应用信息系统，以及数据分析应用平台为实施信息管税提供支撑和保障；专业化是前提，是指实行个体和团队相结合的专业化管理，建立一支高素质的专业化税源管理人才队伍；立体化是保障，是指建立从国家税务总局到基层分局（所、股）的各级税务机关和部门、本级各部门之间以及征管各环节之间相互协调、配合并有相应制度机制为保障的立体化税源管理格局。

信息化、专业化、立体化税源管理体系的本质，就是强调涉税信息在税源管理中的核心作用，实现信息采集、利用和税源监控的纵向互动、横向联动，有针对性地采取相应的服务与管理措施，堵塞征管漏洞，防止税收流失，切实加强税源管理。

2. 客体

目前，随着经济的发展，税收征管面临的问题日益复杂且工作难度明显加大。例如纳税人的组织形式、经营方式、经营业务也不断创新：跨国、跨地区、跨行业的大型企业集团大量涌现，税源的流动性显著增强；电子商务迅猛发展，业务创新层出不穷；不法分子逃税手法也不断翻新等等。总之，征纳双方信息不对称是根本原因，必须走出税务部门与纳税人之间信息不对称、难以判断纳税人申报信息真实性的困境。

信息资源日益成为重要生产要素和社会财富，只有抓住纳税人生产经营活动的涉税信息这个核心因素，做到充分采集和有效利用，才能逐步破解征纳双方信息不对称的难题，因此，"信息管税"是全面提高税收征管水平的必由之路。

3. 内容

数据采集和涉税信息的利用是"信息管税"的核心内容。

实施"信息管税",必须要明确涉税信息在现代税收征管中的核心作用,切实抓好数据的采集、整理与存储,信息的加工、分析与利用,信息传递与处理等工作。首先是要强化数据采集。这是实施信息管税的基础,只有把好数据入口关,不仅做到"全面、及时、准确"获取数据,而且要建立统一的数据采集标准和操作规范,才能有效实施信息管税;其次是要通过甄别和分析处理获取有用信息,在保障涉税信息的真实性和准确性的同时提高信息质量。最后,深化信息分析和利用。要建立上下级协同配合分析机制,充分发挥不同层级在涉税信息分析中的作用,既有宏观分析、区域分析,又有行业分析、具体纳税人的分析,通过分析提取有价值的涉税信息进行分类分级,为税收分析、风险防控、纳税评估和税务稽查等工作提供依据和线索。

4. 加强业务与技术融合是"信息管税"的关键

"信息管税"的过程,也是征管业务与信息技术高度融合的过程,税源管理业务是信息技术应用的指引,信息技术是业务实现的支撑。实施"信息管税"要从梳理税源管理业务流程着手,要基于改善税源信息不对称状况,根据信息需求来规划税源数据的收集、传输、存储、加工、维护和应用等各项业务。

(三)"信息管税"是征管改革的必然选择

为什么要推行信息管税?"以票管税"陷入窘境,而信息不对称是税款流失的主要原因,如果税务部门能够全面、及时采集到所有与纳税人纳税义务相关的信息,问题即可迎刃而解。而当前情况下,新的经营模式和业态(如电子商务、移动支付等)导致传统的以票控税难以为继,同时信息化发展为税务部门采集信息、获取判定纳税义务证据提供了可能。因此,为切实提高税源监控水平和税收征管质量而提出的信息管税思路。

1. 税收征管形势日趋严峻

(1)长期以来,税源户数量高速增长,人少户多的矛盾日趋严重,以税收管理员为核心的分片管户模式已经不能实现对税源的有效管理了。

(2)随着纳税人经营方式(模式)的改变,属地管辖失控风险逐渐增大。随着纳税人经营区域突破省内跨区,纳税人的组织机构发展壮大为跨省、跨国的企业集团;随着纳税人跨行业投资与经营模式的逐渐成熟,同时,电子商务等多种新的市场营销模式层出不穷,属地管辖失控风险逐渐增大。

(3)不能及时全面掌握纳税人涉税信息的问题日益突出。有的税收流失,是因为税务部门对纳税人的信息不掌握。比如全国和国际连锁经营店,成本集中核算,依靠当地征管的税务局和税收管理员是很难取得的,给税收征管带来很大困难。

总之,税源的新变化带来新的要求,属地分片管理模式和以票控税等传统管理方式需要进行改革。

2. 社会信息化发展的必然结果

税收源于经济，税收的发展也是社会进步的缩影，随着现代信息技术和计算机系统的应用，人类社会步入到信息时代。马克思主义政治经济学的基本观点是，社会发展是由基本矛盾推动的，即生产力和生产关系、经济基础和上层建筑的矛盾运动推动社会发展。其中最活跃的是生产力，生产工具是最活跃最革命的部分。生产工具的变革，必然影响生产关系和上层建筑的变化。当税收征管工具从过去的算盘变成计算机、手工办公变成网络现代信息技术应用，即生产工具发生变化时，肯定会带来征管理念、业务流程、制度机制等系列变化，必然包括以票控税向信息管税的转变。

同时，这也是中国税收信息化发展的必然结果。

1979年，美国信息管理专家诺兰提出"诺兰模型"，把信息化发展概括为初始、传播、控制、集成、数据管理和成熟六个阶段。我国的税务信息化发展历程也是符合诺兰模型的。目前，金税三期的上线，基本实现税收业务和信息技术的高度融合，信息管税也是符合中国税收管理信息化发展规律的。

3. 实现与国际税收管理接轨

美国、英国和澳大利亚等发达国家税收管理信息化建设走在了中国的前面，其中，澳大利亚税务局花了7亿澳元，用5年时间建设了纳税人体验工程，IMF专家认为澳大利亚的信息化建设是国际公认搞得最好的，备受OECD和IMF专家的推崇。2001年12月11日，中国经过15年的谈判，正式加入了世界贸易组织。经过40多年的发展，中国经济已经融入全球，只有推行信息管税才能实现与国际税收管理接轨。

四、"信息管税"面临的问题

"信息管税"是借助现代信息系统，以信息采集为前提、以信息分析应用机制为基石、以信息分析结果为导向，强化税源监控，推进税源管理的科学化、精细化和专业化，达到提高税收收入质量、提高纳税遵从度的效果。目前，全面推进"信息管税"工作尚存在下列主要问题。

（一）缺乏准确认识和必要的制度机制保障

在信息化技术迅速发展的新形势下，税收征管的主导思路还是传统的"经验管税"、"划片管税"和"以票管税"等，对于"信息管税"缺乏准确的认识，甚至盲目神话"互联网+税务"或与其混淆。没有规范的数据收集、报送、接收、审核、加工、处理、分类、存储、清理和利用制度机制，更不要说是建立健全相应的组织机构、信息反馈、督查考核等机制。没有必要的保障，"信息管税"的效能是不可能得到发挥的。

(二) 数据收集质量不高

推动"信息管税"的关键是不断提高数据质量管理水平。目前，没有相关涉税信息和数据采集标准，录入数据随意性较大，质量不高；与纳税有关的第三方信息采集渠道不畅，采集的信息深度和广度不够，数据质量影响着涉税信息分析的应有价值和对税源的有效监控。

(三) 信息共享整合不畅

目前，税收管理员使用信息系统繁多且各系统之间数据没有梳理整合，导致涉税信息的重复录入，信息难以共享，尚未搭建起一个完整的信息交流分析应用平台。各系统纵横向之间、内外部之间数据信息相互独立，信息交流不及时、不顺畅，信息综合利用率低，影响着税收征管质量。不仅征纳双方的信息不对称严重，税务部门对纳税人的生产和财务信息掌握不充分，难以实施有效控管；而且，各职能部门之间信息共享与传递没有形成有效机制，第三方涉税信息缺失严重。

(四) 信息管税系统建设滞后

虽然各种各样的税务管理信息系统琳琅满目，但是就是没有建立健全适应信息管税的信息体系，总局和省局停留在"数据大集中"却有数据没应用，市局县局和分局(税务所)没数据没应用，如跨省或同省跨区的纳税人涉税信息只有总局和省局能查询，而基层的县局和分局却不能。信息应用范围程度不深主要表现在评估分析的方法不多，仍然处于依托行业指标和预警值对纳税人生产经营情况进行纵横向简单比较评估的层面，纳税评估手段单一，各类税收管理指标值的设定和风险度的测评没有真正让数据说话，涉税信息的分析应用没有真正体现在对税收征管质量的贡献度和对税收收入增值作用等关键指标上。

(五) 纳税评估的地位和作用没有得到发挥

要从整体税收征管的高度认识纳税评估，在整体征管流程中纳税评估处在"承前启后"的位置：前有征收、后是稽查。纳税评估是征收的延伸和深化，对其起重要监督作用；是促进日常征收管理的核心手段，全面实现税收征管工作效率最大化；是实施稽查的前置和条件，为其提供准确的依据。只有正确理解纳税评估的外延和内涵，准确认识纳税评估的地位和分类，深刻剖析纳税评估的职能和作用，才能实现准确认识纳税评估，才能有效开展纳税评估，才能实现税源管理专业化和税收征管的现代化。目前，纳税评估的地位和作用没有得到充分发挥。

五、"信息管税"的建议

"信息管税"是一种新的税收管理模式，是信息技术在税收领域应用的结果，它推动着思想观念、管理体制和工作机制的根本变化。只有抓住主要矛盾和切实解决问题，才能全面推进信息管税。

（一）加快观念转变是前提

在信息化技术迅速发展的新形势下，传统的"经验管税"、"制度管税"和"以票管税"面临越来越多的局限，为此，需要加快观念转变，树立新时期、新环境下的"信息管税"理念，通过"信息管税"来提高宏观决策能力和加强对整个税收征管运行的风险防范和控制，建立信息集中条件下完整的信息采集、分析、应用、反馈和考核体系，提高宏观决策的速度和质量，加大管理和服务的力度。历史的小插曲，"营改增"后，信息管税的思路得到原地税管理者的推崇，可惜两年后机构改革了，主流又回归到"以票控税"了！除了叹息，还是只有叹息！

（二）建立健全制度机制是保障

在树立"信息管税"理念的前提下，积极推进体制、机制、制度、模式、方式和技术改革创新，建立健全组织领导机制、数据采集机制、数据分析机制、信息反馈机制、督查机制、工作考核机制，是确保"信息管税"效能的重要支撑。例如：要制定数据信息与应用管理办法。数据的报送、接收、审核、加工、处理、分类、存储、清理和利用加以规范，明确各个部门采集、使用、发布数据的权限和保密规则，利用数据做好税收分析、纳税评估和稽查选案工作，逐步提升数据应用水平。

积极取得政府支持，明确部门职责，理顺工作关系，建立顺畅、规范、严密的信息交换机制，完善获取第三方涉税信息。建立部门间协作机制，各级税务部门根据税收征管工作的需要，积极与工商、财政、统计、审计、发改委、技术监督等有关部门加强沟通和协调，建立部门协作、信息交换和联席会议制度，为信息交换、信息共享提供制度保障。

（三）信息采集与共享是关键

数据采集是影响数据质量最重要的基础性工作，必须遵循及时、完整、真实和规范的原则，根据相关业务规定，结合应用系统的操作要求，制定严密有效的数据采集规范，采取有效措施切实把好入口关，确保数据录入的质量，使采集到应用系统的数据能够满足各级税务部门的数据应用需求。

重点突出"数据采集"环节的关键作用。"数据采集"作为税源管理的首要环节，其信息数据的真实可靠、完整和共享的广泛度，直接决定了税源管理工作开展的深度。通过部门协作与信息共享，尽可能利用多种渠道、采用多种方法采集税源信息，扩大信息数据的采集范围和增值利用空间，实现了数据采集"一点采集、统一管理、统一加工、统一发布、信息共享"，重在解决征纳双方信息不对称问题，保证了后四个环节能抓住"涉税信息流"这一核心和重点，形成"良性互动"。

定期交换涉税信息，从源头上获取涉税信息。政府各有关部门根据要求和部门协作制度，定期向税务部门传递涉税信息。传递的信息主要有：工商变更信息，建设部门建筑施工许可信息、城市房屋拆迁信息以及工程完工验收信息，国土资源部门土地使用权转让信息、核发《土地使用证》信息和应税矿产资源开采信息，文化部门外来文艺演出信息。

目前，税务部门主要采集了纳税人申报表等与征收税款密切相关的数据，在第三方涉税信息获取上也多为与登记和计税依据直接相关的信息，而对于企业财务报表等重要数据和企业实际经营密切相关的外部信息（如用电用水等）没有采集，需要扩大第三方信息采集范围，增加企业经营信息的采集。要加强与工商、统计、银行、技术监督局等部门全面联网，进一步增强获取数据的及时性和准确性。提高数据质量，保障相关涉税信息的真实性、准确性。（见图2-1）

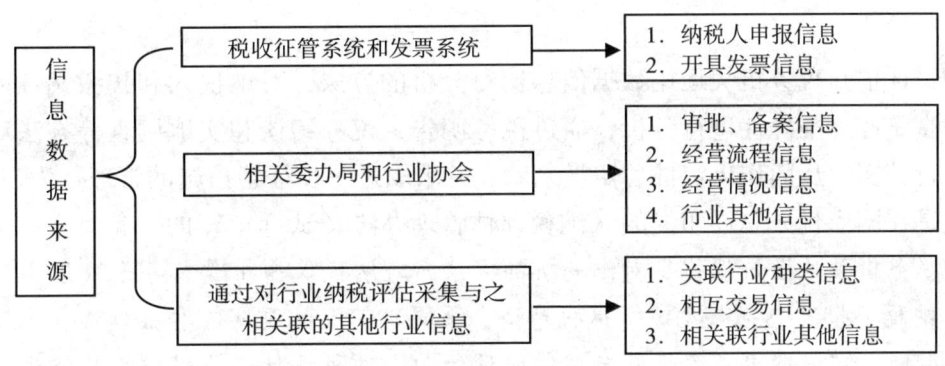

图 2-1　信息数据采集的范围构成图

（四）加强信息反馈是难点

由于纳税评估工作在整体税收征管过程中所处的承前启后的位置，突出的地位决定其将日益发挥突出的作用。由于"征、管、评、查"是税收征管工作的不同环节，不同的分工，彼此存在"相对独立、彼此依存、相互制约"的关系。只要有分工就必须有协作，如何协作，最有效的方式就是加强信息反馈，所以必须重视和加强纳税评估工作的信息反馈。只有加强信息反馈，完善与"征收、管理、稽查"各环节的协调，才能充分发挥纳税评估工作的提纲挈领作用：即以纳税评估为切入点，激活整个"征、管、评、查"的链条，提升整体征管工作质量。就整体征管工作而言，评估工作就是"发现问题、集中矛盾，反馈信息、分散矛盾"的过程。简单的矛盾能够由各个环节独自解决，综合的或共性的矛盾只能通过反馈由各个环节相互协调而统一解决。

（五）完善纳税评估机制是核心

纳税评估是保障管理效能、促进纳税遵从的有力手段。一是建立常态的组织保障体系。市局××处负责纳税评估工作的整体实施，各县（市）区局负责纳税评估工作的计划管理、工作协调和过程控制，税务所（分局、股）具体负责纳税评估工作的开展。从评估信息的采集、筛选、实施到移交稽查等各个环节职责进行规范，将税收分析、纳税评估、申报征收、稽查选案有机衔接，形成密切协作的循环系统。二是科学建立指标体系。利用税务管理信息系统，将纳税评估指标分为人工评估指标和自动评估指标，其中人工评估指标主要是纳税人基础信息的比对；自动评估指标主要是纳税人申报情况、发票使用情况、财务情况的比对，如纳税人申报情况纵向比对、发票使用情况与申报纳税情况比对等。

第三节 纳税评估

纳税评估是税务机关运用数据信息比对分析的方法，对纳税人和扣缴义务人申报纳税的真实性、准确性进行分析，通过税务函告、税务约谈和实地调查等方法对涉税疑点进行核实，从而作出定性、定量判断，并采取进一步征管措施的管理行为。

这是在国家税务总局印发的《纳税评估管理办法（试行）》的"第二条 纳税评估是指税务机关运用数据信息对比分析的方法，对纳税人和扣缴义务人（以下简称纳税人）纳税申报（包括减免缓抵退税申请，下同）情况的真实性和准确性作出定性和定量的判断，并采取进一步征管措施的管理行为。纳税评估工作遵循强化管理、优化服务；分类实施、因地制宜；人机结合、简便易行的原则。"基础上总结修改的关于纳税评估的定义。

纳税评估作为一项国际通行的税收管理制度，是强化税源管理、提高税源监控能力和水平的重要手段，是一项融管理与服务于一体的综合管理工作，是提升整体征管工作质效的把手，是被实践证明的管住管好税源的一项重要手段，也是税务所（分局、股）和税收管理员的一项重要工作职责。对于提高对纳税人履行纳税义务情况进行事中监管的能力，堵塞管理漏洞有着极其重要且不可替代的作用。

目前，在税收管理的实践中纳税评估工作已经广泛开展起来了。纳税评估是当前强化税源监控管理的重要内容和手段，是税收风险防控的基础和抓手。作为税源管理的日常性、基础性工作和重要方法，是税源管理的中心工作，是介于税款征收、税收分析与税务稽查间的一种"新"的税收管理手段。要从整体税收征管的高度认识纳税评估，在整体征管流程中纳税评估处在"承前启后"的位置：前有征收、分析、后是稽查。纳税评估是征收的延伸和深化，对其起重要监督作用；是促进日常征收管理的核心手段，全面实现税收征管工作效率最大化；是实施稽查的前置和条件，为其提供准确的依据。

一、纳税评估在税源管理中的地位

要从整体税收征管的高度来认识纳税评估，纳税评估是强化税源监控管理的重要内容和手段，是税源管理的中心工作，是介于征收、分析与稽查间的一种税收管理手段。

（一）纳税评估是强化税源管理的重要内容和手段

纳税评估是强化税源管理的重要内容，深入开展纳税评估工作是被实践证明的管住管好税源的一项重要手段，主要体现在：一是通过开展行业或税种纳税评估，掌控税源及变化趋势，为微观税源分析奠定数据基础，为宏观政策的制定提供科学依据；二是在"人少户多"的情况下，加强纳税评估，特别是通过电子函告和集体约谈来实现对发现的共性涉税疑点或管理漏洞的批量处理，全面提高税源监控能力；三是为纳税人提供优质服务，在实施纳税评估的过程中帮助纳税人准确理解税收政策、及时掌握相关规定和严格遵守税法，给纳税人提供一次自我纠错的机会，提供更深层次的专业化或个性化服务；四是促进诚信纳税，通过评定A级企业和实施纳税信用等级管理，形成良好的激励体制，营造依法纳税、诚信纳税的良好氛围；五是构建和谐征纳关系，通过实施纳税评估促进纳税人依法诚信纳税和税务部门依法行政，在税务局和纳税人之间建立起一种互相尊重、信任、平等、和谐的关系。

（二）纳税评估是全面提升整体征管质效的把手

要从整体税收征管的高度来认识纳税评估，坚持税源管理以信息管税和纳税评估为中心的同时，必须看到纳税评估作为税收征管的一个上游环节，介于征收与稽查之间，承上启下、牵一发而动全身、地位非同一般。也就是说在整体征管流程中，纳税评估处在"承前启后"的位置：前有征收、分析，后是稽查。纳税评估既是征收的延伸和深化，对其起重要监督作用，又是实施稽查的前置和条件，为其确立案源提供准确的依据，特殊的位置决定其将日益发挥突出的作用。

总之，纳税评估作为一种新型的税源管理或税收征管的有效管理手段，在今后的税收征管过程中，发挥的作用将越来越大；在提高征管质量，优化新型征管体制方面开始将展现出其独特的优势；在整个税收征管工作中将占有十分重要的地位。

二、职能、作用及分类

（一）纳税评估的主要职能

第一，通过纳税评估，实现"以评促管"。即在开展纳税评估过程中，发现纳税人存在的涉税问题，反馈税务部门在日常管理中存在的不足，改进税收征管和纳税服务工作。

第二，通过纳税评估，不断提高纳税人或扣缴义务人的纳税遵从度，实现"以评促遵"。在开展纳税评估过程中，对经评估分析发现的涉税疑点和问题，通过约谈等方式与纳税人沟通，进行税法宣传解释，及时解决纳税人由于对税收政策理解偏差等原因造成的涉税问题，降低征纳双方税收风险，减少纳税人不必要的损失（比如加收滞纳金）。

第三，通过纳税评估，实现"以评促查"。对有偷、逃、骗税嫌疑等情形的纳税人及时移交税务稽查部门处理，做到目标准确、针对性强，能够充分发挥税务稽查震慑作用，同时提高工作效率，降低税收成本。

第四，通过纳税评估，不仅掌控税源基础和税源变化趋势，确立经济增长与税源增长之间的数据指标关系，而且为科学、持续、稳定的税收增长奠定基础，为宏观政策的制定提供依据。

（二）纳税评估的主要作用

一是提高税源监管能力，堵塞管理漏洞。对辖区纳税人或扣缴义务人及时进行纳税评估，剖析其有疑点的纳税行为，找出税收征管中的漏洞，进一步采取加强征收管理的措施，巩固管理基础。这是对内的作用。二是深化税法宣传，加强纳税服务，提高纳税人的税法遵从度。通过函告或约谈等形式的纳税服务或管理措施，帮助纳税人或扣缴义务人做好涉税疑点的说明和解释，是培育纳税人的依法纳税意识和提高税法遵从度的最佳途径。这是对外的作用。三是提高稽查工作的质量，发挥税务稽查整体效能。通过对纳税人评估分析，发现疑点，直接为税务稽查提供案源，提高稽查选案准确度，也有利于稽查内部的专业化分工并对稽查实施也产生制约。四是消极组织收入。最初是用的"积极"，阴差阳错也好，弄巧成拙也罢，总之不知不觉的纳税评估就是组收的认识瞬间根深蒂固了。这是错误更是危险的，补税只是结果，是"搂草打兔子"不是守株待兔。五是税务部门严密内部管理，杜绝随意执法和为税不廉行为的发生。

（三）纳税评估的主要分类

从理论上讲，纳税评估工作可以分为两类：由专业评估人员实施的专项评估和由税收管理员实施的日常评估。

在实际工作中，要处理好日常评估与专项评估的关系，点面结合、各司其职，实现对税源的全面动态控管。其中，不能片面地按照评估期间的不同区分日常评估和专项评估。

如何正确区分日常评估和专项评估？主要体现在：日常评估是为实现对辖区税源的全面控管，突出体现普遍性和及时性，及时发现问题及时纠错。日常评估的作用主要是为完善日常管理采取措施和提出建议，突出的是监控面；专项评估是对辖区重点行业、重点税种和重大事项的特定管控，突出体现重要性和专业性，发现征管漏洞，堵漏、增收和提供稽查案源。专项评估的作用主要是堵塞征管漏洞、提供稽查案源和组织收入，突出的是抓住重点，体现的是专业化。无论是专项评估还是日常评估，各地都要结合实际、因地制宜、点面结合、各有侧重，充分发挥纳税评估的作用，实现对税源的全面动态管控。

三、工作流程

根据纳税评估工作需要，将其分为六个环节：数据信息采集、确定纳税评估对象、实施纳税评估分析、进行疑点问题核实、处理评估结果和评估结果信息反馈。其中，专项纳税评估工作全面涉及六个环节，由于非手工提请确定评估对象的日常评估对象和涉税疑点是由评估软件产生的，实际工作中管理员实施日常纳税评估是进行"疑点问题核实、处理评估结果和评估结果信息反馈"这三个环节的相关工作。

（一）数据信息采集

数据信息采集是纳税评估工作的首要环节。

纳税评估信息是纳税人在纳税申报和生产经营活动过程中形成的各税纳税申报表、财务会计报表和各种与纳税有关的资料，是纳税评估审核的对象和进行分析、判断的客观依据。纳税评估信息包括税务内部信息、税务外部（第三方）信息和责成纳税人提供的信息。

开展有效的纳税评估是建立在拥有大量真实可靠的涉税信息基础上的。单靠人工进行数据采集和审核分析，采集面窄、采集速度慢、评估效果差，评估分析的效率和成功率不高，不能充分体现和发挥纳税评估的主要作用。只有通过现代化手段，高效、准确地实现海量纳税申报信息的采集，不断丰富申报内容，才能摆脱手工纳税评估的繁杂和不便，增强纳税评估的准确性，并逐步规范化、程序化。

数据来源："一户式"存储的纳税人各类纳税信息资料，主要包括：纳税人税务登记的基本情况，各税种核定、认定、减免缓抵退税审批事项的结果，纳税人申报纳税资料，财务会计报表以及要求纳税人提供的其他相关资料，增值税交叉稽核系统各类票证比对结果等。

税收管理员通过日常管理所掌握的纳税人生产经营实际情况，主要包括：生产经营规模、产销量、工艺流程、成本、费用、能耗、物耗情况等各类与税收相关的数据信息；上级税务机关发布的宏观税收分析数据，行业税负的监控数据，各类评估指标的预警值；本地区的主要经济指标、产业和行业的相关指标数据，外部交换信息，以及与纳税人申报纳税相关的其他信息。

（二）确定纳税评估对象

一般情况下，确定纳税评估对象采取计算机自动筛选和人工分析筛选相结合的方法确定。

目前，日常评估对象的确定主要采取评估软件自动筛选和管理员手工提请，计算机自动筛选确定是指根据计算机对各类日常涉税信息的自动比对提示，从达到预警值的信息中确定评估对象。专项评估对象的确定主要采取人工分析筛选方式，是指依据辖区内税收、税源分析，行业税负监控结果，结合各项评估指标和税收管理员掌握的纳税人实际情况等因素综合确定评估对象。

（三）纳税评估分析

评估分析主要采用指标分析、比较分析和综合分析等数据信息对比分析的方法，对纳税人履行纳税义务情况进行相关性、结构性和趋势性的分析，从而判断涉税疑点。评估分析主要依据以下信息开展：

1. 纳税人在纳税申报和生产经营过程中形成的各项纳税申报表、财务会计报表和各项与纳税有关的资料；

2. 政府相关经济行业管理部门的有关资料，本地区主要经济指标、产业和行业相关指标；

3. 上级有关部门发布的宏观税收分析数据、行业税负的监控数据，各类评估指标的预警值；

4. 责成纳税人提供的相关涉税信息。

目前，纳税评估分析的主要采用计算机应用软件和评估人员直接分析相结合的方式。

（四）疑点问题核实

评估人员根据评估分析结果，将纳税人存在的涉税疑点或问题进行分类或分级（高风险、中风险、低风险），提出相应的核实意见，主要有三种核实方法：税务函告、税务约谈和实地调查核实。

1. 税务函告

税务函告是指税务部门对经纳税评估分析发现存在涉税疑点或问题明显、情节轻微的纳税人，通过信函方式告知，要求其进行自查并做出解释说明，提示其依法正确履行纳税（扣缴）义务的工作方法。

《税务函告》作为一种对纳税人起提示作用的文书，纳税人在接到《税务函告》后应该根据函告提示的涉税疑点或问题认真地进行自查，并在税务部门规定的时限内向其作出解释说明。

2. 税务约谈

税务约谈是指税务部门对纳税人、扣缴义务人的纳税申报及相关资料进行指标分析和审核后发现异常，约请纳税人、扣缴义务人到税务部门对其存在异常现象和提出涉税质疑进行陈述说明或补充举证并给予政策性宣传和辅导，责成纳税人、扣缴义务人自查自纠的一项工作制度。

纳税人接到《税务事项（约谈）通知书》后，应认真进行自查，准备税务部门需要的相关资料，按通知书上规定的时间、地点到税务部门就相关问题进行解释说明或补充举证，纳税人因特殊困难不能按时接受税务约谈的，应向税务部门说明情况，可酌情延期。在约谈过程中，纳税人应积极配合，对《税务约谈记录》进行核实并签字确认。

实行税务约谈，将有利于税务部门减少稽查的随意性、盲目性，降低执法成本和风险，提高工作效率，同时减轻纳税人负担，营造依法纳税、诚信纳税的良好税收环境。一般情况下，采取约请纳税人到税务部门面谈的方式进行税务约谈；对存在共性且涉税问题比较单一的多个纳税人采取集体约谈的方式。此外，税务部门根据实际工作需要可采取其他便捷有效的方式进行税务约谈。

实施税务约谈时，评估人员一般不少于两名，即可以多人不能一人。

约谈结束后，经纳税人、扣缴义务人自查自纠能够解释并说明税务部门所提出的有关涉税质疑的，经审核认可后，不再实施实地调查或税务稽查；纳税人、扣缴义务人拒绝质疑约谈、逾期不进行自查自纠或税务部门对自查自纠结果不予认可的，税务部门将实施实地调查或移交税务稽查立案查处。特别强调，税务约谈不是询问。

3. 实地调查核实

实地调查核实是指税务部门通过到纳税人生产经营场所了解情况、审核账目凭证等措施，对评估分析中发现的较为复杂的涉税疑点或问题作出定性、定量判断，并采取进一步征管措施的工作方法。

实施实地调查核实时，评估人员一般是两名。

（五）评估结果处理

通过对疑点问题进行核实后，根据核实情况可以将纳税评估结果分为六种：督促补缴税款和滞纳金、提请非正常户认定、提请行政处罚、移交税务稽查、未发现问题归档和提出纳税事项建议。其中，对于无正当理由不配合税务约谈和实地调查核实的，也要移交税务稽查处理。

（六）信息反馈

信息反馈是税务内部的一项工作，纳税评估结果的信息反馈主要有两种形式：个案反馈和综合反馈。

只要有分工就该有协作，如何协作，最有效的方式就是加强信息反馈。要充分认识加强信息反馈的重要性，反馈的过程就是各环节沟通的过程，只有加强评估反馈，完善与"征收、分析、管理、稽查"各环节的协调，才能充分发挥征管、评估和稽查的整体效能。才能加强税源管理、税收分析、风险防控和税务稽查各环节之间的联动协作，逐步构建职责明确、信息共享、协调互动、统一高效的税源管理一体化的联动机制，不断提高税收征管质效，实现整体征管流程的良性循环。

（七）行业专项纳税评估工作流程图（图2-2）

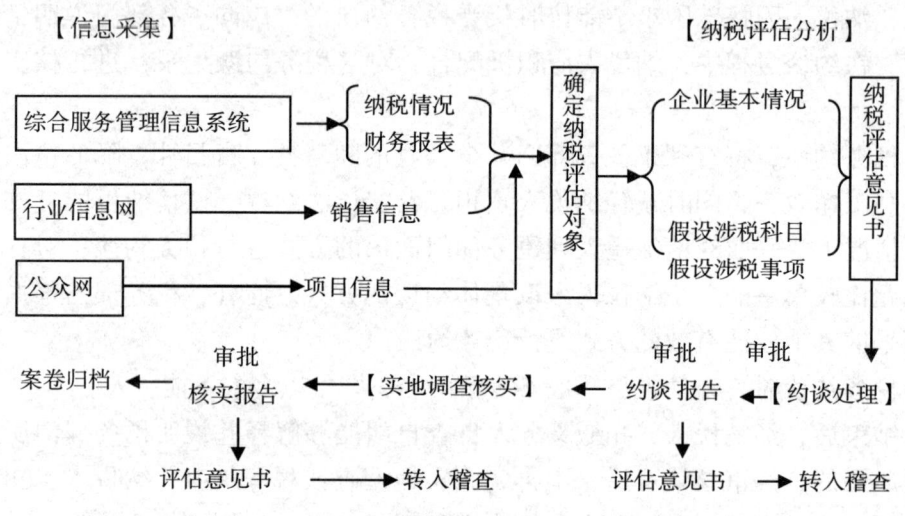

图 2-2 行业专项纳税评估工作流程图

四、评估分析的主要方法

纳税评估分析主要采用指标分析、比较分析和综合分析等数据信息对比分析的方法，对纳税人履行纳税义务情况进行相关性、结构性和趋势性的分析，从而判断涉税疑点。纳税评估分析方法分为以下几类。

（一）按评估的手段分类

1. 人工分析法

人工分析是指通过人工对评估对象的申报纳税情况进行分析判断的方法，此法多用于对非普遍性、个别纳税申报疑点的分析判断。

2. 计算机分析法

计算机分析是指由计算机根据事先设定的指标公式对评估对象纳税申报信息进行分析判断的方法。优点是效率较高，人为因素较少，缺点是指标不准。

3. 人机结合分析法

人机结合分析是指由计算机根据事先设定的指标公式筛选出评估对象纳税申报中的疑点，在此基础上再由人工进一步分析判断。实践中此方法最为常用。

（二）按评估信息的处理方式分类

1. 核对分析法

核对分析是指评估人员根据掌握的各种情报、信息，对纳税人、扣缴义务人纳税申报的内容进行核对。核对法主要是对不同来源渠道的数据信息进行简单的比对。既有绝对值比对，也有相对值比对，常用的方法有：申报信息与鉴定信息核对、申报情况与发票信息核对、申报数与相关税种政策核对、申报信息与外部数据进行核对等几种方法。

2. 比较分析法

比较分析是指评估人员根据掌握的评估对象的各类涉税信息，对纳税人、扣缴义务人纳税申报内容的真实性和税款计算结果的准确性进行定性或者定量的分析。

常用的分析法有：本期与上期、本期与上年同期比较分析，本企业与同行业同类型企业比较分析，评估指标与预警值比较分析等。

（三）按照参照的对象分类

1. 横向分析法

横向分析是指利用已掌握的纳税人的评估指标通过计算与同行业的评估指标均值相比较，找出偏离平均值的疑点问题的方法。

2. 纵向分析法

纵向分析是指将纳税人当年的财务指标和历史同期（基期）指标进行对比，找出其中存在疑点问题方法。

（四）按比较分析的方式不同分类

1. 比较分析法

比较分析是指将连续数月报表中的相同指标或比率数据进行对比，分析其增减、变化情况。

2. 结构分析法

结构分析是指测算各组成部分占总体的比重，分析其变化和发展趋势。

3. 比率分析法

比率分析是指对同一财务报表上的若干不同项目之间的相关数据进行比较，计算出其百分比，从而分析其比重、份额或者程度的一种分析方法。

4. 合理性分析法

合理性分析是指将被评估企业有关数据与其历史数据、同行业指标平均水平相比较，以分析其合理性，初步确定纳税人纳税申报中可能存在的问题。

五、纳税评估与纳税服务的关系

纳税服务是税务机关为促进纳税人依法纳税和扣缴义务人依法扣缴，根据税收法律、法规的规定，在纳税人、扣缴义务人依法履行税收义务和行使税收权利的过程中，提供的满足纳税人、扣缴义务人合法合理需求与期望的各项行政行为。

为纳税人提供规范、热情、周到的服务，在纳税人纳税信誉全面提高的基础上，形成和谐的征纳关系，最终建立公共服务型政府机关，纳税服务的根本目的是提高纳税人、扣缴义务人的税法遵从度；纳税服务的本质是对高度和主动遵从纳税人的服务，是维护征纳双方的社会公信。

纳税评估作为一项特殊的、深层次的服务手段，是以人为本理念的有效体现，是一项综合性的管理工作。对内是加强监督制约、严密管理的过程，对外也是一个纳税服务过程。通过税务函告、税务约谈、纳税评估告知等方式，详细地、有针对性地向纳税人、扣缴义务人宣传讲解税收法律、法规等，及时地提醒纳税人、扣缴义务人在纳税申报缴纳过程中存在的异常，确认涉税违法违规行为的程度和额度，有效解决纳税人因主观疏忽或对税法理解产生偏差而产生的涉税问题，提醒纳税人自行纠正，建立和谐的征纳关系，杜绝随意执法和为税不廉行为的发生。

纳税服务是单一对纳税人服务；纳税评估是对内加强内控管理和监督，对外提供纳税服务、政策辅导和纳税遵从风险预警。纳税服务和纳税评估是税收征管工作的双刃剑，左手和右手。纳税服务侧重解决效率问题，纳税评估侧重解决质量问题，二者共同为税收征管提质增效。

第四节 纳税评估是管理行为

纳税评估不是具体行政行为，也不是行政执法行为，是行政管理或纳税服务行为。纳税评估同时具有纳税服务和税收行政管理职能，主要是加强税源管理，是行政管理行为。

一、相关概念

行政执法是指行政主体依照行政执法程序及有关法律、法规的规定，对具体事件进行处理并直接影响相对人权利与义务的具体行政法律行为，是国家行政机关在执行宪法、法律、行政法规或履行国际条约时所采取的具体办法和步骤，是为了保证行政法规的有效执行，而对特定的人和特定的事件所做的具体的行政行为。税务稽查和行政处罚是典型的行政执法行为。

具体行政行为，是指国家行政机关和行政机关工作人员、法律法规授权的组织、行政机关委托的组织，或者个人在行政管理活动中行使行政职权，针对特定的公民、法人或者其他组织，就特定的具体事项，作出的有关该公民、法人或者其他组织权利义务的单方行为。简而言之，即指行政机关行使行政权力，对特定的公民、法人和其他组织作出的有关其权利义务的单方行为。

（一）具体行政行为特征

1. 具体行政行为是法律行为。

2. 具体行政行为是对特定人与特定事项的处理。第一是就特定事项对特定人的处理。第二是就特定事项对可以确定的一群人的处理。第三是就特定事项对不特定人的处理。

3. 具体行政行为是单方行政职权行为。

4. 具体行政行为是外部性处理。

5. 具体行政行为是受税收法律经济（税务行政复议和行政诉讼）监督的行为。征税、税务稽查和税务行政处罚是具体行政行为。

（二）具体行政行为形式

具体行政行为的表现形式包括：行政命令、行政征收、行政许可、行政确认、行政监督检查、行政处罚、行政强制、行政给付、行政奖励、行政裁决、行政合同、行政赔偿等。

纳税评估不属于上述任何具体行政行为的表现形式，不是具体行政行为，也就不是行政执法行为。

行政管理是运用国家权力对社会事务以及自身内部的一种管理活动。也可以泛指一切企业、事业单位的行政事务管理工作（本文所述行政管理不是此意）。

行政管理最广义的定义是指一切社会组织、团体对有关事务的治理、管理和执行的社会活动。同时也指国家政治目标的执行，包括立法、行政、司法等。狭义的定义指国家行政机关对社会公共事务的管理，又称为公共行政。

纳税服务是政府和社会组织根据税收法律、行政法规的规定，在纳税人依法履行纳税义务和行使权利的过程中，为纳税人提供的规范、全面、便捷、经济的各项服务措施的总称。因此税务部门应当想方设法让纳税人知晓税收法律法规，为纳税人提供方便快捷的服务，同时注重尽量减少纳税人为履行纳税义务所负担的成本（包括时间和金钱）。这就是纳税服务的本质。

依据《国家税务总局关于〈印发纳税评估管理办法（试行）〉的通知》国税发〔2005〕43号（以下简称"评估办法"）的相关规定：

"第二条 纳税评估是指税务机关运用数据信息对比分析的方法，对纳税人和扣缴义务人（以下简称纳税人）纳税申报（包括减免缓抵退税申请，下同）情况的真实性和准确性作出定性和定量的判断，并采取进一步征管措施的管理行为。"

"第二十二条 对纳税评估工作中发现的问题要作出评估分析报告，提出进一步加强征管工作的建议，并将评估工作内容、过程、证据、依据和结论等记入纳税评估工作底稿。纳税评估分析报告和纳税评估工作底稿是税务机关内部资料，不发纳税人，不作为行政复议和诉讼依据。"

纳税评估是管理行为，不是具体行政行为，纳税人不能对纳税评估工作（包括税务约谈和实地调查核实）提起行政复议和行政诉讼。纳税评估是政策宣传、辅导自查、督促整改，都是围绕如何及时准确履行纳税申报展开的。纳税申报是纳税人和扣缴义务人必须履行的法定义务，其对纳税申报结果的真实性和准确性负责。

二、纳税评估报告是税务内部资料

在实际工作中，由于企业财务人员和税务干部对纳税评估工作的认识存在一定误区，针对"企业财务人员要求税务干部提供纳税评估的结论性文书，否则不补缴税款和滞纳金"的现象，特作如下阐述：

（一）只有准确的认识才是成功的开始

纳税评估的核心既不是对纳税人缴纳税款数额多与少的评估，也不是适用税种税目税率的评估，而是对纳税人的"三流"信息（物资流、资金流和信息流）的真实准确性进行评估。

评估纳税人税收经济关系的合理性，不是指申报数据所反映的税收经济关系合理性，而是申报应纳税额与真实税源之间的相关合理性。纳税评估是对纳税人取得的生产经营收入和经济效益的评估，是对纳税人税源状况的评估，是对应纳税义务的评估。

（二）纳税评估报告是税务内部资料

纳税评估过程中只有在信息采集和疑点核实两个环节需要文书，税务部门送达，需要与企业财务人员"面对面"的文书资料只有三份：

1. 信息采集过程中要求纳税人提供资料的《提供纳税资料通知书》。
2. 疑点核实之税务约谈前送达的《税务事项（约谈）通知书》。
3. 疑点核实之实地调查核实前送达的《实地调查核实通知书》。

（三）最多只有三份"面对面"的文书

实务中，在完成一户企业评估后，企业要求税务部门提供结论性资料或文书。如何处理呢？

具体规定是根据国家税务总局《纳税评估管理办法（试行）》第二十二条之规定："纳税评估分析报告和纳税评估工作底稿是税务机关内部资料，不发纳税人，不作为行政复议和诉讼依据"。同时，某省国税局《××省国家税务局纳税评估管理办法（试行）》第二十九条规定："《纳税评估情况报告》为主管国税机关内部资料，报告所作结论仅作为建议使用，不发送纳税人，不作为行政复议和行政诉讼的法定依据。"

为什么作如此规定？纳税评估是税务部门实施的一项行政管理措施，不是行政执法行为；评估补税的实质是纳税人自查的结果。其实，纳税评估的目的是提高税源管理水平，促使纳税人依法诚信纳税，提高社会税法遵从。纳税评估的结果是纳税人自行补税和加收滞纳金，是提醒纳税人税务管理的存在和重要性。

××税务局税务约谈通知书

____税评〔   〕   号

（纳税人识别号：　　　　　）

经评估分析，发现你单位在_____年___月___日至_____年___月___日期间履行纳税义务情况及有关涉税事项存在以下涉税疑点：

1、2、3、……

根据《中华人民共和国税收征收管理法》第五十四条第四款规定，需对你（单位）_____年___月___日至_____年___月___日期间的纳税情况进行核实，请你单位对此期间的纳税情况进行自查，并委派法定代表人或财务人员、与涉税问题相关的其他人员于_____年___月___日（___午___时）到_____接受税务约谈。

请你单位予以积极配合，并提供以下相关资料：

1、2、3、……

特此通知
联系人：
联系电话：

税务机关（签章）
_____年___月___日

三、准确认识纳税评估

纳税评估到底是个啥？这是大众思维导图：一查阅文件；二自我揣测；三盲目定论。具体过程和结论恰如下面这篇文章所述：

目前纳税评估参考的是《国家税务总局关于〈印发纳税评估管理办法（试行）〉的通知》国税发〔2005〕43号文（以下简称"评估办法"），此文件开篇"为推进依法治税，切实加强对税源的科学化、精细化管理，总局在深入调查研究、总结各地经验的基础上，制定了《纳税评估管理办法（试行）》。"突然，发现第一段与平常熟悉的文件中会引用上位法不同，居然没有看见上位法？难道说没有上位法支持，查阅了《中华人民共和国税收征收管理法》、《中华人民共和国税收征收管理法实施细则》，在实施细则第六章税务检查中，第八十五条 税务机关应当建立科学的检查制度，统筹安排检查工作，严格控制对纳税人、扣缴义务人的检查次数。税务机关应当制定合理的税务稽查工作规程，负责选案、检查、审理、执行的人员的职责应当明确，并相互分离、相互制约，规范选案程序和检查行为。税务检查工作的具体办法，由国家税务总局制定。

纳税评估是不是税务检查呢？征管法及其实施细则里没有提及，是否有其他上位法呢？没有。

对纳税评估做出最高法律定位的文件是《纳税评估管理办法（试行）》国税发〔2005〕43号，按照法的渊源来看，属于部门规章。但《纳税评估管理办法（试行）》主要是针对税务机关内部衔接和工作要求所做出的规定，不涉及税务机关与纳税人之间的权利义务关系。

即纳税评估不得引用征管法的任何条款。纳税评估不是征管法认可的税收执法行为；税收征收管理法中未授予评估执法权。

在没有上位法的支持下，根据评估办法第二条，纳税评估是指税务机关运用数据信息对比分析的方法，对纳税人和扣缴义务人纳税申报情况的真实性和准确性作出定性和定量的判断，并采取进一步征管措施的管理行为。

第三条　纳税评估工作主要由基层税务机关的税源管理部门及其税收管理员负责，重点税源和重大事项的纳税评估也可由上级税务机关负责。所称基层税务机关是指直接面向纳税人负责税收征收管理的税务机关。

第二、三条明确纳税评估是种管理行为，不是税务检查。即纳税评估是税务机关对纳税人履行纳税义务情况进行事中税务管理、提供纳税服务的方式之一。

第四条　开展纳税评估工作原则上在纳税申报到期之后进行，评估的期限以纳税申报的税款所属当期为主，特殊情况可以延伸到往期或以往年度。

原则是当期为主，可哪些是特殊情况呢？根据《税收规范性文件制定管理办法》国家税务总局令第20号，第十二条 税收规范性文件由制定机关负责解释。制定机关不得将税收规范性文件的解释权授予本级机关的内设机构或下级税务机关。纵观全文，没有明确何为特殊情况。其他文件也未见明确何为特殊情况。

何为税款所属当期呢？是月报、季报的当期？可实际各地执行中，有几例是只针对税款所属当期，如果不是当期，那就属于特殊情况了，但文件又并没有明确何为特殊情况。唉，一声叹息！

对于有人讨论纳税评估是行政执法行为，其依据《国家税务总局关于进一步规范税务机关进户执法工作的通知》税总发〔2014〕12号中第一条，依法规范执法行为避免重复进户执法。税务机关工作人员依法到纳税人、扣缴义务人（以下简称纳税人）生产经营场所实施实地核查、纳税评估、税务稽查、反避税调查、税务审计、日常检查等税务行政执法行为，应当严格遵守法定权限和法定程序，能不进户的，或者可进可不进的，均不进户。

此条款只是根据评估办法中第二十条，对评估分析和税务约谈中发现的必须到生产经营现场了解情况、审核账目凭证的，应经所在税源管理部门批准，由税收管理员进行实地调查核实。

即评估只有在必须到生产经营现场，才可以去现场，且此情况也不是行政执法权，且根据税总发〔2014〕12号在同一年度内，除涉及税收违法案件检查和特殊调查事项外，对同一纳税人不得重复进户开展纳税评估、税务稽查、税务审计；对同一纳税人实施实地核查、反避税调查、日常检查时，同一事项原则上不得重复进户。

想想现实中遇到的纳税评估，居然可以不带任何证件，进企业就要求提供凭证翻看，只能一声叹息！

综上文章所述，在国家税务总局颁布的《纳税评估管理办法（试行）》中明确：纳税评估是指税务机关运用信息对比分析的方法，对纳税人和扣缴义务人纳税申报情况的真实性和准确性作出定性和定量的判断，并采取进一步征管措施的管理行为。即纳税评估是一种管理行为。

如果更加深入地思考和探索，可以得出如此结论：纳税评估是指税务部门以现代化计算机系统为依托，以社会信息共享为基础，运用科学的技术手段和方法，对纳税人、扣缴义务人提供的涉税情况以及对政府相关部门和有关社会机构提供的各种资料（信息）进行综合的审核、分析和评价，并做出相应处理的税收管理活动。

就是一句话：纳税评估不是具体行政行为，也不是行政执法行为，而是行政管理或纳税服务行为。由此说来，现阶段很多地方实施的或是"执法型"纳税评估，或是纳税评估日常检查化，都是不可取的。

四、走出纳税评估的误区

虽然纳税评估工作已经实施多年，由于"专家"的误导、基层领导的错误理解和部分地区的盲目推进等诸多原因，很多地方的纳税评估工作徘徊在下面的误区中不能自拔。

（一）评估期间的误区

纳税评估期间只进行整年度的，而不能进行跨年度。例如：2014年5月对2011年9月成立的某正常户企业进行评估，大都认为是对2012年度和2013年度的涉税情况进行评估，而没有人认为对该企业2011年9月至2014年4月的涉税情况进行评估。甚至认为后者是错误的。存在此认识的原因：（1）最初的评估人员多是由原稽查人员转换职能后实施评估的，传统的认识没有改变，属习惯问题，同样也存在惰性因素；（2）评估为稽查检查提供案源，稽查检查就查整年度的，评估也应该是整年度的；（3）评估手册没有进行明确的规定或要求。

建议：加强学习，更新观念，提高和统一认识，实施跨年度评估、分年度说明情况或指出问题。事实上，对最近时期的涉税情况进行评估才能更加准确、及时、高效地突出评估工作的重点和充分发挥评估工作的作用。因为，只有最新的信息才是最准确的、参考价值才是最高的。

（二）评估内容的误区

评估人员实施纳税评估时，认为评估就是对应纳已纳各税情况进行对比，被评估对象的相关征管情况和涉及该征管行业税政情况基本被忽略或舍去。概括地讲，就是评估内容范围很不全面，由此直接影响到评估工作的整体质量。纳税评估工作在整个征管过程中是承前启后、举足轻重的，具有针对性强、覆盖面多、业务能力高的特点，不仅要求数量，更要有质量。

分析原因：主要是评估人员，甚至是相关的科所（分局）领导对纳税评估的任务认识模糊。评估工作的任务：即通过评估，（一）发现纳税人存在的涉税问题和疑点问题，通过适当的方式（函告、约谈、稽查检查或日常管理措施）进行指正或解决。（二）通过评估发现纳税人存在的涉税问题，反馈税务管理工作中存在的不足，改进税收征管和纳税服务工作；（三）掌控税源基础和税源变化趋势，确立经济增长与税源增长之间的数据指标关系，为科学、持续、稳定的税收增长奠定基础，为宏观政策的制定提供依据。

建议：（1）只有在通过对评估人员的专业培训，统一思想，提高认识的基础上，要求科所（分局）领导进行严格的审批把关，两道环节严格审核，加强管理。（2）早日建立健全监督考核机制，树立范本、奖励优秀、批评低劣。

（三）评估目的（或作用）的误区

评估人员对评估工作目的缺乏宏观的准确的认识。主要表现在：

1. 评估就是凭印象、凭经验，找出被评估对象大概、可能存在的疑点问题即可，该类观点认为评估是不可能发现明确的涉税违法行为的。

有此认识的原因：干稽查检查时间较长或缺乏日常管理经历，认为没有证据。这是不全面的。评估的结果分为两种情况：有问题和无问题；经评估发现的问题应该又有两种情况：明确的涉税违法问题和模糊的涉税疑点问题。越是规范、依法纳税的被评估对象如果有问题则明确的问题多、疑点问题少；相反，越是不规范、不能依法纳税的被评估对象如果有问题则疑点问题多、明确的问题少。

2. 评估就是形式，就是为约谈、为稽查检查找个借口，随便找出被评估对象一些（甚至一项）问题就行。该类观点特别在实施专项检查计划评估时尤为突出。

有此认识的原因：就是将评估与约谈、稽查检查的因果关系本末倒置。主要是惰性的思想和过去被唱歪了调的"案头稽核"工作形成的陋习。

正确观点：首先，评估工作是独立的，是今后征管工作的一个中心环节。其次，纳税评估在整体税收管理工作中的发挥"提纲挈领，非贯穿始终却统领全局"的作用。特别是提纲挈领的作用，使纳税评估的质量和效率对整个征管工作的质量和效率具有决定性作用。

（四）纳税评估稽查化

认为纳税评估是第二稽查，完全照搬稽查办案的模式方法做，结果效率低下、增大依法行政风险、税务干部怨声载道和纳税人苦不堪言。纳税评估与税务稽查存在着本质的区别，主要在于：

1. 性质不同

税务稽查属法定程序，是行政执法行为，侧重于对涉税行政违法行为的打击和惩戒，带有明显的打击性；纳税评估对于涉税违法行为，只是提供一种"预警"，将纳税人、扣缴义务人可能的违法风险减轻到最低程度。与税务稽查的打击性相比，纳税评估更多地体现服务性。

2. 程序不同

税务稽查具有严密的固化程序，而且在每一个环节中的文书都是法定的。如果程序有误或缺少文书，税务部门都应承担相应的法律后果。纳税评估的整个过程中没有法定的文书，除《税务约谈通知书》、《实地调查核实通知书》和《纳税评估建议书》外，其余均为税务部门内部使用文书，《纳税评估建议书》也只是对评估对象的建议而不是法定文书。纳税评估程序相对简单、灵活。

3. 处理方式不同

纳税人、扣缴义务人的违法行为一经稽查查实，不仅需补税、加收滞纳金，还要受到处罚，必要时还要移送司法部门追究其刑事责任；纳税评估的直接处理结果简单且较轻，评估中发现评估对象非主观故意少缴税款的情形，一般是由纳税人自查补缴并加收相应的滞纳金。

4. 职能不同

税务稽查专司偷税、逃避追缴欠税、骗税、抗税案件的查处，其环节较多，程序要求比较严格。纳税评估作为日常征管工作中的一项很重要的管理和服务手段，通过面广量大的纳税评估，有效地解决评估对象因主观疏忽或对税法理解错误而产生的涉税问题。

5. 约束力不同

税务稽查体现的是税法的刚性；纳税评估具有非强制性，在评估过程中如评估对象拒不配合，一般不由纳税评估环节直接采取强制措施。

因此，以整体税收征收管理工作流程为切入点，根据纳税评估与税务稽查的工作内容、管理对象、职责和作用的异同，简单阐述两项工作的关系：一是都是税收征管的核心管理手段；二是紧密衔接、互补互动的两个环节；三是点面结合，共同提高纳税人的遵从度；四是纳税评估应作为稽查选案的一个首选渠道。

纳税评估稽查化的直接体现就是把纳税评估做成了日常检查。

（五）纳税评估是为完成税收收入任务

纳税评估目的不是为了增加一些收入，工作的目标或重点是为纳税人提供有针对性的纳税辅导和政策宣传，减少履行纳税义务过程中（纳税申报）的差错。通过评估补税款多少一定程度上反映了辅导的成效，但不能把补税作为评估的主要目的。当前不少地方存在以补税多少论英雄现象，其实是偏离了工作目标，应引起重视和警惕。纳税评估作为一种管理手段，不能以补税多少作为主要指标进行考核并衡量评估成效。

（六）视纳税评估模型和案例为法宝

纳税评估模型和案例不是法宝，都只是对纳税评估经验的总结，纳税评估模型可以有，纳税评估案例不应该有。有相同的行业不可能有相同的企业，行业有模型是对的，因为相同行业有相同的工艺流程、经营管理模式。目前，纳税评估模型缺乏统一标准，层次低、质量差，胡编乱造的纳税评估案例更是满天飞。

评估模型是用的，不是看的。评估模型不仅是确定一个标准，而且是一个确定标准的过程，是指引纳税评分析的方向和目标，是提高纳税评估效率和提升税源管理水平的工具。评估模型的出发点和落脚点都是税务所的纳税评估人员。评估模型也是管理信息系统或评估应用软件系统开发人员的又一份功能结构图。

五、纳税评估结果是补充再申报

关于纳税申报，如前文中"纳税申报"所述，纳税申报是纳税人必须履行的法定事项，是纳税人依法履行纳税义务的法律行为，由纳税人对其纳税申报的真实性、准确性和及时性负责，瞒报、漏报和晚报的责任是完全由纳税人承担的，一般是与税务部门和税务工作人员没有任何关系的。纳税申报既是界定征纳双方责任和义务的红线，也是一条高压线，是征纳双方均不得触及的。

纳税评估是指税务部门运用数据信息对比分析等手段，对纳税人和扣缴义务人纳税申报情况的真实性和准确性作出定性和定量的判断，并采取进一步征管措施的管理行为。

（一）依法诚信纳税是纳税评估的充要条件

从税务部门作为行政主体，对辖区税收征管秩序进行管理和为依法诚信的纳税人提供优质纳税服务的角度而言，纳税评估是对内规范工作流程加强管理，对外加强服务引导和促进主动遵从，通过评估促进纳税人提高遵从意识，通过疑点核实过程中与纳税人沟通而进行纳税政策宣传和辅导，可以帮助纳税人提高防范涉税风险的能力。纳税评估是对内规范管理对外辅导服务的统一！

纳税评估是一项融管理与服务为一体的综合性工作，既是管理手段，也是服务举措，两者相辅相成，相互促进，这种职能定位就是纳税评估赖以存在的理论基础。

（二）纳税申报是界定征纳双方权利和义务的原则底线

纳税评估是建立在纳税人自行申报纳税的基础之上的一项征管制度。纳税申报不仅是纳税人、扣缴义务人履行其相关义务的法定程序，而且也是税务部门行使税款征收权的可靠保证，并构成纳税评估的主要信息来源。这些在纳税申报过程中所形成的涉税信息及有关纳税资料，成为纳税评估工作最直接、最现实的依据，构成纳税评估工作的基础。

纳税申报情况的真实准确性，集中体现为计税依据与应纳税税额等关键数据指标的真实准确性。由于应纳税额是由申报的计税依据乘以适用税率计算得出，所以关键数据指标是指纳税人申报计税依据的真实准确性。由此可知，纳税评估的核心不是对税收评估，而是对纳税人申报税源的真实和准确性进行评估。评估纳税人税收经济关系的合理性，不是指申报数据所反映的税收经济关系合理性，而是申报应纳税额与真实税源之间的相关合理性。所以，纳税评估不是对纳税人缴纳税款的评估，而是对纳税人取得的生产经营收入和经济效益的评估。

纳税评估是源于纳税申报，既包括已纳税申报也包括应纳税申报。纳税评估的核心是对被评估对象应纳税申报情况，即纳税申报的准确性和及时性进行分析和评价。经过涉税疑点核实后的纳税评估结果，即税务约谈或实地调查核实后纳税人填写的自查纳税情况报告表是纳税人接受税务部门政策宣传辅导后进行自查自纠后对已纳税申报行为的补充和纠正，是再次纳税申报，或者称为是"补充再申报"。仍然是由纳税人对其自查纳税情况报告表的真实性、准确性和及时性负责，瞒报、漏报和晚报的责任是完全由纳税人承担的。

（三）纳税评估是对纳税人往期已申报纳税和应申报纳税行为的分析、评判和帮助改正

纳税评估的重点是税务管理中的申报纳税管理。首先，在纳税评估过程中，税务部门通过专门的技术手段分析出评估对象可能存在的申报纳税疑点，并要求评估对象进行解释说明和举证，纳税人、扣缴义务人自查的过程就是一个被动学习过程；在约谈中，税务干部与纳税人、扣缴义务人交换意见，分析纳税人、扣缴义务人存在的非故意性错误产生的原因，宣讲政策，解答疑难，是纳税人、扣缴义务人再次学习过程。通过经常性的纳税评估分析，可以有效地对评估对象的依法纳税状况进行及时、深入地了解，督促企业办税人员不断提高自身素质，及时纠正纳税人、扣缴义务人申报纳税过程中的偏差，提高税法遵从度，保证税款的及时足额入库，有效降低税收流失率。其次，在目前中国公民自觉纳税意识普遍不强的情况下，纳税评估的推行，使税务部门能够及时运用掌握的各种数据资料，对纳税人、扣缴义务人的纳税申报情况进行准确而又客观的审核、评析，对涉嫌偷逃税的税收违法案件及时移送稽查部门，加大打击力度，提高税收违法行为的机会成本，从而打消纳税人、扣缴义务人利用虚假申报等手段偷逃税的侥幸心理，在全社会营造良好的依法诚信纳税环境。第三，纳税评估工作专业性很强，对业务素质要求很高。评估人员不仅要具有娴熟的税收业务知识，

精通会计核算账务处理，懂得企业的生产经营管理，能够使用和获取大量的非财务信息类的生产技术信息，而且还要具有较强的分析判断能力，善于发现事物之间的规律性和关联性，熟练掌握计算机操作技能和纳税人约谈的专业技巧。这些对税务人员的知识、能力结构提出了较高的要求，需要不断提高自身综合素质和业务能力。

纳税评估工作原则上在税务内部场所进行，以案头评估分析为主，达到教育和警示的目的，具有非强制性原则。

纳税评估是对纳税人取得的生产经营收入和经济效益的评估，是对纳税人税源状况的评估。纳税评估的核心既不是对纳税人缴纳税款数额多与少的评估，也不是适用税种税目税率的评估，而是对纳税人的"三流"信息（物资流、资金流和信息流）的真实准确性进行评估。评估纳税人税收经济关系的合理性，不是指申报数据所反映的税收经济关系合理性，而是申报应纳税额与真实税源之间的相关合理性。

1. 客观性

纳税评估是建立在纳税人自行申报纳税基础之上的一项征管制度。在纳税申报过程中所形成的涉税信息及有关纳税资料，成为纳税评估工作最直接、最现实的依据，构成纳税评估工作的基础。

2. 逻辑性

纳税评估是一个分析判断的过程。纳税评估的基点是纳税人的经营行为与应税行为存在客观的内在联系。首先，纳税人、扣缴义务人依法从事生产经营活动，其应税行为与经营行为存在逻辑关系。其次，纳税人经营行为的账务记录与应纳税额核算应该具有内在联系。

3. 教育性

纳税评估作为税务优化纳税服务的一种措施，主要解决纳税人、扣缴义务人因主观疏忽或对税法理解偏差而产生的涉税问题，对纳税人、扣缴义务人非故意行为不作偷税处理，采取自查自纠补缴税款的方式，只对超过法定期限补缴的税款加收滞纳金而不处罚款，达到教育和警示的目的，而对偷税等重大涉税违法行为则必须严格按照规定予以处罚。

（四）纳税评估是申报纳税之后和稽查及行政处罚之前的"事中管理"核心手段

要从整体税收征管的高度认识纳税评估，在整体征管流程中纳税评估处在"承前启后"的位置：前有征收、后是稽查。纳税评估是征收的延伸和深化，对其起重要监督作用；是促进日常征收管理的核心手段，全面实现税收征管工作效率最大化；是实施稽查的前置和条件，为其提供准确的依据。

评估工作的目的不是"补税"，是发现征管漏洞和税源监控等问题。作为"事中管理"核心手段，纳税评估应该以"发现征管问题为主，提供准确案源为辅，约谈纠错，规范基础，以评促管"为工作目标。

反正不是为了组收，不是为了补税和加收税收滞纳金！

第五节　工作流程及主要内容

纳税评估是税务机关运用数据信息比对分析的方法，对纳税人和扣缴义务人申报纳税的真实性、准确性进行分析，通过税务约谈和实地调查等方法对涉税疑点进行核实，从而作出定性、定量判断，并采取进一步征管措施的管理行为。

纳税评估是强化税源管理，提高税源监控能力和水平的重要手段，是一项融管理与服务于一体的综合管理工作，是提升整体征管工作质效的把手，是被实践证明的管住管好税源的一项重要手段，也是税务所（股）和税收管理员的一项重要工作职责。对于提高对纳税人履行纳税义务情况进行事中监管的能力，堵塞管理漏洞有着极其重要的作用。

通过纳税评估，不仅可以发现纳税人存在的涉税问题，反馈在税务管理工作中存在的不足，改进税收征管和纳税服务工作；在开展纳税评估过程中，对经评估分析发现的涉税疑点和问题，通过约谈等方式与纳税人沟通，对税法进行宣传解释，及时解决纳税人由于对税收政策理解偏差等原因造成的涉税问题，降低征纳双方税收风险，减少纳税人不必要的损失。而且，能够掌控税源基础和税源变化趋势，确立经济增长与税源增长之间的数据指标关系，为科学、持续、稳定的税收增长奠定基础，为宏观政策的制定提供依据。

一、评估信息采集

纳税评估信息是纳税人在纳税申报和生产经营活动过程中形成的各税种的纳税申报表、企业财务会计报表和与纳税有关的各种资料，是纳税评估审核的对象和进行分析、判断的客观依据。纳税评估信息包括税务部门内部信息、税务外部信息和责成纳税人提供的信息。对房地产开发经营企业进行纳税评估一般需搜集的纳税人资料包括企业基础信息、开发项目基础信息、企业申报资料信息和第三方涉税信息。

例如，通过《开发单位信息登记表》和《不动产项目情况登记表》采集以下的开发项目基础信息：

（一）项目基本情况信息：包括不动产项目名称、不动产项目地址、项目联系人、项目联系电话、设计单位、监理单位、施工图审查单位、项目用途、项目总投资、工程总造价、开工时间、（预计）竣工时间、（预计）售房时间。其中：项目用途分为自用、房地产开发、市政工程、园林工程、绿化工程、人防工程、其他等信息。

（二）土地情况信息：包括土地出让金金额、土地面积、土地使用证发放单位、土地使用证编号、取得土地使用证时间等信息。

（三）开发规划信息：包括规划许可证发证机关、规划许可证号码、取得规划许可证时间、建设性质、开发栋数、结构、层数总面积等信息。

（四）相关建筑工程项目情况信息：包括与每一个不动产开发项目有关的各种建筑、安装、装饰工程的承建单位名称、承建单位纳税人识别号、工程金额、工程款支付时间和方式、工程完工日期等信息。

（五）项目销售基本信息：包括销售许可证发放单位、销售许可证编号、销售许可证发放时间、总建筑面积、可售面积、可售套数等信息。

（六）房源信息采集：包括单套房源的房屋坐落、房产类型、建筑面积等信息。

总之，开展有效的纳税评估是建立在拥有大量真实可靠的涉税信息基础上的，充分掌握评估对象涉税资料信息是有效实施纳税评估的前提和重要保证。只有通过现代化手段，高效、准确地实现海量纳税申报信息的采集，不断丰富申报内容，才能摆脱手工纳税评估的繁杂和不便，增强纳税评估的准确性，并逐步规范化、程序化。

二、房地产开发经营业专项纳税评估流程图（图2-3）

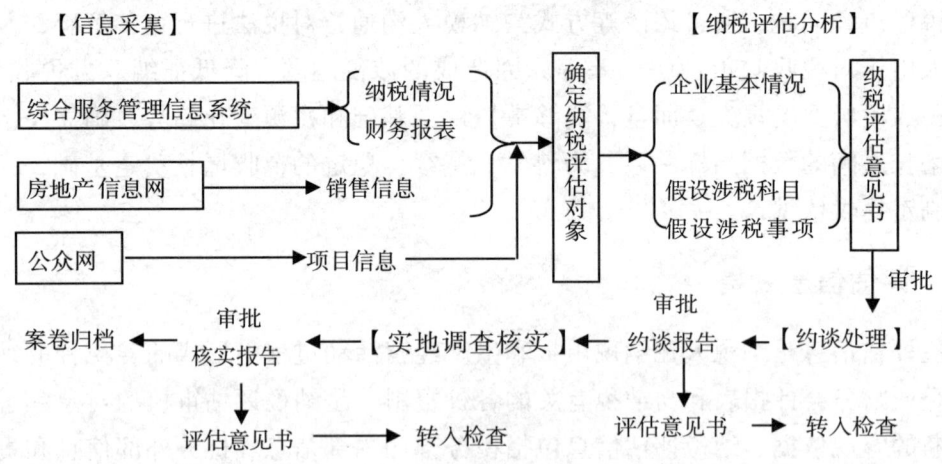

图2-3 房地产开发经营业专项纳税评估流程图

三、确定纳税评估对象

确定评估对象是指评估人员根据纳税人（扣缴义务人）的涉税资料，运用预先设定的条件和参数，对纳税人（扣缴义务人）进行筛选，确定评估对象的过程。一般情况下，确定纳税评估对象采取计算机自动筛选和人工分析筛选相结合的方法确定。

目前，日常评估对象的确定主要采取评估软件自动筛选和管理员手工提请，计算机自动筛选确定是指根据计算机对各类日常涉税信息的自动比对提示，从达到预警值的信息中确定评估对象。专项评估对象的确定主要采取人工分析筛选方式，是指依据辖区内税收、税源分析，行业税负监控结果，结合各项评估指标和税收管理员掌握的纳税人实际情况等因素综合确定评估对象。

评估对象确定后，要及时制作评估对象清册，实施纳税评估分析。

四、纳税评估分析

评估分析工作是指评估人员根据采集到的相关数据，采用计算机分析、人工分析或人机结合分析等手段，运用一定的技术方法，对纳税人（扣缴义务人）一定期限纳税申报的真实性、合法性、准确性进行评估核实，是纳税评估的核心工作。评估分析主要采用指标分析、比较分析和综合分析等数据信息对比分析的方法，对纳税人履行纳税义务情况进行相关性、结构性和趋势性的分析，从而判断涉税疑点。评估分析主要依据以下信息开展：

1. 纳税人在纳税申报和生产经营过程中形成的各项纳税申报表、财务会计报表和各项与纳税有关的资料；

2. 政府相关经济行业管理部门的有关资料，本地区主要经济指标、产业和行业相关指标；

3. 上级有关部门发布的宏观税收分析数据、行业税负的监控数据，各类评估指标的预警值；

4. 责成纳税人提供的相关涉税信息。

纳税评估分析的方式：计算机应用软件分析和评估人员直接分析相结合。

纳税评估分析指标预警示意图、纳税评估指标选取及验证流程图，分别如图2-4、图2-5所示。

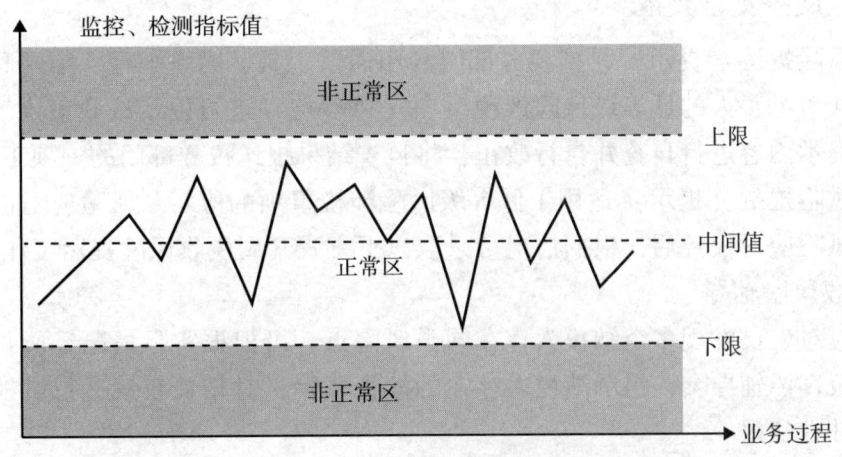

图 2-4　纳税评估分析指标预警示意图

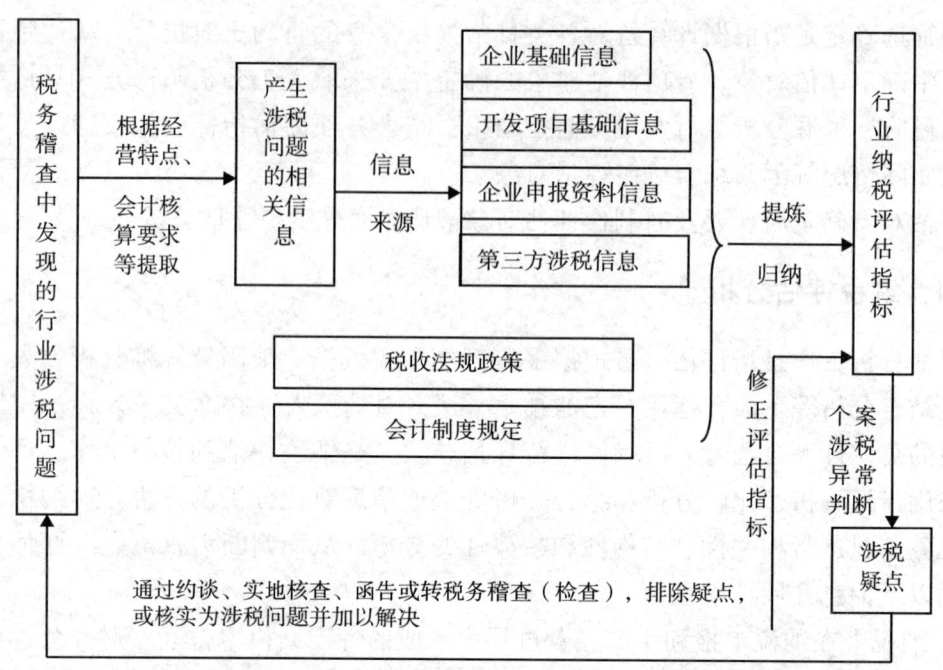

图 2-5 纳税评估指标选取及验证流程图

五、疑点问题核实

评估人员根据评估分析结果,将纳税人存在的涉税疑点或问题进行分类并提出相应的核实意见:风险提示提醒、税务约谈、实地调查核实、税务审计和税务稽查。核实方式或方法,可以单一选择其中一项,如直接实地调查核实;也可以是选择组合,如先进行税务约谈再实地调查。

（一）风险提示提醒

税收风险提醒（提示）是指税务部门利用通信工具、网络平台、信函和风险提示辅导等方式对纳税人的低等级风险涉税事项（风险点）进行提示或政策讲解,要求纳税人根据提示内容进行自查并自行改正,将自查结果报送税务部门的一项工作。

税收风险提醒（提示）适用于低等级风险涉税事项的应对。风险应对部门接到推送的税收风险应对任务后,根据情况可采取以下方式开展税收风险提示工作。

1. 税收风险辅导

风险应对人员发现多个纳税人存在同类风险点,可根据实际情况经所长审批后召开税收政策宣传辅导会,提示纳税人存在的涉税风险,对相关政策进行讲解并提出整改措施或补救建议。

2. 通信提示

风险应对人员根据风险点的情况通过电话、手机短信、传真等形式，提示纳税人存在的风险并提出整改措施或补救建议。

3. 网络提示

风险应对人员根据风险点的情况通过电子邮件、网络即时通信工具等形式，提示纳税人存在的涉税风险并提出整改措施或补救建议。

4. 信函提示

税务函告是指税务机关对经纳税评估分析发现存在涉税疑点或问题明显、情节轻微的纳税人，通过信函方式告知，要求其进行自查并做出解释说明，提示其依法正确履行纳税（扣缴）义务的工作方法。

《税务函告》作为一种对纳税人起提示作用的文书，提示纳税人存在的涉税风险并提出整改措施或补救建议。纳税人在接到《税务函告》后应该根据函告提示的涉税疑点或问题认真地进行自查，并在税务部门规定的时限内向其作出解释说明。

纳税人要根据税务部门提示的内容和要求及时进行自查，将《纳税情况自查报告表》和证明资料交回风险应对部门。风险应对人员审核纳税人提交的《纳税情况自查报告表》和证明资料，提出处理建议，经主管领导审批后按下列情形进行处理。

1. 纳税人自查报告内容合理解释风险点，不存在涉及补税问题，风险应对人员填写《税收遵从风险管理报告——风险应对工作底稿》《税收遵从风险管理报告——风险反馈工作底稿》。

2. 纳税人自查报告内容合理解释风险点，存在涉及补税问题，风险应对人员开具《税收缴款书》，收到纳税人完税凭证复印件后，填写《税收遵从风险管理报告——风险应对工作底稿》《税收遵从风险管理报告——风险反馈工作底稿》。

3. 纳税人自查报告内容和提供的有关资料无法排除其涉税风险点，风险应对人员应提请转入税务约谈。

税收风险提醒（提示）工作过程中产生的资料与风险管理相关资料一并归档。主要资料包括：《税务事项通知书》、《纳税情况自查报告表》、完税凭证复印件、相关证明资料等。

税收风险提醒（提示）属于税务行政指导，不是具体行政行为，不具有强制性。

(二) 税务约谈

税务约谈是指税务部门对纳税人、扣缴义务人的纳税申报及相关资料进行指标分析和审核后发现异常，约请纳税人、扣缴义务人到税务机关对其存在异常现象和提出涉税质疑进行陈述说明或补充举证并给予政策性宣传和辅导，责成纳税人、扣缴义务人自查自纠的一项工作制度。

纳税人接到《税务约谈通知书》后，应认真进行自查，准备税务部门需要的相关资料，按通知书上规定的时间、地点到税务部门就相关问题进行解释说明或补充举证，纳税人因特殊困难不能按时接受税务约谈的，应向约谈部门说明情况，可酌情延期。在约谈过程中，纳税人应积极配合，对《税务约谈记录》进行核实并签字确认。

实行税务约谈，将有利于税务部门减少税务稽查的随意性、盲目性，降低执法成本和风险，提高工作效率，同时减轻纳税人负担，营造依法纳税、诚信纳税的良好税收环境。一般情况下采取约请纳税人到税务部门面谈的方式进行税务约谈；对存在共性且涉税问题比较单一的多个纳税人采取集体面谈的方式，即集体约谈。此外，税务部门根据实际工作需要可采取其他便捷有效的方式进行税务约谈。

实施税务约谈时，评估人员一般不少于两名。

约谈结束后，经纳税人、扣缴义务人自查自纠能够解释并说明税务机关所提出的有关涉税质疑的，经税务部门审核认可后，不再实施实地调查或税务稽查；纳税人、扣缴义务人拒绝质疑约谈、逾期不进行自查自纠或税务机关对自查自纠结果不予认可的，税务部门将实施实地调查或进入稽查程序立案查处。

（三）实地调查核实

实地调查核实是指税务部门通过到纳税人生产经营场所了解情况、审核账目凭证等措施，对评估分析中发现的较为复杂的涉税疑点或问题作出定性、定量判断，并采取进一步征管措施的工作方法。

实施实地调查核实时，评估人员一般不少于两名。

（四）税务稽查

税务稽查的基本任务：根据国家税收法律、法规查处税收违法行为，保障税收收入，维护税收秩序，促进依法纳税，保证税法的实施。税务稽查的分类：日常稽查、专项稽查和专案稽查。

1. 职责和作用

通过实施税务稽查，依照国家税收法律、法规查处税收违法行为，实现税收经济职能，维护税收秩序；有效监督纳税人、扣缴义务人按照税收法律、法规履行纳税义务和扣缴义务，促进依法纳税，保证税法的实施；严肃税收法纪，保障税收收入任务的完成。

2. 稽查范围

税务稽查的范围：包括税务法律、法规、制度等的贯彻执行情况，纳税人生产经营活动及税务活动的合法性，偷、逃、抗、骗税及滞纳情况。

3. 工作流程和主要内容

税务稽查工作包含选案、实施稽查、审理和执行四个环节，互相配合，互相制约，以保证准确有效地执行税收法律，打击偷税、骗税、抗税、逃避追缴欠税等违法活动，依法行使税务稽查的各项权利。

稽查实施是税务稽查工作的关键环节。税务稽查必须依照法律规定权限实施。税务稽查人员在实施稽查之前，除另有规定之外，应当提前以书面形式通知被查对象，向被查对象下达《税务稽查通知书》，并由收件人填写送达回证。但是，对于被举报有税收违法行为的，税务部门有根据认为被查对象有税收违法行为的，预先通知有碍稽查的，不必事先通知。

税务人员在实施税务稽查时，可以根据需要和法定程序采取询问、调取账簿资料、实地稽查、账外调查和异地协查等方式进行。税务稽查人员在税务查账时，应在《税务稽查底稿》上逐笔如实记录稽查中发现的问题及所涉及的账户、记账凭证、金额等细节，全面反映此项稽查工作的情况。税务稽查实施终结，税务稽查人员应当认真整理检查资料，归集相关证据，计算补退税款，分析检查结果，提出处理意见。

如果税务稽查人员与被查对象有近亲属关系、利害关系和可能影响公正执法的其他关系，应当自行回避，被查对象也有权要求其回避。

实施税务稽查应当2人以上，并出示税务检查通知书和税务检查证。

实施税务稽查可以根据需要和法定程序采取询问、调取账簿资料和实地稽查等手段。税务稽查需要跨管辖区域稽查的，可以采取发函调查和异地调查两种方式。税务稽查的方法：（1）顺查法：凭证、账册、报表；（2）逆查法：报表、账册、凭证；（3）联查法：对报表、账册、凭证有联系的内容、数据相互对照检查；（4）侧查法：根据有关人员的反映及平常掌握的材料有针对性的检查的一种方法。

在税务稽查结束的时候，税务稽查人员应当将稽查的结果和主要问题向被查对象说明，核对事实，听取意见。

对于立案查处的案件，税务稽查完毕，稽查人员应当制作《税务稽查报告》，连同《税务稽查底稿》和其他证据，提交审理部门审理。

六、评估结果处理

评估处理是评估人员对评估对象进行审核分析和进一步约谈举证后，对评估对象的评估情况提出评估认定结论并做出相应处理的过程。通过对疑点问题进行核实后，根据核实情况将纳税评估结果分为六种：督促补缴税款和滞纳金、提请非正常户认定、提请行政处罚、移交税务稽查、未发现问题归档和提出纳税事项建议。其中，对于无正当理由不配合税务函告、税务约谈及实地调查核实的，也要移交税务稽查处理。

例如：企业所得税纳税评估后要做出评估结论，对于一般性申报问题，应通知纳税人及时纠正、补缴税款；对一般性违法，应依据税收征管法有关条款按程序处理；对涉嫌偷税、逃避追缴欠税、抗税或其他需要立案查处的税收违法案件，应移送税务稽查部门处理。税源管理部门应做好纳税评估工作底稿、取证资料等信息的归档、移交等工作；税务稽查部门要将处理结果定期向税源管理部门反馈。

七、信息反馈

只有加强评估反馈，完善与"征收、管理、稽查"各环节的协调，才能充分发挥征管、评估和稽查的整体合力效能。只要有分工就必须有协作，最有效的方式就是加强信息反馈。要充分认识加强信息反馈的重要性，反馈的过程就是各环节沟通的过程，反馈的结果就是统一整个征管流程，充分发挥征管、评估和稽查的整体合力效能，实现整体征管流程的良性循环。评估工作的信息反馈主要有两种形式：个案反馈和综合反馈。

管理建议是指评估人员针对评估过程中反映的征管薄弱环节和问题，提出税收日常监控管理目标和管理建议。评估人员应当定期对开展纳税评估的情况进行汇总分析，对本地纳税质量情况做出整体性评估，制作纳税评估分析报告。对发现的共性问题进行公告，同时告知纳税人（扣缴义务人）有关政策法规，提示纳税人（扣缴义务人）对照检查和纠正。评估人员应对评估分析中发现的问题，结合企业实际纳税情况对评估指标进行修正，维护更新税源管理数据，为税收宏观分析和行业税负监控提供基础信息。

【税务审计】

税务审计是风险应对的主要手段和全流程风险管理的关键环节。税务机关运用现代审计技术和方法，结合企业生产经营、税务管理及其他相关信息，对税收风险较高的企业纳税情况和税收风险内控制度机制等进行全面、系统的分析、审核和评价。税务审计是总局大企业司及全国大企业管理部门对千户集团及成员单位（大企业）实施税收风险管理的核心手段，是区别于非大企业的纳税风险防控或纳税评估工作的标志。就是说大企业税收风险管理的风险应对是低风险——风险提醒，中风险——税务审计，高风险——税务稽查或反避税调查；非大企业的纳税风险防控或纳税评估的风险应对是低风险——风险提醒，中风险——税务约谈（实地调查核实），高风险——税务稽查或反避税调查。账套数据采集是税务审计所独有的，也是非大企业风险防控所没有的。

实际上，税务审计就是大企业税务审计，税务审计的目的不仅仅是履行纳税义务的情况审查和核实，补税和加收滞纳金不是目的，更重要的是对千户集团及成员单位是否建立纳税风险防控的内部控制制度机制的审核并提出内控管理意见或建议。大企业税务审计工作流程：包括审计准备、案头审计、现场审计、审计终结、后续管理五部分。现场审计是重点，后续管理是核心。

大企业税务审计是指大企业税收管理部门依据国家税收法律、法规和规章的规定，采用现代审计技术对大企业依法履行纳税义务的准确性、真实性进行审查、监督、评价并提出内控管理意见或建议的税收风险管理活动，是应对大企业税务风险的核心手段。大企业税务审计是风险导向审计，通过实施风险评估程序，识别和评估企业税务风险，按照税务风险的重要性配置审计资源，提高税务审计工作效率。

大企业税务审计工作应坚持统筹原则。省级以下税务局大企业管理部门在总局大企业司领导下开展税务审计工作。上级大企业管理部门对下级部门的税务审计工作进行管理、指导、考核和监督，对工作的开展进行指挥和协调。各级大企业管理部门负责组织开展本级千户集团及成员单位企业（以下简称企业）的税务审计工作，或委托下级大企业税收管理部门组织开展。

大企业管理部门组建税务审计团队或工作组，具体实施大企业税务审计工作。各级大企业管理部门对其组建的税务审计团队或工作组提供政策支持、人员以及经费等方面的保障。审计人员应当遵守工作纪律，恪守职业道德，依法为纳税人、扣缴义务人的商业秘密和个人隐私保密。

第六节　开展行业纳税评估流程

如何实施税源专业化管理，高度概括共计十三个字："**五分**"——**分类、分级、分税种、分行业、分事项**。目前，对大企业的千户集团及成员单位实施的全流程税收风险管理和对非大企业的按照国民经济行业实施的全行业纳税评估（也称纳税风险防控）是最有效的税源专业化管理模式，分税种和分事项次之。甲行家之税源管理螺旋上升理论，是继甲行家之税收征管"事后、事中、事前"三段论之后，又一税收征管核心理论，也是实施税源专业化管理的宗旨所在。

一、螺旋上升理论概述

甲行家之税源管理螺旋上升理论，源于螺丝钉从底部到顶部，由宽到窄而盘旋向上的结构而得名为螺旋上升。如何对辖区税源实现"清楚数、管住户"或"底数清、户数明"呢？实施主体：基层税务所（股或组）或区（县）税务局（分局）。假设某辖区税源900户，每年新增税源100户，整体辖区纳税人税法遵从度超过70%（即综合税收流失率不足30%），如何在三年内实现"底数清、户数明"的税源螺旋上升管理呢？

第一年，对第一批300户（第一个三分之一）前三年度应纳税情况实施专项纳税评估，假设发现有不遵从行为纳税人100户，进行纳税辅导、税务约谈或税务稽查（行政处罚）引导或促进其遵从后，但是还有30户依然不遵从，则为完成对270户纳税人的有效税源管控；实现对其所属行业、主营业务、经营规模、年纳税情况等信息的"底数清、户数明"。

第二年，再对第二批 300 户（第二个三分之一）前三年度应纳税情况实施专项纳税评估，假设发现有不遵从行为纳税人 100 户，进行纳税辅导、税务约谈或税务稽查（行政处罚）引导或存进其遵从后，有 20 户依然不遵从，则为完成对 280 户纳税人的有效税源管控；同时，对上一年依然不遵从的 30 户和第一年新增户 100 户实施日常纳税评估。因此，理论上累计实现对 550 户纳税人的有效税源管控；实现对其所属行业、主营业务、经营规模、年纳税情况等信息的"底数清、户数明"。

第三年，再对第三批 300 户（第三个三分之一）前三年度应纳税情况实施专项纳税评估，假设发现有不遵从行为纳税人 100 户，进行纳税辅导、税务约谈或税务稽查（行政处罚）引导或存进其遵从后，有 10 户依然不遵从，则为完成对 290 户纳税人的税源管控；同时，对上一年依然不遵从的 20 户和第二年新增户 100 户实施日常纳税评估。因此，理论上累计实现对 840 户纳税人的有效税源管控。三年完成第一个全覆盖性全面税源控管，第四年开始下一个三年，重点是前三个年度新增纳税人和不遵从纳税人的专项纳税评估。

三年一个周期，如此循环推进，实现"底数清、户数明"，以强化服务和管理为主，严格执法和处罚为辅，积极引导纳税人主动遵从和迫使纳税人被动遵从，实现辖区纳税人税法遵从度逐步提高，达到并维持税法不遵从度在最佳水平 12%~8%，实现有效管控，实现税源专业化管理。

二、开展行业纳税评估的宗旨

开展行业纳税评估的宗旨：点面结合，实现对辖区行业税源的全面控管，实现评估一个行业规范一个行业的目标！**即税收分析定行业、试点调研找方法、模型手册建标准、点面结合全方位、螺旋上升促遵从！**此点面结合是以行业为面，行业内某企业为点，称之为甲行家税源专业化管理的点面结合理论，这是点面结合之一。另外，点面结合之二是以日常纳税评估为面，专项评估为点；点面结合之三是以纳税评估为面，税务稽查为点。点的作用是典型和抽样样本。

（一）通过整体税收分析确定重点管理行业，即税收分析定行业

无论是省局、地市局还是区（县、市）局，通过对辖区整体税源情况进行税收分析，发现税收流失率高的行业或事项，确定对该行业或相关事项实施税法遵从度综合评估。以建筑业为例，税法遵从度实施综合评估的主要内容包括：

1. 归集内部信息，建立辖区的建筑业整体税源和入库情况数据库。包括辖区建筑业纳税人税务登记基础信息和近五年分年缴纳各税费的入库（含滞纳金和罚款）情况的数据库。

2. 对行业整体税源和总体纳税情况进行综合评估。主要内容包括：

（1）辖区税源结构及分布情况，通过对辖区建筑业纳税人税务登记基础信息进行

统计分析，掌握按照国标行业统计的税源结构及分布情况；

（2）辖区税源分布及增长情况，通过对辖区建筑业纳税人税务登记基础信息统计分析，掌握按照各税源管理所统计的税源分布及增长情况；

（3）辖区建筑业税收收入情况，通过对近五年缴纳各税费入库情况进行分析，掌握建筑业各主体税种和各税源管理所的分布及增长情况；

（4）对主体税种入库情况进行重点分析，包括：增值税、企业所得税、个人所得税和印花税。

行业税法遵从度综合评估的结果就是该地区该行业的税法遵从度高低情况。

（二）选定地区进行试点或调研，即试点调研找方法

在税收分析和税法遵从度综合评估（宏观）基础上，收集拟定行业的稽查案例和现行行业及主体税种的征管政策，确定纳税评估目标（重点税种或征管措施）；确定某县税务局或分局（所）进行纳税评估试点或调研；对试点或调研进行总结，为建立该行业纳税评估模型或行业评估手册提供数据依据和资料支持。这是开展行业纳税评估很重要的一个环节。

（三）建立行业纳税评估模型或评估手册，即模型手册建标准

这是开展行业纳税评估的核心，完成建立行业纳税评估模型［即评估分析指标库、涉税疑点（风险特征）库、财税政策法规库］或评估手册的初稿。初稿完成后，采取集体讨论方式征求基层评估人员意见和专家建议并进行修改和指标修正，全省（市）或县试行第二稿（修改稿），多次修改完善后，最终建立一个行业一个行业的纳税评估模型或行业纳税评估操作手册定稿，遇到重大政策调整或3~5年修改完善一次。

（四）先开展行业专项评估，再实施日常评估加强后续管理，即点面结合全方位，实现全覆盖

组织培训，对基层纳税评估人员进行已建立的纳税评估模型或行业评估手册（修改稿）培训；在辖区内组织开展该行业专项纳税评估；总结，重点是行业纳税遵从风险点和征管税政等执行落实情况；补税只是表面现象，绝不能以补税论英雄！根据专项评估确定的行业纳税遵从风险点，由税源管理部门的税收管理员实施日常纳税评估，加强日常管理。

（五）行业交替，实施税源螺旋上升管理，引导和促进税法遵从

纳税评估一个行业，规范一个行业，引导和促进一个行业遵从。

这是实施税源专业化管理的基石，税收征管工作是有规律可循的，好的工作经验和方法是需要传承和发展的，一半延续和传承，一半创新和发展！

三、开展行业纳税评估的工作流程

按照《纳税评估管理办法（试行）》第五条的规定："税评估主要工作内容包括：根据宏观税收分析和行业税负监控结果以及相关数据设立评估指标及其预警值；综合运用各类对比分析方法筛选评估对象；对所筛选出的异常情况进行深入分析并作出定性和定量的判断；对评估分析中发现的问题分别采取税务约谈、调查核实、处理处罚、提出管理建议、移交稽查部门查处等方法进行处理；维护更新税源管理数据，为税收宏观分析和行业税负监控提供基础信息等。"

因此，梳理得到纳税评估工作流程：年度工作计划、信息（数据）采集、确定评估对象、纳税评估分析、核实疑点问题、评估结果处理和评估结果反馈等七个环节。

按照税源管理螺旋上升理论和辖区税收年度计划安排，在确定开展房地产行业纳税评估年度工作计划后，各主要环节的重点工作包括以下几个方面。

（一）房地产行业纳税评估信息采集

数据是信息的载体和信息的源泉。如果高效开展纳税评估，必须是建立在拥有大量经济税收数据的基础之上的。

1. 主要内容

行业纳税评估信息采集的具体内容包括：

（1）税务内部信息："一户式"存储的纳税人各类纳税信息资料。

（2）税务外部信息：从住建委、发改委、财政、民政、规划、房管、银行等职能部门和行业协会取得的行业和企业生产经营信息资料，也称为第三方信息。

（3）在充分利用税务内部数据和第三方信息基础上，针对被评估对象实际，认为有必要由其提供相关信息资料的，责成纳税人提供的生产经营过程中的相关合同、协议和主营业务工艺流程等。

（4）税收管理员所掌握的纳税人生产经营实际情况。

2. 税务内部信息采集

采集内容：企业税源基础信息、缴纳各税费的纳税申报和入库信息，其中，企业基础信息采集：涉税信息、财务基本信息和经营基础信息。

采集方式：读取核心征管信息系统的企业数据和要求企业提供相关信息，如填写采集纳税人行业信息表和《一户式基础信息表》等。

采集目的：建立行业和每户企业的税费申报入库数据库、建立微观经营信息库。

3. 第三方信息采集

采集内容：涉税基础信息、财务基本信息和经营基础信息。

采集方式：同级区县政府的信息办，相关部门网站和房地产销售信息网，同时，积极加强与相关部门的协调和联系。

采集目的：建立宏观经营信息库

【例】某房地产项目的基础信息采集，主要包括以下内容：

评估人员根据需要，从纳税人处取得的与纳税有关的文件、证明材料和有关资料，主要包括开发项目信息、与建筑商或销售商的关联信息。

（1）发改委下发的项目立项批复；

（2）建设规划部门颁发的《规划和施工许可证》；

（3）建设规划部门颁发的建设工程规划验收合格通知书和建设规划部门颁发的建设工程竣工验收备案表，确定开发成本的终止日，便于划分开发成本与期间费用的界限；

（4）《建设用地规划许可证》；

（5）施工（装修）合同；

（6）《商品房预售许可证》；

（7）竣工决算报告；

（8）关联企业和关联项目的有关资料；

（9）其他有利于掌握企业开发经营情况的涉税资料。

（二）确定纳税评估对象

确定评估对象是实施纳税评估的首要环节，如何从众多的纳税人中选出最需要加强管理、实施纳税评估的对象，是有效开展纳税评估的基础和必要条件。

按照"建库筛选、分阶段确定"来确定房地产开发经营业的具体纳税评估对象。

一是如何确定房地产行业的专项纳税评估对象：

1. 建立辖区（本局和本所）行业入库信息库

（1）不能按照企业名称或登记行业查询的，应按照增值税（原营业税）的"销售不动产和转让无形资产"税目查询近三个年度的入库数据，确定辖区（本局和本所）存在房地产开发与经营业务的企业名单。

采取此方式确定辖区行业企业名单是最优选择，因为在税务登记环节没有严格按照"国民经济行业分类标准"进行行业划分，同时，也考虑到了企业名称与实际经营范围不一致因素。

（2）按照上一步确定的企业名单分年度查询近三（或五）年，各年度缴纳所有税费（分税种、税目）、罚款及滞纳金入库情况。如果是规模很大的企业，要同时再建立分税种入库信息库。

【例】辖区房地产行业企业名单、行业分年度汇总入库数据库、行业分年度分税种入库数据库、某公司的分年度汇总入库数据库、某公司的分年度分税种入库数据库等。

2. 按照"土地取得与前期开发、项目设计施工、房屋销（预）售和租售管理"

四个阶段将备选确定纳税评估对象进行分类

3. 针对各阶段的经营特点和纳税遵从风险点，最终确定评估对象

一是如何确定房地产行业的专项纳税评估对象：

（1）土地取得与前期开发阶段：①及时掌握土地招拍挂信息，跟踪是否按规定缴纳契税、印花税和土地使用税等；②根据契税入库信息，加强对印花税和土地使用税的管理。

（2）项目设计施工阶段：①及时掌握预售信息，跟踪是否按规定缴纳增值税（原营业税）金及附加和预缴土地增值税（企业所得税）；②加强对项目施工单位的管理，重点评估是否存在以在开发产品抵顶施工工程款情况。

（3）房屋销（预）售阶段：①发票购领和使用情况出现异常，如购领数量突然增加，开票金额明显增多等；②缴纳税款金额（如：增值税金及附加、预缴企业所得税、房产和土地使用税等）出现异常增加或减少；③加强对存在欠税的房地产开发经营企业的日常管理；④加强对土地增值税预缴和清算的评估。

（4）租售管理阶段：①将未售出的房屋、商铺、车位出租行为的管理；②加强对"股息、红利"项目个人所得税事项管理；③加强对企业所得税汇算的评估。

二是如何确定房地产企业为日常纳税评估对象：

1. 发票领用情况出现异常，如购领数量和开票金额突然增加；

2. 缴纳税款金额出现异常增加或减少；

3. 及时掌握土地招拍挂信息，跟踪是否按规定缴纳契税、印花税和土地使用税等；

4. 及时掌握预售信息，跟踪是否按规定缴纳增值税（原营业税）金及附加和预缴土地增值税（企业所得税）；

5. 加强对存在欠税企业的日常管理；

6. 根据核心系统入库信息和发票查询系统开票信息的比对结果，对存在异常企业加强管理；

7. 项目销售后期，加强对土地增值税清算的评估；

8. 项目销售后期，加强对未售出房屋、商铺、车位出租行为管理；

9. 租售管理期，加强对房产税的管理；

10. 租售管理期，加强"股息、红利"项目个人所得税事项管理。

（三）建立行业纳税评估指标体系

各种各样的评估指标是现成的，如何根据开展行业纳税评估、对疑点进行有效分析等的需要，从众多指标中选取有用的指标并进行赋值是关键的关键。纳税评估指标按性质可以分为量化指标、配比分析指标和感性判断指标3类。量化指标由一个表达式组成，可用数据计算描述。配比分析指标由两个或两个以上量化指标组成，通过比

对分析才能发现疑点。感性指标不能计算,要凭管理员根据日常管理过程中积累的经验和职业感觉判断,如:评估对象是否有关联企业,评估对象是高利润还是低利润,评估分析的重点是所得税还是个人所得税等等。

1. 纳税评估指标体系的设置

所谓体系,是指一定范围内或同类的事物,按照一定的秩序和内部联系组合而成的整体。指标体系不是指标的数量多和物理堆砌,是有质的要求的。纳税评估指标体系是由许多有内在联系的单项指标组合而成的,在设计纳税评估指标体系时,既要从整体上全面考虑评估指标体系所应包括的内容及其框架体系,也要逐一考虑各个单项指标的含义、计算方法、数据来源和计算期间等。

(1) 设计纳税评估指标体系的总体架构

根据纳税评估工作需要,制定评估指标体系所应包括的指标内容和范围,考虑如何分类、编排和设计其结构和层次,以形成比较完整的便于有效评估的指标体系。必要时还应确定哪些指标是中心指标或核心指标;哪些指标是评判指标,哪些指标是验证指标,哪些指标是参考指标。

(2) 确定指标的名称和功能

确定每个指标的名称和功能时,既要有科学依据,又要根据纳税评估管理实践的需要进行设计。同时,其功能必须明确,不能因有歧义而导致在应用中缺乏可操作性。

(3) 确定指标的计算方法和计量单位

对应不同的指标,根据指标的不同性质和要求,分别设计和规定其计算方法。同时,由于任何一个评估指标都具有一定的涉税经济意义,所以必须结合不同指标的性质和要求,规定其所应有的计量单位。

(4) 确定指标的数据来源和计算期间

所设计的纳税评估指标所需主要数据,一般来源于纳税人提供的财务报表、增值税交叉稽核系统采集信息等,而应用哪一种计算期间会根据会计核算以及《税收征管法》规定纳税申报时间的特点,评估指标取月、季度、年度的累计或合计值。

(5) 确定预警值区间或预警值

各个评估指标的"预警值"是指按照统计学的方法计算出的该指标正常波动的区间范围(上限预警值与下限预警值)或单一预警值。测算预警值,应综合考虑地区、规模、类型、税种等因素,要充分地考虑同行业、同规模、同类型纳税人的各类相关指标的若干年度的平均水平,使其更加真实、准确和具有可比性。

2. 建立行业纳税评估指标体系

以房地产业的子类——房地产开发经营业为例,建立该行业纳税评估指标体系应包括的主要内容:

(1) 通用类评估指标 25 个

其中：收入成本类指标 4 个，开发费用类指标 6 个，利润类指标 4 个，资产负债类指标 4 个和绝对值指标 7 个。

（2）税收类评估指标 22 个

其中：纳税遵从度指标 5 个，分税种评估指标 17 个，具体分析指标包括：增值税 3 个、企业所得税 4 个、印花税 2 个、房产税 1 个、土地使用税 3 个、土地增值税 1 个、个人所得税 2 个和契税 1 个。

（3）对评估指标体系的 17 个指标进行区间赋值。其中：通用类指标体系 9 个，专用类指标体系 8 个。

【例如】开发费用类行业平均水平指标及预警值：

① 单位建筑安装工程费行业平均值

预警参考值：±15%或±20%

② 前期工程建设费占建筑安装工程费行业平均比率

预警参考值：±15%或±10%

③ 基础设施建设费占建筑安装工程费行业平均比率

预警参考值：±15%或±10%

④ 公共配套设施建设费占建筑安装工程费行业平均比率

预警参考值：±15%或±10%

⑤ 开发间接费占土地成本及建筑安装工程费行业平均比率

预警参考值：±15%或±10%

（四）选取已建立的行业纳税评估模型

下面结合房地产开发经营业和建筑业举例说明，在建立行业纳税评估模型时，应包括以下"八项内容"。

1. 明确行业评估分析模型或手册的适用范围

根据国民经济行业分类国家标准（GB/T4745—2017），建筑业可分为房屋和土木工程建筑业、建筑安装业、建筑装饰业、其他建筑业四大类。其中，其他建筑业包括：工程准备（指房屋、土木工程建筑施工前的准备活动）；提供施工设备服务（指专门为各种施工场地提供配有操作人员的施工设备的服务）；其他未列明的建筑活动。

原营业税暂行条例规定，建筑业的具体税目包括建筑、安装、修缮、装饰及其他工程作业。2016 年 5 月 1 日营改增后，税目没有调整。如果建立建筑业的行业纳税评估模型，只能按照国家标准行业的二级子目录开展，不能是现行的增值税税目。例如：建立"房屋和土木工程建筑业 4700"纳税评估模型或手册、建立"建筑安装业 4800"纳税评估模型或手册、建立"建筑装饰业 4900"纳税评估模型或手册。另外，需要将"其他建筑业 5000"细分为"其他工程作业——水利工程、道路修建、拆除建筑物或构筑物、绿化工程、市政工程等"建立多个子模型。

2. 整理行业主要经营流程和财务核算特点

(1) 建筑业主要经营流程：立项招（投）标、项目设计预算、施工验收和决算维修等四个阶段（具体流程要超过30个环节）；

(2) 建筑行业主要经营特点：

一是建筑业涉及面广，生产周期长短不一，如房屋和土木工程作业工期长，一般跨年度，或时断时续跨越数年；二是建筑企业季节性周期明显，从业人员流动性强；三是建筑业经营规模差异较大，跨区经营普遍存在，如经营地点流动性较强，给日常税收征管工作带来了挑战；四是建筑业经营方式多元化，分包、转包和高资质挂靠等方式容易混淆建筑业的纳税主体，给税收征管带来一定困难。

税从来不是独立存在的，也不可能脱离经营流程或主营业务而存在。

3. 确认行业全部税种税目和主体税种

例如：房地产开发经营业主要涉及四大类11个税种：

(1) 流转税类——增值税，税率：11%或6%。税目：销售不动产、转让土地使用权、服务业的租赁业。按纳税人取得的营业收入或销售不动产收入征收的。

(2) 所得税类。包括2个税种：①企业所得税（含代收代缴）；②代扣代缴个人所得税。按照纳税人取得的利润或应税所得征收（或扣缴）的。

(3) 财产税类。包括5个税种：①房产税；②城镇土地使用税；③车船使用税；④车辆购置税；⑤契税。这些税种是对纳税人拥有或使用的财产征收的。

(4) 行为税类。包括3个税种：①城市维护建设税；②印花税；③土地增值税。这些税种是对特定行为或为达到特定目的而征收的。其中，房地产开发经营企业的主体税种包括：增值税、企业所得税、个人所得税、印花税和土地增值税。

4. 选择纳税评估指标并确定预警值（区间）

纳税评估指标是税务部门筛选评估对象、进行重点分析时所选用的主要参考标准或依据。一般情况下，指标值是区间值，指标既可以用百分比表示，也可以用绝对数表示。确定纳税评估指标的标准，每个纳税评估指标都需要从指标运用、数据来源、指标预警值、纳税分析、分析时间、分析期间和分析人员等主要方面进行规范性描述。

如何选择纳税评估指标？

按照对纳税评估分析的重要程度，建议依次选择：首先——行业评估指标；其次——税种评估指标；最后——财务通用指标。

特别提示：绝对值指标优于百分比指标；收入指标优于利润类指标，利润类指标优于成本费用指标；横向分析指标优于纵向分析指标。

核心的问题和问题的核心是，如何确定指标预警值？

各省税务局税政处室，研究制定如何确定指标预警值的计算方法、适用范围和疑点指向；省市共同测算或者由各市（县）局税政科室测算指标预警值的区间范围和列举具体疑点指向；评估人员根据拟评估对象的行业规模和财务核算状况确定指标预警值。

5. 择优选择适用的纳税评估模型或评估分析方法

第一，建立的行业纳税评估模型不是单一型的，一般包括几个子模型或是几个子模型的组合。

第二，信息比对模型不仅是必须要有的，而且是要优先选用的，比对指标是基础，比对模型也是基础。

房地产开发经营业的纳税评估模型包括：信息比对应用模型、项目完工进度分析模型、指标综合分析模型、关联税种联评分析模型等等。

6. 分阶段或税种列举纳税不遵从风险点（即建立风险特征库）

按照开发经营周期分为土地取得与开发阶段、项目设计施工阶段、房屋销（预）售阶段和租售管理阶段，归集整理各阶段的不遵从风险点；按照涉及各税种分类：流转税类、所得税类、财产税类和行为税类的不遵从风险点。

例如，房地产开发经营企业在租售管理阶段的税收风险特征库：

（1）商品房自用，不按时结转入固定资产，是否申报缴纳房产税；

（2）发生的销售退回业务，只冲减收入，不冲回已转成本；

（3）开发商将未售出的房屋、商铺、车位出租，取得的租金收入不作或少作收入；

（4）私建违建阁楼、车库、仓库，对外销售使用权开具收款收据，是否按规定缴纳相关税费；

（5）旧城改造中，房地产企业拆除居民住房后，补偿给搬迁户的新房，对偿还面积超出与拆迁面积部分及差价收入，是否合并计算收入；

（6）以房换地、以地换房业务未按非货币性交易准则进行处理，或不开发票入账；

（7）售后返租业务，以冲减租金后实际收取的款项计收入；

（8）将开发的会所、不需要办理房产证的停车位、地下室等公共配套设备等产权转给物业或对外出售的，是否计收入。

7. 纳税评估报告范本和案例（略）

8. 现行主要税收政策法规归集

将除法律、暂行条例以外的总局、省局和市局现行的政策法规文件进行收集。按照"流转税、所得税、财产行为税"等进行分税种分类归集。目的：方便评估人员查找和使用。

综上所述，是如何建立行业纳税评估模型，也是确定行业纳税遵从标准的过程，然后将个体（每户企业）指标值与行业指标预警值进行比对、分析和判断，也是对个体实施纳税遵从考评的同时，对不遵从或不主动遵从的风险事项进行筛选的过程。

(五) 进行纳税评估分析

1. 纳税评估分析分类

目前，主要分三类：单一指标分析、指标体系分析和计量经济（数学）模型分析。

单一指标的应用要求是简单易行，准确高效的单一指标，能够达到问题指向清楚、定量与定性相结合的效果。这是评估分析金字塔的塔基。

运用指标体系作为纳税评估疑点发现机制，在数据采集和应用方面较为方便，可以满足多角度生成比对差异的需要，且疑点问题指向较为明确。但目前指标体系的建立在基于若干单一数据逻辑比对基础上的定量差异分析，由于税务部门掌握的纳税人涉税信息尚无法涵盖纳税人生产经营的全过程，因此，单纯运用指标体系进行分析，难以实现对纳税人的纳税申报差异的全景控制和纳税人整体纳税能力与实际纳税金额偏离度的定性分析需要。这是评估分析金字塔的中间。

纳税评估计量经济（数学）模型，是以纳税人生产经营过程中是否背离正常经营规律的判别、财务指标的逻辑联系和相关性作为分析的基础，反映常规状态下纳税人整体纳税能力与实际纳税金额的差异，能够较全面地反映纳税人对税法的遵从度。但是，通过这种方法筛选出存在疑点的纳税人，疑点问题指向较为模糊，同时，会出现模型的指标过于理论化，或指标预警值不准确，造成应对核实环节的重复劳动和无效劳动过多而浪费行政管理资源。这是评估分析金字塔的塔顶。

单一指标和指标体系的应用是主流，计量经济（数学）模型应用是将来发展的趋势和方向。这是不能本末倒置的。

2. 纳税评估的方法体系

纳税评估是一项复杂的税收数据分析业务，如何获取数据并不难，难的是对于数据分析方法有更高的要求。目前，国际上主要的数据分析方法包括：定量分析和定性分析两大类。

在纳税评估分析中，定性分析和定量分析几乎平分秋色，无孰轻孰重之区别，相互促进而缺一不可。量变决定质变，质变则定性也。只有先定量分析，再在发现规律和共性后，透过现象看本质。其中，定量分析方法有数理经济方法、统计方法、计量经济方法、基于数据仓库的税收数据分析方法等。

数理经济方法，主要是从经济原理和数理基础等方面，研究建立经济理论模型，从而实现对经济现实问题的理论抽象，集中清晰地描述各种经济现象之间的联系或影响，因此发现或查找涉税疑点或问题。

统计方法是从样本性质推论总体性质，有的时候，抽样样本的指标是可以代替行业指标均值的。

计量经济方法是将税收（包括总量与结构等方面）要素作为内生变量，经济指标作为外生变量，通过建立独立方程或方程组求解而取得结果。就其经济方面的有关计量模型方程式看，少则几十个，多则上百个。

数据仓库技术也成为信息化条件下的税务数据分析工作的重要工具。

3. 评估分析方法

对税收数据的统计分析的核心内容是指标分析。因为经济、税收和征管水平等需要各个指标的描述，其关系的分析就必须针对指标。现代统计分析方法从研究问题的角度大致可划分为四大类：分类分析方法、结构简化方法、相关分析方法、预测决策方法。现将上述四类与日常工作中经常使用的具体分析方法用树形图表示，如图2-6所示。

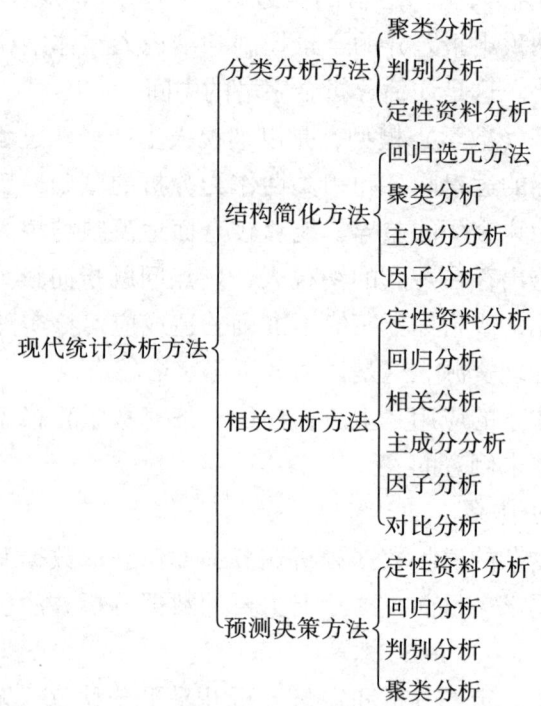

图 2-6 现代统计分析方法体系

（1）对比分析法

对比分析法的核心是将两个有联系的统计指标进行对比，用一个抽象化的比值表明变量之间的对比关系。例如税收对比是利用各种税务统计数量指标与其他相关联的经济指标之间的数量对比关系，来揭示和反映相互之间的相对水平、发展过程及差异程度。比如税收负担率、地区税收收入比重等都是对比分析指标。

对比分析法可划分为纵向对比和横向对比。纵向对比分析或历史数据分析是指同一个体的同一指标在不同历史时期的数据比较分析，以期发现该事物在不同阶段的发展变化规律或趋势。常用的分析方法有趋势分析和变动率分析。比如通过某省不同年度税收弹性的比较，从而发现该省税收收入增长与经济发展的协调程度。横向对比分析是指同一指标在不同个体、单位、地区之间的比较分析。横向比较分析最典型的分析例子就是税收分析中的同行业同规模纳税人的税负分析。总结这种规律特征，以此检验个体数据指标的表现，可找出差异较大的个体予以预警。

对比分析在运用中要把握以下三个原则：

① 保持数据口径一致。即相互联系的两个对比指标之间具有可比性。时间可比，如与上年同期比；空间可比，如与相当规模的地区比；经济内容可比，如来自工业环节的增值税与工业增加值的比较。

② 正确选择分析的相对指标和对比基数。例如，要研究大中型企业的税收负担问题时，如何合理选择相对指标来进行对比分析。

③ 要合理划分对比对象。对比分析是建立在合理分组比较对象的基础上的。如对某单位的税收完成情况进行分析，从总体的计划完成百分比情况看，可能是完成或超额完成了税收计划任务，但只有细化到各税种计划完成情况的分析时，才可能发现该单位的计划完成情况，分析出工作中存在的问题和薄弱环节。

（2）因素分析法

因素分析法又称指数分析法，是统计分析方法之一，是指当某经济指标同时受两个或两个以上因素变动影响时，度量各因素对该指标变动的影响程度，以便找出主要因素，抓住主要矛盾的方法。因素分析法可分为定性分析和定量分析两种。前者主要有领导者判断法、主管人员估计法、专家意见法等。后者有标价分析法、连锁替代法、微积分因素分析法、相关回归分析法等。

因素分析法包括因素分解、连锁因素分析和构成因素分析。因素分解是对总体指标变动的可能原因进行分解。如增值税已纳税额可分解为商品销售收入和平均税负的乘积，而商品销售收入又由商品销售数量与平均单价决定。连锁因素分析是指对相互连接的因素，从关联或勾稽关系去分析各个因素对事物变动的影响。构成因素法则是对一个事物的各个构成部分的变化及其如何影响事物的变化进行分析。例如税收收入的变动是由各税种收入变化共同影响的结果，因此，要了解总收入的变化就需要对各个税种的变化情况进行分析。

因素分析法在税收数据分析中扮演重要的角色。例如，通过因素分析法可以发现各地区、各部门或各税种对税收收入的影响情况；了解税收收入增长和减少的原因；寻找影响收入的主要因素等。在税收问题的因素分析中，绝对数值称为数量指标，如国内生产总值，相对数值称为质量指标，如宏观税负和税收流失率，在分析绝对数对总量的影响程度时质量指标固定在基期，在分析相对数对总量的影响程度时数量指标固定在报告期。

(3) 回归分析法

社会经济现象之间的相互联系和制约是社会经济的普遍规律。在一定的社会环境、地理条件、政府行为影响下，在经济现象的内部和外部联系中存在着一定的因果关系。例如，税收的发展变化是与一定的经济变量的数量变化紧密联系。税收不仅同与其相关的现象构成一个普遍联系的整体，而且在税收内部也存在着许多彼此关联的因素。因此，利用这种因果关系来分析税收收入，制定有关的税收政策，加强税收征管工作，充分发挥税收职能。

回归分析是指在统计分析中测度一个变量和另一个（或几个）变量的相互联系的形式，并根据资料建立恰当的数学模型，来反映变量间相互关系变动规律性的统计分析技术。当只考虑两个变量之间的关系时，称之为简单回归分析。如影响工业部门增值税收入的因素非常多，但在众多因素中，工业增加值是一个最重要的因素，所以，把分析的重点放在工业增加值与工业部门增值税之间的关系上。此时简单回归分析就是研究该问题的一个有效工具。

(4) 判别分析法

在社会、经济、管理等领域的研究中，经常要对某一研究对象的归属做出判断。例如，在税收征管中，要判断某纳税人所在的纳税信用等级；在税务稽查中，要判断某纳税户是依法纳税户还是偷税户等。都是判别分析可解决的问题，判别分析是一种应用性很强的多元统计方法。

判别分析法是从判别对象 y 和判别因子 X_1, X_2, $\cdots$, X_n 的 n 组样品数据 $(X_{1i}, X_{2i}, \cdots, X_{ki}, y_i)$ 出发，$i = 1, 2, \cdots, n$，根据一定的原理，选择适当形式的判别函数 $y = f(X_1, X_2, \cdots, X_k)$。

在某种最优性准则下，确定中的位置参数；而后按选定的判别准则，根据因子已知的观测值，对判别对象做出统计推断。因此，判别分析的主要问题是寻找判别函数及确定判别准则。

判别分析按判别的组数来分，可分为两组判别分析和多组判别分析；按区分不同总体所用的判别函数类型来分，有线性判别和非线性判别；按判别对所处理的变量方法不同有逐步判别、序贯判别等。判别分析可以从不同角度提出问题，因此有不同的判别准则，如费舍尔（Fisher）准则、最小二乘准则和贝叶斯（Bayes）准则等，判别准则应在某种意义下是最优的。

(5) 聚类分析法

聚类分析是运用事物本身所具有的某种数据特征，遵循"物以类聚"规律进行数据处理，为事物的分类管理提供数据支持的一种分析方法。

聚类分析要分类的对象是一批个体（或样本），对这些个体可用若干变量刻画其性质。这些变量是考虑到它们对所关心的分类问题有关而引进的，然后用专门的数学方法把这些样品分成若干自然的类,使每个类内部的性质相近,而不同类的个体的性质有较大的差异。基本方法有两种:一种是系统聚类,另一种是动态聚类。系统聚类是先把每个样本看成一类,逐步把相同的样品聚为同一类;动态聚类是先进行粗略地分类,然后再按照某种最优原则进行修正,直到将类分得比较合理为止。在实际应用分析中,常以重心为分类基本特征进行定性分析,以距离为基本度量尺度进行量化分类。

聚类分析与回归分析、判别分析一起被称为多元分析的三大方法。借用这种分析开展税收数据分析,可将具有某种税收共同特征的事物聚集在一起,以便更清楚地认识税收征管案例的分类特征,有针对性地提出有效征管措施。其基本原理是根据数据指标差异的绝对距离进行分类,结合矩阵分析技术,可以进行多指标的综合特征分析,为复杂事物的分类提供一种可行的分析方法。聚类分析的关键是找到一组关系密切的相关指标。例如根据企业税收调查资料对企业增值税税负进行分析。研究增值税的特性,可知增值税是对纳税人生产经营取得的增值部分的价值进行征税,因此企业的税负应与企业增值幅度保持同步变化,可以增值率和税负这两项指标作为样本变量开展相应的聚类分析。

(6) 相关分析法

相关分析是计算分析相关对象之间相关关系的一种多元统计分析方法。相关系数是统计学中用于反映两组数据相互关联程度的统计指标,它说明一组数据(自变量)对另一组数据(因变量)的影响程度。相关系数等于1,表明两组数据完全相关;相关系数大于0.9,表明两组数据高度相关;相关系数小于0.9,表明两组数据不完全相关。通过分析相关系数,可以利用相关的一组数据(自变量)推断或预测另一组数据(因变量),研究其发生的可能性。

相关分析在经济实证研究中有着广阔的应用前景,因为许多经济现象之间都是多个变量对多个变量之间关系。例如应用在税收经济关系分析问题上,可以说明税收经济内在关系的联系紧密与否,是揭示税收征管工作是否做到"应收尽收"的直接参考依据。比如当进行税收增长分析时,税收增长与税源增长之间可以进行相关性的分析。经济决定税源,不仅决定税源的总体规模,同时也影响着税收收入的变化。在税收政策和征管条件相对稳定的情况下,税收增长应与税源增长同步,所以两者之间应存在一定的相关关系。如果分析结果表明两者之间不存在相关关系,则说明税收征收与税源脱节,税收管理中存在主观操纵性。

相关性分析在诸多的数理统计分析方法中是比较成熟的技术,可在各种统计分析软件中直接实现。实际应用中可以从正反两个方面实施:一是数据处理前先确认两者之间是否存在某种因果关系,然后用数量分析检验这种关系的存在;另一方面的应用是事前不好确定各项因素之间到底哪种因素有直接影响,通过数量分析找出影响因素。

(六) 涉税疑点核实

纳税评估的主要核实方式有两种：税务约谈和实地调查核实，一般情况下，先实施约谈再进行实地调查核实，也可以只税务约谈或直接进行实地调查核实。

税务约谈使税收征收管理的整体控制得到完善，它的实施实现了"事先服务"、"事中控制"和"事后处罚"的协调与统一。税务约谈，充分体现对纳税人和扣缴义务人（以下简称纳税人）权利的尊重，不仅促使纳税人对行政管理的认同，减少工作阻力，而且降低行政执法成本，大大提高行政效率和纳税人的遵从度。

税务约谈是实现纳税评估职能最常用最有效的方式，其中，集体约谈"明显降低执法成本和风险，全面提高工作效率"的作用比单户约谈更加明显、更加突出。

集体约谈，是税务约谈的一种特殊形式，是提高评估质效的强力措施，能够明显降低执法成本和风险，全面提高工作效率，同时减轻纳税人负担，营造依法纳税、诚信纳税的和谐税收环境。

集体约谈是约请存在相同或类似涉税疑点和问题的同行业或同等规模的纳税人（扣缴义务人）到税务部门，以座谈会等形式对其涉税疑点和问题提出质疑并进行相关政策宣传辅导，分别听取纳税人（扣缴义务人）进行解释说明或补充举证，责成其自查自纠的一种特殊的税务约谈形式，是提高评估质效的强力措施。

所以，面对"纳税户多，稽查覆盖面小，税源管理薄弱，整体征管质量不高"的现状，实行税务约谈后，能够节约税务管理成本、提高行政效率，特别是采用集体约谈的效果将更加突出。

(七) 评估结果处理

关于评估结果处理的相关内容，请查阅《纳税评估理论与实务》（贾忠华著，台海出版社 2020 年 1 月版）的第五章第六节"评估结果处理"。

(八) 综合反馈和工作总结

信息反馈工作是贯穿整个税收征管流程各个环节的一项重要工作，在纳税评估工作过程中表现的形式更加突出和内容更加广泛。综合反馈的过程就是各征管环节沟通的过程，目的是统一整个征管流程，促进整体征管质效的提高。

关于综合反馈的相关内容，请查阅《纳税评估理论与实务》（贾忠华著，台海出版社 2020 年 1 月版）的第四章第六节"信息反馈和结果处理"。

第三章 收入优先原则

> 收入优先原则，是指对待应税收入的关注和管理程度要优先于成本费用，这是优先之所在。本章将全面系统地讲解不征税收入、免税收入、应税收入、视同销售、价外费用、营业外收入和差额征税的基本概念、主要内容、税务管理的重点和难点等内容。系统全面地介绍了房地产开发经营企业的收入、成本和费用核算等情况。

第一节 应税收入与预缴税款

收入总额包括以货币形式和非货币形式从各种来源取得的收入，纳税人以非货币形式取得的收入，应当按照公允价值确定收入金额。公允价值是指按照市场价格确定的价值。收入是源头，是根本，无论是流转税还是所得税，无论是纳税评估还是税务审计和税务稽查，都需要准确计量的收入。所以，收入优先原则，即优先核查收入核算是否准确、是否及时，是税收征管的第一要务。对待应税收入的关注和管理程度要优先于成本费用，这是优先之所在。把收入优先原则作为一章内容，本来是计划在本人所著《纳税评估理论与实务》（台海出版社 2020 年 1 月版）中阐述的，最终被"税收分析"一章所取代，在此书中作为一章内容，也是为了弥补一下遗憾的。

收入优先原则是指在税收征管过程中，应税收入的管理优先于成本费用的管理，不是说成本费用的管理不重要，是相对而言加强对收入的管理更重要。

一、相关概念

首先，简要介绍收入相关概念和收入核算范围。

(一) 相关概念

【收入】是指企业在日常活动中形成的、会导致所有者权益增加的、与所有者投入资本无关的经济利益的总流入。

【主营业务收入】是指企业从事某行业生产经营活动所取得的营业收入。主营业务收入根据各行业所从事的不同活动而有所区别，如工业企业的主营业务收入是"产品销售收入"；建筑企业的主营业务收入是"工程结算收入"；批发零售贸易企业的主营业务收入是"商品销售收入"；房地产企业的主营业务收入是"房地产经营收入"；其他行业企业的主营业务收入指"经营（营业）收入"。

【其他业务收入】是指各类企业主营业务以外的其他日常活动所取得的收入。一般情况下，其他业务活动的收入不大，发生频率不高，在收入中所占比重较小。如材料物资及包装物销售、无形资产使用权实施许可、固定资产出租、包装物出租、运输、废旧物资出售而取得的收入等。

【营业外收入】亦称"营业外收益"，是指与生产经营过程无直接关系，应列入当期利润（损益）的收入。营业外收入主要包括：企业合并损益、盘盈利得、因债权人原因确实无法支付的应付款项、政府补助、教育费附加返还款、罚款收入、捐赠利得等。

【不征税收入】是指从性质和根源上不属于企业营利性活动带来的经济利益、不负有纳税义务并不作为应纳税所得额组成部分的收入。如财政拨款、依法收取并纳入财政管理的行政事业性收费、政府性基金以及国务院规定的其他不征税收入。不征税收入用于支出所形成的费用和用于支出所形成的资产，其计算的折旧、摊销，也是不得在计算应纳税所得额时扣除的。

【应税收入】即纳税人的应纳税收入，是指纳税人的商品（产品）销售收入、劳务服务收入、营业收入、工程价款结算收入、工业性作业收入以及其他业务收入等。

【免税收入】是指属于企业的应税收入（所得）但按照税法规定免予征收增值税或企业所得税等税款的收入。免税收入是特殊的应税收入。

用公式表述：收入＝不征税收入＋应税收入（含免税收入）。

【财政补贴】是指国家为了实现特定的政治经济目标，对指定事项由财政安排专项基金向企业或个人提供的一种补贴。现行的财政补贴主要有价格补贴、亏损补贴、职工生活补贴和利息补贴等。

【政府采购】是指各级政府为了开展日常政务活动或为公众提供服务，在财政的监督下，以法定的方式、方法和程序，通过公开招标、公平竞争，由财政部门以直接向供应商付款的方式，从国内、外市场上为政府部门或所属团体购买货物、工程和劳务的行为。

【价外费用】是指价外向购买方收取的手续费、补贴、基金、集资费、返还利润、奖励费、违约金（延期付款利息）、包装费、包装物租金、储备费、优质费、运输装卸费、代收款项、代垫款项及其他各种性质的价外收费。一般情况下，价外费用属于应税收入。

【视同销售】在增值税、企业所得税和会计上都有视同销售的概念，但是各自范围是不同的。增值税上的视同销售：本质为增值税"抵扣进项并产生销项"的链条终止，比如将货物用于非增值税项目，用于个人消费或者职工福利等，而会计上没有做销售处理；企业所得税上的视同销售：代表货物的权属发生转移，而会计上没有做收入处理。视同销售是税法优先原则的直接体现。

（二）收入核算范围

新企业所得税法关于收入的规定如下：

"企业以货币形式和非货币形式从各种来源取得的收入，为收入总额。包括：1. 销售货物收入；2. 提供劳务收入；3. 转让财产收入；4. 股息、红利等权益性投资收益；5. 利息收入；6. 租金收入；7. 特许权使用费收入；8. 接受捐赠收入；9. 其他收入。"

具体到房地产开发经营企业而言，收入主要包括：商品房销售收入、预售收入、土地使用权转让收入、视同销售收入、代建工程和劳务收入、配套设施转让收入、商品房及周转房租赁收入，以及税收法律法规规定的其他应税收入。

在实务中，会计口径的收入与税法口径的收入是存在差异的。通常是税法中的收入总额（应税收入范围）要大于会计准则规定的收入，具体情况是通过"调表不调账"处理的，应当计入收入总额的，通过填报增值税和企业所得税的纳税申报表来体现或者反馈。而会计收入准则只规范销售商品收入、提供劳务收入和让渡资产使用权收入，长期股权投资、建造合同、租赁、原保险合同、再保险合同等形成的收入是适用其他相关会计准则。

二、主营业务收入

（一）开发产品销售收入

房地产开发企业的开发产品，主要包括商品房、土地、配套设施和代建工程等，具有商品的一般特性，开发产品销售收入的确认应依据其竣工验收后签订的购销合同。

1. 现房销售方式。由于有现房供应，在办妥开发产品移交手续后，即可确认收入。在采用一次性全额付款结算销售时，在销售合同生效日，已符合会计确认收入的条件。房地产公司发生转让土地使用权或销售未完工产品（俗称的楼花）时，同样适用现房销售方式。

2. 期房预售方式。房地产开发企业开发项目竣工验收、办妥移交手续前，不论是否签订正式购销合同，所收到的均为预售房地产款，一律不确认收入，其款项暂记入

"预收账款"科目。开发项目完工经验收合格、竣工决算后,房地产开发企业按照购销合同规定将合格的开发产品移交给购买方,办妥移交手续后确认销售收入实现,借记"预收账款""应收账款"等科目,贷记"主营业务收入"科目,同时结转开发成本。

3. 其他销售方式。房地产企业不采用预收款方式销售开发产品,而采用分期收款、委托代销、委托包销和一次性全额付款等结算方式销售。具体核算要求和账务处理如下:

(1) 分期收款方式。在办妥移交手续后,先将"开发产品"转入"分期收款开发产品"科目。按购销合同约定的期限收取销售价款或确定当期应收价款时,借记"银行存款"或"应收账款"科目,贷记"主营业务收入"科目;按开发产品全部开发成本占全部销售收入的比例计算确定当期应结转的开发成本,借记"主营业务成本",贷记"分期收款开发产品"科目。

(2) 委托代销方式。应增设"委托代销商品"科目,核算协议签订的委托销售的开发产品,收到受托方代销清单后确认收入。

(3) 包销方式。房地产企业与包销人订立开发产品的包销合同,约定房地产企业将其开发产品交由包销人以开发商的名义销售,包销期满未销售的房屋,由包销人按照合同约定的包销价格购买。包销人可以高于包销合同约定的价格向购房人出售包销的开发产品。在包销形式下,根据会计准则及制度,房地产企业应在包销合同生效日进行确认收入的会计核算,并同时结转包销手续费、增值税金及附加和开发成本。

(二) 代建工程(建造合同)收入

1. 代建工程收入的会计核算

建造合同,是指为建造一项或数项在设计、技术、功能、最终用途等方面密切相关的资产而订立的合同。建造合同的特征:①先有买主(即客户),后有标底(即资产),建造资产的造价在签订合同时已经确定;②资产的建设期长,一般都要跨越一个会计年度,有的长达数年;③所建造的资产体积大,造价高;④建造合同一般为不可取消的合同。

建造合同可分为固定造价合同和成本加成合同。固定造价合同,是指按照固定的合同价或固定单价确定工程价款的建造合同。成本加成合同,是指以合同约定或其他方式议定的成本为基础,加上该成本的一定比例或定额费用确定工程价款的建造合同。

房地产开发企业的建造合同,一般是房地产企业与建设单位签订的代建合同,多为固定造价合同。房地产开发企业自行开发商品房对外销售收入的确定,按照销售商品收入的确认原则执行;如果符合建造合同的条件,并且有不可撤销的建造合同的情况下,也可按照建造合同收入确认的原则,按照完工百分比法确认开发业务的收入。

新准则明确了合同收入的确认原则,跨年度的建造合同应在资产负债表日确认合同收入与合同费用，当期完工的建造合同应在完工的当期确认合同收入，因合同变更、索赔、奖励等形成的收入，应在满足确认合同收入条件的当期确认为合同收入。

2. 代建工程收入的税收处理原则

房地产开发企业代建工程和提供劳务不超过 12 个月的，可按合同约定的价款结算日或在合同完工之日确认收入的实现；持续时间超过 12 个月的，可采用完工百分比法而按季确认收入的实现。完工百分比法，就是根据合同完工进度或比例确认收入和费用。完工进度可按累计实际发生的合同成本占合同预计总成本的比例、已经完成的合同工作量占合同预计总工作量的比例、测量已完成合同工作量等方法确定。

代建工程收入属于"代理服务"，应按差额征税，适用服务业的"代理服务"税目，税率是 6%。

（三）开发产品出租收入

1. 租金收入的会计核算

出租开发产品是指用于出租经营的土地和房屋等开发产品。房地产开发企业自行开发的房地产用于对外出租的，可根据目的不同分为：一是企业将开发产品进行临时性出租取得租金收入，其目的仍是出售；二是企业出租开发产品目的长期持有赚取租金而非出售。根据《企业会计准则第 3 号——投资性房地产》的有关规定，会计处理如下：

（1）对企业临时性出租开发产品的核算

企业临时性出租开发产品，不属于投资性房地产，应当设置"出租开发产品"科目，并在该科目下设置"出租产品"和"出租产品摊销"两个明细科目，核算企业开发完成用于出租经管的土地和房屋的实际成本以及出租产品的摊销。

① 出租开发产品增加的核算

企业开发完成的用于出租的土地和房屋，应于签订出租合同、协议后，按土地和房屋的实际成本，借"出租开发产品——出租产品"科目，贷"开发产品"科目。

② 取得租金收入核算

房地产企业取得租金价款或收取租金的凭证，应借记"银行存款"科目，贷记"主营业务收入""其他业务收入"等科目。

③ 出租开发产品摊销的核算

出租开发产品在租赁经营期间，由于损耗等原因，其价值会逐渐减少。企业应根据出租开发产品的原始价值、净残值和预计摊销年限，计算其损耗价值，并按月摊销计入主营业务成本或其他业务成本。

出租开发产品摊销额的计算公式如下：

出租开发产品年摊销率=（1-净残值率）/预计摊销年限×100%

出租开发产品月摊销率=出租开发产品年摊销率÷12

出租开发产品月摊销额＝应计提摊销的出租开发产品原始价值×该出租开发产品月摊销率

企业按月计提出租产品摊销时，借记"主营业务成本——出租产品""其他业务成本——出租产品"科目，贷记"出租开发产品——出租产品摊销"科目。

（2）投资性房地产的会计核算

根据投资性房地产准则的规定，投资性房地产应当按照成本进行初始确认和计量。在后续计量时，通常应当采用成本模式，企业只有存在确凿证据表明其公允价值能够持续可靠取得的，才允许采用公允价值计量模式。但是，同一企业只能采用一种模式对所有投资性房地产进行后续计量，不得同时采用两种计量模式。

★采用成本模式计量的投资性房地产

① 企业将开发产品转换成投资性房地产时，应当按该项开发产品在转换日的账面价值，借记"投资性房地产"科目；原已计提跌价准备的，借记"存货跌价准备"科目，按其账面价值余额，贷记"开发产品"科目。

② 按月计提折旧，借记"其他业务成本"等科目，贷记"投资性房地产累计折旧（摊销）"科目。

③ 取得租金收入，借记"银行存款"等，贷记"其他业务收入"等科目。

④ 投资性房地产存在减值迹象的，应当适用资产减值的有关规定，计提减值准备，借记"资产减值损失"，贷记"投资性房地产减值准备"科目。

★采用公允价值模式计量的投资性房地产

① 企业将开发产品转换成投资性房地产时，应当按该项开发产品在转换日的公允价值，借记"投资性房地产"科目；原已计提跌价准备的，借记"存货跌价准备"科目，按其账面价值余额，贷记"开发产品"科目。同时，转换日公允价值小于账面价值的，其差额计入"公允价值变动损益"的借方；反之，则记入"公允价值变动损益"的贷方。

② 平常不对投资性房地产计提折旧，只需要在会计期末按照公允价值调整其账面价值。资产负债表日，投资性房地产的公允价值高于原账面价值的差额，借记"投资性房地产"科目，贷记"公允价值变动损益"；反之，作相反分录。

③ 取得租金收入时，借记"银行存款"等，贷记"其他业务收入"科目。

2. 租金收入的税收处理原则

税收法规对于房地产开发企业的房产出租业务的相关规定：

"开发企业将开发产品先出租再出售的，凡将开发产品转作固定资产的，其租赁期间取得的价款应按租金确认收入的实现，出售时再按销售固定资产确认收入的实现；凡未将开发产品转作固定资产的，其租赁期间取得的价款应按租金确认收入的实现，出售时再按销售开发产品确认收入的实现。"

特别提示的是，转入固定资产后的投资性房地产，是要在转入次月计算缴纳房产税的。

三、其他业务收入和价外费用

（一）其他业务收入

其他业务收入，是指各类企业除主营业务以外的其他日常活动所取得的收入。一般情况下，其他业务活动的收入不大，发生频率不高，在收入中所占比重较小。如材料物资及包装物销售、无形资产使用权实施许可、固定资产出租、包装物出租、运输、废旧物资出售收入等。也是应税收入。

其他业务收入的实现原则，与主营业务收入实现原则相同。"其他业务收入"科目，用于核算企业除主营业务收入以外的其他销售或其他业务的收入，如材料销售、代购代销、包装物出租等收入。在"其他业务收入"中，应按其他业务的种类确认收入，本科目期末应无余额。

其他业务收入的会计处理不规范情况：其他业务收入实现后，记入"营业外收入"科目；直接冲销"其他业务支出""管理费用"科目，没有记入"其他业务收入"科目；也有将属于产品或商品销售收入或营业外收入、投资收益的收入误列作其他业务收入。

如某企业将处理固定资产的净收益 36 万元，作了如下账务处理：

借：固定资产清理　　　　　　　　　　　　　360 000
　　贷：其他业务收入　　　　　　　　　　　　　　　360 000

此项净收益是应列作营业外收入，而不是列作其他业务收入。

（二）价外收费

房地产开发企业的价外收费，是指房地产企业在销售或出租开发产品时向客户收取的价款以外的各种费用。包括手续费、补贴、基金、集资费、返还利润、奖励费、违约金（延期付款利息）、优质费、代收款项、代垫款项及其他各种性质的价外收入。包括限购后的"茶水费"等。

房地产开发企业的价外收入根据不同性质，应计入不同的会计科目。对手续费收入可计入"其他业务收入"，集资费应计入"其他业务收入"不应冲减"财务费用"，与开发项目工程施工相关的奖励费、优质费，冲减"管理费用"，返还利润、违约金根据实际情况，或计入"其他业务收入"，或计入"营业外收入"，而代收款项、代垫款项和需上缴的基金应计入"其他应付款"或"其他应收款"等往来账户。

四、营业外收入

营业外收入亦称"营业外收益"，是指与生产经营过程无直接关系，应列入当期利润的收入。房地产企业的营业外收入主要包括：固定资产盘盈、处置固定资产净收益、出售无形资产净收益、非货币性交易所得、罚款收入、教育费附加返还款、各类补贴款等。核算主要通过"营业外收入""补贴收入"等科目进行。期末转入"本年利润"后，无余额。

一般情况下，其属于企业所得税的应纳税所得额，多数情况下是不属于增值税的应税收入的，也是企业财务成果的组成部分。例如，没收包装物押金收入、收回调入职工欠款、罚款净收入等等。营业外收入在"本年利润"或"利润或亏损"科目核算，在企业的"利润表"中是需单独列示的。

营业外收入主要包括：企业合并损益、盘盈利得、因债权人原因确实无法支付的应付款项、政府补助、教育费附加返还款、罚款收入、捐赠利得等。具体内容如下：

（一）企业合并损益，是指合并对价小于取得可辨认净资产公允价值的差额。

（二）盘盈利得。是指企业对于现金等资产清查盘点中盘盈的资产、报经批准后计入营业外收入的金额。其中固定资产盘盈，是指企业在财产清查盘点中发现的账外固定资产的估计原值减去估计折旧后的净值。现行的新准则中，计入"以前年度损益调整"科目。

（三）因债权人原因，确实无法支付的应付款项。主要是指因债权人单位变更登记或撤销等而无法支付的应付款项等。

（四）政府补助。是指企业从政府无偿取得货币资产或非货币资产形成的利得。

（五）教育费附加返还款。是指自办职工子弟学校的企业，在缴纳教育费附加后，教育部门返还给企业的所办学校经费补贴费。

（六）罚款收入。是指对方违反国家有关行政管理法规，按照规定支付给本企业的罚款，不包括银行的罚息。

为了总括反映和监督企业的营业外收入情况，企业应设置"营业外收入"科目。其贷方登记企业发生的营业外收入额，借方登记期末转入"本年利润"账户的数额，经结转后该账户期末无余额。

在企业所得税中，营业外收入属于其他收入。根据企业所得税法及其实施条例，其他收入是指："企业取得的除企业所得税法第六条第（一）项至第（八）项规定的收入外的其他收入，包括企业资产溢余收入、逾期未退包装物押金收入、确实无法偿付的应付款项、已作坏账损失处理后又收回的应收款项、债务重组收入、补贴收入、违约金收入、汇兑收益等。"不用较真，有这个认识即可，模糊认识更好的。

五、退房原因和工作流程

退房是一项非经常发生事项。一旦发生，它既影响收入又影响成本。

（一）退房原因

出现退房的情况，归集起来主要有三种原因：一是开发单位违约；二是购房者违约；三是双方都不违约，但双方就退房问题达成一致意见。购房者违约情况暂不探讨，重点关注一下开发单位违约退房的各种情况。根据退房的相关法律法规规定，按照《中华人民共和国民法典》、《中华人民共和国商品房销售管理办法》和《关于审理商品房买卖合同纠纷案件适用法律若干问题的解释》的明确事项，归集整理如下：

1. 因双方签订的购房合同中存在重大误解

按照《中华人民共和国民法典》中的第一百四十八条规定："一方以欺诈手段，使对方在违背真实意思的情况下实施的民事法律行为，受欺诈方有权请求人民法院或者仲裁机构予以撤销。"基于重大误解的，亦然。因此，如果销售广告和宣传资料严重违反事实，给购房者造成重大误解的，可以退房。

2. 因购房合同中存在的"霸王条款"的特殊约定

开发单位销售商品房的制式合同中，存在"霸王条款"。按照《中华人民共和国民法典》中的第四百九十六条规定："格式条款是当时事人为了重复使用而预先拟定，并在订立合同时未与对方协商的条款。"采用格式条款的合同称为格式合同，或制式合同。

事实上，民法典中对于格式条款有很多限制：

第四百九十七条："（一）具有本法第一编第六章第三节和本法第五百零六条规定的无效情形；（二）或者提供格式条款一方不合理地免除或者减轻其责任、加重对方责任、限制对方主要权利，"该条款无效。

第四百九十八条："对格式条款的理解发生争议的，应当按照通常理解予以解释。对格式条款有两种以上解释的，应当作出不利于提供格式条款一方的解释。格式条款和非格式条款不一致的，应当采用非格式条款。"

因此，对于合同中的特殊约定，通常采用非制式的条款，或采用附件的形式进行特殊约定。在这些条款中，可以对退房的理由进行额外的约定。

3. 因现房的套型与设计图纸不一致

在《中华人民共和国商品房销售管理办法》的第十九条中规定："房屋交付时，套型与设计图纸一致，相关尺寸也在约定的误差范围内，维持总价款不变；套型与设计图纸不一致或者相关尺寸超出约定的误差范围，合同中未约定处理方式的，买受人可以退房或者与房地产开发企业重新约定总价款。买受人退房的，由房地产开发企业承担违约责任。"

4. 因实际面积与合同约定面积存在误差过大

在《中华人民共和国商品房销售管理办法》的第二十条中规定："面积误差比绝对值在3%以内（含3%）的，据实结算房价款；面积误差比绝对值超出3%时，买受人有权退房。买受人退房的，房地产开发企业应当在买受人提出退房之日起30日内将买受人已付房价款退还给买受人，同时支付已付房价款利息。"

5. 因房地产开发商私自变更规划方案或套型设计

在《中华人民共和国商品房销售管理办法》的第二十四条中规定:"经有关部门批准的规划、设计变更导致商品房的结构形式、户型、空间尺寸、朝向变化,以及出现合同当事人约定的其他影响商品房质量或者使用功能情形的,房地产开发企业应当在变更确立之日起10日内,书面通知买受人。"

买受人有权在通知到达之日起15日内做出是否退房的书面答复。买受人在通知到达之日起15日内未作书面答复的,视同接受规划、设计变更以及由此引起的房价款的变更。房地产开发企业未在规定时限内通知买受人的,买受人有权退房;买受人退房的,由房地产开发企业承担违约责任。"

6. 因房屋的主体结构质量存在问题

在《中华人民共和国商品房销售管理办法》的第三十五条中规定:"商品房交付使用后,买受人认为主体结构质量不合格的,可以依照有关规定委托工程质量检测机构重新核验。经核验,确属主体结构质量不合格的,买受人有权退房;给买受人造成损失的,房地产开发企业应当依法承担赔偿责任。"

是否属于主体结构质量,不能凭购房者主观臆断,需要通过有资质鉴定单位的鉴定,确定存在主体质量问题,经买受人申请就可以解除合同。但本条仅限于房屋主体结构质量问题。如属于保修范围内普通质量问题的,可要求开发商履行保修责任但不支持退房。

7. 因房地产开发商未取得相应资格

在《关于审理商品房买卖合同纠纷案件适用法律若干问题的解释》的第二条中规定:"出卖人未取得商品房预售许可证明,与买受人订立的商品房预售合同,应当认定无效,但是在起诉前取得商品房预售许可证明的,可以认定有效。"

按照《中华人民共和国民法典》第五十八条的规定:"合同无效或者被撤销后,因该合同取得的财产,应当予以返还;不能返还或者没有必要返还的,应当折价补偿。有过错的一方应当赔偿对方因此所受到的损失,双方都有过错的,应当各自承担相应的责任。"

8. 因房地产开发商擅自抵押和出卖

在《关于审理商品房买卖合同纠纷案件适用法律若干问题的解释》的第八条中规定:"具有下列情形之一,导致商品房买卖合同目的不能实现的,无法取得房屋的买受人可以请求解除合同、返还已付购房款及利息、赔偿损失,并可以请求出卖人承担不超过已付购房款一倍的赔偿责任:

商品房买卖合同订立后,出卖人未告知买受人又将该房屋抵押给第三人;商品房买卖合同订立后,出卖人又将该房屋出卖给第三人。"

9. 因房地产开发商隐瞒重要事实

在《关于审理商品房买卖合同纠纷案件适用法律若干问题的解释》的第九条中规定:"出卖人订立商品房买卖合同时,具有下列情形之一,导致合同无效或者被撤销、解除的,买受人可以请求返还已付购房款及利息、赔偿损失,并可以请求出卖人承担不超过已付购房款一倍的赔偿责任:故意隐瞒没有取得商品房预售许可证明的事实或者提供虚假商品房预售许可证明;故意隐瞒所售房屋已经抵押的事实;故意隐瞒所售房屋已经出卖给第三人或者为拆迁补偿安置房屋的事实。"

10. 因房屋质量问题严重、影响正常居住使用

在《关于审理商品房买卖合同纠纷案件适用法律若干问题的解释》的第十三条中规定:"因房屋质量问题严重影响正常居住使用,买受人请求解除合同和赔偿损失的,应予支持。"

"严重影响居住"应是所存在的质量问题足以影响居住,其不可修复或不宜修复。此质量问题既包含施工问题也包含设计问题,判断是否影响居住则从社会习惯性可接受的居住条件和居住环境考虑,需符合常人生理和心理及社会风俗习惯的正常标准。同时,对于室内空气质量、是否符合《民用建筑节能条例》节能标准等等,在有的地方也作为符合签署质量问题的标准。

11. 因房地产开发商延迟交付房屋

在《关于审理商品房买卖合同纠纷案件适用法律若干问题的解释》的第十五条中规定:"根据(原)《合同法》第九十四条的规定,出卖人迟延交付房屋或者买受人迟延支付购房款,经催告后在三个月的合理期限内仍未履行,当事人一方请求解除合同的,应予支持,但当事人另有约定的除外。法律没有规定或者当事人没有约定,经对方当事人催告后,解除权行使的合理期限为三个月。对方当事人没有催告的,解除权应当在解除权发生之日起一年内行使;逾期不行使的,解除权消灭。"

12. 因房地产开发商延迟办理产权

在《关于审理商品房买卖合同纠纷案件适用法律若干问题的解释》的第十九条中规定:"商品房买卖合同约定或者《城市房地产开发经营管理条例》第三十三条规定的办理房屋所有权登记的期限届满后超过一年,由于出卖人的原因,导致买受人无法办理房屋所有权登记,买受人请求解除合同和赔偿损失的,应予支持。"

13. 因房地产开发商的原因而无法获得贷款

在《关于审理商品房买卖合同纠纷案件适用法律若干问题的解释》的第二十三条中规定:"商品房买卖合同约定,买受人以担保贷款方式付款、因当事人一方原因未能订立商品房担保贷款合同并导致商品房买卖合同不能继续履行的,对方当事人可以请求解除合同和赔偿损失。因不可归责于当事人双方的事由未能订立商品房担保贷款合同并导致商品房买卖合同不能继续履行的,当事人可以请求解除合同,出卖人应当将收受的购房款本金及其利息或者定金返还买受人。"

（二）退房的流程

商品房买卖涉及的周期比较长，退房要根据四个不同阶段分别处理：

1. 订金（定金或认购金）阶段

至于定金和订金的区别，不在此解释。如果购房者已向卖方支付了订金（定金或认购金、保证金、会员费等），但没有说明所交款项的性质，也没有任何约定，开发单位应当向购房者退回所交款项。如果卖方所售项目有《预/销售许可证》，购房者与卖方有约定，所交款项为定金，且因买卖双方就解除《商品房买卖合同》达不成一致意见，最终没有签订合同，由于购房者的原因，所交款项的定金部分予以没收，不退。没收的款项是与售房（开发经营）直接相关的，应属于其他业务收入。

2. 已做备案登记阶段

买卖双方已到房地产主管机关做了备案登记，但房屋还未交付使用，如果其中一方想退房，首先要与对方协商，看能否达成一致意见。双方达成了一致意见，要以书面形式签订正式退房协议。协议的内容主要应包括双方同意解除原房屋买卖合同、违约责任由谁来承担、如何退款、如何履行等问题。如果买卖双方中有一方违约，且达不成一致意见，那么主张解除合同的一方，应当通知对方：合同自通知到达对方时解除。对方有异议的，可以请求人民法院或者仲裁机构确认解除合同的效力。如果双方协商达不成退房协议，可直接向法院或仲裁机构起诉或申请仲裁。此外，双方还应到房地产登记主管机关办理注销预售登记手续。

3. 交付使用阶段

在房屋竣工后，购房者已办理了入住手续，交了政府部门应收的税费之后，但房产证还没有办理下来之前退房的，这个阶段要求退房的一般都是购房者，大多是开发单位违约。此时，除与第二个阶段要求一致外，还涉及物业、装修损失、税费、搬离时间等问题。如开发单位违约，装修损失应经过中介机构评估，确定装修损失。购房者还应与物业公司签订解除物业管理的合同，卖方所代收的税费也应退还。如达不成协议，购房者可向法院或仲裁机构起诉或申请仲裁。

4. 房产证办理完毕阶段

房产证办理完毕之后，房屋的所有权已完成了转移，除非合同里有约定，否则一般情况下购房者是不能退房的。但如果发生前面所说的允许退房情况，需双方到发证机关办理房产证过户或注销手续。

（三）退房相关资料

由于各地相关部门的具体要求不一致，因此可能会有的部分不一致。但是通常应当包括的材料有：

1. 购房者要求退房的书面申请和开发单位的同意函；
2. 原商品房预售合同或销售合同；

3. 开发单位的经办人身份证明；

4. 购房者的身份证明；

5. 开发单位的退款证明；

6. 撤销抵押证明（有抵押时）。

六、退房的会计核算和税务处理

（一）相关会计准则的规定

1. 《企业会计准则第 14 号——收入》

第九条的规定：企业已经确认销售商品收入的售出商品发生销售退回的，应当在发生时冲减当期销售商品收入。销售退回属于资产负债表日后事项的，适用《企业会计准则第 29 号——资产负债表日后事项》。销售退回，是指企业售出的商品由于质量、品种不符合要求等原因而发生的退货。

2. 《企业会计准则第 29 号——资产负债表日后事项》

第五条的规定：企业发生的资产负债表日后调整事项：资产负债表日后进一步确定了资产负债表日前购入资产的成本或售出资产的收入。

（二）销售退回的具体情况

1. 退回时尚未确认收入

这种情况比较简单，不涉及收入和成本的调整，直接冲减当期"预收账款"退还款项即可。

2. 退回时已确认收入，属于本年度的收入

在年度财务报告批准报出前退回，应冲减当期的销售收入，以及相关的成本、税金。

注意：由于增值税（营业税）和所得税纳税义务发生时间的不一致，在预收款的情况下，会存在调整的增值税（营业税）与当期的增值税（营业税）不吻合的情况。因为营业税是价内税，增值税是价外税，处理方式是不同的。

3. 退回时已确认收入，不属于本期而属于以前年度的收入

以前年度销售的商品，应冲减以前年度的主营业务收入，以及相关的成本、税金等。

4. 退回且有现金折扣或销售折让

销售退回时，对已发生的现金折扣或销售折让，应同时冲减销售退回当期的折扣或折让；如果该项销售在资产负债表日及之前已发生的现金折扣或销售折让的，应同时冲减报告年度相关的折扣或折让。

（三）税务处理

1. 如何开具发票

按照《发票管理办法实施细则》第三十四条的规定：开具发票后，如发生销货退

回需开红字发票的,必须收回原发票并注明"作废"字样或取得对方有效证明;发生销售折让的,在收回原发票并注明"作废"字样后,重新开具销售发票。由于征收营业税时,商品房发票没有要求一定开具红字发票,通常是收回原发票即可。

营改增后是开具增值税发票,应按照增值税发票系统设置执行。特别提示:在发票备注栏,填写相关信息的重要性和必要性。

2. 营业税和增值税

根据《财政部 国家税务总局关于营业税若干政策问题的通知》(〔2003年〕16号文)第三条第一款规定:单位和个人提供营业税应税劳务、转让无形资产和销售不动产发生退款,凡该项退款已征收过营业税的,允许退还已征税款,也可以从纳税人以后的营业额中减除。

营改增后,增值税是价外税,更好处理了。

3. 企业所得税

在新企业所得税法和实施条例中,对销售退回没有直接规定,税务部门的官方解释如下:"企业已经确认销售货物收入的售出货物发生销售退回的,应当在发生时冲减当期销售货物收入。销售退回,是指企业售出的货物由于质量、品种不符合要求等原因而发生的退货。"因此,基本与会计处理相一致。

此外,由于企业所得税有年度汇算清缴,在年度汇算清缴之前发生的销售退回,通常调整报告年度会计报表相关的收入、成本等,并相应调整应纳税所得额及应纳企业所得税额。

4. 预交税金的调整

由于房地产企业的企业所得税和土地增值税均采用预交方式,因此在产生销售退回的时候,会影响当期预交税金净额,即当期应预交税金应进行相应的抵减处理。

再次强调的是,退房业务的涉税风险:"发生销售退回业务,只冲记收入,不冲回已结转成本",未冲减成本而造成时间差异或重复列支。

七、预收账款与预缴税款

预收账款(Deposit received)是指企业向购货方预收的购货订金或部分货款。企业预收的货款待实际出售商品、产品或者提供劳务(服务)时再行冲减。预收账款是以买卖双方签订合同或协议为依据,由购货方预先支付一部分(或全部)货款给供应方而发生的一项负债,这项负债要用以后的商品或劳务等来偿付。

预缴税款是针对取得预收账款征税,就是以预收账款为计税依据计算缴纳增值税金及附加,是为了保证税款均衡入库的一种手段。目前,虽然都是针对取得预收账款征税,营改增行业的预缴税款和原增值税的预缴税款是有显著差异的。依据中国现行税法体系的规定,房地产企业预售的商品房,收取的预售房款不仅要预缴增值税金及附加，还要预缴土地增值税和企业所得税。

（一）预缴增值税金及附加

附加是指城建税、教育费附加和地方教育费附加，计税依据是已入库的增值税和消费税，并计入"税金及附加"科目。

1. 一般纳税人采取预收款方式销售自行开发的房地产项目，应在收到预收款时按照3%的预征率预缴增值税。营改增后建筑服务和租赁服务在收到预收款时产生增值税纳税义务，房地产开发企业在收到预收款只需要预缴增值税款，不产生纳税义务（这是个诡异的规定）。

房地产开发企业只有在取得预售许可证后收到的款项，才叫预收款，产生预缴税款，包括首付款、按揭款、尾款、全款。有观点认为，在取得预售许可证前，收到的客户的诚意金、订金、会员费等不是预收款，无须预缴增值税。这是错误的，应该延续执行营业税预缴的相关规定，否则已征管规范的事情再次变成征管漏洞。

2. 应预缴税款按照以下公式计算：

应预缴税款＝预收账款÷（1+适用税率或征收率）×3%

适用一般计税方法计税的，按照9%的适用税率计算；适用简易计税方法计税的，按照5%的征收率计算。

3. 一般纳税人应在取得预收账款的次月纳税申报期内，向主管税务部门申报并预缴税款。即下面的例子，在2月纳税申报期填写增值税预缴申报表，向主管税务部门申报并预缴增值税。

4. 政策依据：《房地产开发企业销售自行开发的房地产项目增值税征收管理暂行办法》（总局公告2016年第17号）；《关于全面推开营业税改征增值税试点后增值税纳税申报有关事项的公告》（总局公告2016年第13号）。

增值税预缴税款表

税款所属时间：2017年1月1日至2017年1月31日					
纳税人识别号：			是否适用一般计税方法		是√否
纳税人名称：（公章）			金额单位：元（列至角分）		
项目编号			项目名称		飞腾小区
项目地址			石家庄建设大街333号		
预征项目和栏次		销售额	扣除金额	预征率	预征税额
		1	2	3	4
销售不动产	2	333000	0	3%	9000
合计	6	333000	0	3%	9000

5. 房地产企业收到预收款相关的会计处理如下：

1月份收到预收账款时

借：银行存款　　　　　　　　　　　　　　　　　　　333 000
　　贷：预收账款　　　　　　　　　　　　　　　　　　333 000

2月份预缴增值税（会计的二级科目名称是预交）

借：应交税费——预交增值税　　　　　　　　　　　　9 000
　　贷：银行存款　　　　　　　　　　　　　　　　　　9 000

待房地产企业产生纳税义务时，将预缴增值税转入未交增值税。

（目前，大部分地市都是以实际交房时间和预销售合同约定的交房时间提早来确认增值税纳税义务时间的；若提前开具增值税发票——非预收款不征税发票，在开具发票时产生纳税义务）。

借：应交税费——未交增值税　　　　　　　　　　　　9 000
　　贷：应交税费——预交增值税　　　　　　　　　　　9 000

政策依据：财政部关于印发《增值税会计处理规定》的通知（财会〔2016〕22号）。

（二）预缴土地增值税

对于预缴土地增值税的会计处理，《财政部关于印发企业缴纳土地增值税会计处理规定的通知》（财会字〔1995〕15号）规定：企业在项目全部竣工结算前转让房地产取得的收入，按税法规定预交的土地增值税，借记"应交税金——应交土地增值税"科目，贷记"银行存款"等科目；待该房地产营业收入实现时，借记"税金及附加"科目，贷记"应交税金——应交土地增值税"科目。项目全部竣工、办理结算后进行清算，收到退回多交的土地增值税，借记"银行存款"等科目，贷记"应交税金——应交土地增值税"科目。如果是补交的土地增值税则作相反的会计分录。

然而，实务中众多房地产开发企业并未按文件的规定进行账务处理，而是采用以下四种方式：

方式一：作为一项待摊销费用

将预缴的土地增值税作为一项待摊销费用，在当期资产负债表中列示，待收入实际确认时再结转至损益表中的"税金及附加"项目。

其账务处理如下：

1. 收到预收款项时，借记"银行存款"，贷记"预收账款"。

2. 按税法规定发生纳税义务时，计提的土地增值税款，借记"长期待摊费用"，贷记"应交税费——应交土地增值税"。

3. 预收款项确认为收入时，借记"预收账款"，贷记"经营收入"。同时，对已缴纳的土地增值税，借记"税金及附加"，贷记"长期待摊费用"。

方式二：计入开发成本

将当期预收款项已缴纳的土地增值税计入开发成本，若预收款项期末不确认收入，则不予结转至本年利润，而将余额在资产负债表的"存货"项目中反映。

其账务处理如下：

1. 收到预收款项时，借记"银行存款"，贷记"预收账款"。

2. 计提土地增值税时，借记"开发成本——开发间接费——税金"，贷记"应交税费——应交土地增值税"；缴纳时，借记"应交税费——应交土地增值税"，贷记"银行存款"。

方式三：全部计入当期损益

将当期预收款项已缴纳的税收费用，全部计入当期损益。

其账务处理如下：

1. 收到预收款项时，借记"银行存款"，贷记"预收账款"。

2. 土地增值税计提时，借记"税金及附加"，贷记"应交税金——应交土地增值税""其他应交款"；期末结转时，借记"本年利润"，贷记"税金及附加"。

方式四：直接在"应交税金"借方反映

对于预缴的土地增值税金，直接在"应交税金"借方反映预交数额。其账务处理如下：

1. 收到预收款项缴纳土地增值税时，借记"应交税金——应交土地增值税"，贷记"银行存款"。

2. 收入确认时，借记"预收账款"，贷记"主营业务收入"，同时，借记"税金及附加"，贷记"应交税金——应交土地增值税"。

上述处理方式，用"无可厚非"表示似乎很贴切，特别是税务干部需要了解和清楚的。

（三）预缴企业所得税

企业所得税是采取"按年计算，分期预缴，年终汇算清缴"的办法征收的，预缴是为了保证税款均衡入库的一种手段。企业的收入和费用列支要到企业的一个会计年度结束后才能准确计算出来，平时在预缴中无论是采用按纳税期限的实际数预缴，还是按上一年度应纳税所得额的一定比例预缴，或者按其他方法预缴，都存在不能准确计算当期应纳税所得额的问题。因此，企业在预缴中少缴的税款不应作为偷税处理。

——摘自国家税务总局文件（国税函发〔1996〕第8号）

对纳税人未按规定期限预缴企业所得税的，属滞纳行为，除责令其限期缴纳税款以外，同时按日加收万分之五税收滞纳金。实务中，预缴企业所得税的会计处理，通常包括以下三种方式：

方式一：作为一项待摊销费用

将不具备收入确认条件的预收款项已缴纳的税收费用作为一项待摊销费用，在当期资产负债表中列示，待实际确认收入时再结转至损益表中的"所得税"项目。其账务处理如下：

1. 收到预收款项时，借记"银行存款"，贷记"预收账款"科目。
2. 按税法规定发生纳税义务时，计提企业所得税时，借记"长期待摊费用"，贷记"应交税费——应交所得税"科目。
3. 预收款项确认为收入时，借记"预收账款"，贷记"经营收入"科目。同时，对已缴纳的所得税，借记"所得税"，贷记"长期待摊费用"科目。

方式二：全部计入当期损益

将按税法规定预缴的企业所得税全部计入当期损益。账务处理如下：

1. 计提预缴企业所得税数额时，借记"所得税"，贷记"应交税金——应交企业所得税"科目；
2. 期末结转时，借记"本年利润"，贷记"所得税"科目。

方式三：计入递延税款或递延所得税资产

由于按税法预计利润率估算的应交企业所得税税额，与某一会计期间实际应交企业所得税税额以及完工决算应交企业所得税税额一般会存在差异，其实质上是一种时间性差异，而且这是房地产开发企业特有的，使用"递延税款"科目。其账务处理如下：

1. 取得预收款项缴纳所得税时，按预收款项和预计利润率（税法规定不得低于15%）计算税额，借记"递延税款"，贷记"应交税金——应交所得税"科目；实际缴纳时，借记"应交税金"，贷记"银行存款"科目。
2. 预收款项确认为收入时，借记"所得税"，贷记"递延税款"科目。

目前，企业会计准则和国家税务总局对预交的企业所得税的会计处理均没有文件明确规定，上述三种处理方法都是可行的，不能说哪一种账务处理就是错误的。其中，方式三是更与企业会计准则和税法上的纳税义务等相关规定相符的。

房地产开发企业收到预售房款的时候，产生预交税款的义务，《企业会计准则应用指南 ——会计科目和主要账务处理》中规定：首先，应缴税费期末如为借方余额，反映企业多交或尚未抵扣的税金，企业预缴的城建税及教育费附加本身就应该在应缴税费科目的借方反映；其次，递延所得税资产核算企业根据所得税准则确认的可抵扣暂时性差异产生的所得税资产。根据税法规定可用以后年度税前利润弥补的亏损产生的所得税资产，也在本科目核算。

第二节 房地产开发企业收入核算

由于房地产开发的产品本身有较为复杂的金融、物质、经济和社会属性,致使房地产开发经营活动区别于其他的生产活动的诸多显著不同的特点:一是项目审批严格,从征用土地、建设房屋到商品房销售,均严格按照规划、征地、设计、施工、配套、销售"六统一"的原则有序进行备案或审核;二是开发经营方式多样,主要包括土地的开发与经营、商品房、公共设施的配套开发以及代建工程等;三是开发产品固定,位置固定不变,均按套销售不得分割拆零销售,每个工程项目都有一套完整的档案资料;四是施工和建设周期较长,开发产品从立项备案到交付使用,少则3~5年,多则6~8年才能完成,有的多个项目同时开发或先后滚动开发;五是资金占用量大,投入和回笼资金集中,开发建设占用资金一般以银行贷款或融资为主,自有资金占比重较小。换个角度讲,房地产开发经营业是特殊的金融行业或是金融业的特殊模式。

一、确认收入实现的基本规定

会计核算是税收的基础,会计收入实现或确认是税收收入实现或确认的前提,在已经记账情况下,按照税法优先于会计法(制度或准则)的原则确认收入实现。通常,又分为增值税确认收入和企业所得税确认收入,无论哪个税种,确认收入实现和确定纳税义务发生时间是辩证统一,不是绝对同一的。本章和本节的下面内容,是以企业所得税确认收入实现为主线而阐述的。

确认收入实现在《国家税务总局关于确认企业所得税收入若干问题的通知》(国税函〔2008〕875号)中有明确规定。

(一) 商品销售收入的确认

除企业所得税法及实施条例另有规定外,企业销售收入的确认,必须遵循权责发生制原则和实质重于形式原则。

1. 销售商品收入实现条件

企业销售商品同时满足下列条件的,应确认收入的实现:

(1) 商品销售合同已经签订,企业已将商品所有权相关的主要风险和报酬转移给购货方;

(2) 企业对已售出的商品既没有保留通常与所有权相联系的继续管理权,也没有实施有效控制;

(3) 收入的金额能够可靠地计量;

(4) 已发生或将发生的销售方的成本能够可靠地核算。

2. 销售商品收入实现时间

符合上款收入确认条件，采取下列商品销售方式的，应按以下规定确认收入实现时间：

（1）销售商品采用托收承付方式的，在办妥托收手续时确认收入；

（2）销售商品采取预收款方式的，在发出商品时确认收入；

（3）销售商品需要安装和检验的，在购买方接受商品以及安装和检验完毕时确认收入。如果安装程序比较简单，可在发出商品时确认收入；

（4）销售商品采用支付手续费方式委托代销的，在收到代销清单时确认收入。

3. 售后回购方式销售商品收入的确定

采用售后回购方式销售商品的，销售的商品按售价确认收入，回购的商品作为购进商品处理。有证据表明不符合销售收入确认条件的，如以销售商品方式进行融资，收到的款项应确认为负债，回购价格大于原售价的，差额应在回购期间确认为利息费用。

4. 以旧换新销售商品收入确认

销售商品以旧换新的，销售商品应当按照销售商品收入确认条件确认收入，回收的商品作为购进商品处理。

5. 商业折扣、现金折扣、销售折让和销售退回商品销售收入确认

企业为促进商品销售而在商品价格上给予的价格扣除属于商业折扣，商品销售涉及商业折扣的，应当按照扣除商业折扣后的金额确定销售商品收入金额。

债权人为鼓励债务人在规定的期限内付款而向债务人提供的债务扣除属于现金折扣，销售商品涉及现金折扣的，应当按扣除现金折扣前的金额确定销售商品收入额，现金折扣在实际发生时作为财务费用扣除。

企业因售出商品的质量不合格等原因而在售价上给的减让属于销售折让；企业因售出商品质量、品种不符合要求等原因而发生的退货属于销售退回。企业已经确认销售收入的售出商品发生销售折让和销售退回，应当在发生当期冲减当期销售商品收入。

（二）提供劳务的营业收入确认

企业在各个纳税期末，提供劳务交易的结果能够可靠估计的，应采用完工进度（完工百分比）法确认提供劳务收入。

1. 提供劳务交易的结果能够可靠估计的条件

（1）收入的金额能够可靠地计量；

（2）交易的完工进度能够可靠地确定；

（3）交易中已发生和将发生的成本能够可靠地核算。

2. 提供劳务完工进度的确定方法

（1）已完工作的测量；

(2) 已提供劳务占劳务总量的比例；

(3) 发生成本占总成本的比例。

3. 当期劳务收入确认

企业应按照从接受劳务方已收或应收的合同或协议价款确定劳务收入总额，根据纳税期末提供劳务收入总额乘以完工进度扣除以前纳税年度累计已确认提供劳务收入后的金额，确认为当期劳务收入。

当期劳务收入＝纳税期末提供劳务收入总额×完工进度－以前纳税年度累计已确认提供劳务收入

4. 特殊劳务收入的确定

(1) 安装费。应根据安装完工进度确认收入，如果安装工作是商品销售附带条件的，安装费在确认商品销售实现时确认收入。

(2) 宣传媒介的收费。应在相关的广告或商业行为出现于公众面前时确认收入。广告的制作费，应根据制作广告的完工进度确认收入。

(3) 软件费。为特定客户开发软件的收费，应根据开发的完工进度确认收入。

(4) 服务费。包含在商品售价内可区分的服务费，在提供服务的期间分期确认收入。

(5) 艺术表演、招待宴会和其他特殊活动的收费。在相关活动发生时确认收入。收费涉及几项活动的，预收的款项应合理分配给每项活动，分别确认收入。

(6) 会员费。申请入会或加入会员，只允许取得会籍，所有其他服务或商品都要另行收费的，在取得该会员费时确认收入。申请入会或加入会员后，会员在会员期内不再付费就可得到各种服务或商品，或者以低于非会员的价格销售商品或提供服务的，该会员费应在整个受益期内分期确认收入。

(7) 特许权费。属于提供设备和其他有形资产的特许权费，在交付资产或转移资产所有权时确认收入；属于提供初始及后续服务的特许权费，在提供服务时确认收入。

(8) 劳务费。长期为客户提供重复的劳务收取的劳务费，在相关劳务活动发生时确认收入。

(三) 关于租金收入确认问题

按照《企业所得税法实施条例》第十九条的规定，企业提供固定资产、包装物或者其他有形资产的使用权取得的租金收入，应按交易合同或协议规定的承租人应付租金的日期确认收入的实现。其中，如果交易合同或协议中规定租赁期限跨年度，且租金提前一次性支付的，按照《企业所得税法实施条例》第九条规定的收入与费用配比原则，出租人可对上述已确认的收入，在租赁期内，分期均匀计入相关年度收入。

二、预售业务的账务处理

先预售后现房销售是房地产行业普遍存在的销售模式，在 2013 年到 2018 年，房价过快上涨而政府限价调控滞后时期，个别地区甚至出现了"捂盘惜售"的奇葩怪象。

（一）预售时的会计核算及账务处理

1. 收到预收房款

借：银行存款（现金）
　　贷：预收账款

2. 月末计提税金

借：应交税金——预缴税款——增值税及附加、所得税、土地增值税等
　　贷：应交税金——应交增值税及附加、所得税、土地增值税等

3. 下月初实际缴纳时

借：应交税金——应交增值税及附加、所得税、土地增值税等
　　贷：银行存款

此时，在应交税金科目下，增设了一个预缴税款的二级明细科目，专门用来核算计提的预缴税金，以及实际缴纳的预缴税金。

★对于计提预缴的税金，实务中有很多处理方式：

1. 计入资产类科目

计入待摊费用或长期待摊费用科目，还有的计入递延税款科目。

2. 计入负债类科目

按上面说的计入应交税金科目。

3. 不预提，实际发生时直接入账

不同的处理方式，对于资产负债表中相关指标的财务比例的影响也不同。

（二）应该按流程计提预缴税金

在实务中，很多房地产企业预售时不计提税金，实际应该计提税金：

1. 符合真实性原则

按照企业会计准则的要求，企业应当如实反映符合确认和计量要求的各项会计要素及其他相关信息。对于房地产开发企业来说，接近当月预收房款10%的各种税费金额，不仅是比较客观的，对于企业的各项会计要素及相关的指标的影响，也是比较大的。

2. 业务流程需要

会计核算工作中增加"计提预缴税金"的环节，使得相关的业务流程变为：税务会计计提、主管复核、月末稽核、月初请款、报税、支付税金等程序，整个业务流程更完整，避免造成的税款错算、漏缴等情况。

3. 内部审核需要

由于房地产开发经营业的税金计算比其他行业都要复杂，涉及的税种多（增值

税、所得税、土地增值税、各种附加等)、环节多(预缴、抵扣预缴、正式核算)、时间长(单个项目通常跨年度)、金额大、计算繁琐(预收转正式销售、退房)、特别是同一个税种税率不一致(所得税、土地增值税)、纳税基数也不一致,因此从内部审核的角度来说,更需要增加计提的步骤,以确保税金的准确性。

4. 资金预算需要

房地产企业的资金预算,涉及的金额比较大,因此准确计提预缴税金,可以为资金的预算提供真实的数据。同时,也避免由于资金周转困难暂无力预缴税金的情况。

所以,准确及时计提预缴税金不仅是需要的,而且是非常必要的。

(三) 结转销售收入的会计准则规定

1. 结转销售收入的时间

《企业会计准则第 14 号——收入》第四条规定:销售商品收入同时满足下列条件的,才能予以确认。

(1) 企业已将商品所有权上的主要风险和报酬转移给购货方;

(2) 企业既没有保留通常与所有权相联系的继续管理权,也没有对已售出的商品实施有效控制;

(3) 收入的金额能够可靠地计量;

(4) 相关的经济利益很可能流入企业;

(5) 相关的已发生或将发生的成本能够可靠地计量。

★《房地产企业会计制度》的规定:

企业取得的各项经营收入应于销售实现时及时入账:

① 转让、销售土地和商品房,应在土地和商品房已经移交,已将发票结算账单提交买主时,作为销售实现。

② 代建的房屋和工程,应在房屋和工程竣工验收,办妥财产交接手续,并已将代建的房屋和工程的工程价款结算账单提交委托单位时,作为销售实现。对土地和商品房采取分期收款销售办法的,可按合同规定的收款时间分次转入收入。

③ 出租开发产品,应在出租合同(或协议)规定日期收取租金后作为收入实现;合同规定的收款日期已到,租用方未付租金的,仍应视为经营收入实现。

2. 结转销售收入的范围

《企业会计准则第 14 号——收入》第二、六、七条对于收入范围作了明确的规定:

第二条 收入,是指企业在日常活动中形成的、会导致所有者权益增加的、与所有者投入资本无关的经济利益的总流入。

企业代第三方收取的款项,应当作为负债处理,不应当确认为收入。

第六条 销售商品涉及现金折扣的,应当按照扣除现金折扣前的金额确定销售商品收入金额。现金折扣在实际发生时计入当期损益。

现金折扣，是指债权人为鼓励债务人在规定的期限内付款而向债务人提供的债务扣除。

第七条　销售商品涉及商业折扣的，应当按照扣除商业折扣后的金额确定销售商品收入金额。

商业折扣，是指企业为促进商品销售在商品标价上给予的价格扣除。

因此，在实务中需要注意，会计上的收入确认，同企业所得税的收入确认以及增值税中销售额的范围并不是完全一致的。

（四）结转销售成本的会计核算要求

1. 结转销售成本的时间

根据配比原则，同结转销售收入的时间保持一致。

2. 结转销售成本的方式

销售成本的结转，主要取决于开发成本的成本核算对象。对于以单位建筑面积为成本核算对象的开发产品，可以直接结转至销售成本。但是，对于大部分开发产品是以单体建筑、整个项目或分功能区域为核算对象的，还需要进行一次分摊和结转。

具体的分配方法，可以参照后面开发成本结转的相关内容。需要指出的是，由于已经实际销售，所以成本利润率法还可以分为实际售价成本率结转法和计划售价成本率结转法。

3. 结转相关税金

在结转税金的同时，需要将前期缴纳的城建税及附加结转至税金及附加科目，将预缴的企业所得税据实进行调整并结转至所得税科目。

需要注意的是，由于在确认收入的时候并不能及时确认土地增值税的金额，需要经过一定的时间才能进行土地增值税清算并取得主管税务部门的审核证明后，计入税金及附加科目。

三、开发产品销售收入的确认

房地产开发企业的开发产品包括商品房、土地、配套设施和代建工程等。开发产品虽然具有商品的一般特性，而其销售收入的确认应依据开发产品竣工验收后签订的购销合同。

（一）开发产品完工的确认条件

按照《关于房地产开发业务征收企业所得税问题的通知》（国税发〔2009〕31号文件）第三条的规定：

除土地开发之外，其他开发产品符合下列条件之一的，应视为已经完工：（一）开发产品竣工证明材料已报房地产管理部门备案；（二）开发产品已开始投入使用；

(三) 开发产品已取得了初始产权证明。按照规定，房地产开发企业建造、开发的开发产品，无论工程质量是否通过验收合格，或是否办理完工（竣工）备案手续以及会计决算手续，当企业开始办理开发产品交付手续（包括入住手续），或已开始实际投入使用时，为开发产品开始投入使用，应视为开发产品已经完工。

同时，国家税务总局《关于房地产企业开发产品完工标准税务确认条件的批复》（国税函〔2009〕342号）也作出解释性规定：

房地产开发企业建造、开发的开发产品无论工程质量是否通过验收合格，或是否办理完工（竣工）备案手续以及会计决算手续，当其开发产品开始投入使用时均应视为已经完工。

(二) 开发产品销售收入的确认

开发产品销售收入的范围为销售开发产品过程中取得的全部价款，包括现金、现金等价物及其他经济利益。房地产开发企业代有关部门、单位和企业收取的各种基金、费用和附加等，凡纳入开发产品价内或由企业开具发票的，应按规定全部确认为销售收入；未纳入开发产品价内并由企业之外的其他收取部门、单位开具发票的，作为代收代缴款项。

房地产开发企业开发、建造用于出售的住宅、商业用房、以及其他建筑物、附着物、配套设施等应根据收入来源的性质和销售方式，按下列原则分别确认收入的实现：

1. 采取一次性全额收款方式销售开发产品的，应于实际收讫价款或取得索取价款凭据（权利）之日，确认收入的实现。先签合同后付款，超过一个月未全额付款的，以签合同之日确认收入的实现。

2. 采取分期收款方式销售开发产品的，应按销售合同或协议约定的价款和付款日确认收入的实现。付款方提前付款的，在实际付款日确认收入的实现。

3. 采取银行按揭方式销售开发产品的，应按销售合同或协议约定的价款确定收入额，其首付款应于实际收到日确认收入的实现，余款在银行按揭贷款办理转账之日确认收入的实现。

4. 采取委托方式销售开发产品的，应按以下原则确认收入的实现：

（1）采取支付手续费方式委托销售开发产品的，应按销售合同或协议中约定的价款于收到受托方已销开发产品清单之日确认收入的实现。

（2）采取视同买断方式委托销售开发产品的，属于开发企业与购买方签订销售合同或协议，或开发企业、受托方、购买方三方共同签订销售合同或协议的，如果销售合同或协议中约定的价格高于买断价格，则应按销售合同或协议中约定的价格计算的价款于收到受托方已销开发产品清单之日确认收入的实现；如果属于前两种情况中销售合同或协议中约定的价格低于买断价格，以及属于受托方与购买方签订销售合同或协议的，则应按买断价格计算的价款于收到受托方已销开发产品清单之日确认收入的实现。

（3）采取基价（保底价）并实行超基价双方分成方式委托销售开发产品的，属于由开发企业与购买方签订销售合同或协议，或开发企业、受托方、购买方三方共同签订销售合同或协议的，如果销售合同或协议中约定的价格高于基价，则应按销售合同或协议中约定的价格计算的价款于收到受托方已销开发产品清单之日确认收入的实现，开发企业按规定支付受托方的分成额，不得直接从销售收入中减除；如果销售合同或协议约定的价格低于基价的，则应按基价计算的价款于收到受托方已销开发产品清单之日确认收入的实现。属于由受托方与购买方直接签订销售合同的，则应按基价加上按规定取得的分成额于收到受托方已销开发产品清单之日确认收入的实现。

（4）采取包销方式委托销售开发产品的，包销期内可根据包销合同的有关约定，参照上述（1）至（3）项规定确认收入的实现；包销期满后尚未出售的开发产品，开发企业应根据包销合同或协议约定的价款和付款方式确认收入实现。

【举例】甲房地产公司2018年开发四个住宅小区项目，公司分别与A、B、C、D四家房地产销售公司签订代理销售合同。由于销售公司情况各异，代理方式均有所不同。

1. 支付手续费方式

与A房屋销售公司签订代理销售合同，A公司按销售额5%收取手续费。2018年9月销售房屋2万平方米，每平方米5000元。A公司将销售清单提交甲公司，并按合同约定转交售房款9500万元。甲公司账务处理：

借：银行存款　　　　　　　　　　　　　　　　　　95 000 000
　　贷：销售收入　　　　　　　　　　　　　　　　　　　　95 000 000

税务检查后的处理：A公司代理业务营业额应为10000万元（支付手续费500万元不能扣除，应由A房屋销售公司开具服务业发票500万元，作为销售费用列支）。

2. 视同买断方式

B公司采取买断方式代理销售，买断价为每平方米4500元，销售时由委托方、受托方、买房者共同签订协议。2018年9月，B公司将开发产品销售清单提交甲公司时，销售房屋20000平方米，实现销售收入10000万元，平均售价5000元。

甲公司账务处理：

借：银行存款　　　　　　　　　　　　　　　　　　90 000 000（按买断价计算）
　　贷：销售收入　　　　　　　　　　　　　　　　　　　　90 000 000

税务检查后的处理：B公司代理业务营业额应为10000万元（开发商参与合同签订，合同价大于买断价，按照合同价确认收入，买断的是价格而不是产权）。

3. 超基价分成方式

C公司采取基价（保底价）并实行超基价双方分成方式委托销售开发产品。合同约定销售保底价 4500 元，并由 C 公司直接与客户签订销售合同，超过保底价部分受托方和委托方按三、七分成。2018 年 9 月，C 公司提交销售清单时，销售房屋 20000 平方米，实现销售收入 10000 万元，平均售价 5000 元。

甲公司账务处理：

借：银行存款　　　　　　　　　　　　　90 000 000（按保底价计算）

　　贷：销售收入　　　　　　　　　　　　　　　　　90 000 000

税务检查后的处理：C 公司代理业务营业额为：20000×4500＋(5000－4500)×20000×100%＝10000（万元）。这里关键点在于，开发商支付给受托方的分成额(5000－4500)×20000×30%＝300（万元）不得直接从收入中扣除，将来支付时根据发票作为销售费用列支。

4. 包销方式

采取包销方式委托销售开发产品的，包销期内可根据包销合同的有关约定，参照上述（1）至（3）项规定确认收入的实现；包销期满后尚未出售的开发产品，开发企业应根据包销合同或协议约定的价款和付款方式确认收入的实现。

【例如】D 公司采取包销方式。合同约定：D 公司包销甲公司 20000 平方米房屋，以每平方米 4500 元向甲房地产公司结账；如果截至 2018 年 9 月 15 日销售不完，房屋归 D 公司，并由 D 公司于期满日起 10 日内付清房款。合同规定，由受托方与客户签订售房合同。截至 2018 年 9 月底，D 公司提交销售清单时，当月销售房屋 17000 平方米，还有 3000 平方米未售出。

甲公司账务处理：

借：银行存款　　　　　　　　　　　　　76 500 000

　　贷：销售收入　　　　　　　　　　　　　　　　　76 500 000

包销期内：包销期内可根据包销合同的有关约定，参照上述 1 至 3 项规定确认收入的实现；包销期外：包销期满后尚未出售的开发产品，企业应根据包销合同或协议约定的价款和付款方式确认收入的实现。也就是说，包销期外按照包销协议执行，等于将房屋卖给了包销方。包销的全部收入为包销期内应实现收入加上期满后应实现收入之和。

另外，按照国税函〔1996〕684 号文件的规定，在合同期满后，房屋未售出，由包销商进行收购，其实质是房产开发企业将房屋销售给包销商，对房产开发企业应按"销售不动产"征收营业税；包销商将房产再次销售，对包销商也应按"销售不动产"征收营业税。营改增后，分别征收增值税金及附加。

5. 房地产开发企业以买一赠一（如购房赠车或买房赠车位）等方式组合销售本企业商品的，不属于捐赠，应将总的销售金额按各项商品的公允价值的比例来分摊确认各项的销售收入。

（三）产品销售收入的会计与税收的差异

1. 预售收入转作销售收入的差异

按税法规定，开发产品完工后，开发企业应根据收入的性质和销售方式，按照收入确认的原则，合理地将预售收入确认为实际销售收入，同时按规定结转其对应的计税成本，计算出该项开发产品实际销售收入的毛利额。该项开发产品实际销售收入毛利额与其预售收入毛利额之间的差额，计入完工年度的应纳税所得额。

但是，根据会计准则的有关规定，在房地产企业未将开发产品移交给购房客户前不能确认为收入，仍应按"预收账款"进行管理。

2. 银行按揭方式销售开发产品的差异

按税法规定，采取银行按揭方式销售开发产品的，其首付款应于实际收到日确认收入的实现，余款在银行按揭贷款办理转账之日确认收入的实现。

但是，根据会计准则的有关规定，在房地产企业未将开发产品移交给购房客户前不能确认为收入，仍应按"预收账款"进行管理。

3. 代收代垫款项的差异

根据税法规定，开发企业代有关部门、单位和企业收取的各种基金、费用和附加等，凡纳入开发产品价内或由开发企业开具发票的，应按规定全部确认为销售收入；凡未纳入开发产品价内并由开发企业之外的其他收取部门、单位开具发票的，可作为代收代缴款项进行管理。

但是，在会计核算上对代收代垫款项均不作为收入处理。

4. 售后回购业务的差异

售后回购业务在会计核算时，按照"实质重于形式"的要求，视同融资作账务处理，不确认收入，体现谨慎性原则，也确保了会计信息的真实性和可靠性。

但是，税法规定是销售的商品按售价确认收入，回购的商品作为购进商品处理。有证据表明不符合销售收入确认条件的，如以销售商品方式进行融资，收到的款项应确认为负债，回购价格大于原售价的，差额应在回购期间确认为利息费用。

5. 售后回租业务的差异

新会计准则规定，在形成融资租赁的售后租回交易方式下，对卖主（承租人）而言，无论所发生的销售收入高于还是低于出售前资产的账面价值，所发生的收益或损失都不应立即确认为当期损益，而应将其作为融资费用递延。在形成经营租赁的售后回租交易方式下，在没有确凿证据表明售后回租交易是按照公允价值达成的情况下，无论所发生的销售收入高于还是低于出售前资产的账面价值，所发生的收益或损失都不应立即确认为当期损益，而应将其作为融资费用递延。

但是，税法规定是将售后回租分解为视同销售商品和租赁两项经济业务，在销售商品时确认收入。

（四）视同销售的规定

按照《关于房地产开发业务征收企业所得税问题的通知》（国税发〔2009〕31号文件）第七条的规定："企业将开发产品用于捐赠、赞助、职工福利、奖励、对外投资、分配给股东或投资人、抵偿债务、换取其他企事业单位和个人的非货币性资产等行为，应视同销售，于开发产品所有权或使用权转移，或于实际取得利益权利时确认收入（或利润）的实现。确认收入（或利润）的方法和顺序为：

（一）按本企业近期或本年度最近月份同类开发产品市场销售价格确定；

（二）由主管税务机关参照当地同类开发产品市场公允价值确定；

（三）按开发产品的成本利润率确定。开发产品的成本利润率不得低于15%，具体比例由主管税务机关确定。"

开发产品转自用如固定资产，不作视同销售处理。在实务中，"纳税人自用"时，由于企业自用的形式不同，会计处理不同，是涉及税收管理问题的，税务人员一定要认真分析企业自用的实质，防止税款流失。

【举例】A公司是一家房地产开发企业，股本总额3000万元，由两位股东出资成立：法人股东Y公司，投资比例80%；自然人股东D，投资比例20%。2014年9月，A公司开发的一栋办公楼销售状况不理想，两位股东商定了如下两个方案：

方案一：将其中的一层作为本公司的办公室，于9月份投入使用。

方案二：将其中的一层作为本公司的办公室，并作为股东的追加投资，增加实收资本。

假定该层的成本价为1000万元。假定无法按照本企业近期或本年度最近月份同类开发产品市场销售价格以及参照当地同类开发产品市场公允价值确定，A公司确认开发产品的利润，主管税务部门核定的成本利润率为20%，则：销售收入1200万元，利润200万元。

方案一的会计与税务处理：

A公司将自己开发的办公楼的某一层作为办公室使用，属于国税发〔2009〕31号文第七条规定的"开发企业将开发产品转作固定资产"，不再按照视同销售处理。A公司将办公楼转作固定资产时：

借：固定资产　　　　　　　　　　　　　　　　10 000 000
　　贷：开发产品　　　　　　　　　　　　　　　　　　10 000 000

方案二的会计与税务处理：

A公司将办公楼转作固定资产使用，并作为股东的投资增加实收资本，符合31号文规定的"开发企业将开发产品用于分配给股东"，其经济实质是A公司将办公楼分配给股东，股东以实物出资增加实收资本。属于产权已发生转移，在会计处理上应视同销售实现，应于开发产品所有权或使用权转移，或实际取得利益权利时确认收入

（或利润）。将开发产品用于分配，属于有偿转让不动产所有权的行为，A 公司应按照"销售不动产"税目缴纳增值税。股东 D 是自然人，A 公司还应根据个人所得税法的规定，代扣代缴其"股息红利所得"税目的个人所得税。

视同销售（需要开具发票）：

借：其他应收款——Y	9 600 000
其他应收款——D	2 400 000
贷：主营业务收入	12 000 000

结转成本：

借：主营业务成本	10 000 000
贷：开发产品	10 000 000

分配股利（根据股东会决议、发票复印件等）：

借：应付股利	12 000 000
贷：其他应收款——Y	9 600 000
其他应收款——D	2 400 000

按"股息、红利所得"代扣股东 D 的个人所得税：

借：其他应收款——D	480 000
贷：应交税金——应交个人所得税	480 000

股东以实物投资（需要资产评估、验资，出具相关报告，并办理工商、组织机构代码证、税务变更登记）：

借：固定资产	12 000 000
贷：实收资本——Y	9 600 000
实收资本——D	2 400 000

同时，涉及增值税金及附加、印花税、土地增值税和企业所得税（略）。

由于会计上已经作销售处理，确认的收入符合税法的规定，该项固定资产的计税成本也与会计上一致，汇算清缴时无需再进行调整。

因此，在税源管理或日常征管工作中，一定要加强企业涉税信息的掌握，保证国家税收的足额入库。同时，在转固定资产后次月起，应计算缴纳房产税和城镇土地使用税。

四、按揭收入确认

按揭业务更能充分说明房地产的金融属性，前期开发是房地产企业要从银行贷款，商品房销售后大部分业主还要从银行贷款，不知道是房地产开发商"利用"银行赚钱还是银行"利用"房地产开发商赚钱。总之，是靠钱赚钱的行业（金融和房地产）最赚钱。

（一）按揭业务的流程

按揭是一种抵押/质押担保贷款，各个银行按揭业务的流程不完全一致，但是涉及的关系人都包括开发商、购房者和银行三方面。下面以某银行为主体，介绍商品房按揭贷款业务流程：

1. 售房开发商向贷款银行提出按揭贷款合作意向。

2. 贷款银行对售房开发商的开发项目、建筑资质、资信等级、负责人品行、企业社会商誉、技术力量、经营状况、财务情况进行调查，并与符合条件的售房开发商签订按揭贷款合作协议。

3. 借款人与售房开发商签订购房协议，并缴纳符合规定的首付房款，持购房协议和收付款发票或收据到房地产管理部门备案。

4. 借款人持备案后的购房协议、收付款收据或发票、身份证、婚姻状况证明向贷款银行申请按揭贷款，并在该行开立存款账户或银行卡。

5. 经调查、审查、审批同意后签订借款合同，贷款银行代理办妥登记、公证手续后，将款项存入售房开发商账户（保险采取客户自愿原则），并通知客户取合同和到售房开发商处办理购房手续。

6. 贷款人以后只要每月（每季）20日前在存款账户或银行卡上留足每期应还款额，贷款银行会从借款人账户中自动扣收，到期全部结清。

7. 贷款银行代理缴纳契税、领取契税单据、办妥房地产权证及住房抵押登记手续。贷款归还后，贷款银行注销抵押物，并退还给客户。

在实际业务中，在开发商有贷款的情况下，通常是主贷款银行作为主按揭银行，实际上不管主按揭银行如何要求，作为购房者有权利自行选择按揭银行的。贷款银行应当代办房产证和他项权利证书，并将房产证还给购房者。

他项权利证书，是指在他项权利登记后，由房管部门核发、由抵押权人持有的权利证书。有了他项权利证书以后，不必像以前那样子在抵押后将房产证放至抵押权人处保管。因此，购房者注意不要忘记督促银行去办理房产证和他项权利证书，并及时取回房产证。

（二）按揭业务的税收问题

1. 按揭款的增值税确认时间

原营业税规定：根据营业税暂行条例及实施细则，营业税的纳税义务发生时间为纳税人收讫营业收入款项或者取得索取营业收入款项凭据的当天。纳税人转让土地使用权或者销售不动产，采用预收款方式的，其纳税义务发生时间为收到预收款的当天。因此，采用按揭方式销售，营业税的纳税义务发生时间应当在开发单位账户收到按揭款的当天。对于存在某些特殊情况，比如由于封闭贷款，开发单位不能立即动用按揭款，或按揭银行直接将按揭款归还银行贷款等，纳税义务发生时间不变。

采用按揭方式销售,增值税的纳税义务发生时间应当在开发单位账户收到按揭款的当天或为收到按揭款前而已开具增值税专用发票当天。

2. 按揭款的企业所得税确认时间

采取银行按揭方式销售开发产品的,应按销售合同或协议约定的价款确定收入额,其首付款应于实际收到日确认收入的实现,余款在银行按揭贷款办理转账之日确认收入的实现。由于涉及银行划款时间等因素,实际操作中只能按照实际收到按揭款之日来处理。

(三)"假按揭"业务的存在

对于"假按揭"业务,用"习以为常""比比皆是"形容,并不夸张。"假按揭"业务,是指开发商采取虚假手段,利用虚构的房屋买卖关系取得银行的按揭贷款,达到套取银行资金目的。具体表现为:

1. 虚构房屋买卖关系,套取银行信贷资金。这是"假按揭"贷款最常见的表现形式。

2. 重复抵押,套取银行信贷资金。这是"假按揭"贷款衍生形式。

由于近年来金融部门对房地产及相关行业实施银根紧缩政策,造成开发商大规模的利用"假按揭"套取银行资金。

对于"假按揭"业务,无论是会计还是税务,都是很棘手的问题。

五、代建工程(建造合同)收入

(一) 建造合同收入的税收处理

完工百分比法是指根据合同完工进度同比例确认收入和费用。完工进度可按累计实际发生的合同成本占合同预计总成本的比例、已经完成的合同工作量占合同预计总工作量的比例、测量已完成合同工作量等方法确定。建造合同的结果能够可靠估计的,应当根据完工百分比法确认合同收入;结果不能可靠估计的,应区分合同成本能够收回和不能够收回两种情况分别确认。

合同成本能够收回的,按照能够收回的金额确认为合同收入;合同成本不能够收回的,应把发生的合同成本确认为合同费用,不确认合同收入。当建造合同的结果不能可靠估计的影响因素消除时,应当按照完工百分比法重新确认合同收入。企业可以根据累计实际发生的合同成本占合同预计总成本的比例、已经完成的合同工作量占合同预计总工作量的比例、实际测定的完工进度确定完工百分比法的合同完工进度,在资产负债表日,按照合同总收入乘以完工进度扣除以前会计期间累计已确认收入后的金额,确认为当期合同收入。合同预计总成本超过合同总收入的,应计提减值准备。

房地产开发企业代建工程和提供劳务不超过12个月的,可按合同约定的价款结算日或在合同完工之日确认收入的实现;持续时间超过12个月的,可采用完工百分比法按季确认收入的实现。

（二）建造合同收入的会计与税收的差异

1. 税法规定房地产开发企业代建工程和提供劳务不超过12个月的，可按合同约定的价款结算日或在合同完工之日确认收入。但会计准则或制度规定，跨年度的建造合同应在资产负债表日确认合同收入与合同费用。然而在实践中，对跨年度但持续时间不超过12个月的建造合同的会计与税收处理存在明显差异。

【举例】丙房产公司与当地某电力公司签订代建合同，前者为后者建一幢住宅楼，合同约定工期11个月，从当年3月初动工至明年1月底完成，总造价1000万元，预算成本800万元，当年实际发生成本700万元。按会计准则，该建造合同由于在不同会计年度完成，应按完工百分比法确定收入。第一年计算完工程度87.5%（700÷800×100%），确认账面收入875万元（1000×87.5%），成本700万元，利润175万元。但按税法，由于工期不超过12个月，可在明年1月完工时，再申报收入1000万元及实际成本，并计算应纳税所得。

2. 对于跨年度的建造合同，在资产负债表日建造合同的结果能够可靠估计的，会计上按完工百分比法确认建造合同收入，税法上按完工进度或完成的工作量确认收入，两者的处理基本一致。但对于在资产负债表日建造合同的结果不能够可靠估计的，会计上强调企业经营中可能出现的风险，从谨慎性原则出发，根据预计已经收回或将要收回的款项能弥补多少已经发生的成本，确认部分或不确认建造合同收入；而税法按权责发生制原则，不考虑经营风险依然按完工进度确认建造合同收入。

【举例】2018年初，甲建筑公司签订了一项总金额为1000万元的建造合同，为乙公司建造一座桥梁。工程已于2018年2月开工，将在2019年6月完工，预计工程总成本为800万元。截至2018年12月31日，该项目已经发生的成本为500万元，预计完成合同还将发生成本300万元，已结算工程价款400万元，实际收到250万元。2018年12月31日，甲公司得知乙公司2018年出现了巨额亏损，经营发生严重困难，以后的款项很可能无法收回。假设不考虑城建税和教育费附加，会计分录以汇总数反映，所得税税率为25%，无其他纳税调整项目，预计未来有足够的应纳税所得额予以抵扣，存在暂时性差异。

甲公司的税务处理：根据税法规定，甲公司应按完工进度确认工程收入和成本。2018年，该项工程的完工进度为62.5%（500万元÷800万元），应确认收入625万元（100万元×62.5%）、成本500万元（800万元×62.5%）。

甲公司的会计处理：根据新准则的规定，2018年12月31日，由于乙公司当年经营发生严重困难，甲公司今后很难收到工程价款，属于建造合同的结果不能可靠估计的情况，不能按完工百分比法确认合同收入。这时，甲公司只能将已经发生的成本中能够得到补偿的部分250万元确认收入，同时将发生的合同成本500万元全部确认为当期费用。

3. 房地产开发企业对建造的资产价值,在期末应当对其进行减值测试,如果建造合同的预计总成本超过合同总收入,则形成合同损失,应提取损失准备,并确认为当期费用。合同完工时,将已提取的损失准备冲减合同费用。

然而,税法则对企业提取的损失准备不予认可,应作纳税调整处理,合同完工时,转回的减值准备应作反方向纳税调整。

六、开发产品出租收入

（一）开发产品出租收入的会计核算

出租开发产品是指用于出租经营的土地和房屋等开发产品。其盈利是以收取租金的方式逐步实现的。房地产开发企业自行开发的房地产用于对外出租的,可以根据目的不同分成两种情况:一是企业将开发产品进行临时性出租取得租金收入,其目的仍是出售;二是企业出租开发产品目的就是为了赚取租金而非出售。按照《企业会计准则第3号——投资性房地产》的有关规定,两种情况的会计处理有所不同:

1. 临时性出租开发产品的核算

企业临时性出租开发产品,不符合投资性房地产的有关规定,应当设置"出租开发产品"科目,并在"出租开发产品"科目下设置"出租产品"和"出租产品摊销"两个明细科目,核算企业开发完成用于出租经管的土地和房屋的实际成本以及出租产品的摊销。

（1）出租开发产品增加的核算

企业开发完成的用于出租的土地和房屋,应于签订出租合同、协议后,按土地和房屋的实际成本,借记"出租开发产品——出租产品"科目,贷记"开发产品"科目。

（2）取得租金收入核算

房地产企业取得租金价款或收取租金的凭证,应借记"银行存款"科目,贷记"主营业务收入""其他业务收入"等科目。

（3）出租开发产品摊销的核算

出租开发产品在租赁经营期间,由于损耗等原因,其价值会逐渐减少。企业应根据出租开发产品的原始价值、净残值和预计摊销年限,计算其损耗价值,并按月摊销计入主营业务成本或其他业务成本。出租开发产品摊销额的计算公式如下:

出租开发产品年摊销率=（1-净残值率）/预计摊销年限×100%

出租开发产品月摊销率=出租开发产品年摊销率÷12

出租开发产品月摊销额=应计提摊销的出租开发产品原始价值×该出租开发产品月摊销率

企业按月计提出租产品摊销时，借记"主营业务成本——出租产品""其他业务成本——出租产品"，贷记"出租开发产品——产品摊销"科目。

（4）出租开发产品装修的核算

出租开发产品在租赁期间发生的装修或修理支出，数额不大的直接计入"主营业务成本——出租产品""其他业务成本——出租产品"科目。若数额较大，为了均衡各月的成本负担，可先在"待摊费用"科目核算，再分期摊入"主营业务成本——出租产品""其他业务成本——出租产品"科目。

（5）出租开发产品减少的核算

企业改变出租产品用途，将其作为商品对外销售，应于销售实现时按售价借记"银行存款"或"应收账款"科目，贷记"主营业务收入——商品房销售"科目；同时，按出租产品摊余价值借记"主营业务成本"科目，按出租产品累计已提摊销额借记"出租开发产品——出租产品摊销"科目，按出租产品原始价值贷记"出租开发产品——出租产品"科目。

【举例】某房地产企业将自行开发的一店面房出租，账面原值为 30 万元，预计使用年限为 40 年，净残值率 4%，月租金为 1000 元，营业税率为 5%。

投入出租时：

借：出租开发产品——出租产品　　　　　　　　　　300 000
　　贷：开发产品——店面房　　　　　　　　　　　　　　　300 000

每月收取租金：

借：银行存款　　　　　　　　　　　　　　　　　　1 000
　　贷：主营业务收入——商品房出租　　　　　　　　　　　1 000

每月摊销时：

出租开发产品年摊销率=（1-净残值率）/预计摊销年限×100%

$\qquad$ =（1-4%）/40×100%=2.4%

出租开发产品月摊销率=出租开发产品年摊销率÷12=2.4%/12=0.2%

出租开发产品月摊销额=应计提摊销的出租开发产品原始价值×该出租开发产品月摊销率=30 万×0.2%=600 元

借：主营业务成本　　　　　　　　　　　　　　　　600
　　贷：出租开发产品——出租产品摊销　　　　　　　　　　600

结转营业税：

借：主营业务税金及附加　　　　　　　　　　　　　50
　　贷：应交税费——应交营业税　　　　　　　　　　　　　50

数年后原租赁经营的房屋对外销售，双方协议作价为 20 万元，账面累计已提摊销额为 18 万元，现企业已收到一张金额为 20 万元的支票并将房屋移交买主，营改增前老项目则增值税率5%。

收到房屋销售款时：

借：银行存款		200 000
贷：主营业务收入——商品房销售		200 000

房屋销售当月末结转其销售成本时：

借：主营业务成本——商品房销售		120 000
出租开发产品——出租产品摊销		180 000
贷：出租开发产品——出租产品		300 000

结转营业税：

借：主营业务税金及附加		10 000
贷：应交税费——应交营业税		10 000

2. 投资性房地产的会计核算

根据投资性房地产准则的规定，投资性房地产应当按照成本进行初始确认和计量。在后续计量时，通常应当采用成本模式，企业只有存在确凿证据表明其公允价值能够持续可靠取得的，才允许采用公允价值计量模式。但是，同一企业只能采用一种模式对所有投资性房地产进行后续计量，不得同时采用两种计量模式。

（1）采用成本模式计量的投资性房地产

① 企业将开发产品转换成投资性房地产时，应当按该项开发产品在转换日的账面价值，借记"投资性房地产"科目；原已计提跌价准备的，借记"存货跌价准备"科目，按其账面价值余额贷记"开发产品"科目。

② 按月计提折旧，借记"其他业务成本"等科目，贷记"投资性房地产累计折旧（摊销）"科目。

③ 取得租金收入，借记"银行存款"等科目，贷记"其他业务收入"等科目。

④ 投资性房地产存在减值迹象的，应当适用资产减值的有关规定，计提减值准备，借记"资产减值损失"科目，贷记"投资性房地产减值准备"科目。

（2）采用公允价值模式计量的投资性房地产

① 企业将开发产品转换成投资性房地产时，应当按该项开发产品在转换日的公允价值，借记"投资性房地产"科目；原已计提跌价准备的，借记"存货跌价准备"科目，按其账面价值余额，贷记"开发产品"科目。同时，转换日公允价值小于账面价值的，其差额计入"公允价值变动损益"的借方；反之，则记入"公允价值变动损益"的贷方。

② 平常不对投资性房地产计提折旧，只需要在会计期末按照公允价值调整其账面价值。资产负债表日，投资性房地产的公允价值高于原账面价值的差额，借记"投资性房地产"科目，贷记"公允价值变动损益"；反之，作相反分录。

③取得租金收入时,借记"银行存款"等科目,贷记"其他业务收入"等科目。

(二) 开发产品出租收入的税收处理

对于房地产开发企业出租开发产品业务的税收管理,国税发〔2009〕31号文件明确规定:"开发企业将开发产品先出租再出售的,凡将开发产品转作固定资产的,其租赁期间取得的价款应按租金确认收入的实现,出售时再按销售固定资产确认收入的实现;凡未将开发产品转作固定资产的,其租赁期间取得的价款应按租金确认收入的实现,出售时再按销售开发产品确认收入的实现。"

(三) 开发产品出租的会计与税法的差异

1. 企业临时性出租开发产品的会计与税法差异

如果企业未将出租的开发产品转作固定资产,则会计与税法的差异主要体现在出租开发产品的摊销上,即在会计核算要对出租开发产品进行摊销,而税收则不允许进行摊销,即对摊销额应作纳税调整。

如果企业将出租的开发产品转作固定资产,则会计与税法的差异主要体现在固定资产的折旧上,即由于会计与税法在净残值、折旧年限等方面规定不一致而导致会计利润与应纳税所得额的差异。

2. 企业以投资性房地产形式取得租金收入时的会计与税法差异

以成本模式计量时,差异主要体现在资产的折旧上,即由于会计与税法在净残值、折旧年限等方面规定不一致而导致会计利润与应纳税所得额的差异。

以公允模式计量时,差异主要体现在三个方面:一是对投资性房地产的初始计量不同,会计上按公允价值计量,而税收上则按历史成本计量;二是会计上将公允价值变动损益计入当期损益,但税收上则不能将公允价值变动损益计入当期的应纳税所得额;三是投资性房地产在会计上不计提折旧,但在税收上应计提折旧。

第三节 视同销售和价外费用

视同销售(deemed sales):视同销售在会计上不作为销售核算,一般属于"调表不调账"事项,在增值税、企业所得税和会计上都有视同销售的概念,但范围是不同的。

税法上的视同销售:(一) 增值税视同销售:本质为增值税"抵扣进项并产生销项"的链条终止,比如将货物用于非增值税项目,用于个人消费或者职工福利等等,而会计上没有做销售处理;(二) 企业所得税视同销售:代表货物的权属发生转移,而会计上没有做收入处理。

会计上的视同销售:是指没有产生收入但是视同产生收入了,包括销售代销货物。

一、视同销售行为

视同销售和价外费用是增值税管理的重点,也是难点。视同销售的会计处理可以不做销售处理,但是,要缴纳增值税及附加,要调整企业所得税的应纳税所得额。这是典型的税会差异问题。

(一) 增值税的视同销售及会计处理

1. 应当作为视同销售处理事项

按照《增值税暂行条例实施细则》的规定,以下 8 种应税行为属于增值税的视同销售:

(1) 将货物交付他人代销。这是针对委托方是否应该视同销售的规定。一般分两种情况处理:在视同买断方式下,将货物交付即视同销售,一般在发出商品时,需要确认收入;在收取手续费方式下,是在收到受托方开来的代销清单时,确认收入。

(2) 销售代销货物。这是针对受托方是否应该视同销售的规定,此时的代销货物所有权已经发生转移,需要确认收入。同时,按收取的手续费确认收入。

(3) 设有两个以上机构并实行统一核算的纳税人,将货物从一个机构移送至其他机构用于销售,但相关机构设在同一地级市区域内的除外。

(4) 将自产、委托加工的货物自用于非应税项目。要点是非应税项目的范围,必须是用于非应税项目的货物视同销售。

营改增之前的会计处理要求,属于自产、自用性质,不得开具增值税专用发票,但要按规定计算销项税额,按成本结转,不确认收入。

借:在建工程(非生产经用机器、设备)
  贷:库存商品(成本)

营改增后,不再视同销售处理,不再计算销项税额!如,水泥厂生产的水泥用于厂区建生产车间,房产在营改增后已经可以抵扣进项税(是增值税应税项目了)。

即营改增后,此类视同销售的范围是发生变化的,缩小的。

(5) 将自产、委托加工或购买的货物作为投资,提供给其他单位或个体经营者;将自产、委托加工或购买的货物用于投资,根据"是否同一控制"不同情况分别处理:(正确账务处理方式)

首先,如果是同一控制下的企业合并:

借:长期股权投资
  贷:库存商品(成本)
    应交税费——应交增值税(销项税额)(公允价值×增值税税率)
    资本公积(差额)

或:

借：长期股权投资
　　贷：固定资产清理（账面价值）
　　　　资本公积（差额）
其次，如果是非同一控制下的企业合并：
借：长期股权投资
　　贷：主营业务收入/其他业务收入
　　　　应交税费——应交增值税（销项税额）

（6）将自产、委托加工或购买的货物用于分配给股东或投资者：
借：应付股利
　　贷：主营业务收入
　　　　应交税费——应交增值税（销项税额）

（7）将自产、委托加工的货物用于集体福利或个人消费：
借：应付职工薪酬
　　贷：主营业务收入
　　　　应交税费——应交增值税（销项税额）

按照《企业会计准则》关于"应付职工薪酬"的具体规定："企业以自产产品作为非货币性福利提供给职工的，相关收入的确认、销售成本的结转和相关税费的处理，与正常商品销售相同"。

（8）将自产、委托加工或购买的货物无偿赠送他人：
借：营业外支出
　　贷：库存商品（成本）
　　　　应交税费——应交增值税（销项税额）（公允价值×增值税税率）

2. 是销售行为而不是视同销售行为

以下是非视同销售行为，而应作为销售行为处理的：

按照税法的规定，自产、委托加工或外购的产品用于非货币性资产交换和债务重组，不属于视同销售，而是真实的销售行为，对于这两项业务会计上也是要确认收入的。

(1) 用于非货币性资产交换：
借：库存商品、固定资产、无形资产等
　　贷：主营业务收入/其他业务收入
　　　　应交税费——应交增值税（销项税额）
　　　　银行存款等（或借方）

(2) 用于债务重组：
借：应付账款

贷：主营业务收入/其他业务收入
　　应交税费——应交增值税（销项税额）
　　营业外收入——债务重组利得

3. 视同销售在会计处理时不确认为收入的情况

对于自产产品的视同销售是否作为主营业务收入核算，需关注：

按照《财政部关于将自己的产品视同销售如何进行会计处理的复函》（财会字〔1997〕26号）的规定：企业将自己生产的产品用于在建工程、管理部门、非生产性机构、捐赠、赞助、集资、广告、样品、职工福利、奖励等方面，是一种内部结转关系，不存在销售行为，不符合销售成立的标志。企业不会由于将自己生产的产品用于在建工程等而增加现金流量，也不会增加企业的营业利润。

因此，会计上不作销售处理，而按成本转账。企业按规定计算应申报缴纳的各种税费，也构成由于使用该自产产品而发生支出的一部分，应按用途计入相关的科目。

而按照新《企业会计准则第7号——非货币性资产交换》的规定，换出资产为存货的，应当视同销售处理，根据新《企业会计准则第14号——收入》按公允价值确认商品销售收入，同时结转商品销售成本。

按照新《企业会计准则第14号——收入》的规定，销售收入确认包括以下5个条件：

（1）企业已将商品所有权上的主要风险和报酬转移给购货方；

（2）企业既没有保留通常与所有权相联系的继续管理权，也没有对已售出的商品实施有效控制；

（3）收入的金额能够可靠地计量；

（4）相关的经济利益很可能流入企业；

（5）相关的已发生或将发生的成本能够可靠地计量；

因此，对于上述8种增值税视同销售业务，对照销售收入确认的5个条件，其中用于非应税项目（如自产产品用于在建工程）和捐赠这两项业务不能产生可准确计量的经济利益的流入，在会计上不能确认收入，可按成本转账，其他情况应确认收入。

（二）企业所得税的视同销售

关于企业所得税的视同销售业务的一般规定：将自产产品用于捐赠、赞助、广告或作为展品样品时，不能产生可准确计量的经济利益的流入，在会计上不能确认收入，可按成本转账，其他情况应一律确认收入。对于作为福利发放给本企业职工的自产产品，税法上是要视同销售的，会计上已不再按成本转账，因此不进行企业所得税纳税调整；对于对外捐赠，税法上是要视同销售的，应交企业所得税，而会计上按成本转账，汇算清缴时要进行所得税纳税调整。

关于房地产开发企业的商品房，依据《关于房地产开发业务征收企业所得税问题

的通知》(国税发〔2009〕31号)文件的规定:

第七条 企业将开发产品用于捐赠、赞助、职工福利、奖励、对外投资、分配给股东或投资人、抵偿债务、换取其他企事业单位和个人的非货币性资产等行为,应视同销售,于开发产品所有权或使用权转移,或于实际取得利益权利时确认收入(或利润)的实现。确认收入(或利润)的方法和顺序为:

(一)按本企业近期或本年度最近月份同类开发产品市场销售价格确定;

(二)由主管税务机关参照当地同类开发产品市场公允价值确定。

按开发产品的成本利润率确定。开发产品的成本利润率不得低于15%,具体比例由主管税务机关确定。

房地产开发企业将开发产品转作自用固定资产,所有权没有转移所以不应视同销售,当此开发产品所有权或使用权转移时,应做销售确认或按视同销售申报纳税。会计处理的相关规定:

1. 会计上的收入:根据《企业会计准则第14号——收入》定义,收入是指企业在日常活动中形成的、会导致所有者权益增加的、与所有者投入资本无关的经济利益的总流入。其核心就是通过企业资产的减少(影响或不影响企业的负债),最终增加企业的所有者权益。

2. 非货币交易:根据《企业会计准则第7号——非货币性资产交换》的规定,非货币性资产交换同时满足下列条件的,应当以公允价值和应支付的相关税费作为换入资产的成本,公允价值与换出资产账面价值的差额计入当期损益。

二、视同销售的结果

(一)典型的

简单举例描述,在不考虑增值税前提下,某房地产企业,有开发产品A楼5000万元,公允价值7000万元,相关增值税金及附加80万元,土地增值税500万元。(千万不要纠结具体数字是否准确!)当发生下面五种视同销售时,涉税分析如下:

1. 将A楼对外捐赠或赞助

增加营业外支出5000万元(假设不能税前抵扣),减少开发产品5000万元;视同销售而需要缴纳:增值税金及附加80万元,土地增值税500万元,增加企业所得税约1600万元。

2. 将A楼分配给股东或投资人

减少应付股利或利润分配5000万元,减少开发产品5000万元;视同销售而需要缴纳:增值税金及附加80万元,土地增值税500万元,增加企业所得税约350万元,代扣代缴个人所得税1000万元。

3. 将A楼以房抵偿债务

减少应付款项 5000 万元，减少开发产品 5000 万元；视同销售而需要缴纳：增值税金及附加 80 万元，土地增值税 500 万元，企业所得税约 350 万元。

实务中，以房屋抵偿债务的两个无论：无论主动还是被动以房屋抵债（法院判决）；无论是否办理房产过户手续，均属于视同销售缴纳各种税费的。

以房屋抵偿债务的文件依据：

① 原营业税规定，营改增后平移继续执行：《关于以房抵债未办理房屋产权过户手续征收营业税问题的批复》（国税函〔2005〕1103 号）相关规定；

② 企业所得税：《企业所得税法实施条例》的第二十五条；

③ 土地增值税：国税发〔2006〕187 号文件相关规定。

4. 将 A 楼对外投资

增加长期股权投资 7080 万元，减少开发产品 5000 万元，增加当期损益 2000 万元；视同销售而需要缴纳：增值税金及附加 80 万元，土地增值税 500 万元，增加所得税约 350 万元。

5. 将 A 楼换取其他单位和个人的非货币性资产

增加资产 7080 万元，减少开发产品 5000 万元，增加当期损益 2000 万元；视同销售而需要缴纳：增值税金及附加 80 万元，土地增值税 500 万元，增加所得税 350 万元。

（二）举例无偿赠送

税法口径是没有无偿赠送的，无偿赠送的实质是组合销售。如买房送家电等有奖销售、买房赠送地下室，买房赠送车位等等，具体情况：

【例1】某企业销售房屋价款为 100 万元，同时赠送地下室。地下室是否需要缴纳企业所得税？是否需要缴纳增值税？是否需要代扣代缴个人所得税？

业务实质：组合销售。文件依据包括：国税函〔2008〕875 号和财企〔2003〕95 号文件（什么是捐赠？）。

具体规定：企业以买一赠一等方式组合销售本企业商品的，不属于捐赠，应将总的销售金额按各项商品的公允价值的比例来分摊确认各项的销售收入。

典型案例：卖房子赠送汽车，房屋销售合同价款 100 万元，汽车的购进价格为 10 万元，即其公允价值为 10 万元，房屋的公允价值可推定为 90 万元。因此企业的总销售收入为 100 万元，汽车不应当作为捐赠处理。账务处理：（假设汽车购进价格为 10 万元）

借：银行存款　　　　　　　　　　　　　　　　　　　　1 000 000

　贷：主营业务收入——开发产品　　　　　　　　　　　　900 000

　　　主营业务收入——汽车　　　　　　　　　　　　　　100 000

借：主营业务成本　　　　　　　　　　　　　　　　　　800 000

贷：库存商品——汽车　　　　　　　　　　　　　　　　　　　　100 000
　　　　　　开发产品　　　　　　　　　　　　　　　　　　　　　　700 000
　　赠送地下室的账务处理同上。所谓赠送就是组合销售，需要正常核算并按规定缴纳所有相关税费，是否应该代扣代缴个人所得税，不仅没有明确规定而且值得商榷。

　　【例2】 某企业楼房开盘时进行"摸奖活动"，购进各类奖品100万元，全部奖励完毕，是否缴纳企业所得税？是否缴纳增值税？是否缴纳个人所得税？

　　企业账务处理：
　　借：营业费用——业务宣传费　　　　　　　　　　　　　　　　1 000 000
　　　　贷：库存商品　　　　　　　　　　　　　　　　　　　　　　1 000 000
　　企业税务处理：未申报缴纳涉及任何相关税费

　　涉税分析：依据国税函〔2008〕828号文件规定，核心是分解理论。此业务实质不属于组合销售，无论是作为业务招待费、广告宣传费还是销售费用等任何费用核算，可以总称为"展业成本"。因此，是必须视同销售缴纳增值税及附加、企业所得税和代扣代缴"偶然所得"税目个人所得税的。

　　同样，以房抵债举例：

　　【例3】 某房地产企业将成本为80万元的房屋，抵顶了100万元的债务。会计上没有确认收入。

　　涉税分析：税收上根据分解理论，视为先将成本为80万元的房子卖了100万元，然后再用100万元去偿债。应确认所得20万元。

　　填写纳税申报表时，填表如下：
　　（1）附表3第2行100万元，21行80万元。
　　（2）附表1第15行填列100万元，附表2第14行80万元。

　　（三）视同销售分类

　　换个角度分析，无论是增值税还是企业所得税的视同销售事项，从会计核算或账务处理角度，可以做如下归集和分类：

　　1. 减少或增加资产类：仍留在企业内部的（自用固定资产）和流出企业外部（除自用固定资产以外），包括自用固定资产（增加资产中非货币交易部分单独标注）。

　　2. 减少债务类：以房抵偿债务、用于职工福利、奖励、分配给股东或投资人（通过应付股利科目核算）。

　　3. 影响本年利润或所有者权益类：捐赠、赞助、分配给股东或投资人（通过利润分配科目核算）。

　　4. 非货币性交易类：对外投资、换取其他单位和个人的非货币性资产。

三、视同销售计税依据的确定

（一）正确理解"收入"

对视同销售行为进行正确披露，对"收入"的正确理解是解决问题的关键。按照《企业会计准则第14号——收入》第二条对收入的界定：收入是指企业在日常活动中形成的、会导致所有者权益增加的、与所有者投入资本无关的经济利益的总流入。其根本点是：收入的本质是企业经济利益的总流入，其通常表现为新增资产的取得或原有负债的消失。而这种流入，不一定是以现金的形式。

如果有经济利益的总流入，则是从外部流入，体现的应是企业与外部的关系。如果行为体现的是企业自己内部的关系，则不属于"经济利益的总流入"。视同销售行为属于企业在日常活动中形成的、与所有者投入资本无关业务，从表面上看，大多没有发生直接的现金流入，但并不等于它们不含有"经济利益的流入"的本质，只是过程更复杂了。

（二）业务实质分析

进行业务实质分析，看其是否具有销售实质，即该种视同销售行为是否会使企业获得收益，经济利益是否流入企业。

1. 具有销售实质的行为

首先，以"将自产、委托加工或购买货物作为投资"为例，表面上看其未给企业带来实际的经济利益总流入，但是具有销售实质的行为，即其体现的是企业实物资产与外部的交换关系：企业将投出的产品在社会上出售，取得相当于公允价值的现金（销售过程），然后再将该获得的现金作为投资投出去（投资过程）。这样，企业投出产品的生产成本就相当于"流出的现金"，换回的等值于公允价值的现金就相当于"流入的现金"，其间的差额就体现出"经济利益的净流入"概念，表现为所有者权益增减额。双方在交易时是按公允价值来认定投出（投入）资产价值的。

其次，看看"将自产、委托加工或购买的货物分配给股东或投资者"，其体现的是企业以实物资产偿还外部的债务的关系，按照分解理论可以将该过程分解为：先转出资产换回货币，再以换回货币偿还债务，同时或同步完成。用于偿还债务的产品其体现价值应当以公允价值为准来衡量，因为债权人接受该资产时是以公允价值衡量其价值的，虽然生产该商品的成本按所发生生产耗费计算，但是这些毕竟没有考虑活劳动所体现的价值部分，产品的公允价值才是真实体现该产品真实价值的，否则以产品的成本直接冲销相关的债务，这无异于进行了不等价交换。因此，其属于具有销售实质的行为，体现出所有者权益的变化及债务的减少。与此类似的还有"将自产、委托加工或购买的货物用于个人消费"。

2. 不具有销售实质的行为

首先,分析"企业将自产或委托加工的货物用于非应税项目(如工程耗用)、职工福利(如福利设施)",属于自产自用性质,不具有销售实质的行为。由于该项业务体现的是企业内部关系,属于企业内部资产的不同形态转化,是不具销售实质的行为,虽然形成的是固定资产,但其还在企业内部使用,其所耗产品成本会分期以折旧的方式得到补偿,因此该业务不通过"收入"账户核算,而应按所耗自产产品成本转账,即按"分离法"进行会计处理。

其次,对于"将自产、委托加工或购买的货物无偿赠送他人"的行为,虽然其体现了企业与外部的关系,但这种行为未能引起企业经济利益的流入,而是企业单方面的无偿支出,然而所送出的自产、委托加工产品中毕竟包含了劳动者活劳动所创造的价值,因此,对这种无偿赠送行为税法中是有严格规定的。这也说明了一个问题:无偿赠送行为有时虽属于义举,但是超过一定限度的时候,多少会损及企业劳动者、所有者的利益,对此行为不得不有所限制。

如果,不对上述视同销售行为征税,必然造成被效仿或泛滥,因此侵蚀税基,所以,税务部门不能视而不见,必须视同销售征税。

(三)视同销售核定销售额

没有准确的计税依据是无法计征税款的,一般情况下视同销售行为是无销售额的,应该先公允价值双方协商确定,否则再由税务部门依法核定,按照下列顺序确定销售额:

(1)当月同类货物的平均销售价格;

(2)最近时期同类货物的平均销售价格;

(3)组成计税价格:组成计税价格=成本×(1+成本利润率)+消费税税额

视同销售注意事项:

① 当该货物不征收消费税时,公式最后一项为零;

② 当纳税人销售的货物或者提供应税劳务的价格明显偏低且无正当理由的,也适用以上确定销售额的顺序;

③ 核定应纳税额是税务部门最大的权力,核定销售额是核定应纳税额的衍变,这是税收强制性的直接体现。实际工作中,应保持增值税的视同销售核定销售额和企业所得税的视同销售核定应税收入额一致。

(四)自产自用不属于视同销售

房地产企业的开发产品,自产自用不属于应视同销售事项。自用再销售的具体情况,可以根据是否转作固定资产分为两种情况:

1. 转作固定资产

①提取折旧;②按照租金确认收入;③按照固定资产清理处理。

2. 不转作固定资产

①不能提取折旧；②按照租金确认收入；③按照销售开发产品处理。

3. 文件依据与相关处理规定

文件依据是国税发〔2009〕31号文件。其中："第二十四条　企业开发产品转为自用的，其实际使用时间累计未超过12个月又销售的，不得在税前扣除折旧费用。"

根据再销售时间分为三种情况：当年转自用，当年销售；第二年汇缴期前销售；第二年超过汇缴期销售。

① 某企业2018年3月将开发产品自用，并提取了折旧，2018年9月将开发产品出售，如何处理？（本年转固定资产，本年出售）

在年度汇算时，将提取的折旧调增即可。

② 某企业2018年6月将开发产品自用，并提取了折旧，2019年3月将开发产品出售，如何处理？（第二年未超汇算期就销售了）

在2018年度汇算清缴时，将2018年提取的折旧调增；2019年度汇算清缴时将2019年1-3月提取的折旧调增即可。

③ 某企业2018年10月将开发产品自用，并提取了折旧，2019年8月将开发产品出售，如何处理？（超过汇缴期）

在2019年度汇算清缴时，将2019年提取的折旧做纳税调增，同时对2018年度提取的折旧做追溯调整补税处理。

4. 提取折旧及相关处理

无论是否扣除折旧都是时间性差异。

首先，使用时间超过12个月，处置时按照固定资产清理处理。

如果开发产品实际使用时间累计超过12个月的，其折旧允许在税前扣除。但是处置的时候，应按照固定资产清理处理。

其次，使用时间不超过12个月的，处置时按照开发产品处理。

（1）如果开发产品当年自用，当年又销售的，在年度汇算清缴的时候，如果企业提取了折旧，则做纳税调增处理。

（2）如果开发产品当年自用，第二年年度纳税申报前又销售的，对当年的折旧做纳税调增处理，第二年提取的折旧，则在第三年汇缴的时候做纳税调增处理。

（3）如果开发产品当年自用，第二年年度纳税申报后又销售的，则对当年提取的折旧做追溯调整补税处理，年度纳税申报后的折旧年末做纳税调增处理。

三、视同销售的企业所得税纳税申报

按《国家税务总局关于发布〈中华人民共和国企业所得税年度纳税申报表（A类，2014年版）〉的公告》（总局公告2014年第63号）的规定进行。

（一）表单

表 3-1　　视同销售和房地产开发企业特定业务纳税调整明细表

行次	项　　目	税收金额	纳税调整金额
		1	2
1	一、视同销售（营业）收入（2+3+4+5+6+7+8+9+10）		
2	（一）非货币性资产交换视同销售收入		
3	（二）用于市场推广或销售视同销售收入		
4	（三）用于交际应酬视同销售收入		
5	（四）用于职工奖励或福利视同销售收入		
6	（五）用于股息分配视同销售收入		
7	（六）用于对外捐赠视同销售收入		
8	（七）用于对外投资项目视同销售收入		
9	（八）提供劳务视同销售收入		
10	（九）其他		
11	二、视同销售（营业）成本（12+13+14+15+16+17+18+19+20）		
12	（一）非货币性资产交换视同销售成本		
13	（二）用于市场推广或销售视同销售成本		
14	（三）用于交际应酬视同销售成本		
15	（四）用于职工奖励或福利视同销售成本		
16	（五）用于股息分配视同销售成本		
17	（六）用于对外捐赠视同销售成本		
18	（七）用于对外投资项目视同销售成本		
19	（八）提供劳务视同销售成本		
20	（九）其他		
21	三、房地产开发企业特定业务计算的纳税调整额（22-26）		
22	（一）房地产企业销售未完工开发产品特定业务计算的纳税调整额（24-25）		
23	1. 销售未完工产品的收入		*
24	2. 销售未完工产品预计毛利额		
25	3. 实际发生的营业税金及附加、土地增值税		

（续表）

行次	项 目	税收金额	纳税调整金额
		1	2
26	（二）房地产企业销售的未完工产品转完工产品特定业务计算的纳税调整额（28-29）		
27	1. 销售未完工产品转完工产品确认的销售收入		*
28	2. 转回的销售未完工产品预计毛利额		
29	3. 转回实际发生的营业税金及附加、土地增值税		

（二）表单填报说明

本表适用于发生视同销售、房地产企业特定业务纳税调整项目的纳税人填报。纳税人根据税法、《国家税务总局关于企业处置资产所得税处理问题的通知》（国税函〔2008〕828号）、《国家税务总局关于印发〈房地产开发经营业务企业所得税处理办法〉的通知》（国税发〔2009〕31号）等相关规定，以及国家统一企业会计制度，填报视同销售行为、房地产企业销售未完工产品、未完工产品转完工产品特定业务的税法规定及纳税调整情况。

1. 第1行"一、视同销售收入"：填报会计处理不确认销售收入，而税法规定确认为应税收入的金额，本行为第2至10行小计数。第1列"税收金额"填报税收确认的应税收入金额；第2列"纳税调整金额"等于第1列"税收金额"。

2. 第2行"（一）非货币性资产交换视同销售收入"：填报发生非货币性资产交换业务，会计处理不确认销售收入，而税法规定确认为应税收入的金额。第1列"税收金额"填报税收确认的应税收入金额；第2列"纳税调整金额"等于第1列"税收金额"。

3. 第3行"（二）用于市场推广或销售视同销售收入"：填报发生将货物、财产用于市场推广、广告、样品、集资、销售等，会计处理不确认销售收入，而税法规定确认为应税收入的金额。填列方法同第2行。

4. 第4行"（三）用于交际应酬视同销售收入"：填报发生将货物、财产用于交际应酬，会计处理不确认销售收入，而税法规定确认为应税收入的金额。填列方法同第2行。

5. 第5行"（四）用于职工奖励或福利视同销售收入"：填报发生将货物、财产用于职工奖励或福利，会计处理不确认销售收入，而税法规定确认为应税收入的金额。企业外购资产或服务不以销售为目的，用于替代职工福利费用支出，且购置后在一个纳税年度内处置的，可以按照购入价格确认视同销售收入。填列方法同第2行。

6. 第6行"(五)用于股息分配视同销售收入":填报发生将货物、财产用于股息分配,会计处理不确认销售收入,而税法规定确认为应税收入的金额。填列方法同第2行。

7. 第7行"(六)用于对外捐赠视同销售收入":填报发生将货物、财产用于对外捐赠或赞助,会计处理不确认销售收入,而税法规定确认为应税收入的金额。填列方法同第2行。

8. 第8行"(七)用于对外投资项目视同销售收入":填报发生将货物、财产用于对外投资,会计处理不确认销售收入,而税法规定确认为应税收入的金额。填列方法同第2行。

9. 第9行"(八)提供劳务视同销售收入":填报发生对外提供劳务,会计处理不确认销售收入,而税法规定确认为应税收入的金额。填列方法同第2行。

10. 第10行"(九)其他":填报发生除上述列举情形外,会计处理不作为销售收入核算,而税法规定确认为应税收入的金额。填列方法同第2行。

11. 第11行"一、视同销售成本":填报会计处理不确认销售收入,税法规定确认为应税收入的同时,确认的视同销售成本金额。本行为第12至20行小计数。第1列"税收金额"填报予以税前扣除的视同销售成本金额;将第1列税收金额以负数形式填报第2列"纳税调整金额"。

12. 第12行"(一)非货性资产交换视同销售成本":填报发生非货币性资产交换业务,会计处理不确认销售收入,税法规定确认为应税收入所对应的予以税前扣除视同销售成本金额。第1列"税收金额"填报予以扣除的视同销售成本金额;将第1列税收金额以负数形式填报第2列"纳税调整金额"。

13. 第13行"(二)用于市场推广或销售视同销售成本":填报发生将货物、财产用于市场推广、广告、样品、集资、销售等,会计处理不确认销售收入,税法规定确认为应税收入时,其对应的予以税前扣除视同销售成本金额。填列方法同第12行。

14. 第14行"(三)用于交际应酬视同销售成本":填报发生将货物、财产用于交际应酬,会计处理不确认销售收入,税法规定确认为应税收入时,其对应的予以税前扣除视同销售成本金额。填列方法同第12行。

15. 第15行"(四)用于职工奖励或福利视同销售成本":填报发生将货物、财产用于职工奖励或福利,会计处理不确认销售收入,税法规定确认为应税收入时,其对应的予以税前扣除视同销售成本金额。填列方法同第12行。

16. 第16行"(五)用于股息分配视同销售成本":填报发生将货物、财产用于股息分配,会计处理不确认销售收入,税法规定确认为应税收入时,其对应的予以税前扣除视同销售成本金额。填列方法同第12行。

17. 第17行"(六)用于对外捐赠视同销售成本":填报发生将货物、财产用于对外捐赠或赞助，会计处理不确认销售收入，税法规定确认为应税收入时，其对应的予以税前扣除视同销售成本金额。填列方法同第12行。

18. 第18行"（七）用于对外投资项目视同销售成本"：填报会计处理发生将货物、财产用于对外投资，会计处理不确认销售收入，税法规定确认为应税收入时，其对应的予以税前扣除视同销售成本金额。填列方法同第12行。

19. 第19行"（八）提供劳务视同销售成本"：填报会计处理发生对外提供劳务，会计处理不确认销售收入，税法规定确认为应税收入时，其对应的予以税前扣除视同销售成本金额。填列方法同第12行。

20. 第20行"（九）其他"：填报发生除上述列举情形外，会计处理不确认销售收入，税法规定确认为应税收入的同时，予以税前扣除视同销售成本金额。填列方法同第12行。

21. 第21行"三、房地产开发企业特定业务计算的纳税调整额"：填报房地产企业发生销售未完工产品、未完工产品结转完工产品业务，按照税法规定计算的特定业务的纳税调整额。第1列"税收金额"填报第22行第1列减去第26行第1列的余额；第2列"纳税调整金额"等于第1列"税收金额"。

22. 第22行"（一）房地产企业销售未完工开发产品特定业务计算的纳税调整额"：填报房地产企业销售未完工开发产品取得销售收入，按税收规定计算的纳税调整额。第1列"税收金额"填报第24行第1列减去第25行第1列的余额；第2列"纳税调整金额"等于第1列"税收金额"。

23. 第23行"1. 销售未完工产品的收入"：第1列"税收金额"填报房地产企业销售未完工开发产品，会计核算未进行收入确认的销售收入额。

24. 第24行"2. 销售未完工产品预计毛利额"：第1列"税收金额"填报房地产企业销售未完工产品取得的销售收入按税法规定预计计税毛利率计算的金额；第2列"纳税调整金额"等于第1列"税收金额"。

25. 第25行"3. 实际发生的营业税金及附加、土地增值税"：第1列"税收金额"填报房地产企业销售未完工产品实际发生的营业税金及附加、土地增值税，且在会计核算中未计入当期损益的金额；第2列"纳税调整金额"等于第1列"税收金额"。

26. 第26行"（二）房地产企业销售的未完工产品转完工产品特定业务计算的纳税调整额"：填报房地产企业销售的未完工产品转完工产品，按税法规定计算的纳税调整额。第1列"税收金额"填报第28行第1列减去第29行第1列的余额；第2列"纳税调整金额"等于第1列"税收金额"。

27. 第27行"1. 销售未完工产品转完工产品确认的销售收入"：第1列"税收金额"填报房地产企业销售的未完工产品，此前年度已按预计毛利额征收所得税，本年度结转为完工产品，会计上符合收入确认条件，当年会计核算确认的销售收入金额。

28. 第 28 行"2. 转回的销售未完工产品预计毛利额"：第 1 列"税收金额"填报房地产企业销售的未完工产品，此前年度已按预计毛利额征收所得税，本年结转完工产品，会计核算确认为销售收入，转回原按税法规定预计计税毛利率计算的金额；第 2 列"纳税调整金额"等于第 1 列"税收金额"。

29. 第 29 行"3. 转回实际发生的营业税金及附加、土地增值税"：填报房地产企业销售的未完工产品结转完工产品后，会计核算确认为销售收入，同时将对应实际发生的营业税金及附加、土地增值税转入当期损益的金额；第 2 列"纳税调整金额"等于第 1 列"税收金额"。

四、营改增后增值税、企业所得税和会计上视同销售收入的处理

表 3-2　　视同销售会计处理和增值税、企业所得税对比分析情况表

业务类型	增值税	企业所得税	会计处理
将货物用于捐赠	视同销售	视同销售	1. 不确认收入按成本价入账，按售价计算增值税 2. 账务处理： 　借：营业外支出 　　贷：库存商品（成本入账） 　　　　应交税费——应交增值税（销项税额）
将自产或外购货物用于本企业不动产类在建工程	不视同销售，进项税额可以抵扣	不视同销售	1. 不确认收入，按成本价入账 2. 账务处理： 　借：在建工程（不动产） 　　贷：库存商品（成本入账）
将自产或外购货物用于动产类在建工程	不视同销售，进项税额可以抵扣	不视同销售	1. 不确认收入，按成本价入账 2. 账务处理： 　借：在建工程（动产） 　　贷：库存商品（成本入账）
将自产货物用于职工福利	与会计一致	与会计一致	1. 确认收入 2. 账务处理： 　借：应付职工薪酬——非货币性福利 　　贷：主营业务收入（按售价计收入） 　　　　应交税费——应交增值税（销项税额） 同时，结转成本。 　借：主营业务成本 　　贷：库存商品

(续表)

业务类型	增值税	企业所得税	会计处理
将外购货物用于职工福利	不视同销售，进项税额不可以抵扣	视同销售	1. 不确认收入，购进货物时支付的进项税额不允许抵扣，如果已经申报抵扣，应作"进项税额转出"处理，直接计入成本 2. 账务处理： 　借：应付职工薪酬——非货币性福利 　　贷：库存商品（包含购进货物时的进项税额）
将自产或外购货物用于投资、分配	视同销售	视同销售	1. 确认收入 2. 账务处理： （1）投资时 　借：长期股权投资 　　贷：主营业务收入 　　　　应交税费——应交增值税（销项税额） 　借：主营业务成本 　　贷：库存商品 （2）分配时 　借：应付利润（股利） 　　贷：主营业务收入 　　　　应交税费——应交增值税（销项税额） 　借：主营业务成本 　　贷：库存商品 　借：利润分配——应付利润 　　贷：应付利润（股利）
将货物交付他人代销	与会计一致	与会计一致	1. 确认收入 2. 账务处理： 注意：纳税义务发生时间为收到代销清单或代销款二者之中的较早者。若均未收到，则于发货后的180天缴纳增值税。 　借：应收账款 　　贷：主营业务收入 　　　　应交税费——应交增值税（销项税额） 根据收到的手续费结算 　借：销售费用 　　贷：应收账款 收到代销款时： 　借：银行存款 　　贷：应收账款

（续表）

业务类型	增值税	企业所得税	会计处理
无偿提供服务、无偿转让无形资产或者不动产，但用于公益事业或者以社会公众为对象的除外	视同销售	视同销售	1. 不确认收入 2. 账务处理： （1）无偿提供服务 　借：营业外支出 　　贷：银行存款 　　　　应交税费——应交增值税（销项税额） （2）无偿转让无形资产 　借：营业外支出 　　贷：无形资产 　　　　应交税费——应交增值税（销项税额） （3）无偿转让不动产 　借：固定资产清理 　　　累计折旧 　　贷：固定资产 　借：营业外支出 　　贷：固定资产清理 　　　　应交税费——应交增值税（销项税额）

五、价外费用

价外费用，是指销售价格以外向购买方收取的手续费、补贴、基金、集资费、返还利润、奖励费、违约金（延期付款利息）、包装费、包装物租金、储备费、优质费、运输装卸费、代收款项、代垫款项及其他各种性质的价外收费。增值税的价外费用是指纳税人销售货物或应税劳务时向购买方收取的价款以外的各种费用、租金、补贴等。

按照《中华人民共和国增值税暂行条例》第六条的规定，销售额为纳税人销售货物或者应税劳务向购买方收取的全部价款和价外费用，但是不包括收取的销项税额。在《增值税暂行条例实施细则》中关于"价外费用"的规定非常详细。价外费用是指销售价格以外向购买方收取的手续费、补贴、基金、集资费、返还利润、奖励费、违约金（延期付款利息）、包装费、包装物租金、储备费、优质费、运输装卸费、代收款项、代垫款项及其他各种性质的价外费用。凡是价外费用，无论纳税人的会计制度如何计算，均应并入销售额（属于应税收入）计算应纳税额。

同时，《增值税暂行条例实施细则》也规定了不包括在价外费用在内的三种情况：

其一，向购买方收取的销项税额。

其二，受托加工应征消费税的消费品所代缴的消费税。

其三，同时符合以下条例的代垫运费：一是承运部门的运费发票开具给购货方的；二是纳税人将该项发票转交给购货方的。房地产开发企业价外费用稽查检查如图3-1所示。

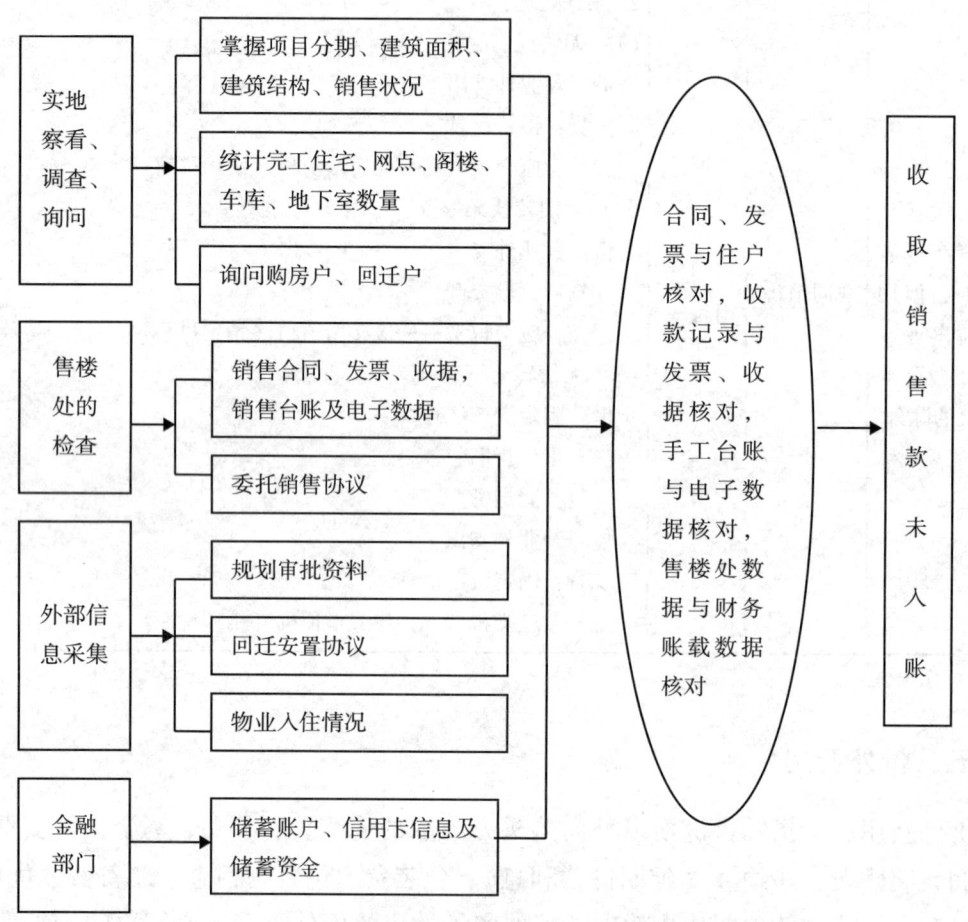

图3-1 收入和价外费用检查流程图

（一）价外费用的税会差异

由于会计准则与税收规定的不同，价外费用在实务处理中会存在税会差异：

1. 会计核算依据："企业代第三方收取的款项，应当作为负债处理，不应当确认为收入。"（《企业会计准则第14号——收入》）

2. 增值税计税依据：销售额为纳税人销售货物或者应税劳务向购买方收取的全部价款和价外费用，但是不包括收取的销项税额。

3. 企业所得税计税依据："房地产开发企业代有关部门、单位和企业收取的各种基金、费用和附加等，凡纳入开发产品价内或由开发企业开具发票的，应按规定全部确认为销售收入；凡未纳入开发产品价内并由开发企业之外的其他收取部门、单位开具发票的，可作为代收代缴款项进行管理。"（国税发〔2009〕31号）

因此，房地产开发经营企业的价外费用，可以分为以下三类：

1. 会计上作为收入，增值税和企业所得税也作为应税收入：例如收取购房客户的违约金收入，计入"其他业务收入"科目。

2. 会计上不作为收入，增值税作为应税收入，企业所得税不作为应税收入：例如代收代缴的各种资源性费用。

3. 会计上不作为收入，增值税和企业所得税也不作为应税收入：例如售房同时收取的建筑维修基金。

（二）价外费用的税务管理要点

应合理、准确判断哪些属于价外费用，哪些不属于价外费用，这是进行纳税申报与会计核算的前提。

1. 根据税法有关规定，价外费用是指价外向购买方收取的手续费、补贴、基金、集资费、返还利润、奖励费、违约金（延期付款利息）、包装费、包装物租金、储备费、优质费、运输装卸费、代收款项、代垫款项以及其他性质的价外费用，但下列项目不包括在内：

（1）向购货方收取的销项税额；

（2）受托加工应征消费税的货物，而由受托方向委托方所代收代缴的消费税；

（3）同时符合以下条件的代垫运费：①承运部门的运输发票开具给购货方的；②纳税人将该发票转交给购货方的。

除去上述三项符合条件的不包括在价外费用项目外，其余无论会计上如何处理，均应并入销售额计算销项税额。特别提醒：不属于价外费用中的代垫运费，应按照上述规定进行操作，否则，要按价外费用纳税。

2. 应注意平销行为返还不是价外费用，它是因购买货物而从销售方取得的各种形式的返还资金，按含税收入直接计算冲减返还资金当期的进项税金，计算公式如下：

当期应冲减进项税金＝当期取得的返还资金×所购货物适用的增值税税率

而价外费用计算税金的方法与平销行为返利计税方法不同。增值税一般纳税人向购货方收取的价外费用计税时，应换算成不含税收入计税，计算公式如下：

价外费用销项税额＝价外费用÷（1+增值税税率）×增值税税率

3. 应注意增值税纳税义务发生的具体时间。对于随同产品销售时收取的价外费用，应在随同产品销售收入确认时一并确认，计算销项税额。对于当期不确认，需要视以后情况而定的价外费用，应当在实际收到款项或实际纳税义务发生时予以确认，计算销项税额。

4. 应注意价外费用核算的特殊性，根据会计制度规定，价外费用应在"其他业务收入""营业外收入"等科目核算，实务中，应从有关会计科目中归集价外费用，计算申报纳税。

（三）价外费用检查方法

1. 掌握企业销售基本情况

税务检查人员要向企业销售部门了解企业的销售情况和结算方式，摸清有无价外补贴。对与企业有长期业务往来的客户，要求其提供合同、协议并审阅其业务相关内容，通过产品销售市场分析有无加收价外补贴的可能及了解相关管理部门是否要求收取价外费用等。

2. 检查往来账户

重点检查"其他应收款"和"其他应付款"账户，尤其是"其他应付款"的借方发生额或"其他应收款"的贷方发生额，看企业对应账户是否和货币资金流入或债权"应账账款"的借方增加额发生关系。如果存在和货币资金流入或债权"应收账款"的借方增加额发生关系，则通过发票、收据等原始凭证进一步证明是不是价外费用，是否已经申报计税。

3. 检查价外费用核算

注意成本、费用类账户的红字记录。审核"管理费用""制造费用""生产成本""其他业务支出""营业外支出""经营费用"等账户的借方发生额红字冲销记录。

注意对成本、费用类账户贷方发生额异常金额的检查。正常的会计核算成本、都在月末将发生的成本、费用一次性结转到相关账户，如果检查发现成本、费用账户的贷方出现非正常性结转成本、费用金额，就应调阅原始凭证，从发票填开的内容、货币结算的方式、货币流向、会计处理的对应账户，来判断是否是价外费用。

4. 检查收入类账户的内容

通过检查"其他业务收入""营业外收入"明细分类账贷方发生额核算的内容，看其是否有价外费用。如果是主观故意操作，会出现自行从销售额中人为分离销售价款，或通过多环节的核算才转移到"其他业务收入"或"营业外收入"账户。因此，检查时要仔细分析，追索原始经济业务的本来面目，作出正确的税收处理。

（四）价外费用的销项税额

《中华人民共和国增值税暂行条例》及其实施细则明确规定：销售额是纳税人销售货物或者应税劳务向购买方收取的全部价款和价价外费用。

价外费用，都要并入应税销售额计算缴纳增值税。而有关企业会计制度规定，价外费用一般不通过"产品销售收入"或"商品销售收入"科目核算，而在"其他应付款""其他业务收入""营业外收入"等科目中核算。

但是，在实际工作中客观存在以下现象：

1. 只按会计制度的有关规定核算价外费用，不计提增值税销项税额；
2. 虽然计提了销项税额，但未按税法规定准确计算销项税额；
3. 将价外费用直接冲减有关费用科目，不仅是增值税问题，而且更是企业所得税问题；
4. 将收取的价外费用转入"应付福利费""盈余公积"等账户。

以上做法都是错误行为。

针对上述价外费用未计、错计销项税额的做法，可采用下列方法进行检查核实。

1. 检查"其他应付款"等往来类账户的贷方发生额，同时核对有关会计凭证，看是否属于价外费用。如果属价外费用，看是否按规定计提了销项税额；
2. 检查"其他业务收入""营业外收入"等账户的贷方发生额，看是否包括销售货物或应税劳务而从购买方收取的价外费用，并且是否按规定计提了销项税额；
3. 检查"管理费用""制造费用""销售费用""经营费用"等账户的贷方发生额或借方发生额红字冲销记录，同时对照记账凭证及原始凭证，注意是否存在将价外费用直接冲减费用账户而未计销项税额的问题；
4. 检查"应付福利费""盈余公积"等账户贷方发生额，对照有关会计凭证，注意企业是否存在将价外费用转入上述账户而未计销项税额。

【举例】某一般纳税人销售 A 产品一批，价款 10000 元（不含税），随同价款收取价外补贴费 585 元，购货方以银行转账支票付款。企业作如下账务处理：

借：银行存款　　　　　　　　　　　　　　　　　　　　12 285
　　贷：产品销售收入　　　　　　　　　　　　　　　　10 000
　　　　应交税金——应交增值税（销项税额）　　　　　 1 700
　　　　其他应付款　　　　　　　　　　　　　　　　　　 585

该纳税人的账务处理是错误的，错在将价外费用未记销售收入，未提销项税额。应补提销项税额 = 585 ÷（1+17%）×17% = 85（元）。

调整有关账户：

借：其他应付款　　　　　　　　　　　　　　　　　　　　 585
　　贷：产品销售收入　　　　　　　　　　　　　　　　　 500
　　　　应交税金——应交增值税（销项税额）　　　　　　 85

第四节 增值税和差额征税

目前,全球大约140多个国家和地区在征收增值税。从增值税在国际上的广泛应用可以看出,增值税是为适应商品经济的高度发展应运而生的。简要回顾中国增值税制度的发展,历程大致如下:中国于1979年引进增值税,并在部分城市试行。1982年中华人民共和国财政部制定了增值税暂行办法,自1983年1月1日开始在全国试行。1984年第二步利改税和全面工商税制改革时,在总结经验的基础上,国务院发布了《中华人民共和国增值税条例(草案)》,并于当年10月试行。1993年分税制改革,增值税是重点并发布了《中华人民共和国增值税暂行条例》,于1994年1月1日起在全国范围内全面推行增值税。此时的增值税属于生产型增值税。为了进一步完善税收制度,于2004年7月1日开始实行增值税转型(由生产型增值税最终转为消费型增值税)试点,在东北、中部等部分地区实行,试点工作运行顺利,达到了预期目标,为此,全面实施增值税转型改革,修订了《中华人民共和国增值税暂行条例》,于2009年1月1日起在全国范围内实行消费型增值税。为促进第三产业发展,从2012年1月1日起,在部分地区和行业开展深化增值税制度改革,即营业税改征增值税试点。2013年8月1日,营业税改征增值税试点在全国范围内推开,并将广播影视作品的制作、播映、发行纳入试点行业。2016年5月1日起,全国范围内营业税停征全部改征增值税。

一、营业税改征增值税的指导思想和基本原则

(一)指导思想

建立健全有利于科学发展的税收制度,促进经济结构调整,支持社会服务业发展。大力发展第三产业,尤其是服务业,对推进经济结构调整和提高国家综合实力具有重要意义。按照建立健全有利于科学发展的财税制度要求,将营业税改征增值税,有利于完善税制,消除重复征税;有利于促进社会专业化分工,促进三次产业融合;有利于降低企业税收成本,增强企业发展能力;有利优化投资、消费和出口结构,促进国民经济健康协调发展。

(二)基本原则

统筹设计、分步实施,基本消除流转税的重复征税。正确处理改革、发展、稳定的关系,统筹兼顾经济社会发展要求,结合全面推行改革需要和当前实际,科学设计,稳步推进。规范税制、合理负担。在保证增值税规范运行的前提下,根据财政承受能力和不同行业发展特点,合理设置税制要素,改革试点行业总体税负不增加或略有下

降，基本消除流转税的重复征税。全面协调、平稳过渡。妥善处理试点前后增值税与营业税政策的衔接、试点纳税人与非试点纳税人税制的协调，建立健全适应第三产业发展的增值税管理体系，确保改革试点成功。

营改增试点时间，从2012年1月1日开始在上海市试点。后经国务院批准，将交通运输业和部分服务业营业税改征增值税试点范围，由上海市分批扩大至北京等8个省（直辖市）。包括北京市、天津市、江苏省、安徽省、浙江省（含宁波市）、福建省（含厦门市）、湖北省、广东省（含深圳市）。根据国务院进一步扩大交通运输业和部分服务业营业税改征增值税（以下简称"营改增"）试点的要求，经国务院批准，自2013年8月1日起，在全国范围内开展交通运输业和部分服务业"营改增"试点。2016年5月1日起，全国范围内全部征收营业税的行业都施行停征营业税改征增值税。

二、增值税的主要特点

1. 不重复征税，具有中性税收的特征。所谓中性税收，是指税收对经济行为包括企业生产决策、生产组织形式等不产生影响，由市场对资源配置发挥基础性、主导性作用。政府在建立税制时，以不干扰经营者的投资决策和消费者的消费选择为原则。增值额具有中性税收的特征，是因为增值税只对货物或劳务（服务）、让渡资产使用权或转让不动产（无形资产）的销售额中没有征过增值税的那部分增值额征税，对销售额中属于转移过来的、以前环节已征过增值税的那部分销售额则不再征税，也排除了重复征税。此外，增值税税率档次少，即使采取二档或三档税率的，其绝大部分货物一般也都是按一个统一的基本税率征税。这不仅使得绝大部分货物的税负是一样的，而且同一货物在经历的所有生产和流通的各环节的整体税负也是一样的。这种情况使增值税对生产经营活动及消费行为基本不发生影响，从而使增值税具有了中性税收特征。

2. 逐环节征税，逐环节扣税，增值税税负具有逐环节向前推移和转嫁的特点，最终消费者是全部税款的承担者。作为新型的流转税，增值税保留了传统间接税按流转额全值计税和道道征税的特点，同时还实行税款抵扣制度。即在逐环节征税的同时还逐环节扣税。在这里，各环节的经营者作为纳税人只是把从买方收取的税款抵扣自己支付给卖方的税款后的余额缴给政府，而经营者本身实际上并没有承担增值税税款。这样，随着各环节交易活动的进行，经营者在出售货物的同时也出售了该货物所承担的增值税税款，直到货物卖给最终消费者时，货物在以前环节已纳的税款连同本环节的税款也一同转嫁给了最终消费者。可见，增值税税负具有逐环节向前推移的特点，作为纳税人的生产经营者并不是增值税的真正负担者，最终消费者才是全部税款的负担者。

3. 税基广阔，具有征收的普遍性和连续性。无论是从横向还是纵向来看，增值税都有着广阔的税基。从生产经营的横向关系看，无论工业、商业或者劳务服务活动，只要有增值收入就要纳税；从生产经营的纵向关系看，每一货物无论经过多少生产经营环节，都要按各每道环节上发生的增值额逐次征税。

三、增值税的计税方法

增值税的计税方法分为直接计算法和间接计算法两种类型。

(一) 直接计算法

直接计算法，是指首先计算出应税货物或劳务的增值额，然后用增值额乘以适用税率求出应纳税额。直接计算法按计算增值额的不同，又可分为加法和减法。

1. 加法，是把企业在计算期内实现的各项增值项目一一相加，求出全部增值额，然后再依率计算增值税。增值项目包括工资、奖金、利润、利息、租金以及其他增值项目。这种加法只是一种理论意义上的方法，实际应用的可能性很小，甚至不可能。这是因为：(1) 由于企业实行的财务会计制度不同，致使确定增值项目与非增值项目的标准也不尽相同，在实际工作中易混淆，难以执行。(2) 增值额本身是一个比较模糊的概念，很难准确计算。如企业收取的违约金、没收的财物或接收的捐赠等，准确判定是否属于增值额较难。

2. 减法，是以企业在计算期内实现的应税货物或劳务的全部销售额减去规定的外购项目金额以后的余额作为增值额，然后再依率计算增值税，这种方法又叫扣额法。当采取购进扣额法时，该计算方法同下述扣税法没有什么区别，但必须有一个前提条件，即只有在采用一档税率的情况下，这种计算方法才具有实际意义，如要实行多档税率的增值税制度，则不能采用这种方法计税。

(二) 间接计算法

间接计算法，是指不直接根据增值额计算增值税，而是首先计算出应税货物的整体税负，然后从整体税负中扣除法定的外购项目已纳税款。由于这种方法是以外购项目的实际已纳税额为依据，所以又叫购进扣税法或发票扣税法。这种方法简便易行，计算准确，既适用于单一税率，又适用于多档税率，因此，是实行增值税的国家广泛采用的计税方法。

四、增值税税率

我国增值税设置的是比例税率，2020年，执行的是三档税率：13%、9%和6%，一档零税率：对出口货物和劳务实施的零税率（0%），和两档征收率：5%和3%。

(一) 基本税率：13%

纳税人销售或者进口货物，除列举的外，税率均为13%（原来是17%）；提供加工、修理修配劳务和应税服务，除适用低税率范围外，税率也为13%。这一税率就是通常所说的基本税率。

（二）低税率：9%和6%

1. 纳税人销售或者进口列举货物适用税率为9%（原来是13%），就是通常所说的低税率（具体见"适用9%低税率货物的具体范围"）。

2. 提供服务，分别适用税率为9%（原来是11%）和部分服务业适用税率6%。

（三）零税率：0%

纳税人出口货物和财政部、国家税务总局规定的应税劳务，税率为零。但是国务院另有规定的除外（详见应税服务适用零税率的范围）。

（四）其他规定

纳税人兼营不同税率的货物或者应税劳务的，应当分别核算不同税率货物或者应税劳务（服务）的销售额。未分别核算销售额的，要从高适用税率计算缴纳增值税。

五、虚开增值税专用发票

（一）虚开专用发票概述

虚开增值税专用发票（以下简称专用发票）是指有为他人虚开、为自己虚开、让他人为自己虚开、介绍他人虚开增值税专用发票行为之一的。虚开专用发票行为主要包括：

1. 没有货物购销或者没有提供或接受应税劳务而为他人、为自己、让他人为自己、介绍他人开具专用发票。

2. 有货物购销或者提供或接受了应税劳务但为他人、为自己、让他人为自己、介绍他人开具数量或者金额不实的专用发票。

3. 进行了实际经营活动，但让他人为自己代开专用发票。

（二）虚开专用发票的处理

虚开发票的行为都是严重的违法行为，既涉及专用发票开具方或销售方，也涉及专用发票接受方或购进方。纳税人虚开增值税专用发票，未就其虚开金额申报并缴纳增值税的，应按照其虚开金额补缴增值税；已就其虚开金额申报并缴纳增值税的，不再按照其虚开金额补缴增值税。税务机关对纳税人虚开增值税专用发票的行为，应按《中华人民共和国税收征收管理法》及《中华人民共和国发票管理办法》的有关规定给予处罚。纳税人取得虚开的增值税专用发票，不得作为增值税合法有效的扣税凭证抵扣其进项税额。受票方利用他人虚开的专用发票，向税务机关申报抵扣税款进行偷税的，应当依照《中华人民共和国税收征收管理法》及有关法规追缴税款，处以偷税数额五倍以下的罚款；进项税额大于销项税额的，还应当调减其留抵的进项税额。

在货物交易中，购货方从销售方取得第三方开具的专用发票，或者从销货地以外的地区取得专用发票，向税务机关申报抵扣税款或者申请出口退税的，应当按偷税、骗取出口退税处理，依照《中华人民共和国税收征收管理法》及有关法规追缴税款，处以偷税、骗税数额五倍以下的罚款。纳税人取得虚开专用发票未申报抵扣税款，或者未申请出口退税的，应当依照《中华人民共和国发票管理办法》及有关法规，按所取得专用发票的份数，分别处以1万元以下的罚款；但知道或者应当知道取得的是虚开的专用发票，或者让他人为自己提供虚开的专用发票的，应当从重处罚。虚开专用发票或者利用虚开专用发票进行偷税、骗税，构成犯罪的，税务机关依法进行追缴税款等行政处理，并移送司法机关按全国人大常委会发布的《关于惩治虚开、伪造和非法出售增值税专用发票犯罪的决定》和《中华人民共和国刑法》的有关规定追究刑事责任。

（三）善意取得虚开的专用发票

1. 善意取得虚开专用发票特征

增值税购货方善意取得虚开专用发票，应同时具备如下特征：购货方与销售方存在真实的交易，销售方使用的是其所在省（自治区、直辖市和计划单列市）的专用发票，专用发票注明的销售方名称、印章、货物数量、金额及税额等全部内容与实际相符，且没有证据表明购货方知道销售方提供的专用发票是以非法手段获得的。

2. 善意取得虚开专用发票的处理

善意取得虚开专用发票，对购货方应做如下处理：

（1）不以偷税或者骗取出口退税论处；（2）取得的虚开专用发票应按有关法规不予抵扣进项税款或者不予出口、退税；已经抵扣的进项税款或者取得的出口退税，应依法追缴；（3）如能重新取得合法、有效的专用发票，准许其抵扣进项税款；如不能重新取得合法、有效的专用发票，不准其抵扣进项税款或追缴其已抵扣的进项税款；（4）因善意取得虚开专用发票被依法追缴其已抵扣税款的，不再加收滞纳金。

3. 不属于善意取得虚开专用发票及处理

有下列情形之一的，无论购货方（受票方）与销售方是否进行了实际的交易，专用发票所注明的数量、金额与实际交易是否相符，均不属于善意取得虚开专用发票：

（1）购货方取得的专用发票所注明的销售方名称、印章与其进行实际交易的销售方不符的，即"购货方从销售方取得第三方开具的增值税专用发票"；（2）购货方取得的专用发票为销售方所在省（自治区、直辖市和计划单列市）以外地区的，即"从销货地以外的地区取得专用发票"；（3）其他有证据表明购货方明知取得的专用发票系销售方以非法手段获得的，"受票方利用他人虚开的专用发票，向税务机关申报抵扣税款进行偷税"。

对于购货方不属善意取得虚开专用发票的，应按前述取得虚开专用发票有关情况做出相应处理。

营改增以后,按照"凭票扣除、税款计算和计税依据"的不同角度来划分,一般计税应纳增值税额的计算可以分为三类:一是一般计税之凭票扣除,准确地讲是增值税扣税凭证,主要包括增值税专用发票、海关进口增值税专用缴款书、农产品收购(销售)发票和完税凭证;二是一般计税之进项税额计算扣除,如收购农产品和客运服务的计算扣除,生产、生活服务业的加计抵减扣除;三是差额征税,是指以取得的全部价款和价外费用扣除支付给规定范围纳税人的规定项目价款后的不含税余额为销售额的征税方法。因为差额征税在征收营业税的时候就已经存在,所以营改增后征收增值税也依然存在。

六、差额征税

关于差额征税,下面这个观点是错误的,"差额征税是营改增以后为了解决那些无法通过增值税进项发票抵扣来避免重复征税的项目而采取的一种抵扣方法。"事实是差额征税在营改增前就有的,目的是避免重复征税,详见本书附件十八《财政部 国家税务总局关于营业税若干政策问题的通知》(财税〔2003〕16号)。

(一)差额征税项目

营改增试点全面推行后,财政部、国家税务总局对于营业税原有的大部分税收优惠政策采取了"平移模式",基本延续了原营业税的税收优惠政策。

全面营改增后,纳税人可以选择差额征税的应税服务项目如下:

1. 金融商品转让;
2. 经纪代理服务;
3. 旅游服务;
4. 适用简易计税方法的建筑服务;
5. 房地产开发企业中的一般纳税人销售其开发的房地产项目(选择简易计税方法的房地产老项目除外);
6. 一般纳税人销售其2016年4月30日前取得(不含自建)的不动产;
7. 小规模纳税人销售其取得(不含自建)的不动产(不含个体工商户销售购买的住房和其他个人销售不动产);
8. 中国证券登记结算公司允许扣除的资金项目;
9. 劳务派遣服务;
10. 人力资源外包服务;
11. 安全保护服务;
12. 纳税人转让2016年4月30日前取得的土地使用权;
13. 不动产融资租赁服务;

14. 不动产融资性售后回租服务；
15. 提供物业管理服务的纳税人，向服务方收取的自来水水费；
16. 签证代理服务；
17. 纳税人代理进口按规定免征进口增值税的货物；
18. 教育部考试中心及其直属单位为境外单位在境内的考试项目；
19. 存量房交易（二手房买卖）；
20. 航空运输机票代理服务。

除上述各项外，还有几项是没有归集整理的。如果纳税人发生营改增差额征税的应税服务，其计税销售额应如何计算呢？

纳税人如发生上述需实行差额征税的增值税应税服务，一般纳税人和小规模纳税人分别按以下方式计算应税销售额：

一般纳税人：计税销售额=（取得的全部含税价款和价外费用−支付给其他单位或个人的含税价款）÷（1+对应征税应税服务适用的增值税税率或征收率）。

小规模纳税人：计税销售额=（取得的全部含税价款和价外费用−支付给其他单位或个人的含税价款）÷（1+征收率）。

选择营改增差额征税的纳税人，可凭哪些有效凭证进行差额扣除？

差额扣除应当取得符合法律、行政法规和国家税务总局规定的有效凭证，否则不得扣除。所谓有效凭证指的是：

1. 支付给境内单位或者个人的款项，以发票为合法有效凭证；
2. 支付给境外单位或者个人的款项，以该单位或者个人的签收单据为合法有效凭证，税务机关对签收单据有疑议的，可以要求其提供境外公证机构的确认证明；
3. 缴纳的税款，以完税凭证为合法有效凭证；
4. 扣除的政府性基金、行政事业收费或者向政府支付的土地价款，以省级以上（含省级）财政部门监（印）制的财政票据为合法有效凭证；
5. 国家税务总局规定的其他凭证。

（二）差额征税项目的计税依据（销售额）

全面推行营改增后，常见的差额征税项目应如何计算销售额呢？

1. 金融商品转让

纳税人转让金融商品，按照卖出价扣除买入价后的余额为销售额。金融商品的买入价，可以选择按照加权平均法或者移动加权平均法进行核算，选择后36个月内不得变更。

2. 经纪代理服务

以取得的全部价款和价外费用，扣除向委托方收取并代为支付的政府性基金或者行政事业性收费后的余额为销售额。

3. 旅游服务

纳税人提供旅游服务，以取得的全部价款和价外费用，扣除向旅游服务购买方收取并支付给其他单位或者个人的住宿费、餐饮费、交通费、签证费、门票费和支付给其他接团旅游企业的旅游费后的余额为销售额。

4. 适用简易计税方法的建筑服务

纳税人提供建筑服务适用简易计税方法的，以取得的全部价款和价外费用扣除支付的分包款后的余额为销售额。

（1）小规模纳税人跨县（市）提供建筑服务，应以取得的全部价款和价外费用扣除支付的分包款后的余额为销售额，按照3%的征收率计算应纳税额。

（2）一般纳税人为建筑工程老项目提供的建筑服务，可以选择适用简易计税方法计税。建筑工程老项目，是指建筑工程施工许可证注明的合同开工日期在2016年4月30日前的建筑工程项目；未取得建筑工程施工许可证的，建筑工程承包合同注明的开工日期在2016年4月30日前的建筑工程项目。

一般纳税人跨县（市）提供建筑服务，选择适用简易计税方法计税的，应以取得的全部价款和价外费用扣除支付的分包款后的余额为销售额，按照3%的征收率计算应纳税额。

5. 房地产开发企业中的一般纳税人销售其开发的房地产项目（选择简易计税方法的房地产老项目除外）

以取得的全部价款和价外费用，扣除受让土地时向政府部门支付的土地价款后的余额为销售额。

6. 适用简易计税方法的不动产（不含自建）转让（包括一般纳税人、小规模纳税人、自然人）

以收取的全部价款和价外费用，扣除该项不动产购置原价或者取得不动产时的作价。

7. 中国证券登记结算公司允许扣除的资金项目

该类项目的销售额不包括按规定提取的证券结算风险基金。

8. 劳务派遣服务

劳务派遣服务，是指劳务派遣公司为了满足用工单位对于各类灵活用工的需求，将员工派遣至用工单位，接受用工单位管理并为其工作的服务。

一般纳税人提供劳务派遣服务，可以按照《财政部　国家税务总局关于全面推开营业税改征增值税试点的通知》（财税〔2016〕36号）的有关规定，以取得的全部价款和价外费用为销售额，按照一般计税方法计算缴纳增值税；也可以选择差额纳税，以取得的全部价款和价外费用，扣除代用工单位支付给劳务派遣员工的工资、福利和为其办理社会保险及住房公积金后的余额为销售额，按照简易计税方法依5%的征收率计算缴纳增值税。

小规模纳税人提供劳务派遣服务，可以按照《财政部　国家税务总局关于全面推开营业税改征增值税试点的通知》（财税〔2016〕36号）的有关规定，以取得的全部价款和价外费用为销售额，按照简易计税方法依3%的征收率计算缴纳增值税；也可以选择差额纳税，以取得的全部价款和价外费用，扣除代用工单位支付给劳务派遣员工的工资、福利和为其办理社会保险及住房公积金后的余额为销售额，按照简易计税方法依5%的征收率计算缴纳增值税。

选择差额纳税的纳税人，向用工单位收取用于支付给劳务派遣员工工资、福利和为其办理社会保险及住房公积金的费用，不得开具增值税专用发票，可以开具普通发票。

9. 人力资源外包服务

纳税人提供人力资源外包服务，可以按照《财政部　国家税务总局关于进一步明确全面推开营改增试点有关劳务派遣服务、收费公路通行费抵扣等政策的通知》（财税〔2016〕47号）的有关规定，按照经纪代理服务缴纳增值税，其销售额不包括受客户单位委托代为向客户单位员工发放的工资和代理缴纳的社会保险、住房公积金。

向委托方收取并代为发放的工资和代理缴纳的社会保险、住房公积金，不得开具增值税专用发票，可以开具普通发票。

10. 安全保护服务

根据《财政部　国家税务总局关于进一步明确全面推开营改增试点有关再保险、不动产租赁和非学历教育等政策的通知》（财税〔2016〕68号）的相关规定，纳税人提供安全保护服务比照劳务派遣服务政策执行。

以取得的全部价款和价外费用，扣除代用工单位支付给劳务派遣员工的工资、福利和为其办理社会保险及住房公积金后的余额为销售额。

11. 纳税人转让2016年4月30日前取得的土地使用权

以收取的全部价款和价外费用，扣除该项土地使用权购置原价或者取得时的作价后的余额为销售额。

12. 不动产融资租赁服务

以取得的全部价款和价外费用，扣除支付的借款利息（包括外汇借款和人民币借款利息）、发行债券利息和车辆购置税后的余额为销售额。

13. 不动产融资性售后回租服务

以取得的全部价款和价外费用（不含本金），扣除对外支付的借款利息（包括外汇借款和人民币借款利息）、发行债券利息后的余额为销售额。

14. 提供物业管理服务的纳税人，向服务方收取的自来水等水费

根据《国家税务总局关于物业管理服务中收取的自来水水费增值税问题的公告》

（国家税务总局公告 2016 年第 54 公告）的规定：提供物业管理服务的纳税人，向服务方收取的自来水水费，以扣除其对外支付的自来水水费后的余额为销售额，按照简易计税方法按照 3% 的征收率计算缴纳增值税。

15. 教育部考试中心及其直属单位为境外单位在境内考试的服务

教育部考试中心及其直属单位应以取得的考试费收入扣除支付给境外单位考试费后的余额为销售额，按提供"教育辅助服务"缴增值税。

16. 纳税人提供签证代理服务

以取得的全部价款和价外费用，扣除向服务接受方收取并代为支付给外交部和外国驻华使（领）馆的签证费、认证费后的余额为销售额。向服务接受方收取并代为支付的签证费、认证费，不得开具增值税专用发票，可以开具增值税普通发票。

17. 纳税人代理进口按规定免征进口增值税的货物

其销售额不包括向委托方收取并代为支付的货款。向委托方收取并代为支付的款项，不得开具增值税专用发票，可以开具增值税普通发票。

根据《国家税务总局关于小规模纳税人免征增值税政策有关征管问题的公告》（国家税务总局公告 2019 年第 4 号）的规定，适用增值税差额征税政策的小规模纳税人，以差额后的销售额确定是否可以享受小微企业免征增值税政策。《增值税纳税申报表（小规模纳税人适用）》中的"免税销售额"相关栏次，填写差额后的销售额。

七、差额征税如何开票？

根据《关于全面推开营业税改征增值税试点有关税收征收管理事项的公告》（国家税务总局公告 2016 年第 23 号）第四条第二款的规定，按照现行政策规定适用差额征税办法缴纳增值税，且不得全额开具增值税发票的（财政部、国家税务总局另有规定的除外），纳税人自行开具或者税务部门代开增值税专用发票时，通过新系统中差额征税开票功能，录入含税销售额（或含税评估额）和扣除额，系统自动计算税额和不含税金额，备注栏自动打印"差额征税"字样，发票开具不应与其他项目混开。所有差额征税业务开具增值税普通发票时，应全额开具。

差额征税的开票，除了文件明确规定差额部分（指扣除部分，下同）不得开具增值税专用发票以外，都可以全额开具，因此可以划分为两种类型：差额部分不得开具专用发票和差额部分可以开具专用发票。

（一）差额部分不得开具专用发票

增值税一般计税核算的一个显著特征是向销售方征多少增值税，购买方则抵多少增值税。如果政策明确规定差额部分不得开具增值税专用发票，开票方式有以下两种：一是全额开具普通发票；二是使用差额开票功能开具发票，这种类型下，受票方取得的发票中差额部分对应的增值税（进项税额）自然没有参与抵扣。

目前政策明确规定差额部分不得开具增值税专用发票的事项包括：

1. 经纪代理服务，以取得的全部价款和价外费用扣除向委托方收取并代为支付的政府性基金或行政事业性收费后的余额为销售额。向委托方收取的政府性基金或行政事业性收费，不得开具增值税专用发票。（参考依据：财税〔2016〕36号文附件2）

2. 旅游服务，可以选择以取得的全部价款和价外费用，扣除向旅游服务购买方收取并支付给其他单位或者个人的住宿费、餐饮费、交通费、签证费、门票费和支付给其他接团旅游企业的旅游费用后的余额为销售额。向旅游服务购买方收取并支付的上述费用，不得开具增值税专用发票，可以开具普通发票。（参考依据：财税〔2016〕36号文附件2）

3. 劳务派遣服务，可以选择以取得的全部价款和价外费用，扣除代用工单位支付给劳务派遣员工的工资、福利和为其办理社会保险及住房公积金后的余额为销售额，按照简易计税方法依5%的征收率计算缴纳增值税。选择差额纳税的纳税人，向用工单位收取用于支付给劳务派遣员工工资、福利和为其办理社会保险及住房公积金的费用，不得开具增值税专用发票，可开具普通发票。（参考依据：财税〔2016〕47号）

4. 安保服务，包括场所住宅保安、特种保安、安全系统监控、提供武装守护押运服务以及其他安保服务。纳税人提供安全保护服务，比照劳务派遣服务政策执行。（参考依据：财税〔2016〕68号）

5. 中国移动通信集团公司、中国联合网络通信集团公司、中国电信集团公司及其成员单位，通过手机短信公益特服号为公益性机构接受的捐款，以其取得的全部价款和价外费用，扣除支付给公益性机构捐款后的余额为销售额。其接受的捐款，不得开具增值税专用发票。（参考依据：财税〔2016〕39号）

6. 提供签证代理服务，以取得的全部价款和价外费用，扣除向服务接受方收取并代为支付给外交部和外国驻华使（领）馆的签证费、认证费后的余额为销售额。向服务接受方收取并代为支付的签证费、认证费，不得开具增值税专用发票，可以开具增值税普通发票。（参考依据：国家税务总局公告2016年第69号）

7. 境外单位通过教育部考试中心及其直属单位在境内开展考试，教育部考试中心及其直属单位为其提供的教育辅助服务，以取得的考试费收入扣除支付给境外单位考试费后的余额为销售额，就代为收取并支付给境外单位的考试费统一扣缴增值税。教育部考试中心及其直属单位代为收取并支付给境外单位的考试费，不得开具增值税专用发票，可以开具增值税普通发票。（参考依据：国家税务总局公告2016年第69号）

8. 金融商品转让，按照卖出价扣除买入价后的余额为销售额，不得开具增值税专用发票。金融商品转让，不得开具增值税专用发票。（参考依据：财税〔2016〕36号文附件2）

9. 自2018年7月25日起，航空运输销售代理企业提供境内机票代理服务，以取得的全部价款和价外费用,扣除向客户收取并支付给航空运输企业或其他航空运输销售代理企业的境内机票净结算款和相关费用后的余额为销售额。航空运输销售代理企业就取得的全部价款和价外费用,向购买方开具行程单,或开具增值税普通发票。(参考依据:国家税务总局公告 2018 年第 42 号)

10. 增值税小规模纳税人销售其取得的不动产,适用差额征税代开发票的,通过系统中差额征税开票功能,录入含税销售额(或含税评估额)和扣除额,系统自动计算税额和金额,备注栏自动打印"差额征税"字样。(参考依据:税总函〔2016〕145 号)

其他个人销售其取得(不含自建)的不动产(不含其购买的住房),应以取得的全部价款和价外费用减去该项不动产购置原价或者取得不动产时的作价后的余额为销售额,按照 5% 的征收率向不动产所在地的主管税务部门申报缴纳增值税。(参考依据:国家税务总局公告 2016 年第 14 号)

11. 试点纳税人,根据 2016 年 4 月 30 日前签订的有形动产融资性售后回租合同,在合同到期前提供的有形动产融资性售后回租服务,可继续按照有形动产融资租赁服务缴纳增值税。

继续按照有形动产融资租赁服务缴纳增值税的试点纳税人,经人民银行、银监会或者商务部批准从事融资租赁业务的,根据 2016 年 4 月 30 日前签订的有形动产融资性售后回租合同,在合同到期前提供的有形动产融资性售后回租服务,可以选择以下方法之一计算销售额:

① 以向承租方收取的全部价款和价外费用,扣除向承租方收取的价款本金,以及对外支付的借款利息(包括外汇借款和人民币借款利息)、发行债券利息后的余额为销售额。

② 纳税人提供有形动产融资性售后回租服务,计算当期销售额时可以扣除的价款本金,为书面合同约定的当期应当收取的本金。无书面合同或者书面合同没有约定的,为当期实际收取的本金。

③ 试点纳税人提供有形动产融资性售后回租服务,向承租方收取的有形动产价款本金,不得开具增值税专用发票,可以开具普通发票。(参考依据:财税〔2016〕36 号文附件 2)

(二) 差额部分可以开具增值税专用发票

销售方全额开票,差额纳税,购买方符合规定的可全额抵扣税款。即除了政策明确规定差额部分不得开具增值税专用发票以外的项目,其余的项目都可以全额开具增值税专用发票。这样处理,不仅减轻了销售方不能取得进项发票的税负问题,又使购买方的利益不受影响。

主要包括以下项目:

1. 一般纳税人转让其2016年4月30日前取得（不含自建）的不动产，可以选择适用简易计税方法计税，以取得的全部价款和价外费用扣除不动产购置原价后的余额为销售额，按照5%的征收率计算应纳税额。（参考依据：国家税务总局公告2016年第14号）

2. 建筑服务预缴以及建筑服务简易计税可扣除支付的分包款。（参考依据：财税〔2016〕36号文附件2）

3. 房地产开发企业中的一般纳税人销售其开发的房地产项目（选择简易计税方法的房地产老项目除外），以取得的全部价款和价外费用，扣除受让土地时向政府部门支付的土地价款后的余额为销售额。

所述"向政府部门支付的土地价款"，包括土地受让人向政府部门支付的征地和拆迁补偿费用、土地前期开发费用和土地出让收益等。在取得土地时向其他单位或个人支付的拆迁补偿费用也允许在计算销售额时扣除。纳税人按上述规定扣除拆迁补偿费用时，应提供拆迁协议、拆迁双方支付和取得拆迁补偿费用凭证等能够证明拆迁补偿费用真实性的材料。（参考依据：财税〔2016〕36号文附件2、国家税务总局公告2016年第18号、财税〔2016〕140号）

4. 符合规定的试点纳税人提供融资租赁服务和融资性售后回租服务，以取得的全部价款和价外费用，扣除支付的借款利息（包括外汇借款和人民币借款利息）、发行债券利息和车辆购置税后的余额为销售额。（参考依据：财税〔2016〕36号文附件2）

5. 试点纳税人中的一般纳税人提供客运场站服务，以其取得的全部价款和价外费用，扣除支付给承运方运费后的余额为销售额。（参考依据：财税〔2016〕36号文附件2）

6. 提供物业管理服务的纳税人，向服务接受方收取的自来水等水费，以扣除其对外支付的自来水水费后的余额为销售额，按照简易计税方法依3%的征收率计算缴纳增值税。（参考依据：国家税务总局公告2016年第54号）

7. 纳税人转让2016年4月30日前取得的土地使用权，可以选择适用简易计税方法，以取得的全部价款和价外费用减去取得该土地使用权的原价后的余额为销售额，按照5%的征收率计算缴纳增值税。（参考依据：财税〔2016〕47号）

八、房地产开发企业的差额计税

房地产开发企业销售自行开发的房地产项目，其计税方法与项目的开工日期有关，老项目适用简易计税、新项目适用一般计税。即建筑工程施工许可证注明的合同开工日期在2016年4月30日前的房地产项目，可以选用简易计税方法计税；建筑工程施工许可证注明的合同开工日期在2016年5月1日后的房地产项目，只能适用一般计税方法计税。

房地产开发企业中的一般纳税人销售自行开发的房地产项目，适用一般计税方法计税的，按照取得的全部价款和价外费用，扣除当期销售房地产项目对应的土地价款后的余额计算销售额，即差额征税。支付的土地价款，是指向政府、土地管理部门或受政府委托收取土地价款的单位直接支付的土地价款，包括土地受让人向政府部门支付的征地和拆迁补偿费用、土地前期开发费用和土地出让收益等。同时，取得土地时向其他单位或个人支付的真实拆迁补偿费用也允许在计算销售额时扣除。房开企业中的一般纳税人销售自行开发的房地产老项目，适用简易计税方法计税的，以取得的全部价款和价外费用为销售额，不得扣除对应的土地价款。综上所述，房开企业的简易计税是全额口径，一般计税是差额口径，与建筑服务正好相反。

从会计处理的角度看，一般计税方法且允许差额的业务，应通过"销项税额抵减"的这个专栏进行核算。除上述差额业务适用科目和核算流程有特殊性之外，房地产开发企业在会计处理时还应注意以下四种情况。

一是房地产开发企业取得预收款时，不发生纳税义务，但需要按规定预缴增值税及其附加，会计处理要进行反映，包括：实际预缴时的处理、附加税费的期末结转损益、以预缴税款抵减应纳税额等。

二是除个别省份外，房地产开发企业的纳税义务发生时间与会计收入确认的时间是一致的，均为不动产交付时，因此其增值税与会计核算没有税会差异，也就是房地产开发企业无须使用"应交税费——待转销项税额"明细科目。

三是房地产开发企业未成立独立的项目公司而是以设置项目部的方式进行开发的，还需要考虑公司范围内的应纳增值税款等的结转问题。

四是考虑到房地产开发企业预缴增值税在时间方面的特殊性，其"应交税费——预交增值税"科目很可能存在借方余额，期末应在资产负债表的"其他流动资产"或者"其他非流动资产"的项目进行列示。

下面举例说明：

A房地产开发公司注册地位于北京市朝阳区，该公司为一般纳税人，目前共有甲乙两个开发项目，均适用一般计税方法计税。

（一）甲项目位于北京市朝阳区，尚处在建阶段，已取得预售许可证，2016年10月预售款收入5550万元。

第一步，10月收到预售款

借：银行存款　　　　　　　　　　　　　　　　　　　　55 500 000

　　贷：预收账款　　　　　　　　　　　　　　　　　　　55 500 000

第二步，11月申报期向原主管国税局预缴增值税

借：应交税费——预交增值税　　　　　　　　　　　　　1 500 000

　　贷：银行存款　　　　　　　　　　　　　　　　　　　1 500 000

第三步，同时向主管地税局预缴附加税费（略）

因此，甲项目已预缴的150万元增值税，不可以抵减A房地产公司的非甲项目的应纳增值税税额，预缴的附加税费应在资产负债表日结转至"税金及附加"科目。

（二）乙项目位于北京市大兴区，为现房，建筑面积10万平方米，取得土地使用权支付的土地价款及支付的拆迁补偿费共计31080万元，该项目发生建安等费用对应的进项税额980万元，取得合规扣税凭证。2016年10月共销售230套，建筑面积2万平方米，预售收入97680万元，2016年12月交房120套，对应的建筑面积1万平方米，结转收入48840万元。

第一步，10月取得预售款

借：银行存款　　　　　　　　　　　　　　　　　　　976 800 000
　贷：预收账款　　　　　　　　　　　　　　　　　　　　976 800 000

第二步，11月申报期向主管国税局预缴增值税

借：应交税费——预交增值税　　　　　　　　　　　　26 400 000
　贷：银行存款　　　　　　　　　　　　　　　　　　　　26 400 000

同时向主管地税局预缴附加税费（略）

第三步，12月交房确认收入，发生纳税义务

借：预收账款　　　　　　　　　　　　　　　　　　　488 400 000
　贷：主营业务收入　　　　　　　　　　　　　　　　　　440 000 000
　　　应交税费——应交增值税（销项税额）　　　　　　　48 400 000

第四步，计算扣除土地价款及拆迁补偿费

借：应交税费——应交增值税（销项税额抵减）　　　　3 080 000
　贷：主营业务成本　　　　　　　　　　　　　　　　　　3 080 000

当期允许扣除的土地价款=（1÷10）×31080=3108（万元）

允许抵减的销项税额=3108÷1.11=308（万元）

(三) 公司应缴纳增值税的结转和纳税申报

第一步，计算应纳增值税额

2017年1月申报期申报纳税（假定A公司本月无其他涉税业务）

应纳税额=销项税额-销项税额抵减-进项税额
　　　　=4840-308-980=3552（万元）

预缴税款=甲项目预缴税款+乙项目预缴税款
　　　　=150+2640=2790（万元）

本期应补税额=3552-2790=762（万元）

第二步，转出未交增值税

借：应交税费——应交增值税（转出未交增值税）　　　35 520 000

贷：应交税费——未交增值税　　　　　　　　　　　　　　35 520 000
第三步，预交税款抵减未交增值税
借：应交税费——未交增值税　　　　　　　　　　　　　　　27 900 000
　　贷：应交税费——预交增值税　　　　　　　　　　　　　　27 900 000
第四步，申报后缴纳
借：应交税费——未交增值税　　　　　　　　　　　　　　　　7 620 000
　　贷：银行存款　　　　　　　　　　　　　　　　　　　　　 7 620 000

九、税会差异

税会差异，反映的是国家利益与企业利益之间的经济博弈关系。税法与会计制度作为两个不同的领域，虽然存在密切联系，但由于各自目标不同、服务对象不同，二者之间必然会存在一定的差异。纳税人既要按照会计制度的要求进行会计核算，又要严格按照税法的要求计算纳税，要做到这一点，必须掌握会计与税法的差异，然后在会计核算的基础上按照税法的规定进行纳税调整。实务中，税会差异是永远存在的，正是因为税会差异的存在，才更体现"税法优先"原则。

（一）原因分析

税收目标与会计目标的取向不同是导致税会差异产生的根本原因，会计应在满足税收需要的同时，保持自身的独立性。制度因素的差别是造成税会差异产生和增大的主因。一般来讲，企业的应税收益大于财务报告的账面收益，并且从整体上来看，两者之间差异呈增大的趋势。

国际会计制度的影响不能作为税会差异增大的主要原因。在2008年1月1日起开始实施的企业所得税法，更是将中国企业所得税国际化程度提升到新的层次，过分夸大国际会计准则或国际会计制度对税会差异的影响是不恰当的。

综上所述，不难发现税会差异形成的原因是比较复杂的，应是各种因素共同造成的，不应该过分强调某一方面的影响。税收和会计目标的不同应该是其差异产生的最根本原因，其他的差异只是在目标差异前提下不同的具体表现形式而已。

（二）企业所得税的税会差异分类

在企业所得税实务中，可以把应纳税所得与会计所得之间的差异分为：永久性差异、暂时性差异、税收减免、期间所得税分配和亏损抵回。其实，也可以将分类中的"税收减免"划归到永久性差异，期间所得税分配和亏损抵回归入到暂时性差异中的。亏损抵回，是指企业用本年度发生的亏损去抵销以前年度的应税收益，并退回已缴的企业所得税。无论是把税会差异划分为永久性差异和时间性差异，还是将其划分为永久性差异和暂时性差异，分类依据均可归纳为税会差异的能否转回性。一经发生，便不能转回的差异，为永久性差异；否则，是时间性差异或暂时性差异。

目前，由于资产负债表债务法的引入，有观点认为"会计与税收差异已由以往的利润表基础上的应税所得与会计利润之间的差异转变为基于资产、负债的账面价值与其计税基础之间的差异，即暂时性差异。"这是片面的。总之，税会之间的差异不应简单地等同为应纳税所得额与会计利润总额之间的差异，后者是前者的汇总或合并；前者是具体业务之间的税会差异，后者为总体上的税会差异。在资产负债表债务法下的税会差异也不能简单地认为就是暂时性差异。

（三）产品销售收入的税会差异

1. 预售收入转作销售收入的差异

按税法规定，开发产品完工后，房地产开发企业应根据收入的性质和销售方式，按照收入确认的原则，合理地将预售收入确认为实际销售收入，同时按规定结转其对应的计税成本，计算出该项开发产品实际销售收入的毛利额。该项开发产品实际销售收入毛利额与其预售收入毛利额之间的差额，计入完工年度的应纳税所得额。但根据会计准则的有关规定，在房地产企业未将开发产品移交给购房户前不能确认为收入，仍应按"预收账款"管理。

2. 银行按揭方式销售开发产品的差异

按税法规定，采取银行按揭方式销售开发产品的，其首付款应于实际收到日确认收入的实现，余款在银行按揭贷款办理转账之日确认收入的实现。但根据会计准则的有关规定，在房地产企业未将开发产品移交给购房户前不能确认为收入，仍应按"预收账款"管理。

3. 售后回购业务的差异

售后回购业务在会计核算时，按照"实质重于形式"的要求，视同融资作账务处理，不确认收入，体现谨慎性原则，也确保了会计信息的真实性和可靠性。而税法规定，销售的商品按售价确认收入，回购的商品作为购进商品处理。有证据表明不符合销售收入确认条件的，如以销售商品方式进行融资，收到的款项应确认为负债，回购价格大于原售价的，差额应在回购期间确认为利息费用。

4. 售后回租业务的差异

新会计准则规定，在形成融资租赁的售后租回交易方式下，对卖主（承租人）而言，无论所发生的销售收入高于还是低于出售前资产的账面价值，所发生的收益或损失都不应立即确认为当期损益，而应将其作为融资费用递延。在形成经营租赁的售后租回交易方式下，在没有确凿证据表明售后租回交易是按照公允价值达成的情况下，无论所发生的销售收入高于还是低于出售前资产的账面价值，所发生的收益或损失都不应立即确认为当期损益，而应将其作为融资费用递延。

（四）建造合同收入的税会差异

1. 税法规定房地产开发企业代建工程和提供劳务不超过12个月的，可按合同约定的价款结算日或在合同完工之日确认收入。但会计准则或制度规定，跨年度的建造合同应在资产负债表日确认合同收入与合同费用。因此，对跨年度但持续时间不超过12个月的建造合同的会计与税收处理存在着明显的差异。

【例】A房产公司与当地某电力公司签订代建合同，前者为后者建一幢住宅楼，合同约定工期11个月，从当年3月初动工至明年1月底完成，总造价1000万元，预算成本800万元，当年实际发生成本700万元。按会计准则，该建造合同由于在不同会计年度完成，应按完工百分比法确定收入。第一年计算完工程度87.5%（700÷800×100%），确认账面收入875万元（1000×87.5%），成本700万元，利润175万元。但按税法，由于工期不超过12个月，可在明年1月完工时，再申报收入1000万元及实际成本，并计算应纳税所得。

2. 对于跨年度的建造合同，在资产负债表日建造合同的结果能够可靠估计的，会计上按完工百分比法确认建造合同收入，税法上按完工进度或完成的工作量确认收入，两者的处理基本一致。但对于在资产负债表日建造合同的结果不能够可靠估计的，会计上强调企业经营中可能出现的风险，从谨慎性原则出发，根据预计已经收回或将要收回的款项能弥补多少已经发生的成本，确认部分，或者不确认建造合同收入；而税法按权责发生制原则，不考虑企业的经营风险，依然按完工进度确认建造合同收入。

【例】2018年初，甲建筑公司签订了一项总额为1000万元的建造合同，为乙公司建造一座桥梁。工程已于2018年2月开工，将在2019年6月完工，预计工程总成本为800万元。截至2018年12月31日，该项目已经发生的成本为500万元，预计完成合同还将发生成本300万元，已结算工程价款400万元，实际收到250万元。2018年12月31日，甲公司得知乙公司2018年出现了巨额亏损，生产经营发生严重困难，以后的款项很可能无法收回。假设不考虑城建税和教育费附加，会计分录以汇总数反映，所得税税率为25%，无其他纳税调整项目，预计未来有足够的应纳税所得额予以抵扣相关的可抵扣暂时性差异。

甲公司的税务处理：根据税法规定，甲公司应按完工进度确认工程收入和成本。2018年，该项工程的完工进度为62.5%（500÷800），应确认收入625万元（1000×62.5%）、成本500万元（800×62.5%）。

2018年，税务上确认建造合同所得113万元（625-500-12）。

甲公司的会计处理：根据新准则的规定，2018年12月31日，由于乙公司当年经营发生严重困难，甲公司今后很难收到工程价款，属于建造合同的结果不能可靠估计的情况，不能按完工百分比法确认合同收入。这时，甲公司只能将已经发生的成本中能够得到补偿的部分250万元确认为收入，同时将发生的合同成本500万元全部确认当期费用。

3. 房地产开发企业对建造的资产价值，在期末应当对其进行减值测试，如果建造合同的预计总成本超过合同总收入,则形成合同损失,应提取损失准备,并确认为当期费用。合同完工时,将已提取的损失准备冲减合同费用。而税法则对企业提取的损失准备不予认可,应作纳税调整处理,合同完工时,转回的减值准备应作反方向纳税调整。

第五节 成本和费用核算

房地产开发企业在经营过程中发生各项成本和费用支出,反映了其在项目开发过程中所耗费的全部物化劳动与活劳动,是制定开发产品销售价格的基础。房地产开发企业在计算应纳税所得额前扣除时,必须按规定区分期间费用和成本、开发产品建造成本和销售成本的界限,期间费用和开发产品销售成本可以按规定在当期直接扣除。与经营无关的费用支出均不得扣除。

开发经营的成本和费用核算是否准确,不仅影响到企业所得税,而且关系到土地增值税。成本管理包括用以保证在批准的预算内完成房地产项目所需的过程,由资源计划编制、成本估算、成本预算、成本控制所构成。下面主要介绍房地产开发经营项目的主要成本构成、成本结转以及开发流程中的成本管理。

一、房地产项目主要成本及内容

按照《房地产开发企业会计制度》的相关规定,房地产开发企业在土地、房屋、配套设施和代建工程的开发过程中,开发产品成本按其用途,可分为如下四类:

(1) 土地开发成本:是指房地产开发企业开发土地(即建设场地)所发生的各项费用支出。

(2) 房屋开发成本:是指房地产开发企业开发各种房屋(包括商品房、出租房、周转房等)所发生的各项费用支出。

(3) 配套设施开发成本:是指房地产开发企业开发能有偿转让的配套设施及不能有偿转让、不能直接计入开发产品成本的公共配套设施所发生的各项费用支出。

(4) 代建工程开发成本:是指房地产开发企业接受委托单位的委托,代为开发除土地、房屋以外其他工程,如给排水、供电等市政工程、项目周边道路等所发生的各费用支出。

同时,在会计核算上可将上述四类成本细分为六个成本项目:土地征用及拆迁补偿费、前期工程费、建筑安装工程费、基础设施建设费、公共配套设施费、开发间接费、借款费用等成本项目。

(一) 土地征用及拆迁补偿费

土地征用及拆迁补偿费是指为取得土地开发使用权(或开发权)而发生的各项费

用，包括土地买价或出让金、市政配套费、契税、耕地占用税、土地使用费、土地闲置费、农作物补偿费、危房补偿费、土地变更用途和超面积补交的地价及相关税费、拆迁补偿费用、安置及动迁费用、回迁房建造费用等。具体科目设置及核算内容如下：

1. 取得土地使用权时，主要包括：土地出让金、契税、补交地价、补偿合作方地价、以房换地的价值、印花税等。

2. 土地征用费，主要包括：土地使用权转让费、土地收益金、土地开发费、耕地占用税等。

3. 土地补偿费，主要包括：劳动力安置费、拆迁补偿净支出、安置动迁用房支出、农作物补偿费、危房补偿费、周转房摊销等。

4. 其他费用，主要包括：拍卖佣金、土地购置（拍卖、招标）费、土地交易费、土地开发权批复费、土地面积丈量测绘费、土地闲置费等。

（二）前期工程费

前期工程费是指在取得土地开发权之后，项目开发前期发生的政府许可规费、招标代理费、临时设施费以及水文地质勘察、测绘、规划、设计、可行性研究、咨询论证费、筹建、"三通一平"等前期费用。具体科目设置及核算内容如下：

1. 七通一平费，主要包括：临时施工道路费、临时施工用水接入费、临时施工污水管接入费、临时施工用电接入费、临时施工用气接入费、临时施工办公电话接入费、临时施工办公网络接入费、场地平整费。

2. 临时设施费，主要包括：临时办公室、临时厕所、施工场地围墙及门卫室费、临时场地占用费、临时借用空地租费、其他临时设施费。

3. 规划设计费，主要包括：规划（方案）设计费、管线设计费、施工图设计费、幕墙专项设计费、装饰专项设计费、智能化专项设计费、景观专项设计费、规划设计模型制作费、效果图设计费、制图晒图费、可行性研究费、方案招标费、方案评审费、综合管网设计费、排水方案设计费、其他专项设计费等。

4. 行政规费及报建费，主要包括：项目报建费、施工许可证费、规划管理费、拆迁管理费、审图费、价格评估费、渣土费、施工噪音管理费、散装水泥专项资金、工程质量监督费、工程造价管理费、安全监督费、劳动定额测定费、招投标管理费、综合开发管理费、房屋所有权登记工本费、档案管理费、标底编制费、人防报建费、消防报建费、路口开设费、地籍地形图核地费、抗震审查费、地名费、劳动保险基金等。

5. 大配套费，主要包括：基础设施配套、白蚁预防、地方教育附加费、墙改专项基金、人防易地建设费、水增容、电增容、煤气增容费。

6. 水文地质勘察费，主要包括：地质勘察费、水文勘察费、文物勘察费、拨地钉桩验线费、地下障碍物探测、环境评测费、施工放线费、水准测量工程测量、日照分析合同、工程波速测试、建设项目日照分析、工程测量交通分析费等。

7. 测绘费，主要包括：面积测绘、地形地貌测绘等。

8. 预算编审费，主要包括：编制预算费、预算审查费等。

9. 其他费用，主要包括：挡光费、挡光鉴定费、危房补偿鉴定费、鉴定技术咨询费等。

(三) 建筑安装工程费

建筑安装工程费是指项目开发过程中发生的各项主体建筑的建筑工程费、安装工程费及精装修费等。具体科目设置及核算内容如下：

1. 基础工程，主要包括：土石方工程、地基加固处理费、桩基础、围护及支撑费等。

2. 主体工程，主要包括：土建（结构）工程、土建（建筑）工程等。

3. 安装工程，主要包括：强电工程、智能化工程（三表远传系统费用/家居智能化系统费用）、弱电工程（背景音乐系统、电话系统、网络系统、有线电视系统）、室内电气系统费、给排水工程（自来水/排水/直饮水/热水）、消防安装工程、火灾报警工程、煤气工程综合布线系统、避雷接地工程、空调及通风工程、供暖供热工程（地板热/电热膜/分户燃气炉/管道系统/暖气片）、电梯及自动扶梯、门窗工程（室外门窗、入户门、防火门）、航空灯、室内停车设备、室内停车交通设施、其他安装工程费等。

4. 装饰工程，主要包括：室内精装饰施工（主要包括厨房、卫生间、厅房、阳台、露台的精装修费用）、室外精装饰施工（包括大堂、楼梯间、屋面、外立面及雨篷的精装修费用）等。

5. 甲供设备/材料，主要包括：消防设备、高低压配电柜、变压器、保温层、外墙涂料、瓷砖、窗、门、取暖设备/材料、电梯及自动扶梯、五金配件、家电、家具、厨卫用品等。

6. 样板房装修，主要包括：样板房建筑及装修、样板房内家具、样板房内家电灯等。

7. 售楼处装修，主要包括：售楼处建筑及装修、售楼处内家具、内家电、售楼处景观等。

8. 建安监理费，主要包括：建设监理费、安全监理费等。

9. 检验检测费，主要包括：基坑监测、桩基检测费（静载）、桩基检测费（小应变）、桩基检测费（高应变）、工程主体沉降观测费、采购材料检测费、其他检测费等。

10. 工程造价咨询费，主要包括：工程施工招标代理费、工程设备招标代理费、工程预算编审咨询费、工程结算编审咨询费等。

11. 其他费用，主要包括：现场垃圾清运费、工程保险费、工程劳保费、施工合同外奖金（赶工奖、进度奖等）等。

(四) 基础设施建设费

基础设施建设费是指项目开发过程中发生的建设安装工程施工预算图以外的费用，包括道路、供水、供电、供气、供暖、排污、排洪、消防、通信、照明、有线电视、宽带网络、智能化等社区管网工程费和环境卫生、园林绿化等园林、景观环境工程费用等。具体科目设置及核算内容如下：

1. 电力基础设施费，主要包括：红线外工程费，红线外工程占道费，红线内工程费，碰头费，变电所/站建设费，发电机、高压配电柜、低压配电柜、变压器、设备安装及电缆铺设费，电源建设费，电表费等。

2. 给排水基础设施费，主要包括：红线外工程费、红线外工程占道费、红线内工程费、二次加压费、水泵房、碰头费、雨（污）水管网建设费、消防给水基础设施费、中水基础设施费、水表费等。

3. 煤气基础设施费，主要包括：红线外工程费、红线外工程占道费、红线内工程费、煤气管道铺设费、煤气配套费、碰头费、煤气表费等。

4. 通信线路及设备安装费，主要包括：有线电视入网费、有线电视（闭路电视）的线路铺设、电话配套费、电话增容费、电话电缆集资费、宽带网接入费、智能化系统等。

5. 供热基础设施费，主要包括：红线外工程费、红线外工程占道费、红线内工程费、供热管道的铺设费、碰头费、供热表费、热交换站、锅炉房等。

6. 室外消防系统，主要包括：消防设备、消防工程、消防控制室等。

7. 室外智能化系统，主要包括：电子巡更系统、小区闭路监控系统、小区停车管理系统、周界红外防越、小区门禁系统、电子公告屏、室外背景音乐等。

8. 环境系统，主要包括：环境设计费、绿化建设费、建筑小品、道路建造费、广场建造费、围墙建造费、保安室等。

9. 室外辅助设施，主要包括：室外照明、室外背景音乐、室外零星设施、环卫设施等。

10. 其他费用，主要包括：邮政配套设施、配套监理费、配套预算标底编制费等。

(五) 公共配套设施费

公共配套设施费，是指开发项目内发生的、独立的、非营利性的且产权属于全体业主的，或无偿赠与地方政府、政府公共事业单位的公共配套设施费用等。即产权及其收益权不属于开发商，开发商不能有偿转让也不能转作自留固定资产的公共配套设施支出。具体科目设置及核算内容如下：

1. 不可经营性公共设施，主要包括：会所、居委会、派出所、消防、公厕、自行车棚、露天停车场或停车设备、钢炉房、水塔、室外游乐设施、车站等。

2. 可经营性公共设施，主要包括：游泳池、幼托、学校、图书馆、阅览室、健身房、医院、邮电通信、室外停车设备、室外交通设施等。

3. 特殊公共设施：回租回购的地下人防、补交地价的地下面积。

4. 其他费用：公共设施维修基金、其他公用配套设施费。

（六）开发间接费用

开发间接费用是指企业为直接组织和管理开发项目所发生的，且不能将其直接归属于成本核算对象的工程监理费、造价审核费、结算审核费、工程保险费等。为业主代扣代缴的公共维修基金等不得计入产品成本。具体科目设置及核算内容如下：

1. 工程管理费，主要包括：职工薪酬、折旧费、低值易耗品摊销费、无形资产摊销费、办公费、水电费、劳动保护费、差旅费、招待费、修理费、交通费、培训费、其他工程管理间接费等。

2. 资本化利息，主要包括：利息支出、利息收入、汇兑净损益融资费用等资本化的借款费用。

3. 物业性费用，主要包括：看护费、取暖费、维修费用、补贴性费用等。

4. 移交性费用，主要包括：移交电设施、移交水设施、移交供暖设施、移交煤气设施、其他移交性费用。

以上明细科目只是一个参考，可根据公司的具体情况以及开发项目的特点，自行进行调整。如果房地产企业自行进行基础设施、建筑安装等工程建设的，可以比照建筑企业设置有关成本项目。

开发产品成本计算期间与建设周期是基本一致的。若主体套房已出售，道路、绿化等设施尚未完工，可采用预提方法计入已售商品房成本。

房地产开发企业的项目开发成本结转，如图 3-2 所示。

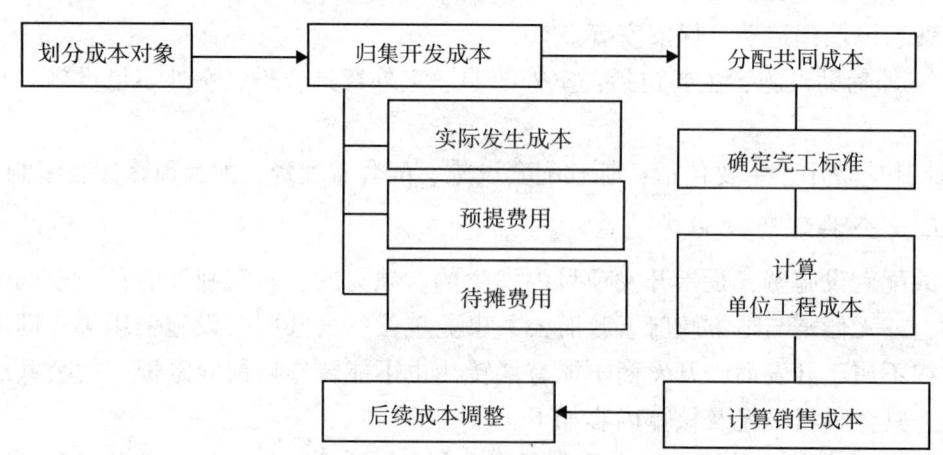

图 3-2 房地产企业项目开发成本结转图

二、房地产项目期间费用及内容

房地产开发经营行业的期间费用的会计核算和其他行业一致，包括三大费用：销售费用、管理费用和财务费用。

（一）销售费用

是指销售商品房过程中所发生的各项费用。主要包括：开发产品销售前的改装修复费、产品看护费、水电费、采暖费；销售过程中所发生的广告宣传、展览费，以及为销售开发产品而专设的销售机构的职工工资、福利费、业务费等经常发生的费用，具体科目设置及核算内容如下：

1. 职工薪酬：销售机构人员的职工薪酬，含销售提成等。
2. 修理费：销售机构使用的固定资产、低值易耗品等修理费用。
3. 物料消耗：销售机构管理耗用材料、用品的费用。
4. 低值易耗品摊销：销售机构和销售人员使用低值易耗品的摊销费。
5. 办公费：销售机构发生的办公用的文具、纸张、印刷、邮电、通信、书报、烧水和集体取暖用煤等费用。
6. 差旅费：销售人员因工作需要出差的差旅费、出差补助费、市内交通和误餐补助费等。
7. 车辆使用费：销售机构使用车辆的油燃料费、养路费、过桥过路费和停车费等。
8. 固定资产使用费：销售机构使用固定资产等折旧费、维修费等。
9. 房租及物管费水电费：销售机构用房的租金、物业管理费、水电费、设备使用费等。
10. 劳动保护费：确因工作需要为销售人员配备或提供工作服、手套、安全保护用品、防暑降温用品等所发生的支出。
11. 展览费：为销售商品房而参加房交会等开支的展位费及展台搭建费、场地布置费、制作费等。
12. 广告费：为销售商品房对外宣传所产生的广告费用，包括电视、广播、互联网、报纸、杂志、公交广告、电子屏等发布的广告费用。
13. 业务宣传费：为销售商品房对外宣传发生的宣传费用，如：广告设施及发布费（车站广告、路牌广告）、现场包装费（彩旗、气球、条幅、花架、花篮、花盆）、促销活动费（场租、劳务费、场所布置费）宣传资料及礼品费（售楼书、各种礼品）、销售模型制作费等。
14. 销售代理费：部分房地产开发企业将部分或全部的商品房销售业务外包给专业销售公司而发生的代理费用。包括：销售佣金、销售代理费、销售策划费等。

根据规定,销售佣金应该符合下列条件的,才可以计入销售费用:

一是要有合法真实的凭证;二是支付的对象必须是独立的有权从事中介服务的纳税人或个人(支付对象不含本企业雇员);三是支付给个人的佣金,除另有规定者外,不得超过服务金额的5%。

15. 合同交易费:销售过程中发生交易费用,包括交易服务费、交易手续费(备案费)、合同工本费、产权登记费、网上服务备案费等。

16. 商品房维修、看护费:商品房在销售过程中发生的维修费、看护费、水电费、取暖费等。

17. 售楼处(样板房)费用:包括售楼处(样板房)的折旧摊销等。

18. 其他费用:指上列各项费用以外的其他销售费用。

(二) 管理费用

按照房地产开发企业会计制度的规定,管理费用是指房地产开发企业的行政管理部门(总部)为组织和管理房地产开发经营活动而发生的费用。具体科目设置及核算内容如下:

1. 职工薪酬:管理服务人员的职工薪酬。

2. 修理费:管理用固定资产、低值易耗品等修理费用。

3. 物料消耗:管理服务耗用材料、用品的费用。

4. 低值易耗品摊销:管理用低值易耗品的摊销费(含一次性耗用与多次摊销)。

5. 办公费:各管理服务部门发生的办公用的文具、纸张、印刷、邮电、通信、书报、烧水和集体取暖用煤等费用。

6. 会议费:召开各种会议的费用支出,包括会议房租费(含会议室租金)、伙食补助费、交通费、办公用品费、文件印刷费等。其中,会议费证明材料应包括:会议时间、地点、出席人员、内容、目的、费用标准、支付凭证等。

7. 招聘费:招聘人员的猎头费、招聘广告费、展位费等。

8. 差旅费:职工因工作需要出差的差旅费、出差补助费、市内交通和误餐补助费、劳动力招募费等方面的费用。其中,差旅费的证明材料应包括:出差人员姓名、地点、时间、任务、支付凭证等。

9. 车辆使用费:管理用自有车辆的油燃料费、养路费、过桥过路费、停车费等。

10. 固定资产使用费:管理用的固定资产等折旧费、维修费等。

11. 房租及物管费水电费:租赁管理用房的租金、物业管理费、水电费、设备使用费等。

12. 劳动保护费:确因工作需要为管理服务人员配备或提供工作服、手套、安全保护用品、防暑降温用品等所发生的支出。

13. 董事会费:董事会或最高权力机构及其成员为执行职权而发生的各项费用,

包括成员津贴、差旅费、会议费等。

14. 聘请中介机构费：聘请会计师事务所等中介机构进行查账、验资、资产评估、税务清算、法律尽职调查等发生的费用。

15. 咨询费、顾问费：向有关咨询机构进行科学技术、经营管理咨询时支付的费用，包括聘请经济技术顾问、法律顾问等支付的费用。

16. 诉讼费：向法院起诉或应诉而支付的费用。

17. 业务招待费：为业务经营的合理需要支付的招待费用。

18. 税费及税收滞纳金：自有资产按规定交纳的房产税、车船使用税、土地使用税以及印花税等。

这里的土地使用税是企业自用房屋、土地应该缴纳的土地使用税，开发产品过程中应该缴纳的土地使用税应该在"开发间接费用"核算。

19. 技术转让费：企业使用非专利技术而支付的费用。

20. 研发费用：包括新产品设计费、工艺规程制定费、设备调整费、原材料和半成品的试验费、技术图书资料费、未纳入国家计划的中间试验费、研究机构人员的工资、研究设备的折旧、与新产品的试制、技术研究有关的其他经费以及委托其他单位进行科研试制的费用。

21. 无形资产推销费：专利权、商标权、著作权、土地使用权、非专利技术等无形资产的摊销。

22. 长期待摊费用摊销：对分摊期限在一年以上的各项费用在费用项目的受益期限内分期平均摊销（在不少于 3 年内），包括开办费摊销、按大修理间隔期平均摊销的固定资产大修理支出等。

23. 排污费：按规定缴纳的排污费用。

24. 开办费：在筹建期间发生的费用，包括筹建期间人员工资、办公费、培训费、差旅费、印刷费、注册登记费，以及不计入固定资产和无形资产购建成本的汇兑损益利息等支出。

25. 其他费用：上列各项费用以外的其他管理费用支出。

（三）财务费用

本科目核算企业在房地产开发经营过程中，为进行资金筹集等理财活动而发生的财务费用，包括利息支出（减利息收入）、汇兑损失（减汇兑收益）以及相关的手续费等。具体科目设置及核算内容如下：

1. 利息支出：即"费化"的利息支出，房地产企业开发产品完工后发生的利息支出，如果有利息收入应该抵减本项；根据规定，向金融企业借款的利息支出，准予在所得税前扣除；向非金融企业借款的利息支出，不高于按照金融企业同期贷款基准利率计算的数额的部分，也准予在所得税前扣除。不能包含应该资本化的利息支出。

2. 汇兑损益：房地产开发企业因使用外国货币而产生的汇兑收益或损失，汇兑收益用"负数"反映。

3. 金融机构手续费：支付给金融机构的相关手续费（支票、汇票、汇兑等手续费）、POS机刷卡费、票据工本费等。

4. 现金折扣：根据销售合同约定产生的现金折扣。

5. 股票发行费：股份有限公司发行股票支付给发行机构的费用。

6. 票据贴现息：收到承兑汇票的贴现利息支出。

7. 其他费用：上列各项费用以外的其他筹融资费用支出。

需要特别说明的是，筹融资过程中发生的评估费、审计费、登记费等，不应该作为财务费用列支。此外，在开发产品过程中的借款费用，满足资本化条件的应予资本化，不能作为财务费用，应该属于开发间接费用。同样，开发单位在修建自用固定资产的借款费用，满足资本化条件的应资本化，同样不能作为财务费用，应该属于固定资产价值的一部分。

三、房地产企业成本管理

开发产品是指企业已经完成全部开发过程，并已验收合格符合规划和建筑设计标准，可以按照合同规定的条件移交购货人，或者可以作为商品对外销售的产品，主要包括土地、房屋、配套设施和代建工程等。

开发产品的成本单位，比较普遍的是以单体建筑为成本核算单位，也有直接以建筑面积（每平方米）为成本单位，以及以小区、项目分期、建筑类别等作为成本单位的。由于核算的成本单位不同，在结转销售成本时也有所不同。

（一）结转原则和方法

开发成本的核算，通常是以单体建筑作为核算对象，但对于单体建筑面积过大，或者单体包括裙楼、写字间、公寓等特殊情况，也可以考虑按部位或功能确认成本核算对象，如分别按照普通标准住宅、公寓、写字楼、别墅等核算。

房地产开发的成本，理论上可分为直接成本、间接成本，其中：直接成本是可直接计入有关成本计算对象或劳务的经营成本中的直接材料、人工和费用等；间接成本是指多个部门为同一成本对象提供服务的共同成本，或者同一种投入可以制造、提供两种或两种以上的产品或劳务的联合成本。直接成本可根据有关会计凭证、记录直接计入有关成本计算对象或劳务的经营成本中。间接成本必须根据与成本计算对象之间的因果关系、成本计算对象的产量等，以合理的方法分配计入有关成本计算对象中。对此，在《企业会计准则第1号——存货》中有明确的规定："在同一生产过程中，同时生产两种或两种以上的产品，并且每种产品的加工成本不能直接区分的，其加工成本应当按照合理的方法在各种产品之间进行分配。"

前面说过，房地产开发成本基本由六大项组成。对于以单体建筑为成本核算单位来说，建安成本应当属于直接成本，对于按建筑缴纳的各种资源性费用等属于能够分清成本负担对象的间接成本，余下的就应当属于无法分清成本负担对象的间接成本，需要按照合理的方法进行分配。

对于间接成本的分配，应当遵循以下原则。

1. 配比原则：在实务中，是一个必须要考虑的重要原则。

2. 因果关系原则：对多部门为同一成本对象提供服务的共同成本的分配，一般应以共同成本与成本对象的因果关系为基础。如果共同成本与成本对象之间的关系不止一种，可采用双重或多重基础分配。

3. 相关性原则：按照企业会计准则要求，应当根据间接费用的性质，合理选择分配方法。也就是说，企业所选择的间接费用分配方法，必须与间接费用的发生具有较密切的相关性，并且使分配到每种产品上的间接费用金额科学合理，同时还应当适当考虑计算手续的简便。

4. 一贯性原则：成本分配方法应当前后期基本一致，不能随意自行调整。

（二）间接成本结转方法

1. 建筑面积分配法

这是普遍采用的间接成本核算方法，以建筑面积作为分配基数，即：

建筑面积分配率＝待分配的间接成本÷总建筑面积

成本对象的间接成本＝成本对象的建筑面积×建筑面积分配率

在实务中，根据情况可采用总建筑面积、总可售建筑面积、总可售建筑面积＋公共配套建筑面积等各种口径进行核算和分配。

该方法的优点是数据取得容易，方法简单明确，不容易产生歧义；缺点是平均分配，对于实际的成本情况、售价配比等方面与实际不相符。

建筑面积分配法也是《房地产开发经营业务企业所得税处理办法》（国税发〔2009〕31号）文件中明确的三种分配方法之一。

2. 占地面积分配法

这也是经常采用的间接成本核算方法，以土地面积作为分配基数：

占地面积分配率＝待分配的间接成本÷总占地面积

成本对象的间接成本＝成本对象的占地面积×占地面积分配率

占地面积分配法在分配土地及拆迁成本中，通常会有更符合实际的结果。在实务中，根据情况可采用单体的投影面积、单体的一楼面积等作为单体的占地面积，进行核算和分配。

占地面积分配法也是《房地产开发经营业务企业所得税处理办法》（国税发〔2009〕31号）文件中明确的三种分配方法之一。

3. 成本利润率分配法

成本利润率分配法的原理类似于商品零售企业的售价法,即假设所有的商品都有统一的成本利润率:

成本利润率＝项目总间接成本÷项目总收入

成本对象的间接成本＝成本对象的收入×成本利润率

成本利润率分配法由于遵循了统一的利润率,相对比较合理,但是,由于项目总收入很难采用实际收入（时间问题）,很多采用预计收入,因此,容易被人为地控制,对于税务部门来说恐怕很难认定或认定有难度。

4. 建安成本分配法

建安成本分配法,是类似于工业企业的原材料分配法,即以各单体的建安成本为分配基础:

建安成本分配率＝项目总间接成本÷项目总建安成本

单体的间接成本＝单体的建安成本×建安成本分配率

由于建安成本在总成本中所占的比例越来越小,多层、小高层、高层的单位建安成本不一致,以及存在是否装修等差异,因此,建安成本分配法使用起来有一定的局限性。

（三）成本结转步骤

对于房地产开发企业来说,结转成本是最重要的步骤。只有结转了成本,才能知道项目实现了多少收入,取得了多少利润。而房地产成本的结转,需要涉及房地产销售合同、认购协议、销售清单、施工合同、预算决算及结算单等一系列资料,需要和工程部、预算部和销售部等多个部门沟通,工作量很大。因此,做好结算成本的前期准备工作至关重要,之后才能按部就班地一步步地进行结算。一般包括以下五个环节。

第一步,确认收入

整理销售资料,确认销售收入。即把销售清单跟账面上的收款金额进行核对,核实销售清单的金额跟账面金额"预收账款"等科目的金额是否一致。销售清单应该包括房屋面积、位置、销售单价、销售总价、已经收款、欠款金额等要素。核对一致后,确认一下销售收入和已经销售面积,算出平均单价。按照确认的销售收入编制记账凭证:

借：预收账款

  贷：主营业务收入

第二步,整理工程施工合同清单和预算决算及结算单据

由于施工合同种类比较多,此环节工作量较大也较麻烦,一般应该把合同按照成本类别分别整理。即按照土地征用费及拆迁补偿费、前期工程费、基础设施建设费、建筑安装工程费、公共配套设施费等类别,列出清单。清单的要素一般有合同编号、合同名称、合同金额、增加减少金额、结算数。整理出来之后,分别汇总各个类别合

同的结算金额。

第三步，审核合同与账面金额

对整理好的合同清单跟账面记载金额进行核对，各个类别的合同金额与账面同类别的科目余额进行核对，找出存在差异原因，一般有以下原因造成合同金额与账面金额不一致。

1. 款项已经支付，但是施工单位发票没有开具，由于在预付账款挂着，造成账面金额比合同金额要少。出现这种情景应督促施工单位在结算之前，及时开具递交发票。

2. 施工单位还没有结算，发票也尚未开具，造成账面金额比合同金额少。出现这种情况也是可以预提进入成本的。

3. 施工单位质保金发票没有开具。应督促施工单位把质保金发票开具递交。

4. 若出现了施工单位因疏忽多开了发票，但是企业没有付款，这种情况下，一般要把成本冲回。

5. 有一部分成本，由于金额较小，既没有签合同，也没有做结算，但是实际上已经发生。把这一部分成本按照类别，添加到合同清单里面。

最后，合同清单金额和预提之后的账面金额完全一致。预提的时候：

借：开发成本

　　贷：应付账款——预提

按照这个金额结转到开发产品。

借：开发产品

　　贷：开发成本

第四步，计算单价结转成本

计算出开发产品成本单价，结转开发产品到产品销售成本。这一步最重要的一点是确定结转产品面积，这个面积应该等于可销售面积、车库面积、开发商可以办理房产证的公共配套面积。

开发产品单价＝开发产品÷结转产品面积

根据第一步算出来的销售金额，计算出来产品销售成本。

产品销售成本＝开发产品单价×已经销售面积

账务处理：

借：主营业务成本

　　贷：开发产品

请注意：开发产品和主营业务成本是有区别的，开发产品归集的是全部成本对象，也就是说，开发产品是发生的全部的成本。而主营业务成本仅仅归集的是已经销售的产品的成本。只有在全部物业已经售罄，并且开发商没有自留物业的时候，两者才相等。

第五步，成本结转

将主营业务收入和主营业务成本结转到本年利润。

（四）开发成本结转的时间

1. 基本规定

按照《房地产开发企业会计制度》的相关规定：

企业开发的产品，应于竣工验收时，按实际成本，借记"开发产品"科目，贷记"开发成本"科目。

企业已经开发完成并验收合格的土地、房屋、配套设施和代建工程，应及时进行成本结转。月终结转成本时，按实际成本，借记"开发产品"科目，贷记"开发成本"科目。但在实务中，竣工验收时很难取得实际成本，因此实际操作起来有一定难度。

《企业会计准则——基本准则》第三十五条规定：企业为生产产品、提供劳务等发生的可归属于产品成本、劳务成本等的费用，应当在确认产品销售收入、劳务收入等时，将已销售产品、已提供劳务的成本等计入当期损益。

根据成本核算的程序，在结转销售成本之前，首先要结转开发成本。因此，确认收入是结转成本的最后期限。

2. 预售时不需要结转成本

商品房预售时，房屋并没有竣工，当然也无法进行交付使用。这时，无须确认收入和成本，只需要按照税法规定缴纳/预缴企业所得税、土地增值税及各种附加即可。

3. 开发产品竣工时

房屋竣工时，基本已经符合了结转成本的条件。但在实务中，需要一定时间进行结算，可能无法确认实际的成本。此外，当开发项目为多栋楼时，某单栋楼竣工时，可能无法确认公共配套等间接费用的金额。

如果是竣工时而公共配套尚未完成，按照《房地产开发企业会计制度》相关规定来处理。"根据权责发生制和收入与成本费用配比原则，应由商品房等开发产品负担的配套费用等，如竣工时仍未发生或未发生完毕，应在结转商品房等开发产品销售成本时预提，预提数与实际支出数的差额，增加或减少有关开发产品成本。"

同样，在财政部1999年发布的《房地产开发企业财务管理若干问题的补充规定》明确："经有权机关批准建设的公共配套设施，建设规模占开发项目比重大的，经主管财政机关批准后，房地产开发企业可按建筑面积或投资比例采用预提的办法从开发成本计提公共配套设施费。"因此，在房屋竣工时仍有公共配套设施未完成的，可以采用暂估或预提的方式计算或结转成本。

这样处理是符合会计配比原则的，但是与企业所得税法的规定相悖。

(五) 成本管理

1. 项目投资决策阶段

在整个开发过程中，项目的筛选是最重要的一环，投资决策对项目开发的成败至关重要。

(1) 控制土地竞拍价格。在整个开发过程中，土地成本决定开发成本，拿地后其开发成本就基本确定了。因此，控制土地成本的关键在于拿地时的成本分析要准确，在土地招投标中制定竞买策略与技巧，做到以最小的代价和风险获取最大的收益。

(2) 重视成本因素调研分析。项目所在地的土地价格、市政配套条件、地质情况、建安成本、主要材料设备的价格、当地的建设环境等因素都对项目的开发成本有较大影响。

(3) 客观准确地做好项目可行性研究，对项目进行成本费用估算，分别测算土地费用、前期工程费、建安成本、基础设施建设费、管理费用、销售费用、财务费用以及不可预见费用等。

2. 项目设计阶段

房地产项目经过决策立项后，设计就成为工程建设的关键，在设计阶段，由于建筑物的平面布置、结构形式、外观设计、装修标准及主要设备都全部确定，其影响项目成本在90%以上，因此设计阶段的成本控制是整个项目成本控制的决定性阶段。

在设计过程中，尽量采用标准化和系列化的设计，充分考虑施工的可能性和经济性。各专业在保证使用功能的前提下，根据限定的额度进行方案筛选和设计，严格控制不合理变更，以保证总投资不被突破。限额设计是促进设计单位改善管理、优化结构、提高设计水平、确保投入产出比最大化的有效途径。

3. 项目施工阶段

(1) 认真做好招投标工作。招投标是项目成本控制的重要环节。在报价过程中，应采用实物工程量清单报价方式。

(2) 加强合同管理，避免工程索赔。施工合同是工程建设的主要合同，是承发包双方进行工程建设、拨付工程价款、工程结算、工程索赔的依据。

(3) 抓好甲供材料或设备的采购管理。甲供材料设备的采购价格是影响工程成本的重要因素。

4. 项目竣工阶段

竣工结算是建设项目成本控制的最后一关，房地产企业不但要自己组织造价工程师参照原招投标文件、承发包合同、图纸、设计变更、工程索赔文件、材料设备采购价格、专业分包合同等，对施工单位提交的工程结算书进行全面、认真、严格的审核，同时也要委托资质高、信誉好的工程造价咨询公司对施工单位提供的工程结算书进行更专业、全面、严格的审核。

上述内容为正确的成本管理概述，在实务中，积极的主动的虚增成本问题是普遍存在的。纳税评估分析人员可以通过上述内容寻找被评估项目的"利润点"，抓住发现涉税疑点或风险的切入点。

四、开发成本的会计核算

（一）确定成本核算对象

根据不同情况，确定房地产开发成本的核算对象。

1. 一次性开发的以整个开发项目为成本核算对象。对于开发规模小、周期短，一次性全部开发的房地产项目，以整个开发项目为成本核算对象，特点是成本核算周期同项目开发周期一致，成本核算对象的唯一性，不存在成本费用的分配。

2. 分期开发的以开发期数为成本核算对象。对于开发规模较大、周期较长、实施分期开发的房地产项目，可以按开发期数为成本核算对象，特点是成本核算对象的多样性，成本费用需要归集和分配。

3. 多用途开发的以开发产品形态为成本核算对象。对于开发产品形态多样的房地产项目，以各种开发产品形态（普通住宅、公寓、别墅、写字楼等）为成本核算对象，特点是成本核算对象的多样性，成本费用需要归集和分配。

特别强调的是成本核算对象应在开工之前确定，确定后既不能随意改变，更不能相互混淆。

（二）开发成本的核算

1. 土地开发成本的核算

根据企业会计准则的有关规定，企业取得的土地使用权应确认为无形资产，按规定摊销，投入开发再转入"开发成本"，如果企业取得的土地明确用于建造对外出售的商品房，可直接计入所建造的房屋建筑物成本。

对土地开发成本的核算，可设置的核算科目有：（1）土地征用及拆迁补偿费；（2）前期工程费；（3）基础设施费；（4）开发间接费。土地开发项目存在负担不能有偿转让的配套设施费时，还应设置"配套设施费"科目，用以核算应计入土地开发成本的配套设施费用。

具体核算内容：在土地开发过程中发生的土地征用及拆迁补偿费、前期工程费、基础设施费等土地开发支出，可直接记入各土地开发成本明细分类账。即记入"开发成本"明细科目的借方和"银行存款""应付账款——应付工程款"等科目的贷方。发生的开发间接费用，应先在"开发间接费用"科目进行核算，于月份终了再按一定标准，分配计入相关土地开发成本核算对象。

其中，房地产开发企业自用房屋（非对外销售商品房）开发用地的核算，做如下处理：本企业自用房屋开发用地，应于开发完成在土地投入使用时，将实际发生成本结转计入相关房屋的开发成本，可以采用分项平行结转法或归类集中结转法。分项平行结转法是指将土地开发支出的各项费用按成本项目分别平行转入有关房屋开发成本的对应成本项目；归类集中结转法是指将土地开发支出归类合并为"土地征用及拆迁补偿费"费用，然后转入有关房屋开发成本的"土地征用及拆迁补偿费"成本。经结转的自用土地开发支出，应将其自"开发成本——土地开发成本"科目的贷方转入"开发成本——房屋开发成本"科目的借方。

2. 前期工程费用的核算

房屋开发过程中发生的规划、设计、可行性研究以及水文地质勘察、测绘、场地平整等各项前期工程支出，能分清成本核算对象的，应直接记入相关房屋开发成本核算对象的"前期工程费"成本中，并记入"开发成本——房屋开发成本"科目的借方和"银行存款"等的贷方。应由两个或两个以上成本核算对象负担的前期工程费，应按一定标准将其分配记入相关房屋开发成本核算对象的"前期工程费"成本中，并记入"开发成本——房屋开发成本"科目的借方和"银行存款"等的贷方。

3. 基础设施费用的核算

房屋开发过程中发生的供水、供电、供气、排污、排洪、通信、绿化、环卫设施以及道路等基础设施支出，一般应直接或分配记入相关房屋开发成本核算对象的"基础设施费"成本中，并记入"开发成本——房屋开发成本"科目的借方和"银行存款"等的贷方。如开发完成商品性土地已转入"开发产品"科目，则在用以建造房屋时，应将其应负担的基础设施费（按归类集中结转的还应包括应负担的前期工程费和开发间接费）计入有关房屋开发成本核算对象，并记入"开发成本——房屋开发成本"科目的借方和"开发产品"的贷方。

4. 建筑安装工程费用的核算

在开发过程中发生的建筑安装工程支出，应根据不同施工方式，采用不同的核算方法。

（1）发包方式

采用发包方式进行建筑安装工程施工的房屋开发项目，其建筑安装工程支出，应根据企业承付的已完工工程确定的价款，直接记入有关房屋开发成本核算对象的"建筑安装工程费"成本中，并记入"开发成本——房屋开发成本"科目的借方和"应付账款——应付工程款"等科目的贷方。

（2）自营方式

采用自营方式进行建筑安装工程施工的房屋开发项目，其发生的各项建筑安装工程支出，一般可直接记入开发成本核算对象的"建筑安装工程费"成本中，并记入"开发成本——房屋开发成本"科目的借方和"库存材料""应付工资""银行存款"等科目的贷方。如果开发企业自行施工大型建筑安装工程，可以设置"工程施工"

"施工间接费用"等科目,用来核算和归集各项建筑安装工程支出,月末将其实际成本转入"开发成本——房屋开发成本"科目,并记入开发成本核算对象的"建筑安装工程费"成本。

企业用于房屋开发的各项设备,即附属于房屋主体的各项设备,应在出库交付安装时,记入开发成本核算对象的"建筑安装工程费"成本中,并记入"开发成本——房屋开发成本"科目的借方和"库存设备"科目的贷方。

5. 配套设施费用的核算

房地产开发企业开发的配套设施,可分为两类:一类是开发小区内不能有偿转让的公共配套设施,如水塔、锅炉房、居委会、派出所、消防、幼托、自行车棚等,这些配套设施不能有偿转让,应计入房屋或土地开发成本;另一类是能有偿转让的城市规划中规定的配套设施项目,包括开发小区内营业性公共配套设施,如超市菜店、银行、邮局等。

为了正确核算和反映在开发建设中各种配套设施所发生的支出,并准确地计算房屋开发成本和各配套设施的开发成本,对配套设施支出的归集,可分为三种情况来处理:

A. 对能分清并直接计入某个成本核算对象的不能有偿转让配套设施的支出,可直接计入相关房屋等开发成本,并在"开发成本——房屋开发成本"科目中归集核算。

B. 对不能直接计入有关房屋开发成本的不能有偿转配套设施支出,应先在"开发成本——配套设施开发成本"中进行归集,等到开发完成后再按一定标准分配计入相关房屋等开发成本。

C. 对能有偿转让的配套设施支出,应在"开发成本——配套设施开发成本"科目进行归集。

企业发生的各项配套设施支出,应在"开发成本——配套设施开发成本"科目按成本核算对象和成本项目明细分类核算。对发生的土地征用及拆迁补偿费、前期工程费、基础设施费、建筑安装工程费等支出,可直接记入各配套设施开发成本明细分类账的相应成本项目,并记入"开发成本——配套设施开发成本"科目的借方和"银行存款""应付账款——应付工程款"等科目的贷方。对能有偿转让配套设施分配的其他配套设施支出,应记入各配套设施开发成本明细分类账的"配套设施费"项目,并记入"开发成本——配套设施开发成本——××"科目的借方和"开发成本——配套设施开发成本——××"的贷方。对能有偿转让配套设施分配的开发间接费用,应记入各配套设施开发成本明细分类账的"开发间接费"中,并记入"开发成本——配套设施开发成本"科目的借方和"开发间接费用"的贷方。

6. 开发间接费用的核算

开发间接费用是指房地产开发企业的内部相对独立单位在开发现场组织管理开发

产品而发生的各项费用。这些费用是直接为房地产开发而发生的费用，但它不能确定应为某项开发产品所应负担，因而无法将它直接记入各项开发产品成本。为了简化核算手续，将它先记入"开发间接费用"科目，然后按照适当分配标准记入各项开发产品成本。

如果开发企业不设置现场管理机构而是总部定期或不定期地派人到开发现场组织开发活动，其所发生的费用，除周转房摊销外，可记入企业的"管理费用"中。

（三）开发成本的税务处理

房地产开发企业在结算开发产品的计税成本时，按规定处理如下。

1. 开发产品建造过程中发生的各项支出，当期实际发生的，应按权责发生制的原则计入成本对象；当期尚未发生但应由当期负担的，除税收规定可以计入当期成本对象的外，一律不得计入当期成本对象。

2. 开发产品必须按一般经营常规和会计惯例合理地划分成本对象，同时还应将各项支出合理地划分为直接成本、间接成本和共同成本。

3. 开发产品完工前发生的直接成本、间接成本和共同成本，应按配比原则将其分配至各成本对象。其中，直接成本和能够分清成本负担对象的间接成本，直接计入成本对象中；共同成本以及因多个项目同时开发或先后滚动开发而不能分清负担对象的间接成本，应按各个成本对象（项目）占地面积、建筑面积或工程概算等方法计算分配。

4. 根据企业所得税法的有关规定，房地产开发企业在开发区内建造的会所、停车场库、物业管理场所、电站、热力站、水厂、文体场馆、幼儿园等配套设施，按以下规定进行处理：

（1）属于非营利性且产权属于全体业主的，或无偿赠与地方政府、公用事业单位的，可将其视为公共配套设施，其建造费用按公共配套设施费的有关规定进行处理。

（2）属于营利性的，或产权归开发企业所有的，或未明确产权归属的，或无偿赠与地方政府、公用事业单位以外其他单位的，应当单独核算其成本。除开发企业自用应按建造固定资产进行处理外，其他一律按建造开发产品进行处理。

五、开发产品及主营业务成本

（一）开发产品及主营业务成本的会计核算

为了正确核算开发产品的增加、减少、结存情况，开发企业应设置资产类"开发产品"账户。该账户借方登记已竣工验收的开发产品的实际成本，贷方反映结转对外销售、转让、结算或出租的开发产品的实际成本。月末借方余额表示尚未销售、转让、结算，或出租的各种开发产品的实际成本。本账户应按开发产品的种类，如土地、房屋、配套设施和代建工程等设置明细科目，按成本核算对象设置明细账页。

1. 企业的开发产品，在竣工验收时，应按实际成本借记"开发产品"科目，贷记"开发成本"科目。

【例】某房地产开发企业根据竣工验收单，本月已完开发产品实际成本 18000 万元。其中：土地 6000 万元，房屋 5000 万元，代建工程 5000 万元，配套设施 2000 万元。企业应作如下分录：

借：开发产品——土地　　　　　　　　　　　　　60 000 000
　　　　　　——房屋　　　　　　　　　　　　　50 000 000
　　　　　　——代建工程　　　　　　　　　　　50 000 000
　　　　　　——配套设施　　　　　　　　　　　20 000 000
　　贷：开发成本　　　　　　　　　　　　　　180 000 000

2. 企业的开发产品会因对外转让、销售等原因而减少。对于减少的开发产品，应区分不同情况及时进行会计处理。

（1）企业对外转让、销售开发产品时，应于月份终了时按开发产品的实际成本，借记"主营业务成本"科目，贷记"开发产品"科目。

采用分期收款结算方式销售开发产品的，在将开发产品移交使用单位或办妥分期收款销售合同后，按分期收款的开发产品的实际成本，借记"分期收款开发产品"科目，贷记"开发产品"科目。具体核算时：

应根据建设部《商品房销售面积计算及公用建筑面积分摊规则》，按公式："某套出售房屋建筑面积=该套房屋自用建筑面积×（1+各套房屋自用建筑面积应分摊公用建筑面积分摊比率）"计算"开发成本"明细账的总建筑面积，再计算单位建筑面积的建造成本后结转销售成本。

或者，根据收入与成本的配比原则，按下列公式来结转销售成本：

某房产项目营业成本占收入比例=总建造成本÷总预算收入

已售商品房营业成本=已售商品房营业收入×营业成本占收入比例

（2）企业将开发的土地和房屋用于出租经营，或将开发的房屋安置拆迁居民周转使用，应于移交使用时，按土地和房屋的实际成本，借记"出租开发产品"或"周转房"等科目，贷记"开发产品——土地（或房屋）"。

（3）企业将开发的商品房、营业性配套设施，用于本企业经营用房，应视同建造固定资产进行处理，按商品房、营业性配套设施的实际成本借记"固定资产"，贷记"开发产品"。

（二）销售成本的税收处理

根据税法的有关规定，当期准予扣除的已销开发产品的计税成本，按当期已实现销售的可售面积和可售面积单位工程成本确认。可售面积单位工程成本和已销开发产品的计税成本，按下列公式计算确定：

可售面积单位工程成本＝成本对象总成本÷总可售面积

已销开发产品的计税成本＝已实现销售的可售面积×可售面积单位工程成本

（三）销售成本结转的会计处理与税法差异

1. 由于收入确认的原则不同，导致与之相配比的成本也存在差异

在某些情况下，对会计核算上未作为主营业务成本结转，但在税收上应确认为销售成本在企业所得税前扣除。例如：房地产开发企业进行非货币性交易，在没有商业实质或公允价值不能可靠计量的情况下，会计上是不确认为收入的，相应也不确认主营业务成本。但是，由于税法规定非货币性交易应当视同销售处理，因此在计算应纳税所得额时，应将对应的销售成本予以税前扣除。

2. 当企业结转主营业务成本时，采用"营业成本占收入比例"的方式时与税法按"可售面积单位工程成本"方法有明显的差异

【例】某房地产企业的Q项目建筑总面积为10000平方米，总造价为100万元，总预售合同营业收入150万元，本期实际销售面积为8000平方米，实际实现销售收入130万元。

按税法应结转销售成本：100×（8000÷10000）＝80（万元）

按会计应结转销售成本：130×（100÷150）≅86.67（万元）

当年申报企业所得税时，应作调增应纳税所得：86.67−80≅6.67万元，以后年度随剩余楼盘的出售结转销售成本时，再作纳税调减处理。

六、期间费用

期间费用的核算原则就是"应资本化不能费化"和"是否准许税前扣除"，不得将应资本化费用和不准许税前扣除费用在期间费用中扣除或不做企业所得税的纳税调整。

（一）销售费用

房地产开发企业的销售费用是指销售商品房或提供服务而发生的所有费用，以及售后服务、完工产品的维护保养等费用等。如保险费、包装费、展览费和广告费、商品房维修费、运输费、装卸费等以及售楼部人员的职工薪酬、业务费、折旧费等。在会计核算上，设置"销售费用"科目进行核算，例如：

1. 企业在销售商品房过程中发生的展览费和广告费等费用，借记"销售费用"科目，贷记"库存现金""银行存款"等科目。

2. 发生的为销售商品房而专门设立的销售机构的职工薪酬、业务费等经营费用，借记"销售费用"科目，贷记"应付职工薪酬""银行存款""累计折旧"等科目。

（二）管理费用

房地产开发企业的管理费用主要包括企业在筹建期间内发生的开办费、企业的董

事会和行政管理部门在企业的经营管理中发生的或者应由企业统一负担的公司经费（包括职工薪酬、修理费、物料消耗、低值易耗品摊销、办公费和差旅费等）、工会经费、董事会费（包括董事会成员津贴、会议费和差旅费等）、聘请中介机构费、咨询费（含顾问费）、诉讼费、业务招待费、技术转让费、研究费用、排污费等。在会计核算上，设置"管理费用"科目进行核算。主要业务的账务处理如下：

1. 企业在筹建期间内发生的开办费，包括人员工资、办公费、培训费、差旅费、印刷费、注册登记费等在实际发生时，借记"管理费用"，贷记"银行存款"等科目。

2. 行政管理人员的职工薪酬，借记"管理费用"，贷记"应付职工薪酬"科目。

3. 行政管理部门计提的固定资产折旧，借记"管理费用"，贷记"累计折旧"科目。

4. 发生的办公费、水电费、业务招待费、聘请中介机构费、咨询费、诉讼费、技术转让费、研究费用，借记"管理费用"，贷记"银行存款""研发支出"等科目。

（三）财务费用

房地产开发企业的账务费用是企业为筹集开发经营所需资金等而发生的筹资费用，包括利息支出（减利息收入）、汇兑损益以及相关的手续费、企业发生的现金折扣或收到的现金折扣等。在会计核算上，设置"财务费用"科目进行核算。

企业发生的财务费用，借记"财务费用"科目，贷记"银行存款""未确认融资费用"等科目。发生的应冲减财务费用的利息收入、汇兑损益、现金折扣，借记"银行存款""应付账款"等科目，贷记"财务费用"科目。按照新《企业会计准则》规定：企业发生的借款费用，可直接归属于符合资本化条件的资产的购建或者生产的，应当予以资本化，计入相关资产成本；其他借款费用，应当在发生时根据其发生额确认为费用，计入当期损益，即费用化。

七、特殊项目的核算

下面介绍三个特殊项目：售楼处、样板房和按揭保证金，其会计核算或税务处理情况。

（一）售楼处

1. 售楼处的分类

根据售楼处的来源及其使用完毕后不同的处理方式，可以分为：

（1）单独修建售楼处，待销售完成后，将其拆除；

（2）单独修建售楼处，待销售基本完成后，将其转作自用或出租；

（3）利用企业自有房屋或商品房作为售楼处，待销售基本完成后，再将该售楼处对外销售；

（4）利用企业自有房屋或商品房作为售楼处，待销售完成后，将其转作自用或出租；

（5）租用外单位的房屋修建售楼处，待销售基本完成或房屋到期后，归还房屋。

由于分类不同，相关的处理也不同，后面的处理就按照这五种分类方式进行展开。

2. 相关规定

根据国税发〔2009〕31号文的规定，房地产开发企业建造的售楼处：

（1）凡能够单独作为成本对象进行核算的，可按自建固定资产进行处理；

（2）凡不能够单独作为成本对象进行核算的，一律按建造开发产品进行处理；

（3）售楼处的装修费用，无论数额大小，均应计入其建造成本。

3. 建造时的处理

（1）建造

按照前述分类，对于方案一、二，需要重新修建售楼处，可以单独作为成本对象进行核算，因此按自建固定资产处理。对于方案三、四、五，由于不用重新修建售楼处，不需要相关处理。

（2）装修

按照前述分类，对于方案一、二，装修费用随着房屋本身走，继续按固定资产处理；对于方案三、四、五，没有无法单独作为成本对象进行核算，因此应当通过开发成本处理，装修完毕后转入长期待摊费用。

4. 使用时的处理

（1）折旧和摊销

无论采用哪一种方式，也无论在建造过程中按照自建固定资产还是按照开发产品或长期待摊费用，在售楼处使用过程中，计提的折旧和摊销，都要计入"销售费用"。但在计算折旧和摊销中，分摊的期限需要根据具体的方式进行区分。例如方案五，根据《中华人民共和国所得税法实施条例》第六十八条规定，按照合同约定的剩余租赁期限分期摊销。

（2）房产税和城镇土地使用税

按照《财政部 国家税务总局关于房产税若干具体问题的解释和暂行规定》第十九条的规定：纳税人自建的房屋，自建成之次月起征收房产税。同时，按照《关于房产税城镇土地使用税有关政策规定的通知》（国税发〔2003〕89号）第二条第四款：房地产开发企业自用、出租、出借本企业建造的商品房，自房屋使用或交付之次月起计征房产税，开发企业的利用商品房、原有住房以及自建售楼处，应自开始使用之次月起开始缴纳房产税。

一般情况下，房产税和城镇土地使用税是同时缴纳的。如果是租用房屋，不是房产税和城镇土地使用税的纳税义务人，不用缴纳。

5. 清理时的处理

（1）拆除

方案一进行拆除时，由于修建和装修时按照自建固定资产处理，因此拆除时按照固定资产清理的程序进行。

（2）自用或出租

方案二自用和出租时，按照自用固定资产自用和出租处理。

方案四自用和出租时，根据《关于企业处置资产所得税处理问题的通知》（国税函〔2008〕828号）文件的规定，不视同销售确认收入。

无论方案二还是方案四，在自用或出租时，均须按照资产原值或租金缴纳房产税。

（3）销售

方案三销售时，其税务处理与一般商品房销售一致，即应该缴纳增值税、企业所得税、土地增值税等，并确认收入、结转成本及税金。

（4）转为物业管理用房

转为物业管理用房或会所的，根据国税发〔2009〕31号文的规定，能够处理成属于非营利性且产权属于全体业主的，或无偿赠与地方政府、公用事业单位的，可将其视为公共配套设施，其建造费用按公共配套设施费的有关规定进行处理。

（5）租赁到期

租赁到期时，长期待摊费用应当已摊销完毕，将房屋归还对方即可。

（二）样板房

1. 样板房的分类

根据样板房的来源及其使用完毕后处理的方式，可以分为：

（1）利用正在修建的商品房作为样板房，待销售完成后，将其销售，这是最常见的一种；

（2）利用企业原有的房屋作为样板房，待销售基本完成后，再恢复原状；

（3）租用外单位的房屋作为样板房，待销售基本完成或房屋到期后，归还房屋。

2. 相关规定

根据国税发〔2009〕31号文的规定，与售楼处的基本相同。

3. 相关处理

由于样板房的处理方式与售楼处基本相同，按照前述分类，特别是样板房方案二和方案三，参照售楼处的处理方法即可。对于方案一，有一些特殊的情况，既可按照固定资产处理，也可按开发产品处理。

（1）按固定资产处理

按固定资产处理的样板房，记入前须取得自建固定资产相关的各种资料，在房屋投入使用后次月计提折旧。在对外销售时基本按照销售固定资产，同时参照销售商品房的有关规定进行处理。

按照《关于房产税城镇土地使用税有关政策规定的通知》（国税发〔2003〕89号）第二条第四款"房地产开发企业自用、出租、出借本企业建造的商品房，自房屋使用或交付之次月起计征房产税和城镇土地使用税"之规定，按照固定资产管理的样板房，自开始使用之次月缴纳房产税。但在实务中，由于在投入使用时很难取得相应的成本和决算资料，因此这种方式比较少采用。

（2）按开发产品处理

按照开发产品来处理就比较简单，相应核算装修费用，但无需计提折旧。对外销售时的程序也同普通的商品房一致，但成本要比普通的商品房多出额外装修的费用。

对于房产税来说，按照《关于房产税城镇土地使用税有关政策规定的通知》（国税发〔2003〕89号）第一条的规定：对房地产开发企业建造的商品房，在售出前，不征收房产税；但对售出前房地产开发企业已使用或出租、出借的商品房应按规定征收房产税。

样板房属于房地产开发企业的商品房样品，在售出前原本不用交房产税和城镇土地使用税的。

4. 特殊情况

在实务中，会有装修公司为了争取业务，例如对于有精装修的项目是争取开发单位的业务，对于没有精装修的项目是为了争取购房者的业务，会主动免费装修样板房，或者取得开发单位精装修业务后从总装修费用中扣除。对于这种情况，需要根据合同的具体内容判断经济业务，进行相应的会计和税务处理。

（三）按揭保证金

1. 按揭保证金介绍

首先，不是每一家开发单位都要为购房者支付按揭保证金的，但是，估计今后需要交纳的开发单位会越来越多的。

按揭保证金，通常保证的是两条：第一，开发商不能按时办理房屋产权证所带来的风险；第二，购房者不能按时支付月供所带来的风险。也有的地方操作成回购保证，即出现上述风险的时候，由开发商进行回购，以保证贷款方的利益。

最开始提出要提供按揭保证金的是银行，但现在越来越多的地方住房公积金规定中，也要求在办理住房公积金贷款的时候开发单位需提供按揭保证金。保证金的比例一般为2%~10%不等，通常还设有一定的金额上限。需要提出的是，还是有很多银行等金融机构不要求按揭保证金的。按揭保证金通常在开发单位与主按揭银行在签署合作协议的时候交纳，随着按揭贷款的逐步增加而增加，达到规定上限后不再增加。通常在办理好房屋产权证的时候开始退还，但不排除也有的在购房者交完全款后再退还的。

2. 按揭保证金的会计处理

按揭保证金户也是以开发单位的名义建立，属于企业银行存款的一部分。但按揭保证金户同其他保证金户相同,是不能随便动用的。在编制各种资金预算的时候,需要根据保证金户的特点予以区分。

在向按揭保证金户转款的时候,按正常的银行存款转款处理即可。对于有的银行在按揭的时候,直接转入一定比例的按揭款进入保证金户,则需要认真地核对保证金户的余额和每笔按揭款的实际金额,避免按照开发单位取得的实际可以支配的金额确认收入,这样是少算了。

3. 按揭保证金的企业所得税处理

国税发〔2009〕31号文规定:开发企业采取银行按揭方式销售开发产品的,凡约定开发企业为购买方的按揭贷款提供担保的,其销售开发产品时向银行提供的保证金(担保金)不得从销售收入中减除,也不得作为费用在当期税前扣除,但实际发生损失时可据实扣除。

这种规定与会计处理相同,与通常的理解都是一致的。

第六节 不征税收入和免税收入

不征税收入是指从性质和根源上不属于企业营利性活动带来的经济利益、不负有纳税义务并不作为应纳税所得额组成部分的收入。如财政拨款、依法收取并纳入财政管理的行政事业性收费、政府性基金以及国务院规定的其他不征税收入。不征税收入用于支出所形成的费用,不得在计算应纳税所得额时扣除。用于支出所形成的资产,其计算的折旧、摊销不得在计算应纳税所得额时扣除。

应税收入,即生产、经营、服务和让渡资产使用权等收入,是指纳税人的商品(产品)销售收入、劳务服务收入、营业收入、工程价款结算收入、工业性作业收入、让渡资产使用权、转让无形资产以及其他业务收入。简单地讲,就是负有纳税义务而需要依法缴纳相关税费的收入。

免税收入是指属于企业的应税收入但按照税法规定免予或暂时免予征收相关税费的收入。

不征税收入不属于应税收入,免税收入属于应税收入。这是计税依据和征税对象(范围)问题,不是纳税人问题。

一、不征税收入

不征税收入,是指应永久不列入征税范围的收入范畴,其不属于税收优惠,这些收入不属于营利性活动带来的经济利益,是专门从事特定目的收入。企业所得税法及其实施条例规定,收入总额中的不征税收入,包括以下三类:

一是财政拨款；（准确界定应该是非政府采购的财政拨款！）

二是依法收取并纳入财政管理的行政事业性收费、政府性基金；

三是国务院规定的其他不征税收入。

（一）不征税收入具体内容

1. 财政拨款

在《中华人民共和国企业所得税法实施条例》（国务院令第512号，以下简称《实施条例》）中，将"财政拨款"界定为：各级政府对纳入预算管理的事业单位、社会团体等组织拨付的财政资金，但国务院和税务主管部门另有规定的除外。即非财政补助（贴）也非政府采购！根据《中华人民共和国企业所得税法》及《实施条例》的有关规定，经国务院批准，现就企业取得的专项用途财政性资金企业所得税处理问题通知如下：

"一、企业从县级以上各级人民政府财政部门及其他部门取得的应计入收入总额的财政性资金，凡同时符合以下条件的，可以作为不征税收入，在计算应纳税所得额时从收入总额中减除：

（一）企业能够提供规定资金专项用途的资金拨付文件；

（二）财政部门或其他拨付资金的政府部门对该资金有专门的资金管理办法或具体管理要求；

（三）企业对该资金以及以该资金发生的支出单独进行核算。

二、根据实施条例第二十八条的规定，上述不征税收入用于支出所形成的费用，不得在计算应纳税所得额时扣除；用于支出所形成的资产，其计算的折旧、摊销不得在计算应纳税所得额时扣除。

三、企业将符合本通知第一条规定条件的财政性资金作不征税收入处理后，在5年（60个月）内未发生支出且未缴回财政部门或其他拨付资金的政府部门的部分，应计入取得该资金第六年的应税收入总额；计入应税收入总额的财政性资金发生的支出，允许在计算应纳税所得额时扣除。

四、本通知自2011年1月1日起执行。"

例如：国家以投资者身份投入的款项；政府借给企业的款项，至少需还本金；出口退税款，都不属于财政性资金。

2. 依法收取并纳入财政管理的行政事业性收费、政府性基金

行政事业性收费，是指依照法律法规等有关规定，按照国务院规定程序批准，在实施社会公共管理，以及在向公民、法人或者其他组织提供特定公共服务过程中，向特定对象收取并纳入财政管理的费用。

政府性基金，是指企业依照法律、行政法规等有关规定，代政府收取的具有专项用途的财政资金。

关于行政事业性收费和政府性基金的具体规定如下：

（1）企业收取的各种基金、收费，应计入当年收入总额。

（2）企业按照规定缴纳的、由国务院或财政部批准设立的政府性基金以及由国务院和省、自治区、直辖市人民政府及其财政、价格主管部门批准设立的行政事业性收费，准予在计算应纳税所得额时扣除。

企业缴纳的不符合前述审批管理权限设立的基金、收费，不得在计算应纳税所得额时扣除。

（3）对企业依照法律、法规及国务院有关规定收取并上缴财政的政府性基金和行政事业性收费，准予作为不征税收入，于上缴财政的当年在计算应纳税所得额时从收入总额中减除；未上缴财政的部分，不得从收入总额中减除。

3. 国务院规定的其他不征税收入

企业所得税法及其实施条例规定，国务院规定的其他不征税收入，是指企业取得的，由国务院财政、税务部门规定专项用途并经国务院批准的财政性资金。

财政性资金是指企业取得的来源于政府及其有关部门的财政补助、补贴、贷款贴息，以及其他各类财政专项资金，包括直接减免的增值税和即征即退、先征后退、先征后返的各种税收，但不包括企业按规定取得的出口退税款。

（1）企业取得的各类财政性资金，除属于国家投资和资金使用后要求归还本金的以外，均应计入企业当年收入总额；

（2）对企业取得的由国务院财政、税务主管部门规定专项用途并经国务院批准的财政性资金，准予作为不征税收入，在计算应纳税所得额时从收入总额中减除；

（3）纳入预算管理的事业单位、社会团体等组织按照核定的预算和经费报领关系收到的由财政部门或上级单位拨入的财政补助收入，准予作为不征税收入，在计算应纳税所得额时从收入总额中减除，但国务院和国务院财政、税务主管部门另有规定的除外。

按照财政部《关于加强政府非税收入管理的通知》的规定，根据具体特性，补充规定国有资源有偿使用收入、国有资产有偿使用收入、国有资本经营收益、彩票公益金、罚没收入、以政府名义接受的捐赠收入、主管部门集中收入以及政府财政资金产生的利息收入等，全部或其中若干项为不征税收入。

无论是基于不能重复征税理论，还是可税性原理或效率原则，如果一项收益具有非营利性或公益性，就不应该对其征税，因此不应对财政拨款征税。从政府角度而言，如果对财政支出的拨款征税又转为财政收入，就如同左手送出去的钱右手又拿回一部分，是对财政资金的循环征税，既是重复征税也是不符合效率原则的。

行政事业性收费是指国家机关、事业单位、代行政府职能的社会团体及其他组织根据法律法规等有关规定，在向公民、法人提供特定服务的过程中，按照成本补偿和非营利原则向特定服务对象收取的费用。而政府性基金是指各级政府及其所属部门根据法律法规和国务院有关文件规定，为支持某项公共事业发展，向公民、法人和其他组织无偿征收的具有专项用途的财政资金。一方面，两者或具有非营利性，或具有公益性，从而不具可税性；另一方面，两者都属财政性资金，都是国家财政收入，基于征税者不对自己征税的原理，两者也不具可税性。

不征税收入用于支出所形成的费用，不得在计算应纳税所得额时扣除。用于支出所形成的资产，其计算的折旧、摊销也不得在计算应纳税所得额时扣除。

（二）不征税收入的实质

1. 不征税收入是收入总额的一部分，但可以扣除。
2. 不征税收入不属于税收优惠范畴。
3. 不征税收入对应纳税所得额的影响仅是时间性差异，是延迟纳税。

相关税收规定：

企业所得税法实施条例的第二十八条：企业的不征税收入用于支出所形成的费用或者财产，不得扣除或者计算对应的折旧、摊销扣除。

在财税〔2009〕87号和财税〔2011〕70号文件中：企业将符合本通知第一条规定条件的财政性资金作不征税收入处理后，在5年（60个月）内未发生支出且未缴回财政部门或其他拨付资金的政府部门的部分，应计入取得该资金第六年的应税收入总额；计入应税收入总额的财政性资金发生的支出，允许在计算应纳税所得额时扣除。

4. 作为不征税收入的财政性资金的条件：

根据财税〔2011〕70号：企业从县级以上各级人民政府财政部门及其他部门取得的应计入收入总额的财政性资金，凡同时符合以下条件的，可以作为不征税收入，在计算应纳税所得额时从收入总额中减除：

（一）企业能够提供规定资金专项用途的资金拨付文件；即要有拨付文件。

（二）财政部门或其他拨付资金的政府部门对该资金有专门的资金管理办法或具体管理要求；即要有管理办法或要求。

（三）企业对该资金以及以该资金发生的支出单独进行核算。即要单独核算。

（三）不征税收入的会计核算

1. 与收益相关的政府补助

【例】A储备粮企业，2019年据国家有关规定财政部门按照企业的实际储备量给予600万元的粮食保管补贴，于每个季度初支付。2019年1月10日，企业收到财政拨付补贴款。

账务处理如下：

2009年1月1日确认应收的财政补贴款：

借：其他应收款　　　　　　　　　　　　　　　　　　　　　6 000 000

　　贷：递延收益　　　　　　　　　　　　　　　　　　　　　　　　6 000 000

2009年1月10日收到补贴款：

借：银行存款　　　　　　　　　　　　　　　　　　　2 000 000
　　贷：其他应收款　　　　　　　　　　　　　　　　　2 000 000

2009年1月，将补偿1月的保管费计入当期收益

借：递延收益　　　　　　　　　　　　　　　　　　　2 000 000
　　贷：营业外收入　　　　　　　　　　　　　　　　　2 000 000

2. 与资产相关的政府补助

这类补助应当先确认为递延收益，然后自相关资产可供使用时起，在该项资产使用寿命内平均分配，计入当期营业外收入。

【例】20×1年2月，甲企业需购置一台环保设备，预计价款为500万元，因资金不足，按相关规定向有关部门提出补助210万元的申请。20×1年3月1日，政府批准了甲企业的申请并拨付其210万元财政拨款（同日到账）。20×1年4月30日，甲企业购入不需安装环保设备，实际成本为480万元，使用寿命10年，采用直线法计提折旧（假设无残值）。

20×9年4月，甲企业出售了这台设备，取得价款120万元。不考虑其他因素，甲企业的账务处理如下：

（1）20×1年3月1日实际收到财政拨款，确认政府补助：

借：银行存款　　　　　　　　　　　　　　　　　　　2 100 000
　　贷：递延收益　　　　　　　　　　　　　　　　　　2 100 000

（2）20×1年4月30日购入设备：

借：固定资产　　　　　　　　　　　　　　　　　　　4 800 000
　　贷：银行存款　　　　　　　　　　　　　　　　　　4 800 000

（3）自20×2年5月起每个资产负债日（月末）计提折旧，同时分摊递延收益：

① 计提折旧：

借：管理费用　　　　　　　　　　　　　　　　　　　　40 000
　　贷：累计折旧　　　　　　　　　　　　　　　　　　　40 000

② 分摊递延收益（月末）：

借：递延收益　　　　　　　　　　　　　　　　　　　　17 500
　　贷：营业外收入　　　　　　　　　　　　　　　　　　17 500

（4）20×9年4月出售设备，同时转销递延收益余额：

① 出售设备：

借：固定资产清理　　　　　　　　　　　　　　　　　　960 000
　　累计折旧　　　　　　　　　　　　　　　　　　　3 840 000
　　贷：固定资产　　　　　　　　　　　　　　　　　　4 800 000

借：银行存款	1 200 000
贷：固定资产清理	960 000
营业外收入	240 000

② 转销递延收益余额：

借：递延收益	420 000
贷：营业外收入	420 000

二、非税收入是不征税收入

财政部《关于加强政府非税收入管理的通知》（财综〔2004〕53号）文件第一条规定：

"一、明确政府非税收入管理范围

政府非税收入是指除税收以外，由各级政府、国家机关、事业单位、代行政府职能的社会团体及其他组织依法利用政府权力、政府信誉、国家资源、国有资产或提供特定公共服务、准公共服务取得并用于满足社会公共需要或准公共需要的财政资金，是政府财政收入的重要组成部分，是政府参与国民收入分配和再分配的一种形式。按照建立健全公共财政体制的要求，政府非税收入管理范围包括：行政事业性收费、政府性基金、国有资源有偿使用收入、国有资产有偿使用收入、国有资本经营收益、彩票公益金、罚没收入、以政府名义接受的捐赠收入、主管部门集中收入以及政府财政资金产生的利息收入等。社会保障基金、住房公积金不纳入政府非税收入管理范围。"

非税收入也是财政收入，是不征税收入，社会保障基金和住房公积金也是不征税收入，不是财政收入。

由于企业涉及财政资金、行政事业性收费、政府性基金的项目多种多样，《中华人民共和国企业所得税法》实施以来，针对某类具体项目的收入能否界定为不征税收入一直是企业财务人员关注的热点、难点和焦点。纳税人应分清应税收入与不征税收入的区别，从而进行正确的税务处理。

（一）国家投资和专项借款不属于应税收入

按照《中华人民共和国企业所得税法实施条例》规定的财政拨款，是指各级政府对纳入预算管理的事业单位、社会团体等组织拨付的财政资金，但国务院和国务院财政、税务主管部门另有规定的除外。对于由财政拨付的国家投资和政府向企业的贷款资金则没有明确。国家税务总局1999年4月发布的关于印发《事业单位、社会团体、民办非企业单位企业所得税征收管理办法》的通知（以下简称《通知》）指出，企业取得的各类财政性资金，除属于国家投资和资金使用后要求归还本金的以外，均应计入企业当年收入总额。国家投资，是指国家以投资者身份投入企业，并按有关规定相应增加企业实收资本（股本）的直接投资。而"资金使用后要求归还本金"应当是政府借款给企业的行为，付不付息不做明确规定，但本金一定要归还，这是借款与拨款的根本区别，在这种情况下政府对企业的支持形式可能是低息或者免息。投资与借款具体行为与收入无关，不是所得税应税收入。

（二）国务院批准的专项资金可视为不征税收入

《通知》指出，对企业取得的由国务院财政、税务主管部门规定专项用途并经国务院批准的财政性资金，准予作为不征税收入，在计算应纳税所得额时从收入总额中减除。该类收入必须是国务院财政、税务主管部门规定专项用途，不能混作他用；批准级别是国务院，地方政府委托代行职能的专项资金不得作为不征税收入，而应视为应税收入。应设立专账，专款专用，准确核算与之相关的项目，避开不必要的涉税风险。

（三）核定预算的财政补助收入可作为不征税收入

纳入预算管理的事业单位、社会团体，在正常的经费收入之外。也可能收到财政部门或上级部门额外的财政补助收入。关于补助收入，《通知》明确，纳入预算管理的事业单位、社会团体等组织按照核定的预算和经费报领关系收到的由财政部门或上级单位拨入的财政补助收入，准予作为不征税收入，在计算应纳税所得额时从收入总额中减除，但国务院和国务院财政、税务主管部门另有规定的除外。此类纳税人应当关注，作为不征税收入的前提是有核定的预算，另外需按经费报领关系取得。如果没有核定预算，临时性的拨付则不能视为不征税收入。

（四）准确把握"财政性资金"的内涵

《通知》指出，财政性资金是指企业取得的来源于政府及其有关部门的财政补助、补贴、贷款贴息，以及其他各类财政专项资金，包括直接减免的增值税和即征即退、先征后退、先征后返的各种税收。但不包括企业按规定取得的出口退税款。企业取得的各类财政性资金，除投资和借款以外，均应计入企业当年收入总额。

为准确把握"财政性资金"的内涵，纳税人应当重点关注以下几个方面：其取得的来源于政府及其有关部门的资金都是财政性资金，不局限于财政拨款的单一形式；直接减免应并入应税收入的只有增值税，其他税种的直接减免不并入应税收入；即征即退、先征后退、先征后返属于税收优惠的具体形式，即由税务部门先足额征收，然后，由税务部门或财政部门退还已征的全部或部分。只要是享有此类形式优惠的所有税种，均应计入企业当年收入总额；出口退税款不并入收入总额，因为出口退税退的是上一个环节的进项税，是企业购进货物负担的部分，不是本环节实现的税收；某些地方政府为促进地区经济发展，采取各种财政补贴等变相"减免税"形式给予企业优惠，均应计入企业当年收入总额。

（五）"乱收费"的基金或收费不得税前扣除

政府性基金，是指企业根据法律、行政法规等有关规定，代政府收取的具有专项用途的财政资金。行政事业性收费,是指企业根据法律法规等有关规定,依照国务院规定程序批准,在实施社会公共管理,以及在向公民、法人或者其他组织提供特定公共服务过程中,向特定对象收取并纳入财政管理的费用。《通知》指出,企业按照规定缴纳的、由国务院或财政部批准设立的政府性基金以及由国务院和省、自治区、直辖市人民政府及其财政、价格主管部门批准设立的行政事业性收费,准予在计算应纳税所得额时扣除。企业缴纳的不符合上述审批管理权限设立的基金、收费,不得在计算应纳税所得额时扣除。纳税人需要关注可以税前扣除的基金、收费的前提,是由国务院或财政部批准设立的政府性基金以及由国务院和省、自治区、直辖市人民政府及其财政、价格主管部门批准设立的行政事业性收费,不符合此类条件的政府性基金和行政事业性收费则不得税前扣除。纳税人不能认为只要是政府或政府部门收取的就一定可以税前扣除,应当探究此项基金、收费的审批管理权限,不按审批权限设立的"乱收费"则不能扣除。另外需要注意的是,事业单位因提供服务收取的经营服务性收费不属于行政事业性收费,不受此项审批权限约束,可以税前扣除。

三、免税收入和非营利组织

免税收入是指属于企业的应税收入但按照税法规定免予征收相关税费的收入。例如:企业所得税免税收入是指属于企业的应税所得但按照企业所得税法规定免予征收企业所得税的收入。

(一) 企业所得税的免税收入

1. 国债利息收入。国债包括财政部发行的各种国库券、特种国债、保值公债等。为鼓励纳税人积极购买国债,税法规定,纳税人购买国债所得的利息收入,不计入应纳税所得额,不征收企业所得税。

2. 符合条件的居民企业之间的股息、红利等权益性收益。是指居民企业直接投资于其他居民企业取得的投资收益。股息、红利等权益性投资收益,其中,不包括连续持有居民企业公开发行并上市流通的股票不足12个月取得的投资收益。

3. 在中国境内设立机构、场所的非居民企业,从居民企业取得与该机构、场所有实际联系的股息、红利等权益性投资收益。其中,不包括连续持有居民企业公开发行并上市流通的股票不足12个月而取得的投资收益。

4. 有指定用途的减免或返还的流转税。税法规定,对企业减免或返还的流转税(含即征即退,先征后退等),国务院、财政部和国家税务总局规定有指定用途的不计入应纳税所得额。除此之外的减免或返还的流转税,应纳入应纳税所得额,计征企业所得税。对直接减免和即征即退的,应并入企业当年应纳税所得征收企业所得税;对先征税后返还和先征后退的,应并入企业实际收到退税或返还税款年度的应纳税所得,征收企业所得税。

5. 不计入损益的补贴项目。税法规定，对企业取得的国家补贴收入和其他补贴收入，凡国务院、财政部或国家税务总局规定不计入损益的，可在计算应纳税所得额时予以扣除。除此之外的补贴收入，应一律并入企业实际收到该补贴收入年度的应纳税所得额，计征企业所得税。

6. 纳入财政预算或财政专户管理的各种基金、收费。企业收取的各种价内外基金（资金、附加、收费），属于国务院或财政部批准收取，并按规定纳入同级预算内或预算外资金财政专户，实行收支两条线管理的，不计入应纳税所得额。

企业收取的各项收费，属于国务院或财政部会同有关部门批准以及省级人民政府批准，并按规定纳入同级财政预算内或预算外资金财政专户，实行收支两条线管理的，不征收企业所得税。

7. 技术转让收入。对科研单位和大专院校服务于各行业的技术成果转让、技术培训、技术咨询、技术服务、技术承包所取得的技术性服务收入暂免征收所得税。

企业、事业单位进行技术转让，以及在技术转让过程中发生的与技术转让有关的技术咨询、技术服务、技术培训的所得，年净收入在500万元以下的，暂免征收所得税。

8. 国务院、财政部和国家税务总局规定的事业单位和社会团体的免税项目。主要包括：经财政部核准不上缴财政专户管理的预算外资金；事业单位从主管部门和上级单位取得的用于事业发展的专项补助收入；事业单位从其所属独立核算经营单位的税后利润中取得的收入；社会团体取得的各级经营单位的税后利润中取得的收入；社会团体取得的各级政府资助；按照省级以上民政、财政部门规定收取的会费；社会各界的捐赠收入以及经国务院明确批准的其他项目。

9. 其他免税收入。指上述项目之外，经国务院、财政部和国家税务总局批准的免税项目。

10. 符合条件的非营利组织的收入。不包括非营利组织从事营利活动取得的收入。非营利组织的下列收入为免税收入：

（1）接受其他单位或者个人捐赠的收入；

（2）除《中华人民共和国企业所得税法》第七条规定的财政拨款以外的其他政府补助收入，但不包括因政府购买服务取得的收入；

（3）按照省级以上民政、财政部门规定收取的会费；

（4）不征税收入和免税收入滋生的银行存款利息收入；

（5）财政部、国家税务总局规定的其他收入。

文件依据：财政部、国家税务总局关于非营利组织企业所得税免税收入问题的通知（财税〔2009〕122号）。

（二）非营利组织

非营利组织，是指同时符合下列条件的组织：

1. 依照国家有关法律法规设立或登记的事业单位、社会团体、基金会、民办非企业单位、宗教活动场所以及财政部、国家税务总局认定的其他组织;

2. 从事公益性或者非营利性活动,且活动范围主要在中国境内;

3. 取得的收入除用于与该组织有关的、合理的支出外,全部用于登记核定或者章程规定的公益性或者非营利性事业;

4. 财产及其孳息不用于分配,但不包括合理的工资薪金支出;

5. 按照登记核定或者章程规定,该组织注销后的剩余财产用于公益性或者非营利性目的,或者由登记管理机关转赠给与该组织性质、宗旨相同的组织,并向社会公告;

6. 投入人对投入该组织的财产不保留或者享有任何财产权利,本款所称投入人是指除各级人民政府及其部门外的法人、自然人和其他组织;

7. 工作人员工资福利开支控制在规定的比例内,不变相分配该组织的财产,其中:工作人员平均工资薪金水平不得超过上年度税务登记所在地人均工资水平的两倍,工作人员福利按照国家有关规定执行;

8. 除当年新设立或登记的事业单位、社会团体、基金会及民办非企业单位外,事业单位、社会团体、基金会及民办非企业单位申请前年度的检查结论为"合格";

9. 对取得的应纳税收入及其有关的成本、费用、损失应与免税收入及其有关的成本、费用、损失分别核算。

文件依据:财政部、国家税务总局关于非营利组织免税资格认定管理有关问题的通知(财税〔2009〕123号)。

其中,第六条规定是非营利组织区别其他法人(企业、事业单位、社团法人等)组织的核心条款!即投入人与投入该组织的财产及孳息财产没有任何"占有、收益、使用和处分"的所有权关系。

(三) 免税收入和不征税收入的区别

项 目	免税收入	不征税收入
收入的性质	经营性	非经营性
相应的成本费用	可以扣除	不可以扣除
税收待遇	免于征税	不应征税
国家调控的影响	可随时作为征税收入	不会征税

不征税收入与免税收入属于不同的概念,不征税收入不属于税收优惠,而免税收入属于税收优惠。不征税收入是由于从根源和性质上,不属于营利性活动带来的经济利益,是专门从事特定目的的收入,这些收入从企业所得税原理上讲应永久不列为征

税范围的收入范畴。例如：政府预算拨款，依法收取并纳入财政管理的行政事业性收费、政府性基金等。而免税收入是纳税人应税收入的重要组成部分，只是国家为了实现某些经济和社会目标，在特定时期或对特定项目取得的经济利益给予的税收优惠照顾，而在一定时期又有可能恢复征税的收入范围。例如：国债利息收入，符合条件的居民企业之间的股息、红利收入，在中国境内设立机构、场所的非居民企业从居民企业取得与该机构、场所有实际联系的股息、红利收入，符合条件的非营利公益组织的收入等。

四、免税收入纳税申报表填写说明

（一）免税、减计收入及加计扣除优惠明细表

政策依据：《国家税务总局关于发布〈中华人民共和国企业所得税年度纳税申报表（A类，2014年版）〉的公告》（国家税务总局公告2014年第63号）

表3-3　　　　　　免税、减计收入及加计扣除优惠明细表

行次	项目	金额
1	一、免税收入（2+3+4+5）	
2	（一）国债利息收入	
3	（二）符合条件的居民企业之间的股息、红利等权益性投资收益（填写A107011）	
4	（三）符合条件的非营利组织的收入	
5	（四）其他专项优惠（6+7+8+9+10+11+12+13+14）	
6	1. 中国清洁发展机制基金取得的收入	
7	2. 证券投资基金从证券市场取得的收入	
8	3. 证券投资基金投资者获得的分配收入	
9	4. 证券投资基金管理人运用基金买卖股票、债券的差价收入	
10	5. 取得的地方政府债券利息所得或收入	
11	6. 受灾地区企业取得的救灾和灾后恢复重建款项等收入	
12	7. 中国期货保证金监控中心有限责任公司取得的银行存款利息等收入	
13	8. 中国保险保障基金有限责任公司取得的保险保障基金等收入	
14	9. 其他	
15	二、减计收入（16+17）	

(续表)

行次	项　目	金额
16	（一）综合利用资源生产产品取得的收入（填写A107012）	
17	（二）其他专项优惠（18+19+20）	
18	1. 金融、保险等机构取得的涉农利息、保费收入（填写A107013）	
19	2. 取得的中国铁路建设债券利息收入	
20	3. 其他	
21	三、加计扣除（22+23+26）	
22	（一）开发新技术、新产品、新工艺发生的研究开发费用加计扣除（填写A107014）	
23	（二）安置残疾人员及国家鼓励安置的其他就业人员所支付的工资加计扣除（24+25）	
24	1. 支付残疾人员工资加计扣除	
25	2. 国家鼓励的其他就业人员工资加计扣除	
26	（三）其他专项优惠	
27	合计（1+15+21）	

（二）填写说明

一、适用范围

本表适用于享受免税收入、减计收入和加计扣除优惠的纳税人填报。

二、填报依据和说明

纳税人根据税法及相关税收政策规定，填报本年发生的免税收入、减计收入和加计扣除优惠情况。

三、有关项目填报说明

1. 第1行"一、免税收入"：填报第2+3+4+5行的金额。

2. 第2行"（一）国债利息收入"：填报纳税人根据《国家税务总局关于企业国债投资业务企业所得税处理问题的公告》（国家税务总局公告2011年第36号）等相关税收政策规定的，持有国务院财政部门发行的国债取得的利息收入。

3. 第3行"（二）符合条件的居民企业之间的股息、红利等权益性投资收益"：填报《符合条件的居民企业之间的股息、红利等权益性投资收益情况明细表》（A107011）第10行第16列金额。

4. 第4行"（三）符合条件的非营利组织的收入"：填报纳税人根据《财政部 国家税务总局关于非营利组织企业所得税免税收入问题的通知》（财税〔2009〕122

号)、《财政部 国家税务总局关于非营利组织免税资格认定管理有关问题的通知》(财税〔2014〕13号)等相关税收政策规定的,同时符合条件并依法履行登记手续的非营利组织,取得的捐赠收入等免税收入,不包括从事营利性活动所取得的收入。

5. 第5行"(四)其他专项优惠":填报第6+7+…+14行的金额。

6. 第6行"1. 中国清洁发展机制基金取得的收入":填报纳税人根据《财政部 国家税务总局关于中国清洁发展机制基金及清洁发展机制项目实施企业有关企业所得税政策问题的通知》(财税〔2009〕30号)等相关税收政策规定的,中国清洁发展机制基金取得的CDM项目温室气体减排量转让收入上缴国家的部分,国际金融组织赠款收入,基金资金的存款利息收入、购买国债的利息收入,国内外机构、组织和个人的捐赠收入。

7. 第7行"2. 证券投资基金从证券市场取得的收入":填报纳税人根据《财政部 国家税务总局关于企业所得税若干优惠政策的通知》(财税〔2008〕1号)第二条第一款等相关税收政策规定的,证券投资基金从证券市场中取得的收入,包括买卖股票、债券的差价收入,股权的股息、红利收入,债券的利息收入及其他收入。

8. 第8行"3. 证券投资基金投资者获得的分配收入":填报纳税人根据《财政部 国家税务总局关于企业所得税若干优惠政策的通知》(财税〔2008〕1号)第二条第二款等相关税收政策规定的,投资者从证券投资基金分配中取得的收入。

9. 第9行"4. 证券投资基金管理人运用基金买卖股票、债券的差价收入":填报纳税人根据《财政部 国家税务总局关于企业所得税若干优惠政策的通知》(财税〔2008〕1号)第二条第三款等相关规定的,证券投资基金管理人运用基金买卖股票、债券的差价收入。

10. 第10行"5. 取得的地方政府债券利息所得或收入":填报纳税人根据《财政部 国家税务总局关于地方政府债券利息所得免征所得税问题的通知》(财税〔2011〕76号)、《财政部 国家税务总局关于地方政府债券利息免征所得税问题的通知》(财税〔2013〕5号)等相关税收政策规定的,取得的2009年、2010年和2011年发行的地方政府债券利息所得,2012年及以后年度发行的地方政府债券利息收入。

11. 第11行"6. 受灾地区企业取得的救灾和灾后恢复重建款项等收入":填报芦山受灾地区企业根据《财政部 海关总署 国家税务总局关于支持芦山地震灾后恢复重建有关税收政策问题的通知》(财税〔2013〕58号)等相关税收政策规定的,通过公益性社会团体、县级以上人民政府及其部门取得的抗震救灾和灾后恢复重建款项和物资,以及税收法律、法规和国务院批准的减免税金及附加收入。

12. 第12行"7. 中国期货保证金监控中心有限责任公司取得的银行存款利息等收入":填报中国期货保证金监控中心有限责任公司根据《财政部 国家税务总局关于期货投资者保障基金有关税收政策继续执行的通知》(财税〔2013〕80号)等相关税收

政策规定的，取得的银行存款利息收入、购买国债、中央银行和中央级金融机构发行债券的利息收入，以及证监会和财政部批准的其他资金运用取得的收入。

13. 第13行"8. 中国保险保障基金有限责任公司取得的保险保障基金等收入"：填报中国保险保障基金有限责任公司根据《财政部 国家税务总局关于保险保障基金有关税收政策继续执行的通知》（财税〔2013〕81号）等相关税收政策规定的，根据《保险保障基金管理办法》取得的境内保险公司依法缴纳的保险保障基金；依法从撤销或破产保险公司清算财产中获得的受偿收入和向有关责任方追偿所得，以及依法从保险公司风险处置中获得的财产转让所得；捐赠所得；银行存款利息收入；购买政府债券、中央银行、中央企业和中央级金融机构发行债券的利息收入；国务院批准的其他资金运用取得的收入。

14. 第14行"9. 其他"：填报纳税人享受的其他免税收入金额。

15. 第15行"二、减计收入"：填报第16+17行的金额。

16. 第16行"（一）综合利用资源生产产品取得的收入"：填报《综合利用资源生产产品取得的收入优惠明细表》（A107012）第10行第10列的金额。

17. 第17行"（二）其他专项优惠"：填报第18+19+20行的金额。

18. 第18行"1. 金融、保险等机构取得的涉农利息、保费收入"：填报《金融、保险等机构取得的涉农利息、保费收入优惠明细表》（A107013）第13行的金额。

19. 第19行"2. 取得的中国铁路建设债券利息收入"：填报纳税人根据《财政部 国家税务总局关于铁路建设债券利息收入企业所得税政策的通知》（财税〔2011〕99号）、《财政部 国家税务总局关于2014 2015年铁路建设债券利息收入企业所得税政策的通知》（财税〔2014〕2号）等相关税收政策规定的，对企业持有发行的中国铁路建设债券取得的利息收入，减半征收企业所得税。本行填报政策规定减计50%收入金额。

20. 第20行"3. 其他"：填报纳税人享受的其他减计收入金额。

五、拆迁补偿款的会计与税务处理

房地产开发企业在开发的过程中，往往要发生拆迁补偿行为。因为，为了鼓励房地产开发建设，当地政府往往会给房地产企业一定的拆迁补偿款，对于接受方的房地产企业，主要涉及企业所得税、土地增值税和增值税，如何进行会计和税务处理是经常遇到的问题，对此分析如下：

（一）会计处理

当前会计处理出现矛盾的是房地产开发企业多认为取得土地使用权实际支付的土地价款应当作为土地的实际成本，主张实际收到的土地出让金等土地返还款直接冲减土地成本。而另一种观点认为这部分返还款属于政府补助的性质，应当根据《企业会计准则第 16 号——政府补助（2006）》的规定来处理。企业按照"招拍挂"确定金额全额缴纳的土地出让金已经取得了全额票据计入土地受让成本，另外政府给予的返还从票据上来说并不是原票据的折让冲回，开具的多是其他名目的财政返还。所以房地产开发企业取得的各种名义的土地返还款，不应当简单地直接冲减土地成本处理。

按照《企业会计准则第 16 号——政府补助（2006）》的规定，政府补助，是指企业从政府无偿取得货币性资产或非货币性资产，但不包括政府作为企业所有者投入的资本。显然企业从政府取得的土地返还款符合这一性质，应当作为政府补助处理。政府补助分为与资产相关的政府补助和与收益相关的政府补助。

与资产相关的政府补助，是指企业取得的、用于购建或以其他方式形成长期资产的政府补助。按照《企业会计准则第 16 号——政府补助（2006）》第七条的规定，与资产相关的政府补助，应当确认为递延收益，并在相关资产使用寿命内平均分配，计入当期损益。但是，按照名义金额计量的政府补助，直接计入当期损益。

与收益相关的政府补助，是指除与资产相关的政府补助之外的政府补助，按照《企业会计准则第 16 号——政府补助（2006）》第八条的规定，与收益相关的政府补助，应当分别按下列情况处理：

（一）用于补偿企业以后期间的相关费用或损失的，确认为递延收益，并在确认相关费用的期间，计入当期损益。

（二）用于补偿企业已发生的相关费用或损失，直接计入当期损益。

房地产开发企业取得土地主要是用于开发，其土地成本构成存货的一部分，取得的土地返还款属于已经发生的相关费用。所以会计处理上直接计入当期损益比较妥当，并且与企业所得税处理可以保持一致。

按照《企业会计准则应用指南——会计科目和主要账务处理》的规定：确认的政府补助利得，借记"银行存款""递延收益"等科目，贷记"营业外收入"科目。

因此，房地产开发企业收到政府返还的"土地出让金"或政府给予奖励款，应视作资产还是收益相关的政府补助，按上述规定核算，最终计入当期损益（营业外收入），而不是冲减"开发成本"。

（二）税务处理

房地产开发企业收到政府给予的拆迁补偿款，主要涉及企业所得税、土地增值税和增值税。按照现行的税法规定，三个税种对该项补偿款的税收处理要求是不同的。

1. 企业所得税处理

按照《财政部 国家税务总局关于专项用途财政性资金有关企业所得税处理问题的通知》（财税〔2009〕87 号）的规定，企业在 2008 年 1 月 1 日至 2010 年 12 月 31 日期间从县级以上各级人民政府财政部门及其他部门取得的应计入收入总额的财政性资金，凡同时符合以下条件的，可以作为不征税收入，在计算应纳税所得额时从收入总额中减除：(一)企业能够提供资金拨付文件，且文件中规定该资金的专项用途；(二)财政部门或其他拨付资金的政府部门对该资金有专门的资金管理办法或具体管理要求；(三)企业对该资金以及与该资金发生的支出单独进行核算。上述不征税收入用于支出所形成的费用，不得在计算应纳税所得额时扣除；用于支出所形成的资产，其计算的折旧、摊销不得在计算应纳税所得额时扣除。文件同时规定，企业将符合规定条件的财政性资金作不征税收入处理后，在5年（60个月）内未发生支出且未缴回财政或其他拨付资金的政府部门的部分，应重新计入取得该资金第六年的收入总额；重新计入收入总额的财政性资金发生的支出，允许在计算应纳税所得额时扣除。

基于以上政策规定，房地产开发企业从当地政府获得的拆迁补偿款在性质上属于财政性资金，应视为收入处理，税务上要判断该项政府补助是否属于不征税收入，如为不征税收入，收到当期不计入当期应纳税所得额，但该项收入所形成的成本费用支出也不能税前扣除。如不属于不征税收入，则应在收到当期计入当期应纳税所得额征税，其支出形成的成本费用也可以按税法规定税前扣除。但是，在实践当中，政府给予房地产开发企业的拆迁补偿款往往没有文件规定，特别是没有针对该拆迁补偿款专款专用的规定，因此，在实践当中政府给予房地产企业的拆迁补偿款是要缴纳企业所得税的。

【例】某房地产企业2011年9月份，除政府给予的拆迁补偿款200万元收入外，第三季度应纳税所得额为1000万元。如200万元为不征税收入（该项收入当年用于管理部门的管理费用为100万元），则2011年第三季度应纳税所得额仍为1100万元（1000+100）。如100万元不属于不征税收入，则应将100万元纳入第三季度应纳税所得额，其费用支出100万元也允许税前扣除，则该房地产企业2011年第三季度应纳税所得额为1200万元（1000万元+200万元）。

2. 土地增值税处理

按照《土地增值税暂行条例实施细则》第七条的规定，在计算土地增值税增值额时，具体的扣除项目为：开发土地和新建房及配套设施的成本，是指纳税人房地产开发项目实际发生的成本，包括土地征用及拆迁补偿费、前期工程费、建筑安装工程费、基础设施费、公共配套设施费、开发间接费用。其中，土地征用及拆迁补偿费的项目范围具体为：包括土地征用费、耕地占用税、劳动力安置费及有关地上、地下附着物拆迁补偿的净支出，安置动迁用房支出等。这里要特别注意的是作为开发成本中的房地产开发企业拆迁补偿费用全部支出是"净支出"，也就是全部补偿支出减除拆迁过程中的各种收入后的实际净支出，因此，政府给予企业的拆迁补偿款应从企业实际发生的拆迁补偿支出中扣除，而且政府给予企业的拆迁补偿款不作为土地增值税征税收入，但是要冲减开发成本中的补偿支出，从而减少计算土地增值税时的扣除项目金额。

【例】某房地产企业开发某项目时，购置土地使用权后，实际发生的拆迁补偿支出2000万元，但收到政府拆迁补偿补助300万元，则在计算土地增值税时，构成开发成本扣除项目的拆迁补偿净支出为1700万元，而不是2000万元。同样，300万元补助收入不作为计算土地增值税的项目收入。

3. 增值税处理

拆迁补偿收入是否缴纳增值税，要视不同情况处理。如果房地产开发企业征地后自行负责拆迁，而不是受政府委托，其取得的政府补助收入，不属于增值税应税收入，不需要缴纳增值税。如果企业是受政府或其相关部门委托进行拆迁，其取得的拆迁补偿收入，则属于原营业税中的"服务业——代理业"收入，应就其代理差额收入缴纳增值税。《国家税务总局关于政府收回土地使用权及纳税人代垫拆迁补偿费有关营业税问题的通知》（国税函〔2009〕520号）第二条规定，纳税人受托进行建筑物拆除、平整土地并代委托方向原土地使用权人支付拆迁补偿费的过程中，其提供建筑物拆除、平整土地劳务取得的收入应按照"建筑业"税目缴纳营业税；其代委托方向原土地使用权人支付拆迁补偿费的行为属于"服务业——代理业"行为，应以提供代理劳务取得的全部收入减去其代委托方支付的拆迁补偿费后的余额为营业额计算缴纳营业税。营改增后，也应该征增值税。

六、应税收入自查要点

收入总额：收入总额包括以货币形式和非货币形式从各种来源取得的收入，按照会计口径收入总额包括：一般收入、特殊收入和处置资产收入。按照税法口径又将收入总额划分为：不征税收入和征税收入，其中征税收入又包括：免税收入和应税收入。

1. 一般收入

（1）销售商品（货物）收入

是指企业销售商品、产品、原材料、包装物、低值易耗品以及其他存货取得的收入。

（2）提供劳务（服务）收入

是指企业从事建筑安装、修理修配、交通运输、仓储租赁、金融保险、邮电通信、咨询经纪、文化体育、科学研究、技术服务、教育培训、餐饮住宿、中介代理、卫生保健、社区服务、旅游、娱乐、加工以及其他劳务服务活动取得的收入。

（3）转让财产收入

是指企业转让固定资产、生物资产、无形资产、股权、债权等财产取得的收入。

（4）股息红利等权益性投资收益

股息、红利等权益性投资收益，是指企业因权益性投资从被投资方取得的收入。除国务院财政、税务主管部门另有规定外，按照被投资方作出利润分配决定的日期确认收入的实现。

(5) 利息收入

是指企业将资金提供他人使用但不构成权益性投资,或者因他人占用本企业资金取得的收入,包括存款利息、贷款利息、债券利息、欠款利息等收入。利息收入,按照合同约定的债务人应付利息的日期确认收入的实现。

(6) 租金收入

是指企业提供固定资产、包装物或其他有形资产的使用权取得的收入。租金收入,按照合同约定的承租人应付租金的日期确认收入的实现。

(7) 特许权使用费收入

是指企业提供专利权、非专利技术、商标权、著作权以及其他特许权的使用权取得的收入。特许权使用费收入,按照合同约定的特许权使用人应付特许权使用费的日期确认收入的实现。

(8) 接受捐赠收入

是指企业接受的来自其他企业、组织或者个人无偿给予的货币性资产、非货币性资产。接受捐赠收入,按照实际收到捐赠资产的日期确认收入的实现。

(9) 其他收入

其他收入,是指企业取得的除企业所得税法第六条第(一)项至第(八)项规定的收入外的其他收入,包括企业资产溢余收入、逾期未退包装物押金收入、确实无法偿付的应付款项、已作坏账损失处理后又收回的应收款项、债务重组收入、补贴收入、违约金收入、汇兑收益等。

2. 特殊收入

(1) 以分期收款方式销售货物的,按照合同约定的收款日期确认收入的实现。

(2) 企业受托加工制造大型机械设备、船舶、飞机,以及从事建筑、安装、装配工程业务或者提供其他劳务等,持续时间超过 12 个月的,按照纳税年度内完工进度或者完成的工作量确认收入的实现。

(3) 采取产品分成方式取得收入的,按照企业分得产品的日期确认收入的实现,其收入额按照产品的公允价值确定。

(4) 企业发生非货币性资产交换,以及将货物、财产、劳务用于捐赠、偿债、赞助、集资、广告、样品、职工福利或者利润分配等用途的,应当视同销售货物、转让财产或者提供劳务。但国务院财政、税务主管部门另有规定的除外。

3. 处置资产收入

(1) 内部处置资产,不应视同销售确认收入,相关资产的计税基础延续计算。

企业发生下列情形的处置资产,除将资产转移至企业以外,由于资产所有权属在形式和实质上均不发生改变,可作为内部处置资产,不视同销售确认收入,相关资产的计税基础延续计算。①将资产用于生产、制造、加工另一产品;②改变资产形状、结构或性能；③改变资产用途（如自建商品房转为自用或经营）；④将资产在总机构及其分支机构之间转移；⑤上述两种或两种以上情形的混合；⑥其他不改变资产所有权属的用途。

(2) 资产移送（非内部处置资产）

因资产所有权属已发生改变而不属于内部处置资产，应按规定视同销售确定收入。企业将资产移送他人的下列情形，因资产所有权属已发生改变而不属于内部处置资产，应按规定视同销售确定收入。①用于市场推广或销售；②用于交际应酬；③用于职工奖励或福利；④用于股息分配；⑤用于对外捐赠；⑥其他改变资产所有权属的用途。

七、回迁相关业务

2021年1月1日起施行的《中华人民共和国民法典》第二百零七条规定：国家、集体、私人的物权和其他权利人的物权受法律平等保护，任何组织或者个人不得侵犯。第四十二条规定：征收组织、个人的房屋以及其他不动产，应当依法给予征收补偿，维护被征收人的合法权益；征收个人住宅的，还应当保障被征收人的居住条件。这是动迁依据的主要法规。

（一）动迁方式及特点

在实务中，动迁方式主要包括货币动迁、异地安置、原地安置，以及三种方式的组合。各种方式各有利弊，简单说明如下：

1. 货币动迁

货币补偿的优点（对于动迁户来说）：

(1) 货币补偿操作简单，且一次性了断，不会产生延长过渡期限、被拆迁人不能按时回迁等后续问题；

(2) 更方便被拆迁人选择住房，不受地点等方面的限制；

(3) 体现了等价交换的原则；

(4) 可以先拿到钱款。

货币补偿的缺点（对于动迁户来说）：

(1) 动拆补偿单价低，通常不能一平换一平；

(2) 老房面积小，拿到的补偿款少；

(3) 老房周围商品房价格高面积大，现金补偿款在原址买一套房屋几乎不可能；

(4) 老房的邻居、环境、学区等因素难以复制。

2. 原地安置

回迁的优点（对于动迁户来说）：

(1) 仍回到原位置，故土难离；

(2) 相对货币补偿来说房屋价值较高；

(3) 老房的邻居、环境、学区等因素较新区好。

回迁的缺点（对于动迁户来说）：

(1) 拿到房屋通常需要2年甚至更多的时间；

(2) 新建房屋面积较大，需要补交面积较高的超面积款；

(3) 回迁房的质量与同期的商品房质量相比较差；

(4) 再次出手的时候，会从取得新房屋的时候开始计算房屋取得时间，会增加各种税金。

3. 原地建房安置

从企业的角度，需要从资金周转情况、新小区的项目定位情况、拆迁工作的难易程度情况等因素综合考虑。

(1) 原地建房安置，安置面积不大于原拆迁面积的部分

由当地税务部门按同类住宅房屋的成本价核定计征增值税。对于成本价的口径如何确定，尚未明确。通常认为有两种方式：①包含土地成本的成本价；②不包含土地成本的成本价。由于拆迁补偿的开发产品，因开发企业是将建造好的房屋与原住户的土地置换，所以其成本显然不包含土地成本。

(2) 原地建房安置，安置面积超过原拆迁面积的部分

这部分情况有些特殊。由于有的地方对于超过面积的安置有一些特殊的规定，收取一定的投资代建费，金额要低于市场的销售价格。这种情况下，是按照实际向动迁户收取的款项作为计税基数，还是按照同类房屋的市场价值作为计税基数，目前没有明确的规定。

(3) 价差收入

对于各种楼层价差、朝向价差、装修价差、结构价差、煤气气源费等代收资金等，缴纳增值税，对于超面积部分安置的，应视为销售不动产征增值税及附加。

（二）回迁的所得税规定

1. 文件依据

关于回迁，在企业所得税处理上，一般情况下是作为非货币资产交换，即"以物易物"处理。主要按照以下政策执行：

(1)《关于房地产开发企业以房屋抵顶地价计算缴纳企业所得税问题的批复》（国税函〔2002〕172号）规定：房地产开发企业以房屋抵顶地价款赔偿给原住户的，在计算缴纳企业所得税时，对赔偿的房屋应视同对外销售，销售收入按其公允价值或参照同期同类房屋市场价格确定。

(2)《国家税务总局关于房地产开发业务征收企业所得税问题的通知》（国税发〔2009〕31号）第六条规定：开发企业将开发产品转作固定资产或用于捐赠、赞助、

职工福利、奖励、对外投资、分配给股东或投资人、抵偿债务、换取其他企事业单位和个人的非货币性资产等行为，应视同销售，于开发产品所有权或使用权转移，或于实际取得利益权利时确认收入（或利润）的实现。

（3）《中华人民共和国企业所得税法实施条例》第二十五条规定：企业发生非货币性资产交换，以及将货物、财产、劳务用于捐赠、偿债、赞助、集资、广告、样品、职工福利或者利润分配等用途的，应当视同销售货物、转让财产或者提供劳务，但国务院财政、税务主管部门另有规定的除外。

2. 换入资产的价值

企业进行的回迁，不是捐赠，是非货币资产交换。在换出的同时，也换回了资产——土地使用权。对于换入资产的价值，也有规定。《中华人民共和国企业所得税法实施条例》第五十八条规定：固定资产通过捐赠、投资、非货币性资产交换、债务重组等方式取得的固定资产，以该资产的公允价值和支付的相关税费为计税基础；在第六十六条和第七十二条中，对无形资产和存货也分别作相同的规定。

因此，换入的土地使用权的计税基础，应当是按照公允价值（这里的公允价值，通常也就是企业换出资产的价值）和支付的相关税费确定。在项目的所得税汇算清缴时，应当考虑换入的土地使用权的计税基础，以充分保护企业的利益。

3. 举例说明

【例】某房地产开发公司（K公司）动迁一个地段，原地段有其他企业1万平方米的建筑物，开发单位实际开发6万平方米，其中2万平方米返还给该企业。K公司开发成本单价2000元/平方米（未考虑土地成本），该地段建筑物平均售价为5000元/平方米。

K公司发生开发成本12000万元，取得实际售价20000万元。（假设：没有期间费用、未考虑换出资产的税费）

（1）不考虑换入资产价值

① 确认土地成本

未考虑换入资产价值，只考虑了回迁房的开发成本，即土地取得成本4000万元（2000元/平方米×2万平方米）

② 确认总成本

建安成本及其他成本8000万元，总成本12000万元（单位成本3000元/平方米）

③ 确认实际收入

取得实际售价20000万元（5000元/平方米×4万平方米）

④ 确认视同销售收入

视同销售收入10000万元（5000元/平方米×2万平方米）

⑤ 确认应纳税所得额18000万元

应纳税所得额 18000 万元（20000 万元+10000 万元-12000 万元）

(2) 考虑换入资产价值

① 确认土地成本

考虑回迁房的开发成本 4000 万元（2000 元/平方米×2 万平方米）

考虑换入资产价值 10000 万元（5000 元/平方米×2 万平方米）

② 确认总成本

建安成本及其他成本 8000 万元，总成本 22000 万元

③ 确认实际收入

取得实际售价 20000 万元（5000 元/平方米×4 万平方米）

④ 确认视同销售收入

视同销售收入 10000 万元（5000 元/平方米×2 万平方米）

⑤ 确认应纳税所得额 8000 万元

应纳税所得额 8000 万元（20000 万元+10000 万元-12000 万元）

两种方式的应纳税所得额分别为 18000 万元和 8000 万元，应当采用哪种方式就不言而喻了。

(三) 回迁的土地增值税规定

1. 回迁用房应当清算土地增值税

按照《国家税务总局关于房地产开发企业土地增值税清算管理有关问题的通知》（国税发〔2006〕187 号）的规定：房地产开发企业将开发产品用于职工福利、奖励、对外投资、分配给股东或投资人、抵偿债务、换取其他单位和个人的非货币性资产等，发生所有权转移时应视同销售房地产。

由于回迁房屋的性质上看，属于以开发产品换取其他单位和个人的非货币性资产性质，因此应按照上述规定进行土地增值税视同销售处理。

2. 是否考虑换入资产的价值

同所得税一样，这里面也有一个换入土地使用权价值的问题。当然，土地增值税不能参照企业所得税的规定，但是可以参照会计规定。

按照《企业会计准则第 7 号——非货币性资产交换》第三条的规定：非货币性资产交换同时满足下列条件的，应当以公允价值和应支付的相关税费作为换入资产的成本，公允价值与换出资产账面价值的差额计入当期损益：

(一) 该项交换具有商业实质；

(二) 换入资产或换出资产的公允价值能够可靠地计量。

因此，考虑换入土地使用权价值是有一定依据的。

不过，土地增值税也有一定的规定，根据国税发〔2006〕187 号文件规定："除另有规定外，扣除取得土地使用权所支付的金额、房地产开发成本、费用及与转让房地

产有关税金,须提供合法有效凭证;不能提供合法有效凭证的,不予扣除。"

对于这种视同销售行为,如何提供合法有效凭证是关键。

最后,关于回迁的特殊说明:拆迁补偿款免个人所得税。根据《财政部 国家税务总局关于城镇房屋拆迁有关税收政策的通知》(财税〔2005〕45号)规定:

"一、对被拆迁人按照国家有关城镇房屋拆迁管理办法规定的标准取得的拆迁补偿款,免征个人所得税。

二、对拆迁居民因拆迁重新购置住房的,对购房成交价格中相当于拆迁补偿款的部分免征契税,成交价格超过拆迁补偿款的,对超过部分征收契税。"

因此,有的开发公司故意向回迁户收取个人所得税,还有的稽查部门要求代扣代缴回迁户的个人所得税,是错误的。

第四章 信息采集与确定评估对象

> 数据是信息的载体，完整准确的涉税信息采集是纳税评估的基石。本章介绍房地产开发行业的信息采集及管理，重点列举项目管理和销售信息的采集工作。对税源管理部门如何确定实施纳税评估的对象，如何开展行业税收风险管理的工作流程和分等级风险应对进行阐述。

第一节 滚动开发与现金池业务

【滚动开发的税务风险】 房地产企业在滚动开发过程中，可能存在故意混淆同一项目前后期或不同项目之间的成本费用，提前列支成本费用支出。例如，有的企业将正在开发的未完工项目应负担的成本费用记入已经决算或即将结算的项目，造成已完工项目成本费用增大，减少当期利润，减少或迟延缴纳企业所得税。

一、滚动开发概述

房地产项目的滚动开发，亦称之为分期开发，这只是个行业习惯性的说法，也是房开企业常用的经营思路。这个恰恰说明了开发单位对高资金周转速度的追求，滚动的实质是资金的循环，地是固定不动的，房子也是固定不动的，资质、资金和土地，只有同时具备才能实施开发，只要拥有其一，就具备了参与开发的条件。同时，滚动开发也是目前房地产行业资金链接近断裂的罪魁祸首。目前，相当数量的开发单位，拥有大量的土地使用权和开发建设中的房屋，但却面临由于房市低迷销售不畅所引起的现金流短缺，没滚好！

（一）滚动开发的分类

一般情况下的滚动开发模式分为三种：单项目分期、多项目分期和多项目滚动开发。

1. 单项目分期开发

即开发单位对规模过大，或者项目分类过于明显的单一项目进行分期开发，这种开发模式比较简单，属于基本的滚动开发。

2. 多项目分期开发

即开发单位同时开发若干个项目，每个项目又分期开发。这属于非常复杂的滚动开发，需要开发公司或拥有雄厚的资金，或拥有极为丰富的管理团队和管理经验。

3. 多项目滚动开发

即开发单位同时运作若干个项目，几个项目的进度错落有致，可能甲项目刚中标拿地规划，乙项目已施工在建，丙项目开始对外销售，丁项目在进行项目决算清算。不同项目需要特别好的资金、人力、物流、手续方面的衔接和配合，属于比较复杂的滚动开发了。

（二）滚动开发的相关规定

1. 土地使用证的规定

按照《中华人民共和国土地管理法实施条例》（国务院令第256号）第二十一条的规定：分期建设的项目，可以根据可行性研究报告确定的方案分期申请建设用地，分期办理建设用地有关审批手续。

办法总比困难多，"疯狂分期"比比皆是，例如：开发商利用分三期开发的名义，先缴纳三分之一的土地出让金，然后利用土地使用证进行滚动融资，分别取得余下三分之二的土地使用证，实际上以一搏三，加大了企业经营方面的风险。为了限制开发商利用分期开发的名义，分期办理土地使用证，2007年国土资源部出台了《招标拍卖挂牌出让国有建设用地使用权规定》（国土资源部令第39号），其第二十三条规定：

受让人依照国有建设用地使用权出让合同的约定付清全部土地出让价款后，方可申请办理土地登记，领取国有建设用地使用权证书。未按出让合同约定缴清全部土地出让价款的，不得发放国有建设用地使用权证书，也不得按出让价款缴纳比例分割发放国有建设用地使用权证书。

2. 规划方面的规定

在规划方面，对于分期开发没有特殊的规定，一般是对于住宅建设项目或公共建筑建设项目建筑面积超过一定规模（5万平方米或10万平方米）的，允许其分期开发。实务中，各地规划部门发放的《建设工程规划许可证》（分期），也是税务征管过程中进行土地增值税清算的重要依据之一。

对于分期实施的建设项目，通常会分别标注整体规划地块的规划指标和分期建设范围内的规划指标。各地的房地产交易部门，在审核分期的商品房项目，办理《商品房预售许可证》时，也会对其当期的建筑面积审查的同时，附加审查前几期的累计建筑面积，对超出《建设工程规划许可证》规定面积的，通常会要求补交规划部门同意的证明原件。

3. 验收方面的规定

按照《城市房地产开发经营管理条例》第十八条的规定：住宅小区等群体房地产开发项目实行分期开发的，可以分期验收。同时，各地的建设工程竣工规划验收制度也大都规定：成片开发的住宅区、工业区在进行单体建筑工程的规划验收后，还应进行小区规划验收。小区建设分期分批进行时，其配套工程应按计划同步完成。未完成时，同期的其他项目不予规划验收。

二、滚动开发的优缺点

（一）滚动开发的优点

1. 资金周转率高

滚动开发，滚动的就是资金，所以滚动开发最大优点就是资金周转率高。由于统筹规划，各个项目单期的开发时间保持不变，由于不同项目同时交叉进行，开发周期叠加。便于资金的交叉运用，也大大缩短了资金的闲置时间，资金周转速度大为增加。

2. 融资方便

由于分期和滚动开发，造成单期项目的规模相对较小，相应的单项目自有资金率大为增加，筹融资便于操作。同时，由于分期，各自验收完全独立，也便于项目的抵押贷款。分期后的项目更灵活，融资也更方便。

3. 尾房抵账

实务中，由于房地产企业处于甲方的强势地位，施工单位在承揽工程的时候通常被迫接受垫资、压款、实物抵账等方式，因此，普遍存在着房地产企业将上一期的尾房抵顶施工单位下一期的工程款，这样解决了尾房难销售的情况，将包袱甩给了施工单位。

4. 利润率高

对于偏远些的市郊项目来说，首期开盘的时候由于人气不足、配套不齐全等因素，销售价格通常会比较低。但是经过首期的铺垫，以后的分期具备成熟社区的吸引力，后期的销售价格会顺势水涨船高，甚至一路攀升，从而为房地产企业创造更高的利润。

（二）滚动开发的缺点

1. 经营风险明显增大

当房地产企业赚得第一桶金的时候，有的倾向于在一个行业做精做强，也有的关注相关联的行业，延伸企业上下游的产业链，更有的选择多元化经营之路。由于在房地产业持续滚动开发，对资金依赖会越来越大，抗击行业风险（金融风险）能力明显降低，特别是目前房市低迷的时候，会承受更大的压力。

2. 管理协调能力要求更高

特别对于多项目分期开发，要求开发单位拥有强大的管理团队和丰富的协调管理能力，对于各项目各期的现金流、物流、行政监管和审批手续等方面，都要有强有力的预算、执行、监督和协调能力。在某一个环节上的失误，都会造成连锁的反应。

3. 综合开发周期过长

由于分期开发，加上人为调控开发的时间和速度，虽然单个项目的开发周期没有缩短，却造成房地产企业整体开发周期过长。战线过长，风险必然剧增，很可能只有某个项目的某一期把握住了机会，造成不能"全身而退"。

4. 预售政策的风险

滚动开发，最核心的利用价值就是预售政策。正是由于预售政策的存在，开发单位除了自有资金、银行融资、施工单位垫资途径以外，拥有了最方便最强大的资金来源，而通过将前期的预售款，用于后期项目的建设，甚至用于购买新地，从而达到快速滚动开发目的。

综上所述，对于房地产开发企业而言，如何确定分期，如何进行快速滚动，也是一个必修课题。需要统筹综合考虑以下诸多因素：一是资金能力，资金，永远是排在第一位的。分期滚动开发，虽然利润更大，但同时周期更长，风险也更大。二是合理调配资金能力，即在同等资金规模下如何最大化的利用资金。通常为了合理利用资金，开发单位会先期开发资金回笼速度快、开发成本低、利润空间大的住宅类房屋，回收资金后再开发商业网点、办公楼、地下停车场等单体工程，而对于公共配套设施则尽可能的放在后期开发。三是整体项目规模，这是最根本的原因，项目的分期与否，项目的规模是一个最关键的因素。四是充分考虑营销、培育市场和市场发展的周期等相关因素。

三、滚动开发的土地增值税规定

1. 如何确认分期

按照《国家税务总局关于房地产开发企业土地增值税清算管理有关问题的通知》（国税发〔2006〕187号）第一条的规定：土地增值税以国家有关部门审批的房地产开发项目为单位进行清算，对于分期开发的项目，以分期项目为单位清算。

这一条规定同样是为了避免出现利用滚动开发的名义，推迟清算土地增值税的情况。由于房地产行业的项目开发周期过长，有关政府部门审批文件也过多，实务中经常会出现不一致的情况，例如土地使用证没有确认分期，规划许可证确认分三期，而房产交易部门根据开发单位的申请分五期下发销售（预售）许可证，这种情况该如何处理？当然是以规划许可证确认分三期来进行土地增值税清算。

2. 成本如何分摊

按照《土地增值税暂行条例实施细则》第九条规定：纳税人成片受让土地使用权后，分期分批开发、转让房地产的，其扣除项目金额的确定，可按转让土地使用权的面积占总面积的比例计算分摊，或按建筑面积计算分摊，也可按税务机关确认的其他方式计算分摊。按照《国家税务总局关于房地产开发企业土地增值税清算管理有关问题的通知》（国税发〔2006〕187号）第四条第五款规定：属于多个房地产项目共同的成本费用，应按清算项目可售建筑面积占多个项目可售总建筑面积的比例或其他合理的方法，计算确定清算项目的扣除金额，具体情况同所得税基本一致。

3. 分期的其他问题

按照《国家税务总局关于房地产开发企业土地增值税清算管理有关问题的通知》（国税发〔2006〕187号）第二条第二款的规定：取得销售（预售）许可证满三年仍未销售完毕的，主管税务机关可要求纳税人进行土地增值税清算。

对于滚动开发来说，存在分期取得销售（预售）许可证的情况，或存在在某一个单期内分批取得销售（预售）许可证的情况，以及存在整个滚动的期间取得一个大的销售（预售）许可证的情况。

四、滚动开发的企业所得税处理

在企业所得税法实施以来，针对房地产开发经营业出台一些相关法规文件，如国税发〔2009〕31号文等，在发票管理、应付预提等重点事项上都进行了明确，而更多的还是按照会计准则和会计制度执行。对于完工产品与未完工成品之间、以销售产品与未销售产品之间、以及滚动开发的产品之间，成本结转和分配问题等规定，还是很薄弱的。

1. 滚动开发收入的确认

为了避免出现利用滚动开发的名义，不办理整个项目的竣工，导致推迟确认收入的情况，早在国税发〔2006〕31号文（原营业税）中就明确了视为开发产品已经完工的三个条件：（1）竣工证明已报房地产管理部门备案的开发产品（成本对象）；（2）已开始投入使用的开发产品（成本对象）；（3）已取得了初始产权证明的开发产品（成本对象）。符合完工条件后，开发单位就应当按照收入确认的原则，合理地将预售收入确认为实际销售收入，同时按规定结转其对应的计税成本。

因此，滚动开发整体结转收入是个伪命题，实务中秉承"分期开发分期确认、整体开发分楼确认"的原则，无论整个项目或者项目中某一期是否整体竣工，只要某一栋楼符合三个完工条件之一，该栋楼就应当确认收入实现的。

2. 滚动成本的分摊

无论是关于营业税的国税发〔2006〕31号文还是后续的企业所得税国税发〔2009〕31号文，都非常清晰地明确了共同成本以及因多个项目同时开发或先后滚动开发而不能分清负担对象的间接成本，应按各个成本对象（项目）占地面积、建筑面积或工程概算等方法计算分配。而实务中，房地产开发企业以项目整体未竣工为由，不仅推迟土地增值税清算而且企业所得税不汇算现象突出，这是典型的自以为是行为，不但是有规定，而且是明确且清楚的。

3. 滚动成本分摊的难度

前面说过，滚动开发间接成本项目多，比起单期开发项目来说，时间跨度大，内容复杂，房地产开发企业的财务人员，更需要认真细致的准备相关资料备查，并对自己选择的成本分配方法有更加充分的把握。同时，对于时间跨度大，核算复杂，各种发票的整理和归集也是一项重要的工作。

【现金池业务的税务风险】集团现金池业务，是指属于同一家集团企业的一个或多个成员单位的银行账户现金余额实际转移到一个真实的主账户中，主账户通常由集团总部或集团财务公司控制，成员单位用款时需从主账户获取资金对外支付。无论是集团，还是提供资金的成员单位，是否应该缴纳增值税，如何缴纳？使用资金的成员单位，支付利息能否在企业所得税前扣除？分别阐述如下。

五、现金池业务概述

"现金池"是以资金集中管理为主线，借助商业银行现金管理服务和网络通信技术，对各地分（子）公司的资金进行实时监控、统一调度和集中运行的一种管理模式。在合作双方中，双方银行是放款人，企业集团和其子公司是委托贷款人和贷款人，通过电子银行来实现一揽子委托贷款协议，使得原来需要逐笔办理的业务变成集约化的业务和流程，从而实现整个集团资金的统一运营和集中管理。

提到现金池业务，必然涉及集团，所以称为集团现金池业务更贴切。

集团"现金池"系指集团公司将所有下属子公司资金统一汇总在一个现金池内，统一调度集团公司内部的资金使用，并向上划资金的下属子公司支付利息，同时向使用资金的下属子公司收取利息的业务行为。"现金池"的运行模式主要分为两种，一是通过集团公司内部的结算中心运转，二是通过集团公司内部的财务公司运营。

（一）"现金池"的类型

现金池的业务实质：以公司总部的名义设立集团现金池账户，通过子公司向总部委托贷款的方式，每日定时将子公司资金上划现金池账户。日间，若子公司对外付款时账户余额不足，银行可以提供以其上存总部的资金头寸额度为限的透支支付；日终，以总部向子公司归还委托贷款的方式，系统自动将现金池账户资金划拨到成员企业账户用以补足透支金额。根据事先约定，在固定期间内结算委托贷款利息，并通过银行进行利息划拨，因此，实现整个集团资金的统一运营和集中管理。

目前，我国的"现金池"的类型，主要有四种：

1. 众人拾柴火焰高型

集团总体资金短缺，通过"现金池"来达到集中控制信用风险和节约财务成本的目的。

2. 肥水不流外人田型

集团总体资金盈余，通过集团资金集中，将更多的资金投入定期存款或其他投资性产品来获得更好的回报。

3. 一个好汉三个帮型

集团下辖各企业相对独立，集团建立"现金池"的主要目的不是将资金集中在某一账户，而是为了满足集团内临时性的资金需求，在这种情况下，许多集团就会选择节税管理，旨在减少资金调拨（委托贷款）的总额来减少增值税的支出。

4. 保姆型

集团公司向子公司提供资金借款的同时，也希望控制各子公司的借款金额。通过对子公司借款额度的控制，降低委托贷款风险，同时满足集团企业的资金需要。

（二）集团"现金池"的运行模式

1. 结算中心管理"现金池"模式

集团公司设立的结算中心是办理集团公司下属子公司现金收付和往来结算业务的专门机构，一般隶属于财务部门，不具有法人资格，也不具备经营金融业务的许可。结算中心主要借助网上银行对"现金池"进行管理。根据集团公司与银行之间就"现金池"业务签订的协议，集团公司及纳入"现金池"管理的下属子公司必须在指定银行开户，采取收支两条线的方式。结算中心对于上存资金的子公司，一般按照银行同期活期存款利率支付利息，对使用资金的子公司，一般按照银行同期贷款利率收取利息。这样，结算中心的收入来源由两部分组成，一是"现金池"存款在银行与拨付下级公司之间存在的利差收入。二是向子公司收取的贷款利息。

2. 财务公司管理"现金池"模式

与结算中心管理"现金池"不同，财务公司为集团下属子公司之一，具有独立的法人地位，是经中国银监会批准成立的非银行金融机构。财务公司提供的服务也类似于商业银行，主要功能是提供解决集团公司内部融资、资金信贷风险的平台。在运作中，财务公司同样采取收支两条线的管理，操作层面比结算中心管理更自由和便捷。简而言之，谁的钱入谁的账，用款自由，存款有息。

在支付环节，"现金池"成员子公司可自主支配各自在财务公司账户上的存款，只需在集团系统中给财务公司一个申请用款指令，财务公司即会将款项随时划拨至成员子公司指定的银行账户。在成员子公司需要贷款时，可向财务公司申请，财务公司根据集团公司的长远规划，逐笔审批，将可动用"现金池"的资金贷予成员子公司。

作为财务公司，其收入主要由三部分组成。一是"现金池"在银行存款的利差收入；二是向成员子公司收取的贷款利息收入；三是利用"现金池"资金做风险较小的一级证券市场的投资收入。由于财务公司的职能定位，投资收入只占一小部分，目前对于前两种收入，大多数财务公司应按规定缴纳增值税。

（三）"现金池"的作用

1. 优化利息

现金池变外源融资为内源融资，减少了利息费用的支出。在现金池中，不同账户上的正负余额可以有效地相互抵销，账户资金盈余的子账户的资金自动地转移到资金不足的其他子账户，这样一来，企业的资金得到了充分的运用，在集团内部就能够满足融资需求，而无须外部融资，既简化的手续，也大大降低了融资费用。

【例】有同一个集团公司所属三个子公司甲、乙和丙，甲日均盈余40万元，乙日均盈余30万元，而丙日均透支50万元。假设协定存款利率为1.68%，贷款利率为4.88%，很明显，集团通过设立现金池较之前能够获得较多的节省利息支出的收益。

2. 改善资金管理

通过现金池，集团能够及时了解各个子账户现金流量的情况，明确内部控制责任和加强内部控制效力，方便管理。其次，现金池将集团多余的资金集中起来，这样可以进行更有效的投资活动，为企业增加收益。即使企业不进行投资活动，大额的存款也可以使企业获得较高的协定存款利率。

（四）"现金池"管理在房地产企业集团的应用

1. 适应房地产集团化发展的战略需求

随着土地供应、银行信贷、房屋预售、个人按揭等一系列涉及房地产业宏观调控政策的出台，中国房地产市场日趋规范和成熟。房地产业利润来源主要依附于土地之上的房产创新与增值，以前通过协议拿地及运作土地盈利的运营模式已经退出历史舞台。取而代之的是更透明、更具竞争力的土地获取渠道，盈利管理也从土地盈利向产品盈利转变，对资本的需求更大、对产品的创新能力、对管理尤其是资金的管理水平也提出了更高的要求。更为先进和灵活高效的现金池管理，为房地产企业集团适应新的竞争环境、提高竞争力提供了保障。

2. 符合房地产企业资金管理的特点

"现金池"使房地产企业集团可以通过电子银行和银企直连系统将资金集中在集团总部，从而实现整个集团资金的统一运营、集中管理和实时监控。在下属项目进行竞拍土地需要支付巨额资金的时候，集团就可以通过现金池及时调度资金进行支持，提高资金的使用效率；同时，不仅加强对下属项目的资金进行实时监控，按照工程进度严格控制资金的支付，降低项目舞弊的可能性和可操作空间，而且提高全面预算和资金计划的权威性和刚性，进而提升企业管理水平和层次。

3. 房地产开发有利于提高资金使用效率、降低企业成本和税负由于项目发展的不平衡、所处的开发阶段不同、所处地域的差异，导致各项目之间的资金状况迥异，项目前期必然资金紧张、项目后期资金充裕。集团出于满足各项目均衡发展的目标，需要对集团内部资金进行较频繁的调剂，如果每一笔都通过委托贷款方式则手续烦琐、手续费较高，成本较大。"现金池"管理通过银行一揽子协议，以委托贷款方式将资金充裕项目的资金调剂给短缺的项目，一是集团内部企业在利率上可以给予一定的优惠，降低企业的融资成本；二是通过电子银行和银企直连非常快捷地划转资金，简化了银行手续的中间环节，减少了资金在途时间，大大提高资金使用效率；三是委托贷款可以取得金融机构的利息凭证，允许在企业所得税、土地增值税清算时进行扣除，而土地增值税的税率级差特别大，有利于降低房地产企业的实际税收负担。

六、涉税风险分析

（一）增值税金及附加

集团收取"现金池"成员子公司的借款利息是需要缴纳增值税税金及附加的。无论是结算中心管理，还是财务公司管理，只要是成员企业从"现金池"借入资金，都属于企业拆借行为，因此，集团公司向成员子公司收取的"现金池"借（贷）款利息均应缴纳增值税。

另外，《贷款通则》第六十一条规定：各级行政部门和企事业单位、供销合作社等合作经济组织、农村合作基金会和其他基金会，不得经营存贷款等金融业务。企业之间不得违反国家规定办理借贷或者变相借贷融资业务。

所以，"现金池"在结算中心管理模式下，集团向成员子公司的放贷是违反贷款通则规定的，存在较大的金融违法风险；然而，由于财务公司具有独立法人地位和经营金融业务的资格，其向成员子公司放贷是符合贷款通则的，则无此风险。

（二）印花税

集团公司与现金池成员子公司签订的借款合同是否缴纳印花税？

根据《印花税暂行条例》的规定，在借款合同中，银行及其他金融组织和借款人（不包括银行同业拆借）所签订的借款合同按借款金额万分之零点五贴花，纳税义务人为立合同人，单据作为合同使用的，按合同贴花。因为财务公司属于金融组织，与子公司签订的借款合同应缴纳印花税；而结算中心不是金融机构，与子公司签订的借款合同不缴印花税。

（三）企业所得税

集团收取"现金池"借款利息能否在成员子公司企业所得税前扣除？

1. "现金池"的性质对扣除的影响

按照《企业所得税法实施条例》第三十八条的规定：非金融企业向金融企业借款的利息支出、金融企业的各项存款利息支出和同业拆借利息支出、企业经批准发行债券的利息支出准予扣除。对于非金融企业向非金融企业借款的利息支出，不超过按照金融企业同期同类贷款利率计算的数额的部分准予扣除。

由于财务公司属于非银行金融机构，成员子公司支付的利息支出可全额扣除。而采用结算中心管理的"现金池"，成员子公司的利息支出则只能在不超过金融企业同期同类贷款利率计算的金额内准予扣除。

2. 关联关系对扣除的影响

无论是财务公司还是结算中心，集团公司与成员子公司都会形成关联关系。为了实现集团公司利益最大化，减轻集团公司整体的税收负担，集团公司往往借助关联企业相互之间的存贷款，通过"现金池"设定不同的存贷利率水平调节公司利润。为防止关联企业通过"转让定价"的方法转移利润，操纵整个集团公司下属子公司的税负水平，按照《企业所得税法》的规定，企业与关联方的业务往来不符合独立交易原则而减少企业或其关联方应纳税所得额的，税务部门可以按照符合独立交易原则的定价原则和方法进行调整。另外，《财政部　国家税务总局关于企业关联方利息支出税前扣除标准有关税收政策问题的通知》（财税〔2008〕121号）文件规定，一般企业的关联债资比为2∶1，项目公司从"现金池"接受的债权性投资（借款）与权益性投资超过2∶1部分而发生的利息支出，不得在计算应纳税所得额时扣除。

在《企业所得税法实施条例》第十九条中，对债权性投资和权益性投资的范围进行了原则性界定。根据该规定，从关联方获得的债权性投资是指企业从关联方获得的需要偿还本金和支付利息或者需要以其他具有利息性质的方式予以补偿的融资。从获得方式上，债权性投资既包括直接从关联方获得的债权性投资，又包括间接从关联方接受的债权性投资。其中间接从关联方获得的债权性投资包括：（1）关联方通过无关联方第三方提供的债权性投资。（2）无关联第三方提供的、由关联方担保且负有连带责任的债权性投资。（3）其他间接从关联方获得的具有债务性质的债权性投资。间接债权投资的第（1）种情况主要是指关联委托贷款；第（2）种情况主要是指关联方担保贷款；而第（3）情况主要是名称不叫借款，但实质属于负债性质的情况，如购买关联方发行的可转换债券或者股权等。而统借统还虽从名义上看属于从关联方获得的需要偿还本金和支付利息的方式予以补偿的融资，但从实质上看还是属于向金融机构的融资，并且没有被列入关联方间接债权性投资的范围。因此，统借统贷不属于关联债权投资，也不受（财税〔2008〕121号）文件关于关联方债资比例的约束。

七、"现金池"税收风险的预防和控制

（一）尽量采用财务公司运作管理

采用结算中心管理，不仅存在违法放贷的金融风险，还存在子公司存款利息缴纳

增值税的纳税风险，支付的利息还要受到关联债资比例的约束，问题比较多，而采用财务公司管理则可以避免这些问题，所以对于"现金池"的管理运作，最好采用财务公司管理模式。当然，成立审批财务公司要比结算中心门槛高、程序复杂，但从规避金融和税收风险的角度看，还是合适的、值得的。

对"现金池"取得利息收入开具税务监制的发票或到税务部门代开发票。在结算中心管理下，结算中心和各子公司收到的利息，应使用税务监制的发票或到税务部门代开发票，由于结算中心和各子公司之间资金往来频繁，发票的使用数量大，需要就如何取得税务监制的发票、如何代开发票向主管税务部门沟通，取得主管税务部门的支持和配合。

(二) 利息税前扣除尽量不受关联债资比例约束

《财政部　国家税务总局关于企业关联方利息支出税前扣除标准有关税收政策问题的通知》（财税〔2008〕121号）的第一条规定了非金融企业的关联债资比例，但第二条又规定：企业如果能够按照税法及其实施条例的有关规定提供相关资料，并证明相关交易活动符合独立交易原则的；或者该企业的实际税负不高于境内关联方的，其实际支付给境内关联方的利息支出，在计算应纳税所得额时准予扣除。

集团公司的财务部门应就相关交易活动符合独立交易原则和支付利息企业的实际税负不高于境内关联方的问题，搜集整理资料并与主管税务机关进行充分的沟通，并在规定时间内上报这些资料，尽量确保集团公司支付的利息能全额得到税前扣除。

(三) 结算中心管理下尽量套用统借统还的税收政策

《财政部　国家税务总局关于非金融机构统借统还业务征收营业税问题的通知》（财税字〔2000〕7号）规定：从2000年1月1日起，对企业主管部门或企业集团中的核心企业等单位（以下简称统借方）向金融机构借款后，将所借资金分拨给下属单位（包括独立核算单位和非独立核算单位），并按支付给金融机构的借款利率水平向下属单位收取用于归还金融机构的利息不征收营业税；如果统借方将资金分拨给下属单位，按高于支付给金融机构的借款利率水平向下属单位收取利息，则视为具有从事贷款业务的性质，应对其向下属单位收取的利息全额征收营业税。

对于企业集团统借统还的借款，税前扣除的利息规模应该不受2∶1关联债资比例的限制，理由如下：

1. 统借统还借款不属于关联企业之间的借款

针对《企业所得税法》出台关于反资本弱化避税条款后，为明确的相关事项，颁布实施财税〔2008〕121号文件。由于统借统还借款的最终资金来源于金融机构而不是集团公司，且在分拨下属使用过程中集团没有加收利息，这与资本弱化避税中的资金运作完全不同。统借统还借款的实质是集团公司将从银行借来的资金转拨给下属子公司使用，集团公司所起的作用仅仅是经手和管理，这种资金关系不能认定为母子公司的关联企业借款。

在《企业所得税法》及其实施条例实施前，国家税务总局曾在《关于中国农业生产资料集团公司所属企业借款利息税前扣除问题的通知》（国税函〔2002〕837号）的规定，集团公司统一向金融机构借款，所属企业申请使用，只是资金管理方式的变化，不影响所属企业使用银行信贷资金的性质，不属于关联企业之间的借款。新企业所得税法实施后，该文件作废，但《房地产开发经营业务企业所得税处理办法》（国税发〔2009〕31号）第二十一条又作了规定："企业集团或其成员企业统一向金融机构借款分摊集团内部其他成员企业使用的，借入方凡能出具从金融机构取得借款的证明文件，可以在使用借款的企业间合理地分摊利息费用，使用借款的企业分摊的合理利息准予在税前扣除。"

因此，统借统贷行为不属于债权性投资。

2. 统借统还行为可以认定为符合独立交易原则

关于独立交易原则，《企业所得税法实施条例》第一百一十条有明确的界定：独立交易原则是指没有关联关系的交易各方，按照公平成交价格和营业常规进行业务往来遵循的原则。统借统还借款尽管发生在关联企业之间，但不符合关联企业借款和债权性投资的定义，并且自始至终都在执行市场利率——银行借款利率，完全符合税法对独立性交易原则的要求。

财税〔2008〕121号文件第二条规定："企业如果能够按照税法及其实施条例的有关规定提供相关资料，并证明相关交易活动符合独立交易原则的；或者该企业的实际税负不高于境内关联方的，其实际支付给境内关联方的利息支出，在计算应纳税所得额时准予扣除。"从该规定来看，对符合"正常交易原则"的情况，可以不受关联债资比例的限制。统借统还借款利息应可全额税前扣除。

第二节　经营数据与涉税信息采集

2014年9月，国家税务总局下发《国家税务总局关于加强税收风险管理工作的意见》（税总发〔2014〕105号文），对风险应对的职责、方法、机制、流程等内容进行了明确和规范。税收风险管理的基本内容包括目标规划、信息收集、风险识别、等级排序、风险应对、过程监控和评价反馈，以及通过评价成果应用于规划目标的修订校正，从而形成良性互动、持续改进的管理闭环。其中，信息收集工作是基础，是前提，是根本。数据是信息的载体，信息收集的对象是数据。关于数据、信息、信息管税的相关内容，请查阅《纳税评估理论与实务（上、下册）》（贾忠华著，台海出版社2020年1月版）第三章纳税评估理论（一）的第七节信息管税。

一、经营（涉税）数据

纳税义务的发生是应纳税行为触发的，应税行为源于生产经营（生产制造、买卖交易、加工修理、劳务服务、出租咨询等）行为，生产经营的过程会产生相关数据，即经营数据。信息是通过加工数据获取的。互联网时代开启了一个时代：经营数据被随时随地的"随意"记录（留存）下来。经营数据中涉及纳税行为或为税务部门实施税收征管所用的数据就是涉税数据，涉税数据是纳税人经营数据的一部分，或多或少。

涉税数据是指税务征管信息系统中的各种数据、各级税务部门要求纳税人报送的申报纳税等数据、税务部门采集的第三方数据。全面、准确的基础信息数据和完备的第三方信息数据是全面准确实施税收风险识别（纳税评估分析）的前提。因此，税务各级部门的数据采集、录入应增强"大数据"意识，通过对海量数据的交换共享、逻辑关联、智能比对，提升税务部门的核心竞争力，应严格按照相关工作规范要求，加强对征管信息系统基础数据的质量管理及第三方涉税数据的及时采集。

（一）建立涉税数据采集机制

在渠道上，全面获取包括第三方信息在内的海量涉税数据，如银联数据、电商支付数据、银行账户数据、土地房产车船数据等，增强大数据意识。在标准上，应与各部门协调，编制涉税信息共享目录，统一政府各部门数据编码和交换标准，保障数据的互联、互通和共享。在安全上，保障合法使用和数据存储、传输安全，保护个人隐私、商业秘密和国家安全不受侵犯。

（二）建立数据审核反馈机制

数据所流经的各环节或岗位都应对数据质量承担相应审核责任，操作人员应当按照规定的程序和要求，按照职责分工和工作权限，及时处理本环节（岗位）工作流程。对流转到本环节的数据进行全面检查审核，准确填写审核、审批意见、调查意见和处理意见等内容；对不符合规定要求的处理信息，及时通知上一环节进行补充、修正和完善。各环节各岗相互衔接、相互监督。

（三）建立数据质量审计机制

各级税务部门的数据管理岗位，负责对数据质量审计监控，数据管理部门应建立相应的数据质量审计监控机制，全面运用数据审计规则，对数据进行审计，及时、全面地发现各类问题数据，并及时下发各责任单位（部门）限期整改到位。

数据质量审计应按照分项采集、集中比对、管理增量、强化责任的原则，对数据采集、录入和处理的真实性、准确性、完整性、合法性、逻辑性、及时性进行监控。对数据质量审计监控发现的问题数据，要严格按照数据维护规定的权限和程序开展修正工作，任何人不得擅自修改。

二、信息采集概述

纳税评估信息是纳税人在纳税申报和生产经营活动过程中形成的各税纳税申报表、企业财务会计报表和各种与纳税有关的资料，是纳税评估审核的对象和进行分析、判断的客观依据。有效开展纳税评估是建立在占有大量经济税收数据信息源的基础之上的。税务管理是离不开各类信息的，涉税数据的采集是纳税评估及预警分析的前提。房地产开发企业涉税数据采集的内容，主要包括企业基础信息、开发项目基础信息、企业申报资料信息等。数据采集的途径包括从税务内部环节采集、要求企业提供和从第三方采集等。

（一）纳税评估信息的分类

根据数据来源不同，纳税评估信息可以分三类：税务内部信息、税务外部信息和责成纳税人提供的信息。各类信息的具体内容主要包括几个方面。

1. 税务内部信息："一户式"存储的纳税人各类纳税信息资料，包括纳税人税务登记的基本情况，各项核定、认定、减免缓抵退税审批事项的结果，纳税人申报纳税资料、财务会计报表以及税务部门要求纳税人提供的其他相关资料等；上级税务机关发布的宏观税收分析数据，行业税负的监控数据，各类指标的预警值。

2. 税务外部（第三方）信息：本地区的主要经济指标、产业和行业的相关指标数据；从工商、国土资源、财政、发改委、规划建设、房管、银行、媒介等职能部门取得的企业经营数据或信息资料。

3. 责成纳税人提供的信息：评估人员根据纳税评估工作的需要，从纳税人处取得的与纳税有关的文件、证明材料和有关资料，如：企业的机构组成、开发项目、资本构成与建筑商或销售商的关系及交易。

4. 税收管理员所掌握的纳税人生产经营的实际情况。

（二）税务内部信息的采集

采集内容：企业税务登记、各税种的税源登记、领用发票、减免税备案、各税费的纳税申报和入库信息、纳税信用等级、税务稽查或行政处罚等信息。

采集方式：分年度、分税种、分别读取税务征管核心信息系统（"金三"）的企业申报入库数据，包括税收滞纳金和行政处罚的罚款。

采集目的：建立税费已入库数据库。

采集要点：

1. 拟纳税评估企业缴纳各税费的纳税申报和入库信息，通过税务征管核心系统查询的主要内容：

（1）纳税人的税务登记、纳税申报、税款入库、财务状况资料；

（2）税收减、免、缓、退资料；

(3) 发票购买、开具、缴销及税控装置使用情况资料；

(4) 国内（国际）情报交换资料；

(5) 涉税举报和税务稽查反馈资料；

(6) 上级税务机关发布的宏观税收分析数据，行业税负的监控数据，各类评估指标的预警值。

2. 辖区（各区县分局、税务所）内房地产开发经营行业全部入库信息：分税种查询主要条件或字段项："序号、社会信用统一代码、企业名称、所属主管税务所、国家标准行业、入库时间（×月×日）、税种、税目、金额（单位：元），"特别注意要包括税收滞纳金。

3. 提请各区县分局的信息科进行后台查询，注意查询结果转换为".xls"格式。

(三) 第三方信息采集

第三方信息是指从国土资源、发改委、规划建设、房管、银行等行政管理部门取得的与开发房地产相关的信息资料。

采集内容：涉税基础信息、财务基本信息和经营基础信息。

采集方式：同级区县政府的信息办，相关部门网站和房地产销售信息网，同时，积极加强与相关部门的协调和联系。

采集目的：建立宏观经营信息库。

采集要点：

1. 与国土资源局联系，取得企业的土地使用情况及使用面积，土地的用途、动工开发期限、土地出让金付款等动态信息情况。

2. 与房管局沟通，取得房地产开发企业的可售房屋建筑面积和房屋预售面积、房屋已售面积等动态信息，掌握企业的预（销）售进度。

3. 与银行联系，取得房地产开发企业收取的个人银行按揭贷款购房情况、房地产开发企业的银行开户等相关资金信息。

4. 与电业部门配合，核实开发小区入住业户的电表用量明细，以确定开发产品的数量等情况。

(四) 企业基础信息采集

采集内容：涉税基础信息、财务基本信息和经营基础信息

采集方式：读取核心征管信息系统的企业数据和要求企业提供相关信息，如填写采集纳税人行业信息表和《一户式基础信息表》等。

采集目的：建立微观经营信息库。

采集要点：

1. 财务基本信息

纳税评估年度的企业财务会计季度和年度报表：资产负债表、损益表和现金流量

表（年报）及相关文字说明材料。

2. 开发项目基础信息

评估人员根据纳税评估工作的需要，从纳税人处取得的与纳税有关的文件、证明材料和有关资料，主要包括开发项目信息、与建筑商或销售商的关系及交易等信息。

三、涉税信息采集范围

（一）企业基础信息

需要采集的信息包括：单位名称、社会信用统一代码、国标行业、注册类型、经营范围、注册资金、投资总额、投资方信息、公司章程、房地产开发资质、生产经营期限、法定代表（负责）人、法定代表（负责）人身份证号、单位地址、法定代表（负责）人移动电话、财务人员移动电话、电子邮件、主管部门、隶属关系、缴款方式、开户银行账号、子公司相关情况、分支机构相关情况等。其中：

1. 国标行业：根据《国民经济行业分类》（GB/T4754—2017），属于"7210房地产开发经营"。

2. 注册类型：指税务登记注册类型，根据工商注册类型对照产生。

3. 投资方信息：包括全部投资方名称、证照号码（单位投资的为组织机构代码；个人投资的为其身份证件号码）、投资比例、投资形式（现金、实物、无形资产等）。

4. 房地产开发资质：按照国家《房地产开发企业资质管理规定》，房地产开发企业按照企业条件分为一、二、三、四共四个资质等级。同时提供资质证书信息，包括：批准单位，批准日期。

5. 生产经营期限：与工商登记证件或其他证件的有效期限相同，没有的默认为长期。

6. 主管部门：仅采集行政隶属关系为中央级企业的主管部门信息。

7. 隶属关系：是指企业与上级行政机构的从属关系。

8. 子公司相关情况：包括所有子公司的全称、纳税人识别号、经济性质、注册类型、单位地址、经营范围、注册资金、投资总额、投资方信息、法定代表（负责）人、联系电话、主管税务部门。

9. 分支机构相关情况：包括所有分支机构的全称、纳税人识别号、经济性质、注册类型、单位地址、经营范围、注册资金、联系电话、主管税务部门。

10. 关联企业相关情况：包括所有关联企业的全称、纳税人识别号、经济性质、注册类型、单位地址、经营范围、注册资金、联系电话、主管税务机关、关联类型。

其中，关联企业类型分为以下几类：

（1）相互间直接或间接持有其中一方股份总和达到25%或以上的；

（2）直接或间接同为第三者所拥有或控制股份达到25%或以上的；

（3）企业与另一企业之间借贷资金占企业自有资金50%或以上，或企业借贷资金总额的10%或以上是由另一企业担保的；

（4）企业的董事或经理等高级管理人员一半以上或有一名以上（含一名）常务董事是由另一企业所委派的；

（5）企业的生产经营活动必须由另一企业提供的特许权利（包括工业产权、专业技术等）才能正常进行的；

（6）企业生产经营购进的原材料、零部件等（包括价格及交易条件等）是由另一企业所供应并控制的；

（7）企业生产的产品或商品的销售（包括价格及交易条件等）是由另一企业所控制的；

（8）对企业生产经营、交易具有实际控制，或在利益上具有相关联的其他关系，包括家族、亲属关系等。

以上企业基础信息除子公司相关情况、关联企业相关情况外在企业税务登记（变更）时获取。其后有变化的以及子公司相关情况、关联企业相关情况由房地产开发企业申报，税务部门采集。

（二）开发项目基础信息

需要采集的项目基本情况，主要包括：

采集开发单位自成立起已开发的所有不动产项目信息，包括不动产项目名称、项目地址、项目联系人、项目联系电话、设计单位、监理单位、施工图审查单位、项目用途、项目总投资、工程总造价、开工时间、（预计）竣工时间、（预计）售房时间。其中：项目用途分为自用、房地产开发、市政工程、园林工程、绿化工程、人防工程、其他等信息。

1. 发改委下发的项目立项批复。房地产开发企业需要到发改委申请立项，在得到项目立项批复（规定了房地产开发的投资额、开发分期情况等内容）以后才能进行房地产开发。

2. 建设规划部门颁发的规划许可证和施工许可证；建设工程规划许可证注明了建设项目名称、建设项目位置、建设项目规模、开工建设期限，并附有地形图和审批单（注明了项目内容、建设性质、开发栋数、结构、层数、总面积等内容）。建筑工程施工许可证（注明了建设单位、工程名称、建设地址、建设规模、合同价格、设计单位、施工单位、监理单位、合同开工日期、合同竣工日期等内容）。

3. 建设规划部门颁发的建设工程规划验收合格通知书和建设规划部门颁发的建设工程竣工验收备案表，确定开发成本的终止日，便于划分开发成本与期间费用的界限。

4. 建设用地规划许可证。房地产开发企业需要得到建设局批准的建设用地规划许可证（注明了项目名称、用地单位、用地位置、用地面积等内容）才能够进行开发。

5. 施工合同。房地产开发企业一般通过招、投标方式承包建设工程，并且与建筑施工单位签订施工合同（约定了工程款、工程款支付时间和方式、工程竣工日期等内容）。

6. 商品房预售许可证。房地产开发企业在开盘销售前要在房管局登记，并且要经过审核审批和取得商品房预售许可证（注明了售房单位、项目名称、预售总建筑面积、套数、房屋坐落地址、房屋用途性质、预售对象等内容）。

7. 竣工决算报告。房地产开发企业在项目完工后，要进行竣工决算，并形成竣工决算报告。

8. 关联企业和关联项目的有关资料。房地产开发企业应根据要求提供其关联企业和关联项目情况的有关资料。

9. 其他有利于掌握企业开发经营情况的涉税资料。

（三）企业申报资料信息

需采集的信息包括：各类纳税申报表信息、企业财务会计报表信息以及税务部门要求报送的其他与纳税有关信息。

这些信息是由房地产开发企业进行申报，税务部门来采集整理。

1. 纳税申报信息采集

包括企业按规定申报各类税、费、基金信息，分项目申报的各税、费、基金信息，具体为申报日期、税（费）种、品目、计税依据、税率、应征税金、减免税金、实缴数、入库日期、申报方式。

2. 财务会计报表信息采集

包括企业财务会计报表核算软件、成本计价方法、存货计算方法、会计月报表、会计年报及附报资料等信息。

3. 项目销售情况信息

（1）项目总体销售情况：已处置面积、已处置套数、已售面积、已售套数、已收价款。

（2）单套房源销售信息：单套房源处置方式、发票开具时间、发票号码、发票款项性质和金额。其中，"处置方式"分为"捐赠""抵债""预售""销售""转经营性资产""临时出租""分配""其他"八种。

属于"销售"的，同时采集销售合同信息，包括销售付款方式，销售动态情况，销售付款方式分为一次性付款、分期付款、银行按揭等方式。

"发票款项性质"分为四类：预售定金、预售购房款、售房款和其他，若属其他性质的应注明具体性质。

（3）其他纳税资料信息采集：

包括项目竣工决算报告、项目决算审计报告、拆迁补偿协议、项目其他涉税数据

(见表4-1)。

表 4-1　　　　　　　　　项目其他涉税数据

　　　　　　　　　　　　　　　　　年　　月

	项目1	项目2	项目3	项目4	项目5
1. 销售收入（含预售结转）					
2. 开发成本（含预售结转）					
2.1　土地成本					
2.2　前期工程费					
2.3　基础设施建设费					
2.4　建筑安装工程费					
2.5　公共配套设施建设费					
2.6　开发间接费用					
3. 销售面积（含预售结转）					
3.1　地上销售面积					
3.2　车位销售面积					
其中：销售地下车位数					
车位单位面积					
4. 项目可售面积					
4.1　地上可售面积					
4.2　车位可售面积					
其中：可售地下车位数					
车位单位面积					
5. 营业税金及附加					
5.1　营业税					
5.2　城建税					
5.3　教育费附加					
5.4　土地增值税					
6. 其他					

（四）第三方相关涉税信息

税务部门应加强与财政、国土、规划、建设等部门的联系，取得相关信息后与房地产开发企业申报信息进行比对，将情况进行分析整理，确属差异的进行纳税评估及预警分析。

1. 建设部门相关信息：从当地建设部门（指下属的房产管理部门）采集预售许可信息，包括项目名称、项目地址、开发企业名称、商品房预售许可证编号、发证日期、预售总建筑面积、可售面积、套数、房屋坐落地址、房屋用途性质。

2. 土地管理部门相关信息：从当地国土局采集单位和个人受让、出让（转让）的土地信息，包括土地受让单位（个人）名称、土地出（转）让单位（个人）名称、联系人、联系电话、土地面积、土地坐落、使用权类型、权属性质、土地用途、使用年限、土地使用起始时间、土地使用结束时间、出让金（地价）、建筑面积、容积率、发证日期、土地使用证号、地号。其中：土地面积可分独立面积、公用面积、分摊面积。

3. 规划管理部门相关信息：从当地规划局采集房地产开发企业开发项目的规划信息，包括项目名称、项目地址、开发单位、规划许可证发证日期、规划许可证号、项目用途、项目建筑面积等。

同时，应加强评估人员要通过媒体、广告等各种公共信息渠道随时掌握所辖企业开发项目的动态信息的重要性认识。

四、房产权属转移登记及涉税证明

这是存量房（俗称二手房）涉税信息采集，摘自《全国税收征管工作规范》，相对于增量房而言，存量房是指已被购买或自建并取得所有权证书的房屋。

（一）房产权属转移的转移方申报

存量房交易登记属于房产权属转移登记的适用范围。如果房产需办理权属转移过户的，纳税人应申请办理房产权属转移登记。为保证税收政策的正确执行，对需办理有关房屋权属登记、变更登记手续的，其转移房屋权属过程中转移方、承受方按照税法规定已完税（含已审批减免、审核不征税）后，根据《国家税务总局关于印发〈不动产、建筑业营业税项目管理及发票使用管理暂行办法〉的通知》（国税发〔2006〕128号）的规定，可向主管税务局申请开具《房产/土地使用权权属转移涉税证明》。

纳税人办理房产权属转移登记应提供资料（见表4-2）及房产权属转移纳税申报表（见表4-3）。

表4-2 房产权属转移登记资料表（转移方）

序号	资料名称	份数	是否必报	备注	处理方式	采集方式
1	《税务登记证》（副本）	—	否	已办理税务登记的提供	查验原件后退回	不采集
2	房屋产权证明及土地使用权证明复印件	1	否	涉及存量房产权属转移的提供	查验原件留存复印件	采集影像
3	身份证件复印件	1	否	转移方或承受方为个人的提供		
4	工商《营业执照》或其他核准执业证件复印件	1	否	转移方或承受方为单位的提供		
5	《组织机构代码证》复印件	1	否			
6	有资质评估机构出具的评估报告	1	否	单位转移存量房产的提供		
7	原购房发票、契税完税凭证及其他与房地产转让有关税费缴款凭证复印件	1	否	涉及营业税差额征税、及土地增值税、所得税非核定征收的提供		
8	房屋产权转移合同复印件	1	否	涉及房产转让的提供		
9	拍卖成交确认书复印件	1	否	经拍卖的提供		
10	法院判决（裁定）书、法院民事调解书复印件	1	否	经法院判决的提供		
11	《公证书》复印件	1	否	房产赠与继承的提供		
12	《离婚证》及经婚姻登记部门备案的离婚协议复印件	1	否	离婚析产的提供		
13	房屋产权分割协议书复印件	1	否	涉及产权分割的提供		
14	股权转让合同或协议复印件	1	否	涉及股权转让的提供		
15	上级主管机关批准其合并的材料或企业合并协议复印件	1	否	涉及企业合并的提供		
16	上级主管机关批准其分立的材料或企业分立协议复印件	1	否	涉及企业分立的提供		
17	上级主管机关批准其出售的材料或董事会决议复印件	1	否	涉及企业出售的提供		

(续表)

序号	资料名称	份数	是否必报	备注	处理方式	采集方式
18	政府主管部门对国有资产进行行政性调整和划转的批文或证明复印件	1	否	涉及行政划转的提供	查验原件留存复印件	采集影像
19	母公司与其全资子公司之间，同一公司所属全资子公司之间，同一自然人与其设立的个人独资企业、一人有限公司之间土地、房屋权属无偿划转的协议书复印件	1	否	同一投资主体内部所属企业之间土地、房屋权属的无偿划转的提供		
20	上级主管机关批准其实行兼并的材料或企业兼并协议复印件	1	否	涉及企业兼并的提供		
21	房屋（土地）交换协议复印件	1	否	涉及房产（土地）交换的提供		
22	投资、联营协议复印件	1	否	涉及以房地产进行投资联营的提供		
23	上级主管机关批准其改制的材料复印件	1	否	涉及企事业单位改制的提供		
24	代理人身份证件复印件	1	否			
25	授权委托书	1	否	有委托代理的提供	留存原件	

表 4-3　　房产权属转移纳税申报表

（适用转移方）　　金额单位：＿＿＿＿元

电脑编码				房产编号	
房屋地址（坐落）					
合同号及签订时间				房产所在地	
房屋所有权证号				房产转移类别	
承受方 （付款方）	名称				
	纳税人识别号				
	经济性质			联系电话	

(续表)

转移方 (收款方)	名称					
	纳税人识别号					
	经济性质				联系电话	
	楼牌号	房产转移面积（m²）	房产转移单价（元/m²）	申报成交价格	核定单价（元/m²）	计税价格
	合计			—	—	

转移方应缴纳税费	序号	税费种及税目	适用税率%	计税价格	应纳税额	批准减免税额	应缴税额
	1	营业税					
	2	个人所得税					
	3	印花税					
		合计		—	—		

备注	
授权代理人	(如果你已委托代理申报人，请填写下列资料) 为代理一切税务事宜，现授权 _____ (地址) 为本纳税人的代理申报人，任何与本报表有关的来往文件都可寄与此人。 代理人身份证号： 授权人签章： 　　　　　　年　月　日	声明	我声明：此纳税申报表是根据《中华人民共和国税收征收管理法》及其有关规定填报，我确信它是真实的、可靠的、完整的。 纳税人签名或签章： 　　　　　　年　月　日
减免税审批文号	
受理日期		受理人		征收机关 (盖章)	

本表一式两份，由纳税人盖章（或签字）后，税务机关、纳税人各存一份。

纳税人应在房产权属转移合同或协议签订后30日内向主管税务部门办理权属转移登记、申报纳税手续。收件为复印件的，应注明"与原件核对无误"并由企业盖章（或个人签名）确认。在纳税人提供证件和资料完整、填写内容准确、各项手续齐全，符合条件的，应当场办结。

（二）房产权属转移承受方申报

存量房转移的纳税人（承受方）应在存量房转移合同（协议）签订后向主管税务机关进行权属转移登记及纳税申报。

纳税人办理该业务应提供资资料（见表4-4）及房产权属转移纳税申报表（见表4-5）。

表4-4　　　　　　　　房产权属转移登记资料表（承受方）

序号	资料名称	份数	是否必报	备注	处理方式	采集方式
1	《税务登记证》（副本）	—	是	已办理税务登记的提供	查验原件后退回	不采集
2	《报批类减免税审批决定书》或《备案类减免税执行告知书》	—	否	已取得减免税审批或备案的提供		
3	《房产权属转移纳税申报表》（承受方）	1	是		留存原件	
4	身份证件复印件	1	否	个人提供	查验原件后留存复印件	采集影像

表4-5　　　　　　　　房产权属转移纳税申报表

（适用承受方）　　　　　　　　金额单位：＿＿＿＿元

电脑编码		房产编号	
房屋地址（坐落）			
收件合同号及收件时间		房产所在地	
房屋所有权证号		房产转移类别	
承受方（付款方）	名称		
	纳税人识别号		
	经济性质		联系电话

（续表）

转让方 （收款方）	名称					
	纳税人识别号					
	经济性质				联系电话	

	楼牌号	房产转移面积（m²）	房产转移单价（元/m²）	申报成交价格	核定单价（元/m²）	计税价格
	合计		—		—	

承受方应缴纳税费	序号	税（费）种及税目	计税依据	适用税率%	应纳税额	批准减免税额	应缴税额
	1						
	2						
	合计		—	—			

授权代理人	（如果你已委托代理申报人，请填写下列资料） 为代理一切税务事宜，现授权_____ （地址） 为本纳税人的代理申报人，任何与本报表有关的来往文件都可寄与此人。 代理人身份证号： 授权人签章： 　　　　年　　月　　日	声明	我声明：此纳税申报表是根据《中华人民共和国税收征收管理法》及其有关规定填报，我确信它是真实的、可靠的、完整的。 纳税人签名或签章： 　　　　年　　月　　日

减免税审批文号			
受理日期	年　月　日	受理人	征收机关（盖章）

本表一式两份，由纳税人盖章（或签字）后，税务部门、纳税人各存一份。

纳税人应当自纳税义务发生之日起10日内，向土地、房屋所在地的主管税务部门办理纳税申报，并在规定的期限内缴纳税款。

当纳税人提供资料完整、填写内容准确、各项手续齐全，符合条件的应当场办结。

（三）房产权属转移承受方申报工作标准与要求

1. 窗口办理（适用上门申报）

（1）受理、审核资料

① 审核相关纳税申报表、附表和资料是否齐全，内容填写是否完整准确，印章是

否齐全；

② 审核相关纳税申报表与附报资料数字是否符合逻辑关系；

③ 对于纸质资料不全或填写不符合规定的，应当场一次性告知纳税人补正或重新填报；

④ 审核《报批类减免税审批决定书》或《备案类减免税执行告知书》；

⑤ 审核纳税人所提交的资料与权属转移登记中的信息是否一致。

（2）办理申报

① 对审核无误的，正确录入纳税人申报资料，并核对纳税人申报的减免税优惠金额、已预缴税款等信息与系统比对是否一致；

② 申报表保存成功后，系统产生申报信息和应征信息，产生应征税款的作税款征收处理；窗口工作人员在申报表上加盖收讫章，退一份申报表给纳税人。

（3）征收税款

当期申报需缴纳税款的，分4种情况：

① 采用财税库银联网电子缴税的纳税人，窗口工作人员直接点击提交划缴即可，如需缴税凭证，纳税人可持银行开具的财税库银横向联网电子缴税（费）凭证到窗口换开《税收完税证明》（表格式）；

② 采用财税库银联网 POS 机缴税的，刷卡划缴成功后，打印《税收完税证明》（表格式）和税费缴纳凭证，税费缴纳凭证经纳税人签名后一联交纳税人作为划缴税款的回执联，一联附在《税收完税证明》（表格式）存根联后一并存档；

③ 采用现金缴税的，直接开具《税收缴款书（税务收现专用）》；

④ 采用银行划转缴税的（未实行电子缴税的纳税人以及已纳入财税库银联网但不采用电子缴税的纳税人），窗口开具《税收缴款书（银行经收专用）》，纳税人到银行缴税。

2. 后续管理

（1）出具证明

根据纳税人申报的房产权属转移事项，转移方和承受方完税后，即可开具《房产/土地使用权权属转移涉税证明》，转移方和承受方据此到房产交易部门和土地管理部门办理权属转移。

（2）资料归档

申报资料由办税服务厅采集、归档，完税凭证由办税服务厅、计财部门分别归档。

（四）存量房信息采集的范围

存量房主要适用于居民住宅和部分交易活跃的商铺。因此，存量房的信息采集主要体现在产权人信息和房地产属性信息。

1. 产权人信息，包括产权人的姓名、证件名称、证件号码、国籍、行政管辖区域。其中：

（1）证件名称：是指身份证、军官证、护照等；

（2）行政管辖区域是指对纳税人实施管辖的各单位所在的各行政区域。房地产坐落在不同区域的，原则上应由房地产所在行政区域税务部门采集，但为了保证信息采集工作的有效进行，可以由对纳税人实际实行管辖的税务部门进行采集。这是为了便于对信息实行分级管理和税款征收而设置的，在信息集中时，这是必要的一项内容。

2. 房地产的属性信息

包括房地产所在的小区、坐落地址、房产证号、房地产档案图号、房地产类别、建筑结构、朝向、房屋总层数及所在楼层、有无电梯、建筑面积、采光、交易价格、交易类型、交易时间、土地面积、容积率及其他附注说明。

（1）小区、坐落地址

小区也是指以市场法估价时的分区，便于在同一分区内查找可比样本，以使房产价值更合理。建议以小区为单位进行分区，这样可以省去权益修正和一些诸如交通状况、环境质量等区域修正。坐落地址的描述应以房产证所载内容填写，或依据公众熟知的地理描述填写。

（2）房产证号、房地产档案图号

依据房产证所载内容填写，没有房产证的可以不填写。主要是用于未来与房产管理部门的信息对接。同是也便于在信息审核时进行核对。

（3）房地产类别

房地产类别主要包括经济适用房、商品房、动迁房、高档公寓、别墅、商铺等。依据房产证所载内容填写，没有房产证的根据税务部门核定据实填写。

（4）建筑结构

砖木结构、砖混结构、钢混框架结构、钢混剪刀墙结构、钢混框架—剪刀墙结构、钢结构等，依据房产证所载内容填写，没有房产证的根据税务部门核定据实填写。

（5）朝向

这里包含房地产的地理朝向（东南西北）和房地产所面临的景观（山水绿地等增减值因素）。采集方式以纳税人申报。

（6）房屋总层数及所在楼层

依据房产证所载内容填写，没有房产证的，根据税务部门的核定结果而据实填写。

（7）交易价格

采集方式以纳税人申报为主，税务部门实地审核为辅。交易价格是市场法信息采集的核心，应注意交易的真实性、特殊性，如是否存在抵债、亲属之间交易等。

（8）建筑面积

依据房产证所载内容填写，没有房产证的，根据税务部门的核定结果而据实填写。

（9）交易类型

分为新购房和二手房。依据纳税人提供资料判定。

（10）交易时间

交易时间是进行交易日期修正的主要参考内容。采集方式以纳税人申报为主，如果纳税人没有申报时间，则以当前受理时间为准。

（11）其他附注说明

主要是指以上没有统一采集的，且明显影响房地产增值或减值的个别因素。用以再次修正房地产估价值。采集方式以纳税人申报为主，税务部门实地审核为辅。

第三节　项目税源信息采集

房地产开发行业关联度大、涉及面广、审批环节多。一般情况下是采取项目管理模式，每一个房地产项目开发都需要经历公司设立、土地取得、项目立项、规划与勘察、施工建设、预售销售、项目清盘等七个阶段，并办理相关审批手续。与之相关联的行政管理部门，主要包括发改委、国土资源、建设规划、消防环保、银行等部门，所涉及各部门的相关信息都与税收管征密切相关，是有效实施项目税源管理所必需的。

所谓项目管理，就是项目的管理者，在有限的资源约束下，运用系统的观点、方法和理论，对项目涉及的全部工作进行有效地计划和控制。即从项目的投资决策开始到项目清算结束的全过程进行计划、组织、指挥、协调、控制和评价，以实现项目开发的目标。实施房地产项目税源管理是税务部门根据房地产行业特点，按照"房地产一体化"征管工作要求，采用信息化手段，以每个开发项目为管理对象，收集项目经营数据，实施项目税源专业化管理。本节重点介绍如何按照项目管理的经营流程或审批过程收集涉税数据，获取相关税源管理信息。

通过收集每个项目的相关数据，不仅可以确定该房地产项目的契税、城镇土地使用税、印花税的税源信息和土地增值税及企业所得税的开发成本等基本信息，而且还是实施税收风险识别分析或纳税评估分析的信息源。

一、项目税源信息的主要内容

（一）项目信息采集工作要求

一是各地税务部门要加强与房产、住建委、发改委、招投标等房地产开发经营相关行政主管部门的联系，建立定期信息交换机制，及时掌握辖区内房地产开发项目有关信息，并填制《项目采集信息表》（见表4-6）。这是实施房地产一体化管理的基础信息表，是台账式管理的起点。

二是主管税务部门应将项目采集信息库里的信息与项目登记信息定期进行信息比对,加强对未办理项目登记的管理。

三是主管税务部门应将《项目采集信息表》数据与项目登记数据进行信息比对,对项目登记内容的真实性和准确性进行比对;经比对相符或房地产开发企业能提供有关说明的,主管税务部门应及时将项目登记信息导入到项目管理数据库中。要定期(半年或季度)进行项目税源分析,进行科学分类加强对新审批项目和在售项目进行管理,及时掌握项目税源动态变化情况。

【例】土地使用权证的发放时间是契税和城镇土地使用税纳税义务发生时间的重要参考依据,土地面积是城镇土地使用税的计税依据。

表 4-6　　　　　　　　　项目信息采集表

（项目编号 ××〔2018〕66 号）

项目名称	新里南区	项目地址	××市密云区滨河路路以西,原国道以南		
项目用途	房地产开发		房地产开发企业名称	××房地产公司	
土地使用证发放单位	土地使用证编号	土地使用证发放时间	建设用地规划许可证发放单位	建设用地规划许可证编号	建设用地规划许可证发放时间
××市人民政府	×国用（2018）第 A016 号	2018.02.10	××市规划局	地字第4307002018A020 号	2018.09.10
建设工程规划许可证发放单位	建设工程规划许可证发放时间	建设工程规划许可证编号	建设工程施工许可证发放单位	建设工程施工许可证编号	建设工程施工许可证发放时间
××市规划局	2018.11.03	建字第4307002018F0265 号	××市住房和城乡建设局	2018×字 023 号	2018.12.20
销（预）售许可证发放单位	销（预）售许可证编号	销（预）售许可证发放时间	建筑面积	土地面积	项目总投资
××市房产管理局	×（2019）房预售证第00009936 号	2019.01.20	46897.8 平方米	11092 平方米	9250 万元
工程总造价	项目信息采集单位		项目信息采集人		项目信息采集时间
9000 万元	××税务分局		甲行家		2020.2.28

(二) 项目预售登记的主要内容

房地产开发企业，应在销售合同签订之日起 30 日内，向项目所在地主管税务部门办理项目登记，如实填写项目登记表，并提供与项目有关的合同、协议书等相关资料。企业办理项目登记时应提供以下资料：

1. 《不动产项目情况登记表》（见表 4-7）。
2. 营业执照副本和税务登记证件副本。
3. 不动产销售许可证。
4. 不动产销售合同样本。
5. 开户银行及账号。
6. 税务部门要求提供的其他有关资料。其中，纳税人取得商品房预售许可证，签订第一份商品房买卖合同的次月 15 日内，持下列有关资料向项目所在地主管税务部门进行不动产项目补充登记。
7. 《可售房源明细表》（见表 4-8）。
8. 商品房预售许可证复印件。
9. 认购协议或商品房买卖合同复印件。

当项目登记主要内容发生变更及项目登记内容不完整、需要补充时，纳税人应自项目登记内容变更（补充）之日起 30 日内，到主管地税务部门办理项目变更（补充）登记。

【例】预售合同网签信息是增值税预缴、土地增值税预缴和企业所得税预缴的计税依据和纳税业务发生时间的重要参考依据。

(三) 发票领用工作要求

1. 项目发票的开具必须按照面额限制、税款比对的原则开具，即票面总金额不得高于项目收入实现金额、票面总金额应纳税款不得高于项目已申报（缴纳）税款。

2. 对经主管地税务部门认定的自开票纳税人，应根据有关规定向项目所在地主管税务部门申请领购《销售不动产发票》，由企业自行开具发票，并填制《不动产销售发票领购、开具清单》，按月随同纳税申报数据一并报送至主管地税务部门。

3. 代开票纳税人需开具发票的，纳税人应填制《代开票申请表》，由主管地税务部门在征收税款后代开发票。代开票纳税人在办理代开票时应提供以下资料：

（1）《代开票申请表》；（2）完税凭证原件；（3）不动产销售合同或其他有效证明；（4）主管地税部门要求的其他资料。主管地税务部门对《代开票申请表》数据和缴纳税款数据进行比对，经比对相符的予以开具发票。

4. 税务部门对代开的销售不动产发票应按建筑工程项目逐户建立收入台账，逐笔登记代开发票数量、发票号码、开具金额。

表 4-7　　　　　　　　　　　　不动产项目情况登记表

不动产项目名称	果园新里	不动产项目编号	××改投资（2016）20号		
不动产项目地址	××市密云区滨河路路以西，原国道以南				
开发单位名称	××房地产公司	开发单位纳税人识别号	430707××××8479		
建设期工程项目名称	新里南区	建设期工程项目编号	××开字第KFQ16-018号		
建设单位名称	××房地产	建设单位纳税人识别号	430707××××8479		
项目用途	□自用　　□√房地产开发　　□市政工程　　□园林工程　　□绿化工程　　□人防工程 □其他 　　　　　　　　　　　　　　　　　　　　　　　　　　　　（请划√选择）				
土地使用证发放单位	××市人民政府	土地使用证编号	×国用（2018）第A016号	规划许可证发证机关	××市规划局	规划许可证号码	地字第4307002018A020号
销售许可证发放单位	××市房产管理局	销售许可证编号	×（2018）房预售证第00009936号		
建筑面积（m²）	46897.8	项目总投资（万元）	9250	工程总造价（万元）	9000
开工时间	2018.4	预计竣工时间	2020.8	预计售房时间	2019.08.10
如不动产对外捐赠，请填写以下栏次					
捐赠意向书编号		受赠单位名称		受赠单位纳税人识别号	
如不动产低偿债务，请填写以下栏次					
抵债合同书编号		债权人单位名称		债权人纳税人识别号	
不动产项目变更后情况					
变更原因		变更事项		变更后建筑面积（m²）	
变更后项目总投资（万元）				变更后项目总造价（万元）	

（注：土地使用证/规划许可证行按图中8列布局）

(续表)

变更后建设单位名称			变更后建设单位纳税人识别号		
变更后项目用途	□自用 □房地产开发 □市政工程 □园林工程 □绿化工程 □人防工程 □其他				（请划√选择）
其他变更情况					
不动产项目注销情况					
销售总面积（m²）		不动产销售总收入（万元）		项目注销时间	
注销时已纳税情况（金额单位：万元）					
营业税		城建税	教育费附加	其他	
以下由税务机关填写					
项目所在地税务机关		项目所在地税务机关编码			
税收管理员		项目管理起始时间		项目管理结束时间	
税收管理员意见： 年 月 日		调查人员意见： 年 月 日		主管税务机关意见（章）： 年 月 日	
备注：					

填报单位（章）：××× 　　　　　　　　　　　　　　　　填报人：××

填报日期：2018 年 11 月 15 日

表 4-8　　　　　　　　可售房源明细表（项目编号）

类型	总可售面积（平方米）	总可售套数	销售均价	预计销售总收入
普通住宅				
非普通住宅				
写字楼				
商铺				
车位/地下车库				
…	…	…	…	…
合计		…		…

二、项目管理信息采集

接下来,按照项目开发经营流程分别阐述各个环节的重点信息采集内容、税务管理工作要求、纳税评估分析要点和核心政策依据等内容。

(一) 设立环节

【重点信息采集内容】

纳税服务岗受理税务登记时收集纳税人的工商登记证或其他核准证件、组织机构代码证、有关合同、章程、协议、生产经营场所证明等资料。同时,重点做好:

1. 纳税服务岗将税务登记办理、资料整理过程中发现的疑点随同收集的相关资料传送到税源管理岗,实现前、后台的互动衔接。

2. 税源管理岗接收到风险信息后开展调查核实。可与工商管理部门、技术质量监督部门互动比对,核实股东、投资总额等相关信息;与国土、房产管理部门互动比对,核实土地、房产信息及租金信息。

【纳税评估分析要点】

主要涉及实收资本印花税、资金账簿印花税、城镇土地使用税、房产税以及房屋租赁相关税种的征收管理。

1. 实收资本信息:与资金账簿印花税相关。

2. 建账信息:与营业账簿印花税相关。

3. 投资总额信息:涉及企业的股权组成情况,与股权转让个人所得税、股息利息个人所得税相关。

4. 经营场所信息:与城镇土地使用税、房产税相关。

5. 租赁房产信息:与房屋租赁营业税及附加、印花税、个人所得税或企业所得税等相关。

(二) 土地取得环节

【重点信息采集内容】

1. 以出让方式取得土地的,应采集土地的招拍挂信息,包括国有土地使用权出让公告、国土资源局关于项目用地使用权出让方案的请示、政府关于同意项目用地使用权出让方案的批复、国有土地使用权出让合同,国有土地使用权成交确认书,项目用地宗地图,国有土地使用权出让金票据等。

2. 以转让方式取得土地,应采集土地使用权转让协议、土地权属转移方相关信息、转移方国有土地使用证等资料。同时,重点做好:

(1) 每季度与当地招拍挂委员会、国土资源局、公共资源交易中心、行政服务中心等有关部门互动协作,采集、接收、筛选、整理关于一定时期内所辖区的土地交易信息,包括地块名称、用地性质、地点、面积、交易方式、交易价格、交地日期等事项,向税源管理部门发送相关涉税信息,实现共享。

(2)税源管理部门根据纵向和横向的传送的相关土地取得信息,结合实际管征情况,对筹建期内的房地产项目进展情况实施分析评估,辅导、督促纳税人取得土地使用权后申报相关税费。对于项目用地面积及范围不明确的,可进一步向城乡规划部门核实,获取项目用地红线图等相关信息。

【纳税评估分析要点】

主要涉及耕地占用税、城镇土地使用税、产权转移印花税、契税以及国有土地使用权转让的增值税等相关税种的征收管理。

1. 土地出让信息:国有土地使用权出让公告、出让合同、土地出让金票据等包含了项目用地的面积、性质,用于界定契税、产权转移印花税、耕地占用税、城镇土地使用税征收适用政策。如果征用的是耕地,应缴纳耕地占用税,并于批准用地之日起满一年时缴纳城镇土地使用税;征用的是非耕地,自批准征用次月起缴纳城镇土地使用税。土地出让金票据与契税、产权转移印花税征收相关。

2. 土地使用权转让信息:土地转移方应按合同约定的价格申报缴纳增值税金及附加、产权转移印花税、企业所得税或个人所得税、土地增值税等相关税种;土地承受方应申报缴纳契税、印花税。

(三)立项规划环节

项目立项规划环节,对于房地产开发是一个重要的环节,项目开发方式的选择、楼盘的整体规划都直接影响着项目的税收负担。

【重点信息采集内容】

采集房地产项目开发立项批文、项目建设投资预算、项目资金落实情况、项目开发方式、规划管理部门核发的建设用地规划许可证、建设管理部门核发的建设工程规划许可证以及市政配套费缴纳情况等信息。涉及拆迁的还应采集拆迁许可证、拆迁协议、拆迁台账等信息。同时,重点做好:

1. 数据收集部门应定期与建设规划管理部门互动协作,获取一定时期内辖区建设用地规划许可、项目开发方式、项目投资预算情况、拆迁许可、拆迁补偿协议、市政配套费缴交台账等信息资料,筛选、整理后传送税源管理岗。

2. 税源管理部门根据纵向传送的信息,分析评估纳税人受托拆除建筑物的建筑安装业的税基和项目施工建设阶段的税基。

【纳税评估分析要点】

1. 企业的筹建期主要涉及城镇土地使用税、房产税、印花税、个人所得税等正常税收是否按期申报。

2. 对房地产企业签订的测绘、广告、勘察设计等合同征收印花税;对向房地产企业提供项目可行性研究报告编制、设计、规划、勘察、监理、营销策划、广告、服务等劳务的纳税人加强相关税费的征收管理。

3. 项目涉及拆迁补偿的，安置补助费、地上附着物和青苗补偿费、拆迁补偿费、市政建设配套费等应计入契税计税价格，补征契税。市政建设配套费与土地出让金在不同的环节征收，往往被纳税人和主管税务部门忽略，成为契税管征的盲点。

4. 企业的开发方式是自建、代建、合作建房或其他方式，增值税、土地增值税的管理适用相应政策。

【政策依据】

《财政部 国家税务总局关于国有土地使用权出让等有关契税问题的通知》（财税〔2004〕134号）

《关于土地使用者将土地使用权归还给土地所有者行为营业税问题的通知》（国税函〔2008〕277号）

《国家税务总局关于征用土地过程中征地单位支付给土地承包人员的补偿费如何征税问题的批复》（国税函发〔1997〕87号）

《关于政府收回土地使用权及纳税人代垫拆迁补偿费有关营业税问题的通知》（国税函〔2009〕520号）

（四）施工建设环节

【重点信息采集内容】

该环节主要收集房地产项目的施工建设信息，包括建设工程施工许可证、建筑安装工程承包合同、材料采购合同、建筑工程预算书、房屋建筑工程竣工验收证书、市政基础设施工程竣工验收备案文档；开发小区内道路、供水、供电、供气、排污、排洪、通信、照明、智能系统、环卫、绿化、挡土墙等基础设施的施工合同；居委会、派出所、物业用房、会所、停车场、变电站、热力站、水厂、文体场所、学校、幼儿园、托儿所、医院、邮电通信等公共配套设施的施工合同。同时，重点做好：

1. 税源管理部门应向企业收集建筑安装工程承包合同、建筑工程预算书、建筑工程竣工结算书、基础设施施工合同、公共配套设施施工合同以及施工单位信息等资料传递纳税服务岗，共同做好建安税收管理。

要及时跟踪工程施工建设进度，确保建安税收按工程进度及时足额申报缴纳。

2. 数据收集部门应定期联系建设工程交易中心，获取一定时期内辖区建设工程招投标信息，传递税源管理岗，加强房地产项目施工方的税收管理。

3. 税源管理部门应定期组织测算房屋建安工程造价标准，或定期从当地政府造价部门，取得一定时期当地建安造价标准，作为纳税人建安成本的预警值，用以辅助建安工程税收管理，防止企业虚增建安成本。

【纳税评估分析要点】

1. 对房地产企业签订的建筑安装工程承包合同、材料采购合同、基础设施施工合同、公共配套设施施工合同征收印花税。涉及房地产开发企业自购材料的，应认真审核采购合同或协议，防止虚构材料。

2. 督促房地产项目施工方应严格按工程进度申报缴纳建安税收，主要涉及增值税及附加、建筑安装工程承包合同印花税、购销合同印花税、企业所得税、个人所得税等相关税种。

3. 加强建筑安装工程承包合同、建筑工程预算书、建筑工程竣工结算书三者的比对，确保建筑工程建安税收严格按工程进度及时足额申报，应收尽收。

（五）预售销售环节

本环节进入房地产开发的核心阶段，也是房地产税收征管核心阶段。

【重点信息采集内容】

税源管理部门应跟踪督促纳税人按规定报送预售许可证，总平面规划设计图（总平面布置图）及分层平面规划图、商品房预售方案，房屋实地勘丈成果图册、房屋分户（室）面积、房产销售合同等资料。同时，重点做好：

1. 应及时掌握纳税人销售情况，并将其实际销售情况与纳税申报情况、财务报表进行比对，如有异常，进行核实。

2. 应定期从房管部门取得一定时期内辖区房地产项目商品房预售许可情况、合同备案情况、产权办证公告等信息，传递税源管理岗进行跟踪管理。

【纳税评估分析要点】

1. 本环节重点在于房产交易相关税收的征收管理，包括增值税及附加、产权转移书据印花税、土地增值税（预征）、企业所得税、个人所得税等相关税种；同时不能忽视城镇土地使用税、房产税、印花税等税种的管理。

2. 加强企业销售收入审核。企业申报的平均售价是否与市场价格相符，转让房地产收入总额是否真实、准确和完整，是否存在关联交易、交易价格是否明显偏低。对于存在关联交易、交易价格明显偏低而没有正当理由的，应进行调查、调整、修正。

3. 城镇土地使用税征收管理是本环节容易疏忽的。纳税人应当在城镇土地使用税纳税期限的期末，根据商品房销售合同或预售合同中的房地产建筑面积合计数，占纳税人全部可售房地产建筑面积的比例，计算扣除已售商品房的占地面积后，计征城镇土地使用税。税源管理岗应当按月核实纳税人提供的商品房购销合同统计表、销售明细表，分别计算已售、未售商品房的占地面积，与城镇土地使用税申报面积比对，发现异常，及时调查、调整、修正。

4. 对纳税人采取委托代理销售的，要区分不同的代理管理进行涉税处理。房地产业纳税人应按"销售不动产"税目申报缴纳相关税费。代理机构纳税人应按"代理业"税目申报缴纳相关税费。

采取支付手续费方式的代理管理的，房地产业纳税人应按销售合同或协议中约定的价款申报缴纳税费。

5. 加强对预收款的税收管理。企业在收到"茶水费"、信誉金、预收款时，往往未开具正式发票，而是开具收款收据，直接收取现金不入账或是存入个人账户，从而延迟或减少税款申报。税源管理岗可通过售楼部现场核实比对，动态跟踪企业销售情况，督促企业将收取的定金、预收房款按规定开具发票，并预申报相关税费。

【政策依据】《国家税务总局关于印发〈房地产开发经营业务企业所得税处理办法〉的通知》（国税发〔2009〕31号）

（六）竣工交房环节

【重点信息采集内容】

本环节需要收集房地产建筑工程竣工结算书、施工现场签证材料、工程监理报告、测绘部门出具的房屋面积测量报告单、工程施工报告、物业管理委托合同、物业管理服务协议、物业移交清单等资料。同时，重点做好以下工作：

1. 应将收集到的竣工验收资料，并对工程竣工结算报告与工程预收报告及清单、施工现场签证单、工程监理报告、绿化验收报告等进行比对，核实施工企业是否减少申报税款或者做大工程成本。此环节的税收核实将对后期的土地增值税清算产生重要影响。

2. 应根据收集到的物业管理相关资料、测绘部门出具的房屋面积测量报告单，认真比对物业移交清单与已验收的房屋面积，核实是否存在房地产开发企业自建房产自用的情形，是否存在对外出租房产的情形。

【纳税评估分析要点】

1. 对于核实中发现的建安税收减少申报或虚开发票的，要求企业进行补充申报或调整修正建安成本。

2. 对房地产开发企业自用本企业建造的房产的，应核实房产使用面积、房产销售总价，自房屋使用之次月起计征房产税、城镇土地使用税；对外出租本企业建造房产的，应核实房屋出租面积、租金等信息，自房屋交付使用之次月起计征房产税、城镇土地使用税，申报增值税及附加、印花税、企业所得税等税费。

（七）项目清盘环节

此环节税源管理的主要任务是对房地产项目进行土地增值税清算。

【重点信息采集内容】

应收集具备的材料包括：《房地产项目登记表》、《房地产税源管理台账》、土地增值税预征申报资料、土地增值税清算表及附表、房地产开发项目清算说明、项目竣工决算报表、取得土地使用权所支付的地价款凭证、国有土地使用权出让合同、银行贷款利息结算通知单、项目工程合同结算单、商品房购销合同统计表、销售明细表、预售许可证等与转让房地产的收入、成本和费用有关的证明资料，委托税务中介机构审核鉴证的，还应收集中介机构出具的《土地增值税清算税款鉴证报告》。

【纳税评估分析要点】

1. 判断是否属于应清算或可清算的情形。要密切跟踪房地产项目的开发销售动态，及时核销销售台账，准确掌握纳税人应清算、税务部门可要求清算的项目信息。对于达到应清算条件的项目要及时发出清算通知、组织清算；对于销售比例接近85%的项目，要深入核对是否存在出租或自用情形，如销售、出租、自用三者的面积合计数占整个项目可售建筑面积的比例85%时，及时通知纳税人进行土地增值税清算。

2. 收入的分析要点。企业账面收入、售房合同和商品房购销合同统计表上金额、房产测绘所出具的确权数据上的金额三者是否一致；是否有无价格明显偏低的情况；是否有视同销售情形；是否涉及拆迁安置；是否采取委托代理销售方式；是否涉及出租或自用房产。

3. 开发成本的分析。重点审核建筑安装工程费用，严格比对建筑工程施工合同和房屋建筑工程和市政基础设施工程竣工验收备案文档确定的建筑安装工程费与账面实际列支数是否存在差额，找出存在差额的原因，看是否重复列支自购材料款，虚增建筑安装工程费用。审核工程竣工结算报告、工程预收报告及清单、工程监理报告、现场签证单等资料，核实是否有虚增工程量的行为；核实建设方与施工方是否存在关联关系，是否利用关联关系转移利润；基础设施费、公共配套费的部分项目是否已在建筑安装工程费中列支。

（八）企业注销环节

在房地产开发业态中最为常见的是设立项目公司采取"开发一项目，注册一公司"的管理。在房子售罄后，项目公司因没有其他新业务开展，随即被注销或变卖或转为物业管理公司。企业进入清算之前，税源管理部门要获取有关清算信息，包括关于注销项目公司的《股东会决议》、清算备案申请书、清算组成员名单、成立清算组的书面文件、指定代表或者共同委托代理人证明、资产负债表、财产清单、债权债务清单、经营期的纳税申报情况、企业发票缴销情况、企业欠税情况、财产分配方案、股东分配方案等信息。同时，重点做好：

1. 注销清算后，要将清算税款信息包括应补税款、滞纳金、罚款等明细信息传递纳税评估人员。纳税评估人员在受理纳税人注销结清税款时要核实应缴税款与申报税款是否一致。

2. 清算审核中发现纳税人有重大涉嫌偷逃骗抗税、虚开发票等税收违法行为的，应移送稽查岗立案查处。对纳税人拒不执行稽查处理处罚决定，或者税务部门依自身职权无法查明案情或者追缴税款的，要移送公安机关查处。

【纳税评估分析要点】

1. 企业注销前的企业所得税清算。在办理工商注销登记之前，纳税人应该向主管税务部门办理企业所得税申报。企业的清算所得采用单独计算的方法进行，单独为清算期间的损益情况编制一张损益表,单独计算盈亏。房地产开发企业按规定对开发项目进行土地增值税清算后,办理申请注销登记时,注销当年汇算清缴出现亏损,应严格按照有关政策规定计算出其在注销前项目开发各年度多缴的企业所得税税款,并给予办理退税。

2. 企业注销前的税款清算是经营期所有税种的清算。包括增值税、城建税、教育费附加、地方教育费附加、印花税、城镇土地使用税、房产税、土地增值税、企业所得税和代扣代缴个人所得税等。

3. 经过企业资产清算后,分配给自然人股东的剩余资产,应按规定分税目代扣代缴个人所得税。被清算企业的股东分得的剩余资产的金额,其中相当于被清算企业累计未分配利润和累计盈余公积中按该股东所占股份比例计算的部分,应确认为股息代扣代缴"股息利息"个人所得税;剩余资产减除股息所得后的余额,超过或低于股东投资成本的部分,应确认为股东的投资转让所得或损失代扣代缴"财产转让"个人所得税。

【政策依据】

《中华人民共和国企业所得税暂行条例实施细则》第四十九条规定。

《关于房地产开发企业注销前有关企业所得税处理问题的公告》(国家税务总局公告2010年第29号)。

附表一　　房地产开发经营各主要监管部门及审批事项统计表

项目阶段	项目流程	监管部门	涉及手续及证书
立项	土地获取	房地产开发管理办公室	项目手册开发经营许可证
	定位决策	发改委	项目立项固定资产投资计划
	产品设计	规划局	建设用地规划许可
施工	项目报建及施工	国土资源局	国有土地使用权证土地交易 土地确认、报批土地测量、评估
		房地产开发管理办公室人防办 墙改办(墙体材料改革办公室) 消防支队 环保局	环境评估及排污费消防设施费 墙改基金人防异地建设费 开发管理费 基础设施牌套费
		规划局	建设工程规划许可方案审批
		建设局	中标通知书
		质检站 散水办	质检委托 散水押金

（续表）

项目阶段	项目流程	监管部门	涉及手续及证书
		劳保办	劳保统筹
		定额站	定额鉴别
		安检站	安全许可
		建设局	施工许可证
预售	预售	房地产开发管理办公室	预售许可证
		规划局	放线管理
销售	项目完工	房管局	网签合同
	交付使用		房地产权属证

附表二　房地产税收风险识别指标外部数据源汇总表

阶段	主要工作	取得资料名称	涉及部门	涉税信息
前期阶段	设立公司	1. 公司章程		成立日期、投资方及投资情况、利润分配协议等。
		2. 营业执照	工商管理部门	登记日期、地址、法人代表、注册资本、实收资本、公司类型、经营范围、股东（发起人）等。
		3. 税务登记证	税务管理部门	税务登记日期、地址、法人代表、登记注册类型、经营范围、总分支机构情况等。
		4. 房地产开发企业资质证书	建设主管部门	企业的资质。
		5. 验资证明		注册资本及其到位情况
	立项和可行性研究	1. 可行性研究报告 2. 项目立项批复	发改委	项目名称、建设地址、建设单位、投资概算、建筑面积、建设起止年限等。
	安排资金	贷款合同	银行等金融机构或非银行金融机构	融资信息及预售款专用账户信息等。

(续表)

阶段	主要工作	取得资料名称	涉及部门	涉税信息
前期阶段	规划设计和市政配套审批	1. 建设项目选址意见书 2. 规划设计总图 3. 规划设计要点	城市规划主管部门	项目总体规划情况。
		4. 市政公用设施配套方案	市政主管部门	项目内的市政公用设施配套情况。
	用地审批	1. 国有土地使用权出让合同及用地红线图等附件、土地使用权租赁合同、保护区用地有偿使用合同等	国土资源主管部门等	土地出让人（出租人）、受让人（承租人）、宗地面积、土地出让金（租金）、土地用途、使用期限、出让金（租金）支付方式和时间、支付条件、合同签订日期等。
		2. 建设用地规划许可证	城市规划主管部门	用地单位、用地项目名称、用地位置、用地性质、用地面积、建设规模等。
		3. 国有土地使用证书	国土资源主管部门	地号、地类用途、取得价格、终止日期、使用权面积、变更登记情况等。
	拆迁安置	注：现由政府拆迁与安置，而不需房地产开发企业自己拆迁和安置。		
建设阶段	开工前设计与审批	1. 建设工程规划许可证及其报批资料（建筑工程总平面图、建筑和机构施工图、室外工程平面图、投资计划等）	城市规划主管部门	建设单位、建设项目名称、建设位置、建设规模（总建筑面积和地下室面积）、容积率、计容面积、可销售面积、不可销售面积、公共配套设施情况尤其是人防工程面积、用途、位置等。
		2. 建设工程施工许可证	建设主管部门	建设单位、工程名称、建设地址、建设规模、合同价格、设计单位、施工单位、监理单位、合同开工日期、合同竣工日期等。

（续表）

阶段	主要工作	取得资料名称	涉及部门	涉税信息
建设阶段	开工建设	1. 工程招投标书及施工招标投标情况的书面报告	建设主管部门	工程概况、中标单位、中标合同价、工程量、工期等。
		2. 工程施工合同		合同编号及签订日期、承包方、工程名称、工程地点、工程内容、承包范围、承包方式、合同价款及结算依据、工期、工程质量标准和保修期、材料设备供应、工程款支付等。
		3. 工程监理合同及监理日记、监理月报、监理工作总结等资料	工程监理公司	工程进度、建设工期、工程质量、工程量等。
	工程竣工	1. 竣工结算书及报批资料	造价站	工程结算价格、工程量、工程进度等。
		2.《房地产测绘中心测绘报告》及明细表	房地产测绘中心	工程的功能分区、建筑面积、套内面积、公摊面积等。
		3.《房屋建筑工程和市政基础设施工程竣工验收备案表》	建设主管部门	竣工备案的日期
营销阶段	预售	1. 商品房预售许可证	建设主管部门	预售房屋建筑面积、土地使用权证号及用途、预售款专用账户、预售许可证有效期、预售楼栋号等。
		2. 房地产预售合同		购买人、建筑面积、销售总价、销售单价、预售款支付方式与金额等。
	销售	1. 房地产销售合同	建设主管部门	购买人、建筑面积、销售总价、销售单价、价款支付方式与金额、合同中承诺的公共配套设施情况等。
	初始产权登记	1. 商品房房屋产权权属证明书及商品房确权套间明细表	建设主管部门	产权人、建筑结构、竣工交付日期、建筑总面积、总套数、占有建筑面积、占有套数、使用土地面积、建筑基底面积、土地证号、地号、每间房屋的建筑面积、用途、是否物业用房、是否公建用房等。

(续表)

阶段	主要工作	取得资料名称	涉及部门	涉税信息
过户		1. 房地产权证	建设主管部门	房屋坐落、房屋权属人、建筑结构、层数、竣工日期、建筑基底面积、建筑面积、房屋价值等。

第四节 销售管理信息采集

增量房俗称一手房，是指房地产开发商投资新建造的商品房。通俗易懂的说法就是能增加现有房屋数量的房产。

一级房地产市场，又称增量房地产市场。与其相对应的是存量房，即指已被购买或自建并取得所有权证书的房屋。存量房买卖是指通过办理房屋权属转移登记取得房屋所有权证的房屋的再次买卖。存量房的买卖程序是由买卖双方当事人签订房屋买卖合同，合同生效后的 30 日内，向房屋所在地的房地产交易中心办理转移登记。

通常情况下房地产市场可分为一级市场，即土地使用权的有偿出让；二级市场即土地使用权出让后的房地产开发经营，又称为"增量房地产"；三级市场即投入使用后的房地产交易，亦称"存量房地产"。

需要说明的是，本节和本章第三节的内容，是在本章第二节内容基础上的细化。为了体现系统性和全面性，有部分内容略有重复。

一、增量房信息采集

增量房信息采集包括房地产企业基础信息采集、房地产涉税资料信息采集和第三方相关涉税信息采集等。

（一）房地产企业基础信息采集

包括房地产企业基本情况采集和房地产开发项目情况采集。

1. 房地产企业需提供的材料

（1）企业法人营业执照、资质等级证书。

（2）国有土地使用证、土地出让合同、土地款全部缴清凭证。

土地已抵押贷款的应提供：土地证复印件需到土地局盖章，银行同意办理预售证明、土地抵押合同、借款协议。

（3）建设用地规划许可证、建设工程规划许可证、建设工程施工许可证、工程施工合同、设计合同、监理合同。

（4）商品房预售许可证、商品房买卖合同。

（5）商品房预售方案，内容包括：坐落、结构、装修与设备标准、预售价格、付款方式、房屋交付期等内容，明确社区办公和服务用房面积、位置。还建房协议（指有还建房的项目）、政府规费已缴清的凭证。

（6）建设工程规划查验表（查验至二层）、预售商品房分层平面图（即规划部门核定的单体分层户型设计方案图或施工图）、房屋面积测量对照表（整套）。

（7）不动产（房地产）捐赠意向书、不动产（房地产）抵债合同、不动产（房地产）变更说明书、不动产（房地产）项目注销说明书等。

（8）其他需要提供的资料。

2. 房地产企业基本情况信息采集（略）

以上由纳税人提供，税务部门进行核查。

【例】某税务分局对房地产企业基本情况信息采集情况如表4-9。

表4-9　　　　　　　　房地产企业基本情况信息采集表

纳税人名称		××市双诚房地产开发公司	纳税人识别号	350××××××××169
开业（设立日期）		2016年9月28日	注册类型	有限责任公司
注册资金（万元）		3000	营业执照号码	K577333（4）
法人代表（负责人）		程××	联系电话	××××-×××××××
财务负责人		黄××	联系电话	××××-×××××××
办税人		张××	联系电话	××××-×××××××
注册地址		××市××区××街××号		
生产经营地址		××市××区××街××号		
经营范围		在××市××小区规划红线范围内建造、出售、出租多层商住楼	主管税务人员	张××
主管税务机关		××市税务局××分局		
总机构	名　称	××市双诚房地产开发有限公司		
	纳税人识别号	350××××××××169		
	注册地址	××市××区××街××号		
	经营范围	在××市××小区规划红线范围内建造、出售、出租多层商住楼		
分支机构1	名　称			
	纳税人识别号			
	注册地址			
	经营范围			

（续表）

分支机构2	名　称	
	纳税人识别号	
	注册地址	
	经营范围	

说明：本表信息来源于《税务登记表》，纳税人名称应填写规范全称，分支机构可视情况增加。

3. 房地产开发项目情况信息采集

房地产开发项目情况表，主要包括房地产开发信息、土地信息、预（销）售许可证情况信息、不动产（房地产）对外捐赠、抵偿债务、项目变更等信息的采集。

（1）开发信息

主要包括房地产开发项目名称、项目编号、项目地址、项目性质、开发单位名称、开发单位纳税人识别号、建设期工程项目名称、建设期工程项目编号、建设单位名称、建设单位计算机编码、建设单位纳税人识别号、项目用途等内容。

① 房地产开发项目名称、项目地址：按核准的《规划许可证》内容进行填写。

②"房地产开发项目编号"，为系统自动生成项，不必填报。

③ 房屋类型：经济适用房、商品房、动迁房、高档公寓、别墅、商铺、其他等类型。

④ 开发单位名称、开发单位计算机编码、开发单位纳税人识别号应依据《房地产企业基本信息采集表》中信息进行填写。

⑤ 建设期工程项目名称按《规划许可证》核准的"建设项目名称"进行填写；建设期工程项目编号为《规划许可证》字轨号码；建设单位名称、建设单位计算机编码、建设单位纳税人识别号由开发单位填写，税务部门进行审核。

⑥ 项目用途包括自用、房地产开发、市政工程、园林工程、绿化工程、人防工程、其他等项目。

（2）土地信息

土地信息项目，主要包括土地使用权证信息、土地使用证发放单位、土地使用证编号、建设工程项目规划许可证发证机关、建设工程项目规划许可证号码，其中，土地使用权证信息包括：土地使用用途、使用权类型、取得价格、终止日期（使用年限）、使用权面积等；土地使用证编号按土地使用证的字轨号码进行填写，其他的由开发单位填写，税务部门进行审核。

（3）预（销）售许可证情况信息

预（销）售许可证情况信息，主要包括、销售许可证发放单位、取得预（销）售许可证时间、销售许可证编号、建筑面积、可售建筑面积合计、项目总投资、工程总造价、开工时间、预计竣工时间、预计售房时间、预计销售均价、销售方式等。

① 预（销）售许可证发证机关：预（销）售许可证发证机关全称；取得预（销）售许可证时间：预（销）售许可证发证日期；预（销）售许可证号：预（销）售许可证字轨号码。如果纳税人填报本表时没有取得预（销）售许可证，以上三栏可以不填报，自取得房地产预（销）售许可证之日起 30 日内向房地产所在地主管税务机关报送预（销）售许可证复印件，进行项目登记变更。

② 建筑面积：有关部门批准的开发项目总建筑面积。

③ 可售建筑面积：开发项目中用于销售的建筑面积，即建筑面积减去房地产开发企业开发建造的与清算项目配套的居委会和派出所用房、会所、停车场（库）、物业管理场所、变电站、热力站、水厂、文体场馆、学校、幼儿园、托儿所、医院、邮电通信等公共设施。（备注：这些设施必须是产权属于全体业主所有或建成后移交政府、公用事业单位用于非营利性社会公共事业的，不包括建成后有偿转让的设施。）

④ 项目总投资：房地产开发项目全部投资额。

⑤ 工程总造价：房地产开发项目全部工程投资额。

⑥ 销售方式：包括商品房现售、商品房预售和销售代理等。

⑦ 开工时间、预计竣工时间、预计售房时间、预计销售均价由开发单位填写，税务部门进行审核。

（4）不动产（房地产）对外捐赠

不动产（房地产）对外捐赠项目包括：捐赠意向书编号、受赠单位名称、受赠单位纳税人识别号等信息。

（5）不动产（房地产）抵偿债务

不动产（房地产）抵偿债务包括：抵债合同书编号、债权人单位名称、债权人纳税人识别号。

（6）不动产（房地产）项目变更

不动产（房地产）项目变更包括：变更原因、变更后项目总投资、变更后建设单位名称、变更后项目用途等。其中变更后项目用途分为自用、房地产开发、市政工程、园林工程、绿化工程、人防工程、其他等。

（7）不动产（房地产）项目注销

不动产（房地产）项目注销包括：销售总面积、不动产销售总收入、项目注销时间、注销时已纳税情况。

以上由纳税人提供，税务部门进行核查。

【例】某税务局对房地产开发项目信息采集情况，如表 4-10。

表 4-10　　　　　　　　　　房地产开发项目信息采集表

房地产开发项目名称	××市××小区		项目编号		Xm06897564	
项目地址	××市××区××小区					
房屋类型	□经济适用房　√□商品房　□动迁房　□高档公寓　□别墅　□商铺　□其他（请划√选择）					
开发单位名称	××市华宝房地产开发有限公司					
开发单位计算机编码	350×××××××371		开发单位纳税人识别号		350×××××××169	
建设期工程项目名称	××市××小区		建设期工程项目编号		xm06897564	
建设单位名称	××省××市第三建筑工程公司					
建设单位计算机编码	35×××××××872		建设单位纳税人识别号		350×××××××872	
项目用途	□自用　√□地产开发　□市政工程　□园林工程　□绿化工程　□人防工程　□其他（请划√选择）					
土地使用用途	建设用地	土地使用权类型	国有土地使用权出让	土地取得价格（万元）	12000	土地终止日期（使用年限）	70年
土地使用权面积（m²）	45687	土地使用证发放单位	××市土地局	土地使用证编号	××268975	建设工程项目规划许可证号码	xm6897
建设工程项目规划许可证发证机关			××市土地局、规划局			
预（销）售许可证发放单位	××市房管局		预（销）售许可证编号		Xs598647	
取得预（销）售许可证时间	2018年1月9日	建筑面积（m²）	34485（地上）	可售建筑面积合计（m²）	
项目总投资	16245万元	工程总造价	10598万元	开工时间	2018年10月
预计竣工时间	2019.10	预计售房时间	2019.10	预计销售均价	12290元
销售方式	√□商品房现售　□商品房预售　□销售代理				
如不动产（房地产）对外捐赠，请填写以下栏次					
捐赠意向书编号		受赠单位名称		受赠单位纳税人识别号	
如不动产（房地产）低偿债务，请填写以下栏次					
抵债合同书编号		债权人单位名称		债权人纳税人识别号	
不动产（房地产）项目变更后情况					

（续表）

变更原因		变更事项		变更后建筑面积（m²）	
变更后项目总投资（万元）			变更后项目总造价（万元）		
变更后建设单位名称			变更后建设单位纳税人识别号		
变更后项目用途	□自用 □房地产开发 □市政工程 □园林工程 □绿化工程 □人防工程 □其他 （请划√选择）				
其他变更情况					
不动产（房地产）项目注销情况					
销售总面积（m²）		不动产销售总收入（万元）		项目注销时间	
注销时已纳税情况（金额单位：万元）					
增值税		城建税		教育费附加	其他
以下由税务机关填写					
项目所在地税务机关	××市地税局××分局		项目编码	××568975	
税收管理员	伍××	项目管理起始时间	2019年10月	项目管理结束时间	2022年9月
税收管理员意见：年 月 日		调查人员意见：年 月 日		主管税务机关意见（章）：年 月 日	
备注：					

填报单位（章）：　　　　填报人：　　　　填报日期：　　年　月　日

（二）房地产涉税资料信息采集

主要包括房地产开发销售项目信息采集、房地产开发销售明细统计信息采集、纳税申报信息采集和房地产企业其他涉税数据信息采集。

1. 销售项目信息采集

（1）项目规划建设面积、项目规划用地面积：根据有关部门批准的项目面积进行填写。

（2）项目用地地价款：指项目用地应缴纳的土地出让金、契税、耕地占用税等。

（3）商品房销售套数（包括住宅销售套数）：指依据当期签署并备案的商品房销

售（包括住宅销售）合同统计的套数。

（4）商品房销售合同总价款（包括住宅销售合同总价款）：根据商品房销售（包括住宅销售）合同中的价款进行统计总价款。

（5）商品房销售均价（包括住宅销售均价）：按当期销售合同总价款/销售总面积计算，累计数比照计算。

（6）每平方米商品房销售成本（包括每平方米楼面地价和每平方米建筑安装成本）：每平方米商品房销售成本，如尚未竣工验收或决算，可以暂不填列；楼面地价是指单位建筑物面积的土地价格，楼面地价＝土地总价/总建筑面积；每平方米建筑安装成本＝建筑安装总成本/销售面积，如没有可暂不填列。

以上由纳税人提供，税务部门进行核查。

2. 销售明细统计信息采集

主要包括楼栋房号、面积、单价、合同金额、合同编号、购买人、不动产类型、首次交款（二次交款……）的交款时间、交款金额、发票号码、累计交款金额、未交款余额、房产交付使用时间等项目。

3. 房地产企业财务报表和纳税申报信息采集

（1）房地产企业财务报表包括资产负债表、利润表、现金流量表、所有者权益变动表和报表附注，这些报表必须由纳税人提供。

（2）房地产企业纳税申报信息采集填写项目参照国家税务总局关于中华人民共和国企业所得税年度纳税申报表（A类）等申报表中的项目由纳税人填写。

【例】某税务分局对房地产开发销售项目采集情况，如表4-11。

表 4-11　　　　　　　　房地产开发销售项目信息采集表

填报单位：××××××××××
房地产开发项目名称（分期）：××市××小区　　　所属时期：2018年第4季度
房地产项目类型：房地产项目预算总投资
房地产项目施工起始时间：2017年10月　　　　预计竣工时间：2018年10月

项　目	单位	当期发生额	当年累计发生额
1. 项目规划建设面积	平方米	34485	——
2. 项目规划用地面积	平方米	3000	——
3. 项目用地价款	万元	12000	——
4. 预收账款贷方发生额	万元	15000	15000
5. 商品房销售套数	套	100	100
其中：住宅销售套数	套	100	100

(续表)

项目	单位	当期发生额	当年累计发生额
6. 商品房销售面积	平方米	12363	12363
其中：住宅销售面积	平方米	12363	12363
7. 商品房销售合同总价款	万元	15196	15196
其中：住宅销售合同总价款	万元	15196	15196
8. 商品房销售均价	万元	1.229	1.229
其中：住宅销售均价	万元	1.229	1.229
9. 每平方米商品房销售成本	元	4406	4406
其中：每平方米楼面地价	元	3480	3480
每平方米建筑安装成本	元	926	926

4. 房地产企业其他涉税数据信息采集

（1）房地产企业其他涉税数据信息采集包括企业名称、纳税人识别号、销售收入（含预售结转）、销售未完工开发产品收入、开发成本（包括土地成本、前期工程费、基础设施建设费、建筑安装工程费、公共配套设施将设费、开发间接费用）、本期开发成本、销售成本、销售面积（包括地上销售面积和地下销售面积）、总可售面积（包括地上可售面积和地下可售面积）、增值税金及附加、土地增值税、预缴增值税金及附加和土地增值税、其他（包括定金）等。

（2）房地产企业其他涉税数据信息采集按年度、按项目进行填写与汇总。

（3）数据信息由纳税人提供，税务部门进行核查。

【例】某税务分局对房地产企业其他涉税数据采集情况，如表4-12所示。

表4-12　房地产企业其他涉税数据信息表（2019年度）

企业名称：××市双诚房地产开发有限公司　　　　纳税人识别号：350××××××××169

统计分项	单位	项目1	项目2	项目3	项目4	合计
1. 销售收入（含预售结转）	元	83305560				83305560
2. 销售未完工开发产品收入	元	41110000				41110000
3. 开发成本	元	142150555				142150555
其中：土地成本	元	53899152				53899152
前期工程费	元	4546249				4546249
基础设施建设费	元	8358180				8358180

(续表)

统计分项	单位	项目1	项目2	项目3	项目4	合计
建筑安装工程费	元	60612331				60612331
公共配套设施将设费	元	3579603				3579603
开发间接费用	元	11155040				11155040
4. 本期开发成本	元	82150483				82150483
5. 销售成本	元	47250821				47250821
6. 销售面积	平方米	12363				12363
其中：地上销售面积	平方米	12363				12363
地下销售面积	平方米					
7. 总可售面积	平方米	34485				34485
其中：地上可售面积	平方米	34485				34485
地下可售面积	平方米					
8. 增值税金及附加	元	6019127				6019127
其中：增值税	元	8001000				8001000
土地增值税	元	908200				908200
9. 预缴增值税金及附加	元	5204984				5204984
其中：增值税	元	7000000				7000000
土地增值税	元	813279				813279
10. 其他	元	5758200				5758200
其中：定金	元	5758200				5758200

（三）第三方相关涉税信息采集

第三方涉税信息是评价纳税人申报真实性和可靠性的重要依据，也是提高税源监控水平的重要数据资源。

1. 第三方涉税信息来源和信息采集内容

（1）工商局：提供设立、变更、注销登记等，比对漏征漏管户。

（2）房产管理局：提供商品房预售许可证信息、房产转让信息、房产租赁信息、房屋销售信息，用来加强房地产企业企业所得税及营业税金的管理。

（3）发改委：提供计划投资项目立项批复信息、房地产开发项目成本参照信息，为税务部门进行企业所得税监控提供参考。

（4）国土资源局：提供土地使用证发放信息、土地使用权转让信息等，用来加强房地产企业企业所得税、城镇土地使用税及土地增值税管理。

（5）国资委：提供企业兼并、改组改制信息、企业破产信息等，用来加强税务登记管理、税款清算、欠税追缴等。

（6）建委：提供建设施工许可证信息、材料设备招标信息、监理招标申请信、设计招标申请信息、勘察招标申请信息、直接发包信息，用来加强房地产企业企业所得税管理。

（7）规划局：从规划部门可获取开发项目名称、性质、占地面积，规划的建筑面积、容积率、可销售面积、不可销售面积以及公共配套设施情况等信息，用来比对可售面积等信息。

2. 第三方涉税信息采集项目示例

【例】某税务分局对某公司第三方相关涉税信息采集情况，如表4-13。

表4-13　　　　　　　第三方相关涉税信息采集表（2020年）

企业名称	×××公司		行业性质	房地产
房产开发情况	2018年开始分二期开发建设××住宅小区，2020年初结束一期工程，处于销售阶段，二期工程从2020年6月开始销售，计税毛利率为15%			
数据来源	项目	当期发生额	单位	是否缴清
土地和拆迁管理部门	项目一期征地面积	21430	平方米	
	土地出让金	24570000	元	是
	拆迁安置补偿费	20881042	元	是
	土地交易费及其他税金	8448110	元	是
	项目二期征地面积	11560	平方米	
	土地出让金	10890000	元	
	拆迁安置补偿费	9255205	元	
	土地交易费及其他税金	3745934	元	
规划部门	项目一期可销售面积	45635	平方米	
	项目二期可销售面积	38526	平方米	
房管部门	项目一销售面积	15170	平方米	
	已销售均价	6000	元/平方米	
	已预销售面积	14650	平方米	
	预销售均价	6500	元/平方米	

二、增量房信息的加工及处理

(一) 增量房信息的审核

1. 房地产企业基础信息的审核

因为房地产企业基础信息采集表中的大部分内容来自权属证书,因此填表单位和个人在填报信息采集表的同时,要附送相关的权属证书的复印件或者填表单位和个人的自述说明,税务部门必须核实表中相关信息是否真实、可靠。

2. 房地产涉税资料信息的审核

房地产涉税资料信息表中各数据信息之间存在明确的逻辑关系,表之间也有严格的勾稽关系,对房地产涉税资料信息要审核采集的信息是否符合规定,数据是否正确与合理,是否有漏报、少报、多报和虚报等情况存在,同时要参考第三方涉税信息进行审核。

(二) 增量房信息的加工汇总

1. 采集数据信息报表的汇总

有些采集到的数据信息报表需要进一步汇总到汇总表中,这需要税务部门对采集到的数据信息进行进一步的加工处理。如根据房地产开发企业填报的《房地产开发销售项目信息采集表》(见表4-11),进行汇总成《房地产开发销售项目信息汇总表》(见表4-14)。

【例】某税务分局对房地产开发销售项目汇总情况,如表4-14。

表 4-14　　　　　　　　房地产开发销售项目信息汇总表

填报单位:　　　　　　　　房地产开发项目名称:

项　目	单位	当期发生额	当年累计发生额
1. 总建设面积	平方米	34485	—
2. 总地价款	万元	12000	—
3. 预收账款贷方发生额	万元	15000	15000
4. 商品房销售总套数	套	260	260
其中:住宅销售套数	套	260	260
5. 商品房销售总面积	平方米	34485	34485
其中:住宅销售面积	平方米	34485	34485
6. 商品房销售合同总价款	万元	41382	41382
其中:住宅销售合同总价款	万元	41382	41382

（续表）

项　目	单位	当期发生额	当年累计发生额
7. 商品房销售均价	万元	1.229	1.229
其中：住宅销售均价	万元	1.229	1.229
8. 每平方米商品房销售成本	元	7640	—
其中：每平方米楼面地价	元	3480	3480
每平方米建筑安装成本	元	4160	—

2. 增量房信息的归集、汇总与存储

完成信息采集和输入后，需要统一存储和管理各税种税源数据，要做到涉税信息一次采集，共享使用。逐步实现各类征管数据的统一数字化储存、加工和管理以及信息共享，充分发掘信息应用潜力，提高新信息应用质量和水平。因此，信息处理应以高度集中为原则，不仅节约成本，而且可以规范和统一业务流程，为管理体制的进一步的变化和优化纳税服务提供基础。

要完成采集信息的转换和加载。由于系统涉及信息源较多且模式复杂，需要对源信息作一些比较复杂的转换与归集工作。

首先，以当前契税征管中积累的信息为基础，对从房地产管理部门以及纳税申报过程中取得的信息进行整合归集，建立房地产税源信息数据库。充实完善房地产企业户籍资料和其他纳税人户籍资料，做到数据集中，信息共享，方便查询。其次，要进行数据变换保证信息的统一性，即对所有信息转换为统一的单位值。对采集到的信息进行扫描时，应调用转换、汇总模块，生成汇总数据，并将汇总数据加载到相应数据表中。

利用系统的"房地产项目管理台账"进行信息比对，实施项目跟踪管理，掌握房地产项目销售进度情况、收款情况、应缴纳税款和已缴纳税款情况，应对未按时申报缴纳税款的纳税人进行催报催缴。

三、契税的基本规定

（一）纳税人和征税范围

1. 契税的纳税义务人是中国境内转移土地、房屋权属，承受的单位和个人。
2. 契税的征税范围：国有土地使用权出让、土地使用权转让、房屋买卖、赠与、交换。视同买卖房屋的情形有：

（1）以房产抵债或实物交换房屋，应由产权承受人，按房屋现值缴纳契税。

（2）以房产作投资或股权转让，由产权承受方按契税税率计算缴纳契税。买房拆料或翻建新房，应照章纳税。以自有房产作价投入本人独资经营的企业，免纳契税。

【例】某企业破产清算时，其房地产评估价值为4000万元，其中以价值3000万元的房产抵偿债务，将价值1000万元的房产进行拍卖，拍卖收入1200万元。债权人获得房产后，与他人进行交换，取得额外补偿500万元。当事人各方合计应缴纳多少契税？（适用契税税率3%）。

根据《契税暂行条例细则》第八条"土地、房屋权属以下列方式转移的，是同土地使用权转让、房屋买卖或者房屋赠与征税：（二）以土地、房屋权属抵债"之规定，通常情况下，接受抵债的房屋，应缴纳契税。但财政部、国家税务总局《关于企业改革中有关契税政策的通知》（财税〔2001〕161号）中规定"企业破产清算期间，对债权人（包括破产企业职工）承受破产企业土地、房屋权属以抵偿债务的，免征契税；对非债权人承受破产企业土地、房屋权属的，征收契税"，因此，在债务人被宣告破产以后，债权人从破产清算中获取的债务人抵债房屋、土地，免征契税。因此，该企业当事人各方合计应缴纳51万元的契税。

（二）计税依据

契税的计税依据为不动产的价格。由于土地、房屋权属转移方式不同，定价方法不同，则具体计税依据视不同情况而定。

1. 国有土地使用权出让、土地使用权出售、房屋买卖，以成交价格为计税依据。成交价格是指土地、房屋权属转移合同确定的价格，包括承受者应交付的货币、实物、无形资产或者其他经济利益。对契税的计税价格问题，合同中确定的成交价格中包含的所有价款都属于计税依据范围，其中包括土地出让金和补偿费、安置费及各种行政事业性收费。

2. 土地使用权赠与、房屋赠与，由征收机关参照土地使用权出售、房屋买卖的市场价格核定价格为计税依据。

3. 土地使用权交换、房屋交换，为所交换的土地使用权、房屋的价格差额。也就是说，交换价格相等时，免征契税；交换价格不等时，由多交付的货币、实物、无形资产或者其他经济利益的一方缴纳契税。

4. 以划拨方式取得土地使用权，经批准转让房地产时，由房地产转让者补交契税。计税依据为补交的土地使用权出让费用或者土地收益。

为了避免偷、逃税款，税法规定，成交价格明显低于市场价格并且无正当理由的，或者所交换土地使用权、房屋的价格的差额明显不合理并且无正当理由的，征收机关可以参照市场价格核定计税依据。

5. 房屋附属设施征收契税的依据：

（1）采取分期付款方式购买房屋附属设施土地使用权、房屋所有权的，应按合同规定的总价款计征契税。

（2）承受的房屋附属设施权属如为单独计价的，按照当地确定的适用税率征收契税；如与房屋统一计价的，适用与房屋相同的契税税率。

6. 个人无偿赠与不动产行为（法定继承人除外），应对受赠人全额征收契税。在缴纳契税时，纳税人须提交经税务机关审核并签字盖章的《个人无偿赠与不动产登记表》，税务部门（或其他征收机关）应在纳税人的契税完税凭证上加盖"个人无偿赠与"印章，在《个人无偿赠与不动产登记表》中签字并将该表格留存。

（三）减免税

1. 因不可抗力灭失住房而重新购买住房的，酌情减免。不可抗力是指自然灾害、战争等不能预见、不可避免，并不能克服的客观情况。

2. 土地、房屋被县级以上人民政府征用、占用后，重新承受土地、房屋权属的，由省级人民政府确定是否减免。

3. 夫妻之间房屋土地权属变更的，免征契税。

（四）纳税地点与纳税期限

契税在土地、房屋所在地的征收机关缴纳。纳税人应当自纳税义务发生之日起10日内，向土地、房屋所在地办理纳税申报，并在契税征收机关核定的期限内缴纳税款。

（五）纳税义务发生时间

契税的纳税义务发生时间是纳税人签订土地、房屋权属转移合同的当天，或者纳税人取得其他具有土地、房屋权属转移合同性质凭证的当天。其他具有土地、房屋权属转移合同性质凭证，是指具有合同效力的契约、协议、合约、单据、确认书以及由省、自治区、直辖市人民政府确定的其他凭证。

1. 建设用地使用权出让

协议出让的契税的纳税义务发生时间，为《国有建设用地使用权出让合同》的签订时间；招拍挂方式出让的契税的纳税义务时间，为竞标合同书签订、拍卖（挂牌）成交确认书签订时间。

2. 建设用地使用权转让

契税的纳税义务发生时间，为买卖双方国有、集体建设用地使用权转让合同的签订时间，不是买方到国土资源部门办理建设用地使用变更手续所签订的格式合同的当天。

3. 以划拨方式取得建设用地使用权后经批准转让房地产，涉及补交建设用地出让契税的纳税义务时间为补缴建设用地出让金的时间。

4. 纳税人因改变建设用地、房屋用途应当补缴已经减征、免征契税的，其纳税义务发生时间为改变有关建设用地、房屋用途的当天。对建设用地来说是签订建设用地使用权出让合同变更协议或者重新签订建设用地使用权出让合同的当天。

5. 经法院裁定、判决房屋、建设用地过户契税的纳税义务时间为法律文书的生效时间。

6. 视同建设用地、房屋买卖的（预购和预付集资建房款除外），以取得第一份具有建设用地、房屋权属转移合同性质凭证的当天为纳税义务发生时间。

7. 房屋的买卖

（1）房地产企业开发的现房买卖，契税的纳税义务发生时间为签订购房协议、预交定金或首次付款的时间。三者的时间基本上一致，如果不一致的，以时间较早者为纳税义务发生时间，不能以购房者在房管部门签订的《商品房销售合同》标准文本的时间为纳税义务发生时间。

（2）二手房买卖的契税纳税义务发生时间，为签订房屋买卖合同（协议）的当天。也不以买房人在房管部门签订的《商品房买卖合同》标准文本的时间为纳税义务发生时间。

（3）以按揭、抵押贷款方式购买房屋，当其从银行取得抵押凭证的当天，购房人与产权人之间的房产权属转移已经完成，契税纳税义务即发生。

8. 房屋赠与

房屋赠与契税的纳税义务时间，为赠与公证书的签订时间。

9. 房屋交换

房屋交换的纳税义务发生时间，为互换房屋双方签订房屋交换合同的当天。

拆迁安置如是补偿现房，契税纳税义务发生时间为签订拆迁补偿协议的当天。若采用货币补偿的方式，为被拆迁人重新购置房屋的当天。

四、契税管理

契税是税务部门实施房地产一体化管理的非常重要的抓手，对于税务部门加强房地产行业相关税费的征收管理的意义是非常重大的。

（一）掌握契税税源信息

1. 实行与国土、房产部门、拆迁管理部门的联网一体化办公，实行微机联网纳税申报、开具完税证，实现房屋土地产权、土地拍卖转让、拆迁公告、拆迁补偿等基础信息共享，部门间传递的文书统一，工作流程规范，实现信息共享，源头控管；强化事中、事后的监督控管，定期组织相关部门进行督查管理，减少漏洞。

2. 由市政府牵头，税务局、房屋产权和土地资源管理局定期召开联席会议，对发现的问题及时进行解决处理。

3. 各级土地管理部门要将年度用地计划、实际占用耕地结算和审批用地进度等情况及时传递抄送给税务局。

（二）合同与发票进行审核比对

纳税人购买的房产多为期房，其纳税义务发生时取得的只是预售房合同和预售发票。有的房地产公司为了达到延缓缴税的目的，不及时为纳税人开具发票，纳税人一般要等到办理房产证时才会缴纳契税，因而从纳税义务发生之日到实际申报纳税往往会错后1年或更长时间。

1. 由房地产企业经手的契税款应将每月交易的电子信息报送主管税务部门。

2. 在纳税人实际缴纳税款时与纳税人手中的商品房正式合同、发票进行审核比对。可以消除纳税申报滞后现象；同时，方便主管税务部门更有效地掌握商品房税源。

（三）推行基准房产价格

按照《中华人民共和国契税暂行条例》的规定，"成交价格明显低于市场价格并且无正当理由的，或者所交换土地使用权、房屋的价格的差额明显不合理并且无正当理由的，由征收机关参照市场价格核定"。二手房交易所参照的市场价格主要是房产评估机构出具的评估价格。评估机构也是以盈利为目的，因此，利益各方会从自身角度出发满足各自的需要。多种原因使得实际交易价格与评估价格不一致或偏低，为防止造成税收流失。主管税务部门可以采取如下征管措施：

1. 改进征收核定方式，考虑到房产价格波动较大等因素，相关部门每年制定一次二手房基准房产价格，作为价格核定基本依据。在基准房产价格的基础上，对二手房交易价格，根据房产实际情况如房龄、位置等，在一定范围内允许浮动超过浮动范围，按基准房产价格征税。

2. 提高二手房合同真实性。通过典型调查和税务稽查检查，个案剖析，对提供阴阳合同的纳税人按有关规定进行处罚，并将处罚信息通过工商管理部门的信息平台公之于众，以教育和震慑！

（四）规范契税减免税审批程序

契税的"减、免、缓"要严格按照《中华人民共和国税收征收管理法》、《中华人民共和国契税暂行条例》和《中华人民共和国契税暂行条例实施细则》规定的审批或备案程序执行，管理要遵循"职责法定、程序透明、承办高效、管理规范"的原则，实行逐级备案制度，必须经过主管税务局的税政法规部门的审核确认。情况复杂需几个部门联办的，由税务局牵头与相关部门协调解决，必要时，提请市（区、县）政府出面协调解决；如果税法有明确规定的，在征收场所公示执行。纳税人房屋所有权转让申报缴纳契税时，应提供的材料：

1. 房屋买卖的，应提供商品房买卖合同或房屋买卖协议及发票等；

2. 房屋赠与的，应提供经公证的赠与协议及房地产价值评估报告；

3. 房屋交换的，应提供交换协议；

4. 买受人的房屋所有权证,身份证明、户口;
5. 产权转移登记申请表,产权档案查档;
6. 维修资金票据;
7. 其他需要提供的材料。

五、案例分析

【案情】某公司通过拍卖竞拍到一块国有土地,成交书时间2014年8月,土地部门与公司签订出让合同的时间2015年12月,次年6月28日办理过户手续缴纳契税,如何准确地确认契税纳税义务的发生时间?

【分析】按照《中华人民共和国契税暂行条例》(国务院令第224号)第八条的规定,契税的纳税义务发生时间为纳税人签订土地、房屋权属转移合同的当天,或者纳税人取得其他具有土地、房屋权属转移合同性质凭证的当天。按照《中华人民共和国契税暂行条例细则》第十八条的规定,条例所称其他具有土地、房屋权属转移合同性质凭证,是指具有合同效力的契约、协议、合约、单据、确认书以及由省、自治区、直辖市人民政府确定的其他凭证。此后除期房按揭、抵押贷款的情况外,再没有出台关于契税纳税义务发生时间的规定。

房地产开发企业,通过"招拍挂"取得土地使用权,并签订挂牌成交确认书。由于挂牌成交确认书约定双方在规定的时限内需另外签订《国有土地使用权出让合同》,否则视为竞买人放弃竞买资格,并承担相应法律责任。因此,挂牌成交确认书不应作为生效的土地权属转移合同或合同性质凭证,在确定纳税义务发生时间时,应以《土地使用权出让合同》签订日期或开具土地出让金缴款凭证日期为准。纳税人逾期缴纳契税,应按照《国家税务总局关于农业税、牧业税、耕地占用税、契税征收管理暂参照〈中华人民共和国税收征收管理法〉执行的通知》(国税发〔2001〕110号)的规定,依法课征滞纳金。(有此规定是原契税由财政部门征收的)

纳税人应当自纳税义务发生之日起10日内,到市或者土地、房屋所在地的区、县契税征收机关办理纳税申报手续,并在契税征收机关核定的期限内缴纳税款;符合减征或者免征契税规定的,应当办理减征或者免征契税手续。

契税作为一种行为税,以签订权属转移合同作为纳税义务发生时间,在操作上容易判断执行。目前,中国商品房销售仍以期房销售为主,同时拆迁安置房也大部分为期房,大部分购房者与开发商签订商品房买卖合同时,房屋尚未建成,购房者也尚未取得房屋物权,所拥有的仅仅是一种物权期待权,或者说是物权请求权。所以,以签订房屋权属转移合同的当天作为契税纳税义务的发生时间,这对于现房销售是可行的。

按照《中华人民共和国契税暂行条例》第一条的规定"在中华人民共和国境内转移土地、房屋权属,承受的单位和个人为契税的纳税人"。因此,契税纳税义务的发生，是依据建设用地、房屋权属的转移，反之，建设用地、房屋权属未转移，自然也就无须交纳契税。而《中华人民共和国民法典》中明确规定，权属的转移并不是以签订合同时间为准，是以标的物的实际交付为准；《中华人民共和国民法典》第五百零二条规定："标的物的所有权自标的物交付时起转移，但法律另有规定或者当事人另有约定的除外"。

对房屋所有权的转移，中国法律规定是以登记为准。如果期房以签订合同作为纳税义务发生时间，不符合契税产生于权属转移的性质，等于契税产生于合同。

"实质权属转移"的时间为契税纳税义务发生时间。根据《中华人民共和国民法典》的规定，对不动产登记可以实行预告登记，保证预购者将来获得切实的物权。对预购人按照《中华人民共和国民法典》规定向登记机构申请预告登记的购房者，以预告登记日期为契税的纳税义务发生时间；没有进行预告登记的，以缴纳定金或首次付款的时间为纳税义务发生时间。因为在缴纳定金或预付首付的情况下，房屋交易实质上已经基本完成，其实质房屋权属已经转移。

第五节　确定纳税评估对象

如何从众多的纳税人中选出最需要加强税源管理、实施纳税评估（税收风险管理）的对象，是有效开展纳税评估的基础和必要条件。科学准确地确定纳税评估对象，既是税务部门依法行政要求和"避免过多打扰"纳税人的纳税服务措施，也是税收公平主义原则的直接体现。一般情况下，确定纳税评估对象采取计算机自动筛选和人工分析筛选相结合的方法来确定。

纳税评估对象是主管税务部门根据日常征管和税源监控需要，对已纳税申报的纳税人或扣缴义务人是否可能存在纳税不遵从行为而确定对其实施纳税评估。

纳税评估对象的确定，是指主管税务部门根据掌握的各类内外部数据或信息（包括税务登记、税源登记、申报纳税、发票管理、财务核算以及第三方信息等），按照年度工作计划或运用预先设定的指标参数，筛选并确定对其实施税源管理和纳税服务的过程。

一、方法、流程及标准

（一）确定纳税评估对象的方法

1. 人工筛选法

是指利用主管税务部门及税收管理员平时掌握的纳税人的纳税情况及实际经营情况进行人工筛选评估对象的方法。采用人工筛选的情形主要有：申报资料逻辑关系错误、领用发票但长期亏损或零申报、申报税额前后期变化较大、纳税信用等级低下、日常管理和税务检查中发现过较多问题。税收管理员主动提请实施纳税评估就是典型的人工筛选法。

2. 循环选择法

是指根据本地区的实际情况，运用随机抽样方法确定被评估对象，每年随机抽取一定比例的纳税人作为样本进行全面纳税评估。例如在甲行家螺旋式上升税源管理模式下，应用此方法最佳，每年对辖区35%纳税人实施纳税评估。

3. 纳税状况总体评价选择法

是指通过对纳税人、扣缴义务人申报、缴纳各税种资料的分析对比，对其纳税状况进行具体评价，确定纳税评估对象。

4. 计算机自动筛选法

是指利用纳税评估软件系统，对纳税人的纳税申报资料进行检索比对，自动过滤出评估指标超出预警值范围的纳税人，并列入纳税评估对象列表的方法。

5. 人机结合法

是指运用纳税评估软件结合税收管理员（日常）掌握的纳税人纳税情况及生产经营情况进行综合分析，从而确定评估对象的一种筛选的方法，也是目前应用较多的方法。

6. 重点税源户选择法

是指根据本地区的实际情况，依据年纳税额、投资总额、销售（营业）收入或利润等指标，在确定的省、市、县三级重点税源户中筛选出来作为纳税评估对象。

7. 重点行业选择法

是指通过调查分析，掌握本地区行业分布情况，选择本地区支柱行业、特殊行业或税负异常行业等作为纳税评估对象。

前五种方法对于专项和日常纳税评估的确定对象都适用，后两种方法主要是适用于专项纳税评估对象的确定。

(二) 确定纳税评估对象的流程（如图4-1）

筛选纳税评估对象，一般有四种方式：

1. 由税收管理员发起，税源管理部门确定后，由税收管理员开展纳税评估工作。这是确定日常评估对象的主要方式，也是目前工作中被淡化的，必须引起重视和注意。

2. 由上级部门交办，税源管理部门确定后，交由税收管理员开展纳税评估工作，这是确定专项纳税评估对象的主要方式。

3. 根据年度重点税源监控工作计划确定纳税评估对象。

4. 其他方式确定纳税评估对象。

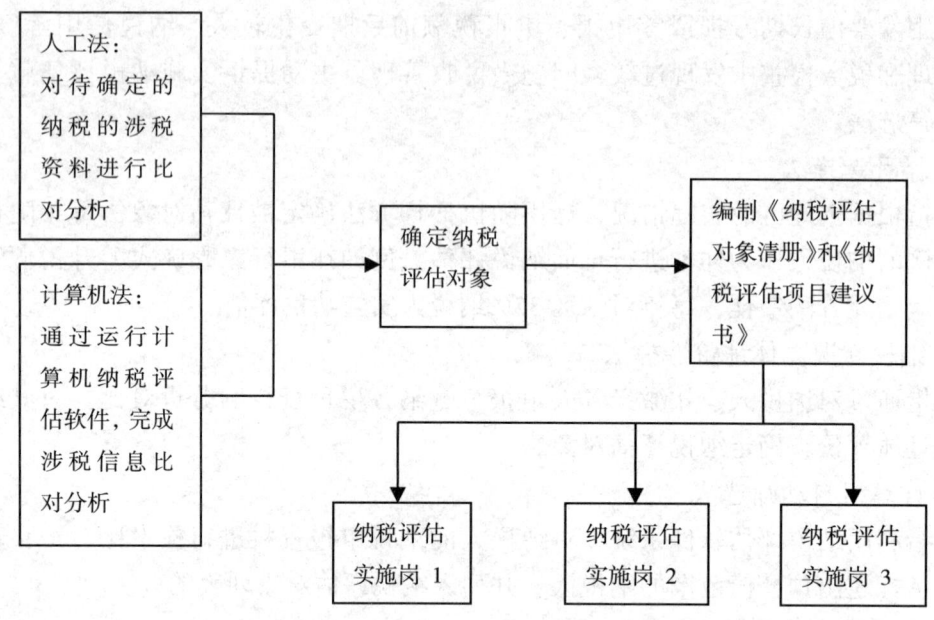

图 4-1 确定纳税评估对象工作流程图

（三）确定纳税评估对象的范围

筛选和确定纳税评估对象，应遵循"因户制宜、简单灵活"的原则，无论是流程还是标准都和确定稽查检查对象有很大差异的。要依据税收宏观分析、行业税负监控结果等数据，结合各项评估指标及其预警值和税收管理员掌握的纳税人实际情况，参照纳税人所属行业、经济类型、经营规模、信用等级等因素进行全面、综合的审核对比分析后确定的。下列纳税人应作为纳税评估的重点对象：

1. 综合审核对比分析中发现有问题或（有）疑点的纳税人；
2. 重点税源户；
3. 特殊行业的重点企业；
4. 税负异常变化；
5. 长时间零税负和负税负申报的纳税人；
6. 纳税信用等级低下的纳税人；
7. 日常管理和税务检查中发现较多问题的纳税人。

二、确定纳税评估对象的标准

纳税评估对象确定应该是在占有大量数据信息的基础上，采用计算机自动筛选、人工分析筛选和重点抽样筛选相结合的方法，参照纳税人分类标准、税种及所属时期，依据纳税人所属行业、经济类型、经营规模、纳税信用等级等因素，针对纳税人涉税异常信息综合确定。

(一) 行业标准

实行分类分级管理是实现税源专业化管理的主要途径和手段。同行业纳税人具有基本相同的经营范围、工艺流程、管理模式、行业标准、技术设备、物流渠道、核算方式等，同行业企业的生产经营数据信息、纳税申报数据信息具有一定的可比性，可以互为参考。根据相同行业的相关数据信息计算一个平均数，作为预警参数值，当该行业中某一纳税人同类指标超过预警参数值一定的范围（±15%或20%），可将其确定为纳税评估对象。

在此基础上，或需要结合企业的规模大小，纳税信用等级、财务核算健全与否等标准对纳税人进一步做行业细分，测算出的行业纳税评估预警值，纳税人的纳税申报数值超过纳税评估预警值波动范围的纳税人，确定为纳税评估对象。

(二) 税种标准

根据国家税务总局《纳税评估管理办法（试行）》的规定，纳税评估要涵盖纳税人应纳所有税费。按照其征税对象不同，划分为流转税、所得税、财产行为税和资源税等。因此，纳税评估对象也可按流转税、所得税、财产行为税和资源税为标准确定纳税评估对象。如根据其税源管理情况，一定时期可将缴纳房产或城镇土地使用税的纳税人中纳税异常的纳税人确定为纳税评估对象。

(三) 纳税人的税负标准

税负即税收负担率，是应纳税额与课税对象的比率，能够比较直观地反映一个企业的纳税能力和负担水平。税负监控法是税务部门对企业税负背离行业税负预警区间值进行有效监控的核心方法，是通过企业税负与行业税负的对比，对税负异常的企业确定为纳税评估对象。

通过税负确定纳税评估对象时，要掌握同行业的平均税负，以及影响该行业税负变动的主要因素，才能正确确定纳税评估对象。如某地区通过测算得出机械加工行业增值税税负率预警指标为5%，变动范围为±20%，而该地区某一机械加工企业增值税税负率为4%至6%，偏离行业参考税负的波动范围，应将其确定为纳税评估对象。

(四) 纳税信用等级标准

根据纳税人遵守税收法律、行政法规以及接受税务部门依据税收法律、行政法规的规定进行管理的情况，将纳税人的信用等级分为A、B、C、D、M五级，将信用等级为C、D、M级的纳税人作为主要评估对象。

(五) 时间标准

确定纳税评估对象，一般在纳税人按期申报纳税后进行。纳税评估对象的确定在纳税申报到期之后，其纳税评估期以纳税申报的税款所属当期为主，特殊情况可以延伸到往期或者以往年度。缴纳流转税的纳税人，可按月或者按季确定纳税评估对象；缴纳企业所得税纳税人，一般可在企业所得税汇算清缴申报后，确定为纳税评估对象。

三、如何确定纳税评估对象

（一）如何确定房地产开发经营业的日常纳税评估对象

目前，税收管理员在开展房地产开发经营业的日常纳税评估而确定对象过程中，主要通过以下两种方式：日常评估软件预警和管理员手工提请。无论采用哪种方式，应将下列情况作为重点或主要依据：

1. 发票购领和使用情况出现异常，如购领数量突然增加，开票金额明显增多等。

2. 含预交土地增值税和企业所得税的缴纳税款金额出现明显减少。

3. 及时掌握土地招拍挂信息，跟踪是否按规定准确并及时缴纳契税、印花税和土地使用税等。

4. 及时掌握预售信息，跟踪是否按规定缴纳增值税金及附加和预缴土地增值税（企业所得税）。

5. 加强对存在欠税的房地产企业的日常管理。

6. 根据核心征管系统入库信息和发票查询系统开票信息的比对结果，对存在异常的企业加强管理。

7. 项目销售后期，加强对土地增值税清算的管理。

8. 项目销售后期，加强对未售出的房屋商铺或车位出租行为的管理。

9. 租售管理期，加强对房产税的管理。

10. 租售管理期，加强对"股息、红利"项目个人所得税事项的管理。

在实务中，已经普遍实施的由大数据和风险管理部门推送的事项，基本都是日常纳税评估。纳税评估作为税源专业化管理的核心，主体应该是分行业、分税种、分事项的"三分"专项纳税评估。关于专项纳税评估是线、日常纳税评估是面的甲行家"点、线、面"税源管理相关内容请查阅《纳税评估理论与实务》（贾忠华著，台海出版社2020年1月版）。

（二）如何确定房地产行业的专项纳税评估对象

目前，在开展专项纳税评估过程中，主要采取人工筛选的方法确定评估对象，例如，确定房地产开发经营业专项纳税评估对象的具体步骤：

第一，建立辖区（本局和本税务所、股）的行业入库税费数据库

1. 提请本局信息科（数据中心），按照增值税的"销售不动产"税目查询近三个年度的入库信息，主要条件字段包括："序号、社会信用统一代码、企业名称、主管税务所、国家标准行业、入库时间（×月×日）、税种、税目、金额（单位：元）"。主要目的：确定辖区（本局和本所、股）存在"房地产开发与经营业务"的企业

名单。

2. 提请本局信息科（数据中心），按照上一步确定的企业名单，分年度查询近三（或五）个年度已缴纳所有各税费（分税种、税目）及加收滞纳金的入库情况。

目的：建立分税种入库数据库，如：增值税金及附加、房产税土地使用税、企业所得税和土地增值税预缴的入库数据，将分月入库情况增减波动较大和入库情况明显偏低的企业列为拟定纳税评估对象。

第二，按照四个阶段将备选确定（拟定）纳税评估对象进行分类

按照"土地取得与前期开发、项目设计施工、房屋销（预）售和租售管理"四个阶段，将备选确定纳税评估对象进行分类。

第三，最终确定纳税评估对象

针对各阶段的经营特点和纳税遵从风险点，参考以下情况最终确定为年度实施专项纳税评估对象。

1. 土地取得与前期开发阶段

（1）及时掌握土地招拍挂信息，跟踪是否按规定缴纳契税、印花税和城镇土地使用税等；

（2）根据契税入库信息，加强对印花税和城镇土地使用税的管理。

2. 项目设计施工阶段

（1）及时掌握预售信息，跟踪是否按规定缴纳增值税金及附加和预缴土地增值税（企业所得税）；

（2）加强对项目施工单位的管理，重点评估是否存在以在建开发产品抵顶施工单位的工程款情况。

3. 房屋销（预）售阶段

（1）发票购领和使用情况出现异常，如购领数量突然增加，开票金额明显增多等；

（2）缴纳税款金额（如：增值税金及附加、预缴企业所得税、房产税和城镇土地使用税）出现异常增加或减少；

（3）加强对存在欠税的房地产开发企业的日常管理；

（4）加强对土地增值税预缴和清算的纳税评估。

4. 租售管理阶段

（1）加强对未售出的房屋、商铺、车位出租行为的管理；

（2）加强对"股息、红利"项目个人所得税事项管理；

（3）加强对企业所得税汇算的纳税评估。

专项纳税评估是多年度全税费全面辅导纳税人进行涉税风险自查，帮助纳税人自行纠正未准确及时缴纳相关税费的错误并完成更正纳税申报补缴税费及滞纳金。

四、确定纳税评估对象的工作规范

(一) 岗位设置与工作职责

1. 岗位设置

各地各级税务部门,根据实际需要设置纳税评估管理岗,负责纳税评估对象确定工作。除了管理员提请确定纳税评估对象以外,原则上确定纳税评估对象管理岗与纳税评估实施岗是分离不得兼职的。

2. 工作职责

纳税评估管理岗主要工作职责是结合工作实际,参考的不同标准确定纳税评估对象,按期编制《纳税评估清册》和《纳税评估项目建议书》,将《纳税评估项目建议书》分送给纳税评估实施岗实施评估分析,同时对全局、所、股的纳税评估成果进行统计分析及上报工作。具体包括:

(1) 按照本地纳税评估工作要求,运用相关方法确定纳税评估对象;

(2) 下达纳税评估任务,在纳税评估实施岗之间进行分配;

(3) 对纳税评估实施岗传递的相交资料进行审核,统计分析;

(4) 制作《纳税评估清册》等相关的文书资料。

(二) 工作内容

1. 掌握应确定为纳税评估对象的范围

(1) 纳税评估对象的范围是主管税务部门管辖的所有纳税人和扣缴义务人。纳税评估的税种可以涵盖纳税人每一纳税期内向税务部门申报缴纳的所有税种(费)以及扣缴义务人按照税收法律法规规定代扣代缴、代收代缴的各项税种。

(2) 对已确定为税务稽查对象尚未实施稽查的纳税人,一般不再将其列为纳税评估对象。而往期已经实施税务稽查检查的,同样也应当列为纳税评估对象。纳税评估后可以再税务稽查,税务稽查后也可以再纳税评估!

(3) 各级税务部门应将税负变化异常、长期零税负、纳税信用等级低下、日常管理中发现较多问题等税收风险级别较高的纳税人列为重点纳税评估对象,具体包括重点税源户、特殊或者重点行业的纳税人、纳税信用等级为 C 级或 D 级纳税人、长期亏损仍在经营的纳税人,等等。

2. 纳税评估对象确定的步骤

(1) 日常纳税评估对象的确定

① 确定对象范围

日常纳税评估对象范围是主管税务部门辖区内的所有纳税人。

② 确定异常对象

经过初步选择,就可以得到一个待评估的对象范围。然后就可针对选取的评估范围,进行有关指标比对,确定存在异常情况的对象。

上述指标的选择可由各地根据不同税种进行确定。

③ 确定评估对象

经过上述的指标比对筛选,可以得到存在异常情况的纳税人。但由于存在异常的纳税人户数可能较多,要在较短的时期内对大量的纳税申报异常户进行逐户纳税评估难度较大,考虑到工作效率,有必要在此基础上通过积分排序、随机、人工等方法,进行二次筛选。

日常纳税评估对象可从下列纳税人中选取或加强下列事项管理:

A. 纳税申报表及附表逻辑关系校验错误的;

B. 纳税人某项核心指标当期与上年同期相比,指标值浮动较大的;

C. 当期零申报、未申报的;

D. 未按期缴纳税款的;

E. 存在发票违章的,如取得虚开发票;

F. 申报情况与税务部门掌握情况不一致的;

G. 享受税收优惠政策的;

H. 期内办理退税以及发生弥补亏损的;

I. 年度适用税种汇算清缴的;

J. 根据实际情况需要进行纳税评估的其他纳税人。

(2) 专项纳税评估对象的确定

具有下列情形之一的纳税人,可作专项纳税评估对象:

① 销售变动率与税收负担率呈逆向变动时,且销售变动率为正时;

② 销售变动率与税收负担呈同向变化时,且销售变动率数值大于税收负担率变动数值时;

③ 微观税负明显或长期低于纳税人所在行业宏观税负;

④ 应税所得率低于行业平均水平时;

⑤ 扣缴个人所得税分项平均率低于正常标准时。

3. 增值税纳税评估对象确定

具有下列情形之一的纳税人应作为增值税纳税评估的主要对象:

(1) 变更法定代表人的商业一般纳税人;

(2) 达到一般纳税人认定标准应认定未认定的小规模纳税人;

(3) 增值税税负率变动异常的企业;

(4) 应税销售额变动异常的企业;

(5) 货物运输发票、海关完税凭证、农产品收购发票等非税控抵扣凭证进项税额占企业总进项税额比例超过一定幅度的企业;

（6）增值税税负率低于同行业平均水平的一般纳税人；

（7）存在滞留发票的企业；

（8）留抵税额异常的企业；

（9）应税销售额与费用支出明显不匹配的小规模纳税企业；

（10）对以现金支付货款、赊欠货款、委托其他单位或个人支付货款抵扣增值税进项税额的一般纳税人；

（11）各类享受增值税优惠政策、成品油零售以及出租、出借柜台经营的商贸企业；

（12）"一窗式"票表比对复核岗移交的票表比对异常，需要实施纳税评估的企业；

（13）以农产品为主要原料的生产企业；

（14）实行辅导期管理达到6个月后或者超过6个月申请结束辅导期管理的一般纳税人；

（15）对采用现金方式结算且支付数额较大的农产品经销和生产加工企业；

（16）有以下情形之一的出口退税企业：

A. 根据预警分析结果发布的指标异常的出口企业；

B. 以农产品等为主要原料、新发生出口业务、纳税信用等级低下以及其他应重点监控的出口企业；

C. 以农产品为主要原料生产出口货物的出口企业。

4. 企业所得税纳税评估对象的确定

具有下列情形之一的纳税人应作为企业所得税的纳税评估对象：

（1）连续3年亏损企业的企业所得税纳税人；

（2）房地产开发企业的企业所得税纳税人；

（3）取消企业所得税审批项目的企业所得税纳税人；

（4）生产经营情况发生较大变化的企业所得税纳税人；

（5）企业所得税税负异常变动的企业所得税纳税人；

（6）申报收入与经营规模或者经营情况存在明显差异的企业；

（7）申报数据与财务报表数据缺乏对应关系的企业；

（8）企业所得税与增值税等税种申报收入出现不相等异常情况的；

（9）减免税期满后利润额与减免税期满前相比变化异常的企业；

（10）税务部门日常管理中认为应作为重点监控的企业。

5. 编制《纳税评估对象清册》

纳税评估对象确定之后，本岗位人员要及时编制《纳税评估对象清册》，经所在单位领导审批后，制作《纳税评估项目建议书》，传递给纳税评估实施岗进行纳税评估分析。

五、分类管理

分类管理，就是按照一定的标准，细分管理对象，区别管理方式，明确管理内容和标准，突出管理重点，增强房地产企业税务管理的针对性和实效性，进而达到对税源实施有效控管的一种管理方式。

（一）加强三级重点税源户的房地产企业管理

按照房地产企业的规模、财务核算状况、纳税信用等级、税收贡献等标准，把房地产企业分为三级重点税源户企业和一般税源户企业。

1. 对重点房地产企业，要以全面监控为主，以税源监控和日常管理为重点，以税源分析和预测、纳税评估为手段，在各个环节实行全面精细化管理。

（1）加强日常管理，全面掌握房地产企业生产经营、资金周转、财务核算状况、涉税指标（包括收入、成本、费用、利润、应纳税所得额、应纳所得税额）等动态变化情况，采集生产经营、财务管理基本信息，掌握其市场情况、利润率情况，建立健全财务和税收指标参数体系。

（2）按照规定的程序和标准，加强企业所得税减免税、财产损失税前扣除等涉税事项管理，并对取消审批的项目做好核实和资料备案工作。

（3）加强房地产开发企业投资、合并、分立、关联交易等涉税事项管理，分析判断适用税收政策是否准确，资产计税成本确定是否正确，有无故意逃税行为。

（4）每户建立征管台账，记录其生产经营、财务核算、税款缴纳、减免税、亏损或弥补亏损、广告费结转、固定资产折旧等信息。

（5）加强政策和征管的宣传辅导，重点是当年出台的企业所得税政策、汇算清缴程序、要求和法律责任。加强纳税申报后的逻辑审核和信息比对工作，纳税申报表中的收入项目、扣除项目要与企业流转税申报表中的有关项目和财务会计报表的销售（营业）收入、投资收益、营业外收入、其他收入进行比对。利用"一户式"存储信息和日常管理信息，分析固定资产折旧、无形资产摊销、"三项"费用等纳税调整的准确性。

（6）对重点房地产企业每年要进行纳税评估。即企业所得税汇算清缴结束后，根据重点房地产企业年度纳税申报资料和财务会计报表、涉税审核审批资料、行业信息以及日常管理掌握的征管信息，对重点房地产企业逐户进行企业所得税纳税评估，并对纳税评估结果及时进行处理。

（7）税源分析和预测。要充分依托信息化手段，综合运用对比分析法、相关分析法、结构分析法等方法，对每户重点房地产企业从收入额、应纳税所得额、应纳所得税额等项目的总量、增幅、增量、增量贡献率等方面进行纵向和横向分析。凡有关项目同期增减变化额度或者幅度较大的,应及时深入房地产企业了解变化原因,从经济变动、税收政策、征管状况等方面分析对收入变化的影响,并及时采取有针对性的措施。

2. 对一般房地产企业,应坚持以管事为主,以纳税评估为手段,强化税源监控。

(1) 不定期开展房地产企业的税收政策辅导,督促纳税人加强内部管理,规范财务会计核算,监督执行各项税收政策,帮助房地产企业不断走向规范,提高税法遵从度和纳税服务满意度。同时以所得税与会计差异项目的纳税调整、减免税政策和汇算清缴要求为重点,进行纳税宣传、政策辅导和解释,提高企业所得税纳税申报质量。做好催报催缴,保证税款及时入库。

(2) 加强对新办企业和亏损企业的管理。对新办企业要及时跟踪管理,了解其开发经营情况,督促其准确进行会计核算和财务核算,正确进行企业所得税纳税申报。对亏损企业,特别是连年亏损的企业和与行业经济情况差异较大的企业,要了解其产生亏损的真实原因。

(3) 通过对同行业单户企业的调查分析,进一步总结行业规律,建立纳税评估模型和指标参数,对偏离峰值较多、税负异常等企业进行重点纳税评估。

(二) 加强异常房地产企业管理

按照房地产企业是否正常从事生产经营,可以正常房地产企业和经营异常房地产企业或空壳房地产企业。对于经营异常房地产企业或空壳房地产企业,应按下面几种情形加强日常税务管理。

1. 经营情况异常房地产企业认定

对经派员实地核查,查无下落的纳税人,如有欠税且有可以强制执行的财物的,税务部门应按照《税收征收管理法》第四十条的规定采取强制执行措施;纳税人无可以强制执行的财物或虽有可以强制执行的财物但经采取强制执行措施仍无法使其履行纳税义务的,方可认定为经营情况异常房地产企业。

2. 经营情况异常房地产企业现状

(1) 公司注册为房地产企业或置业公司,却一直未获得房地产开发资质,从日常会计处理、财务报表编制到纳税申报表填列却按照房地产行业来进行处理。

(2) 自公司注册以来,一直未从事房地产开发经营活动,而工商年检却年年过关(根据《公司法》国家主席令 2013 年第 8 号、国家工商行政管理总局令第 64 号、《中华人民共和国公司登记管理条例》国务院令第 648 号相关条款规定自 2014 年 3 月 1 日起无须年检)。

(3) 自公司注册以来,一直未直接从事或主导房地产开发经营活动,而仅进行一些合作开发或代建行为,账面所反映的收入金额一般不会很大,赔款所得或利息收入或劳务费收入。

(4) 前几年已开发而目前暂停开发的企业,近几年以来一直无任何开发动向,属于从正常户蜕变为经营情况异常房地产开发企业。

3. 经营情况异常房地产企业管理办法

税务部门要建立房地产企业全方位的管理台账，从公司注册到日常生产经营活动，即使不进行房地产开发，也要对其实行全过程的动态监控、过程管理。对尚未开发的项目，由税务人员定期下户跟踪管理，及时掌握企业开发项目的立项情况。对有地不开发的企业，要与土地、房屋管理、建设、银行等部门进行信息交换共享，争取多方配合，从项目监管入手，强化对房地产企业的税源监控，随时关注此类企业是否存在私下或实质已发生交易而未备案及申报缴纳相关税款，对此，主管税务部门应建立健全房地产开发企业的立体税源监控体系。各地税务部门应根据《国家税务总局关于进一步完善税务登记管理有关问题的公告》（国家税务总局公告2011年第21号）的规定，加强管理：

1. 开展非正常户公告。税务部门应在非正常户认定的次月，在办税场所或者广播、电视、报纸、期刊、网络等媒体上公告非正常户。公告企业或单位的名称、纳税人识别号、法定代表人或负责人姓名、居民身份证或其他有效身份证件号码、经营地点。

2. 实施非正常户追踪管理。税务部门发现非正常户纳税人恢复正常生产经营的，应及时处理，并督促其到税务部门办理相关手续。对没有欠税且没有未缴销发票的纳税人，认定为非正常户超过两年的，税务部门可以注销其税务登记证件。

3. 加强非正常户异地协作管理。税务部门要加强非正常户信息交换，形成对非正常户管理的工作合力。对非正常户纳税人的法定代表人或经营者申报办理新的税务登记的，税务部门核发临时税务登记证及副本，限量供应发票。税务部门发现纳税人的法定代表人或经营者在异地为非正常户的法定代表人或经营者的，应通知其回原税务部门办理相关涉税事宜。纳税人的法定代表人或经营者在原税务部门办结相关涉税事宜后，方可申报转办正式税务登记。

（三）加强多项目房地产企业管理

按照房地产企业开发项目的数量，分为多项目房地产企业和单项目房地产开发企业。

1. 多项目房地产企业

是指同时开发两个或两个以上项目的房地产企业。对多项目房地产企业应进行全程管理和分项目管理，就是以开发企业为单位，以开发项目为主线，从开发企业税务登记环节开始，对开发项目从立项开发至竣工销售、结算等开发经营活动实施全过程动态跟踪管理，以规范企业的纳税行为，确保国家税收的足额入库。

（1）加强项目开工前管理。房地产公司及其分公司开发、建造房地产项目时，必须向项目所在地主管税务部门提供营业执照、税务登记证及有关项目开发立项的审批文件，主管税务部门依此登记在案，全面掌握房地产开发项目的名称、建房方式、施工时限、建设地点、投资预算等内容,为后期的监管打下良好基础。

(2)加强第三方信息管理。各级税务部门应与工商、土地、规划、建设等部门加强配合、联系和协助,建立信息共享有效机制,确定房地产企业开发信息传递的方式、内容和时间,充分利用高科技管理手段,定期通过对交流信息的分析和核对,掌握好房地产企业户数、开发项目地点及规模、建设进度等情况,准确掌握房地产企业的经营信息,为加强房地产企业所得税管理奠定基础。

(3)加强项目管理。房地产企业应对其同时进行的若干开发项目正确核算收入,按规定纳税。税源管理部门对房地产企业要以项目管理为主,按项目设立管理登记簿,详细登记房地产开发企业名称、法人代表、开户行及账号、核算方式、项目名称、项目地点、开发时间、可售房面积、可售房总收入和已取得售房收入等情况,对项目登记(立项)、在建、销售、竣工、结算等进行全过程监控,做好项目登记、信息采集、税款征收、纳税评估、项目清算等环节的税收管理工作,并注意深入企业开展调查,准确掌握销售收入,最大限度从源头上控管好税源。

(4)加强房产销售管理。税务部门通过认真审核企业的申报资料,及时掌握企业预收账款情况,审核企业是否全额缴纳了企业所得税。在税源监控过程中,不定期对购房户和有关知情人员进行走访调查,掌握完工进度情况,确定其销售收入和预售收入的真实性、完整性。

2. 单项目房地产企业

单项目房地产开发企业是指只开发一个项目的房地产企业。

税务部门要建立房地产企业管理台账,对房地产开发全过程实行动态监控、过程管理。对尚未开发的项目,由管理人员定期下户跟踪管理,及时掌握企业开发项目的立项情况。对已取得立项的,提前介入进行监控,详细采集工程项目名称、投资方、承建方等相关信息,并建立房地产开发项目登记、跟踪、核销台账,实行动态监控;对未取得立项的,重点开展政策宣传和业务咨询,要求房地产在规定的期限内将相关批文、证件、合同报主管税务部门备案。项目开工和开始预售后,管理人员及时到房管部门了解企业的预销售备案登记的信息,并将采集的信息与企业实际申报信息进行综合比对,对异常企业按照纳税评估的程序进行税务约谈、实地调查核实、提请行政处罚处理。税务部门要与土地、房屋管理、建设、银行等部门进行信息交换、共享以及配合,争取多方配合,从项目监管入手,强化对房地产企业的税源监控,建立健全房地产企业的立体税源监控体系。

六、相关文书

确定纳税评估对象一般适用以下两种文书:纳税评估对象清册和纳税评估项目建议书。两份文书均为 A4 纸一式二份,纳税评估管理岗、纳税评估实施岗各一份。

(一) 纳税评估对象清册

1. 适用范围：本表适用于纳税评估管理岗通过人工或者计算机筛选后，拟纳税评估对象确定填制。

2. 使用环节：本表应在确定纳税评估对象环节使用，与《纳税评估项目建议书》配套使用。

确定纳税评估对象清册

承办单位（承办人）：　　评估所属期：　　年　月　日至　　年　月　日

编号	纳税人识别号	纳税人名称	各项预警指标	评估人员	完成时限

部门负责人：　　填表人：　　分析日期：　　年　月　日

3. 填表说明：

（1）承办单位（承办人）：填写具体承办科室或承办责任人。

（2）纳税评估所属期限：填写拟确定纳税评估起止年、月、日。

（3）编号：根据先后顺序以此编写。

（4）纳税人识别号和纳税人名称：填写纳税人税务登记号码和纳税人全称。

（5）各项警戒值指标：各级税务部门发布的具有权威性的评估指标参数参考数据值区间数据。

（6）纳税评估人员：具体承办纳税评估任务的人员，一般应不少于两人。

（7）完成时限：完成评估任务的最后截止时间。

（8）填表人、部门负责人和分析日期：分别填写纳税评估管理岗人员及其部门负责人和确定纳税评估对象的日期。

(二) 纳税评估项目建议书

1. 适用范围：本表适用于纳税评估管理岗通过人工或者计算机筛选拟纳税评估对象确定时填制。

2. 使用环节：本表应在确定纳税评估对象环节使用，与《纳税评估对象清册》配套使用。

纳税评估项目建议书

税种：　　　　　　纳税评估所属期：　　　年　月　日至　　　年　月　日

纳税评估项目				
纳税评估指标峰值				
确认依据：				
经办人意见： 　　　年　月　日			部门意见： 　　　年　月　日	
局长意见： 　　　　　　　　　　　　　　　年　月　日				

3. 填表说明：

（1）税种：填写增值税、土地增值税、企业所得税等。

（2）纳税评估所属期：填写确定纳税评估对象起止年、月、日。

（3）纳税评估项目：填写确定纳税评估对象的所属行业、应纳税评估的税种。

（4）纳税评估指标峰值：填写本级税务部门发布的具有权威性的评估指标预警区间数值。

（5）确认依据：根据所筛选行业的实际指标指数值和具有权威性的评估指标参考数据值区间数值进行比较，超出区间数值的应建议纳入拟纳税评估对象。

（6）经办人意见、部门意见、局长意见：由具体纳税评估管理岗人员及其所在部门以及分管局领导签署意见。

第六节 税务风险与应对

2014年,国家税务总局下发了《国家税务总局关于加强税收风险管理工作的意见》(税总发〔2014〕105号文),对税收风险应对的职责、方法、机制、流程等内容进行了明确和规范。税收风险管理的基本内容包括目标规划、信息收集、风险识别、等级排序、风险应对、过程监控和评价反馈,以及通过评价成果应用于规划目标的修订校正,从而形成良性互动、持续改进的管理闭环。此称税收风险即收税风险,主要是指纳税人不主动自觉遵从而造成税收流失的风险,对于纳税人而言,称为税务风险更贴切,以税务部门和税务干部为主体,称为税收风险,相反,以纳税人和办税人员为主体,称之为税务风险,可以简单理解为是一回事,只是所处主体或角度不同而已。

"以风险管理为导向,就是要把风险管理贯穿税收征管的全过程,形成风险分析识别、等级排序、应对处理和绩效评价的闭环系统,对不同税收风险的纳税人实施差异化和递进式的风险管理策略。

具体来讲,要建立'统一分析、分类应对'的风险管理体系,并相应优化税收征管工作流程。'统一分析'就是税收风险分析监控,依托信息技术平台,通过对涉税信息进行分析比对,识别可能存在税收流失风险的纳税人,进行风险等级排序后推送到相关部门进行应对,并对应对结果进行监控和评价。'分类应对'就是按照税收分析监控部门提供的指引,对不同风险等级的纳税人分别采取风险提示、纳税评估、税务稽查等应对手段。对低风险纳税人,采取风险提醒等服务手段督促其消除风险;对中高风险纳税人,采取包括税务审计等方法在内的纳税评估手段进行处理;对风险分析和纳税评估发现涉嫌偷逃骗税的纳税人实施税务稽查。风险分析为风险应对提供指向,风险应对检验风险分析的准确性。风险分析、风险提醒、纳税评估、税务稽查既存在一定的递进关系,也相互促进,相互制约,目的在于识别和消除纳税人的税收风险,有效防范和避免税收流失。"

这是2014年国家税务总局关于税收风险管理的高度概括性阐述。

一、税收风险管理流程

税收风险管理流程,基本上分为六个阶段:一是制定目标规划,明确税收风险管理战略目标,制定税收风险管理战略规划及相关制度和标准,是顶层设计的基础阶段;二是收集涉税数据(信息),不仅仅是税务部门自身已掌握的税收征管数据(信息),还包括从第三方收集到的数据(信息);三是开展风险识别,即在收集涉税信息数据的基础上,运用风险分析工具,找出容易发生风险的领域、环节或纳税人群体,为税收风险管理提供精准指向和具体对象；四是确定风险等级排序，是事前、事中对税收风险的预警防范阶段；五是税收风险的应对处理，分"低、中、高"三级，分别采取不同的应对方式，是税收风险有效控制、排除阶段；六是税收风险管理的过程监控和评价反馈，这是事后考核评价阶段，也是下一循环的开始。

具体税收风险管理工作流程，如图4-2。

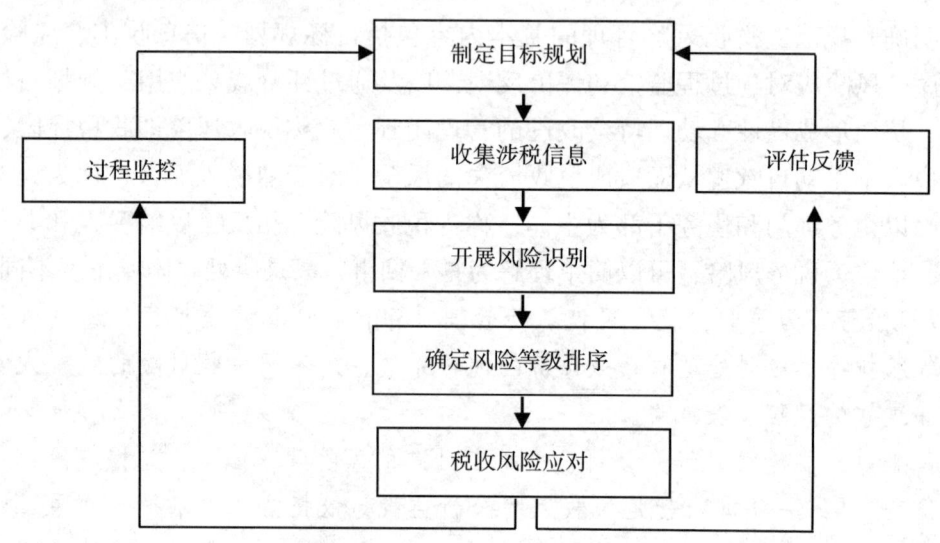

图4-2 税收风险管理工作流程图

（一）制定目标规划

目标规划是税收风险管理工作的起点。从整个管理体系的角度看，研究制定风险管理战略规划是整个风险管理的基础性环节，它是管理层在对外部环境和内部条件进行认真分析研究的基础上，对一定时期内税收风险管理的工作目标、阶段重点、方针策略、主要措施、实施步骤等作出的具有系统性、全局性的谋划。主要包括中长期战略规划编制、年度及各阶段重点工作安排。例如，明确××行业为高风险行业，列入全国或全省的年度工作计划。

（二）收集涉税数据（信息）

涉税数据是指征管信息系统中的各种申报征收数据、各级税务部门要求纳税人报送的数据、税务部门采集的第三方数据。全面、准确的基础信息数据和完备的第三方信息数据是全面准确实施税收风险识别的前提，因此税务部门各级数据采集、录入应增强大数据意识，通过对海量数据的交换共享、逻辑关联、智能比对，提升税务部门的核心竞争力，应严格按照相关工作规范要求，加强征管信息系统基础数据质量管理及第三方涉税数据收集。

（三）税收风险识别

税务风险识别是税务风险管理流程运转的基础性步骤，是基于风险管理规划，寻找税务风险发生的可能领域，利用各类涉税数据，应用科学合理的方法、模型及指标体系，发现可能存在的税收风险点，为税源管理和行政执法（税务稽查、行政处罚等）工作提供指向或明确目标。

税收风险识别的内容主要包括：实体性风险和程序性风险。其中，实体性风险主要是判断纳税人应税行为是否符合税收政策规定。特别在税收政策调整阶段，是否依据政策规定依法纳税。例如各税种间逻辑关系是否合适、纳税依据、税率应用是否准确等；程序性风险主要是指在税务登记、申报纳税、发票领用、办理退税等过程中，存在不遵从行为或可能，而进行准确性的分析与评估。

（四）税收风险排序

税收风险管理理论认为，不是所有风险都需要应对处理和解决，有些风险可以规避，有些可以适度容忍并通过有效服务和管理方式转移和消除，对实现组织战略目标产生严重负面影响的风险，则必须采取科学有效的策略积极应对。税收风险的等级排序和推送，就是在税收风险分析识别的基础上，进一步对税收风险程度进行综合评价，综合考虑征管资源，评定纳税人风险等级的过程。

税收风险评价与确定的方法有定性与定量两种不同的方法。定性方法侧重于用文字描述如"高""中""低"风险。定量方法是对各类税收风险指标进行分值计算，以风险积分的形式对各类指标风险进行分级评价，风险积分以风险发生概率和风险发生造成税款流失的严重程度为主要评价因素。如风险发生可能性的高低用概率来表示，对目标影响程度用税款流失金额来表示，综合发生概率与流失金额两个方面，确定风险高低并依此排序。

（五）税收风险应对

风险应对的根本目的不是尽可能多地发现问题、实施惩罚，而是为了类似的税收风险事故尽量不再发生。根据风险级别和效率优先原则对不同税收风险级别的纳税人，应按照"一般风险一般管理，较高风险重点管理"的原则，税收风险管理中所耗用的资源和对纳税人的介入程度应有所区别，采取提示提醒、纳税评估、税务审计、反避税调查、税务稽查等各种应对措施，减低风险提高纳税遵从度的过程。具体匹配如下：

1. 高风险应对——执法应对，即税务稽查和反避税调查，其中，税务稽查是专司偷逃骗抗税和举报查处的；反避税调查是国际税收部门对存在跨境应税行为的纳税人实施的。

2. 中风险应对——管理应对，即税务审计和纳税评估，其中，总局省（市）局的大企业部门对千户集团及成员单位实施税务审计；市（区）县局的税源管理部门对非大企业（千户集团及成员单位以外）纳税人实施纳税评估。

3. 低风险应对——服务应对，纳税服务部门对纳税人开展税收宣传、风险提示提醒和纳税辅导。

甲行家箴言：只有准确的认识，才是成功的开始！

（六）过程监控和评价反馈

税收风险管理的过程监控和评价反馈，有多种表现形式，有的定义为风险监督与评价，有的定义为风险管理绩效评估，不论如何定义，都是对税务风险管理体系运行状况进行的总结、回顾和评价，也是一个风险管理流程或事项的最后环节。各职能单位也在持续改进此环节职责：

1. 机关和各基层单位根据风险管理考评结论，适当调整税务风险管理计划和控制重点，总结经验并不断修正和改进。

2. 风险控制专家组根据风险处理结果对前期的风险识别指标体系加以补充和修正，使税收风险管理工作在"识别、分析、处理、再识别"的良性循环中完善控制管理工作的机制和方法，促使税收风险管理更有针对性和实用性。

3. 风险应对部门针对差别管理的结果及时反馈发现的问题，补充信息库的相关风险信息并修正风险等级，跟踪管理各类风险应对措施的落实情况，提出修正、维护风险指标建议，确保各类风险应对措施的适应性、有效性和规范运行。

二、税收风险管理（纳税风险防控）是团队纳税评估

无论是国家税务总局、省（自治区、直辖市及计划单列市）税务局、地市税务局、县税务局还是基层税务分局（税务所、股），推行税收风险管理（纳税风险防控）工作，必须要弄清楚整明白三个关系：税收风险管理理论与企业纳税风险防控的关系，企业纳税风险防控与纳税评估的关系，大数据和税收风险管理局（俗简称"大风局"）与大企业税收服务和管理局（简称大企业局）的关系。

企业纳税风险防控，是以税收风险管理理论为指引的，与其是指导与被指导关系，是理论与实践关系，税收风险管理理论全面指引税收征管全流程各环节具体各项工作。企业纳税风险防控是征管工作中税源管理工作的核心手段之一。如果把税源管理工作按照"事前、事中、事后"划分，纳税风险防控工作是事前防范（预防）控制，纳税评估是事中监督控制，税务稽查（含行政处罚）是事后惩处处理。

纳税风险防控与纳税评估的关系，都是以税收风险管理理论为指引的税源管理核心手段和措施，两项工作存在本质的交叉融合，从实施主体区分，可以称纳税评估是个体纳税评估，风险防控是团队纳税评估。以专项纳税评估为例，从工作流程入手分析的结果：纳税评估是由一位或二位评估人员分别完成六个环节的全部工作，风险防控就是多层级多部门及多人相互配合共同完成六个环节的全部工作。

纳税评估与纳税风险防控的工作流程及各环节工作内容对比：
1. 纳税评估的工作计划——税收风险管理的目标规划
2. 纳税评估信息的采集——税收风险管理的情报管理
3. 实施纳税评估分析——税收风险识别或分析
4. 确定纳税评估对象——确定等级排序及推送应对事项
5. 疑点问题核实——税收风险应对（方式方法几乎一致）
6. 处理评估结果——应对结果反馈（形式多样实质相同）
7. 评估结果信息反馈——监督与评价

从某种意义上讲，就是一回事。大企业局负责2050家千户集团及25万户成员单位的"整体服务、服务整体"纳税服务和税收风险管理的税务审计（类似于团队纳税评估）工作；"大风局"负责非大企业的团队纳税评估工作，区县局和税务分局（所、股）负责上级风控任务应对工作和辖区税源的个体纳税评估工作。

房地产行业是关系国计民生的重要行业，房地产开发经营业是其主体，所从事房地产的开发与经营，在经济发展中也起着重要的推动作用。对于任何一个企业来说，税务风险的存在都是不可避免的，是一直存在的。认清税务风险，努力做好税务风险的管理与应对，能够促进房地产开发企业的健康发展，从长远来看更是有利于中国经济发展的。

三、房地产开发企业所涉及的税务风险

税务风险是指企业缴纳的税款未能遵照税法的规定，造成企业利益损失的风险，一般表现为多纳税或者少纳税这两种情况：多纳税，则会加重企业的负担；少纳税，除了补缴税款和被加收税收滞纳金外，更可能受到税务部门的处罚。处罚方式包括：行政处罚罚款、刑事处罚罚金、人身自由罚以及信誉罚（黑名单）等多种处罚或并罚。税务风险具有普遍性和隐蔽性，随时可能发生，它是贯穿于房地产开发经营各个阶段的。

（一）筹建期（拿地）的税务风险

房地产开发初期，即项目立项取得土地阶段，这一阶段需缴纳的主要税种有契税、耕地占用税、城镇土地使用税、印花税、代扣个人所得税，同时也会影响后期增值税及附加、企业所得税及土地增值税的税额。由于地价款金额巨大且涉税项目较多，是税务风险高发的阶段。

例如：发票问题是房地产开发初期面临的主要税务风险。一方面，在实际的操作中，房地产开发企业在取得土地阶段很难取得真实的发票；另一方面，尤其是对于一线城市而言，房地产开发项目的成本一半左右是由地价款构成的，而地价款的核算是否真实、及时、准确，直接影响后期各项目成本和多项税费。

(二）建设期（施工）的税务风险

房地产开发中期，即项目设计施工阶段，这一阶段需缴纳的主要税种有房产税、城镇土地使用税、印花税以及代扣个人所得税等。房地产开发中期虽然直接涉及的税金较少，但是期间发生的成本费用与计算企业所得税和土地增值税时所涉及的可扣除成本费用直接相关，同时对项目竣工后的税务清算影响巨大。因此，需有效控制成本核算过程中产生的税务风险。

1. 伪造或高估开发成本。很多房地产开发企业趁机同施工单位签订虚假合同，取得虚开的发票，以此来重复、虚列或多列成本费用。另一方面，在进行成本核算时，并未对成本明细进行严格的区分，人为地混淆并调节成本核算对象，不按配比原则结转产品成本，最终导致隐瞒巨额利润或账面亏损。

2. 将资本性支出及与生产无关的支出直接列入当期成本。企业的设备等固定资产以及投资建设的位于开发小区内、完工后产权归开发企业所有的小区公共配套设施，均属于资本性支出的范畴，其成本应分期进行扣除，而不应一次性予以列支。然而，一些企业却将其一次性全额计入到销售费用中或在低值易耗品账户核算，扩大当期企业所得税税前扣除金额，减少当期应纳税额。

纳税人只有树立依法纳税的意识，摒弃侥幸心理，认真学习税法相关知识，遵守税法及相关法律法规的规定，才能有效规避成本核算过程中的税务风险，才是明智的选择。

（三）销（预）售期的税务风险

房地产销售阶段涉及的税种主要有增值税、企业所得税、土地增值税、城镇土地使用税、房产税、印花税、城市维护建设税及附加和代扣个人所得税等，该阶段是税务部门进行纳税评估或税务稽查最重要的一环，也是房开企业面临税务风险最大的一环。

1. 未及时进行预收账款的归集和账务处理。房地产开发企业的预收账款是计算预交增值税、预征土地增值税和企业所得税的依据，若未及时对其进行归集和处理，则很有可能导致税务风险的发生。

2. 未及时确认、不确认或少确认收入。部分房地产开发企业将本应作为当期计税依据的销售收入（包括预收收入）长期挂在往来账中，隐匿或推迟确认收入，以达到少缴税或推迟缴税的目的。另外，对于一些其他的收入本应将其确认为收入但未确认或少确认，例如：取得政府经济补偿或奖励收入及客户放弃的购房订金、没收的违约保证金、施工方延误工期的罚款收入等价外收入。

3. 应视同销售处理的事项。对于用于捐赠或者职工福利及分配给股东或投资者的开发产品，本应确认视同销售收入缴纳税费，有些企业非但不确认反而直接冲减了成本。

四、税务风险产生的原因

税务风险的存在是普遍的、客观的,只有正确认识风险产生的原因,才可以有针对性地提出解决问题的方法与措施。对于任何事情,究其原因,都可以分为内因和外因两个方面。内因是决定因素,更具有可控性;外因是重要影响因素,不受自身意志的影响,具有一定的不确定性。

(一) 房地产开发企业自身因素

1. 主观意识原因

(1) 开发商趋利动因

追求利润最大化是企业进行生产经营管理的基本目标。在利益的驱使下,某些法律意识及诚信意识淡薄的房地产开发企业贸然违反法律法规的规定,故意隐瞒收入、虚列成本、提高抵税项目金额,以期达到少缴税款、提高企业利润的目的。这也是导致税务风险最关键的因素。

(2) 缺乏必要的税务风险管理意识

企业对纳税的重视程度不够,部分房地产开发企业主观上并不重视纳税行为,缺乏良好的依法纳税意识,更没有意识到税务风险的重要程度,也是企业产生税务风险的重要原因之一。税务风险普遍地存在于企业生产经营的各个阶段。企业相关管理人员若不能掌握或理解国家的各项税收政策,便无法充分运用税收优惠政策规范经营行为、优化经营决策、合理配置资源,从而产生多纳税的税务风险。

因此,企业只有正视税务风险、不断进行税法的学习,才能在法律允许的范围内更好地实施税务风险管理,取得长远发展。

2. 客观制度原因

(1) 企业内部控制系统不够健全

现阶段,房地产开发企业税务活动遍布整个生产经营流程,无论哪个环节出现问题,都会给整个房地产项目带来重大危机。然而,很多企业的内部控制系统并不健全,缺乏必要的内部控制程序对纳税活动进行监督与控制。虽然在内部管理组织结构中设立了税务部门或者职位处理涉税事项,但是,由于管理意识的局限性导致税务部门将工作重心更多地放在行政事务的处理之上,没有建立税务风险预警体系以识别即将发生的税务风险,更没有系统的风险管理措施来应对正在发生的税务风险。

(2) 财务核算准确性的影响

在企业税务处理过程中,财务核算是极其重要的一环,财务核算的水平决定着企业纳税行为是否恰当合理,直接影响着企业的税负状况。但是,有些房地产开发企业的财务会计制度并不完善,财务人员的业务水平也并不高,无法对土地增值税等税款进行准确的核算,存在着逃税或多交税款的税务风险。

(二) 企业外部因素

1. 现行房地产税收法规政策不完善

任何一个国家的税法都不可能是完美无缺的。目前，我国的房地产税收法规中难免或多或少地存在不明确或容易让人产生误解的规定，这就给税法的可操作性增加了一定的难度。特别是近年来，国家加强对房地产市场的调控，对于房地产业的相关税收政策也不断进行修订和试点推广，税法的多变性也为房地产开发企业带来了一定的税务风险。

2. 税务部门的影响

根据我国税法的规定，税务部门有一定的自由裁量权，这也说明税务执法行为是具有一定的弹性的，税务部门有权力按照自身判读来判定纳税人的行为。由于企业与税务之间存在着一定的"信息不对称"，许多涉税信息无法实现共享，最终可能造成税务部门行使自由裁量权时出现一定的不恰当性，引发税务风险。

五、税务风险分级应对概述

通常做法是税务风险应对按照分级应对原则处理。对无风险或较低风险等级的纳税人，采取优化纳税服务的应对策略和措施；对一般性的税收风险等级纳税人，采取加强监控的应对策略和方式；而对较高风险或高风险等级的纳税人，则采取刚性执法、打击震慑的应对策略和手段。

(一) 低等级风险及应对

1. 划分标准

（1）未按规定进行登记的行为，包括未按规定办理变更登记、外来经营报验登记、建筑业项目登记、银行账号报告等。

（2）未按规定纳税申报的行为，包括建筑业项目清算、房地产开发项目土地增值税清算等应向税务部门进行申报而未申报的情形。

（3）未按规定缴销证明、发票的行为，包括未按规定缴销外出经营管理证明、缴销发票等。

2. 应对措施

低等风险主要采取风险提示和纳税辅导的方法应对，不采用约谈、核查等管理措施。

（1）提醒服务

① 税务部门主动提醒纳税人依法履行纳税义务、告知纳税人相关税收政策或办理程序，减轻纳税人负担，促进纳税人自愿遵从税法。

② 提醒服务应以明确征纳双方的法律责任为前提，具体事项由省税务机关确定。

③ 税务部门根据实际情况，对不同类型的纳税人和不同的涉税事项采取不同的提醒方式。主要包括书面通知、电话告知以及其他方式。

(2) 税收专题辅导

对有共性问题的纳税人进行有针对性辅导，帮助其防范风险。

① 县税务部门通过实体纳税人学堂开展税收专项培训辅导。

② 制订税收专项培训计划，明确培训内容、培训对象、教师组成、培训时间及地点等事项。

③ 通过办税服务厅、网络纳税人学堂等渠道发放培训通知，纳税人自愿报名，免费参加培训。

④ 实体纳税人学堂培训期间应发放培训资料并开展互动问答，网络纳税人学堂应根据政策变动及时更新课件，并提供下载服务。

【例】　　　　　　　　　税收风险提醒短信

为保护您的合法权益，我局对您＿＿＿＿年度的纳税情况进行了风险扫描，请您于＿＿＿＿＿年＿＿月＿＿日前到主管地办税服务厅领取《税收风险提醒告知书》

某市税务局××税务所

【例】　　　　　　　　　税收风险提醒告知书

＿＿＿＿＿＿＿＿有限公司：

为保护贵公司的合法权益，有效防范涉税风险，我局对＿＿＿年度纳税情况进行了税收风险扫描，发现以下指标出现异常：

指标1：增值税税负；

指标2：收入营业费用率；

指标3：本期进项税额成本率。

根据上述指标分析，贵公司可能存在以下风险：

1. 增值税税负指标可能存在漏记销售收入、未及时入账、销售价格过低、扩大进项抵扣范围、进项税额应转出未转出等风险；

2. 收入费用率指标可以存在虚增销售收入、多结转成本、合并不实等风险；

3. 本期进项税额成本率可能存在多结转成本、库存不实等风险。

请贵公司在领取本告知书后25日内，进行风险排查，向主管税务部门提交《风险提醒服务反馈表》。同时，我们会为贵公司提供纳税咨询、培训辅导等服务，贵公司也可以委托中介机构协助处理。

主管税务机关（盖章）
年　　月　　日

(二) 中等级风险与应对

除了高等风险和低等风险以外的，均作为中等风险。中等风险定义为是指纳税人可能存在一般税收流失的违法情形、违反税收管理规定的行为，税务部门通过行政管理措施实施应对的方式消除的税收风险。中等风险的应对方式包括案头审核、税务约谈和实地核查。

1. 案头审核（纳税评估分析）

案头审核是指税源管理机构在风险监控机构推送的风险应对任务基础上，根据纳税人的相关资料和情况，开展的深入、个性化的风险分析审核，为开展税务约谈做好准备。案头审核应在税务部门内部办公场所进行。案头审核工作主要包括以下内容：

（1）在推送列明的税收风险点的基础上，根据已掌握的涉税信息，结合审核对象的行业特点、经营方式，深入研究各税种的关联关系；

（2）进一步确定税收风险点的具体指向，判断申报纳税中存在问题；

（3）确定需要向纳税人进一步核实的问题及需要其提供的完税证明或涉税证明材料；

（4）依法合理估算纳税人的应税收入、减免税金额和应纳税额。

案头审核人员根据以上情况制作《税收风险识别（分析）报告》，如果涉税事项预估税款金额较大，税源管理部门应组织案头审核人员对《税收风险识别（分析）报告》进行评审，确定需要约谈对象和应对人员组成。

2. 税务约谈

税务约谈是风险应对人员约请财务负责人、办税人员或法定代表人对涉税风险事项进行解释举证，对经案头审核需要向纳税人核实的问题，采取电话、网络、信函等方式约请纳税人到税务部门当面核实税收风险点的过程。税务约谈一般应在税务部门办公场所进行。约谈的对象可由应对人员根据实际情况确定，主要是企业财务会计人员、法定代表人（负责人）及其他相关人员。税源管理机构应在税务约谈前3天向纳税人发出《税务约谈通知书》或《税务事项通知书》，通知纳税人具体税务约谈的方式、被约谈人员、时间、地点、需要说明的问题及需要携带的有关资料。税务约谈的内容应当陈述性描述而形成《约谈记录》，不是一问一答，更不是《询问笔录》。实施税务约谈时，需一并对纳税人基础信息进行核实确认。经案头审核和税务约谈，确认纳税人存在涉税问题的，可以向其发出《税务事项通知书》提醒其在规定时间内自查自纠，并提交制式化的自查报告和与税收风险点有关的证明资料。证明资料应由提供人签字确认并加盖单位公章。税务约谈结束后，或补税或税收风险点不存在，即税收风险点排除，应对人员制作《税收风险应对报告》，经审议后，风险应对结束。

3. 实地核查

税收风险点情况复杂，通过纳税人自查不能消除税收风险点的；纳税人无正当理由拖延、规避或拒绝税务约谈的，未按税务部门要求进行自查并提交书面说明及证明资料的；纳税人自查补税未能在税务部门限期内补缴税款且无正当理由的，税务部门可开展实地核查工作。实地核查是指应对人员运用税务检查权,到纳税人的生产经营场所,对纳税人的税收风险点和举证资料,以及其他需要通过实地核查的事项进行核实处理的过程。

实地核查时,应全面核实纳税人基础信息的真实性和准确性,并以推送的税收风险点为应对重点,对风险所属期可能存在的其他涉税问题各税种综合联评,全面应对。实地核查时,应记录核查事实。经实地核查,发现纳税人存在少缴税款的,应对人员应按对事实、证据、程序、处理等方面进行全面审核后,制作《税收风险应对报告》。经审议后,制作税务文书,载明应补缴税款及滞纳金,送达纳税人并令其限期缴纳。

在实地核查过程中,发现纳税人涉嫌偷、逃、骗、抗税的,税源管理机构应中止应对程序,移交税务稽查机构立案查处。

4. 税收风险应对报告

税收风险应对报告(税务约谈——自查审核),如表4-15。

表 4-15 税收风险应对报告

案件编号	3201201××××××83604	税务管理码	3201××××××
纳税人名称	A市××房地产开发有限公司	纳税人识别号	3201××000000000
风险疑点信息	一、通过风险识别模型加工,企业存在以下风险疑点: 1. 根据"风险监控平台-注册资金变动异常指标"推送数据,企业上传的2011年度财务报表显示注册资本年初数800万元,年末数为5000万元,有可能存在少交印花税风险。 2. 根据"风险监控平台-国土局交换信息异常指标"推送数据,2012-01-01至2012-12-31,企业实际申报土地使用税折算土地面积58624.80平方米,企业土地税源登记土地面积104755.90平方米,两者相差46131.10平方米,企业存在少申报土地使用税风险。 3. 根据"风险监控平台-企业所得税期费用异常变动指标"推送数据,2011年度财务报表-利润表中营业费用4140760.19元、管理费用4285447.34元;2012年度财务报表-利润表中营业费用1965874.29元,管理费用4540823.10元,2011年5月份开盘,当年费用过大,核对一下原因,是否存在对外发放礼品、实物和有价证券的情况。 4. 根据"风险监控平台-当年入库营业税与预征土地增值税差异指标"推送数据,2012年度预收账款68261783元,申报营业税3413089.15元,申报土地增值税(预征率2%)1364135.66元,两者计征依据不一致,核对原因。 5. 根据"风险监控平台-接受建筑业发票金额较大未计入房产原值风险"推送数据,企业2013年度接收建筑业发票金额合计2100000元,核对原因。		

（续表）

案头审核	
审核意见	在税务管理系统调出企业基本信息，核实税种鉴定和房土登记信息，统计2012年度—2014年度各税种税款缴纳情况，统计企业销售台账，调取房产管理部门竣工备案等交换数据并结合企业报送的财务报表进行分析，将可能存在问题逐一列出询问提纲。
审核意见	审核人员（签字）：
会审意见	会审通过 约谈方式：单独约谈 约谈人员：×××；××× 预定约谈日期起：2014-××-××；预定约谈日期止 2014-××-××
	会审人员（签字）：
约谈	
约谈情况	根据风险应对工作的安排，××市××地方税务局××税务所×××、×××等同志，根据案头审核确定的"待核实问题"和"待提供证据"的内容，于2014年×月××日在××地与A市××房地产开发有限公司财务人员×××进行了约谈。具体情况如下： 　　基本情况（略） 　　疑点（1）：通过对2011年度企业的账册、财务报表、银行解款单以及会计师事务所出具的增资报告，确认企业在2011年1月份由股东增资4200万元，由于会计疏忽未申报资本增值额印花税21000元。 　　疑点（2）：经对该企业土地开发情况进行核对，位于A地的土地未开发，应全额纳税，计26471×3＝79413元；位于B地的土地，由于在不断地销售，应纳土地使用税在不断减少。该地块面积78284.90平方米分三期开发，一期面积32651.10平方米、二期面积14945.50平方米、三期30688.30平方米。经现场了解，一期开发已全部销售完毕；三期还未开发应全额交纳；二期规则占地面积14945.50平方米，可售面积25500平方米，截至2012年4月底已销售面积13480平方米，则2012年5月份应申报二期土地使用税：14945.50-13480/25500×149450.50＝7044.90平方米，而企业在申报时将二期已销售面积13480平方米直接在占地面积14945.50平方米中进行了扣除，申报应税面积为（14945.50-13480）＝1465.50平方米，少申报应税面积7044.9-1465.50＝5579.40平方米。 　　疑点（3）：通过对2011年度管理费用和营业费用明细账以及原始凭证核对，发现企业在日常对外业务交往中购买超市卡110000元、购买服装15000元送人；2012年度购买瓷器53000元用于对外交往。 　　疑点（4）：2012年度预收账款68261783元，按5%申报营业税3413089.15元，申报正确；但申报土地增值税-普通商品住宅（按预征率2%）1364135.66元，原因是会计申报土地增值税时将违约金55000元未申报土地增值税，经进一步查看原始凭证，发现该公司会计将全部客户的退房定金及违约金计55000元都缴纳了营业税，而土地增值税计税依据不含定金及违约金，故实际已申报的营业税计税依据与土地增值税计税依据稍有误差。

(续表)

	疑点（5）：企业2013年度盖售楼处并装修，收取建筑业发票2100000元，未申报缴纳相应房产税，情况属实。
自查结果	经该公司自查，已补缴以下税款及滞纳金： 1. 根据《中华人民共和国税收征收管理法》第五章第六十四条规定，应补实收资本增加印花税4200×5=21000元。 2. 根据《中华人民共和国土地使用税暂行条例》规定，应补2012年上半年少申报土地面积5579.4平方米的土地使用税5579.40×2=11158.80元。 3. 根据《中华人民共和国个人所得法》规定，应代扣缴个人所得税35600元。 4. 根据《中华人民共和国营业税暂行条例》第一条规定，"在中华人民共和国境内提供本条例规定的劳务、转让无形资产或者销售不动产的单位和个人，为营业税的纳税人，应当依照本条例缴纳营业税"。而退给客户的退房定金及违约金，客户购房行为并没有发生，不属于条例规定的应税行为，因而不需要征收营业税，只能列入营业外收入。因此退给客户的退房定金及违约金55000元，多申报了营业税55000×5%=2750元，建议在以后月份抵减营业额。 5. 根据《中华人民共和国房产税暂行条例》第1、2、3条以及《中华人民共和国税收征收管理法》第三十二条规定，补征该企业2013年度房产税16261.64元，2014年1—6月房产税12292.78元。
	核查人员（签字）：
	日期：
审议意见	同意
	审议人员（签字）：
	日期：

（三）高等级风险与应对

高等级风险是纳税人涉嫌偷逃税收、违法行为性质恶劣的税收风险。

1. 涉嫌偷逃税收：纳税人采取伪造、变造、隐匿、擅自销毁账簿、记账凭证，在账簿上多列支出或不列少列收入，进行虚假的纳税申报等手段，可能造成税收流失的。

2. 违法行为性质恶劣：

（1）虚开发票或制售假发票的。

（2）拒绝配合税务部门管理等性质恶劣的违法行为。

（3）中等风险应对过程中，发现纳税人有偷逃抗骗税情形的。

高等级风险应对方法为税务稽查和反避税调查，检查过程中，应收集与税收风险点有关的证据资料，并在检查底稿中反映与税收风险点有关的情况。高等级风险通过税务稽查应对时,立案、实施检查、审理和执行的时间和规范,按照《税务稽查工作规程》的相关规定执行。

六、如何有效控制房地产开发企业的税务风险

必须认识到房地产开发企业的税务风险是客观存在的,虽然可以采取措施有效控制和规避相应的税务风险,但并不能绝对地避免其产生。针对以上对房地产开发企业税务风险产生原因的分析,有效控制房地产开发企业的税务风险则提出以下五点建议:

(一) 树立税务风险管理的意识

1. 增强诚信意识和依法纳税意识

面对高额利润的诱惑,房地产开发企业更应注意增强诚信意识和依法纳税的意识,这样才能避免因主观故意性而导致偷税漏税等税务风险的产生,才能更好地发挥主观能动性成功开展税收筹划,以获得最大效益,促进企业长远发展。

2. 树立税务风险管理意识

进行税务风险管理不仅是企业财务部门的事情,更对企业整体素质提出了很高的要求。《大企业税务风险管理指引(试行)》明确要求:"董事会和管理层应将防范和控制税务风险作为企业经营的一项重要内容"。企业财务人员、领导者、各个部门和关键环节的负责人以及全体员工均应树立税务风险管理意识,在经营的过程中注意规避税务风险;同时,企业也可以聘请专业人员来应对税务风险,更好地进行税务风险管理。

(二) 健全企业税务管理制度,有效进行风险识别

1. 健全企业税务管理制度,完善内部控制机制

应深入学习国家税务总局发布的《大企业税务风险管理指引》,建立健全企业税务管理制度机制。

(1) 完善税务管理的管理机制,明确各部门及员工的责、权、利,尤其注意强化董事会在税务风险管理的领导地位及其应承担的义务与责任。完善企业内部控制机制,建立自上而下的监督管理体系及自下而上的汇报体系,合理设置税务岗位,配备合格的税务风险管理人员,正确制定相关税务风险应对方案,确保税务工作能够依法有序进行。

(2) 建立相应的合同管理部门,加强对企业涉税合同的审查,规范合同条款,明确双方在税务方面的权责,避免在合同上因不确定性条例产生的税务风险。

(3) 规范企业的发票管理制度,由财务部门统一负责发票的购买、发放与核实,从购买、领用、开具和报销等各个环节加强对发票的管理,避免因发票管理流程混乱造成的税务风险。

(4) 严格按照国家法律法规的要求进行纳税申报。企业应正确进行税款的计算及

各种申报表的填制,在规定的时间内进行纳税申报和缴纳税款,并按照主管税务部门的要求及时上交报表及相关材料,避免因申报不合规和申报延误造成的税务风险。

(5) 重视税务档案的管理,安排专人妥善保管好纳税申报表及企业内部税务管理的报表,并按月装订成册,确保检查资料的完整性,以便日后查阅。

2. 建立企业税务风险预警体系

税务风险预警体系可以帮助企业,根据以往的经验或者趋势进行现实环境下的危机预测,最大限度地降低企业因准备不足而爆发税务风险所造成的危害。

(1) 可以正确评价税务风险

企业应定期涉税自查,充分了解项目开发、建设、销售各个环节中涉及的税务问题,明确税务稽查的要点,找出企业中的关键部门和税务风险高的部门以及关键的人员,对企业税务风险进行整体的评价及防控,尽量避免税务风险的产生。

(2) 定期自查,加强税务监督

在正确评价企业税务风险的前提下,企业还应定期(每半年)开展纳税情况自查,加强税务监督,合理合法地审阅纳税事项,科学预测企业的税收情况,制定科学可靠的纳税计划。

(3) 科学设立预警值,警钟长鸣

房开企业可以根据最近几年自身税务风险的发生情况以及同期同类型企业产生的税务问题进行经验总结,联系房地产行业特征及国家每年颁布的税收统计数据设立相应的预警指标与预警安全值,同时定期对企业生产经营各阶段涉及的税务信息进行汇总,比较其与预警值之间的关系,更好地发现潜在的税务风险,以便及时做好相应的风险防范措施。

3. 运用科学的方法,有效进行风险识别

(1) 选取科学的风险识别方法

如何识别税务风险,对房开企业而言至关重要。目前,常用的分析方法主要有:宏观调控政策效应对照分析法、开发进度比对分析法、财务指标比较分析法、财务指标逻辑推理法、各税种关系平衡法、发票流向查询法、敏感性分析法和信息共享比对法等。

财务指标比较分析法主要针对成本与费用,房开企业可以通过将当期施工成本、管理费用、财务费用等的实际发生额与同类企业同期的数据或本企业过去时期的数据进行横纵对比分析,从中找出不合理之处,将其列入风险监控范围内。

(2) 建立税务风险指标体系

在运用科学的分析方法识别税务风险的基础上,房开企业还可以运用一些指标来进行税务风险的评估,如其他应付款变动率、销售成本率、销售费用收入比率、期间费用占开发成本比率、管理费用变动率、财务费用变动率、销售费用变动率、增值税申报率、土地增值税申报率、企业所得税申报率等。通过这些指标，可以反映出企业在日常生产经营过程中可能存在的税务风险问题，企业可以据此对自身的业务情况进行评估，更好地确定税务风险管理的相应措施。

(三) 完善企业财务制度，提升财务人员税务管理水平

1. 规范会计核算，完善财务监督体系

房开企业的生产经营活动，要历经设计、开发、建设、完工、销售等多个环节，业务繁杂，涉及范围广，会计处理较为复杂，对财务核算水平要求较高。企业应依法取得并妥善保管会计核算资料，设立规范完整的会计账册、凭证、报表，正确进行会计处理。规范的会计核算不仅可以降低税务风险，也可以为税收筹划提供真实可靠的数据，可以通过税收筹划使得企业获得更大的经济收益。

同时，房开企业应努力完善财务监督体系，确保能够有效执行企业已经制定的政策。规范在物资采购、领用、销售及样品管理上的操作程序，防止因程序漏洞导致税务风险的产生；加强对存货及应收账款的管理，制定完善的收款管理办法，避免应收账款长期挂账，降低税务风险。

2. 注重人才培养，提高税务管理水平

一方面，房开企业应注重人才的招聘，采取严格的考核制度，对应聘人员的专业知识与实践能力进行综合测试，构建一支专业的税收管理队伍；另一方面，应定期开展对在职财务人员的培训，鼓励财务人员学习税法与税务管理相关知识，强化其法律思维与税务风险管理意识，不断提高财务与税务的执业能力和管理水平。

(四) 关注税收政策最新变化，建立法规库

1. 建立法规库，关注政策最新变化

房地产行业是关系国计民生的重要行业。近年来，国家为应对房地产行业的不断崛起带来的一系列问题，加强了对房地产市场的调控，同时也不断完善房地产业相关的税收政策，以适应社会的发展。新的政策法规层出不穷，如果企业不能及时适应，则很容易导致税务风险的产生。因此，企业应及时汇编并更新自身所适用的各项法律法规，建立税收政策法规库，做到与国家政策同步；同时，注重对政策的学习与解读，识别出由于政策变化而导致的最容易出现税务风险的环节并加以防控。

2. 明确自身权利和义务，充分利用税收优惠政策

在税务实践过程中，企业不仅要认真履行自己的义务，同时也要增强权利意识，在法律允许的范围内最大限度地实现自身的权益。税法规定，纳税人依法享有申请减税、免税、退税的权利。因此，房开企业应及时关注税收优惠政策的变化，并因此做好纳税规划或税收筹划，在合法的范围内避免多缴税的税务风险产生，实现企业税后收益最大化。

（五）加强与税务部门的联系，建立良好的税企关系

1. 加强与税务部门的沟通与联系

房开企业应加强与税务部门的沟通和联系，建立良好的税企关系。一方面，税务部门是税收政策的执行者，企业对于政策的解读不一定符合政策制定者与执行者的初衷，若企业按自身的解读方法处理相关税务事项，就可能产生违法违规风险及认定差异风险。为了确保企业的税务处理符合税收政策的要求，更好地响应政策的导向，必须要及时与税务部门进行沟通，将税收风险控制在一定范围。另一方面，按照税法的规定，税务部门具有一定的自由裁量权。加强与税务部门的联系，及时地就自身的实际情况与税务部门进行沟通，解决双方"信息不对称"的矛盾，会给税务部门及其工作人员留下被尊重的印象，从而得到税务部门的信任和认可。同时，企业可以从税务部门及时获取最新的税务信息，并得到税务部门的指导，避免因政策变化产生税务风险。

2. 加强与外部的合作与交流

房开企业还应加强与建设、市场监管、房管、国土等部门之间的联系，建立信息平台，实现涉税信息共享；同时还可以避免因一些程序性的问题影响日后的纳税进程，引发税务风险。

总之，房地产开发企业要想有效规避税务风险、获得最大的经济收益，就要树立税务风险管理意识，建立健全企业税务风险管理制度，严格遵守税法及相关法规的规定，做到按时正确地缴纳税款，不拖欠、不偷逃税款。在认真履行纳税人义务的同时，充分运用纳税人的权利，时刻关注国家税收政策的变化，建立良好的税企关系，实现企业长期健康发展。

第五章 纳税评估指标体系建设

> 纳税评估指标是纳税评估工作之关键，确定指标预警值是关键的关键。本章主要阐述对房地产开发企业开展纳税评估如何选取使用财务分析指标、税收风险分析指标和建立系统、全面的行业纳税评估指标体系。特别强调指出，税负率只是纳税评估分析的参考指标或验证指标，不是评判指标。同时，介绍了房地产开发经营行业财务核算主要内容及特点。

第一节 纳税评估指标概述

纳税评估指标是税务部门筛选评估对象、进行风险排序或重要涉税疑点分析时所选用的主要指标。一般情况下，纳税评估指标由"指标公式+指标值"构成，指标值是指标预警值的简称，除了少部分绝对值指标预警值是单一数值外，大部分预警值都是区间值（如增值税税负率2.5%~3.5%，框架结构住宅的施工造价指标1200元~1500元/平方米建筑面积），指标预警值既可以用百分比的方式表示，也可用绝对数的方式表示。指标可以分为财务评估指标、税种评估指标及行业评估指标等。

纳税评估指标是纳税评估工作之关键，确定指标预警值是关键的关键。同时，纳税评估能否有效地开展和达到预期的目的，关键在于建立科学、合理的纳税评估指标体系。如何建立科学的评估指标体系，完善纳税评估指标体系和确保纳税评估指标体系的良性运转是纳税评估工作永恒的主题。是否能设置科学合理的评估指标并准确测算出指标的预警区间值，是影响纳税评估成效的关键因素。只有以"资金流""实物流""信息流"为核心建立科学的行业纳税评估指标体系，实现"科学选取指标、准确计算预警值、建立严谨评估指标体系"，才能从根本上抓住了纳税评估的核心环节，实现税源专业化管理，才能堵塞税收管理的漏洞。

一、相关概念

【指标值】指标是衡量目标的参数，预期中打算达到的指数、规格、标准，一般用数据表示。既有相对数指标值，也有绝对数指标值。

【预警指标值】预警指标是指对社会经济活动过程中的关键点进行监测，通过与正常值的比较而发出警示的统计指标，如宏观经济中的通货膨胀率、失业率、物价指数，微观经济中的资金利润率、成本利润率等。

【相对值指标】相对指标又称"相对数"，是用两个有联系的指标进行对比的比值来反映社会经济现象数量特征和数量关系的综合指标。相对指标按其作用不同可划分为六种：结构相对指标、比例相对指标、强度相对指标、动态相对指标、比较相对指标和计划相对指标。

【绝对值指标】数量指标是指在经济活动中用以反映规模大小和数量多少等数量特征的各种指标。是用绝对数表示。如，工农业主要产品产量、基本建设投资额、房屋竣工面积、职工人数等。

【纳税评估指标】财务评估指标是各税种通用、与纳税人生产经营、财务核算情况相关的主要指标；税种评估指标：是分税种、税负等特定用途的指标；行业评估指标：是指与行业的特点、运作流程、行业规范、会计核算方法以及行业平均税负等相关的指标。

【经营"三流"信息】经营"资金流"是对纳税人生产经营过程中形成现金和银行存款的收支明细和流向的汇集；经营"实物流"是对纳税人在生产经营过程中形成的实物资产增减情况和流向的汇集；经营"信息流"是指纳税人在生产经营过程中形成的各项数据的含义的汇集，特别是财务核算数据。

二、纳税评估指标设定原则

（一）准确性原则

保证指标计算的准确性是纳税评估工作正常开展的前提，这就需要完整的税收信息资料的统计，以"及时、完整、准确"为目标做好税收基础资料的管理。纳税评估是紧紧围绕纳税申报展开的，所以需要严把三关：申报准入关，明确各类申报表和报送资料的填报要求；申报审核关，严格对各类填报资料的审核，对纳税人和扣缴义务人的申报资料填写不实的，责令其改正；申报录入关，明确申报征收岗位的内容和职责。

（二）实用性原则

在某一地区开展对某一行业或某一企业进行纳税评估时，需要根据这个地区的经济水平和该行业的纳税特点来进行评估指标的设定，并尽量贴近纳税人的财务核算实际，因此设置指标时应避免不同税种之间"各自为政"。纳税评估指标的设置，应满足各种企业类型和各个税种的分析，这样的纳税评估指标体系，才能真正覆盖全部税费，才能真实反映纳税人的整体纳税情况，才能对评估对象的纳税遵从做出综合评价。某种意义上说纳税评估成效的大小取决于评估指标是否科学、合理、实用。

（三）可操作性原则

在设置纳税评估指标时，应尽量考虑各项指标的数据取得是否直接方便，比如考虑从"金三征管系统""纳税评估和税务审计系统""发票税控综合管理系统"等系统中取得数据，除非有需要否则尽量避免随意要求纳税人另外报送资料。把采集建立的指标体系纳入税收信息化管理轨道，充分利用计算机程序和网络资源，开发与之相配套的应用软件，实现纳税评估的人工智能化、科学化，关键是使基层评估人员能够相对容易地明白或读懂所使用的指标是什么，很轻松进行指标数据的获取、指标计算和比对，使建立的指标体系具有可操作性，完成指标体系建立的初衷和目的。

（四）设定指标标准原则

每个纳税评估指标都要从指标运用、数据来源、指标预警值、纳税分析、分析时间、分析期间和分析人员等多方面进行描述。指标运用是指标的运用和计算方法；数据来源是数据的查询或取得途径；指标预警值是设定指标的风险预警值，确定风险点或风险范围；指标分析是结合预警值，分析可能存在的税收风险或问题；分析时间是指风险评价的时间，根据数据取得的时间设定；分析期间是指根据评估指标数据的期间设定，月、季或年；分析人员是评估的部门和人员，区县局的纳税评估科室或基层（分）局的税源管理部门。

三、纳税评估指标理论分类

纳税评估指标从类别上可大致分为税收指标类、财务指标类和行业指标类；如果按照指标值输出结果可以分为绝对量指标和相对量指标两种，绝对量指标如销售收入，相对量指标如销售收入增长率。

（一）税收指标类

税收（种）类指标主要适用于增值税、城建税、教育费附加、企业所得税、土地增值税、房产税、土地使用税等税费。申报准确率指标具体的计算方法为评估期间企业申报缴纳的税额除以企业取得的实际计税依据乘以适用税率，如果该指标比对出的结果小于1，则企业存在少缴税款的可能。变动率指标则应根据实际情况分析原因，对于无原因变动较大的则存在少缴税款的可能，如表5-1所示。

（二）财务指标类

财务指标与行业指标相互交叉，指标的应用应根据地区差别、行业特点等因素制定出具有指导意义的财务指标，设定出标准值供评估人员参考，允许有一定幅度的差异（±15%或±20%），但差异较大的应视为疑点应加以核实，如表5-2所示。

表 5-1　　　　　　　　　　纳税评估指标分类表（一）

类别	项目	"申报准确率"即当期申报税额与应纳税额比例	"变动率"即当期纳税额与上年同期纳税额比例
税收指标类	增值税		
	消费税		
	城建税		
	教育费附加		
	企业所得税		
	个人所得税		
	房产税		
	城镇土地使用税		
	土地增值税		
	印花税		

表 5-2　　　　　　　　　　纳税评估指标分类表（二）

	项目	指标计算公式
财务（行业）指标类	税负率（增值税）	年缴纳税额（增值税）/年收入总额×100%
	销售利润率	利润总额/年销售（营业）收入总额×100%
	销售毛利率	（销售收入-销售成本）/销售收入总额×100%
	盈利率	应纳税所得额/销售收入总额×100%
	成本费用利润率	利润总额/（销售成本+销售费用+管理费用）×100%

（三）其他指标类

在纳税评估工作中应用的评估指标还有很多，远不止上述指标。对不同行业、不同地区、不同税种进行评估时应根据实际情况设定不同的指标，例如房地产开发经营业中印花税与销售收入之间的关系，企业的营业收入与企业账簿上银行存款、现金、应收账款上的关系等。不论设置什么样的指标体系，关键是通过指标的数据勾稽关系来保证准确验证纳税申报的真实性。

评估指标再多，选取三个：评判指标、参考指标和验证指标，足矣！

（四）相对值指标

相对指标亦称"统计相对数"，是两个有联系的现象数值相比得到的比率。反映现象的发展程度、结构、强度、普遍程度或比例关系。相对指标从不同的角度出发，运用不同的对比方法，对两个同类指标数值进行静态的或动态的比较，对总体各部分之间的关系进行数量分析，对两个不同总体之间的联系程度和比例做比较，是统计中常用的基本数量分析方法之一。

在统计分析中运用相对指标，能够更清楚地认识现象之间的关系，可以使不能直接对比的现象找到可以对比的基础。相对指标就是应用对比的方法，来反映社会经济现象中某些相关事物间数量联系程度的综合指标，其表现形式为相对数。相对指标可以反映现象之间的相互联系程度，说明总体现象的质量，经济效益和经济实力情况，利用相对指标可使原来不能直接对比的数量关系变为可比，有利于对所研究的事物进行比较分析。

因此，相对指标是运用对比的方法揭示现象之间的联系程度，用以反映现象之间的差异程度。例如：高层项目房屋建筑安装工程费占开发成本比例的58.92%。

（五）绝对值指标

数量指标是指在经济活动中用以反映规模大小和数量多少等数量特征的各种指标。它用绝对数表示。例如：多层砖混结构项目成本1250元~1350元/建筑平方米。

1. 多层砖混结构成本构成指标及占比情况（如表5-3）

表5-3　　　　多层砖混结构项目成本构成及占比统计表

成本项目	单位成本（元/m²）	占开发成本比例（%）
前期工程费	54	4.20
房屋建筑安装工程费	862	66.50
基础设施费	134	10.30
公共配套设施费	124	9.60
开发间接费用	122	9.40
合　计	1296	100

2. 高层项目成本构成指标及占比情况（如表5-4）

表 5-4　　　　　　　　　高层项目成本构成及占比统计表

成本项目	单位成本（元/m²）	占开发成本比例（%）
前期工程费	67	2.61
房屋建筑安装工程费	1510	58.92
基础设施费	338	13.19
公共配套设施费	437	17.05
开发间接费用	211	8.23
合　计	2563	100

四、纳税评估指标应用分类

纳税评估指标按照不同的标准，可以再分类如下：

（一）横向分析和纵向分析指标

根据指标属性和参照对象的不同，分为横向分析和纵向分析指标。

横向分析指标是指主要用于同行业、同规模、同类型分析对象在同一时期相关指标数值的对比分析。如综合税负率，一般房地产（普通住宅项目）开发经营企业综合税负率是 17%~23%。

纵向分析指标是指主要用于对某一分析对象在不同历史时期相关指标数值的对比分析，既包括绝对值指标也包括相对值指标。如同期对比成本利润率的变动率±15%，没有超过属于正常，超过则属于异常。

（二）财务分析和税种分析指标

根据评估分析的方向和内容不同，分为财务分析和税种分析指标。

财务分析指标的数据来源，主要取自企业会计报表及其相关说明材料。可以分为反映资产结构状况的分析指标、反映营运能力的分析指标、反映盈利能力的分析指标。财务分析指标不是纳税评估指标的重点，以财务指标为核心开展的纳税评估分析是不切合实际的。

税种分析指标是指专用于纳税评估、税收分析的特定指标，主要以税种为标志进行分类。例如：某年度某地区的某税种的税负率，某月的各税种的税收收入占比。

（三）通用分析指标和特定分析指标

根据指标的应用范围不同，分为通用分析指标和特定分析指标。

通用分析指标是指对各部门开展各类分析都能适用的指标，如财务分析指标，既可以用于 A 单位也可用于 B 单位进行评估分析。

特定分析指标是指主要应用于特定目的、行业、税种的专用指标，例如：房地产开发经营行业增值税税负率。

（四）量化指标、配比分析和感性判断指标

根据指标性质不同，分为量化指标、配比分析和感性判断指标。

量化指标是由一个表达式组成，可用数据计算描述。配比分析指标是由两个或两个以上量化指标组成，通过比对分析才能发现疑点。感性指标是不能计算或量化的，要凭经验和感觉判断，例如：纳税人是否有关联企业，是否存在关联贸易。

（五）指标预警值

纳税评估指标预警值，或者称为评估分析指标参数，是指具有预示、提醒作用的风险值或区间值，区间即具有上限和下限的正常变动范围。纳税评估预警值，只有由各地区县级的税务部门，根据实际情况按照严格测算流程自行计算确定的结果，才是最有效的。在纳税评估预警值测算时，通常根据宏观税收分析、行业税负监控、纳税人生产经营和财务会计核算情况以及内部外部相关数据信息，运用概率、统计等数学方法测算出的算术平均数、加权平均数及其合理变动范围。此外，还应综合考虑地区、规模、类型、产品（商品）结构、经营季节、税种等因素，考虑同行业、同规模、同类型纳税人各类相关指标的若干年的平均水平，以使纳税评估预警值更加真实、准确和具有可比性、可操作性。

总而言之，纳税评估分析指标体系是非常丰富的，囊括了"财务、税种、行业、横向和纵向、通用和特定、量化指标、配比分析和感性判断"等等指标。但是，指标再多，针对任何一个风险或事项，分别选取三个指标足矣：评判指标、参考指标和验证指标。

五、应用（选取）原则

纳税评估指标体系的建立和适用指标的选取，是需要对大量的纳税评估数据进行分析、归纳和总结后，进一步综合提炼才能得到的，综合考虑纳税评估评价体系中指标体系以及指标的特点，评估分析指标的选取应符合以下原则。

（一）相关性原则

指标体系的建立和选取，应紧密相关于纳税评估的背景和需要，其各项指标必须与分析内容存在密切的联系，必须能够说明相关纳税评估的内在实质。

（二）易懂性原则

每项纳税评估指标都应该有清晰的、易于理解的描述，在指标的设计过程中应当说明，什么状态将被测量到，是通过何种方式被测量到的，使评估分析人员可以轻松地理解并执行到位。

（三）持续性原则

指标应用过程中实际量测或分析的评估对象，与其在定义或者说明中所声明的内涵和性质一致的。指标必须在类似环境范围内具有一定的可比性，必须在较长时期内保持稳定，忌讳朝令夕改。

（四）实用性原则

要求建立的各项指标的数据采集来源，应尽量遵从现有的税收管理制度，尽量不增加纳税人和基层税务干部的工作负担，充分考虑指标数据是否有畅通可行的来源。

（五）客观性原则

每项指标收集信息的方法和在此基础上得到的信息都应该是真实的，所获得信息的提炼是准确的，而不是凭空捏造的。

（六）发展性原则

各项指标建设，要充分考虑到社会经济的变化，可随环境改变而不断完善。指标体系可以随时根据风险管理工作的需要增设或减少相关的指标，其内容应根据纳税申报数据和会计核算制度的发展而变化的。

（七）可比性原则

对比指标的可比性，是指对比的指标在含义、内容、范围、时间、空间和计算方法等口径方面是否协调一致，相互适应。要求使用相同评估指标得出的结论可以相互比较，所谓可比指的是：第一，指标的内涵和核算方法要遵循统一口径，例如货币单位一致，同是人民币结算；第二，运用指标分析时要考虑不同行业、规模、税种及纳税人的不同特点，既能横向对比又能纵向对比。

（八）定性分析与定量分析相结合原则

计算对比指标数值的方法应是简便易行的，但要正确地计算和运用相对数，还要注重定性分析与定量分析相结合的原则。要在确定事物性质的基础上，再进行数量上的比较或分析，而统计分组在一定意义上也是一种统计的定性分类或分析。即使是同一种相对指标在不同地区或不同时间进行比较时，也必须先对现象的性质进行分析，判断是否具有可比性。同时，通过定性分析，可以确定两个指标数值的对比是否合理。

（九）各种相对指标综合应用原则

各种相对指标的具体作用不同，都是从不同的侧面来说明所研究的问题。为了全面而深入地说明现象及其发展过程的规律性，应该根据统计研究的目的，综合应用各种相对指标。例如，为了研究工业生产情况，既要利用生产计划的完成情况指标，又要计算生产发展的动态相对数和强度相对数。又如，分析生产计划的执行情况，有必要全面分析总产值计划、品种计划、劳动生产率计划和成本计划等完成情况。

此外，把几种相对指标结合起来运用，可以比较、分析现象变动中的相互关系，更好地阐明现象之间的发展变化情况。

六、绝对数值指标

数量指标是指在经济活动中用以反映规模大小和数量多少等数量特征的各种指标。它用绝对数表示。例如：工农业主要产品产量、基本建设投资额、房屋竣工面积、在职工人数等。

以下这些是房地产开发经营业常用的绝对数值指标：

1. 单位占地面积的土地成本费用：总开发成本费用/征地面积（平方米）
2. 单位建筑面积的土地成本：土地成本/建筑面积（平方米）
3. 单位面积的建筑成本（土建）：总建筑成本/总建筑面积（平方米）
4. 容积率：建筑面积/土地面积

全国房地产业专项检查结果表明，虚列建安成本，偷逃企业所得税，是房地产业存在的突出问题。由于工程预算、工程结算专业性强，税务稽查人员很难深入掌握；一些地区对施工企业仍实行核定征收的办法，也为部分开发企业虚列建安成本提供了便利条件。这些因素在很大程度上制约了税务稽查人员对开发成本的查深查透。对此，仅用一般的账簿检查方法，是很难发现问题的。

实践证明，通过对工程造价的指标分析，查找在建造过程中可能出现问题的环节，并以此展开查证工作，是鉴别建安成本真伪的有效方法。以下提供有关商品房造价的几组参考指标：

（1）某计划单列市住宅造价指标

砖混结构：多层以下每平方米 800~860 元左右；

框架结构：多层每平方米 1000~1060 元左右，高层每平方米 1200~1500 元左右，二十层以上塔楼每平方米 1500~1700 元左右；别墅每平方米 910~1200 元左右。

（2）某一线城市住宅造价指标

一类企业（30层以上，土建部分）约 1400 元/平方米；

二类企业（30层以下，土建部分）约 1390 元/平方米；

三类企业（30层以下，土建部分）约 1280 元/平方米。

（3）建造成本中各项指标的结构比例

在土建成本中按国家预算定额评估各项费用存在着一定的比例水平：

人工费为 15% 左右，材料费为 55%~60%，机械费为 7%~10%，间接费为 15%~20%（含其他项目费、工程排污费、工程定额测定费等规费），建造成本占投资额的比例为 30% 左右。

实务中，由于数据比对（比对指标应用）是评估分析的基础，数据比对结果就是分析问题指向，则绝对值指标应用优先于相对值指标的。

八、相对值指标

相对值指标分类很多，简单列举比较常用的几种：

（一）结构相对指标

又称结构相对数，是总体的某一部分与总体数值相对比求得的比重或比率指标，结构相对数通常用来反映总体的结构和分布状况等。是在对总体分组的基础上，以总体总量作为比较标准，求出各组总量占总体总量的比重，来反映总体内部组成情况的综合指标。

结构相对指标=各组（或部分）总量/总体总量×100%

例如：甲地在职工中，男职工人数占职工人数的70%。

计算结构相对指标，能够反映总体内部结构和现象的类型特征。

（二）比例相对指标

又称比例相对数或比例指标。总体中不同部分数量对比的相对指标，用以分析总体范围内各个局部、各个分组之间的比例关系和协调平衡状况。是不同单位的同类现象数量对比而确定的相对指标，用以说明某一同类现象在同一时间内各单位发展的不平衡程度，以表明同类实物在不同条件下的数量对比关系。

比例相对指标=总体中某一部分数值/总体中另一部分数值×100%

例如：甲地在职工中，男职工人数是女职工人数的2倍。

比较相对指标=甲单位某指标值/乙单位同类指标值

例如：甲地职工平均收入是乙地职工平均收入的1.3倍。

（三）主营业务成本率变动率（企业所得税）

原理描述：计算评估期主营业务成本率与基期主营业务成本率的变动率，变动率大于10%时为疑点，而且增长幅度越大，疑点度越高。

指标公式：(评估期"主营业务成本"÷评估期"主营业务收入"-基期"主营业务成本"÷基期"主营业务收入")÷(基期"主营业务成本"÷基期"主营业务收入")×100%

数据获取途径：来源于《利润表》的主营业务收入和主营业务成本。

计算过程：选定纳税人评估期的主营业务收入和主营业务成本，计算评估期主营业务成本率；统计纳税人基期的主营业务收入和主营业务成本，计算基期主营业务成本率；再计算两者之间的差额（X）。

疑点判断：纳税人与基期相比的主营业务成本率变动率大于10%，疑点为"纳税人评估期主营业务成本率比基期增长（X），可能存在多转成本、虚列成本等问题。"

标准值参数范围：X≤10%时，得0分；X>10%时，得分为（X-10%）×100×Y；得分超过100分按100分取。

(四) 销售（营业）收入变动率与销售（营业）成本变动率的差异

原理描述：计算销售（营业）收入变动率与销售（营业）成本变动率的差额，差额小于-2%时为疑点，而且下降幅度越大，疑点度越高。

指标公式：[评估期"销售（营业）收入净额"-基期"销售（营业）收入净额"]÷基期"销售（营业）收入净额"×100%-[评估期"销售（营业）成本"-基期"销售（营业）成本"]÷基期"销售（营业）成本"×100%

数据获取途径：销售（营业）收入净额来源于《企业所得税年度申报表》主表第4行销售（营业）收入净额。销售（营业）成本来源于《企业所得税年度申报表》主表第12行销售（营业）成本。

计算过程：选定纳税人评估期和基期的销售（营业）收入净额，计算销售（营业）收入变动率；选定纳税人评估期和基期的基期销售（营业）成本，计算基期销售（营业）成本变动率；再计算两者之间的差额（X）。

疑点判断：销售（营业）收入变动率与销售（营业）成本变动率的差额小于-2%，疑点为"纳税人评估期销售（营业）收入变动率比销售（营业）成本变动率小（-X），可能存在少计收入、多转成本等问题，或原材料价格上涨、商品售价下调等现象"。

标准值参数范围：X≥-2%时，得0分；X<-2%时，得分为（-X-2%）×100×Y；得分超过100分按100分取。

税源专业化管理的核心是信息管税，信息管税的核心是纳税评估，纳税评估工作的核心是纳税评估分析，纳税评估分析的核心是分析指标或数学模型的选取，分析指标的核心是指标预警值的测算和赋值。

第二节　房地产开发通用（财务）分析指标

所谓通用评估分析指标是指在实施纳税评估过程中，不区分所属行业、经营规模和税种等类型，对所有税源管理对象都适用的评估指标。主要包括资产负债类指标、损益（盈利能力）类指标和变动差异类指标。做纳税评估分析如何选取评估指标，财务分析指标与税收分析指标相对而言，后者优于前者。就是说在选取指标时，税收指标优于财务（通用）指标，财务（通用）指标优于特别指标。

一、资产负债类指标

该类指标可以分为两类：一类是动态指标，一类是静态指标。动态指标需计算资金的时间价值，主要指标包括：内部收益率、财务净现值、动态投资回收期等；静态指标没有考虑资金的时间价值，主要指标包括：静态投资回收期、投资利润率、投资利税率等。动态指标是最重要的盈利指标。在计算和评价动态指标时，项目的长期贷款利率是一个重要参数，由于项目的资金成本为投资加上应计利息，因此项目的长期贷款利率可近似作为项目的资金成本率。

（一）静态盈利能力指标

1. 投资利润率

投资利润率是指项目达到生产能力后的一个正常生产年份的年利润总额与项目总投资的比率。对生产期内各年的利润总额变化幅度较大的项目，应计算生产期年平均利润总额与总投资的比率。其计算公式为：

其中，利润总额＝营业利润+投资净收益+营业外收支净额

营业利润＝产品销售收入－产品销售税金及附加－总成本费用+其他业务利润

总投资＝固定资产投资+无形资产投资+递延资产+建设期利息+流动资金

在纳税评估分析时，利润总额一般可以从损益表取得，总投资可以从投资估算表取得。

投资利润率指标，反映项目效益与代价的比例关系。当项目投资利润率高于或等于行业的基准投资利润率或社会平均利润率时，说明项目是可以接受的。在将投资利润与基准经济效益指标比较时，应注意口径一致。基准经济效益指标可从《建设项目经济评价方法与参数》中查得。

2. 资本金利润率

资本金利润率是项目达到生产能力后的一个正常生产年份的年利润总额或项目生产经营期内的年平均利润总额与资本金的比率，它反映拟建项目的资本金盈利能力。其计算公式为：

$$资本金利润率=\frac{年利润总额或年平均利润总额}{资本金}\times 100\%$$

【举例】某项目总资金为2400万元，其中资本金为1900万元，项目正常生产年份的销售收入为1800万元，总成本费用924万元（含利息支出60万元），销售税金及附加192万元，所得税税率25%。试计算该项目的总投资利润率、投资利税率、资本金利润率。

年利润总额＝1800－924－192＝684（万元）

年应纳所得税＝684×25%＝171（万元）

年税后利润＝684－171＝513（万元）

总投资利润表＝684÷2400×100%＝28.5%

投资利税率＝（684+192）÷2400×100%＝36.5%

资本金利润率=513÷1900=27%

（二）动态盈利能力指标

3. 财务净现值

财务净现值是反映项目在计算期内获利能力的动态指标。是按行业基准收益率（可通过查《建设项目经济评价方法与参数》取得）或设定的折现率（当行业未制定基础收益率时），将项目计算期内各年净现金流量折现到建设期初的现值之和。其表达式：

$$FNPV = \sum_{t=1}^{n}(CI-CO)_t(1+i_c)^{-t}$$

式中，$FNPV$ 为财务净现值；$(CI-CO)_t$ 为第 t 年的现金流入与现金流出的差额，即净现金流量；$(1+i_c)^{-t}$ 为 i_c 的折现系数。

为了计算净现值，在确定每年的净现金流量以后，还应明确折现率、计算期和年序编号的方法问题。项目财务效益评估所用的折现率除有特殊规定外，一般采用行业的基准收益率；计算期由建设期和生产期构成；年序编导按国际惯例采用年末法，即从 1 开始编号，表示所有的现金流量均在年末发生。

根据选择项目的"现值法则"：

（1）采用任何现值为正数的方案（包括净现值为零的方案），放弃任何净现值为负数的方案。

（2）如果每个项（或几个项目组合）是互不相容的，则采纳有最大净现值的那个项目。

（3）当净现值等于零时，说明项目的内部收益率恰好就是规定的基准收益率。

4. 财务净现值率

为反映单位投资的收益水平，财务效益评估应计算财务净现值率，财务净现值率是财务净现值与全部投资现值之比。即单位投资现值的净现值，它是反映项目单位投资效益的评价指标。其计算公式为：

$$FNPVR = \frac{FNPV}{I_p}$$

式中，$FNPVR$ 为财务净现值率；I_p 为总投资现值。

用净现值率衡量项目或方案的优劣，应选择净现值率大于或等于零的项目或方案，净现值率越大，单位投资创造的效益越大，项目或方案的效益越好。

（三）变现能力比率

5. 流动比率

流动比率=流动资产合计÷流动负债合计　　标准值：2.0

该指标是体现企业的偿还短期债务的能力。流动资产越多，短期债务越少，则流动比率越大,企业的短期偿债能力越强。

分析提示:低于正常值,房地产企业的短期偿债风险较大。一般情况下,营业周期、流动资产中的应收账款数额和存货的周转速度是影响流动比率的主要因素。

6. 速动比率

速动比率=(流动资产合计−存货)÷流动负债合计　标准值:1/0.8

保守速动比率=(货币资金+短期投资+应收票据+应收账款净额)÷流动负债

比流动比率更能体现房地产企业的偿还短期债务的能力。因为流动资产中,尚包括变现速度较慢且可能已贬值的存货,因此将流动资产扣除存货再与流动负债对比,以衡量房地产企业的短期偿债能力。

分析提示:低于1的速动比率通常被认为是短期偿债能力偏低。影响速动比率的可信性的重要因素是应收账款的变现能力,账面上的应收账款不一定都能变现,也不一定非常可靠。

(四)资产管理比率

7. 应收账款周转率

应收账款周转率=销售收入÷〔(期初应收账款+期末应收账款)÷2〕

标准值:3

应收账款周转率越高,说明其收回越快;反之,说明营运资金过多呆滞在应收账款上,影响正常资金周转及偿债能力。

分析提示:应收账款周转率,要与房地产企业的经营方式结合考虑,以下几种情况使用该指标不能反映实际情况:第一,季节性经营的企业;第二,大量使用分期收款结算方式;第三,大量使用现金结算的销售;第四,年末大量销售或年末销售大幅度下降。

8. 应收账款周转天数

应收账款周转天数=360÷应收账款周转率　标准值:100

　　　　　　　　=(期初应收账款+期末应收账款)÷2〕÷产品销售收入

应收账款周转率越高,说明其收回越快。反之,说明营运资金过多呆滞在应收账款上,影响正常资金周转及偿债能力。

分析提示:应收账款周转天数,要与房地产企业的经营方式结合考虑,以下几种情况使用该指标不能反映实际情况:第一,季节性经营的企业;第二,大量使用分期收款结算方式;第三,大量使用现金结算的销售;第四,年末大量销售或年末销售大幅度下降。

(五)负债比率

9. 资产负债率(举债经营比率)

资产负债率=(负债总额÷资产总额)×100%　标准值:0.7

该指标是反映债权人提供的资本占全部资本的比例。

分析提示：负债比率越大，房地产企业面临的财务风险越大，获取利润的能力也越强。如果企业资金不足，依靠欠债维持，导致资产负债率特别高，偿债风险就应该特别注意了。资产负债率在60%~70%，比较合理、稳健；达到85%及以上时，应视为发出预警信号，应提起足够的注意。

10. 已获利息倍数

已获利息倍数＝息税前利润÷利息费用　标准值：2.5

＝（利润总额＋财务费用）÷（财务费用中的利息支出＋资本化利息）

通常也可用近似公式：

已获利息倍数＝（利润总额＋财务费用）÷财务费用

企业经营业务收益与利息费用的比率，用以衡量房地产企业偿付借款利息的能力，也叫利息保障倍数。只要已获利息倍数足够大，房地产企业就有充足的能力偿付利息。

分析提示：房地产企业要有足够大的息税前利润，才能保证负担得起资本化利息，该指标越高，说明企业的债务利息压力越小。

（六）盈利能力比率

11. 资产净利率

资产净利率＝净利润÷[（期初资产总额＋期末资产总额）÷2]×100%

无标准值。

该指标把房地产企业一定期间的净利润与资产相比较，表明企业资产的综合利用效果，指标越高，表明资产的利用效率越高，说明企业在增加收入和节约资金等方面取得了良好的效果，否则相反。

分析提示：资产净利率是一个综合指标。净利的多少与企业的资产的多少、资产的结构、经营管理水平有着密切的关系。影响资产净利率高低的原因有：产品的价格、单位产品成本的高低、产品的产量和销售的数量、资金占用量的大小。可以结合杜邦财务分析体系来分析经营中存在的问题。

12. 净资产收益率

净资产收益率　标准值：0.08

＝净利润÷[（期初所有者权益合计＋期末所有者权益合计）÷2]×100%

净资产收益率反映房地产企业所有者权益的投资报酬率，也叫净值报酬率或权益报酬率，具有很强的综合性，是最重要的财务比率。

分析提示：杜邦分析体系将这一指标分解成相联系的多种因素，进一步剖析影响所有者权益报酬的各个方面。如资产周转率、销售利润率、权益乘数，另外，在使用该指标时，还应结合对"应收账款"、"其他应收款"和"待摊费用"进行分析。

（七）现金流量流动性分析

13. 现金到期债务比

现金到期债务比=经营活动现金净流量÷本期到期的债务

本期到期债务＝一年内到期的长期负债+应付票据　标准值：1.5

该指标以经营活动的现金净流量与本期到期的债务比较，可以体现房地产企业的偿还到期债务的能力。

分析提示：房地产企业能够用来偿还债务的除借新债还旧债外，一般应当是经营活动的现金流入才能还债。

14. 现金流动负债比

现金流动负债比=年经营活动现金净流量÷期末流动负债

反映经营活动产生的现金对流动负债的保障程度　标准值：0.5

分析提示：房地产企业能够用来偿还债务的除借新债还旧债外，一般应当是经营活动的现金流入才能还债。计算结果要与过去比较，与同业比较才能确定高与低，这个比率越高，房地产企业承担债务的能力越强，这个比率同时也体现企业的最大付息能力。

15. 其他应付款变动率

其他应付款变动率＝（本期其他应付款余额-基期其他应付款余额）/基期其他应付款余额×100%

数据来源：来自资产负债表中"其他应付款"项目数据。

指标属性：纵向分析指标

分析方法：与上期或以前年度其他应付款变动率对比。

疑点指向：对"其他应付款"期初、期末数进行分析，结合主营业务收入变动率、主营业务成本变动率、预收账款变动率判断是否存在少计收入问题。

16. 应收账款变动率

应收账款变动率＝（期末应收账款-期初应收账款）/期初应收账款×100%

数据来源：数据来自资产负债表中的"应收账款"项目数据。

指标属性：纵向分析指标

分析方法：与上期或以前年度应收账款变动率对比。

疑点指向：分析纳税人应收账款增减变动情况，判断其销售实现和可能发生坏账情况。如应收账款增长率增高，而销售收入减少，可能存在隐瞒收入、虚增成本的问题。

17. 应付账款变动率

应付账款变动率＝（期末应付账款-期初应付账款）/期初应付账款×100%

数据来源：数据来自资产负债表中的"应付账款"。

指标属性：纵向分析指标

分析方法：与上期或以前年度应付账款变动率对比。

疑点指向：分析应付账款增减变动情况，判断其存货采购的真实性。

18. 预收账款变动率

预收账款变动率=（期末预收账款-期初预收账款）/期初预收账款×100%

数据来源：数据来自资产负债表中的"预收账款"项目数据。

指标属性：纵向分析指标

分析方法：与上期或以前年度预收账款变动率对比。

疑点指向：对"预收账款"期初、期末数进行分析，结合主营业务收入变动率、主营业务成本变动率，判断是否存在少计收入问题。

二、损益（盈利能力）类指标

（一）收入成本类评估分析指标

1. 主营业务收入变动率

主营业务收入变动率=（本期主营业务收入-基期主营业务收入）/基期主营业务收入×100%

指标属性：纵向分析指标

数据来源："主营业务收入"为利润表中"主营业务收入"。

分析方法：应与主营业务成本变动率配比分析，主要分析以下三个方面：

（1）结合"主营业务收入变动率"指标，对企业主营业务收入情况进行分析，通过分析企业年度申报表及附表《营业收入表》，了解企业收入的构成情况，判断是否存在少计收入的情况；

（2）结合《资产负债表》中"应付账款"、"预收账款"和"其他应付账款"等科目的期初、期末数额进行分析，如"应付账款"和"其他应付账款"出现红字和"预收账款"期末大幅度增长情况，应判断存在少计收入问题；

（3）结合主营业务成本率对年度申报表及附表进行分析，了解企业成本的结转情况，分析是否存在改变成本结转方法、少计存货（含产成品、在产品和材料）等问题。

疑点指向：主营业务收入变动率与主营业务成本变动率配比分析：正常情况下二者基本同步增长，比值接近1。

（1）当比值<1，且相差较大，二者都为负时，可能存在企业多列成本费用、扩大税前扣除范围等问题；

（2）当比值>1且相差较大，二者都为正时，可能存在企业多列成本费用、扩大税前扣除范围等问题；

（3）当比值为负数，且前者为负后者为正时，可能存在企业多列成本费用、扩大税前扣除范围等问题。

2. 主营业务成本变动率

主营业务成本变动率=（本期主营业务成本-基期主营业务成本）/基期主营业务成本×100%

指标属性：纵向、横向并用分析指标（既考虑本企业的变化，同时也应与同行业的指标情况进行比较分析）。

数据来源："主营业务成本"为利润表中"主营业务成本"。

分析方法：结合主营业务收入变动率进行配比分析，看两者是否同步增减变化。

疑点指向：判断纳税人是否存在账外销售问题、是否错误使用存货计价方法、是否人为调整产成品成本或应纳税所得额。主营业务成本变动率是否超出预警值范围，是否可能存在销售未计收入、多列成本费用、扩大税前扣除范围等问题。

3. 单位面积开发成本

单位面积开发成本=主营业务开发成本/销售面积

数据来源：销售面积来源于纳税人的销售进度记录，主营业务成本来源于利润表。

指标属性：纵向、横向分析指标

分析方法：与纳税人同类项目对比并结合同行业、同类项目单位面积成本对比。

疑点指向：单位面积成本若超出预警值范围，且与同行业、同类项目单位面积成本横向比较相差较大，则企业有可能存在多列成本问题。

4. 单位面积建筑成本

单位面积建筑成本=主营业务建筑成本/销售面积

数据来源：销售面积来源于纳税人的销售进度记录，主营业务成本来源于利润表。

指标属性：纵向、横向分析指标

分析方法：与纳税人同类项目对比并结合同行业、同类项目单位面积成本对比。

疑点指向：单位面积成本若超出预警值范围，且与同行业、同类项目单位面积成本横向比较相差较大，则企业有可能存在多列成本问题。

（二）开发费用类评估分析指标

5. 营业费用变动率

营业费用变动率=（本期费用-基期费用）/基期营业费用×100%

数据来源："营业费用"为利润表中"营业费用"项目数据。

指标属性：纵向分析指标

分析方法：与以前年度各期间费用变动率对比。

疑点指向：如果营业费用变动率与前期相差较大，可能存在税前多列支营业费用问题。

6. 管理费用率

管理费用率=管理费用/主营业务收入×100%

数据来源："管理费用、主营业务收入"从利润表中"管理费用""主营业务收入"项目提取。

指标属性：纵向、横向分析指标

分析方法：与本企业以前年度期间费用率比较，并结合同行业的期间费用率对比。

疑点指向：如果管理费用率与前期相差较大，且与同行业横向比较费用率水平过高，可能存在税前多列支管理费用问题。

7. 管理费用变动率

管理费用变动率=（本期费用–基期费用）/基期管理费用×100%

数据来源："管理费用"为利润表"管理费用"项目数据。

指标属性：纵向分析指标

分析方法：与以前年度各期间费用变动率对比。

疑点指向：如果管理费用变动率与前期相差较大，可能存在税前多列支管理费用问题。

8. 财务费用率

财务费用率=财务费用/主营业务收入×100%

数据来源："财务费用、主营业务收入"从利润表中"财务费用""主营业务收入"项目提取。

指标属性：纵向、横向分析指标

分析方法：与本企业以前年度期间费用率比较，并结合同行业的期间费用率对比。

疑点指向：如果财务费用率与前期相差较大，且与同行业横向比较费用率水平过高，可能存在税前多列支财务费用问题。

9. 财务费用变动率

财务费用变动率=（本期费用–基期费用）/基期财务费用×100%

数据来源："财务费用"为利润表中"财务费用"项目数据。

指标属性：纵向分析指标

分析方法：与以前年度各期间费用变动率对比。

疑点指向：如果财务费用变动率与前期相差较大，可能存在税前多列支财务费用问题。

（三）利润类评估分析指标

10. 成本费用利润率

成本费用利润率=利润总额/成本费用总额×100%

数据来源：成本费用总额=主营业务成本+费用总额（期间费用合计）；利润总额为利润表中"利润总额"项目数据。

指标属性：纵向、横向分析指标

分析方法：与以前年度成本费用利润率对比，同时结合与同行业成本费用利润率相比较。

疑点指向：与预警值比较，如果企业本期成本费用利润率异常，且与同行业横向比较费用率水平过高，可能存在多列成本、费用等问题。

11. 主营业务利润变动率

主营业务利润变动率＝（本期主营业务利润－基期主营业务利润）／基期主营业务利润×100%

数据来源："主营业务利润"为利润表中"主营业务利润"

指标属性：纵向分析指标

分析方法：与上年或同期主营业务利润变动率对比。

疑点指向：主营业务利润变动率指标若与预警值相差较大，则可能存在多结转成本或不计、少计收入问题。

12. 其他业务利润变动率

其他业务利润变动率＝（本期其他业务利润－基期其他业务利润）／基期其他业务利润×100%

数据来源：为利润表中"其他业务利润"项目数据。

指标属性：纵向分析指标

分析方法：与上年或同期其他业务利润变动率对比。

疑点指向：其他业务利润变动率指标若与预警值相比相差较大，可能存在多结转成本或不计、少计收入问题。

13. 经营利润率水平

本企业的利润率与行业利润率差异＝利润总额／销售（营业）收入×100%／行业平均利润率

数据来源：收入总额、年度利润总额分别来源于大集中系统企业所得税年度汇算申报（A类）主表第1行、13行第3栏。

预警值设置：1。

分析方法：本企业的利润率与行业利润率差异低于1为非正常，差异在0.6（含）~0.8之间的积1分，差异额在0.4（含）~0.6之间的积2分，差异额低于0.4的积3分。

疑点指向：将本企业当期利润率与行业利润率预警值相比，低于预警值可能存在不计或少计销售（营业）收入、多列成本费用、扩大税前扣除范围等问题。

三、变动差异类指标

1. 主营业务成本变动率差异

主营业务成本变动率＝（本期主营业务成本－基期主营业务成本）／基期主营业务

成本×100%

指标属性：纵向、横向并用分析指标（既考虑本企业的变化，同时也应与同行业的指标情况进行比较分析）

数据来源："主营业务成本"为利润表中"主营业务成本"。

分析方法：结合主营业务收入变动率进行配比分析，看两者是否同步增减变化。

疑点指向：判断纳税人是否存在账外销售问题、是否错误使用存货计价方法、是否人为调整产成品成本或应纳税所得额。主营业务成本变动率是否超出预警值范围，是否可能存在销售未计收入、多列成本费用、扩大税前扣除范围等问题。

2. 主营业务成本率与同行业主营业务成本率的差异

原理描述：计算主营业务成本率与同行业主营业务成本率的差异，当该值大于5%时，提示异常，可能存在销售未计收入、多列成本费用、扩大税前扣除范围等问题，且上升幅度越大，可疑程度越高。

评估模型：评估期主营业务成本÷评估期主营业务收入×100%－Σ同行业评估期主营业务成本÷Σ同行业评估期主营业务收入×100%

数据获取途径：主营业务成本，主营业务收入。

计算过程：统计选定评估期的主营业务成本除以评估期主营业务收入，得出评估期主营业务成本率，统计选定评估期同行业主营业务成本合计，除以评估期同行业主营业务收入合计，计算得出评估期同行业主营业务成本率，计算评估期主营业务成本率与评估期同行业主营业务成本率差额。

标准值参数范围：主营业务成本率与评估期同行业主营业务成本率差额小于等于5%时得0分；大于5%时，得分=｜（评估分析公式值-5%）｜×100×公式权数，得分超过100分按100分取。

疑点判断：假设评估期主营业务成本A，评估期主营业务收入B，评估期主营业务成本率C（=A÷B），评估期同行业主营业务成本率D（=ΣA÷ΣB），评估期主营业务成本率与评估期同行业主营业务成本率差额E（=C-D），如果大于5%，可能存在销售未计收入、多列成本费用、扩大税前扣除范围等问题，且上升幅度越大，疑点越大。

应用要点：同行业主营业务成本率可以在地市局范围内计算，也可以在区县分局范围内计算。

3. 预收账款变动率差异

预收账款变动率差异=（本期期末预收账款－上期期末预收账款）/上期期末预收账款×100%/行业平均预收账款变动率

数据来源：纳税人专项报送预收账款变动情况。

预警值设置：1。计算预收账款变动率，该指标大于同行业平均值时，可能存在未按规定结转收入、隐瞒收入，且上升幅度越大，疑点越大。

评分标准：预收账款变动率差异超过预警值的50%（含）为异常。

应用要点：行业平均预收账款变动率为本辖区同行业的平均值；一般情况是按年执行。

4. 其他应付款变动率差异

其他应付款变动率差异=（本期期末其他应付款－上期期末其他应付款）/上期期末其他应付款×100%/行业平均其他应付款变动率

数据来源：大集中系统中财务报表相关信息。预警值设置：1。

计算其他应付款变动率，该指标高于行业平均值时，可能存在运用往来科目隐瞒收入，且上升幅度越大，疑点越大。

评分标准：其他应付款变动率差异超过预警值的30%的为异常。

应用要点：行业平均其他应付款变动率为本辖区同行业的平均值；一般情况是按年执行。

5. 存货成本与销售成本差异

存货成本与销售成本差异=存货保留的金额/面积/同期同类结转销售的单位销售成本

数据来源：年度企业所得税汇缴申报时附报的企业存货保留金额、面积以及纳税人同期同类结转销售的单位成本。预警值设置：1。

评分标准：存货成本与销售成本差异小于1时为非正常，差异在0.8（含）~1时积0.5分，低于0.8时积1分。

房地产企业的存货成本应与纳税人同期同类结转的销售成本一致，否则存在多转成本，少缴企业所得税的风险。

应用要点：本指标适用于同期同一项目的成本核算差异比较；一般情况是按年执行。

四、应用实例

下面以一个具体实例来说明，如何利用Excel软件自动计算财务比率，以实现高效分析。分析数据是甲房地产公司2014年的资产负债表、利润表的相关数据。

（一）数据准备

新建"财务分析"工作簿，将工作表Sheet1、Sheet2、Sheet3分别重命名为"资产负债表""利润表""分析表"。已实现会计核算电算化的单位，将在计算机中已生成的资产负债表和利润表直接导入到相应的Excel工作表中；没有实现会计核算电算化的单位，则需将资产负债表和利润表的数据录入到相应的Excel工作表中，如表5-5、表5-6所示。

表 5-5 资产负债表

	A	B	C	D	E	F	G	H
1				资产负债表				
2				会企 01 表				
3	编制单位：甲公司			2014 年 12 月 31 日				单位：万元
4	资　产	行次	年初数	期末数	负债和股东权益	行次	年初数	期末数
5	流动资产				流动负债			
6	货币资金	1	25	50	短期借款	68	45	60
7	短期投资	2	12	6	应付票据	69	4	5
8	应收票据	3	11	8	应付账款	70	109	100
9	应收股利	4	0	0	预收账款	71	4	10
10	应收利息	5	0	0	应付工资	72	1	2
11	应收账款	6	199	398	应付福利费	73	16	12
12	其他应收款	7	22	12	应付股利	74	10	28
13	预付账款	8	4	22	应交税金	75	8	7
14	应收补贴款	9	0	0	其他应交款	80	1	7
15	存货	10	330	127	其他应付款	81	12	7
16	待摊费用	11	7	32	预提费用	82	5	9
17	一年内到期的长期债权投资	21	0	45	预计负债	83	0	0
18	其他流动资产	24	0	0	一年内到期的长期负债	86	0	50
19	流动资产合计	31	610	700	其他流动负债	90	3	
20	长期投资：							
21	长期股权投资	32	45	30	流动负债合计	100	220	300
22	长期债权投资	34	0	0	长期负债：			
23	长期投资合计	38	5	30	长期借款	101	245	450
24	固定资产：				应付债券	102	260	240
25	固定资产原价	39	1627	2008	长期应付款	103	60	50
26	减：累计折旧	40	662	762	专项应付款	106	0	0
27	固定资产净值	41	965	1246	其他长期负债	108	15	20
28	减：固定资产减值准备	42	0	0	长期负债合计	110	580	760
29	固定资产净额	43	965	1246	递延税项：			

（续表）

A		B	C	D	E	F	G	H
30	工程物资	44	0	0	递延税款货项	111	0	0
31	在建工程	45	25	10	负债合计	114	800	1060
32	固定资产清理	46	12	0				
33	固定资产合计	50	1002	1256	所有者权益：			
34	无形资产及其他资产：				实收资本	115	100	100
35	无形资产	51	8	6	减：已归还投资	116	0	0
36	长期待摊费用	52	15	5	实收资本净额	117	100	100
37	其他长期资产	53	0	3	资本公积	118	10	16
38	无形资产及其他资产合计	60	23	14	盈余公积	119	40	74
39					其中：法定公益金	120	0	24
40	递延税项：				未分配利润	121	730	750
41	递延税款借项	61	0	0	所有者权益合计	122	880	940
42	资产总计	67	1680	2000	负债和所有者权益总计	135	1680	2000

表 5-6 利润表

	A	B	C	D
1		利 润 表		
2		会企 02 表		
3	编制单位：甲公司	2014 年度		单位：万元
4	项 目	行次	上年数	本年累计数
5	一、主营业务收入	1	2850	3000
6	减：主营业务成本	4	2503	3644
7	主营业务税金及附加	5	28	28
8	二、主营业务利润（亏损以"-"号填列）	10	319	328
9	加：其他业务利润（亏损以"-"，号填列）	11	36	20
10	减：营业费用	14	20	22
11	管理费用	15	40	46
12	财务费用	16	96	110

（续表）

	A	B	C	D
13	三、营业利润（亏损以"-"号填列）	18	199	170
14	加：投资收益（损失以"-"号填列）	19	24	40
15	补贴收入	22	0	0
16	营业外收入	23	17	10
17	减：营业外支出	25	5	20
18	四、利润总额（亏损总额以"-"号填列）	27	235	200
19	减：所得税	28	75	64
20	五、净利润（净亏损以"-"号填列）	30	160	136

（二）定义自动计算公式

利用会计报表中大量的数据，可以计算出有意义的涉及企业经营管理多个方面的财务比率。最常用的财务比率有四类：变现能力比率、资产管理（运营效率）比率、负债比率和盈利能力比率。借助于 Excel 数据处理的强大功能，定义好相应的计算公式，可以将所有的计算甚至分析工作交由计算机去自动处理。

在如表 5-7 所示的 B4 至 B25 单元中一一地定义好相应的公式。以定义"分析表"（工作表名）中 B4 单元公式为例，具体操作方法如下：

用鼠标单击"分析表"工作表标签，接着鼠标选中 B4 单元，使其成为活动单元，然后通过键盘录入代号符"="，再单击"资产负债表"工作表标签，再接着选中 D19 单元，再通过键盘录入除号符"/"紧接着单击"资产负债表"工作表的 H21 单元，最后按回车键，即可得到 B4 单元的公式"=资产负债表！D19/资产负债表！H21"。其余公式的定义，照此方法进行操作。

表 5-7　　　　　　　　　　财务比率计算公式

	A	B
1		基本财务比率定量分析表
2	分析指标	取数公式
3	一、变现能力比率	
4	流动比率	=资产负债表！D19/资产负债表！H21
5	速动比率	=（资产负债表！D19-资产负债表！D15）/资产负债表！H21

(续表)

	A	B
6	二、资产管理比率	
7	存货周转次数	=利润表！D6/（（资产负债表！C15+资产负债表！D15）/2）
8	存货周转天数	=Round（360/B7,0）
9	应收账款周转次数	=利润表！D6/（（资产负债表！C15+资产负债表！D15）/2）
10	应收账款周转天数	= Round（360/B9,0）
11	营业周期	=B8+B10
12	流动资产转转次数	=利润表！D5/（（资产负债表！C19+资产负债表！D19）/2）
13	流动资产转转天数	=360/B12
14	总资产周转次数	=利润表！D5/（（资产负债表！C42+资产负债表！D42）/2）
15	总资产周转天数	=360/B14
16	三、负债比率	
17	资产负债率	=资产负债表！H31/资产负债表！D42
18	产权比率	=资产负债表！H31/资产负债表！H41
19	有形净值债务率	=资产负债表！H31/（资产负债表！H41-资产负债表！D35）
20	已获利息倍数	=（利润表！D20+利润表！D19+80）/80
21	四、盈利能力比率	
22	销售净利率	=利润表！D20/利润表！D5
23	销售毛利率	=（利润表！D5-利润表！D6）/利润表！D5
24	资产净利率	=利润表！D20/（（资产负债表！C42+资产负债表！D42）/2）
25	净资产收益率	=利润表！D20！（（资产负债表！G41+资产负债表！H41）/2）
26	财务费用中利息费用为	80

（三）分析结果显示和应用说明

随着公式定义的完成，即可立即出现如表5-8所示的分析结果，如果下一个会计期因新业务发生而改变了资产负债表和利润表中的数据，财务比率的计算结果就会随着报表数据的变化而自动变化。本例为年度数据，如果是月度报表数据，应根据情况变化而改变相应公式。如此，既可以大大减轻会计人员的工作强度，提高劳动效率，又可减少差错的发生，还及时地实现了对数据的处理。

会计报表分析的方法有比较分析法和趋势分析法，比率分析是比较分析法中的一种，也是最基本的分析方法。会计报表分析的内容也非常广泛，不同的报表使用人，不同的数据范围，不同的目的，其要求的侧重点和方法也不相同。理解和掌握了利用Excel快速进行会计报表比率自动计算的基本方法，再进行所需计算和分析时，效率就提高多了。

表 5-8　　　　　　　　　自动计算的财务比率结果

	A	B		A	B		A	B
1	基本财务比率定量分析表							
2	分析指标	结果数据		分析指标	结果数据		分析指标	结果数据
3	一、变现能力比率		11	营业周期	53	19	有形净值债务率	113.49%
4	流动比率	2.33	12	流动资产周转次数	4.58	20	已获利息倍数	3.50
5	速动比率	1.91	13	流动资产周转天数	79	21	四、盈利能力比率	
6	二、资产管理比率		14	总资产周转次数	1.63	22	销售净利率	4.53%
7	存货周转次数	15.95	15	总资产周转天数	221	23	销售毛利率	-21.47%
8	存货周转天数	23	16	三、负债比率		24	资产净利率	7.39%
9	应收账款周转次数	12.21	17	资产负债率	53.003%	25	净资产收益率	14.95%
10	应收账款周转天数	30	18	产权比率	112.77%			

分析应用：首先，可以再分析临近 3 个年度的报表数据得出结果，进行同期比对或趋势分析；其次，根据参考值确定表中指标哪些是正常的，哪些是异常的；第三步，对于异常指标指向进行税种指标分析验证。

第三节　房地产开发纳税评估指标

所谓房地产纳税评估指标是指在对房地产开发经营的企业实施纳税评估过程中，以分析和判断其在被纳税评估期间是否足额、及时履行纳税义务的评估指标。主要包括税法遵从评估指标和分税种评估指标。

一、税法遵从评估指标

(一) 主营业务收入税负率

主营业务收入税负率＝全部缴纳税额/主营业务收入×100%

数据来源：全部缴纳税额——是指评估当期企业缴纳的各税费之和，主营业务收入——损益表中的主营业务收入。

分析目的：通过对企业主营业务收入税负率计算分析，可以掌握企业流转税的缴纳情况。

(二) 纳税申报率

纳税申报率＝申报应纳税额/全部缴纳税额×100%

数据来源：申报应纳税额——根据企业纳税申报表合计数取得；全部缴纳税额——是指评估当期企业缴纳的各税费之和，既包括申报缴纳的税额，也包括查补（稽查查补、审计、财政查补）缴纳税额。

分析目的：分析企业纳税申报率，能准确反映企业自行申报纳税的自觉性，反映其税法遵从度。

(三) 税款入库率

税款入库率＝实际缴纳税额/申报应纳税额×100%

数据来源：实际缴纳税额——是指企业申报税款的入库数额；申报应纳税额——根据企业的纳税申报表合计数取得。

分析目的：分析税款入库率，反映企业的各项税款的缴纳程度，可全面了解企业的欠税情况。

(四) 企业所得税贡献率

税收贡献率＝已纳税额/主营业务收入×100%

数据来源：已纳税额——是指评估当期企业实际缴纳的企业所得税税额；主营业务收入——损益表中主营业务收入项目金额。

分析目的：通过一定时期企业所得税贡献率的比较，分析所得税纳税变化，若低于预警值，可能存在不计或少计销售（营业）收入、多列成本费用、扩大税前扣除范围等问题，应运用所得税变动率等相关指标做进一步评估分析。

二、分税种评估指标

目前，中国现行征收的税种，共计有18个：增值税、消费税、企业所得税、个人所得税、资源税、城市维护建设税、房产税、印花税、城镇土地使用税、土地增值税、车船使用税、船舶吨税、车辆购置税、关税、耕地占用税、契税、烟叶税和环境保护税等。截至 2020 年 8 月底，已有 11 个税种已经完成立法，包括车辆购置税法、车船税法、船舶吨税法、个人所得税法、耕地占用税法、环境保护税法、企业所得税法、烟叶税法、资源税法、契税法和城市维护建设税法。

房地产开发企业在日常经营过程中，除了烟叶税和船舶吨税外，几乎会涉及所有税种，下面分税种介绍各税种纳税评估常用指标，但不包括"消费税、资源税、车船使用税、车辆购置税、关税和环保税"。

（一）增值税评估指标

1. 一般纳税人增值税税负率

（1）增值税负担率

增值税负担率＝增值税已纳税总额/主营业务收入×100%

数据来源：增值税已纳税总额——是指评估当期企业实际缴纳的增值税税额；主营业务收入——损益表中主营业务收入项目数据。

分析目的：分析增值税占主营业务收入的比例，与预警值进行比对，衡量企业增值税负担率是否低于预警值，或存在其他异常情况。

（2）销（预）售收入税负率

销（预）售收入税负率＝增值税纳税总额/（销售收入+预收账款）×100%

数据来源：增值税纳税总额——是指评估当期企业实际缴纳的增值税税额；销售收入——是指损益表中主营业务收入；预收账款是指企业预收账款科目期末余额减预收账款科目期初余额。

分析目的：此指标适用于采取预收账款方式销售不动产、转让土地使用权的企业，通过企业销（预）售收入税负率与预警值的比较，可以看出企业房地产企业增值税负担的真实水平，从而发现预收账款是否及时缴纳了增值税金及附加。

（3）增值税税负变动率

增值税税负变动率＝（本期增值税负担率−基期增值税负担率）/基期增值税负担率×100%

分析目的：分析增值税税负的变动是否与主营业务收入变动率同步。无论是哪个税种的税负率，都不能作为评判指标使用，只能作为参考指标或者验证指标使用。

2. 增值税税负差异率

预警值设置：±25%

本期增值税税负率与往期或同期增值税税负率差异＝入库增值税/（销售（营业）收入+预收账款净增加额）×100%/往期或同期增值税税负率

数据来源：入库增值税来源于大集中系统中单户房地产纳税人销售不动产入库的增值税，收入数来源于大集中系统中《利润表》中的销售收入数，预收账款净增加额为税务部门要求纳税人按月报送的期末数与期初数的差额。

分析目的：将本企业当期增值税税负率与往期或同期销售不动产的增值税税负率相比，如果差异率超过±25%属于异常。

3. 发票开具金额与应纳增值税营业收入（预收账款）差异率

预警值设置：1

指标比对：本期发票开具金额/本期应纳增值税营业收入（预收账款）

数据来源：统计发票开具金额取自《××省税务局发票网上开具管理信息系统》中，应纳销售不动产增值税营业收入（预收账款）取自大集中系统纳税申报表中。

分析目的：计算发票开具金额与应纳销售不动产增值税营业收入（预收账款）差异率。该指标大于1时，则提示异常，可能存在隐瞒收入或者虚开发票的问题。

4. 住宅类房产的物价核准价格与申报的计税收入单价差异

预警值设置：0.9

指标比对：企业申报的年度结转销售收入/销售面积/物价核准每平方平均售价

数据来源：省局大集中系统中纳税人申报的数据，利用综合治税平台获取物价部门核准的房地产平均售价、纳税人报送的年度结转销售收入的销售面积。

分析目的：通过住宅类房产的最低交易计税价格来推算房地产纳税人的收入是否足额申报缴纳增值税或是否存在违规低价销售、视同销售未申报纳税问题。

应用要点：未考虑多种性质商品房在一个项目中开发，且占比较为平均的；按年执行。

（二）城市维护建设税

5. 入库的流转税税额和增值税免抵税额与城建税计税依据差异

增值税纳税总额=（销售收入+预收账款）×销（预）售收入税负率

应缴纳城市维护建设税=（入库的流转税税额+增值税免抵税额）×适用税率

数据来源：增值税纳税总额——是指评估当期企业实际缴纳的增值税税额；销售收入——是指损益表中主营业务收入；预收账款是指企业预收账款科目期末余额减预收账款科目期初余额。入库增值税来源于大集中系统中单户房地产纳税人销售不动产入库的增值税。

风险描述：同一税款所属期企业入库的流转税税额（增值税和消费税）和审批的增值税免抵税额的合计额，大于城建税计税依据，存在少缴城建税及附加税费的风险。主要原因在于企业未将出口免抵的应纳增值税额作为计算城建税和教育费附加的计税依据。

分析目的：按税款所属期统计征管系统入库的增值税、消费税税额以及出口退税审批系统审批的免抵税额，减去退还的同一所属期流转税税额（不包括出口退税、即征即退、先征后退），比对同一所属期企业申报城建税计税依据，确认是否存在少申报城建税及附加的情况。

(三) 土地增值税评估指标

6. 土地增值税税负率

销(预)售收入税负率 = 已纳土地增值税税额 / (销售收入 + 预收账款) ×100%

数据来源：土地增值税已纳税额——是指评估当期企业实际缴纳的土地增值税税额；销售收入——损益表中主营业务收入，预收账款是指企业预收账款科目期末余额减预收账款科目期初余额。

分析目的：此指标应与土地增值税预征率比较，剔除企业已进行土地增值税清算影响因素外，若比值小于预征率，企业可能存在未缴、少缴税款现象。

7. 土地增值税预缴税负与预缴率差异

预警值设置：3%

单户土地增值税预缴税负与预缴率差异 = 预缴土地增值税额 / (销售(营业)收入 + 预收账款净增加额) ≥3%

数据来源：大集中系统中入库的土地增值税数据和年度利润表中的销售(营业)收入、纳税人专项报送的预收账款数据。

分析目的：通过单户土地增值税预缴税负与某市局规定的预缴率比较，不应小于3%，如预缴税负小于3%，提示异常，可能存在纳税人土地增值税未按规定执行预缴政策风险。

8. 土地增值税预征计税收入申报差异率

预警值设置：1

指标比对：(本期预收账款期末数 - 本期预收账款期初数 + 本期销售收入) / 纳税户本期已申报的土地增值税计税收入

数据来源：大集中系统中财务报表相关数据，企业报送的预收账款数据以及大集中系统中的土地增值税计税收入。

分析目的：适用于房地产开发企业按收入乘以预征率预征土地增值税。计算纳税户本期应申报土地增值税计税收入与纳税户已申报的土地增值税计税收入的差异率，该指标大于1时，提示异常，可能存在纳税人少申报土地增值税计税收入。

9. 发票开具金额与应纳土地增值税计税收入差异率

预警值设置：1

指标比对：本期发票开具金额 / 本期应纳土增税计税收入

数据来源：统计发票开具金额取自《某省税务局发票网上开具管理信息系统》中，应纳土地增值税计税收入取自大集中系统纳税申报表中。

分析目的：计算发票开具金额与应纳土地增值税计税收入差异率。该指标大于1时，则提示异常，可能存在隐瞒收入、少申报土地增值税的问题。

10. 房地产应税收入与应纳土地增值税税负变动率

原理描述：通过省大集中系统财务报表数据和土地增值税申报表数据的全面比较，得出房地产应税收入与应纳土地增值税负变动率，分析国标行业小类为房地产开发经营的纳税人是否存在少申报土地增值税及财务报表数据不实的问题。

预警值设置：1

指标比对：房地产销售收入与应纳土地增值税额变动率=［分析期应纳土地增值税额/（分析期房地产销售收入+分析期预收账款期末数-分析期预收账款期初数）］÷［基期应纳土地增值税额/（基期房地产销售收入+基期预收账款期末数-基期预收账款期初数）］×100%

数据来源：应纳土地增值税额取自征收信息表中应纳土地增值税税额合计；房地产销售收入取自征收信息表中土地增值税对应的销售收入合计；预收账款期末数、期初数取自税务部门要求纳税人报送采集的财务报表。

评分标准：变动率大于1时为非正常，比率在1~1.1（含）之间的积1分，比率在1.1~1.2（含）之间的积2分，比率在1.2~1.5（含）之间的积3分，比率高于1.5的积4分。

应用要点：该指标可以按年度对纳税人的土地增值税的税负变动情况进行监控，不同年度的税负变动情况是否合理，在预征环节是否与预征率变动相符，也可以在清算环节对纳税人不同项目的土地增值税的税负情况进行比较分析；按月执行。

（四）印花税评估指标

11. 印花税负担率

印花税负担率=印花税已纳税额/计税依据×100%

数据来源：印花税已纳税额——指评估当期企业实际缴纳的印花税税额之和；计税收入——应根据印花税应税项目的合同金额确定。

分析目的：通过分析印花税已纳税额与计税收入的比例关系，判断企业是否足额缴纳印花税。

12. 印花税应纳税额变动率

应纳税额变动率=（本期应纳印花税-基期应纳印花税）/基期应纳印花税×100%

分析目的：配比分析主营业务收入变动率与印花税变动率是否同步。

13. 产权转移书据印花税差异率

通过对企业销售收入和"招、拍、挂"土地信息的分析，发现是否按规定申报缴纳产权转移书据印花税的情况。

预警值设置：1

指标比对：（本期期末预收账款-期初预收账款+本期主营业务收入+本期通过"招、拍、挂"取得土地使用权支付的金额）×适用的印花税税额/本期缴纳的产权转移书据印花税数据来源：省大集中系统财务报表（资产负债表、利润表）中的相关数据，企业报送的预收账款数据，国土部门的"招、拍、挂"土地信息，大集中系统中印花税申报数据。

14. 建筑合同印花税差异率

通过对企业建筑工程中标信息的分析，发现是否按规定申报缴纳建筑合同印花税的情况。

指标比对：本期通过采集取得的建筑工程中标信息的中标金额）×适用的印花税税额/本期缴纳的建筑合同印花税

数据来源：住建局的建设工程中标信息，大集中系统中印花税申报数据。

预警值设置：1。本期应缴建筑合同印花税与实际缴纳建筑合同印花税差异率大于1时为异常。

（五）契税

15. 契税申报缴纳差异率

适用于取得土地的房地产企业，通过对企业实际申报缴纳契税金额与在国土部门取得土地成交价格应申报缴纳契税的金额进行比对，从而发现企业存在未足额申报缴纳的风险。

预警值设置：1

指标比对：企业申报缴纳契税的金额/取得土地成交价格应缴纳契税的金额

数据来源：第三方取得的土地成交价格信息（含国土、住建、村居等部门和相关单位），契税主管部门内部系统中的契税缴纳信息。

16. 契税负担率

契税税负担率＝契税已纳税额/计税依据×100%

数据来源：契税已纳税额——是指评估当期企业实际缴纳的契税税额之和；计税收入——应根据契税应税项目的合同金额确定，查找"开发成本"中的"取得土地使用权"支出金额。

分析目的：通过分析契税已纳税额与计税收入的比例关系，判断企业是否足额缴纳契税。

（六）耕地占用税

17. 企业土地税源登记与国土登记差异

指标比对：国土局登记土地总面积/税源登记总面积

数据来源：国土局提供的第三方信息、大集中系统中登记的税源登记信息。

应用要点：房地产企业取得土地后应申报办理应税财产登记，并按规定申报缴纳耕地占用税，如纳税人税源登记自有土地面积少于国土部门登记土地面积，则存在少缴耕地占用税风险；按次执行。

(七) 房产税评估指标

18. 房产税税源登记

预警值设置：1

指标比对：税源登记自有面积总和/房管部门登记房产面积。

数据来源：房产局提供的第三方数据（综合合治前向纳税人采集房产证信息），大集中系统中企业登记的自有房产面积总和。

应用要点：房地产企业自有房产面积应大于房管部门登记的建筑面积，如小于，则存在登记不实，少缴房产税风险；按季执行。

19. 自有房产原值应纳税额与实际纳税额差异

指标比对：自有房产原值×70%×1.2%/年度入库房产税额

数据来源：大集中系统中企业登记的自有房产原值、大集中系统中年度入库房产税额。

应用要点：房地产企业自有房产原值应纳税额与纳税人实际纳税额应一致，否则存在少缴房产税风险；按年执行。

20. 自建自用房产原值差异

预警值设置：1

指标比对：自建自用房产原值差异＝自建自用房产原值/面积/同期同类结转销售的单位房产成本价

数据来源：大集中系统中企业登记的自有房产原值、面积，纳税人同期同类结转销售的单位房产成本价。

应用要点：房地产企业由于经营特点，其自建自用单位房产价值应与纳税人同期同类结转销售的单位房产成本价一致，否则存在少缴房产税的风险；按年执行。

(八) 城镇土地使用税评估指标

21. 企业土地税源登记与国土登记差异

指标比对：国土局登记土地总面积/税源登记总面积

数据来源：国土局提供的第三方信息、大集中系统中登记的税源登记信息。

应用要点：房地产企业取得土地后应申报办理应税财产登记，并按规定申报缴纳土地使用税，如纳税人税源登记自有土地面积少于国土部门登记土地面积，则存在少缴土地使用税风险；按季执行。

22. 企业缴纳土地使用税与税源登记差异率

预警值设置：1

指标比对：房地产企业年度入库土地使用税总额/税源登记应纳土地使用税总额。

数据来源：大集中系统中申报缴纳土地使用税信息、税源登记中的税源信息。

应用要点：房地产企业申报缴纳的土地使用税应与税源登记中财产登记应纳税额

一致，否则存在少缴土地使用税或财产登记不实；一般是按季执行。

23. 应纳税额变动率

应纳税额变动率=（本期应纳税额-基期应纳税额）/基期应纳税额×100%

分析目的：通过分析企业应纳税额的变动情况，进一步了解计税依据是否发生变动情况，是否及时足额缴纳税额。

（九）个人所得税评估指标

24. 个人所得税税金工资比

个人所得税税金工资比=个人所得税/工资支出×100%

数据来源：个人所得税——指评估当期企业履行扣缴义务，代扣代缴的工资薪金所得项目个人所得税额；工资支出指企业应付职工薪酬科目中实际支付给个人的工资、津贴、奖金等报酬。

分析目的：通过代扣个人所得税与"工资薪金所得"的比率分析，判断企业是否足额扣缴了职工的"工资薪金"税目的个人所得税。

25. 年收入12万元个税自行申报人数与高管比对差异

适用于财务核算健全的房地产企业，通过省大集中系统中申报入库信息的比对分析，看高管人员是否都及时进行年收入12万元个税自行申报。

指标比对：由本企业支付报酬的高管人数-已进行年收入12万元个税自行申报的人数

数据来源：省大集中系统年收入12万元个税自行申报入库信息，个人所得税全员全额申报明细数据。

应用要点：一般来讲，房地产企业的高管人员年工资应该都在12万元以上，且仅考虑由本企业发放的人员，由其他单位或者总公司发放的不在本指标的监控范围以内；在对该指标进行深度应对时，还应考虑各单位的实际情况，可能部分老集体企业的高管人员工资达不到该标准，但还有不少企业不是高管的人员，如：销售经理等，可能年收入也在12万元以上，有无以虚列人员等形式化解工资，以达到少申报缴纳个税的情况；按年执行。

26. 净资产份额与个人股权转让金额匹配

适用于财务核算健全的房地产企业，具有房产或土地可增值项的，通过外部获取的个人股权转让信息与省大集中系统中申报入库个人股权转让应缴纳的个人所得税比对分析，看是否以"阴阳交易合同"形式少申报缴纳个人所得税。

指标比对：外部获取的有自有房产、土地登记的房地产纳税人转股信息与大集中系统中该纳税人个税入库信息比对，无"利股红"个税扣缴入库的，视为风险户；

或：转让时该企业净资产额×本次转让的个人股权占企业总股份的比例/本次由外部数据采集取得的个人股权转让额

数据来源：省大集中系统财务报表信息、申报纳税信息，外部工商部门传递的个人股权转让信息。

应用要点：在对该指标进行深度应对时，不仅仅考虑净资产因素，还要结合该项目的开发周期、前景以及转让的背景和周边楼盘的转让行情等具体情况综合分析；按季执行。

27. 未分配利润长期不分配

房地产开发企业有未分配利润，长期挂账不进行分配，可能存在未按规定代扣代缴"股息、红利"所得个人所得税的风险。

指标比对：年末未分配利润

数据来源：省大集中系统中财务报表信息。

应用要点：该指标适用于有自然人投资的企业；特别近几年房地产效益非常好但长期不进行分配、股东个人借款长期不还等情况，是否存在利用虚列成本提前套现等现象，应进行深入分析；按年执行。

（十）企业所得税评估指标

28. 企业所得税税收负担率

分为预售房收入税收负担率和销售收入税收负担率。即分析期应纳企业所得税额与分析期应税销售收入的比值。

税收负担率＝（分析期应纳税额÷分析期应税销售收入）×100%

有的房地产企业在同一时期内既有预售房收入，又有销售收入的情况下，可分别计算测定。

分析目的：在实际工作中，应将税收负担率和收入变动率与相应的正常峰值进行比较，收入变动率高于正常峰值，税负率低于正常峰值的；收入变动率低于正常峰值，税负率低于正常峰值的和收入变动率及税负率均高于正常峰值的房地产开发企业均可列入疑点范围。

29. 所得税税负变动率

所得税税负变动率＝（本期所得税税负率－基期所得税税负率）/基期所得税税负率×100%

分析目的：与企业基期和当地同行业同期指标相比，低于预警值可能存在不计或少计销售（营业）收入、多列成本费用、扩大税前扣除范围等问题。运用其他相关指标深入详细评估，并结合上述指标评估结果，进一步分析企业销售（营业）收入、成本、费用的变化和异常情况及其原因。

30. 应纳税所得额变动率

应纳税所得额变动率＝（本期应纳税所得额－基期应纳税所得额）/基期应纳税所得额×100%

数据来源：来源于评估期、基期的"企业所得税年纳税申报表"。

分析目的：关注企业处于税收优惠期前后，该指标如果发生较大变化，可能存在少计收入、多列成本，人为调节利润问题；也可能存在费用配比不合理等问题。

31. 准予扣除项目变动率

准予扣除项目变动率＝（本期准予扣除项目－基期准予扣除项目）/基期准予扣除项目×100%

数据来源：企业年度企业所得税纳税申报表中"准予扣除项目"中包含的内容，评估期与基期数据。

分析目的：配比收入变动率看是否同步增减，以分析企业所得税申报中是否存在扩大税前扣除范围的问题。

32. 销售收入变动率与销售成本变动率差异

指标比对：｛［本期销售收入净额－基期销售收入净额］/基期销售收入净额×100%｝/｛［本期销售成本－基期销售成本］/基期销售成本×100%｝

数据来源：大集中系统《企业所得税年度申报表（A类）》销售收入净额和销售成本。

应用要点：销售收入变动率与销售成本变动率的比率，小于1时，可能存在少计收入、多转成本等问题，而且比率越低，疑点越高；按年执行。

33. 销售收入变动率与销售费用变动率差异

指标比对：｛［本期销售收入净额－基期销售收入净额］/基期销售收入净额×100%｝/｛［本期销售费用－基期销售费用］/基期销售费用×100%｝

数据来源：大集中系统《企业所得税年度申报表（A类）》销售收入净额和销售费用。

应用要点：销售收入变动率与销售费用变动率的比率，小于1时，可能存在少计收入、多列费用等问题，而且比率越低，疑点越高；按年执行。

34. 销售收入变动率与所得税变动率差异

指标比对：［（本期销售收入净额－基期销售收入净额）/基期销售收入净额×100%］/［（本期应缴所得税额－基期应缴所得税额）/基期应缴所得税额×100%］

数据来源："金三"系统《企业所得税年度申报表（A类）》主表。

应用要点：计算销售收入变动率与所得税变动率的比率，大于1时，可能存在虚列成本费用、纳税调整不完整、应税收入与免税收入划分不准确、将应税收入挂往来账或直接记入所有者权益等问题，而且比率越高，疑点越高；按年执行。

35. 预收账款净减少与销售收入配比

指标比对：预收账款的借方发生额－年度主营业务收入额≤0

数据来源：预收账款净减少额为税务机关要求纳税人按月报送的期末数与期初数

的差额、年度主营业务收入额为大集中系统纳税人报送的年度财务报表数据。

应用要点：房地产企业一般均实行商品房预售经营模式，在项目销售基本完毕年度，预收账款的净减少额应小于或等于年度收入额，否则存在少计收入、费用冲减收入风险；按年执行。

36. 管理费用占比差异

将本期管理费用占营业收入的比例与标准值比较，高于标准值视为异常，可能存在虚列管理费用或者不计、少计销售（营业）收入等问题。

指标比对：本企业的管理费用占比与行业管理费用占比差异＝本期管理费用/销售（营业）收入×100%/行业平均管理费用占比

数据来源："管理费用"和营业收入为大集中系统财务报表的《利润表》中项目数据。

应用要点：行业管理费用占比为本辖区同行业的平均值；按年执行。

37. 建筑业单位成本差异

为防止房地产企业通过虚开建筑业发票，人为增加开发成本，减少利润，必须加强对建筑业项目的事中监控，对原登记项目金额和变更金额之和与同期建筑业成本预警值比较分析。

指标比对：建筑业单位成本差异＝（原建筑业项目登记金额+变更金额）/建筑面积/同期建筑业成本预警值

数据来源：省大集中系统中登记信息。

应用要点：按月执行。

38. 预计毛利额与纳税调增额差异

房地产纳税人期末预收账款净增加额应按预计毛利率计算预计利润，作为纳税调增项，并入当期应纳税所得额，计算缴纳企业所得税，如预计利润额与实际纳税调增毛利额不一致，则存在纳税人未按规定计算预计毛利问题。

指标比对：（预计利润纳税调增额－预计利润纳税调减额）/（期末预收账款净增加额×预计毛利率）

数据来源：纳税人专项报送的预收账款额、《企业所得税年度申报表（A类）》附表三的52行第4、第5列。

应用要点：按年执行。

39. 季度预缴所得税预计利润配比

房地产企业季度申报预缴企业所得税时，应将季度净增加的预收账款预计利润并入季度损益申报预缴企业所得税，如实际申报缴纳企业所得税与应预缴企业所得税不一致，存在未按季度预缴企业所得税风险，且差额越大风险越大。

指标比对：季末实际预缴企业所得税额/｛（季度末预收账款余额－季初预收账款

余额）×预计毛利率+季度末净利润}×25%=1

数据来源：预收账款数来源于纳税人专项报送。季度末净利润来自季度报送《利润表》、季末实际预缴企业所得税额来自金三申报入库数据。

应用要点：分项目性质进行比较（住宅、商业、别墅、经济适用房）；按季执行。

40. 所得税贡献率

将本企业当期所得税贡献率与标准值比较，低于标准值视为异常，可能存在不记或少记销售（营业）收入、多列成本费用、扩大税前扣除范围等问题。

指标比对：所得税贡献率={应纳所得税额÷[销售（营业）收入+预收账款净增加额×预计毛利率]}×100%

数据来源：应纳所得税额、销售（营业）收入分别来源于大集中系统企业所得税年度汇算申报（A类）主表的第27行、第1行的第3列；预收账款净增加额为税务机关要求纳税人按月报送的期末数与期初数的差额。

应用要点：为鼓励纳税人缴纳税款的积极性，故未对贡献率高的纳税人设置预警指标和分值；考虑到开发初期可能存在未结转营业收入时，期间费用同样发生，导致当期的企业所得税贡献率低于2%的情况，故在主营业务收入为"0"时，该指标不监控；按年执行。

（十一）税种比对分析指标

41. 当期入库增值税与城市维护建设税的差异

适用于财务核算健全的房地产企业，通过省大集中系统中申报入库信息的比对分析，增值税的入库金额与当期城市维护建设税的入库金额是否匹配。

指标比对：本期申报入库的增值税税额×城建税税率/本期申报入库的城市维护建设税税额

数据来源：省大集中系统申报入库信息。

应用要点：在对该指标进行应用时，要考虑项目所在地，即城市维护建设税的税率问题，同时要考虑比较分析的都是当期的数据，不含查补、评估入库的税款；按月执行。

42. 当期入库增值税与土地增值税的差异

适用于财务核算健全的房地产企业，通过省大集中系统中申报入库信息的比对分析，增值税的入库金额与当期土地增值税的入库金额是否匹配。

指标比对：本期申报入库的增值税税额×关联度/本期申报入库的土地增值税税额

数据来源：省大集中系统申报入库信息。

应用要点：在对该指标进行应用时，仅在土地增值税预征环节，同时要考虑项目的性质和当时的预征标准，根据市区的项目和预征标准，关联度是增值税税率与土地增值税的预征率的比率，普通住宅2010年1月—2011年6月时指标比对中关联度为

40%，2011年7月以后关联度为60%，非普通住宅2010年1月—2011年6月时指标比对中关联度为60%，2011年7月以后关联度为100%；同时要考虑比较分析的都是当期的数据，不含查补、评估入库的税款；按年执行。

第四节　建立纳税评估指标体系

建立纳税评估指标体系是指在广泛收集房地产开发经营企业纳税资料和相关信息资料的基础上，结合纳税评估工作实际，对上述纳税评估指标进行合理赋值，建立有内在联系且能够全面反映该行业纳税状况的一系列指标组合。

一、纳税评估指标体系

评估指标体系=通用指标+专用指标+其他指标，这是体系之一。
评估指标体系=财务指标+税种指标+经营指标，这是体系之二。
评估指标体系=评判指标+验证指标+参考指标，这是体系之三。
下面着重介绍一下体系之一中的二十五个指标组合。

（一）通用指标之所得税税收负担率

1. 预售收入税收负担率：市区（包括郊区）12%~15%、县8%~10%。
2. 销售收入税收负担率：15%~25%。

（二）通用指标之主营业务利润所得税负担率

3. 预售收入的主营业务利润所得税负担率为10%~15%。
4. 销售收入的主营业务利润所得税负担率为20%~25%。

（三）通用指标之主营业务收入成本率

5. 预售收入的主营业务收入成本率：0%。
6. 销售收入的主营业务收入成本率：65%~80%。

（四）通用指标之主营业务收入费用率

7. 预售收入的主营业务收入费用率：10%~20%。
其中财务费用约等于0%，管理费用与销售费用之比约为2∶8。
8. 销售收入的主营业务收入费用率：5%~10%。
其中，财务费用率<1%，管理费用与销售费用之比约为6∶4。

（五）通用指标之成本费用率

9. 成本费用率的参考预警值：6.25%~15%。

（六）通用指标之上述指标的同期对比变动差异率

10-18. 上述九个指标的同期对比变动差异率，如果差异率超过±15%，则为异常。

（七）专用指标

19. 土地征用及拆迁费占开发产品总成本比率：10%~15%。
20. 前期工程费占开发产品总成本比率：5%~10%。
21. 建筑安装工程费占开发产品总成本比率：45%~55%。
22. 基础设施建设费占开发产品总成本比率：5%~10%。
23. 公共配套设施费占开发产品总成本比率：2%~5%。
24. 开发间接费用占开发产品总成本比率：3%~5%。
25. 期间费用成本率：

期间费用成本率＝（营业费用+管理费用+财务费用）÷开发成本×100%，区间值（5.2%~6%）。

数以百计也好，数以千计也罢，指标确实是有的是（很多的），但是，不是每个指标都要用来做纳税评估分析或税收风险识别分析的。建立任何指标体系都是以简单实用和可操作为前提的，无论是哪个分类，综合组合应用之。纳税评估指标的不同分类：财务指标和税种指标、通用指标和专用指标、评判指标和验证（参考）指标。

二、指标综合应用之税收风险整体评价

假定房地产行业纳税评估指标体系选取 66 个指标，采用百分制的方式对纳税人进行风险分析，积分在 85 分（含）以上的为高风险，积分在 35 分（含）以上 85 分以下的为中等风险，积分在 35 分以下的为低风险。高风险的推送到稽查部门应对，中等风险的推送到评估部门进行应对，低风险的可不应对或者推送到纳税服务局进行风险提示。这是税务部门的行业专项纳税评估或行业税收风险防控主要工作思路。

同时设定修订条件：将纳税人土地增值税应清算的及时性等管理难度大，当期入库增值税与土地增值税的差异等对税收影响幅度大的风险指标列为关键指标，只要关键指标存在风险，可不受本模型积分的限制，直接列为高风险进行应对。

税务部门在进行风险分析和管理时，采取二维坐标动态分类管理的方式，即以风险发生对税收影响的强度为横坐标，风险发生的概率为纵坐标，把纳税人涉税风险发生的领域分成高、中、低三个区域（如图 5-1，高中低风险领域对应 ABC 三个区域）。

通过动态分类管理，高风险领域的纳税人是重点关注的对象，税务部门应及时进行高等级风险应对，如税务稽查或反避税调查；中风险领域的纳税人也应进行跟踪管理，可以对其进行税务约谈和实地调查，一旦条件发生变化，转移到高风险领域时，转稽查或反避税调查；低风险领域的纳税人可不重点关注和应对，也可将相关涉税风险以风险提示的方式反馈至相应的纳税人。这样既可以节约税务管理的资源和成本，

又可以对涉税风险较大的纳税人进行重点关注和管理,达到税收风险分类管理和税源专业化、精细化管理的要求。

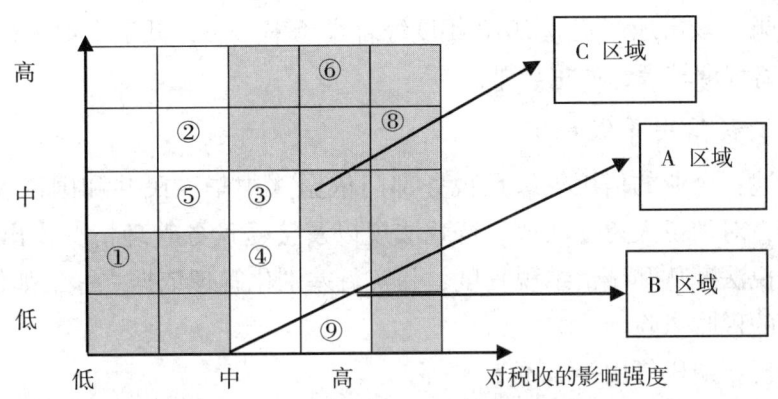

图 5-1　风险发生的概率

举例说明总体税收风险评价应用:选取综合税负率是评判指标,纳税信用等级是参考指标,对某房地产企业实施总体税收风险评价。

(一) 单户总体税负与行业平均税负差异

原理描述:房地产业纳税人总税负与行业平均税负比较,偏离值较大时,说明纳税人存在一个或几个税种申报不实的风险。

指标比对分析:单户总体税负(A) = 单个纳税人各税种申报应纳税额合计/[营业(主营业务)收入+(预收(账款)款项期末-预收(账款)款项期初)]×100%

行业平均税负(B) = ∑各样本企业税负值/样本企业户数

数据来源:各税种申报应纳税额合计来源于大集中系统征收信息表中税额合计;营业(主营业务)收入合计来源于大集中系统纳税人报送的《利润表》中主营业务收入期末累计数;预收(账款)款项期末数、期初数由税务部门要求纳税人定期专项报送数据以及大集中系统中经济适用房税收优惠备案信息。

预警值设置(企业所得税):

企业所得税7.5%~13%,其中,经济适用房项目是5.5%~9.5%

评分标准:单户总体税负低于10%(或7.5%)、经济适用房6.25%(或5.5%)为异常。

应用要点:预警值的设置由企业正常申报的与收入有关的增值税、城市维护建设税、教育费附加、土地增值税预征、企业所得税预征等项目构成;预警值为在大市区的房地产企业适用,其他各县(市)可根据当地实际情况自行调整;纳税人各税种申报额为年度申报额,不含查补以前年度、代扣、代收税款等与本期收入无关的纳税人申报税款，还应包括不在当期申报缴纳但所属期为分析期的税款（如以后查补的应属于分析期的税款）；分析时，分项目性质进行比较（住宅、商业、别墅、经济适用房）；按年执行。

分析结果：该房地产企业2018年度综合税负率12%，低于本地区行业综合税负率19%，且偏离程度较高，严重异常。

（二）纳税信用等级评定

原理描述：企业的信用等级是税务部门依据《中华人民共和国税收征收管理法》的相关规定，对纳税人遵守法律、行政法规以及接受税务管理情况作出的评价，可以反映纳税人税法遵从和诚信纳税程度，是实行差别化管理依据之一，如信用等级较低，则存在一定的税收风险。

比对分析：纳税信用等级不为A等。

数据来源：大集中系统中纳税信用等级评定信息。

预警值设置：B、C级。

评分标准：纳税信用等级为B积1分；纳税信用等级为C积2分。该房地产企业2018年纳税信用等级为C级，综合评价异常，确定为2019年纳税评估对象实施纳税评估管理。

指标分类：评判指标、参考指标、验证指标，评判指标是最优指标，验证指标和参考指标是佐证指标，通过评判指标分析发现可能存在税收风险或涉税疑点问题，如果应用参考指标或验证指标分析后发现同样可能存在税收风险或涉税疑点问题，就可以确认该税收风险或涉税疑点问题存在或存在较大可能，需要应对处理。

三、常用评估指标

（一）税收评估指标

指标1　房地产销售信息比对指标（评判指标）

评估指标	（一定期间销售面积（套）×均价）/（1+税率）×税率/同期已纳增值税
异常分析	>1.2，视为异常，可能存在售房所得未按规定缴纳流转税问题
评估资料	××市房地产信息网（http://www.e-fdc.com）和金三系统增值税入库数据
影响税种	经营税金及附加、预缴企业所得税、预缴土地增值税

指标说明：

根据《中华人民共和国城市房地产管理法》第三十四条的规定，房地产开发企业实现销售后，需向房土管理部门如实申报销售信息。"××市房地产信息网"是由房地产交易所主办的网站，包括以下信息：开发商名称及基本信息，项目名称，批准立项日期，一定期间的销售面积、户型、销售量（套）、销售均价等。根据以上信息，可以分项目按均价计算一定期间售房的应税收入总和及应纳流转税额，与该期间已纳税额对比，差异较大的视为异常。

同期已纳增值税仅指"销售不动产"和"转让土地使用权"税目的已纳增值税。

指标2　增值税和印花税勾稽关系指标（参考指标）

评估指标	（代扣印花税×100）/同期已纳增值税
异常分析	>1，视为异常，可能存在售房所得未按规定缴纳流转税问题
评估资料	房管部门代扣印花税明细表，金三系统增值税入库数据
影响税种	经营税金及附加、预缴企业所得税、预缴土地增值税

指标说明：

售房合同印花税由房管部门代扣代缴，税率为万分之五，企业售房已纳增值税不应小于依印花税金额反推出的售房收入按4%缴纳的金额（代扣印花税×100＝代扣印花税/5‰×5%），否则，视为异常。

同期已纳增值税仅指"销售不动产"和"转让土地使用权"税目的已纳增值税。

指标3　人均应纳税所得额指标（评判指标）

评估指标	（（职工工资总额/全年平均职工人数－1000）/12×相应个税税率－速算扣除数）×12×全年平均职工人数
异常分析	>当年已代缴工资薪金个税，视为异常，可能存在少代扣代缴个人所得税问题
评估资料	金三系统中企业所得税纳税申报表、个人所得税入库数据
影响税种	个人所得税

指标说明：

经验数据表明，按平均职工工资计算出的个人所得税总额一般不会大于实际应代扣代缴的个人所得税。如果大于，则视为异常。

指标4　经营收入成本率指标（验证指标）

评估指标	经营收入成本率＝经营成本/经营收入
异常分析	>60%，视为异常，可能存在将自用房、出租房结转成本或视同销售行为未按规定纳税等问题
评估资料	损益表
影响税种	经营税金及附加、企业所得税、土地增值税

指标说明：

通过对房地产开发经营企业进行调查，该行业经营收入成本率一般不会超过60%（仅为参考值，各地可根据本区域实际情况进行调整）。若超过，视为异常。

指标5　净利润率指标（参考指标）

评估指标	净利润率＝净利润/经营收入
异常分析	<15%，视为异常，可能存在多转成本或少计收入问题
评估资料	损益表
影响税种	企业所得税、土地增值税

指标说明：通过对房地产开发经营企业进行调查，该行业净利润率一般不会超过15%（仅为参考值，各局可根据本区域实际情况进行调整）。若超过，视为异常。

指标6　房产税和城镇土地使用税关系指标（参考指标）

评估指标	房产税>0，土地使用税＝0
异常分析	二者同时存在，视为异常，可能存在已纳房产税而未纳土地使用税问题
评估资料	房产税、土地使用税（费）入库数据
影响税种	土地使用税

指标说明：

评估实践表明，部分企业存在已缴房产税但未缴土地使用税情况，需通过约谈等方式进一步了解有关情况。

（二）财务评估指标

指标7　货币资金增幅指标（评判指标）

评估指标	（经营收入+其他业务收入）／（"货币资金"本期余额–上期余额）
异常分析	<50%，即收入低于货币资金增加额的50%，视为异常，可能存在取得收入挂账问题
评估资料	资产负债表，收入明细表
影响税种	经营税金及附加、土地增值税、企业所得税

指标说明：

根据经验判断，一般而言，房地产开发经营业本期收入低于"货币资金"增加额的50%，可能存在异常，该项指标可与其他应付款增幅指标同时使用。

指标8 其他应付款增幅指标（参考指标）

评估指标	（"其他应付款"本期余额-上期余额）/（经营收入+其他业务收入）
异常分析	≥10%，视为异常，可能存在代收款项未计收入或取得收入长期挂账问题
评估资料	资产负债表，收入明细表
影响税种	经营税金及附加、土地增值税、企业所得税
备 注	约谈环节应责成其提供"其他应付款收付明细表"

指标说明：

根据经验判断，一般而言，房地产开发经营业本期"其他应付款"增长额高于当期收入金额的10%，可能存在异常，应通过约谈等方式进一步了解有关情况。

指标9 营业外收入指标（参考指标）

评估指标	营业外收入的"项目内容"中有处置固定资产净收益事项
异常分析	如果纳税申报表中"销售不动产"税目的计税依据小于或等于参考计税依据，视为异常，可能存在房屋赠与未按规定纳税问题
评估资料	损益表，营业外支明细表，合作建房合同
影响税种	经营税金及附加、土地增值税、企业所得税

指标说明：略

四、综合应用

（一）当收入指标1>1

1. 增值税：采用指标4-1；

2. 城建税：采用指标3-1；

3. 企业所得税：纯益率征收，采用指标5-1；

4. 土地增值税：单一开发公寓、别墅、商业、写字楼企业，采用指标6-1。

（二）当收入指标1<1

1. 增值税：按会计确认"应收账款"，采用指标4-2；
   按税法确认"应收账款"，采用指标4-3；

2. 城建税：按会计确认"应收账款"，采用指标3-2；
   按税法确认"应收账款"，采用指标3-3；

3. 企业所得税：纯益率征收，按会计确认"应收账款"，采用指标5-2；

4. 土地增值税：

单一开发公寓、别墅、商业、写字楼企业，按会计确认"应收账款"，采用指标6-2；

单一开发公寓、别墅、商业、写字楼企业，按税法确认"应收账款"，采用指标6-3。

（三）成本指标

1. 视同销售和混乱成本期间，宏观分析，采用指标6-4；

2. 视同销售，采用指标7；

3. 视同销售，微观分析，采用指标8-1、指标8-2、指标8-3。

（四）收入费用指标

混淆费用期间、固定资产改造，采用指标9-1、指标9-2。

（五）综合应用相关分析指标

指标1-1　通过利润表、资产负债表、现金流量表，分析当期确认的收入数与实际收到现金的差异

本年度　上年度

利润表中"主营业务收入"						
加上：资产负债表中"预收账款"期末贷方余额						0.00
加上：其他应付账款——定金						
减去：资产负债表中"预收账款"期初贷方余额						
确认的收入						0.00
现金流量表中"销售商品、提供劳务收到的现金"						0.00
加上：现金流量表中"收到的租金"						
收到的经营收入						0.00
比率=确认的收入/收到的经营收入						

适用范围：应收账款已按会计制度确认收入，应用时需要配合报表附注中的应收账款或者"应收账款"明细账。分析结果：

1. 如果>1，即表示该企业当期确认的收入数大于收到的经营现金。

（1）当期发生未收回的"应收账款"金额大于当期收到前期发生的"应收账款"金额。

① 如果有收回以前年度已计提的坏账准备，该指标不能确定，但可能涉及企业所

得税问题。

② 还应核实是否存在自用、其他视同销售的行为发生。可能还涉及企业所得税、增值税、个人所得税和房产税等。

（2）当期发生未收回的"应收账款"金额小等于当期收到前期发生的"应收账款"金额。

① 通过报表附注中的固定资产增加项，核实是否存在自用行为，看是否有在建工程转入行为发生。可能涉及企业所得税问题。

② 通过"固定资产""在建工程"等科目明细，核实捐赠、赞助、广告、样品、职工福利、抵偿债务、对外投资、换取非现金资产等视同销售行为。可能涉及增值税、企业所得税、个人所得税问题。

③ 通过报表附注"应收账款"的披露，发现收回以前年度已计提的坏账准备，可能涉及企业所得税问题。如果没有视同销售的行为发生，则企业账务处理存在疑点。

④ 发现以上都不是，则企业账务处理可能存在问题。

2. 如果=1，即表示该企业当期确认的收入数等于收到的经营现金。

（1）当期发生未收回的"应收账款"金额大于当期收到前期发生的"应收账款"金额。

① 企业有收回以前年度已计提的坏账准备，则该指标不能确定。但可能涉及企业所得税问题。

② 如果没有收回以前年度已计提的坏账准备，则企业账务处理可能存在问题。

（2）当期发生未收回的"应收账款"金额等于当期收到前期发生的"应收账款"金额。如果没有自用、其他视同销售的行为发生，以及收回以前年度已计提的坏账准备已记入当期应纳税所得额，则可能合理。

（3）当期发生未收回的"应收账款"金额小于当期收到前期发生的"应收账款"金额。

① 通过报表附注中的固定资产增加项，核实自用行为，看是否有在建工程转入行为发生。注意是否企业直接将成本转为固定资产，可能涉及企业所得税和房产税。

② 通过"固定资产""在建工程"等科目明细，检查捐赠、赞助、广告、样品、职工福利、抵偿债务、对外投资、换取非现金资产等视同销售行为。同时关注增值税、企业所得税和个人所得税。

③ 以上都不是，则企业账务处理可能存在问题。

3. 如果<1，即表示该企业当期确认的收入数小于收到的经营现金。收回以前年度已计提的坏账准备，则企业账务处理存在疑点，涉及企业所得税。

（1）当期发生未收回的"应收账款"金额等于当期收到前期发生的"应收账款"金额。如果企业没有收回以前年度已计提的坏账准备，则企业账务处理存在疑点，涉及企业所得税。

（2）当期发生未收回的"应收账款"金额小于当期收到前期发生的"应收账款"金额。如果有捐赠、赞助、广告、样品、职工福利、抵偿债务、对外投资、换取非现金资产等视同销售行为发生，该指标不能确定。

指标1-2　通过利润表、资产负债表、现金流量表，分析当期确认的收入数与实际收到现金的差异

本年度　上年度

利润表中"主营业务收入"						
加上：资产负债表中"预收账款"期末贷方余额						0.00
加上：其他应付账款——定金						
减去：资产负债表中"预收账款"期初贷方余额						
确认的收入						0.00
现金流量表中"销售商品、提供劳务收到的现金"						0.00
加上：现金流量表中"收到的租金"						
收到的经营收入						0.00
比率＝确认的收入/收到的经营收入						

适用范围：按实际取得款项确认收入需要配合报表附注中的应收账款或者"应收账款"明细账。

1. 如果>1，即表示该企业当期确认的收入数大于收到的经营现金，可能与实际一致。

① 通过报表附注中的固定资产增加项，核实是否存在自用行为，看是否有在建工程转入行为发生。可能涉及企业所得税问题。

② 通过"固定资产""在建工程"等科目明细，核实捐赠、赞助、广告、样品、职工福利、抵偿债务、对外投资、换取非现金资产等视同销售行为。可能涉及增值税、企业所得税和个人所得税问题。

③ 通过报表附注"应收账款"的披露，发现收回以前年度已计提的坏账准备，可能涉及企业所得税问题。如果没有视同销售的行为发生，则企业账务处理可能存在问题。

④ 发现以上都不是，则企业账务处理可能与实际一致。

2. 如果＝1，即表示该企业当期确认的收入数等于收到的经营现金。

① 通过报表附注中的固定资产增加项，核实是否存在自用行为，看是否有在建工程转入行为发生。可能涉及企业所得税问题。

② 通过"固定资产""在建工程"等科目明细，核实捐赠、赞助、广告、样品、职工福利、抵偿债务、对外投资、换取非现金资产等视同销售行为。可能涉及增值税、企业所得税和个人所得税问题。

③ 通过报表附注"应收账款"的披露，发现收回以前年度已计提的坏账准备，可能涉及企业所得税问题。如果没有视同销售的行为发生，则企业账务处理可能存在问题。

④ 发现以上都不是，则企业账务处理可能与实际一致。

3. 如果<1，即表示该企业当期确认的收入数小于销售商品、提供劳务收到的现金。

① 如果企业发生收回前期核销的坏账损失，可能账务处理与实际一致，但企业所得税可能少记收入。

② 注意是否有前两种情况中的现象发生，在此不做列举。

③ 以上都不是，则需要进一步核对企业的企业所得税和增值税。

指标2 通过当期确认的收入与计提的增值税之间的对比

本年度　上年度

利润表中"主营业务收入"					
加上：资产负债表中"预收账款"期末贷方余额					
减去：资产负债表中"预收账款"期初贷方余额					
确认的收入×9%					0.00
报表附注中应交税金中本期应交增值税					
比率=确认的收入×9%/报表附注中应交税金中本期应交增值税					

适用于指标1中>1的情况。

1. 如果>1，少计提税金，同时检查报表附注中对"无形资产"的披露，是否有本期转出的无形资产，如果有则需要企业提供转让合同。涉及增值税、企业所得税问题。

2. 如果=1，报表附注中对"无形资产"的披露中，没有本期转出的无形资产的情况，应计提税金与实际计提税金可能一致；否则又涉及增值税、企业所得税问题。

3. 如果<1，报表附注中对"无形资产"的披露中，没有本期转出的无形资产的情况，则企业账务处理存在疑点；有的情况，{【利润表中"主营业务收入"-（资产负债表中"预收账款"期初贷方余额-"预收账款"期末贷方余额）+当期收到的无形资产转让收入】/报表附注中应交税金-本期应交增值税}=1；企业有非现金交易或

视同销售发生。

指标3　通过当期销售商品、提供劳务收到的现金与计提的增值税之间的对比

本年度　上年度

现金流量表中"销售商品、提供劳务收到的现金"					
减去：报表附注中本期收回前期核销的坏账准备					
加上：当期发生未收回的"应收账款"					
减去：当期收到前期发生的"应收账款"					
营业收入×5%					0.00
报表附注中应交税金中本期应交增值税					
比率=营业收入×5%/报表附注中应交税金中本期应交增值税					

适用指标1中<1的情况，且当期收到前期发生的"应收账款"金额，在前期已确认收入。

1. 如果>1，少计提税金，同时应通过"固定资产""建工程""无形资产"等科目明细，检查捐赠、赞助、广告、样品、职工福利、抵偿债务、对外投资、换取非现金资产等视同销售行为。涉及增值税、企业所得税、个人所得税问题。

（1）当期发生未收回的"应收账款"金额大于当期收到前期发生的"应收账款"金额。{【现金流量表中"销售商品、提供劳务收到的现金"-报表附注中本期收回前期核销的坏账准备+（当期发生未收回的"应收账款"-当期收到前期发生的"应收账款"）】×5%/报表附注中应交税金中本期应交增值税}

（2）当期发生未收回的"应收账款"金额小于当期收到前期发生的"应收账款"金额。{【现金流量表中"销售商品、提供劳务收到的现金"-报表附注中本期收回前期核销的坏账准备-（当期收到前期发生的"应收账款"-当期发生未收回的"应收账款"）】×5%/报表附注中应交税金中本期应交增值税}

2. 如果=1，企业没有视同销售的固定资产、无形资产、在建工程等的情况下，本指标下应计提税金与实际计提税金可能一致；否则又涉及增值税、企业所得税、个人所得税问题。

3. 如果<1，则有以下情况：

（1）企业有视同销售的固定资产、无形资产、在建工程等的情况下，通过税法规定的价格加入到"销售商品、提供劳务收到的现金"中，如果≠1，企业账务处理存在疑点。

（2）企业没有视同销售的固定资产、无形资产、在建工程等的情况下，企业账务

处理存在疑点。

指标5-2 通过当期销售商品、提供劳务收到的现金与计提的增值税之间的对比。

本年度　上年度

现金流量表中"销售商品、提供劳务收到的现金"		
减去：报表附注中本期收回前期核销的坏账准备		
营业收入×5%		0.00
报表附注中应交税金中本期应交增值税		
比率=营业收入×5%/报表附注中应交税金中本期应交增值税		

适合指标1中<1的情况，且当期收到前期发生的"应收账款"金额，在当期确认收入。

1. 如果>1，少计提税金，同时应通过"固定资产""在建工程""无形资产"等科目明细，检查捐赠、赞助、广告、样品、职工福利、抵偿债务、对外投资、换取非现金资产等视同销售行为。涉及增值税、企业所得税、个人所得税问题。

（1）当期发生未收回的"应收账款"金额大于当期收到前期发生的"应收账款"金额。{【现金流量表中"销售商品、提供劳务收到的现金"-报表附注中本期收回前期核销的坏账准备+（当期发生未收回的"应收账款"-当期收到前期发生的"应收账款"）】×5%/报表附注中应交税金中本期应交增值税}

（2）当期发生未收回的"应收账款"金额小于当期收到前期发生的"应收账款"金额。{【现金流量表中"销售商品、提供劳务收到的现金"-报表附注中本期收回前期核销的坏账准备-（当期收到前期发生的"应收账款"-当期发生未收回的"应收账款"）】×5%/报表附注中应交税金中本期应交增值税}

2. 如果=1，企业没有视同销售的固定资产、无形资产、在建工程等的情况下，本指标下应计提税金与实际计提税金可能一致；否则又涉及增值税、企业所得税、个人所得税问题。

3. 如果<1，则有以下情况：

（1）企业有视同销售的固定资产、无形资产、在建工程等的情况下，通过税法规定的价格加入到"销售商品、提供劳务收到的现金"中，如果≠1，企业账务处理存在疑点。

（2）企业没有视同销售的固定资产、无形资产、在建工程等的情况下，企业账务处理存在疑点。

指标6-4 通过当期确认的销售收入与销售成本的对比

	本年度			上年度	
利润表中本期"主营业务收入"					
利润表中本期"主营业务成本"					
比率 A=利润表中本期"主营业务收入"/利润表中本期"主营业务成本"					
比率 B=（比率较小的 A/比率较大的 A）×100%					

需要配合报表附注中的应收账款或者"应收账款"明细账。

指标 B 仅适用房地产项目公司。

比率 A≤1，或者低于均价，可能存在捐赠、赞助、广告、样品、职工福利、抵偿债务、对外投资、换取非现金资产等视同销售行为发生的情况。涉及增值税、企业所得税、个人所得税问题。

1. 如果企业销售的房屋为固定资产科目，上述指标以如果企业销售的房屋为固定资产科目计算，同时考虑在记入固定资产时，是否在当期记入应纳税所得额。

2. 如果企业销售的房屋为存货科目，上述指标中的以存货科目计算。当企业有视同销售的行为发生时，收到的现金就少，而应该确认的收入偏大。

比率 B≥95%，该指标可能与实际相符。

比率 B<95%，可能有员工福利或员工奖励的情况发生，或者关联企业低价销售以及非货币性交易发生的可能。涉及增值税、企业所得税、个人所得税问题。

指标 7 通过实际销售成本与当期发出存货的对比

	本年度			上年度	
利润表中主营业务成本					
资产负债表中存货期末余额					
减去：存货期初余额					
加上：报表附注中存货跌价准备					
加上：报表附注中当期存货取得金额					
发出存货				0.00	0.00
比率=利润表中主营业务成本/发出存货					

需要配合报表附注中的"存货"或者"存货"明细账。

适用于商品流通企业以及房地产企业。

1. 如果>1，企业账务处理存在疑点。可能为了将其他年度成本在本年度列支。

2. 如果=1，企业账务可能与实际一致。

3. 如果<1，企业可能存在视同销售的行为发生，涉及增值税、企业所得税、个人所得税问题。

注：如果企业销售的商品为企业固定资产，上述指标以固定资产科目计算。

指标 8-1　通过静态、动态报表对发出存货的对比

本年度　　上年度

资产负债表中存货期初余额				
减去：存货期末余额				
加上：现金流量表中"购买商品、接受劳务支付的现金"				
加上：应付账款期末贷方余额				
减去：应付账款期初贷方余额				
加上：支付本期发生应付账款				
减去：本期发生的应付账款				
加上：资产负债表中预付账款期初借方余额				
减去：预付账款期末借方余额				
发出存货			0.00	0.00
报表附注中当期发出存货				
比率=发出存货/报表附注中当期发出存货				

需要配合报表附注中的"存货""应付账款"或者"存货""应付账款"明细账。

适用于指标 7≠1 的情况。

如果>1，

指标 7>1，企业账务处理有疑点；

指标 7<1，企业还有其他的视同销售项目。

如果=1，按指标 7 分析。

如果<1，按指标 7 分析。

注：如果企业销售的商品为企业固定资产，上述指标以固定资产科目计算。

指标 8-2　通过静态、动态报表对发出存货的对比。

	本年度	上年度
资产负债表中存货期初余额		
减去：存货期末余额		
加上：现金流量表中"购买商品、接受劳务支付的现金"		
加上：资产负债表中预付账款期初借方余额		
减去：预付账款期末借方余额		
发出存货		
报表附注中当期发出存货		
比率＝发出存货/报表附注中当期发出存货		

适用于当企业的"应付账款""应付票据"期初没有贷方余额时

如果>1,

指标7>1，企业账务处理有疑点；

指标7<1，企业还有其他的视同销售项目。

如果=1，按指标7分析。

如果<1，按指标7分析。

注：如果企业销售的商品为企业固定资产，上述指标以固定资产科目计算。

指标8-3 当企业没有应付账款期末贷方余额时

	本年度	上年度
资产负债表中存货期初余额		
减去：存货期末余额		
加上：现金流量表中"购买商品、接受劳务支付的现金"		
减去：应付账款期初贷方余额		
加上：资产负债表中预付账款期初借方余额		
减去：预付账款期末借方余额		
发出存货		
报表附注中当期发出存货		
比率＝发出存货/报表附注中当期发出存货		

适用于企业"应付账款""应付票据"没有期末贷方余额时

如果>1,

指标7>1，企业账务处理有疑点；

指标7<1,企业还有其他的视同销售项目。

如果=1,按指标7分析。

如果<1,按指标7分析。

注:如果企业销售的商品为企业固定资产,上述指标以固定资产科目计算。

指标9-1 收入费用对比

　　　　　　　　　　　　　　　　　　　　　　　　　　本年度　　上年度

利润表中"管理费用"					
利润表中"主营业务收入"					
比率1="管理费用"/"主营业务收入"×100%					
差额1=(本年度比率-上年度比率)绝对值					
利润表中"营业费用"					
利润表中"主营业务收入"					
比率2="营业费用"/"主营业务收入"×100%					
差额2=(本年度比率-上年度比率)绝对值					

适用于指标1中>1的情况。

1. 当差额1、差额2较大时,应核实各项期间费用的,是否存在为了规避企业所得税、城市房地产税,应该资本化,未资本化,比如对固定资产的改造、购建、购入无形资产,等等。

2. 当差额1、差额2较大时,应核实各项期间费用的,是否存在为了规避企业所得税,应当转费用期间未转费用,不应当转费用期间转费用,比如在亏损期间不记费用,在盈利或有收入期间记费用,等等。

指标9-2 收入费用对比

　　　　　　　　　　　　　　　　　　　　　　　　　　本年度　　上年度

利润表中"管理费用"					
现金流量表中"销售商品、提供劳务收到的现金"					
比率1="管理费用"/"销售商品、提供劳务收到的现金"×100%					
差额1=(本年度比率-上年度比率)绝对值					
利润表中"营业费用"					
现金流量表中"销售商品、提供劳务收到的现金"					

（续表）

比率2＝"管理费用"／"销售商品、提供劳务收到的现金"×100%					
差额2＝（本年度比率－上年度比率）绝对值					

适用于指标1中<1的情况。

1. 当差额1、差额2较大时，应核实各项期间费用的，是否存在为了规避企业所得税、城市房地产税，应该资本化，未资本化，比如对固定资产的改造、购建、购入无形资产，等等。

2. 当差额1、差额2较大时，应核实各项期间费用的，是否存在为了规避企业所得税，应当转费用期间未转费用，不应当转费用期间转费用，比如在亏损期间不记费用，在盈利或有收入期间记费用，等等。

指标3-1　通过当期确认的收入与申报缴纳城建税之间的对比。

本年度　上年度

利润表中"主营业务收入"		
加上：资产负债表中"预收账款"期末贷方余额		
减去：资产负债表中"预收账款"期初贷方余额		
确认的收入×5%×7%		0.00
报表附注中应交税金中本期应交城建税		
比率＝确认的收入×5%×7%／报表附注中应交税金中本期应交城建税		#DIV/0!

适用于指标1中>1的情况，内资企业

1. 如果>1，少计提税金，同时检查报表附注中对"无形资产"的披露，是否有本期转出的无形资产，如果有则需要企业提供转让合同。涉及增值税、企业所得税等问题。

2. 如果＝1，报表附注中对"无形资产"的披露中，没有本期转出的无形资产的情况，应计提税金与实际计提税金可能一致；否则又涉及增值税、企业所得税问题。

3. 如果<1，报表附注中对"无形资产"的披露中，没有本期转出的无形资产的情况，则企业账务处理存在疑点；有的情况，｛【利润表中"主营业务收入"－（资产负债表中"预收账款"期初贷方余额－"预收账款"期末贷方余额）＋当期收到的无形资产转让收入】／报表附注中应交税金－本期应交增值税｝＝1；企业有非现金交易或

视同销售发生。

指标 3-2 通过当期销售商品、提供劳务收到的现金与申报缴纳城建税之间的对比

本年度　上年度

现金流量表中"销售商品、提供劳务收到的现金"		
减去：报表附注中本期收回前期核销的坏账准备		
加上：当期发生未收回的"应收账款"		
减去：当期收到前期发生的"应收账款"		
营业收入的收入×5%×7%		0.00
报表附注中应交税金中本期应交城建税		
比率＝营业收入×5%×7%/报表附注中本期应交城建税		

适用指标 1 中<1 的情况，且当期收到前期发生的"应收账款"金额，在前期已确认收入。

1. 如果>1，少计提税金，同时应通过"固定资产""在建工程""无形资产"等科目明细，检查捐赠、赞助、广告、样品、职工福利、抵偿债务、对外投资、换取非现金资产等视同销售行为。涉及增值税、企业所得税、个人所得税等问题。

（1）当期发生未收回的"应收账款"金额大于当期收到前期发生的"应收账款"金额。{【现金流量表中"销售商品、提供劳务收到的现金"－报表附注中本期收回前期核销的坏账准备＋(当期发生未收回的"应收账款"－当期收到前期发生的"应收账款"）】×5%×7%/报表附注中本期应交城建税}

（2）当期发生未收回的"应收账款"金额小于当期收到前期发生的"应收账款"金额。{【现金流量表中"销售商品、提供劳务收到的现金"－报表附注中本期收回前期核销的坏账准备－(当期收到前期发生的"应收账款"－当期发生未收回的"应收账款"）】×5%×7%/报表附注中本期应交城建税}

2. 如果＝1，企业没有视同销售的固定资产、无形资产、在建工程等的情况下，本指标下应计提税金与实际计提税金可能一致；否则又涉及增值税、企业所得税、个人所得税问题。

3. 如果<1，

（1）企业有视同销售的固定资产、无形资产、在建工程等的情况下，通过税法规定的价格加入到"销售商品、提供劳务收到的现金"中，如果≠1，企业账务处理存在疑点。

（2）企业没有视同销售的固定资产、无形资产、在建工程等的情况下，企业账务处理存在疑点。

指标 3-3　通过当期销售商品、提供劳务收到的现金与申报缴纳城建税之间的对比

	本年度	上年度
现金流量表中"销售商品、提供劳务收的现金"		
减去：报表附注中本期收回前期核销的坏账准备		
营业收入的收入×5%×7%		0.00
报表附注中应交税金中本期应交城建税		
比率=营业收入×5%×7%/报表附注中应交税金中本期应交城建税		

适合指标1中<1的情况，且当期收到前期发生的"应收账款"金额，在当期确认收入。

1. 如果>1，少计提税金，同时应通过"固定资产""在建工程""无形资产"等科目明细，检查捐赠、赞助、广告、样品、职工福利、抵偿债务、对外投资、换取非现金资产等视同销售行为。涉及增值税、企业所得税、个人所得税问题。

（1）当期发生未收回的"应收账款"金额大于当期收到前期发生的"应收账款"金额。{〔现金流量表中"销售商品、提供劳务收到的现金"-报表附注中本期收回前期核销的坏账准备+（当期发生未收回的"应收账款"-当期收到前期发生的"应收账款"）〕×5%×7%/报表附注中本期应交城建税}

（2）当期发生未收回的"应收账款"金额小于当期收到前期发生的"应收账款"金额。{〔现金流量表中"销售商品、提供劳务收到的现金"-报表附注中本期收回前期核销的坏账准备-（当期收到前期发生的"应收账款"-当期发生未收回的"应收账款"）〕×5%/报表附注中应交税金中本期应交增值税}

2. 如果=1，企业没有视同销售的固定资产、无形资产、在建工程等的情况下，本指标下应

计提税金与实际计提税金可能一致；否则又涉及增值税、企业所得税、个人所得税问题。

3. 如果<1,

（1）企业有视同销售的固定资产、无形资产、在建工程等的情况下，通过税法规定的价格加入到"销售商品、提供劳务收到的现金"中，如果≠1，企业账务处理存在疑点。

（2）企业没有视同销售的固定资产、无形资产、在建工程等的情况下，企业账务处理存在疑点。

指标 5-1　通过当期确认的收入与申报缴纳企业所得税之间的对比

本年度　上年度

利润表中"主营业务收入"					
加上：资产负债表中"预收账款"期末贷方余额					
减去：资产负债表中"预收账款"期初贷方余额					
确认的收入×5%					0.00
报表附注中本期应企业所得税					
比率=确认的收入×5% / 报表附注中应交税金中本期应交企业所得税					

适用于指标 1 中>1 的情况，企业所得税按纯益率征收的内资企业

1. 如果>1，少计提税金，同时检查报表附注中对"无形资产"的披露，是否有本期转出的无形资产，如果有则需要企业提供转让合同。涉及增值税、企业所得税问题。

2. 如果=1，报表附注中对"无形资产"的披露中，没有本期转出的无形资产的情况，应计提税金与实际计提税金可能一致；否则又涉及增值税、企业所得税问题。

3. 如果<1，报表附注中对"无形资产"的披露中，没有本期转出的无形资产的情况，则企业账务处理存在疑点；有的情况，｛〔利润表中"主营业务收入"－（资产负债表中"预收账款"期初贷方余额－"预收账款"期末贷方余额）+当期收到的无形资产转让收入〕/报表附注中应交税金－本期应交增值税｝=1；企业有非现金交易或视同销售发生。

指标 5-2　通过当期销售商品、提供劳务收到的现金与申报缴纳企业所得税之间的对比。

本年度　上年度

现金流量表中"销售商品、提供劳务收到的现金"					
减去：报表附注中本期收回前期核销的坏账准备					
加上：当期发生未收回的"应收账款"					
减去：当期收到前期发生的"应收账款"					
营业收入×5%					0.00
报表附注中本期应交企业所得税					
比率=营业收入×5%/报表附注中本期应交企业所得税					

按纯益率征收企业所得税

查捐赠、赞助、广告、样品、职工福利、抵偿债务、对外投资、换取非现金资产等视同销售行为。涉及增值税、企业所得税、个人所得税问题。

（1）当期发生未收回的"应收账款"金额大于当期收到前期发生的"应收账款"金额。｛〔现金流量表中"销售商品、提供劳务收到的现金"－报表附注中本期收回前期核销的坏账准备＋（当期发生未收回的"应收账款"－当期收到前期发生的"应收账款"）〕×5%/报表附注中本期应交企业所得税｝

（2）当期发生未收回的"应收账款"金额小于当期收到前期发生的"应收账款"金额。｛〔现金流量表中"销售商品、提供劳务收到的现金"－报表附注中本期收回前期核销的坏账准备－（当期收到前期发生的"应收账款"－当期发生未收回的"应收账款"）〕×5%/报表附注中本期应交企业所得税｝

计提税金与实际计提税金可能一致；否则又涉及增值税、企业所得税、个人所得税问题。

4. 如果<1，

（1）企业有视同销售的固定资产、无形资产、在建工程等的情况下，通过税法规定的价格加入到"销售商品、提供劳务收到的现金"中，如果≠1，企业账务处理存在疑点。

（2）企业没有视同销售的固定资产、无形资产、在建工程等的情况下，企业账务处理存在疑点。

指标6-1　当期确认的收入与土地增值税之间的对比

	本年度			上年度		
利润表中"主营业务收入"						
加上：资产负债表中"预收账款"期末贷方余额						
减去：资产负债表中"预收账款"期初贷方余额						
确认的收入×1%或0.5%						0.00
报表附注中本期应土地增值税						
比率＝确认的收入×1%或0.5%/报表附注中应交税金中本期应交土地增值税						

适用于指标3中>1的情况，单一开发公寓/别墅/商业/写字楼的企业。

1. 如果>1，少计提税金，同时检查报表附注中对"无形资产"的披露，是否有本期转出的无形资产，如果有则需要企业提供转让合同。涉及增值税、企业所得税问题。

2. 如果=1，报表附注中对"无形资产"的披露中，没有本期转出的无形资产的情况，应计提税金与实际计提税金可能一致；否则又涉及增值税、企业所得税问题。

3. 如果<1，报表附注中对"无形资产"的披露中，没有本期转出的无形资产的情况，则企业账务处理存在疑点；有的情况，｛〔利润表中"主营业务收入"-（资产负债表中"预收账款"期初贷方余额-"预收账款"期末贷方余额）+当期收到的无形资产转让收入〕/报表附注中应交税金-本期应交增值税｝=1；企业有非现金交易或视同销售发生。

指标6-2 通过当期销售商品、提供劳务收到的现金与申报缴纳土地增值税之间的对比

本年度　上年度

现金流量表中"销售商品、提供劳务收到的现金"						
减去：报表附注中本期收回前期核销的坏账准备						
加上：当期发生未收回的"应收账款"						
减去：当期收到前期发生的"应收账款"						
营业收入的1%或0.5%						0.00
报表附注中本期应交土地增值税						
比率=营业收入1%或0.5%/报表附注中本期应交土地增值税						

适用指标3中<1的情况，且当期收到前期发生的"应收账款"金额，在前期已确认收入。

单一开发公寓/别墅/商业/写字楼的企业

1. 如果>1，少计提税金，同时应通过"固定资产""在建工程""无形资产"等科目明细，检查捐赠、赞助、广告、样品、职工福利、抵偿债务、对外投资、换取非现金资产等视同销售行为。涉及增值税、企业所得税、个人所得税问题。

（1）当期发生未收回的"应收账款"金额大于当期收到前期发生的"应收账款"金额。｛〔现金流量表中"销售商品、提供劳务收到的现金"-报表附注中本期收回前期核销的坏账准备+（当期发生未收回的"应收账款"-当期收到前期发生的"应收账款"）〕×1%/报表附注中本期应交土地增值税｝

（2）当期发生未收回的"应收账款"金额小于当期收到前期发生的"应收账款"金额。｛〔现金流量表中"销售商品、提供劳务收到的现金"-报表附注中本期收回前期核销的坏账准备-（当期收到前期发生的"应收账款"-当期发生未收回的"应收账款"）〕×1%/报表附注中本期应交土地增值税｝

2. 如果＝1，企业没有视同销售的固定资产、无形资产、在建工程等的情况下，本指标下应计提税金与实际计提税金可能一致；否则又涉及增值税、企业所得税、个人所得税问题。

3. 如果<1，

（1）企业有视同销售的固定资产、无形资产、在建工程等的情况下，通过税法规定的价格加入到"销售商品、提供劳务收到的现金"中，如果≠1，企业账务处理存在疑点。

（2）企业没有视同销售的固定资产、无形资产、在建工程等的情况下，企业账务处理存在疑点。

指标6-3 通过当期销售商品、提供劳务收到的现金与申报缴纳土地增值税之间的对比

本年度　上年度

现金流量表中"销售商品、提供劳务收到的现金"					
减去：报表附注中本期收回前期核销的坏账准备					
营业收入的收入×1%或0.5%					0.00
报表附注中本期应交土地增值税					
比率＝营业收入×1%或0.5%／报表附注中本期应交土地增值税					

适合指标3中<1的情况，且当期收到前期发生的"应收账款"金额，在当期确认收入。

按纯益率征收企业所得税

1. 如果>1，少计提税金，同时应通过"固定资产""在建工程""无形资产"等科目明细，检查捐赠、赞助、广告、样品、职工福利、抵偿债务、对外投资、换取非现金资产等视同销售行为。涉及增值税、企业所得税、个人所得税问题。

（1）当期发生未收回的"应收账款"金额大于当期收到前期发生的"应收账款"金额。｛〔现金流量表中"销售商品、提供劳务收到的现金"－报表附注中本期收回前期核销的坏账准备＋（当期发生未收回的"应收账款"－当期收到前期发生的"应收账款"）〕×1%/报表附注中本期应交土地增值税｝

（2）当期发生未收回的"应收账款"金额小于当期收到前期发生的"应收账款"金额。｛〔现金流量表中"销售商品、提供劳务收到的现金"－报表附注中本期收回前期核销的坏账准备－（当期收到前期发生的"应收账款"－当期发生未收回的"应收账款"）〕×1%/报表附注中本期应交土地增值税｝

2. 如果＝1，企业没有视同销售的固定资产、无形资产、在建工程等的情况下，本指标下应计提税金与实际计提税金可能一致；否则又涉及增值税、企业所得税、个人所得税问题。

3. 如果<1，

（1）企业有视同销售的固定资产、无形资产、在建工程等的情况下，通过税法规定的价格加入到"销售商品、提供劳务收到的现金"中，如果≠1，企业账务处理存在疑点。

（2）企业没有视同销售的固定资产、无形资产、在建工程等的情况下，企业账务处理存在疑点。

第五节　税负率不是评判指标

在实务中，税负率不是征管依据和纳税评估分析的评判指标，只是起到税收风险的预警指向作用，并不能成为涉税风险成因的判断依据。税负率低是可能有风险，可能性比较大，不是肯定有风险或有问题；相反，不是税负率高就没有风险，很可能是有更大风险的。

一、准确认识和正确使用税负率

在历史上，美国曾经有一次减税增收的典型案例。

1920年新上任的美国财长安德鲁·梅隆发现，无论是企业还是个人"避税"的行为都很普遍，他认为如果让人们缴该缴的税，最好的办法就是降低税率，为此，梅隆和反对方进行了激烈的较量。减税方案逐步实施后，原来缴税最多的阶层比减税前多缴了50%，而原来缴税较少的阶层比原来多缴了40%~70%。减税使得人们不再逃税，美国企业家以惊人的速度创办公司。到1926年，美国失业率降到历史上惊人的低点，只有1%。美国工业生产指数从1920年的15%上升到1929年的23%。在工作时间减少5%的前提下，美国工人的平均工资收入增长了1/3。

拉弗曲线直观地表明，当税率达到一定的点后，随着税率的提高，政府的税收就会减少；相反，如果税率过高，降低税率就会增加政府的财政收入。1994年分税制改革以来，从中国的税收现状来看，一方面是企业普遍反映税费过重，另一方面，也伴随着普遍性的偷逃抗骗税行为。随着"简政放权、放管结合、优化服务"的实施，营改增改革的逐步深化和大幅度推行税收减免税优惠政策（2015—2020年），无论是行业综合税负还是企业综合税负均已经明显下降，高税负的时代已经结束了。

税率体现征税的程度，是计算税额和税收负担的尺度，是税收制度的中心环节。

税收负担是指一定时期内纳税人因国家征税而承受的经济负担。从绝对的角度看，它是纳税人应支付给国家的税款额。从相对的角度看，它是纳税人应纳税额与计税依据价值的比率，即税负率。税负率是税收制度和税收政策的核心。关于税率和税负率的相关内容，请查阅《纳税评估理论与实务》（贾忠华著，2020年1月）的第八章第一节"税率和税负率"。

税负率又可以分为各个税种税负率和综合税负率，它具有年度性、行业性和地区差异性等显著特征。因会计核算周期是年度的，所以税负率没有季度税负率和月度税负率的概念或说法。因行业特点和地区经济发展存在差异，不同行业和不同地区的综合税负率是肯定不同的。

税负率不是评判指标，税负率的可参考价值是自上而下渐进趋于重要或准确的。如何理解呢？以房地产开发企业的综合税负率为例，全国的是19%，某省的是20%，该省的某地级市的是21%，该市的某县的是22%，假定计算过程和采数口径一致，该指标的可参考程度或可信度分别是20%、40%、60%和80%。

税负率的计算公式：

增值税税负率=实际交纳税额÷不含税的实际销售收入×100%

所得税税负率=应纳所得税额÷应纳税销售额（应税销售收入）×100%

增值税税负率=［销项税-免抵退税收入×适用税率-（进项税-进项税转出-期初留抵期末留抵以及海关核销免税进口料件组成的计税价格×13%）］÷（计征增值税的销售额-免抵退销售额）

上面的三个公式中，第一个公式是不准确的，"实际交纳税额"应该是"应缴纳税额"；第二个公式是正确的；第三个公式是计算增值税税负率最准确的。

二、准确认识增值税税负率

增值税税收负担率，是应纳税额与计税依据的比率，真实的税负率能直观地体现纳税人实现税收的能力和负担水平。通过税负评价，可以从整体上判断纳税情况，对比同行业税负，可以判断不同纳税人之间的经营情况和税收负担情况。税负率被税务部门广泛应用，纳税评估和税务稽查的选案，往往将该指标作为核心指标。事实上，增值税税负率情况是比较复杂的，也不是万能的。

（一）必须走出增值税税负率认识上的误区

所谓误区，就是不全面，甚至是错误的。

1. 纳税人增值税税收负担率并非越高越好，越低越差。增值税税负率计算公式：增值税税负率=当期实际入库增值税税款÷当期应纳增值税收入×100%，由公式显而易见，税负率是可控的，无论是提高还是降低，皆可。任何税种的税负率都如此，则综合税负率依然如此。要想提高税负率，一是扩大分子——增加实际入库税款；二是缩小分母——减少应税收入。在应税收入不减少的情况下,入库税款越多,税负率越高,这样的纳税人当然是越高越好,越高越可信。可是或但是,在应纳税额一定的前提下,通过少计应税收入,同样达到提高税负的目的,这样的纳税人,越高越有问题,越高越异常。如果税负率高存在的问题就是更大问题。

2. 如果作为行业税负预警值就必须是区间值,且并非放之四海而皆准,只能仅供参考。以纺织行业为例,某年度A省、B市、C县划定的行业税负预警下限分别为3.47%、3.21%、3.15%,而D省E市的所在地区的纺织行业,行业税负预警上限分别为2.5%、2.8%、3.1%,这里面有很多客观因素,如生产工艺流程、机器设备新旧都会导致增值额少,税负率低。预警值是参考或验证指标,不能作为评判指标使用的。只是在预警值区间范围内存在问题的可能性较小,偏离预警值区间范围外存在问题的可能性较大,才因此而确定税收风险或疑点问题的指向而已。

3. 增值税税负率与所得税贡献率并非完全成正比关系。"纳税人赢利越高,增值税税负越高,所得税贡献越大",这个观点是错误的。根据增值税原理,理论税负应包括工资、折旧、营业利润、营业费用等增值额和适用税率的乘积,再除以应税收入,得到理论税负。所得税贡献率是应纳所得税额与所得税计税收入的比例,所得税的大小,与应纳所得额和所得税税率有关,增值税的增值额不一定是所得额,如遇所得税优惠税率,所得税贡献率将变得非常小,这时候往往出现增值税税负率高,而所得税贡献率小,两者不成正比。

4. 期末存货增加与增值税税负下降并非完全相关。许多税收管理员和企业财务人员,把税负下降归因于期末存货比期初存货的增加。其实不尽如此。税负下降因素很多,分析来分析去,许多人把目光放到期末存货增加的因素。存货增加,并不一定导致税负下降,如原材料已入库,发票未到。财务上月末作估价入账,试问:如何影响税负?一般来讲,估价入账,只会导致税负上升,何来下降?因此,存货影响税负一说,需要区别对待,具体情况具体分析。

5. 税负最低化并不是企业利润最大化的有效捷径。追求利润最大化是每个企业的根本宗旨,许多企业玩弄手段,采取措施,尽量少纳税,将税负降到最低限度,达到预警下限,以此获取最大的利润空间。这样做适得其反,一方面,增值税是价外税,与企业的账面利润毫不相干;另一方面,利润的大小取决于产品的销售价格、原料成本、管理费用、营业费用等因素。纳税人只有在生产经营上开源节流,才能争取较大的赢利空间。如果纳税人通过虚拟进项等手段达到少缴税、降税负的目的,其偷税行为一旦被税务部门查处,滞纳金及罚款的支出将严重影响企业的账面利润。因此,税负最低化与利润最大化并不关联,不能人为主观故意地降低税负率。

(二)如何准确计算和正确运用增值税税负率

1. 正确划分行业是对纳税人税负率进行准确计算和比较分析的首要条件。行业不同税负率不同，子行业不同税负率也不同，不同行业之间的税负率不能进行比较，同一行业不同子行业之间的税负率也不能进行比较，行业及子行业划分正确与否极其重要。各级税务部门在进行行业鉴定时，行业大类、行业小类一定要科学、正确地划分，应按照国民经济行业分类（GB/T 4754—2017）来划分，如果行业划分错误，纳税人适用错误的行业税负率，就会显示指数异常。纳税人发生多种经营，跨行业经营情形的，要科学合理地划分行业大、小类。对跨行业经营的纳税人，其对应的行业税负率或高或低，要区别对待，认真分析，不能武断地认为税负异常。否则，只能是错误地开始，再错误地结束。

2. 税负率是以一个纳税年度进行计算的，没有季度税负率和月度税负率的概念或说法。税收负担率是一个时期概念，理论上有月负担率、季负担率、年负担率，但是，月负担率波动较大，年负担率相对稳定。衡量一个企业的税负率，年负担率较为科学合理。同行业税负进行比较，以年负担率较为合理。有两种情况存在不可比因素：一是新开业企业，二是年度中间关闭企业。新开业企业大量购进存货，税负率偏低，关闭企业作价清理存货，税负不正常。看待税负率首先是正常企业，其次是一个纳税年度，两者要兼顾。只有这样，税负率不论是在同行业的不同企业之间比，还是同一企业不同时期比，才有比较价值。

3. 出口退税企业要正确计算增值税税负率。增值税税负率是以当期实际入库增值税税款为分子值计算的，对于全出口企业和部分内销部分外销的纳税人而言，由于外销出口销售实行免、抵、退税政策，其实际入库税款被抵减甚至为零，遇到这种情况，其增值税税负率就要通过还原后再计算。具体计算公式如下：外销销售额×13%＝外销销项税额；外销销项税额＋内销销项税额＝企业销项税额；企业销项税额－企业进项税额＝企业应纳税额；企业应纳税额÷企业总销售收入＝企业税负率。注意：企业进项税额中不要减进项转出。内销企业有税收负担率，外销企业同样有税收负担率，只要计算正确、合理，通过税收负担率，同样可以衡量纳税人的纳税遵从度。

4. 增值税税负率的变动要考虑征、抵税率差的因素。同行业同大类并且同小类的不同企业之间，税负率也有高低。其中很重要的原因在于征、抵税率差。同为食品加工企业，甲企业购进的原材料是向农户直接收购的，抵扣发票采用农副产品收购发票，降税率以前按购进额的13%抵扣，生产后的产品17%计算销项税金，高征低扣导致甲企业税负偏高。乙企业同样从事食品加工，原材料是半成品，并向丙企业购买，丙企业按17%的税率开具的增值税专用发票，给乙企业抵扣，显然，乙企业的增值税税负要比甲企业低。衡量纳税人税负的高低不可忽视征、抵税率是否有差异，这是影响税负的又一因素。

5. 税负率高低水平，还取决于不同经营方式的差异。纳税人生产完全相同的产品，行业大小类一样，在行业鉴定上完全一致，但他们的税负却有差异。原因在于经营的方式不同，来料加工的纯加工户，仅得加工费收入，折旧和工资是其增值额，辅料和电费是抵扣额，税收负担率相对较高。从原材料采购到生产制造到产品销售，实行购、产、销方式为主的纳税人，其税收负担率，极不稳定，受原材料价格、产品销售价格，运输费用等多种因素制约，税负一般低于纯加工户。但纯加工户入库税款的绝对额要远远低于购、产、销方式的纳税人缴纳的税款。税收负担率取决于增值额的大小，与增值额成正比。纳税额的大小，既取决于税负率，更取决于应税收入的多少，应税收入是主导因素。这一因素，在经营方式差异的企业之间尤其得以体现。这时，单看税负率一项指标，意义显然是不大的。

6. 准确计算增值税税负率

除了上述情况或因素外，在计算增值税税负率的时候，更要关注以下三点：一是剔除以前年度补税，如稽查补税、评估补税、税务审计补税，甚至是企业自查补税；二是企业实际经营过程中的以物易物和视同销售因素，前者少计、后者多计；三是剔除固定资产清理等简易计税缴纳税款。这样计算出来的税负率才是更接近准确的。

(三) 增值税税负率的法律地位及运用

增值税税收负担率，无论是在程序性的《中华人民共和国税收征收管理法》及其实施细则，还是在实体性的《中华人民共和国增值税暂行条例》等法规文件中，从头至尾都找不到相应的解释和对应概念。尽管如此，增值税负担率却被各级税务部门在实际征管工作中广泛运用，大受青睐、如获至宝。而增值税税负率却难以用统一的标准来规定，因而增值税税收负担率没有相应的"法律地位"。它只能是各级税务部门在实际征管工作中，总结归纳出来的衡量纳税人的一把尺度，是税务部门对内考核，对外加强征管，提高征管水平的一个辅助工具。由于增值税负担率面对的情况相对复杂多变，纳税人之间千差万别，尽管增值税税负率没有相应的"法律地位"，但各级税务部门在日常管理、税收分析、纳税评估、税务稽查等征、管、查过程中经常加以运用。

目前，纳税评估或纳税风险防控中唯指标论倾向严重，就是把税负率作为评判指标，把增值税税负率看成是万能钥匙，制胜法宝，用它一量，就能测出纳税人纳税情况，凡是低于上级税务机关公布的行业税负预警下限，都存在偷税嫌疑。有的税务人员工作方法简单、粗鲁。不听纳税人合理的解释，为完成评估任务，要求纳税人按照行业税负预警下限的标准进行补税，这种做法不仅是十分错误的，更是百分百不可取的。

增值税税收负担率是进行税源管理的一把锐利武器，就好比医生有了温度计一样，它对于税务部门及时发现企业的偷税漏税起到很好的监测和堵漏作用。税务人员应更新观念，客观理性地看待和评价税负率，不能以税负率高低来论英雄，而要把税负率指标放在一定地域、一定时期、一定行业范围内，结合企业具体数据、具体情况进行分析，特别要倾听纳税人陈述原委，用好用活"税负率"，把它作为加强税源管理的一项辅助工具。

综上所述，税负率高低只能说纳税高低。增值税税负率是衡量企业增值税纳税贡献的重要参考指标，在评估的过程中，纳税评估机构首先通过行业间增值税税负对比，再通过企业内部当期与前期（对比期）税负率指标的对比，对产生差异情况进行税收风险的分析评估。从增值税税负率风险指向角度看，一般来讲，在经营环境稳定的不同经营期，如果增值税税负率增高，企业涉税风险相对降低。增值税税负率降低，涉税风险相对增高。税负率只是起到税收风险的预警指向作用，并不能成为涉税风险成因的判断依据。税负率低是可能有风险，可能性比较大，不是肯定有风险或有问题。

三、正确使用税负率

（一）预警值、预警值区间、区间预警值

预警，顾名思义，就是画道不该越过的线。预警值就是一个绝对值或相对值的数据，一个评价和判断的标准。预警值区间就是考虑到一个合理的范围，重点关注不合理的。因此，得到区间预警值！

例如，某行业的综合税负率是15%，正常的范围就可能是13.5%～16.5%，14%属于正常，17%和11%，属于不正常。不正常的存在问题的可能性更大，不是肯定有问题，正常的存在问题的可能性较小，不是肯定没问题。

（二）税负率不能作为评判指标

何为评判指标，已经阐述说明过的。一般情况下，税负率是绝对不能成为评判指标的，只能是参考或验证指标。切记、切记、切记！

税收负担率并非越高越好，越低越差。因为，税负率是可控的。税收负担率并非放之四海而皆准，只能仅供参考，因为，它具有年度性、行业性和地区差异性等显著特征。实务中的税负率，是有缺陷的，是已纳税额与应税收入的占比！

（三）±20%是税负率正常波动区间

税负率指标是较为直观的涉税参考指标。税负率只是起到税收风险的预警指向作用，并不能成为涉险成因的判断依据。由于现实经营多方面因素的影响，对税负率具体变化因素，是否真正形成涉税风险，还需要通过分析其他指标的相关信息进行印证。税负率是可以控制的，也是不该控制的！

四、企业所得税预警税负率

（一）企业所得税行业预警税负率

下面一组数据是在坊间流传的企业所得税行业预警税负率：租赁业1.50%、专用设备制造业2.00%、专业技术服务业2.50%、造纸及纸制品1.00%、饮料制造业

2.00%、通用设备制造业2.00%、塑料制品业3.00%、食品制造业1.00%、商务服务业2.50%、其他制造业3.00%、其他服务业4.00%、批发业1.00%、零售业1.50%居民服务业2.20%、金属制品业——弹簧3.00%、金属制品业2.00%、建筑材料制造业3.00%、建筑安装业1.50%、计算机服务业2.00%、化学原料及化学制品制造业2.00%、工艺品及其他制造业——珍珠4.00%、工艺品及其他制造业1.50%、废弃资源和废旧材料回收加工业1.50%、纺织服装、鞋、帽制造业1.00%、房地产业4.00%，等等。

首先，直觉就是这些数据可参考性较低，或挺差的，严重违背了"预警区间值"原则。其次，认真计算的结果是应该有小数点后数据的，而且，有的行业是明显偏低的。例如其他服务业4.00%，即使只有利润（应纳税所得额）率20%，25%的企业所得税率，企业所得税的税负率也应该是5.00%的。

预警税负率管理是企业所得税预缴管理的一种形式，在年度汇算清缴期间，对经评估或检查确认纳税人在纳税年度内预缴企业所得税税款少于应缴企业所得税税款的，应在汇算清缴期内结清应补缴的企业所得税税款；预缴税款超过应纳税款的，主管税务部门应及时按有关规定办理退税或抵缴其下一年度应缴企业所得税税款。

实行行业预警税负率管理的对象为查账征收企业所得税的纳税人，符合以下条件之一的企业不实行预警税负率管理：（一）上年度企业所得税纳税额高于100万元（含）；（二）实际税负率大于等于行业平均税负率；（三）享受减免税优惠的企业；（四）金融保险和房地产企业。

行业预警税负率的确定是以行业为主，规模为辅，分行业合理界定预警税负率，特别是对一些特殊行业和经营大宗商品（能源商品、基础原材料和农副产品等）的企业，结合生产经营规模，合理确定规模区间及对应的行业预警税负率。行业预警税负率确定后，如发现行业由于经济形势变化引起利润水平大幅波动，区县税务局应适时进行调整。

（二）预警管理流程和内容

1. 日常申报预警管理

每个季度申报结束后，根据企业季度纳税申报信息，计算得出每个企业本季度的季度申报应纳税所得额率（以下简称所得率）。

季度申报所得率＝当期累计应纳税所得额÷当期收入总额

将计算得出的企业季度申报所得率与企业所属行业的行业预警率进行比较，凡申报所得率低于行业预警率的，确定为本期"企业所得税纳税申报异常企业"。

以上工作由所得税科或各税务所（分局）在季度所得税纳税申报期结束后15个工作日内完成。税务分局根据"预警管理企业名单"，由户籍管理岗向纳税人发出"企业所得税税负异常预警提示单"，并要求企业在5个工作日内进行自查并报送自查结果或有关税负异常情况的书面说明。对纳税人报送的书面说明，管理员应按照以下情况分别处理：

（1）凡纳税人收到通知单，经自查后进行补充申报并补交税款，且补充申报后所得率等于或大于预警率的，管理员在留存的"提示单"中注明"自查，已补交"，同时注明自查日期、自查补交税款金额、税款入库日期等事项。

（2）凡纳税人收到预警提示单后，向主管税务部门报送低于警戒线申报正常说明的，由管理员对纳税申报信息进行审核，审核后发现疑点或认为根据纳税申报信息难以对企业申报事项是否正常、说明的理由是否成立做出准确判断的，应到企业进行实地核查，并根据核查情况填制《企业所得税预警管理核实情况表》。核查后正常的，在"提示单"中注明"核查后正常"；核查后异常的，由户籍管理岗转分析评估岗进行纳税辅导，企业经辅导整改后，在"提示单"中注明"核查后异常，已整改"，同时注明整改日期、整改补交税款金额、税款入库日期等事项。

（3）凡纳税人收到"提示单"后既不自查，也不做出书面说明；或经户籍管理岗人员核查后异常要求整改而拒不整改的，由户籍管理岗人员直接在"提示单"中注明"警示企业"，转分析评估岗进行纳税辅导。企业经分析评估岗辅导整改后，在"提示单"中注明"警示企业、已整改"，同时注明整改日期、整改补交税款及滞纳金金额、税款入库日期等事项。

（4）对财务核算不健全，又不配合主管税务部门纳税辅导工作的纳税人，可纳入核定征收管理。

税务分局在企业季度申报次月月底前将所有预警管理企业的核查结果汇总后报相关部门。核查结果分"自查，已补交""核查后正常""核查后异常，已整改""警示企业，已整改""转核定征收"五类。

需要补充申报的预警企业，应重新填写经签字盖章后的纸质季度纳税申报表（表式同新季度申报表），连同提示单到办税服务厅办理补充申报。申报表一式二份，一份企业留存，一份经补申报后送管理员。

2. 年度汇算清缴预警管理

年度汇算清缴期结束后15日内，所得税科根据企业年度申报信息，计算每个企业的年度申报所得率，并将申报所得率低于行业预警率的企业列入"年度申报异常企业"名单。由区局根据汇算清缴工作总体安排具体确定开展专项评估或汇算清缴重点检查。

年度申报所得率＝年度汇算清缴申报应税所得额÷年度汇算清缴申报收入总额

（1）收入总额的评估核实。有无采取各种手段人为少计、不计、缓计收入问题。具体有以下几点：

①采用交款提货销售方式，应于货款已收到或取得收取货款的权利时确认收入的

实现。对此，应重点核实企业是否收到货款或取得收取货款的权利，发票账单和提货单是否已交付购货单位，库存及出库单是否记录产品已出库及企业资金是否有流入记录，从而发现其有无产品已销售但隐瞒收入、记账外账、将当期收入转为下期入账等问题。

② 核实企业是否有实现销售但长期挂账，记"应付账款"、"其他应付款"及"预收账款"，从而隐瞒收入问题。结合资产负债表中"应付账款"、"预收账款"和"其他应付款"等科目的期初、期末数进行分析，如出现"应付账款"和"其他应付账款"红字和"预收账款"期末大幅度增长等情况，应判断是否存在少计收入问题。

③ 采用预收账款销售方式，应于商品已经发出时，确认收入的实现。对此，应重点核实企业是否收到了货款，商品是否已经发出。应注意是否存在对已收货款并已将商品发出的交易不转收入、隐瞒收入及转为下期收入问题。

④ 采用分期收款结算方式，应按合同约定的收款日期分期确认收入。对此，应重点核实合同约定日期是否已到期，合同约定的本期应收款日期是否真实，是否存在收入不入账、少入账、缓入账的问题。

⑤ 对应视同销售的业务，核实企业是否已按税法规定申报纳税，是否存在不申报或少申报的问题。

（2）纳税评估中注意核实其成本核算有无虚列成本问题，具体如下：

① 企业是否根据自身生产经营的特点和管理要求，确定合理的成本核算对象、成本项目和成本计算方法。

② 核实企业的存货计价方法、成本结转方法是否符合规定，是否存在人为多转成本问题。

③ 核实成本中人工工资、福利费及制造费用构成，有无按照税法限额计税，有无不属于成本项目计入成本的问题。

④ 企业是否正确划分资本性支出与收益性支出的界限，有无故意将资本性支出列为收益性支出在成本中结转的问题。

（3）纳税评估中加强核实相关费用有无虚列费用问题。具体如下：

① 通过利润表对销售费用、财务费用、管理费用的若干年度数据分析三项费用中增长较多的费用项目，核实其工资是否预提入账、"三费"（职工福利费、工会经费、职工教育经费）扣除额、交际应酬费列支额（业务招待费扣除额）、公益救济性捐赠扣除额、开办费摊销额、技术开发费加计扣除额、广告费扣除额、业务宣传费扣除额、财产损失扣除额、呆（坏）账损失扣除额、总机构管理费扣除额、社会保险费扣除额、无形资产摊销额、递延资产摊销额等是否符合标准。如果申报扣除（摊销）额超过合理水平或允许扣除（摊销）标准，可能存在未按规定进行纳税调整或擅自扩大扣除（摊销）基数等问题。

② 对财务费用增长较多的，结合资产负债表中短期借款、长期借款的期初、期末数进行分析，以判断财务费用增长是否合理，是否存在应予资本化利息列入当期财务费用等问题。

③ 核实企业费用列支是否有合法、有效凭证。

（4）企业集团有无关联交易转移利润问题。

① 应重点关注集团内部有减免税成员单位或低税率成员单位的情况，企业间是否有转移利润问题。

② 核实与关联企业有销售业务、资金借贷、劳务支出、特许权使用费、财产租赁等业务关系的，应重点关注其列支标准，与独立第三方交易原则相比较，是否有转移利润问题。

③ 其他违反企业所得税政策法规的问题。

（5）核定征收企业所得税

发现纳税人具有下列情形之一的，按规定程序提请实施核定征收：

① 依照税收法律法规规定可以不设账簿的，或按照税收法律法规规定应设置但未设置账簿的。

② 只能准确核算收入总额，或收入总额能够查实，但其成本费用支出不能准确核算的。

③ 只能准确核算成本费用支出，或成本费用支出能够查实，但其收入总额不能准确核算的。

④ 收入总额及成本费用支出均不能准确核算，不能向主管税务机关提供真实、准确、完整纳税资料，难以查实的。

⑤ 账目设置和核算虽然符合规定，但并未按规定保存有关账簿、凭证及有关纳税资料的。

⑥ 发生纳税义务，未按照税收法律法规规定的期限纳税申报，经税务机关责令限期申报，逾期仍不申报的。

五、房地产企业税负率的测算与应用

税负率评估分析的应用：通过各项指标与相关数据的统计、测算抽样样本标准值或行业均值，设置相应的预警区间，将纳税人的申报数据与财务会计报表数据和设置的预警值进行横向比较，分析是否存在涉税问题的一种评估分析方法。

（一）理论税负水平分析

1. 借鉴一个测算案例

假设2015年某地的A房地产项目的经营如下：开发成本每平方米为1000元（不含财务费用），地价每平方米为1500元，每平方米的财务费用、管理费用、销售费用

合计额为250元,销售价格每平方米为5000元。

毛利率=(5000-1000-1500)÷5000×100%=50%

每平方米的各税税负及占收入与毛利率比例如下:

应纳的流转税(营业税及附加):5000×5%(1+7%+3%)=275

土地增值税扣除额:(1000+1500)×(1+10%+20%)+275=3525

土地增值税增值额:5000-3250-275=1475

土地增值的增值额占扣除项目比例=1475÷3525=41.84%

应纳土地增值税额:1475×30%=442.5

应纳企业所得税额:5000-(1000+1500+300)-275-442.5=1482.5

应纳企业所得税:1482.5×25%=370.625

企业每平方米净利:1482.5-370.625=1111.875

每平方米税收贡献:275+442+370.625=1087.625

税收占收入的比例:1087.625÷5000×100%=21.7525%

纯利占收入的比例:993.225÷5000×100%=19.86%

税收与净利的比例:1087.625÷1111.875=1:0.9781

即占毛利的比例:1087.625÷2500×100%=43.50%

假设成本费用不变,缴纳营业税,售价的毛利率从20%~95%,那么房地产企业的税收负担表,如表5-9所示:

表5-9　　　　　　　　　房地产企业的税收负担表

每平方米购地与开发成本	三项费用	每平方米销售额	毛利率	营、城、教附加	应纳土地增值税额	应纳所得税额	所得税占毛利额比例%	土地增值税占毛额比例%	税收占毛利额比例%	所得税占收入比例	土地增值税占收入比例	税收占收入比例
2500	250	3437.50	20%	189.06	0.00	164.48	23.93	0.00	51.43	4.79%	0.00%	10.29%
2500	250	3666.67	25%	201.67	64.50	214.67	23.42	7.04	52.45	5.85%	1.76%	13.11%
2500	250	3928.57	30%	216.07	138.75	271.84	23.07	11.77	53.17	6.92%	3.53%	15.95%
2500	250	4230.77	35%	232.69	224.42	337.81	22.81	15.16	53.68	7.98%	5.30%	18.79%
2500	250	4583.33	40%	252.08	324.38	414.77	22.62	17.69	54.07	9.05%	7.08%	21.63%
2500	250	5000.00	45%	275.00	442.50	505.73	22.48	19.67	54.37	10.11%	8.85%	24.46%
2500	250	5500.00	50%	302.50	601.38	609.22	22.15	21.87	55.02	11.08%	10.93%	27.51%
2500	250	6111.11	55%	336.11	830.69	724.12	21.54	24.71	56.26	11.85%	13.59%	30.94%
2500	250	6875.00	60%	378.13	1117.34	867.75	21.04	27.09	57.29	12.62%	16.25%	34.37%

(续表)

每平方米购地与开发成本	三项费用	每平方米销售额	毛利率	营、城、教附加	应纳土地增值税额	应纳所得税额	所得税占毛利额比例%	土地增值税占毛利额比例%	税收占毛利额比例%	所得税占收入比例	土地增值税占收入比例	税收占收入比例
2500	250	7857.14	65%	432.14	1535.18	1036.14	20.29	30.06	58.81	13.19%	19.54%	38.23%
2500	250	9166.67	70%	504.17	2143.13	1243.89	19.39	33.40	60.64	13.57%	23.38%	42.45%
2500	250	11000.00	75%	605.00	2994.25	1534.75	18.60	36.29	62.23	13.95%	27.22%	46.67%
2500	250	13750.00	80%	756.25	4444.06	1913.90	17.40	40.40	64.67	13.92%	32.32%	51.74%
2500	250	18333.33	85%	1008.33	6954.58	2514.74	16.14	44.63	67.24	13.72%	37.93%	57.15%
2500	250	27500.00	90%	1512.50	11975.63	3716.42	15.02	48.39	69.51	13.51%	43.55%	62.56%
2500	250	55000.00	95%	3025.00	27038.75	7321.46	14.01	51.75	71.55	13.31%	49.16%	67.97%

2. 确定相关预警值（抽样样本标准值或行业测算均值）

假设上述案例是真实抽样样本，经过测算后确定本地区主要评估分析指标及预警区间值，如表5-10所示。

表 5-10　　　　　　抽样样本标准值或行业测算均值参数范围

项　目	样本指标平均值	指标区间变动范围
主营业务收入所得税负担率	4.58%	1.5%～8.5%
主营业务利润所得税负担率	25.94%	25.50%～33%
主营业务利润率	17.70%	15%～35%
主营业务收入成本率	79.28%	72%～88%
主营业务收入费用率	5.08%	3%～7%
成本费用率	6.17%	4.5%～8.5%
预售收入费用率	2.54%	1.5%～3.5%

（二）被评估对象与抽样样本或行业均值标准进行对比分析

1. 原理描述：房地产开发企业的总税负与行业平均税负比较，偏离值较大时，说明纳税人可能存在一个或几个税种申报不实的风险。

2. 数据模型：单户总体税负（A）＝单个纳税人各税种申报应纳税额合计÷[营业（主营业务）收入＋（预收（账款）款项期末－预收（账款）款项期初）]×100%

行业平均税负（B）= ∑各样本企业税负值÷样本企业户数

3. 数据来源：各税种申报应纳税额合计来源于金三系统征收信息表中税额合计；营业（主营业务）收入合计来源于金三系统纳税人报送的利润表中主营业务收入期末累计数；预收（账款）款项期末数、期初数由税务部门要求纳税人定期专项报送数据以及金三系统中经济适用房税收优惠备案信息。

4. 预警值设置：企业所得税 7.5%～13%，其中，经济适用房项目是 5.5%～9.5%。

(三) 应用要点

1. 预警值的设置由企业正常申报的与收入有关的增值税、城市维护建设税、教育费附加、土地增值税预征、企业所得税预征等项目构成；预警值为在大市区的房地产企业适用，其他各县（市）可根据当地实际情况自行调整预警值；纳税人各税种申报额为年度申报额，不含查补以前年度、代扣、代收税款等与本企业经营或本期收入无关的纳税人申报税款，还应包括不在当期申报缴纳但所属期为分析期的税款（如以后查补的应属于分析期的税款）；分析时，分项目性质进行比较（住宅、商业、别墅、经济适用房），住宅对住宅、别墅对别墅；按年执行。

2. 注重对各类成本项目，特别是建筑安装工程费中大额成本项目支付的核查，是否存在"甲供材料"情况。可抽取开发成本明细账中分项目样本与凭证、合同和相关文件比对，必要时抽取部分发票进行外调或协查，以确认凭证、合同内容及具体成本支出的合法性和真实性。

3. 核查开发产品的成本是否按配比原则进行结转，特别是对不能分清负担对象的间接成本，是否已按各个成本对象（项目）占地面积、建筑面积或工程概算等方法计算分配。可根据成本对象总成本、总可售面积、当期已实现销售面积及可售面积单位工程成本，计算当期成本费用是否合理，与企业所得税申报数据对比，核实申报数据是否准确。

(四) 疑点判断

1. 主营业务收入所得税负担率、主营业务利润所得税负担率对比分析是涵盖房地产企业开发全流程各阶段的，主要是确认企业在收入、成本核算以及税前扣除等方面是否准确、合理。对与行业样本值偏离较大的，结合其他指标着重分析，查找原因。

2. 主营业务收入成本率、主营业务利润率对比分析，主要是核实收入是否足额申报、结转，确认销售收入是否及时准确，分析企业是否存在将应在多个期间分摊的费用直接在当期列支、多结转产品销售成本、多列支期间费用等行为。

3. 主营业务收入费用率、成本费用率对比分析。

一是通过测算企业主营业务收入与各项费用间的比例（销售或营业费用/主营业务收入、管理费用/主营业务收入、财务费用/主营业务收入），根据主营业务收入情况，看其是否同比例增长或减少，重点分析费用比例畸高或畸低的明细项目；二是分析费用类明细科目主要项目的发生额，对照财务制度和税法规定，审核企业是否按规定列支工资费用、业务招待费、广告费、赞助费、业务宣传费，纳税调整是否准确；三是分析企业与关联企业之间的销售、咨询、设计等费用结算情况，是否按照独立企业间正常标准支付费用。

第六节 行业财务核算特点及主要内容

一般来说，房地产开发企业的财务核算主要内容包括：筹措开发项目所需资金；及时、正确地计算土地开发和各种房屋建设的工程成本，并加强成本管理，降低成本；正确核算开发经营收支，加强经营管理，提高经济效益；强化商品房销售管理工作，及时收回价款；按照国家有关政策，正确地对企业利润进行分配。房地产开发企业生产经营及其产品的特殊性决定了其财务核算的特殊性。

一、房地产开发经营财务核算特点

房地产开发企业生产经营及其商品的特殊性决定了其财务核算的特殊性。同其他行业相比，房地产开发企业的财务核算具有以下特点：

（一）营业收入实现形式多样性且坏账风险较小

房地产开发的范围通常是对一定地区或地段进行总体规划，统一开发和建设，不仅包括居住，还包括商业和公建附属等项目，一般包括土地使用权转让收入、商品房销售收入、配套设施转让收入、出租收入和其他业务收入等，具有多样性。

在销售过程中，一般采用一次性付款或银行按揭付款，产品一旦预售成功，企业一般均可以实现销售收入，因此坏账风险较小。

（二）开发产品成本核算周期长且难度大

一般情况下，房地产项目开发的周期较长（3~5年），使得该行业的成本费用核算的时间跨度较大，同时，存在多个项目同时开发、滚动开发等特点，增加核算难度。

1. 成本构成复杂财务核算难度大。主要从事房地产开发建设活动，其生产成本主要指开发产品的成本，包括项目繁多，主要包括土地征用及拆迁补偿费、前期工程费、建筑安装工程费、基础设施建设费、公共配套设施费、开发间接费用和其他开发费用等，增大核算难度。

2. 开发周期长核算时间跨度大。房地产项目开发的周期较长，少则2~3年，多则超过5年，因此房地产成本费用核算的时间跨度很长。

3. 滚动开发核算难度大。房地产开发活动中，在多个项目同时开发、一个项目分多期开发等形象很普遍,因此不同项目、不同期开发项目成本发生差异大,使得企业按项目、按楼盘等进行成本核算难度增大。

(三) 不同项目缺乏可比性核算差异大

作为不动产,不同的房地产项目受地域、项目定位、产品功能、用途、规模等各方面因素的影响较大,项目所处的地域位置是决定产品价值的核心因素,每个项目都或多或少的有自己的特点,导致不同项目之间的差异性很大,缺乏可比性,增加税源管理的难度。

(四) 参与利润分配形式多样性

房地产开发企业的投资主体具有相当的广泛性,投资各方的目的不尽相同,造成利润分配形式既有现金分配,又有实物分配,复杂的分配形式同样增加征管难度。而且参与方式也具有一定的特殊性,最为常见的是进行项目投资合作(企业并不在工商管理部门进行注册资本变更登记),项目完成后投资合作也即完成,合作双方根据项目的盈利情况进行利润分配,而且利润分配的形式也不尽相同,既有按现金分配的,也有按产品分成的。较其他企业而言,利润分配的形式有其显著多样性。

二、行业财务核算主要内容

由于房地产开发企业的各个阶段特点不同,其财务核算的侧重点也有所不同。具体来说,房地产开发阶段可分为:项目设立阶段、开发项目准备阶段、项目开发阶段、房地产销售阶段及利润分配阶段。

(一) 设立阶段财务核算的主要内容

成立新的房地产开发企业必须按规定办理有关登记注册手续,包括办理企业名称登记、验资、制定公司章程、办理营业执照、银行开户和纳税登记。因此,这一阶段的财务核算重点是注册资本金及筹建费用的核算,核算的难点是对投资方投入的非现金资产(包括存货、固定资产、无形资产)的计价。

(二) 开发项目准备阶段财务核算的主要内容

1. 取得土地使用权的核算。取得土地使用权是房地产开发企业进行房地产开发的前提,也是开发产品成本的主要组成部分,因此加强土地使用权的核算显得尤为重要,在财务核算中要注重在不同方式下取得土地的核算。

2. 取得项目借款。由于房地产开发项目所用资金量很大,项目借款一般期限较长,在会计上作"长期借款"进行核算。为了反映和监督企业长期借款的借入、应计利息和归还本息的情况,应设置"长期借款"科目。核算的难点与重点是对借款利息费用的核算,包括准确计算和区分利息费用的费化与资本化处理。

3. 开发前物资准备。包括为开发商品房而购置原材料、固定资产等,财务核算要点是对购入物资的计价以及领用发出时的成本核算。

（三）项目开发阶段财务核算的主要内容

房地产开发企业在这一阶段的财务核算重点：一是开发成本的核算；二是开发产品的核算。

1. 开发成本的核算。房地产开发成本的核算是指企业将开发一定数量的商品房所支出的全部费用按成本项目进行归集和分配，最终计算出开发项目总成本和单位建筑面积成本的过程。主要包括土地开发成本、房屋开发成本、配套设施开发成本及代建工程开发成本的核算。为加强房地开发成本的核算，必须建立和完善成本核算基础工作，正确归集和分配开发成本及费用，准确、完整地提供成本核算资料，及时发现成本管理中存在的问题。

2. 开发产品的核算。开发产品是指企业已经完成全部开发建设过程，并已验收合格，符合国家建设标准和设计要求，可以按照合同规定的条件移交订购单位，或者作为对外销售、出租的产品，包括土地（建设场地）、房屋、配套设施和代建工程。为了正确核算开发产品的增加、减少、结存情况，开发企业应设置资产类"开发产品"科目。该科目借方登记已竣工验收的开发产品的实际成本，贷方反映结转对外销售、转让、结算或出租的开发产品的实际成本。月末借方余额表示尚未销售、转让、结算、或出租的各种开发产品的实际成本。

（四）销售阶段及利润分配阶段的财务核算的主要内容

1. 房地产企业的销售业务的核算。销售业务核算主要包括主营业务收入和其他业务收入的核算。房地产销售收入是指房地产开发企业自行开发的房地产在市场上进行销售获得的收入，包括土地使用权转让收入、商品房（包括周转房）销售收入、配套设施销售收入。

2. 利润分配阶段的财务核算。利润分配是指企业根据国家有关规定和公司章程、投资者协议等，对企业当年可供分配的利润进行的分配。

可供分配利润=当年实现的净利润+年初未分配利润（或-年初未弥补亏损）+其他转入

利润分配的顺序：①弥补以前年度亏损；②提取法定盈余公积；③提取任意盈余公积；④向投资者分配利润。

企业应通过"利润分配"科目，核算企业利润的分配。年度终了后，企业应将全年实现的净利润或发生的亏损额，自"本年利润"科目转入"利润分配——未分配利润"，并将"利润分配"科目所属其他明细科目的余额转入"未分配利润"明细科目。结转后，"利润分配——未分配利润"科目如为贷方余额，表明累积未分配的利润数，如为借方余额，则表明累积未弥补的亏损数额。

三、开发经营收入核算

房地产开发经营收入一般分为主营业务收入和其他业务收入。房地产主营业务收入具体包括：土地使用权转让收入、商品房销售收入、配套设施销售收入、待建工程收入和出租开发产品的租金收入。其他业务收入具体包括：商品房售后服务收入、材料销售收入、无形资产使用费收入、固定资产出租收入。各类营业收入的确认也有具体标准。

（一）销售开发产品营业收入的确认

按照企业会计准则的规定，房地产开发企业转让销售开发产品，必须同时满足以下四个条件才能确认收入实现。

1. 企业已将商品所有权上的主要风险和报酬转移给购买方。如购买方已预付部分房款，房屋已建成，并办妥房屋产权手续、开出发票账单，说明房屋所有权上的主要风险和报酬已经转移，可以确认为营业收入。

2. 企业既没有保留通常与所有权相联系的继续管理权，也没有对已售出的商品实施控制。如果房地产开发企业在销售开发产品时签订了必须回购协议，说明卖方对售出的商品实施控制，卖方无权处置，对这种销售行为，不能确认营业收入。

3. 与交易相关的利益能够流入企业。在销售开发产品时，如果预计收回价款的可能性不大，即使收入确认的其他条件都满足，也不能确认收入。

4. 相关的收入和成本能够可靠（准确）的计量。收入和成本都能够可靠计量，才可以确认收入。房地产企业用预售方式销售开发产品时，虽然收到了预收款，但因销售的房地产正在开发建设中，无法确认相关的成本，因此不能确认营业收入。

（二）代建工程开发建造收入的确认

房地产开发企业接受委托，为其他单位代建工程，一般情况下应在工程竣工验收、办妥财产交接手续，并开具"代建工程价款结算账单"，经委托单位签证认可后，确认开发建造收入的实现。如果代建工程规模较大、工期较长，在合同结果能够可靠估计的情况下，应按完工进度于每季末确认开发建造收入的实现。如果合同收入的收回存在不确定时，则不应当确认收入。

（三）出租开发产品租金收入的确认

房地产开发企业出租开发产品，应当在出租合同（协议）规定日期收取租金后作为收入实现；合同规定的收款日期已到，租用方未付租金的，应按照权责发生制的要求确认收入的实现。

（四）特殊业务收入的确认

1. 以开发产品清偿债务时收入的确认

按照会计准则规定，可将债务重组过程视为债权人和债务人以公允价值为基础，购销用以清偿债务的资产的过程。对债务重组方式进行会计处理时，可参照资产购销业务的会计处理方法，再依据该业务自身的特点，债务人冲销重组债务作为该购销业务获取的利益，债权人冲销重组债权净额作为支付的对价。针对购销过程中应结算金额小于其抵销的债务债权净额的差异，债务人和债权人应分别确认为重组利得和损失。

2. 以开发产品作抵押向金融机构贷款

（1）是抵押期间，开发产品仍归借款人所有，贷款期满后，如果借款人无力偿还贷款，开发产品收归银行所有，此时开发产品所有权发生转移，借款人（开发企业）应对开发产品做销售处理，按照开发产品的公允价值确认营业收入。

（2）是借款人取得贷款后交与银行使用，以开发产品租金抵押贷款利息，这样对借款人来说，开发产品所有权没有发生转移，但发生了开发产品租赁行为，取得的租金应做企业的营业收入处理。

四、成本费用核算

（一）开发产品的核算要求

房地产开发企业对已完成开发过程的商品房、代建房、出租房，应在竣工验收以后将其开发成本结转至"开发产品"科目；"开发成本"反映核算未完成的在建开发项目，"开发产品"反映核算已完工的开发项目。

属于成本对象完工前发生的成本，应按规定直接计入成本对象中；属于成本对象完工后发生的成本，应按规定在已完工成本对象和未完工成本对象之间进行分摊。把未完工成本对象应承担的部分计入"开发成本"科目中，然后将应由已完工成本对象负担的部分，在已销开发产品和未销开发产品之间进行分摊；把应由未销开发产品承担的部分计入"开发产品"中，并重新计算开发产品的单位成本，最后应由已销开发产品承担的部分，直接计入当期的"主营业务成本"。

（二）开发成本的核算

房地产开发成本是指在开发期内完成房地产产品开发建设所需投入的各项成本，主要包括土地费用、前期工程费用、基础设施建设费用、建筑安装工程费用、公共配套设施建设费用等内容。该行业对房屋开发成本的核算，通常是通过以下几个成本项目来归类核算：

1. 土地征用及拆迁补偿费或批租地价，核算房屋开发中征用土地所发生的土地征用费、耕地占用税、劳动力安置费，以及有关地上地下物拆迁补偿费或批租地价。

2. 前期工程款，核算房屋开发前期发生的规划设计、项目可行性研究、水文地质勘察、测绘等支出，以及"三通一平"等阶段的费用支出。

3. 基础设施支出，是指建筑物2米以外和项目用地规划范围内和各种管线和道路等工程的费用,包括所需要的道路、绿化、供水、供电、排污、通信、燃气、热力等设施的建设费用,以及各项设施与市政设施干线、干管、干道的接口费用。如果取得的房地产开发用地是熟地,则基础设施建设费已部分或全部包含在土地取得成本之中。

4. 建筑安装工程款,核算列入房屋开发项目建筑安装工程施工图预算内的各项费用支出(包括设备费用)。

5. 配套设施支出,是指居住小区内为居民服务配套建设的各种按规定应计入房屋开发成本不能有偿转让的公共配套设施的建设费用,主要包括居委会、派出所、幼儿园、变电室、停车场和公共厕所等。

6. 开发间接费,主要核算应由房屋开发成本负担的开发管理费用。

(三)开发费用的核算

房地产开发费用是指在开发期内完成房地产产品开发建设所需投入的各项费用,其可直接进行税前扣除,包括管理费用、财务费用、销售(营业)费用。

1. 管理费用是指房地产开发企业的管理部门为组织和管理房地产项目的开发经营活动而发生的各项费用。主要包括管理人员工资、工会经费、职工教育经费、劳动保险费、董事会费、咨询费、审计费、诉讼费、排污费、绿化费、技术转让费、技术开发费、开办费摊销、业务费摊销、业务招待费、坏账损失、毁损和报废损失等费用。

管理费=(土地费用+前期工程费用+基础设施建设费用+建筑安装工程费用+公共配套设施建设费用)×一定百分比(一般为3%)

2. 财务费用是指房地产开发企业为筹集资金而发生的各项费用。主要包括借款和债券的利息、金融机构手续费、融资代理费、外汇汇兑净损失,以及企业筹资发生的其他财务费用。

3. 销售费用是指房地产开发企业在销售房地产产品过程中发生的各项费用,以及专设销售机构或委托销售代理的各项费用。主要包括销售人员工资、奖金、福利费、差旅费、销售机构折旧费、修理费、广告费、宣传费、代销手续费、销售服务费、预售许可证申领费等。

广告及市场推广费,一般约为销售收入的2%至3%;

销售代理费,一般约为销售收入的1.5%至2%。

4. 其他费用,主要包括临时用地费和临时建设费、工程造价咨询费、合同公证费、施工执照费、工程质量监督费、竣工图编制费、工程保险费等。

这些费用按有关部门费率估算,一般约占总开发成本的2%至3%。

五、房地产开发行业税收与会计制度差异

在实务中,会计制度、会计准则与税收政策法规之间是客观存在着很多差异的。税会差异是必然存在的,也是永久存在的,这既是税法优先原则的体现,也是适用房地产开发经营因其行业的特殊性，其会计核算与税收政策法规的差异，更加突出和明显。

(一) 利息支出税前扣除的差异

2000年颁布的《企业会计制度》第77条规定，借款利息，除建造固定资产应予资本化的产品之外，其余都进入当期损益，没有说明房地产开发企业有何特殊处理。2001年1月18日，财政部发布的《企业会计准则——借款费用》又规定，该准则不涉及房地产商品开发过程中发生的借款费用。因为会计上至今没有一个明确的规定，房地产开发企业发生的这部分借款费用，在实际操作中就存在两种情况：

沿用原有会计制度，将利息支出计入有关房地产的开发成本；执行《企业会计制度》的，则计入了财务费用。

税收规定：国税发〔2006〕31号文曾明确，房地产开发企业在开发产品完工之前，其财务费用计入开发成本，待开发产品完工之后，再随开发产品结转成本。开发产品完工之后，发生的利息费用直接进入当期损益。借给关联企业的，关联企业借入资金超过注册资本的50%的，超过部分的利息支出，不得在税前扣除。

(二) 会计确认销售实现时间与纳税义务时间的差异

现行税收政策对销售收入的确认，分为预售收入与开发产品完工确认两种。预售收入的确认涉及预缴增值税、预缴企业所得税和土地增值税的扣除问题；开发产品完工时间的确认，涉及企业所得税的汇算。

1. 会计确认收入的规定

按照《企业会计制度》规定，收入确认条件是：(1) 企业已将商品所有权上的主要风险和报酬转移给购货方；(2) 企业既没有保留通常与所有权相联系的继续管理权，也没有对已售出的商品实施控制；(3) 与交易相关的经济利益能够流入企业；(4) 相关的收入和成本能够可靠地计量。

在实际操作过程中，房地产企业会计制度规定：转让、销售土地和商品房，应在土地和商品房已经移交，已将发票结算账单提交买主时，作为销售实现。

会计制度对于取得的预售款在当期并不确认，也不结转收入，造成会计制度确认销售实现时间与税法规定的纳税义务时间发生不一致。

2. 税法确认纳税义务时间

对于房地产开发企业销售未完工产品收到的预售款，应计算缴交增值税，并结合当地规定的预计计税毛利率，扣除当期期间费用、税金及附加后，计入当期应纳税所得税额，申报缴纳企业所得税。

已销售的开发产品符合以下三个条件之一，企业应将预售收入转为实际销售收入，同时按规定结转其对应的计税成本，计算出该项开发产品实际销售收入的毛利额。该项开发产品实际销售收入毛利额与其预售收入毛利额之间的差额，计入完工年度的应纳税所得额：

(1) 竣工证明已报房地产管理部门备案的开发产品（成本对象）；

(2) 已开始投入使用的开发产品（成本对象）；

(3) 已取得了初始产权证明的开发产品（成本对象）。

在预售阶段，取得的预收款因不符合会计制度对收入的确认条件，会计上不结转收入，也不结转成本，也就无从计算会计利润；国税发〔2003〕83 号、国税发〔2009〕31 号文规定：按照预计利润率、预计计税毛利率计算预计营业利润额、预售收入毛利额，并入当期应纳税所得额缴纳企业所得税。

（三）成本结转存在差异

按照《房地产企业会计制度》规定："经营成本"科目，反映企业转让、销售、结算和出租开发产品等主要经营业务的实际成本。本科目应根据"经营成本"科目发生额分析填列。

国税发〔2009〕31 号文件和国税发〔2001〕142 号文件规定：房地产开发企业发生的当期准予扣除的开发产品销售成本，是指完工开发产品已实现销售的开发产品的成本，按当期已实现销售的可售面积和可售面积单位工程成本确认。通常，可售面积单位工程成本对象总成本（成本对象总成本费用）÷总可售面积；销售成本已实现销售的可售面积×可售面积单位工程成本。

在开发区域内建造的非营利性公共配套设施的成本，分摊到相关的开发产品之中。国税发〔2009〕31 号文对此作了明确规定：(1) 属于非营利性且产权属于全体业主的，或无偿赠与地方政府、公用事业单位的，可将其视为公共配套设施，其建造费用按公共配套设施费的有关规定进行处理。(2) 属于营利性的，或产权归开发企业所有的，或未明确产权归属的，或无偿赠与地方政府、公用事业单位以外其他单位的，应当单独核算其成本。除开发企业自用应按建造固定资产进行处理外，其他一律按建造开发产品进行处理。

（四）新会计准则与增值税政策的差异

出于实务操作的可执行性和充分考虑纳税人的资金压力，税会差异的实质，税收规定是类似于"收付实现制"来确认纳税义务发生时间。

1. 让渡资产使用权

《企业会计准则第 14 号——收入》规定的让渡资产使用权收入，包括利息收入和使用费收入。准则要求同时满足下列条件时确认收入：相关的经济利益很可能流入企业；收入的金额能够可靠地计量。其中，利息收入金额，按照他人使用本企业货币资金的时间和实际利率计算确定；使用费收入金额，按照有关合同或协议约定的收费时间和方法计算确定。税法对此类收入的规定，让渡资产使用权，无论利息和使用费是否能收到，都应按合同或协议约定，按时确认收入。

2. 建造合同

《企业会计准则第 15 号——建造合同》规定的收入确认方法与收入准则规定的提供劳务收入确认的方法基本相同：在资产负债表日，应当按照合同总收入乘以完工进度扣除以前会计期间累计已确认收入后的金额，确认为当期合同收入；同时，按照合同预计总成本乘以完工进度扣除以前会计期间累计已确认费用后的金额，确认为当期合同费用。当期完成的建造合同，应当按照实际合同总收入扣除以前会计期间累计已确认收入后的金额，确认为当期合同收入；同时，按照累计实际发生的合同成本扣除以前会计期间累计已确认费用后的金额，确认为当期费用。

建造合同准则对合同收入内容的规定，与增值税有关价外费用的规定相似。但增值税税收政策对建筑业纳税义务发生时间及计税依据的规定与建造合同准则不大相同。准则规定：在资产负债表日，建造合同的结果能够可靠估计的，应当根据完工百分比法确定收入和合同费用。准则是权责发生制，税法是收付实现制，按照税收规定，是按工程价款结算申报纳税。

3. 转让无形资产

转让无形资产过程中影响增值税的会计准则，主要是《企业会计准则第 3 号——投资性房地产》和《企业会计准则第 6 号——无形资产》。前者影响的是土地使用权，后者影响的是其他无形资产。这两项准则中涉及的有关资产处置收入，应当作为增值税的计税依据。

（五）新会计准则与企业所得税政策差异

新会计准则与企业所得税法规定的差异内容较多，在应纳税所得额、成本费用、会计纳税调整、资产负债表日后事项和企业合并等方面都有不同规定。

1. 关于应纳税所得额的税会差异

（1）预收账款。会计准则不确认收入。税收上规定：内资企业应按预计利润率或预计计税毛利率计算预计营业利润额或预收收入毛利额，并入应纳税所得额，缴纳企业所得税。

（2）视同销售。税收上把房地产开发企业自建行为（转为固定资产）、开发产品用于投资、捐赠、赞助、职工福利、奖励、对外投资、分配给股东或投资人、抵偿债务、换取其他企事业单位和个人的非货币性资产等行为，视同销售行为。《企业会计准则第 7 号——非货币性资产交换》中规定的方法，部分与税法一致（具有商业实质的非货币性资产交换），部分与税法不一致（不具有商业实质的非货币性资产交换）。《企业会计准则第 12 号——债务重组》中规定的方法已与税法一致。

（3）售后回租。《企业会计准则第 14 号——收入》规定的确认收入的条件：（商品上的主要风险和收益权已实质转移，企业不再保留和所有权联系的控制权和管理权），企业按售价与成本的差额确认收益或将溢价在租赁期内分期摊销计入损益。但税法规定要按销售和租赁两项业务来分别处理。

（4）投资收益。《企业会计准则第 22 号——金融工具确认和计量》将金融资产和金融负债的计量分为以公允价值计量和以摊余成本计量两种。涉及持有至到期投资时，如以公允价值计量且发生变动，准则要求将变动的影响计入当期损益，但税法对此尚无明确的处理规定。

《企业会计准则第 2 号——长期股权投资》对企业所得税的影响主要有三个方面：一是权益法核算时，投资收益的确认方法与税法要求不同；二是成本法核算时，投资收益的金额确定与税法要求不同；三是股权投资差额的处理与税法规定不尽一致。按该准则规定，长期股权投资的初始成本大于投资时应享有被投资单位可辨认净资产公允价值份额的，不调整长期股权投资的初始成本。但税法对以非货币性资产投资发生该种情况的，应调整应纳税所得额；长期股权投资的初始成本小于投资时应享有被投资单位可辨认净资产公允价值份额的，其差额应当计入当期损益，但税法对以现金投资产生该种差额的，无明确征税规定。

（5）政府补助。《企业会计准则第 16 号——政府补助》将政府补助分为与资产相关的政府补助和与收益相关的政府补助。并规定：与资产相关的政府补助，应当确认为递延收益，并在资产相关使用寿命内平均分配，计入当期损益；与收益相关的政府补助，应当分别情况，直接计入当期损益或者确认为递延收益。而按税法规定，政府补助如需要征收企业所得税的，则一般都应计入实际收到当年的应纳税所得额。

2. 关于成本费用的税会差异

（6）资产计量。有关资产的各项准则都详细规定了资产的初始确认计量方法。从计量属性看，较多地采用历史成本和公允价值计量，大量采用公允价值计量是新会计准则的一大突破。企业所得税法的资产管理，大都基于历史成本计量，因而在初始计量时，就产生了资产的账面价值与计税基础的差异。

（7）存货计价。《企业会计准则第 1 号——存货》规定，企业应当采用先进先出法、加权平均法或者个别确认法确定发出存货的成本。而税法还允许采用后进先出法来计算发出存货的实际成本。

（8）固定资产折旧。《企业会计准则第 4 号——固定资产》规定，除已提足折旧仍继续使用的固定资产和单独计价入账的土地外，企业应当对所有固定资计提折旧，但税法对企业计提折旧有范围限制。在固定资产折旧的计算方面，该准则赋予企业固定资产折旧方法选择，使用寿命和预计净残值的确定与调整自主权，而税法对这些内容有统一的规定。

（9）无形资产摊销。《企业会计准则第 6 号——无形资产》把企业内部研究开发项目的支出区分为研究阶段的支出和开发阶段的支出，税法对此未作出区分。该准则还规定，使用寿命有限的无形资产，其摊销金额应当在寿命期内系统合理摊销，使用寿命不确定的无形资产不应摊销。而税法对无形资产的摊销，不仅规定了摊销方法，而且规定了摊销年限。

（10）投资性房地产。《企业会计准则第 3 号——投资性房地产》规定，采用公允价值模式计量的，不对投资性房地产计提折旧或进行摊销，应当以资产负债表日投资性房地产的公允价值为基础调整其账面价值，公允价值与原账面价值之间的差额，计入当期损益。按税法规定，出租房产和土地使用权，应按规定方法进行折旧和摊销。

（11）资产减值。《企业会计准则第 1 号——存货》规定，存货成本高于其可变现净值的，应当计提存货跌价准备；以前减记存货价值的影响因素已经消失的，减记的金额应当恢复，并在原已计提的存货跌价准备金内转回。按《企业会计准则第 15 号——建造合同》规定，合同预计总成本超过合同总收入的，应当将预计损失确认为当期费用。按《企业会计准则第 22 号——金融工具确认和计量》规定，以摊余成本计量的金融资产发生减值时，应当计提减值准备；有客观证据表明，该金融资产价值已恢复，原确认的减值损失应予以转回。按《企业会计准则第 8 号——资产减值》规定，可收回金额的计量结果表明，资产的可收回金额低于其账面价值的，应当将资产的账面价值减记至可收回金额，减记的金额确认为资产减值损失，计入当期损益，同时，计提相应的资产减值准备；资产减值损失一经确认，在以后会计期间不得转回。对于商誉减值的处理，该准则规定：经减值测试，如相关资产组或资产组合的可收回金额低于其账面价值的，应当确认商誉的减值损失。

按税法规定，除应收款项计提坏账准备有条件确认扣除外，其他各项资产减值损失，计算应纳税所得额时都不得扣除。商誉按税法规定也不得摊销。

（12）租赁费。《企业会计准则第 21 号——租赁》规定，经营租赁的承租人，对于经营租金，应当在租赁期内各个期间，按照直线法计入相关资产成本和当期损益，其他方法更为系统合理的，也可采用其他方法。而企业所得税法对租赁的扣除没有类似规定。

（13）会计调整。《企业会计准则第 28 号——会计政策、会计估计变更和会计差错更正》规定，会计政策变更能够提供更可靠、更相关会计信息的，应当采用追溯调整法处理。但从企业所得税法的规定来看，如会计政策变更发生在年度所得税汇算清缴前，且按税法规定影响应纳税所得额的，应调整纳税年度的应纳税所得额和应纳所得税额。会计估计变更，按该准则规定，应当采用未来适用法处理。而从税法要求看，企业会计估计变更，如果影响损益凡不符合税法规定的，会计处理后还应当作纳税调整。前期会计差错更正，按该准则规定，应当采用追溯调整法更正重要的前期差错，但确定前期差错累积影响数不切实可行的除外。按照税法规定，如更正差错发生在企业所得税汇算清缴前，且属于汇算所属年度的，有关费用可以扣除。如更正发生在企业所得税汇算清缴后，纳税人补提、补摊的费用在计算应纳税所得额时不得扣除。

（14）资产负债表日后事项。《企业会计准则第 29 号——资产负债表日后事项》规定，企业发生资产负债表日后事项应当调整资产负债表日的财务报表。但税法规定，该类事项如发生在企业所得税汇算清缴前，且影响损益，应当调整纳税年度的应纳税所得额和应纳税额；如果发生在所得税汇算清缴后，则应调整发生年度的应纳税所得额和应纳税额。

附　件

附件一：商品房开发工作流程

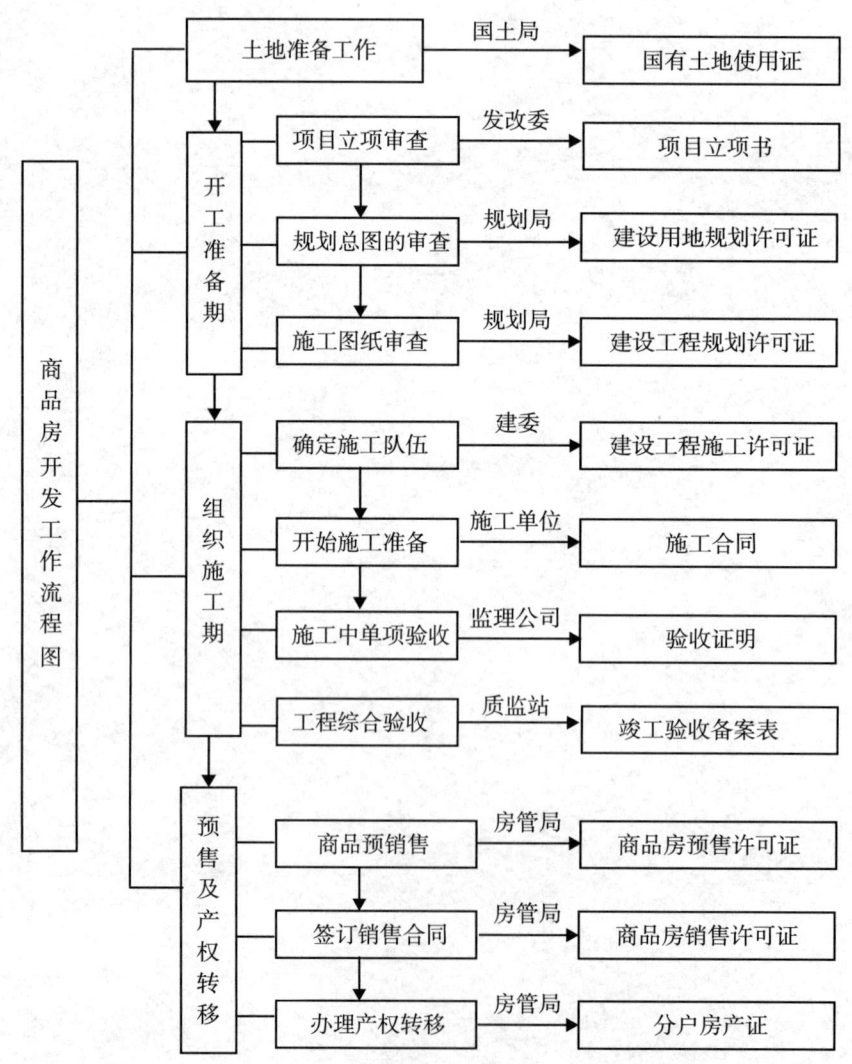

附件二：

商品房销售管理办法

(中华人民共和国建设部令第88号，自2001年6月1日起施行)

第一章 总 则

第一条 为了规范商品房销售行为，保障商品房交易双方当事人的合法权益，根据《中华人民共和国城市房地产管理法》、《城市房地产开发经营管理条例》，制定本办法。

第二条 商品房销售及商品房销售管理应当遵守本办法。

第三条 商品房销售包括商品房现售和商品房预售。本办法所称商品房现售，是指房地产开发企业将竣工验收合格的商品房出售给买受人，并由买受人支付房价款的行为。

本办法所称商品房预售，是指房地产开发企业将正在建设中的商品房预先出售给买受人，并由买受人支付定金或者房价款的行为。

第四条 房地产开发企业可自行销售商品房，也可以委托房地产中介服务机构销售商品房。

第五条 国务院建设行政主管部门负责全国商品房的销售管理工作。省、自治区人民政府建设行政主管部门负责本行政区域内商品房的销售管理工作。直辖市、市、县人民政府建设行政主管部门、房地产行政主管部门（以下统称房地产开发主管部门）按照职责分工，负责本行政区域内商品房的销售管理工作。

第二章 销售条件

第六条 商品房预售实行预售许可制度。商品房预售条件及商品房预售许可证明的办理程序，按照《城市房地产开发经营管理条例》和《城市商品房预售管理办法》的有关规定执行。

第七条 商品房现售，应当符合以下条件：

(一) 现售商品房的房地产开发企业，应当具有企业法人营业执照和开发企业资质证书；

(二) 取得土地使用权证书或者使用土地的批准文件；

(三) 持有建设工程规划许可证和施工许可证；

(四) 已通过竣工验收；

（五）拆迁安置已经落实；

（六）供水、供电、供热、燃气、通讯等配套基础设施具备交付使用条件，其他配套基础设施和公共设施具备交付使用条件或者已确定施工进度和交付日期；

（七）物业管理方案已经落实。

第八条 房地产开发企业应当在商品房现售前将房地产开发项目手册及符合商品房现售条件的有关证明文件报送房地产开发主管部门备案。

第九条 房地产开发企业销售设有抵押权的商品房，其抵押权的处理按照《中华人民共和国担保法》、《城市房地产抵押管理办法》的有关规定执行。

第十条 房地产开发企业不得在未解除商品房买卖合同前，将作为合同标的物的商品房再行销售给他人。

第十一条 房地产开发企业不得采取返本销售或者变相返本销售的方式销售商品房。

房地产开发企业不得采取售后包租或变相售后包租的方式销售未竣工商品房。

第十二条 商品住宅按套销售，不得分割拆零销售。

第十三条 商品房销售时，房地产开发企业选聘了物业管理企业的，买受人应当在订立商品房买卖合同时与房地产开发企业选聘的物业管理企业订立有关物业管理的协议。

第三章 广告与合同

第十四条 房地产开发企业、房地产中介服务机构发布商品房销售宣传广告，应当执行《中华人民共和国广告法》、《房地产广告发布暂行规定》等有关规定，广告内容必须真实、合法、科学、准确。

第十五条 房地产开发企业、房地产中介服务机构发布的商品房销售广告和宣传资料所明示的事项，当事人应当在商品房买卖合同中约定。

第十六条 商品房销售时，房地产开发企业和买受人应当订立书面商品房买卖合同。

商品房买卖合同应当明确以下主要内容：

（一）当事人名称或者姓名和住所；

（二）商品房基本状况；

（三）商品房的销售方式；

（四）商品房价款的确定方式及总价款、付款方式、付款时间；

（五）交付使用条件及日期；

（六）装饰、设备标准承诺；

（七）供水、供电、供热、燃气、通讯、道路、绿化等配套基础设施和公共设施的交付承诺和有关权益、责任；

（八）公共配套建筑的产权归属；

（九）面积差异的处理方式；

（十）办理产权登记有关事宜；

（十一）解决争议的方法；

（十二）违约责任；

（十三）双方约定的其他事项。

第十七条 商品房销售价格由当事人协商议定，国家另有规定的除外。

第十八条 商品房销售可以按套（单元）计价，也可以按套内建筑面积或者建筑面积计价。

商品房建筑面积由套内建筑面积和分摊的共有建筑面积组成，套内建筑面积部分为独立产权，分摊的共有建筑面积部分为共有产权，买受人按照法律、法规的规定对其享有权利，承担责任。按套（单元）计价或者按套内建筑面积计价的，商品房买卖合同中应当注明建筑面积和分摊的共有建筑面积。

第十九条 按套（单元）计价的现售房屋，当事人对现售房屋实地勘察后可以在合同中直接约定总价款。按套（单元）计价的预售房屋，房地产开发企业应当在合同中附所售房屋的平面图。平面图应当标明详细尺寸，并约定误差范围。房屋交付时，套型与设计图纸一致，相关尺寸也在约定的误差范围内，维持总价款不变；套型与设计图纸不一致或者相关尺寸超出约定的误差范围，合同中未约定处理方式的，买受人可以退房或者与房地产开发企业重新约定总价款。买受人退房的，由房地产开发企业承担违约责任。

第二十条 按套内建筑面积或者建筑面积计价的，当事人应当在合同中载明合同约定面积与产权登记面积发生误差的处理方式。合同未作约定的，按以下原则处理：

（一）面积误差比绝对值在3%以内（含3%）的，据实结算房价款；

（二）面积误差比绝对值超出3%时，买受人有权退房。买受人退房的，房地产开发企业应当在买受人提出退房之日起30日内将买受人已付房价款退还给买受人，同时支付已付房价款利息。买受人不退房的，产权登记面积大于合同约定面积时，面积误差比在3%以内（含3%）部分的房价款由买受人补足；超出3%部分的房价款由房地产开发企业承担，产权归买受人。产权登记面积小于合同约定面积时，面积误差比绝对值在3%以内（含3%）部分的房价款由房地产开发企业返还买受人；绝对值超出3%部分的房价款由房地产开发企业双倍返还。

$$面积误差比 = \frac{产权登记面积 - 合同约定面积}{合同约定面积} \times 100\%$$

因本办法第二十四条规定的规划设计变更造成面积差异，当事人不解除合同的，应当签署补充协议。

第二十一条 按建筑面积计价的，当事人应当在合同中约定套内建筑面积和分摊的共有建筑面积，并约定建筑面积不变而套内建筑面积发生误差以及建筑面积与套内建筑面积均发生误差时的处理方式。

第二十二条 不符合商品房销售条件的，房地产开发企业不得销售商品房，不得向买受人收取任何预订款性质费用。

符合商品房销售条件的，房地产开发企业在订立商品房买卖合同之前向买受人收取预订款性质费用的，订立商品房买卖合同时，所收费用应当抵作房价款；当事人未能订立商品房买卖合同的，房地产开发企业应当向买受人返还所收费用；当事人之间另有约定的，从其约定。

第二十三条 房地产开发企业应当在订立商品房买卖合同之前向买受人明示《商品房销售管理办法》和《商品房买卖合同示范文本》；预售商品房的，还必须明示《城市商品房预售管理办法》。

第二十四条 房地产开发企业应当按照批准的规划、设计建设商品房。商品房销售后，房地产开发企业不得擅自变更规划、设计。

经规划部门批准的规划变更、设计单位同意的设计变更导致商品房的结构型式、户型、空间尺寸、朝向变化，以及出现合同当事人约定的其他影响商品房质量或者使用功能情形的，房地产开发企业应当在变更确立之日起10日内，书面通知买受人。

买受人有权在通知到达之日起15日内做出是否退房的书面答复。买受人在通知到达之日起15日内未作书面答复的，视同接受规划、设计变更以及由此引起的房价款的变更。房地产开发企业未在规定时限内通知买受人的，买受人有权退房；买受人退房的，由房地产开发企业承担违约责任。

第四章 销售代理

第二十五条 房地产开发企业委托中介服务机构销售商品房的，受托机构应当是依法设立并取得工商营业执照的房地产中介服务机构。

房地产开发企业应当与受托房地产中介服务机构订立书面委托合同，委托合同应当载明委托期限、委托权限以及委托人和被委托人的权利、义务。

第二十六条 受托房地产中介服务机构销售商品房时，应当向买受人出示商品房的有关证明文件和商品房销售委托书。

第二十七条 受托房地产中介服务机构销售商品房时，应当如实向买受人介绍所代理销售商品房的有关情况。受托房地产中介服务机构不得代理销售不符合销售条件的商品房。

第二十八条 受托房地产中介服务机构在代理销售商品房时不得收取佣金以外的

其他费用。

第二十九条 商品房销售人员应当经过专业培训，方可从事商品房销售业务。

第五章 交 付

第三十条 房地产开发企业应当按照合同约定，将符合交付使用条件的商品房按期交付给买受人。未能按期交付的，房地产开发企业应当承担违约责任。

因不可抗力或者当事人在合同中约定的其他原因，需延期交付的，房地产开发企业应当及时告知买受人。

第三十一条 房地产开发企业销售商品房时设置样板房的，应当说明实际交付的商品房质量、设备及装修与样板房是否一致，未作说明的，实际交付的商品房应当与样板房一致。

第三十二条 销售商品住宅时，房地产开发企业应当根据《商品住宅实行质量保证书和住宅使用说明书制度的规定》（以下简称《规定》），向买受人提供《住宅质量保证书》、《住宅使用说明书》。

第三十三条 房地产开发企业应当对所售商品房承担质量保修责任。当事人应当在合同中就保修范围、保修期限、保修责任等内容做出约定。保修期从交付之日起计算。

商品住宅的保修期限不得低于建设工程承包单位向建设单位出具的质量保修书约定保修期的存续期；存续期少于《规定》中确定的最低保修期限的，保修期不得低于《规定》中确定的最低保修期限。非住宅商品房的保修期限不得低于建设工程承包单位向建设单位出具的质量保修书约定保修期的存续期。

在保修期限内发生的属于保修范围的质量问题，房地产开发企业应当履行保修义务，并对造成的损失承担赔偿责任。因不可抗力或者使用不当造成的损坏，房地产开发企业不承担责任。

第三十四条 房地产开发企业应当在商品房交付使用前按项目委托具有房产测绘资格的单位实施测绘，测绘成果报房地产行政主管部门审核后用于房屋权属登记。

房地产开发企业应当在商品房交付使用之日起 60 日内，将需要由其提供的办理房屋权属登记的资料报送房屋所在地房地产行政主管部门。

房地产开发企业应当协助商品房买受人办理土地使用权变更和房屋所有权登记手续。

第三十五条 商品房交付使用后，买受人认为主体结构质量不合格的，可以依照有关规定委托工程质量检测机构重新核验。经核验，确属主体结构质量不合格的，买受人有权退房；给买受人造成损失的，房地产开发企业应当依法承担赔偿责任。

第六章 法律责任

第三十六条 未取得营业执照，擅自销售商品房的，由县级以上人民政府工商行政管理部门依照《城市房地产开发经营管理条例》的规定处罚。

第三十七条 未取得房地产开发企业资质证书，擅自销售商品房的，责令停止销售活动，处5万元以上10万元以下的罚款。

第三十八条 违反法律、法规规定，擅自预售商品房的，责令停止违法行为，没收违法所得；收取预付款的，可以并处已收取的预付款1%以下的罚款。

第三十九条 在未解除商品房买卖合同前，将作为合同标的物的商品房再行销售给他人的，处以警告，责令限期改正，并处2万元以上3万元以下罚款；构成犯罪的，依法追究刑事责任。

第四十条 房地产开发企业将未组织竣工验收、验收不合格或者对不合格按合格验收的商品房擅自交付使用的，按照《建设工程质量管理条例》的规定处罚。

第四十一条 房地产开发企业未按规定将测绘成果或者需要由其提供的办理房屋权属登记的资料报送房地产行政主管部门的，处以警告，责令限期改正，并可处以2万元以上3万元以下罚款。

第四十二条 房地产开发企业在销售商品房中有下列行为之一的，处以警告，责令限期改正，并可处以1万元以上3万元以下罚款。

（一）未按照规定的现售条件现售商品房的；

（二）未按照规定在商品房现售前将房地产开发项目手册及符合商品房现售条件的有关证明文件报送房地产开发主管部门备案的；

（三）返本销售或者变相返本销售商品房的；

（四）采取售后包租或者变相售后包租方式销售未竣工商品房的；

（五）分割拆零销售商品住宅的；

（六）不符合商品房销售条件，向买受人收取预订款性质费用的；

（七）未按照规定向买受人明示《商品房销售管理办法》、《商品房买卖合同示范文本》、《城市商品房预售管理办法》的；

（八）委托没有资格的机构代理销售商品房的。

第四十三条 房地产中介服务机构代理销售不符合销售条件的商品房的，处以警告，责令停止销售，并可处以2万元以上3万元以下罚款。

第四十四条 国家机关工作人员在商品房销售管理工作中玩忽职守、滥用职权、徇私舞弊，依法给予行政处分；构成犯罪的，依法追究刑事责任。

第七章 附　则

第四十五条 本办法所称返本销售，是指房地产开发企业以定期向买受人返还购房款的方式销售商品房的行为。

本办法所称售后包租,是指房地产开发企业以在一定期限内承租或者代为出租买受人所购该企业商品房的方式销售商品房的行为。

本办法所称分割拆零销售,是指房地产开发企业以将成套的商品住宅分割为数部分分别出售给买受人的方式销售商品住宅的行为。

本办法所称产权登记面积,是指房地产行政主管部门确认登记的房屋面积。

第四十六条 省、自治区、直辖市人民政府建设行政主管部门可以根据本办法制定实施细则。

第四十七条 本办法由国务院建设行政主管部门负责解释。

第四十八条 本办法自2001年6月1日起施行。

附件三:

城市商品房预售管理办法

> (1994年11月15日建设部令第40号发布,根据2001年8月15日《建设部关于修改〈城市商品房预售管理办法〉的决定》、2004年7月20日《建设部关于修改〈城市商品房预售管理办法〉的决定》修正)

第一条 为加强商品房预售管理,维护商品房交易双方的合法权益,根据《中华人民共和国城市房地产管理法》、《城市房地产开发经营管理条例》,制定本办法。

第二条 本办法所称商品房预售是指房地产开发企业(以下简称开发企业)将正在建设中的房屋预先出售给承购人,由承购人支付定金或房价款的行为。

第三条 本办法适用于城市商品房预售的管理。

第四条 国务院建设行政主管部门归口管理全国城市商品房预售管理;省、自治区建设行政主管部门归口管理本行政区域内城市商品房预售管理;市、县人民政府建设行政主管部门或房地产行政主管部门(以下简称房地产管理部门)负责本行政区域内城市商品房预售管理。

第五条 商品房预售应当符合下列条件:

(一)已交付全部土地使用权出让金,取得土地使用权证书;

（二）持有建设工程规划许可证和施工许可证；

（三）按提供预售的商品房计算，投入开发建设的资金达到工程建设总投资的25%以上，并已经确定施工进度和竣工交付日期。

第六条　商品房预售实行许可制度。开发企业进行商品房预售，应当向房地产管理部门申请预售许可，取得《商品房预售许可证》。

未取得《商品房预售许可证》的，不得进行商品房预售。

第七条　开发企业申请预售许可，应当提交下列证件（复印件）及资料：

（一）商品房预售许可申请表；

（二）开发企业的《营业执照》和资质证书；

（三）土地使用权证、建设工程规划许可证、施工许可证；

（四）投入开发建设的资金占工程建设总投资的比例符合规定条件的证明；

（五）工程施工合同及关于施工进度的说明；

（六）商品房预售方案。预售方案应当说明预售商品房的位置、面积、竣工交付日期等内容，并应当附预售商品房分层平面图。

第八条　商品房预售许可依下列程序办理：

（一）受理。开发企业按本办法第七条的规定提交有关材料，材料齐全的，房地产管理部门应当当场出具受理通知书；材料不齐的，应当当场或者5日内一次性书面告知需要补充的材料。

（二）审核。房地产管理部门对开发企业提供的有关材料是否符合法定条件进行审核。

开发企业对所提交材料实质内容的真实性负责。

（三）许可。经审查，开发企业的申请符合法定条件的，房地产管理部门应当在受理之日起10日内，依法作出准予预售的行政许可书面决定，发送开发企业，并自作出决定之日起10日内向开发企业颁发、送达《商品房预售许可证》。

经审查，开发企业的申请不符合法定条件的，房地产管理部门应当在受理之日起10日内，依法作出不予许可的书面决定。书面决定应当说明理由，告知开发企业享有依法申请行政复议或者提起行政诉讼的权利，并送达开发企业。

商品房预售许可决定书、不予商品房预售许可决定书应当加盖房地产管理部门的行政许可专用印章，《商品房预售许可证》应当加盖房地产管理部门的印章。

（四）公示。房地产管理部门作出的准予商品房预售许可的决定，应当予以公开，公众有权查阅。

第九条　开发企业进行商品房预售，应当向承购人出示《商品房预售许可证》。售楼广告和说明书应当载明《商品房预售许可证》的批准文号。

第十条　商品房预售，开发企业应当与承购人签订商品房预售合同。开发企业应当自签约之日起 30 日内，向房地产管理部门和市、县人民政府土地管理部门办理商品房预售合同登记备案手续。房地产管理部门应当积极应用网络信息技术，逐步推行商品房预售合同网上登记备案。商品房预售合同登记备案手续可委托代理人办理。委托代理人办理的，应当有书面委托书。

第十一条　开发企业预售商品房所得款项应当用于有关的工程建设。

商品房预售款监管的具体办法，由房地产管理部门制定。

第十二条　预售的商品房交付使用之日起 90 日内，承购人应当依法到房地产管理部门和市、县人民政府土地管理部门办理权属登记手续。开发企业应当予以协助，并提供必要的证明文件。由于开发企业的原因，承购人未能在房屋交付使用之日起 90 日内取得房屋权属证书的，除开发企业和承购人有特殊约定外，开发企业应当承担违约责任。

第十三条　开发企业未取得《商品房预售许可证》预售商品房的，依照《城市房地产开发经营管理条例》第三十九条的规定处罚。

第十四条　开发企业不按规定使用商品房预售款项的，由房地产管理部门责令限期纠正，并可处以违法所得 3 倍以下但不超过 3 万元的罚款。

第十五条　开发企业隐瞒有关情况、提供虚假材料，或采用欺骗、贿赂等不正当手段取得商品房预售许可的，由房地产管理部门责令停止预售，撤销商品房预售许可，并处 3 万元罚款。

第十六条　省、自治区建设行政主管部门、直辖市建设行政主管部门或房地产行政管理部门可以根据本办法制定实施细则。

第十七条　本办法由国务院建设行政主管部门负责解释。

第十八条　本办法自 1995 年 1 月 1 日起施行。

附件四：

中华人民共和国城市房地产管理法

> （1994年7月5日第八届全国人民代表大会常务委员会第八次会议通过。根据2007年8月30日第一次修正，根据2009年8月27日第二次修正，根据2019年8月26日中华人民共和国第十三届全国人民代表大会常务委员会第十二次会议关于修改《中华人民共和国土地管理法》、《中华人民共和国城市房地产管理法》的决定第三次修正）

第一章 总 则

第一条 为了加强对城市房地产的管理，维护房地产市场秩序，保障房地产权利人的合法权益，促进房地产业的健康发展，制定本法。

第二条 在中华人民共和国城市规划区国有土地（以下简称国有土地）范围内取得房地产开发用地的土地使用权，从事房地产开发、房地产交易，实施房地产管理，应当遵守本法。

本法所称房屋，是指土地上的房屋等建筑物及构筑物。本法所称房地产开发，是指在依据本法取得国有土地使用权的土地上进行基础设施、房屋建设的行为。本法所称房地产交易，包括房地产转让、房地产抵押和房屋租赁。

第三条 国家依法实行国有土地有偿、有限期使用制度。但是，国家在本法规定的范围内划拨国有土地使用权的除外。

第四条 国家根据社会经济发展水平，扶持发展居民住宅建设，逐步改善居民的居住条件。

第五条 房地产权利人应当遵守法律和行政法规，依法纳税。房地产权利人的合法权益受法律保护，任何单位和个人不得侵犯。

第六条 为了公共利益的需要，国家可以征收国有土地上单位和个人的房屋，并依法给予拆迁补偿，维护被征收人的合法权益；征收个人住宅的，还应当保障被征收人的居住条件。具体办法由国务院规定。

第七条 国务院建设行政主管部门、土地管理部门依照国务院规定的职权划分，各司其职，密切配合，管理全国房地产工作。县级以上地方人民政府房产管理、土地管理部门的机构设置及其职权由省、自治区、直辖市人民政府确定。

第二章　房地产开发用地

第一节　土地使用权出让

第八条　土地使用权出让，是指国家将国有土地使用权（以下简称土地使用权）在一定年限内出让给土地使用者，由土地使用者向国家支付土地使用权出让金的行为。

第九条　城市规划区内的集体所有的土地，经依法征收转为国有土地后，该幅国有土地的使用权方可有偿出让，但法律另有规定的除外。

第十条　土地使用权出让，必须符合土地利用总体规划、城市规划和年度建设用地计划。

第十一条　县级以上地方人民政府出让土地使用权用于房地产开发的，须根据省级以上人民政府下达的控制指标拟订年度出让土地使用权总面积方案，按照国务院规定，报国务院或者省级人民政府批准。

第十二条　土地使用权出让，由市、县人民政府有计划、有步骤地进行。出让的每幅地块、用途、年限和其他条件，由市、县人民政府土地管理部门会同城市规划、建设、房产管理部门共同拟定方案，按照国务院规定，报经有批准权的人民政府批准后，由市、县人民政府土地管理部门实施。直辖市的县人民政府及其有关部门行使前款规定的权限，由直辖市人民政府规定。

第十三条　土地使用权出让，可以采取拍卖、招标或者双方协议的方式。

商业、旅游、娱乐和豪华住宅用地，有条件的，必须采取拍卖、招标方式；没有条件，不能采取拍卖、招标方式的，可以采取双方协议的方式。采取双方协议方式出让土地使用权的出让金不得低于按国家规定所确定的最低价。

第十四条　土地使用权出让最高年限由国务院规定。

第十五条　土地使用权出让，应当签订书面出让合同。土地使用权出让合同由市、县人民政府土地管理部门与土地使用者签订。

第十六条　土地使用者必须按照出让合同约定，支付土地使用权出让金；未按照出让合同约定支付土地使用权出让金的，土地管理部门有权解除合同，并可以请求违约赔偿。

第十七条　土地使用者按照出让合同约定支付土地使用权出让金的，市、县人民政府土地管理部门必须按照出让合同约定，提供出让的土地；未按照出让合同约定提供出让的土地的，土地使用者有权解除合同，由土地管理部门返还土地使用权出让金，土地使用者并可以请求违约赔偿。

第十八条　土地使用者需要改变土地使用权出让合同约定的土地用途的，必须取得出让方和市、县人民政府城市规划行政主管部门的同意，签订土地使用权出让合同变更协议或者重新签订土地使用权出让合同，相应调整土地使用权出让金。

第十九条 土地使用权出让金应当全部上缴财政，列入预算，用于城市基础设施建设和土地开发。土地使用权出让金上缴和使用的具体办法由国务院规定。

第二十条 国家对土地使用者依法取得的土地使用权，在出让合同约定的使用年限届满前不收回；在特殊情况下，根据社会公共利益的需要，可以依照法律程序提前收回，并根据土地使用者使用土地的实际年限和开发土地的实际情况给予相应的补偿。

第二十一条 土地使用权因土地灭失而终止。

第二十二条 土地使用权出让合同约定的使用年限届满，土地使用者需要继续使用土地的，应当至迟于届满前一年申请续期，除根据社会公共利益需要收回该幅土地的，应当予以批准。经批准准予续期的，应当重新签订土地使用权出让合同，依照规定支付土地使用权出让金。

土地使用权出让合同约定的使用年限届满，土地使用者未申请续期或者虽申请续期但依照前款规定未获批准的，土地使用权由国家无偿收回。

第二节 土地使用权划拨

第二十三条 土地使用权划拨，是指县级以上人民政府依法批准，在土地使用者缴纳补偿、安置等费用后将该幅土地交付其使用，或者将土地使用权无偿交付给土地使用者使用的行为。

依照本法规定以划拨方式取得土地使用权的，除法律、行政法规另有规定外，没有使用期限的限制。

第二十四条 下列建设用地的土地使用权，确属必需的，可以由县级以上人民政府依法批准划拨：（一）国家机关用地和军事用地；（二）城市基础设施用地和公益事业用地；（三）国家重点扶持的能源、交通、水利等项目用地；（四）法律、行政法规规定的其他用地。

第三章 房地产开发

第二十五条 房地产开发必须严格执行城市规划，按照经济效益、社会效益、环境效益相统一的原则，实行全面规划、合理布局、综合开发、配套建设。

第二十六条 以出让方式取得土地使用权进行房地产开发的，必须按照土地使用权出让合同约定的土地用途、动工开发期限开发土地。超过出让合同约定的动工开发日期满一年未动工开发的，可以征收相当于土地使用权出让金百分之二十以下的土地闲置费；满二年未动工开发的，可以无偿收回土地使用权；但是，因不可抗力或者政府、政府有关部门的行为或者动工开发必需的前期工作造成动工开发迟延的除外。

第二十七条 房地产开发项目的设计、施工，必须符合国家的有关标准和规范。

房地产开发项目竣工，经验收合格后，方可交付使用。

第二十八条 依法取得的土地使用权,可以依照本法和有关法律、行政法规的规定,作价入股,合资、合作开发经营房地产。

第二十九条 国家采取税收等的优惠措施鼓励和扶持房地产开发企业开发建设居民住宅。

第三十条 房地产开发企业是以营利为目的,从事房地产开发和经营的企业。设立房地产开发企业,应当具备下列条件:

(一)有自己的名称和组织机构;(二)有固定的经营场所;(三)有符合国务院规定的注册资本;(四)有足够的专业技术人员;(五)法律、行政法规规定的其他条件。设立房地产开发企业,应当向工商行政管理部门申请设立登记。工商行政管理部门对符合本法规定条件的,应当予以登记,发给营业执照;对不符合本法规定条件的,不予登记。

设立有限责任公司、股份有限公司,从事房地产开发经营的,还应当执行公司法的有关规定。

房地产开发企业在领取营业执照后的一个月内,应当到登记机关所在地的县级以上地方人民政府规定的部门备案。

第三十一条 房地产开发企业的注册资本与投资总额的比例应当符合国家有关规定。

房地产开发企业分期开发房地产的,分期投资额应当与项目规模相适应,并按照土地使用权出让合同的约定,按期投入资金,用于项目建设。

第四章 房地产交易

第一节 一般规定

第三十二条 房地产转让、抵押时,房屋的所有权和该房屋占用范围内的土地使用权同时转让、抵押。

第三十三条 基准地价、标定地价和各类房屋的重置价格应当定期确定并公布。具体办法由国务院规定。

第三十四条 国家实行房地产价格评估制度。

房地产价格评估,应当遵循公正、公平、公开的原则,按照国家规定的技术标准和评估程序,以基准地价、标定地价和各类房屋的重置价格为基础,参照当地的市场价格进行评估。

第三十五条 国家实行房地产成交价格申报制度。

房地产权利人转让房地产,应当向县级以上地方人民政府规定的部门如实申报成交价,不得瞒报或者作不实的申报。

第三十六条 房地产转让、抵押,当事人应当依照本法第五章的规定办理权属登记。

第二节　房地产转让

第三十七条　房地产转让，是指房地产权利人通过买卖、赠与或者其他合法方式将其房地产转移给他人的行为。

第三十八条　下列房地产，不得转让：

（一）以出让方式取得土地使用权的，不符合本法第三十九条规定的条件的；

（二）司法机关和行政机关依法裁定、决定查封或者以其他形式限制房地产权利的；

（三）依法收回土地使用权的；

（四）共有房地产，未经其他共有人书面同意的；

（五）权属有争议的；

（六）未依法登记领取权属证书的；

（七）法律、行政法规规定禁止转让的其他情形。

第三十九条　以出让方式取得土地使用权的，转让房地产时应当符合下列条件：

（一）按照出让合同约定已经支付全部土地使用权出让金，并取得土地使用权证书；

（二）按照出让合同约定进行投资开发，属于房屋建设工程的，完成开发投资总额的百分之二十五以上，属于成片开发土地的，形成工业用地或者其他建设用地条件。

转让房地产时房屋已经建成的，还应当持有房屋所有权证书。

第四十条　以划拨方式取得土地使用权的，转让房地产时，应当按照国务院规定，报有批准权的人民政府审批。有批准权的人民政府准予转让的，应当由受让方办理土地使用权出让手续，并依照国家有关规定缴纳土地使用权出让金。

以划拨方式取得土地使用权的，转让房地产报批时，有批准权的人民政府按照国务院规定决定可以不办理土地使用权出让手续的，转让方应当按照国务院规定将转让房地产所获收益中的土地收益上缴国家或者作其他处理。

第四十一条　房地产转让应当签订书面转让合同，合同中应当载明土地使用权取得的方式。

第四十二条　房地产转让时，土地使用权出让合同载明的权利、义务随之转移。

第四十三条　以出让方式取得土地使用权的，转让房地产后，其土地使用权的使用年限为原土地使用权出让合同约定的使用年限减去原土地使用者已经使用年限后的剩余年限。

第四十四条　以出让方式取得土地使用权的，转让房地产后，受让人改变原土地使用权出让合同约定的土地用途的，必须取得原出让方和市、县人民政府城市规划行政主管部门的同意，签订土地使用权出让合同变更协议或者重新签订土地使用权出让合同，相应调整土地使用权出让金。

第四十五条 商品房预售，应当符合下列条件：

（一）已交付全部土地使用权出让金，取得土地使用权证书；

（二）持有建设工程规划许可证；

（三）按提供预售的商品房计算，投入开发建设的资金达到工程建设总投资的百分之二十五以上，并已经确定施工进度和竣工交付日期；

（四）向县级以上人民政府房产管理部门办理预售登记，取得商品房预售许可证明。

商品房预售人应当按照国家有关规定将预售合同报县级以上人民政府房产管理部门和土地管理部门登记备案。商品房预售所得款项，必须用于有关工程建设。

第四十六条 商品房预售的，商品房预购人将购买的未竣工的预售商品房再行转让的问题，由国务院规定。

第三节 房地产抵押

第四十七条 房地产抵押，是指抵押人以其合法的房地产以不转移占有的方式向抵押权人提供债务履行担保的行为。债务人不履行债务时，抵押权人有权依法以抵押的房地产拍卖所得的价款优先受偿。

第四十八条 依法取得的房屋所有权连同该房屋占用范围内的土地使用权，可以设定抵押权。以出让方式取得的土地使用权，可以设定抵押权。

第四十九条 房地产抵押，应当凭土地使用权证书、房屋所有权证书办理。

第五十条 房地产抵押，抵押人和抵押权人应当签订书面抵押合同。

第五十一条 设定房地产抵押权的土地使用权是以划拨方式取得的，依法拍卖该房地产后，应当从拍卖所得的价款中缴纳相当于应缴纳的土地使用权出让金的款额后，抵押权人方可优先受偿。

第五十二条 房地产抵押合同签订后，土地上新增的房屋不属于抵押财产。需要拍卖该抵押的房地产时，可以依法将土地上新增的房屋与抵押财产一同拍卖，但对拍卖新增房屋所得，抵押权人无权优先受偿。

第四节 房屋租赁

第五十三条 房屋租赁，是指房屋所有权人作为出租人将其房屋出租给承租人使用，由承租人向出租人支付租金的行为。

第五十四条 房屋租赁，出租人和承租人应当签订书面租赁合同，约定租赁期限、租赁用途、租赁价格、修缮责任等条款，以及双方的其他权利和义务，并向房产管理部门登记备案。

第五十五条 住宅用房的租赁，应当执行国家和房屋所在城市人民政府规定的租赁政策。租用房屋从事生产、经营活动的，由租赁双方协商议定租金和其他租赁条款。

第五十六条 以营利为目的，房屋所有权人将以划拨方式取得使用权的国有土地上建成的房屋出租的，应当将租金中所含土地收益上缴国家。具体办法由国务院规定。

第五节 中介服务机构

第五十七条 房地产中介服务机构包括房地产咨询机构、房地产价格评估机构、房地产经纪机构等。

第五十八条 房地产中介服务机构应当具备下列条件：

（一）有自己的名称和组织机构；

（二）有固定的服务场所；

（三）有必要的财产和经费；

（四）有足够数量的专业人员；

（五）法律、行政法规规定的其他条件。

设立房地产中介服务机构，应当向工商行政管理部门申请设立登记，领取营业执照后，方可开业。

第五十九条 国家实行房地产价格评估人员资格认证制度。

第五章 房地产权属登记管理

第六十条 国家实行土地使用权和房屋所有权登记发证制度。

第六十一条 以出让或者划拨方式取得土地使用权，应当向县级以上地方人民政府土地管理部门申请登记，经县级以上地方人民政府土地管理部门核实，由同级人民政府颁发土地使用权证书。在依法取得的房地产开发用地上建成房屋的，应当凭土地使用权证书向县级以上地方人民政府房产管理部门申请登记，由县级以上地方人民政府房产管理部门核实并颁发房屋所有权证书。房地产转让或者变更时，应当向县级以上地方人民政府房产管理部门申请房产变更登记，并凭变更后的房屋所有权证书向同级人民政府土地管理部门申请土地使用权变更登记，经同级人民政府土地管理部门核实，由同级人民政府更换或者更改土地使用权证书。

法律另有规定的，依照有关法律的规定办理。

第六十二条 房地产抵押时，应当向县级以上地方人民政府规定的部门办理抵押登记。

因处分抵押房地产而取得土地使用权和房屋所有权的，应当依照本章规定办理过户登记。

第六十三条 经省、自治区、直辖市人民政府确定，县级以上地方人民政府由一个部门统一负责房产管理和土地管理工作的，可以制作、颁发统一的房地产权证书，依照本法第六十一条的规定，将房屋的所有权和该房屋占用范围内的土地使用权的确认和变更，分别载入房地产权证书。

第六章 法律责任

第六十四条 违反本法第十一条、第十二条的规定,擅自批准出让或者擅自出让土地使用权用于房地产开发的,由上级机关或者所在单位给予有关责任人员行政处分。

第六十五条 违反本法第三十条的规定,未取得营业执照擅自从事房地产开发业务的,由县级以上人民政府工商行政管理部门责令停止房地产开发业务活动,没收违法所得,可以并处罚款。

第六十六条 违反本法第三十九条第一款的规定转让土地使用权的,由县级以上人民政府土地管理部门没收违法所得,可以并处罚款。

第六十七条 违反本法第四十条第一款的规定转让房地产的,由县级以上人民政府土地管理部门责令缴纳土地使用权出让金,没收违法所得,可以并处罚款。

第六十八条 违反本法第四十五条第一款的规定预售商品房的,由县级以上人民政府房产管理部门责令停止预售活动,没收违法所得,可以并处罚款。

第六十九条 违反本法第五十八条的规定,未取得营业执照擅自从事房地产中介服务业务的,由县级以上人民政府工商行政管理部门责令停止房地产中介服务业务活动,没收违法所得,可以并处罚款。

第七十条 没有法律、法规的依据,向房地产开发企业收费的,上级机关应当责令退回所收取的钱款;情节严重的,由上级机关或者所在单位给予直接责任人员行政处分。

第七十一条 房产管理部门、土地管理部门工作人员玩忽职守、滥用职权,构成犯罪的,依法追究刑事责任;不构成犯罪的,给予行政处分。

房产管理部门、土地管理部门工作人员利用职务上的便利,索取他人财物,或者非法收受他人财物为他人谋取利益,构成犯罪的,依法追究刑事责任;不构成犯罪的,给予行政处分。

第七章 附 则

第七十二条 在城市规划区外的国有土地范围内取得房地产开发用地的土地使用权,从事房地产开发、交易活动以及实施房地产管理,参照本法执行。

第七十三条 本法自 1995 年 1 月 1 日起施行。

附件五：

城市房地产开发经营管理条例（2019）

（中华人民共和国国务院令第248号1998年7月20日公布，
国务院令第710号修订，2019-03-24发布实施）

第一章 总 则

第一条 为了规范房地产开发经营行为，加强对城市房地产开发经营活动的监督管理，促进和保障房地产业的健康发展，根据《中华人民共和国城市房地产管理法》的有关规定，制定本条例。

第二条 本条例所称房地产开发经营，是指房地产开发企业在城市规划区内国有土地上进行基础设施建设、房屋建设，并转让房地产开发项目或者销售、出租商品房的行为。

第三条 房地产开发经营应当按照经济效益、社会效益、环境效益相统一的原则，实行全面规划、合理布局、综合开发、配套建设。

第四条 国务院建设行政主管部门负责全国房地产开发经营活动的监督管理工作。县级以上地方人民政府房地产开发主管部门负责本行政区域内房地产开发经营活动的监督管理工作。县级以上人民政府负责土地管理工作的部门依照有关法律、行政法规的规定，负责与房地产开发经营有关的土地管理工作。

第二章 房地产开发企业

第五条 设立房地产开发企业，除应当符合有关法律、行政法规规定的企业设立条件外，还应当具备下列条件：（一）有100万元以上的注册资本；（二）有4名以上持有资格证书的房地产专业、建筑工程专业的专职技术人员，2名以上持有资格证书的专职会计人员。省、自治区、直辖市人民政府可以根据本地方的实际情况，对设立房地产开发企业的注册资本和专业技术人员的条件作出高于前款的规定。

第六条 外商投资设立房地产开发企业的，除应当符合本条例第五条的规定外，还应当依照外商投资企业法律、行政法规的规定，办理有关审批手续。

第七条 设立房地产开发企业，应当向县级以上人民政府工商行政管理部门申请登记。工商行政管理部门对符合本条例第五条规定条件的，应当自收到申请之日起30日内予以登记；对不符合条件不予登记的，应当说明理由。工商行政管理部门在对设立房地产开发企业申请登记进行审查时，应当听取同级房地产开发主管部门的意见。

第八条 房地产开发企业应当自领取营业执照之日起 30 日内，提交下列纸质或者电子材料，向登记机关所在地的房地产开发主管部门备案：（一）营业执照复印件；（二）企业章程；（三）企业法定代表人的身份证明；（四）专业技术人员的资格证书和聘用合同。

第九条 房地产开发主管部门应当根据房地产开发企业的资产、专业技术人员和开发经营业绩等，对备案的房地产开发企业核定资质等级。房地产开发企业应当按照核定的资质等级，承担相应的房地产开发项目。具体办法由国务院建设行政主管部门制定。

第三章　房地产开发建设

第十条 确定房地产开发项目，应当符合土地利用总体规划、年度建设用地计划和城市规划、房地产开发年度计划的要求；按照国家有关规定需要经计划主管部门批准的，还应当报计划主管部门批准，并纳入年度固定资产投资计划。

第十一条 确定房地产开发项目，应当坚持旧区改建和新区建设相结合的原则，注重开发基础设施薄弱、交通拥挤、环境污染严重以及危旧房屋集中的区域，保护和改善城市生态环境，保护历史文化遗产。

第十二条 房地产开发用地应当以出让方式取得；但是，法律和国务院规定可以采用划拨方式的除外。土地使用权出让或者划拨前，县级以上地方人民政府城市规划行政主管部门和房地产开发主管部门应当对下列事项提出书面意见，作为土地使用权出让或者划拨的依据之一：（一）房地产开发项目的性质、规模和开发期限；（二）城市规划设计条件；（三）基础设施和公共设施的建设要求；（四）基础设施建成后的产权界定；（五）项目拆迁补偿、安置要求。

第十三条 房地产开发项目应当建立资本金制度，资本金占项目总投资的比例不得低于 20%。

第十四条 房地产开发项目的开发建设应当统筹安排配套基础设施，并根据先地下、后地上的原则实施。

第十五条 房地产开发企业应当按照土地使用权出让合同约定的土地用途、动工开发期限进行项目开发建设。出让合同约定的动工开发期限满 1 年未动工开发的，可以征收相当于土地使用权出让金 20% 以下的土地闲置费；满 2 年未动工开发的，可以无偿收回土地使用权。但是，因不可抗力或者政府、政府有关部门的行为或者动工开发必需的前期工作造成动工迟延的除外。

第十六条 房地产开发企业开发建设的房地产项目，应当符合有关法律、法规的规定和建筑工程质量、安全标准、建筑工程勘察、设计、施工的技术规范以及合同的约定。房地产开发企业应当对其开发建设的房地产开发项目的质量承担责任。勘察、设计、施工、监理等单位应当依照有关法律、法规的规定或者合同的约定，承担相应的责任。

第十七条 房地产开发项目竣工，依照《建设工程质量管理条例》的规定验收合格后，方可交付使用。

第十八条 房地产开发企业应当将房地产开发项目建设过程中的主要事项记录在房地产开发项目手册中，并定期送房地产开发主管部门备案。

第四章 房地产经营

第十九条 转让房地产开发项目，应当符合《中华人民共和国城市房地产管理法》第三十九条、第四十条规定的条件。

第二十条 转让房地产开发项目，转让人和受让人应当自土地使用权变更登记手续办理完毕之日起30日内，持房地产开发项目转让合同到房地产开发主管部门备案。

第二十一条 房地产开发企业转让房地产开发项目时，尚未完成拆迁补偿安置的，原拆迁补偿安置合同中有关的权利、义务随之转移给受让人。项目转让人应当书面通知被拆迁人。

第二十二条 房地产开发企业预售商品房，应当符合下列条件：（一）已交付全部土地使用权出让金，取得土地使用权证书；（二）持有建设工程规划许可证和施工许可证；（三）按提供的预售商品房计算，投入开发建设的资金达到工程建设总投资的25%以上，并已确定施工进度和竣工交付日期；（四）已办理预售登记，取得商品房预售许可证明。

第二十三条 房地产开发企业申请办理商品房预售登记，应当提交下列文件：（一）本条例第二十二条第（一）项至第（三）项规定的证明材料；（二）营业执照和资质等级证书；（三）工程施工合同；（四）预售商品房分层平面图；（五）商品房预售方案。

第二十四条 房地产开发主管部门应当自收到商品房预售申请之日起10日内，作出同意预售或者不同意预售的答复。同意预售的，应当核发商品房预售许可证明；不同意预售的，应当说明理由。

第二十五条 房地产开发企业不得进行虚假广告宣传，商品房预售广告中应当载明商品房预售许可证明的文号。

第二十六条 房地产开发企业预售商品房时，应当向预购人出示商品房预售许可证明。房地产开发企业应当自商品房预售合同签订之日起30日内，到商品房所在地的县级以上人民政府房地产开发主管部门和负责土地管理工作的部门备案。

第二十七条 商品房销售，当事人双方应当签订书面合同。合同应当载明商品房的建筑面积和使用面积、价格、交付日期、质量要求、物业管理方式以及双方的违约责任。

第二十八条 房地产开发企业委托中介机构代理销售商品房的，应当向中介机构出具委托书。中介机构销售商品房时，应当向商品房购买人出示商品房的有关证明文件和商品房销售委托书。

第二十九条 房地产开发项目转让和商品房销售价格，由当事人协商议定；但是，享受国家优惠政策的居民住宅价格，应当实行政府指导价或者政府定价。

第三十条 房地产开发企业应当在商品房交付使用时，向购买人提供住宅质量保证书和住宅使用说明书。住宅质量保证书应当列明工程质量监督单位核验的质量等级、保修范围、保修期和保修单位等内容。房地产开发企业应当按照住宅质量保证书的约定，承担商品房保修责任。保修期内，因房地产开发企业对商品房进行维修，致使房屋原使用功能受到影响，给购买人造成损失的，应当依法承担赔偿责任。

第三十一条 商品房交付使用后，购买人认为主体结构质量不合格的，可以向工程质量监督单位申请重新核验。经核验，确属主体结构质量不合格的，购买人有权退房；给购买人造成损失的，房地产开发企业应当依法承担赔偿责任。

第三十二条 预售商品房的购买人应当自商品房交付使用之日起90日内，办理土地使用权变更和房屋所有权登记手续；现售商品房的购买人应当自销售合同签订之日起90日内，办理土地使用权变更和房屋所有权登记手续。房地产开发企业应当协助商品房购买人办理土地使用权变更和房屋所有权登记手续，并提供必要的证明文件。

第五章 法律责任

第三十三条 违反本条例规定，未取得营业执照，擅自从事房地产开发经营的，由县级以上人民政府工商行政管理部门责令停止房地产开发经营活动，没收违法所得，可以并处违法所得5倍以下的罚款。

第三十四条 违反本条例规定，未取得资质等级证书或者超越资质等级从事房地产开发经营的，由县级以上人民政府房地产开发主管部门责令限期改正，处5万元以上10万元以下的罚款；逾期不改正的，由工商行政管理部门吊销营业执照。

第三十五条 违反本条例规定，擅自转让房地产开发项目的，由县级以上人民政府负责土地管理工作的部门责令停止违法行为，没收违法所得，可以并处违法所得5倍以下的罚款。

第三十六条 违反本条例规定，擅自预售商品房的，由县级以上人民政府房地产开发主管部门责令停止违法行为，没收违法所得，可以并处已收取的预付款1%以下的罚款。

第三十七条 国家机关工作人员在房地产开发经营监督管理工作中玩忽职守、徇私舞弊、滥用职权，构成犯罪的，依法追究刑事责任；尚不构成犯罪的，依法给予行政处分。

第六章 附 则

第三十八条 在城市规划区外国有土地上从事房地产开发经营，实施房地产开发经营监督管理，参照本条例执行。

第三十九条 城市规划区内集体所有的土地，经依法征收转为国有土地后，方可用于房地产开发经营。

第四十条 本条例自发布之日起施行。

附件六：

房屋建筑和市政基础设施工程施工分包管理办法

（中华人民共和国建设部令 第124号）

第一条 为了规范房屋建筑和市政基础设施工程施工分包活动，维护建筑市场秩序，保证工程质量和施工安全，根据《中华人民共和国建筑法》、《中华人民共和国招标投标法》、《建设工程质量管理条例》等有关法律、法规，制定本办法。

第二条 在中华人民共和国境内从事房屋建筑和市政基础设工程施工分包活动，实施对房屋建筑和市政基础设施工程施工分包活动的监督管理，适用本办法。

第三条 国务院建设行政主管部门负责全国房屋建筑和市政基础设施工程施工分包的监督管理工作。县级以上地方人民政府建设行政主管部门负责本行政区域内房屋建筑和市政基础设施工程施工分包的监督管理工作。

第四条 本办法所称施工分包，是指建筑业企业将其所承包的房屋建筑和市政基础设施工程中的专业工程或者劳务作业发包给其他建筑业企业完成的活动。

第五条 房屋建筑和市政基础设施工程施工分包分为专业工程分包和劳务作业分包。

本办法所称专业工程分包，是指施工总承包企业（以下简称专业分包工程发包人）将其所承包工程中的专业工程发包给具有相应资质的其他建筑业企业（以下简称专业分包工程承包人）完成的活动。本办法所称劳务作业分包，是指施工总承包企业或者专业承包企业（以下简称劳务作业发包人）将其承包工程中的劳务作业发包给劳务分包企业（以下简称劳务作业承包人）完成的活动。

本办法所称分包工程发包人包括本条第二款、第三款中的专业分包工程发包人和劳务作业发包人；分包工程承包人包括本条第二款、第三款中的专业分包工程承包人和劳务作业承包人。

第六条 房屋建筑和市政基础设施工程施工分包活动必须依法进行。

鼓励发展专业承包企业和劳务分包企业，提倡分包活动进入有形建筑市场公开交易，完善有形建筑市场的分包工程交易功能。

第七条 建设单位不得直接指定分包工程承包人。任何单位和个人不得对依法实施的分包活动进行干预。

第八条 分包工程承包人必须具有相应的资质，并在其资质等级许可的范围内承揽业务。

严禁个人承揽分包工程业务。

第九条 专业工程分包除在施工总承包合同中有约定外，必须经建设单位认可。专业分包工程承包人必须自行完成所承包的工程。

劳务作业分包由劳务作业发包人与劳务作业承包人通过劳务合同约定。劳务作业承包人必须自行完成所承包的任务。

第十条 分包工程发包人和分包工程承包人应当依法签订分包合同，并按照合同履行约定的义务。分包合同必须明确约定支付工程款和劳务工资的时间、结算方式以及保证按期支付的相应措施，确保工程款和劳务工资的支付。

分包工程发包人应当在订立分包合同后 7 个工作日内，将合同送工程所在地县级以上地方人民政府建设行政主管部门备案。分包合同发生重大变更的，分包工程发包人应当自变更后 7 个工作日内，将变更协议送原备案机关备案。

第十一条 分包工程发包人应当设立项目管理机构，组织管理所承包工程的施工活动。

项目管理机构应当具有与承包工程的规模、技术复杂程度相适应的技术、经济管理人员。其中，项目负责人、技术负责人、项目核算负责人、质量管理人员、安全管理人员必须是本单位的人员。具体要求由省、自治区、直辖市人民政府建设行政主管部门规定。前款所指本单位人员，是指与本单位有合法的人事或者劳动合同、工资以及社会保险关系的人员。

第十二条 分包工程发包人可以就分包合同的履行，要求分包工程承包人提供分包工程履约担保；分包工程承包人在提供担保后，要求分包工程发包人同时提供分包工程付款担保的，分包工程发包人应当提供。

第十三条 禁止将承包的工程进行转包。不履行合同约定，将其承包的全部工程发包给他人，或者将其承包的全部工程肢解后以分包的名义分别发包给他人的，属于转包行为。

违反本办法第十二条规定，分包工程发包人将工程分包后，未在施工现场设立项目管理机构和派驻相应人员，并未对该工程的施工活动进行组织管理的，视同转包行为。

第十四条 禁止将承包的工程进行违法分包。下列行为，属于违法分包：

（一）分包工程发包人将专业工程或者劳务作业分包给不具备相应资质条件的分包工程承包人的；

（二）施工总承包合同中未有约定，又未经建设单位认可，分包工程发包人将承包工程中的部分专业工程分包给他人的。

第十五条 禁止转让、出借企业资质证书或者以其他方式允许他人以本企业名义承揽工程。

分包工程发包人没有将其承包的工程进行分包，在施工现场所设项目管理机构的项目负责人、技术负责人、项目核算负责人、质量管理人员、安全管理人员不是工程承包人本单位人员的，视同允许他人以本企业名义承揽工程。

第十六条 分包工程承包人应当按照分包合同的约定对其承包的工程向分包工程发包人负责。分包工程发包人和分包工程承包人就分包工程对建设单位承担连带责任。

第十七条 分包工程发包人对施工现场安全负责，并对分包工程承包人的安全生产进行管理。专业分包工程承包人应当将其分包工程的施工组织设计和施工安全方案报分包工程发包人备案，专业分包工程发包人发现事故隐患，应当及时作出处理。

分包工程承包人就施工现场安全向分包工程发包人负责，并应当服从分包工程发包人对施工现场的安全生产管理。

第十八条 违反本办法规定，转包、违法分包或者允许他人以本企业名义承揽工程的，按照《中华人民共和国建筑法》、《中华人民共和国招标投标法》和《建设工程质量管理条例》的规定予以处罚；对于接受转包、违法分包和用他人名义承揽工程的，处1万元以上3万元以下的罚款。

第十九条 未取得建筑业企业资质承接分包工程的，按照《中华人民共和国建筑法》第六十五条第三款和《建设工程质量管理条例》第六十条第一款、第二款的规定处罚。

第二十条 本办法自2004年4月1日起施行。原城乡建设环境保护部1986年4月30日发布的《建筑安装工程总分包实施办法》同时废止。

附件七：

中华人民共和国企业法人登记管理条例施行细则
（2019 年修订版）

> （1988 年 11 月 3 日国家工商行政管理局令第 1 号公布，根据 1996 年 12 月 25 日国家工商行政管理局令第 66 号第一次修订，根据 2000 年 12 月 1 日国家工商行政管理局令第 96 号第二次修订，根据 2011 年 12 月 12 日国家工商行政管理总局令第 58 号第三次修订，根据 2014 年 2 月 20 日国家工商行政管理总局令第 63 号第四次修订，根据 2016 年 4 月 29 日国家工商行政管理总局令第 86 号第五次修订，根据 2017 年 10 月 27 日国家工商行政管理总局令第 92 号第六次修订，根据 2019 年 8 月 8 日国家市场监督管理总局令第 14 号第七次修订）

第一条 根据《中华人民共和国企业法人登记管理条例》（以下简称《条例》），制定本施行细则。

登记范围

第二条 具备企业法人条件的全民所有制企业、集体所有制企业、联营企业、在中国境内设立的外商投资企业（包括中外合资经营企业、中外合作经营企业、外资企业）和其他企业，应当根据国家法律、法规及本细则有关规定，申请企业法人登记。

第三条 实行企业化经营、国家不再核拨经费的事业单位和从事经营活动的科技性社会团体，具备企业法人条件的，应当申请企业法人登记。

第四条 不具备企业法人条件的下列企业和经营单位，应当申请营业登记：

（一）联营企业；

（二）企业法人所属的分支机构；

（三）外商投资企业设立的分支机构；

（四）其他从事经营活动的单位。

第五条 省、自治区、直辖市人民政府规定应当办理登记的企业和经营单位，按照《条例》和本细则的有关规定申请登记。

登记主管机关

第六条 市场监督管理部门是企业法人登记和营业登记的主管机关。登记主管机关依法独立行使职权，实行分级登记管理的原则。

对外商投资企业实行国家市场监督管理总局登记管理和授权登记管理的原则。上级登记主管机关有权纠正下级登记主管机关不符合国家法律法规和政策的决定。

第七条 国家市场监督管理总局负责以下企业的登记管理：

（一）国务院批准设立的或者行业归口管理部门审查同意由国务院各部门以及科技性社会团体设立的全国性公司和大型企业；

（二）国务院授权部门审查同意由国务院各部门设立的经营进出口业务、劳务输出业务或者对外承包工程的公司。

第八条 省、自治区、直辖市市场监督管理部门负责以下企业的登记管理：

（一）省、自治区、直辖市人民政府批准设立的或者行业归口管理部门审查同意由政府各部门以及科技性社会团体设立的公司和企业；

（二）省、自治区、直辖市人民政府授权部门审查同意由政府各部门设立的经营进出口业务、劳务输出业务或者对外承包工程的公司；

（三）国家市场监督管理总局根据有关规定核转的企业或分支机构。

第九条 市、县、区（指县级以上的市辖区，下同）市场监督管理部门负责第七条、第八条所列企业外的其他企业的登记管理。

第十条 国家市场监督管理总局授权的地方市场监督管理部门负责以下外商投资企业的登记管理：

（一）省、自治区、直辖市人民政府或政府授权机关批准的外商投资企业，由国家市场监督管理总局授权的省、自治区、直辖市市场监督管理部门登记管理；

（二）市人民政府或政府授权机关批准的外商投资企业，由国家市场监督管理总局授权的市市场监督管理部门登记管理。

第十一条 国家市场监督管理总局和省、自治区、直辖市市场监督管理部门应将核准登记的企业的有关资料，抄送企业所在市、县、区市场监督管理部门。

第十二条 各级登记主管机关可以运用登记注册档案、登记统计资料以及有关的基础信息资料，向机关、企事业单位、社会团体等单位和个人提供各种形式的咨询服务。

登记条件

第十三条 申请企业法人登记，应当具备下列条件（外商投资企业另列）：

（一）有符合规定的名称和章程；

（二）有国家授予的企业经营管理的财产或者企业所有的财产，并能够以其财产独立承担民事责任；

（三）有与生产经营规模相适应的经营管理机构、财务机构、劳动组织以及法律或者章程规定必须建立的其他机构；

（四）有必要的并与经营范围相适应的经营场所和设施；

（五）有与生产经营规模和业务相适应的从业人员，其中专职人员不得少于8人；

（六）有健全的财会制度，能够实行独立核算，自负盈亏，独立编制资金平衡表或者资产负债表；

（七）有符合规定数额并与经营范围相适应的注册资金，国家对企业注册资金数额有专项规定的按规定执行；

（八）有符合国家法律、法规和政策规定的经营范围；

（九）法律、法规规定的其他条件。

第十四条 外商投资企业申请企业法人登记，应当具备下列条件：

（一）有符合规定的名称；

（二）有合同、章程；

（三）有固定经营场所、必要的设施和从业人员；

（四）有符合国家规定的注册资本；

（五）有符合国家法律、法规和政策规定的经营范围；

（六）有健全的财会制度，能够实行独立核算，自负盈亏，独立编制资金平衡表或者资产负债表。

第十五条 申请营业登记，应当具备下列条件：

（一）有符合规定的名称；

（二）有固定的经营场所和设施；

（三）有相应的管理机构和负责人；

（四）有经营活动所需要的资金和从业人员；

（五）有符合规定的经营范围；

（六）有相应的财务核算制度。

不具备企业法人条件的联营企业，还应有联合签署的协议。

外商投资企业设立的从事经营活动的分支机构应当实行非独立核算。

第十六条 企业法人章程的内容应当符合国家法律、法规和政策的规定，并载明下列事项：

（一）宗旨；

（二）名称和住所；

（三）经济性质；

（四）注册资金数额及其来源；
（五）经营范围和经营方式；
（六）组织机构及其职权；
（七）法定代表人产生的程序和职权范围；
（八）财务管理制度和利润分配形式；
（九）劳动用工制度；
（十）章程修改程序；
（十一）终止程序；
（十二）其他事项。

联营企业法人的章程还应载明：
（一）联合各方出资方式、数额和投资期限；
（二）联合各方成员的权利和义务；
（三）参加和退出的条件、程序；
（四）组织管理机构的产生、形式、职权及其决策程序；
（五）主要负责人任期。

外商投资企业的合营合同和章程按《中华人民共和国中外合资经营企业法》、《中华人民共和国中外合作经营企业法》和《中华人民共和国外资企业法》的有关规定制定。

登记注册事项

第十七条 企业法人登记注册的主要事项按照《条例》第九条规定办理。

营业登记的主要事项有：名称、地址、负责人、经营范围、经营方式、经济性质、隶属关系、资金数额。

第十八条 外商投资企业登记注册的主要事项有：名称、住所、经营范围、投资总额、注册资本、企业类型、法定代表人、营业期限、有限责任公司股东或者股份有限公司发起人的姓名或者名称。

第十九条 外商投资企业设立的分支机构登记注册的主要事项有：名称、营业场所、负责人、经营范围、隶属企业。

第二十条 企业名称应当符合国家有关法律法规及登记主管机关的规定。

第二十一条 住所、地址、经营场所按所在市、县、（镇）及街道门牌号码的详细地址注册。

第二十二条 经登记主管机关核准登记注册的代表企业行使职权的主要负责人，是企业法人的法定代表人。法定代表人是代表企业法人根据章程行使职权的签字人。

企业的法定代表人必须是完全民事行为能力人，并且应当符合国家法律法规和政策的规定。

第二十三条 登记主管机关根据申请单位提交的文件和章程所反映的财产所有权、资金来源、分配形式，核准企业和经营单位的经济性质。

经济性质可分别核准为全民所有制、集体所有制。联营企业应注明联合各方的经济性质，并标明"联营"字样。

第二十四条 外商投资企业的企业类型分别核准为中外合资经营、中外合作经营、外商独资经营。

第二十五条 登记主管机关根据申请单位的申请和所具备的条件，按照国家法律、法规和政策以及规范化要求，核准经营范围和经营方式。企业必须按照登记主管机关核准登记注册的经营范围和经营方式从事经营活动。

第二十六条 注册资金数额是企业法人经营管理的财产或者企业法人所有的财产的货币表现。除国家另有规定外，企业的注册资金应当与实有资金相一致。

企业法人的注册资金的来源包括财政部门或者设立企业的单位的拨款、投资。

第二十七条 外商投资企业的注册资本是指设立外商投资企业在登记主管机关登记注册的资本总额，是投资者认缴的出资额。注册资本与投资总额的比例，应当符合国家有关规定。

第二十八条 营业期限是联营企业、外商投资企业的章程、协议或者合同所确定的经营时限。营业期限自登记主管机关核准登记之日起计算。

开业登记

第二十九条 申请企业法人登记，应按《条例》第十五条（一）至（七）项规定提交文件、证件。企业章程应经主管部门审查同意。资金信用证明是财政部门证明全民所有制企业资金数额的文件。验资证明是会计师事务所或者审计事务所及其他具有验资资格的机构出具的证明资金真实性的文件。企业主要负责人的身份证明包括任职文件和附照片的个人简历。个人简历由该负责人的人事关系所在单位或者乡镇、街道出具。

第三十条 外商投资企业申请企业法人登记，应提交下列文件、证件：

（一）董事长签署的外商投资企业登记申请书；

（二）合同、章程；

（三）有关项目建议书或可行性研究报告的批准文件；

（四）投资者合法开业证明；

（五）投资者的资信证明；

（六）董事会名单以及董事会成员的姓名、住址的文件以及任职文件和法定代表人的身份证明；

（七）其他有关文件、证件。

涉及国家规定实施准入特别管理措施的外商投资企业还应当提交审批机关的批准文件和批准证书。

第三十一条　申请营业登记，应根据不同情况，提交下列文件、证件：

（一）登记申请书；

（二）经营资金数额的证明；

（三）负责人的任职文件；

（四）经营场所使用证明；

（五）其他有关文件、证件。

第三十二条　外商投资企业申请设立分支机构，应当提交下列文件、证件：

（一）隶属企业董事长签署的登记申请书；

（二）原登记主管机关的通知函；

（三）隶属企业董事会的决议；

（四）隶属企业的执照副本；

（五）负责人的任职文件；

（六）其他有关文件、证件。

法律、法规及国家市场监督管理总局规章规定设立分支机构需经审批的，应提交审批文件。

第三十三条　登记主管机关应当对申请单位提交的文件、证件、登记申请书、登记注册书以及其他有关文件进行审查，经核准后分别核发下列证照：

（一）对具备企业法人条件的企业，核发《企业法人营业执照》；

（二）对不具备企业法人条件，但具备经营条件的企业和经营单位，核发《营业执照》。

登记主管机关应当分别编定注册号，在颁发的证照上加以注明，并记入登记档案。

第三十四条　登记主管机关核发的《企业法人营业执照》是企业取得法人资格和合法经营权的凭证。登记主管机关核发的《营业执照》是经营单位取得合法经营权的凭证。经营单位凭据《营业执照》可以刻制公章，开立银行账户，开展核准的经营范围以内的生产经营活动。

变更登记

第三十五条　企业法人根据《条例》第十七条规定，申请变更登记时，应提交下列文件、证件：

（一）法定代表人签署的变更登记申请书；

（二）原主管部门审查同意的文件；

（三）其他有关文件、证件。

第三十六条　企业法人实有资金比原注册资金数额增加或者减少超过20%时，应持资金信用证明或者验资证明，向原登记主管机关申请变更登记。

登记主管机关在核准企业法人减少注册资金的申请时，应重新审核经营范围和经营方式。

第三十七条　企业法人在异地（跨原登记主管机关管辖地）增设或者撤销分支机构，应向原登记主管机关申请变更登记。经核准后，向分支机构所在地的登记主管机关申请开业登记或者注销登记。

第三十八条　因分立或者合并而保留的企业应当申请变更登记；因分立或者合并而新办的企业应当申请开业登记；因合并而终止的企业应当申请注销登记。

第三十九条　企业法人迁移（跨原登记主管机关管辖地），应向原登记主管机关申请办理迁移手续；原登记主管机关根据新址所在地登记主管机关同意迁入的意见，收缴《企业法人营业执照》，撤销注册号，开出迁移证明，并将企业档案移交企业新址所在地登记主管机关。企业凭迁移证明和有关部门的批准文件，向新址所在地登记主管机关申请变更登记，领取《企业法人营业执照》。

第四十条　企业法人因主管部门改变，涉及原主要登记事项的，应当分别情况，持有关文件申请变更、开业、注销登记。不涉及原主要登记事项变更的，企业法人应当持主管部门改变的有关文件，及时向原登记主管机关备案。

第四十一条　外商投资企业改变登记注册事项，应当申请变更登记。申请变更登记时，应提交下列文件、证件：

（一）董事长签署的变更登记申请书；

（二）董事会的决议；

（三）涉及国家规定实施准入特别管理措施的外商投资企业变更股东、注册资本、经营范围、经营期限时，应提交原审批机关的批准文件。

法律、法规及国家市场监督管理总局规章规定设立分支机构需经审批的，应提交原审批机关的批准文件。

外商投资企业变更住所，还应提交住所使用证明；增加注册资本涉及改变原合同的，还应提交补充协议；变更企业类型，还应提交修改合同、章程的补充协议；变更法定代表人，还应提交委派方的委派证明和被委派人员的身份证明；转让股权，还应提交转让合同和修改原合同、章程的补充协议，以及受让方的合法开业证明和资信证明。

外商投资企业董事会成员发生变化的，应向原登记主管机关备案。

第四十二条　经营单位改变营业登记的主要事项，应当申请变更登记。变更登记的程序和应当提交的文件、证件，参照企业法人变更登记的有关规定执行。

第四十三条 外商投资企业设立的分支机构改变主要登记事项，应当申请变更登记。变更登记的程序和应当提交的文件、证件，参照外商投资企业变更登记的有关规定执行。

第四十四条 登记主管机关应当在申请变更登记的单位提交的有关文件、证件齐备后30日内，作出核准变更登记或者不予核准变更登记的决定。

注销登记

第四十五条 企业法人根据《条例》第二十条规定，申请注销登记，应提交下列文件证件：

（一）法定代表人签署的注销登记申请书；

（二）原主管部门审查同意的文件；

（三）主管部门或者清算组织出具的负责清理债权债务的文件或者清理债务完结的证明。

第四十六条 外商投资企业应当自经营期满之日或者终止营业之日，需经过批准的，在批准证书自动失效之日、原审批机关批准终止合同之日起三个月内，向原登记主管机关申请注销登记，并提交下列文件、证件：

（一）董事长签署的注销登记申请书；

（二）董事会的决议；

（三）清理债权债务完结的报告或者清算组织负责清理债权债务的文件；

（四）税务机关、海关出具的完税证明。

法律、法规规定必须经原审批机关批准的，还应提交原审批机关的批准文件。

不能提交董事会决议的以及国家对外商投资企业的注销另有规定的，按国家有关规定执行。

第四十七条 经营单位终止经营活动，应当申请注销登记。注销登记程序和应当提交的文件、证件，参照企业法人注销登记的有关规定执行。

第四十八条 外商投资企业撤销其分支机构，应当申请注销登记，并提交下列文件、证件：

（一）隶属企业董事长签署的注销登记申请书；

（二）隶属企业董事会的决议。

第四十九条 登记主管机关核准注销登记或者吊销执照，应当同时撤销注册号，收缴执照正、副本和公章，并通知开户银行。

登记审批程序

第五十条 登记主管机关审核登记注册的程序是受理、审查、核准、发照、公告。

（一）受理：申请登记的单位应提交的文件、证件和填报的登记注册书齐备后，方可受理，否则不予受理。

（二）审查：审查提交的文件、证件和填报的登记注册书是否符合有关登记管理规定。

（三）核准：经过审查和核实后，做出核准登记或者不予核准登记的决定，并及时通知申请登记的单位。

（四）发照：对核准登记的申请单位，应当分别颁发有关证照，及时通知法定代表人（负责人）领取证照，并办理法定代表人签字备案手续。

公示和证照管理

第五十一条 登记主管机关应当将企业法人登记、备案信息通过企业信用信息公示系统向社会公示。

第五十二条 企业法人应当于每年1月1日至6月30日，通过企业信用信息公示系统向登记主管机关报送上一年度年度报告，并向社会公示。

年度报告公示的内容及监督检查按照国务院的规定执行。

第五十三条 《企业法人营业执照》、《营业执照》分为正本和副本，同样具有法律效力。正本应悬挂在主要办事场所或者主要经营场所。登记主管机关根据企业申请和开展经营活动的需要，可以核发执照副本若干份。

国家推行电子营业执照。电子营业执照与纸质营业执照具有同等法律效力。

第五十四条 登记主管机关对申请筹建登记的企业，在核准登记后核发《筹建许可证》。

第五十五条 执照正本和副本、《筹建许可证》、企业法人申请开业登记注册书、企业申请营业登记注册书、企业申请变更登记注册书、企业申请注销登记注册书、企业申请筹建登记注册书以及其他有关登记管理的重要文书表式，由国家市场监督管理总局统一制定。

监督管理与罚则

第五十六条 登记主管机关对企业进行监督管理的主要内容是：

（一）监督企业是否按照《条例》和本细则规定办理开业登记变更登记和注销登记；

（二）监督企业是否按照核准登记的事项及章程、合同或协议开展经营活动；

（三）监督企业是否按照规定报送、公示年度报告；

（四）监督企业和法定代表人是否遵守国家有关法律、法规和政策。

第五十七条 各级登记主管机关，均有权对管辖区域内的企业进行监督检查。企业应当接受检查，提供检查所需要的文件、账册、报表及其他有关资料。

第五十八条 登记主管机关对辖区内的企业进行监督检查时，有权依照有关规定予以处罚。但责令停业整顿、扣缴或者吊销证照，只能由原发照机关作出决定。

第五十九条 上级登记主管机关对下级登记主管机关作出的不适当的处罚有权予以纠正。

对违法企业的处罚权限和程序，由国家市场监督管理总局和省、自治区、直辖市市场监督管理部门分别作出规定。

第六十条 对有下列行为的企业和经营单位，登记主管机关作出如下处罚，可以单处，也可以并处：

（一）未经核准登记擅自开业从事经营活动的，责令终止经营活动，没收非法所得，处以非法所得额3倍以下的罚款，但最高不超过3万元，没有非法所得的，处以1万元以下的罚款。

（二）申请登记时隐瞒真实情况、弄虚作假的，除责令提供真实情况外，视其具体情节，予以警告，没收非法所得，处以非法所得额3倍以下的罚款，但最高不超过3万元，没有非法所得的，处以1万元以下的罚款。经审查不具备企业法人条件或者经营条件的，吊销营业执照。伪造证件骗取营业执照的，没收非法所得，处以非法所得额3倍以下的罚款，但最高不超过3万元，没有非法所得的，处以1万元以下的罚款，并吊销营业执照。

（三）擅自改变主要登记事项，不按规定办理变更登记的，予以警告，没收非法所得，处以非法所得额3倍以下的罚款，但最高不超过3万元，没有非法所得的，处以1万元以下的罚款，并限期办理变更登记；逾期不办理的，责令停业整顿或者扣缴营业执照；情节严重的，吊销营业执照。超出经营期限从事经营活动的，视为无照经营，按照本条第一项规定处理。

（四）超出核准登记的经营范围或者经营方式从事经营活动的，视其情节轻重，予以警告，没收非法所得，处以非法所得额3倍以下的罚款，但最高不超过3万元，没有非法所得的，处以1万元以下的罚款。同时违反国家其他有关规定，从事非法经营的，责令停业整顿，没收非法所得，处以非法所得额3倍以下的罚款，但最高不超过3万元，没有非法所得的，处以1万元以下的罚款；情节严重的，吊销营业执照。

（五）侵犯企业名称专用权的，依照企业名称登记管理的有关规定处理。

（六）伪造、涂改、出租、出借、转让、出卖营业执照的，没收非法所得，处以非法所得额3倍以下的罚款，但最高不超过3万元，没有非法所得的，处以1万元以下的罚款；情节严重的，吊销营业执照。

（七）不按规定悬挂营业执照的，予以警告，责令改正；拒不改正的，处以2000元以下的罚款。

（八）抽逃、转移资金，隐匿财产逃避债务的，责令补足抽逃、转移的资金，追回隐匿的财产，没收非法所得，处以非法所得额 3 倍以下的罚款，但最高不超过 3 万元，没有非法所得的，处以 1 万元以下的罚款；情节严重的，责令停业整顿或者吊销营业执照。

（九）不按规定申请办理注销登记的，责令限期办理注销登记。拒不办理的，处以 3000 元以下的罚款，吊销营业执照，并可追究企业主管部门的责任。

（十）拒绝监督检查或者在接受监督检查过程中弄虚作假的，除责令其接受监督检查和提供真实情况外，予以警告，处以 1 万元以下的罚款。

登记主管机关对有上述违法行为的企业作出处罚决定后，企业逾期不提出申诉又不缴纳罚没款的，可以申请人民法院强制执行。

第六十一条　对提供虚假文件、证件的单位和个人，除责令其赔偿因出具虚假文件、证件给他人造成的损失外，处以 1 万元以下的罚款。

第六十二条　登记主管机关在查处企业违法活动时，对构成犯罪的有关人员，交由司法机关处理。

第六十三条　登记主管机关对工作人员不按规定程序办理登记、监督管理和严重失职的，根据情节轻重给予相应的行政处分，对构成犯罪的人员，交由司法机关处理。

第六十四条　企业根据《条例》第三十一条规定向上一级登记主管机关申请复议的，上一级登记主管机关应当在规定的期限内作出维持、撤销或者纠正的复议决定，并通知申请复议的企业。

附　则

第六十五条　根据《条例》第三十五条规定应当申请筹建登记的企业，按照国务院有关部门或者省、自治区、直辖市人民政府的专项规定办理筹建登记。

第六十六条　港、澳、台企业，华侨、港、澳、台同胞投资举办的合资经营企业、合作经营企业、独资经营企业，参照本细则对外商投资企业的有关规定执行。

第六十七条　对在中国境内从事经营活动的外国（地区）企业的登记管理按专项规定执行。

第六十八条　本细则自公布之日起施行。

附件八：

纳税信用管理办法（试行）

（文号：国家税务总局公告 2014 年第 40 号 发布日期：2014-07-04）

第一章 总 则

第一条 为规范纳税信用管理，促进纳税人诚信自律，提高税法遵从度，推进社会信用体系建设，根据《中华人民共和国税收征收管理法》及其实施细则、《国务院关于促进市场公平竞争维护市场正常秩序的若干意见》（国发〔2014〕20 号）和《国务院关于印发社会信用体系建设规划纲要（2014-2020 年）的通知》（国发〔2014〕21 号），制定本办法。

第二条 本办法所称纳税信用管理，是指税务机关对纳税人的纳税信用信息开展的采集、评价、确定、发布和应用等活动。

第三条 本办法适用于已办理税务登记，从事生产、经营并适用查账征收的企业纳税人（以下简称纳税人）。

扣缴义务人、自然人纳税信用管理办法由国家税务总局另行规定。

个体工商户和其他类型纳税人的纳税信用管理办法由省税务机关制定。

第四条 国家税务总局主管全国纳税信用管理工作。省以下税务机关负责所辖地区纳税信用管理工作的组织和实施。

第五条 纳税信用管理遵循客观公正标准统一、分级分类动态调整的原则。

第六条 国家税务总局推行纳税信用管理工作的信息化，规范统一纳税信用管理。

第七条 国家税务局、地方税务局应联合开展纳税信用评价工作。

第八条 税务机关积极参与社会信用体系建设，与相关部门建立信用信息共建共享机制，推动纳税信用与其他社会信用联动管理。

第二章 纳税信用信息采集

第九条 纳税信用信息采集是指税务机关对纳税人纳税信用信息的记录和收集。

第十条 纳税信用信息包括纳税人信用历史信息、税务内部信息、外部信息。

纳税人信用历史信息包括基本信息和评价年度之前的纳税信用记录，以及相关部门评定的优良信用记录和不良信用记录。

税务内部信息包括经常性指标信息和非经常性指标信息。经常性指标信息是指涉税申报信息、税（费）款缴纳信息、发票与税控器具信息、登记与账簿信息等纳税人在评价年度内经常产生的指标信息；非经常性指标信息是指税务检查信息等纳税人在评价年度内不经常产生的指标信息。

外部信息包括外部参考信息和外部评价信息。外部参考信息包括评价年度相关部门评定的优良信用记录和不良信用记录；外部评价信息是指从相关部门取得的影响纳税人纳税信用评价的指标信息。

第十一条 纳税信用信息采集工作由国家税务总局和省税务机关组织实施，按月采集。

第十二条 本办法第十条第二款纳税人信用历史信息中的基本信息由税务机关从税务管理系统中采集，税务管理系统中暂缺的信息由税务机关通过纳税人申报采集；评价年度之前的纳税信用记录，以及相关部门评定的优良信用记录和不良信用记录，从税收管理记录、国家统一信用信息平台等渠道中采集。

第十三条 本办法第十条第三款税务内部信息从税务管理系统中采集。

第十四条 本办法第十条第四款外部信息主要通过税务管理系统、国家统一信用信息平台、相关部门官方网站、新闻媒体或者媒介等渠道采集。通过新闻媒体或者媒介采集的信息应核实后使用。

第三章 纳税信用评价

第十五条 纳税信用评价采取年度评价指标得分和直接判级方式。评价指标包括税务内部信息和外部评价信息。

年度评价指标得分采取扣分方式。纳税人评价年度内经常性指标和非经常性指标信息齐全的，从100分起评；非经常性指标缺失的，从90分起评。直接判级适用于有严重失信行为的纳税人。纳税信用评价指标由国家税务总局另行规定。

第十六条 外部参考信息在年度纳税信用评价结果中记录，与纳税信用评价信息形成联动机制。

第十七条 纳税信用评价周期为一个纳税年度，有下列情形之一的纳税人，不参加本期的评价：

（一）纳入纳税信用管理时间不满一个评价年度的；

（二）本评价年度内无生产经营业务收入的；

（三）因涉嫌税收违法被立案查处尚未结案的；

（四）被审计、财政部门依法查出税收违法行为，税务机关正在依法处理，尚未办结的；

（五）已申请税务行政复议、提起行政诉讼尚未结案的；

（六）其他不应参加本期评价的情形。

第十八条 纳税信用级别设a、b、c、d四级。a级纳税信用为年度评价指标得分

90 分以上的；b 级纳税信用为年度评价指标得分 70 分以上不满 90 分的；c 级纳税信用为年度评价指标得分 40 分以上不满 70 分的；d 级纳税信用为年度评价指标得分不满 40 分或者直接判级确定的。

第十九条　有下列情形之一的纳税人，本评价年度不能评为 a 级：

（一）实际生产经营期不满 3 年的；

（二）上一评价年度纳税信用评价结果为 d 级的；

（三）非正常原因一个评价年度内增值税或营业税连续 3 个月或者累计 6 个月零申报、负申报的；

（四）不能按照国家统一的会计制度规定设置账簿，并根据合法、有效凭证核算，向税务机关提供准确税务资料的。

第二十条　有下列情形之一的纳税人，本评价年度直接判为 d 级：

（一）存在逃避缴纳税款、逃避追缴欠税、骗取出口退税、虚开增值税专用发票等行为，经判决构成涉税犯罪的；

（二）存在前项所列行为，未构成犯罪，但偷税（逃避缴纳税款）金额 10 万元以上且占各税种应纳税总额 10% 以上，或者存在逃避追缴欠税、骗取出口退税、虚开增值税专用发票等税收违法行为，已缴纳税款、滞纳金、罚款的；

（三）在规定期限内未按税务机关处理结论缴纳或者足额缴纳税款、滞纳金和罚款的；

（四）以暴力、威胁方法拒不缴纳税款或者拒绝、阻挠税务机关依法实施税务稽查执法行为的；

（五）存在违反增值税发票管理规定或者违反其他发票管理规定的行为，导致其他单位或者个人未缴、少缴或者骗取税款的；

（六）提供虚假申报材料享受税收优惠政策的；

（七）骗取国家出口退税款，被停止出口退（免）税资格未到期的；

（八）有非正常户记录或由非正常户直接责任人员注册登记或者负责经营的；

（九）由 d 级纳税人的直接责任人员注册登记或者负责经营的；

（十）存在税务机关依法认定的其他严重失信情形的。

第二十一条　纳税人有下列情形的，不影响其纳税信用评价：

（一）由于税务机关原因或不可抗力，造成纳税人未能及时履行纳税义务的；

（二）非主观故意的计算公式运用错误以及明显的笔误造成未缴或者少缴税款的；

（三）国家税务总局认定的其他不影响纳税信用评价的情形。

第四章　纳税信用评价结果的确定和发布

第二十二条　纳税信用评价结果的确定和发布遵循谁评价、谁确定、谁发布的原则。

第二十三条 税务机关每年4月确定上一年度纳税信用评价结果，并为纳税人提供自我查询服务。

第二十四条 纳税人对纳税信用评价结果有异议的，可以书面向作出评价的税务机关申请复评。作出评价的税务机关应按本办法第三章规定进行复核。

第二十五条 税务机关对纳税人的纳税信用级别实行动态调整。

因税务检查等发现纳税人以前评价年度需扣减信用评价指标得分或者直接判级的，税务机关应按本办法第三章规定调整其以前年度纳税信用评价结果和记录。

纳税人因第十七条第三、四、五项所列情形解除而向税务机关申请补充纳税信用评价的，税务机关应按本办法第三章规定处理。

第二十六条 纳税人信用评价状态变化时，税务机关可采取适当方式通知、提醒纳税人。

第二十七条 税务机关对纳税信用评价结果，按分级分类原则，依法有序开放：

（一）主动公开 a 级纳税人名单及相关信息；

（二）根据社会信用体系建设需要，以及与相关部门信用信息共建共享合作备忘录、协议等规定，逐步开放 b、c、d 级纳税人名单及相关信息；

（三）定期或者不定期公布重大税收违法案件信息。具体办法由国家税务总局另行规定。

第五章　纳税信用评价结果的应用

第二十八条 税务机关按照守信激励，失信惩戒的原则，对不同信用级别的纳税人实施分类服务和管理。

第二十九条 对纳税信用评价为 a 级的纳税人，税务机关予以下列激励措施：

（一）主动向社会公告年度 a 级纳税人名单；

（二）一般纳税人可单次领取 3 个月的增值税发票用量，需要调整增值税发票用量时即时办理；

（三）普通发票按需领用；

（四）连续 3 年被评为 a 级信用级别（简称 3 连 a）的纳税人，除享受以上措施外，还可以由税务机关提供绿色通道或专门人员帮助办理涉税事项；

（五）税务机关与相关部门实施的联合激励措施，以及结合当地实际情况采取的其他激励措施。

第三十条 对纳税信用评价为 b 级的纳税人，税务机关实施正常管理，适时进行税收政策和管理规定的辅导，并视信用评价状态变化趋势选择性地提供本办法第二十九条的激励措施。

第三十一条 对纳税信用评价为 c 级的纳税人,税务机关应依法从严管理,并视信用评价状态变化趋势选择性地采取本办法第三十二条的管理措施。

第三十二条 对纳税信用评价为 d 级的纳税人,税务机关应采取以下措施:

(一)按照本办法第二十七条的规定,公开 d 级纳税人及其直接责任人员名单,对直接责任人员注册登记或者负责经营的其他纳税人纳税信用直接判为 d 级;

(二)增值税专用发票领用按辅导期一般纳税人政策办理,普通发票的领用实行交(验)旧供新、严格限量供应;

(三)加强出口退税审核;

(四)加强纳税评估,严格审核其报送的各种资料;

(五)列入重点监控对象,提高监督检查频次,发现税收违法违规行为的,不得适用规定处罚幅度内的最低标准;

(六)将纳税信用评价结果通报相关部门,建议在经营、投融资、取得政府供应土地、进出口、出入境、注册新公司、工程招投标、政府采购、获得荣誉、安全许可、生产许可、从业任职资格、资质审核等方面予以限制或禁止;

(七)d 级评价保留 2 年,第三年纳税信用不得评价为 a 级;

(八)税务机关与相关部门实施的联合惩戒措施,以及结合实际情况依法采取的其他严格管理措施。

第六章 附 则

第三十三条 省税务机关可以根据本办法制定具体实施办法。

第三十四条 本办法自 2014 年 10 月 1 日起施行。2003 年 7 月 17 日国家税务总局发布的《纳税信用等级评定管理试行办法》(国税发〔2003〕92 号)同时废止。

附件九：

关于印发《关于对房地产领域相关失信责任主体实施联合惩戒的合作备忘录》的通知

（发改财金〔2017〕1206号　发布日期：2017-06-23）

各省、自治区、直辖市和新疆生产建设兵团有关部门、机构：

　　为贯彻党的十八大和十八届三中、四中、五中、六中全会精神，落实《国务院关于印发社会信用体系建设规划纲要（2014—2020年）的通知》、《国务院关于建立完善守信联合激励和失信联合惩戒制度加快推进社会诚信建设的指导意见》和《国务院办公厅关于加快培育和发展住房租赁市场的若干意见》要求，着眼于培育和弘扬社会主义核心价值观，加快推进社会信用体系建设，建立健全跨部门失信联合惩戒机制，促进房地产领域相关主体依法诚信经营，国家发展改革委、人民银行、住房城乡建设部、中央组织部、中央宣传部、中央编办、中央文明办、中央网信办、科技部、工业和信息化部、财政部、人力资源社会保障部、国土资源部、环境保护部、交通运输部、水利部、商务部、国资委、海关总署、税务总局、质检总局、安全监管总局、银监会、证监会、保监会、公务员局、民航局、全国总工会、共青团中央、全国妇联、铁路总公司联合签署了《关于对房地产领域相关失信责任主体实施联合惩戒的合作备忘录》。现印发给你们，请认真贯彻执行。

　　附件：关于对房地产领域相关失信责任主体实施联合惩戒的合作备忘录

　　为贯彻党的十八大和十八届三中、四中、五中、六中全会精神，落实《国务院关于印发社会信用体系建设规划纲要（2014—2020年）的通知》（国发〔2014〕21号）、《国务院关于建立完善守信联合激励和失信联合惩戒制度加快推进社会诚信建设的指导意见》（国发〔2016〕33号）和《国务院办公厅关于加快培育和发展住房租赁市场的若干意见》（国办发〔2016〕39号）要求，着眼于培育和弘扬社会主义核心价值观，加快推进社会信用体系建设，建立健全跨部门失信联合惩戒机制，促进房地产领域相关主体依法诚信经营，国家发展改革委、人民银行、住房城乡建设部、中央组织部、中央宣传部、中央编办、中央文明办、中央网信办、科技部、工业和信息化部、财政部、人力资源社会保障部、国土资源部、环境保护部、交通运输部、水利部、商务部、国资委、海关总署、税务总局、质检总局、安全监管总局、银监会、证监会、保监会、公务员局、民航局、全国总工会、共青团中央、全国妇联、铁路总公司就房地产领域相关失信责任主体实施惩戒达成如下一致意见。

一、联合惩戒对象

联合惩戒对象主要指在房地产领域开发经营活动中存在失信行为的相关机构及人员等责任主体（以下简称惩戒对象），包括：（1）房地产开发企业、房地产中介机构、物业管理企业（以下统称失信房地产企业）；（2）失信房地产企业的法定代表人、主要负责人和对失信行为负有直接责任的从业人员（以下统称失信人员）。

二、失信行为信息查询内容及方式

（一）查询内容

1. 失信房地产企业的名称、统一社会信用代码（或组织机构代码），失信人员的姓名、性别、身份证号码；

2. 失信的具体情形：裁定惩戒对象失信行为的单位和文件，裁定依据、裁定时间以及应当记载和公布的不涉及国家秘密、商业秘密和个人隐私的其他事项。

（二）推送及查询方式

住房城乡建设部将惩戒对象失信信息推送到全国信用信息共享平台，依法在"信用中国"网站（www.creditchina.gov.cn）或住房城乡建设部网站公布，并及时更新。

有关行政监督管理部门可以通过全国信用信息共享平台、"信用中国"网站、各省级信用信息共享平台或住房城乡建设部网站查询相关主体失信行为信息，并采取必要方式做好失信行为主体信息查询记录和证据留存。社会公众可以通过"信用中国"网站或住房城乡建设部网站查询相关主体失信行为信息。

国家公共资源交易平台、各省级信用信息共享平台和各省级公共资源交易平台，通过全国信用信息共享平台共享惩戒对象失信信息，逐步实现房地产行业失信行为信息推送、接收、查询、应用的自动化。

三、联合惩戒措施

（一）依法限制或者禁止惩戒对象的市场准入、行政许可或者融资行为

1. 限制取得政府供应的土地。

2. 限制取得安全生产许可证。

3. 限制取得生产许可证。

4. 限制取得房地产项目开发规划选址许可、环境影响评价许可和"三同时"验收许可、水土保持方案许可和设施验收许可、施工许可、商品房预（销）售许可、商品房买卖合同备案等。

5. 限制其新的重大项目申报的审批、核减、停止拨付或收回政府补贴资金和保障资金。

6. 限制科技项目的申报和审批。

7. 从严审核企业债券的发行，从严审核发行公司债券，将惩戒对象的失信行为作为股票发行审核及在全国中小企业股份转让单位公开转让审核参考。

8. 禁止作为供应商参加政府采购活动。

9. 限制发起设立或参股金融机构以及小额贷款公司、融资担保公司、创业投资公司、互联网融资平台等机构。

10. 限制参与政府投资公共工程建设的投标活动。

11. 限制或者禁止参与基础设施和公用事业特许经营，依法取消已获得的特许经营权。

12. 禁止惩戒对象在法定期限内担任相关生产经营单位的法定代表人、负责人，已经担任的依法责令办理变更登记。

13. 限制注册非金融企业债务融资工具。

14. 限制招录（招聘）为公务员或事业单位工作人员。

15. 限制登记为事业单位法定代表人。

16. 将惩戒对象的信用信息通报金融机构，作为其评级授信、信贷融资、管理和退出的重要参考依据。

17. 供纳税信用管理时审慎性参考。

18. 在审批证券公司、基金管理公司及期货公司的设立及变更持有5%以上股权的股东、实际控制人时，将其失信信息作为审批的参考。

19. 依法限制担任上市公司、证券公司、基金管理公司、期货公司的董事、监事和高级管理人员等，对其证券、基金、期货从业资格申请予以从严审核；对已成为证券、基金、期货从业人员的予以关注。

20. 在境内上市公司实行股权激励计划或相关人员成为股权激励对象事中事后监管中予以关注。

21. 限制其在检验检测认证行业执业；限制取得认证机构资质，限制获得认证证书。

22. 在上市公司或者非上市公众公司收购的事中事后监管中予以关注。

23. 限制参与公共资源交易活动。

（二）停止执行惩戒对象享受的优惠政策，或者对其关于优惠政策申请不予批准

24. 限制、暂停或取消政策性资金支持。

25. 停止执行投资等领域优惠政策。

（三）在业绩考核、综合评价、评优评先表彰等工作中，对惩戒对象予以限制和约束

26. 将惩戒对象失信行为作为考核、提拔任用的重要参考。

27. 取消惩戒对象参加评优评先资格，不得向惩戒对象授予"文明单位""道德模范""五一劳动奖章"等荣誉。在失信行为发生后获得荣誉称号的予以撤销。

（四）其他惩戒措施

28. 在"信用中国"网站上公示惩戒对象的失信行为。

29. 推动各保险机构将惩戒对象的失信记录作为厘定保险费率的参考。

30. 负有市场监管职能的各行业主管部门将惩戒对象作为重点监管对象，加大日常监管力度，提高现场检查、抽查比例和频次。

31. 作为选择政府和社会资本合作项目合作伙伴的参考。

（五）加强住房城乡建设系统日常行政监管监察

住房城乡建设系统各级行政管理部门针对惩戒对象制定并落实以下措施。

32. 加大现场执法检查频次；

33. 将其作为重点监管监察对象，建立常态化暗查暗访机制，不定期开展抽查；

34. 约谈其主要负责人，对其主要负责人及相关责任人强制进行相关业务培训；

35. 暂停其相关资质证书的评审，对已取得资质证书的，依法依规对其资质作撤销或降级处理；

36. 依法对惩戒对象实施市场和行业禁入；

37. 发现有新的失信行为的，依法依规在自由裁量范围内从重处罚。

四、联合惩戒的实施方式

各部门按照本备忘录约定的内容，依法依规对惩戒对象实施联合惩戒。同时建立惩戒效果定期通报机制，各部门根据实际情况，定期将联合惩戒实施情况通过全国信用信息共享平台反馈至国家发展改革委和住房城乡建设部。

五、其他事宜

各部门应密切协作，积极落实本备忘录，制定失信信用信息的使用、撤销、管理的相关实施细则和操作流程，依法依规实施联合惩戒。

本备忘录实施过程中涉及部门之间协调配合的问题，由各部门协商解决。本备忘录签署后，各项惩戒措施依据的法律、法规、规章及规范性文件有修改或调整的，以修改后的法律、法规、规章及规范性文件为准。

附录：

附录内容包括：惩戒措施、法律及政策依据、实施单位

1. 限制取得政府供应土地。

《国务院关于建立完善守信联合激励和失信惩戒制度加快推进社会诚信建设的指导意见》第（十）项；《国务院关于进一步加强企业安全生产工作的通知》第三十条；

《国务院关于促进市场公平竞争维护市场正常秩序的若干意见》第四条第十五项;《企业信息公示暂行条例》第十八条　国土资源部

2. 限制取得安全生产许可证。

《安全生产许可证条例》第六条第十三项;《国务院关于促进市场公平竞争维护市场正常秩序的若干意见》第四条第十五项　安全监管总局

3. 限制取得生产许可证。

《工业产品生产许可证管理条例》第九条第二款;《国务院关于建立完善守信联合激励和失信惩戒制度加快推进社会诚信建设的指导意见》第（十）项;《国务院关于促进市场公平竞争维护市场正常秩序的若干意见》第四条第十五项　质检总局

4. 限制取得房地产项目开发规划选址许可、环境影响评价许可和"三同时"验收许可、水土保持方案许可和设施验收许可、施工许可、商品房预（销）售许可、商品房买卖合同备案等。

《中华人民共和国城乡规划法》;《中华人民共和国环境影响评价法》;《中华人民共和国建筑法》;《中华人民共和国城市房地产管理法》;《中华人民共和国城市房地产开发经营管理条例》;《国务院关于建立完善守信联合激励和失信惩戒制度加快推进社会诚信建设的指导意见》第（十）项;《国务院办公厅关于促进房地产市场平稳健康发展的通知》第（七）项;《商品房销售管理办法》、《城市房地产转让管理规定》;《水土保持法》第二十五条、第二十六条、第二十七条　住房城乡建设部、环境保护部、水利部

5. 限制其新的重大项目申报的审批、核减、停止拨付或收回政府补贴资金和保障资金。

《国务院关于建立完善守信联合激励和失信惩戒制度加快推进社会诚信建设的指导意见》第（十）项;《国家高新技术产业发展项目管理暂行办法》第十条第（一）、（二）项;第三十九条　国家发展改革委、财政部、人力资源社会保障部、国资委

6. 限制科技项目的申报和审批。

《国务院关于建立完善守信联合激励和失信联合惩戒制度加快推进社会诚信建设的指导意见》第（十）项;《国家科技计划项目管理暂行办法》第八条（六）项　科技部

7. 从严审核企业债券的发行，从严审核发行公司债券，将惩戒对象的失信行为作为股票发行审核及在全国中小企业股份转让单位公开转让审核参考。

《证券法》第十三条第一款第（三）项;《企业债券管理条例》第十二条第五项;《国务院关于建立完善守信联合激励和失信联合惩戒制度加快推进社会诚信建设的指导意见》第（十）项;《国家发展改革委关于推进企业债券市场发展、简化发行核准程序有关事项的通知》第二条第七项;《国家发展改革委、中国人民银行、中央编办

关于在行政管理事项中使用信用记录和信用报告的若干意见》；《公司债券发行与交易管理办法》第十七条第（一）、（四）项

《首次公开发行股票并上市管理办法》第十八条第（二）、（六）项；《首次公开发行股票并在创业板上市管理办法》第二十条；《上市公司证券发行管理办法》第九条第（三）项；《创业板上市公司证券发行管理暂行办法》第三条；《非上市公众公司监督管理办法》第三条　国家发展改革委、证监会

8. 禁止作为供应商参加政府采购活动。

《中华人民共和国采购法》第二十二条；《中华人民共和国采购法实施条例》第十九条；《国务院关于建立完善守信联合激励和失信惩戒制度加快推进社会诚信建设的指导意见》第（十）项　财政部

9. 限制发起设立或参股金融机构以及小额贷款公司、融资担保公司、创业投资公司、互联网融资平台等机构。

《国务院关于建立完善守信联合激励和失信惩戒制度加快推进社会诚信建设的指导意见》第（十）项　银监会、保监会、财政部、中央网信办

10. 限制参与政府投资公共工程建设的投标活动。

《企业信息公示暂行条例》第十八条；《国务院关于建立完善守信联合激励和失信惩戒制度加快推进社会诚信建设的指导意见》第（十）项；《国务院办公厅关于运用大数据加强对市场主体服务和监管的若干意见》第四条第（十五）项建立健全失信联合惩戒机制；《工程建设项目施工招标投标办法》第二十条　国家发展改革委、工业和信息化部、住房城乡建设部、交通运输部、水利部、商务部、民航局、铁路总公司

11. 限制或者禁止参与基础设施和公用事业特许经营，依法取消已获得的特许经营权。

《国务院关于建立完善守信联合激励和失信惩戒制度加快推进社会诚信建设的指导意见》第（十）项；《基础设施和公用事业特许经营管理办法》第十七、五十三、五十六条　国家发展改革委、财政部、住房城乡建设部、交通运输部、水利部

12. 禁止惩戒对象在法定期限内担任相关生产经营单位的法定代表人、负责人，已经担任的依法责令办理变更登记。

《中华人民共和国建筑法》第七十六条；《中华人民共和国建设工程质量管理条例》第七十五条；《中华人民共和国企业国有资产法》第二十二条、第二十三条；《中华人民共和国公司法》第一百四十六条第一款第（二）项；《企业法人法定代表人登记管理规定》第四条第（四）项；《国务院关于建立完善守信联合激励和失信惩戒制度加快推进社会诚信建设的指导意见》第（十）项；《建设工程安全生产管理条例》第六十六条第三款；《建筑施工企业主要负责人、项目负责人和专职安全生产管理人员安全生产管理规定》第三十二条第二款　国资委、住房城乡建设部

13. 限制注册非金融企业债务融资工具。

《银行间债券市场非金融企业债务融资工具管理办法》第十三条、第十七条、第十八条　人民银行

14. 限制惩戒（招聘）为公务员或事业单位工作人员。

《中华人民共和国公务员法》第十一条、第十二条、第二十条；《公务员录用规定（试行）》第十六条　中组部、人力资源社会保障部、公务员局

15. 限制登记为事业单位法定代表人。

《中央编办关于批转〈事业单位、社会团体及企业等组织利用国有资产举办事业单位设立登记办法（试行）〉的通知》第四条；《事业单位登记管理暂行条例实施细则》第三十一条　中央编办

16. 将惩戒对象的信用信息通报金融机构，作为其评级授信、信贷融资、管理和退出的重要参考依据。

《中华人民共和国商业银行法》第三十五条；《中华人民共和国征信业管理条例》第十四条、二十一条；《国务院关于建立完善守信联合激励和失信联合惩戒制度加快推进社会诚信建设的指导意见》第（十一）项；《国务院关于促进市场公平竞争维护市场正常秩序的若干意见》）第（十五）项；《流动资金贷款管理暂行办法》第五、三十条；《个人贷款管理暂行办法》第十四、十八条；《固定资产贷款管理暂行办法》第五、三十条；《贷款通则》第十条、第二十二条　人民银行、银监会

17. 供纳税信用管理时审慎性参考。《纳税信用管理办法（试行）》第十、十四条　税务总局

18. 在审批证券公司、基金管理公司及期货公司的设立及变更持有5%以上股权的股东、实际控制人时，将其失信信息作为审批的参考。

《证券法》第一百二十四条第（二）项；《证券投资基金法》第十三条第（三）项；《期货交易管理条例》第十六条第（四）项；《证券公司监督管理条例》第十条第（一）、（四）项；《证券投资基金管理公司管理办法》第七条第（三）项；《期货公司监督管理办法》第七条第（四）项　证监会

19. 依法限制其担任上市公司、证券公司、基金管理公司、期货公司的董事、监事和高级管理人员等，对其证券、基金、期货从业资格申请予以从严审核；对已成为证券、基金、期货从业人员的予以关注。

《公司法》第一百四十六条第（四）项；《证券公司董事、监事和高级管理人员任职资格监管办法》第八条第（一）项；《证券投资基金法》第十五条第（二）项；《证券投资基金行业高级管理人员任职资格管理办法》第四条；《期货公司董事、监事和高级管理人员任职资格管理办法》第六条；《证券业从业人员资格管理办法》第十条第（五）项；《期货从业人员管理办法》第十条第（一）项；《私募投资基金监督

管理暂行办法》第四条　证监会

20. 在境内上市公司实行股权激励计划或相关人员成为股权激励对象事中事后监管中予以关注。《上市公司管权激励管理办法》第七、第八条　证监会

21. 限制其在检验检测认证行业执业；限制取得认证机构资质，限制获得认证证书。

《国务院关于建立完善守信联合激励和失信惩戒制度加快推进社会诚信建设的指导意见》第十条；《国务院关于促进市场公平竞争维护市场正常秩序的若干意见》第（十五）项；《国务院关于印发社会信用体系建设规划纲要（2014—2020年）的通知》第二部分（一）、（二）条；《认证机构管理办法》第二十一条　质检总局

22. 在上市公司或者非上市公众公司收购的事中事后监管中予以关注。

《上市公司收购管理办法》第六条；《非上市公众公司收购管理办法》第六条　证监会

23. 限制参与有关公共资源交易活动。

《国务院关于建立完善守信联合激励和失信惩戒制度加快推进社会诚信建设的指导意见》第十条　国家发展改革委、财政部、国资委等有关单位

24. 限制、暂停或取消政策性资金支持。

《国务院关于促进市场公平竞争维护市场正常秩序的若干意见》第（十五）项；《国务院关于建立完善守信联合激励和失信惩戒制度加快推进社会诚信建设的指导意见》第十条　财政部等有关单位

25. 停止执行投资等领域优惠政策。

《国务院关于建立完善守信联合激励和失信惩戒制度加快推进社会诚信建设的指导意见》第十条；《国务院关于促进市场公平竞争维护市场正常秩序的若干意见》国家发展改革委

26. 将惩戒对象失信行为作为考核、提拔任用的重要参考。

《中华人民共和国企业国有资产法》第二十三条；《中央企业负责人经营业绩考核办法》第三十八条；《中央企业资产投资责任追究暂行办法》第三十二、三十四条　国资委

27. 取消惩戒对象参加评优评先资格，不得向惩戒对象授予"文明单位"、"道德模范"、"五一劳动奖章等"等政府荣誉。在失信行为发生后获得荣誉称号的予以撤销。

《国务院关于建立完善守信联合激励和失信惩戒制度加快推进社会诚信建设的指导意见》第十条；《国务院关于促进市场公平竞争维护市场正常秩序的若干意见》第十五条；《关于印发〈全国道德模范荣誉称号管理暂行办法〉的通知》第七条第（三）、（四）项；《全国五一劳动奖状、全国五一劳动奖章、全国工人先锋号评选管理

工作暂行办法》第七条第（四）项　中央宣传部、中央文明办、全国总工会、共青团中央、全国妇联

28. 在"信用中国"网站上公示惩戒对象的失信行为。

《中华人民共和国企业信息公示暂行条例》第七条；《国务院办公厅关于运用大数据加强对市场主体服务和监管的若干意见》　国家发展改革委

29. 推动各保险机构将惩戒对象的失信记录作为厘定保险费率的参考。

《国务院关于建立完善守信联合激励和失信惩戒制度加快推进社会诚信建设的指导意见》第十一条；《国务院关于促进市场公平竞争维护市场正常秩序的若干意见》第（九）项；《国务院办公厅关于运用大数据加强对市场主体服务和监管的若干意见》　保监会、人力资源社会保障部

30. 负有市场监管职能的各行业行政主管部门将惩戒对象作为重点监管对象，加大日常监管力度，提高现场检查、抽查比例和频次。《国务院关于建立完善守信联合激励和失信惩戒制度加快推进社会诚信建设的指导意见》第十条　负有市场监管职能的行业主管部门

31. 作为选择政府和社会资本合作项目合作伙伴的参考。

《关于在公共服务领域推广政府和社会资本合作模式的指导意见》第十五条；公共服务领域的政府和社会资本合作项目，由财政部牵头负责；传统的基础设施领域的政府和社会资本合作项目，由国家发展改革委牵头负责

32. 加大现场执法检查频次；

33. 将其作为重点监管监察对象，建立常态化暗查暗访机制，不定期开展抽查；

34. 约谈其主要负责人，对其主要负责人及相关责任人强制进行相关业务培训；

35. 暂停其相关资质证书的评审，对已取得资质证书的，依法依规对其资质作撤销或是降级处理；

36. 依法对惩戒对象实施市场和行业禁入；

37. 发现有新的失信行为的，依法依规在自由裁量范围内从重处罚。

《中华人民共和国建筑法》

《中华人民共和国城乡规划法》

《中华人民共和国城市房地产管理法》

《中华人民共和国城市房地产开发经营管理条例》

《国务院关于建立完善守信联合激励和失信惩戒制度加快推进社会诚信建设的指导意见》第十条

住房城乡建设系统各级行政管理部门

附件十：

住房和城乡建设部、国家发展改革委关于印发房屋建筑和市政基础设施项目工程总承包管理办法的通知

（建市规〔2019〕12号 发布日期：2019-12-23）

各省、自治区住房和城乡建设厅、发展改革委，直辖市住房和城乡建设（管）委、发展改革委，北京市规划和自然资源委，新疆生产建设兵团住房和城乡建设局、发展改革委，计划单列市住房和城乡建设局、发展改革委：

为贯彻落实《中共中央国务院关于进一步加强城市规划建设管理工作的若干意见》和《国务院办公厅关于促进建筑业持续健康发展的意见》（国办发〔2017〕19号），住房和城乡建设部、国家发展改革委制定了《房屋建筑和市政基础设施项目工程总承包管理办法》。现印发给你们，请结合本地区实际，认真贯彻执行。

房屋建筑和市政基础设施项目工程总承包管理办法

第一章 总 则

第一条 为规范房屋建筑和市政基础设施项目工程总承包活动，提升工程建设质量和效益，根据相关法律法规，制定本办法。

第二条 从事房屋建筑和市政基础设施项目工程总承包活动，实施对房屋建筑和市政基础设施项目工程总承包活动的监督管理，适用本办法。

第三条 本办法所称工程总承包，是指承包单位按照与建设单位签订的合同，对工程设计、采购、施工或者设计、施工等阶段实行总承包，并对工程的质量、安全、工期和造价等全面负责的工程建设组织实施方式。

第四条 工程总承包活动应当遵循合法、公平、诚实守信的原则，合理分担风险，保证工程质量和安全，节约能源，保护生态环境，不得损害社会公共利益和他人的合法权益。

第五条 国务院住房和城乡建设主管部门对全国房屋建筑和市政基础设施项目工程总承包活动实施监督管理。国务院发展改革部门依据固定资产投资建设管理的相关

法律法规履行相应的管理职责。

县级以上地方人民政府住房和城乡建设主管部门负责本行政区域内房屋建筑和市政基础设施项目工程总承包（以下简称工程总承包）活动的监督管理。县级以上地方人民政府发展改革部门依据固定资产投资建设管理的相关法律法规在本行政区域内履行相应的管理职责。

第二章　工程总承包项目的发包和承包

第六条　建设单位应当根据项目情况和自身管理能力等，合理选择工程建设组织实施方式。

建设内容明确、技术方案成熟的项目，适宜采用工程总承包方式。

第七条　建设单位应当在发包前完成项目审批、核准或者备案程序。采用工程总承包方式的企业投资项目，应当在核准或者备案后进行工程总承包项目发包。采用工程总承包方式的政府投资项目，原则上应当在初步设计审批完成后进行工程总承包项目发包；其中，按照国家有关规定简化报批文件和审批程序的政府投资项目，应当在完成相应的投资决策审批后进行工程总承包项目发包。

第八条　建设单位依法采用招标或者直接发包等方式选择工程总承包单位。

工程总承包项目范围内的设计、采购或者施工中，有任一项属于依法必须进行招标的项目范围且达到国家规定规模标准的，应当采用招标的方式选择工程总承包单位。

第九条　建设单位应当根据招标项目的特点和需要编制工程总承包项目招标文件，主要包括以下内容：

（一）投标人须知；

（二）评标办法和标准；

（三）拟签订合同的主要条款；

（四）发包人要求，列明项目的目标、范围、设计和其他技术标准，包括对项目的内容、范围、规模、标准、功能、质量、安全、节约能源、生态环境保护、工期、验收等的明确要求；

（五）建设单位提供的资料和条件，包括发包前完成的水文地质、工程地质、地形等勘察资料，以及可行性研究报告、方案设计文件或者初步设计文件等；

（六）投标文件格式；

（七）要求投标人提交的其他材料。

建设单位可以在招标文件中提出对履约担保的要求，依法要求投标文件载明拟分包的内容；对于设有最高投标限价的，应当明确最高投标限价或者最高投标限价的计算方法。

推荐使用由住房和城乡建设部会同有关部门制定的工程总承包合同示范文本。

第十条 工程总承包单位应当同时具有与工程规模相适应的工程设计资质和施工资质，或者由具有相应资质的设计单位和施工单位组成联合体。工程总承包单位应当具有相应的项目管理体系和项目管理能力、财务和风险承担能力，以及与发包工程相类似的设计、施工或者工程总承包业绩。

设计单位和施工单位组成联合体的，应当根据项目的特点和复杂程度，合理确定牵头单位，并在联合体协议中明确联合体成员单位的责任和权利。联合体各方应当共同与建设单位签订工程总承包合同，就工程总承包项目承担连带责任。

第十一条 工程总承包单位不得是工程总承包项目的代建单位、项目管理单位、监理单位、造价咨询单位、招标代理单位。

政府投资项目的项目建议书、可行性研究报告、初步设计文件编制单位及其评估单位，一般不得成为该项目的工程总承包单位。政府投资项目招标人公开已经完成的项目建议书、可行性研究报告、初步设计文件的，上述单位可以参与该工程总承包项目的投标，经依法评标、定标，成为工程总承包单位。

第十二条 鼓励设计单位申请取得施工资质，已取得工程设计综合资质、行业甲级资质、建筑工程专业甲级资质的单位，可以直接申请相应类别施工总承包一级资质。鼓励施工单位申请取得工程设计资质，具有一级及以上施工总承包资质的单位可以直接申请相应类别的工程设计甲级资质。完成的相应规模工程总承包业绩可以作为设计、施工业绩申报。

第十三条 建设单位应当依法确定投标人编制工程总承包项目投标文件所需要的合理时间。

第十四条 评标委员会应当依照法律规定和项目特点，由建设单位代表、具有工程总承包项目管理经验的专家，以及从事设计、施工、造价等方面的专家组成。

第十五条 建设单位和工程总承包单位应当加强风险管理，合理分担风险。

建设单位承担的风险主要包括：

（一）主要工程材料、设备、人工价格与招标时基期价相比，波动幅度超过合同约定幅度的部分；

（二）因国家法律法规政策变化引起的合同价格的变化；

（三）不可预见的地质条件造成的工程费用和工期的变化；

（四）因建设单位原因产生的工程费用和工期的变化；

（五）不可抗力造成的工程费用和工期的变化。

具体风险分担内容由双方在合同中约定。

鼓励建设单位和工程总承包单位运用保险手段增强防范风险能力。

第十六条 企业投资项目的工程总承包宜采用总价合同，政府投资项目的工程总承包应当合理确定合同价格形式。采用总价合同的，除合同约定可以调整的情形外，合同总价一般不予调整。

建设单位和工程总承包单位可以在合同中约定工程总承包计量规则和计价方法。

依法必须进行招标的项目，合同价格应当在充分竞争的基础上合理确定。

第三章 工程总承包项目实施

第十七条 建设单位根据自身资源和能力，可以自行对工程总承包项目进行管理，也可以委托勘察设计单位、代建单位等项目管理单位，赋予相应权利，依照合同对工程总承包项目进行管理。

第十八条 工程总承包单位应当建立与工程总承包相适应的组织机构和管理制度，形成项目设计、采购、施工、试运行管理以及质量、安全、工期、造价、节约能源和生态环境保护管理等工程总承包综合管理能力。

第十九条 工程总承包单位应当设立项目管理机构，设置项目经理，配备相应管理人员，加强设计、采购与施工的协调，完善和优化设计，改进施工方案，实现对工程总承包项目的有效管理控制。

第二十条 工程总承包项目经理应当具备下列条件：

（一）取得相应工程建设类注册执业资格，包括注册建筑师、勘察设计注册工程师、注册建造师或者注册监理工程师等；未实施注册执业资格的，取得高级专业技术职称；

（二）担任过与拟建项目相类似的工程总承包项目经理、设计项目负责人、施工项目负责人或者项目总监理工程师；

（三）熟悉工程技术和工程总承包项目管理知识以及相关法律法规、标准规范；

（四）具有较强的组织协调能力和良好的职业道德。

工程总承包项目经理不得同时在两个或者两个以上工程项目担任工程总承包项目经理、施工项目负责人。

第二十一条 工程总承包单位可以采用直接发包的方式进行分包。但以暂估价形式包括在总承包范围内的工程、货物、服务分包时，属于依法必须进行招标的项目范围且达到国家规定规模标准的，应当依法招标。

第二十二条 建设单位不得迫使工程总承包单位以低于成本的价格竞标，不得明示或者暗示工程总承包单位违反工程建设强制性标准、降低建设工程质量，不得明示或者暗示工程总承包单位使用不合格的建筑材料、建筑构配件和设备。

工程总承包单位应当对其承包的全部建设工程质量负责，分包单位对其分包工程的质量负责，分包不免除工程总承包单位对其承包的全部建设工程所负的质量责任。

工程总承包单位、工程总承包项目经理依法承担质量终身责任。

第二十三条 建设单位不得对工程总承包单位提出不符合建设工程安全生产法律、

法规和强制性标准规定的要求，不得明示或者暗示工程总承包单位购买、租赁、使用不符合安全施工要求的安全防护用具、机械设备、施工机具及配件、消防设施和器材。

工程总承包单位对承包范围内工程的安全生产负总责。分包单位应当服从工程总承包单位的安全生产管理，分包单位不服从管理导致生产安全事故的，由分包单位承担主要责任，分包不免除工程总承包单位的安全责任。

第二十四条 建设单位不得设置不合理工期，不得任意压缩合理工期。

工程总承包单位应当依据合同对工期全面负责，对项目总进度和各阶段的进度进行控制管理，确保工程按期竣工。

第二十五条 工程保修书由建设单位与工程总承包单位签署，保修期内工程总承包单位应当根据法律法规规定以及合同约定承担保修责任，工程总承包单位不得以其与分包单位之间保修责任划分而拒绝履行保修责任。

第二十六条 建设单位和工程总承包单位应当加强设计、施工等环节管理，确保建设地点、建设规模、建设内容等符合项目审批、核准、备案要求。

政府投资项目所需资金应当按照国家有关规定确保落实到位，不得由工程总承包单位或者分包单位垫资建设。政府投资项目建设投资原则上不得超过经核定的投资概算。

第二十七条 工程总承包单位和工程总承包项目经理在设计、施工活动中有转包违法分包等违法违规行为或者造成工程质量安全事故的，按照法律法规对设计、施工单位及其项目负责人相同违法违规行为的规定追究责任。

第四章 附 则

第二十八条 本办法自 2020 年 3 月 1 日起施行。

附件十一：

国家税务总局关于营改增后土地增值税若干征管规定的公告

（文号：总局公告 2016 年第 70 号 发布日期：2016-11-10）

为进一步做好营改增后土地增值税征收管理工作，根据《中华人民共和国土地增值税暂行条例》及其实施细则、《财政部 国家税务总局关于营改增后契税、房产税、土地增值税、个人所得税计税依据问题的通知》（财税〔2016〕43 号）等规定，现就土地增值税若干征管问题明确如下：

一、关于营改增后土地增值税应税收入确认问题

营改增后，纳税人转让房地产的土地增值税应税收入不含增值税。适用增值税一般计税方法的纳税人，其转让房地产的土地增值税应税收入不含增值税销项税额；适用简易计税方法的纳税人，其转让房地产的土地增值税应税收入不含增值税应纳税额。

为方便纳税人，简化土地增值税预征税款计算，房地产开发企业采取预收款方式销售自行开发的房地产项目的，可按照以下方法计算土地增值税预征计征依据：

土地增值税预征的计征依据＝预收款－应预缴增值税税款

二、关于营改增后视同销售房地产的土地增值税应税收入确认问题

纳税人将开发产品用于职工福利、奖励、对外投资、分配给股东或投资人、抵偿债务、换取其他单位和个人的非货币性资产等，发生所有权转移时应视同销售房地产，其收入应按照《国家税务总局关于房地产开发企业土地增值税清算管理有关问题的通知》（国税发〔2006〕187 号）第三条规定执行。纳税人安置回迁户，其拆迁安置用房应税收入和扣除项目的确认，应按照《国家税务总局关于土地增值税清算有关问题的通知》（国税函〔2010〕220 号）第六条规定执行。

三、关于与转让房地产有关的税金扣除问题

（一）营改增后，计算土地增值税增值额的扣除项目中"与转让房地产有关的税金"不包括增值税。

（二）营改增后，房地产开发企业实际缴纳的城市维护建设税（以下简称"城建

税"）、教育费附加，凡能够按清算项目准确计算的，允许据实扣除。凡不能按清算项目准确计算的，则按该清算项目预缴增值税时实际缴纳的城建税、教育费附加扣除。

其他转让房地产行为的城建税、教育费附加扣除比照上述规定执行。

四、关于营改增前后土地增值税清算的计算问题

房地产开发企业在营改增后进行房地产开发项目土地增值税清算时，按以下方法确定相关金额：

（一）土地增值税应税收入＝营改增前转让房地产取得的收入＋营改增后转让房地产取得的不含增值税收入

（二）与转让房地产有关的税金＝营改增前实际缴纳的营业税、城建税、教育费附加＋营改增后允许扣除的城建税、教育费附加

五、关于营改增后建筑安装工程费支出的发票确认问题

营改增后，土地增值税纳税人接受建筑安装服务取得的增值税发票，应按照《国家税务总局关于全面推开营业税改征增值税试点有关税收征收管理事项的公告》（国家税务总局公告2016年第23号）规定，在发票的备注栏注明建筑服务发生地县（市、区）名称及项目名称，否则不得计入土地增值税扣除项目金额。

六、关于旧房转让时的扣除计算问题

营改增后，纳税人转让旧房及建筑物，凡不能取得评估价格，但能提供购房发票的，《土地增值税暂行条例》第六条第一、三项规定的扣除项目金额按照下列方法计算：

（一）提供的购房凭据为营改增前取得的营业税发票的，按照发票所载金额（不扣减营业税）并从购买年度起至转让年度止每年加计5%计算。

（二）提供的购房凭据为营改增后取得的增值税普通发票的，按照发票所载价税合计金额从购买年度起至转让年度止每年加计5%计算。

（三）提供的购房发票为营改增后取得的增值税专用发票的，按照发票所载不含增值税金额加上不允许抵扣的增值税进项税额之和，并从购买年度起至转让年度止每年加计5%计算。

本公告自公布之日起施行。

特此公告。

附件十二：

财政部关于印发《增值税会计处理规定》的通知

(文号：财会〔2016〕22号 发布日期：2016-12-03)

国务院有关部委，有关中央管理企业，各省、自治区、直辖市、计划单列市财政厅（局），新疆生产建设兵团财务局，财政部驻各省、自治区、直辖市、计划单列市财政监察专员办：

为进一步规范增值税会计处理，促进《关于全面推开营业税改征增值税试点的通知》（财税〔2016〕36号）的贯彻落实，我们制定了《增值税会计处理规定》，现印发给你们，请遵照执行。

增值税会计处理规定

根据《中华人民共和国增值税暂行条例》和《关于全面推开营业税改征增值税试点的通知》（财税〔2016〕36号）等有关规定，现对增值税有关会计处理规定如下：

一、会计科目及专栏设置

增值税一般纳税人应当在"应交税费"科目下设置"应交增值税""未交增值税""预交增值税""待抵扣进项税额""待认证进项税额""待转销项税额""增值税留抵税额""简易计税""转让金融商品应交增值税""代扣代交增值税"等明细科目。

（一）增值税一般纳税人应在"应交增值税"明细账内设置"进项税额""销项税额抵减""已交税金""转出未交增值税""减免税款""出口抵减内销产品应纳税额""销项税额""出口退税""进项税额转出""转出多交增值税"等专栏。其中：

1. "进项税额"专栏，记录一般纳税人购进货物、加工修理修配劳务、服务、无形资产或不动产而支付或负担的、准予从当期销项税额中抵扣的增值税额；

2. "销项税额抵减"专栏，记录一般纳税人按照现行增值税制度规定因扣减销售额而减少的销项税额；

3. "已交税金"专栏，记录一般纳税人当月已交纳的应交增值税额；

4. "转出未交增值税"和"转出多交增值税"专栏，分别记录一般纳税人月度终了转出当月应交未交或多交的增值税额；

5. "减免税款"专栏,记录一般纳税人按现行增值税制度规定准予减免的增值税额;

6. "出口抵减内销产品应纳税额"专栏,记录实行"免、抵、退"办法的一般纳税人按规定计算的出口货物的进项税抵减内销产品的应纳税额;

7. "销项税额"专栏,记录一般纳税人销售货物、加工修理修配劳务、服务、无形资产或不动产应收取的增值税额;

8. "出口退税"专栏,记录一般纳税人出口货物、加工修理修配劳务、服务、无形资产按规定退回的增值税额;

9. "进项税额转出"专栏,记录一般纳税人购进货物、加工修理修配劳务服务、无形资产或不动产等发生非正常损失以及其他原因而不应从销项税额中抵扣、按规定转出的进项税额。

(二)"未交增值税"明细科目,核算一般纳税人月度终了从"应交增值税"或"预交增值税"明细科目转入当月应交未交、多交或预缴的增值税额,以及当月交纳以前期间未交增值税额。

(三)"预交增值税"明细科目,核算一般纳税人转让不动产、提供不动产经营租赁服务、提供建筑服务、采用预收款方式销售自行开发的房地产项目等,以及其他按现行增值税制度规定应预缴的增值税额。

(四)"待抵扣进项税额"明细科目,核算一般纳税人已取得增值税扣税凭证并经税务机关认证,按照现行增值税制度规定准予以后期间从销项税额中抵扣的进项税额。包括:一般纳税人自2016年5月1日后取得并按固定资产核算的不动产或者2016年5月1日后取得的不动产在建工程,按现行增值税制度规定准予以后期间从销项税额中抵扣的进项税额;实行纳税辅导期管理的一般纳税人取得的尚未交叉稽核比对的增值税扣税凭证上注明或计算的进项税额。

(五)"待认证进项税额"明细科目,核算一般纳税人由于未经税务机关认证而不得从当期销项税额中抵扣的进项税额。包括:一般纳税人已取得增值税扣税凭证、按照现行增值税制度规定准予从销项税额中抵扣,但尚未经税务机关认证的进项税额;一般纳税人已申请稽核但尚未取得稽核相符结果的海关缴款书进项税额。

(六)"待转销项税额"明细科目,核算一般纳税人销售货物、加工修理修配劳务、服务、无形资产或不动产,已确认相关收入(或利得)但尚未发生增值税纳税义务而需于以后期间确认为销项税额的增值税额。

(七)"增值税留抵税额"明细科目,核算兼有销售服务、无形资产或者不动产的原增值税一般纳税人,截止到纳入营改增试点之日前的增值税期末留抵税额按照现行增值税制度规定不得从销售服务、无形资产或不动产的销项税额中抵扣的增值税留抵税额。

(八)"简易计税"明细科目,核算一般纳税人采用简易计税方法发生的增值税计提、扣减、预缴、缴纳等业务。

(九)"转让金融商品应交增值税"明细科目,核算增值税纳税人转让金融商品发生的增值税额。

(十)"代扣代交增值税"明细科目,核算纳税人购进在境内未设经营机构的境外单位或个人在境内的应税行为代扣代缴的增值税。

小规模纳税人只需在"应交税费"科目下设置"应交增值税"明细科目,不需要设置上述专栏及除"转让金融商品应交增值税""代扣代交增值税"外的明细科目。

二、账务处理

(一)取得资产或接受劳务等业务的账务处理。

1. 采购等业务进项税额允许抵扣的账务处理。一般纳税人购进货物、加工修理修配劳务、服务、无形资产或不动产,按应计入相关成本费用或资产的金额,借记"在途物资"或"原材料""库存商品""生产成本""无形资产""固定资产""管理费用"等科目,按当月已认证的可抵扣增值税额,借记"应交税费——应交增值税(进项税额)"科目,按当月未认证的可抵扣增值税额,借记"应交税费——待认证进项税额"科目,按应付或实际支付的金额,贷记"应付账款""应付票据""银行存款"等科目。发生退货的,如原增值税专用发票已做认证,应根据税务机关开具的红字增值税专用发票做相反的会计分录;如原增值税专用发票未做认证,应将发票退回并做相反的会计分录。

2. 采购等业务进项税额不得抵扣的账务处理。一般纳税人购进货物、加工修理修配劳务、服务、无形资产或不动产,用于简易计税方法计税项目、免征增值税项目、集体福利或个人消费等,其进项税额按照现行增值税制度规定不得从销项税额中抵扣的,取得增值税专用发票时,应借记相关成本费用或资产科目,借记"应交税费——待认证进项税额"科目,贷记"银行存款""应付账款"等科目,经税务机关认证后,应借记相关成本费用或资产科目,贷记"应交税费——应交增值税(进项税额转出)"科目。

3. 购进不动产或不动产在建工程按规定进项税额分年抵扣的账务处理。一般纳税人自2016年5月1日后取得并按固定资产核算的不动产或者2016年5月1日后取得的不动产在建工程,其进项税额按现行增值税制度规定自取得之日起分2年从销项税额中抵扣的,应当按取得成本,借记"固定资产""在建工程"等科目,按当期可抵扣的增值税额,借记"应交税费——应交增值税(进项税额)"科目,按以后期间可抵扣的增值税额,借记"应交税费——待抵扣进项税额"科目,按应付或实际支付的金额,贷记"应付账款""应付票据""银行存款"等科目。尚未抵扣的进项税额待以后期间允许抵扣时,按允许抵扣的金额,借记"应交税费——应交增值税(进项税额)"科目,贷记"应交税费——待抵扣进项税额"科目。

4. 货物等已验收入库但尚未取得增值税扣税凭证的账务处理。一般纳税人购进的货物等已到达并验收入库,但尚未收到增值税扣税凭证并未付款的,应在月末按货物清单或相关合同协议上的价格暂估入账,不需要将增值税的进项税额暂估入账。下月初,用红字冲销原暂估入账金额,待取得相关增值税扣税凭证并经认证后,按应计入相关成本费用或资产的金额,借记"原材料""库存商品""固定资产""无形资产"等科目,按可抵扣的增值税额,借记"应交税费——应交增值税(进项税额)"科目,按应付金额,贷记"应付账款"等科目。

5. 小规模纳税人采购等业务的账务处理。小规模纳税人购买物资、服务、无形资产或不动产,取得增值税专用发票上注明的增值税应计入相关成本费用或资产,不通过"应交税费——应交增值税"科目核算。

6. 购买方作为扣缴义务人的账务处理。按照现行增值税制度规定,境外单位或个人在境内发生应税行为,在境内未设有经营机构的,以购买方为增值税扣缴义务人。境内一般纳税人购进服务、无形资产或不动产,按应计入相关成本费用或资产的金额,借记"生产成本""无形资产""固定资产""管理费用"等科目,按可抵扣的增值税额,借记"应交税费——进项税额"科目(小规模纳税人应借记相关成本费用或资产科目),按应付或实际支付的金额,贷记"应付账款"等科目,按应代扣代缴的增值税额,贷记"应交税费——代扣代交增值税"科目。实际缴纳代扣代缴增值税时,按代扣代缴的增值税额,借记"应交税费——代扣代交增值税"科目,贷记"银行存款"科目。

(二)销售等业务的账务处理。

1. 销售业务的账务处理。企业销售货物、加工修理修配劳务、服务、无形资产或不动产,应当按应收或已收的金额,借记"应收账款""应收票据""银行存款"等科目,按取得的收入金额,贷记"主营业务收入""其他业务收入""固定资产清理""工程结算"等科目,按现行增值税制度规定计算的销项税额(或采用简易计税方法计算的应纳增值税额),贷记"应交税费——应交增值税(销项税额)"或"应交税费——简易计税"科目(小规模纳税人应贷记"应交税费——应交增值税"科目)。发生销售退回的,应根据按规定开具的红字增值税专用发票做相反的会计分录。

按照国家统一的会计制度确认收入或利得的时点早于按照增值税制度确认增值税纳税义务发生时点的,应将相关销项税额计入"应交税费——待转销项税额"科目,待实际发生纳税义务时再转入"应交税费——应交增值税(销项税额)"或"应交税费——简易计税"科目。

按照增值税制度确认增值税纳税义务发生时点早于按照国家统一的会计制度确认

收入或利得的时点的,应将应纳增值税额,借记"应收账款"科目,贷记"应交税费——应交增值税(销项税额)"或"应交税费——简易计税"科目,按照国家统一的会计制度确认收入或利得时,应按扣除增值税销项税额后的金额确认收入。

2. 视同销售的账务处理。企业发生税法上视同销售的行为,应当按照企业会计准则制度相关规定进行相应的会计处理,并按照现行增值税制度规定计算的销项税额(或采用简易计税方法计算的应纳增值税额),借记"应付职工薪酬""利润分配"等科目,贷记"应交税费——应交增值税(销项税额)"或"应交税费——简易计税"科目(小规模纳税人应计入"应交税费——应交增值税"科目)。

3. 全面试行营业税改征增值税前已确认收入,此后产生增值税纳税义务的账务处理。企业营业税改征增值税前已确认收入,但因未产生营业税纳税义务而未计提营业税的,在达到增值税纳税义务时点时,企业应在确认应交增值税销项税额的同时冲减当期收入;已经计提营业税且未缴纳的,在达到增值税纳税义务时点时,应借记"应交税费——应交营业税""应交税费——应交城市维护建设税""应交税费——应交教育费附加"等科目,贷记"主营业务收入"科目,并根据调整后的收入计算确定计入"应交税费——待转销项税额"科目的金额,同时冲减收入。

全面试行营业税改征增值税后,"营业税金及附加"科目名称调整为"税金及附加"科目,该科目核算企业经营活动发生的消费税、城市维护建设税、资源税、教育费附加及房产税、土地使用税、车船使用税、印花税等相关税费;利润表中的"营业税金及附加"项目调整为"税金及附加"项目。

(三)差额征税的账务处理。

1. 企业发生相关成本费用允许扣减销售额的账务处理。按现行增值税制度规定企业发生相关成本费用允许扣减销售额的,发生成本费用时,按应付或实际支付的金额,借记"主营业务成本""存货""工程施工"等科目,贷记"应付账款""应付票据""银行存款"等科目。待取得合规增值税扣税凭证且纳税义务发生时,按照允许抵扣的税额,借记"应交税费——应交增值税(销项税额抵减)"或"应交税费——简易计税"科目(小规模纳税人应借记"应交税费——应交增值税"科目),贷记"主营业务成本""存货""工程施工"等科目。

2. 金融商品转让按规定以盈亏相抵后的余额作为销售额的账务处理。金融商品实际转让月末,如产生转让收益,则按应纳税额借记"投资收益"等科目,贷记"应交税费——转让金融商品应交增值税"科目;如产生转让损失,则按可结转下月抵扣税额,借记"应交税费——转让金融商品应交增值税"科目,贷记"投资收益"等科目。交纳增值税时,应借记"应交税费——转让金融商品应交增值税"科目,贷记"银行存款"科目。年末,本科目如有借方余额,则借记"投资收益"等科目,贷记"应交税费——转让金融商品应交增值税"科目。

（四）出口退税的账务处理。

为核算纳税人出口货物应收取的出口退税款，设置"应收出口退税款"科目，该科目借方反映销售出口货物按规定向税务机关申报应退回的增值税、消费税等，贷方反映实际收到的出口货物应退回的增值税、消费税等。期末借方余额，反映尚未收到的应退税额。

1. 未实行"免、抵、退"办法的一般纳税人出口货物按规定退税的，按规定计算的应收出口退税额，借记"应收出口退税款"科目，贷记"应交税费——应交增值税（出口退税）"科目，收到出口退税时，借记"银行存款"科目，贷记"应收出口退税款"科目；退税额低于购进时取得的增值税专用发票上的增值税额的差额，借记"主营业务成本"科目，贷记"应交税费——应交增值税（进项税额转出）"科目。

2. 实行"免、抵、退"办法的一般纳税人出口货物，在货物出口销售后结转产品销售成本时，按规定计算的退税额低于购进时取得的增值税专用发票上的增值税额的差额，借记"主营业务成本"科目，贷记"应交税费——应交增值税（进项税额转出）"科目；按规定计算的当期出口货物的进项税抵减内销产品的应纳税额，借记"应交税费——应交增值税（出口抵减内销产品应纳税额）"科目，贷记"应交税费——应交增值税（出口退税）"科目。在规定期限内，内销产品的应纳税额不足以抵减出口货物的进项税额，不足部分按有关税法规定给予退税的，应在实际收到退税款时，借"银行存款"科目，贷"应交税费——应交增值税（出口退税）"科目。

（五）进项税额抵扣情况发生改变的账务处理。

因发生非正常损失或改变用途等，原已计入进项税额、待抵扣进项税额或待认证进项税额，但按现行增值税制度规定不得从销项税额中抵扣的，借记"待处理财产损溢""应付职工薪酬""固定资产""无形资产"等科目，贷记"应交税费——应交增值税（进项税额转出）"、"应交税费——待抵扣进项税额"或"应交税费——待认证进项税额"科目；原不得抵扣且未抵扣进项税额的固定资产、无形资产等，因改变用途等用于允许抵扣进项税额的应税项目的，应按允许抵扣的进项税额，借记"应交税费——应交增值税（进项税额）"科目，贷记"固定资产""无形资产"等科目。固定资产、无形资产等经上述调整后，应按调整后的账面价值在剩余尚可使用寿命内计提折旧或摊销。

一般纳税人购进时已全额计提进项税额的货物或服务等转用于不动产在建工程的，对于结转以后期间的进项税额，应借记"应交税费——待抵扣进项税额"科目，贷记"应交税费——应交增值税（进项税额转出）"科目。

（六）月末转出多交增值税和未交增值税的账务处理。

月度终了，企业应当将当月应交未交或多交的增值税自"应交增值税"明细科目转入"未交增值税"明细科目。对于当月应交未交的增值税，借记"应交税费——应交增值税（转出未交增值税）"科目，贷记"应交税费——未交增值税"科目；对于当月多交的增值税，借记"应交税费——未交增值税"科目，贷记"应交税费——应交增值税（转出多交增值税）"科目。

（七）交纳增值税的账务处理。

1. 交纳当月应交增值税的账务处理。企业交纳当月应交的增值税，借记"应交税费——应交增值税（已交税金）"科目（小规模纳税人应借记"应交税费——应交增值税"科目），贷记"银行存款"科目。

2. 交纳以前期间未交增值税的账务处理。企业交纳以前期间未交的增值税，借记"应交税费——未交增值税"科目，贷记"银行存款"科目。

3. 预缴增值税的账务处理。企业预缴增值税时，借记"应交税费——预交增值税"科目，贷记"银行存款"科目。月末，企业应将"预交增值税"明细科目余额转入"未交增值税"明细科目，借记"应交税费——未交增值税"科目，贷记"应交税费——预交增值税"科目。房地产开发企业等在预缴增值税后，应直至纳税义务发生时方可从"应交税费——预交增值税"科目结转至"应交税费——未交增值税"科目。

4. 减免增值税的账务处理。对于当期直接减免的增值税，借记"应交税金——应交增值税（减免税款）"科目，贷记损益类相关科目。

（八）增值税期末留抵税额的账务处理。

纳入营改增试点当月月初，原增值税一般纳税人应按不得从销售服务、无形资产或不动产的销项税额中抵扣的增值税留抵税额，借记"应交税费——增值税留抵税额"科目，贷记"应交税费——应交增值税（进项税额转出）"科目。待以后期间允许抵扣时，按允许抵扣的金额，借记"应交税费——应交增值税（进项税额）"科目，贷记"应交税费——增值税留抵税额"科目。

（九）增值税税控系统专用设备和技术维护费用抵减增值税额的账务处理。

按现行增值税制度规定，企业初次购买增值税税控系统专用设备支付的费用以及缴纳的技术维护费允许在增值税应纳税额中全额抵减的，按规定抵减的增值税应纳税额，借记"应交税费——应交增值税（减免税款）"科目（小规模纳税人应借记"应交税费——应交增值税"科目），贷记"管理费用"等科目。

（十）关于小微企业免征增值税的会计处理规定。

小微企业在取得销售收入时，应当按照税法的规定计算应交增值税，并确认为应交税费，在达到增值税制度规定的免征增值税条件时，将有关应交增值税转入当期损益。

三、财务报表相关项目列示

"应交税费"科目下的"应交增值税""未交增值税""待抵扣进项税额""待认

证进项税额""增值税留抵税额"等明细科目期末借方余额应根据情况,在资产负债表中的"其他流动资产"或"其他非流动资产"项目列示;"应交税费——待转销项税额"等科目期末贷方余额应根据情况,在资产负债表中的"其他流动负债"或"其他非流动负债"项目列示;"应交税费"科目下的"未交增值税""简易计税""转让金融商品应交增值税""代扣代交增值税"等科目期末贷方余额应在资产负债表中的"应交税费"项目列示。

四、附则

本规定自发布之日(2016年12月3日)起施行,国家统一的会计制度中相关规定与本规定不一致的,应按本规定执行。2016年5月1日至本规定施行之间发生的交易由于本规定而影响资产、负债等金额的,应按本规定调整。《营业税改征增值税试点有关企业会计处理规定》(财会〔2012〕13号)及《关于小微企业免征增值税和营业税的会计处理规定》(财会〔2013〕24号)等原有关增值税会计处理的规定同时废止。

附件十三:

国家税务总局关于1元以下应纳税额和滞纳金处理问题的公告

(文号:国家税务总局公告2012年第25号　发布日期:2012-06-14)

为了提高征收效率,降低征收成本和纳税人负担,现将1元以下应纳税额和滞纳金处理问题公告如下:

主管税务机关开具的缴税凭证上的应纳税额和滞纳金为1元以下的,应纳税额和滞纳金为零。

本公告自2012年8月1日起施行。

特此公告。

附件十四：

国家税务总局关于发布
《房地产开发企业销售自行开发的房地产项目
增值税征收管理暂行办法》的公告

（文号：总局公告 2016 年第 18 号　发布日期：2016-03-31）

国家税务总局制定了《房地产开发企业销售自行开发的房地产项目增值税征收管理暂行办法》，现予以公布，自 2016 年 5 月 1 日起施行。

特此公告。

房地产开发企业销售自行开发的房地产项目
增值税征收管理暂行办法

第一章　适用范围

第一条　根据《财政部国家税务总局关于全面推开营业税改征增值税试点的通知》（财税〔2016〕36 号）及现行增值税有关规定，制定本办法。

第二条　房地产开发企业销售自行开发的房地产项目，适用本办法。

自行开发，是指在依法取得土地使用权的土地上进行基础设施和房屋建设。

第三条　房地产开发企业以接盘等形式购入未完工的房地产项目继续开发后，以自己的名义立项销售的，属于本办法规定的销售自行开发的房地产项目。

第二章　一般纳税人征收管理

第一节　销售额

第四条　房地产开发企业中的一般纳税人（以下简称一般纳税人）销售自行开发的房地产项目，适用一般计税方法计税，按照取得的全部价款和价外费用，扣除当期销售房地产项目对应的土地价款后的余额计算销售额。销售额的计算公式如下：

销售额=（全部价款和价外费用-当期允许扣除的土地价款）÷（1+11%）

【飞狼财税通编注：根据 2018.04.04 财税〔2018〕32 号《财政部、税务总局关于调整增值税税率的通知》自 2018 年 5 月 1 日起，纳税人发生增值税应税销售行为或者进口货物，原适用 11%税率的，税率调整为 10%。】

【飞狼财税通编注：根据 2019.03.20 财政部、税务总局、海关总署公告 2019 年第 39 号《财政部、税务总局、海关总署关于深化增值税改革有关政策的公告》自 2019 年 4 月 1 日起，纳税人发生增值税应税销售行为或者进口货物，原适用 10%税率的，税率调整为 9%。】

第五条 当期允许扣除的土地价款按照以下公式计算：

当期允许扣除的土地价款=（当期销售房地产项目建筑面积÷房地产项目可供销售建筑面积）×支付的土地价款

当期销售房地产项目建筑面积，是指当期进行纳税申报的增值税销售额对应的建筑面积。

房地产项目可供销售建筑面积，是指房地产项目可以出售的总建筑面积，不包括销售房地产项目时未单独作价结算的配套公共设施的建筑面积。

支付的土地价款，是指向政府、土地管理部门或受政府委托收取土地价款的单位直接支付的土地价款。

第六条 在计算销售额时从全部价款和价外费用中扣除土地价款，应当取得省级以上（含省级）财政部门监（印）制的财政票据。

第七条 一般纳税人应建立台账登记土地价款的扣除情况，扣除的土地价款不得超过纳税人实际支付的土地价款。

第八条 一般纳税人销售自行开发的房地产老项目，可以选择适用简易计税方法按照 5%的征收率计税。一经选择简易计税方法计税的，36 个月内不得变更为一般计税方法计税。

房地产老项目，是指：

（一）《建筑工程施工许可证》注明的合同开工日期在 2016 年 4 月 30 日前的地产项目；

（二）《建筑工程施工许可证》未注明合同开工日期或者未取得《建筑工程施工许可证》但建筑工程承包合同注明的开工日期在 2016 年 4 月 30 日前的建筑工程项目。

第九条 一般纳税人销售自行开发的房地产老项目适用简易计税方法计税的，以取得的全部价款和价外费用为销售额，不得扣除对应的土地价款。

第二节 预缴税款

第十条 一般纳税人采取预收款方式销售自行开发的房地产项目，应在收到预收款时按照 3%的预征率预缴增值税。

第十一条 应预缴税款按照以下公式计算：

应预缴税款=预收款÷（1+适用税率或征收率）×3%

适用一般计税方法计税的，按照11%的适用税率计算；适用简易计税方法计税的，按照5%的征收率计算。

第十二条 一般纳税人应在取得预收款的次月纳税申报期向主管税务机关主管国税机关预缴税款。

第三节 进项税额

第十三条 一般纳税人销售自行开发的房地产项目，兼有一般计税方法计税、简易计税方法计税、免征增值税的房地产项目而无法划分不得抵扣的进项税额的，应以《建筑工程施工许可证》注明的"建设规模"为依据进行划分。

不得抵扣的进项税额＝当期无法划分的全部进项税额×（简易计税、免税房地产项目建设规模÷房地产项目总建设规模）

第四节 纳税申报

第十四条 一般纳税人销售自行开发的房地产项目适用一般计税方法计税的，应按照《营业税改征增值税试点实施办法》（财税〔2016〕36号文件印发，以下简称《试点实施办法》）第四十五条规定的纳税义务发生时间，以当期销售额和11%）的适用税率计算当期应纳税额，抵减已预缴税款后，向主管税务机关主管国税机关申报纳税。未抵减完的预缴税款可以结转下期继续抵减。

第十五条 一般纳税人销售自行开发的房地产项目适用简易计税方法计税的，应按照《试点实施办法》第四十五条规定的纳税义务发生时间，以当期销售额和5%的征收率计算当期应纳税额，抵减已预缴税款后，向主管税务机关主管国税机关申报纳税。未抵减完的预缴税款可以结转下期继续抵减。

第五节 发票开具

第十六条 一般纳税人销售自行开发的房地产项目，自行开具增值税发票。

第十七条 一般纳税人销售自行开发的房地产项目，其2016年4月30日前收取并已向主管地税机关申报缴纳营业税的预收款，未开具营业税发票的，可以开具增值税普通发票，不得开具增值税专用发票。

第十八条 一般纳税人向其他个人销售自行开发的房地产项目，不得开具增值税专用发票。

第三章 小规模纳税人征收管理

第一节 预缴税款

第十九条 房地产开发企业中的小规模纳税人（以下简称小规模纳税人）采取预收款方式销售自行开发的房地产项目，应在收到预收款时按照3%的预征率预缴增值税。

第二十条 应预缴税款按照以下公式计算：应预缴税款＝预收款÷（1+5%）×3%

第二十一条 小规模纳税人应在取得预收款的次月纳税申报期或主管税务机关主管国税机关核定的纳税期限向主管税务机关主管国税机关预缴税款。

第二节 纳税申报

第二十二条 小规模纳税人销售自行开发的房地产项目,应按照《试点实施办法》第四十五条规定的纳税义务发生时间,以当期销售额和5%的征收率计算当期应纳税额,抵减已预缴税款后,向主管税务机关主管国税机关申报纳税。未抵减完的预缴税款可以结转下期继续抵减。

第三节 发票开具

第二十三条 小规模纳税人销售自行开发的房地产项目,自行开具增值税普通发票。购买方需要增值税专用发票的,小规模纳税人向主管税务机关主管国税机关申请代开。

第二十四条 小规模纳税人销售自行开发的房地产项目,其2016年4月30日前收取并已向主管地税机关申报缴纳营业税的预收款,未开具营业税发票的,可以开具增值税普通发票,不得申请代开增值税专用发票。

第二十五条 小规模纳税人向其他个人销售自行开发的房地产项目,不得申请代开增值税专用发票。

第四章 其他事项

第二十六条 房地产开发企业销售自行开发的房地产项目,按照本办法规定预缴税款时,应填报《增值税预缴税款表》。

第二十七条 房地产开发企业以预缴税款抵减应纳税额,以完税凭证作为合法有效凭证。

第二十八条 房地产开发企业销售自行开发的房地产项目,未按本办法规定预缴或缴纳税款的,由主管税务机关主管国税机关按照《中华人民共和国税收征收管理法》及相关规定进行处理。

附件十五：

国家税务总局
关于发布《纳税人转让不动产增值税征收管理暂行办法》的公告

（文号：总局公告2016年第14号　发布日期：2016-03-31）

国家税务总局制定了《纳税人转让不动产增值税征收管理暂行办法》，现予以公布，自2016年5月1日起施行。

特此公告。

纳税人转让不动产增值税征收管理暂行办法

第一条　根据《财政部国家税务总局关于全面推开营业税改征增值税试点的通知》（财税〔2016〕36号）及现行增值税有关规定，制定本办法。

第二条　纳税人转让其取得的不动产，适用本办法。本办法所称取得的不动产，包括以直接购买、接受捐赠、接受投资入股、自建以及抵债等各种形式取得的不动产。

房地产开发企业销售自行开发的房地产项目不适用本办法。

第三条　一般纳税人转让其取得的不动产，按照以下规定缴纳增值税：

（一）一般纳税人转让其2016年4月30日前取得（不含自建）的不动产，可以选择适用简易计税方法计税，以取得的全部价款和价外费用扣除不动产购置原价或者取得不动产时的作价后的余额为销售额，按照5%的征收率计算应纳税额。纳税人应按照上述计税方法向不动产所在地主管税务机关地税机关预缴税款，向机构所在地主管税务机关申报纳税。

（二）一般纳税人转让其2016年4月30日前自建的不动产，可以选择适用简易计税方法计税，以取得的全部价款和价外费用为销售额，按照5%的征收率计算应纳税额。纳税人应按照上述计税方法向不动产所在地主管税务机关地税机关预缴税款，向机构所在地主管税务机关国税机关申报纳税。

（三）一般纳税人转让其2016年4月30日前取得（不含自建）的不动产，选择适用一般计税方法计税的，以取得的全部价款和价外费用为销售额计算应纳税额。纳税人应以取得的全部价款和价外费用扣除不动产购置原价或者取得不动产时的作价后的余额，按照5%的预征率向不动产所在地主管税务机关地税机关预缴税款，向机构所在地主管税务机关国税机关申报纳税。

（四）一般纳税人转让其2016年4月30日前自建的不动产，选择适用一般计税方法计税的，以取得的全部价款和价外费用为销售额计算应纳税额。纳税人应以取得的全部价款和价外费用，按照5%的预征率向不动产所在地主管税务机关地税机关预缴税款，向机构所在地主管税务机关国税机关申报纳税。

（五）一般纳税人转让其2016年5月1日后取得（不含自建）的不动产，适用一般计税方法，以取得的全部价款和价外费用为销售额计算应纳税额。纳税人应以取得的全部价款和价外费用扣除不动产购置原价或者取得不动产时的作价后的余额，按照5%的预征率向不动产所在地主管税务机关地税机关预缴税款，向机构所在地主管税务机关国税机关申报纳税。

（六）一般纳税人转让其2016年5月1日后自建的不动产，适用一般计税方法，以取得的全部价款和价外费用为销售额计算应纳税额。纳税人应以取得的全部价款和价外费用，按照5%的预征率向不动产所在地主管税务机关地税机关预缴税款，向机构所在地主管税务机关国税机关申报纳税。

第四条 小规模纳税人转让其取得的不动产，除个人转让其购买的住房外，按照以下规定缴纳增值税：

（一）小规模纳税人转让其取得（不含自建）的不动产，以取得的全部价款和价外费用扣除不动产购置原价或者取得不动产时的作价后的余额为销售额，按照5%的征收率计算应纳税额。

（二）小规模纳税人转让其自建的不动产，以取得的全部价款和价外费用为销售额，按照5%的征收率计算应纳税额。

除其他个人之外的小规模纳税人，应按照本条规定的计税方法向不动产所在地主管税务机关地税机关预缴税款，向机构所在地主管税务机关国税机关申报纳税；其他个人按照本条规定的计税方法向不动产所在地主管税务机关地税机关申报纳税。

第五条 个人转让其购买的住房，按照以下规定缴纳增值税：

（一）个人转让其购买的住房，按照有关规定全额缴纳增值税的，以取得的全部价款和价外费用为销售额，按照5%的征收率计算应纳税额。

（二）个人转让其购买的住房，按照有关规定差额缴纳增值税的，以取得的全部价款和价外费用扣除购买住房价款后的余额为销售额，按照5%的征收率计算应纳税额。

个体工商户应按照本条规定的计税方法向住房所在地主管税务机关地税机关预缴税款，向机构所在地主管税务机关国税机关申报纳税；其他个人应按照本条规定的计税方法向住房所在地主管税务机关地税机关申报纳税。

第六条 其他个人以外的纳税人转让其取得的不动产，区分以下情形计算应向不动产所在地主管税务机关地税机关预缴的税款：

（一）以转让不动产取得的全部价款和价外费用作为预缴税款计算依据的，计算公式为：

应预缴税款=全部价款和价外费用÷（1+5%）×5%

（二）以转让不动产取得的全部价款和价外费用扣除不动产购置原价或者取得不动产时的作价后的余额作为预缴税款计算依据的，计算公式为：

应预缴税款=（全部价款和价外费用-不动产购置原价或者取得不动产时的作价）÷（1+5%）×5%

第七条 其他个人转让其取得的不动产，按照本办法第六条规定的计算方法计算应纳税额并向不动产所在地主管税务机关申报纳税。

第八条 纳税人按规定从取得的全部价款和价外费用中扣除不动产购置原价或者取得不动产时的作价的，应当取得符合法律、行政法规和国家税务总局规定的合法有效凭证。否则，不得扣除。上述凭证是指：

（一）税务部门监制的发票。

（二）法院判决书、裁定书、调解书，以及仲裁裁决书、公证债权文书。

（三）国家税务总局规定的其他凭证。

第九条 纳税人转让其取得的不动产，向不动产所在地主管税务机关地税机关预缴的增值税税款，可以在当期增值税应纳税额中抵减，抵减不完的，结转下期继续抵减。

纳税人以预缴税款抵减应纳税额，应以完税凭证作为合法有效凭证。

第十条 小规模纳税人转让其取得的不动产，不能自行开具增值税发票的，可向不动产所在地主管税务机关地税机关申请代开。

第十一条 纳税人向个人转让其取得的不动产，不得开具或申请代开增值税专用发票。

第十二条 纳税人转让不动产，按照本办法规定应向不动产所在地主管税务机关地税机关预缴税款而自应当预缴之月起超过6个月没有预缴税款的，由机构所在地主管税务机关国税机关按照《中华人民共和国税收征收管理法》及相关规定进行处理。

纳税人转让不动产，未按照本办法规定缴纳税款的，由主管税务机关按照《中华人民共和国税收征收管理法》及相关规定进行处理。

附件十六：

国家税务总局关于发布
《纳税人提供不动产经营租赁服务增值税
征收管理暂行办法》的公告

（文号：总局公告 2016 年第 16 号　发布日期：2016-03-31）

【飞狼财税通编注：根据 2018.06.15 国家税务总局公告 2018 年第 31 号对全文中"地税机关""国税机关""国家税务局"的内容修改为"税务机关"。】

国家税务总局制定了《纳税人提供不动产经营租赁服务增值税征收管理暂行办法》，现予以公布，自 2016 年 5 月 1 日起施行。

特此公告。

纳税人提供不动产经营租赁服务增值税征收管理暂行办法

第一条　根据《财政部 国家税务总局关于全面推开营业税改征增值税试点的通知》（财税〔2016〕36 号）及现行增值税有关规定，制定本办法。

第二条　纳税人以经营租赁方式出租其取得的不动产（以下简称出租不动产），适用本办法。

取得的不动产，包括以直接购买、接受捐赠、接受投资入股、自建以及抵债等各种形式取得的不动产。

纳税人提供道路通行服务不适用本办法。

第三条　一般纳税人出租不动产，按照以下规定缴纳增值税：

（一）一般纳税人出租其 2016 年 4 月 30 日前取得的不动产，可以选择适用简易计税方法，按照 5% 的征收率计算应纳税额。

不动产所在地与机构所在地不在同一县（市、区）的，纳税人应按照上述计税方法向不动产所在地主管税务机关国税机关预缴税款，向机构所在地主管税务机关国税机关申报纳税。

不动产所在地与机构所在地在同一县（市、区）的，纳税人向机构所在地主管税务机关国税机关申报纳税。

（二）一般纳税人出租其 2016 年 5 月 1 日后取得的不动产，适用一般计税方法计税。

不动产所在地与机构所在地不在同一县（市、区）的，纳税人应按照 3% 的预征率向不动产所在地主管税务机关国税机关预缴税款，向机构所在地主管税务机关国税机关申报纳税。

不动产所在地与机构所在地在同一县（市、区）的，纳税人应向机构所在地主管税务机关国税机关申报纳税。

一般纳税人出租其 2016 年 4 月 30 日前取得的不动产适用一般计税方法计税的，按照上述规定执行。

第四条 小规模纳税人出租不动产，按照以下规定缴纳增值税：

（一）单位和个体工商户出租不动产（不含个体工商户出租住房），按照 5% 的征收率计算应纳税额。个体工商户出租住房，按照 5% 的征收率减按 1.5% 计算应纳税额。

不动产所在地与机构所在地不在同一县（市、区）的，纳税人应按照上述计税方法向不动产所在地主管税务机关国税机关预缴税款，向机构所在地主管税务机关国税机关申报纳税。

不动产所在地与机构所在地在同一县（市、区）的，纳税人应向机构所在地主管税务机关国税机关申报纳税。

（二）其他个人出租不动产（不含住房），按照 5% 的征收率计算应纳税额，向不动产所在地主管税务机关地税机关申报纳税。其他个人出租住房，按照 5% 的征收率减按 1.5% 计算应纳税额，向不动产所在地主管税务机关地税机关申报纳税。飞狼财税通编注：2016.08.18 国家税务总局公告 2016 年第 53 号《国家税务总局关于营改增试点若干征管问题的公告》规定："其他个人采取一次性收取租金的形式出租不动产，取得的租金收入可在租金对应的租赁期内平均分摊，分摊后的月租金收入不超过 3 万元的，可享受小微企业免征增值税优惠政策。"

第五条 纳税人出租的不动产所在地与其机构所在地在同一直辖市或计划单列市但不在同一县（市、区）的，由直辖市或计划单列市税务机关国家税务局决定是否在不动产所在地预缴税款。

第六条 纳税人出租不动产，按照本办法规定需要预缴税款的，应在取得租金的次月纳税申报期或不动产所在地主管税务机关国税机关核定的纳税期限预缴税款。

第七条 预缴税款的计算

（一）纳税人出租不动产适用一般计税方法计税的，按照以下公式计算应预缴税款：

应预缴税款＝含税销售额÷（1+11%）×3%

（二）纳税人出租不动产适用简易计税方法计税的，除个人出租住房外，按照以下公式计算应预缴税款：

应预缴税款=含税销售额÷（1+5%）×5%

（三）个体工商户出租住房，按照以下公式计算应预缴税款：

应预缴税款=含税销售额÷（1+5%）×1.5%

第八条 其他个人出租不动产，按照以下公式计算应纳税款：

（一）出租住房：

应纳税款=含税销售额÷（1+5%）×1.5%

（二）出租非住房：

应纳税款=含税销售额÷（1+5%）×5%

第九条 单位和个体工商户出租不动产，按照本办法规定向不动产所在地主管税务机关国税机关预缴税款时，应填写《增值税预缴税款表》。

第十条 单位和个体工商户出租不动产，向不动产所在地主管税务机关国税机关预缴的增值税款，可以在当期增值税应纳税额中抵减，抵减不完的，结转下期继续抵减。

纳税人以预缴税款抵减应纳税额，应以完税凭证作为合法有效凭证。

第十一条 小规模纳税人中的单位和个体工商户出租不动产，不能自行开具增值税发票的，可向不动产所在地主管税务机关国税机关申请代开增值税发票。

其他个人出租不动产，可向不动产所在地主管税务机关地税机关申请代开增值税发票。

第十二条 纳税人向其他个人出租不动产，不得开具或申请代开增值税专用发票。

第十三条 纳税人出租不动产，按照本办法规定应向不动产所在地主管税务机关国税机关预缴税款而自应当预缴之月起超过6个月没有预缴税款的，由机构所在地主管税务机关国税机关按照《中华人民共和国税收征收管理法》及相关规定进行处理。

纳税人出租不动产，未按照本办法规定缴纳税款的，由主管税务机关按照《中华人民共和国税收征收管理法》及相关规定进行处理。

附件十七：

最高人民法院关于虚开增值税专用发票
定罪量刑标准有关问题的通知

(文号：法〔2018〕226号　发布日期：2018-08-22)

各省、自治区、直辖市高级人民法院，解放军军事法院，新疆维吾尔自治区高级人民法院生产建设兵团分院：

　　为正确适用刑法第二百零五条关于虚开增值税专用发票罪的有关规定，确保罪责刑相适应，现就有关问题通知如下：

　　一、自本通知下发之日起，人民法院在审判工作中不再参照执行《最高人民法院关于适用〈全国人民代表大会常务委员会关于惩治虚开、伪造和非法出售增值税专用发票犯罪的决定〉的若干问题的解释》（法发〔1996〕30号）第一条规定的虚开增值税专用发票罪的定罪量刑标准。

　　二、在新的司法解释颁行前，对虚开增值税专用发票刑事案件定罪量刑的数额标准，可以参照《最高人民法院关于审理骗取出口退税刑事案件具体应用法律若干问题的解释》（法释〔2002〕30号）第三条的规定执行，即虚开的税款数额在五万元以上的，以虚开增值税专用发票罪处三年以下有期徒刑或者拘役，并处二万元以上二十万元以下罚金；虚开的税款数额在五十万元以上的，认定为刑法第二百零五条规定的"数额较大"；虚开的税款数额在二百五十万元以上的，认定为刑法第二百零五条规定的"数额巨大"。

　　以上通知，请遵照执行。执行中发现的新情况、新问题，请及时报告我院。

　　中华人民共和国刑法第二百零五条虚开增值税专用发票或者虚开用于骗取出口退税、抵扣税款的其他发票的，处三年以下有期徒刑或者拘役，并处二万元以上二十万元以下罚金；虚开的税款数额较大或者有其他严重情节的，处三年以上十年以下有期徒刑，并处五万元以上五十万元以下罚金；虚开的税款数额巨大或者有其他特别严重情节的，处十年以上有期徒刑或者无期徒刑，并处五万元以上五十万元以下罚金或者没收财产。

　　有前款行为骗取国家税款，数额特别巨大，情节特别严重，给国家利益造成特别重大损失的，处无期徒刑或者死刑，并处没收财产。

　　单位犯本条规定之罪的，对单位判处罚金，并对其直接负责的主管人员和其他直接责任人员，处三年以下有期徒刑或者拘役；虚开的税款数额较大或者有其他严重情节的，处三年以上十年以下有期徒刑；虚开的税款数额巨大或者有其他特别严重的情节的，处十年以上有期徒刑或者无期徒刑。

虚开增值税专用发票或者虚开用于骗取出口退税、抵扣税款的其他发票，是指有为他人虚开、为自己虚开、让他人为自己虚开、介绍他人虚开行为之一的。

附件十八：

财政部、国家税务总局
关于营业税若干政策问题的通知

（文号：财税〔2003〕16号　发布日期：2003-01-15）

【飞狼财税通编注：根据2014.08.28国家税务总局公告2014年第50号《国家税务总局关于债券买卖业务营业税问题的公告》本文第三条第（八）款"金融企业从事债券买卖业务，以债券的卖出价减去买入价后的余额为营业额，买入价应以债券的购入价减去债券持有期间取得的收益后的余额确定。"，自2014年10月1日起施行。

飞狼财税通编注：根据2013.05.24财税〔2013〕37号《财政部、国家税务总局关于在全国开展交通运输业和部分现代服务业营业税改征增值税试点税收政策的通知》本文第三条第（十六）和第（十八）项自2013年8月1日起废止。

飞狼财税通编注：根据2009-05-18财税〔2009〕61号《财政部、国家税务总局关于公布若干废止和失效的营业税规范性文件的通知》本文"第一条第（四）项、第二条第（六）项、第四条、第五条。"自2009.01.01起失效。】

各省、自治区、直辖市、计划单列市财政厅（局）、地方税务局，新疆生产建设兵团财务局：

经研究，现对营业税若干业务问题明确如下：

一、关于征收范围问题

（一）燃气公司和生产、销售货物或提供增值税应税劳务的单位，在销售货物或提供增值税应税劳务时，代有关部门向购买方收取的集资费（包括管道煤气集资款

〈初装费〉)、手续费、代收款等,属于增值税价外收费,应征收增值税,不征收营业税。

(二) 保险企业取得的追偿款不征收营业税。

以上所称追偿款,是指发生保险事故后,保险公司按照保险合同的约定向被保险人支付赔款,并从被保险人处取得对保险标的价款进行追偿的权利而追回的价款。

(三)《财政部、国家税务总局关于福利彩票有关税收问题的通知》(财税〔2002〕59号)规定,"福利彩票机构发行销售福利彩票取得的收入不征收营业税",其中的"福利彩票机构"包括福利彩票销售管理机构和与销售管理机构签有电脑福利彩票投注站代理销售协议书,并直接接受福利彩票销售管理机构的监督、管理的电脑福利彩票投注点。

(四)《财政部、国家税务总局关于对中国出口信用保险公司办理的出口信用保险业务不征收营业税的通知》(财税〔2002〕157号)规定,"对中国出口信用保险公司办理的出口信用保险业务不征收营业税",这里的"出口信用保险业务"包括出口信用保险业务和出口信用担保业务。

以上所称出口信用担保业务,是指与出口信用保险相关的信用担保业务,包括融资担保(如设计融资担保、项目融资担保、贸易融资担保等)和非融资担保(如投标担保、履约担保、预付款担保等)。

(五) 随汽车销售提供的汽车按揭服务和代办服务业务征收增值税,单独提供按揭、代办服务业务,并不销售汽车的,应征收营业税。

二、关于适用税目问题

(一) 电影发行单位以出租电影拷贝形式将电影拷贝播映权在一定限期内转让给电影放映单位的行为按"转让无形资产"税目征收营业税。

(二) 单位和个人从事快递业务按"邮电通信业"税目征收营业税。

(三) 单位和个人在旅游景点经营索道取得的收入按"服务业"税目"旅游业"项目征收营业税。

(四) 单位和个人开办"网吧"取得的收入,按"娱乐业"税目征收营业税。

(五) 电信单位(指电信企业和经电信行政管理部门批准从事电信业务的单位,下同)提供的电信业务(包括基础电信业务和增值电信业务,下同)按"邮电通信业"税目征收营业税。

以上所称基础电信业务是指提供公共网络基础设施、公共数据传送和基本语音通信服务的业务,具体包括固定网国内长途及本地电话业务、移动通信业务、卫星通信业务、因特网及其他数据传送业务、网络元素出租出售业务、电信设备及电路的出租业务、网络接入及网络托管业务,国际通信基础设施国际电信业务、无线寻呼业务和转售的基础电信业务。

以上所称增值电信业务是指利用公共网络基础设施提供的电信与信息服务的业务，具体包括固定电话网增值电信业务、移动电话网增值电信业务、卫星网增值电信业务、因特网增值电信业务、其他数据传送网络增值电信业务等服务。

（六）双方签订承包、租赁合同（协议，下同），将企业或企业部分资产出包、租赁，出包、出租者向承包、承租方收取的承包费、租赁费（承租费，下同）按"服务业"税目征收营业税。出包方收取的承包费凡同时符合以下三个条件的，属于企业内部分配行为不征收营业税：

1. 承包方以出包方名义对外经营，由出包方承担相关的法律责任；
2. 承包方的经营收支全部纳入出包方的财务会计核算；
3. 出包方与承包方的利益分配是以出包方的利润为基础。

（七）单位和个人转让在建项目时，不管是否办理立项人和土地使用人的更名手续，其实质是发生了转让不动产所有权或土地使用权的行为。对于转让在建项目行为应按以下办法征收营业税：

1. 转让已完成土地前期开发或正在进行土地前期开发，但尚未进入施工阶段的在建项目，按"转让无形资产"税目中"转让土地使用权"项目征收营业税。
2. 转让已进入建筑物施工阶段的在建项目，按"销售不动产"税目征收营业税。在建项目是指立项建设但尚未完工的房地产项目或其他建设项目。

（八）土地整理储备供应中心（包括土地交易中心）转让土地使用权取得的收入按"转让无形资产"税目中"转让土地使用权"项目征收营业税。

三、关于营业额问题

（一）单位和个人提供营业税应税劳务、转让无形资产和销售不动产发生退款，凡该项退款已征收过营业税的，允许退还已征税款，也可以从纳税人以后的营业额中减除。

（二）单位和个人在提供营业税应税劳务、转让无形资产、销售不动产时，如果将价款与折扣额在同一张发票上注明的，以折扣后的价款为营业额；如果将折扣额另开发票的，不论其在财务上如何处理，均不得从营业额中减除。

电信单位销售的各种有价电话卡，由于其计费系统只能按有价电话卡面值出账并按有价电话卡面值确认收入，不能直接在销售发票上注明折扣折让额，以按面值确认的收入减去当期财务会计上体现的销售折扣折让后的余额为营业额。

（三）单位和个人提供应税劳务、转让无形资产和销售不动产时，因受让方违约而从受让方取得的赔偿金收入，应并入营业额中征收营业税。

（四）单位和个人因财务会计核算办法改变将已缴纳过营业税的预收性质的价款

逐期转为营业收入时，允许从营业额中减除。

（五）保险企业已征收过营业税的应收未收保费，凡在财务会计制度规定的核算期限内未收回的，允许从营业额中减除。在会计核算期限以后收回的已冲减的应收未收保费，再并入当期营业额中。

（六）保险企业开展无赔偿奖励业务的，以向投保人实际收取的保费为营业额。

（七）中华人民共和国境内的保险人将其承保的以境内标的物为保险标的的保险业务向境外再保险人办理分保的，以全部保费收入减去分保保费后的余额为营业额。

境外再保险人应就其分保收入承担营业税纳税义务，并由境内保险人扣缴境外再保险人应缴纳的营业税税款。

（八）金融企业（包括银行和非银行金融机构，下同）从事股票、债券买卖业务以股票、债券的卖出价减去买入价后的余额为营业额。买入价依照财务会计制度规定，以股票、债券的购入价减去股票、债券持有期间取得的股票、债券红利收入的余额确定。

（九）金融企业买卖金融商品（包括股票、债券、外汇及其他金融商品，下同），可在同一会计年度末，将不同纳税期出现的正差和负差按同一会计年度汇总的方式计算并缴纳营业税，如果汇总计算应缴的营业税税额小于本年已缴纳的营业税税额，可以向税务机关申请办理退税，但不得将一个会计年度内汇总后仍为负差的部分结转下一会计年度。

（十）金融企业从事受托收款业务，如代收电话费、水电煤气费、信息费、学杂费、寻呼费、社保统筹费、交通违章罚款、税款等，以全部收入减去支付给委托方价款后的余额为营业额。

（十一）经中国人民银行、外经贸部和国家经贸委批准经营融资租赁业务的单位从事融资租赁业务的，以其向承租者收取的全部价款和价外费用（包括残值）减除出租方承担的出租货物的实际成本后的余额为营业额。

以上所称出租货物的实际成本，包括由出租方承担的货物的购入价、关税、增值税、消费税、运杂费、安装费、保险费和贷款的利息（包括外汇借款和人民币借款利息）。

（十二）劳务公司接受用工单位的委托，为其安排劳动力，凡用工单位将其应支付给劳动力的工资和为劳动力上交的社会保险（包括养老保险金、医疗保险、失业保险、工伤保险等，下同）以及住房公积金统一交给劳务公司代为发放或办理的，以劳务公司从用工单位收取的全部价款减去代收转付给劳动力的工资和为劳动力办理社会保险及住房公积金后的余额为营业额。

（十三）通信线路工程和输送管道工程所使用的电缆、光缆和构成管道工程主体的防腐管段、管件（弯头、三通、冷弯管、绝缘接头）、清管器、收发球筒、机泵、加热炉、金属容器等物品均属于设备,其价值不包括在工程的计税营业额中。

其他建筑安装工程的计税营业额也不应包括设备价值,具体设备名单可由省级地方税务机关根据各自实际情况列举。

(十四)邮政电信单位与其他单位合作,共同为用户提供邮政电信业务及其他服务并由邮政电信单位统一收取价款的,以全部收入减去支付给合作方价款后的余额为营业额。

(十五)中国移动通信集团公司通过手机短信公益特服号"8858"为中国儿童少年基金会接受捐款业务,以全部收入减去支付给中国儿童少年基金会的价款后的余额为营业额。

(十六)经地方税务机关批准使用运输企业发票,按"交通运输业"税目征收营业税的单位将承担的运输业务分给其他运输企业并由其统一收取价款的,以其取得的全部收入减去支付给其他运输企业的运费后的余额为营业额。

(十七)旅游企业组织旅游团在中国境内旅游的,以收取的全部旅游费减去替旅游者支付给其他单位的房费、餐费、交通、门票或支付给其他接团旅游企业的旅游费后的余额为营业额。

(十八)从事广告代理业务的,以其全部收入减去支付给其他广告公司或广告发布者(包括媒体、载体)的广告发布费后的余额为营业额。

(十九)从事物业管理的单位,以与物业管理有关的全部收入减去代业主支付的水、电、燃气以及代承租者支付的水、电、燃气、房屋租金的价款后的余额为营业额。

(二十)单位和个人销售或转让其购置的不动产或受让的土地使用权,以全部收入减去不动产或土地使用权的购置或受让原价后的余额为营业额。

单位和个人销售或转让抵债所得的不动产、土地使用权的,以全部收入减去抵债时该项不动产或土地使用权作价后的余额为营业额。

四、关于营业额减除项目凭证管理问题

营业额减除项目支付款项发生在境内的,该减除项目支付款项凭证必须是发票或合法有效凭证;支付给境外的,该减除项目支付款项凭证必须是外汇付汇凭证、外方公司的签收单据或出具的公证证明。

五、关于纳税义务发生时间问题

单位和个人提供应税劳务、转让专利权、非专利技术、商标权、著作权和商誉时,向对方收取的预收性质的价款(包括预收款、预付款、预存费用、预收定金等,下同),其营业税纳税义务发生时间以按照财务会计制度的规定,该项预收性质的价款被确认为收入的时间为准。

六、关于纳税地点问题

（一）单位和个人出租土地使用权、不动产的营业税纳税地点为土地、不动产所在地；单位和个人出租物品、设备等动产的营业税纳税地点为出租单位机构所在地或个人居住地。

（二）在中华人民共和国境内的电信单位提供电信业务的营业税纳税地点为电信单位机构所在地。

（三）在中华人民共和国境内的单位提供的设计（包括在开展设计时进行的勘探、测量等业务，下同）、工程监理、调试和咨询等应税劳务的，其营业税纳税地点为单位机构所在地。

（四）在中华人民共和国境内的单位通过网络为其他单位和个人提供培训、信息和远程调试、检测等服务的，其营业税纳税地点为单位机构所在地。

本通知自2003年1月1日起执行。凡在此之前的规定与本通知不一致的，一律以本通知为准。此前因与本通知规定不一致而已征的税款不再退还，未征税款不再补征。

附件十九：

财政部、国家税务总局
关于明确金融、房地产开发、教育辅助服务等增值税政策的通知

（文号：财税〔2016〕140号　发布日期：2016-12-21）

各省、自治区、直辖市、计划单列市财政厅（局）、国家税务局，地方税务局，新疆生产建设兵团财务局：

现将营改增试点期间有关金融、房地产开发、教育辅助服务等政策补充通知如下：

一、《销售服务、无形资产、不动产注释》（财税〔2016〕36号）第一条第（五）项第1点所称"保本收益、报酬、资金占用费、补偿金"，是指合同中明确承诺到期本金可全部收回的投资收益。金融商品持有期间（含到期）取得的非保本的上述收益，不属于利息或利息性质的收入，不征收增值税。

二、纳税人购入基金、信托、理财产品等各类资产管理产品持有至到期，不属于

《销售服务、无形资产、不动产注释》（财税〔2016〕36号）第一条第（五）项第4点所称的金融商品转让。

三、证券公司、保险公司、金融租赁公司、证券基金管理公司、证券投资基金以及其他经人民银行、银监会、证监会、保监会批准成立且经营金融保险业务的机构发放贷款后，自结息日起90天内发生的应收未收利息按现行规定缴纳增值税，自结息日起90天后发生的应收未收利息暂不缴纳增值税，待实际收到利息时按规定缴纳增值税。

四、资管产品运营过程中发生的增值税应税行为，以资管产品管理人为增值税纳税人。

【飞狼财税通编注：2017.06.30财政部、国家税务总局发布财税〔2017〕56号《财政部、国家税务总局关于资管产品增值税有关问题的通知》明确资管产品增值税有关问题，自2018年1月1日起施行，对资管产品在2018年1月1日前运营过程中发生的增值税应税行为，未缴纳增值税的，不再缴纳；已缴纳增值税的，已纳税额从资管产品管理人以后月份的增值税应纳税额中抵减。详见：财税〔2017〕56号。】

五、纳税人2016年1-4月份转让金融商品出现的负差，可结转下一纳税期，与2016年5-12月份转让金融商品销售额相抵。

六、《财政部国家税务总局关于全面推开营业税改征增值税试点的通知》（财税〔2016〕36号）所称"人民银行、银监会或者商务部批准"、"商务部授权的省级商务主管部门和国家经济技术开发区批准"从事融资租赁业务（含融资性售后回租业务）的试点纳税人（含试点纳税人中的一般纳税人），包括经上述部门备案从事融资租赁业务的试点纳税人。

七、《营业税改征增值税试点有关事项的规定》（财税〔2016〕36号）第一条第（三）项第10点中"向政府部门支付的土地价款"，包括土地受让人向政府部门支付的征地和拆迁补偿费用、土地前期开发费用和土地出让收益等。

房地产开发企业中的一般纳税人销售其开发的房地产项目（选择简易计税方法的房地产老项目除外），在取得土地时向其他单位或个人支付的拆迁补偿费用也允许在计算销售额时扣除。纳税人按上述规定扣除拆迁补偿费用时，应提供拆迁协议、拆迁双方支付和取得拆迁补偿费用凭证等能够证明拆迁补偿费用真实性的材料。

八、房地产开发企业（包括多个房地产开发企业组成的联合体）受让土地向政府部门支付土地价款后，设立项目公司对该受让土地进行开发，同时符合下列条件的，可由项目公司按规定扣除房地产开发企业向政府部门支付的土地价款。

（一）房地产开发企业、项目公司、政府部门三方签订变更协议或补充合同，将土地受让人变更为项目公司；

（二）政府部门出让土地的用途、规划等条件不变的情况下，签署变更协议或补

充合同时,土地价款总额不变;

(三)项目公司的全部股权由受让土地的房地产开发企业持有。

九、提供餐饮服务的纳税人销售的外卖食品,按照"餐饮服务"缴纳增值税。

十、宾馆、旅馆、旅社、度假村和其他经营性住宿场所提供会议场地及配套服务的活动,按照"会议展览服务"缴纳增值税。

十一、纳税人在游览场所经营索道、摆渡车、电瓶车、游船等取得的收入,按照"文化体育服务"缴纳增值税。

十二、非企业性单位中的一般纳税人提供的研发和技术服务、信息技术服务、鉴证咨询服务,以及销售技术著作权等无形资产,可选择简易计税方法按照3%征收率计算缴纳增值税。

非企业性单位中的一般纳税人提供《营业税改征增值税试点过渡政策的规定》(财税〔2016〕36号)第一条第(二十六)项中的"技术转让、技术开发和与之相关的技术咨询、技术服务",可以参照上述规定,选择简易计税方法按照3%征收率计算缴纳增值税。

十三、一般纳税人提供教育辅助服务,可以选择简易计税方法按照3%征收率计算缴纳增值税。

十四、纳税人提供武装守护押运服务,按照"安全保护服务"缴纳增值税。

十五、物业服务企业为业主提供的装修服务,按照"建筑服务"缴纳增值税。

十六、纳税人将建筑施工设备出租给他人使用并配备操作人员的,按照"建筑服务"缴纳增值税。

十七、自2017年1月1日起,生产企业销售自产的海洋工程结构物,或者融资租赁企业及其设立的项目子公司、金融租赁公司及其设立的项目子公司购买并以融资租赁方式出租的国内生产企业生产的海洋工程结构物,应按规定缴纳增值税,购买方或者承租方为按实物征收增值税的中外合作油(气)田开采企业的除外。

2017年1月1日前签订的海洋工程结构物销售合同或者融资租赁合同,在合同到期前,可继续按现行相关出口退税政策执行。

十八、本通知除第十七条规定的政策外,其他均自2016年5月1日起执行。此前已征的应予免征或不征的增值税,可抵减纳税人以后月份应缴纳的增值税。

附件二十：

国家税务总局关于房地产开发企业土地增值税清算涉及企业所得税退税有关问题的公告

（总局公告 2016 年第 81 号　发布日期：2016-12-09）

根据《中华人民共和国企业所得税法》及其实施条例、《中华人民共和国税收征收管理法》及其实施细则的相关规定，现就房地产开发企业（以下简称"企业"）由于土地增值税清算，导致多缴企业所得税的退税问题公告如下：

一、企业按规定对开发项目进行土地增值税清算后，当年企业所得税汇算清缴出现亏损且有其他后续开发项目的，该亏损应按照税法规定向以后年度结转，用以后年度所得弥补。后续开发项目，是指正在开发以及中标的项目。

二、企业按规定对开发项目进行土地增值税清算后，当年企业所得税汇算清缴出现亏损，且没有后续开发项目的，可以按照以下方法，计算出该项目由于土地增值税原因导致的项目开发各年度多缴企业所得税税款，并申请退税：

（一）该项目缴纳的土地增值税总额，应按照该项目开发各年度实现的项目销售收入占整个项目销售收入总额的比例，在项目开发各年度进行分摊，具体按以下公式计算：

各年度应分摊的土地增值税＝土增税总额×（项目年度销售收入÷整个项目销售收入总额）

本公告所称销售收入包括视同销售房地产的收入，但不包括企业销售的增值额未超过扣除项目金额 20% 的普通标准住宅的销售收入。

（二）该项目开发各年度应分摊的土地增值税减去该年度已经在企业所得税税前扣除的土地增值税后，余额属于当年应补充扣除的土地增值税；企业应调整当年度的应纳税所得额，并按规定计算当年度应退的企业所得税税款；当年度已缴纳的企业所得税税款不足退税的，应作为亏损向以后年度结转，并调整以后年度的应纳税所得额。

（三）按照上述方法进行土地增值税分摊调整后，导致相应年度应纳税所得额出现正数的，应按规定计算缴纳企业所得税。

（四）企业按上述方法计算的累计退税额，不得超过其在该项目开发各年度累计实际缴纳的企业所得税；超过部分作为项目清算年度产生的亏损，向以后年度结转。

三、企业在申请退税时,应向主管税务机关提供书面材料说明应退企业所得税款的计算过程,包括该项目缴纳的土地增值税总额、项目销售收入总额、项目年度销售收入额、各年度应分摊的土地增值税和已经税前扣除的土地增值税、各年度的适用税率,以及是否存在后续开发项目等情况。

四、本公告自发布之日(2016年12月9日)起施行。本公告发布之日前,企业凡已经对土地增值税进行清算且没有后续开发项目的,在本公告发布后仍存在尚未弥补的因土地增值税清算导致的亏损,按照本公告第二条规定的方法计算多缴企业所得税税款,并申请退税。

《国家税务总局关于房地产开发企业注销前有关企业所得税处理问题的公告》(国家税务总局公告2010年第29号)同时废止。

特此公告。

附:国家税务总局关于《国家税务总局关于房地产开发企业土地增值税清算涉及企业所得税退税有关问题的公告》的解读

近日,国家税务总局发布了《关于房地产开发企业土地增值税清算涉及企业所得税退税有关问题的公告》(以下简称《公告》),对房地产开发企业由于土地增值税清算原因导致多缴企业所得税的退税处理政策进行了完善。现解读如下:

一、《公告》出台背景

根据《国家税务总局关于房地产开发企业注销前有关企业所得税处理问题的公告》(国家税务总局公告2010年第29号,以下简称"29号公告")规定,房地产开发企业由于土地增值税清算造成的亏损,在企业注销税务登记时还没有弥补的,企业可在注销前提出申请,税务机关将多缴的企业所得税予以退税。但是,由于多种原因,房地产开发企业在开发产品销售完成后,短期内无法注销,导致多缴的企业所得税无法申请退税。结合房地产开发企业和开发项目的特点,税务总局制定《公告》,对房地产开发企业土地增值税清算涉及企业所得税退税政策进行了完善。

二、《公告》主要内容

(一)房地产开发企业申请退税时间

《公告》将房地产开发企业可以申请退税的时间规定为所有开发项目清算后,即房地产开发企业按规定对开发项目进行土地增值税清算后,如土地增值税清算当年汇算清缴出现亏损,且没有后续开发项目的,可申请退税。后续开发项目,包括正在开发以及中标的项目。

(二)多缴企业所得税款计算方法

《公告》延续了29号公告的做法,房地产开发企业开发项目缴纳的土地增值税总额,应按照该项目开发各年度实现的项目销售收入占整个项目销售收入总额的比例,在项目开发各年度进行分摊,并计算各年度及累计应退的税款。

(三)报送资料

《公告》规定,房地产开发企业在申请退税时,应向主管税务机关提供书面材料说明应退企业所得税款的计算过程,包括该项目缴纳的土地增值税总额、项目销售收入总额、项目年度销售收入额、各年度应分摊的土地增值税和已经税前扣除的土地增值税、各年度的适用税率,以及是否存在后续开发项目等情况。

(四)以前年度多缴税款处理

《公告》发布执行前已经进行土地增值税清算,《公告》发布执行后仍存在尚未弥补的因土地增值税清算导致的亏损,按照《公告》第二条规定的方法计算多缴企业所得税税款,并申请退税。《公告》发布执行后,企业应抓紧向主管税务机关提出退税申请,并按要求提供相关资料。

三、《公告》实施时间:《公告》自发布之日起施行。29号公告同时废止。

附件二十一:

国家税务总局关于纳税人转让不动产缴纳增值税差额扣除有关问题的公告

(文号:国家税务总局公告2016年第73号 发布日期:2016-11-24)

现将纳税人转让不动产缴纳增值税差额扣除有关问题公告如下:

一、纳税人转让不动产,按照有关规定差额缴纳增值税的,如因丢失等原因无法提供取得不动产时的发票,可向税务机关提供其他能证明契税计税金额的完税凭证等资料,进行差额扣除。

二、纳税人以契税计税金额进行差额扣除的,按照下列公式计算增值税应纳税额:

(一)2016年4月30日及以前缴纳契税的

增值税应纳税额=[全部交易价格(含增值税)-契税计税金额(含营业税)]÷(1+5%)×5%

(二)2016年5月1日及以后缴纳契税的

增值税应纳税额=[全部交易价格(含增值税)÷(1+5%)-契税计税金额(不含增值税)]×5%

三、纳税人同时保留取得不动产时的发票和其他能证明契税计税金额的完税凭证等资料的,应当凭发票进行差额扣除。

本公告自发布之日(2016年11月24日)起施行。此前已发生未处理的事项,按照本公告的规定执行。

特此公告。

附件二十二:

国家税务总局关于企业重组业务企业所得税征收管理若干问题的公告

(文号:国家税务总局公告2015年第48号 发布日期:2015-06-24)

飞狼财税通编注:根据2018.06.15国家税务总局公告2018年第31号《国家税务总局关于修改部分税收规范性文件的公告》对本文涉及机构名称变动的第十一条进行了修改。

根据《中华人民共和国企业所得税法》及其实施条例、《中华人民共和国税收征收管理法》及其实施细则、《国务院关于取消非行政许可审批事项的决定》(国发〔2015〕27号)、《财政部国家税务总局关于企业重组业务企业所得税处理若干问题的通知》(财税〔2009〕59号)和《财政部国家税务总局关于促进企业重组有关企业所得税处理问题的通知》(财税〔2014〕109号)等有关规定,现对企业重组业务企业所得税征收管理若干问题公告如下:

一、按照重组类型,企业重组的当事各方是指:
(一)债务重组中当事各方,指债务人、债权人。
(二)股权收购中当事各方,指收购方、转让方及被收购企业。
(三)资产收购中当事各方,指收购方、转让方。
(四)合并中当事各方,指合并企业、被合并企业及被合并企业股东。
(五)分立中当事各方,指分立企业、被分立企业及被分立企业股东。

上述重组交易中,股权收购中转让方、合并中被合并企业股东和分立中被分立企业股东,可以是自然人。

当事各方中的自然人应按个人所得税的相关规定进行税务处理。

二、重组当事各方企业适用特殊性税务处理的（指重组业务符合财税〔2009〕59号文件和财税〔2014〕109号文件第一条、第二条规定条件并选择特殊性税务处理的，下同），应按如下规定确定重组主导方：

（一）债务重组，主导方为债务人。

（二）股权收购，主导方为股权转让方，涉及两个或两个以上股权转让方，由转让被收购企业股权比例最大的一方作为主导方（转让股权比例相同的可协商确定主导方）。

（三）资产收购，主导方为资产转让方。

（四）合并，主导方为被合并企业，涉及同一控制下多家被合并企业的，以净资产最大的一方为主导方。

（五）分立，主导方为被分立企业。

三、财税〔2009〕59号文件第十一条所称重组业务完成当年，是指重组日所属的企业所得税纳税年度。

企业重组日的确定，按以下规定处理：

1. 债务重组，以债务重组合同（协议）或法院裁定书生效日为重组日。

2. 股权收购，以转让合同（协议）生效且完成股权变更手续日为重组日。关联企业之间发生股权收购，转让合同（协议）生效后12个月内尚未完成股权变更手续的，应以转让合同（协议）生效日为重组日。

3. 资产收购，以转让合同（协议）生效且当事各方已进行会计处理的日期为重组日。

4. 合并，以合并合同（协议）生效、当事各方已进行会计处理且完成工商新设登记或变更登记日为重组日。按规定不需要办理工商新设或变更登记的合并，以合并合同（协议）生效且当事各方已进行会计处理的日期为重组日。

5. 分立，以分立合同（协议）生效、当事各方已进行会计处理且完成工商新设登记或变更登记日为重组日。

四、企业重组业务适用特殊性税务处理的，除财税〔2009〕59号文件第四条第（一）项所称企业发生其他法律形式简单改变情形外，重组各方应在该重组业务完成当年，办理企业所得税年度申报时，分别向各自主管税务机关报送《企业重组所得税特殊性税务处理报告表及附表》（详见附件1）和申报资料（详见附件2）。合并、分立中重组一方涉及注销的，应在尚未办理注销税务登记手续前进行申报。

重组主导方申报后，其他当事方向其主管税务机关办理纳税申报。申报时还应附送重组主导方经主管税务机关受理的《企业重组所得税特殊性税务处理报告表及附表》（复印件）。

五、企业重组业务适用特殊性税务处理的，申报时，应从以下方面逐条说明企业重组具有合理的商业目的：

（一）重组交易的方式；

（二）重组交易的实质结果；

（三）重组各方涉及的税务状况变化；

（四）重组各方涉及的财务状况变化；

（五）非居民企业参与重组活动的情况。

六、企业重组业务适用特殊性税务处理的，申报时，当事各方还应向主管税务机关提交重组前连续12个月内有无与该重组相关的其他股权、资产交易情况的说明，并说明这些交易与该重组是否构成分步交易，是否作为一项企业重组业务进行处理。

七、根据财税〔2009〕59号文件第十条规定，若同一项重组业务涉及在连续12个月内分步交易，且跨两个纳税年度，当事各方在首个纳税年度交易完成时预计整个交易符合特殊性税务处理条件，经协商一致选择特殊性税务处理的，可暂时适用特殊性税务处理，并在当年企业所得税年度申报时提交书面申报资料。

在下一纳税年度全部交易完成后，企业应判断是否适用特殊性税务处理。如适用特殊性税务处理的，当事各方应按本公告要求申报相关资料；如适用一般性税务处理的，应调整相应纳税年度的企业所得税年申报表，计算缴纳企业所得税。

八、企业发生财税〔2009〕59号文件第六条第（一）项规定的债务重组，应准确记录应予确认的债务重组所得，并在相应年度的企业所得税汇算清缴时对当年确认额及分年结转额的情况做出说明。

主管税务机关应建立台账，对企业每年申报的债务重组所得与台账进行比对分析，加强后续管理。

九、企业发生财税〔2009〕59号文件第七条第（三）项规定的重组，居民企业应准确记录应予确认的资产或股权转让收益总额，并在相应年度的企业所得税汇算清缴时对当年确认额及分年结转额的情况做出说明。

主管税务机关应建立台账，对居民企业取得股权的计税基础和每年确认的资产或股权转让收益进行比对分析，加强后续管理。

十、适用特殊性税务处理的企业，在以后年度转让或处置重组资产（股权）时，应在年度纳税申报时对资产（股权）转让所得或损失情况进行专项说明，包括特殊性税务处理时确定的重组资产（股权）计税基础与转让或处置时的计税基础的比对情况，以及递延所得税负债的处理情况等。

适用特殊性税务处理的企业，在以后年度转让或处置重组资产（股权）时，主管税务机关应加强评估和检查，将企业特殊性税务处理时确定的重组资产（股权）计税基础与转让或处置时的计税基础及相关的年度纳税申报表比对，发现问题的，应依法进行调整。

十一、税务机关应对适用特殊性税务处理的企业重组做好统计和相关资料的归档工作。各省、自治区、直辖市和计划单列市税务局国家税务局、地方税务局应于每年8月底前将《企业重组所得税特殊性税务处理统计表》（详见附件3）上报税务总局（所得税司）。

十二、本公告适用于2015年度及以后年度企业所得税汇算清缴。《国家税务总局关于发布〈企业重组业务企业所得税管理办法〉的公告》（国家税务总局公告2010年第4号）第三条、第七条、第八条、第十六条、第十七条、第十八条、第二十二条、第二十三条、第二十四条、第二十五条、第二十七条、第三十二条同时废止。

本公告施行时企业已经签订重组协议，但尚未完成重组的，按本公告执行。

特此公告。

附件二十三：

《纳税评估理论与实务》简介

第一章的核心内容是通过明确八个核心征管事项的概念，阐述各项工作的内涵，统一认识"税收征管工作是一个有机的整体，以全面税收风险管理理论为指导，实现税源专业化管理，促进和引导纳税人的税法遵从，紧紧围绕着'纳税人自主纳税申报是履行法定义务，也是法律行为'展开的纳税评估、税务约谈、税务稽查等核心征管事项是整体税收征管的其中一部分"；突出整体的同时，将国外的"遵从＝服务＋执法"演变为中国的"税收征管＝纳税服务＋税源管理＋行政执法"，纳税评估是纳税服务和行政管理（指导）行为，不是具体行政行为和行政执法行为。纳税评估是中国税收征管"五个核心"的核心。

第二章的核心内容是围绕着国家税务总局的税总发〔2014〕105号文和国家税务总局公告2016年第54号文，准确阐述税收风险管理的工作流程、总局和省级局的职能职责、垂直管理向扁平管理转变后实施团队税收风险管理的各级机构设置、各部门工作职责及不同岗位分工等，提出新的中国税收征管的税源专业化管理模式：在分类分级管理的基础上，对大企业实施自上而下的税务审计和对非大企业实施自下而上的纳税评估。

自第三章开始，系统全面地阐述纳税评估理论与实务，理论部分是传道，实务部分是授业解惑。第三章理论（一）的核心内容是在整体税收征管中认识纳税评估的地位、作用和意义，纳税评估是纳税服务或行政指导行为；纳税评估是以纳税申报为中心的事中管理行为，不是具体行政行为，纳税人对纳税评估工作不得提起税务行政复议或行政诉讼；纳税评估结果（纳税情况自查报告表）是纳税人对往期已纳税申报情况的自查自纠，是纳税人的补充再纳税申报行为；纳税评估与税务稽查的区别和联系：纳税评估是以纳税人举证为主，税务稽查是以税务局取证为主；纳税评估是税收风险管理的风险应对的核心手段。如何认识和理解信息管税？什么是税收滞纳金？税收滞纳金是独立于税款和罚款的，任何税务部门和税务人员对于加收税收滞纳金无任何自由裁量权。

第四章理论（二）的核心内容是详细介绍纳税评估流程的六个环节，具体阐述确定纳税评估对象、纳税评估分析、涉税疑点核实、评估结果处理和信息反馈各环节的重点内容；系统论述了纳税评估指标的设定原则、选取标准和指标的分类，如何测算和修正指标预警值、如何建立系统全面的纳税评估指标体系；只有同时加强纳税评估"组织体系、实施（方法）体系、指标模型体系和反馈协作体系"的建设，才能切实抓好纳税评估工作并发挥其应有的作用。实际工作中，专人专职或专业机构开展专项纳税评估是主线，税收管理员和税源管理所开展日常纳税评估是补充，只有"专项+日常"相辅相成的线面结合，才能实现税源专业化管理。

第五章实务（一）的核心内容是授业和解惑，重点介绍纳税评估各环节的工作方法及经验，办法总比困难多，唯掌控全局、透过现象看本质才能抓住核心问题解决主要矛盾。纳税评估的数据采集重点是第三方信息，不是企业财务报表或申报数据；税务约谈的核心是纳税人举证，不仅不是征纳双方的"谈判"，更不是税务询问或问询；集体约谈是提高税收征管质效的唯一强力措施；纳税评估报告是税务内部资料，纳税评估结果不送达纳税人；必须要准确认识和正确使用税负率。

第六章实务（二）的核心内容是纳税评估分析，即税收风险识别分析，两者只是分析对象不同或称呼存在差异。纳税评估分析是整个纳税评估工作中最关键、最复杂的一个环节，也是所有税收征管中业务能力要求最高的一项工作。人机结合是根本，是主基调；本章具体阐述了纳税评估分析的内容，如何开展全面准确的评估分析？如何选取评估分析指标？如何测算和更新指标预警值？开展行业专项纳税评估的方法、步骤和技巧；探讨如何建立纳税评估分析方法体系？明确纳税评估分析不是财务分析，纳税评估是信息管税的核心；详细介绍了对比分析方法和指标分析方法的应用并附案例；如何准确认识行业纳税评估模型并引出第七章如何建立行业纳税评估模型。

第七章实务（三）的核心内容是准确认识纳税评估或税收风险防控模型，建立行业或税种的纳税评估模型，重点是加强模型的四库建设。如何应用项目管理方法建立行业纳税评估模型，模型库建设的核心是准确选取计量经济模型与数学模型，指标库建设的核心是甄别筛选简单实用的"评判指标、参考指标、验证指标"，并准确测算指标预警值并附案例，如何分税种分行业经营流程建立风险特征库，以金融保险行业的银行和保险业为例介绍如何建立政策法规库。建模型比较复杂，实践中最简便实用的是行业纳税评估操作手册或税收风险分析应对指引。

第八章的核心内容是税收分析，此章的内容相对独立，位置如果放在第三章也是可行的。税收分析与纳税评估是因果关系、相辅相成的，税收分析更宏观、更侧重于税务内部的应用，纳税评估更具体、更倾向于对外部纳税人和扣缴义务人的应用，高质量的税收分析能够使纳税评估事半功倍。税收分析测算的某省或地区的宏观税负率和某个行业或税种的税收流失率，是指引税收风险管理和纳税评估工作的方向的。税收流失是必然存在的，税收征管的目标是将税收流失率稳定在最小范围。

第九章的核心内容是分税种纳税评估，高度概括介绍增值税、城建税、土地增值税、个人所得税、企业所得税、房产税、城镇土地使用税和印花税等的税种概况及特征，各税种的主要纳税评估分析指标和税收风险特征库，并附有典型案例。其中，以银行业为例，详细列举了企业所得税一般税收风险点84个。本章是分税种，和前述的分行业（即国民经济行业分类）、分规模（即大企业和非大企业）共同系统全面阐述了如何实施税源的分类分级专业化管理。

第十章是考核与管理，使本书的内容更加全面和系统。最初设计也是八节，包括纳税评估工作风险管理，斟酌再三，因为纳税评估是服务和管理行为，不是执法行为，不仅不好把控尺度，也会弄巧成拙，最终删掉。纳税评估后续管理使得纳税评估工作更加系统；抓好纳税评估的质量控制能够提高其工作质效并充分发挥其在整体税收征管和税源管理中的作用；专业纳税评估人才的培养是难点更是重点；重点要抓好四件事：纳税评估是税源管理税务所和税收管理员的核心工作，加强税务所的日常管理非常重要、建立抽样复评监督制约机制非常必要、抓好纳税评估档案管理非常紧要、考核与奖励不仅仅是非常需要。

附：

《纳税评估理论与实务》目录（上册）

第一章	**概念·观点·理念**/1	第三节	纳税评估是管理行为/241
第一节	税源专业化管理/1	第四节	纳税评估结果是补充再申报/250
第二节	税收风险管理概述/8	第五节	与税务稽查的区别和联系/257
第三节	纳税申报/17	第六节	纳税评估与税收风险管理的关系/265
第四节	纳税评估/28		
第五节	税务约谈/37	第七节	信息管税/273
第六节	税务稽查/46	第八节	税收滞纳金/284
第七节	行政管理与行政执法/65	**第四章**	**纳税评估理论（二）**/292
第八节	税收法律救济/78	第一节	纳税评估指标/292
第二章	**税收风险管理概述**/92	第二节	纳税评估流程/307
第一节	背景与前景/92	第三节	确定纳税评估对象/325
第二节	税收风险管理流程/114	第四节	纳税评估分析/335
第三节	团队管理与职责分工/135	第五节	涉税疑点核实/350
第四节	省局机构设置和工作职能/147	第六节	结果处理和信息反馈/359
第五节	风险识别与任务推送/159	第七节	专项评估与日常评估/372
第六节	风险提醒和税务审计/177	第八节	加强纳税评估的"四个体系"建设/383
第七节	反避税调查/187		
第八节	企业纳税风险预防与控制/201	**第五章**	**纳税评估实务（一）**/394
第三章	**纳税评估理论（一）**/219	第一节	涉税数据采集/394
第一节	背景·发展·愿景/219	第二节	纳税评估方法/405
第二节	地位·作用·意义/233	第三节	税务约谈不是询问/416

第四节　集体约谈是提高征管质效的强力措施/426
第五节　实地调查核实/435
第六节　评估结果处理/448
第七节　纳税评估报告是税务内部资料/457
第八节　准确认识和正确使用税负率/469
附件/479

（下册）

第六章　纳税评估实务（二）/579
第一节　纳税评估分析/579
第二节　行业评估分析方法/595
第三节　纳税评估方法体系建设/610
第四节　纳税评估分析不是财务分析/626
第五节　对比分析方法应用/640
第六节　指标分析方法的应用/652
第七节　行业纳税评估模型概述/666
第八节　纳税评估管理信息系统概述/682

第七章　纳税评估实务（三）如何建立行业纳税评估模型/690
第一节　项目管理概述/690
第二节　开展行业纳税评估流程/699
第三节　选取计量经济模型与数学模型/709
第四节　选取评估分析指标/722
第五节　测算指标预警值/732
第六节　建立涉税疑点（风险特征）库/742
第七节　建立财税法规库/750
第八节　如何建立行业纳税评估操作手册/767

第八章　税收分析/797
第一节　税率与税负率/797
第二节　税收流失率/805
第三节　税收分析/814
第四节　分析工具与方法/829
第五节　税收风险分析/842

第六节　税收政策分析/858
第七节　税源分析是根本/868
第八节　税收征管分析/879

第九章　分税种纳税评估/887
第一节　流转税——增值税/887
第二节　流转税——其他/903
第三节　财产行为税——房产土地税/922
第四节　财产行为税——其他/933
第五节　所得税——个人所得税（上）/946
第六节　所得税——个人所得税（下）/958
第七节　所得税——企业所得税（上）/967
第八节　所得税——企业所得税（下）/978

第十章　考核与管理/997
第一节　纳税评估后续管理/997
第二节　如何构建纳税评估质量控制体系/1003
第三节　税务所日常管理/1013
第四节　抽样复评/1024
第五节　考核和奖励/1031
第六节　档案管理/1038
第七节　建立纳税评估人才库/1054

后　记/1061
附　件/1062

房地产开发经营业纳税评估模型的应用与操作实务（第二版）

下册

贾忠华 著

中国商业出版社

图书在版编目（CIP）数据

房地产开发经营业纳税评估模型的应用与操作实务：第二版：上下册／贾忠华著 .—北京：中国商业出版社，2021.5
ISBN 978-7-5208-1591-8

Ⅰ.①房… Ⅱ.①贾… Ⅲ.①房地产业-税收管理-评估-中国 Ⅳ.①F812.423

中国版本图书馆 CIP 数据核字（2021）第 062423 号

责任编辑：刘毕林

中国商业出版社出版发行
010-63180647　www.c-cbook.com
（100053　北京广安门内报国寺 1 号）
新 华 书 店 经 销
北京中兴印刷有限公司印刷
＊＊＊
787 毫米×1092 毫米　16 开　69.75 印张　1328 千字
2021 年 5 月第 1 版　2021 年 5 月第 1 次印刷
定价：186.00 元（上下册）
＊＊＊＊
（如有印装质量问题可更换）

目 录（下册）

第六章 纳税评估分析方法 543
- 第一节 纳税评估分析步骤和方法 543
- 第二节 财务核算内容评估分析要点 555
- 第三节 会计报表内容评估分析要点 566
- 第四节 内部资料和第三方信息分析 577
- 第五节 土地增值税评估分析 588
- 第六节 土地出让金返还分析 602

第七章 如何建立行业纳税评估模型 616
- 第一节 行业纳税评估模型概述 616
- 第二节 指标的堆砌不是纳税评估模型 626
- 第三节 选取计量经济模型与数学模型 637
- 第四节 建立数据比对分析模型及应用 648
- 第五节 建立指标分析模型及应用 664
- 第六节 房地产开发经营业纳税评估模型及案例 677

第八章 行业纳税遵从风险特征库 700
- 第一节 增值税及附加风险特征库 700
- 第二节 企业所得税风险特征库 711
- 第三节 土地增值税风险特征库 724
- 第四节 个人所得税纳税风险特征库 731
- 第五节 财产行为税风险特征库 744
- 第六节 非开发经营风险特征库 756

第九章　模型应用与涉税疑点核实 ·· 770
第一节　风险提示提醒 ·· 771
第二节　税务约谈 ·· 779
第三节　集体约谈提纲 ·· 792
第四节　实地调查核实 ·· 801
第五节　税务稽查实务 ·· 813
第六节　纳税评估报告 ·· 836

第十章　典型案例 ··· 859
第一节　资本弱化与案例 ·· 859
第二节　隐匿收入案例 ·· 871
第三节　虚增成本和费用案例 ·· 881
第四节　虚开增值税专用发票案例 ·· 894
第五节　纳税评估案例 ·· 903
第六节　税务行政复议诉讼案例 ·· 920

第十一章　相关法律法规 ··· 935
第一节　增值税金及附加 ·· 935
第二节　企业所得税 ·· 947
第三节　土地增值税 ·· 962
第四节　个人所得税 ·· 970
第五节　财产行为税 ·· 981
第六节　房地产相关法律法规 ·· 997

附件：
附件一：《中华人民共和国税收征收管理法》 ····································· 1010
附件二：《中华人民共和国税收征收管理法实施细则》 ····························· 1022
附件三：《中华人民共和国个人所得税法》（2018版） ····························· 1036
附件四：《中华人民共和国个人所得税法实施条例》国务院令第707号 ················ 1040
附件五：中华人民共和国增值税暂行条例（2017修订版）

　　　　国务院令第 691 号 …………………………………………………… 1052

附件六：《中华人民共和国增值税暂行条例实施细则》
　　　　财政部、国家税务总局令 2008 年第 50 号 ……………………… 1051

附件七：《中华人民共和国耕地占用税法》 ………………………………… 1057

附件八：国家税务总局关于印发《纳税评估管理办法（试行）》的通知 … 1060

附件九：财政部、国家税务总局关于非货币性资产投资企业所得税
　　　　政策问题的通知 …………………………………………………… 1078

附件十：财政部、国家税务总局关于合伙企业合伙人所得税问题的通知 …… 1079

附件十一：国家税务总局关于取消增值税扣税凭证认证确认期限等增值税
　　　　　征管问题的公告总局公告 2019 年第 45 号 …………………… 1080

附件十二：国家税务总局关于印发《税务行政应诉工作规程》的通知 …… 1083

后　　记 …………………………………………………………………………… 1091

第六章 纳税评估分析方法

纳税评估分析能力是税务管理的核心能力，本章主要阐述实施房地产开发经营行业纳税评估分析步骤和方法，如何进行财务核算内容、会计报表内容、内部资料和第三方信息的纳税评估分析。重点介绍一个税种和一个事项，即土地增值税和土地出让金返还的纳税评估分析。

第一节 纳税评估分析步骤和方法

纳税评估分析是纳税评估的核心，数据收集再全，涉税信息再准，如果没有"科学选取指标、准确赋值预警、高效分析方法、综合分析运用"的能力，没有全面严谨的分析过程，也是白搭。纳税评估分析能力是税务管理的核心能力，即在税收征管或税务管理工作中对财税业务水平和综合能力的要求是最高的一项能力。

一、评估分析步骤及主要内容

（一）资料审查

即对纳税人的申报资料，进行形式上审查，分析其税法遵从程度的高低。

1. 对纳税申报资料的完整性、真实性、时限性进行形式分析，评价纳税人纳税申报的质量。
2. 计算纳税人的整体税负率，看纳税人的微观税负是否与同行业平均水平相当。
3. 计算纳税人的申报纳税率，分析纳税人自觉申报纳税的积极性。
4. 计算纳税人的税款入库率，看纳税人是否存在欠缴税款及税收违法违章行为。
5. 分析纳税人应申报税种是否齐全，适用税目税率是否准确。

（二）分析和判断

即通过纳税评估指标的计算，进行实质性分析，对纳税人申报纳税的真实性和准确性进行定性和定量的判断。

1. 对纳税人申报纳税表和财务报表进行案头的初步审核比对，确定开展行业纳税评估分析的通用指标和特定指标。

2. 通过筛选各项指标并进行相关数据的测算，设置相应的预警值或预警期间。

3. 将纳税人的评估指标值与预警值相比较，与同行业相关数据或类似企业的同期相关数据进行横向比较，与本企业历史同期相关数据进行纵向比较，分析纳税人的财务指标是否存在异常。

4. 根据不同税种之间的关联性和勾稽关系，参照相关预警值进行税种之间的关联性分析，分析纳税人应纳相关税种的异常变化。

5. 应用税收管理员日常管理中所掌握的情况和积累的经验，将纳税人申报情况与其生产经营实际情况相对比，分析其合理性，以确定纳税人财务核算及申报纳税中存在的问题及原因。

6. 通过对纳税人生产经营结构，主要产品能耗、物耗等生产经营要素的当期数据、历史平均数据、同行业平均数据以及其他相关经济指标进行比较，推测纳税人实际纳税能力。

（三）得出结论

即得出分析结论，确定涉税疑点或纳税风险指向，列举需要核实核查的涉税疑点或问题。一般情况是分析未发现问题纳税评估结束，发现一般问题（低风险和中风险）分别实施提示提醒、纳税辅导、税务约谈或实地核实，发现高风险事项转税务稽查或反避税调查部门处理。

二、评估分析方法

纳税评估分析是对采集的各类纳税申报数据或信息进行加工整理，运用比较分析、逻辑分析、配比分析、趋势分析等分析方法对纳税人生产经营和履行纳税义务情况进行相关性、结构性和趋势性的分析，从而判断涉税疑点。纳税评估分析方法可以作以下分类：

（一）按评估的手段分类

人工法。是指通过人工对评估对象申报纳税情况进行分析判断的方法，此法多用于对非普遍性、个别纳税申报疑点的分析判断。

计算机法。是指由计算机根据事先设定的指标公式对评估对象纳税申报信息进行分析判断的方法。优点是效率较高，人为因素较少。缺点是核心指标难确定、指标预警值不准确。

人机结合法。是指由计算机根据事先设定的指标公式筛选出评估对象纳税申报中的疑点，在此基础上再由人工进一步分析判断。在实践中，这种方法最为常用。

(二) 按评估信息的处理方式分类

核对法。是指评估人员根据掌握的各种情报、信息，对纳税人、扣缴义务人纳税申报的内容进行核对。核对法主要是对不同来源渠道的数据或信息进行简单的对比。常用的方法有：申报信息与鉴定信息核对、申报情况与发票信息核对、申报数与相关税种政策核对、申报信息与外部数据进行核对等几种方法。

分析法。是指评估人员根据掌握的评估对象的各类涉税信息，对纳税人、扣缴义务人纳税申报内容的真实性和税款计算结果的准确性进行定性或定量的分析。指标常用的分析法有：本期与上期、本期与上年同期比较，本企业与同行业同类型企业比较，评估指标与预警值比较等进行分析。

(三) 按照参照的对象分类

横向分析法。是指利用已掌握的纳税人的评估指标值，通过计算与该指标的同行业均值相比较，找出偏离平均值的疑点问题的方法。

纵向分析法。是指将纳税人当年的财务指标和历史同期（基期）指标进行对比，找出其中存在的疑点问题的方法。

(四) 按比较分析的方式不同分类

比较分析法。是指将连续数月报表中的相同指标或比率数据进行对比，分析其增减、变化情况。

结构分析法。是指测算各组成部分占总体的比重，分析构成内容的变化和发展趋势。

比率分析法。是指对同一财务报表上的若干不同项目之间的相关数据进行比较，计算出其百分比，从而分析其比重、份额或者程度的一种分析方法。

合理性分析法。是指将被评估对象的有关数据与其历史数据、同行业或类似企业的水平相比较，以分析其合理性，初步确定其纳税申报中存在的问题。

三、分析方法应用

(一) 对比分析法

对比分析法是指对绝对值（如单位建筑成本）或相对指标（如综合税负率）进行相关性、结构性和趋势性的对比分析，从而判断可能存在涉税疑点的方法。主要包括：

1. 横向对比分析：与同行业、类似企业同期数据或外部相关信息数据进行比较分析。

2. 纵向对比分析:将当期申报纳税数据与正常经营的历史同期相关数据进行比较分析;将当期申报数据与多个年度相关历史数据平均值进行比较分析。

3. 税种之间关联性分析:根据不同税种之间的关联性和勾稽关系,结合行业特点和政策规定,分析纳税人应纳相关税种的异常变化。

例如:按照某房地产开发项目的特点,根据评估指标中的区间值,首先确定该项目纳税评估分析需要使用的指标、指标预警值或预警值区间,如表6-1所示。

首先,数据对比,计算出对比结果,数据项较多时应将结果排序。

表 6-1　　　　　　　××项目采集数据与指标对比分析表　　项目名称:××项目

序号	分析指标	指标预警值	指标值	指标差	备注
1	单位土地面积收入额	3656 元/m²	3595 元/m²	-61	
2	单位建筑面积土地成本	383 元/m²	354 元/m²	-29	
3	单位建筑面积建筑成本	711 元/m²	710 元/m²	-1	
4	单位建筑面积税负额	176 元/m²	106 元/m²	-70	
5	单位建筑面积成本费用额	1064 元/m²	1085 元/m²	+21	

其次,进行指标差异分析,按照±20%区分出正常差异和异常差异:

1. 单位土地面积收入额分析

单位土地面积收入额指标的预警值为3656元/平方米,通过采集其申报的房地产应税收入8873万元,规划建设部门的用地面积为24681平方米,其测算指标值为3595元/平方米,与指标预警值差异为61元/平方米,该企业可能存在收入申报不足的问题。

2. 单位建筑面积土地成本分析

单位建筑面积土地成本的指标预警值为383元/平方米,通过采集其土地出让价值1883万元,竣工面积53203平方米,其测算指标值为354元/平方米,与指标预警值差异为-29元/平方米,分析后得知该企业取得土地时间比较早,征地成本较低,土地成本与模型差异较小,符合本项的指标值。

3. 单位面积建筑成本分析

单位面积建筑成本的指标预警值为711元/平方米,通过采集其竣工结算总价3777万元,竣工面积53203平方米,其测算指标值为710元/平方米,与指标预警值差异为-1元/平方米,说明其建筑成本正常。

4. 单位建筑面积税负额分析

单位建筑面积税负额的指标预警值为176元/平方米,通过采集该项目的申报税款合计为563万元,竣工面积53203平方米,其测算指标值为106元/平方米,与指标预警值差异为-70元/平方米,已超出正常波动的±20%,说明该企业的单位建筑面积税负明显偏低,并与单位土地面积收入额相对应,说明其收入和税款明显申报不足,很可能存在少计收入、税款申报不足的疑点。

5. 单位建筑面积成本费用额分析

单位建筑面积成本费用额的指标预警值为1064元/平方米,通过采集该项目的成本费用合计为5772万元,竣工面积53203平方米,其测算指标值为1085元/平方米,与指标预警值差异为21元/平方米,说明该企业的单位成本费用偏高,结合单位建筑面积土地成本指标和单位面积建筑成本分析基本正常分析,说明其存在开发费用明显偏高的疑点。

(二) 关联指标的配比分析法

在对收入类单一指标的变动率进行量化计算后,要结合成本、费用、利润类指标进行配比分析,查看收入的增减变动与成本、费用、利润的增减变动是否同步,来发现指标变化是否异常。常用的配比分析类型有:

1. 主营业务收入变动率与主营业务利润变动率配比分析。
2. 主营业务收入变动率与主营业务成本变动率配比分析。
3. 主营业务收入变动率与主营业务费用变动率配比分析。
4. 主营业务成本变动率与主营业务利润变动率配比分析。
5. 总资产利润率、总资产周转率、销售利润率之间的配比分析。
6. 存货变动率、总资产利润率、总资产周转率之间的配比分析。

在通常情况下,由于收入与成本、收入与利润、收入与费用的勾稽关系,一般都应呈同步增减变动,如不同步,应进一步分析原因,仔细查找可能存在的涉税疑点或问题。

例如:主营业务收入变动率与主营业务成本变动率配比分析,二者不同步增减,对产生本疑点的纳税人可以从以下三个方面进行分析:

1. 结合"主营业务收入变动率"指标,对企业主营业务收入情况进行分析。通过分析企业收入的构成情况,判断是否存在少计收入的情况。

2. 结合《资产负债表》中"应付款"、"预收款"和"其他应付款"等科目的期初、期末数额进行分析,如"应付款"和"其他应付款"出现红字和"预收款"期末大幅度增长情况,应判断存在少计收入问题。

3. 结合主营业务成本率对年度申报表及附表进行分析,了解企业成本的结转情况,分析是否存在改变成本结转方法、少计存货等问题。

(三) 综合分析法

综合分析法是指对所掌握的各种涉税因素、各类数据资料进行综合分析判断涉税疑点，主要用于对非规律性涉税信息的分析。具体包括：

1. 申报资料审核分析。根据有关法律、法规及税务的相关规定，审核判断纳税人是否按税法规定的程序、手续和时限，按时履行申报纳税义务；纳税申报主表、附表及项目、数字之间的逻辑关系是否正确，适用的税目、税率及各项数字计算是否准确；收入、费用、利润及其他有关项目的调整是否符合税法规定，申请减免缓退，亏损结转、获利年度的确定是否符合税法规定并正确履行相关手续；是否按规定领用保存有关票据等。

2. 实际情况判断分析。根据税收管理员在日常征收管理过程中积累的经验和掌握的情况，参照评估对象生产经营实际，判断分析纳税人申报纳税中存在的问题及原因。

（四）综合分析案例

如何运用综合分析方法对 D 房地产企业开展纳税评估分析。

1. 项目评估法

以房地产企业已完工或阶段性完工的开发项目为重点。从项目开始到结束，针对项目的完税情况，全面评估项目的收入和成本支出的真实性、准确性。对开发周期较长项目，分期作为评估的重点。

数据获取途径：

（1）内部数据：房地产企业的开发成本中料、工、费的组成以及税务征管信息系统中的纳税申报信息、纳税人报送的纳税申报资料。

（2）外部数据：向建筑工程造价、房地产评估等专业机构发布的当年收入费用项目的标准。

疑点判断：

（1）分析企业的财务数据，是否出现负债总额逐年递增，而一直没有销售收入的现象，可能出现实际已有销售收入但未确认的问题。

（2）从"预收款"指标进行分析，是否出现已经有预收款，但一直迟迟无结转销售收入的现象。

应用要点：

（1）首先要分析房地产开发的建筑项目类型，根据项目类型分类进行相关费用的归集。

（2）在实际运用中应根据地段、设计要求，来考虑各类参数值、正负差异率（±15%～±20%）的预警区间。

（3）注意测算分析和实地核查相结合。对测算分析的结果，应加强深入调研，确保纳税评估与企业的实际情况相结合。

2. 基础资料、数据的收集法

基础资料数据的收集是保证评估质量，提高纳税评估效率的最基本的保障。房地产企业纳税评估需要收集的基础资料有：企业基本情况表、开发手续情况登记表、项目部分会计科目汇总表、开发成本明细表，项目销售情况一览表，通过以上表格数据的登录，可以全面掌握房地产项目开发的实际情况，提高评估分析的准确性；同时可以为下一次评估提供数据参考，达到数据共享，提高评估效率。

3. 数据间的逻辑关系分析法

掌握所采集数据之间的逻辑关系，有利于发现企业提供的资料中所存在的疑点，为进一步评估分析提供依据。例如，开发手续情况登记表中反映的规划面积、施工面积、土地面积、合同造价可以同项目销售情况一览表的数据对照，看企业提供可销售面积与规划许可证之间反映的面积有无差距；建筑安装许可证的合同造价与实际合同和实际支付施工费的差额是否正常。开发成本明细表同项目部分会计科目汇总表、项目销售情况一览表对比，看房产交易费、维修基金支付额与面销售收入是否成比例，销售面积是否一致，测定企业实现收入与面收入是否存在不一致。

4. 整体测算法

由于房地产企业财务数据多，金额大，特别是成本方面的纳税评估，评估人员寻找工作的切入点有一定难度，因此，通过整体测算来分析企业成本构成比例的合理性，找寻疑点。

例如：某市房地产企业的正常成本费用支出比例为：

（1）各规费支出的依据和比例：土地契税【土地局按土地评估价格的4%代征】、土地出让金【土地局按土地评估价格的40%收取】、房屋产权交易费【房管局按房产证面积以 3 元/m² 收取】。

（2）配套费的依据和比例：人防基建费【无人防工程的开发项目，人防办按房屋售价的2%收取】、市政建设配套费【收费局按总建筑面积以 73 元/m² 收取】、墙改费【收费局按总建筑面积以 5 元/m² 收取】、公共建地费【针对小规模插建项目，收费局按总建筑面积以 50 元/m² 收取】、渣土处理费【城管局按总土方面积以 5 元/m² 收取】、热力集资费【供热公司按总建筑面积，住宅楼 50 元/m²、写字楼 100 元/m² 收取】、煤气天然气集资费【煤气公司按 3000~3500 元/户收取】、规化验收费【收费局按总建筑面积以 2 元/m² 收取】；房屋产权交易费【房管局按房产证面积以 3 元/m² 收取】；代收业户维修基金【房屋价格的2%】，评估人员可根据不同的费用标准，进行抽样或整体测算。

5. 关联税种联评分析法（略）

四、建立纳税评估指标体系

纳税评估指标是税务部门筛选评估对象、进行评估分析时应用的指标。可以分为财务评估指标、税种评估指标及行业评估指标。是否设置科学合理的评估指标是影响纳税评估成效的关键因素,只有以"资金流""实物流""信息流"为核心建立科学的行业纳税评估指标体系,才能从根本上抓住了房地产开发与经营业税源管理的核心环节,才能堵塞该行业的税收管理漏洞。

(一)构建纳税评估指标体系的原则

构建纳税评估指标体系的三个原则,一是针对性强,指标设置要符合行业特点和开展纳税评估的需要;二是可操作性,指标设定多样化、问题指向明晰化、指标功能通俗化,便于评估人员操作;三是预警赋值区间化,无论是比率指标还是绝对值指标,只有加强测算确定合理区间(±20%)才能更好发挥作用。

(二)纳税评估指标体系的构成

纳税评估指标按性质分三类:量化分析指标、配比分析指标和感性判断指标。量化分析指标由一个表达式组成,可用数据计算描述。配比分析指标由两个或两个以上量化分析指标组成,通过比对分析才能发现疑点。感性判断指标是不能计算,要凭经验和感觉判断,例如:纳税人是否有关联企业,是否存在关联贸易和借贷行为等。

(三)纳税评估指标体系的内容

所谓体系,重点突出的是指标覆盖全面性。目前,根据需要,房地产行业纳税评估指标体系中,暂时采纳设定47个分析指标和对评估指标体系的17个指标进行区间赋值。

第一,通用类评估指标25个,其中:收入成本类4个,开发费用类6个,利润类4个,资产负债类4个和绝对值指标7个。

第二,税收类评估指标22个,其中:纳税遵从度指标4个,分税种评估指标18个,具体分析指标包括:增值税3个、企业所得税4个、印花税2个、房产税1个、土地使用税3个、土地增值税1个、个人所得税2个和契税1个。

第三,对评估指标体系的17个指标进行区间赋值,其中:通用类指标体系9个,专用类指标体系8个。

五、如何做好房地产开发企业的纳税评估分析

房地产开发,是指房地产开发企业进行的基础设施建设、房屋建设,并转让房地产开发项目或者销售、出租商品房的活动。

目前,大部分房地产开发企业的财务核算,执行的是《企业会计制度》,上市公司于2007年1月1日起施行《企业会计准则》。

(一)要熟悉房地产开发企业的经营特点

1. 经营方式多样

经营方式多样性包括:土地的开发与经营、房屋的开发与经营、公共设施的配套

开发以及代建工程。开发方式可以分为：自行开发、合作建房、代建工程和提供劳务等。开发产品可分为：土地、房屋、配套设施和代建工程等。

2. 项目审批严格

在开发过程中，从征用土地、建设房屋到商品销售，有土地管理、发改委、拆迁管理、规划、建设、建筑工程质量管理、房屋产权管理等多部门审批。

3. 开发产品固定

开发产品的位置固定不变，每套房产都有一套完整的档案资料。

4. 资金运作密集

房地产开发企业投资量大，所需成本高。投资一宗房地产，少则上百万元，多则几千万元，甚至上亿元的资金。

5. 开发建设期长

开发产品要从规划设计开始，经过可行性研究、征地拆迁、安置补偿、七通一平、建筑安装、配套工程、绿化环卫工程等几个开发阶段，少则三年，多则五载才能全部完成。

（二）确定评估对象环节中需要考虑的主要疑点问题

在实践中，经常有评估人员或税收管理员提出这样的问题："如何寻找纳税评估疑点？"寻找疑点的关键在于：一是要查找各税种中最容易出问题的方面；二是要根据行业特点，查找行业中容易漏缴税收的环节。

对于房地产开发行业，需要评估人员综合考虑各税种，全面衡量企业的各项财务指标，结合内、外部数据，在《纳税评估报告》上一一列出企业存在的各种疑点问题。评估人员在确定房地产企业的涉税疑点问题时，可以考虑的因素主要有以下几类：

1. 取得的销售收入是否足额缴纳税金及附加，是否按规定预缴企业所得税和土地增值税。

2. 是否将预收款计入其他应付款等往来款项少缴税金及附加，并影响预缴企业所得税和土地增值税。

3. 是否采取不及时结转收入和成本、不计或少计收入、多列成本费用等方式少缴企业所得税。

4. 是否存在合作建房、以房抵债、以房换房、赠与房屋等情况，少缴增值税及附加，并影响预缴企业所得税和土地增值税。

5. 是否有工资、奖金、各类补贴、过节费、董事费、劳务报酬等未按规定代扣代缴个人所得税的情况。

6. 是否存在未竣工结算时，出租或自用房屋未申报缴纳房产税。

7. 是否按房产原值足额缴纳房产税、土地使用税，房产原值是否计算准确。

8. 是否未按规定进行土地增值税的清算，少缴土地增值税。

9. 是否存在应贴花而未贴花的合同和其他应税凭证。

(三) 评估分析环节中应把握的要点

在确定评估对象后,评估人员必须对所评估的对象进行全面的考察,经过充分的评估分析后,再与企业财务人员或负责人等进行税务约谈核实情况。在评估分析的过程中,需要把握的要点如下:

1. 要充分收集企业的各项资料

在评估过程中,评估人员不仅要从金三系统中了解企业的基本资料,还需要调取评估期间的企业缴税明细资料,开具发票的明细资料。

例如,因为房地产销售基本都是要在网上签订转让合同,即俗称的"网签",所以,税务部门和评估人员可以从"××市房地产交易管理网"等相关网站中获取被评估企业所开发的项目名称,项目位置、建筑面积、销售时间、房屋销售数量和销售价格等数据。

2. 要求企业提供的资料要完备

由于房地产开发企业的投资资金大、运作程序复杂,评估人员要根据企业提供的资料才能对企业的基本情况有详细的了解。所以在填写《提供纳税资料通知书》中资料清单时,不仅要求企业提供财务报表,还要求其提供:审计报告、银行对账单、《土地使用证》复印件、《建设用地规划许可证》复印件、《建筑工程施工许可证》复印件、《预售许可证》复印件、《竣工验收备案表》复印件、《销售许可证》复印件等,还可以根据情况要求企业提供销售合同和某些明细科目账页的复印件。

3. 注意往来款等会计科目

目前,我国的房地产开发销售大多数采用的是预售,财务人员在会计处理上多不确认营业收入,将全部或部分预售房款计入"预收款""应付款""其他应付款""长期应付款""应收款""其他应收款"等往来科目,不预交增值税。不结转收入少预缴企业所得税及土地增值税。这些科目在评估过程中应予以特别的关注。

4. 可制作税务约谈提纲,详细了解企业的各项情况

在实施税务约谈前,评估人员可以制作约谈提纲,具体可根据企业的实际情况了解以下问题:企业的销售收款流程、会计记账方法、项目基本情况(包括名称、用途、取得方式、开发方式、完工程度、建筑面积、可售面积、已售面积、认购时间等)、员工福利情况、销售提成情况、销售均价、销售收入等。

5. 全面了解房地产行业税收法律政策

由于房地产税收法律政策复杂、多变,在与纳税人约谈的过程中,需要评估人员认真、耐心的讲解税收政策,了解企业财务人员是否已经正确的理解了房地产开发经营的各项税收法律规定。因此,首先评估人员自己要对房地产税收业务政策有很深入的了解,才能做好宣传辅导和帮助企业开展好自查自纠工作。

六、地下人防工程的税务处理

对于房地产开发企业来说，人防工程的支出是一种义务，带有强制性的特点。《中华人民共和国人民防空法》第二十二条规定，城市新建民用建筑，按照国家有关规定修建战时可用于防空的地下室。建设部《商品房销售面积计算及公用建筑面积分摊规则》第九条规定，作为人防工程的地下室不计入公用建筑面积。人防工程主要涉及以下几种税收。

（一）增值税金及附加

人防工程移交后，通常情况下，开发商在签订租赁合同并领取人防工程使用证后，会将人防工程回租，改造成地下车库，再对外转租。签订的租赁合同期限约20年~70年，大都是一次性交纳租赁款。对于这部分租金收入，应按照"租赁业"的税目计算征收增值税的。

如果开发商将地下人防工程用于出售或者以转让有限产权或永久使用权方式销售建筑物，则视同销售建筑物。《国家税务总局关于印发〈营业税税目注释（试行稿）〉的通知》（国税发〔1993〕149号）第九条规定，不动产的征收范围包括：销售建筑物或构筑物，销售其他土地附着物。以转让有限产权或永久使用权方式销售建筑物，视同销售建筑物。对于这部分销售收入，应按照"销售不动产"的税目征收增值税。

（二）土地增值税

按照《土地增值税暂行条例实施细则》第二条的规定：转让国有土地使用权、地上建筑物及其附着物并取得收入，指以出售或者其他方式有偿转让房地产的行为。第四条规定：暂行条例第二条所称的地上的建筑物，指建于土地上的一切建筑物，包括地上地下的各种附属设施。

在《国家税务总局关于房地产开发企业土地增值税清算管理有关问题的通知》（国税发〔2006〕187号）文件中第四条规定：

房地产开发企业开发建造的与清算项目配套的居委会和派出所用房、会所、停车场（库）、物业管理场所、变电站、热力站、水厂、文体场馆、学校、幼儿园、托儿所、医院和邮电通讯等公共设施，按以下原则处理：

1. 建成后产权属于全体业主所有的，其成本、费用可以扣除。
2. 建成后无偿移交给政府、公用事业单位用于非营利性社会公共事业的，其成本、费用可以扣除。
3. 建成后有偿转让的，应计算收入，并准予扣除成本、费用。

根据上述规定，人防工程有偿转让的，应按规定缴纳土地增值税。出租的，不缴纳土地增值税，同时其成本费用不能计入扣除项目扣除。

(三) 企业所得税

1. 开发商将人防工程出租。

按照《企业所得税法实施条例》第十九条的规定,租金收入应按照合同约定的承租人应付租金的日期确认收入的实现。同时,可以将支付给人防部门的租金和改造的费用配比扣除。《国家税务总局关于贯彻落实企业所得税法若干税收问题的通知》(国税函〔2010〕79号)第一条规定,企业提供固定资产、包装物或者其他有形资产的使用权取得的租金收入,应按交易合同或协议规定的承租人应付租金的日期确认收入的实现。其中,如果交易合同或协议中规定租赁期限跨年度,且租金提前一次性支付的,根据收入与费用配比原则,出租人可对上述已确认的收入,在租赁期内,分期均匀计入相关年度收入。出租方如为在中国境内设有机构场所、且采取据实申报缴纳企业所得的非居民企业,也按本条规定执行。

2. 开发商将人防工程销售。

按照《国家税务总局关于印发〈房地产开发经营业务企业所得税处理办法〉的通知》(国税发〔2009〕31号)第三条的规定,企业房地产开发经营业务包括土地的开发,建造、销售住宅、商业用房以及其他建筑物、附着物、配套设施等开发产品。因此,人防工程可以属于开发产品。如开发商用于销售的,其取得的收入应按规定确认销售收入。人防工程的成本计算,开发企业可以参考国税发〔2009〕31号文件第十七条和第三十三条的规定,利用地下基础设施形成的停车场所,作为公共配套设施进行处理。

(四) 房产税和城镇土地使用税

按照《财政部 国家税务总局关于具备房屋功能的地下建筑征收房产税的通知》(财税〔2005〕181号)的规定,凡在房产税征收范围内具备房屋功能的地下建筑,包括与地上房屋相连的地下建筑以及完全建在地面以下的建筑、地下人防设施等,均应当依照有关规定征收房产税。

自用的地下建筑,按以下方式计税:

1. 工业用途房产,以房屋原价的50%~60%作为应税房产原值。

应纳房产税=应税房产原值×(1-减除比率)×1.2%

2. 商业和其他用途房产,以房屋原价的70%~80%作为应税房产原值。应纳房产税同上。房屋原价折算为应税房产原值的具体比例,由各省、自治区、直辖市和计划单列市的财政和税务部门在上述幅度内自行确定。

3. 对于与地上房屋相连的地下建筑,如房屋的地下室、地下停车场、商场的地下部分等,应将地下部分与地上房屋视为一个整体,按照地上房屋建筑的有关规定计算征收房产税。自2006年1月1日起,出租的地下建筑,按照出租地上房屋建筑的有关规定计算征收房产税。

我国现行法律并没有对人防工程的产权归属及登记作出规定，因此，房地产开发公司属于该房产税的纳税义务人。

按照《财政部 国家税务总局关于房产税城镇土地使用税有关问题的通知》（财税〔2009〕128号）第四条的规定，对在城镇土地使用税征税范围内单独建造的地下建筑用地，按规定征收城镇土地使用税。其中，已取得地下土地使用权证的，按土地使用权证确认的土地面积计算应征税款；未取得地下土地使用权证或地下土地使用权证上未标明土地面积的，按地下建筑垂直投影面积计算应征税款。对上述地下建筑用地暂按应征税款的50%征收城镇土地使用税。

第二节 财务核算内容评估分析要点

面对已确定的纳税评估对象，如何开展纳税评估分析呢？必须要有清晰严谨的分析思路：经营信息分析为主、财务报表分析为辅，透过现象看本质、全面分析抓重点。

一、开发经营收入分析

涉及开发经营收入的主要分析指标：单位面积土地收入比、成本费用率、单位面积征地价款与楼盘平均销售单价比、单位建筑面积税负额等。由此分析当期收入是否属实，应申报缴纳增值税、土地增值税、企业所得税、印花税（产权转移书据）等税种的计税依据是否准确。

（一）开发产品收入

应税收入主要由两部分构成：一是预售收入，二是销售收入。

预售收入主要是分析房地产开发企业是否将预收款挂在往来科目上，或将部分款项开具收款收据，或直接冲减开发成本，不确认或少确认收入。不按规定申报纳税，一是预收款不及时申报；二是代收款项不按规定申报纳税。

销售收入主要是分析预售收入的结转销售收入，是否按照财务制度规定及时结转，结转的金额是否准确。销售收入是否全额结转收入。

1. 按照开发项目缴纳的税款分析销售额

分析思路：契税的征税对象是不动产，非房即地，通过契税反推回去的计税依据，也就是增值税和企业所得税等应税收入。而印花税涉及税目较多，不适用。

计算公式：开发产品的销售额＝该项目缴纳的契税额÷契税征收率

说明：如等式左右不等，说明已售产品可能存在未及时结转或隐瞒销售收入问题。

2. 按照开发企业"现金流量表"的现金流量分析当期预售收入

计算公式：

预售收入流入量=经营性资金流入量−销售收入资金流入量−收到的税费返还

说明：如等式左右不等，可能存在视同销售未申报纳税、未按规定核算预售收入和未及时结转完工产品销售收入，以及通过往来科目隐瞒上述三项收入。

3. 按照成本结转额分析销售收入

计算公式：

销售收入=成本结转额×（1+销售利润率+附加税费率）

说明：如等式左右不等，可能存在结转销售成本与销售收入不匹配，隐瞒收入。其中，销售利润率可为本地区行业的或被评估企业的。

在评估分析相关收入的过程中，应关注的重点内容包括：

（1）要确定应税收入，注意应税收入与销售面积、销售单价三者之间的逻辑关系，从而确定收入的完整性。

（2）要比对分析应税收入的应缴税款与入库税款是否存在差异。

（3）要确认不办理房产证配套设施（如车库、车位）取得的收入是否入账，入账价值是否合理。

（4）要分析其包销代销费用的发生是否合理，是否有虚构、分解销售收入的行为。

（5）要确认按揭款项收入是否及时到账并确认收入。房地产开发商经常在收到银行拨付按揭款后，不及时入账，记入"短期借款"科目。

（6）要加强对代收代付或代垫款项分析，如有线电视初装费、网络宽带初装费、电话电缆初装费、煤气管线安装费、房屋交易费、房屋维修基金等各种费用，是否属于价外费用。

信息来源重点是有关销售合同的备案数据、企业上报的财务报表、预售房许可证、销售台账、金三征管系统的申报信息和重点项目信息。

（二）视同销售收入

开发商将开发产品转作自用，或用于捐赠、赞助、职工福利、奖励、对外投资、分配给股东或投资入股、以房抵偿债务、拍卖、换取其他单位和个人的非货币性资产等，是否已经视同销售申报纳税。近年来，开发商不但用开发产品抵债，还包括公共设施、道路、管道、消防设施、安控、绿化工程等各种形式的不动产，抵债的范围也扩大到包括土地出（转）让金、应向行政事业单位缴纳的开发费等有关费用。特别是资金比较紧张的房地产开发商或开盘后销售不佳的楼盘，以开发产品抵债的现象普遍存在。

拆迁补偿分析：由企业自行提供拆迁补偿合同，或到拆迁管理部门取得拆迁补偿手续，确定其拆迁范围。通过确定拆迁人数、户数、面积、协议、与企业的补偿面积、现金补偿金额、户数进行比对。以确定拆迁补偿的合法性、合理性。

对视同销售的收入，企业经常采取挂往来账、不入账，或部分入账。在评估分析过程中，应关注的重点内容包括：

1. 要确定视同销售收入的金额。

2. 要核对已经入库的印花税、企业所得税、增值税及附加；对应会计科目包括开发产品、应收款、应付款、其他应收（应付）款等。

3. 对既具有建筑安装资质又具有房地产开发资质的房地产开发企业，发生的建筑安装成本，分析其是否公允或存在关联交易。

在实际的房地产开发过程中，经常会出现其自营行为只参与开发了部分房产，要注意区分其所占比例，建筑安装成本与其他承建单位建筑安装成本的合理性比对。

（三）租金和物业收入

开发商的租金、物业收入，要注意区分，一是属于开发商的管理收费收入；二是属于房地产的部分营业收入，只是由物业公司代为收取的。通过对开发经营收入的比对分析，确定当期应申报缴纳增值税、土地增值税、企业所得税、印花税（产权转移书据）与申报入库税款是否一致。

二、开发产品成本费用分析

（一）成本费用的比对分析

涉及成本费用的主要评估分析指标：单位建筑面积土地成本、成本费用率、基础配套设施成本比、单位建筑面积建筑成本、单位建筑面积税负额等，确定其真实性、准确性、合法性。成本费用主要划分为变动成本费用和固定成本费用等。参考开发成本费核算流程图，如图6-1所示。

1. 按照销售收入分析销售成本

分析思路：此时体现出建立纳税评估模型的重要性，建模所确定的行业或抽样样本的指标预警值就是对比分析的标准。如本地区房地产开发经营行业的主营业务成本率是55%，评估分析对象的主营业务成本率是68%，则显著异常。

计算公式：实际结转成本=销售收入÷平均销售价格×单位建设成本

说明：如等式左右不等，可能存在收入与成本结转不匹配，或少结转收入，或多结转成本。

2. 按照项目销售利润率分析销售成本

分析思路：同上，下面公式中销售利润率可为本地区行业或被评估企业的销售利润率。

计算公式：销售成本=销售收入÷（1+销售利润率）

说明：如等式左右不等，可能存在未按规定结转成本。

在评估分析过程中，应关注的重点内容：

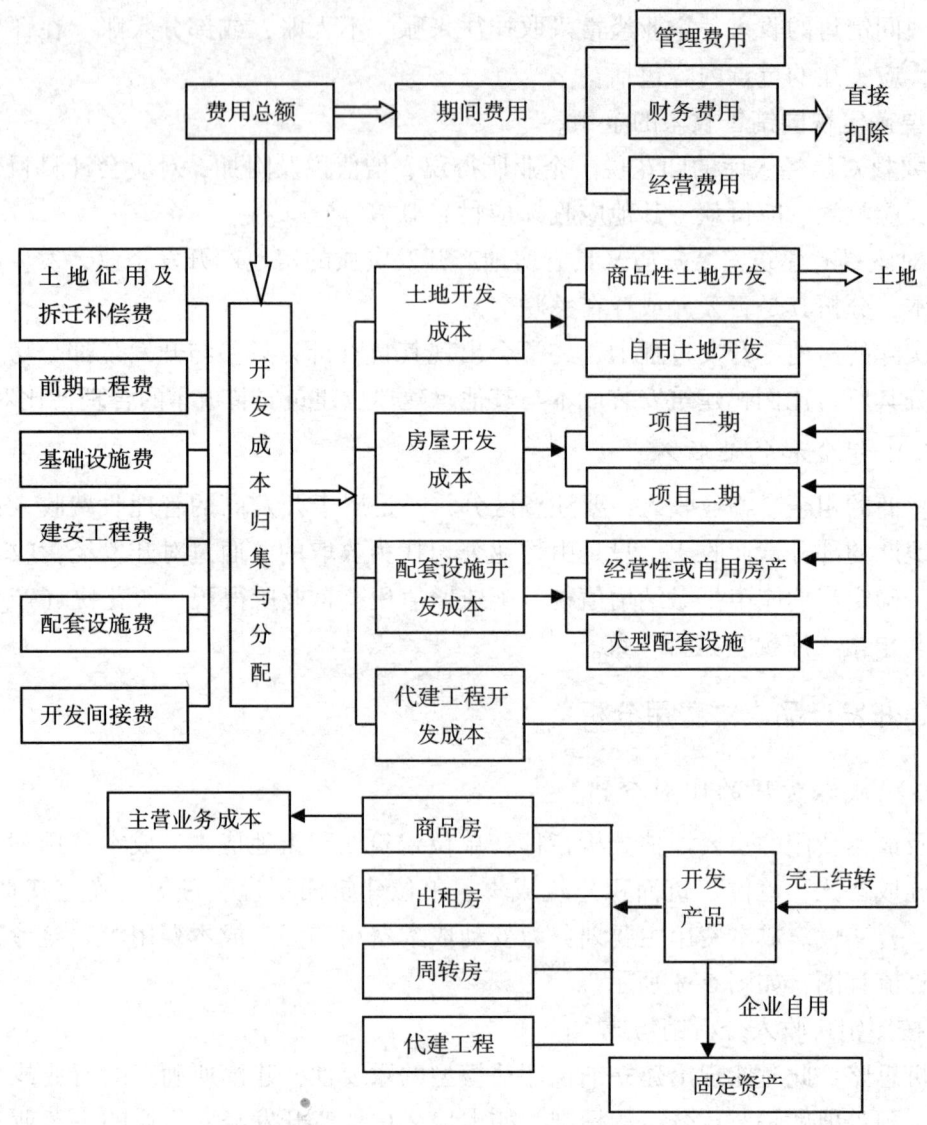

图 6-1 房地产开发成本费用核算流程图

（1）发生退房只冲减销售收入，未转出已结转的销售成本，并增加存货。

（2）个别开发企业依据开发面积预提了城市设施配套费、人防费、消防费等前期费用，而并未上缴；许多开发企业的"预提费用"科目年终余额巨大：

① 通过争取地方政府及有关部门的优惠政策来少付或者不付各项费用，同时仍提取按照规定应支付的各项费用；

② 继续提取国家已取消的收费，形成应付而付不出的各项费用长期挂，从而造成面上经营亏损，不缴或者少缴企业所得税。

（3）存在多转已售房屋分摊成本的情况：一是概算其平均销售单价，测算其真实性；二是根据分户开发销售底册进行统计。

（4）提供虚假的土地购置合同，抬高土地成本。分析中一方面结合土地部门和拆迁户信息核实，另一方面看其支付土地成本时是否取得了合法凭证。拆迁补偿协议很关键。

（二）开发成本的构成及占比

1. 土地开发成本，因地制宜，一线二线占比高，三线四线城市占比低，一般情况约占总成本的30%~45%，包括土地出让金、土地征用费、城市配套费、拆迁安置补偿费等支出。

2. 前期工程费，约占总支出的3%，包括三通一平、临时设施支出。

3. 建筑安装成本，随着土地成本占比而反向变化，约占35%~45%，包括人工、建筑物资材料、相关行政性收费等支出。

4. 社区管网、配套设施、小区智能化费等，约占总支出的6%。

5. 园林绿化工程支出、路面装饰硬化等，约占总支出的3%~5%。

6. 其他成本支出3%~5%。

7. 房地产开发企业的普通住宅项目的毛利润率为20%~40%之间。

（三）房产税和城镇土地使用税分析

1. 房产税

分析主要内容：开发商是否有出租的开发产品或转作自用的开发产品的房产税的申报缴纳情况，与收入的分析相结合。

从租计征和从价计征划分是否合理，其中不在总机构所在地的主管税务部门管辖范围内的房产税是否足额及时入库。

2. 城镇土地使用税

房地产开发非农业用地的土地使用税应由纳税人取得土地使用权后次月起缴纳土地使用税。

分析主要内容：开发商是否及时全额的申报缴纳土地使用税。土地使用信息可通过大集中基础数据、社会综合治税信息等取得土地使用信息，进行比对分析。

三、综合分析

综合评估分析前两种相关因素，确定应缴税款与实际入库税款的差额，涉及以前年度税款的相应进行调整。在评估分析过程中，重点关注以下内容：

（一）关于开发产品销售收入的确认问题

1. 取一次性全额方式销售开发产品的，应于实际收讫价款或取得索取价款凭据（权利）之日，确认收入的实现。

2. 采取分期收款方式销售开发产品的，应按销售合同或协议约定的价款和付款日确认收入的实现。付款方提前付款的，在实际付款日确认收入的实现。

3. 采取银行按揭方式销售开发产品的，应按销售合同或协议约定的价款确定收入额，其首付款应于实际收到日确认收入的实现，余款在银行按揭贷款办理转账之日确认收入的实现。

4. 采取委托方式销售开发产品的，应按以下原则确认收入实现：

——采取支付手续费方式委托销售的，应按销售合同或协议约定的价款于收到受托方已销开发产品清单之日确认收入的实现。

——采取视同买断方式委托销售的，属于开发企业与购买方签订合同或协议，或开发企业、受托方、购买方三方共同签订销售合同或协议的，如果销售合同或协议中约定的价格高于买断价格，则应按销售合同或协议中约定的价格计算的价款于收到受托方已销开发产品清单之日确认收入的实现。如果属于前两种情况中销售合同或协议中约定的价格低于买断价格，以及属于受托方与购买方签订销售合同或协议的，则应按买断价格计算的价款于收到受托方已销开发产品清单之日确认收入实现。

——采取基价（保底价）并实行超基价双方分成委托销售开发产品的，属于开发企业与购买方签订合同或协议，或开发企业、受托方、购买方三方共同签订销售合同或协议的，如果销售合同或协议中约定的价格高于基价，则应按销售合同或协议中约定的价格计算的价款于收到受托方已销售开发产品清单之日确认收入的实现，开发企业按规定支付受托方的分成额，不得直接从销售收入中减除，如果销售合同或协议中约定的价格低于基价，则应按基价计算的价款于收到受托方已销售开发产品清单之日确认收入的实现。属于受托方与购买方直接签订销售合同的，则应按基价加上按规定取得的分成额于收到受托方已销开发产品清单之日确认收入的实现。

——采取包销方式委托销售开发产品的，包销期内可根据包销合同的有关约定，参照上述1至3项规定确认收入的实现；包销期满后尚未出售的开发产品，开发企业应根据包销合同或协议约定的价款和付款方式确认收入的实现。

已销售开发产品清单应载明售出开发产品的名称、地理位置、编号、单价、金额、手续费等项内容，以月或季为结算期，定期进行结算，是否在规定期限内向税务部门进行纳税申报、预缴税款。

5. 开发企业将开发产品先出租再出售的，凡将开发产品转作固定资产的，其租赁期间取得的价款应按租金确认收入的实现；出售时，再按销售固定资产确认收入的实现；凡未将开发产品转作固定资产的，其租赁期间取得的价款应按租金确认收入的实现，出售时，再按销售开发产品确认收入的实现。

（二）关于合作建房的税务处理问题

开发企业以本企业为主体联合其他企业、单位、个人合作或合资开发房地产项目，且该项目未成立独立法人公司的，按下列规定进行处理：

1. 凡开发合同或协议中约定向投资各方分配开发产品的，开发企业在首次分配开发产品时，如该项目已经结算计税成本，其应分配给投资方（即合作、合资方，下同）开发产品的计税成本与其投资额之间的差额计入当期应纳税所得额，如该项目未结算计税成本，则将投资方的投资额视同预售收入进行相关的税务处理。

2. 凡开发合同或协议中约定分配项目利润的，应按以下规定处理：

（1）开发企业应将该项目形成的营业利润额并入当期应纳税所得额统一申报缴纳企业所得税，不得在税前分配该项目的利润。同时不能因为接受投资方投资额而在成本中摊销或在税前扣除相关的利息支出。

（2）投资方取得该项目的营业利润应视同取得股息、红利，凭开发企业的主管税务部门出具的证明，否则按规定补缴企业所得税。

（三）关于以土地使用权投资开发项目的税务处理问题

1. 企业、单位以换取开发产品为目的，将土地使用权投资房地产开发项目，按以下规定进行处理：

（1）企业、单位应在首次取得开发产品时，将其分解为转让土地使用权和购入开发产品两项经济业务进行所得税处理，并按市场公允价值计算确认使用权转让所得或损失。

（2）接受土地使用权的开发方应在首次分出开发产品时，将其分解为按市场公允价值销售该项目应分出的开发产品（包括首次分出的和以后分出的）和购入该项目土地使用权两项经济业务进行企业所得税处理；并将该项目土地使用权的价值计入该项目的成本。

2. 企业、单位以股权的形式，将土地使用权投资房地产开发项目，按以下规定进行处理：

（1）企业、单位在投资交易发生时，应将其分解为销售有关非货币性资产和投资两项经济业务进行所得税处理，并计算确认资产转让所得或损失。

（2）接受土地使用权的开发方在投资交易发生时，可按上述投资交易额计算确认土地使用权的成本，计入开发产品的成本。

（四）比对开发产品"存货"，核清售房数量

个别企业开具的发票金额和合同金额不一致，通过减少开票金额隐瞒收入。将合同价与发票金额、同地段同类房屋价格进行比对，落实到每一户，核清售房收入。

（五）将预收售房款长期挂账，延迟确认收入

按照《企业会计制度》规定，销售商品的收入确认必须同时满足四个条件，房地产开发企业收取的预售房款，在商品房已竣工，购房人办理商品房交付使用手续后，

即应确认收入。重点关注是否将预收售房款长期挂账,延迟确认收入。

四、关于开发产品成本、费用的扣除问题

必须按规定区分开发产品成本和期间费用、开发产品会计成本和计税成本、已销售开发产品计税成本和未销售开发产品计税成本的界限。

(一) 在结算开发产品计税成本时的规定

1. 开发产品建造过程中发生的各项支出,当期发生的,按权责发生制的原则计入成本对象;当期尚未发生但应由当期负担的,除税收规定可以计入当期成本对象外,一律不得计入当期成本对象。

2. 开发产品必须按一般经营常规和会计惯例合理地划分成本对象,同时还应将各项支出合理地分为直接成本、间接成本和共同成本。

3. 开发产品完工前发生的直接成本、间接成本和共同成本,应按配比原则将其分配之各成本对象。凡能分清的,直接计入,凡分不清的,应按各成本对象占地面积、建筑面积或工程概算等方法计算分配。

4. 计入开发产品成本的费用必须是真实发生的,除税收另有规定外,各项预提(或应付) 费用不得计入开发产品成本。

5. 计入开发产品成本的费用必须符合国家税收规定。反之,应以税收规定为准进行调整。

6. 开发产品完工后,应在规定的时间内及时结算其计税成本,如结算了会计成本,则应按税收规定将其调整为计税成本。

(二) 对下列项目进行扣除的规定

1. 已销售开发产品的计税成本,当期准予扣除,公式如下:
已销售开发产品的计税成本=已实现销售的可售面积×可售面积单位工程成本
可售面积单位工程成本=成本对象总成本÷总可售面积

2. 开发企业发生的应计入开发产品成本中的费用,包括:前期工程费、基础设施建设费、公共配套设施费、土地征用及拆迁费、建筑安装工程费、开发间接费用等,按以下规定分摊:

——属于成本对象完工前发生的,应按计税成本结算的规定和其他有关规定直接计入成本对象。

——属于成本对象完工后发生的,应按计税成本结算的规定和其他有关规定,首先在已完工成本对象和未完工成本对象之间进行分摊,然后再将应由已完工成本对象负担的部分,在已销开发产品和未销开发产品之间进行分摊。

3. 应付费用、维修费用。开发企业发生的各项应付费用,可以凭合法凭证计入开发产品计税成本或进行税前扣除;开发企业对已售开发产品进行日常维修、保养、修

理等发生的费用，准予在当期扣除。

4. 公共部位、公用设施设备维修基金。将已计入销售收入的公用部位、公用设施设备维修基金按规定移交给有关部门、单位的，应于移交时扣除。代收代缴的维修基金和预提的维修基金不得扣除。

5. 开发企业在项目内建造的会所、停车场库、物业管理场所、电站、热力站、水厂、文化场馆、幼儿园等配套设施等，按以下规定处理：

——属于非营利性且产权属于全体业主的，或无偿赠与地方政府、公用事业单位的，其建造费用按公用配套设施费的有关规定处理。

——属于营利性的或产权属于开发企业的，或未明确产权归属的，或无偿赠与地方政府、公用事业单位以外其他单位的，应当单独核算其成本。除开发企业自用应按建造固定资产处理外，其他一律按建造开发产品处理。

6. 开发企业建造的邮电设施、学校医疗设施应单独核算成本，按以下规定处理：

——由开发企业投资建设完工后，出售的，按建造开发产品处理；出租的，开发企业，无偿赠与国家有关业务管理部门、单位的，按建造公共配套设施处理。

——由开发企业与国家有关业务管理部门、单位合资建设，完工后有偿移交的，国家有关业务管理部门、单位给予的经济补偿可直接抵扣该项目的建造成本，抵扣的差额应计入当期应纳税所得额。

7. 开发企业建造的售房部（接待处）和样板房，凡能够单独作为成本对象进行核算的，按建造固定资产处理，其他一律按建造开发产品处理。

8. 保证金。开发企业采取银行按揭方式销售开发产品的，凡约定开发企业为购买方的按揭贷款提供担保的，其销售开发产品时向银行提供的保证金（担保金）不得从销售收入中减除，也不得作为费用在当期税前扣除，但实际发生损失时可据实扣除。

9. 广告费、业务宣传费、业务招待费。按以下规定处理：

——开发企业取得的预售收入不得作为广告费、业务宣传费、业务招待费的计算基数，至预售收入转为实际销售收入时，再作为计算基数。

——新办开发企业在取得第一笔开发产品实际销售收入之前发生的，与建造、销售开发产品相关的广告费、业务宣传费、业务招待费，可以向以后结转按税法规定的标准扣除，但结转期限最长不得超过 3 个年度。

10. 利息。按以下规定处理：

——开发企业为建造开发产品借入资金而发生的符合税收规定的借款费用，属于成本对象完工前的，应配比计入成本对象；属于成本对象完工后发生的，作为财务费用直接扣除。

——开发企业向金融机构统一借款后转借集团内部其他企业、单位使用的，借入方凡能出具开发企业从金融机构取得借款的证明文件，其支付的利息准予按税收有关规定在税前扣除。

——开发企业将自有资金借给全资企业（包括分支机构）和其他关联企业的，关联方借入资金额超过注册资本50%的，超过部分的利息支出，不得在税前扣除；未超过部分的利息支出，准予按金融机构同类同期贷款基准利率计算的数额内税前扣除。

11. 土地闲置费。开发企业因超过出让合同约定的动工开发日期而交纳的土地闲置费，计入成本对象的施工成本；因国家无偿收回土地使用权而形成的损失，可作为财产损失按税收规定在税前扣除。

12. 成本对象报废和毁损损失。成本对象在建造过程中单项或单位工程发生报废和毁损，减去残料价值和过失人或保险公司赔偿后的净损失，计入继续施工的工程成本；成本对象整体报废和毁损，其净损失作为财产损失按税收规定扣除。

13. 折旧。开发企业将开发产品转作固定资产的，可按税收规定扣除折旧费用；未转作固定资产的，不得扣除折旧费用。

（三）关于未完工开发产品的税务处理问题

开发建造的住宅、商业用房以及其他建筑物、附着物、配套设施等开发产品，在其未完工前采取预售方式销售的，其预售收入先按预计计税毛利率分季（或月）计算出当期毛利额，扣除相关的期间费用、营业税金及附加后再计入当期应纳税所得额，待开发产品结算计税成本后再行调整。正确区分经济适用房项目和非经济适用房开发项目后，关于"预计计税毛利率"的具体规定按照现行文件要求执行。其中，非经济适用房开发项目的各类开发产品的划分，按房屋、规划、建设等行政部门批准文件执行。

（四）是否虚增无形资产和开发成本

1. 对于开发商高估土地使用权的问题，应将企业土地使用权面价值与当地土地市价进行比对分析，对高于市价的部分是否计提无形资产减值准备，是否已转入开发产品成本的土地使用权价值的确认问题，应根据按历史成本则，在将土地使用权面价值转入开发产品成本评估增值部分冲转，按实际取得该土地所支付的费用减去无形资产摊销后的余额记入开发产品。

2. 开发商的借款渠道较多，除从银行借款外，还从担保公司、财务公司、典当行等金融机构融资，还向其他企业和社会单位借款。由于借款利率高低不一，借入资金既用于开发项目又用于企业日常开支，开发项目又多线多头，使得借款费用的计量比较复杂。开发商在确认开发项目的借款费用时，不是按规定的方法计算分摊，而是根据企业利润情况和财务报告的需要，在开发成本和财务费用之间人为划分，调节当期利润；对于计入开发成本中的借款费用，在各开发项目中的分配也是随意分摊，造成各开发项目之间负担借款费用不合理的现象。

3. 不同类型商品房的经营成本计算不合理。

开发商的同一项目开发的不同类型的商品房，如：底商、住宅、写字楼等，在销售价格上相差悬殊，其经营成本也应该各不相同。而在开发成本的核算中，一般以开发项目（同一块土地上同期开发的各类商品房）为对象进行成本归集，在结转经营成本时统一按平均成本进行结转，造成住宅、写字楼、底商之间单位成本相同或相近、利润率高低悬殊的现象。还有的开发商在项目开发完毕进行销售时，将先期销售的商品房多结转经营成本，后销售的商品房少结转经营成本，形成同一开发项目同类商品房的单位经营成本前后不一。因此，应根据配比原则，将项目开发产品的总成本与其总收入相配比，计算出销售成本率，再根据销售成本率计算不同类型开发产品应结转的经营成本，使同一项目开发的不同类型商品房的利润率比较均衡。

4. 挤占和虚增开发成本。

房地产开发经营是当前的高收入、高利润行业，为了少缴土地增值税和企业所得税，开发商往往将自行开发的办公用房、职工宿舍、自用办公场地的开发成本和代建房屋、代建工程的建设成本挤入商品房开发成本中，增大商品房开发成本和经营成本。此外，企业还通过虚报工程结算，虚报堪察设计费、回迁安置费、土地征用补偿费等方式，虚增商品房开发成本，以降低开发产品增值率，少缴土地增值税；虚减经营利润，少缴企业所得税。

因此，评估分析时除应认真分析开发成本、开发费用、短期借款、应交税费、往来明细及相关原始凭证外，还应取得开发商的土地使用证、项目开发可行性研究报告、投资立项批文、工程项目概预算资料、当地政府部门颁布的城市基准地价表或平均标定地价资料、政府部门有关土地征用及拆迁补偿的规定和项目投资费用估算资料等，还应查阅企业股东大会和董事会会议记录。

将开发成本、开发费用中的各项成本、费用发生额与工程项目概预算、项目投资可行性研究报告和项目投资费用估算资料及当地地价、土地征用及拆迁补偿标准等资料进行比对；将股东大会和董事会会议记录中涉及投资、筹资、堪察设计、土地征用及拆迁补偿、工程施工等事项的决议与相关簿记录和原始凭证进行比对；同时运用单位指标估算法、工程量近似匡算法、概算指标估算法及类似工程经验估算法等方法对房地产开发项目中的前期工程费、建安工程费、基础设施费、工程配套设施费等进行估算；运用查询、分析性复核等审计方法，根据总投资或预计总收入的一定比例，对规划设计费、开发间接费、期间费用等进行估算；根据借款费用的确认原则对借款利息的资本化金额进行匡算；以合理认定开发产品的开发成本和经营成本，审查出人为调节成本的数额，进行税务约谈或实地调查核实处理。

第三节　会计报表内容评估分析要点

按照会计准则规定，企业在会计报告期应编制四种报表，即资产负债表、损益表、现金流量表和所有者权益变动表。对纳税评估人员而言，可以通过审查和纵横分析企业会计报表数据变化，掌握房地产企业资产负债状况、生产经营成果、现金流量动态和所有者权益变动情况。

目前，甚至是相当长一段时间（10年或15年），纳税评估分析首要是第三方信息比对分析，次要才是报表分析，理由很简单，如果报表是虚假的或部分内容是不真实的，那么通过对各种报表的相关指标及相互关系的分析结果也就是错误的，虚假的数据必然是错误的信息，错误的信息带来错误的疑点或风险指向，应对工作肯定是徒劳的。用谎言验证谎言是不可能得到真理的。

因此，在实施纳税评估报表分析前，对报表数据的真实性做甄别是很必要的。针对真实财务报表的真实数据，评估分析的重点包括以下几个方面。

一、资产负债表分析

资产负债表是反映纳税人一定时点的资产、负债、所有者权益的报表，反映了纳税人所掌握的经济资源、纳税人所负担的债务，以及所有者拥有的权益，是纳税人对外公开报出的财务报表体系中的一张主要报表，是重要的纳税参考资料。它是依据会计等式"资产＝负债+所有者权益"编制而成，是反映企业一定时点上的财务状况的会计报表，格式上要求是左右对称的。对资产负债的分析，主要分析的是其同一科目不同时期变化情况和不同科目之间的内在逻辑关系。

（一）资产结构分析

不同行业的纳税人其资产形式的构成特点是不同的：房地产开发纳税人资产构成单一，其中存货主要包括两块，一是已收款未结转的销售，二是土地储备。一般房地产企业的资产是以流动资产为主的；但是，具有建筑施工能力的房地产企业的资产表现形式和工业企业很相似的；生产制造纳税人由于生产过程需要大量的生产设备，其固定资产占全部资产的比重较大。房地产企业资产结构通常具有"固定资产、应收款较小，货币资金、存货较大"的特点。负债结构通常具有预收款、短期负债、长期负债占比高的特点。评估分析时，要注重以下几个方面：

1. 分析总资产规模的变动状况以及各类、各项资产的变动状况；特别重点关注固定资产和在建工程的增减变化情况。

2. 发现变动幅度较大或对总资产（所有者权益）影响较大的重点类别和重点项目。

3. 分析资产变动的合理性。
4. 分析资产规模变动与所有者权益总额变动的适应程度。
5. 分析权益总额的变动状况以及各类、各项筹资的变动状况。

资产结构分析的重点是年度和季度变化，资产增加会涉及契税、印花税、房产税和城镇土地使用税等税费；资产减少会涉及增值税、印花税、土地增值税和企业所得税等税费。

(二) 流动资产分析

1. 货币资金科目分析

货币资金是纳税人正常生产的资金保证，直接反映纳税人的经营现状和经营能力。如果期末余额较大，则要与企业所得税申报的预计利润结合进行分析，如果存在货币资金的增加额乘以预计毛利率小于当期申报的预计利润的现象，要对企业的预收款科目进行核实，是否存在收取预售房款未通过"预收款"科目记账，少申报预计利润。如果期末余额较小，要分析是否可能存在货币资金不入账的情况。应当要求企业提供银行对单账与企业银行存款明细账相核对，是否存在资金转出不入账，不记在其他应收款等往来科目，而放在银行未达账项中。

2. 分析应收账款和其他应收款

应收账款和其他应收款余额以及坏账准备提取额都与纳税人的费用有关，应收账款和其他应收款的内容构成和坏账准备的提取比例是分析的关键。

3. 分析预付款和其他应收款

预付款是企业购买生产材料或设备的预付款，而其他应收款是企业非经营性往来款项，正常情况下，两者之间没有联系，对于在报表中以红字体现的预付款和其他应收款要认真分析，防止纳税人将预收款计入预付款，不及时缴纳有关税金。

4. 存货科目分析

此科目主要反映期末完工开发产品和期末未完工开发产品的情况。期末完工产品的余额一般是与预收款科目有对应关系的。由于目前房地产企业开发项目必须达到一定完工程度（如主体结构封顶）才能取得预售许可证，而开发项目由于需要投入资本比较大，建筑商也需要及时按照工程进度与开发商开具发票结算工程款，所以开发商期末完工产品的余额一般是与预收款科目有对应关系的，存货金额应当与预收款金额保持一定比例的正相关关系。小于预收款期末金额，收入成本费用不配比的，则存在前期多结转销售成本的可能。

要分析企业开发产品总成本、单位面积的开发成本等计算方法和分摊依据，是否存在将土地出让金、前期工程配套费等一次性计入前期成本。开发商在结转销售成本时，也有不按规定的成本结转方法进行结转的，则可能出现商铺（门面房）在前期销售时多结转成本的情况；如果期末存货金额远大于预收款期末金额，则有可能存在预收款项不通过预收款科目核算，而通过其他科目核算的可能。

同时在审核存货科目时，还应注意将完工开发产品的贷方与主营业务成本的借方进行比对，两者应当相等，如果大于则有可能存在将开发产品用于抵债、赠送等未视同销售。要重点抓住两个问题：一是存货的构成问题，要严格划清流动资产和固定资产的界限、生产物资和专项物资的界限；二是存货的变化问题，这是分析中尤其需要注意的地方。例如：如纳税人3月份开发产品为3000万元，4月份开发产品为1000万元，说明其在4月份存在结转开发产品的情况，分析时可以对照利润表比较销售收入变化情况，判断纳税人是否存在外经营或人为调整利润。应该仔细分析开发产品及与其相关联的账户，正确计算销售成本。

（三）长期投资分析

对长期股权投资进行构成分析，主要涉及对企业长期投资的方向（即投资对象、受资企业）、投资规模、持股比例等进行分析。把利润表中股权投资收益与现金流量表中因股权投资收益而收到的现金之间差异进行分析。要注意利润表的投资收益中股权投资收益的确定，是按照权责发生制的要求分别采用成本法与权益法来确定的，并不一定对应企业相应的现金流入量。股权投资收益产生的现金流入量将在现金流量表中以分得股利或利润所收到的现金项目出现。在被持股企业没有分红、分红规模小于可供分配的利润或无力支付现金股利的情况下，利润表中股权投资收益就有可能大于现金流量表中分得股利或利润所收到的现金额。如果长期投资余额减少要注意纳税人是否存在以收入冲抵投资不纳税，或转让投资不纳税的行为。如果长期投资余额增加要注意纳税人投资的实际形式，如果是实物投资要注意相关税收问题，同时还要看纳税人是否存在从联营单位分回利润直接增加投资而未补税的问题。

（四）固定资产分析

一般情况下，房地产公司的固定资产账面数，相对于企业的注册资本、开发规模来说，金额不会很大。如果金额较大，应当分析其具体明细。固定资产科目核算的内容主要是汽车、复印机、电脑、打印机、办公桌等内容。房地产企业具有开发周期长、流动性大的特点，现场办公用房一般都采取租赁方式，对于建设售楼处和样板房等应按照规定单独核算，否则视为开发产品来处理。一般来说固定资产明细上是不应当有工程机械等设备，特殊情况应重点关注。依据资产负债表分析固定资产有关项目，最重要的是固定资产原值及折旧的变化。纳税人固定资产的总量和计提的折旧在不同年份及不同月份之间都有延续性和必然联系，如果报表提供的数字有变化，要引起注意。如果报表反映固定资产减少，审查时要注意减少的原因，对于纳税人出售的固定资产要核实其相关的税收问题；如果报表反映固定资产增加，要注意增加的固定资产的来源，看纳税人有无以产品换取固定资产的情况，并核实交换过程的税收问题；还要认真分析新增固定资产的入账价值，防止固定资产的变化对纳税人的成本核算产生不客观的影响，进而影响利润。

（五）长期待摊费用分析

长期待摊费用的摊销影响纳税人的税前费用，如果纳税人不同时期长期待摊费用发生变化，审查时应引起注意。如果资产负债表反映长期待摊费用增加，审查时要注意增加的来源和内容。对于纳税人以实物换取长期待摊费用，要核实交换环节的税收问题，如果纳税人增加的长期待摊费用不符合税法的规定，要予以剔除，保证长期待摊费用核算的真实性；如果资产负债表反映长期待摊费用减少，要分析其摊销的期限和摊销金额，对财务制度与税收规定有差异的内容，如开办费的摊销，纳税人应按财务制度的规定处理务，但也应在计税时按税法规定调整其应纳税所得额。

（六）流动负债和长期负债分析

流动负债和长期负债反映了企业的负债水平和负债结构，同时也容易成为纳税人隐匿税收的地方，有些纳税人为了少缴、迟缴或不缴税款，总是选择将有关经营销售类收入记入应付账款、其他应付账款、长期借款或短期借款栏内，以达到少缴、迟缴或不缴税的目的。

如果报告期资产负债表反映纳税人的流动负债和长期负债增加，而纳税人的资产负债率又较高，可能存在纳税人将应税收入挤入负债栏目，逃避税收问题；如果报告期资产负债表反映纳税人的流动负债和长期负债减少，要分析减少的原因，尤其注意纳税人以实物抵偿债务，未履行纳税义务问题；同时还要分析纳税人债务减少的真实性，避免纳税人用收入直接冲抵债务，逃避税收问题。应重点关注以下几点：

1. 短期借款科目分析

房地产企业投入资金量较大，一般都有银行借款。对于短期借款科目的审核应重点围绕两个方面：一是企业是否有将预收款以借款的名义记入短期借款科目，逃避应预交三税：增值税、土地增值税和企业所得税。一般来说企业短期借款为整数，而且以万元为单位。分析中如发现企业短期借款金额准确到千位以下，则应重点审核短期借款记录是否真实、规范，是否存在将预收合同外的购房款因公司经营需要转入内运营，而计入该科目。二是对于金额比较大的借款，要认真分析借款的金额和付息方式。特别是向个人或非金融单位的借款，更要认真审核其借款合同的真假。对于由于借款利率超过基准利率而列支的利息，是不允许税前列支的。要认真分析企业与借款方是否有存在关联关系，企业从其关联方接受的债权性投资与权益性投资的比例超过规定的标准而发生的利息支出，不得在计算企业所得税时扣除。

2. 其他应付款科目分析

一般来说，此科目期末金额不大。如果此科目期末金额较大，就应认真分析明细看其他应付款是否核算关联企业之间的往来事项：一是部分房产企业将向关联企业的借款放在此科目里并计提利息在税前列支。需要审查企业从其关联方接受的债权性投资与权益性投资的比例超过规定的标准，计提利息的利率是否超过同期银行贷款利率。二是看其他应付款是否核算代其他部门收取的税费。开发商代其他部门收取的税费也一般放在此科目核算，要分析收取税费时，谁开具收据以及分析是否属于房价的组成部分。如果属于房价的组成部分及由开发商领取的收据已开具，则此部分需确认为收入。三是需要分析其他应付款是否存在长期应付未付的情况。如有些房地产公司为了少缴纳企业所得税，签订假的施工合同，由房地产公司支付增值税金及附加，让建筑公司多开具建筑业发票金额入账。由于业务虚假，相关应付的款项自然是长期挂账。四是部分房地产企业与购买方在签订购房合同时，为了达到双方少缴相关税费的目的，房屋的真实成交价往往高于开票价，其差额部分往往以收据形式收取，在需要资金周转时，以借款或集资款的名义记入此科目。

3. 预收款科目分析

此科目是房地产行业最为敏感的涉税科目。需要与存货、主营业务收入、营业税金及附加、应交企业所得税等科目一起综合分析，相互之间都有一定的对应关系。在分析中，一是要通过预收款明细以及相应的购房合同上注明的付款方式，分析判别主营业务收入应当确认的时间。二是要将资产负债表预收款科目数据与企业申报表数据进行比对，分析收到的预收款是否及时足额预交了三税。其中关于企业所得税分析的具体方法是将资产负债表预收款科目本期增加额乘以预计计税毛利率后的金额，与企业申报表中预收款纳税调增金额减去预收款纳税调减金额后的余额进行比对，两者金额是否一致。

（七）所有者权益分析

1. 资本公积科目分析

分析资本公积核算是否真实，防止纳税人将应税收入挤入资本公积栏目。要将年初数与期末数进行比较，如增加较多，则应当分析增加的原因，是否属于债务重组所得等。绝大多数房地产企业都需要向银行融资。有的为了降低面上的资产负债率以便于向银行贷款，由总公司出一放弃债权的文书后，直接将向总公司的借款转增资本公积。资本公积的增减变化涉及印花税和代扣代缴自然人股东的个人所得税。

2. 盈余公积科目分析

纳税人税后利润是盈余公积的惟一来源，没有利润分配就没有盈余公积的增加，如果纳税人提供的非年末资产负债表中，盈余公积有增加，说明纳税人很可能有违规操作或转移应税收入的行为。

二、损益（利润）表分析

损益（利润）表多是采取多步式计算表的格式，理论依据是会计等式"利润=收入-费用"。对损益（利润）表的分析，主要是分析损益（利润）形成的各指标的真实性和合理性，多用相对数指标，与同期比、与同行业比、与预警值比。它是综合反映纳税人一定时期内（月份、季度、年度）利润（亏损）实现情况的报表。通过对利润表的分析，可以了解纳税人本期生产经营的成果。由于利润总额是计算企业应纳税所得额的基础，利润总额不实会影响企业应缴纳的企业所得税额。

（一）结构分析

1. 收支结构分析

利润是由收入为起点，依次扣除营业税金及附加、成本、期间费用（营业费用、管理费用、财务费用之和），再加上其他业务利润和营业外收支净额后计算得出。因此，构成利润总额的各项要素都会对利润总额产生影响，所以在分析时要进行不同内容的结构分析，以便分析对利润影响较大的积极或消极因素及这些因素的影响程度。

2. 利润结构分析

（1）从构成利润总额的要素分析

利润总额由主营业务利润、其他业务利润、期间费用（营业费用、管理费用、财务费用之和）、投资收益和营业外收支净额构成。其构成关系式为：

利润总额＝主营业务利润＋其他业务利润－期间费用＋投资收益＋营业外收支净额

作为房地产企业，主营业务利润水平和比重代表着企业的创利能力，是公司经营的核心目的。由于期间费用都是企业为了主营业务的营销、管理、融资活动发生的，所以在具体分析时，可以将利润表中的"主营业务利润"和期间费用相抵后作为主营业务实际利润进行结构分析更具有实际意义。因此可以应用"比重＝构成项目/总体指标"分析主营业务实际利润、其他业务利润、投资收益、营业外收支净额各构成项目分别占利润总额的比重。

（2）从创造效益的业务分部、地区分部进行结构分析

企业的利润总额是由不同业务、不同地区分别实现的，因此可以按不同业务、按各分公司为分部进行结构分析，比较不同业务或不同地区的重要地位。通过分析结构比例的变化，还可以观察导致结构变化的因素和影响程度。

（3）构成项目的贡献分析

假设某项被分析指标的构成项目，在基期的结构比例是一定的情况下，因其各自结构比重不同和发展速度不同，各构成项目的增长变动对总体指标的增长贡献也就不同。其应用公式如下：

某项业务增长对总体指标的增长贡献（百分点）＝基期结构比重×某项业务增长率

（二）报表内容的真实性分析

1. 收入和支出项目

采用指标对比分析方法，将纳税人不同时期的利润表反映的相关指标相对照；或

将同行业、同生产规模的不同纳税人的利润指标与纳税人的报表相比较,可以分析出纳税人审查期利润表内容变化的原因和纳税人的生产经营状况。如果纳税人的实际经营状况与分析结果不相符,要进一步深入分析。

2. 根据财务资料间的勾稽关系,审核财务成果的正确性

《利润表》是纳税人填报《企业所得税纳税申报表》的基础资料,与会计账簿之间也存在必然的勾稽关系,分析中可以将《利润表》与纳税人编制的《利润分配表》《产品生产成本表》《主营业务收支明细表》等进行分析核对,分析纳税人的成本、费用和利润的准确性。

3. 分析表内各项目内容,确定应核实重点

利润表各项目之间存在必然联系,这种联系能反映纳税人的经营状况。如果表中反映纳税人的经营额过小或不同时期经营额变化异常,多是不正常的;如果纳税人的亏损额过大或持续亏损,而纳税人仍然生产和投入,也是不正常的。

(三)主要损益(利润)项目分析

1. 主营业务收入科目分析

分析已出售开发产品是否及时结转销售收入。一般的房地产企业都会尽可能推迟确认主营业务收入时间,其确认的依据和金额与开具的正式房屋销售发票的金额一般是相等的。大部分房地产企业对确认收入时间的理解是必须开具正式房屋销售发票时才确认,开具发票前取得的收入只算是预收款。因此,应根据《房地产开发经营业务企业所得税处理办法》(国税发〔2009〕31号)的规定,对房地产企业的销售方式及购房户的购销合同内容等进行认真分析,正确确认收入的时间和金额。

2. 主营业务成本科目分析

此科目可能存在的最大的问题是结转的主营业务成本被人为加大或提前。对于连续开发或滚动开发的房地产企业,较多是不按照收入成本配比原则,不能分项目、分开发类型进行成本费用的归集和分配,从而导致前期开发项目的利润人为调低,无法保证企业所得税的及时足额入库。在进行主营业务成本分析时,需要结合该企业的测绘报告上的总开发面积、已完工面积、已售面积等数据进行综合分析。一般情况下,根据测算,土地成本占房地产成本的30%~40%左右;建筑安装成本约占房地产成本的25%~30%左右。土地成本分析时要查看其分摊的方法和依据。特别是分析单位面积的建筑安装成本时,要结合当地同时期、同房型、同地段的平均水平来认真比较。如果被纳税评估的企业的单位面积建筑安装成本偏高的话,则要结合建筑常规深挖成本偏高的原因。

3. 营业税金及附加科目分析

此科目与主营业务收入和预收款科目有一定的逻辑关系。从理论上测算,主营业务收入及预收款当期的增加额是计算缴纳(含预交)增值税的依据,根据此金额按照

税负率4.5%测算结果与申报的营业税金及附加对比,应基本相等。如两者相差较大,应当认真分析原因。

4. 期间费用科目分析

管理费用过高过低都可能存在问题,过高了可能有虚列支出的情况,需对大额支出审核票据的合法性和其业务的真实性。管理费用过低了也有可能企业将前期发生的业务招待费、业务宣传费、广告费全部计入了开发成本中的前期工程费,而没有单独归集此部分费用。对于财务费用,要结合借款的对象分析利息支出的合理性。要注意"关联交易"事项:开发企业一方面向银行等单位大量借款支付高额利息,另一方面又将自己的资金无偿供关联企业使用不计利息收入。

5. 营业外收入科目分析

一是分析代收契税等手续费用是否准确记录。地方政府一般都将需收取的契税等费用委托房地产企业在收取房款时一并,并给予一定比例的返还。部分房地产企业都将此返还的手续费计入了小金库。二是分析固定资产盘盈,固定资产处置收益,非货币性资产交易收益,出售无形资产收益,罚款净收入和其他应计入营业外收入的项目,是否属于视同销售应当确认收入的范围。

三、现金流量表分析

现金流量表是以广义现金为基础编制的,反映企业在一定会计期间现金及现金等价物流入和流出情况的财务报表。对于房地产企业而且,在某些会计年度,企业经营现金流、投资现金流、融资现金流是不均衡的,在开发阶段,经营及投资现金流通常为负,企业的资金周转主要靠负债,而在开发的后期,经营现金流为正。但是对于不断滚动开发的大型房地产企业而言,经营现金流恰好为正(除非企业有强大的融资能力)。可以将经营现金流和净利润放在一起考察,如果经营现金流长期明显低于净利润,甚至为负,这是不正常的信号,应认真加以分析。按照开发企业"现金流量表"的现金流量分析当期预售收入。如等式左右不等,可能存在视同销售未申报纳税、未按规定核算预售收入和未及时结转完工产品销售收入,或者是通过往来科目隐瞒上述三项收入。

(一)现金流量表与其他主要会计报表的勾稽关系分析

1. 现金流量表主附表的勾稽关系

(1)主表内部的勾稽关系:

经营活动产生的现金净额=经营活动现金流入、流出之差;

投资活动产生的现金净额=投资活动现金流入、流出之差;

筹资活动产生的现金净额=筹资活动现金流入、流出之差;

现金及现金等价物净增加额=经营、投资、筹资现金净额之和+汇率变动对现金的影响。

(2) 主表与补充资料的勾稽关系：

正表中计算的现金及现金等价物净增加额＝补充资料中计算的现金及现金等价物净增加额

正表中的经营活动产生的现金净额＝补充资料中将利润调节为经营活动产生的现金流量

正表中的"收到的增值税销项税和退回的增值税"－"支付的增值税款"＝补充资料中的"增值税增加净额"

2. 现金流量表与利润表的勾稽关系：

补充资料中的"净利润"和"投资损失（减收益）"项目＝利润表中的同名项目

3. 现金流量表与资产负债表的勾稽关系：

(1) 补充资料中的"递延税款贷项（减借项）"＝负债表中的"递延税款贷项－借项年末年初之差"。

(2) 在现金流量表编制基础不包括现金等价物的情况下，负债表中的货币资金年末年初之差＝正表、补充资料中的最末一行。

(3) 在没有发生坏账转销和已转销坏账又收回的情况下，负债表中的坏账准备年末年初之差＝补充资料中的"计提坏账准备和转销的坏账"。

(4) 在没有发生固定资产处置、以固定资产投资情况下，补充资料中的"固定资产折旧"＝负债表中的"累计折旧年末年初之差"。

(5) 在没有购入、处置和投资无形资产情况下：补充资料中的"无形资产摊销"＝负债表中的"无形资产年末年初之差"。

(6) 在没有用存货偿还非经营性负债、对外投资、交换其他资产的情况下：补充资料中的"存货的减少（减增加）"＝负债表中的"存货年末年初之差"。

(二) 主要项目分析

1. 经营活动的现金流量

(1) 销售商品、提供劳务收到的现金："销售商品、提供劳务收到的现金"与资产负债表和利润表有关项目之间存在着勾稽关系，将这个勾稽关系用公式表示出来，可以用来诊断财务报表的内在逻辑是否合理。勾稽公式如下：

销售商品、提供劳务收到的现金＝主营业务收入＋收到的增值税销项税额＋应收账款、应收票据的减少（减去交易对方以非现金资产清偿债务而减少的经营性应收项目）＋预收账款的增加

交易对方以非现金资产清偿债务而减少的经营性应收项目＝主营业务收入＋收到的增值税销项税额＋应收账款、应收票据的减少＋预收账款的增加－销售商品、提供劳务收到的现金

这个公式为深入分析收入和应收款项的异动提供了线索。

在正常情况下，交易对方以非现金资产清偿债务的比例不应是一个很大的数目，如果出现该项目的测算金额很大，则表明可能存在以下几种异常情况：应收款项回收质量较差，债务人以非现金资产抵债的比重过大；与交易对手发生频繁的购销活动时，不伴随现金收付；与交易对手发生大量非货币性交易，其结算方式和会计处理导致现金流量与销售数据不勾稽等。

如果不存在合理的解释，则企业报表有被操控的可能。

"收到的税费返还"项目，反映企业收到返还的企业所得税、增值税、契税、关税和教育费附加等各种税费返还款。

收到的税费返还＝收到的增值税的返还＋收到的契税、教育费附加的返还＋收到的企业所得税的返还

利润表中的"补贴收入"项目，仅反映企业取得的各种补贴收入以及退回的增值税等。退回的企业所得税，冲减"企业所得税"项目。如果出现巨额补贴收入，很可能是土地出让金返还款。

因此，必须将利润表中的"补贴收入"项目与现金流量表中的"收到的税费返还"项目联系起来分析，从而判断该企业实际接受政府补贴情况。

"收到其他与经营活动有关的现金"项目，反映企业经营租赁收到的租金等其他与经营活动有关的现金流入，金额较大的应单独列示。

收到的其他与经营活动有关的现金＝营业外收入（罚款收入）＋其他业务收入（经营租赁租金收入）＋补贴收入（不包括增值税的返还）＋其他应付款的增加

收到的其他与经营活动有关的现金异动倍数＝收到的其他与经营活动有关的现金÷销售商品、提供劳务收到的现金

该指标的倍数越高，说明公司的经营活动现金流入的异动程度越高。

（2）购买商品、接受劳务支付的现金流量（略）

"购买商品、接受劳务支付的现金"项目，反映企业本期购买商品、接受劳务实际支付的现金（包括增值税进项税额），以及本期支付前期购买商品、接受劳务的未付款项和本期预付款项，减去本期发生的购货退回收到的现金。企业购买材料和代购代销业务支付的现金，也在本项目反映。

2. 筹资活动现金流量

筹资活动所关注的是：筹资活动的现金流量与经营活动、投资活动现金流量之和的适应程度，以及所筹集资金的使用情况。

"吸收投资收到的现金"项目，反映企业以发行股票、债券等方式筹集资金实际收到的款项，减去直接支付给金融企业的佣金、手续费、宣传费、咨询费、印刷费等发行费用后的净额。

"取得借款收到的现金"项目,反映企业举借各种短期、长期借款而收到的现金。"偿还债务支付的现金"项目,反映企业以现金偿还债务的本金。"分配股利、利润或偿付利息支付的现金"项目,反映企业实际支付的现金股利、支付给其他投资单位的利润或用现金支付的借款利息、债券利息。

"收到其他与筹资活动有关的现金""支付其他与筹资活动有关的现金"项目,反映企业收到或支付的其他与筹资活动有关的现金流入或流出,金额较大的应当单独列示。

"汇率变动对现金的影响"项目,反映下列项目之间的差额:

企业外币现金流量折算为记本位币时,所采用的现金流量发生日的即期汇率或按照系统合理的方法确定的、与现金流量发生日即期汇率近似的汇率折算的金额(编制合并现金流量表时还包括折算境外子公司的现金流量,应当比照处理);

"现金及现金等价物净增加额"中外币现金净增加额按期末汇率折算的金额。

四、所有者权益变动表分析

所有者权益变动表是反映公司本期(年度或中期)内至截至期末所有者权益变动情况的报表。其中,所有者权益变动表应当全面反映一定时期所有者权益变动的情况。

2007年以前,公司所有者权益变动情况是以资产负债表附表形式予以体现的。新准则颁布后,要求上市公司于2007年正式对外呈报所有者权益变动表,因此,所有者权益变动表成为与资产负债表、利润表和现金流量表并列披露的第四张财务报表。在所有者权益变动表中,企业还应当单独列示反映下列信息的。(1)所有者权益总量的增减变动。(2)所有者权益增减变动的重要结构性信息。(3)直接计入所有者权益的利得和损失。

所有者权益变动表是反映构成所有者权益的各组成部分当期的增减变动情况的报表。通过所有者权益变动表,既可以为报表使用者提供所有者权益总量增减变动的信息,也能为其提供所有者权益增减变动的结构性信息,特别是能够让报表使用者理解所有者权益增减变动的根源。

分析企业所有者权益情况之前,要对所有者权益变动表各重要项目逐一进行分析。

(一)股本变动情况的分析

股份资本,是经公司章程授权、代表公司所有权的全部股份,既包括普通股也包括优先股,为构成公司股东权益的两个组成部分之一。股本的大小会随着送股和配股而增加,但市价不会改变,这是由于送配股后除权的原因。股本的增加包括资本公积转入、盈余公积转入、利润分配转入和发行新股等多种渠道,前三种都会稀释股票的价格,而发行新股既能增加注册资本和股东权益,又可增加公司的现金资产,这是对公司发展最有利的增股方式。

（二）资本公积变动情况的分析

资本公积是指投资者或者他人投入到企业、所有权归属于投资者、并且投入金额上超过法定资本部分的资本。资本公积增加的原因包括资本（股本）溢价和其他资本公积的增加。资本公积减少的原因主要是转增资本。重点关注的是该科目核算内容是否属于其核算范围。

除了关注资本公积增减涉及印花税和个人所得税外，重点关注在相关科目核算税前应税收入、免税收入的情况，需要对明细情况进行核实。

（三）盈余公积变动情况的分析

盈余公积的提取实际上是企业当期实现的净利润向投资者分配利润的一种限制。提取盈余公积本身就属于利润分配的一部分，提取盈余公积相对应的资金，一经提取形成盈余公积后，在一般情况下不得用于向投资者分配利润或股利。盈余公积的增减变动情况可以直接反映出企业利润积累程度。

第四节 内部资料和第三方信息分析

对于非大企业纳税人实施纳税评估分析和税收风险识别（分析）应该秉承的思路是"首选对税务内部资料（数据）分析、次选对第三方信息分析、最后是财务报表分析"。理由有两个：首先，财务报表多是虚假或错误的，谎言验证谎言的结果还是谎言；其次，税务内部数据是现成的，是直接查询使用的，是成本最低而效率最高的。

一、内部资料分析

通过查阅近几年的纳税申报资料，了解纳税人申报纳税的收入、成本和利润水平。通过对各年度纳税申报数量、各税种变化、各税种的逻辑关系以及各年检查补税等情况分析，测算企业的经营规模，项目开发的大致进程，从中找出可能出现的税收问题。

【例】M开发商某月申报入库增值税900万元，计税依据为1亿元，但预缴土地增值税只申报入库30万元，如果当地土地增值税预征率为5‰，则说明M在当月少申报土地增值税20万元。

（一）纳税申报表数据分析

将纳税人申报数据与财务会计报表数据进行比较、与同行业相关数据或类似企业同期相关数据进行横向比较；将纳税人申报数据与历史同期相关数据进行纵向比较，结合经济形式和企业发生的重大事项，分析数据的变化轨迹是否合理；根据不同税种之间的关联性和勾稽关系，参照相关预警值进行税种之间的关联性分析，分析纳税人各税种之间的关联数据的符合程度,分析纳税人应纳相关税种的异常变化;应用税收管理员日常管理中所掌握的情况和积累的经验,将纳税人申报情况与其生产经营实际情况相对照,分析其合理性,以确定纳税人申报纳税中可能存在的问题及其原因。

1. 是否按照税法规定的程序、手续和时限履行申报纳税义务?
2. 各项纳税申报附送的各类抵扣、列支凭证是否合法、真实完整?
3. 不同税种之间的关联性和勾稽关系是否正确?
4. 适用的税目、税率及各项数字计算是否准确,申报数据与税务部门所掌握的相关数据是否相符?
5. 收入、费用、利润及其他有关项目的调整是否符合税法规定,申请减免缓抵退税,亏损结转、获利年度的确定是否符合税法规定并正确履行相关手续?
6. 与上期和同期申报纳税情况有无较大差异?

（二）分析案例

某省某地的东方房地产置业有限公司成立于 2010 年 3 月,是一家以房地产开发销售为主的企业,该公司自成立后完成××花园的开发建设,该项目位于市区主要道路边,是一座商业、住宅为一体的综合办公楼。主管税务部门在进行土地增值税纳税评估时从征管系统和企业财务报表中采集到以下数据：

各年度申报数据统计表　　　　　　　　　单位：万元

年度	2013 年	2014 年	2015 年	2016 年
营业税	25	105	153	57
土地增值税	10	42	61.2	23

各项成本费用指标统计表　　　　　　　　单位：万元

项　目	金额（2013 年 1 月至 2016 年 12 月）
开发成本	4526.29
业务费	130
审计费	44
管理人员工资	102
办公费用	49.5
广告费	150.6
出让金	44
税　金	383

在案头审核时,评估人员利用"计税收入申报差异率对比分析法"测算了该公司三年来申报缴纳的土地增值税,差异率并没有显示出异常情况,但是在将该公司申报的土地增值税与营业税相比对时发现,该公司土地增值税税负一直稳定在2%(依据当地主管税务部门规定的预缴土地增值税的方式,商业用房预缴率为2%、普通住宅为0.5%~1%),于是发现两个疑点:一是该项目为商住楼,企业实现的销售收入不可能不包含住宅;二是该项目取得销售(预售)许可证已经满三年,按照规定应该进行清算,但是该公司仍然按照预缴率申报土地增值税。

(三)税务登记信息分析

通过对税务登记信息的分析,可初步确定纳税人存在税收风险的可能性,是一种定性分析的过程。同时,也可以确定纳税人在该行业的规模、从业环境,对使用具体的评估指标做出准确的选择。通过了解登记时间的长短,可以判断纳税人生产经营的成长性,如果经营时间较长,说明纳税人有盈利的空间,不应该出现长期零申报或亏损的情况;通过了解投资情况,可以判断纳税人的经营规模,借助行业利润率等指标,可以分析纳税人具体的营业收入范围,以分析纳税申报的合理性;通过了解投资变动情况,也可以了解投资转让情况,可能涉及个人所得税及企业所得税问题;通过了解行业、经济性质等,可以分析纳税人的经营管理,以判断存在税收风险的可能性;通过了解财务核算方式情况,可以确定企业所得税评估的方法选择;通过了解财产登记情况,确定财产税申报缴纳的合理性;通过了解纳税人税种核定情况,可以确定纳税人需要履行的纳税申报情况。在对纳税人进行综合评估时,税务登记信息的分析是必不可缺少的,应根据不同的侧重点,对不同登记信息做出合理的分析。

(四)税款入库数据分析

从各税种的入库结构、入库波动情况、入库类别情况等分析中,可以获取重要的评估信息。如通过入库结构分析各税种的配比情况;通过入库波动情况分析纳税人经营情况的变化;通过入库类别情况可以判断纳税人是否存在自查、稽查等入库情况。例如:

1. 通过契税入库数据,分析城镇土地使用税规模和纳税义务发生起始时间,分析房产税规模和纳税义务发生起始时间。

2. 通过已缴纳增值税和消费税与已入库城建税对比分析,加强对未及时履行"一税两费"(即城市维护建设税、教育费附加和地方教育附加)缴纳义务的纳税人实施税务约谈或实地核实。

(五)如何加强"一税两费"管理

通过对已入库增值税和消费税的"两税入库信息"比对分析,能够实现加强对城市维护建设税、教育费附加和地方教育附加,即"一税两费"的税收风险管理。

1. 主要工作流程

第一，信息采集。每年的1、4、7和10月份，通过系统获取上季度辖区所有已缴纳增值税和消费税企业的纳税信息（3个月明细数据）。例如4月份获取的是1、2、3月份的数据。

第二，信息比对。因为当月缴纳"两税"次月缴纳"一税两费"，所以要将"两税"所属月与次月"一税两费"的相关信息进行比对。如4月份获取"两税"的1、2、3月份的数据与"一税两费"的2、3、4月份数据对比。

第三，风险应对。采取函告、短信或集体约谈等方式对存在差异（或少或多）进行核实。

第四，结果处理。多退少补。

第五，建立一税两费的税收风险特征库。

备注说明：采集数据中不能包含消费税和增值税的滞纳金，并根据实际情况确定是否采集或包含个体工商户相关数据。

2. 风险特征库的主要内容

（1）出口退税企业获得的免抵退税额，未按规定缴纳城建税及附加费；（2）企业经营地址发生变化，未及时调整城市维护建设税税率。如原郊区（适用税率5%）户转到城区（适用税率7%），未及时更新税率；（3）代开发票当月缴纳增值税，未按规定缴纳城建税及附加费；（4）增值税多缴不退，存在多缴纳城建税及附加费或信息比对差异；（5）企业营业税改征增值税后，未按规定缴纳城建税及附加费。

（六）财务信息分析

结合财务指标的分析，应对财务信息做进一步的详细分析，以确定税收疑点的可能性。如通过对营业收入分月份分析，可以确定收入波动与税款波动的协调性，同时也可确定收入确认的合理性；通过对成本费用的月份分析，可以确定成本发生的规律性，同时也可确定成本与收入的配比情况。当然通过对存货、固定资产、应收账款、应付账款、预收账款、所有者权益等期初、期末数的对比分析，也可以获取有用的信息，以辅助评估工作的开展。

（七）稽查信息分析

税务稽查部门在对房地产企业进行稽查时，查处的各种税收违法案件，从侧面反映出日常税收征管存在的漏洞和薄弱环节。税收管理员在对房地产企业进行纳税评估前，要充分利用稽查案卷，通过对该行业税收违法相关信息的梳理分析，摸清违法行为发生的环节和规律，可以找准纳税评估的重点，提高评估分析的质量和效率。

（八）发票开具情况分析

通过对企业开出的各类发票的分析，可以了解企业产品或商品销售的方向、结构等信息，经过分类筛选和分析，可以发现企业对不同销售对象在价格方面的差异，企业销售单的路径是否符合常规，是否有在关联企业之间通过转让定价套取税收优惠，逃避纳税义务。要达到分析的目的还应当对发票中的销售对象名称、产品或商品名称、计量单位、数量、单价的采集和补录；可以通过由企业提供合同、文件了解企业销售产品的作价原则、方法和实际作价情况。

二、第三方信息分析

（一）工程项目分析

一是了解企业各年度开工项目名称、地理位置，是否已进行年度企业所得税汇算和土地增值税清算。在房地产开发期间，与税收紧密相关的信息有：开发商基本情况；土地取得的方式和确权时间；项目名称、占地面积、总建筑面积、开竣工日期；总包及分包的施工单位、合同造价；投资概算、已实际发生的开发成本；项目竣工验收及决算时间；第一笔预售收入取得时间、当年预售收入；销售平均单价、销售面积、可销售面积；销售方式；发票领购开具缴验情况；当年申报缴纳各税情况等等。对已实行项目管理的地区，以上信息可从征管部门获得。

二是通过报纸、电视、楼盘销售宣传单等媒体，了解企业的广告覆盖面、楼盘功能档次、户型结构、预售证批号及取得时间、预售开盘情况及销售阶段等信息。通过对以上信息的梳理分析，可得出初步的判断：

项目是否达到完工条件；销售进度与预售收入、销售收入是否相当；已完工项目，其建安成本与预算造价、实际总投资与投资概算是否相近；发票开具使用是否合规；收入与申报缴纳税金是否匹配；是否存在未计少计收入、隐匿收入的可能性。

（二）第三方信息分析

建立第三方信息管理长效机制，定期交换相互信息，第三方信息的分析要结合商品房基本开发流程进行。如图6-2所示。

1. 土地管理部门

负责办理国有土地出（转）让手续，收取土地出让金，核发《国有土地使用证》。从土地管理部门可获取土地使用权出让和转让信息，包括出（转）让方、出（转）让方地址、受让方地址、土地位置和面积、土地用途、土地成交价格、转让金额，是审核土地出（转）让金的依据。

2. 发改委

负责开发项目的立项审批。从发改委可获取开发项目的批准文号、建设单位、批复项目、投资概算、建设地址、项目备案号等信息。

3. 拆迁管理部门（拆迁办公室）

负责审查颁发《房屋拆迁许可证》，审查、备案开发企业与拆迁方签订的《房屋拆迁安置补偿协议》。《房屋拆迁安置补偿协议》的主要内容包括补偿形式、补偿金额、支付方式、安置用房面积、安置地点，是审核拆迁补偿费的依据。

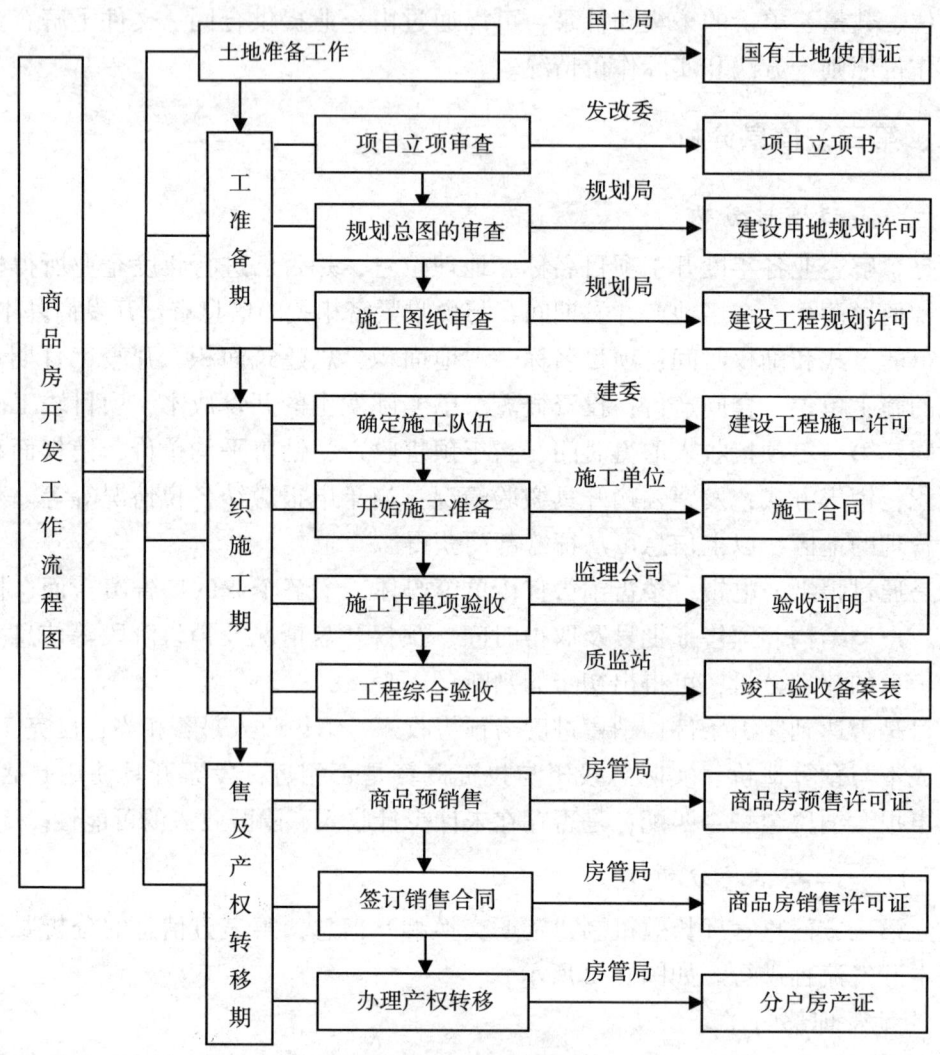

图 6-2 商品房开发工作流程图

4. 规划部门

负责规划总图的评审，核发《建设用地规划许可证》；负责报建图的审查，核发《建设工程规划许可证》。从规划部门可获取开发项目名称、性质、占地面积，规划的建筑面积、容积率、可销售面积、不可销售面积以及公共配套设施情况等信息。这些都是审核可售面积的依据。

5. 建设主管部门

负责对工程开工条件进行审查，核发《建筑工程施工许可证》。从建设主管部门可获取建筑工程施工许可证书编号、建设单位、工程名称、工程地址、工程概算、施工单位、监理单位、开工日期等信息。

6. 建筑工程质量监督部门

负责对建设单位提供的竣工验收报告进行备案审查，出具建设工程项目竣工综合验收备案证明。从建筑工程质量监督部门可获取开发项目完工的《工程竣工验收备案表》，采集工程竣工验收时间、竣工验收意见等信息。

7. 房产管理部门

负责审查商品房预售方案，核发《商品房预售许可证》；负责对房屋建筑面积进行测量，出具测绘报告；负责核准新建商品房所有权初始登记（大产权证）以及分户产权登记。从房产管理部门可获取房产位置、建筑面积、产权证号、发证时间等房产交易、预售许可证发放信息。

8. 定额管理部门

负责贯彻执行建设行政主管部门有关工程造价管理的法规政策，落实建设主管部门制定的工程概算、预算、费用和工期定额以及计价的办法规定，定期公布放开价格的建筑材料，公布造价指数。从定额管理部门可以取得建设工程的各种定额标准和取费标准，是分析工程成本是否真实合理的重要参考依据。

9. 中介机构

房地产开发经营涉及的中介机构，主要有工程监理公司和会计师（造价师）事务所。工程监理公司，主要职责是控制工程建设的投资、建设工期、工程质量；进行安全管理、工程建设合同管理；协调有关单位之间的工作关系。其在工程监理过程中形成的《监理日记》《监理月报》《监理工作总结》等资料，对审核房地产开发成本的真实性具有重要参考价值。

三、收入分析

（一）收入分析重点内容（图6-3）

1. 是否将收取的售房款长期滞留在销售部门，未按规定入账。
2. 采取委托销售方式销售的，由中介服务机构收取部分售房款并开具发票或收据，隐匿收入。
3. 将售房款分解为两部分，一部分记入内账，另一部分记入外账。
4. 销售阁楼、停车位、地下室以及精装房装修部分单独开具收款收据，取得的收入未按规定入账。

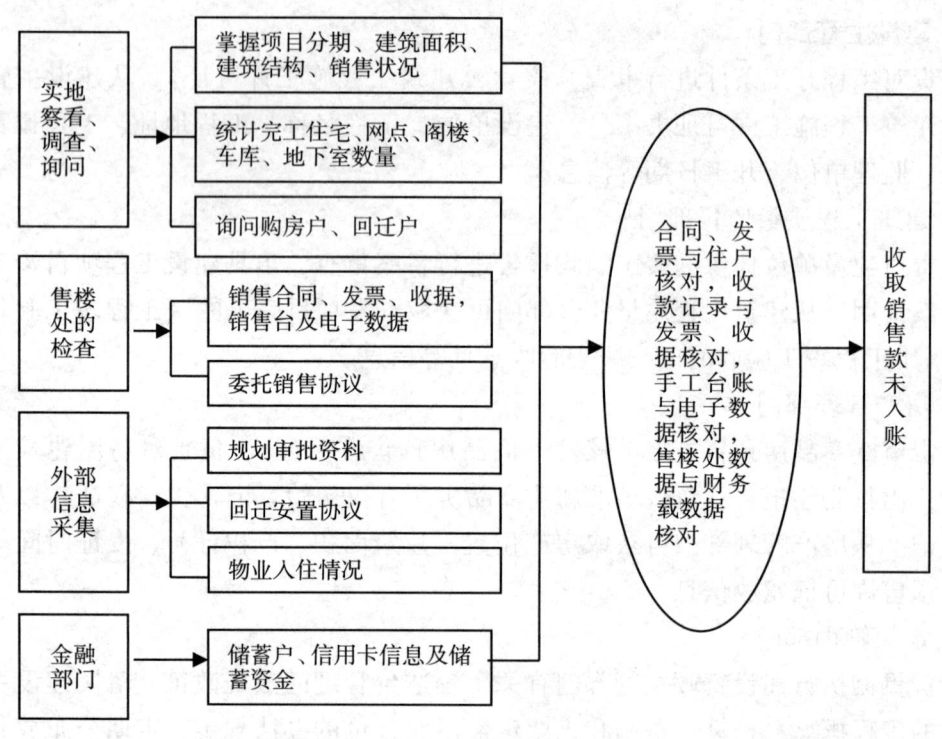

图 6-3 收入和价外费用税务检查工作流程图

5. 私改规划，增加销售面积，隐匿增加面积部分的收入。

6. 旧城改造补偿给搬迁户新房，超出补偿面积部分的差价款未按规定入账。

7. 客户放弃的购房定金、预交款、没收的违约金或保证金、施工方延误工期的罚款收入、取得的政府奖励收入、先租后售收取的租金等收入，未按规定入账。

(二) 分析思路和方法

收入分析的具体思路：

1. 将确认的已售面积及销售金额与"预收款""主营业务收入"账户及纳税申报表进行比对。

2. 调取开发项目的《动迁房屋产权调换协议书》或回迁安置协议，抽取样本进行调查，核实调换房屋的面积和超出补偿面积差价款的情况，收取的超面积安置收入是否并入当期应纳税所得额申报缴纳企业所得税，是否按补偿标准面积的工程成本价与差价款之和计算缴纳相关税款。

3. 调取开发企业与中介服务机构签订的代理销售合同、协议，根据计提的销售佣金金额和比例反向计算销售额，与申报的预售收入和销售收入比对。

4. 将《建设工程规划许可证》中开发项目的建筑面积、容积率、可销售面积、不可销售面积以及公共配套设施等信息，与面记载面积、实地开发面积比对。

四、城镇土地使用税分析

城镇土地使用税是财产（土地是财产）税也好，是行为（占有使用）税也罢，无所谓。对于房地产企业，在持有或使用该应税土地期间缴纳，属于"暂时缴纳"，所以最关心的是终止该纳税业务的时间，总结概括为"次月起、当月止"！

（一）土地使用税计税起始时间

开发阶段的计税起始时间，应当结合以下两个文件进行判断。

按照《城镇土地使用税暂行条例》第九条规定：新征用的土地，依照下列规定缴纳土地使用税：（1）征用的耕地，自批准征用之日起满一年时开始缴纳土地使用税；（2）征用的非耕地，自批准征用次月起缴纳土地使用税。

按照《财政部 国家税务总局关于房产税、城镇土地使用税有关政策的通知》（财税〔2006〕186号）第二条第一款规定：以出让或转让方式有偿取得土地使用权的，应由受让方从合同约定交付土地时间的次月起缴纳城镇土地使用税；合同未约定交付土地时间的，由受让方从合同签订的次月起缴纳城镇土地使用税。

所以，拥有土地使用权次月开始缴纳城镇土地使用税，按年分月纳税。

（二）土地使用税计税依据

1. 总计税面积的确定

房地产开发企业，建造期间征土地使用税的计税依据，是下面两个规定：按《城镇土地使用税暂行条例》的第三条：土地使用税以纳税人实际占用的土地面积为计税依据，依照规定税额计算征收。前款土地占用面积的组织测量工作，由省、自治区、直辖市人民政府根据实际情况确定。

按《国家税务局关于土地使用税若干具体问题的解释和暂行规定》（国税地字〔1988〕015号）第六条：纳税人实际占用的土地面积，是指由省、自治区、直辖市人民政府确定的单位组织测定的土地面积。尚未组织测量，但纳税人持有政府部门核发的土地使用证书的，以证书确认的土地面积为准；尚未核发土地使用证书的，应由纳税人据实申报土地面积。

这里需要注意，如果纳税人实践中非法占地开发，即土地使用权证明文件上的四至界线与实地不一致，应按实地四至界线计算土地面积。

2. 免税面积的扣除

（1）经济适用房用地和廉租房用地面积免税

按照《财政部 国家税务总局关于廉租住房经济适用住房和住房租赁有关税收政策的通知》（财税〔2008〕24号）第一条第（二）项规定：开发商在经济适用住房、商品住房项目中配套建造廉租住房，在商品住房项目中配套建造经济适用住房，如能提供政府部门出具的相关材料，可按廉租住房、经济适用住房建筑面积占总建筑面积的比例免征开发商应缴纳的城镇土地使用税。

(2) 其他优惠政策用途占地面积扣除

对于其他符合优惠政策列明用途（学校、医院、托儿所、幼儿园，小区外与社会公用地段未加隔离的绿化用地、道路用地，小区内的荒山、林地、湖泊等尚未利用的土地）的土地面积，因为房地产企业尚在建造中，建成后的上述优惠政策列明用途房产可能占地面积和规划面积不一致，建成后也可能挪作他用，所以各地对建造期间的优惠政策列明用途土地面积是否适用优惠政策掌握不一，有的地方允许扣除，有的不允许扣除。

此外，税企双方都应注意，房地产企业并不适用填海整治土地税收优惠政策，依据是《国家税务总局关于填海整治土地免征城镇土地使用税问题的批复》（国税函〔2005〕968号）规定：享受免缴土地使用税5～10年的填海整治的土地，是指纳税人经有关部门批准后自行填海整治的土地，不包括纳税人通过出让、转让、划拨等方式取得的已填海整治的土地。

应纳税额计算公式：应纳税额＝单位税额×（总计税－免税）面积

（三）计税截止时间

按照《财政部 国家税务总局关于房产税城镇土地使用税有关问题的通知》（财税〔2008〕152号）第三条规定：纳税人因房产、土地的实物或权利状态发生变化而依法终止城镇土地使用税纳税义务的，其应纳税款的计算应截止到房产、土地的实物或权利状态发生变化的当月末。就是说纳税人不再是土地使用税纳税人时，其由土地使用税纳税人转为非土地使用税纳税人的当月依然要计算缴纳土地使用税。

文件中"权利状态发生变化"，一般理解为土地使用权发生转移。因此，实践中多数省份认为房地产企业的开发项目土地使用税应以项目宗地使用权转移登记给业主月份作为最后截止月份。

因为开发商的销售行为是陆续发生的，陆续交付业主使用，为业主办理土地使用（房产）证是分批办理的，因此截止月份也呈现出分批特点。认为如果未能给购房者办理土地使用（房产）证，就应继续照常纳税。这是错误的。不能以土地使用证为准，这样会造成开发商多缴纳土地使用税的不公平现实。

实务中，应以开发商交付业主使用当月作为土地使用税计税截止时间，不仅符合实质重于形式原则，而且也有一定的法律依据。《国家税务总局关于房产税城镇土地使用税有关政策规定的通知》（国税发〔2003〕89号）第二条第（一）项规定："购置新建商品房，自房屋交付使用之次月起计征城镇土地使用税。"对于开发商而言，销售开发产品并交付业主使用当月，仍对交付业主房产所占土地缴纳土地使用税。此后，由业主在房屋交付使用次月开始缴纳土地使用税（个人居住免税）。整个过程实现了土地使用税的无缝衔接，国家对此宗地一直在征收土地使用税，而且也未重复征收。如果开发商已交付业主使用,但因未给业主办理土地使用证件,而继续缴纳土地使用税,则因业主从房屋交付使用次月也开始缴纳土地使用税,明显产生了对同一土地,同一时间,征收两次土地使用税的重复征税。

开发商品房已经销售的,土地使用税纳税义务的截止时间为商品房实物或权利状态发生变化即商品房交付使用的当月末。商品房交付使用,是指房地产企业将已建成的房屋转移给买受人占有,其外在表现主要是将房屋的钥匙交付给买受人。交房当月还是开发商缴纳城镇土地使用税,次月起买受人将接力继续缴纳,买受人享受城镇土地使用税减免税除外!

(四)计税面积

1. 扣除免税面积

开发项目竣工交付使用后,小区内的学校、医院、托儿所、幼儿园用地,小区外与社会公用地段未加隔离的绿化用地、道路用地,可以享受土地使用税免税政策,不再具有争议。小区内的荒山、林地、湖泊可供小区内的业主日常观赏和休憩,属于已利用土地,不能享受土地使用税免税政策,亦无争议。

开发项目竣工交付使用后,小区内的道路、绿地、公共设施用地,原则上也可享受免税政策,予以扣除。因为根据《中华人民共和国民法典》物权编的规定,小区内的道路、绿地、公共设施属于业主所共有。所以,小区内的道路、绿地、公共设施用地本质上是多位个人院落用地的集合。按照〔1988〕国税地字第15号的第十八条第一款规定:"个人所有的居住房屋及院落用地征免税,由省、自治区、直辖市税务局确定。"既然各省目前对个人所有的居住房屋及院落用地出台的都是免税政策,因此小区内的道路、绿地、公共设施用地也应予以免税。

2. 计算应税面积和应纳税额

应税面积=项目总计税面积-免税面积-交付购买的业主使用面积

交付业主使用面积=(项目总计税面积-免税面积)×(交付购买的业主房产建筑面积÷项目房产总可售建筑面积)

应纳税额=月单位税额×应税面积

因为陆续销售,陆续交付购买房产的业主使用,所以在应用上述公式计算时,注意逐月计算,然后再累加税额。

(五)典型案例

【案例】H开发公司作为政府投融资平台,从事成片土地开发、基础设施开发建设等业务。2012年3月,地税部门检查发现该企业于2010年10月购得郊区一地块40万平方米土地,土地出让合同约定2010年11月底前交付给企业。企业取得该地块后暂未进行实质性开发,并认为土地没有投入使用也就不需要缴纳城镇土地使用税。

解析:根据《中华人民共和国城镇土地使用税暂行条例》第九条的规定,新征用的土地,依照下列规定缴纳土地使用税:(一)征用的耕地,自批准征用之日起满一年时开始缴纳土地使用税;(二)征用的非耕地,自批准征用次月起缴纳土地使用税。根据《财政部 国家税务总局〈关于房产税城镇土地使用税有关政策的通知〉》(财税〔2006〕186号)的规定,对纳税人自建、委托施工及开发涉及的城镇土地使用税的纳税义务发生时间,由纳税人从取得土地使用权合同约定交付土地时间的次月起缴纳城镇土地使用税;合同未约定交付土地时间的,由受让方从合同签订的次月起缴纳城镇土地使用税。

因此,H开发公司根据合同约定已于2010年11月底前拿到该土地使用权,不管是否进行开发,都应该从2010年12月起申报缴纳城镇土地使用税。根据上述规定,税务部门对该公司2010年12月及2011年全年做出了补税、加收滞纳金及行政罚款的处理。

第五节 土地增值税评估分析

土地增值税是对所有转让国有土地使用权和销售不动产(房产及建筑物等)的单位和个人征收的"行为税"。它和契税是孪生姊妹,每一次国有土地使用权的转让和不动产过户行为(销售、投资、赠与等)发生,就要缴纳一次,卖方(转让方)应申报缴纳土地增值税(无增值和免税除外),买房(受让方)应申报缴纳契税。

一、土地增值税综述

土地增值税是增值税的特例,或表述为"土地增值税是特殊的增值税",亦称之为"土地的增值税"。根据现行(2020年8月及以前)的《中华人民共和国土地增值税暂行条例》及其《实施细则》的规定,土地增值税的核心是六个字"国有、有偿、转让"。只有同时满足这三个条件才征税,否则不征税。不是国有土地使用权的不征、不是有偿转让的不征(如赠与)、不过户的不征。

(一)一般政策规定

1. 土地增值税的纳税人

土地增值税的纳税人是有偿转让国有土地使用权、地上建筑物及其附着物的单位和个人。包括各类事业单位、机关、团体、个体工商户及其他单位和个人,也包括外商投资企业、外国企业驻华机构、外国公民、华侨、港澳台同胞等。其内涵包括:(1)不论法人还是自然人。(2)不论经济性质。(3)不论内资与外资企业、中国公民与外籍个人。(4)不论部门与行业。

所以,"国有+有偿+转让",同时满足的销售方都是土地增值税的纳税人,有责任履行土地增值税的纳税义务。

2. 土地增值税的征税范围

（1）凡转让国有土地使用权、地上建筑物（也包括地上和地下的各种建筑物及各种附属设施）及附着物（指附着于土地上的不能移动，一经移动即遭损坏的物品，如花、草、树木、雕塑等），并取得收入的行为都应当缴纳土地增值税。其有四层含义：

① 土地增值税仅对转让国有土地使用权征税，对非法转让集体土地使用权不征税。集体土地必须依法征用成为国有土地后才能转让，否则，不能列入土地增值税的征税范围。目前的土地增值税征税范围中还是不包括小产权房的，集体土地使用权上的房产就是不属于土地增值税征税范围的房产。

② 土地增值税只对转让房地产征税，不转让不征税。出让属于一级市场，转让属于二级市场，土地增值税只对转让房地产征税。而出让土地、房地产出租的行为不属于转让房地产，则不征土地增值税。

③ 土地增值税只对转让房地产并取得收入征税，对于发生转让行为而未取得收入的不征税（例如：继承、赠与等方式）。

④ 根据具体行为情况和属性确定是否征收土地增值税。

（2）特殊情况：

① 房地产抵押的在抵押期间不征土地增值税；抵押期满后的房地产权属未转移的不征；如以房地产抵债而发生的房地产权属转移应征。

② 房地产交换（不含个人自有住房交换的）应征土地增值税。

③ 以房地产投资联营的。当房地产转到投资联营企业（该企业必须是非房地产企业）中时，暂免征土地增值税；当投资联营企业将房地产转让时应征；对于将房地产作价入股进行投资联营时，凡投资联营的企业从事房地产开发的，或者房地产开发企业以其建造的商品房进行投资联营的，均应按规定征。

④ 合作建房的，房地产建成后合作各分房自用的暂免征土地增值税，建成后转让的应征。

⑤ 开发公司代建的房地产不征土地增值税。

3. 土地增值税的计税依据

应纳土地增值税额是按照纳税人转让房地产所取得的增值额和规定的税率计算缴纳（与所得税类似）。转让房地产所取得的增值额就是土地增值税的计税依据。增值额为纳税人转让房地产的收入减除法定扣除项目金额后的余额。

（1）房地产转让收入

房地产转让收入是指房地产的产权所有人、土地使用权人将房屋产权、土地使用权转移给他人而取得的货币形态（如现金，银行存款、支票、银行本票、汇票等各种信用票据和国库券、金融债券、企业债券等有价债券）、实物形态（如钢材、水泥等建材、房屋、土地等不动产)、其他形态（主要指无形资产收入或具有财产价值的权利，如专利权、商标权、著作权、专有技术使用权等）的全部价款及有关经济收益。

对于纳税人隐瞒、虚报房地产成交价格或转让房地产成交价格低于房地产评估价格又无正当理由的，应由评估机构参照同类房地产的市场交易价格进行评估（市场比较法），税务部门依据或参照评估价格确定转让房地产的收入。房地产企业以物易物、以商品房抵偿债务的应作为商品房销售收入。

(2) 扣除项目金额是计算增值额和征收土地增值税的关键，主要包括六项：

① 取得土地使用权所支付的金额

包括纳税人为取得土地使用权所支付地价款和国家统一规定交纳的有关费用。取得土地使用权支付的地价款具体为：以出让方式（协议、招标、拍卖等方式）取得土地使用权的，为支付的土地出让金；以行政划拨方式取得土地使用权的，为转让土地使用权时按规定补交的出让金；以转让方式得到土地使用权的，为支付的地价款。按国家统一规定交纳的有关费用，是在取得土地使用权过程中办理有关手续，按规定缴纳的有关登记、过户手续费。

② 开发土地和新建房及配套设施的成本（简称开发成本）

包括土地征用及拆迁补偿费（含土地征用费、耕地占用税、劳动力安置费及有关地上地下附着物拆迁补偿的净支出、安置动迁用房支出等）、前期工程费〔包括规划、设计、项目可行性研究和水文、地质、勘察、测绘、"三通一平"（通水、通电、通路、平整地面）等支出〕、建筑安装工程费（是指以出包方式支付给承包单位的建筑安装工程费，纳税人自己建房所发生列入开发项目工程施工图预算内的各种建筑安装工程费用）、基础设施费（包括开发小区内道路、供水、供电、供气、排污、通讯、照明、环卫、绿化等工程发生的支出）、公共设施配套费（包括不能有偿转让的开发小区内公共设施发生的支出，如建造开发小区内的居委会、派出所、幼儿园、学校、公共厕所等设施的支出）、开发间接费用（是指纳税人内部独立核算单位直接组织管理开发项目发生的费用，包括工资、职工福利费、折旧费、修理费、办公费、水电费、劳动保护费、周转房摊销等）等。这些成本可按实际发生额扣除。

③ 开发土地和新建房及配套设施的费用（简称房地产开发费用）

包括销售费用、管理费用和财务费用。根据现行财务会计制度的规定，三项费用作为期间费用，直接计入当期损益，不按成本核算对象进行分摊。故作为土地增值税扣除项目的房地产开发费用，不按纳税人房地产开发项目实际发生的费用进行扣除，而是按照下列标准进行扣除：

房地产开发费用之一的财务费用中的利息支出，凡能够按照转让项目计算分摊，并能提供金融机构证明的据实扣除，但最高不能超过商业银行同类同类同期贷款利率计算的金额。除利息支出以外的房地产开发费用按取得土地使用权支付的金额及房地产开发成本之和的5%以内的予以扣除（例如江苏省规定扣除比例是5%）。

需要说明的是：土地增值税的扣除项目中的"房地产开发费用"的扣除额与房地产开发企业期间费用中销售费用、管理费用和财务费用列支标准是截然不同的。土地增值税扣除项目中的三项费用，除符合《细则》规定的利息支出可以按实际支出额扣除外，其余均按比例扣除。

④ 旧房及建筑物的评估价格

是指在转让已使用的房屋及建筑物时，由政府批准设立的房地产评估机构评定的重置成本价乘以成新度折扣率后的价格（重置成本法）。

对旧房和建筑物不按建造时所实际支付的成本和费用作为扣除项目金额，主要是考虑到旧房和建筑物的转让收入中包含一定的受通货膨胀因素影响的价格上涨部分，如果按照建造时的造价作为扣除项目金额，则对通货膨胀而带来的增值也征了土地增值税，这是不合理的。

关于旧房及建筑物的评估，是用市场比较法来确定其成交价格，用重置成本法来确定房产的扣除项目金额，用取得土地使用权时的基准地价或标定地价来确定土地的扣除项目金额。

⑤ 与转让房地产有关的税金

包括城市维护建设税、印花税（不含房地产开发企业缴纳的印花税，因其已在管理费用中列支）。因转让房地产缴纳的教育费附加，也可视同税金予以扣除。

⑥ 加计扣除

即对从事房地产开发的纳税人，可按取得土地使用权所支付的金额与房地产开发成本之和加计20%的扣除。加计扣除的理由如下：

一是实行区别对待的原则，对从事房地产开发的予以税收优惠，对炒买炒卖房地产的从严征税。这既保护了正常投资开发者的积极性，又打击了炒买炒卖的行为。

二是对房地产开发的适当的投资回报予以税收优惠。由于房地产开发周期长，所需资金量较大，投资风险相对较高，采用对其加计20%扣除的做法，即是对其基本投资回报部分不征收土地增值税，保护其投资的合理权益。

4. 土地增值税的计算

（1）税率：土地增值税采用四级超率累进税率，最低税率为30%，最高税率为60%。具体税率见表6-2。

表 6-2　　　　　　　　　　　土地增值税税率表

级次 项目	增值额占扣除项目金额比例	税率	速算扣除系数
1	50%以下（含50%）	30%	0
2	超过50%~100%（含100%）	40%	5%
3	超过100%~200%（含200%）	50%	15%
4	200%以上	60%	35%

应纳税款=增值额×税率-扣除项目金额×速算扣除系数

（2）应纳税额的计算

应纳税额=土地增值额×适用税率

凡土地增值额超过扣除项目金额50%以上，即应同时适用两档或两档以上的税率，分档计算应纳税额。为了便于计算，可利用速算公式，具体如下：

① 增值额未超过扣除项目金额50%的

土地增值税税额=增值额×30%

② 增值额超过扣除项目金额50%的，未超过100%的

土地增值税税额=增值额×40%-扣除项目金额×5%

③ 增值额超过扣除项目金额100%的，未超过200%的

土地增值税税额=增值额×50%-扣除项目金额×15%

④ 增值额超过扣除项目金额200%的

土地增值税税额=增值额×60%-扣除项目金额×35%

（3）土地增值税的计算步骤如下：

第一，确定房地产转让收入

第二，计算确定的扣除项目金额

第三，计算增值额（增值额=转让房地产收入-扣除项目金额）

第四，计算增值额与扣除项目金额之比即增值率

第五，确定适用税率计算应纳税额

应注意：土地增值税以纳税人房地产开发成本核算的最基本的核算项目或核算对象为计算单位。

【例一】2014年，甲房地产开发公司建造一幢普通标准住宅并出售，获得600万元的销售收入（假定城建税率为7%，教育费附加费率为3%）。甲为建造普通标准住宅而支付100万元的地价款及有关费用，建造此楼时投入了300万元的开发成本。开发费用按地价款和开发成本的10%计提（甲因同时建造别墅等住宅，对该普通住宅所用的银行贷款利息支出无法分摊，当地规定房地产开发费用的计提比例为10%）。

怎样计算转让此普通标准住宅应缴纳的土地增值税？

解：第一步，确定转让房地产的收入

转让房地产的收入为600万元

第二步，确定转让房地产的扣除项目金额

1. 取得土地使用权所支付的金额100万元。
2. 房地产的开发成本300万元。
3. 房地产的开发费用：(100+300)×10%=40（万元）
4. 与转让房地产有关的税金为：

600×5%×(1+7%+3%)=33（万元）

5. 从事房地产开发的加计扣除为：

(100+300)×20%=80（万元）

转让房地产的扣除项目的金额为：

100+300+40+33+80=553（万元）

第三步，计算转让房地产的增值额

增值额为：600-553=47（万元）

第四步，计算增值额与扣除项目金额的比率

增值额与扣除项目的比率为47÷553≈8.5%。

由于增值额未超过扣除项目金额的20%，因此对甲房地产开发公司该普通准住宅的转让收入免征土地增值税。

【例二】2014年，某省乙房地产开发公司建造并出售了一幢写字楼，取得了销售收入1000万元（人民币，下同。营业税税率为5%，城建税税率为7%，教育费附加费率为3%）。乙为建造写字楼而支付了100万元的地价款，建造此楼时又投入了200万元的开发成本（注：乙因同时建造别的商品房，不能按该出售的写字楼计算分摊银行贷款利息支付），试计算乙转让此写字楼应纳的土地增值税。

解：第一步，确定转让房地产的收入。

转让房地产的收入为：1000万元

第二步，确定转让房地产的扣除项目的金额

1. 取得土地使用权所支付的金额为100万元
2. 房地产的开发成本为200万元
3. 与房地产开发有关的费用为：(100+200)×10%=30（万元）
4. 转让房地产有关的税金为：

1000×5%×(1+7%+3%)=55（万元）

5. 从事房地产开发的加计扣除为：

(100+200)×20%=60（万元）

转让房地产扣除项目的金额为：

100+200+30+55+60=445（万元）

第三步，计算转让房地产的增值额

增值额为：1000-445=555（万元）

第四步，计算增值额与扣除项目金额的比率：

增值额与扣除项目金额的比率为 555÷445≈125%

第五步，依据《细则》所列的速算公式计算土地增值税税额为：

555×50%-445×15%=277.5-66.75=210.75（万元）

（二）特殊政策规定

下面是针对房地产企业计算缴纳土地增值税的特殊政策规定：

1. 纳税项目登记。从事房地产开发与建设的纳税人应在取得土地使用权并获得房地产开发项目开工许可证后 30 天内，向主管税务部门填报《土地增值税项目登记表》，办理纳税项目登记。

房地产开发项目以房地产成本核算的最基本核算项目或核算对象登记。成本核算单位一经确定，在土地增值税未清算前，不得变动。

2. 纳税义务发生时间。直接转让房地产的，为取得收入的当天；以赊销或分期收款方式转让房地产的，为本期收到价款的当天或合同约定本期应收到价款日期的当天；采用预收价款方式转让房地产的，为收到预收价款的当天。

3. 征收方法

（1）按实际征收

纳税人于项目转让后一次性取得价款的，应按规定计算缴纳土增税。

（2）预征

《实施细则》第十六条规定，纳税人在项目全部竣工结算前转让房地产取得的收入，由于涉及成本确定或其他原因，而无法据以计算土地增值税的，可以预征土地增值税，待项目全部竣工、办理决算后再进行清算，多退少补。

如果取分期收款方式转让房地产的，可预征土地增值税，待决算价款后进行清算，多退少补。

纳税采取预售方式转让房地产的，可按买卖双方签订合同所载的金额计算出应纳税额，再根据每笔预收价款占收入的比例计算每次需缴纳的税额，于每次预收价款时预征土地增值税，待项目竣工后进行清算。

（3）纳税人采用预收价款方式转让房地产的，以收到的预收价款作为土地增值税预征的计税依据。

（4）对预征的商品房进行清算时，纳税人除按照《实施细则》第十五条规定，提交房屋及建筑物产权、土地使用权证书、土地使用权转让、房地产买卖合同，房地产评估报告外，还须向主管税务部门提供下列资料：

① 项目投资计划文件；
② 项目可行性经济分析报告；
③ 土地征用协议书；
④ 招投标书（包括建安工程、水电工程、装饰工程项目等）；
⑤ 房产管理部门核发的商品房销售面积明细表；
⑥ 工程竣工结算报告；
⑦ 物价管理部门下发的商品房销售价格批复；
⑧ 成本核算资料（包括册、报表等）；
⑨ 其他资料。

（三）土地增值税的清算

1. 土地增值税的清算条件：

符合下列情形之一的，纳税人应进行土地增值税的清算。

（1）房地产开发项目全部竣工、完成销售的。

（2）整体转让未竣工决算房地产开发项目的。

（3）直接转让土地使用权。

2. 符合下列情形之一的，主管税务部门可要求纳税人进行土地增值税清算：

（1）已竣工验收的房地产开发项目，已转让的房地产建筑面积占整个可售建筑面积的比例在85%以上，或比例虽未超过85%，但剩余的可售建筑面积已经出租或自用。

（2）取得销售许可证满三年仍未销售完毕的。

（3）纳税人申请注销税务登记但未办理土地增值税清算的手续的。

（4）省税务机关规定的其他情况。

3. 土地增值税清算应报送的资料：

（1）房地产开发企业清算土地增值税书面申请、土地增值税纳税申报表。

（2）项目竣工决算报表、取得土地使用权所支付的地价款凭证、国有土地使用权出让合同银行贷款利息结算通知单、项目工程合同清算单、商品房购销合同统计表等与转让房地产的收入、成本和费用有关的证明资料。

（3）主管税务部门要求报送的其他与土增税清算有关的证明资料。

（4）纳税人委托税务中介机构审核鉴证的清算项目，还应报送中介机构出具的《土地增值税清算税款鉴证报告》。

4. 土地增值税的核定征收

房地产开发企业有下列情形之一的，税务部门可以参照与其开发规模和收入水平相近的当地企业的土地增值税税负情况，按不低于预征率的征收率核定征收土地增值税：

（1）依照法律、行政法规的规定应当设置簿但未设置簿的；

（2）擅自销毁簿或者拒不提供纳税资料的；

（3）虽设置簿，但项目混乱或者成本资料、收入凭证、费用凭证残缺不全，难以确定转让收入或扣除项目金额的；

（4）符合土地增值税清算条件，未按照规定的期限办理清算手续，经税务机关责令限期清算，逾期仍不清算的；

（5）申报的计税依据明显偏低，又无正当理由的。

5. 清算后再转让房地产的处理

在土地增值税清算时未转让的房地产，清算后销售或有偿转让的，纳税人应当按规定进行土地增值税的纳税申报，扣除项目金额按清算时的单位建筑面积成本费用乘以销售或转让面积计算。

单位建筑面积成本费用=清算时的扣除总金额÷清算的总建筑面积

（四）扣除项目金额的分摊问题

1. 纳税人成片受让土地使用权后，分期分批开发分块转让，对允许扣除项目金额，原则上按转让土地使用权面积占总面积的比例计算分摊，若按此办法难以计算或明显不合理，也可按建筑面积计算分摊允许扣除项目金额。

2. 纳税人进行房地产综合开发，一是不能按项目分摊允许扣除项目金额，或项目竣工前无法计算扣除项目金额的，可按建筑面积预算扣除项目金额计算预缴土地增值税，待项目全部竣工办理清算后，再进行结算。

二、土地增值税优惠政策

（一）纳税人建造普通标准住宅出售，其增值额未超过扣除项目金额20%的，免征土地增值税；增值额超过扣除项目20%的，应就其全部增值额按规定计税。普通标准住宅，是指一般民用住宅。高级别墅公寓、度假村等不属于普通标准住宅。

此外，对纳税人建造及转让的是否属于普通标准住宅，也不能由纳税人说了算，而应由纳税人提出书面申请，报经房地产所在地主管税务部门审核后，才能确定是否予以免税。

（二）因国家建设需要而依法征用收回的房地产，免征土地增值税。

（三）因城市市政规划、国家建设的需要而搬迁，由纳税人自行转让原房地产取得的收入，免征土地增值税。

在现实生活中，除因城市实施规划，国家建设的需要而被政府批准征用房产或收回土地使用权的情况外，由纳税人自行搬迁转让房地产的情况也很多。如对一些污染扰民企业，政府往往让其在规定时间内搬离市区（政府行为），但并不征用它们的房产及收回土地使用权,而由这些企业自行转让。对这种情况,如果征用土地增值税,这些企业就没有能力异地重建或重购房地产。

按照财税〔2006〕21号文的规定:"因城市实施规划而搬迁",是指因旧城改造或因企业污染、扰民(指产生过量废气、废水、废渣和噪音,使城市居民生活受到一定危害),而由政府或政府有关主管部门根据已审批通过的城市规划确定进行搬迁的情况;"因国家建设的需要而搬迁",是指因实施国务院、省级人民政府、国务院有关部委批准的建设项目而进行的搬迁的情况。

(四)个人因工作调动或改善居住条件而转让原自有住房,经向所在地税务部门申报核准,凡居住满五年或五年以上的,免征土地增值税;居住满三年未满五年的减半征收土地增值税。

(五)按照财税〔1999〕210号文的规定:对居民个人拥有的普通住宅,在其转让时暂免征收土地增值税。

应注意:无论征税项目或者免税项目的转让,都要按规定办理纳税或者免税手续。否则土管、房管部门不得办理土地使用权、房屋产权变更手续,即执行的是先缴纳土地增值税再办理产权证书,"先税后证"!

三、土地增值税评估分析要点

(一)收集数据资料

要求纳税人以分期项目为单位,如实提供如下的资料:
1. 项目竣工清算报表和有关账簿;
2. 已完工开发项目成本表;
3. 清算项目的工程建设合同及工程竣工验收报告;
4. 土地增值税项目登记表;
5. 项目建议书的批复;
6. 房屋土地管理局测绘面积成果;
7. 商品住房建筑面积情况明细表;
8. 商品住房建筑面积情况明细表;
9. 与土地增值税清算有关的其他证明资料。

(二)分析指标

1. 土地增值税计税收入申报差异率(收入+预收款)

原理描述:该指标适用于房地产开发企业按收入乘预征率预征土地增值税。计算纳税户本期申报土地增值税计税收入与纳税户应申报的土地增值税计税收入的差额,纳税户应申报的土地增值税计税收入=评估期预收账款期末数-基期预收账款期末数+评估期主营业务收入。基期预收账款期末数=评估期上期的预收账款期末数。该指标小于0时，提示异常，可能存在纳税人少申报土地增值税计税收入。

公式：评估期转让房地产收入额=评估期预收账款期末数-基期预收账款期末数+评估期主营业务收入

数据获取途径：转让房地产收入额、预收账款、主营业务收入

计算过程：统计选定评估期内纳税人申报的土地增值税计税收入与本期应申报的土地增值税计税收入，计算两者的差额。

疑点判断：评估期申报的土地增值税计税收入A，纳税户应申报的土地增值税计税收入B，土地增值税计税收入申报差异率C。C=A-B，C<0，可能存在少申报计税收入。

2. 土地增值税计税收入申报差异率（开票金额）

原理描述：该指标适用于房地产开发企业按收入乘预征率预征土地增值税。计算纳税户本期申报的土地增值税计税收入与本期开具的发票金额的差额。评估期发票开具金额=评估期预收款发票开具金额。该指标小于0时，可能存在纳税人少申报土地增值税计税收入。

公式：申报差异金额=转让房地产收入额-发票开具金额

数据获取途径：转让房地产收入额

计算过程：统计选定评估期纳税户申报的土地增值税计税收入与其本期开具的发票金额，计算两者之间的差额。

疑点判断：评估期纳税人申报的土地增值税计税收入A，开具的预收款发票金额B，土地增值税申报差异率C，C=A-B。C<0，可能存在少申报土地增值税计税收入。

应用要点：为简化纳税人申报和税务人员审核的工作量，便于纳税评估，要求房地产企业销售期房必须全额开具预收款发票。

3. 土地增值税计税收入申报差异率（购销合同印花税）

原理描述：该指标适用于房地产开发企业按收入乘预征率预征土地增值税。计算纳税人本期申报的土地增值税计税收入与购销合同印花税计税金额的差额。不等于0时为疑点。

公式：申报差异金额=评估期间的转让房地产收入额-评估期间的购销合同印花税换算计税依据的金额

数据获取途径：转让房地产收入额、购销合同印花税计税依据金额

计算过程：选定评估期内纳税人申报的土地增值税计税金额与申报的购销合同印花税计税金额的差额。

疑点判断：评估期转让房地产收入额A，评估期购销合同印花税计税金额B，土地增值税计税收入申报差异率C，C=A-B，C<0，可能存在少申报土地增值税计税收入。

4. 土地增值税计税收入申报差异率（其他应付款）

原理描述：该指标适用于房地产开发企业按收入乘预征率预征土地增值税。计算纳税人评估期其他应付款期末数与基期其他应付款期末数的差额与基期其他应付款期末数的比值，比值大于10%，提示异常。可能存在纳税人将计入"其他应付款"科目的定金、诚意金等未申报缴纳土地增值税。

评估模型：（评估期其他应付款期末数−基期其他应付款期末数）÷基期其他应付款期末数

数据获取途径：其他应付款

计算过程：统计选定评估期内纳税人其他应付款科目的期末数与基期其他应付款科目期末数的差额，除以基期其他应付款科目期末数，计算两者的比值。

疑点判断：评估期其他应付款期末数 A、基期其他应付款期末数 B、土地增值税申报差异率 C，C=（A−B）÷B，当土地增值税申报差异率 C 小于等于10%时，存在异常。

应用要点：该指标建立在土地增值税计税收入申报差异率（收入+预收款）评估分析未发现问题的基础上。

（三）收入分析要点

清算项目的收入，是指转让国有土地使用权、地上的建筑物及其附着物（以下简称房地产）并取得的全部价款及有关的经济收益，包括货币收入、实物收入和其他收入。

1. 企业按照项目设立的网上销售备案情况，查看项目合同签订日期、交付使用日期、预售款确认收入日期和收入金额。

2. 按揭款收入有无申报纳税，有无挂在往来，如"其他应付款"，不作销售收入申报纳税的情形。

3. 本项目房地产安置回迁户的，是否按非货币性交易准则进行处理，同时将此确认为房地产开发项目的拆迁补偿费，企业所得税和土地增值税视同销售处理。

4. 纳税人在销售不动产过程中收取的价外费用，如天然气初装费、有线电视初装费等收益，是否按规定申报纳税。

5. 将房地产抵债转让给其他单位和个人或被法院拍卖的房产，是否按规定申报纳税。

6. 纳税人将开发的房地产用于职工福利、奖励、对外投资、分配给股东或投资人、抵偿债务、换取其他单位和个人的非货币性资产等，发生所有权转移时应视同销售申报纳税。

7. 将预收款直接冲减开发成本，不确认或少确认应税收入。

8. 按揭销售、首付款实际收到时或余款在银行按揭贷款办理转账后，不及时入账,或将收到的按揭款项记入"短期借款"等科目。

9. 开发的小区会所等产权转给物业,不按开发产品进行税务处理,或者将不需要办理房产证的停车位、地下室等公共配套设备对外出售不计收入。

10. 注意企业相关的账务处理,防止收入确定的遗漏。应特别关注往来账以及"营业外支出、固定资产清理、资本公积、待处理财产损益"等科目,避免被查出以房抵债、以房屋进行交换其他资源等。

(四)扣除项目分析要点

房地产开发成本,主要包括:土地征用及拆迁补偿费、前期工程费、建筑安装工程费、基础设施费、公共配套设施费、开发间接费用。应当分析纳税人申报的扣除项目是否符合土地增值税暂行条例实施细则第七条规定的范围。分析的具体内容包括:

1. 取得土地使用权所支付的金额及拆迁补偿费。包括:土地买价或出让金、大市政配套费、契税、耕地占用税、土地使用费、土地闲置费、土地变更用途和超面积补交的地价及相关税费、拆迁补偿支出、安置及动迁支出、回迁房建造支出、农作物补偿费和危房补偿费。

(1) 如果同一土地有多个开发项目,审核取得土地使用权支付金额的分配比例和具体金额的计算是否正确。

(2) 取得土地使用权支付金额是否含有关联方的费用,判断其取得土地使用权支付金额是否存在明显异常。

(3) 开发商向土地部门支付土地买价或者出让金后,收到政府的返还奖励是否冲减土地成本。

(4) 房地产开发企业逾期开发缴纳的土地闲置费是否扣除。

2. 前期工程费,是指项目开发前期发生的水文地质勘察、测绘、规划、设计、可行性研究、筹建、地上原有建筑物构筑物拆除、场地通平等前期费用。

3. 建筑工程费,是指开发项目开发过程中发生的各项建筑安装费用。主要包括开发项目建筑工程费和开发项目安装工程费等。建筑安装工程费的分析,应当包括下列内容:

(1) 出包方式。重点分析完工决算成本与工程概预算成本是否存在明显异常。当二者差异较大时,应当:①从合同管理部门获取施工单位与开发商签订的施工合同,并与相关项目进行核对;②实地查看项目工程情况,必要时,向建筑监理公司取证;③纳税人是否存在利用关联方承包或分包工程,增加或减少建筑安装成本造价的情形。

(2) 自营方式。重点分析施工所发生的人工费、材料费、机械使用费、其他直接费和管理费支出是否取得合法有效的凭证,是否按规定进行会计处理和税务处理。

4. 基础设施费,是指开发项目在开发过程中所发生的各项基础设施支出,主要包括开发项目内道路、供水、供电、供气、排污、排洪、通讯、照明等社区管网工程费和环境卫生、园林绿化等园林环境工程费。公共配套设施费指开发项目内发生的、独立的、非营利性的，且产权属于全体业主的，或无偿赠与地方政府、政府公用事业单位的公共配套设施支出。基础设施费和公共配套设施费的审核，应当包括下列内容：

（1）有无预提的基础设施费和公共配套设施费用。

（2）如果有多个开发项目，基础设施费和公共配套设施费用是否分项目核算，是否将应记入其他项目的费用记入了清算项目。

（3）各项基础设施和公共配套设施费的分摊和扣除是否符合有关税收规定。

（4）是否将期间费用记入基础设施费和公共配套设施费用。

5. 开发间接费用，是属于企业内部独立核算单位为开发产品而发生的各项间接费用。应当包括下列内容：

（1）有无预提的开发间接费用。

（2）如果有多个开发项目，开发间接费用是否分项目核算，是否将应记入其他项目的费用记入了清算项目。

（3）在计算加计扣除项目基数时，是否剔除了已计入开发成本的借款费用。

6. 房地产开发费用，是指企业为直接组织和管理开发项目所发生的，且不能将其归属于特定成本对象的成本费用性支出。应当包括下列内容：

（1）利息支出的审核。企业开发项目的利息支出不能够提供金融机构证明的，审核其利息支出是否按税收规定的比例计算扣除；房地产开发费用是否按规定比例计算扣除。

（2）开发项目的利息支出能够提供金融机构证明的，应按下列方法进行审核：

① 如果有多个开发项目，利息费用是否分项目核算，是否将应记入其他项目的利息费用记入了清算项目；

② 审核各项借款合同，判断其相应条款是否符合有关规定。

7. 与转让房地产有关的税金，确认与转让房地产有关的税金及附加扣除的范围是否符合税收有关规定，计算的扣除金额是否正确。

对于不属于清算范围或者不属于转让房地产时发生的税金及附加，或者按照预售收入（不包括已经结转销售收入部分）计算并缴纳的税金及附加，不应作为清算的扣除项目。

8. 国家规定的加计扣除项目的审核，应当包括下列内容：

（1）对取得土地（不论是生地还是熟地）使用权后，未进行任何形式的开发即转让的，是否按税收规定计算扣除项目金额，核实有无违反税收规定加计扣除的情形。

（2）对于取得土地使用权后，仅进行土地开发（如"三通一平"等），不建造房屋即转让土地使用权的，是否按税收规定计算扣除项目金额，是否按取得土地使用权时支付的地价款和开发土地的成本之和计算加计扣除。

（3）对于县级以上人民政府要求房地产开发企业在售房时代收的各项费用，分析其代收费用是否计入房价并向购买方一并收取，核实有无将代收费用作为加计扣除的基数的情形。

9. 应注意的其他问题：

（1）如果企业有多个开发项目，收入与扣除项目金额是否属于同一项目。

（2）如果同一个项目既有普通住宅，又有非普通住宅，其收入额与扣除项目金额是否分开核算；分开核算是否准确。

（3）对于纳税人成片受让土地使用权后，分期分批开发、转让房地产的，其扣除项目金额是否按主管税务部门确定的分摊方法计算扣除。

（4）房地产开发企业样板房单独建造、事后拆除的建造成本和装修费用，是否作为长期待摊费用处理，摊销年限不得低于3年。

（5）销售赠送的家电、家居构成房屋的附属设备或设施，如可视对讲系统等是否计入开发成本，不构成房屋的附属设备或设施如空调、家具等是否计入销售费用。

（6）确认房地产开发土地面积、建筑面积和可售面积，是否与权属证、房产证、预售证、房屋测绘所测量数据、销售记录、销售合同、有关主管部门的文件等载明的面积数据相一致，并确定各项扣除项目分摊所使用的分配标准。

（7）以房地产或土地作价入股投资或联营从事房地产开发，或者房地产开发企业以其建造的商品房进行投资或联营，是否按规定"视同销售"申报缴纳土地增值税。

（8）销售合同所载商品房面积与有关部门实际测量面积不一致，在清算前已发生补、退房款的，是否在计算土地增值税时予以调整。

（9）在结转经营成本时，无依据低估销售单价，虚增销售面积，多摊经营成本。

（10）滚动开发项目，故意混淆前后项目之间的成本，提前列支成本支出。

第六节 土地出让金返还分析

土地出让金（land transaction fees）作为政府性基金的重要组成部分，是指各级政府土地管理部门将土地使用权出让给土地使用者，按规定向受让人收取的土地出让的全部价款（指土地出让的交易总额），或土地使用期满，土地使用者需要续期而向土地管理部门缴纳的续期土地出让价款，或原通过行政划拨获得土地使用权的土地使用者，将土地使用权有偿转让、出租、抵押、作价入股和投资，按规定补交的土地出让价款。因为中国的土地属于国有，土地出让金实质是政府卖地或租地款，预支效应明显。土地出让金，实际上就是土地所有者出让土地使用权若干年限（或五十年或七十载）的地租之总和。现行的土地出让金的实质，可概括为是一个既有累计若干年的地租性质,又有一次性收取的似税非税性质的矛盾复合体。

财政部发布的数据显示,2019年,全国一般公共预算收入190382亿元,同比增长3.8%。其中,全国税收收入157992亿元,同比增长1%;非税收入32390亿元,同比增长20.2%。2019年,全国政府性基金预算收入84516亿元,同比增长12%。其中,国有土地使用权出让收入增长11.4%。

土地出让金的三级跳:2018年取得土地出让金收入65096亿元,同比增长25%,总额再创下历史新高。2017年52059亿元、2018年65096亿元、2019年突破7万亿元。在全国政府性基金预算收入中占比高达85%以上。土地出让金已成为地方政府预算外收入的主要来源。

《中华人民共和国土地管理法》对土地出让金的使用范围作出了明确的规定,土地出让收入主要用于征地和拆迁补偿支出、土地开发支出、支农支出和城市建设支出等。

各级各地政府在招商引资中以土地换项目,通过返还土地出让金、旧城改造费、配套费等形式,变相给予开发商补偿返还行为还是存在的。

一、土地出让金使用范围

(一)征地和拆迁补偿支出

征地和拆迁补偿支出主要包括土地补偿费、安置补助费、地上附着物和青苗补偿费、拆迁补偿费。

(二)土地开发支出

土地开发支出主要包括前期土地开发性支出以及按照财政部门规定与前期土地开发相关的费用等。

(三)支农支出

支农支出主要包括计提农业土地开发资金、补助被征地农民社会保障支出、保持被征地农民原有生活水平补贴以及农村基础设施建设支出。

(四)城市建设支出

城市建设支出主要包括完善国有土地使用功能的配套设施建设支出以及城市基础设施建设支出。

(五)其他支出

包括土地出让业务费、缴纳新增建设用地土地有偿使用费、计提国有土地收益基金、城镇廉租住房保障支出、支付破产或改制国有企业职工安置费支出等。

按照"不征税收入、免税收入和应税收入"区分,支出(一)征地和拆迁补偿支出是倾向属于不征税收入、支出(三)支农支出是倾向属于免税收入,而其他各项支出就是需要根据实际情况判别是否属于应税收入。或者是按照是否属于政府采购来判断，无论哪项支出，只要属于政府采购行为或事项，就属于应税收入。

二、土地出让金返还方式

一般情况下，土地出让金返还用于：建设购买安置回迁房、拆迁补偿、开发项目相关的基础设施建设、公共配套设施建设、返还给其他关联企业或个人、或者就是奖励补助。

第一，政府主导拆迁，土地出让金返还用于建设购买安置回迁房。

【案例】某房地产开发企业通过招拍挂购入土地100亩，与国土部门签订的出让合同价格为10000万元，企业已缴纳10000万元。协议约定，在土地出让金入库后以财政支持的方式给予乙方补助3000万元，用于该项目100亩回迁房建设，回迁房建成后无偿移交给动迁户。

第二，政府主导拆迁，土地出让金返还用于拆迁及拆迁补偿。

目前，招拍挂制度要求土地以"熟地"出让，但现实工作中一些开发商先期介入拆迁，政府或生地招拍挂，由开发商代为拆迁。在开发商交纳土地出让金后，政府对开发商进行部分返还，用于拆迁或安置补偿。

【案例】某房地产开发企业通过招拍挂购入土地100亩，与国土部门签订的出让合同价格为10000万元，企业已缴纳10000万元。协议约定，在土地出让金入库后以财政支持的方式给予乙方补助3000万元，用于该项目10000平土地及地上建筑物的拆迁费用支出。国土部门委托开发商代理进行建筑物拆除、平整土地并代委托方向原土地使用权人支付拆迁补偿费。约定返还的3000万中，用于拆迁费用1000万元，用于动迁户补偿2000万元。企业实际向动迁户支付补偿款1500万元。

第三，政府主导拆迁，土地出让金返还用于开发项目相关的基础设施建设。

目前招拍挂制度要求土地以"熟地"出让，但现实工作中一些开发商先期介入，政府为减轻开发商的负担，在开发商交纳土地出让金后，政府进行部分返还用于进行基础设施建设部分。

一般情况下，由于实施了土地的储备制度，政府将生地转化为熟地后再进行"招拍挂"，动拆迁问题已妥善得到解决，土地的开发工作也已经基本完成，周边的市政建设将逐步完善，水、电、煤等市政都有计划地分配到位。即在招标、拍卖、挂牌活动开始前，国土部门已将拟出让的土地处置为净地，即权属明晰、界址清楚、地面平整、无地面附着物的宗地。

但是在经营性用地招标、拍卖、挂牌的实际工作中，大量存在着"毛地"出让的情况，尤其是在企业改革、改制处置土地资产时，这种情况更比比皆是。因此，很多政府部门在招拍挂出让土地后，都会以土地出让金返还的形式，用于开发项目相关城市道路、供水、排水、燃气、热力、防洪等工程建设的补偿。

【案例】某房地产开发企业通过招拍挂购入土地100亩，与国土部门签订的出让合同价格为10000万元，企业已缴纳10000万元。协议约定，在土地出让金入库后以财政支持的方式给予乙方补助3000万元，用于该项目外城市道路、供水、排水、燃气、热力、防洪等基础设施工程建设。

第四，土地出让金返还用于建设公共配套设施（学校、医院、幼儿园、体育场馆）。

公共配套设施是开发项目内发生的、独立的、非营利性的，且产权属于全体业主的，或无偿赠与地方政府、政府公用事业单位的公共配套设施。是企业立项时承诺建设的，其成本费用应由企业自行承担。而且开发商在制定房价时，已经包含了公共配套设施的内容。

此业务实质上是土地出让金的折扣或折让，应在收到财政返还的土地出让金时，冲减"开发成本——土地征用费及拆迁补偿费"。

企业将建成的公共配套设施移交给全体业主，或无偿赠与地方政府、政府公用事业单位，不属于视同销售行为。因为开发商通过设定房价，从销售给业主的房款中取得了相应的经济利益。

【案例】某房地产开发企业通过招拍挂购入土地100亩，与国土部门签订的出让合同价格为10000万元，企业已缴纳10000万元。协议约定，在土地出让金入库后以财政支持的方式给予乙方补助3000万元，用于企业在开发区内建造的会所、物业管理场所、电站、热力站、水厂、文体场馆、幼儿园等配套设施。

第五，政府将土地出让金返还给其他关联企业或个人。

目前，土地招拍挂制运作过程中，出于各种考虑，在开发商交纳土地出让金后，政府部门对开发商的关联企业进行部分返还，用于企业经营奖励、财政补贴等。

【案例】某房地产开发企业通过招拍挂购入土地100亩，与国土部门签订的出让合同价格为10000万元，企业已缴纳10000万元。协议约定，在土地出让金入库后以财政支持的方式给予乙方的关联企业丙补助3000万元，用于丙企业招商引资奖励和生产经营财政补贴。

第六，政府主导拆迁，土地出让金返还未约定任何事项，只是奖励或补助。

在土地招拍挂制运作过程中，出于招商引资等各种考虑，在开发商交纳土地出让金后，政府部门对开发商进行返还，用于企业经营奖励、财政补贴等等。

【案例】某房地产开发企业通过招拍挂购入土地100亩，与国土部门签订的出让合同价格为10000万元，企业已缴纳10000万元。协议约定，在土地出让金入库后以财政支持的方式给予乙方补助3000万元，目的是给企业招商引资的奖励，未规定资金专项用途。

无论是哪种返还方式，实务中，必须按照实质重于形式的原则分别判断，或属于政府补贴（补助），或属于政府采购，无论如何会计处理，属于应税收入的均应按照税法优先原则进行核算缴纳相关税费。

三、涉税问题处理

经营性用地实行招拍挂，是土地市场建设的基本要求。一些政府出于招商引资、建设回迁房、基础设施建设等原因。对企业通过招拍挂取得土地后缴纳的土地出让金进行一定比例或额度的返还。由于政府与开发商之间约定返还的条件和形式不同，对企业取得的返还款是认定为财政性资金，还是认定为经营性收入，其税务处理也不尽相同。税务部门对返还收入的涉税认定，本着实质重于形式原则，主要依据是政府与企业签订的出让协议和补充协议的约定内容进行判定。不考虑契税的情况下，针对房地产开发企业收到每一种返还是否需要缴纳增值税、企业所得税和土地增值税进行分析如下：

第一，政府主导拆迁，土地出让金返还用于建设购买安置回迁房。

例如：某房地产开发企业通过招拍挂购入土地 100 亩，与国土部门签订的出让合同价格为 10000 万元，企业已缴纳 10000 万元。协议约定，在土地出让金入库后以财政支持的方式给予乙方补助 4000 万元，用于该项目 10000 平方米回迁房建设，回迁房建成后无偿移交给动迁户。

【业务实质及会计处理】

房地产企业收到上述土地出让金返还款，用于建设购买安置回迁房，属于政府采购行为，应做主营业务收入处理。会计处理：

收到返还款时：

借：银行存款　　　　　　　　　　　　　　　　　40 000 000

　　贷：预收账款　　　　　　　　　　　　　　　　　　40 000 000

完工结转收入时：

借：预收账款　　　　　　　　　　　　　　　　　40 000 000

　　贷：主营业务收入　　　　　　　　　　　　　　　　40 000 000

【增值税】本案例实际上是政府主导拆迁，由政府出资购买回迁房，用于安置动迁户。对房地产开发企业，属于销售回迁房行为，应全额按规定计算缴纳增值税金及附加。

【企业所得税】本业务属于政府主导的拆迁安置工作，由政府部门将土地出让金部分返还予开发企业，该款项是开发企业销售回迁房取得的收入，应当并入所得计征企业所得税。

相关税收政策分析：此例业务属于政府采购行为，不符合下面两个文件规定不属于不征税收入所对应的财政性资金。

根据《财政部 国家税务总局关于财政性资金、行政事业性收费、政府性基金有关企业所得税政策问题的通知》（财税〔2008〕151号）的规定：（二）对企业取得的由国务院财政、税务主管部门规定专项用途并经国务院批准的财政性资金，准予作为不征税收入，在计算应纳税所得额时从收入总额中减除。

根据《关于专项用途财政性资金企业所得税处理问题的通知》（财税〔2011〕70号）对此进一步明确："企业从县级以上各级人民政府财政部门及其他部门取得的应计入收入总额的财政性资金，凡同时符合以下条件的，可以作为不征税收入，在计算应纳税所得额时从收入总额中减除：

（一）企业能够提供规定资金专项用途的资金拨付文件；

（二）财政部门或其他拨付资金的政府部门对该资金有专门的资金管理办法或具体管理要求；

（三）企业对该资金以及以该资金发生的支出单独进行核算"。

综上所述，该公司收到的土地出让金返还款项，实为一种补贴收入，按照上述政策规定一般不属于不征税的财政性资金，应当作为收入计算缴纳企业所得税。

【土地增值税】按规定计算缴纳土地增值税，企业缴纳的土地出让金10000元全额计入开发成本中的土地征用及拆迁补偿费的金额。

第二，政府主导拆迁，土地出让金返还用于拆迁（代理拆迁、拆迁补偿）。在开发商交纳土地出让金后，政府部门对开发商进行部分返还，用于拆迁或安置补偿。

例如：某房地产开发企业通过招拍挂购入土地100亩，与国土部门签订的出让合同价格为10000万元，企业已缴纳10000万元。协议约定，在土地出让金入库后以财政支持的方式给予乙方补助3000万元，用于该项目10000平方米土地及地上建筑物的拆迁费用支出。国土部门委托其代理进行建筑物拆除、平整土地并代委托方向原土地使用权人支付拆迁补偿费。约定返还的3000万元中，用于拆迁费用1000万元，用于动迁户补偿2000万元。企业实际向动迁户支付补偿款1500万元。

【业务实质及会计处理】

房地产企业收到上述土地出让金返还款，属于其他业务收入（1）增值税"建筑安装"税目的拆迁收入，（2）增值税"服务业"税目的代理服务收入。会计处理：

先期支付拆迁补偿款和进行拆迁时：

借：其他应收款　　　　　　　　　　　　　　　　　　　　　15 000 000
　　其他业务成本　　　　　　　　　　　　　　　　　　　　10 000 000
　　贷：现金或银行存款　　　　　　　　　　　　　　　　　　　　25 000 000

当收到土地出让金返还款，用于支付动迁户补偿款和拆迁费用时，企业应冲减往来和做其他业务收入处理。

收到返还款时：代理支付动迁补偿款业务
借：银行存款　　　　　　　　　　　　　　　　　20 000 000
　　贷：其他应收款　　　　　　　　　　　　　　　15 000 000
　　　　其他业务收入　　　　　　　　　　　　　　 5 000 000
收到拆迁工程款时：
借：银行存款　　　　　　　　　　　　　　　　　10 000 000
　　贷：其他业务收入　　　　　　　　　　　　　　10 000 000

【增值税】按照原营业税规定：根据国家税务总局《关于政府收回土地使用权及纳税人代垫拆迁补偿费有关营业税问题的通知》（国税函〔2009〕520号）第二条规定："纳税人受托进行建筑物拆除、平整土地并代委托方向原土地使用权人支付拆迁补偿费的过程中，其提供建筑物拆除、平整土地劳务取得的收入应按照"建筑业"税目缴纳营业税；其代委托方向原土地使用权人支付拆迁补偿费的行为属于"服务业—代理业"行为，应以提供代理劳务取得的全部收入减去其代委托方支付的拆迁补偿费后的余额为营业额计算缴纳营业税。"返还款3000万中，取得的提供建筑物拆除、平整土地劳务取得的收入1000万元，取得代理支付动迁补偿款差额收入500万元，适用税目服务业——代理业。营改增后缴纳增值税时的适用税目无变化。

【企业所得税】按照相关规定计算缴纳企业所得税。返还款3000万元中：（1）取得的提供建筑物拆除、平整土地劳务取得的收入1000万元，扣除相对应的成本费用，差额应计入当年的应纳税所得额。（2）代理支付动迁补偿款差额500万元，应计入当年的应纳税所得额。（3）企业实际发生的与上述业务相关税费，可以在发生当年税前扣除。

【土地增值税】根据《中华人民共和国土地增值税暂行条例》第二条：转让国有土地使用权、地上的建筑物及其附着物并取得收入的单位和个人，为土地增值税的纳税义务人。以及《中华人民共和国土地增值税暂行条例实施细则》第二条：条例第二条所称的转让国有土地使用权、地上的建筑物及其附着物并取得收入，是指以出售或者其他方式有偿转让房地产的行为。

企业取得的返还款3000万元中，属于提供建筑物拆除、平整土地劳务取得的收入和代理服务取得的收入，不属于转让不动产收入，因此，不征收土地增值税。此收入不是土地增值税清算收入。企业缴纳的土地出让金10000万元全额计入开发成本中的土地征用及拆迁补偿费金额。

第三，政府主导拆迁，土地出让金返还用于开发项目相关的基础设施建设。

一般情况下，由于实施了土地的储备制度，政府将生地转化为熟地后再进行"招拍挂"，动拆迁问题已妥善得到解决，土地的开发工作也已经基本完成，周边的市政建设将逐步完善，水、电、煤等市政都有计划地分配到位。但现实工作中存在着"毛地"出让的情况,尤其是在企业改革、改制处置土地资产时,这种情况更是突出。因此,很多政府部门在招拍挂出让土地后,都会以土地出让金返还的形式,用于开发项目相关城市道路、供水、排水、燃气、热力、防洪等工程建设的补偿。

例如:某房地产开发企业通过招拍挂购入土地100亩,与国土部门签订的出让合同价格为10000万元,已缴纳10000万元。协议约定,在土地出让金入库后以财政支持的方式给予乙方补助3000万元,用于该项目外城市道路、供水、排水、燃气、热力、防洪等基础设施建设。

【业务实质及会计处理】

无论房地产开发企业是否具备建筑总承包资质,对房地产开发企业应认定为建筑业总承包方,按建筑业税目征收增值税。即政府委托房地产企业完成相关市政配套设施建设。房地产企业收到上述土地出让金返还款,用于支付该项目外城市道路、供水、排水、燃气、热力、防洪等基础设施工程费用时,企业应做其他业务收入处理。会计处理:

收到返还款时:

借:银行存款   30 000 000
　　贷:其他业务收入   30 000 000

【增值税】开发项目外城市道路、供水、排水、燃气、热力、防洪等基础设施工程所需要支出,按土地出让协议规定,是应该由政府承担的。业务实质是房地产开发企业将该项目城市道路、供水、排水、燃气、热力、防洪等基础设施工程建设完工后,移交给政府,按建筑业税目全额征收增值税。如果协议约定返还款用于项目内由开发企业自行承担的城市道路、供水、排水、燃气、热力、防洪等基础设施工程支出,则应按企业取得政府补贴处理,属于第六种情况,不征收增值税。

【企业所得税】本案例企业取得的提供基础设施建设劳务收入3000万元,扣除相对应的成本费用,差额应计入当年的应纳税所得额。

【土地增值税】企业取得的返还款3000万元,属于提供基础设施建设劳务收入,不属于转让不动产收入,因此,不征收土地增值税。此收入不是土地增值税清算收入。

第四,土地出让金返还用于建设公共配套设施(学校、医院、幼儿园、体育场馆)。

公共配套设施是开发项目内发生的、独立的、非营利性的,且产权属于全体业主的,或无偿赠与地方政府、政府公用事业单位的公共配套设施。这是企业立项时承诺建设的,其成本费用应由企业自行承担。而且开发商在制定房价时,已经包含了公共配套设施部分。

企业将建成的公共配套设施移交给全体业主,或无偿赠与地方政府、政府公用事业单位,不属于视同销售行为。因为开发商通过设定房价,已经从销售给业主的房款中取得了相应的经济利益。

例如：某房地产开发企业通过招拍挂购入土地100亩，与国土部门签订的出让合同价格为10000万元，企业已缴纳10000万元。协议约定，在土地出让金入库后以财政支持的方式给予乙方补助3000万元，用于企业在开发区内建造的会所、物业管理场所、电站、热力站、水厂、文体场馆、幼儿园等配套设施。

【业务实质及会计处理】房地产企业收到上述土地出让金返还款，用于企业在开发区内建造的会所、物业管理场所、电站、热力站、水厂、文体场馆、幼儿园等配套设施。根据具体情况判断是属于政府补贴行为还是政府采购行为，如果是补贴行为此业务实质上是土地出让金的折扣或折让，应收到的财政返还的土地出让金应冲减"开发成本——土地征用费及拆迁补偿费"。会计处理：

收到返还款时：

如是补贴行为：

借：银行存款　　　　　　　　　　　　　　　　　　　　　30 000 000
　　贷：开发成本　　　　　　　　　　　　　　　　　　　　　　30 000 000

如是政府采购行为：

借：银行存款　　　　　　　　　　　　　　　　　　　　　30 000 000
　　贷：营业收入　　　　　　　　　　　　　　　　　　　　　　30 000 000

【增值税】根据具体情况判断是属于政府补贴行为还是政府采购行为，如果是由政府出资购买全部或部门公共配套设施。对房地产开发企业而言，属于向政府销售全部或部分公共配套设施的行为。此业务返还款3000万元，应作为其取得销售不动产收入计算缴纳增值税。

【企业所得税】根据《房地产开发经营业务企业所得税处理办法》（国税发〔2009〕31号）第十八条的规定："企业在开发区内建造的邮电通讯、学校、医疗设施应单独核算成本，其中，由企业与国家有关业务管理部门、单位合资建设，完工后有偿移交，国家有关业务管理部门、单位给予的经济补偿可直接抵扣该项目的建造成本，抵扣后的差额应调整当期应纳税所得额"。企业取得返还款3000万元，应直接抵扣该项目公共配套设施建造成本，抵扣后的差额应调整当期应纳税所得额。

【土地增值税】企业在实际交纳的土地出让金10000元后，全额计入开发成本中的土地征用及拆迁补偿费。企业取得的返还款3000万元，土地增值税清算时，

1. 如可以认定为属于向政府销售全部或部分公共配套设施的行为，即为转让不动产收入，因此，应征收土地增值税。此收入应计算土地增值税清算收入。

2. 如不能认定为属于向政府销售全部或部分公共配套设施的行为，企业应将从政府部门取得的3000万元补偿款项，抵减房地产开发成本中的土地征用及拆迁补偿费的金额。

第五，政府将土地出让金返还给其他关联企业或个人。

目前土地招拍挂制运作过程中，出于各种考虑，在开发商交纳土地出让金后，政府部门对开发商的关联企业进行部分返还，用于企业经营奖励、财政补贴等。

例如：某房地产开发企业通过招拍挂购入土地100亩，与国土部门签订的出让合同价格为10000万元，企业已缴纳10000万元。协议约定，在土地出让金入库后以财政支持的方式给予乙方的关联企业丙补助3000万元，用于丙企业招商引资奖励和生产经营财政补贴。

【业务实质及会计处理】与房地产企业无关，没有收到返还款，无需会计处理，不涉及相关税费。

第六，政府主导拆迁，土地出让金返还未约定任何事项，只是奖励或补助。在土地招拍挂制运作过程中，出于招商引资等各种考虑，在开发商交纳土地出让金后，政府部门对开发商进行返还，用于企业经营奖励、财政补贴等。

例如：某房地产开发企业通过招拍挂购入土地100亩，与国土部门签订的出让合同价格为10000万元，企业已缴纳10000万元。协议约定，在土地出让金入库后以财政支持的方式给予乙方补助3000万元，目的是给企业招商引资的奖励，未规定资金专项用途。

【业务实质及会计处理】房地产企业收到上述土地出让金返还款，收到奖励或补贴款时：

借：银行存款　　　　　　　　　　　　　　　　　30 000 000
　　贷：营业外收入　　　　　　　　　　　　　　　　30 000 000

【增值税】房地产企业取得政府奖励企业的3000万元，但未发生增值税条例规定的劳务、有偿转让无形资产或者有偿转让不动产所有权的行为，因此不缴纳增值税。

【企业所得税】本案例房地产企业取得政府奖励或财政补贴3000万元，是否属于不征税收入问题，要进行判定：根据《财政部　国家税务总局关于财政性资金、行政事业性收费、政府性基金有关企业所得税政策问题的通知》（财税〔2008〕151号）规定：（二）对企业取得的由国务院财政、税务主管部门规定专项用途并经国务院批准的财政性资金，准予作为不征税收入，在计算应纳税所得额时从收入总额中减除。

按照《关于专项用途财政性资金企业所得税处理问题的通知》（财税〔2011〕70号）对此进一步明确："企业从县级以上各级人民政府财政部门及其他部门取得的应计入收入总额的财政性资金，凡同时符合以下条件的，可以作为不征税收入，在计算应纳税所得额时从收入总额中减除：（一）企业能够提供规定资金专项用途的资金拨付文件；（二）财政部门或其他拨付资金的政府部门对该资金有专门的资金管理办法或具体管理要求；（三）企业对该资金以及以该资金发生的支出单独进行核算"。

本案例业务，由于土地出让协议未规定资金专项用途，因此，不符合财税

〔2011〕70号文件所称的"不征税收入"的三个条件之一，不能作为不征税收入处理。应在企业取得政府奖励或财政补贴3000万元时，计入当年应纳税所得额缴纳企业所得税。

【土地增值税】企业在实际交纳的土地出让金10000元后，全额计入开发成本中的土地征用及拆迁补偿费。

在实务操作中，房地产开发企业收到政府返还的"土地出让金"或政府给予的补偿返还款，虽然是政府对房地产开发企业的一种补助，是企业的一项营业外收入，但实质上是政府给与房地产开发企业的土地价款的折让，因此应扣减土地成本。因为返还3000万元地价款，实质上并不是"取得土地使用权所支付的金额"的范畴。

因此，企业取得的返还款3000万元，土地增值税清算时，应抵减房地产开发成本中的土地征用及拆迁补偿费。

总之，返还土地出让金不能简单认为是政府补助，是不征税收入，应该根据具体情况判别是否应该缴纳增值税金及附加、企业所得税和土地增值税。相关文件归集如下：

1. 《企业会计准则第16号——政府补助（2006）》
2. 《财政部 国家税务总局关于财政性资金、行政事业性收费、政府性基金有关企业所得税政策问题的通知》（财税〔2008〕151号）
3. 《财政部 国家税务总局关于专项用途财政性资金有关企业所得税处理问题的通知》（财税〔2009〕57号）
4. 《国有土地使用权出让收支管理办法》（财综〔2006〕68号）
5. 《财政部 国家税务总局关于专项用途财政性资金有关企业所得税处理问题的通知》（财税〔2011〕70号）
6. 《财政部 国家税务总局关于专项用途财政性资金有关企业所得税处理问题的通知》（财税〔2009〕87号）

四、案例分析

某房地产开发公司（以下简称A公司）作为B市政府招商引资项目开发某物流园，先期向B市财政垫付征地拆迁补偿资金2.2亿元，通过招拍挂程序取得土地使用权支付土地出让金1.2亿元。B市政府要求该项目二年内建成，分次返还A公司土地出让金6亿元。其中：征地拆迁补偿2.4亿元（含资金占用费2000万元）；公共配套设施费2亿元，用于物流园区道路、供水、供电、排水、通信、照明、绿化和土地平整；财政补贴1亿元，用于补偿该公司建设期间的损失；回迁房安置费6000万元，用于安置拆迁户。A公司对取得的返还款应如何处理？是冲成本？还是计收入？征纳双方出现了两种不同的观点。

【土地出让的相关法律规定】

1. 《闲置土地处置办法》（国土资源部第53号令）第二十一条规定，供应土地应当土地权利清晰，安置补偿落实到位，具备动工开发所必需的其他基本条件。

2. 《国有土地上房屋征收与补偿条例》（国务院令第590号）规定，市、县级人民政府负责本行政区域的房屋征收与补偿工作。

3. 《土地储备管理办法》（国土资发〔2007〕277号）第十八条规定，土地储备机构应对储备土地特别是依法征收后纳入储备的土地进行必要的前期开发，使之具备供应条件。

4. 关于土地出让收入范围，《国务院办公厅关于规范国有土地使用权出让收支管理的通知》（国办发〔2006〕100号）第一条规定，国有土地使用权出让收入是政府以出让等方式配置国有土地使用权取得的全部土地价款，包括受让人支付的征地和拆迁补偿费用、土地前期开发费用和土地出让收益等。关于土地出让金的上缴和使用，该文件规定，土地出让收支全额纳入地方基金预算管理。收入全部缴入地方国库，支出一律通过地方基金预算从土地出让收入中予以安排，实行彻底的"收支两条线"。土地出让收入使用范围包括土地开发支出。

5. 《国有土地使用权出让收支管理办法》（财综〔2006〕68号）第十五条规定，土地开发支出包括前期土地开发性支出以及财政部门规定的与前期土地开发相关的费用等，含因出让土地涉及的需要进行的相关道路、供水、供电、供气、排水、通信、照明和土地平整等基础设施建设支出。

综上所述，国有土地使用权出让应"净地"出让。土地出让前，征地拆迁补偿工作由政府负责，纳入储备的土地应进行必要的前期开发，使之具备供应条件。土地出让时，土地出让金为总成交价款，严禁各种形式变相减免土地出让收入。土地出让后，土地出让收支全额纳入地方基金预算管理，实行"收支两条线"，并规定土地出让收入使用范围。

【会计核算与税务处理】

1. A公司收到返还的征地拆迁补偿属于垫付款项，不属于应税范围，应通过业务往来进行账务处理。会计处理：

垫付时：

借：其他应收款

    贷：银行存款

收到返还款时，作相反分录冲回。

2. 返还的资金占用费，应认定A公司为B市提供金融保险业应税劳务行为，应缴纳增值税金及附加，会计处理：

借：银行存款

贷：其他业务收入
　计提增值税，
　　借：其他业务支出
　　　贷：应交税金——增值税、城建税、教育附加、地方附加

　3. 收到返还的公共配套设施费，是土地出让前政府应支出的前期开发费用，相应形成土地出让成本。由于 B 市在土地出让时，既未实际发生该笔费用，也未实际收取，且返还的公共配套设施费又属于政府土地出让收入的使用范围，纳入财政预算管理。企业所得税法实施条例第五十六条规定，企业的各项资产以历史成本为计税基础，所称历史成本，指企业取得该项资产时实际发生的支出。因此，A 公司收到该返还款时，应冲减土地成本，待公共配套设施竣工验收后，凭合法有效票据，再计入土地开发成本。会计处理上，缴纳土地出让金时，

　　借：开发成本——土地征用及拆迁补偿费
　　　贷：银行存款
　收到返还款，
　　借：银行存款
　　　贷：开发成本——土地征用及拆迁补偿费
　设施竣工验收后，
　　借：开发成本——土地征用及拆迁补偿费
　　　贷：银行存款

　4. 收到的回迁房安置费，也属于政府土地出让收入的使用范围，因 A 公司在取得土地使用权时已垫付了征地拆迁补偿金，并按规定缴纳了土地出让金。所以 A 公司收到该返还款时，应认定其为预售回迁房应税行为，按销售不动产税目缴纳增值税。

　在土地增值税处理上，《国家税务总局关于土地增值税清算有关问题的通知》（国税函〔2010〕220 号）第六条第一款规定，房地产企业用建造的本项目房地产安置回迁户的，安置用房视同销售处理，按《国家税务总局关于房地产开发企业土地增值税清算管理有关问题的通知》（国税发〔2006〕187 号）第三条第（一）款规定确认收入，同时将此确认为房地产开发项目的拆迁补偿费。房地产开发企业支付给回迁户的补差价款，计入拆迁补偿费；回迁户支付给房地产开发企业的补差价款，应抵减本项目拆迁补偿费。所得税处理上，《房地产开发经营业务企业所得税处理办法》（国税发〔2009〕31 号）第二十七条规定，土地征用及拆迁补偿费支出包括回迁房建造支出。会计处理上，以实际收到的返还款计入经营收入——商品房销售收入，并计提营业税金及附加。

　支付回迁房建设工程费用时，
　　借：经营成本——商品房销售成本

贷：银行存款

实际工程支出大于返还的回迁房安置费时，确认为拆迁补偿费，

　　借：开发成本——土地征用及拆迁补偿费

　　　贷：经营成本——商品房销售成本

小于则在计算土地增值税时，抵减拆迁补偿费，不作税务处理。

A公司收到的财政补贴属于政府补助，在会计处理上，应按照企业会计准则第16号——政府补助第八条的规定确认为递延收益，并在确认相关费用的期间，计入当期损益。取得时，

　　借：银行存款

　　　贷：递延收益

如按二年分摊递延收益，每年分摊5000万元，

　　借：递延收益　　　　　　　　　　　　　　　　　　　50 000 000

　　　贷：营业外收入　　　　　　　　　　　　　　　　　　50 000 000

在税务处理上，《财政部　国家税务总局关于财政性资金、行政事业性收费、政府性基金有关企业所得税政策问题的通知》（财税〔2008〕151号）规定，企业取得的各类财政性资金，除属于国家投资和资金使用后要求归还本金的以外，均应计入企业当年收入总额。A公司在申报企业所得税时，通过《纳税调整项目明细表》（附表三）中"确认为递延收益的政府补助"栏调增应纳税所得额5000万元，在第二年度内，再调减应纳税所得额5000万元。如果符合《财政部　国家税务总局关于专项用途财政性资金有关企业所得税处理问题的通知》（财税〔2011〕70号）规定的不征税收入条件，则作不征税收入处理。

第七章 如何建立行业纳税评估模型

本章是介绍如何建立行业纳税评估模型。在纳税评估过程中建立数学模型是必然的趋势，或是建立以国民经济行业分类国家标准分行业的纳税评估模型，或是建立各税种的纳税评估分析模型。建立分行业纳税评估模型实质是四库建设：行业涉税信息数据库、指标模型（含区间预警值）库、税收风险特征库和税收政策法规库。数据库是基础、指标模型库是核心、特征库是指向，法规库是依据。指标的堆砌不是纳税评估模型。

第一节 行业纳税评估模型概述

什么是模型？是指经过抽象过程，通过某种表现形式表示出来的模拟，是对现实世界的抽象、模拟和微缩。实际上模型就是建立标准，通过模型能够很好地掌握一个具体事物的概况并进行评判。模，规矩也。概括的讲，数学模型是指对于现实世界的某一特定对象，为了某个特定的目的，做出一些必要的简化和假设，运用适当的数学工具得到一个数学结构。

一、准确认识纳税评估模型

为什么要建立模型？建立模型的目的是为了提高基层评估分析人员的工作效率，提高纳税评估分析或者税收风险识别分析的质量，提高涉税疑点指向和纳税遵从风险点的准确性、科学性和实用性。不是有了模型就能解决纳税评估与风险防控的全部问题或指导整项工作，模型只是一件工具，是为了用的，主要是为了解决评估分析这个环节用的，恰恰这个环节的质量和效率直接决定了整项工作。

数学模型是针对参照某种事物系统的特征或数量依存关系，采用数学语言，概括地或近似地表述出的一种数学结构,这种数学结构是借助于数学符号刻画出来的某种系统的纯关系结构。

目前,计算机技术的飞速发展,大量的实际问题需要用计算机来解决,而计算机与实际问题之间需要数学模型来沟通,建立数学模型的要求:真实完整、简明实用、适应变化。具体内容:数学模型是数学抽象的概括的产物,要能够真实、系统和完整的反映客观情况,要把本质的东西及其关系反映进去,把非本质的、对反映客观真实程度影响不大的东西去掉,使模型在保证一定精确度的条件下,尽可能的简单和可操作,数据易于采集。随着有关条件的变化和使用者认识的发展,通过相关变量及参数的调整,能很好地适应新情况。

【**纳税评估模型**】在纳税评估过程中建立数学模型是必然的趋势,简单的讲,纳税评估模型是按照建立数学模型的理念,将实施纳税评估过程中评估分析方法的应用模式进行系统化和标准化的结果。即针对纳税评估工作过程中实际问题的一种抽象,基于数学理论和方法,用数学符号、数学关系式、数学命题、图形图表等来刻画被评估对象的纳税遵从度与其内在联系。其中,行业纳税评估模型就是根据国家标准行业分类标准,对中类(二级分类)的九十多个行业分别建立纳税评估模型。

二、如何建立行业纳税评估模型

建立行业纳税评估模型的总体思路,是以国民经济行业分类国家标准行业分类的"二级子目录为主,部分三级子目录为辅"逐步建立各个行业或相关的纳税评估模型(评估操作手册)。例如:按照原国民经济行业分类国家标准行业的分类标准,房地产业(K7200)可细分为:房地产开发经营(K7210)、物业管理(K7220)、房地产中介服务(K7230)和其他房地产活动(K7290)。因为经营内容的实质性差异,需要各自建立行业模型,其中建立本书所述的房地产开发经营业(K7210)纳税评估模型,是不包括其他三个子行业的。

另外一个思路,就是建立各税种纳税评估分析模型,例如:房产城镇土地使用税评估分析模型和企业所得税纳税评估分析模型等。

(一)建立行业纳税评估模型的意义

从传统的事后查管理向事前估算企业生产经营能力的转变,进一步夯实税源基础,使纳税评估更加科学、严密、准确;能充分展现行业经营特点,及时发现和找出行业税收管理中的薄弱环节,堵塞行业税收漏洞,规范市场竞争秩序,增强税务管理的效能;揭示企业生产工艺流程和主要数据指标的配比关系,加强了纳税评估选案的准确性和实效性;促进纳税人提高财务核算和税务管理水平,促进其内部管理不断规范,提高税法遵从度,充分发挥纳税评估"以评促管"的作用;能够规范征管体系,并对辖区税源进行摸底,为加强税源专业化管理提供保障。

(二) 建立纳税评估模型的原则

税收风险管理与税收遵从理论是建立纳税评估模型应遵循的基本原则。下面是建立各行业纳税评估模型的具体原则：

1. 数据来源的外部性原则。
2. 行业推测的可比性原则，要求行业在数量、时间、空间和规模上具有可比性。
3. 模型判断的动态性原则，行业纳税评估遵循固定的模型，评估模型建立后，评估分析指标、指标预警值和分析数据都应该是动态的，需要经常进行维护，才能真正成为安全、简便、经济的技术手段。

(三) 建立行业纳税评估分析模型的步骤

第一步，理论框架建立。
第二步，行业经营情况调研。
第三步，实施方案和模型设计。
第四步，建立行业纳税评估分析指标体系和确定指标预警值。
第五步，开展行业纳税评估试点和收集数据或第三方信息。
第六步，初步建立纳税评估分析模型并试运算和结论分析。
第七步，开展行业纳税评估试点、模型试验和总结。
第八步，完成建立行业纳税评估分析模型。
第九步，定期对分析指标和预警值（区间）更新维护。

各步骤的具体内容，已经在本章或本书的其他章节详细阐述过，不再赘述。此处的关键是建模的整体思路和对模型全面结构的准确认识。

(四) 建立纳税评估分析模型的重点提示

名称是纳税评估模型或税收风险识别模型，实质就是做纳税评估分析（风险识别分析）用的，帮助透过现象看本质，透过抽象数据判断生产经营的业务实质或发现规律。建模的目的是什么？不是建模，是建立纳税评估分析或风险识别的标准体系，实现"应纳税"的标准化。

1. 建模过程中要时刻领会和把握"六个意识"

只有在建模过程中，牢牢树立"标准、实用、简单、模糊、全面和准确"六个意识，才能真正建立好的纳税评估模型来的。

（1）标准意识：建立模型就是确定标准

税务干部也好，财务会计也罢，还有中介财税执业者，围绕的所有工作几乎都是这一件事：应纳-已纳=0。这是税务工作的恒等式！甲行家财税系列公式之一："应纳-已纳=0、应纳-已纳>0、应纳-已纳<0"，每个公式背后都是隐藏着风险的，">0"是全风险、"=0"是加收滞纳金风险、"<0"是多缴税风险。建立模型确定标准就是

确定某行业应纳税费标准，或者说是将税收法律法规等政策规定按照行业工艺流程或主营业务不同环节（阶段）建立一般情况下实际应纳税费是多少的标准。

（2）实用意识：根据适用对象量体裁衣，是工具必须要有实用价值

评估分析模型是用的，不是看的。评估分析模型是用的，不仅是确定一个标准，而且是一个确定标准的过程，是指引纳税评估分析的方向和目标，是提高纳税评估效率和提升税源管理水平的工具。评估分析模型的出发点和落脚点都是税源管理部门的纳税评估人员。

（3）简单意识：看都看不懂就没人用或没法用了

这个意识还有一层含义就是评估分析模型要透明，工具是用的，使用者应该也必须要有知情权的。建立纳税评估模型本该是税务人员研发和使用的，现在用的"模型"是不是模型先不讨论，更费解的是根本不是税务人员研发的，是信息系统开发商开发的，外行做的东西指挥内行使用，可笑！模型结构设计、指标选取依据和指标预警值赋值的信息遮遮掩掩，该公开不公开，可气！某某部门居然还要申请专利，可怜！简单问题复杂化就是掩耳盗铃，就是坑蒙拐骗。

（4）模糊意识：评估模型指标的预警值是区间赋值的

纳税评估分析的目的是什么？不是发现问题，是确定纳税风险指向，是推断出来纳税人可能存在问题或存在问题的可能性。简单地讲，分析发现 10 个问题或风险事项，可能是 2 个或 3 个是明确的，大多是怀疑的，不确定的，可能有也可能没有的。因此，大多数情况下，指标预警值的赋值应该是区间的。

（5）全面意识：评估税种必须要全覆盖的

任何一个行业纳税评估分析模型的建立，必须是要包括所有税费的，没有大小之分和轻重之别，全面意识=全税费+全流程。

（6）准确意识：涉税疑点或纳税遵从风险点的指向性，要明确准确

这是核心的核心，只有准确的指向，才能达到事半功倍的效果，否则是人力物力和资源的浪费，税收征管成本的增加，更是对工作积极性的扼杀！

2. 建模过程中要铭记保持结构完整和牢记"八项"内容

只有全部包含以下八项内容的才是或才能称之为模型，缺一不可。

（1）明确模型适用范围（行业、税种）。

（2）行业主要经营流程、生产工艺和财务核算特点。

（3）该行业涉及的全部税种（税目）和主体税种。

（4）选择纳税评估指标并确定预警值（区间）。

（5）适用的纳税评估模型或评估方法。

（6）分阶段或税种列举不遵从纳税风险点（风险特征库）或事项。

（7）纳税评估报告范本和案例。

(8) 分税种归集现行主要税收政策法规。

3. 纳税评估分析模型也是税务管理信息系统或评估应用软件系统开发人员的又一份功能结构图。

三、行业纳税评估模型的主要内容

下面结合房地产开发经营业和建筑业，举例说明具体"八项内容"。

（一）明确行业评估分析模型或手册的适用范围

根据国民经济行业分类国家标准（GB/T4745—2002）建筑业可分为房屋和土木工程建筑业、建筑安装业、建筑装饰业、其他建筑业四大类。其中，其他建筑业包括：工程准备（指房屋、土木工程建筑施工前的准备活动）；提供施工设备服务（指专门为各种施工场地提供配有操作人员的施工设备的服务）；其他未列明的建筑活动。

原营业税暂行条例规定，建筑业的具体税目包括建筑、安装、修缮、装饰及其他工程作业。2016年5月1日营改增后，税目没有调整。如果建立行业纳税评估模型，只能按照国家标准行业二级子目录开展，不是现行的增值税税目。例如：建立"房屋和土木工程建筑业4700"纳税评估模型或手册、建立"建筑安装业4800"纳税评估模型或手册或建立"建筑装饰业4900"纳税评估模型或手册。需要将"其他建筑业5000"细分为"其他工程作业——水利工程、道路修建、拆除建筑物或构筑物、绿化工程、市政工程等"再下一级建立多个子模型。

（二）整理行业主要经营流程和财务核算特点

1. 建筑业主要经营流程：立项招（投）标、项目设计预算、施工验收和决算维修等四个阶段（具体流程要超过30个环节）。

2. 建筑行业主要经营特点：

一是建筑业涉及面广，生产周期长短不一，如房屋和土木工程作业工期长，一般跨年度，或时断时续跨越数年；二是建筑企业季节性周期明显，从业人员流动性强；三是建筑业经营规模差异较大，跨区经营普遍存在，如经营地点流动性较强，给日常税收征管工作带来了挑战；四是建筑业经营方式多元化，分包、转包和高资质挂靠等方式容易混淆建筑业的纳税主体，给税收征管带来一定困难。

税不是独立存在的，也是不可能脱离经营流程或主营业务的。

（三）确认行业全部税种税目和主体税种

例如：房地产开发经营业要涉及四大类11个税种：

1. 流转税类——增值税，税率：11%或6%。税目：销售不动产、转让土地使用权、服务业的租赁业。按纳税人取得的营业收入或销售不动产收入征收的。

2. 所得税类。包括2个税种：

(1) 企业所得税（含代收代缴）；

(2) 代扣代缴个人所得税。按照纳税人取得的利润或应税所得征收（或扣缴）的。

3. 财产税类。包括4个税种：

(1) 房产税；(2) 城镇土地使用税；(3) 车船使用税；(4) 车辆购置税。

这些税种是对纳税人拥有或使用的财产征收的。

4. 行为税类。包括4个税种：

(1) 城市维护建设税；(2) 印花税；(3) 土地增值税；(4) 契税。

这些税种是对特定行为或为达到特定目的而征收的。

其中，房地产企业的主体税种：增值税、企业所得税和土地增值税。

（四）选择纳税评估指标并确定预警值（区间）

纳税评估指标是税务部门筛选评估对象、进行重点分析时所选用的主要参考标准或依据。一般情况下，指标值是区间值，指标既可以用百分比表示，也可以用绝对数表示。确定纳税评估指标的标准，每个纳税评估指标都需要从指标运用、数据来源、指标预警值、纳税分析、分析时间、分析期间和分析人员等主要方面进行规范性描述。

如何选择纳税评估指标？

按照对纳税评估分析的重要程度，建议依次选择：首选——行业评估指标；其次——税种评估指标；最后——财务通用指标。

特别提示：绝对值指标优于百分比指标；收入指标优于利润类指标，利润类指标优于成本费用指标；横向分析指标优于纵向分析指标。

如何确定指标预警值？

各省税务局税政处室研究制定如何确定指标预警值的计算方法、适用范围和疑点指向；省市共同测算或者由各市（县）局税政科室测算指标预警值的区间范围和列举具体疑点指向；评估人员根据拟评估对象的行业规模和财务核算状况确定指标预警值。

（五）择优选择适用的纳税评估模型或评估方法

第一，建立的行业纳税评估模型不是单一型的，一般包括几个子模型或是几个子模型的组合。

第二，信息比对模型不仅是必须要有的，而且是要优先选用的，比对指标是基础，比对模型也是基础。

（六）分阶段或税种列举纳税不遵从风险点（即建立风险特征库）

以房地产开发经营业为例：按照开发经营周期分为土地取得与开发阶段、项目设计施工阶段、房屋销（预）售阶段和租售管理阶段，归集整理各阶段的不遵从风险点；按照涉及各税种分类：流转税类、所得税类、财产税类和行为税类的不遵从风险点。

例如，房地产开发经营企业在租售管理阶段的税收风险特征库：

1. 商品房自用，不按时结转入固定资产，未申报缴纳房产税。
2. 发生的销售退回业务，只冲减收入，不冲回已转成本。
3. 开发商将未售出的房屋、商铺、车位出租，取得的租金收入不作或少作收入。
4. 私建违建阁楼、车库、仓库，对外销售使用权开具收款收据，未按规定缴纳相关税费。
5. 旧城改造中，房地产企业拆除居民住房后，补偿给搬迁户的新房，对偿还面积超出与拆迁面积部分及差价收入，未合并计算收入。
6. 以房换地、以地换房业务未按非货币性交易准则进行处理，或不开发票入账。
7. 售后返租业务，以冲减租金后实际收取的款项计收入。
8. 将开发的会所、不需要办理房产证的停车位、地下室等公共配套设备等产权转给物业或对外出售的，未计收入。

（七）纳税评估报告范本和案例（略），详细内容参阅本章第六节

（八）现行主要税收政策法规归集（即建立政策法规库）

除法律、暂行条例以外，收集整理财政部、国家税务总局、所在省局和市局现行的政策法规文件。按照"流转税、财产行为税、所得税"等进行分税种分类归集，建立政策法规库。建库目的：为了方便评估人员在评估分析和疑点核实过程中查找和使用。

综上所述，是如何建立行业纳税评估模型，确定行业纳税遵从标准，然后将个体指标值与行业预警值进行比对、分析和判断，也是对个体实施纳税遵从考评的同时，对不遵从或不主动遵从风险事项进行筛选的过程。建立分行业纳税评估模型实质是四库建设：行业涉税信息数据库、指标模型（含区间预警值）库、税收风险特征库和税收政策法规库。数据库是基础、指标模型库是核心、特征库是指向，法规库是依据。纳税评估模型的应用就是四库的综合应用，也是在变化且需要不断完善的。

最高境界是如何建立智能化评估分析模型，其功能定位为：以计算机软件或程序进行评估分析为核心，以内外部数据作为基础，从待评估的纳税人中选择出最有评估价值的纳税人作为评估对象。其次，模型建立的基本原理是将评估工作开展的实际经验进行归纳和总结，通过对观测的事实进行统计分析，辨识出数据中的变量关系，从而构造相关模型。最后，模型建立的基础是征管信息和涉税数据，而这些数据中所包含的数学关系、逻辑关系也就是模型构造中的判别条件，也是识别纳税评估疑点的关键。因此，纳税评估从本质上讲是对纳税不遵从行为的评判和测量，也是对涉税信息和数据进行深度加工和处理的过程。

四、行业纳税评估分析子模型

对房地产开发企业实施纳税评估分析，典型的分析模型包括信息比对应用子模型、

项目完工进度分析子模型、指标综合分析子模型、关联税种联评分析子模型。实施评估分析或纳税评估过程中，模型的应用不是孤立或单一的，是多子模型的综合应用。

（一）信息比对应用子模型

原理描述：信息比对法是指通过房管、城建等相关部门等掌握的综合治税信息和其他与纳税人生产经营有关的资料和情况，与纳税人的申报资料相比对，进行评估分析的一种方法。

数据获取途径：

1. 房产管理部门的房产预售许可证的发放、房产交易和房产租赁等信息。

2. 规划部门的房地产开发项目名称、性质、占地面积、建筑面积、容积率、可销售面积、未可销售面积、公共配套设施情况等信息资料。

3. 建设部门的工程承揽、中标合同等工程招标项目资料，及已备案的外来建筑企业及城市拆迁等信息。

4. 国土资源部门的土地使用证发放、土地转（出）让等信息。

5. 评估人员现场调查询问有关人员等获取的纳税人有关销售信息。

6. 纳税人的各种纳税申报资料和税费入库数据。

应用要点：

通过外部采集的综合治税信息，与纳税人的申报信息进行比对，分析纳税人是否存在少计收入，少申报或晚申报税款的可能。

1. 通过房管部门、国土部门提供的权属登记、变更信息以及相关合同、协议等有关资料，并与纳税人申报信息比对，分析纳税人是否存在未计或少计收入的问题，按孰高的原则确定收入。

2. 通过评估人员现场调查询问获取的销售信息与纳税人的财务会计报表中营业收入、预收款金额等进行比对，分析是否存在少计收入或预收款项未按规定结转收入的问题。

3. 通过上述信息与收入及预付款的比对，审核纳税人是否存在未按规定预计利润的问题。

（二）项目完工进度应用子模型

原理描述：项目完工进度分析法是在确认开发阶段的基础上，从企业取得商品房预售许可证，进入预售阶段开始，至销售收入发生的时点，依开发进度时间预测来分析房地产开发企业的销售收入、销售收入以及应纳税所得额情况的一种分析方法。

一般情况，单一项目的施工期间至预售阶段大约需要 18 至 22 个月，然后进入竣工销售，因此，从进入预售阶段至确认销售开始，大约需要 8 至 12 个月的时间。

数据获取途径：

1. 内部数据：房地产企业开发收入中料、工、费的组成以及征管信息系统纳税申报信息、纳税人报送的纳税申报资料。

2. 外部数据：建筑工程造价、房地产评估等专业机构发布的当年收入费用项目的标准。

疑点判断：

1. 分析企业的财务数据，是否出现负债总额逐年递增，而一直没有销售收入的现象，可能出现实际已有销售收入但未确认的问题。

2. 从"预收账款"指标进行分析，是否出现已经有预收账款，但一直迟迟无结转销售收入的现象。

应用要点：

1. 首先要分析房地产开发的建筑项目类型，根据项目类型分类进行相关费用的归集。

2. 在实际运用中应考虑到根据到地段、设计要求来考虑各类参数值正负差异率10%的预警区间。

3. 注意模型测算分析和实地核查相结合。对测算分析的结果，应加强深入调查，确保纳税评估与企业实际情况的相结合。

（三）指标综合分析应用子模型

原理描述：依据对房地产行业纳税评估指标体系的区间值，将评估分析企业的指标数据与同期间同指标的行业预警值进行对比，通过对企业收入、成本费用、利润等涉税指标的分析，对每个主要因素的涉税指标值的异常变化生成了纳税评估疑点。

评估指标：

1. 经营费用指标

评估指标	营销费用和经营管理费
疑点判断	营销费用指项目的营销策划、推广、销售费用，约为售价的3%~5%。 经营管理费指企业为完成项目的经营管理发生的全部费用，约占项目总收入的3%。
数据获取途径	损益表
影响税种	经营税金及附加、企业所得税、土地增值税

2. 货币资金增幅指标（基本指标）

评估指标	（经营收入+其他业务收入）/（"货币资金"本期余额-上期余额）
疑点判断	<50%，即收入低于货币资金增加额的50%，视为异常，可能存在取得收入挂账问题
数据获取途径	资产负债表，收入明细表
影响税种	经营税金及附加、土地增值税、企业所得税

3. 利润指标

评估指标1	销售利润率＝主营业务利润额／主营业务收入额
疑点判断	通过与参考值（26.03%）对比，如果销售利润率偏低或为负，则应关注企业是否存在少计收入、应计未计收入、多列收入或以低价转移产品给关联公司等现象。
评估指标2	成本利润率＝主营业务利润额／主营业务成本额
疑点判断	通过与参考值（60.63%）对比，如果成本利润率偏低或为负，则应关注企业的收入费用是否合理，或是否存在少报收入现象。
评估指标3	所得税利润税负率＝本期应纳所得税额／本期主营业务利润
疑点判断	通过与参考值（32.85%）对比，如果主营业务利润税负率偏低或为负，则应关注企业是否存在少计主营业务收入、应计未计主营业务收入、多列收入或扩大税前扣除范围等现象。
数据获取途径	损益表
影响税种	企业所得税、土地增值税

4. 其他应付款增幅指标（参考指标）

评估指标	（"其他应付款"本期余额−上期余额）／（经营收入+其他业务收入）
疑点判断	≥10%，视为异常，可能存在代收款项未计收入或取得收入长期挂账问题
数据获取途径	资产负债表，收入明细表
影响税种	经营税金及附加、土地增值税、企业所得税
备注	约谈环节应责成其提供"其他应付款收付明细表"

应用要点：

1. 做好税负分析

适用于处在相同阶段的项目。将同期已缴税款与通过已（预）售面积估算的数据或第三方交流的收入数据进行比对，结果应接近法定税负率。例如：将同期已预缴税款与按照面积确认估算的预售收入总额进行比对，则当期的法定预缴率≈当期已申报预缴税款／按照面积确认估算的预售收入总额。

2. 定期数据比对

通过从国土房管局网站等第三方获取已售面积、增值税申报收入等数据，与企业的申报数据进行比对、分析，审核数据的准确性；结合汇算清缴与税务鉴证，确认入凭证的合法性。

实际工作中，将纳税评估或风险分析的指标应用视为模型，将若干个指标的堆砌作为模型。例如，相信××税务局建了拥有多少多少指标的××行业纳税评估（税收风险管理）模型，都是错误的。再有，就是将评估分析子模型混同为纳税评估模型也是片面的。

纳税评估（税收风险管理）模型是按照国民经济行业分类标准的子行业或者分税种建立的，是涵盖纳税评估（税收风险管理）工作全流程各个环节的。综合性和整体性是其显著特征，行业纳税评估模型不仅包括"八项"主要内容，而且是分别建立"数据信息库+指标模型库+风险特征库+政策法规库"的四库及其综合应用的评判或参考标准。

建立的行业或税种的纳税评估模型是用的，不是"看"的，更不是"吹"的，应该是整体综合的，而不是局部片面的。

（四）关联税种联评分析子模型（略）

实务中，不能认为多种纳税评估分析指标的组合体就是纳税评估模型，不能认为评估分析子模型就是纳税评估模型，计量经济数学模型是现成的，同样不能与纳税评估模型混同或替代，它是纳税评估模型的核心应用工具。

第二节 指标的堆砌不是纳税评估模型

纳税评估分析是纳税评估的核心环节，纳税评估分析方法可以分为三类：数据比对、指标分析、模型应用，是依次递进的关系，就是说最常用和应用最多的是数据比对，例如：房地产公司网签销售金额与缴纳增值税金及附加的申报应税收入对比，即$A-B=0$、$A-B>0$或$A-B<0$；其次是指标分析，例如：某房地产企业某年度综合税负率与同地区同行业综合税负率比对存在差异，且差异率明显偏大；最后是数学模型应用，对于数据量很大，比如资产总规模超过10个亿，营业收入超过10亿元的，应使用计算机和数学模型进行分析。

一、计量经济数学模型

数学是研究现实世界数量关系和空间形式的科学，在它产生和发展的悠久历史长河中，一直是和各种各样的应用问题紧密相关的。数学的特点不仅在于概念的抽象性、逻辑的严密性，结论的明确性和体系的完整性，而且在于它应用的广泛性，随着经济发展的全球化、计算机技术的迅速发展，数学的应用不仅在工程技术、自然科学等领域发挥着越来越重要的作用，而且以空前的广度和深度向经济、管理、金融、生物、医学、环境、地质、人口、交通等新的领域渗透，数理论与方法的不断扩充使得数学已经成为当代高科技的一个重要组成部分和思想库，数学已经成为一种能够普遍实施的技术。

(一) 相关概念

什么是数学模型？

数学模型（mathematical model）是一种模拟，是用数学符号、数学式子、程序、图形等对实际课题本质属性的抽象而又简洁的刻画，它或能解释某些客观现象，或能预测未来的发展规律，或能为控制某一现象的发展提供某种意义下的最优策略或较好策略。数学模型一般并非现实问题的直接翻版，它的建立常常既需要人们对现实问题深入细致的观察和分析，又需要人们灵活巧妙地运用各种数学知识。

建立数学模型是沟通摆在面前的实际问题与数学工具之间联系的一座必不可少的桥梁。

什么是数学建模？

通过百度搜索后整理如下：数学建模是一种数学的思考方法，是运用数学的语言和方法，通过抽象、简化建立能近似刻画并"解决"实际问题的一种强有力的数学手段。这种应用知识从实际课题中抽象、提炼出数学模型的过程就称为数学建模（mathematical modeling）。

数学建模就是用数学语言描述实际现象的过程，不但包括外在形态，内在机制的描述，也包括预测、试验和解释实际现象等内容。

数学模型一般是实际事物的一种数学简化或描述。为了使描述更具科学性、逻辑性、客观性和可重复性，人们采用一种普遍认为比较严格的语言来描述各种现象，这种语言就是数学。使用数学语言描述的事物就称为数学模型。在建模过程中，要把本质的东西及其关系反映进去，把非本质的、对反映客观真实程度影响不大的东西去掉，使模型在保证一定精确度的条件下，尽可能的简单和可操作，同时数据应易于采集。

应用数学去解决各类实际问题时，建立数学模型是十分关键的一步，同时也是十分困难的一步。建立教学模型的过程，是把错综复杂的实际问题简化、抽象为合理的数学结构的过程。要通过调查研究、收集数据资料，观察和研究实际对象的固有特征和内在规律，抓住问题的主要矛盾，建立起反映实际问题的数量关系，然后利用数学的理论和方法去分析和解决问题。数学建模是联系数学与实际问题的桥梁，是数学在各个领域广泛应用的媒介，是数学科学技术转化的主要途径，数学建模在科学技术发展中的重要作用越来越受到数学界和工程界的普遍重视，它已成为现代科技工作者必备的重要能力之一。

什么是经济数学模型？

经济数学模型（economic mathematical model），即经济活动中数量关系的简化的数学表达，简称经济模型。是研究分析经济数量关系的重要工具，反映在经济数量关系的复杂变化方面，可按不同标准分类。

什么是计量经济学？

计量经济学是以一定的经济理论和统计资料为基础，运用数学、统计学方法与电脑技术，以建立经济计量模型为主要手段，定量分析研究具有随机性特性的经济变量关系的一门经济学学科。主要内容包括理论计量经济学和应用经济计量学。理论经济计量学主要研究如何运用、改造和发展数理统计的方法，使之成为经济关系测定的特殊方法。应用计量经济学是在一定的经济理论的指导下，以反映事实的统计数据为依据，用经济计量方法研究经济数学模型的实用化或探索实证经济规律。

"计量"的意思是"以统计方法做定量研究"，所以"量"字应读作"〔liàng〕"，而不读作"〔liáng〕"。

（二）建立数学模型的工作流程

数学建模是利用数学工具解决实际问题的重要手段。一般情况下，建模的主要流程如下。

1. 模型准备：了解问题的实际背景，明确其实际意义，掌握对象的各种信息。用数学语言来描述问题，以及所运用的软件，建立何种模型去解决问题。

2. 问题分析：对所要求的问题进行分析。

3. 模型假设：根据实际对象的特征和建模的目的，对问题进行必要的简化，并用精确的语言提出一些恰当的假设。

4. 符号说明：在建立模型过程中所用的数学符号进行说明。

5. 模型建立：在假设的基础上，利用适当的数学工具来刻画各变量之间的数学关系，建立相应的数学结构。（尽量用简单的数学工具）

6. 模型求解：利用获取的数据资料，对模型的所有参数做出测算或估计。

7. 结果分析：对所得的结果进行数学上的分析。

8. 模型检验：将模型分析结果与实际情形进行比较，以此来验证模型的准确性、合理性和适用性。如果模型与实际较吻合，则要对计算结果给出其实际含义，并进行解释。如果模型与实际吻合较差，则应该修改假设，再次重复建模过程。

9. 模型应用：应用方式因问题的性质和建模的目的而异。

（三）数学模型的种类

数学模型的种类很多，而且有多种不同的分类方法。部分列举如下：

1. 静态和动态模型

静态模型是指要描述的系统各量之间的关系是不随时间的变化而变化的，一般都用代数方程来表达。动态模型是指描述系统各量之间随时间变化而变化的规律的数学表达式，一般用微分方程或差分方程来表示。经典控制理论中常用的系统的传递函数也是动态模型，因为它是从描述系统的微分方程变换而来的（详见拉普拉斯变换）。

2. 分布参数和集中参数模型

分布参数模型是用各类偏微分方程描述系统的动态特性，而集中参数模型是用线性或非线性常微分方程来描述系统的动态特性。在许多情况下，分布参数模型借助于空间离散化的方法，可简化为复杂程度较低的集中参数模型。

3. 连续时间和离散时间模型

模型中的时间变量是在一定区间内变化的模型称为连续时间模型，上述各类用微分方程描述的模型都是连续时间模型。在处理集中参数模型时，也可以将时间变量离散化，所获得的模型称为离散时间模型。离散时间模型是用差分方程描述的。

4. 随机性和确定性模型

随机性模型中变量之间关系是以统计值或概率分布的形式给出的，而在确定性模型中变量间的关系是确定的。

5. 参数与非参数模型

用代数方程、微分方程、微分方程组以及传递函数等描述的模型都是参数模型。建立参数模型就在于确定已知模型结构中的各个参数。通过理论分析总是得出参数模型。非参数模型是直接或间接地从实际系统的实验分析中得到的响应，例如：通过实验记录到的系统脉冲响应或阶跃响应就是非参数模型。运用各种系统辨识的方法，可由非参数模型得到参数模型。如果实验前可以决定系统的结构，则通过实验辨识可以直接得到参数模型。

6. 线性和非线性模型

线性模型中各量之间的关系是线性的，可以应用叠加原理，即几个不同的输入量同时作用于系统的响应，等于几个输入量单独作用的响应之和。线性模型简单，应用广泛。非线性模型中各量之间的关系不是线性的，不满足叠加原理。在允许的情况下，非线性模型往往可以线性化为线性模型，方法是把非线性模型在工作点邻域内展成泰勒级数，保留一阶项，略去高阶项，就可得到近似的线性模型。

（四）经济数学模型种类

除了上述数学模型分类以外，反映经济数量关系复杂变化的经济数学模型，还可按不同的标准分类。

1. 按经济数量关系，一般分为四种：

经济计量模型、投入产出模型、再生产平衡模型、最优规划模型。

（1）经济计量模型反映经济结构关系，用来分析经济波动的原因和规律，是一种社会再生产模型。

（2）投入产出（货币）模型：这是根据企业的基本能源、原材料成本、人力成本、费用等数据，计算和推算企业的销售、存货以及其他的财务数据和纳税申报数据。投入产出模型反映部门、地区或产品之间的平衡关系，用来研究生产技术联系，以协调经济活动。

（3）再生产平衡模型反映各部门的产销平衡和收支平衡，既能研究技术联系又能研究经济周期，还能研究最优问题。

（4）最优规划模型反映经济活动中的条件极值问题，是一种特殊的均衡模型，用来选取最优方案。

2. 按投入产出关系，可以分为三种：

企业生产函数模型、时间序列计量模型和交叉计量模型。

（1）企业生产函数模型：目的在于根据企业实际运营资本、人力资源投入，估算企业的最大生产能力，也就是估算出税基。

（2）时间序列计量模型：这是根据持续经营假设，上一个时期的成本和销售、合同、费用必然影响下一个时期的这些项目，从而建立时间序列模型推算本期的相应的成本、费用、销售、库存等数据。

（3）交叉计量模型：根据财务数据之间的关联关系和比率关系，各期之间必然维持其基本逻辑关系，所以根据这些逻辑关系重新推算企业的财务报表的主要项目。

3. 按模型的用途，还可分为结构分析模型、预测模型、政策模型、计划模型。

此外，还有随机模型（含有随机误差的项目）与确定性模型（不考虑随机因素）等分类。

总之，数学模型是现成的，是数学家们已经研究出来的成果，是应用在税收征管的非大企业纳税评估或大企业税收风险管理中的工具。只有熟悉工具才能更好应用它。

二、如何建立纳税评估模型

为什么要建立模型？建立模型的目的是为了提高基层管理员的工作效率，提高纳税评估分析或风险识别分析的质量，提高涉税疑点指向和纳税遵从风险点的准确性、科学性和实用性。评估分析子模型，即指标预警值模型库，主要是为了解决评估分析这个环节用的，恰恰这个环节的质量和效率直接决定和影响整项工作。涉税疑点（税收风险特征）库主要是指导应对用的，政策法规库是指导分析和应对用的。

（一）模型设计思路与应用原理

建立纳税评估模型的基本设计思路：是从企业经营信息中提取涉税相关数据，建立一套能将企业生产经营和价值形成过程与税收征管规定有机结合的方法体系和若干逻辑分析判断公式或子模型，建成纳税评估分析指标和预警值数据库、建立日常征管（评估、稽查）积累的纳税人行业或税种的涉税疑点指向和纳税遵从风险点数据库，通过电算化工具进行系统分析、判断后为疑点核实和风险应对提供参考。

第一步，收集企业经营信息；

第二步，模拟和重构企业的经营过程，提取并对涉税信息进行分析；

第三步，经过特定分析模式，建立本地区同行业或同规模的正常经营涉税信息数据特征值（或称正常标准值）区间，并进行验证；

第四步，根据验证的正常标准值推算出企业的理论应纳税正常区间；

第五步，将其计算结果与实际申报数据进行比较，评判纳税人的纳税遵从度并进行预警和分级；

第六步，采取税务约谈等核实调查措施或实施税务稽查等。

（二）建立模型的要求

实施分类分级管理是税源专业化管理的基本方向，高标准建立纳税评估与风险防控模型，是有效实施分类分级管理的充要条件，税务部门通过对模型运用，充分利用税收法规、纳税规则、行业均值等对企业的指标结果进行比对，建立和维护涉税疑点指向和纳税遵从风险点等级，有针对性地加强税源管理。建立模型的总要求是"因地制宜、真实完整、简明实用、更新维护"，具体要求：

1. 要注意模型的实用成效。在构建模型时，模型所涉及的涉税疑点指向和纳税遵从风险点应该是行业或税种管理中的重点或难点，应该具体并进行分经营阶段或分税种归集，且疑点指向列示内容具体明确。

2. 要做到内部数据全面性和外部数据的针对性。模型构建所依据的数据要先充分利用税务内部已经获取数据再采集便利真实的第三方数据，特别注意第三方数据的时效性、真实性和采集的便捷及可行性。

3. 要提高模型应用的可操作性。建立的模型在后续应用中便于操作，实用可行，进行行业推测在数量、时间、空间和规模上具有可比性。

4. 要坚持定期进行模型核心指标和预警值的更新维护。

行业纳税评估遵循相对固定的模型，纳税评估模型建立后，"经营数据库、指标模型库、风险特征库和政策法规库"是不断更新维护的，指标的预警值应该是动态的，更需要经常进行维护。

（三）模型的价值核心是建立标准

纳税评估指标是税务部门筛选评估对象、进行重点分析时所选用的主要指标。一般情况下，指标预警（评判）值是区间值，指标既可以用相对数的百分比方式表示，也可以用绝对数的方式表示。纳税评估指标和预警值不仅是模型的核心，也是纳税评估与风险防控体系的核心，在实际应用中起着十分重要的作用。

首先，是确定纳税评估指标的标准。

每个纳税评估指标从指标运用、数据来源、指标预警值、纳税分析、分析时间、分析期间和分析人员等主要方面进行描述。指标运用是指标的运用和计算方法；数据来源是指数据的查询或取得途径；指标预警值是指设定指标的风险预警值，确定风险点或风险范围；指标分析是指结合预警值，分析可能存在的税收问题；分析时间是指风险评价的时间,根据数据取得的时间设定;分析期间是指根据评估指标数据的期间设定,月、季或年;分析人员是区县(分)局纳税评估科室或基层税务所(股)的。

其次,是确定指标预警值和建立行业纳税遵从标准。

科学、严谨、准确地计算指标预警值,就是实施定性和定量分析的关键,是区分遵从度高纳税人和遵从度低纳税人的标准,是确定高等级税收风险和低等级税收风险的标准。

建立一个行业纳税评估模型不仅是确定一个行业征管规范,而且是一个确定标准的过程,是指引纳税评估分析的方向和目标,是提高纳税评估效率和提升税源管理水平的工具。

纳税评估模型的出发点和落脚点,都是实施税源专业化管理的人员。

(四)加强四库建设及更新维护

在四库建设中,即"信息采集库+指标模型库+风险特征库+财税法规库",建立财税法规库是最简单的,其次是风险特征库,再次是信息采集库,最难的是指标模型库和指标预警值测算。建立模型的核心是四库建设,在已建立四库基础上,只有加强四库的勾稽衔接或整体综合应用,才能实现建模的目的。

四库中,分析指标预警值库是核心,是价值和技术含量最高的,其次就是涉税疑点(风险)特征库。

财税法规库的目录,就是行业相关财税法规索引。随着税收政策法规的更新或者变动,财税法规库在重复一个循环"建库——更新——再更新",永远循环着,循环着……。一般情况下,财税法规库是按照"分行业+分税种(费)"归集后,分为"一般财税政策"和"专项财税政策"两部分。

例如,下面即是金融业的银行业的个人所得税专项政策法规库。

1. 《中华人民共和国个人所得税法》
2. 《中华人民共和国个人所得税法实施条例》
3. 《国家税务总局关于印发〈征收个人所得税若干问题的规定〉的通知》(国税发〔1994〕89号)
4. 《财政部 国家税务总局关于个人提供非有形商品推销、代理等服务活动取得收入征收增值税(原营业税)和个人所得税有关问题的通知》(财税字〔1997〕103号)
5. 《国家税务总局关于生活补助费范围确定问题的通知》(国税发〔1998〕155号)
6. 《财政部 国家税务总局关于企业以免费旅游方式提供对营销人员个人奖励有关个人所得税政策的通知》(财税〔2004〕11号)
7. 《财政部 国家税务总局关于个人股票期权所得征收个人所得税问题的通知》(财税〔2005〕35号)
8. 《国家税务总局关于调整个人取得全年一次性奖金等计算征收个人所得税方法

问题的通知》（国税发〔2005〕9号）

9.《国家税务总局关于保险营销员取得佣金收入征免个人所得税问题的通知》（国税函〔2006〕454号）

10.《国家税务总局关于个人股票期权所得缴纳个人所得税有关问题的补充通知》（国税函〔2006〕902号）

11.《财政部 国家税务总局关于基本养老保险费、基本医疗保险费、失业保险费、住房公积金有关个人所得税政策的通知》（财税〔2006〕10号）

12.《财政部 国家税务总局关于股票增值权所得和限制性股票所得征收个人所得税有关问题的通知》（财税〔2009〕5号）

13.《财政部 国家税务总局关于上市公司高管人员股票期权所得缴纳个人所得税有关问题的通知》（财税〔2009〕40号）

14.《国家税务总局关于股权激励有关个人所得税问题的通知》（国税函〔2009〕461号）

15.《国家税务总局关于企业年金个人所得税征收管理有关问题的通知》（国税函〔2009〕694号）

16.《国家税务总局关于企业年金个人所得税有关问题补充规定的公告》（总局公告2011年第9号）

17.《财政部 国家税务总局关于企业促销展业赠送礼品有关个人所得税问题的通知》（财税〔2011〕50号）

18.《财政部 人力资源社会保障部 国家税务总局关于企业年金 职业年金个人所得税有关问题的通知》（财税〔2013〕103号）

涉税疑点（风险特征）是指引进行疑点核实或风险应对的或有事项，应对结果就是两个：存在或不存在不遵从行为。

例如：下面是风险特征库中的房产税的某个涉税疑点（风险特征）：

疑点描述：具备房屋功能的地下建筑是否按规定申报缴纳房产税。

应对指引：查核企业所有、使用的在房产税征税范围内具备房屋功能的地下建筑，包括与地上房屋相连的地下建筑以及完全建在地面以下的建筑、地下人防设施等（如房屋的地下室、地下停车场、商场的地下部分等，应将地下部分与地上房屋视为一个整体，按照地上房屋建筑的有关规定计算征收房产税），除免税外是否按税法规定申报缴纳房产税。

备注说明：上述具备房屋功能的地下建筑是指有屋面和维护结构，能够遮风避雨，可供人们在其中生产经营、工作、学习、娱乐、居住或储藏物资的场所。

政策依据：《财政部 国家税务总局关于具备房屋功能的地下建筑征收房产税的通知》（财税〔2005〕181号）第一条。

建模的过程中重点要建好"四库",并不是一劳永逸的,要在每年定期或重大财税政策调整时进行更新。例如:信息采集库的新增数据维护、指标模型库的预警值更新、风险特征库增加当年稽查或风险应对过程中发现的新增风险点和政策法规库废止旧文件的剔除及新增文件的补充。

三、行业(产品)纳税评估模型模板

纳税评估模型是以纳税人数据信息采集为基础,通过内部数据挖掘和外部数据收集归纳,运用各种计算及分析方法,抽象出某个特定事件群的一般规律,以分析发现一般规律所指向事件的数据结构和计算模型,它表现的是采用群抽象规律(行业均值)对应某个实际事件(某企业)的一个过程。

在准确认识纳税评估模型和评估分析子模型的前提下,充分认识"四库"的准确性和重要性,深刻领会和把握"六个"意识,保持结构完整的"八项"内容。按照对房地产开发经营流程、涉税管理难点等进行了全面分析,按照"全面实施过程控制,事前预警,事中监管"的风险管理理念,建立行业或税种的纳税评估模型。下面归纳整理了"行业(产品)纳税评估模型模板",供实际工作中参考。

(一)建立税收数据模型的一般方法

建立数据模型的目的,是为了实现对现实世界中各种信息进行有效处理,是为了实现信息化管理。建立税收数据模型的具体方法:

1. 经验总结法

做过的人,通过把取得的经验、方法或技巧规范化和标准化,传授给没做过的人。

① 掌握政策依据和掌握政策规定的一般规律,不是法规条文的死记硬背;
② 收集归纳总结有实际应用价值的工作经验,客观准确、通俗易懂;
③ 确定行业、税种或特定事件的关键节点,突出重点、剖析难点;
④ 对一般规律和实际应用经验进行抽象,归纳总结;
⑤ 验证,模型是用的,是否有效是必须要通过实践证明的;
⑥ 统筹规划。

2. 数据归纳法

透过现象看本质,通过数据获取信息,把静态的数据变成动态图表。

① 确定要建立模型的行业或事件,限定范围净化数据;
② 确定要调查或信息采集的样本量,抽样样本好坏是关键;
③ 针对行业或事件进行分析,确定采集数据方式和内容,不仅全面更突出重点;
④ 信息采集和数据归纳,分项归集、分类汇表;
⑤ 分析抽象,演算、验算;
⑥ 验证,模型是用的,是否有效是必须要通过实践证明的;

⑦ 统筹规划。

3. 专用工具法

特别适用于分税种建立纳税评估模型。

① 确定要建立模型的应用范围和具体指向；

② 确定信息采集的样本量；

③ 根据数据模型建立的具体应用范围，确定与数据模型关联的数据采集项目；

④ 信息采集和数据归纳；

⑤ 运用专用工具进行抽象；

⑥ 验证，模型是用的，是否有效是必须要通过实践证明的；

⑦ 统筹规划。

（二）行业（产品）纳税评估模型提纲

具体内容，见本节附件《某行业（产品）纳税评估模型提纲》。

四、保本经营测算确定计税依据分析模型

在税务局日常征管工作中，"长亏不倒、保本经营"等概念是耳熟能详或根深蒂固的。因此，保本经营测算确定计税依据分析模型是常用的

（一）建立理念

根据市场经济发展规律，企业或个体经营者能够持续经营的前提条件是有利润，至少是经营收入扣除经营成本能够保证费用支出的平衡的。

（二）建立目的

利用财务分析的盈亏临界点来测算纳税人经营不亏本，营业利润为零，而必须实现的最低经营保障，从而达到确定纳税人计税依据的目的。

（三）取数途径

1. 了解掌握行业毛利率，该指标值可以通过两种方式实现：一是测算行业均值与本地区同行业上市公司的毛利率加权平均获得；二是抽取样本企业，以样本企业的毛利率为参考依据。

2. 了解掌握分析对象的本期各项费用的真实情况，重点包括房租、水电费、人工工资、其他与经营相关的合理费用。

3. 从系统取得发票开具信息和纳税人申报缴纳税款的计税依据等。

（四）计算方法

1. 计算公式：

某期保本经营收入额=某期发生各项费用÷（经营毛利率-综合税款征收率）

某期发生各项费用=房租+水电+人工工资+其他相关合理经营费用

2. 分析思路：某期保本经营收入额与申报缴纳的计税依据相比，与开具发票信息相比，对比结果正值为正常，负值为可能存在问题。

（五）适用范围

该方法适用于经营规模小，生产经营业务不固定，采用其他方法难以控管，各项费用发生比较明显且相对固定的行业。

这是税收核定征收权应用的参考模型。

附件：

某行业（产品）纳税评估模型提纲

一、行业（产品）介绍

1. 行业（产品）定义

介绍该行业定义、概况、属性以及编号，按照国民经济行业分类标准的中类确定行业，按照主营业务确定单一产品。

2. 企业类型划分

对该行业（产品）企业具体划分类型，并加以说明。

3. 工艺流程简介

详细介绍该行业（产品）的主要工艺流程及特点，核心原料或技术，生产环节。

4. 财务核算主要内容和特点

执行会计制度或准则，财务核算特点，重点关注财务报表那些科目。

二、行业（产品）生产经营规律及涉税管理难点

1. 行业生产经营规律

描述该行业（产品）的主要经营环节，主营业务的生产工艺流程，核心市场主体和市场营销规律。

2. 涉税管理难点

税源专业化管理概况，全省（地级市）征管状况，行业主体税种，详细列举纳税评估关注重点和可能存在重大风险事项。

3. 减免税优惠政策

分税种说明主要的税收优惠政策内容、文件依据和征管要求。

三、评估分析方法

结合该行业或企业的生产工艺流程、经营规律、涉税管理难点，详细列举主要评估方法。每种评估方法不是孤立存在，在税收管理过程中，通常是应运用两种以上方法进行评估测算，相互比对和印证。

具体的评估分析方法包括以下几个部分：
1. 原理描述：分析过程、重点、方法和依据。
2. 数据获取途径：内部数据、第三方数据和要求企业提供资料的所属期、统计口径。
3. 选取分析指标或模型：该行业或产品的最优分析指标或模型。
4. 标准值参考范围：各个指标预警值的区间值或合理波动范围。
5. 疑点判断：建立税收风险特征库。
6. 应用要点：重点关注的报表科目、会计核算目、纳税申报表项目。

四、疑点核实（税务约谈）

1. 低风险的提示提醒：简单明确的涉税违法行为，如迟报催缴。
2. 税务约谈或集体约谈提纲
3. 实地调查核实要点
4. 高风险转税务稽查或反避税调查

五、验证案例

选取若干典型案例对评估模型进行验证，主要应包括以下内容：
（1）企业基本情况介绍；（2）数据采集来源及内容；（3）确定疑点列举；（4）税务约谈和实地核查情况；（5）测算税收差异情况；（6）指标（预警值）模型库和风险特征库的修正；（7）评估结果的反馈处理。

第三节　选取计量经济模型与数学模型

概括地讲，无论是纳税评估模型还是纳税风险防控模型，是一个概念或范畴，具有一致性或是统一的，都具有抽象性、标准性、概括性和实用性。如果谈到区别和联系，是整体和个体的关系。风险防控模型：主要是指对辖区、行业（税种）实施纳税风险防控（或纳税评估）过程中应用的风险点排序或确定纳税评估对象的模型。纳税评估模型：主要是指对某企业实施纳税评估（即个案评估）过程中应用的评估分析模型。因此，基于大数据前提的计量经济模型和数学模型，应该是某辖区或行业（税种）的纳税遵从风险防控模型，至少是县级以上税务局应该建立和使用的。

一、基本概念

百度是个好帮手，好工具，是网络时代的"字典"或百科全书。再次感谢"百度一下"！

（一）计量经济学概念

计量（读作"〔liàng〕"）经济学是以一定的经济理论和统计资料为基础，运用数学、统计学方法与计算机技术,以建立经济计量模型为主要手段,定量分析研究具有随机性特性的经济变量关系的一门经济学学科。主要包括理论经济计量学和应用经济计量学。理论经济计量学主要研究如何运用、改造和发展数理统计的方法,使之成为随机经济关系测定的特殊方法。应用经济计量学是在一定的经济理论的指导下,以反映事实的统计数据为依据,用经济计量方法研究经济数学模型的实用化或探索实证经济规律。

计量经济学(Econometrics),是以数理经济学和数理统计学为方法论基础,对于经济问题试图对理论上的数量接近和经验(实证)上的数量接近这两者进行综合而产生的经济学分支。该分支的产生,使得经济学对于经济现象从以往只能定性研究,扩展到同时可以进行定量分析的新阶段。"计量"的意思是"以统计方法做定量研究",所以"量"字应读作"〔liàng〕",而不读作"〔liáng〕"。

(二)计量经济学特点

模型类型:采用随机模型。

模型导向:以经济理论为导向建立模型。

模型结构:变量之间的关系表现为线性或者可以转化为线性,属于因果分析模型,解释变量具有同等地位,模型具有明确的形式和参数。

数据类型:以时间序列数据或者截面数据为样本,被解释变量为服从正态分布的连续随机变量。

估计方法:仅利用样本信息,采用最小二乘法或者最大似然法估计变量。非经典计量经济学一般指20世纪70年代以后发展的计量经济学理论、方法及应用模型,也称现代计量经济学。

(三)计量经济模型概述

计量经济模型包括一个或一个以上的随机方程式,它简捷有效地描述、概括某个真实经济系统的数量特征,更深刻地揭示出该经济系统的数量变化规律,是由系统或方程组成,方程由变量和系数组成。其中,系统也是由方程组成。

计量经济模型,是指揭示经济活动中各个因素之间的定量关系,用随机性的数学方程加以描述。广义地说,一切包括经济、数学、统计三者的模型;狭义地说,仅指用参数估计和假设检验的数理统计方法来研究经验数据的模型。

(四)计量经济模型成功三要素

从上述建立计量经济学模型的步骤中不难看出,任何一项计量经济学研究、任何一个计量经济学模型赖以成功的要素应该有三个:理论、方法和数据,缺一不可。

理论,即经济理论,所研究的经济现象的行为理论,是计量经济学研究的基础。方法,主要包括模型方法和计算方法,是计量经济学研究的工具与手段,是计量经济学不同于其他经济学分支学科的主要特征。数据,反映研究对象的活动水平、相互间联系以及外部环境的数据,或更广义讲的是信息,是计量经济学研究的原料。

(五) 数学模型

数学模型是运用数理逻辑方法和数学语言建构的科学或工程模型。数学模型还没有一个统一的准确的定义,因为站在不同的角度可以有不同的定义。

"数学模型是关于部分现实世界和为一种特殊目的而作的一个抽象的、简化的结构。"具体来说,数学模型就是为了某种目的,用字母、数字及其他数学符号建立起来的等式或不等式以及图表、图象、框图等描述客观事物的特征及其内在联系的数学结构表达式。

数学模型(mathematical model)是近些年发展起来的新学科,是数学理论与实际问题相结合的一门科学。它将现实问题归结为相应的数学问题,并在此基础上利用数学的概念、方法和理论进行深入的分析和研究,从而从定性或定量的角度来刻画实际问题,并为解决现实问题提供精确的数据或可靠的指导。

(六) 数学模型种类

数学模型是用字母、数字和其他数学符号构成的等式或不等式,或用图表、图像、框图、数理逻辑等来描述系统的特征及其内部联系或与外界联系的模型,是真实系统的一种抽象。数学模型是研究和掌握系统运动规律的有力工具,它是分析、设计、预报或预测、控制实际系统的基础。如前文述,数学模型的种类很多,而且有多种不同的分类方法。

(七) 经济数学模型

经济数学模型(economic mathematical model)即:经济活动中数量关系的简化的数学表达,简称经济模型。是研究分析经济数量关系的重要工具,反映在经济数量关系的复杂变化方面,可按不同的标准分类。经济数学模型的建立和应用的步骤有:

1. 理论和资料的准备

经济数学模型的质量取决于对经济问题的理论研究状况。理论假设能否成立、是否正确,关系到模型的成败。合理的理论假设是模型赖以建立的前提。资料是否充分、可靠和准确,也直接影响经济数学模型的质量与功能。

2. 建立模型

经济数学模型要采取一定的数学形式来反映经济数量关系。任何数学形式主要由方程式、变量和参数三个基本要素组成。其中,变量是指数值随时间、地点和条件的变化而改变,按其在方程式中的地位和作用,分为因变量和自变量。参数是指反映变量之间相互影响程度的系数。简化是用模型来反映现实的特点,这是一种科学的抽象。否则,模型就建立不起来。它不会降低模型的真实性,反而会提高模型的科学性和实用性。但简化是有限度的，取决于研究对象所允许的误差范围和数学方法所需要的前提条件。模型不能过于简化，以致不能把握经济现实，又不能过分复杂，以致难于加工处理和管理操作。一个模型抽象或现实到什么程度，取决于分析的需要、分析人员的能力，以及取得资料的可能性。

3. 求解或模拟试验

以适用的软件（计算程序）在具有一定功能的电子计算机上可以进行各种模拟试验，比较和选择不同的方案。

4. 分析说明和实际应用

在分析和应用数学模型时，把模型计算所得出的结论与模型外获得的信息相结合，作出必要的判断。评价模型优劣的标准应该是吻合度（它同被反映的经济数量关系的符合程度）与实用度（进行理论分析、经济预测、政策评价等应用效果）的统一，两者不可偏废。随着客观经济情况的变化，模型需要不断修改和更新。经济数学模型是系统方法的具体运用，其着眼点并不在于反映单个的经济量，而在于说明各个经济量的关系及其共同作用。一个模型就是一个系统。一个模型就是一个愿景或标准。复杂的国民经济往往不是少数几个模型所能反映的，所以需要建立比较完整的模型体系。

二、模型的价值核心是建立标准

随着 2005 年纳税评估工作试行的展开，为了满足实施税收分析和宏观（行业）纳税评估的需要，为了解决纳税评估过程不能准确进行评估分析和建立筛选纳税评估对象标准的问题，不断加强相关行业的评估指标、行业平均指标的研究和探索，迫切需要在税收分析和纳税评估中应用相应数学模型。这是客观的，也是趋势。

无论是计量经济模型还是经济数学模型，在税收分析和纳税评估中的应用，各级税务部门和税务人员对税务应用模型的认识存在偏差，用"铺天盖地、杂乱无章、一知半解、以偏概全"来概括是再客观准确不过了。

为什么要建立模型？建立模型的目的是为了提高基层管理员的工作效率，提高税收分析、纳税评估分析或风险识别分析的质量，提高涉税疑点指向的准确率和纳税遵从风险点的准确性、科学性和实用性。不是有了税务应用模型就能解决税收分析、纳税评估与风险防控的全部问题或指导整体各项工作的。建立的模型只是一件工具，是为了用的，主要是为了解决纳税评估分析或风险识别分析这个环节用的，恰恰这个环节的质量和效率直接决定着整项工作质效。

纳税评估指标是税务部门筛选评估对象、进行重点分析时所选用的主要指标。一般情况下，指标值是区间值，指标既可以用百分比的方式表示，也可以用绝对数的方式表示。纳税评估指标和预警值不仅是模型的核心，也是纳税评估与风险风控体系的核心，在实际应用中起着关乎成败的作用。

首先是确定纳税评估指标的标准。

每个纳税评估指标从指标运用、数据来源、指标预警值、纳税分析、分析时间、分析期间和分析人员等主要方面进行描述。指标运用是指标的运用和计算方法；数据来源是指数据的查询或取得途径；指标预警值是指设定指标的风险预警值，确定风险点或风险范围；指标分析是指结合预警值，分析可能存在的税收问题；分析时间是指风险评价的时间，根据数据取得的时间设定；分析期间是指根据评估指标数据的期间设定，月、季或年；分析人员是区县（分）局纳税评估科室或基层税务所。

其次是确定标准的过程。评估模型不仅是确定一个标准，而且是一个确定标准的过程，是指引纳税评估分析的方向和目标，是提高纳税评估效率和提升税源管理水平的工具。纳税评估模型的出发点和落脚点都是税务所的纳税评估人员。

再次是模型的验证与应用。其他相关内容请查阅《税源专业化管理》（贾忠华著）的"第八章第一节 纳税评估与风险防控模型概述"。

三、选取与应用计量经济学方法

纳税评估，是指主管税务机关根据纳税人报送的纳税申报资料以及所掌握的相关涉税信息，依据国家有关法律和政策法规的规定，采取特定的程序和方法，审核、分析其一定时期内申报纳税情况的真实性、准确性，及时纠正、处理纳税人纳税行为中的错误问题，查找具有普遍性和规律性的异常现象，提出日常监控管理和征管措施建议，提高税收征管质量和效率的管理行为。

虽然纳税评估工作在我国推行已经超过了15年，目前还很不成熟和不完善，纳税评估的理论研究与税务系统实际工作尚不能很好地融合，纳税评估工作中还存在着许多的问题。如评估分析指标不完善、选择评估对象方法较为简单而不尽科学、评估分析方法匮乏、相关成功和成熟的计量经济模型或经济数学模型依然没有建立起来等等。为了进一步对纳税评估过程中的问题进行探索和研究，以纳税评估业务需求为导向，以相关数据资料为基础，以实证分析为主要研究手段，将计量经济学等方法应用于纳税评估的实际工作，通过建立纳税评估综合分析模型和对其进行验证，为推动纳税评估的可持续发展提供一种有效可行的途径。

纳税评估分析方法可分为两大类：一是定量分析，是指评估人员运用数理原理、规则及其特定的具体的计算来对评估对象中包含的量进行测定，从而对纳税人的纳税申报的真实性进行判断分析的方法。在定量分析中，是以相关数学模型的应用为主要方法的。二是定性分析。定性分析强调感性和理性的结合，需要综合运用税收政策、评估人员实践经验和逻辑推断，对纳税人的纳税申报的真实性进行判断分析的方法。在定性分析中，是以计量经济学模型的应用为主要方法的。

计量经济学是一门新兴的多学科交叉的边缘学科，它将经济学、统计学、数学和计算机技术相结合,以实际问题为背景研究各种经济数量关系及其规律,将定量分析与定性分析相结合进行研究。对税收数据的统计分析的核心内容是指标分析。因为经济、税收和征管水平等需要各个指标的描述,其关系的分析就必须针对指标。主要方法有以下几种:

1. 聚类分析。聚类分析又称群分析,是研究(样品或指标)分类问题的一种多元统计方法,所谓类,就是指相似元素的集合。借用这种分析开展税收数据分析,可将具有某种税收共同特征的事物聚集在一起。

2. 判别分析。判别分析是一种多元统计方法,是从判别对象 Y 和判别因子 X 的 n 组样本数据出发根据一定的原理,选择适当形式的判别函数 Y=f(X),在某种最优性准则下,对判别对象 Y 做出统计推断。

3. 对比分析。对比分析法的核心是将两个有联系的统计指标(绝对量和绝对量指标,总量和总量指标以及相对指标与相对指标等)进行对比,用一个抽象化的比值表明变量之间的对比关系。例如:税收对比是利用各种税务统计数量指标与其他相关联的经济指标之间的数量对比关系,来揭示和反映他们之间的相对水平、发展过程及差异程度。

对比分析法可划分为纵向对比和横向对比。纵向对比分析或历史数据分析是指同一个体的同一指标在不同历史时期的数据比较分析,以期发现该事物在不同阶段的发展变化规律。横向对比分析是指同一指标在不同个体、地区之间的比较分析。总结这种规律特征,以此检验个体数据指标的表现,可找出差异较大的个体予以预警。

4. 因素分析法。因素分析法是指将某一综合指标按照一定方法对其分解为相互联系的若干因素,然后分析计算这些因素对综合指标影响的大小,以分析查明该综合指标变动原因的一种分析方法。

对以上或不局限于以上方法的综合应用,即形成模型分析,即:所谓的计量经济学的数学模型,也叫计量经济模型方法。它是一种因果分析方法,解释了经济活动中诸多因素之间的因果关系,计量经济方法包括模型的定式、估算、检验、证实和应用,模型的参数估算是其核心内容。计量经济方法在应用中是经济理论与实际数据相结合的统计推论方法。经济行为或运行关系一般是随机的相关关系。例如:Tobit 模型是一个经济计量学模型,可用于估算纳税人非真实申报逃税额的情况。

四、如何应用计量经济方法建立纳税评估综合分析模型

(一)模型的设计思想

综合应用多种数学模型、指标体系等数据分析方法对税收数据进行多维度、分类、分层次的综合分析,应用回归模型、判别模型、指标体系的模糊数学模型、综合评分方法等建立纳税评估综合分析模型,通过对试点企业数据的试验性分析对模型进行测

试和修正,建立可行而且有效的纳税评估数学应用模型。

(二) 模型的建立

例如以住宿业为例,如何建立纳税评估综合分析模型。

住宿业指为旅行者提供短期留宿场所的活动,有些单位只提供住宿,也有些单位提供住宿、饮食、商务、娱乐一体的服务,本类不包括主要按月或按年长期出租房屋住所的活动。按照国民经济行业分类(GB/T 4754—2017)再细分行业包括:旅游饭店、一般旅馆、经济型连锁酒店、其他一般旅馆、民宿服务、露营地服务和其他住宿业。

从对××地区的住宿业开展专项评估入手,基于模型的设计思想,应用数量经济学的方法,建立该行业的纳税评估综合分析模型,并检验模型在纳税评估中的实效。

1. 数据采集和整备

在对住宿业行业现状、经营方式、资金来源、收入构成、影响经营的主要因素等实地调研的基础上,选择了CW区150家从事酒店住宿业的企业作为数据采集的对象,采集数据的年份定为2015年至2017年。采集的数据包括《企业基本情况调查表》、企业财务报表、税收入库情况数据以及近三年对若干酒店住宿业的税务稽查数据。其中,调查表数据既包括企业的星级、功能、房间数目(分单人间、标准间、套间)、地理位置、职工人数等基本情况,也包括企业的具体生产经营的部分收入、成本、费用的明细信息,比如客房收入、餐饮收入、工资费用、水电费、燃料费等。财务报表主要是资产负债表和损益表,采集的数据分为月份和年度数据。

财务报表数据的采集较为完整,但调查表数据空缺项多,部分企业只将损益表上的汇总数据填入调查表,并没有将其细分至各明细数据项。考虑到模型有效运行和保证数据原始性的兼顾,对关键数据实施了修补,修补方法是选取收入规模、星级标准类似企业,将其成本费用的比例结构平均化,然后用此结构将缺失明细数据的企业的汇总数据分解。

2. 运用数理统计方法建立数学模型

选取增值税(原营业税)税负、利润率、其他收入占总收入比重、其他营业费用占营业费用比重、其他管理费用占管理费用比重等五项指标进行描述性分析。通过考察指标的频数、集中趋势、离散程度等属性来发现样本企业当中存在的异常情况。

利用回归模型分析了八组变量的关系,其中一元回归分析了六组,分别是:餐饮收入与餐饮成本、营业收入与营业人数、营业收入与工资总额、营业收入与电费、营业收入与水费、营业收入与费用总额,多元回归分析了两组,一组分别是营业收入与营业人数、工资总额、电费、水费的回归,另一组是营业收入与单人间数、标准间数、套间数的回归。

构建了判别分析模型,选择回归分析当中偏离程度过高的企业(三个标准差以上）作为判别分析的有问题样本，将回归分析中没有疑点的企业作为没有问题样本，将介于两者中间的企业作为待判别样本，将训练出来的判别函数再对有问题样本以及没有问题样本进行判别，选择的判别分析方法是普通的距离判别法。通过判别分析，误判率为 25.83%，在判定分析中被判定为有问题的企业，作为疑点纳入综合评分环节。

3. 建立指标体系的模糊数学模型

纳税评估指标体系应能全面反映纳税人纳税申报的情况以及企业申报税负与企业生产经营状况相符合的程度，从而评定纳税人纳税申报的合理性。构建企业所得税纳税评估指标体系，如表 7-1 所示。

表 7-1　　　　　　　　　企业所得税纳税评估指标体系

目标层	主因素层	子因素层
企业所得税纳税评估指标体系 U	应税收入评估 U_1	总资产周转率 U_{11}
		流动资产周转率 U_{12}
		固定资产周转率 U_{13}
		主营业务收入变动率 U_{14}
		其他业务收入变动率 U_{15}
	成本费用评估 U_2	销售毛利率 U_{21}
		销售收入期间费用率 U_{22}
		销售收入成本费用率 U_{23}
		销售收入成本变动率 U_{24}
		期间费用变动率 U_{25}
	计税所得评估 U_3	总资产利润率 U_{31}
		净资产利润率 U_{32}
		销售利润率 U_{33}
		成本费用利润率 U_{34}
		利润总额变动率 U_{35}
	税收负担评估 U_4	主营收入税负率 U_{41}
		销售成本税负率 U_{42}
		营业利润税负率 U_{43}
		利润总额税负率 U_{44}
		税负变动率 U_{45}

应用上述纳税评估指标体系对企业 2015~2017 年度企业所得税纳税情况进行评估的过程如下：

（1）计算行业均值、填补缺失值；
（2）计算各个企业的偏离率；
（3）赋予变量相应概率值；
（4）赋予变量权重；
（5）计算综合模糊变换矩阵；
（6）计算综合评价结果；
（7）对评估对象综合得分结果进行排序。

4. 利用综合评分法对企业排序

由于不同评估方法的度量单位不同、评估方法的重要程度、准确程度不同，所以还需要通过特殊的方法进行同度量处理和加权处理，将多个评价指标值"合成"为一个整体性的综合评价值。根据统一的标准、并按照疑点的多少进行排序，筛选出实施税务约谈或实地调查核实的对象。

结合 150 户的样本数据，分别运用多种评估方法经过 SAS 软件计算，再按综合评分处理步骤进行处理，得出各企业疑点的排序结果。

（三）对模型分析结果进行验证

首先根据模型计算的结果选取了 36 户企业作为核实对象，挑选出疑点较大或代表性较强的几户企业作为重点核实对象。核实的过程如下：首先以座谈的形式向企业的财务负责人和会计人员了解企业的经营状况、收入组成、成本核算、税款缴纳等情况；然后，结合模型计算出的疑点到企业核查具体的财务数据并实地查看酒店的经营状况。

下面以两户企业为例，对核实情况进行具体的介绍。

A. ××某商贸中心

性质：国有企业，评估模型分析后产生的结果：

1. 利润率偏低。

本户值：-0.4035，该指标在 150 户中排名：5（升序排列）。

2. 职工人均营业收入偏低，模型测算结果：

营业收入预期值：2597.98 万元，本户实际申报营业收入值：1897.41 万元，存在差异：700.57 万元。

3. 单位营业收入所耗用电费偏高，模型测算结果：

电费：118.22 万元

营业收入预期值：2843.94 万元

本户营业收入值：1897.41 万元

差异：946.53 万元

4. 成本费用占营业收入的比重偏高，模型测算结果：

成本费用总额：2266.69 万元

营业收入预期值：2757.78 万元

本户营业收入值：1897.41 万元

差异：860.37 万元

核实情况：

对其 2015 年 01 月 01 日至 2017 年 12 月 31 日的收入、成本、费用、缴纳税款和发票使用情况进行了核实，具体核实情况为：

1. 该单位即对外经营住宿、旅游团队接待、写字间出租等业务同时也是××油田驻北京办事处，负责油田内部接待任务，内部接待任务占总营业额的 50%，写字楼出租约占 20%，旅游团队接待约占 20%，散客占 10%左右。内部员工住宿享受门市价较低的折扣。以上原因可能影响利润率指标计算结果。

2. 该单位有正式职工 8 人，其余为聘用人员。正式职工与聘用人员的人数比例可能影响职工平均收入指标。

3. 该单位 2015 年至 2016 年进行装修，费用进当期费用；造成成本费用占营业收入的比重偏高。

核实意见：经过多次实地调查和向企业财务负责人了解情况，核实人员认为评估模型测算出的指标值的指向性基本正确。

B. ××酒店有限公司

性质：其他有限责任公司，评估模型分析后的计算结果：

1. 利润率偏低。

本户值：-0.5235，该指标在 50 户中排名：4（升序排列）

2. 其他收入占营业收入比重偏高。

本户值：32.92%，差异：该指标在 50 户中排名：2

3. 其他营业费用占营业费用比重偏高。

本户值：75.57%，差异：该指标在 50 户中排名：3

4. 职工人均营业收入偏低，模型测算结果：

营业收入预期值：1465.48 万元，本户营业收入值：668.58 万元。

差异：796.9 万元。

核实情况：

1. 利润率偏低。

①该单位租用××厂房屋，房租费用高，每年的房租是 660 万元，而且 2017 年 7 月补缴以前年度的房租。②客房出租率低，2016 年出租率：一季度（71.27%），二季度（66.77%），三季度（84.56%），四季度（60.02%）；2017 年出租率：一季度

（53.35%）、二季度（54.87%）、三季度（51.40%）、四季度（48.44%）。③2017年因绿景园事件，政府低价租赁使用客房，减少了收入。④经常接待团队，客房打折幅度大也是原因之一。

2. 其他收入占营业收入比重偏高。

该单位是服务比较全面的酒店，经营范围全面，有住宿、餐厅、歌舞厅、会议费、咖啡厅及六层外租房屋等，除住宿外都是其他服务，因此其他服务收入高。2016年住宿收入占总收入的41%、餐厅收入占总收入的44%、歌舞厅收入占总收入的5.5%、外租房屋收入占总收入的6.1%；2017年住宿收入占总收入的49%、餐厅收入占总收入的25%、歌舞厅收入占总收入的5.8%、外租房屋收入占总收入的14%。

3. 其他营业费用占营业费用比重偏高。

该单位的费用包括工资、福利费、办公费、职工教育经费、劳动保险费、咨询诉讼费、房屋租赁费、水电热力费、洗衣费、折旧费、开办费、业务招待费和车船税、印花税。其中咨询诉讼费、房租、开办费等都属于其他营业费用。工资、房屋租赁费、开办费比较高。2016年房屋租赁费总费用的22%，开办费总费用的7.6%，工资总费用的30%；2017年房屋租赁费总费用的49%，开办费总费用的6.5%，工资总费用的17%。

4. 职工人均营业收入偏低。

该单位原属于国有企业，职工人数多，月均职工人数为200左右，2017年中变更为私有性质。

核实意见：该单位为国有宾馆酒店，靠租赁房屋经营，且属于经营全面、范围广的类型，模型的结论与情况相符。

（四）结论及建议

以上结果表明，将数量经济方法应用于纳税评估，通过建立纳税评估综合分析模型，应用多种数学模型、指标体系等数据分析方法对税收数据进行综合分析，对纳税评估工作有比较好的指导作用，为科学、规范、高效地开展专项纳税评估提供了一种有实用意义的解决方案。为此，应从以下几个方面加以继续努力。

1. 努力积累经验

通过对住宿业企业数据的试验性分析，对数量经济学方法在纳税评估领域的应用进行了有益的探索，积累了经验、发现了有待研究的问题。

2. 加强第三方数据的应用

纳税评估的准确高效是建立在大量真实涉税信息基础之上的，而目前纳税评估的一个制约"瓶颈"便是涉税信息量不足和信息准确度不高，而第三方的信息有其客观性，准确度也相对较高，对评估工作的开展有重要的辅助作用，因此应建立与第三方的信息交流机制。

3. 强化会计电算化工作

通过对企业进行数据采集发现不少企业缺少财务报表的电子文档，而可利用计算机进行处理的数据是建立各种模型的基础。税收信息系统的建设应考虑到纳税评估工作的需要，能够获取电子化的企业财务信息。

记账科目差异影响到数据统计结果的准确性，由于一些企业会计科目未严格按照《企业会计制度》规定设置，造成企业间可能有成本和费用记账科目的差异，进而影响到模型的准确度，应当规范企业对财务制度的执行。

总之，计量经济数学模型在纳税评估工作中的应用是可行的，必要的，还要有许多工作要做的。

第四节 建立数据比对分析模型及应用

本节的主要内容是建立税收风险识别（确定纳税评估对象）模型，目的是通过一系列的数据比对指标，分析出纳税遵从度较差的房地产开发营业纳税人，如何确定房地产企业实施纳税评估对象。

一、比对标准之指标预警值测算

（一）数据来源

1. 涉税数据主要包括税务部门采集的数据、相关第三方的数据、纳税人报送的数据。主要来源于税收管理信息系统、省（市）综合治税平台、税务部门要求纳税人定期报送的其他资料。

2. 税收征管的税务管理信息系统（俗称金三系统）按月或按风险识别期获取数据，包括社会信用代码、纳税人名称、数据项名称、所属期限和数据额等。

3. 第三方数据，主要从住建局、国土局、规划局、财政局、人民银行等与房地产开发建设相关的部门按月获取的，主要包括企业名称、社会信用代码、具体数据项名称（如国土局：土地面积）、数据金额等。

4. 税务部门要求纳税人报送的数据除正常申报数据外，只需按月补充采集纳税人预收账款信息和按年随同企业所得税汇算清缴附报的纳税人年度结转（保留）收入、成本、面积等相关信息。

5. 房地产开发项目的成本测算数据。

（二）建立指标体系

1. 单位面积土地收入比：房地产销售收入/征地面积（亩）
2. 单位面积土地成本费用比：总开发成本费用/征地面积（m^2）

3. 土地贡献率：总销售收入/土地成本

4. 土地成本与总成本费用比：土地成本/总开发成本

5. 期间费用成本率：（营业费用+管理费用+财务费用）÷总开发成本×100%

6. 基础配套设施成本比：配套设施费用总和/开发成本费用总额

7. 成本费用率：成本费用总额/收入总额×100%

8. 期间费用率：期间费用总和/收入总额×100%

9. 代收费成本比：代收费总额/成本总额×100%

10. 销售利润率：销售利润率=利润总额÷主营业务收入×100%

11. 推算的最低销售收入=征地费用+三通一平+主体外包（自建）建筑成本+甲方供料金额+代收费金额+管理费用+财务费用+销售费用+公共配套设施费用+主营业务税金及附加+土地增值税

12. 单位征地面积土地成本：土地成本/征用土地面积（m²）

13. 单位建筑面积的土地成本：土地成本/建筑面积（m²）

14. 单位建筑面积的成本费用额：总成本费用额/建筑面积（m²）

15. 单位建筑面积税负额：（增值税、城建税、教育费附加、地方教育附加、土地增值税合计额）/建筑面积（m²）

16. 单位面积建筑成本（土建）：总建筑成本/总建筑面积（m²）

17. 单位建筑面积代收费额：所有管理单位的收费总额/总建筑面积

18. 容积率：建筑面积/土地面积

19. 成本费用容积率比：总成本费用/容积率

20. 容积率贡献率：总销售收入/容积率

备注及说明：

① 成本费用总额不含增值税、城建税、教育费附加、土地增值税，但是，包含印花税、地方教育附加（已列管理费用）。

② 推算的最低销售收入中的后两项中不含印花税、地方教育附加。

③ 本指标体系中单位面积、单位建筑面积均指每平方米。

（三）指标预警值测算

1. 开发指标预警值（表7-2）

表 7-2　　　　　　　　　　房地产开发指标预警值

序号	指标名称	计算公式	预警区间值
1	单位土地面积收入额	主营业务收入÷土地出让（转）面积	3656元/m²
2	土地成本与开发成本比	取得土地价款÷开发成本×100%	40%~50%

(续表)

序号	指标名称	计算公式	预警区间值
3	配套设施成本比	配套设施成本费用总额÷开发成本×100%	3%
4	成本费用收入比	成本费用总额÷主营业务收入×100%	55%~65%
5	单位建筑面积土地成本	土地价款÷建筑面积	383元/m²
6	单位建筑面积成本费用额	成本费用总额÷建筑面积	1064元/m²
7	单位建筑面积税负额	(增值税、城建税、教育费附加、地方教育附加、土地增值税、等流转、行为税合计额)	176元/m²
8	单位建筑面积建筑成本	总建筑成本÷总建筑面积	781元/m²

2. 开发成本构成及预警值

（1）土地开发成本，约占总开发成本的20%~25%，包括土地出让金、土地征用费、城市配套费、拆迁安置补偿费等支出。

（2）前期工程费，约占总支出的3%，包括三通一平、临时设施费等支出。

（3）建筑安装成本，约占45%~55%，包括人工、建筑物资材料、相关行政性收费等支出。

（4）社区管网、配套设施、小区智能化费等，约占总支出的6%。

（5）园林绿化工程支出、路面装饰硬化等，约占总支出的3%~5%。

（6）其他成本支出3%~5%。

（7）房地产开发企业的毛利润率为20%~40%之间。

二、数据比对分析之征管指标

1. 取得预售许可证是否预售登记

（1）原理描述：房地产开发企业取得预售许可证进行商品预售，必须按规定到主管税务部门办理房地产预售项目登记，纳入税务监管，否则存在税务管理缺失风险。

（2）数据比对分析：综合治税平台房产管理局预售许可证发放登记信息与金三信息系统房地产项目登记信息比对，查找差异户。

（3）数据来源：综合治税第三方数据中住建局预售许可证发放信息、金三信息系统的房地产项目登记信息。

（4）预警值设置：取得预售许可证后30日内未进行地产项目登记。

2. 取得预售许可证是否领取发票

（1）原理描述：取得预售许可证纳税人进入预售期，收取售房款必须按规定开具《销售不动产专用发票》，不得使用非发票票据作为收款依据，否则存在税款不及时申报入库风险。

（2）数据比对分析：综合治税第三方数据中住建局预售许可证发放信息与金三信息系统房地产企业领取发票信息比对，发现差异户。

（3）数据来源：综合治税第三方数据中住建局预售许可证发放登记信息、金三信息系统房地产企业发票领取信息。

（4）预警值设置：取得预售许可证后次月内未领取《销售不动产专用发票》。

3. 纳税人是否及时清算土地增值税

（1）原理描述：房地产开发企业取得销售（预售）许可证满三年仍未售完的，或者已竣工验收的房地产项目，已销售面积达可售面积85%以上的，而"金三"系统中房地产项目登记为未清算的，存在风险。

（2）数据比对分析：

① 纳税人已销售房产面积/规划部门审批面积（如一个项目分期开发，为分期竣工验收面积信息）≥85%时，无清算申报信息的；

② 分析日时间-销售（预售）许可证的发放时间（所在年度）>3年，无清算信息的。

（3）数据来源：销售（预售）许可证的发放时间来自综合治税住建部门的数据、规划部门审批面积来自规划部门的数据、分期竣工验收面积信息来自住建部门的数据、已售面积来自纳税人按年专项报送数据，清算信息来自"金三"系统房地产项目登记信息。

（4）预警值设置：无清算信息。

4. 是否累计多次违章被处罚

（1）原理描述：纳税人分析期内多次因违反税收法律、法规，被税务部门处以罚款或加收滞纳金的，存在税收遵从度不高的风险。

（2）数据比对分析："金三"系统中的房地产业正常户，分析期内的征收、稽查、评估等部门的处罚信息、滞纳金加收信息两条以上的。

（3）数据来源：省税务局"金三"系统罚款、滞纳金加收信息，分户统计。

同时，关注两个重要信息：纳税信用等级是C或D级的，五年内多次被协查虚开增值税发票的。

三、数据比对分析之财务指标

5. 销售收入变动率与销售费用变动率差异

（1）原理描述：销售收入变动率与销售费用变动率的比率，小于1时，可能存在少计收入、多列费用等问题，而且比率越低，疑点越高。

（2）数据比对分析：｛〔本期销售收入净额-基期销售收入净额〕/基期销售收入

净额×100%} / {〔本期销售费用-基期销售费用〕/基期销售费用×100%}

（3）数据来源："金三"系统中《企业所得税年度申报表（A类）》销售收入净额和销售费用。

6. 销售收入变动率与销售利润变动率差异

（1）原理描述：计算销售收入变动率与销售利润变动率的比率，大于1时，可能存在未配比结转成本或销售税金及附加的问题，而且比率越高，疑点越高。

（2）数据比对分析：{〔本期销售收入-基期销售收入〕/基期销售收入×100%} / {〔本期销售利润-基期销售利润〕/基期销售利润×100%}

（3）数据来源："金三"系统中《企业所得税年度申报表（A类）》主表。

7. 管理费用占比差异

（1）原理描述：将本期管理费用占营业收入的比例与标准值比较，高于标准值视为异常，可能存在虚列管理费用或者不计、少计销售（营业）收入等问题。

（2）数据比对分析：本企业的管理费用占比与行业管理费用占比差异=本期管理费用/销售（营业）收入×100%/行业平均管理费用占比

（3）数据来源："管理费用"和营业收入为金三信息系统财务报表的《利润表》中项目数据。

8. 单位建筑成本差异

（1）原理描述：为防止房地产企业通过虚开建筑业发票，人为增加开发成本，减少利润，必须加强对建筑业项目的事中监控，对原登记项目金额和变更金额之和与同期建筑业成本预警值比较分析。

（2）数据比对分析：建筑业单位成本差异=（原建筑业项目登记金额+变更金额）/建筑面积/同期建筑业成本预警值

（3）数据来源："金三"系统中登记信息。

9. 全员全额申报的工资总额与企业所得税税前工资费用扣除比对

（1）原理描述：本企业当年度全员全额申报的工资总额与企业所得税税前工资费用扣除额应该一致，如果不一致，可能存在虚增税前工资扣除费用或个人所得税明细申报未实行全员全额申报等问题。

（2）数据比对分析：全员全额申报的工资总额-企业所得税税前工资费用扣除

（3）数据来源："金三"系统中《企业所得税年度纳税申报表》附表三第22行第二列、全员全额申报1-12月份的明细表。

10. 季度预缴所得税与预计利润配比

（1）原理描述：房地产企业季度申报预缴企业所得税时，应将季度净增加的预收款预计利润并入季度损益申报预缴企业所得税，如实际申报缴纳企业所得税与应预缴企业所得税不一致，存在未按季度预缴企业所得税风险，且差额越大风险越大。

（2）数据比对分析：季末实际预缴企业所得税额/｛（季度末预收款余额－季初预收款余额）×预计毛利率+季度末净利润｝×25%＝1

（3）数据来源：预收款数来源于纳税人专项报送。季度末净利润来自季度报送《利润表》、季末实际预缴企业所得税额来自金三信息系统的申报入库数据。

11. 住宅类房产的物价核准价格与申报的计税收入单价差异

（1）原理描述：通过住宅类房产的最低交易计税价格来推算房地产纳税人的收入是否足额申报缴纳增值税或是否存在违规低价销售、视同销售未申报纳税问题。

（2）数据比对分析：企业申报的年度结转销售收入/销售面积/物价核准每平方平均售价

（3）数据来源："金三"系统中纳税人申报的数据，利用综合治税平台获取物价部门核准的房地产平均售价、纳税人报送的年度结转销售收入的销售面积。

四、数据比对分析之税种指标

12. 单户总体税负与行业平均税负差异

（1）原理描述：房地产业纳税人总税负与行业平均税负比较，偏离值较大时，说明纳税人存在一个或几个税种申报不实风险。

（2）数据比对分析：单户总体税负（A）＝单个纳税人各税种申报应纳税额合计/〔营业（主营业务）收入+（预收（款）款项期末－预收（款）款项期初）〕×100%

行业平均税负（B）＝Σ各样本企业税负值/样本企业户数

（3）数据来源：各税种申报应纳税额合计来源于金三信息系统征收信息表中税额合计；营业（主营业务）收入合计来源于金三信息系统纳税人报送的《利润表》中主营业务收入期末累计数；预收（款）款项期末数、期初数由税务要求纳税人定期专项报送数据以及金三信息系统中经济适用房税收优惠备案信息。

13. 房产税税源登记

（1）原理描述：房地产企业自有房产面积应等于房管部门登记的建筑面积，如小于，存在登记不实，少缴房产税风险。

（2）比对分析：税源登记自用面积总和/房管部门登记房产面积

（3）数据来源：房产局提供的第三方数据（综合治税平台向纳税人采集房产证信息），"金三"系统税源登记中企业登记的自有房产面积总和。

14. 自有房产原值应纳税与实际纳税额差异

（1）原理描述：房地产企业自有房产原值应纳税额与纳税人实际纳税额应一致，否则存在少缴房产税风险。

（2）数据比对分析：自有房产原值×70%（80%）×1.2%/年度入库房产税额

(3) 数据来源："金三"系统中企业登记的自有房产原值、年度入库房产税额。

15. 企业缴纳土地使用税与税源登记差异

(1) 原理描述：房地产企业申报缴纳的土地使用税，应与税务登记中财产登记应纳税额一致，否则存在少缴土地使用税或财产登记不实风险。

(2) 数据比对分析：房地产企业年度入库土地使用税总额/税源登记应纳土地使用税总额

(3) 数据来源："金三"系统中申报缴纳土地使用税信息、税源登记中的税源信息。

16. 土地使用税申报及时性

(1) 原理描述：适用于取得土地的房地产企业，通过对企业首次申报缴纳土地使用税的时间与在国土部门取得土地应申报缴纳土地使用税的时间进行比对，发现企业存在未及时申报缴纳土地使用税的风险。

(2) 数据比对分析：首次应申报缴纳土地使用税的时间是在国土部门取得土地的月份的次月份。

(3) 数据来源：国土部门的土地信息数据（取得土地时间、土地的地理位置、土地的性质、实际占用的土地面积），金三信息系统中的土地登记信息，企业申报的土地使用税数据。

17. 单户土地增值税预缴税负与预缴率差异

(1) 原理描述：通过单户土地增值税预缴税负与省局或市局规定的预缴率比较，如预缴税负小于3%，提示异常，可能存在纳税人土地增值税未按规定执行预缴政策的风险。

(2) 数据比对分析：单户土地增值税预缴税负与预缴率差异＝预缴土地增值税额/（销售（营业）收入＋预收款净增加额）≥3%

(3) 数据来源：金三信息系统中入库的土地增值税数据和年度利润表中的销售（营业）收入、纳税人专项报送的预收款数据。

18. 土地增值税预征计税收入申报差异率

(1) 原理描述：适用于房地产开发企业按收入乘以预征率预征土地增值税。计算其本期应申报土地增值税计税收入与已申报的土地增值税计税收入的差异率，该指标大于1时，提示异常，可能存在纳税人少申报土地增值税计税收入。

(2) 数据比对分析：（本期预收款期末数－本期预收款期初数＋本期销售收入）/纳税户本期已申报的土地增值税计税收入

(3) 数据来源：金三信息系统中财务报表相关数据，企业报送的预收款数据以及金三信息系统中的土地增值税计税收入。

19. 当期入库增值税与城市维护建设税的差异

(1) 原理描述：适用于财务核算健全的房地产企业，通过省金三信息系统中申报入库信息的比对分析，增值税的入库金额与当期城市维护建设税的入库金额是否匹配。

(2) 数据比对分析：本期申报入库的增值税税额×城建税税率/本期申报入库的城市维护建设税税额

(3) 数据来源：省金三信息系统申报入库信息。

在对该指标进行应用时，要考虑项目所在地，即城市维护建设税的税率问题，同时要考虑比较分析的都是当期的数据，不含查补、评估入库的税款；按月执行。

20. 未分配利润长期不分配

(1) 原理描述：房地产开发企业有未分配利润，长期挂账不进行分配，可能存在未按规定代扣代缴"利息、股息、红利"个人所得税风险。

(2) 数据比对分析：年末未分配利润

(3) 数据来源："金三"系统中财务报表信息。

五、纳税评估指标综合评分方法

纳税人申报差异综合评分法，是对纳税人遵从税法的程度进行综合评价的方法。此方法是以行业预警值为参照对象，利用纳税人申报资料计算出企业所得税指标体系，并与预警值进行对照，偏差程度越大得分就越高，对分数值达到一定程度的纳税人进入审核分析环节或确定为实施纳税评估对象。

（一）具体评分步骤

1. 按照所列的指标数据，从《企业所得税年度纳税申报表》中，提取需要测算的数据。

2. 纳税人申报差异综合评分采用百分制，根据每个指标的重要性进行分值分配，具体分值如下（各地可根据实际情况和经验进行调整）：

指标	分值
销售（营业）收入比值	15
销售（营业）成本率	11
销售（营业）成本率比值	8
期间费用收入比值	12
期间费用收入比比值	9
利润率	8
利润率差值	7
所得税贡献率	12
所得税贡献率比值	8
所得税负担率	5
所得税负担率比值	5

3. 计算各企业总分值。

先按照指标体系计算出某纳税人每项指标的数值，然后根据计算的数值与预警值的偏离程度来确定该项指标的得分，再将各指标分值汇总，即为该纳税人总得分。

具体方法为（各地可根据实际情况和主观经验进行调整）：

（纳税人某指标数值-该指标预警值）/该指标预警值×100%

该指标预警值（绝对值）

偏离预警值程度为±5%（含），得该项指标总分的10%；

偏离预警值程度为±5%~10%（含），得该项指标总分的20%；

偏离预警值程度为±10%~20%（含），得该项指标总分的30%；

偏离预警值程度为±20%~30%（含），得该项指标总分的50%；

偏离预警值程度为±30%~40%（含），得该项指标总分的70%；

偏离预警值程度为±40%~60%（含），得该项指标总分的90%。

偏离预警值程度为60%以上的，得该项指标总分的100%。

在上述的11项指标中，销售（营业）成本率、销售（营业）成本率比值、期间费用收入比值、期间费用收入比值4项指标应测算正偏差；其余7项指标应测算负偏差。（注：减免税企业、农产品收购企业、废旧物资行业的销售收入比值、销售成本率、销售成本率比值、期间费用收入比值、期间费用收入比比值5项指标应测算正、负双向偏差。）

4. 根据纳税评估的异常指标和分值，确定需进入审核分析环节的纳税评估对象。可对总分值进行如下划分：总分值为0~30分的企业，基本无问题；总分值为30~70分的企业，需一般评估；总分值为70~100分的企业，需重点评估；评估人员可按指标说明中的分析目的确定的分析方向，进行审核分析。

（二）审核分析的主要内容

1. 经营额变化幅度分析。
2. 经营额与应纳税额变化幅度的分析。
3. 成本费用利润率变化分析。
4. 负债率变化分析。
5. 销售成本、销售费用、财务费用、管理费用增减变化的分析。
6. 其他指标（开办费、工资费用、广告费、宣传费、业务招待费、捐赠款、职工人数等）分析。

（三）税收风险整体评价

本模型采用百分制的方式对纳税人进行风险分析，积分在70分（含）以上的为高风险，积分在30分（含）以上70分以下的为中等风险，积分在30分以下的为低风险。高风险的推送到稽查部门应对，中等风险的推送到评估部门进行应对，低风险的可不应对或者推送到纳税服务部门进行风险提示或纳税辅导。

在实务中，可以将纳税人土地增值税应清算的及时性等管理难度大，当期入库增值税计税依据与土地增值税的计税依据差异等对税收影响幅度大的风险指标列为关键指标，只要关键指标存在风险，可不受本模型积分的限制，直接列为高风险进行深度应对。

在进行风险分析和管理时，采取二维坐标动态分类管理的方式，即以风险发生对税收影响的强度为横坐标，风险发生的概率为纵坐标，把纳税人涉税风险发生的领域分成高、中、低三个区域（如图7-1，高中低风险领域对应A、B、C三个区域）。

通过动态分类管理，高风险领域的纳税人是重点关注的对象，税务部门应及时进行高等级风险应对，如税务稽查；中风险领域的纳税人也应进行跟踪管理，可以对其进行纳税评估、税务约谈或实地调查核实，一旦条件发生变化，转移到高风险领域时，必须进行深度应对；低风险领域的纳税人可不重点关注和应对，也可将相关涉税风险以风险提示的方式反馈至相应的纳税人。这样既可以节约税务管理的资源和成本，又可以对涉税风险较大的纳税人进行重点关照和加强管理，达到税收风险分类管理和税源专业化、精细化管理的要求。

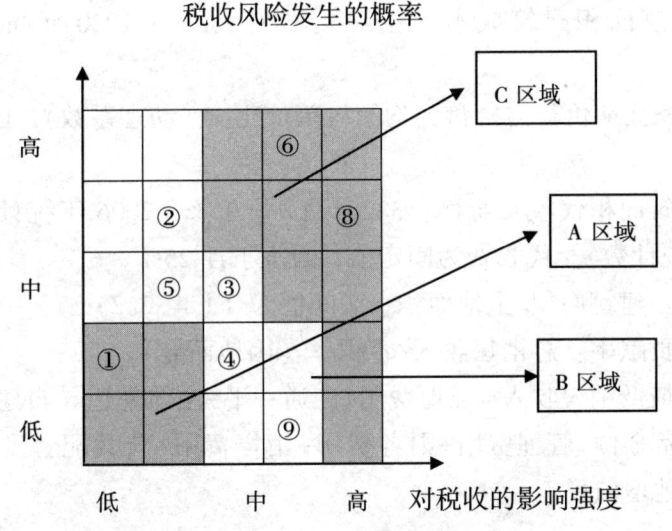

图7-1 纳税人涉税风险发生的领域

附件一：建立指标体系及测算预警值（供参考）

1. 单位面积土地收入比：房地产销售收入/征地面积

年度	区间值	单位：万元/亩
2006	245~280	

2007	300~390
2008	380~440

2. 土地成本与总成本费用比：区间值为（20%~25%）。

3. 期间费用成本率：（销售费用+管理费用+财务费用）÷开发成本×100%，区间值为（5.2%~6%）。

4. 基础配套设施成本比：配套设施费用总和/开发成本、费用总额，区间值为（3.2%~4.2%）。

5. 成本费用率：成本费用总额/收入总额，区间值为（70%~78%）。

6. 期间费用率：期间费用总和/收入总额，区间值为（3.5%~4.2%）。

7. 代收费成本比：代收费总额/成本总额×100%，区间值（20%~25%）。

8. 单位征地面积土地成本：430 元/m^2~920 元/m^2（2005~2008 年数据）。

9. 单位建筑面积土地成本：270 元/m^2~650 元/m^2（与容积率大小有关）。

10. 单位建筑面积成本费用额：1500 元/m^2~272 元/m^2（2005~2008 年数据）。

11. 单位建筑面积税负额：（增值税、城建税、教育费附加、地方教育附加、土地增值税合计额）建筑面积 m^2 90 元~230 元，注意土地增值税的变化。

12. 单位建筑面积建筑成本（土建）：580 元/m^2 – 1020 元/m^2（2005~2008 年数据）。

13. 单位面积征地价款与楼盘平均销售单价比：（动态系数），区间值为（5.5%~7%）。

14. 单位建筑面积代收费金额：382.4 元/平方米（2006 年统计数），597.6 元/平方米（2007 年统计数）。代收费为固定值，最大下浮 25%。

15. 容积率：建筑面积/土地面积，区间值为（1.4-2.2）。

16. 容积率贡献率：总销售收入/容积率（因地而异）。

17. 推算的最低销售收入=征地费用+三通一平+主体外包（自建）建筑成本+甲方供料金额+代收费金额+管理费用+财务费用+销售费用+公共配套设施费用+主营业务税金及附加+土地增值税

附件二：北京市房地产项目的投资成本详细目录
（重点是看内容、数字仅供参考）

一、征地补偿费

（一）土地出让金

1. 计算方法：土地出让金基准价×容积率修正系数×年限修正系数×用地面积

2. 上交部门：市财政局

3. 文件依据：京政发〔1993〕34号文、京政发〔1994〕43号文。

4. 备注说明：

（1）各区类地价取值详见附件。

（2）城近郊区土地出让金的60%返还区财政。

（3）远郊区县地区土地出让金全部由区县留用。

（4）市属各局，总公司所属企业和在市计划单列的企业集团，在已取得的划拨土地使用权的土地上或低价征用的土地上进行开发，利用，经营，应补交土地出让金，其中的60%返还企业，由留用企业专项用于开发项目的基础设施建设。

（5）在使用《基准地价表》时，由于地区分类是按照区县划分，不同区县的同类地区差别很大，而且周围环境至关重要，所以把同类同种用途地类的地价区间等分为十级。在实际操作中，首先判断土地的区类，然后评定地价的级别，最后选定基准地价，使地价测算更为合理，规范。同时考虑到说明（2）、（3）、（4），在测算地价时加入"操作系数"概念，以准确测算必须交纳的土地出让金比例。

（二）征地及拆迁补偿费

土地征用及拆迁补偿费开支范围，测算时亦可依据《基准地价表》，计取"土地开发及其他费用"的数据。

二、前期工程费（取值在40~120元/平方米）

（一）临时水、电、路，场地平整费

文件依据：1992年建安工程定额；

测算标准：按实际发生工程量计算。

备注说明：施工现场千差万别，通常按建筑面积5~15元/平方米，或建安工程费的1%。

（二）规划、测量、勘察、设计费

测算标准：①勘察费：概算价×0.30%~0.80%；②民用建筑设计费；③30层以上建筑；④高大空间有声，光等特殊要求的建筑。

一级：

1. 高级大型公共建筑；

2. 有地区性历史意义或技术要求复杂的中小型公共建筑；

3. 16层以上29层以下或超过50米高的公共建筑。

二级：

1. 中高级，大中型公共建筑；

2. 技术要求较高的中小型建筑；

3. 16层以上29层以下住宅。

三级：

1. 中级，中型公共建筑；
2. 7层以上（含7层）15层以下有电梯住宅或框架结构建筑。

四级：
1. 一般中小型公共建筑；
2. 7层以下无电梯的住宅，宿舍及砖混建筑。

五级：一、二层单功能，一般小跨度结构建筑。

备注说明：

（1）民用建筑大型>10000平方米；中型3000~10000平方米；小型<3000平方米。

（2）仅做民用建筑初步设计或施工图分阶段设计时，其工作量的比例为40%和60%。

（3）提供文件的份数为初步设计图纸6份，施工图8份。

（三）规划条件，可行性研究费

文件依据：建设部〔1991〕第425号文

测算标准：

1. 按现行规划收费定额计算：工日定额×85元/工日

用地规模（公顷）	工日定额
≤3	90
10	300
20	500
30	780
40	920
50	1000
>50	面议

2. 施工执照费按京政发〔1988〕21号文：概算额×（1‰~3‰）

三、基础设施费

（一）红线内基础设施费

测算标准：

1. 根据项目的实际情况定。管线延长米×管线单方造价。

2. 根据经验，基础设施费一般为建安工程费的2%~10%。

备注说明：

① 一般该项费用为基础设施各种管线工程量×单方造价；

② 各种管线单方造价：

自来水管线	600元/米
雨水管线	700元/米

污水管线	800 元/米
煤气管线	1000 元/米
热力管线	2000 元/米
供电管线	700 元/米
电信管线	1500 元/门
道路	80 元/平方米
绿化	20 元/平方米

3. 经验数据：环卫费 5 元/平方米；照明费 5 元/平方米。

4. 该项费用一般范围 150～400 元/平方米

普通住宅是 150 元/平方米，高档住宅（公寓，写字楼）400 元/平方米。

（二）红线外基础设施费（包括集资和自己修建）

文件依据：设计方案和集资协议；

测算标准：根据项目的实际情况定。

备注说明：

① 热力、煤气、自来水、污水处理如有集资，则相应的四源费中的该项不在计取。

② 若自己修建，测算依据同红线内基础设施费。

四、房屋建安工程费

（一）建安工程费

现行建安费定额计算单方造价标准：

1. 普通住宅：

多层 900～1000 元/平方米；高层 1600～1800 元/平方米。

2. 公共建筑

（1）公寓，写字楼　　3000～4500 元/平方米

其中：结构 1000～1500 元/平方米；装修 800～1000 元/平方米；设备 1200～2000 元/平方米

（2）别墅　　3000 元/平方米

备注说明：公共建筑包括公寓，写字楼，别墅，以及教育医疗卫生，文化体育，商业服务，金融邮电，社区服务，行政管理，市政公用。

（二）招投标费

文件依据：京政办发〔1987〕第 152 号文；测算标准：中标额×1‰

（三）预算审查费

文件依据：(84) 建京经字第 439 号；测算标准：预算造价×0.5‰

（京计基字〔1997〕第 0711 号，住宅项目费率为 0%）

（四）工程监理费

文件依据：国家物价局、建设部〔1992〕价费字479号

测算标准：工程造价×适用税率

适用税率：工程造价	
500万元以下	2.5%
500~1000	2.0%~2.5%
1000~5000	1.4%~2.0%
5000~10000	1.2%~1.4%
10000~50000	0.8%~1.2%
50000~100000	0.6%~0.8%
>100000	0.6%

备注说明：

① 实行监理的工程由监理单位向工程质量、监督部门上缴质量监督费，其费率为工程监理费中的7%，工程质量监督部门不再收取建设单位的质量管理监督费。

② 设计监理费由于金额相对较小，测算时一般不予考虑。

（五）竣工图费

文件依据：(1986) 市建规字第097号；测算标准：设计费×7%。

（六）建材发展基金

文件依据：(1989) 京建材字第292号；

测算标准：建安工程造价×2%

（京计基字〔1997〕第0711号，住宅项目费率为0%）

五、公共配套设施费

（一）锅炉房

测算标准：总建面积/锅炉每吨供热面积×锅炉每吨造价

备注说明：（1）锅炉每吨供热面积约5000平方米；（2）锅炉每吨造价约25万元。

（二）变配电所

测算标准：每建筑平方米30元。

（三）集资维护费

测算标准：每建筑平方米80元。

（四）电贴费（建设部明文取消，北京仍在执行）

文件依据：原(1984)华北电供用字25号文 290元/KVA

后调整为四环路以内	1100元/KVA
四环路以外	550元/KVA；
现调整为单路供电	270元/KVA

双路供电　　　　　　　　　　　540元/KVA。

说明：住宅用电量30~60 VA/平方米；其他用电量50~80VA/平方米。

六、管理费

测算标准：一至五项之和×2.5%。

七、基础设施增容费

（一）商品房

测算标准：自来水厂建设费12元/平方米；煤气厂建设费29元/平方米；供热厂建设费30元/平方米；污水处理厂建设费10元/平方米。

备注说明：①用一项交一项；②如其中之一在基础设施中有集资，则该项不再重复计取。

（二）非住宅建设项目四源费

测算标准：

自来水厂建设费：设计日用水量×830元/吨；

煤气厂建设费：设计日用气量×600元/吨；

供热厂建设费：设计每小时供热量×35万元/百万大卡；

污水处理厂建设费：设计日排污量×830元/吨。

备注说明：

交纳数额在20万元以上的，在接用"四源"之前可以分期交纳。

八、项目配套设施建设费

（一）综合开发市政费

测算标准：

（1）（商品房收入-四源费-用电权）×15%；

（2）建设投资×15%。

（二）分散建设市政费

测算标准：多层，纯住宅建筑面积×60元/平方米；高层，纯住宅建筑面积×90元/平方米。

（三）1998年最新规定城近郊区商品房大市政费一律按100元/平方米计算。

九、用电权费（已取消）

测算标准：（1）住宅建筑面积×40元/平方米；
　　　　　　（2）其他用电量（KVA）×4000元/KVA；

用电量：（1）住宅用电量20~30VA/平方米；
　　　　　（2）其他用电量40~50VA/平方米；

十、不可预见费

一至六项之和×5%。

十一、建设周期

文件依据：建安工程定额

测算标准：

建筑面积（万平方米）	建设周期（年）
≤3.0	1
3.0~6.0	2
6.0~12.0	3
≥12.0	4

第五节　建立指标分析模型及应用

本章第四节内容，强调的是通过最简单的比对过程和结果，高效率地确定纳税评估对象。即那些是纳税遵从度较低的纳税人，需要确定对其实施纳税评估，加强税源管理，那些是纳税遵从度较高的纳税人，需要为其提供更优质高效的纳税服务。本节重点是如何加强对确定的纳税评估对象实施准确的纳税评估分析。

指标分析方法是对比分析方法应用的延伸，纳税评估分析的三部曲是按照"先对比、再指标、最后模型"依次展开，非严格递进，但是一般情况下，或按照由简单到复杂的逻辑，能对比分析解决的不用指标分析，能指标分析解决的不用模型分析。假设某纳税人税收流失风险客观存在，通过前述比对分析方法进行相关指标分析后，或者发现，或者没有发现涉税疑点或异常，再通过指标分析方法进行相关指标分析后，或者发现，或者没有发现涉税疑点或异常，最后是通过模型分析进行相关指标分析后才发现涉税疑点或异常。纳税评估分析的宗旨就是发现异常，尽可能的提高发现涉税疑点或问题的准确率。

纳税评估指标是税务部门筛选评估对象、进行风险排序或重要涉税疑点分析时所选用的主要指标。一般情况下，指标预警值是区间值，指标既可以用百分比表示，也可以用绝对数表示。可以分为财务评估指标、税种评估指标及行业评估指标。是否设置科学合理的评估指标是影响纳税评估成效的关键因素，只有以"资金流""实物流""信息流"为核心建立科学的行业纳税评估指标体系，才能从根本上抓住纳税评估的核心环节，发挥其作用，堵塞税收征管漏洞，引导促进纳税人税法遵从。

一、纳税评估指标的分类

每个纳税评估指标都需要从指标运用、数据来源、指标预警值、疑点指向、纳税分析、分析时间、分析期间和分析人员等主要方面进行描述。指标运用是指标的计算公式和计算方法；数据来源是指数据的查询或取得途径；指标预警值是指设定指标的风险预警值，确定风险点或风险范围；疑点指向是指结合预警值，分析可能存在的风险或问题；分析时间是指风险评价的时间，根据数据取得的时间设定；分析期间是指根据评估指标数据的期间设定，月、季或年；分析人员是评估的部门和人员，通常包括区县（分）局税政和纳税评估科室及相关工作人员，专业纳税评估税务所及人员，基层税源管理所和税收管理员。

纳税评估指标按照不同的标准，可以分为以下几类：

（一）根据指标属性和参照对象的不同，分为横向指标和纵向指标

横向分析指标是指主要用于"四同"对比分析，即同行业、同规模、同类型分析对象在同一时期相关指标数值的对比分析。

纵向分析指标是指主要用于"时间数轴"对比分析，对某一分析对象在不同历史时期的相关指标值的对比，指标值既包括绝对值也有相对值。

（二）根据评估分析的方向和内容不同，分为财务指标和税种指标

财务分析指标的数据来源主要是取自企业会计报表及其相关说明材料，分为反映资产结构状况的分析指标、反映营运能力的分析指标、反映盈利能力的分析指标等。

税种分析指标是指专用于纳税评估、税收分析的特定指标，主要以税种为标志进行分类，如所得税贡献率，增值税或综合税负率等。

（三）根据指标的应用范围不同，分为通用指标和特定指标

通用分析指标是指对各部门开展各类分析都能适用的指标，如财务分析指标，既可以用于企业决策，也可用于外部使用单位进行分析。

特定分析指标是指主要应用于特定分析目的的专用指标，如房地产项目的容积率、各税种的税负率和纳税义务发生时间等指标。

（四）根据指标的性质不同，分为量化指标、配比分析和感性判断指标

量化指标由一个表达式组成，可用数据计算描述。配比分析指标由两个或两个以上量化指标组成，通过比对分析才能发现疑点。感性指标不能计算，要凭经验和感觉判断，例如：园林绿化是高利润行业，纳税人是否有关联企业，是否存在关联贸易和借贷行为等。

（五）纳税评估指标按照查找和筛选风险点（涉税疑点指向）的作用大小分为评判指标、验证指标和参考指标

评判指标是核心和关键、验证指标是辅助、参考指标是补充。通过评判指标发现问题，在通过验证指标或参考指标进行佐证，证明评判指标发现问题的准确率高或可行性强。

总之，评估分析的各种指标是现成的，如何根据开展行业纳税评估、对疑点进行有效分析等需要从众多指标中选取有用的指标并进行准确地预警赋值是关键的关键，也是难点的难点，更是能力的能力。

二、指标分析方法的应用背景

目前，纳税评估分析的方式或方法，主要采用的是计算机应用软件与评估人员直接分析相结合的方式，这是"各取所长、强强联合"的方式。

（一）评估分析主要依据

1. 纳税人在纳税申报和生产经营过程中形成的各项纳税申报表、财务会计报表和各项与纳税有关的资料。

2. 政府相关经济行业管理部门或各级各地行业协会提供的有关资料，本地区主要经济指标、产业和行业相关指标。

3. 上级有关部门发布的宏观税收分析数据、行业税负的监控数据，各类评估指标的预警值。

4. 日常积累的经验和责成纳税人提供的相关涉税信息。

（二）定量分析与定性分析

定量分析，也是数据形式分析，是指评估人员运用数理原理、规则及其特定的具体计算来对评估对象中包含的量进行测定，从而对纳税人的纳税申报的真实性进行判断分析的方法。定量分析方法主要包括比较分析法、控制评估法、核对法、平衡分析法、因素分析法、配比分析法等；定性分析，也是业务实质判断，是指评估人员需要综合运用税收政策、评估人员实践经验和逻辑推断，强调感性和理性的结合，对纳税人的纳税申报的真实性进行判断分析的方法。在定性分析中是以感性（经验、直觉）判断和计量经济学中的一些方法为主要手段的。纳税评估分析是定性和定量相结合的分析。

（三）纳税评估信息系统与征管系统、分析工具的关系

只有充分利用好评估信息系统和评估分析软件等工具，才能全面提高纳税评估工作的效率。关于纳税评估信息系统（金税三期的评估审计子系统）与"金三"核心征管系统、各分析工具的关系，应该这样定位：以纳税评估分析系统为依托，以SPSS工具分析软件为补充，做精评估流程管理，建立全面支撑纳税评估工作开展的专业信息管理系统。

如图7-2所示：

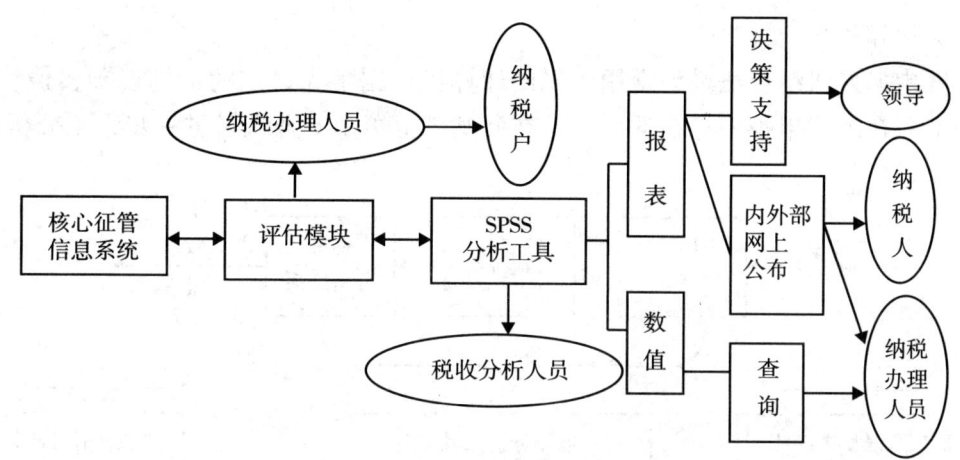

图 7-2　纳税评估系统、"金三"核心征管系统和分析工具的关系图

（四）SPSS 分析软件的应用

通过 SPSS 分析软件的应用，不断强化数据综合性分析，深入探索出税务数据中的一些规律，完善评估指标体系，提高征管质量和效率，为提高纳税评估涉税疑点的准确性，提供更可信的参考。

SPSS 数据分析工具的应用流程：从"金三"核心征管信息系统的数据库中获取数据，依据分析要求对数据进行加工处理和分析，分析结果以"报表、图形、模型和数字"等单一或多种形式来体现。比如：报表——收入任务完成情况的税收月（季）报表、图形——用饼（柱）图展示各省各地市县的税收收入份额、模型——用于预测下年度税收的模型，或者单个数字——如预测得到某个纳税人的逃漏税概率等等。数据分析的结果还可以通过报表、模型的形式增强业务人员对业务的理解，发现业务知识，以便将这些知识应用到新的实践中。

那么，又如何将一个数据分析工具与信息系统结合起来应用呢？从图 7-3 中可以看到，分析系统与信息系统的结合可以分为两部分：第一部分是分析系统从纳税评估模块中获取数据，第二部分是将分析结果应用到纳税评估分析信息系统中。实践证明，数据分析工具与信息系统的结合是完全可行的，应用 SPSS 软件后将大大提高对分行业或分辖区整体纳税情况的综合对比分析能力。

（五）Excel 表的应用

在税源专业化管理中，要对涉税数据进行收集、分析、加工、处理，就必须具备一定的统计技能。在强调信息管税的今天，在计算各种涉税数据时，可以利用计算工具如计算器、电脑进行处理，也需要熟悉一至两种统计软件工具。

纳税评估分析常用的软件有：Excel、SPSS、SAS、R 软件等，其中 Excel 使用最为普遍、灵活和实用。

实践中，人机结合法最为常用。先由计算机根据事先设定的指标（预警值）筛选出评估对象在纳税申报中存在的疑点，在此基础上再由专业人员进一步人工分析判断。

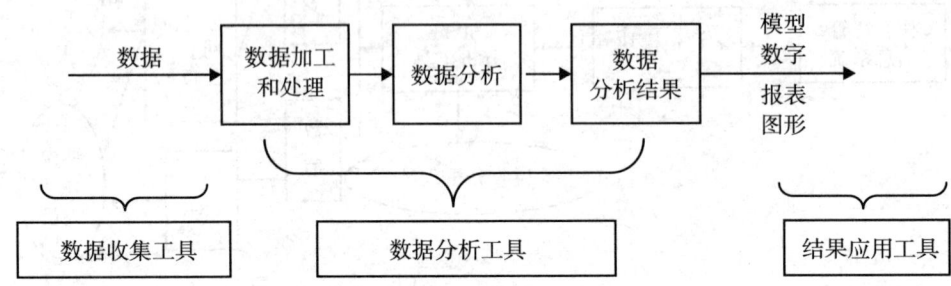

图 7-3　数据分析工具的工作流程图

三、通用评估分析指标及其使用方法

（一）收入类指标计算公式及其功能

主营业务收入变动率＝（本期主营业务收入－基期主营业务收入）÷基期主营业务收入×100%。

如果主营业务收入变动率超出预警值范围（±25%或±20%），可能存在少计收入或其他业务收入核算不准确的问题，按照"收入优先+税法优先"原则，需要运用其他验证或参考指标进一步分析。

（二）成本类指标计算公式及其功能

1. 单位产品原材料耗用率＝本期投入原材料÷本期产成品成本×100%

该指标主要分析单位产品当期耗用原材料与当期产出的产成品成本比率，判断纳税人是否存在账外销售、是否错误使用存货计价方法、是否人为调整产成品成本或应纳所得额等问题。

2. 主营业务成本变动率＝（本期主营业务成本－基期主营业务成本）÷基期主营业务成本×100%

其中：

主营业务成本率＝主营业务成本÷主营业务收入

该指标很关键，常用。主营业务成本变动率超出预警值范围（±15%），可能存在销售未计收入、多列成本费用、扩大税前扣除范围等问题。

（三）费用类指标计算公式及其功能

1. 主营业务费用变动率＝（本期主营业务费用－基期主营业务费用）÷基期主营业

务费用×100%，其中：

主营业务费用率=（主营业务费用÷主营业务收入）×100%。

与预警值（±8%）相比，如相差较大可能存在多列费用问题。

2. 营业（管理、财务）费用变动率=〔本期营业（管理、财务）费用-基期营业（管理、财务）费用〕÷基期营业（管理、财务）费用×100%。

如果营业（管理、财务）费用变动率与前期相差较大（±5%），可能存在税前多列支营业（管理、财务）费用问题。

3. 成本费用率=（本期营业费用+本期管理费用+本期财务费用）÷本期主营业务成本×100%。

该指标主要分析纳税人期间费用与销售成本之间关系，与预警值（±40%）相比较，如相差较大，企业可能存在多列期间费用问题。

4. 成本费用利润率=利润总额÷成本费用总额×100%，其中：成本费用总额=主营业务成本总额+费用总额。

与预警值比较，如果企业本期成本费用利润率异常，可能存在多列成本、费用等问题。税前列支费用评估分析指标：工资扣除限额、"三费"（职工福利费、工会经费、职工教育经费）扣除限额、交际应酬费列支额（业务招待费扣除限额）、公益救济性捐赠扣除限额、开办费摊销额、技术开发费加计扣除额、广告费扣除限额、业务宣传费扣除限额、财产损失扣除限额、呆（坏）损失扣除限额、社会保险费扣除限额、无形资产摊销额和递延资产摊销额等。

如果申报扣除（摊销）额超过允许扣除（摊销）标准，可能存在未按规定进行纳税调整，擅自扩大扣除（摊销）基数等问题。

（四）利润类指标计算公式及其功能

1. 主营业务利润变动率=（本期主营业务利润-基期主营业务利润）÷基期主营业务利润×100%。

2. 其他业务利润变动率=（本期其他业务利润-基期其他业务利润）÷基期其他业务利润×100%。

上述指标若与预警值相比相差较大，可能存在多结转成本或不计、少计收入问题，税前弥补亏损扣除超过限额。按税法规定审核分析允许弥补的亏损数额。如申报弥补亏损额大于税前弥补亏损扣除限额，可能存在未按规定申报税前弥补等问题。

（五）资产类指标计算公式及其功能

1. 净资产收益率=净利润÷平均净资产×100%。

该指标主要分析纳税人资产综合利用情况。如指标与预警值相差较大，可能存在隐瞒收入，或闲置未用资产计提折旧问题。

2. 总资产周转率=（利润总额+利息支出）÷平均总资产×100%。

3. 存货周转率=主营业务成本÷〔（期初存货成本+期末存货成本）÷2〕×100%。

该指标主要分析总资产和存货周转情况，推测销售能力。如总资产周转率或存货周转率加快，而应纳税税额减少，可能存在隐瞒收入、虚增成本的问题。对于房地产开发企业，关注存货核算及变动是必须的，但是该指标的应用是值得商榷的。

4. 应收（付）款变动率=〔期末应收（付）款–期初应收（付）款〕÷期初应收（付）款×100%。

该指标主要分析纳税人应收（付）款增减变动情况，判断其销售实现和可能发生坏情况。如应收（付）款增长率增高，而销售收入减少，可能存在隐瞒收入、虚增成本的问题。

5. 固定资产综合折旧率=基期固定资产折旧总额÷基期固定资产原值总额×100%。

固定资产综合折旧率高于与基期标准值，可能存在税前多列支折旧的问题。要求企业提供各类固定资产的折旧计算情况，分析固定资产综合折旧率变化的原因。对于房地产开发企业，更应该关注的是在建工程。

6. 资产负债率=负债总额÷资产总额×100%，其中：

负债总额=流动负债+长期负债，资产总额是扣除累计折旧后的净额。

该指标主要分析纳税人经营活力，判断其偿债能力。如果资产负债率与预警值相差较大，则企业偿债能力有问题，要考虑由此对税收收入产生的影响。

四、通用分析指标的配比分析

这是"三主勾稽关系"配比分析，因为主营业务收入、主营业务成本、主营业务费用三个指标直接影响到主营业务利润的。能够综合运用"三主分析"实施季度、年度和连续多年的主营业务利润变动情况分析，是纳税评估分析能力的直接体现，是评价税务业务能力的基本标尺。

（一）主营业务收入变动率与主营业务利润变动率配比分析

在正常情况下，二者基本同步增长。（1）当比值<1（收入增长幅度小于利润增长幅度），且相差较大，当二者都为负时，可能存在企业多列成本费用、扩大税前扣除范围问题。（2）当比值>1（收入增长幅度大于利润增长幅度）且相差较大、二者都为正时，可能存在企业多列成本费用、扩大税前扣除范围等题。（3）当比值为负数，且前者为正后者为负时，可能存在企业多列成本费用、扩大税前扣除范围等问题。

对产生疑点的纳税人应重点分析：结合"主营业务利润率"指标进行分析，了解企业历年主营业务利润率的变动情况；对"主营业务利润率"指标也异常的企业，应通过年度申报表及附表分析企业收入构成情况，以判断是否存在少计收入问题；结合《资产负债表》中"应付款"、"预收款"和"其他应付款"等科目的期初、期末数进行分析，如出现"应付款"和"其他应付款"红字和"预收款"期末大幅度增长等情况,应判断是否存在少计收入问题。

（二）主营业务收入变动率与主营业务成本变动率配比分析

正常情况下二者基本同步增长,比值接近1。当比值<1,且相差较大,当二者都为负时（比如主营业务收入变动率-10%,主营业务成本变动率-20%）,可能存在企业多列成本费用、扩大税前扣除范围等问题；当比值>1且相差较大,当二者都为正时（比如主营业务收入变动率+20%,主营业务成本变动率+10%）,可能存在企业多列成本费用、扩大税前扣除范围等问题；当比值为负数,且前者为正后者为负时,可能存在企业多列成本费用、扩大税前扣除范围等问题。

对产生本疑点的纳税人应重点分析：结合"主营业务收入变动率",对企业主营业务收入情况进行分析,通过分析企业年度申报表及附表,了解企业收入的构成情况,判断是否存在少计收入的情况；结合《资产负债表》中"应付款"、"预收款"和"其他应付款"等科目的期初、期末数额进行分析,如"应付款"和"其他应付款"出现红字和"预收款"期末大幅度增长情况,应判断存在少计收入问题；结合主营业务成本率对年度申报表及附表进行分析,了解企业成本的结转情况,分析是否存在改变成本结转方法、少计存货（含产成品、在产品和材料）等问题。

（三）主营业务收入变动率与主营业务费用变动率配比分析

在正常情况下,二者基本同步增长。当比值<1且相差较大,二者都为负时,可能存在企业多列成本费用、扩大税前扣除范围等问题；当比值>1且相差较大,二者都为正时,可能企业存在多列成本费用、扩大税前扣除范围等题；当比值为负数,且前者为正后者为负时,可能存在企业多列成本费用、扩大税前扣除范围等问题。

对产生本疑点的纳税人应重点分析：结合《资产负债表》中"应付款"、"预收款"和"其他应付款"等科目的期初、期末数进行分析。如"应付款"和"其他应付款"出现红字和"预收款"期末大幅度增长等情况,应判断存在少计收入问题；结合主营业务成本,通过年度申报表及附表分析企业成本的结转情况,以判断是否存在改变成本结转方法、少计存货（含产成品、在产品和材料）等问题；结合"主营业务费用率"、"主营业务费用变动率"两项指标进行分析,与同行业的水平比较；通过《损益表》对销售费用、财务费用、管理费用的若干年度数据分析三项费用中增长较多的费用项目,对财务费用增长较多的,结合《资产负债表》中短期借款、长期借款的期初、期末数进行分析,以判断财务费用增长是否合理,是否存在基建贷款利息列入当期财务费用等问题。

五、税种分析指标及使用方法

（一）增值税税收负担率（简称增值税负率）

其计算公式为：税负率=（本期应纳税额÷本期应税主营业务收入）×100%

计算分析纳税人税负率，多与销售额变动率等指标配合使用，将销售额变动率和税负率与相应的正常峰值进行比较，销售额变动率高于正常峰值，税负率低于正常峰值的；销售额变动率低于正常峰值，税负率低于正常峰值的和销售额变动率及税负率均高于正常峰值的均可列入疑点范围。例如，某县市的某行业增值税负率是5%，则应确定合理区间为4%~6%，无论是高还是低，只要偏离此区间的都属于不正常的。

根据评估对象报送的增值税纳税申报表、资产负债表、损益表和其他有关纳税资料，进行毛利率测算分析、存货、负债、进项税额综合分析和销售额分析指标的分析，对其形成异常申报的原因作出进一步判断。

与预警值对比。销售额变动率高于正常峰值及税负率低于预警值或销售额变动率正常，而税负率低于预警值的，以进项税额为评估重点，查证有无扩大进项抵扣范围、不按规定申报抵扣等问题，对应核实销项税额计算的准确性。对销项税额的评估，应侧重有无账外经营、瞒报、迟报计税销售额、混淆增值税不同税目错用税率等问题。

（二）企业所得税评估分析指标

1. 所得税税负率

其计算公式为：所得税税负率=应纳所得税额÷利润总额×100%

本企业基期所得税负率与当地同行业同期的所得税税负率相比，低于标准值可能存在不计或少计销售（营业）收入、多列成本费用、扩大税前扣除范围等问题，再运用其他相关指标深入分析。

2. 主营业务利润税收负担率（简称利润税负率）

其计算公式为：利润税负率=（本期应纳税额÷本期主营业务利润）×100%

上述指标设定预警值并与预警值对照，与当地同行业同期和本企业基期所得税负担率相比，如果低于预警值，企业可能存在销售未计收入、多列成本费用、扩大税前扣除范围等问题，应作进一步分析。

3. 应纳税所得额变动率

其计算公式为：应纳税所得额变动率=（评估期累计应纳税所得额−基期累计应纳税所得额）÷基期累计应纳税所得额×100%

关注企业处于税收优惠期前后，该指标如果发生较大变化，可能存在少计收入、多列成本，人为调节利润的问题；也可能存在减免税期间少列应税期间多列费用，费用配比不合理等问题。

4. 所得税贡献率

其计算公式为：所得税贡献率=应纳所得税额÷主营业务收入×100%

将当地同行业同期与本企业基期所得税贡献率相比，低于预警值视为异常，可能存在不计或少计销售（营业）收入、多列成本费用、扩大税前扣除范围等问题，应运用所得税变动率等相关指标作进一步评估分析。

5. 所得税贡献变动率

其计算公式为：所得税贡献变动率＝（评估期所得税贡献率－基期所得税贡献率）÷基期所得税贡献率×100%

与企业基期指标和当地同行业同期指标相比，低于预警值可能存在不计或少计销售（营业）收入、多列成本费用、扩大税前扣除范围等问题。再运用其他相关指标深入分析，并结合上述指标评估结果，进一步分析企业销售（营业）收入、成本、费用的变化和异常情况及其原因。

6. 所得税负担变动率

其计算公式为：所得税负担变动率＝（评估期所得税负担率－基期所得税负担率）÷基期所得税负担率×100%

与企业基期和当地同行业同期指标相比，低于预警值可能存在不计或少计销售（营业）收入、多列成本费用、扩大税前扣除范围等问题。再运用其他相关指标深入分析，并结合上述指标评估结果，进一步分析企业销售（营业）收入、成本、费用的变化和异常情况及其原因。

7. 相关指标分类与综合运用

对企业所得税进行评估时，为便于操作，可将通用指标中涉及所得税评估的指标进行分类并综合运用。

一类指标：主营业务收入变动率、所得税税收负担率、所得税贡献率、主营业务利润税收负担率。

二类指标：主营业务成本变动率、主营业务费用变动率、营业（管理、财务）费用变动率、主营业务利润变动率、成本费用率、成本费用利润率、所得税负担变动率、所得税贡献变动率、应纳税所得额变动率及通用指标中的收入、成本、费用、利润配比指标。

三类指标：存货周转率、固定资产综合折旧率、营业外收支增减额、税前弥补亏损扣除限额及税前列支费用评估指标。

在实务中，开展所得税评估分析时，可以把一类指标作为评判指标，二类指标作为验证指标，三类指标作为参考指标。

（三）印花税评估分析指标

1. 印花税税负变动率

印花税税负变动系数＝本期印花税负担率÷上年同期印花税负担率

其中：印花税负担率＝（应纳税额÷计税收入）×100%。

本指标用于分析可比口径下（同税目）印花税额占计税收入的比例及其变化情况，本期印花税负担率与上年同期对比，正常情况下二者的比值应接近1，合理区间波动±15%，当比值小于0.85时，可能存在未足额申报印花税。

2. 印花税同步增长系数

印花税同步增长系数=应纳税额增长率÷主营业务收入增长率

其中：

应纳税额增长率=〔（本期累计应纳税额-上年同期累计应纳税额）÷上年同期累计应纳税额〕×100%。

主营业务收入增长率=〔（本期累计主营业务收入额-上年同期累计主营业务收入额）÷上年同期累计主营业务收入额〕×100%。

本指标用于分析印花税应纳税额增长率与主营业务收入增长率，评估纳税人申报（贴花）纳税情况真实性。适用于工商、建筑安装等行业应纳税额增长率与主营业务收入增长率对比分析。正常情况下二者应基本同步增长，比值应接近1。当比值小于1，可能存在未足额申报印花税问题。分析中发现高于或低于预警值的，要借助其他指标深入分析。

六、企业所得税纳税评估指标体系

结合本章第三节相关内容，依托"金三"征管信息系统，以从《企业所得税年度纳税申报表》中获取的数据为基础，选取11个指标建立企业所得税纳税评估指标体系，综合评分来开展评估分析，请各地结合工作实际予以细化和完善。

（一）销售（营业）收入比值（15分）

计算公式：销售（营业）收入比值=〔评估期销售（营业）收入/基期销售（营业）收入〕×100%

指标分析：分析纳税人销售（营业）收入的变化情况。与同行业预警值进行比较，若高于预警值暂视为正常，若低于预警值，则可能存在：隐瞒收入、关联企业交易、市场因素或政策因素等等。

（二）销售（营业）成本率（11分）

计算公式：销售（营业）成本率=〔评估期销售（营业）成本/评估期销售（营业）收入〕×100%

指标分析：分析纳税人销售（营业）成本占销售（营业）收入的比例。与同行业预警值进行比较，若低于预警值暂视为正常，若高于预警值，则可能存在：①虚列成本；②隐瞒收入；③关联交易；④市场因素；⑤资本性支出费用化；⑥会计核算方法的调整；⑦税法与会计的差异调整正确性；⑧政策因素；等等。

（三）销售（营业）成本率比值（8分）

计算公式：评估期销售（营业）成本率=〔评估期销售（营业）成本/评估期销售（营业）收入〕×100%

基期销售（营业）成本率=〔基期销售（营业）成本/基期销售（营业）收入〕×100%

销售（营业）成本率比值=〔评估期销售（营业）成本率/基期销售（营业）成本率〕×100%

指标分析：分析评估期销售（营业）成本率比基期销售（营业）成本率的变动情况。评估期与基期的销售（营业）成本率应基本持平，如该指标小于预警值暂视为正常，如大于预警值，则可能存在：

①虚列成本；②隐瞒收入；③关联交易；④市场因素；⑤资本性支出费用化；⑥会计核算方法的调整；⑦税法与会计的差异调整正确性等。

（四）期间费用收入比率（12分）

计算公式：期间费用收入占比=〔评估期期间费用/评估期销售（营业）收入〕×100%

指标分析：分析评估期的期间费用占销售（营业）收入的比例。与同行业预警值比较，如该指标小于预警值，暂视为正常，如大于预警值，则可能存在：隐瞒收入、虚列相关费用等等。

（五）期间费用收入比率比值（9分）

计算公式：期间费用收入比率=〔期间费用/评估期销售（营业）收入〕×100%
基期期间费用收入比率=〔基期期间费用/基期销售（营业）收入〕×100%
期间费用收入比值=（期间费用收入比率/基期期间费用收入比率）×100%

指标分析：分析评估期与基期的期间费用占销售（营业）收入的比例变动情况，以测算期间费用的增减变化。评估期与基期期间费用收入比率应基本持平，如该指标小于预警值，暂视为正常，如大于预警值，则可能存在：隐瞒收入、虚列相关费用等等。

（六）利润率（8分）

计算公式：评估期利润率=〔评估期利润总额/评估期销售（营业）收入〕×100%

指标分析：分析测算企业利润总额占销售收入比例，反映了企业的盈利能力。该指标如大于预警值，暂视为正常，如小于预警值，则可能存在：虚列成本、虚增费用、关联交易、隐瞒收入等等。

（七）利润率差值（7分）

计算公式：评估期利润率=〔利润总额/销售（营业）收入〕×100%
基期利润率=〔基期利润总额/基期销售（营业）收入〕×100%
利润率差值=评估期利润率−基期利润率

指标分析：分析测算企业利润总额占销售收入比例的变化情况，反映了企业的盈利能力的变化情况。该指标如大于预警值，暂视为正常，如小于预警值，则可能存在：虚列成本、虚增费用、隐瞒收入等等。

（八）所得税贡献率（12分）

计算公式：所得税贡献率＝（评估期应纳所得税额/评估期销售收入）×100%

指标分析：分析应纳所得税额占收入比例情况。该指标与同行业比较，若高于预警值的，暂视为正常，若低于预警值的，则可能存在：

①虚列成本；②虚增费用；③隐瞒收入；④关联企业间的非正常交易；⑤市场因素；⑥政策因素；⑦税法与会计差异调整的正确性等等。

（九）所得税贡献率比值（8分）

计算公式：评估期所得税贡献率＝〔评估期应纳所得税额/评估期销售（营业）收入〕×100%

基期所得税贡献率＝〔基期应纳所得税额/基期销售（营业）收入〕×100%

所得税贡献率比值＝（评估期所得税贡献率/基期所得税贡献率）×100%

指标分析：分析评估期与基期的应纳所得税额占收入总额比例的变动情况。评估期与基期的所得税贡献率应基本持平，如该指标大于预警值，暂视为正常，如小于预警值，则可能存在：内容同指标8。

（十）所得税负担率（5分）

计算公式：所得税负担率＝（应纳所得税额/利润总额）×100%

指标分析：分析测算企业所得税税负，与同行业水平相比较，若高于预警值暂视为正常，若低于预警值的，则可能存在：政策因素、税法与会计差异调整、弥补亏损等。评估企业如为亏损企业，该指标等于零。

（十一）所得税负担率比值（5分）

计算公式：评估期所得税负担率＝（评估期应纳所得税额/评估期利润总额）×100%

基期所得税负担率＝（基期应纳所得税额/基期利润总额）×100%

所得税负担率比值＝（评估期所得税负担率/基期所得税负担率）×100%

指标分析：分析测算企业所得税税负的变化情况，如该指标大于预警值，暂视为正常，如小于预警值，则可能存在：政策因素、税法与会计差异调整的正确性。

第六节　房地产开发经营业纳税评估模型及案例

需要说明的是，本节内容是 2009 年 9 月在江西省井冈山市参加国家税务总局征管科技司组织编写《行业纳税评估模型及案例选编（1）》（2011 年 1 月第一版 中国税务出版社）的送审稿原稿。

一、房地产开发经营业介绍

（一）房地产开发经营业概述

房地产，是指房屋财产和土地财产的总称，经济学称为不动产。不动产指不能移动，移动后会引起性质、形状改变的财产，包括房地产物、构筑物、土地及其他土地附着物，很多国家将房地产称为物业。按照国家标准行业的分类，房地产业细分为房地产开发经营（K7210）、物业管理（K7220）、房地产中介服务（K7230）和其他房地产活动（K7290）。

房地产开发经营是指房地产开发企业在城市规划区内国有土地上进行基础设施建设、房屋建设，并转让房地产开发项目或者销售、出租商品房的行为。企业的主要类型：

根据开发建设的层次和产品内容的不同，可分为两个层次的开发和一个层次的开发两种形式。两个层次的开发是先将"生地"（不具备使用条件）开发建设成"熟地"后进行拍卖或出租（产品为土地），由取得土地使用权者进行房屋开发建设（产品为房屋）；一个层次的开发是指一次性完成土地、房屋的开发（产品为房屋）。国外一般以前者为主，在我国绝大多数企业以后者为主，也有少数企业同时从事两个层次的开发。

根据开发建设项目所处位置和建设内容的不同，分为新区开发和旧城改造（旧城再开发）两种形式，简称为新开发和旧开发。

根据投资方式不同，可分为独立建房和合作建房两种形式。

根据开发建设项目的类别不同，可分为普通住宅（含经济适用房）、公寓、别墅、商用、写字楼等几种开发形式。

（二）房地产开发经营流程

房地产开发经营的特点是：开发经营周期长、资金占用量大、行业征管难度大等，同时，对税收管理员的业务水平要求较高。

1. 开发经营流程图，如图7-4、图7-5（1）、图7-5（2）所示

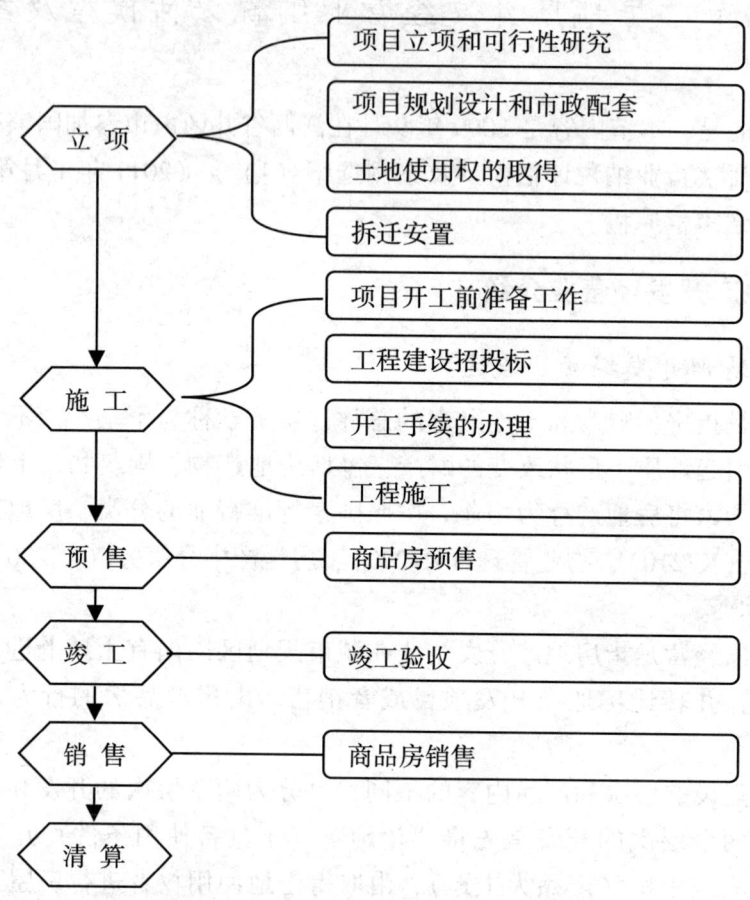

图7-4 房地产开发经营总流程图

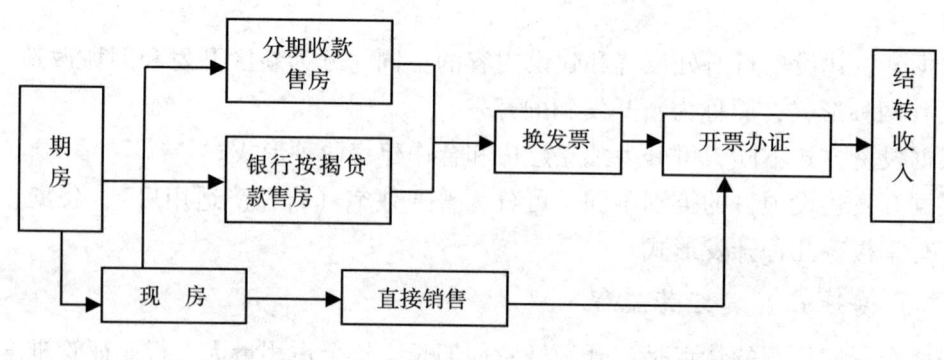

图7-5（1） 明细流程——预售、销售流程图

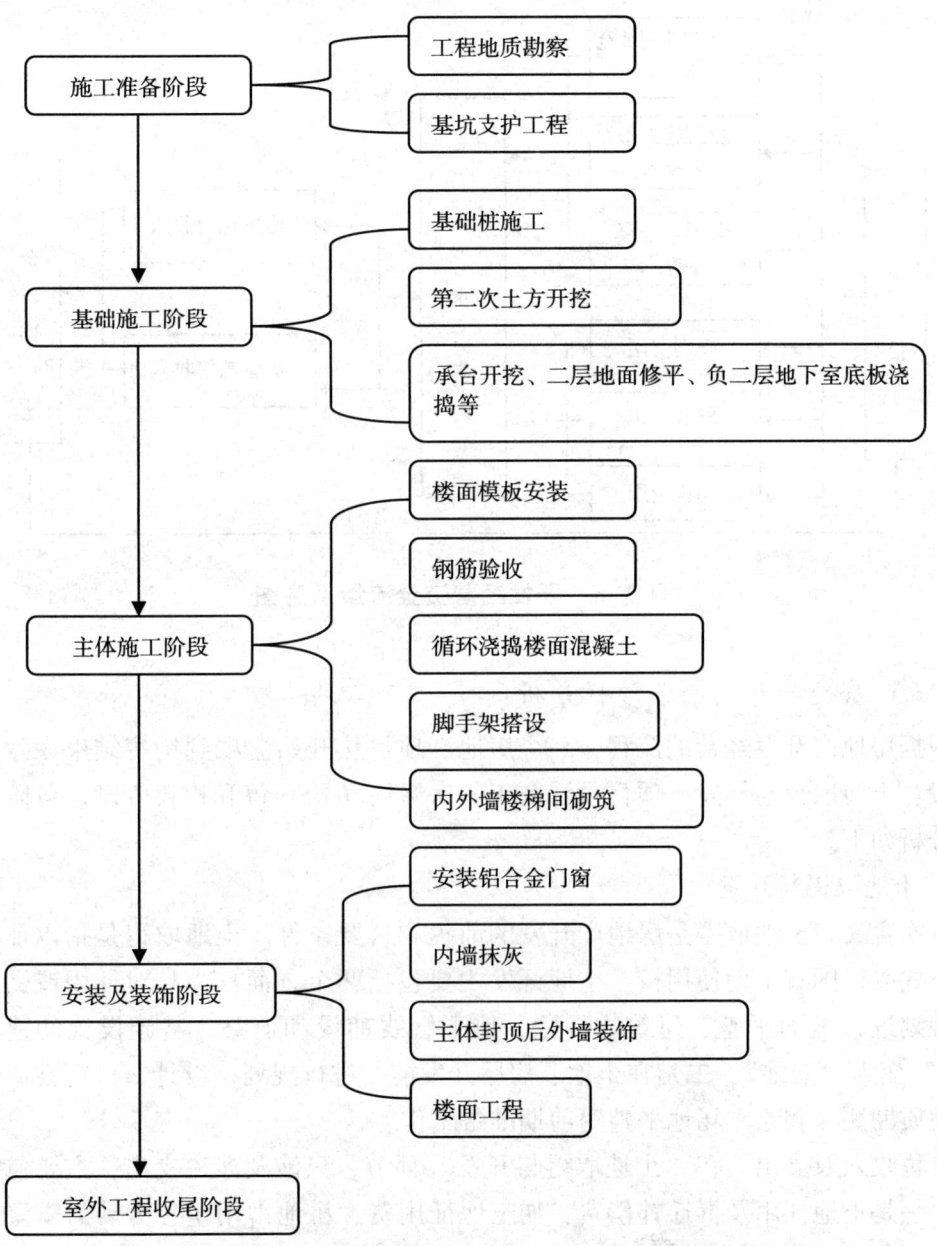

图 7-5（2） 明细流程——房屋建筑施工流程图

2. 开发经营资金流量，如图7-6所示。

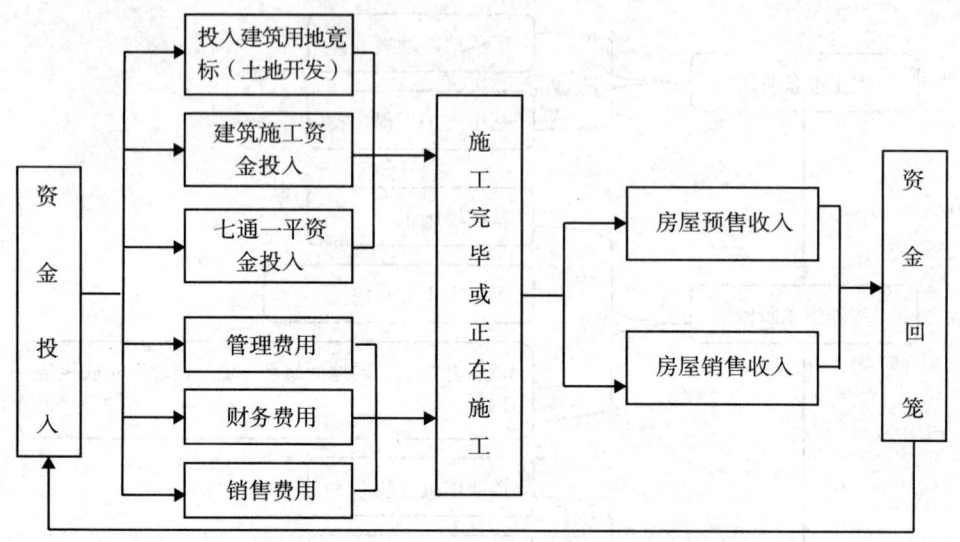

图 7-6　开发经营资金流量示意图

（三）房地产开发经营涉税分析

根据房地产开发经营的流程，一个房地产项目从开始立项到销售结束大致分为四个阶段：土地取得与开发、项目设计施工、房屋销（预）售和租售管理。各阶段涉税情况分析如下。

1. 土地取得与开发

基本含义。土地取得是房地产开发的前提和首要条件。土地取得是指以征用或受让的方式取得国有土地使用权。土地开发主要包括两个方面：一是对征用或受让的土地按规划进行地面平整、建筑物拆除、地下管线铺设和道路、基础设施的建设，将"生地"变为"熟地"；二是在土地、房屋开发前，进行规划、设计、可行性研究以及水文地质勘测、测绘、场地平整等前期准备工作。

涉税收入及支出。在"土地取得与开发"环节，只涉及涉税支出，主要包括两个方面：一是土地征用及拆迁补偿费，如土地征用费、耕地占用税、劳动力安置费、地上地下附着物拆迁补偿费、安置动迁用房支出等；二是前期工程费，如土地开发前发生的规划、设计、可行性研究以及水文地质勘测、测绘、场地平整等费用。

2. 项目设计施工

基本含义。设计施工是指在开发建设完工的土地上进行房屋建设，主要包括两个方面：一是房屋开发建设，如可行性研究、规划设计、工程施工、竣工验收等；二是配套设施开发建设，如营业性公共配套设施（商店、银行、邮局等）、非营业性公共配套设施（学校、医院等）、小区内公共配套设施（居委会、幼儿园等）、小区外为居民服务的公共配套设施（给排水、供电、供气的增容增压、交通道路等）。

涉税收入及支出。在"设计施工"环节，仍只涉及涉税支出，主要包括五个方面：一是前期工程费，如房屋开发前发生的规划、设计、可行性研究等费用；二是建筑安装工程费，如按施工图施工所发生的各项建筑安装工程费和设备费；三是基础设施费，如供电、供水、供气、排污、排洪、通讯、照明、绿化、环保、道路等基础设施费用；四是配套设施费，如可计入开发成本的不能有偿转让的公共配套设施费用；五是开发间接费，如企业内部独立核算单位及开发现场管理机构为开发而发生的现场管理机构人员工资、福利费、折旧费、修理费、办公费、水电费、劳动保护费等。

3. 房屋销（预）售

基本含义。房屋预售是指开发企业将建设中的商品房预先出售给受买人，并由受买人支付定金或房价款。

涉税收入及支出。在"房屋预售"环节，涉及的涉税收入主要是预售收入，即开发企业在预售过程中取得的定金和房价款。涉及的涉税支出，主要包括三个方面：一是主营业务成本，如土地征用及拆迁补偿费、前期工程费、建筑安装工程费、基础建设费、配套设施费、开发间接费等；二是营业税金及附加，如营业税、城市维护建设税、印花税、土地增值税、教育费附加等；三是期间费用，如管理费用、财务费用、广告宣传费、销售代理费等其他销售费用。

4. 租售管理

基本含义。完工销售是指项目开发完工，正式对外经营并确认营业收入。符合下列条件之一的，应视为开发产品已经完工：（1）竣工证明已报房地产管理部门备案的开发产品；（2）已开始投入使用的开发产品；（3）已取得了初始产权证明的开发产品。

涉税收入及支出。在"租售管理"环节，涉及的涉税收入主要是主营业务收入（商品房销售收入、配套设施销售收入、代建工程收入、出租开发产品的租金收入等）、其他业务收入（材料销售收入、无形资产使用费收入、固定资产出租收入等）；涉及的涉税支出主要是主营业务成本、营业税金及附加、期间费用等。

（四）房地开发经营业缴纳税费种类

目前，房地产开发经营过程中涉及缴纳（含代扣代缴和代收代缴）的税费包括以下几种。

第一，分为四大类有 11 个税种

1. 流转税类。包括 1 个税种：营业税，税率：5%

税目：销售不动产、转让土地使用权、服务业的租赁业

按纳税人取得的营业收入或销售不动产收入征收的。

2. 所得税类。包括2个税种：（1）企业所得税（含代收代缴）；（2）代扣代缴个人所得税。

按照纳税人取得的利润或纯收入征收的。

3. 财产税类。包括5个税种：（1）房产税；（2）城镇土地使用税；（3）车船使用税；（4）车辆购置税；（5）契税。

这些税种是对纳税人拥有或使用的财产征收的。

4. 行为税类。包括3个税种：（1）城市维护建设税；（2）印花税；（3）土地增值税。

这些税种是对特定行为或为达到特定目的而征收的。

第二，地方税务部门征收的教育费附加、土地使用费和代征的残疾人就业保障金等。

该行业的主体税种包括：营业税、企业所得税、个人所得税和土地增值税。

二、纳税遵从风险点

通过实施纳税评估发现，房地产开发经营企业在履行纳税义务过程中存在的主要纳税遵从风险点：

（一）经营收入类

1. 用预收款方式销售不动产、转让土地使用权的，将预收收入挂在往来上，或将部分款项开具收款收据，或直接冲减开发成本，未按规定确认或少确认收入而未申报纳税；预收款未及时申报、代收款项未按规定申报。

2. 整体转让"楼花"未作收入，而是挂往来，甚至私设外，未申报纳税。

3. 将代建工程、提供劳务过程中节约的材料、报废工程和产品的材料等留归企业所有，未确认收入申报纳税。

4. 无正当理由，以明显偏低价格将商品房销售给本公司股东及相关联企业及个人未确认收入申报纳税。

5. 通过房地产代理公司开具代理手续费发票，虚列费用或抵减销售额，以房款净额为计税营业额。

6. 将开发产品转作自用，或用于捐赠、赞助、职工福利、奖励、分配给股东或投资入股、以房抵偿债务、拍卖、换取其他单位和个人的非货币性资产等，未视同销售申报纳税。

7. 按揭销售、首付款实际收到时或余款在银行按揭贷款办理转后，未及时入，或将收到的按揭款项记入"短期借款"等科目，未及时申报纳税。

8. 开发的会所等产权转给物业，未按开发产品进行税务处理，或者将未需要办理房产证的停车位、地下室等公共配套设备对外出售未计收入申报纳税。

9. 售后返租业务，以冲减租金后实际收的款项未计收入申报纳税。

10. 以房抵工程款、广告费、银行贷款本息或以拆迁补偿费抵顶购房款等业务，未计收入申报纳税。

11. 以房换地、以地换房业务未按非货币性交易准则进行处理，或未开发票入，未记收入申报纳税。

12. 旧城改造中，房地产企业拆除居民住房后，补偿给搬迁户的新房，对偿还面积与拆迁面积相等的部分、超面积部分及差价收入未合并计算收入申报纳税。

13. 采取包销方式，未按包销合约定的收款时间、金额确认收入申报纳税。

14. 私建违建阁楼、车库、仓库，对外销售使用权开具收款收据，隐匿收入未申报纳税。

15. 将未售出的房屋、商铺、车位出租，取得的租金收入未计或少计收入未申报纳税。

（二）成本费用类

1. 发生的销售退回业务，只冲减收入，未冲回已转成本。

2. 以外地虚开材料采购发票，或到税负较低的地区申请代开发票或者使用假发票入，虚增成本费用。

3. 多预提施工费用，虚增开发成本；或提前列支成本支出。

4. 在结转成本时，无依据低估销售单价，虚增销售面积，多摊经营成本。

5. 利用非拆迁人员的身份证，列支拆迁补偿费，虚构施工合同，骗开建筑安装业发票。

6. 将开发期间财务费用列入期间费用，多转当期成本。

7. 将拥有土地进行评估，按增值巨大的评估价格作为成本入。

8. 对行政事业性收费挂，对欠缴的行政事业性收费无缴纳收据入。

9. 未按房产原值足额纳税或出租房屋未纳、少纳房产税和土地使用税。

10. 发放年终奖、过节费、奖金、补贴以及支付董事费、发放劳务报酬等未按规定代扣代缴个人所得税。

（三）其他涉税问题

1. 取得土地使用权日起，未按规定申报缴纳土地使用税。

2. 土地招拍挂、建筑安装工程、商品房销售等相关合同未按规定申报缴纳印花税。

3. 以商品房作为福利等未代扣代缴个人所得税。

4. 未竣工结算出租或自用房屋，未按时结转申报缴纳房产税、土地使用税。

5. 代建工程或自营工程在销售时未按建筑业税目缴纳营业税。

6. 以手续费、基金、集资费、配套费、代收款项、代垫款项等名义向购房者收取的有线电视、电话、宽带网络、一户一表、空调设备、防盗门、可视门铃、房屋装修等各种性质的价外收费，未申报纳税。

7. 假借"标准住宅"名义，利用优惠政策未缴或少缴土地增值税。

8. 采取假合资手段，利用外资企业优惠政策少缴税款。

三、纳税评估信息采集

有效的纳税评估是建立在拥有大量真实可靠的涉税信息基础之上的。目前，纳税评估工作的信息来源三个方面：税务征管数据、纳税人申报数据和相关社会（即第三方）数据。房地产开发经营业纳税评估的主要数据来源包括：征管系统中企业信息、"四房一体化"企业信息、重大建设项目信息、社会综合治税信息和发票系统信息。根据数据的变动性分为：静态信息和动态信息。

静态信息的主要内容：企业名称、编码、纳税识别号、电话、法人代表、企业类型、经济类型、生产经营地址、注册资本、固定资产原值、职工人数、财务会计制度或者财务会计处理办法、企业财务报表、银行户账号、投资方及投资比例、利润分配比例、主要经营项目、关联企业名称、关联交易额信息等。

动态信息的主要内容：企业取得土地使用权情况、土地开发面积的进展情况、开工楼盘情况、甲方供料情况、建筑承包情况、财务核算方法、税金缴纳情况、可售楼盘面积的增减情况、工程竣工情况、当期职工人数、当期职工工资、购销合同平方、销售合同金额、关联交易额、关联交易单价信息等。

下面是采集信息的具体形式：

（一）企业申报资料

1. 企业纳税申报表及附列资料。
2. 企业财务会计报表。
3. 企业其他申报资料。

（二）纳税人提供的涉税管理资料

1. 土地使用证书。纳税人一般要经过"招、拍、挂"方式获得开发土地，并取得由土地部门签发的土地使用证书。

2. 拆迁补偿协议。纳税人在取得土地后，通常都要进行旧房拆迁工作，拆迁时房地产开发商要与拆迁户签订拆迁协议，并且根据协议约定支付房屋拆迁补偿款。

3. 项目立项批复。房地产开发企业需要到发改委（发展计划局）申请立项，在得到项目立项批复（规定了房地产开发的投资额、开发分期情况等内容）以后才能进行房地产开发。

4. 建设工程项目登记备案的通知。房地产开发企业需要到发展计划委员会对其建设工程项目进行登记，在得到建设工程项目登记备案的通知（注明了项目建筑面积，备案有效期等内容）后才能进行建设。

5. 建设工程规划许可证。房地产开发企业在开发前必须经过建设局的规划审批，并办理建设工程规划许可证。建设工程规划许可证注明了建设项目名称、建设项目位置、建设项目规模、开工建设期限，并附有地形图和审批单（注明了项目内容、建设性质、开发栋数、结构、层数、总面积等内容）。

6. 建设用地规划许可证。房地产开发企业需要得到建设局批准的建设用地规划许可证（注明了项目名称、用地单位、用地位置、用地面积等内容）才能够进行开发。

7. 建筑工程施工许可证。房地产开发企业在具体项目施工前要得到建设局颁发的建筑工程施工许可证（注明了建设单位、工程名称、建设地址、建设规模、合同价格、设计单位、施工单位、监理单位、合同开工日期、合同竣工日期等内容），方可进行施工。

8. 商品房预售许可证。房地产开发企业在开盘销售前要在房管局登记，并且要经过审核审批和取得商品房预售许可证（注明了售房单位、项目名称、预售总建筑面积、套数、房屋坐落地址、房屋用途性质、预售对象等内容）。

9. 房地产销售合同清单。房地产开发产品的销售可分为一次性付款、分期付款、银行按揭等方式；购房者在付清房款或签订分期付款合同或办理好银行按揭手续后，要与开发商签订房屋销售合同。税收管理员要及时掌握房地产开发企业签订销售合同动态情况，并要求房地产开发企业定期上报其开发产品销售签订合同情况说明。

10. 竣工决算报告。房地产开发企业在项目完工后，要进行竣工决算，并形成竣工决算报告。

（三）第三方信息

第三方信息是指从国土资源、财政、税务、发改委、规划建设、房管、银行、媒介等职能部门取得的与开发房地产相关的信息资料。

1. 与国土资源局联系，取得企业的土地使用情况及使用面积，土地的用途、动工开发期限、土地出让金付款情况等。

2. 与发改委（局）联系，取得有关房地产开发企业立项项目及立项时间等信息。

3. 与规划建设管理局联系，取得房地产开发企业房屋准建面积、准予施工时间、竣工时间等信息。

4. 与房管局沟通，取得房地产开发企业的可售房屋建筑面积和房屋预售面积、房屋已售面积等信息，掌握企业的预售收入和销售收入。

5. 与税务局联系，取得房地产开发企业营业税计税收入信息和其建筑工程的有关成本信息；通过契税、土地增值税征收情况了解房地产开发企业已出售房屋销售金额。

6. 收集房地产开发企业与施工企业签订的施工合同，了解企业的建筑安装工程支出。

政府部门	资质审批（查）	备注
国土局	土地使用权证	开发前置条件
建设规划局	规划许可证	规划前置条件
	建筑施工许可证	施工前置条件
	建设工程规范验收核准书	办理产权登记前置条件
物价局	核价文件	销售前置条件
房管局	房地产资质许可证	开发前置条件
	预（销）售许可证	销售前置条件
	房屋建筑面积测绘成果报告书	销售前置条件
	合同备案	办理产权证前置条件

说明：有的地区房管局属于建设规划局。

四、纳税评估指标体系

（一）纳税评估指标概述

纳税评估指标是筛选评估对象、进行评估分析和重点涉税疑点问题核实时所选用的主要指标，可以是用百分比的方式表示的比率，也可以是绝对数值。按照不同的标准可分为以下几类：

1. 按照指标的属性和参照对象可以分为横向分析指标、纵向分析指标、多维分析指标。

横向分析指标是指主要用于同行业、同规模、同类型分析对象在同一时期相关指标数值的对比分析。

纵向分析指标是指主要用于某一分析对象在不同历史时期相关指标数值的对比分析。

多维分析指标是指既可用于横向分析又可用于纵向分析的评估分析指标。

2. 按照分析的方向和内容可分为：财务分析指标和税种分析指标。

财务分析指标其数据来源主要取自企业会计报表及其相关说明材料。可以分为反映资产结构状况的分析指标、反映营运能力的分析指标、反映盈利能力的分析指标。

税种分析指标是指专用于纳税评估、税收分析的特定指标。主要以税种为标志进行分类。

3. 按照指标的应用范围可以分为：通用分析指标和特定分析指标。

通用分析指标是指对各部门开展各类分析都能适用的指标，如财务分析指标，既可以用于企业决策，也可用于外部使用单位进行分析。

特定分析指标是指主要应用于特定分析目的的专用指标，如税种分析指标。

（二）绝对数值指标

绝对数值指标，又可以称为参考值或预警值，主要应用于信息对比分析法中，主要指标有：

1. 单位面积成本：属于纵向、横向分析指标。

计算公式：单位面积成本=主营业务成本/销售建筑面积

数据来源：销售建筑面积来源于纳税人的销售进度记录，主营业务成本来源于利润表。

分析方法：与纳税人同类项目对比并结合同行业、同类项目单位建筑面积成本对比。

疑点指向：单位建筑面积成本如果超出预警值范围，且与同行业、同类项目单位面积成本横向比较相差较大，则企业有可能存在多列开发成本。

2. 单位面积收入：属于纵向、横向分析指标。

计算公式：单位面积收入=主营业务收入/销售建筑面积

数据来源：销售建筑面积来源于纳税人的销售进度记录，主营业务收入来源于利润表。

分析方法：与纳税人同类项目对比并结合同行业、同类项目单位建筑面积收入对比。

疑点指向：单位建筑面积收入如果超出预警值范围，且与同行业、同类项目单位面积收入横向比较相差较大，则企业有可能存在多列开发收入。

（三）相对比例指标

相对比例指标，即是用百分比方式表示的比率，主要应用于综合分析法、评估模型分析和建立数量经济学模型，主要指标有：

1. 财务指标类

（1）主营业务收入变动率

计算公式：主营业务收入变动率=（本期主营业务收入-基期主营业务收入）/基期主营业务收入×100%

分析方法：结合"主营业务收入变动率"指标，对企业主营业务收入情况进行分析，如通过分析企业年度申报表及附表《营业收入表》，判断是否存在少计收入的情况。

疑点指向：判断纳税人是否存在账外销售问题、是否错误使用存货计价方法、是否人为调整产成品收入或应纳税所得额。主营业务收入变动率是否超出预警值范围，是否可能存在销售未计收入、多列收入费用、扩大税前扣除范围等问题。

（2）管理费用率

计算公式：管理费用率=管理费用/主营业务收入×100%

数据来源："管理费用、主营业务收入"从利润表中"管理费用""主营业务收入"项目提取。

分析方法：与本企业以前年度期间费用率比较，并结合同行业的期间费用率对比。

疑点指向：如果管理费用率与前期相差较大，且与同行业横向比较费用率水平过高，可能存在税前多列支管理费用问题。

（3）管理费用变动率

计算公式：管理费用变动率=（本期管理费用−基期管理费用）/基期管理费用×100%

数据来源："管理费用"为利润表"管理费用"项目数据。

分析方法：与以前年度各期间费用变动率对比。

疑点指向：如果管理费用变动率与前期相差较大，可能存在税前多列支管理费用问题。

（4）财务费用率

计算公式：财务费用率=财务费用/主营业务收入×100%

数据来源："财务费用、主营业务收入"从利润表中"财务费用""主营业务收入"项目提取。

分析方法：与本企业以前年度期间费用率比较，并结合同行业的期间费用率对比。

疑点指向：如果财务费用率与前期相差较大，且与同行业横向比较费用率水平过高，可能存在税前多列支财务费用问题。

（5）财务费用变动率

计算公式：财务费用变动率=（本期财务费用−基期财务费用）/基期财务费用×100%

数据来源：为利润表中"财务费用"项目数据。

分析方法：与以前年度各期间费用变动率对比。

疑点指向：如果财务费用变动率与前期相差较大，可能存在税前多列支财务费用问题。

（6）预收款变动率

计算公式：预收款变动率=（期末预收款−期初预收款）/期初预收款×100%

数据来源：资产负债表中的"预收款"项目数据。

分析方法：与上期或以前年度预收款变动率对比。

疑点指向：对"预收款"期初、期末数进行分析，结合主营业务收入变动率、主营业务收入变动率，判断是否存在少计收入问题。

（7）税款入库率

计算公式：税款入库率=实际缴纳税额/申报应纳税额×100%

数据来源：实际缴纳税额——是指企业申报税款的入库数额；申报应纳税额——根据企业纳税申报表合计数取得。

指标属性：纳税遵从程度指标

分析目的：分析税款入库率，反映企业的各项税款的缴纳程度，可全面了解企业的欠税情况。

2. 税种指标类：

（1）营业税计税总值差异率

评估模型：〔评估期申报的营业税计税总值-（评估期主营业务收入+评估期期末预收账款-上期期末预收账款+评估期未通过预收账款核算的价外费用）〕÷（评估期主营业务收入+评估期期末预收账款-上期期末预收账款+评估期未通过预收账款核算的价外费用）×100%

数据获取途径：申报的营业税计税总值，主营业务收入，预收账款，未通过预收账款核算的价外费用。

计算过程：统计选定评估期主营业务收入+评估期期末预收账款-上期期末预收账款+评估期未通过预收账款核算的价外费用得出评估期应纳营业税计税依据，以评估期申报的营业税计税总值减去评估期应纳营业税计税依据后的差额，除以评估期应纳营业税计税依据。

疑点判断：评估期申报的营业税计税总值 A，评估期应纳营业税计税依据 B，计税总值差异率 C〔=（A-B）÷B〕，申报计税总值差异率小于-0.01%，应用要点企业可能存在未如实申报营业税行为。

（2）房产税税负变动率

计算公式：（从价）房产税税负率=房产税/房产余值×100%

（从租）房产税税负率=房产税/租金收入×100%

环比系数=本期税负率/上期税负率

数据来源：房产税——指评估当期企业实际缴纳的房产税税额，应从企业"应缴税金"中分别提取；房产余值——企业"固定资产"科目中的房产原值减去法定扣除金额后的余额。

分析目的：判断企业是否按法定税率足额缴纳房产税。

计税依据变动的配比分析："在建工程"与"固定资产"的配比分析两者应反方向变动

（3）土地使用税申报差异率

原理描述：适用于征收土地使用税纳税人，用于房地产开发公司出售商品房计征土地使用税时应剔除的土地使用面积，该公式小于0时，则要减除已售房分摊的土地使用面积。

评估模型：{评估期登记应税面积-∑〔评估期分项目登记应税面积×（评估期已出售建筑面积÷评估期预计可售面积）〕-评估期实际占用面积}÷评估期实际占用面积×100%。

数据获取途径：登记应税面积，实际占用面积，已出售建筑面积，预计可售面积。

计算过程：统计选定评估期登记应税面积减去∑〔评估期分项目登记应税面积×（评估期已出售建筑面积÷评估期预计可售面积）〕，得出评估期应申报纳税面积，减去评估期实际占用面积之差，除以评估期实际占用面积。

疑点判断：评估期应申报纳税面积为A，评估期实际占用面积为B，房地产开发公司土地使用税申报差异率为C〔=（A-B）÷B〕，房地产开发公司土地使用税申报差异率小于-10%时，反映纳税人在计征土地使用税时应剔除已售房分摊的土地使用面积，且比例越小，扣除的土地使用面积越多。

标准值参数范围：房地产开发公司土地使用税申报差异率大于等于-10%时得0分；小于-10%时，得分=｜（评估分析公式值+10%）｜×100×公式权数，得分超过100分按100分取。

应用要点：本指标只适用按月进行评估。

（4）土地增值税计税收入申报差异率

原理描述：该指标适用于房地产开发企业按收入乘预征率预征土地增值税。计算纳税户本期申报土地增值税计税收入与纳税户应申报的土地增值税计税收入的差额，纳税户应申报的土地增值税计税收入=评估期预收账款期末数-基期预收账款期末数+评估期主营业务收入。基期预收账款期末数=评估期上期的预收账款期末数。该指标小于0时，提示异常，可能存在纳税人少申报土地增值税计税收入。

评估模型：评估期转让房地产收入额-（评估期预收账款期末数-基期预收账款期末数+评估期主营业务收入）

数据获取途径：转让房地产收入额、预收账款、主营业务收入

计算过程：统计选定评估期内纳税人申报的土地增值税计税收入与本期纳税户应申报的土地增值税计税收入，计算两者的差额。

疑点判断：评估期申报的土地增值税计税收入A，纳税户应申报的土地增值税计税收入B，土地增值税计税收入申报差异率（1）C。C=A-B，C<0，可能存在少申报计税收入。

标准值参数范围：C<0，得100分。C≥0，得0分。

（5）企业所得税税负率

计算公式：税收负担率=企业所得税/利润总额×100%

数据来源：企业所得税——指评估当期企业实际缴纳的企业所得税税额；利润总额——利润表中利润总额栏数据。

疑点判断：与当地同行业同期和本企业基期所得税负担率相比，低于标准值可能存在不计或少计销售（营业）收入、多列收入费用、扩大税前扣除范围等问题，运用其他相关指标深入评估分析。

(6) 所得税税负变动率

计算公式：所得税税负变动率＝（本期所得税税负率－基期所得税税负率）/基期所得税税负率×100%

疑点判断：与企业基期和当地同行业同期指标相比，低于预警值可能存在不计或少计销售（营业）收入、多列收入费用、扩大税前扣除范围等问题。运用其他相关指标深入详细评估，并结合上述指标评估结果，进一步分析企业销售（营业）收入、收入、费用的变化和异常情况及其原因。

(7) 准予扣除项目变动率

计算公式：准予扣除项目变动率＝（本期准予扣除项目－基期准予扣除项目）/基期准予扣除项目×100%

数据来源：企业年度企业所得税纳税申报表中"准予扣除项目"中包含的内容，评估期与基期数据。

分析目的：配比收入变动率看是否同步增减，以分析企业所得税申报中是否存在扩大税前扣除范围的问题

五、纳税评估模型（方法）的应用

(一) 信息比对法

原理描述：信息比对法是指通过房管、城建等相关部门等掌握的综合治税信息和其他与纳税人生产经营有关的资料和情况，与纳税人的申报资料相比对，进行评估的一种方法。

数据获取途径：

1. 房管部门的房产预售许可证的发放、房产交易和租赁等信息。
2. 规划部门的房地产开发项目名称、性质、占地面积、建筑面积、容积率、可销售面积、未可销售面积、公共配套设施情况等信息资料。
3. 建设部门的工程承揽、中标合同等工程招标项目资料，及已备案的外来建筑企业及城市拆迁等信息。
4. 国土资源部门的土地使用证发放、土地转（出）让等信息。
5. 评估人员现场调查询问有关人员等获取的纳税人有关销售信息。
6. 纳税人的各种申报资料。

应用要点：

通过外部采集的综合治税信息，与纳税人的申报信息进行比对，分析纳税人是否

存在少计收入，少申报或晚申报税款的可能。

1. 通过房管部门、国土部门提供的权属登记、变更信息以及相关合同、协议等有关资料，并与纳税人申报信息比对，分析纳税人是否存在未计或少计收入的问题，按孰高的原则确定收入。

2. 通过评估人员现场调查询问获取的销售信息与纳税人的财务会计报表中营业收入、预收款金额等进行比对，分析是否存在少计收入或预收款项未按规定结转收入的问题。

3. 通过上述信息与收入及预付款的比对，审核纳税人是否存在未按规定预计利润的问题。

（二）项目完工进度分析法

原理描述：项目完工进度分析法是在确认开发阶段的基础上，从企业取得商品房预售许可证，进入预售阶段开始，至销售收入发生的时点，依开发进度时间预测来分析房地产开发企业的销售收入、销售收入以及应纳税所得额情况的一种分析方法。

一般情况，单一项目的施工期间至预售阶段大约需要18至22个月，然后进入竣工销售，因此，从进入预售阶段至确认销售开始，大约需要8至12个月的时间。

数据获取途径：

1. 内部数据：房地产企业开发收入中料、工、费的组成以及征管信息系统纳税申报信息、纳税人报送的纳税申报资料。

2. 外部数据：向建筑工程造价、房地产评估等专业机构发布的当年收入费用项目的标准

疑点判断：

1. 分析企业的财务数据，是否出现负债总额逐年递增，而一直没有销售收入的现象，可能出现实际已有销售收入但未确认的问题。

2. 从"预收账款"指标进行分析，是否出现已经有预收账款，但一直迟迟无结转销售收入的现象。

应用要点：

1. 首先要分析房地产开发的建筑项目类型，根据项目类型分类进行相关费用的归集。

2. 在实际运用中应考虑到根据到地段、设计要求来考虑各类参数值正数差异率10%的预警区间。

3. 注意模型测算分析和实地核查相结合。对测算分析的结果，应加强深入调查，确保纳税评估与企业实际情况的相结合。

（三）指标综合分析法

原理描述：依据对房地产行业纳税评估指标体系的区间值，通过对企业收入、收

入、利润等涉税指标的分析，对每个主要因素的涉税指标值的异常变化生成了纳税评估疑点。

评估指标分别如表 7-3 至表 7-7 所示：

1. 销售收入指标

表 7-3　　　　　　　　　　　销售收入指标表

评估指标	〔一定期间销售面积（套）×均价〕×5%／同期已纳营业税
疑点判断	>1.2，视为异常，可能存在售房所得未按规定缴纳流转税问题
数据获取途径	纳税人国、地税申报表；房管局
影响税种	经营税金及附加、预缴企业所得税、预缴土地增值税

2. 经营费用指标

表 7-4　　　　　　　　　　　经营费用指标表

评估指标	营销费用和经营管理费
疑点判断	营销费用指项目的营销策划、推广、销售费用，约为售价的3%～5%。经营管理费指企业为完成项目的经营管理发生的全部费用，约占项目总收入的3%。
数据获取途径	损益表
影响税种	经营税金及附加、企业所得税、土地增值税

3. 货币资金增幅指标（基本指标）

表 7-5　　　　　　　　　货币资金增幅指标表（基本指标）

评估指标	（经营收入+其他业务收入）／（"货币资金"本期余额−上期余额）
疑点判断	<50%，即收入低于货币资金增加额的50%，视为异常，可能存在取得收入挂账问题
数据获取途径	资产负债表，收入明细表
影响税种	经营税金及附加、土地增值税、企业所得税

4. 利润指标

表 7-6　　　　　　　　　　　　利润指标表

评估指标1	销售利润率=主营业务利润额/主营业务收入额
疑点判断	通过与参考值（26.03%）对比，如果销售利润率偏低或为负，则应关注企业是否存在少计收入、应计未计收入、多列收入或以低价转移产品给关联公司等现象
评估指标2	收入利润率=主营业务利润额/主营业务收入额
疑点判断	通过与参考值（60.63%）对比，如果收入利润率偏低或为负，则应关注企业的收入费用是否合理，或是否存在少报收入现象
评估指标3	所得税利润税负率=本期应纳所得税额/本期主营业务利润
疑点判断	通过与参考值（32.85%）对比，如果主营业务利润税负率偏低或为负，则应关注企业是否存在少计主营业务收入、应计未计主营业务收入、多列收入或扩大税前扣除范围等现象
数据获取途径	损益表
影响税种	企业所得税、土地增值税

5. 其他应付款增幅指标（参考指标）

表 7-7　　　　　　　　其他应付款增幅指标表（参考指标）

评估指标	（"其他应付款"本期余额-上期余额）/（经营收入+其他业务收入）
疑点判断	≥10%，视为异常，可能存在代收款项未计收入或取得收入长期挂账问题
数据获取途径	资产负债表，收入明细表
影响税种	经营税金及附加、土地增值税、企业所得税
备注	约谈环节应责成其提供"其他应付款收付明细表"

应用要点：

1. 做好税负分析

适用于处在相同阶段的项目。将同期已缴税款与通过已（预）售面积估算的数据或第三方交流的收入数据进行比对，结果应接近法定税负率。如：将同期已预缴税款与按照面积确认估算的预售收入总额进行比对，则当期的法定预缴率≈当期已申报预缴税款/按照面积确认估算的预售收入总额。

2. 定期数据比对

通过从国土房管局网站、地税等第三方获取已售面积、营业税申报收入等数据，与企业在国税部门申报数据进行比对、分析，审核数据的准确性；结合汇算清缴与税务鉴证，确认入凭证的合法性。

(四) 关联税种联评分析法

1. 企业所得税与营业税联评分析

依据：房地产企业缴纳企业所得税和营业税的计税收入基本一致。

企业的财务报表中"预收账款""其他应收款""其他应付款"科目金额与企业申报的企业所得税计税收入、营业税计税收入三者进行比对，看其是否一致。

2. 土地增值税与营业税联评分析

依据：利用企业预缴土地增值税与营业税存在关联关系进行评估。

纳税人当期应预缴土地增值税等于应税收入乘以预征率；纳税人当期应缴纳营业税等于应税收入乘以税率。

3. 印花税与营业税联评分析法

"营业税——销售不动产"税目的计税依据×40%×3‰+"营业税——销售不动产"税目的计税依据×5‰="建筑安装合同"和"产权转移数据"税目印花税的税款。

数据获取途径：

1. 企业纳税申报表、财务会计报表。

2. 房产销售网站，对其公示的企业开发项目销售进展、销售面积、单位价格等情况。

疑点判断：

1. 核实企业收入确认的完整性及其申报的准确性。

2. 根据企业开具的"房地产开发销售预售款凭据""房产销售合同"及企业账款往来等确认预售收入是否足额申报。

3. 核实预售收入是否及时准确地确认为实际销售收入。

4. 根据营业用房、写字楼、别墅、高档住宅的预征率和营业税率的比例关系，核实土地增值税和营业税申报缴纳的差异。

5. 核实房地产企业销售不动产营业税计税依据和签订合同印花税计税依据的一致性。

应用要点：

1. 关注企业的申报信息，充分利用征管信息系统内的各项数据之间的关联关系。

2. 关注第三方信息，加强综合治税信息的利用，如房产销售网站中公示的企业开发项目销售进展、销售面积、单位价格等情况；财政部门契税征收信息；国土部门出售土地面积、价格、出让金等信息；物价部门房产价格核定等信息。

六、参考案例

应用指标综合分析开展专项纳税评估案例

【被评估企业名称】某地某市××房地产开发有限责任公司

【评估所属期】2007年1月1日至2007年12月31日

（一）评估对象确定

应用指标综合分析模式，对某房地产开发有限责任公司2006-2007年度主要财务指标和税种指标进行分析。该公司的有关财务指标及地方税数据，如表7-8至7-10所示。

表7-8　　　　2006、2007年度该公司主要财务指标对比表

财务指标名称	2006年	2007年	增减变动率%
销售收入	67900	43074559.65	63338.23%
销售收入	51399.94	33812330.53	65682.82%
销售税金	3734.50	2366623.94	63271.91%
管理费用	1201408.11	1431632.72	19.16%
利润总额	-743454.55	2656363.62	—

表7-9　　　　2006、2007年度该公司入库地方税对比表

税种	2006年	2007年	增减变动率%
营业税	2236927.83	13000.00	-99.42%
企业所得税	209317.43	958917.88	358.12%
个人所得税	1779.00	1749.90	-1.64%
城建税	156584.95	910.00	-99.42%
房产税	6276.92	8676.82	38.23%
土地增值税	154739.20	0	—
土地使用税	50650.00	59007.53	16.50%
教育费附加	67107.83	390.00	-99.42%
印花税	9728.82	21319.00	119.13%

表 7-10　　　　　　　　　　　预警指标汇总表

序号	税种	模型名称	预警值（X）	模型值	得分	疑点描述
1	企业所得税	销售（营业）收入变动率	X>10%	65682.82%	100	本期收入高于基期水平
2	企业所得税	财务费用变动率	X>10%	6046.67%	100	本期财务费用高于基期水平
3	企业所得税	应付工资变动率	X>0	62.05%	100	应付工资余额增长幅度过大
4	企业所得税	管理费用变动率	X>5%	19.16%	42.48	本期管理费用高于基期水平
5	企业所得税	营业外支出变动率	X>20%	6424.96%	100	本期营业外支出高于基期水平
6	企业所得税	其他应付款变动率	X>10%	65.87%	100	其他应付款余额增长幅度过大
7	企业所得税	资本公积变动率	X>0	16.93%	100	资本公积余额增长幅度过大
8	企业所得税	收入变动率与销售利润变动率差异	X>2%	21646.84%	100.	收入变动率大于利润变动率
9	企业所得税	收入变动率与收入变动率差异	X<-2%	-2344.59%	100	收入变动率小于收入变动率
10	营业税	营业税变动率	X<-20%	-99.42%	100	营业税比基期下降过大
11	营业税	申报计税依据差异率（2）	X<-0.01%	-101.36%	100	申报计税依据与实际未符
12	土地增值税	计税收入申报差异率（1）	X<0	-3561830.4	100	申报应税收入与实际未符
13	土地增值税	土地增值税计税收入申报差异率（2）	X>10%	65.87%	100	其他应付款比基期增幅过大

根据预警指标结果，该公司涉税疑点多且偏离预警值较大，确定对其开展专项评估。

(二) 评估疑点分析

疑点1：本期收入高于基期水平。系统显示的销售（营业）收入变动率模型值为65682.82%，远远大于系统设置的预警值（X>10%），初步判断，可能存在虚增收入或收入结转未真实等问题。

疑点2：本期财务费用高于基期水平。系统显示财务费用变动率模型值为6046.67%，远远大于系统设置的预警值（X>10%），根据经验判断，该公司可能存在税前列支资本化利息、超金融机构借款利率支付利息等问题。

疑点3：应付工资余额增长幅度过大。系统显示应付工资变动率模型值为62.05%，超过了系统设置的预警值（X>0），该单位有可能存在预提未付工资等问题。

疑点4：本期管理费用高于基期水平。系统显示纳税人评估期管理费用变动率模型值为19.60%，超过了系统设置的预警值（X>5%），表示可能存在虚列管理费用等问题。

疑点5：其他应付款余额增长幅度过大。评估系统通过计算显示的其他应付款变动率模型值为65.87%，超过了系统设置的预警值（X>20%），因此可能存在隐匿收入的问题。

疑点6：收入变动率大于利润变动率。系统显示纳税人评估期销售（营业）收入变动率与销售（营业）利润变动率模型值为21646.84%，远远大于系统设置的预警值（X>2%），该单位很可能存在未配比结转收入或销售税金及附加的问题。

疑点7：营业税比基期下降过大。系统显示纳税人评估期的营业税变动率模型值为-99.42%，低于系统设置的预警值（X<-20%），该公司可能有未如实申报营业税的问题。

疑点8：申报的营业税计税依据与实际未符。系统显示的该纳税人评估期申报计税依据差异率模型值为-101.36%，远低于系统设置的预警值（X<-0.01%），初步判断，该公司可能存在营业税申报未实情况。

疑点9：申报土地增值税应税收入与实际未符。评估系统通过计算显示的模型值为-3561830.40，远低于系统设置的预警值（X<0），该公司有可能存在少预缴土地增值税行为。

(三) 税务约谈

通过对该企业的各项异常指标和疑点的案头分析，结合该公司2007年度的申报纳税情况，对该公司财务负责人进行税务约谈。

在约谈过程中，该财务负责人对九个涉税疑点中的六个疑点进行解释说明并提供相关资料，但对于本期管理费用高于基期水平、申报的营业税计税依据与实际未符和申报土地增值税应税收入与实际未符未能给出令人信服的解释。

在制作《纳税评估约谈记录》，经分局税源管理部门负责人签署意见后，对该公司在约谈中仍未澄清的疑点问题进行实地核查。

（四）实地核查

针对约谈后未排除疑点问题，分局税源管理部门组织人员到该公司进行了实地核查，核实了相关的簿凭证和财务报表等资料。具体核查情况如下：

1. "其他应付款"户中记载当年向购房者收取的定金190000元未按规定缴纳营业税金及附加和预缴土地增值税。

2. 通过核对"预收款"和"主营业务收入"等户，发现以现房销售的北京路网点房收入3561830.40元未按规定缴纳营业税金及附加和预缴土地增值税，该公司财务人员复核后承认上述事实。

（五）评估结果处理

该公司按照纳税评估建议补报缴纳了营业税、城建税和教育费附加计206350.67元，按规定的预征率预缴土地增值税73136.61元，并按规定缴纳了滞纳金；对其他仍未消除的疑点，制作《纳税评估移交书》，经分局领导审批后将其移交稽查局，由稽查局对该公司进行重点检查。

（六）评估案例点评

本案例评估为专项评估，评估方法是指标分析法，疑点核实方式先采用税务约谈再进行实地调查核实，评估结果处理分为：缴纳评估补税和移交税务稽查。

1. 纳税评估人员能熟练应用指标分析法，科学确定评估对象，能严格按规定的纳税评估程序开展核实，操作规范，充分体现纳税评估工作的科学性、合理性和应用性。

2. 本案例是纳税评估人员，采用纳税评估深化税源管理，实现在日常管理过程中在对纳税人申报纳税的准确性、真实性进行全面分析、准确判断、及时管理。

3. 对纳税评估确认的问题，及时纠错、加强服务、强化管理，提升服务质效，提高征管质量，实现"以评促管"和"以查促管"目的。

（七）管理建议

1. 强化房地产行业税源一体化管理，狠抓项目管理，全面掌握经营信息资料，及时发现和解决征管漏洞。

2. 加强实地调查，及时掌握楼盘建设（销售）进度，加强对售楼情况的适时监控，保证销售信息、预收房款真实、准确，确保税款及时、足额入库。

3. 有针对性地加强房地产税收业务培训。使评估人员精通税收业务、掌握相关的法律和房地产开发业务，提高房地产税源管理水平。

最终出版的被审定稿，却被篡改得满目疮痍、面目全非！

也因此于2011年12月出版了图书——《房地产开发经营业纳税评估模型的应用与操作实务》（贾忠华著，台海出版社）。现在的这套上下册，是第二版。

第八章 行业纳税遵从风险特征库

本章是房地产开发经营业的行业税收风险特征库，分别按照增值税金及附加、企业所得税、土地增值税、个人所得税、财产行为税和非开发经营六类来归集的。实际工作中还可以按照房地产开发经营的四个阶段来归集。

第一节 增值税及附加风险特征库

房地产行业增值税的纳税人是以一般纳税人为主体，而且是以凭增值税专用发票等完税凭证扣除为主要核算方法，所以本节内容不涉及小规模纳税人履行增值税纳税义务过程中可能存在的纳税风险。增值税一般纳税人的纳税风险分类主要包括：收入类、视同销售类、价外费用类、进项税额抵扣和进项税额转出类。下面是按照"销项税额类+进项税额类"归集纳税风险点或涉税疑点，建立的增值税及附加风险特征库。

一、销项税额类风险

该类风险涉及应税收入、价外费用和视同销售，不仅是增值税金及附加类风险点或涉税疑点，而且其中大部分风险点或涉税疑点也是企业所得税和土地增值税的。

（一）取得的预售收入包括收取的定金、违约金、诚意金等未按规定及时确认收入，可能存在少缴税款的风险

风险描述：在开发产品完工前取得的预售收入，包括收取的定金、违约金、诚意金等，将预售收入计入"预收款"以外的往来科目，长期挂账不申报预交增值税及附加。

应对指引：结合企业销售广告等宣传资料，审查"其他应付款""银行存款""现

金"等明细账、银行对账单,是否存在隐匿收入或资金挂账的情形;审查现金流量表、销售合同以及房源销售明细表,比对增值税、土地增值税、企业所得税纳税申报的收入,核实企业是否存在增值税、土地增值税、企业所得税少申报纳税情况。

政策依据:《关于全面推开营业税改征增值税试点的通知》(财税〔2016〕36号)的附件1《营业税改征增值税试点实施办法》第一条、第三十七条;《国家税务总局关于发布〈房地产开发企业销售自行开发的房地产项目增值税征收管理暂行办法〉的公告》(国家税务总局公告2016年第18号)第四条、第五条和第六条。

(二)收取的手续费、基金、集资费、代收款项、代垫款项以及其他各种性质的价外收费未按规定确认收入,可能存在少缴税风险

风险描述:收取的手续费、基金、集资费、代收款项、代垫款项以及其他各种性质的价外收费等,未按规定及时确认收入或申报纳税。

应对指引:结合企业销售广告等宣传资料,审查"其他应付款""银行存款""现金"明细、银行对单,有无利用上述科目隐匿收入或资金挂账的情形;审查现金流量表、销售合同以及房源销售明细表,比对增值税、土地增值税、企业所得税纳税申报的收入,核实企业是否存在增值税、土地增值税、企业所得税少申报纳税情况。

政策依据:《关于全面推开营业税改征增值税试点的通知》(财税〔2016〕36号)的附件1《营业税改征增值税试点实施办法》第一条、第三十七条;《国家税务总局关于发布〈房地产开发企业销售自行开发的房地产项目增值税征收管理暂行办法〉的公告》(国家税务总局公告2016年第18号)第四条。

(三)未按规定及时确认收入或申报纳税,可能存在少缴税风险

风险描述:将售房款冲减成本、费用或直接转入关联公司,或将售房款打入个人储蓄账户或信用卡账户,未按规定入或申报纳税。

应对指引:审查"其他应付款""银行存款""现金"明细、银行对单,有无利用上述科目隐匿收入或资金挂账的情况;审查现金流量表、销售合同以及房源销售明细表,比对增值税、土地增值税、企业所得税纳税申报的收入,核实企业是否存在少申报缴纳增值税及附加。

政策依据:《关于全面推开营业税改征增值税试点的通知》(财税〔2016〕36号)附件1《营业税改征增值税试点实施办法》第一条、第三十七条;《国家税务总局关于发布〈房地产开发企业销售自行开发的房地产项目增值税征收管理暂行办法〉的公告》(国家税务总局公告2016年第18号)第四条。

(四)收到银行按揭款不及时确认收入,存在少缴税款风险

风险描述:以银行按揭方式销售开发产品,开发企业在收到首付款,银行按揭贷款到账后,没按规定确认收入并申报纳税;收到的按揭款项以银行贷款等名义记入

"短期借款"账户,不计收入,不申报纳税。

应对指引:审查"短期借款"明细账、贷款合同、销售合同和房屋销售明细账,确认开发企业是否存在收取银行按揭款未按规定计税情况。

政策依据:《关于全面推开营业税改征增值税试点的通知》(财税〔2016〕36号)附件1《营业税改征增值税试点实施办法》第一条;《国家税务总局关于发布〈房地产开发企业销售自行开发的房地产项目增值税征收管理暂行办法>的公告》(国家税务总局公告2016年第18号)第四条和第十条。

(五)已经移交业主或经营使用的开发产品,可能存在未按规定及时确认收入或申报纳税风险

风险描述:企业已经办理开发产品的交付手续和入住手续,或已经开始实际投入使用,利用法律上不具备交付条件为由,不按照开发产品已经完工进行处理,达到规避纳税义务的目的。比如:工程质量尚未验收合格;尚未办理竣工备案手续等情况。

应对指引:

1. 将预收款发生额(预收款期末余额-预收款年初余额+营业收入本年累计数)与当期销售不动产流转税计税依据对比,如果预收款发生额大,则有未足额纳税风险,如果流转税计税依据大,则有变更所属期延迟缴纳上年度税款风险。

2. 审查销售合同、房屋销售明细账、现金流量表、签收(收楼)花名册及房产部门房产合同备案信息,核实达到收入确认条件的时点。

政策依据:《关于全面推开营业税改征增值税试点的通知》(财税〔2016〕36号)附件1《营业税改征增值税试点实施办法》第四十五条;《国家税务总局关于发布〈房地产开发企业销售自行开发的房地产项目增值税征收管理暂行办法>的公告》(国家税务总局公告2016年第18号)第四条、第五条、第六条和第十条。

(六)采用视同买断方式代销和采取基价(保底价)并实行超过基价双方分成方式委托销售开发产品的未按规定确认计税收入,可能存在少缴相关税费风险

风险描述:采用视同买断方式代销和采取基价(保底价)并实行超过基价双方分成方式委托销售开发产品的,未区分具体合同约定和实际销售价格统一按照约定较低的价格开具发票确认计税收入,超过约定价格的房款由经销商收取并开具发票或收据,未计入应税收入。

应对指引:审查包销合同、房屋销售明细,确认开发企业是否存包销方式,是否按照规定确认计税收入。

1. 视同买断分以下几种情况处理:

(1)企业与购买方签订销售合同或协议或者企业、受托方、购买方三方共同签订

销售合同（即企业参与签合同）+合同或协议中约定的价格高于买断价格，按约定的价格计算的价款于收到受托方已销开发产品清单日确认收入的实现；

（2）企业与购买方签订销售合同或协议或者企业、受托方、购买方三方共同签订销售合同（即企业参与签合同）+合同或协议中约定的价格低于买断价格；

（3）属于受托方与购买方签订销售合同或协议；

其中，（2）和（3）两种情况应按照买断价格计算的价款于收到受托方已销开发产品清单日确认收入的实现。

2. 采取基价（保底价）并实行超过基价双方分成方式委托销售开发产品的分以下几种情况处理：

（1）企业与购买方签订销售合同或协议或者企业、受托方、购买方三方共同签订销售合同（即企业参与签合同）+合同或协议中约定的价格高于基价的，应按销售合同或协议中约定的价格计算的价款于收到受托方已销开发产品清单之日确认收入的实现，企业按规定支付受托方的分成额，不得直接从销售收入中减除（可确认为营业费用）；

（2）企业与购买方签订销售合同或协议或者企业、受托方、购买方三方共同签订销售合同（即企业参与签合同）+合同或协议中约定的价格低于基价，则按基价计算的价款于收到受托方已销开发产品清单之日确认收入的实现；

（3）属于受托方与购买方签订销售合同或协议，应按基价加上按规定取得的分成额，于收到受托方已销开发产品清单之日确认收入实现。

政策依据：《关于全面推开营业税改征增值税试点的通知》（财税〔2016〕36号）附件1《营业税改征增值税试点实施办法》第四十五条；《国家税务总局关于发布〈房地产开发企业销售自行开发的房地产项目增值税征收管理暂行办法〉的公告》（国家税务总局公告2016年第18号）第四条、第五条、第六条和第十条。

（七）销售规划外的开发产品未确认收入，存在少缴税款风险

风险描述：私改规划增加销售面积的收入，例如销售阁楼、停车位、地下室以及精装房装修部分单独开具收款收据，由于不开销售发票或不办产权手续，未按规定入或申报缴纳相关税费。

应对指引：审查"开发产品""其他业务成本""其他应收款"等账户明细，审查现金流量表、销售合同，确认企业是否按规定入账。

政策依据：《关于全面推开营业税改征增值税试点的通知》（财税〔2016〕36号）附件1《营业税改征增值税试点实施办法》第三十七条、第四十五条；附件2《营业税改征增值税试点有关事项的规定》第一条第八项。

（八）"以租代售"车位取得收入，可能存在少缴税款风险

风险描述：房地产开发企业采取"以租代售"的方式将无法取得独立产权的车位

通过与小区住户签订长期或永久租赁协议的方式转让车位使用权并预先收取租金，签订协议与开发项目土地年限一致的，存在未按照"销售不动产"申报不动产转让所得的增值税和企业所得税风险，签订协议少于开发项目土地年限，存在收入未按照"不动产租赁"申报缴纳增值税和企业所得税的风险。

应对指引：通过实地走访了解企业所开发车位的属性及销售方式，如存在"以租代售"的情况，则应进一步审核相关租赁合同或协议，核实相关约定条款，查阅车位销售清单，重点核实签订协议与开发项目土地年限，并进一步审核企业其他业务收入、应交税金——应交增值税（销项税额）、银行存款等科目，核实企业是否按照规定确认增值税和企业所得税的收入，申报缴纳增值税和企业所得税。

政策依据：《关于全面推开营业税改征增值税试点的通知》（财税〔2016〕36号）的附件1《营业税改征增值税试点实施办法》的第一条和第三十七条。

（九）无偿转让回迁安置房未按规定确认收入，存在少缴税款风险

风险描述：企业按照取得土地使用权时签订的合同或协议的规定，向土地原居民无偿转让回迁安置房，未缴纳"销售不动产"税目的增值税，存在少缴增值税的风险。

应对指引：核查企业取得土地使用权时签订的协议，查看是否有向原居民无偿转让回迁安置房，根据回迁安置协议和交房手续，结合企业已做税务处理，确认增值税的计税依据是否正确，是否存在少缴增值税。

政策依据：《关于全面推开营业税改征增值税试点的通知》（财税〔2016〕36号）附件1《营业税改征增值税试点实施办法》第一条、第十条、第十五条第二款；《国家税务总局关于纳税人开发回迁安置用房有关营业税问题的公告》（国家税务总局公告2014年第2号）。

（十）样板房装修费冲减售房收入，可能存在少缴税款的风险

风险描述：将样板房装修费用直接冲减售房收入，存在少计售房收入，少缴增值税的风险。

应对指引：核查"其他应付款""开发间接费用"科目明细，查看相关凭证和摘要内容，核查是否存在样板房装修费用直接冲减售房收入情况，是否存在少缴增值税的风险。

政策依据：《关于全面推开营业税改征增值税试点的通知》（财税〔2016〕36号）附件1《营业税改征增值税试点实施办法》第一条、第三十七条；《国家税务总局关于发布〈房地产开发企业销售自行开发的房地产项目增值税征收管理暂行办法〉的公告》（国家税务总局公告2016年第18号）第四条、第五条、第六条和第七条。

（十一）关联企业之间销售价格明显偏低且无正当理由，存在少缴税款的风险

风险描述：关联企业之间销售价格明显偏低而无正当理由，可能存在转移利润和少缴增值税的风险。

应对指引：审查关联企业业务往来、销售合同、房屋销售明细及房产部门房产合同备案信息，比较同期同等条件开发产品销售价格信息，对销售价格明显偏低而无正当理由的行为，是否按照增值税相关规定进行申报纳税。

政策依据：《关于全面推开营业税改征增值税试点的通知》（财税〔2016〕36号）附件《营业税改征增值税试点实施办法》第四十四条。

（十二）企业以开发产品对外投资、换取股权未按规定申报，存在少缴税款的风险

风险描述：企业将开发产品对外投资、换取股权等应视同销售行为，存在未按规定申报纳税的风险。

应对指引：审查"长期股权投资"明细账，了解投资项目的实际操作内容；审查"开发产品""主营业务收入"明细账，查看开发产品移交手续和物业费用收取单据，确认企业是否存在将开发产品用于对外投资、换取股权的情况，是否已按照规定进行视同销售业务申报处理。

政策依据：《关于全面推开营业税改征增值税试点的通知》（财税〔2016〕36号）附件1《营业税改征增值税试点实施办法》第一条。

（十三）以开发产品换取土地使用权未按规定申报，存在少缴税款的风险

风险描述：企业发生以开发产品换取土地使用权视同销售行为，存在未按规定申报纳税的风险。

应对指引：审查"开发成本""无形资产"明细账，了解土地使用权取得方式；审查"开发产品""主营业务收入"明细账，确认企业是否存在将开发产品用于换取土地使用权的情况，是否已按照规定进行视同销售处理。

政策依据：《关于全面推开营业税改征增值税试点的通知》（财税〔2016〕36号）附件1《营业税改征增值税试点实施办法》第一条。

（十四）以开发产品抵顶材料款、工程款、广告费、银行贷款本息、动迁补偿费等债务未按规定申报，存在少缴税款的风险

风险描述：企业发生以开发产品抵顶材料款、工程款、广告费、银行贷款本息、动迁补偿费等债务视同销售行为，存在未按规定申报纳税的风险。

应对指引：审查"开发成本""销售费用""长期借款"明细账，了解项目相关款项结算情况；审查"开发产品""主营业务收入"明细账，确认企业是否存在以开

发产品抵顶材料款、工程款、广告费、银行贷款本息、动迁补偿费等债务而应视同销售的行为，是否已按照规定进行视同销售业务申报处理。

政策依据：《关于全面推开营业税改征增值税试点的通知》（财税〔2016〕36号）附件1《营业税改征增值税试点实施办法》第十四条。

（十五）将开发产品用于捐赠、赞助、广告、样品、职工福利、奖励、分配给投资者未按规定申报，存在少缴税款的风险

风险描述：企业将开发产品用于捐赠、赞助、广告、职工福利、奖励、分配给投资者等视同销售行为，存在未按规定申报纳税的风险。

应对指引：审查"营业外支出""销售费用""应付利润""应付职工薪酬"明细账，了解相关业务的实际操作方式；审查"开发产品""主营业务收入"明细账，确认企业是否存在将开发产品用于捐赠、赞助、广告、样品、职工福利、奖励、分配给投资者未视同销售行为，是否已按照规定进行视同销售业务申报处理。

政策依据：《关于全面推开营业税改征增值税试点的通知》（财税〔2016〕36号）附件1《营业税改征增值税试点实施办法》第十四条。

（十六）将公共配套设施移交或无偿赠与地方政府、公用事业单位以外其他单位未按规定申报纳税，存在少缴税款的风险

风险描述：企业将具有会所、物业管理场所、电站、热力站、水厂、文体场馆、幼儿园以及邮电通讯、学校、医疗设施等配套设施进行移交或无偿赠与时，符合税收法规规定收入确认条件的，未按规定申报纳税。

应对指引：审查"开发成本"明细账，了解公共配套设施无偿赠接收单位、移交手续、实物状态；审查"开发产品""主营业务收入"明细账，确认企业是否存在将公共配套设施无偿赠与地方政府、公用事业单位以及其他单位的情况，是否已按照规定进行视同销售业务申报处理。

政策依据：《关于全面推开营业税改征增值税试点的通知》（财税〔2016〕36号）附件1《营业税改征增值税试点实施办法》第十四条。

（十七）以开发产品作为利润分配和合作开发建房分配开发产品时，不确认收入，存在少缴税款的风险

风险描述：开发商以本企业为主体联合其他企业、单位、个人合作或合资开发房地产项目，且该项目未成立独立法人公司的，开发合同或协议中约定向投资各方（即合作、合资方）分配开发产品的，分配开发产品时，未按规定申报纳税的风险。

应对指引：审核合作开发建房合同了解合同对于合作方式、开发产品分配的约定条款，审核"开发产品""主营业务收入""主营业务成本"等相关科目，同时结合对财务人员的约谈情况核实企业对于分配出开发产品会计核算和税务处理是否准确。

政策依据：《关于全面推开营业税改征增值税试点的通知》（财税〔2016〕36号）附件1《营业税改征增值税试点实施办法》第十四条。

（十八）其他业务收入，可能存在少缴税款的风险

1. 房屋、地下室和车位等出租收入：

（1）出租收入是否抵顶工程款、抵顶银行贷款利息，未确认收入。

（2）出租收入（如将未售出的房屋、商铺、车位等出租）、周转房手续费收入等是否不按税法规定的时间入或计入"应付款"等往来科目贷方，未确认收入。

2. 整体转让"楼花"不作收入。即开发商将部分楼的开发权整体转让给其他具有开发资质的企业，按照约定收取转让费，却不按规定作收入，而是挂往来账，甚至设账外账。

3. 售后返租业务，以冲减租金后实际收取的款项计收入。

4. 将待售的开发产品转作投资性房地产的租金收入抵顶工程价款、材料款、贷款利息等事项是否按照规定申报纳税。

二、关于增值税纳税义务发生时间的确认问题

关于房地产开发经营企业销售自行开发的房地产纳税义务发生时间，国家税务总局公告2016年第18号的第十四条、第十五条以及第二十二条明确规定，不管是小规模纳税人销售自行开发的房地产项目，还是一般纳税人销售自行开发的房地产项目适用一般计税方法计税的或者适用简易计税方法计税的，均应按照《营业税改征增值税试点实施办法》（财税〔2016〕36号）第四十五条纳税义务发生时间的规定。

原《中华人民共和国营业税暂行条例实施细则》第二十五条规定："纳税人转让土地使用权或者销售不动产，采取预收款方式的，其纳税义务发生时间为收到预收款的当天。纳税人提供建筑业或者租赁业劳务，采取预收款方式的，其纳税义务发生时间为收到预收款的当天。"而财税〔2016〕36号文件取消了"纳税人转让土地使用权或者销售不动产，采取预收款方式的，其纳税义务发生时间为收到预收款的当天。"

因此，除了提供建筑业或者租赁业劳务采取预收款方式外，再无以"预收款"为应税收入计算征收增值税及附加。房地产开发企业销售自行开发的房地产项目，在采取预收款方式收到的款项不属于收讫销售款项，增值税的纳税义务并没有发生，而是按照国家税务总局公告2016年第18号（一般纳税人，第十条至第十二条；小规模纳税人，第十九至第二十一条）相关规定在取得预收款的次月纳税申报期依照3%的预征率预交税款，再后期确认收入时预交税款作为已纳税款进行抵减。

房地产开发企业销售自行开发的房地产项目纳税义务发生时间的规定，涉及房地产开发企业增值税的清算。在实践中该如何把握，各试点地区原国税局解释并不完全相同。以合同预定的交房时间作为房地产公司销售不动产纳税义务发生时间，具有以

下优点：一是可以解决税款预缴时间与纳税义务发生时间不明确的问题；二是可以解决房地产公司销项税额与进项税额发生时间不一致造成的错配问题；三是可以解决从销售额中扣除的土地价款与实现的收入不匹配的问题。

在房地产开发经营业增值税纳税评估中，需要核实商品房买卖合同上约定的房产交付时间，以此确定销售自行开发的房地产项目纳税义务发生的时间，适时进行增值税的清算。

三、进项税额类风险

（一）未按照规定划分可税前扣除土地出让金，存在少缴税的风险

风险描述：部分房地产企业存在"一次拿地、分次开发"的情况，未按照各项目所占土地面积对土地出让金进行划分固化，在某个开发项目中未能准确按照当期销售面积与可供销售面积之比计算确定当期可税前扣除的土地出让金的情况，存在提前扣除土地出让金、人为调节增值税税负的风险。

应对指引：可查阅房地产企业的《土地出让合同》《建设项目规划》等资料，了解企业土地出让金的支付情况和土地开发计划，查阅企业的销售清单，核实企业当期各项目开发产品的销售面积，并与项目规划的总的可售面积进行对比，将对比结果与企业的《土地价款的扣除情况登记表》中的土地价款扣除情况一一比对，核实企业是否存在提前或者多扣除土地价款的情况。

需要注意的是，房地产开发企业受让土地向政府部门支付土地价款后，设立项目公司对该受让土地进行开发，符合一定条件下，可由项目公司按规定扣除土地价款。在实务中，经常会出现房地产开发企业向政府部门支付价款后另成立项目公司对土地进行开发的情况。随着营改增试点的推进，在政策安排上放宽了之前必须"谁付款、谁扣除"的限制，解决了项目公司扣除土地价款时扣除凭证上的单位名称不一致问题。

政策依据：《关于全面推开营业税改征增值税试点的通知》（财税〔2016〕36号）附件1《营业税改征增值税试点实施办法》第三十七条、第四十五条；附件2《营业税改征增值税试点有关事项的规定》第一条第八项；《国家税务总局关于发布〈房地产开发企业销售自行开发的房地产项目增值税征收管理暂行办法〉的公告》（国家税务总局公告2016年第18号）第四条、第五条、第六条和第七条。

（二）虚增拆迁补偿费，存在少缴税款的风险

风险描述：企业虚增拆迁户数，多列拆迁补偿费或虚增补偿金额，多列拆迁补偿费，增加土地成本。存在未按规定缴纳增值税及附加、企业所得税、土地增值税和契税。

应对指引：查看土地征用计划项目书、拆迁或回迁合同等资料，核对签收花名册

是否与相关账目一致，重点核实补偿名册与发放资金的对应关系，审查企业缴纳的契税是否包括所支付各种补偿价款；涉及回迁房建造支出，要审核费用成本归集是否准确，看企业是否存在既列支开发产品成本又计提拆迁补偿费，重复列支成本费用的现象，审查企业缴纳的增值税是否按规定已包括回迁房。

审查"无形资产""开发成本"等科目变动情况，核查"土地征用及拆迁补偿费""前期工程费"等明细账，审查土地出让合同、市政建设配套费等各项收费票据、拆迁协议，结合资产负债表的无形资产或开发成本变动情况，确定土地面积及土地使用税起始纳税期限，与土地登记信息、申报信息进行比对，审查企业缴纳的契税是否既包括所支付各种补偿价款，又包括所支付的市政建设配套费。

政策依据：《关于全面推开营业税改征增值税试点的通知》（财税〔2016〕36号）附件1《营业税改征增值税试点实施办法》第一条；《中华人民共和国企业所得税法》第八条、《国家税务总局关于印发〈房地产开发经营业务企业所得税处理办法〉的通知》（国税发〔2009〕31号）第二十七条、第二十九条和第三十条；《中华人民共和国土地增值税暂行条例》第六条、《国家税务总局关于印发〈土地增值税清算管理规程〉的通知》（国税发〔2009〕91号）；《财政部、国家税务总局关于国有土地使用权出让等有关契税问题的通知》（财税〔2004〕134号）第一条。

（三）未按政策规定抵扣进项税额，存在少缴税款的风险

1. 兼有一般计税方法计税、简易计税方法计税、免征增值税的房地产项目，与简易计税方式、免征增值税的房地产项目有关的外购项目发生的进项税额，以及专用于简易计税方式、免征增值税的固定资产、无形资产（其他权益性资产除外）、不动产发生的进项税额全部纳入到一般计税项目可以抵扣的范围，没有按照房地产项目建设规模为依据计算房地产项目应分摊的进项税额，或通过迟计、早计不同项目销售额而人为调整进项税额应转出额，造成一般计税项目多抵进项税额。

2. 为集体福利或个人消费而购进的货物、加工修理修配劳务、服务、无形资产和不动产纳入了抵扣的范围。比如员工食堂和宿舍用的水电暖气煤气，以职工个人名义开具的通讯费、为职工购买的人身保险等。

3. 购进的餐饮服务、居民日常服务和娱乐服务纳入了抵扣的范围。

4. 接受贷款服务向贷款方支付的全部利息以及利息性质的费用以及与该笔贷款直接相关的投融资顾问费、手续费、咨询费等费用是否多抵扣进项税额。

5. 非正常损失的购进货物、以及相关的劳务、设计服务、建筑服务、交通运输服务等应该转出而没有从当期进项税额中转出。

6. 已抵扣进项税额的固定资产、无形资产、不动产发生《营业税改征增值税试点实施办法》第二十七条规定情形的，没有按照固定资产、无形资产或者不动产的净值计算不得抵扣的进项税额。

7. 购进货物、劳务、服务等用于简易计税方法的，是否按照规定未抵扣进项税额或将进项税额转出；

（四）土地价款的扣除问题

"营改增"后，房地产开发企业中的一般纳税人销售其开发的房地产项目（选择简易计税方法的房地产老项目除外），以取得的全部价款和价外费用，扣除受让土地时向政府部门支付的土地价款后的余额为销售额"，《营业税改征增值税试点有关事项的规定》（财税〔2016〕36号）第一条第三项内容。

"向政府部门支付的土地价款"，包括土地受让人向政府部门支付的征地和拆迁补偿费用、土地前期开发费用和土地出让收益等。在取得土地时向其他单位或个人支付的拆迁补偿费用也允许在计算销售额时扣除（财税〔2016〕140号第七条）。"房地产开发企业向政府部门支付的土地价款，以及向其他单位或个人支付的拆迁补偿费用，按照财税〔2016〕140号文件第七条、第八条规定，允许在计算销售额时扣除但未扣除的，从2016年12月份（税款所属期）起按照现行规定计算扣除"（国家税务总局公告2016年第86号第一条）。

在对房地产开发企业的增值税纳税评估中，一般纳税人计算销售额扣除土地价款审核时，需要注意以下几点：

1. 允许扣除的向政府部门支付的土地价款，必须是直接向政府购买的土地，款项必须直接支付给政府、土地管理部门或受政府委托收取土地价款的单位，且需取得省级（含）以上财政部门监（印）制的合法有效财政票据（国家税务总局公告2016年第18号的第五条、第六条）。

2. 纳税人向其他单位或个人支付的拆迁补偿费用允许在计算销售额时扣除时，应提供拆迁协议、拆迁双方支付和取得拆迁补偿费用凭证等能够证明拆迁补偿费用真实性的材料（财税〔2016〕140号第七条）。

3. 房地产开发企业（包括多个房地产开发企业组成的联合体）受让土地向政府部门支付土地价款后，设立项目公司对该受让土地进行开发，同时符合下列条件的，可由项目公司按规定扣除房地产开发企业向政府部门支付的土地价款。

（1）房地产开发企业、项目公司、政府部门三方签订变更协议或补充合同，将土地受让人变更为项目公司；

（2）政府部门出让土地的用途、规划等条件不变的情况下，签署变更协议或补充合同时，土地价款总额不变；

（3）项目公司的全部股权由受让土地的房地产开发企业持有（财税〔2016〕140号第八条）。

房地产开发经营行业是典型的差额征税，无论是一手房还是二手房。

第二节 企业所得税风险特征库

本节归集整理房地产开发经营业的企业所得税的收入类风险点二十二个、成本费用类风险点二十五个和合作建房风险点六个，共计五十三个。

一、收入类风险

（一）取得的预售收入包括收取的定金、违约金、诚意金等未按规定及时确认收入，可能存在少预缴企业所得税的风险

风险描述：在开发产品完工前，取得的预售收入，包括收取的定金、违约金、诚意金等，应结转收入却将预售收入计入"预收账款"以外的往来科目，长期挂账不申报纳税。

应对指引：结合企业销售广告等宣传资料，审查"其他应付款""银行存款""现金"明细账、银行对账单，有无利用上述科目隐匿收入或资金长期挂的情形；审查现金流量表、销售合同以及房源销售明细表，比对预交增值税、土地增值税和企业所得税的纳税申报的收入，核实企业是否存在企业所得税少申报纳税的情况。

政策依据：《中华人民共和国企业所得税法实施条例》第十二条；《国家税务总局关于印发〈房地产开发经营业务企业所得税处理办法〉的通知》（国税发〔2009〕31号）第八条和第九条。

（二）收取的手续费、基金、集资费、代收款项、代垫款项以及其他各种性质的价外收费，可能未按规定确认收入，存在少缴税款的风险

风险描述：收取的手续费、基金、集资费、代收款项、代垫款项以及其他各种性质的价外收费等，未按规定确认收入。

应对指引：结合企业销售广告等宣传资料，审查"其他应付款""银行存款""现金"明细账、银行对账单，有无利用上述科目隐匿收入或资金长期挂账的情形；审查现金流量表、销售合同以及房源销售明细表，比对预交增值税、土地增值税和企业所得税纳税申报的收入，核实企业是否存在企业所得税少申报纳税的情况。

政策依据：《中华人民共和国企业所得税法实施条例》第十二条；《国家税务总局关于印发〈房地产开发经营业务企业所得税处理办法〉的通知》（国税发〔2009〕31号）第八条和第九条。

（三）收入未按规定确认，可能存在少缴税款的风险

风险描述：将售房款冲减成本、费用或直接转入关联企业，或将售房款打入个人

储蓄账户或信用卡账户，未按规定入账。

应对指引：审查"其他应付款""银行存款""现金"明细账、银行对账单，有无利用上述科目隐匿收入或资金长期挂账的情况；审查现金流量表、销售合同以及房源销售明细表，比对增值税、土地增值税、企业所得税纳税申报的收入，核实企业是否存在企业所得税少申报纳税的情况。

政策依据：《中华人民共和国企业所得税法》第六条；《国家税务总局关于印发〈房地产开发经营业务企业所得税处理办法〉的通知》（国税发〔2009〕31号）第八条和第九条。

（四）收到银行按揭款不计销售收入，可能存在少缴税款的风险

风险描述：以银行按揭方式销售开发产品，开发企业应分别在收到首付款和银行按揭贷款到后确认收入，收到首付款后没按规定计算预计毛利并申报缴纳企业所得税；收到的按揭款项后，以银行贷款等名义记入"短期借款"账户，未计入并确认主营业务收入。

应对指引：审查"短期借款"明细账、贷款合同、销售合同和房屋销售明细账，确认开发企业是否存在收取银行按揭款后，未及时按规定确认收入计算缴纳企业所得税情况。

政策依据：《国家税务总局关于印发〈房地产开发经营业务企业所得税处理办法〉的通知》（国税发〔2009〕31号）第六条第三款。

（五）已完工跨年度开发项目，未按规定及时、准确确认收入，可能存在迟延申报缴纳企业所得税的风险

风险描述：企业对于跨年度房地产开发项目的已完工出售部分，未按权责发生制原则确认收入或故意推迟实现房屋销售收入。

应对指引：

1. 将预收款发生额（预收款期末余额－预收款年初余额＋营业收入本年累计数）与当期销售不动产流转税计税依据对比，如果预收款发生额大，则有未足额纳税风险，如果流转税计税依据大，则有变更所属期延迟缴纳上年度税款风险。

2. 审查销售合同、房屋销售明细、现金流量表、签收（收楼）花名册及房产部门房产合同备案信息，核实达到收入确认条件的时点。

政策依据：《国家税务总局关于印发〈房地产开发经营业务企业所得税处理办法〉的通知》（国税发〔2009〕31号）第六条、第七条、第九条和第十条。

（六）完工产品按预计毛利率预交企业所得税，未按规定及时、准确确认收入，可能存在迟延缴纳税款的风险

风险描述：企业产品完工后，未及时、准确结算其计税成本并计算此前销售收入

的实际毛利额，同时将其实际毛利额与其对应的预计毛利额之间的差额，计入当年度本项目的应纳税所得额。

应对指引：

1. 将预收款发生额（预收款期末余额-预收款年初余额+营业收入本年累计数）与当期销售不动产流转税计税依据对比，如果预收款发生额大，则有未足额纳税风险，如果流转税计税依据大，则有变更所属期延迟缴纳上年度税款风险。

2. 审查销售合同、房屋销售明细、现金流量表、签收（收楼）花名册及房产部门房产合同备案信息，核实达到收入确认条件的时点。

政策依据：《中华人民共和国企业所得税法》及实施条例，《国家税务总局关于印发〈房地产开发经营业务企业所得税处理办法〉的通知》（国税发〔2009〕31号）第五条、第六条、第七条、第九条和第十条。

（七）收到政府部门的土地出让金返还未按规定申报纳税，可能存在少缴税款的风险

风险描述：国家对土地出让实行招拍挂方式，房地产企业在取得土地后，收到政府部门对其缴纳的土地出让金给予一定比例的返还。企业收到土地出让金返还款后，计入"专项应付款""资本公积""其他应付款""长期应收款"等科目，应确认应税收入而未在企业所得税纳税申报做收入处理的，存在未缴纳企业所得税的风险。

应对指引：了解当地政府是否在土地上存在招商引资给予投资企业优惠政策，将土地出让金部分退还给企业。核查企业"专项应付款""资本公积""其他应付款""长期应收款"等会计科目，是否存在由政府拨入的大额资金入记录；核查企业的土地出让合同，核实企业的土地使用权金额与出让合同是否一致，是否存在收到返还款后未冲减土地成本，存在土地增值税少缴纳的情形。在企业所得税纳税申报未做收入处理的，存在企业所得税未缴纳的情形。

政策依据：《中华人民共和国企业所得税法》第六条、《中华人民共和国企业所得税法实施条例》第二十六条；《财政部 国家税务总局关于财政性资金、行政事业性收费、政府性基金有关企业所得税政策问题的通知》（财税〔2008〕151号）第一条第一款；《财政部 国家税务总局关于专项用途财政性资金企业所得税处理问题的通知》（财税〔2011〕70号）。

（八）关联企业之间销售价格明显偏低且无正当理由，可能存在少缴税款的风险

风险描述：关联企业之间销售价格明显偏低而无正当理由，可能存在转移利润少缴企业所得税的风险。

应对指引：审查关联企业业务往来、销售合同、房屋销售明细及房产部门房产合同备案信息，比较同期同等条件开发产品销售价格信息，对销售价格明显偏低而无正

当理由的行为，是否按照企业所得税相关规定进行申报纳税处理。

政策依据：《中华人民共和国企业所得税法》第四十一条；《中华人民共和国企业所得税法实施条例》第一百零九条、第一百一十条和第一百一十一条。

（九）以开发产品抵顶材料款、工程款、广告费、银行贷款本息、动迁补偿费等债务未按规定申报纳税，可能存在少缴税款的风险

风险描述：企业发生以开发产品抵顶材料款、工程款、广告费、银行贷款本息、动迁补偿费等债务应视同销售行为，存在未按规定申报纳税的风险。

应对指引：审查"开发成本""销售费用""长期借款"明细账，了解项目相关款项结算情况；审查"开发产品""主营业务收入"明细账，确认企业是否存在以开发产品抵顶材料款、工程款、广告费、银行贷款本息、动迁补偿费等债务而视同销售行为，是否已按照规定进行视同销售处理。

政策依据：《国家税务总局关于印发〈房地产开发经营业务企业所得税处理办法〉的通知》（国税发〔2009〕31号）第七条。

（十）将开发产品用于捐赠、赞助、广告、样品、职工福利、奖励、分配给投资者未按规定申报，可能存在少缴税款的风险

风险描述：企业将开发产品用于捐赠、赞助、广告、职工福利、奖励、分配给投资者而未视同销售处理，存在未按规定申报纳税的风险。

应对指引：审查"营业外支出""销售费用""应付利润""应付职工薪酬"明细账，了解相关业务的实际操作方式；审查"开发产品""主营业务收入"明细账，确认企业是否存在将开发产品用于捐赠、赞助、广告、样品、职工福利、奖励、分配给投资者而未视同销售行为，是否已按照规定进行视同销售业务申报处理。

政策依据：《中华人民共和国企业所得税法实施条例》第二十五条；《国家税务总局关于印发〈房地产开发经营业务企业所得税处理办法〉的通知》（国税发〔2009〕31号）第七条。

（十一）将公共配套设施移交或无偿赠与未按规定申报纳税，可能存在少缴税款的风险

风险描述：房地产企业将具有会所、物业管理场所、电站、热力站、水厂、文体场馆、幼儿园以及邮电通讯、学校、医疗设施等配套设施进行移交或无偿赠与时，符合税收法规规定收入确认条件的，未按规定申报纳税。

应对指引：审查"开发成本"明细账，了解公共配套设施无偿赠送的接收单位、移交手续、实物状态；审查"开发产品""主营业务收入"明细账，确认企业是否存在将公共配套设施无偿赠与地方政府、公用事业单位以及其他单位的情况，是否已按照规定进行视同销售申报纳税。

政策依据：《中华人民共和国企业所得税法实施条例》第二十五条；《国家税务总局关于印发〈房地产开发经营业务企业所得税处理办法〉的通知》（国税发〔2009〕31号）第七条、第十七条和第十八条。

（十二）以换取开发产品为目的，将土地使用权投资其他房地产开发项目未形成股权时，土地使用权转让收益和开发产品入成本未能准确核算，可能存在少缴税款的风险

风险描述：

1. 土地使用权转让未按取得的开发产品的公允价值与土地使用权的账面价值的差额来确认转让收益。

2. 对取得开发产品的成本未按其公允价值确认并对与会计核算上按土地使用权的公允价值确认的差额计入递延所得税资产或负债。

3. 因税法与会计对于换出土地使用权收入确认时间存在差异，房地产企业可能存在未根据税法规定对换出土地使用权取得收入进行相应纳税调整风险。

应对指引：通过实地走访和约谈了解房地产企业是否存在"以换取开发产品为目的，将土地使用权投资其他房地产开发项目未形成股权"的情况，如存在，则应进一步审阅投资合同，并对土地使用权转出当期以及取得开发产品当期的企业所得税和增值税申报进行审核，核实企业是否有按照规定进行纳税申报及申报调整。

政策依据：《国家税务总局关于印发〈房地产开发经营业务企业所得税处理办法〉的通知》（国税发〔2009〕31号）第三十七条；《财政部　国家税务总局关于土地增值税若干问题的通知》（财税〔2016〕21号）第五条。

（十三）其他经营收入类可能存在的风险

1. 收到预收账款挂账往来，未按规定及时申报纳税，未按照规定毛利率计算毛利额并纳入当期应纳税所得额，统一计算缴纳企业所得税。

2. 购买房地产的企业或个人曾经为开发商提供了货物或劳务，房地产完工以后，开发商就按"优惠价"向其出售房地产，用市场价与"优惠价"之间的差价来抵付应付款项，存在少缴税款的风险。

3. 将开发产品用于换取其他企事业单位和个人的非货币性资产等行为，可能存在未按非货币性交易准则进行税务处理，存在未开发票入账、未确认收入、未及时足额申报纳税的风险。

4. 项目已经达到完工条件，而不及时结转销售收入及相应的成本费用，选择销售收入确认时机，存在迟延缴纳税款的风险。

5. 采取包销方式，未按包销合同约定的收款时间、金额及时确认收入并申报纳税，存在少缴税款的风险。

6. 收取价外费用不计收入。以各种理由收取水、电、燃气、外装修等代办费，在往来款科目按代收代付核算，没有将其并入营业收入申报纳税。为客户提供的额外服务，如防盗门、封闭阳台等相关收入委托物管部门结算且长期挂账，存在少缴税款的风险。

7. 企业将不需要办理产权证的停车位、地下室等公共配套设施对外出售或者长期出租使用权取得的收益，未按规定确认收入申报纳税。

8. 产品已完工或者已经投入使用，预收账款不及时结转销售收入，不按完工产品进行税务处理，仍按预征率缴纳所得税，存在迟延纳税风险。

9. 未按包销协议约定的收款时间和金额确认包销收入，存在迟延缴纳税款的风险。

10. 企业出租的房产的租金收入少计或者不计收入，存在少缴税款的风险。

11. 客户放弃的购房定金、没收的违约保证金、施工方延误工期的罚款收入、先租后售收取的租金等是否按规定确认收入或直接冲减成本费用，存在少缴税款的风险。

12. 将待售的开发产品转作投资性房地产的租金收入抵顶工程价款、材料款、贷款利息等事项是否按照规定申报纳税。

13. 以公允价值模式计量投资性房地产（待出售）转回开发产品或开发成本是否同时按照公允价值一并转入。

二、成本费用类风险

（一）混淆成本核算对象，未按配比原则归集开发成本，一次性列支应由各期分摊的土地成本，存在迟延缴纳企业所得税风险

风险描述：企业未根据开发项目的特点及实际情况确定成本核算对象，所有开发项目成本都在一个开发成本户中核算，分期开发的项目将同一土地使用权价值在多个开发项目间没有明确分配比例和正确计算具体金额，无法确认当期单项工程开发成本。

应对指引：结合国有土地使用权证、建设工程规划许可证、建设工程施工许可证、商品房销售许可证等手续，审查企业"开发产品""开发成本""开发间接费用"等科目，审查企业已开发的不动产项目信息，结合企业成本对象备案信息，按照规定分步归集分摊相关费用，确认企业是否按照规定核算开发成本。

政策依据：《国家税务总局关于印发〈房地产开发经营业务企业所得税处理办法〉的通知》（国税发〔2009〕31号）第二十五条、第二十六条、第二十七条、第二十八条、第二十九条、第三十条；《国家税务总局关于房地产开发企业成本对象管理问题的公告》（国家税务总局公告2014年第35号）

(二) 征地、拆迁支出未按配比原则归集产品成本，可能存在少缴税款的风险

风险描述：由企业负责项目征地、拆迁支出，未按规定进行归集分摊，涉及分片分期开发的，未在各个项目进行合理分摊。

应对指引：根据企业签订的项目征地、拆迁补偿协议，审查企业缴纳的契税是否包括所支付各种补偿价款。从国有土地使用证、建设工程规划许可证、建设工程施工许可证、商品房销售许可证等相关手续入手，审查企业"开发成本"有关的二级科目，结合企业成本对象备案信息，按照规定分步归集分摊相关费用，确认企业是否按照规定核算开发成本。

政策依据：《国家税务总局关于印发〈房地产开发经营业务企业所得税处理办法〉的通知》（国税发〔2009〕31号）第二十五条、第二十六条、第二十七条、第二十八条、第二十九条、第三十条；《国家税务总局关于房地产开发企业成本对象管理问题的公告》（国家税务总局公告2014年第35号）。

(三) 没有移交的公共配套设施发生建造支出计入可售房屋开发成本，可能存在少缴税款的风险

风险描述：企业开发项目建造公共配套设施没有移交，开发企业转为自己使用，所发生建造支出全部计入可售房屋开发成本。

应对指引：根据企业开发建设项目有关规定，审查企业"开发成本"有关的二级科目，结合企业成本对象备案信息，按照规定分步归集分摊相关费用，确认企业是否按照规定核算开发成本，重点审查企业公共配套设施完工后移交手续和实物状态。同时，需要核实开发企业将公共配套设施转为自己使用时，是否按照规定申报缴纳房产税。

政策依据：《国家税务总局关于印发〈房地产开发经营业务企业所得税处理办法〉的通知》（国税发〔2009〕31号）第二十五条、第二十六条、第二十七条、第二十八条、第二十九条、第三十条；《国家税务总局关于房地产开发企业成本对象管理问题的公告》（国家税务总局公告2014年第35号）。

(四) 税前多列支财务费用，可能存在少缴企业所得税的风险

风险描述：企业列支财务费用，存在以下涉税风险：

1. 高于同类同期商业银行贷款利率支付的利息未做纳税调整，或者未按规定的标准进行调整。

2. 所借款项实际转付给股东、关联企业或其他公司使用，利息费用在本公司列支，但未确认利息收入。

3. 开发经营过程中应资本化的利息支出，费化列支并在税前扣除。

应对指引：

1. 审查"应付利息""财务费用""短期借款""长期借款""在建工程"等科目，查看银行对账单和关联企业往来账，需要企业提供"金融企业的同期同类贷款利率情况说明"，证明其利息支出的准确性。

2. 审查"其他应收款"科目，查看企业与关联公司的往来项账，核实企业是否同时存在向金融机构贷款和对关联公司的长期挂账的大额其他应收款，如存在上述情况，则可能存在将以本公司名义贷取的款项转移给关联公司使用的情况，应进一步核实企业是否存在列支其他公司占用款项的利息或是否对关联企业收取占用资金的利息等情况，以确认或排除该风险。

政策依据：《中华人民共和国企业所得税法》第八条；《中华人民共和国企业所得税法实施条例》第十八条、第三十八条；《国家税务总局关于印发〈房地产开发经营业务企业所得税处理办法〉的通知》（国税发〔2009〕31号）第二十一条。

（五）将购进土地进行三通一平后以评估价计入开发成本，可能存在少缴税款的风险

风险描述：企业取得的土地资产不按规定计价；擅自扩大或减少土地资产的价值，将购进土地进行三通一平后，进行资产评估，虚增土地成本，计入开发成本。

应对指引：审核企业取得的土地使用权资料，确认地块范围，查阅企业开发计划，确认地块和项目的对应关系，按照分配原则准确归集各个项目的土地成本，严禁企业在项目之间自主调节土地使用成本。

审查前期工程费明细账和会计凭证，核对企业项目建筑安装工程费明细账和建安合同，确认相关账目与施工合同是否相符，各项费用是否取得了合法有效凭据；了解关联企业情况，是否将其他企业费用或其他项目的费用列支到开发项目中。

政策依据：《国家税务总局关于印发〈房地产开发经营业务企业所得税处理办法〉的通知》（国税发〔2009〕31号）第二十七条、第二十九条、第三十条；《国家税务总局关于房地产开发企业成本对象管理问题的公告》（国家税务总局公告2014年第35号）。

（六）虚增列支大市政配套费，可能存在少缴税款的风险

风险描述：虚增列支大市政配套费，包括红线外"三通一平"等的建造费和管线铺设费。

应对指引：审查前期工程费明细账和会计凭证，核对企业项目建筑安装工程费明细账和建安合同，确认相关账目与施工合同是否相符，各项费用是否取得了合法有效凭据；了解关联企业情况，是否将其他企业费用或其他项目的费用列支到开发项目中。

政策依据：《国家税务总局关于印发〈房地产开发经营业务企业所得税处理办法〉

的通知》(国税发〔2009〕31号)第二十七条、第二十九条、第三十条;《国家税务总局关于房地产开发企业成本对象管理问题的公告》(国家税务总局公告2014年第35号)。

(七) 虚增拆迁补偿费,可能存在少缴税款的风险

风险描述:企业虚增拆迁户数,多列拆迁补偿费或虚增补偿金额,多列拆迁补偿费。

应对指引:查看土地征用计划项目书、拆迁或回迁合同等资料,核对签收花名册是否与相关项目一致,重点核实补偿名册与发放资金的对应关系,审查企业缴纳的契税是否包括所支付各种补偿价款;涉及回迁房建造支出,要审核费用成本归集是否准确,核查企业是否存在既列支开发产品成本又计提拆迁补偿费,重复列支成本费用的现象。

审查"无形资产""开发成本"等科目变动情况,核查"土地征用及拆迁补偿费""前期工程费"等明细账,审查土地出让合同、市政建设配套费等各项收费票据、拆迁协议,结合资产负债表的无形资产或开发成本变动情况,确定土地面积及土地使用税起始纳税期限,同时,与土地登记信息、申报信息进行比对,审查企业缴纳的契税是否既包括所支付各种补偿价款,又包括所支付的市政建设配套费。

政策依据:《中华人民共和国企业所得税法》第八条、《国家税务总局关于印发〈房地产开发经营业务企业所得税处理办法〉的通知》(国税发〔2009〕31号)第二十七条、第二十九条和第三十条。

(八) 签订虚假单项合同,取得虚开发票,加大建安工程费,存在少缴税款的风险

风险描述:开发企业与施工企业虚构业务内容,或虚增业务内容,签订虚假单项合同,取得虚开发票,加大建安工程费。

应对指引:审查企业项目建筑安装工程费明细和建安合同,确认相关账目与施工合同是否相符,各项费用是否取得了合法有效凭据;重点核对开发成本中前期工程费、基础设施费、建安工程费、开发间接费,与周边楼盘相比是否存在造价偏高的情况。

政策依据:《中华人民共和国企业所得税法》第八条、《国家税务总局关于印发〈房地产开发经营业务企业所得税处理办法〉的通知》(国税发〔2009〕31号)第二十七条、第二十九条和第三十条。

(九) 人为提高材料价格或分包费用,可能存在少缴税款的风险

风险描述:从有关联关系的贸易公司购进材料,向关联企业发包或分包工程,人为提高材料价格或建安费用,虚增成本,转移利润。

应对指引:审查企业开发项目建筑安装工程费明细账及材料、设备采购和建安合

同,比对材料、设备市场价格和施工收费标准,确认相关账目与施工合同是否相符,各项费用是否取得了合法有效凭据。

政策依据:《中华人民共和国企业所得税法》第八条;《国家税务总局关于印发〈房地产开发经营业务企业所得税处理办法〉的通知》(国税发〔2009〕31号)第二十七条、第二十九条和第三十条。

(十)借款利息直接列入当期成本费用,减少当期应纳税所得额,可能存在少缴企业所得税的风险

风险描述:开发产品完工前的借款利息,未按规定资本化,一次性计入当期损益,提前列支税前支出。

应对指引:审查"应付利息""财务费用""短期借款""长期借款""在建工程"等科目,查看银行贷款合同等资料,了解企业的利息支出是否准确进行资本化和费用化的划分。

政策依据:《国家税务总局关于印发〈房地产开发经营业务企业所得税处理办法〉的通知》(国税发〔2009〕31号)第二十一条第一款。

(十一)违规税前扣除折旧费用,可能存在少缴税款的风险

风险描述:企业将开发产品转为自用后又对外销售,自用时间未超过12个月,将自用期间的折旧费用在税前扣除,少缴企业所得税风险。

应对指引:核查企业计提累计折旧的明细情况,是否存在自用开发产品不超过12个月的累计折旧,确认企业是否作纳税调整。同时,查看企业申报缴纳房产税情况,核查企业是否存在少缴房产税的风险。

政策依据:《国家税务总局关于印发〈房地产开发经营业务企业所得税处理办法〉的通知》(国税发〔2009〕31号)第二十四条。

(十二)其他成本费用类可能存在的风险

1. 企业将超标准的广告费、业务招待费支出混入"会议费""销售费用"等其他科目中,减少"业务招待费"等明细科目所记金额。

2. 利用关联企业进行利润转移。例如:建筑设计公司、咨询公司、商贸公司、建筑施工公司等等,通过与这些关联公司之间的交易,将开发利润转移,造成房地产开发项目亏损或微利。

3. 与多个开发项目相关的开发间接费用,是否按照受益原则和配比原则选择合理的分摊方法进行分配。

4. 开发商自用房产、出租用房产不及时从"开发成本"结转至"固定资产",而是混入"开发产品"科目中,直接转增"经营成本"。

5. 向关联企业支付借款金额超过其注册资金50%部分的利息费用,未按规定调增

应纳税所得额。

6. 企业利用建安工程施工复杂、项目繁多、专业性强的行业特点，重复列支费用。如：企业在签订建筑安装合同时，已经将附属工程、水电工程、屋面防水工程等包括在合同总价款中，在工程完工结转成本时，又就这些单项签订虚假合同，或者建材发票重复进入开发成本。

7. 发生销售退回业务的，在冲减收入的同时未相应冲减成本。

8. 预提施工费用超过了10%，虚列开发成本。

9. 将账面计提并未实际缴纳的土增税税款，在企业所得税汇算清缴时扣除。

10. 是否将资本性支出直接列入当期成本，减少应纳税所得额。

（1）将办公用的电子设备、汽车、音像设备等固定资产计入销售费用或在低值易耗品户核算，进行税前扣除。

（2）由开发企业投资建设的，位于开发小区内的邮电通讯、学校、医疗等配套设施在完工后出租的，未将其按固定资产进行务处理。

（3）在开发小区内建造的会所、售楼部、停车场库、物业管理场等产权归开发企业所有的，未按固定资产进行务处理。

11. 是否扩大期间费用列支范围及标准，减少应纳税所得额。

（1）"广告费""业务宣传费""业务招待费""坏损失"等期间费用是否按规定的范围和标准进行扣除，是否存在为规避扣除比例的限制而将上述费用部分计入开发成本的情况。

（2）是否在税前扣除与收入无关的支出。如违规列支行政性罚款，少申报缴纳企业所得税和土地增值税。

（3）工资及"三费"扣除是否正确。是否将工资性的支出列入了营业费用，未进行纳税调整。

12. 其他问题：

（1）各项预提费用（十二月份工资薪金除外）、跌价准备金、投资减值准备等是否已作纳税调整。

（2）政策性减免税金是否视作已缴税金，少申报缴纳企业所得税和土地增值税。

（3）以前年度损益调整事项未计入以前年度所得计缴所得税的，是否已作纳税调整。

（4）接受捐赠货币性资产是否未调增应纳税所得额，少缴企业所得税；接受捐赠非货币性资产是否低价入，少缴所得税。

（5）固定资产盘盈收入是否未入账或者低价入账，少缴所得税；未经审批的固定资产盘亏，是否未做纳税调增，少缴企业所得税。

（6）无法支付的应付款项长期挂账不并入应纳税所得额，少缴企业所得税。

三、合作建房类风险

（一）以分配开发产品作为分配方式，向合作开发建房各方分配开发产品时，不确认收入申报缴纳企业所得税风险

风险描述：企业以本企业为主体联合其他企业、单位、个人合作或合资开发房地产项目，且该项目未成立独立法人公司的，开发合同或协议中约定向投资各方（即合作、合资方）分配开发产品的，分配开发产品时未按规定申报纳税的风险。

应对指引：审核合作开发建房合同了解合同对于合作方式、开发产品分配的约定条款，审核"开发产品""主营业务收入""主营业务成本"等相关科目，同时，核实企业对于分配给合作方的开发产品会计核算和税务处理是否准确。

政策依据：《国家税务总局关于印发〈房地产开发经营业务企业所得税处理办法〉的通知》（国税发〔2009〕31号）第三十六条第一款。

（二）以分配利润作为分配形式，合作开发建房的税前扣除不符合规定，可能存在少缴税款的风险

风险描述：企业以本企业为主体联合其他企业、单位、个人合作或合资开发房地产项目，且该项目未成立独立法人公司的，开发合同或协议中约定分配项目利润的，存在税前分配项目利润和将接受投资方投资额在成本中摊销或在税前扣除相关的利息支出的风险。

应对指引：审核开发建房合同确认合作方式、利润分配的约定，了解合作各方的出资形式，重点审核与合作方之间的往来款项是否计息并税前列支、可关注"其他应付款""应付利息"等科目。

政策依据：《国家税务总局关于印发〈房地产开发经营业务企业所得税处理办法〉的通知》（国税发〔2009〕31号）第三十六条第二款。

（三）房地产企业以开发产品对外投资、换取股权未按规定申报，可能存在少缴税款的风险

风险描述：开发商将开发产品对外投资、换取股权未视同销售行为，存在未按规定申报纳税的风险。

应对指引：审查"长期股权投资"明细账，了解投资项目的实际操作内容；审查"开发产品""主营业务收入"明细账，查看开发产品移交手续和物业费用收取单据，确认企业是否存在将开发产品用于对外投资、换取股权的情况，是否已按照规定进行视同销售处理。

政策依据：《中华人民共和国企业所得税法实施条例》第二十五条；《国家税务总局关于印发〈房地产开发经营业务企业所得税处理办法〉的通知》（国税发〔2009〕

31号)第七条。

(四)房地产企业以开发产品换取土地使用权而未按规定申报,可能存在少缴税款的风险

风险描述:企业发生以开发产品换取土地使用权的视同销售行为,存在未按规定申报纳税的风险。

应对指引:审查"开发成本""无形资产"明细账,了解土地使用权取得方式;审查"开发产品""主营业务收入"明细账,确认企业是否存在将开发产品用于换取土地使用权的情况,是否已按照规定进行视同销售处理。

政策依据:《国家税务总局关于印发〈房地产开发经营业务企业所得税处理办法〉的通知》(国税发〔2009〕31号)第七条;《中华人民共和国土地增值税暂行条例》第二条和第五条。

(五)房地产企业以换取开发产品为目的,将土地使用权投资其他房地产开发项目未形成股权时,土地使用权转让收益和开发产品入成本未能准确核算,可能存在少缴税款的风险

风险描述:1. 土地使用权转让未按取得的开发产品的公允价值与土地使用权的面价值的差额来确认转让收益。

2. 对取得开发产品的成本未按其公允价值确认,将与会计核算上按土地使用权的公允价值确认的差额,计入递延所得税资产或负债。

3. 因税法与会计对于换出土地使用权收入确认时间存在差异,房地产企业可能存在未根据税法规定对换出土地使用权取得收入进行相应纳税调整的风险。

应对指引:通过实地走访和税务约谈,了解企业是否存在"以换取开发产品为目的,将土地使用权投资其他房地产开发项目未形成股权"的情况,如存在,则应进一步审阅投资合同,并对土地使用权转出当期以及分得开发产品当期的企业所得税和增值税申报进行审核,核实企业是否有按照规定进行纳税申报及申报调整。

政策依据:《国家税务总局关于印发〈房地产开发经营业务企业所得税处理办法〉的通知》(国税发〔2009〕31号)第三十七条;《财政部 国家税务总局关于土地增值税若干问题的通知》(财税〔2016〕21号)第五条。

(六)其他企业以换取开发产品为目的,将土地使用权投资于房地产开发项目公司未形成股权时,房地产公司对于土地入成本和换出开发产品收入未能准确核算,可能存在少缴税款的风险

风险描述:1. 未按应分出开发产品(包括首次分出的和以后应分出的)的市场公允价值和土地使用权转移过程中应支付的相关税费,来确认其换入土地的计税成本。

2. 对分出的开发产品未按公允价值确认收入并计税。

应对指引：通过实地调查和税务约谈，了解房地产企业是否存在接受其他企业以换取开发产品为目的，将土地使用权投资于本公司未形成股权的情况，如存在，则应进一步核实企业是否按照规定对转入的土地成本按照应付开发产品的公允价值进行调整；对付出开发产品是否按照公允价值确认收入并计税，具体和对照合同约定审核"开发产品"、"主营业务收入"、"主营业务成本"以及"应交税费——应交增值税（销项税额）"等科目。

政策依据：《国家税务总局关于印发〈房地产开发经营业务企业所得税处理办法〉的通知》（国税发〔2009〕31号）第三十一条第一款。

第三节 土地增值税风险特征库

关于土地增值税的特殊性和土地增值额计算等内容，在本书的"第六章第五节 土地增值税清算评估分析"中已经阐述，关于土地增值税的收入类风险特征事项或疑点问题，基本囊括在本章前两节的增值税和企业所得税风险特征库的收入类风险中，本节主要归集整理扣除项目"成本费用类"风险特征事项或疑点问题。

下面，按照房地产开发经营流程来建立其土地增值税风险特征库。

一、前期规划（拿地）阶段

（一）虚增拆迁补偿费，存在少缴税款的风险

风险描述：开发商通过虚增拆迁户数，多列拆迁补偿费或虚增补偿金额，多列拆迁补偿费。

应对指引：查看土地征用计划项目书、拆迁或回迁合同等资料，核对签收花名册是否与相关账目一致，重点核实补偿名册与发放资金的对应关系；涉及回迁房建造支出，要审核费用成本归集是否准确，看企业是否存在既列支开发产品成本又计提拆迁补偿费，重复列支成本费用。

审查"无形资产""开发成本"等科目变动情况，核查"土地征用及拆迁补偿费""前期工程费"等明细账，审查土地出让合同、市政建设配套费等各项收费票据、拆迁协议，结合资产负债表无形资产或开发成本变动情况，确定土地面积及土地使用税起始纳税期限，与土地登记信息、申报信息进行比对，审查企业缴纳的契税是否准确。

政策依据：《中华人民共和国土地增值税暂行条例》（以下简称《土地增值税暂行条例》）第六条；《国家税务总局关于印发〈土地增值税清算管理规程〉的通知》

（国税发〔2009〕91号）；《财政部 国家税务总局关于国有土地使用权出让等有关契税问题的通知》（财税〔2004〕134号）第一条。

（二）收到政府部门的土地出让金返还未按规定申报纳税，存在少缴税款的风险

风险描述：国家对土地出让实行招拍挂方式，开发商在取得土地后，收到政府部门对其缴纳的土地出让金给予的一定比例的返还款。企业收到土地出让金返还款后，计入"专项应付款""资本公积""其他应付款""长期应收款"等科目，根据返还内容实质，应冲减取得土地成本的返还款的，在土地增值税清算时没有冲减取得土地的成本，存在少缴纳土增税风险。

应对指引：了解当地政府是否在土地上存在招商引资给予投资企业优惠政策，将土地出让金部分退还给企业。检查企业"专项应付款""资本公积""其他应付款""长期应收款"等会计科目，是否存在由政府拨入的大额资金入账记录；检查企业的土地出让合同，核实企业的土地使用权金额与出让合同是否一致，是否存在收到返还款后未冲减土地成本，少缴土地增值税。

政策依据：《国家税务总局关于印发〈土地增值税清算管理规程〉的通知》（国税发〔2009〕91号）第二十条、第二十二条；《财政部 国家税务总局关于财政性资金、行政事业性收费、政府性基金有关企业所得税政策问题的通知》（财税〔2008〕151号）第一条第一款；《财政部 国家税务总局关于专项用途财政性资金企业所得税处理问题的通知》（财税〔2011〕70号）。

（三）征地、拆迁支出未按配比原则归集产品开发成本，存在少缴税款的风险

风险描述：由企业负责项目征地、拆迁支出，未按规定进行归集分摊，涉及分片分期开发的，未在各个项目进行合理分摊。

应对指引：根据企业签订的项目征地、拆迁补偿协议，审查企业缴纳的契税是否包括所支付各种补偿价款。从国有土地使用证、建设工程规划许可证、建设工程施工许可证、商品房销售许可证等相关手续入手，审查企业"开发成本"有关的二级科目，结合企业成本对象备案信息，按照规定分步归集分摊相关费用，确认企业核算开发成本是否准确。

政策依据：《土地增值税暂行条例》第六条；《国家税务总局关于印发〈土地增值税清算管理规程〉的通知》（国税发〔2009〕91号）。

（四）将购进土地进行三通一平后按照评估价计入开发成本，存在少缴税款的风险

风险描述：企业取得的土地资产不按规定计价；擅自扩大或减少土地资产的价值，

将购进土地进行三通一平后，进行资产评估，按照评估价计入土地成本而虚增开发成本。

应对指引：审核企业取得的土地使用权资料，确认地块范围，调阅企业开发计划，确认地块和项目的对应关系，按照分配原则准确归集各个项目的土地成本，严禁企业在项目之间自主调节土地成本。

审查前期工程费明细和会计凭证，核对企业项目建筑安装工程费明细和建安合同，确认相关账目与施工合同是否相符，各项费用是否取得了合法有效凭据；了解关联企业情况，是否将其他企业费用或其他项目的费用列支到开发项目中。

政策依据：《土地增值税暂行条例》第六条；《国家税务总局关于印发〈土地增值税清算管理规程〉的通知》（国税发〔2009〕91号）。

（五）虚增列支大市政配套费，存在少缴税款的风险

风险描述：虚增列支大市政配套费，包括红线外"三通一平"等的建造费和管线铺设费。

应对指引：审查前期工程费明细和会计凭证，核对企业项目建筑安装工程费明细账和建安合同，确认相关账目与施工合同是否相符，各项费用是否取得了合法有效凭据；了解关联企业情况，是否将其他企业费用或其他项目的费用列支到开发项目中。

政策依据：《土地增值税暂行条例》第六条；《国家税务总局关于印发〈土地增值税清算管理规程〉的通知》（国税发〔2009〕91号）。

二、开发建设施工阶段

（六）混淆成本核算对象，未按配比原则归集产品成本的风险

风险描述：企业未根据开发项目的特点及实际情况确定成本核算对象，所有开发项目成本都在一个开发成本户中核算，无法确认当期单项工程开发成本。

应对指引：结合国有土地使用权证、建设工程规划许可证、建设工程施工许可证、商品房销售许可证等手续，审查企业"开发产品""开发成本""开发间接费用"等科目，审查企业已开发的不动产项目信息，了解企业成本对象备案信息，确认企业开发成本是否按照规定归集和分配。

（七）一次性列支应由各期分摊的土地成本，存在少缴税款风险

风险描述：企业取得的土地面积较大，分期开发建设销售，一次性列支应由各期分摊的土地成本（含土地附属成本）。

应对指引：根据国有土地使用证、建设工程规划许可证、建设工程施工许可证、商品房销售许可证等相关手续，审查企业"开发成本"有关的二级科目，结合企业成本对象备案信息，按照规定分步归集分摊相关费用，确认企业是否按照规定核算开发

成本。

(八) 分期开发土地成本未按配比原则归集产品成本，存在少缴税款的风险

风险描述：分期开发的项目将同一土地使用权价值在多个开发项目间没有明确分配比例和正确计算具体金额。

应对指引：从国有土地使用证、建设工程规划许可证、建设工程施工许可证、商品房销售许可证等相关手续入手，审查企业"开发成本"有关的二级科目，结合企业成本对象备案信息，按照规定分步归集分摊相关费用，确认企业是否按照规定核算开发成本。

(九) 虚增开发成本，增加扣除金额减少增值额，少缴纳税款风险

风险描述：企业各项前期工程费没有取得合法有效凭证，无法核实真实性。

应对指引：审查前期工程费明细账和会计凭证，核对企业项目建筑安装工程费明细和建安合同，确认相关账目与施工合同是否相符，各项费用是否取得了合法有效凭据；了解关联企业情况，是否将其他企业费用或其他项目的费用列支到开发项目中。

(十) 签订虚假单项合同，取得虚开发票，加大建安工程费，存在少缴税款的风险

风险描述：开发企业与施工企业虚构业务内容，或增加决算金额，签订虚假单项合同，取得虚开发票，加大建安工程费。

应对指引：审查企业项目建筑安装工程费明细和建安合同，确认相关账目与施工合同是否相符，各项费用是否取得了合法有效凭据；了解关联企业情况，是否将关联企业费用或其他项目的费用列支到开发项目中去，重点核对开发成本中前期工程费、基础设施费、建安工程费、开发间接费，与周边楼盘相比是否存在造价偏高的情况。

(十一) 重复列支甲供材增加开发成本，存在少缴税款的风险

风险描述：企业采取包工不包料方式发包工程，在开发企业提供的材料、水电和其他物资已凭发票计入开发成本的情况下，让施工企业按劳务费和材料价款的合计金额再次开具发票，并负担其多开部分的税款，重复列支开发成本。

应对指引：结合材料和设备采购协议及工程决算，审查企业项目建筑安装工程费明细和建安合同，确认相关账目与施工合同是否相符，是否存在将施工企业按劳务费和材料价款的合计金额再次开具发票，重复列支开发成本的情况。

上述 (六) 至 (十一) 风险点的政策依据都是：

《土地增值税暂行条例》第六条；《国家税务总局关于印发〈土地增值税清算管理规程〉的通知》(国税发〔2009〕91号)。

三、开发产品销售阶段

（十二）企业各期成本核算混乱，提前列支后期项目的成本，存在少缴税款的风险

风险描述：企业各期成本划分有误，会计核算内容混乱，提前列支下期项目的成本。

应对指引：根据企业签订的开发建设施工有关协议，从国有土地使用证、建设工程规划许可证、建设工程施工许可证、商品房销售许可证等相关手续入手，审查企业"开发成本"有关的二级科目，结合企业成本对象备案信息，按照规定分步归集分摊相关费用，确认企业是否按照规定核算开发成本。

（十三）没有移交的公共配套设施发生建造支出计入可售房屋开发成本，存在少缴税款的风险

风险描述：企业开发项目建造公共配套设施没有移交，开发企业转为自己使用，所发生建造支出全部计入可售房屋开发成本。

应对指引：根据企业开发建设项目有关规定，审查企业"开发成本"有关的二级科目，结合企业成本对象备案信息，按照规定分步归集分摊相关费用，确认企业是否按照规定核算开发成本，重点审查企业公共配套设施完工后移交手续和实物状态。核查开发企业将公共配套设施转为自己使用时，固定资产科目明细账，同时关注是否按规定申报缴纳房产税。

上述（十二）和（十三）风险点的政策依据都是：

《土地增值税暂行条例》第六条；《国家税务总局关于印发〈土地增值税清算管理规程〉的通知》（国税发〔2009〕91号）。

四、竣工决算（清算）阶段

（十四）自用配套设施的成本只分摊建筑安装工程费，存在少缴税款的风险

风险描述：企业单独核算自用配套设施的成本只分摊建筑安装工程费，而土地成本、前期工程费、基础设施费、借款利息等费用在已售房屋中分摊。

应对指引：根据企业开发建设项目有关规定，审查企业"开发成本""固定资产"等科目有关的二级科目，结合企业成本对象备案信息，按照规定分步归集分摊相关费用，确认企业是否按照规定核算开发成本。

政策依据：《土地增值税暂行条例》第六条；《国家税务总局关于印发〈土地增值税清算管理规程〉的通知》（国税发〔2009〕91号）。

（十五）关联企业之间销售价格明显偏低且无正当理由，存在少缴税款的风险

风险描述：关联企业之间销售价格明显偏低而无正当理由可能存在转移利润风险。

应对指引：审查关联企业业务往来、销售合同、房屋销售明细及房产部门房产合同备案信息，比较同期同等条件开发产品销售价格信息，对销售价格明显偏低而无正当理由的行为，是否按照土地增值税规定进行申报纳税处理。

政策依据：《土地增值税暂行条例》第二条和第五条。

（十六）企业以开发产品对外投资、换取股权未按规定申报，存在少缴税款的风险

风险描述：企业将开发产品对外投资、换取股权未视同销售行为，存在未按规定申报纳税的风险。

应对指引：审查"长期股权投资"明细账，了解投资项目的实际操作内容；审查"开发产品""主营业务收入"明细账，查看开发产品移交手续和物业费用收取单据，确认企业是否存在将开发产品用于对外投资、换取股权的情况，是否已按照规定进行视同销售业务申报处理。

政策依据：《土地增值税暂行条例》第二条和第五条。

（十七）未合理分摊土地成本，存在少缴土地增值税的风险

风险描述：企业取得的土地开发多期项目，计算每期可扣除的土地成本时，未按照合理的方法分摊土地成本，存在少缴土地增值税的风险。

应对指引：核查取得土地的总金额及每期项目的分摊方法和分摊比例，确认是否存在多扣除土地成本的风险。

政策依据：《国家税务总局关于印发〈土地增值税清算管理规程〉的通知》（国税发〔2009〕91号）第二十二条。

（十八）扣除不符合规定的利息支出的风险，存在少缴税的风险

风险描述：申报土地增值税清算时，利息支出采用据实扣除方式，将不属于金融机构的借款利息支出进行扣除，存在多扣除利息支出风险。

应对指引：核查企业申报利息支出的明细账，查看利息支出对应的贷款合同和银行计息单。

政策依据：《土地增值税暂行条例实施细则》第七条。

五、其他风险事项或疑点问题

（十九）预缴土地增值税适用税率错误，存在少缴税的风险

风险描述：企业预缴土地增值税时，未区分普通住宅、别墅、其他非普通住宅、写字楼、商铺等不同房产项目，全部按普通住宅的预征率预缴土地增值税，存在少预缴土地增值税的风险。

应对指引：审查房地产开发项目销售明细账表和全部《商品房预售许可证》，查看企业预售房产的用途类型，结合土地增值税预缴明细账情况，分析企业是否存在土地增值税预征率错误的风险。

政策依据：《国家税务总局关于加强土地增值税征管工作的通知》（国税发〔2010〕53号）第二条。

（二十）扩大税金及附加扣除范围，存在少缴土地增值税的风险

风险描述：申报土地增值税清算时，扩大税金及附加的扣除范围，将地方教育费附加、堤围费和价格调节基金等也进行扣除，存在多扣税金及附加，少缴土地增值税的风险。

应对指引：查看企业实际扣除的税金及附加的范围，确定是否存在多扣税金及附加，少缴土地增值税的风险。

政策依据：《土地增值税暂行条例实施细则》第七条。

（二十一）土地增值税应清算未清算，存在少缴税的风险

风险描述：房地产项目达到应进行土地增值税清算的条件，存在未按规定时间进行土地增值税清算的风险。是否存在应进行土地增值税清算，或税务部门要求清算，未在规定期限内办理土地增值税清算。

应对指引：核查房地产项目是否达到应进行土地增值税清算的条件，是否在税法规定的时间内进行土地增值税清算。

政策依据：《国家税务总局关于印发〈土地增值税清算管理规程〉的通知》（国税发〔2009〕91号）第九条和第十一条。

（二十二）其他风险事项

1. 土地增值税清算时，已经计入房地产开发成本的借款费用或利息支出，是否调整至财务费用中计算扣除。

2. 土地增值税清算时，是否能够准确界定和核算开发间接费用。

3. 土地增值税清算时，土地扣除成本是否取得了省级以上（含省级）财政部门监（印）制的财政票据作为合法有效的凭证。

4. 土地增值税清算时，成本的扣除范围是否符合规定，能否准确区分土地增值税的扣除项目和企业所得税的税前扣除项目。

5. 是否准确划分自用房地产、存货房地产和投资性房地产的范围。

6. 是否将转为自用的开发产品装修费等资本化支出一次性直接计入当期费用。

7. 委托方以换取开发产品为目的，将土地使用权与其他企业合作，投资于其他房

地产开发项目未形成股权时,在转出当期以及分得开发产品当期是否按照规定确定开发产品成本、转让收益以及对税收与会计差异进行调整。

8. 其他企业以换取开发产品为目的,将土地使用权投资于委托人未形成股权时,委托人是否按照规定确定取得土地的入成本和换出开发产品应税收入。

(上述8点内容,摘自中国注册税务师协会发布《房地产业纳税风险评估业务指引(试行)》)

六、关于扣除项目中的利息支出的计算问题

利息的上浮幅度按国家的有关规定执行,超过上浮幅度的部分不允许扣除,加罚的利息不允许扣除。纳税人提供的扣除项目金额是否真实,对扣除项目的核定主要应注意以下几个方面。

(一)取得土地使用权所支付的价款及按国家规定缴纳的有关费用是否真实、正确,如果该土地上同时有多个转让项目,则要核定其土地成本的分摊是否合理。

(二)房地产开发所投入的资金是否真实,其基础设施费、前期工程费、公共配套设施费、开发间接费用是否用于该项目;要分项目核对项目预决算报告,核对是否存在混用开发成本的情况(主要针对滚动开发的房地产开发公司而言的);各项费用的发生额是否属实,有无虚列成本。

(三)房地产开发费用的计算是否正确,财务费用中的利息支出是否符合《细则》的规定,特别是要注意利息的分摊是否合理,是否存在着将与该房地产有关的利息支出也计入的情况。

(四)旧房与建筑物的重置成本价的评估是否合理,成新度折扣率的确定是否合适。

(五)加计20%扣除的计算是否正确,有无扩大计算扣除的基数,特别要注意是否真正进行了房地产开发。

第四节 个人所得税纳税风险特征库

《中华人民共和国共和国个人所得税法》是在1980年9月召开的中华人民共和国第五届全国人民代表大会第三次会议通过,是中国最早的一部税收实体法。现行的个人所得税法,是2018年8月31日第十三届全国人民代表大会常务委员会第五次会议通过的《全国人民代表大会常务委员会关于修改〈中华人民共和国个人所得税法〉的决定》第七次修正,习惯称之为"新《个人所得税法》"(2018版)。

简要归纳一下"新《个人所得税法》"的税目设置情况:将此次修改前的原十一

个税目"工资薪金、劳务报酬、稿酬所得、特许权使用费所得、企事业单位承包经营所得、个体工商户生产经营所得、财产租赁所得、财产转让所得、股息红利所得、偶然所得、其他所得",删掉"其他所得",合并"企事业单位承包经营所得和个体工商户生产经营所得"为经营所得后,由十一个税目变成九个。在实务中,可以将九个税目分为四类,即四分税目:综合类所得、经营所得、资本利得类所得和偶然所得。新个税法的征管原则是"扣缴优先、责任自负"原则,即以源泉支付的单位和个人为代扣代缴义务人先按照税法规定进行代扣代缴,是否及时足额履行纳税义务的责任或逃(偷)税应负的法律责任由纳税人自己承担。

一、主要税收风险事项或涉税疑点问题

(一)企业以发票报销方式为员工发放交通费和通讯费,存在少扣缴个人所得税的风险(综合所得之工资薪金)

风险描述:企业在房地产项目开发过程中,通过让员工以各种方式取得的与企业生产经营无关的发票,以发票据实报销的方式支付给员工的交通费和通讯费,存在少代扣代缴个人所得税的风险。

应对指引:核查"管理费用"科目明细,查看相应的记账凭证和原始凭证,同时将企业交通费与通讯费在管理费用中的占比与行业的均值比对,以进一步核实企业是否存在少代扣代缴个人所得税问题。

政策依据:《中华人民共和国个人所得税法》第八条;《中华人民共和国个人所得税法实施条例》第八条、第十条和第三十五条。

(二)企业在营销活动中向个人派发礼品未代扣代缴税款,存在少扣缴个人所得税的风险(偶然所得)

风险描述:企业在销售房产的过程中,通常会举办一些营销活动,在活动中向个人派发礼品,以达到吸引购房者到现场参与购房活动。企业向个人派发礼品,存在未代扣代缴个人所得税的风险。

应对指引:核查企业"销售费用"科目明细,查看是否存在营销礼品等费用,查看企业申报个人所得税情况,核对企业是否存在少代扣代缴个人所得税的风险。

政策依据:《国家税务总局关于企业促销展业赠送礼品有关个人所得税问题的通知》(财税〔2011〕50号)第二条;《财政部 税务总局关于个人取得有关收入适用个人所得税应税所得项目的公告》(财政部、税务总局公告2019年第74号)。

(三)转让未开发销售项目的自然人股权未按规定代扣代缴税款,存在少缴个人所得税的风险(财产转让所得)

风险描述:未开发销售项目由于无收入有支出,未分配利润一般为负数,企业以

此为由将自然人持有股权进行所谓平价转让，账上记载的低于双方实际成交的交易价格，存在未按规定代扣代缴个人所得税风险。

应对指引：核查企业"开发成本""实收资本""应交税费"等会计科目，按市场土地公允价格对开发销售项目中的土地进行资产评估，正确确认转让的自然人股权对应企业的净资产，按自然人股权公允市场价格计算应交的个人所得税，责成企业履行按规定代扣代缴个人所得税的义务。

政策依据：《国家税务总局关于发布〈股权转让所得个人所得税管理办法（试行）〉的公告》（国家税务总局公告2014年第67号）。

（四）向职工发放各种奖金、津贴、补贴未按规定计算并代扣代缴个人所得税的风险（综合所得之工资薪金）

风险描述：根据税法规定，企业向职工发放各种补贴补助、组织职工旅游所发生的费用等应与员工当期的工资薪金合并，按照"工资薪金所得"代扣代缴个人所得税。企业向职工支付的全年一次性奖金以及季度、半年奖金，可能存在未按规定计算并代扣代缴个人所得税的风险。

应对指引：审核"应付职工薪酬""管理费用"等科目，比对企业缴税情况，分析是否存在发放给职工的奖金、津贴、补贴未按规定代扣代缴个人所得税的情况；核实企业每年是否只采用一次年终奖方式申报税款。

政策依据：《中华人民共和国个人所得税法》第二条、《中华人民共和国个人所得税法实施条例》第八条、《国家税务总局关于生活补助费范围确定问题的通知》（国税发〔1998〕155号）、《国家税务总局关于调整个人取得全年一次性奖金等计算征收个人所得税方法问题的通知》（国税发〔2005〕9号）、《中华人民共和国个人所得税法》第二条、《中华人民共和国个人所得税法实施条例》第八条、《国家税务总局关于生活补助费范围确定问题的通知》（国税发〔1998〕155号）、《国家税务总局关于雇主为雇员承担全年一次性奖金部分税款有关个人所得税计算方法问题的公告》（总局公告2011年第28号）、《国家税务总局关于调整个人取得全年一次性奖金等计算征收个人所得税方法问题的通知》（国税发〔2005〕9号）、《国家税务总局关于纳税人取得不含税全年一次性奖金收入计征个人所得税问题的批复》（国税函〔2005〕715号）。

（五）对员工的股权激励，未按规定扣缴个人所得税的风险（综合所得之工资薪金）

风险描述：根据相关规定，个人因任职、受雇从上市公司取得的股票增值权所得和限制性股票所得，由上市公司或其境内机构按照"工资、薪金所得"项目和股票期权所得个人所得税计税方法，依法扣缴其个人所得税。企业可能存在对员工的股权激励未按规定扣缴个人所得税风险。

应对指引：审核"股本""资本公积"等科目，结合企业的股权激励计划以及报备税务部门的资料，核实对员工的股权激励，是否存在未按规定代扣代缴个人所得税的风险。

政策依据：《国家税务总局关于股权激励有关个人所得税问题的通知》（国税函〔2009〕461号）、《财政部 国家税务总局关于完善股权激励和技术入股有关所得税政策的通知》（财税〔2016〕101号）、《财政部 国家税务总局关于股票增值权所得和限制性股票所得征收个人所得税有关问题的通知》（财税〔2009〕5号）、《国家税务总局关于个人股票期权所得缴纳个人所得税有关问题的补充通知》（国税函〔2006〕902号）、《财政部 国家税务总局关于个人股票期权所得征收个人所得税问题的通知》（财税〔2005〕35号）。

（六）为员工缴纳商业性保险等，未代扣代缴个人所得税的风险（综合所得之工资薪金）

风险描述：根据相关规定，单位为职工个人购买商业性补充养老保险等，在办理投保手续时应作为个人所得税的"工资、薪金所得"项目，按规定的扣除限额扣除后缴纳个人所得税。企业在对待员工日常的薪酬待遇方面，除了缴纳国家规定的社会保险外，部分企业按照自身的员工福利保障管理办法及员工福利保险条款，还会为员工在职期间购买一些商业性质的保险，类似"团意险"等。因此企业在税务处理上可能存在未将这部分商业性保险并入员工的工资薪金计算征收个人所得税的风险。

应对指引：审核"应付职工薪酬""管理费用"等科目，查阅工资明细、员工福利制度、员工保险条款等资料，核实是否存在商业性保险未代扣代缴个人所得税的情况。

政策依据：《国家税务总局关于单位为员工支付有关保险缴纳个人所得税问题的批复》（国税函〔2005〕318号）、《财政部 国家税务总局关于个人所得税有关问题的批复》（财税〔2005〕94号）、《财政部 国家税务总局保监会关于将商业健康保险个人所得税试点政策推广到全国范围实施的通知》（财税〔2017〕39号）。

（七）支付董事费、监事费时，未按税法规定的适用税目计算并代扣代缴个人所得税的风险（综合所得之工资薪金或劳务报酬）

风险描述：根据税法规定，企业向独立董事、独立监事支付董事费、监事费，应按"劳务报酬项目"计算代扣代缴个人所得税，同时应区别于支付给在公司（包括关联公司）任职、受雇，同时兼任董事、监事的情形。企业可能存在未按税法规定将支付给独立董事的董事费按照"工资、薪金项目"计算代扣代缴个人所得税的风险。

应对指引：审核"管理费用"等科目，分析业务实质，核实有无向独立董事、独立监事支付董事费、监事费，是否存在未按税法规定代扣代缴个人所得税的情况。

政策依据：《中华人民共和国个人所得税法》第二条、第三条，《中华人民共和国个人所得税法实施条例》第八条，《国家税务总局关于印发〈征收个人所得税若干问题的规定〉的通知》（国税发〔1994〕089号），《国家税务总局关于明确个人所得税若干政策执行问题的通知》（国税发〔2009〕121号）。

（八）支付外雇人员或销售人员的劳务费时，未足额代扣代缴个人所得税的风险（综合所得之劳务报酬）

风险描述：根据相关规定，劳务报酬所得适用比例税率，税率为百分之二十。对劳务报酬所得一次收入较高的，可以实行加成征收，具体办法由国务院规定。企业因需外雇人员支付劳务费时，要取得对方开具的发票作为支付凭证，而自然人提供劳务到税务局代开发票时，税务局在个人所得税扣缴时只预扣劳务费用的1.5%，其余部分要在企业支付劳务费时代扣代缴，因此可能存在未足额代扣代缴个人所得税的风险。

应对指引：审核"管理费用""销售费用"等科目，核实企业在外雇人员支付劳务费时，外雇人员是否足额缴纳个人所得税，企业是否足额代扣代缴个人所得税。

政策依据：《中华人民共和国个人所得税法》第八条、《国家税务总局关于印发〈税务机关代开增值税专用发票管理办法（试行）〉的通知》（国税发〔2004〕153号）。

（九）以未分配利润、盈余公积和资产评估增值转增注册资本和股本，未代扣代缴个人所得税的风险（股息红利所得）

风险描述：根据相关规定，无论企业会计账务中对投资采取何种方式核算，被投资企业会计账务上实际做利润分配处理（包括以盈余公积和未分配利润转增资本）时，投资方应确认投资所得的实现，未分配利润转增资本应视同利润分配，缴纳个人所得税。企业可能存在未按时确认投资所得代扣代缴个人所得税的风险。

应对指引：审核"资本公积""利润分配——未分配利润""盈余公积"等科目，核实企业注册资本来源，核查是否存在将未分配利润、盈余公积等转增注册资本而未足额代扣代缴个人所得税的情况。

政策依据：《国家税务总局关于股权奖励和转增股本个人所得税征管问题的公告》（国家税务总局公告2015年第80号）、《国家税务总局关于股份制企业转增股本和派发红股征免个人所得税的通知》（国税发〔1997〕198号）第一条。

（十）对离退休人员发放离退休费以外的奖金、补贴，未足额代扣代缴个人所得税的风险（综合所得之工资薪金）

风险描述：根据税法规定，离退休人员除按规定领取离退休费或养老金外，另从原任职单位取得的各类补贴、奖金、实物不属于可以免税的退休费、离休费、离休生活补助费。企业的离退休人员从原任职单位取得的各类补贴、奖金、实物，存在未按"工资、薪金所得"应税项目缴纳个人所得税的风险。

应对指引：审核"应付职工薪酬""管理费用"等科目，核实企业是否存在发放退休费或养老金以外的各类补贴、奖金、实物情况，如存在，核查企业是否按照规定足额代扣代缴个人所得税。

政策依据：《中华人民共和国个人所得税法》及其实施条例、《国家税务总局关于离退休人员取得单位发放离退休工资以外奖金补贴征收个人所得税的批复》（国税函〔2008〕723号）。

（十一）企业年金扣缴个人所得税事项（综合所得之工资薪金）

风险描述：超过标准缴付年金的部分，存在未按规定代扣缴个人所得税的风险。

应对指引：审核企业年金制度，查询当地上年度平均工资，并比对企业个税扣缴情况，确定是否存在未按规定扣缴个人所得税的情况。

政策依据：《财政部 人力资源社会保障部 国家税务总局关于企业年金职业年金个人所得税有关问题的通知》（财税〔2013〕103号）。

（十二）解除劳动合同一次性补偿事项（综合所得之工资薪金）

风险描述：员工取得的解除劳动合同一次性补偿是否按规定纳税、享受免税政策。

应对指引：查看解除劳动合同的协议，了解补偿金构成，查询当地上年度职工平均工资、"三险一金"标准，比对个人所得税扣缴情况。

政策依据：《国家税务总局关于个人因解除劳动合同取得经济补偿金征收个人所得税问题的通知》（国税发〔1999〕178号）、《财政部 国家税务总局关于个人与用人单位解除劳动关系取得的一次性补偿收入征免个人所得税问题的通知》（财税〔2001〕157号）。

（十三）补充保险金事项（综合所得之工资薪金）

风险描述：为员工超标准缴纳基本养老保险费、基本医疗保险费、失业保险费、住房公积金，支付的各类免税之外的保险未按规定扣缴个人所得税。

应对指引：审核"应付职工薪酬""业务及管理费"等科目，核实企业为员工支付各项免税之外的保险金的情况，查询当地人民政府规定的"三险一金"缴费比例或办法，确定缴费标准，比对企业扣缴个人所得税情况，是否存在未按规定扣缴个人所得税的风险。

政策依据：《国家税务总局关于单位为员工支付有关保险缴纳个人所得税问题的批复》（国税函〔2005〕318号）、《财政部 国家税务总局关于基本养老保险费、基本医疗保险费、失业保险费、住房公积金有关个人所得税政策的通知》（财税〔2006〕10号）。

（十四）集团企业分多地发放高管工资、奖金，分解个人收入，少扣缴个人所得税

（十五）综合所得之工资薪金税目的自查要点

应全面自查企业对本单位职工，以各种形式取得的工资薪金所得是否全部按税法

规定代扣代缴个人所得税，应至少涵盖以下内容：

1. 是否存在工资、薪金、年终奖金、年终加薪、劳动分红、津贴、补贴、绩效奖、考核奖、个人业务拓展费以及与任职或者受雇有关的其他所得未代扣代缴个人所得税。

2. 是否存在发放的实物福利、为个人购买汽车、组织职工旅游所发生的费用、以发票报销或现金形式发放的各种住房补贴、过节费、防暑降温费、误餐补贴、加班费、休假补贴、疗养补贴、先进奖、以油票、修理费、办公费、飞机票等实物报销形式发放的职工奖金等所得未代扣代缴个人所得税。

3. 是否存在发放交通、通讯补贴在扣除一定标准的公务费用后未代扣代缴个人所得税。

4. 是否虚开办公用品、餐费、会议费、邮电费、差旅费发票，以发票报销的方式套取现金，用于职工奖励、业务拓展支出等，未代扣代缴个人所得税。

5. 企业为职工购买补充养老保险等商业性保险（包括团体意外伤害险、附加伤害医疗险、补充住院医疗险、团体交通意外险、团体重疾险），超标准为职工缴纳的养老、失业、医疗保险金、住房公积金等，是否按规定代扣代缴个人所得税。

6. 是否存在由单位为个人承担的个人所得税未并入工资总额或将不含税收入换算为含税收入计算代扣代缴个人所得税。

7. 年终一次性奖金有无计算错误；是否将季度奖、半年奖等全年综合性奖金重复按年终一次性奖金计算方法，少扣缴个人所得税。

8. 是否将工资薪金所得与劳务报酬所得相混淆少扣缴个人所得税。

9. 是否从"盈余公积""利润分配"账户中提取奖金，直接支付给对生产、经营有突出贡献的员工，而不通过"应付工资"账户核算而少扣缴个人所得税。

10. 以各种形式支付给非本单位人员的所得是否全部按税法规定代扣代缴个人所得税，包括：

（1）是否存在为非内部职工发放的佣金、推广费、手续费、回扣、奖励等未代扣代缴个人所得税问题。

（2）是否存在向客户赠送旅游、实物、消费卡等未代扣代缴个人所得税问题。

（3）是否将应在每月合并计算的个人收入，分类分项扣缴个人所得税，从而重复扣除免征额，错误适用较低税率，少缴税款。

（4）支付给非本单位人员的所得按照税法规定代扣代缴个人所得税时，对劳务报酬所得和特许权使用费所得等是否按次计算纳税。

三、相关事项解析

（一）个人因购房从房地产公司取得的违约金或赔偿金的税务处理

《国家税务总局关于个人取得解除商品房买卖合同违约金征收个人所得税问题的

批复》（国税函〔2006〕865号）规定："商品房买卖过程中，有的房地产公司因未协调好与按揭银行的合作关系，造成购房人不能按合同约定办妥按揭贷款手续，从而无法缴纳后续房屋价款，致使房屋买卖合同难以继续履行，房地产公司因双方协商解除商品房买卖合同而向购房人支付违约金。

"根据个人所得税法的有关规定，购房个人因上述原因从房地产公司取得的违约金收入，应按照'其他所得'应税项目缴纳个人所得税，税款由支付违约金的房地产公司代扣代缴。"

根据上述规定，个人在购房时由于房产公司的违约而从房产公司取得的违约金或赔偿金，如果与（国税函〔2006〕865号）所特指的情况一致，依据《中华人民共和国个人所得税法实施条例》第八条的规定："个人所得税，以所得人为纳税义务人，以支付所得的单位或者个人为扣缴义务人。"按照现行政策规定，应按照"偶然所得"税目由支付违约金的房地产企业代扣代缴个人所得税。

（二）单位一次补发数月工资，该如何计算扣缴个人所得税

补发工资是指由于企业资金紧张或短缺，以及调整工资级别等原因，造成未按时发放的工资部分。

如果属于补发以前月份的工资，可按补发月份所属期的费用扣除标准来计算个税，不与发放当月的工资薪金合并计算缴纳个人所得税。

计算公式为：所属月份补发工资应纳税额＝｛〔（所属月份补发工资+原所属月份的工资薪金所得）-费用减除额〕×适用税率-速算扣除数｝-原所属月份已缴纳的个人所得税

如果不属于补发工资性质的，应合并当月的工资薪金收入计算缴纳个人所得税，其具体计算公式为：

应纳税所得额＝月工资、薪金收入-法定费用扣除标准-其他允许扣除费用

应纳税额＝应纳税所得额×适用税率-速算扣除数

（三）全年一次性奖金的计算

在对某房地产公司开展个人所得税纳税评估时，该公司财务人员反映"本单位近期要根据全年经济效益并结合销售人员的工作业绩发放全年奖金，在发放全年奖金当月，还打算同时发放半年奖、季度奖、先进奖等。问这些奖金是否可以视为全年一次性奖金计算缴纳个人所得税？"据此，税务人员对该公司财务人员进行了针对性的纳税辅导。

按照《国家税务总局关于调整个人取得全年一次性奖金等计算征收个人所得税方法问题的通知》（国税发〔2005〕9号）的规定。

1. 税法分析

（1）全年一次性奖金与其他奖金应区别对待：

全年一次性奖金是指行政机关、企事业单位等个人所得税扣缴义务人根据其全年经济效益和对雇员全年工作业绩的综合考核情况而向雇员发放的一次性奖金和年终加薪,实行年薪制和绩效工资办法的单位是根据考核情况兑现的年薪和绩效工资。

纳税人取得除全年一次性奖金以外的其他各种名目奖金,如半年奖、季度奖、加班奖、先进奖、考勤奖等,不属于全年一次性奖金,一律与当月工资薪金收入合并,按税法规定缴纳个人所得税。

在一个纳税年度内对每一个纳税人,该计税办法只允许采用一次。

(2)纳税人取得全年一次性奖金,单独作为一个月工资、薪金所得计算纳税,并由扣缴义务人发放时代扣代缴。

2. 计算方法

将雇员当月内取得的全年一次性奖金,除12个月,按其商数(结果)确定适用税率和速算扣除数。

(1)如果雇员当月工资薪金所得高于(等于)税法规定的费用扣除额,则适用公式"应纳税额=雇员当月取得全年一次性奖金×适用税率-速算扣除数"。

(2)如果雇员当月工资薪金所得低于税法规定的费用扣除额的,则适用公式"应纳税额=(雇员当月取得全年一次性奖金-雇员当月工资薪金所得与费用扣除额的差额)×适用税率-速算扣除数"。

【案例】某纳税人2013年1月15日取得公司2012年度全年一次性奖金30000元,2012年度下半年奖金10000元,2012年第四季度奖金3000元,当月工资2000元。

这位纳税人应根据下列情况缴纳个人所得税:根据国税发〔2005〕9号文件的规定,纳税人取得全年一次性奖金,单独作为一个月工资薪金所得计算纳税,并由扣缴义务人在发放时代扣代缴。则上述纳税人全年一次性奖金30000元,除12个月后,按其商数2500对应的适用税率为10%,速算扣除数105,则全年一次性奖金应纳个人所得税=30000×10%-105=2895(元)。

该纳税人当月工资是2000元,虽低于扣除费用标准3500元,但根据国税发〔2005〕9号文件的规定,不属于全年一次性奖金的其他各种名目的半年奖和季度奖应当并入当月工资薪金收入计算征收个人所得税。因此当月应纳税工资薪金所得为:2000+10000+3000=15000元,当月工资薪金所得高于税法规定的扣除标准3500元。则当月工资薪金所得应纳个人所得税=(2000+10000+3000-3500)×25%-1005=1870(元)。该纳税人当月应纳个人所得税总额为:2895+1870=4765(元)。

假设该纳税人当月只发放了当月工资2000元及全年一次性奖金30000元,由于该纳税人当月工资所得低于税法规定的费用扣除额3500元,则当月工资所得2000元不用纳税,计算全年一次性奖金应纳税额时,先确定商数=〔30000-(3500-2000)〕/12=2375,适用税率为10%,速算扣除数为105,应纳个人所得税=〔30000-(3500-

2000)〕×10%－105＝2745（元）。即该纳税人当月应纳个人所得税总额＝0＋2745＝2745（元）。

四、扣缴个人所得税取得手续费属于其他收益

关于个人所得税代扣代缴手续费是否纳税问题，喋喋不休的争论，久矣，甚是烦矣。营改增后，征税之实成为主流，都在做的事情未必是对的，"真理往往是掌握在少数人手里的"。所以，甲行家在这里必须专题解析一下。

（一）属于其他收益

2018年6月，财政部发布了《关于修订印发2018年度一般企业财务报表格式的通知》（财会〔2018〕15号），部分内容摘录如下：

"二、关于比较信息的列报

根据《企业会计准则第30号——财务报表列报》的相关规定，当期财务报表的列报，至少应当提供上一个可比会计期间的比较数据。例如，2018年12月31日的资产负债表中应当提供2017年12月31日的资产负债表数据作为比较数据。企业按照相关规定追溯应用会计政策或发生前期差错更正，并采用追溯调整法的，应当对可比会计期间的比较数据进行相应调整。

针对2018年1月1日起分阶段实施的《企业会计准则第22号——金融工具确认和计量》（财会〔2017〕7号）、《企业会计准则第23号——金融资产转移》（财会〔2017〕8号）、《企业会计准则第24号——套期会计》（财会〔2017〕9号）、《企业会计准则第37号——金融工具列报》（财会〔2017〕14号）（以上四项简称新金融准则）和《企业会计准则第14号——收入》（财会〔2017〕22号，简称新收入准则），《通知》的附件1适用于尚未执行新金融准则和新收入准则的企业，附件2适用于已执行新金融准则或新收入准则的企业。企业首次执行新金融准则或新收入准则，按照新金融准则和新收入准则的衔接规定，对于因会计政策变更产生的累积影响数调整首次执行当年年初留存收益及财务报表其他相关项目金额的，应当对首次执行当期的财务报表的本期数或期末数按照附件2的报表项目列报，对可比会计期间的比较数据按照附件1的报表项目列报。

为了提高信息在会计期间的可比性，向报表使用者提供与理解当期财务报表更加相关的比较数据，企业可以增加列报首次执行新金融准则或新收入准则当年年初的资产负债表。企业无论是否增加列报首次执行新金融准则或新收入准则当年年初的资产负债表，均应当按照新金融准则、新收入准则和《企业会计准则第28号-会计政策、会计估计变更和差错更正》的相关规定，在附注中披露首次执行新金融准则或新收入准则对当年年初财务报表相关项目的影响金额及调整信息。

一般企业首次执行新金融准则和新收入准则当期的资产负债表和利润表参考格式，

请见附件（以首次执行日是2018年1月1日为例）。

三、关于具体报表项目的列报

（一）关于"利息费用"和"利息收入"项目的填列

根据《通知》，"利息费用"行项目，反映企业为筹集生产经营所需资金等而发生的应予费用化的利息支出；"利息收入"行项目，反映企业确认的利息收入。利息收入主要为银行存款产生的利息收入，以及根据《企业会计准则第14号——收入》的相关规定确认的利息收入。这两个行项目为"财务费用"行项目的其中项，均以正数填列。

（二）关于代扣个人所得税手续费返还的填列

企业作为个人所得税的扣缴义务人，根据《中华人民共和国个人所得税法》收到的扣缴税款手续费，应作为其他与日常活动相关的项目在利润表的"其他收益"项目中填列。企业财务报表的列报项目因此发生变更的，应当按照《企业会计准则第30号-财务报表列报》等的相关规定，对可比期间的比较数据进行调整。"

在2017年12月财政部发布了《关于修订印发一般企业财务报表格式的通知》（财会〔2017〕30号）明确规定：

"一、关于比较信息的列报

对于利润表新增的"资产处置收益"行项目，企业应当按照《企业会计准则第30号——财务报表列报》等的相关规定，对可比期间的比较数据按照《通知》进行调整。

对于利润表新增的"其他收益"行项目，企业应当按照《企业会计准则第16号——政府补助》的相关规定，对2017年1月1日存在的政府补助采用未来适用法处理，无需对可比期间的比较数据进行调整。"

其他收益是新政府补助准则下新设的会计科目。

2017年5月10日，财政部修订发布了《企业会计准则第16号——政府补助》，自2017年6月12日起施行。"其他收益"是本次修订新增的一个损益类会计科目，应当在利润表中的"营业利润"项目之上单独列报"其他收益"项目，计入其他收益的政府补助在该项目中反映。该科目专门用于核算与企业日常活动相关、但不宜确认收入或冲减成本费用的政府补助。

（二）属于政府补助

属于政府补助，实质是免税收入，是免所有相关税费。否则，征税即违背"不重复征税"原则！

所以：个人所得税代扣代缴手续费是政府补助，属于其他收益，不应征税！

利润表

会企 02 表

编制单位　　　　　　　　　　　___年___月　　　　　　　　　　　单位：元

项　　目	本期金额	上期金额
一、营业收入		
减：营业成本		
税金及附加		
销售费用		
管理费用		
财务费用		
资产减值损失		
加：公允价值变动收益（损失以"-"号填列）		
投资收益（损失以"-"号填列）		
其中：对联营企业和合营企业的投资收益		
资产处置收益（损失以"-"号填列）		
其他收益		
二、营业利润（亏损以"-"号填列）		

附件：

企业会计准则第 16 号——政府补助总则

第一条 为了规范政府补助的确认、计量和列报，根据《企业会计准则——基本准则》，制定本准则。

第二条 准则中的政府补助，是指企业从政府无偿取得货币性资产或非货币性资产。

第三条 政府补助具有下列特征：

（一）来源于政府的经济资源。对于企业收到的来源于其他方的补助，有确凿证据表明政府是补助的实际拨付者，其他方只起到代收代付作用的，该项补助也属于来源于政府的经济资源。

（二）无偿性。即企业取得来源于政府的经济资源，不需要向政府交付商品或服务等对价。

第四条 政府补助分为与资产相关的补助和与收益相关的补助。

与资产相关的政府补助,是指企业取得的、用于购建或以其他方式形成长期资产的政府补助。

与收益相关的政府补助,是指除与资产相关的政府补助之外的政府补助。

第五条 列各项适用其他相关会计准则:

(一)企业从政府取得的经济资源,如果与企业销售商品或提供服务等活动密切相关,且是企业商品或服务的对价或者是对价的组成部分,适用《企业会计准则第 14 号——收入》等相关会计准则。

(二)所得税减免,适用《企业会计准则第 18 号——所得税》。政府以投资者身份向企业投入资本,享有相应的所有者权益,不适用本准则。

第六条 府补助同时满足下列条件的,才能予以确认:

(一)企业能够满足政府补助所附条件;

(二)企业能够收到政府补助。

第七条 府补助为货币性资产的,应当按照收到或应收的金额计量。

政府补助为非货币性资产的,应当按照公允价值计量;公允价值不能可靠取得的,按照名义金额计量。

第八条 资产相关的政府补助,应当冲减相关资产的面价值或确认为递延收益。与资产相关的政府补助确认为递延收益的,应当在相关资产使用寿命内按照合理、系统的方法分期计入损益。按照名义金额计量的政府补助,直接计入当期损益。相关资产在使用寿命结束前被出售、转让、报废或发生毁损的,应当将尚未分配的相关递延收益余额转入资产处置当期的损益。

第九条 收益相关的政府补助,应当分情况按照以下规定进行会计处理:

(一)用于补偿企业以后期间的相关成本费用或损失的,确认为递延收益,并在确认相关成本费用或损失的期间,计入当期损益或冲减相关成本。

(二)用于补偿企业已发生的相关成本费用或损失的,直接计入当期损益或冲减相关成本。

第十条 于同时包含与资产相关部分和与收益相关部分的政府补助,应当区分不同部分分别进行会计处理;难以区分的,应当整体归类为与收益相关的政府补助。

第十一条 企业日常活动相关的政府补助,应当按照经济业务实质,计入其他收益或冲减相关成本费用。与企业日常活动无关的政府补助,应当计入营业外收支。

第十二条 业取得政策性优惠贷款贴息的,应当区分财政将贴息资金拨付给贷款银行和财政将贴息资金直接拨付给企业两种情况,分别按照本准则第十三条和第十四条进行会计处理。

第十三条 政将贴息资金拨付给贷款银行,由贷款银行以政策性优惠利率向企业提供贷款的,企业可以选择下列方法之一进行会计处理:

（一）以实际收到的借款金额作为借款的入价值，按照借款本金和该政策性优惠利率计算相关借款费用。

（二）以借款的公允价值作为借款的入价值并按照实际利率法计算借款费用，实际收到的金额与借款公允价值之间的差额确认为递延收益。递延收益在借款存续期内采用实际利率法摊销，冲减相关借款费用。企业选择了上述两种方法之一后，应当一致地运用，不得随意变更。

第十四条 财政将贴息资金直接拨付给企业，企业应当将对应的贴息冲减相关借款费用。

第十五条 确认的政府补助需要退回的，应当在需要退回的当期分情况按照以下规定进行会计处理：

（一）始确认时冲减相关资产面价值的，调整资产面价值；

（二）存在相关递延收益的，冲减相关递延收益面余额，超出部分计入当期损益；

（三）属于其他情况的，直接计入当期损益。

第十六条 业应当在利润表中的中单独披露与政府补助有关的下列信息：

（一）政府补助的种类、金额和列报项目；

（二）计入当期损益的政府补助金额；

（三）本期退回的政府补助金额及原因。

第十七条 对 2017 年 1 月 1 日存在的政府补助采用未来适用法处理，对 2017 年 1 月 1 日至本准则施行日之间新增的政府补助根据本准则进行调整。

第十八条 准则自 2017 年 6 月 12 日起施行。

第五节 财产行为税风险特征库

本节归集整理的是房地产开发经营行业的财产行为税风险特征库，包括印花税、契税、城镇土地使用税和房产税。

一、印花税

印花税是对经济活动和经济交往中订立、领受具有法律效力的凭证的行为所征收的一种税。印花税由纳税人按规定应税的比例和定额自行购买并粘贴印花税票，划（画）销后即完成纳税义务。

现行印花税只对印花税条例列举的凭证征税，具体包括五类：

1. 购销、加工承揽、建设工程勘查设计、建设工程承包、财产租赁、货物运输、仓储保管、借款、财产保险、技术合同或具有合同性质的凭证。

2. 产权转移书据。
3. 营业账簿。
4. 房屋产权证、工商营业执照、商标注册证、专利证、土地使用证、许可证照。
5. 经财政部确定征税的其他凭证。

印花税征税范围：只对《印花税暂行条例》列举的凭证征收，没有列举的凭证不征税。

（一）未按规定及时足额申报缴纳"资金账簿"税目印花税风险

风险描述：实收资本和资本公积增加额未申报缴纳资金账簿印花税，存在少缴印花税的风险。

应对指引：核查企业"实收资本"和"资本公积"科目，查看其期末余额是否大于期初余额，结合企业申报缴纳资金账簿印花税情况，核对企业是否存在少缴印花税的风险。

政策依据：《国家税务总局关于资金账簿印花税问题的通知》（国税发〔1994〕25号）第二条。

（二）签订的设备或材料采购和建安合同未足额粘贴印花税风险

风险描述：开发房地产项目与设备或材料供应商和建筑公司签订的有关合同及补充合同，未按规定申报缴纳印花税，少缴印花税的风险。

应对指引：核对企业合同台账，统计设备或材料采购和建安合同总金额，同时核查企业在开发成本中列支的设备或材料采购和建筑安装工程费的金额，以确认企业是否存在少缴设备或材料采购和建安合同印花税风险。开发成本中甲供材和建安合同的覆盖率很高，这是行业特点。

政策依据：《中华人民共和国印花税暂行条例》的第一至三条。

（三）销售房产合同未按规定足额贴花，可能存在少缴税风险

风险描述：企业与购房者签订《房地产销售合同》或《不动产销售合同》，未按照销售房产合同金额足额缴纳印花税，或错按购销合同印花税适用税率缴纳印花税，存在少缴印花税的风险。

应对指引：核对企业销售合同台账，统计销售合同总金额，查看企业申报产权转移书据印花税情况，确认企业是否足额缴纳印花税。

政策依据：《中华人民共和国印花税暂行条例》的第一至三条。

（四）其他可能存在未按规定贴花的风险

1. 取得土地使用权时的受让合同是否按照规定计税贴花并划销。
2. 规划设计阶段签订的勘察设计合同、广告制作合同、借款合同、购销合同等是否按规定缴纳了印花税。

3. 是否存在混淆合同性质，从低适用税率或擅自减少计税依据，未按全部所载金额计税并贴花。

（五）不贴印花税的合同

不属于印花税范围的是否多缴了印花税，印花税属于行为税，时光不可逆转，多贴花或缴税是不退的。

序号	业务类别	合同名称	政策规定
1	招标代理	招标代理	不贴印花
2	法律类合同	法律代理、咨询服务	不贴印花
3	会计财税类合同	会计、审计、税务	不贴印花
4	人力资源类合同	人力资源代理、咨询服务	不贴印花
5	合作协议	合作、合资等	不贴印花
6	代理合同	销售代理、广告代理、物业代理、活动代理	不贴印花

纳税风险的最高境界：不多缴、不少缴、不该缴的不缴！

其他相关内容，详见本节附件"房地产企业各类合同的印花税分类和税率表"。

二、契税

契税是指不动产（土地、房屋）产权发生转移变动时，就当事人所订契约按房价的一定比例向新业主（产权承受人）征收的一次性税收。2021年9月1日起，《中华人民共和国契税法》施行，1997年7月7日国务院发布的《中华人民共和国契税暂行条例》同时废止。税法条文的具体内容请参阅本书下册的附件。

（一）取得土地出让金减免未足额申报，可能存在少缴契税风险

风险描述：房地产企业取得土地使用权时，政府部门对其应缴纳的土地出让金给予部分或全额减免，企业按减免后实际缴纳的土地出让金计算缴纳契税，存在少缴契税的风险。

应对指引：了解当地政府是否存在土地出让金减免或者返还等优惠政策的情况，比对企业土地实际付款金额和土地出让合同，检查企业"开发成本""资本公积""其他应付款""长期应收款"等会计科目，审核企业土地实际付款金额是否与土地出让合同的金额一致，核实合同里的土地使用权金额与契税计税依据是否一致，是否存在契税未按规定缴纳的情形。

政策依据：《国家税务总局关于免征土地出让金出让国有土地使用权征收契税的批复》（国税函〔2005〕436号）。

（二）企业缴纳或减免市政建设配套费未按规定申报纳税，可能存在少缴契税的风险

风险描述：房地产企业取得土地使用权后，按规定缴纳相应的市政建设配套费，才能办理《建设施工许可证》，开始房地产项目开工建设。企业缴纳或减免市政建设配套费后，未按规定申报缴纳相应的契税，存在少缴契税的风险。

应对指引：检查企业"开发成本"科目市政建设配套费列支情况，根据当地市政建设配套费标准和开发面积取得企业应缴纳市政建设配套费的数据，与企业申报的契税计税依据比对，核实企业是否存在少缴契税的情况。

政策依据：《财政部　国家税务总局关于国有土地使用权出让等有关契税问题的通知》（财税〔2004〕134号）第一条。

（三）其他可能存在未按规定缴纳契税的风险

1. 改变土地用途补缴土地出让金及其他费用是否按照规定申报缴纳了契税，土地出让金减免的手续是否齐全；土地出让金减免的情况下，是否冲减了契税的计税依据。

2. 房地产企业取得土地使用权，是否按照土地出让金（买价）全额和适用税率计算缴纳了契税。

3. 采用协议方式取得土地使用权的，土地补偿费、安置补助费、地上附着物和青苗补偿费、拆迁补偿费是否计入契税的计税依据。

4. 招拍挂方式取得土地使用权，配建回迁安置住房或公共配套设施无偿交付政府的，是否按照规定将支付给动迁户或回迁户及其他补偿费用作为契税计税依据计算缴纳契税。

5. 采用分期付款方式取得土地使用权，是否按照全部价款和适用税率计算缴纳了契税。

6. 房地产开发企业代收代缴业主的契税，是否未及时缴纳入库。

7. 取得手续费收入是否按规定确认收入缴纳相关税费。

三、城镇土地使用税

【耕地占用税】

耕地占用税是对占用耕地建房或从事其他非农业建设的单位和个人征收的税。采用定额税率，其标准取决于人均占有耕地的数量和经济发展程度。目的是为了合理利用土地资源，加强管理，保护农用耕地。

耕地占用税作为一个出于特定目的、对特定的土地资源课征的税种，与其他税种相比，具有比较鲜明的特点，主要表现在：

1. 兼具资源税与特定行为税的性质

耕地占用税以占用农用耕地建房或从事其他非农用建设的行为为征税对象，以约

束纳税人占用耕地的行为、促进土地资源的合理运用为目的，除具有资源占用税的属性外，还具有明显的特定行为税的特点。

2. 采用地区差别税率

耕地占用税采用地区差别税率，根据不同地区的具体情况，分别制定差别税额，以适应中国地域辽阔、各地区之间耕地质量差别较大、人均占有耕地面积相差悬殊的具体情况，具有因地制宜的特点。

3. 在占用耕地环节一次性课征

耕地占用税在纳税人获准占用耕地的环节征收，除对获准占用耕地后超过两年未使用者须加征耕地占用税外，此后不再征收耕地占用税。因而，耕地占用税具有一次性征收的特点。

4. 税收收入专用于耕地开发与改良

耕地占用税收入按规定应用于建立发展农业专项基金，主要用于开展宜耕土地开发和改良现有耕地之用，因此，具有"取之于地、用之于地"的补偿性特点。

自2019年9月1日起，《中华人民共和国耕地占用税法》施行。2007年12月1日国务院公布的《中华人民共和国耕地占用税暂行条例》同时废止。税法条文的具体内容请参阅本书下册的附件。

【城镇土地使用税】

（一）房产移交购房者之前，可能存在少缴城镇土地使用税的风险

风险描述：企业在收取购房者房产全款未将房产移交之前，已停止缴纳土地使用税，纳税义务发生时间和终止时间是否正确，是否按照规定时限及时足额申报纳税，存在少缴土地使用税的风险。

应对指引：查看《商品销售合同》约定的交房时间，审核《收楼通知书》和物业管理费用收取起始时间，核查企业与购房者交楼的真实时间，确认企业是否提前终止缴纳土地使用税。

政策依据：《财政部 国家税务总局关于房产税、城镇土地使用税有关问题的通知》（财税〔2008〕152号）第三条。

（二）其他可能存在未按规定缴纳城镇土地使用税的风险

1. 土地等级和申报的占用土地面积、适用税率（单位应纳税额）是否准确。
2. 纳税义务发生时间和终止时间是否正确，是否按照规定时限及时足额申报纳税。
3. 已征用未开发的土地，是否按规定申报缴纳土地使用税。
4. 适用税率（单位应纳税额）变更后是否及时调整纳税申报。
5. 未销售的商品房占用的土地是否按规定持续缴纳土地使用税。

(三) 城镇土地使用税相关政策

1. 土地使用税计税起始时间规定

按照《城镇土地使用税暂行条例》第九条的规定：新征用的土地，依照下列规定缴纳土地使用税：(1) 征用的耕地，自批准征用之日起满一年时开始缴纳土地使用税；(2) 征用的非耕地，自批准征用次月起缴纳土地使用税。

《财政部 国家税务总局关于房产税、城镇土地使用税有关政策的通知》（财税〔2006〕186号）第二条第一款规定：以出让或转让方式有偿取得土地使用权的，应由受让方从合同约定交付土地时间的次月起缴纳城镇土地使用税；合同未约定交付土地时间的，由受让方从合同签订的次月起缴纳城镇土地使用税。

2. 土地使用税计税依据的规定

(1) 总计税面积的确定

占地面积是城镇土地使用税的计税依据，主要是下面两个规定：

按照《中华人民共和国城镇土地使用税暂行条例》的第三条规定：土地使用税以纳税人实际占用的土地面积为计税依据，依照规定税额计算征收。前款土地占用面积的组织测量工作，由省、自治区、直辖市人民政府根据实际情况确定。

按照《国家税务总局关于土地使用税若干具体问题的解释和暂行规定》（国税地字〔1988〕15号）第六条的规定：纳税人实际占用的土地面积，是指由省、自治区、直辖市人民政府确定的单位，组织测定的土地面积。尚未组织测量，但纳税人已持有政府部门核发的土地使用证书的，以证书确认的土地面积为准；尚未核发土地使用证书的，应由纳税人据实申报土地面积。

备注：如果开发商在实践中存在非法占地开发，即土地使用权证明文件上的四至界线与实地不一致，应按实地四至界线计算土地面积。

(2) 免税面积的扣除

① 经济适用房用地和廉租房用地面积的扣除规定。

按照《财政部 国家税务总局关于廉租住房经济适用住房和住房租赁有关税收政策的通知》（财税〔2008〕24号）第一条第（二）项规定：开发商在经济适用住房、商品住房项目中配套建造廉租住房，在商品住房项目中配套建造经济适用住房，如能提供政府部门出具的相关材料，可按廉租住房、经济适用住房建筑面积占总建筑面积的比例免征开发商应缴纳的城镇土地使用税。

② 其他优惠政策用途占地面积的扣除规定。

对于其他符合优惠政策列明用途（学校、医院、托儿所、幼儿园，小区外与社会公用地段未加隔离的绿化用地、道路用地，小区内的荒山、林地、湖泊等尚未利用的土地）的土地面积，因为房地产开发企业尚在建造中，建成后的上述优惠政策列明用途房产可能出现占地面积和规划面积不一致，建成后也可能挪作他用，所以各地对建造期间的优惠政策列明用途土地面积是否适用优惠政策掌握不一,有的地方允许减免并扣除,有的地方是不允许减免的。

3. 计算应税面积和应纳税额

应税面积=项目总计税面积-免税面积-交付购买的业主使用面积

交付业主使用面积=(项目总计税面积-免税面积)×(交付购买的业主房产建筑面积÷项目房产总可售建筑面积)

应纳税额=月单位税额×应税面积

因为房地产是陆续实现销售的,陆续交付购买房产的业主使用,所以房地产企业在应用上述公式计算时,注意逐月计算,然后再累加税额。

四、房产税

(一)没有移交的公共配套设施发生建造支出计入可售房屋的开发成本,可能存在少缴房产税风险

风险描述:企业开发项目建造公共配套设施没有移交,开发企业转为自己使用,所发生建造支出全部计入可售房屋开发成本。

应对指引:根据企业开发建设项目有关规定,核对企业"开发成本"有关的二级科目,结合企业成本对象备案信息,按照规定分步归集分摊相关费用,确认企业是否按照规定核算开发成本,重点核对企业公共配套设施完工后移交手续和实物状态。核查开发企业将公共配套设施转为自己使用时,是否按照规定申报缴纳房产税。

政策依据:《国家税务总局关于房地产开发企业成本对象管理问题的公告》(国家税务总局公告2014年第35号),《中华人民共和国房产税暂行条例》第二条,《国家税务总局关于房产税城镇土地使用税有关政策规定的通知》(国税发〔2003〕89号)第一条。

(二)自用配套设施的成本只分摊建筑安装工程费,可能存在少缴税款的风险

风险描述:企业单独核算自用配套设施的成本只分摊建筑安装工程费,而土地成本、前期工程费、基础设施费、借款利息等费用在已售房屋中分摊。同时,开发企业将公共配套设施转为自己使用时,未按照规定申报缴纳房产税。

应对指引:根据企业开发建设项目有关规定,审查企业"开发成本"有关的二级科目,结合企业成本对象备案信息,按照规定分步归集分摊相关费用,确认企业是否按照规定核算开发成本。开发企业将公共配套设施转为自己使用时,申报缴纳房产税的计税依据是否按照规定确认。

政策依据:《国家税务总局关于房地产开发企业成本对象管理问题的公告》(国家税务总局公告2014年第35号)、《中华人民共和国房产税暂行条例》第二条、《国家

税务总局关于房产税城镇土地使用税有关政策规定的通知》（国税发〔2003〕89号）第一条。

（三）样板房的装修费用及购置配套物资等费用直接计入当期费用，可能存在少缴房产税风险

风险描述：企业样板房装修费用及购置配套物资等费用未按规定计入开发产品计税成本，未按照规定申报缴纳房产税。

应对指引：结合"开发成本""应付款""银行存款"，核对"销售费用"等科目，核实是否存在将应资本化的装修费用支出直接在当期列支，未按照规定进行归集和处理。核实企业申报缴纳样板房部分的房产税的计税依据，是否按规定包括样板房的装修费用。

政策依据：《中华人民共和国房产税暂行条例》第二条；《国家税务总局关于房产税城镇土地使用税有关政策规定的通知》（国税发〔2003〕89号）第一条。

（四）将开发产品转为自用后又对外销售，可能存在少缴税风险

风险描述：企业将开发产品转为自用后又对外销售，自用时间未超过12个月，将自用期间的折旧费用在税前扣除，存在少缴企业所得税和房产税的风险。

应对指引：核查企业计提累计折旧的明细情况，是否存在自用开发产品不超过12个月的累计折旧，确认企业是否作纳税调整。查看企业申报缴纳房产税情况，核查企业是否存在少缴房产税的风险。

政策依据：《国家税务总局关于印发〈房地产开发经营业务企业所得税处理办法〉的通知》（国税发〔2009〕31号）第二十四条；《国家税务总局关于房产税城镇土地使用税有关政策规定的通知》（国税发〔2003〕89号）第二条。

（五）开发的房产自用，可能存在少缴房产税的风险

风险描述：企业将其开发的房产作为售楼部、样板房使用，未申报缴纳房产税，存在少缴房产税的风险。自行建造的自用房产交付使用后，是否长期挂"在建工程"，既不办理竣工结算，也未申报缴纳房产税。

应对指引：实地核查企业售楼部、样板房的使用情况，查看企业申报缴纳房产税情况，核查企业是否存在少缴房产税的风险。商品房在出售前已使用或出租、出借的商品房是否按规定申报缴纳房产税。

政策依据：《国家税务总局关于房产税城镇土地使用税有关政策规定的通知》（国税发〔2003〕89号）第二条。

（六）其他可能存在未按规定缴纳房产税的风险

1. 与房屋不可分割的附属设备及固定资产改良支出是否增加计税房产原值。
2. 新建和购置的房产是否从建成之次月和取得产权的次月申报缴纳房产税。

3. 自用、出租、出借本企业建造的商品房，是否按照有关规定缴纳房产税。

4. 是否按规定将相应的土地价值计入房产原值，计算缴纳房产税。

5. 是否准确划分自用房地产、存货房地产和投资性房地产的范围。

6. 投资性房地产租赁期间的租赁收入是否确认收入，是否按规定申报缴纳了房产税。

7. 将待售的开发产品转作投资性房地产的租金收入抵顶工程价款、材料款、贷款利息等事项是否按照规定申报纳税。

8. 以公允价值模式计量投资性房地产（待出售）转回开发产品或开发成本是否同时按照公允价值一并转入。

9. 是否将转为自用的开发产品装修费等资本化支出一次性直接计入当期费用。

五、房产税实务问题解答

下面摘录的是国家税务总局关于房产税的解答、解释或说明。

问题一：我公司是黑龙江省的房地产开发公司，今年，把一项工程出包给江苏省的施工企业。工程出包合同规定，施工现场的工棚、料棚、宿舍、办公室等临时设施由我公司提供，乙方不计取临时设施费。现在，我公司建造的临时性房屋已经移交施工企业使用，请问，这些临时性房屋是否缴纳房产税？

回复：《关于房产税若干具体问题的解释和暂行法规》（财税地字〔1986〕8号）第二十一条规定：凡是在基建工地为基建工地服务的各种工棚、材料棚、休息棚和办公室、食堂、茶炉房、汽车房等临时性房屋，不论是施工企业自行建造还是由基建单位出资建造交施企业使用的，在施工期间，一律免征房产税。但是，如果在基建工程结束以后，施工企业将这种临时性房屋交还或者估价转让给基建单位的，应当从基建单位接收的次月起，依照法规征收房产税。

因此，你公司建造的这些临时性房屋在施工期间不征收房产税。

问题二：由于最近几年国家对城市的房产限购限价，我公司开发的商品房有的已经建成几年了也没有售出。请问，完工待售的房产是否缴纳房产税？

回复：《国家税务总局关于房产税、城镇土地使用税有关政策规定的通知》（国税发〔2003〕89号）第一条"关于房地产开发企业开发的商品房征免房产税问题"规定：鉴于房地产开发企业开发的商品房在出售前，对房地产开发企业而言是一种产品，因此，对房地产开发企业建造的商品房，在售出前，不征收房产税；但对售出前房地产开发企业已使用或出租、出借的商品房，应自房屋使用或交付之次月起征收房产税。

因此，贵公司完工待售的房产，不论已建成多长时间，这些房产仍然属于产品，不征收房产税；但是，在出售前如果已经出租、出借、自用的，则，从出租、出借、自用的次月起应当缴纳房产税。

问题三：我公司 2006 年建造一栋写字楼自用，2011 年 9 月公司对写字楼进行改建，增加了电梯和中央空调。请问，电梯、中央空调如何进行务处理，是单独作为固定资产还是计入写字楼成本？怎样进行务处理才可以少交房产税？

回复：《企业会计准则第 4 号——固定资产》第五条规定："固定资产的各组成部分具有不同使用寿命或者以不同方式为企业提供经济利益，适用不同折旧率或折旧方法，应当分别将各组成部分确认为单项固定资产。"

电梯、中央空调属于机械设备，《中华人民共和国企业所得税法实施条例》规定，机械设备的法定折旧年限为 10 年，楼房的法定折旧年限为 20 年，而且，楼房、电梯、中央空调以不同的方式为企业提供经济服务。贵公司可以将电梯、中央空调单独作为"固定资产——设备"类核算，不需要计入"固定资产——写字楼"中。

《国家税务总局关于进一步明确房屋附属设备和配套设施计征房产税有关问题的通知》（国税发〔2005〕173 号）规定：为了维持和增加房屋的使用功能或使房屋满足设计要求，凡以房屋为载体，不可随意移动的附属设备和配套设施，如给排水、采暖、消防、中央空调、电气及智能化楼宇设备等，无论在会计核算中是否单独记与核算，都应计入房产原值，计征房产税。

贵公司将电梯、中央空调单独作为固定资产核算后，在计算缴纳房产税的房产原值时应当包括电梯、中央空调等不可随意移动的附属设备和配套设施的价值。

问题四：甲公司 2009 年征地建办公楼，土地面积 10000m^2，支付土地出让金 2000 万元，对土地进行一级开发，支付开发费用 200 万元。建办公楼 6000m^2，支付建安工程费用 2800 万元，2010 年 12 月末建成并投入使用，请问 2011 年如何缴纳房产税？

回复：按照《中华人民共和国房产税暂行条例》规定，自用房产按房产余值计税缴纳，房产余值依照房产原值一次减除 10%～30% 后计算，具体减除幅度，由省、自治区、直辖市人民政府规定。房产出租的，以房产租金收入为房产税的计税依据。

根据《财政部 国家税务总局关于安置残疾人就业单位城镇土地使用税等政策的通知》（财税〔2010〕121 号）第三条"关于将地价计入房产原值征收房产税问题"的规定："对按照房产原值计税的房产，无论会计上如何核算，房产原值均应包含地价，包括为取得土地使用权支付的价款、开发土地发生的成本费用等。宗地容积率低于 0.5 的，按房产建筑面积的 2 位计算土地面积并据此确定计入房产原值的地价"。该通知自发文之日起执行（2010 年 12 月 21 日）。此前规定与通知不一致的，按该通知执行。

具体计算过程和结果：

土地总成本 = 2000+200 = 2200（万元）

每平方米土地成本 = 2200÷10000 = 2200（元/m^2）

会计核算将土地成本计入"无形资产"核算，建筑物成本计入"固定资产——办公楼"核算。

容积率=6000÷10000=0.6，当容积率大于0.5时：

计算房产税的房产原价="无形资产"科目的地价+"固定资产"科目的房价=2200+2800=5000（万元）

每年应交房产税=5000万元×（1-30%）×1.2%=42（万元）

如果甲公司把1500m²房产出租，年租金130万元，其余4500m²房产自用，出租部分按租金的12%计算缴纳房产税，自用部分按下列公式计算计入房产原价的地价纳税：

计入房产原价的地价=（实际使用面积/全部建筑面积）×宗地面积×土地单价=（4500/6000）×10000×2200=1650（万元）

计入房产原价的房价=（4500/6000）×2800=2100（万元）

计算房产税的房产原价=1650+2100=3750（万元）

自用房产应交房产税=3750万元×（1-30%）×1.2%=315000（元）

自租房产应交房产税=130万元×12%=156000（元）

应交房产税合计=156000+315000=471000（元）

问题五：

接上一个问题，如果甲公司建写字楼面积为4800平方米，支付建安工程费2400万元，2011年如何缴纳房产税？

回复： 根据《财政部国家税务总局关于安置残疾人就业单位城镇土地使用税等政策的通知》（财税〔2010〕121号）的规定，应交房产税计算如下：

建筑面积为4800m²，建筑费用2400万元，则

容积率=4800÷10000=0.48，容积率小于0.5

根据（财税〔2010〕121号文件）的规定：当容积率小于0.5时，按房产建筑面积的2倍计算土地面积，并据此确定计入房产原值的地价。

计入房产原价的地价=（建筑面积×2÷土地总面积）×土地总价值

计入房产原价的地价=（4800×2/10000）×2200万=2112（万元）

应交房产税=（2400万+2112万）×（1-30%）×1.2%=37.9（万元）

（摘自中国注册税务师协会发布《房地产业纳税风险评估业务指引（试行）》）

附件：房地产企业各类合同的印花税分类和税率表

一级目录	二级目录	三级目录	内容说明	合同类别	税率
地产类	前期合同	合作协议	合作、合资等	不贴印花	
		土地合同	国有土地出让	产权转移书据	0.5‰
			土地使用权转让		
		设计合同	各类设计	勘察设计合同	0.5‰
		测绘合同	测绘测试	测绘测试合同	0.5‰
		勘察、监测合同	勘察、监测	勘察设计合同	0.5‰
		监理合同	工程监理	不贴印花	
		造价咨询合同	工程造价咨询	技术合同	0.3‰
		拆迁合同	拆迁、补偿、安置	不贴印花	1‰
			房屋租赁	财产租赁合同	
		委托拆迁合同	委托拆迁公司进行拆迁	建筑施工合同	0.3‰
		借款合同	金融机构借款	借款合同	0.05‰
			融资租赁		
			非金融机构借款	不贴印花	
	施工合同	建筑工程	主体土建或总包工程	建安合同	0.3‰
		安装工程	电梯、强电、弱电、室内给排水、环保、煤气、防雷等	建安合同	0.3‰
		装修工程	装饰、装修	建安合同	0.3‰
		市政工程	道路、排水	建安合同	0.3‰
		园林绿化	园林绿化	建安合同	0.3‰
		消防工程	消防系统安装	建安合同	0.3‰
		人防工程	地下室人防设备	建安合同	0.3‰
		白蚁防治	建筑物白蚁防治	建安合同	0.3‰
		其他	其他工程	建安合同	0.3‰
	材料设备采购合同	材料采购	购买材料	购销合同	0.3‰
		设备购买及安装	购买设备	购销合同	0.3‰
		甲供料合同	甲供料	购销合同	0.3‰
		样板房装修	装修作业	建安合同	0.3‰

(续表)

一级目录	二级目录	三级目录	内容说明	合同类别	税率
地产类	营销合同	代理合同	销售代理、广告代理、物业代理、活动代理	不贴印花	
		广告投放发布合同	投放、发布	加工承揽合同	0.5‰
		物料制作合同	印刷、现场布置、模型制作	加工承揽合同	0.5‰
		财产保险合同	财产保险	财产保险合同	1‰
		其他	开荒清洁	不贴印花	
	外委类合同	设计方案优化合同	施工图纸优化	技术合同	0.3‰
		项目可行研究合同	可行性研究、市场调研	技术合同	0.3‰
		招标代理	招标代理	不贴印花	
		法律类合同	法律代理、咨询服务	不贴印花	
		会计财税类合同	会计、审计、税务	不贴印花	
		人力资源类合同	人力资源代理、咨询服务	不贴印花	

第六节 非开发经营风险特征库

本节介绍房地产开发企业的非开发经营业务涉及纳税风险事项或涉税疑点问题，包括：投资性房地产、资产管理和长期股权投资。

一、相关概念

根据《企业会计准则》第三章第二十条之规定，投资性房地产是指为赚取租金或资本增值，或者两者兼而有之持有的房地产。可分为已出租的建筑物——指企业以经营租赁方式出租的建筑物（必须是企业拥有产权的建筑物），包括自行建造或开发完成后用于出租的房屋等；已出租的土地使用权——指企业以经营租赁方式出租的土地使用权，包括自行开发完成后用于出租的土地使用权（用于出租的土地使用权是指企业通过出让或转让方式取得的土地使用权）；持有并准备增值后转让的土地使用权——指企业取得的、准备增值后转让的土地使用权（不包括按照国家有关规定认定的闲置土地）。

资产是指企业过去的交易或者事项形成的、由企业拥有或者控制的、预期会给企业带来经济利益的资源。前款所指的企业过去的交易或者事项包括购买、生产、建造行为或其他交易或者事项；预期在未来发生的交易或者事项不形成资产；由企业拥有或者控制，是指企业享有某项资源的所有权，或者虽然不享有某项资源的所有权，但该资源能被企业所控制；预期会给企业带来经济利益，是指直接或者间接导致现金和现金等价物流入企业的潜力。

长期股权投资是指通过投资取得被投资单位的股份，最终目标是为了获得较大的经济利益，这种经济利益可以通过分得利润或股利获取，也可以通过其他方式取得。

二、投资性房地产的会计处理

房地产开发企业持有并准备增值后出售的房屋不属于投资性房地产，应作为存货处理。通过对投资性房地产的会计核算进行分析，对业务流程中可能存在的税务风险归纳如下。

（一）投资性房地产的确认和初始计量

1. 确认：符合投资性房地产的概念，并同时满足下列条件：

（1）与该投资性房地产相关的经济利益很可能流入企业。

（2）该投资性房地产的成本能够可靠地计量。

2. 投资性房地产应当按照成本进行初始计量

（1）外购投资性房地产的成本：包括购买价款、相关税费和可直接归属于该资产的其他支出。

（2）自行建造投资性房地产的成本：由建造该项资产达到预定可使用状态前所发生的所有必要支出构成。

备注：建造过程中发生的非正常性损失，直接计入当期损益，不计入建造成本。

（3）非投资性房地产转变为投资性房地产的成本：应按照"投资性房地产转换"的原则来确定（详见后述）。

（二）投资性房地产的后续计量

后续计量原则：通常应当采用成本模式进行后续计量，也可采用公允价值计量模式，但同一企业只能采用一种模式，不得同时采用两种模式。

1. 在成本模式下，应当按照固定资产或无形资产的有关规定，对投资性房地产进行后续计量，按期（月）计提折旧或摊销，存在减值迹象的，按照资产减值的有关规定处理。

（1）计提折旧或摊销时：

借：其他业务成本

　　贷：投资性房地产累计折旧（摊销）

（2）计提减值准备时：

借：资产减值损失

贷：投资性房地产减值损失

（3）取得租金收入：

借：银行存款

　　贷：其他业务收入

2. 企业只有存在确凿证据表明投资性房地产的公允价值能够持续可靠取得的，才可以采取公允价值模式对投资性房地产进行后续计量。

（1）公允价值上升：

借：投资性房地产——公允价值变动

　　贷：公允价值变动损益

（2）公允价值下降：

借：公允价值变动损益

　　贷：投资性房地产——公允价值变动

（3）取得租金收入：

借：银行存款

　　贷：其他业务收入

（三）投资性房地产的转换

1. 转换条件：企业有确凿证据表明房地产用途发生改变，满足下列条件之一的，应当将投资性房地产转换为其他资产或将其他资产转换为投资性房地产：

（1）投资性房地产开始自用。

（2）作为存货的房地产，改为出租。

（3）自用土地使用权停止自用，改用于赚取租金或资本增值。

（4）自用建筑物停止自用，改为出租。

2. 转换日的确定

（1）投资性房地产开始自用：转换日为房地产达到自用状态，企业开始将房地产用于生产产品，提供劳务或者经营管理的日期。

（2）作为存货的房地产改为出租，或者自用建筑物或土地使用权停止自用改为出租：转换日应当为租赁日期开始日。

（3）自用土地使用权停止自用，改用于资本增值：转换日为自用土地使用权停止自用后确定用于资本增值的日期。

3. 转换的会计处理

（1）采用成本模式计量的投资性房地产转换为自用房地产，应按照该项投资性房地产在转换日的账面价值、累计折旧、减值准备等分别转入"固定资产""累计折旧""固定资产减值准备"等科目。

借：固定资产

投资性房地产累计折旧
投资性房地产减值准备
贷：投资性房地产
　　累计折旧
　　固定资产减值准备

（2）采用成本模式对非投资性房地产转换为投资性房地产：

① 作为存货的房地产转为投资性房地产

借：投资性房地产（存货在转换日的面价值）
　　存货跌价准备（已计提的跌价准备）
贷：开发产品（面余额）

② 自用房地产转换为投资性房地产

借：投资性房地产
　　累计折旧或累计摊销
　　固定资产减值准备或无形资产减值准备
贷：固定资产或无形资产
　　投资性房地产累计折旧（摊销）
　　投资性房地产减值准备

（四）投资性房地产的处置

1. 出售或转让的

借：银行存款（实际收到的金额）
贷：其他业务收入

借：其他业务成本
　　投资性房地产累计折旧（摊销）
　　投资性房地产减值准备
贷：投资性房地产

2. 报废或毁损的

借：待处理财产损溢
　　投资性房地产累计折旧（摊销）
　　投资性房地产减值准备
贷：投资性房地产

报经批准后处理：

借：工程物资/银行存款（按材料价值变现或变价收入）
　　其他应收款（可收回的赔偿款）
　　其他业务成本（差额）

贷：待处理财产损溢

三、投资性房地产的风险特征库

（一）持有投资性房地产期间未按规定申报纳税，可能存在少缴税款的风险

涉及税种：增值税、城建税及附加、房产税、企业所得税

风险描述：企业持有投资性房地产期间，出租房产取得房产租金收入，未从租计算缴纳增值税、房产税，未出租房产未从价计算缴纳房产税，存在少缴增值税及附加、房产税和企业所得税的风险。

应对指引：查看企业"投资性房地产""主营业务收入""其他业务收入"科目，结合相关租赁合同准确划分租赁和未租赁部分，查看企业房产租金收入收取情况，比对企业申报增值税、房产税资料，核查企业是否存在少缴增值税、房产税的风险。

政策依据：《关于全面推开营业税改征增值税试点的通知》（财税〔2016〕36号）附件1《营业税改征增值税试点实施办法》第一条、第十五条、第三十七条；《中华人民共和国房产税暂行条例》第三条。

（二）租赁合同未按规定申报缴纳印花税，存在少缴印花税的风险

风险描述：出租房产并签订房产租赁合同，未申报缴纳租赁合同印花税，存在少缴印花税的风险。

应对指引：核查"主营业务收入""其他业务收入"科目明细，查看企业是否收取房产租金收入，查看企业申报租赁合同印花税情况，核查企业是否存在少缴印花税的风险。

政策依据：《中华人民共和国印花税暂行条例》。

（三）经营性租赁或融资租赁未按规定核算租金收入，存在少缴款税的风险

涉及税种：增值税、城建税及附加、企业所得税、房产税

风险描述：企业将待售开发产品转作投资性房地产，先以经营性租赁方式租出或以融资租赁方式租出以后再出售的，租赁期间取得的价款未按租金确认收入，出售时未按销售资产确认收入。

应对指引：审查"其他业务收入""应付账款"明细，租赁合同（或租赁预约协议）和销售合同，了解开发产品的实际经营情况。

政策依据：《关于全面推开营业税改征增值税试点的通知》（财税〔2016〕36号）附件1《营业税改征增值税试点实施办法》第一条、第十五条、第三十七条；《中华人民共和国企业所得税法》第六条第六款；《国家税务总局关于印发〈房地产开发经营

业务企业所得税处理办法〉的通知》(国税发〔2009〕31号)第十条;《中华人民共和国房产税暂行条例》(国发〔1986〕90号)第二条至第四条。

(四)以租抵债未按规定核算,存在少缴款税的风险

涉及税种:增值税、城建税及附加、企业所得税、房产税

风险描述:房地产企业将待售开发产品转作投资性房地产,出租收入抵顶工程款、抵顶银行贷款利息,未确认收入。

应对指引:审查"其他业务收入""应付账款"明细,租赁合同(或租赁预约协议)和销售合同,了解开发产品的实际经营情况。

政策依据:《中华人民共和国营业税暂行条例》第一条;《关于全面推开营业税改征增值税试点的通知》(财税〔2016〕36号)附件1《营业税改征增值税试点实施办法》第一条、第十五条、第三十七条;《中华人民共和国企业所得税法》第六条第六款;《国家税务总局关于印发〈房地产开发经营业务企业所得税处理办法〉的通知》(国税发〔2009〕31号)第十条;《中华人民共和国房产税暂行条例》(国发〔1986〕90号)第二条至第四条。

(五)待售开发产品以明显低于市场的价格出租给关联企业,存在少缴款税的风险

涉及税种:增值税、城建税及附加、企业所得税、房产税

风险描述:企业将待售开发产品以明显低于市场的价格出租给关联企业,未按规定确认收入和计算缴纳税款。

应对指引:审查"其他业务收入""应付账款"明细,租赁合同(或租赁预约协议)和销售合同,了解开发产品的实际经营情况。

政策依据:《中华人民共和国营业税暂行条例》第一条;《关于全面推开营业税改征增值税试点的通知》(财税〔2016〕36号)附件1《营业税改征增值税试点实施办法》第一条、第十五条、第三十七条、第四十四条;《中华人民共和国企业所得税法》第六条第六款、第四十一条;《国家税务总局关于印发〈房地产开发经营业务企业所得税处理办法〉的通知》(国税发〔2009〕31号)第十条;《中华人民共和国房产税暂行条例》(国发〔1986〕90号)第二条至第四条。

(六)将投资性房地产(待出售)转回开发成本或开发产品时,虚增开发成本或开发产品,存在少缴企业所得税的风险

涉及税种:企业所得税

风险描述:企业将投资性房地产转回开发成本或开发产品时,将持有期间的公允价值变动一并转入,虚增开发成本或开发产品,存在少缴企业所得税的风险。

应对指引:核查企业"投资性房地产""公允价值变动损益""开发成本""开发

产品"等科目,查看企业是否将公允价值变动损益转入成本,结合企业申报企业所得税纳税调整情况,确认企业是否存在少缴企业所得税的风险。

政策依据:《中华人民共和国企业所得税法》第八条。

四、固定资产的会计处理

资产按照不同的分类标准,可以分为不同的类别。按耗用期限的长短,可分为流动资产和长期资产;根据具体形态,长期资产还可以作进一步的分类;按是否有实体形态,可分为有形资产和无形资产。目前,在我国会计实务中,综合这几种分类标准,将资产分为流动资产、长期投资、固定资产、无形资产、递延资产等类别。

(一) 外购固定资产

1. 购入不需要安装的固定资产,会计处理如下:

借:固定资产
　　应交税费——应交增值税(进项税额)
　贷:银行存款等

2. 购入需要安装的固定资产,会计处理如下:

借:在建工程
　　应交税费——应交增值税(进项税额)
　贷:银行存款/应付职工薪酬
借:固定资产
　贷:在建工程

(二) 自行建造固定资产

1. 自营方式建造固定资产

(1) 企业为建造固定资产准备的各种物资应当按照实际支付的买价、运输费、保险费等相关税费作为实际成本。

(2) 建设期间发生的工程物资盘亏、报废及毁损,减去残料价值以及保险公司、过失人等赔款后的净损失,计入所建工程项目的成本;盘盈的工程物资或处置净收益,冲减所建工程项目的成本。工程完工后发生的工程物资盘盈、盘亏、报废、毁损,计入当期损益。

(3) 建造固定资产领用工程物资、原材料或库存商品,应按其实际成本转入所建工程成本。自营方式建造固定资产应负担的职工薪酬、辅助生产部门为之提供的水、电、修理、运输等劳务,以及其他必要支出等也应计入所建工程项目的成本。

(4) 符合资本化条件,应计入所建造固定资产成本的借款费用按照《企业会计准则第17号——借款费用》的有关规定处理。

(5) 企业以自营方式建造固定资产,发生的工程成本应通过"在建工程"科目核算，工程完工达到预定可使用状态时，从"在建工程"科目转入"固定资产"科目。

（6）所建造的固定资产已达到预定可使用状态，但尚未办理竣工结算的，应当自达到预定可使用状态之日起，根据工程决算、造价或者工程实际成本等，按暂估价值转入固定资产，并按有关计提固定资产折旧的规定，计提固定资产折旧。待办理竣工决算手续后再调整原来的暂估价值，但不需要调整原已计提的折旧额。

2. 出包方式建造固定资产

企业以出包方式建造固定资产，其成本由建造该项固定资产达到预定可使用状态前所发生的必要支出构成，包括发生的建筑工程支出、安装工程支出、以及需分摊计入各固定资产价值的待摊支出。

（三）固定资产折旧

借：管理费用
　　销售费用
　　制造费用
　贷：累计折旧

（四）固定资产后续支出

1. 资本化的后续支出

与固定资产有关的更新改造等后续支出，符合固定资产确认条件的，应当计入固定资产成本，同时将被替换部分的面价值扣除。企业将固定资产进行更新改造的，应将相关固定资产的原价、已计提的累计折旧和减值准备转销，将固定资产的面价值转入在建工程，并停止计提折旧。固定资产发生的可资本化的后续支出，通过"在建工程"科目核算。待固定资产发生的后续支出完工并达到预定可使用状态时，再从在建工程转为固定资产，并按重新确定的固定资产入账价值、使用寿命、预计净残值和折旧方法计提折旧。

2. 费用化的后续支出

对固定资产修理费用等后续支出，不符合固定资产确认条件的，应当根据不同情况分别在发生时计入当期管理费用或销售费用等。企业生产车间和行政管理部门使用固定资产发生的维修费用计入管理费用。

企业以经营租赁方式租入的固定资产发生的改良支出，应予以资本化，作为长期待摊费用，合理进行摊销。

（五）固定资产的处置

企业出售、转让、报废固定资产或发生固定资产毁损，应当将处置收入扣除账面价值和相关税费后的金额计入当期损益。

固定资产处置一般通过"固定资产清理"科目进行核算，首先将固定资产账面净

值转入"固定资产清理":

　　借:固定资产清理
　　　　累计折旧
　　　　固定资产减值准备
　　贷:固定资产(原值)

后续清理支付的清理费用、计算缴纳的相关税费计入"固定资产清理"借方,清理变价收入、残料收入、保险公司、责任人赔偿等计入"固定资产清理"贷方。清理结束后,贷方余额表示清理净收益,转入营业外收入;借方余额表示清理净损失,转入营业外支出。

五、固定资产相关税收风险特征库

对固定资产的会计核算进行分析,对业务流程中可能存在的税务风险进行归纳如下:

（一）自建固定资产建设期发生的工程物资盘亏、报废、损毁的净损失未按规定计入在建工程直接在当期税前列支,存在少缴税款的风险

涉及税种:增值税、企业所得税

风险描述:自建固定资产建设期发生的工程物资盘亏、报废、损毁的净损失未按规定计入在建工程直接在当期税前列支风险。其中工程物资属于非正常损失的部分未做进项转出。

应对指引:审核"工程物资""在建工程""营业外支出"等科目,了解固定资产建设过程中是否发生了工程物资的盘亏、报废和损毁的情况,如有发生,则进一步核实企业的会计核算是否准确,是否已将净损失计入在建工程,同时可以对"营业外支出"科目进行对比,查看企业是否将净损失计入了当期的营业外支出进行税前扣除。

政策依据:《关于全面推开营业税改征增值税试点的通知》(财税〔2016〕36号)附件1《营业税改征增值税试点实施办法》第二十八条;附件2《营业税改征增值税试点有关事项的规定》第二条第一项第五款;《中华人民共和国企业所得税法实施条例》第五十八条。

（二）固定资产更新改造支出,未按规定计入固定资产原值重新计算折旧,直接税前列支减少发生期应纳税所得额,存在少缴税款的风险

涉及税种:企业所得税、房产税

风险描述:固定资产更新改造支出未按规定计入固定资产原值重新计算折旧,直接税前列支减少发生期应纳税所得额风险。

应对指引:实地走访、了解企业是否存在固定资产更新改造或大修理的情况,如

存在，则重点审核"固定资产""在建工程""工程物资"等科目，核查企业是否按照规定将更新改造或大修理的固定资产账面净值转入"在建工程"并归集更新改造成本，待固定资产重新达到预计可使用状态后是否按照规定重新转入固定资产并计算折旧额，同时可查看"营业外支出""管理费用""销售费用"等科目，核实企业是否存在将应资本化的固定资产更新改造支出计入了当期的营业外支出或期间费用而税前列支的情况。

政策依据：《中华人民共和国企业所得税法实施条例》第六十八条、第六十九条。

（三）将会所、物业管理场所等配套设施转为自用，未按照相关的规定处理，可能存在少缴税款的风险

涉及税种：企业所得税、房产税、土地增值税

风险描述：房地产企业将会所、物业管理场所等配套设施转为自用时，未在次月开始按自用固定资产原值计算申报缴纳房产税，年终企业所得税汇算清缴未做纳税调整，土地增值税清算扣除未做纳税调整。

应对指引：实地核查企业办公用房的使用情况，查看企业申报缴纳房产税情况，审核企业所得税成本结转情况，复核土地增值税扣除项目金额，核查企业是否存在少缴房产税、企业所得税、土地增值税的风险。

政策依据：《国家税务总局关于印发〈房地产开发经营业务企业所得税处理办法〉的通知》（国税发〔2009〕31号）第十七条；《中华人民共和国土地增值税暂行条例》；《国家税务总局关于房产税城镇土地使用税有关政策规定的通知》（国税发〔2003〕89号）第二条。

（四）产权归属开发企业的公建配套设施未纳入固定资产管理，可能存在少缴税款的风险

涉及税种：企业所得税、房产税

风险描述：在开发小区内建造的会所、售楼部、停车场库、物业管理场等产权归开发企业所有的，未按固定资产进行账务处理。部分产权归属开发企业的公建配套未单独作为成本核算对象，其开发成本由其他开发商品分摊。

应对指引：实地走访，调阅报建资料，了解相关配套设施的产权归属；审查"开发产品""固定资产""累计折旧"等科目，了解企业对于相关配套设施的核算情况。

政策依据：《国家税务总局关于印发〈房地产开发经营业务企业所得税处理办法〉的通知》（国税发〔2009〕31号）第十七条第二款；《中华人民共和国房产税暂行条例》第二至四条。

（五）经营租赁的固定资产发生的改建、装修等支出未按规定摊销，可能存在少缴企业所得税的风险

涉及税种：企业所得税

风险描述：经营租赁的固定资产发生的改建、装修等支出未按规定在租赁期内摊销，一次性税前列支风险。

应对指引：通过实地走访、岗位访谈等了解企业是否存在经营租赁办公场所、厂房、仓库、生产设备等固定资产的情况，如存在，则可进一步审阅"长期待摊费用""管理费用""销售费用"等科目，核实企业是否按照规定将租入资产的改建、装修等支出计入长期待摊费用并在租赁期内分期摊销，是否存在将相关支出一次性列入当期管理费用或销售费用税前列支的情况。

政策依据：《中华人民共和国企业所得税法》第十三条；《中华人民共和国企业所得税法实施条例》第六十九条和第七十条。

（六）将产权属于本企业房屋投入使用前金额较大的装修费一次性直接计入当期费用，可能存在少缴企业所得税的风险

涉及税种：企业所得税

风险描述：将产权属于本企业房屋投入使用前的装修费一次性直接计入当期费用，存在少缴企业所得税的风险。

应对指引：审查"固定资产""长期待摊费用""管理费用""销售费用"等科目，了解企业是否存在将自有产权的装修费用计入当期费用一次性税前列支的情况。

政策依据：《中华人民共和国企业所得税法》第十三条、《中华人民共和国企业所得税法实施条例》第五十八条。

六、长期股权投资的会计处理

（一）房地产企业将土地使用权作价对外投资取得其他公司股权

一般情况下，这类交易具有商业实质，按公允价值进行会计处理。转出土地使用权时：

借：长期股权投资
 贷：无形资产——土地使用权
   营业外收入
   应交税费——应交增值税（销项税额）

备注："长期股权投资"的金额为土地使用权的公允价值及相关税费；"营业外收入"的金额应为换出资产公允价值与其面价值的差额；"应交税费——应交增值税（销项税额）"的税基为换出资产的公允价值。

（二）房地产企业将开发商品作价对外投资取得其他公司股权

这类交易具有商业实质，按公允价值进行会计处理，需要申报缴纳相关税费。转出开发商品时：

借：长期股权投资
  贷：主营业务收入
      应交税费——应交增值税（销项税额）
      应交税费——应交城建税及附加

同时结转销售成本：

借：主营业务成本
  贷：开发产品

(三)"长期股权投资"的后续计量及投资收益的会计核算

1. 成本法的核算

(1) 被投资单位宣告发放现金股利：

借：应收股利（按照持股比例计算享受被投资单位宣告发放的现金股利或利润）
  贷：投资收益

(2) 计提减值准备：

借：资产减值准备
  贷：长期股权投资减值准备

2. 权益法的核算

(1) 初始投资成本的调整

长期股权投资的初始投资成本大于投资时应享有被投资单位可辨认净资产公允价值份额的，不调整长期股权投资的初始投资成本；长期股权投资的初始投资成本小于投资时应享有被投资单位可辨认净资产公允价值份额的，应按其差额调整，会计处理如下：

借：长期股权投资——投资成本
  贷：营业外收入

(2) 投资收益的确认

被投资单位实现净利润时，

借：长期股权投资——损益调整
  贷：投资收益

被投资单位发生净亏损时，

借：投资收益
  贷：长期股权投资——损益调整

(3) 被投资单位宣告分配现金股利或利润

借：应收股利
  贷：长期股权投资——损益调整

(4) 超额亏损的确认

投资企业确认应分担被投资单位发生的净亏损，应当以长期股权投资的账面价值以及其他实质上构成对被投资单位净投资的长期权益减记至零为限，投资企业负有承担额外损失义务的除外。

(5) 其他综合收益的处理

被投资单位其他综合收益发生变动的，投资方应当按照归属于本企业的部分，相应调整长期股权投资的账面价值，同时增加或减少其他综合收益。

借：长期股权投资——其他综合收益
　　贷：其他综合收益

七、长期股权投资税收风险特征库

(一) 投资收益不符合免税收入条件而作为享受优惠的风险

涉及税种：企业所得税

风险描述：企业申报的免税收入中包含连续持有居民企业公开发行并上市流通的股票不足 12 个月取得的投资收益，存在不符合税收优惠政策的风险。

应对指引：核实企业年度申报表附表《符合条件的居民企业之间的股息、红利等权益性投资收益优惠明细表（A107011）》中是否有享受该项优惠政策的申报收入；如企业有申报享受该项税收优惠政策，则应就其申报享受免税优惠的投资收益逐项核对，核实是否包括连续持有居民企业公开发行并上市流通的股票不足 12 个月取得的投资收益。

政策依据：《中华人民共和国企业所得税法》第二十六条；《中华人民共和国企业所得税法实施条例》第八十三条。

(二) 股权转让合同或协议，未缴纳印花税的风险

风险描述：购买或转让股权时签订了合同或协议，未申报产权转移书据印花税，存在少缴税的风险。

应对指引：核查企业"长期股权投资"科目明细，当期是否有增加或减少初始投资成本，查看相应的合同或协议，确认企业是否存在少缴印花税或已缴未划销的风险。

政策依据：《国家税务总局关于印花税若干具体问题的解释和规定的通知》（国税发〔1991〕155 号）第十条。

(三) 将土地使用权作价对外投资取得其他公司股权时，未根据转出土地使用权的公允价值确认收入，存在少缴税款的风险

涉及税种：增值税、企业所得税、城建税及附加、土地增值税

风险描述：房地产企业将土地使用权作价对外投资取得其他公司股权时，未根据转出土地使用权的公允价值计算的风险。

应对指引：审核对外投资合同或协议，关注合同或协议对于投出土地作价的约定条款，审核企业对于用土地对外投资获取股权业务的账务处理，是否符合会计核算的规定，是否按照土地公允价值与账面价值间的差额确定营业外收入，并按照转出土地公允价值计算应纳增值税额。

政策依据：《关于全面推开营业税改征增值税试点的通知》（财税〔2016〕36号）附件1《营业税改征增值税试点实施办法》第十四条；《中华人民共和国企业所得税法实施条例》第二十五条、《国家税务总局关于印发〈房地产开发经营业务企业所得税处理办法〉的通知》（国税发〔2009〕31号）第七条；《财政部 国家税务总局关于土地增值税若干问题的通知》（财税〔2016〕21号）第五条。

（四）将开发产品作价对外投资取得其他公司股权时，未按转出开发产品的公允价值确认收入并计税，存在少缴税款的风险

涉及税种：增值税、企业所得税、城建税及附加、土地增值税

风险描述：房地产企业将开发产品作价对外投资取得其他公司股权时，未按转出开发产品的公允价值确认收入并计税风险。

应对指引：审核对外投资合同或协议，关注合同或协议对于投出开发产品的约定条款，审核企业对于用开发产品对外投资获取股权业务的会计务处理，重点关注"开发产品"对应科目不为"主营业务成本"的核算对应的业务，审核企业是否对转出的开发产品按照公允价值确认收入并计算缴纳相关税费。

政策依据：《关于全面推开营业税改征增值税试点的通知》（财税〔2016〕36号）附件1《营业税改征增值税试点实施办法》第十四条；《国家税务总局关于印发〈房地产开发经营业务企业所得税处理办法〉的通知》（国税发〔2009〕31号）第七条；《财政部 国家税务总局关于土地增值税若干问题的通知》（财税〔2016〕21号）第五条。

第九章 模型应用与涉税疑点核实

本章核心是介绍涉税疑点问题的核实,非常有必要先将税收风险管理应对和纳税评估疑点问题核实的异同、区别和关系,讲清楚、搞清楚、弄清楚。此时此刻,甲行家财税时间数轴分析法又派上用场了。

2005年3月,国家税务总局颁布实施《纳税评估管理办法(试行)》,明确经纳税评估分析发现涉税疑点或问题的核实方式:税务约谈、实地调查核实、反避税调查和税务稽查。

2008年9月,国家税务总局大企业税收管理司成立,大企业税收管理司是国家税务总局主管大企业税收管理和服务的职能部门,提出对45家定点联系大企业集团实施税收风险管理和税务审计。

2014年9月,国家税务总局下发《国家税务总局关于加强税收风险管理工作的意见》明确对风险识别分析发现的税收风险事项采取以下方式应对:风险提醒、纳税评估、税务审计、反避税调查和税务稽查等。

2016年6月,国家税务总局颁布实施《纳税人分类分级管理办法》,明确"风险应对主要包括风险提示提醒、纳税评估(或税务审计、反避税调查,下同)、税务稽查事项。"

全国推行税源专业化管理而实施纳税评估工作在先,试行大企业税收风险管理和税务审计在后,将近十年后,全国推行以纳税评估为核心的税收风险管理工作。纳税评估的工作流程和核心事项是与税收风险管理的工作环节和核心事项几乎完全相同的,区别只是实施主体不同:自下而上的"单兵作战"的纳税评估工作是由区县局和税源管理所(股)来实施,由税收管理员一人或少数几人完成;自上而下的"团队管理"的税收风险管理工作是由总局(省局)统筹,总局和省局统筹数据采集、风险识别分析,推送地市(县)局和税务所(股)实施风险应对和结果反馈,由四级机构众多人员共同参与才完成的。相关论述请查阅《纳税评估理论与实务》(上下册)(贾忠华著,台海出版社2020年1月版)。

第一节　风险提示提醒

风险提示提醒是税收风险管理的风险应对方式之一,是由纳税服务部门针对风险等级较低的风险事项,通过邮件、信函或短信息等方式告知,或者是组织纳税辅导,帮助纳税人或扣缴义务人对其存在的税收风险事项进行自查自纠,这与纳税评估的涉税疑点核实之函告基本相同。

一、税收风险应对方式概述

税收风险应对是针对风险识别分析后发现纳税人的税收风险事项(涉税疑点指向)或纳税不遵从行为进行核实并纠正的过程。也是帮助或促进纳税人主动遵从的过程。在国家税务总局(税总发〔2014〕105号)文件中,相关规定如下:"(五)组织风险应对。要按纳税人区域、规模和特定事项等要素,合理确定风险应对层级和承办部门。风险应对过程中,可采取风险提醒、纳税评估、税务审计、反避税调查、税务稽查等差异化应对手段。风险应对任务应扎口管理并统一推送下达。"

首先,税收风险应对要分级应对,高等级的风险需要实施税务稽查和反避税调查,中等级的风险需要实施大企业(千户集团及成员单位)的税务审计和非大企业的税务约谈或实地调查核实,低等级风险需要进行风险提示提醒或纳税辅导。其次,要分对象应对,大企业(千户集团及成员单位)的税务审计和非大企业的纳税评估。目前,大企业税务审计被淡化,也实施税务约谈,这是错误的。唯"求质保量"的税务审计,才是大企业税收风险管理的唯一出路。

国家税务总局《纳税人分类分级管理办法》(税总发〔2016〕99号)相关规定:

"第十八条　风险管理事项是指围绕分析确认纳税人税法遵从状况而开展的税收管理事项,主要包括数据集中管理、风险管理规划、风险分析识别、风险任务管理、风险应对、风险应对过程监控、效果评价、风险分析工具设计维护等事项。其中数据集中管理主要包括数据存储、数据加工、数据交换、数据调度等事项;风险应对主要包括风险提示提醒、纳税评估(或税务审计、反避税调查,下同)、税务稽查事项。"

国家税务总局《千户集团税收风险管理工作规程(试行)》(税总发〔2017〕128号)的规定:

"**第四章　推送应对**

第二十八条　税务总局大企业税收管理司将风险应对任务通过税务总局税收风险管理工作领导小组办公室(以下简称"总局风险办")统一推送至省税务机关税收风险管理工作领导小组办公室(以下简称"省局风险办"),并抄送相关省税务机关大企业税收管理部门。

第二十九条 省税务机关大企业税收管理部门应当主动对接省局风险办，认真研究税务总局推送的千户集团税收风险应对任务并形成应对方案，以省、市税务机关为主，实施专业化应对。

对于重大或复杂涉税事项的风险应对任务，由省税务机关组织开展应对。

第三十条 风险应对人员开展风险应对任务前，应当以风险分析报告为基础，了解企业的生产经营情况、所属行业特点、财务会计制度和会计核算软件，熟悉相关税收政策。

第三十一条 风险应对人员可以通过查阅案头资料、税务约谈等方法，对风险分析报告中的涉税风险点进行核实。

开展税务约谈时，应当向纳税人出具《税务事项通知书》（附件×），由两名以上风险应对人员共同参加，并制作《千户集团税收风险应对工作底稿》（附件×）。

第三十二条 查阅案头资料和税务约谈中发现的必须到纳税人生产经营现场了解情况的，应当按照相关规定统筹进行实地核实。实地核实过程中发现纳税人其他税收风险点的，应当一并进行处理。

第三十三条 风险应对人员发现纳税人有逃避缴纳税款、骗取出口退税或其他需要立案查处的税收违法行为嫌疑的，应当将发现的问题及相关资料，制作《移交税务稽查情况表》（附件×），移交同级税务稽查部门处理。

第三十四条 风险应对人员发现纳税人有需要反避税部门处理的特别纳税调整问题，应当将发现的问题及相关资料，制作《移交反避税情况表》（附件×），移交同级反避税管理部门处理。

第三十五条 对风险应对中确认的税收风险点，风险应对部门应当督促纳税人进行整改。对涉及补缴税款、滞纳金的，依法组织入库。"

关于税收风险应对手段需要强调的是纳税评估。应该区别对待或分别表述：对于大企业和重点税源纳税人是纳税评估的税务约谈，即对大企业和重点税源纳税人风险应对过程中，可采取风险提醒、税务约谈（实地调查）、税务审计、反避税调查、税务稽查等差异化应对手段。大企业税收管理部门实施风险应对的基本原则是"以税务审计为主、辅助实施税务约谈"；对于一般税源纳税人、个体工商户和自然人是纳税评估，即对于一般税源纳税人、个体工商户和自然人的税收风险应对过程中，可采取风险提醒、纳税评估、反避税调查、税务稽查等差异化应对手段。

二、风险提醒

税收风险提醒（提示）是指税务部门为强化税源管理，促进纳税人如实申报纳税，利用通信工具、网络平台、信函和风险提示辅导等方式，通过预先设立的预警指标对纳税人的低等级风险涉税事项（风险点）进行提示或政策讲解，告知纳税人潜在税收风险，要求纳税人根据提示内容进行自查并自行改正，帮助纳税人合理规避税收风险的一种风险应对管理措施。

例如，长期以来税收征管中的"迟报催缴"工作。迟报是指未按时纳税申报，催缴是指未按时解缴税款，属于事中提醒纳税服务措施。相关法律依据是《中华人民共和国税收征收管理法》第二十五条和第三十二条的规定："第二十五条 纳税人必须依照法律、行政法规规定或者税务机关依照法律、行政法规的规定确定的申报期限、申报内容如实办理纳税申报，报送纳税申报表、财务会计报表以及税务机关根据实际需要要求纳税人报送的其他纳税资料。

扣缴义务人必须依照法律、行政法规规定或者税务机关依照法律、行政法规的规定确定的申报期限、申报内容如实报送代扣代缴、代收代缴税款报告表以及税务机关根据实际需要要求扣缴义务人报送的其他有关资料。

……

第三十二条 纳税人未按照规定期限缴纳税款的，扣缴义务人未按照规定期限解缴税款的，税务机关除责令限期缴纳外，从滞纳税款之日起，按日加收滞纳税款万分之五的滞纳金。"

税收风险提醒（提示）适用于低等级风险涉税事项的应对。纳税服务部门接到推送的税收风险应对任务后，根据情况可采取以下方式开展税收风险提示工作：

（一）纳税辅导。风险应对人员发现多个纳税人存在同类风险点，可根据实际情况经所长审批后召开税收政策宣传辅导会，提示纳税人存在的涉税风险，对相关政策进行讲解并提出整改措施或补救建议。

（二）通讯提示。风险应对人员根据风险点的情况通过电话、手机短信、传真等形式，提示纳税人存在的风险并提出整改措施或补救建议。

（三）网络提示。风险应对人员根据风险点的情况通过电子邮件、网络即时通信工具等形式，提示纳税人存在的涉税风险并提出整改措施或补救建议。

（四）信函提示。风险应对人员根据风险点的情况填写《税务事项通知书》，通过挂号信或邮政速递等形式，提示纳税人存在的涉税风险并提出整改措施或补救建议。

纳税人要根据税务部门提示的内容和要求及时进行自查，将《纳税情况自查报告表》和证明资料交回风险应对部门。风险应对人员审核纳税人提交的《纳税情况自查报告表》和证明资料，提出处理建议，经主管领导审批后按下列情形进行处理：

（一）纳税人自查报告内容合理解释风险点，不存在涉及补税问题，风险应对人员填写《税收遵从风险管理报告——风险应对工作底稿》《税收遵从风险管理报告——风险反馈工作底稿》。

（二）纳税人自查报告内容合理解释风险点，存在涉及补税问题，风险应对人员开具《税收缴款书》，收到纳税人完税凭证复印件后，填写《税收遵从风险管理报告——风险应对工作底稿》《税收遵从风险管理报告——风险反馈工作底稿》。

（三）纳税人自查报告内容和提供的有关资料无法排除其涉税风险点，风险应对人员应提请转入税务约谈或实地调查核实。

税收风险提醒（提示）工作过程中产生的资料与风险管理相关资料一并归档。主要资料包括：《税务事项通知书》、《纳税情况自查报告表》、完税凭证复印件、相关证明资料等。

对纳税评估分析发现涉税疑点或问题实施税务函告，就是税收风险提示提醒工作。

例如：HR公司在2019年10月23日前，未进行房产税和城镇土地使用税纳税申报，10月25日，主管税务所打电话通知其及时履行纳税申报并对迟申报行为处以罚款100元。可以不打电话：发邮件、发短信、发信函或《税务事项通知书》。

税收风险提醒（提示）的事项，一般是简单的、明确的、不需要举证说明的。纳税人对提示提醒事项的自查自纠结果承担法律责任！

三、风险提醒是典型的税务行政指导

2004年，国务院发布《全面推进依法行政实施纲要》，提出"要充分运用间接管理、动态管理和事后监督管理等手段对经济和社会事务实施管理；充分发挥行政规划、行政指导、行政合同等方式的作用"，开启了服务型政府法治化建设进程。2017年10月，党的十九大报告中指出"……深化机构和行政体制改革。转变政府职能，深化简政放权，创新监管方式，增强政府公信力和执行力，建设人民满意的服务型政府。"因此，行政指导被广泛运用并已经成为建立服务型政府的重要标志和手段之一。

在税收征管领域，2009年9月，《全国税务系统2010—2012年纳税服务工作规划》确立了建立"始于纳税人需求，基于纳税人满意，终于纳税人遵从"的纳税服务新格局。此后，《国家税务总局关于进一步深化税务行政审批制度改革工作的意见》（税总发〔2015〕102号）提出"……注重运用法治思维和法治方式加强后续管理，善于通过行政指导、行政疏导、行政服务等柔性治理方式引导纳税人遵从税法……提高依法行政水平，增强税务机关的公信力和执行力，提高后续管理的法治化水平"；国家税务总局关于印发《"十三五"时期税务系统全面推进依法治税工作规划》的通知（税总发〔2016〕169号）在附件"十三五"时期税务系统全面推进依法治税部分重点工作任务分解表"中明确"20.创新税收执法方式。探索运用行政指导、行政奖励、说服教育、调解疏导、劝导示范等非强制性执法手段。"即，在"始于纳税人需求，基于纳税人满意，终于纳税人遵从"的纳税服务理念下，非强制性的税务行政指导行为正在成为税务部门提高依法行政水平，增强公信力和执行力的工作重点。

反映到大企业税收管理领域，国家税务总局于2008年9月成立了大企业税收管理

司，以满足大企业需求为导向，提供更为专业化和精准的个性化的纳税服务，从而引导、帮助大企业的自觉遵从。根据随后制定颁布的《加强大企业纳税服务工作意见》及《工作规程》，税务部门应向大企业提供政策宣传和辅导服务，应当提醒大企业防控可能发生的税务风险，对大企业进行税务约谈等。上述"宣传、辅导、提醒、约谈"等行为系税务部门为实现税收征管目的，对相对人作出的特定行为而作出的引导，不具有强制性，其性质属于税务行政指导。

税务行政指导不是具体行政行为，不具有强制性。

首先，税务行政指导是税务部门行使行政职权的行为，其职权依据来自法律、法规、规章授权。对非根据行政职权而作出的指导行为非属行政指导，例如：行政机关与相对方签订民事合同的过程中，对相对人作出的指导即非属行政指导，原因在于，行政机关此时的身份属性与相对人一致即均为平等的民事主体。

其次，税务行政指导不具有强制性，相对人可以自行决定接受或不接受该税务行政指导，并承担相应后果，税务部门不能强制相对人接受或服从税务行政指导而必须要作为。

最后，税务行政指导不是具体行政行为，不属于税务行政复议和诉讼受案范围。不接受行政复议、行政诉讼的审查与监督。对于行政指导的性质，《最高人民法院关于执行〈中华人民共和国行政诉讼法〉若干问题的解释》第一条第二款第四项作出了权威性论断，即"公民、法人或者其他组织对不具有强制力的行政指导行为不服提起诉讼的，不属于人民法院行政诉讼的受案范围"。

四、开展风险提醒服务工作流程

(一) 税务部门

1. 接收任务。根据税收风险应对工作的要求，接收本部门风险提醒任务，确定提醒对象，拟定实施意见，制定分配计划。

2. 准备资料。准备低风险纳税人《风险识别报告》《税收风险提醒告知书》等相关资料。

3. 组织实施。分级分类组织低风险纳税人开展风险应对培训，解答纳税人涉税风险咨询问题，指导低风险纳税人开展自查和自纠。

4. 核实反馈。收集低风险纳税人涉税风险自查反馈情况，审核风险排除情况，评价各地提醒工作，汇总分析提醒情况，提出完善风险提醒服务工作的建议和意见。

(二) 纳税人接受风险提醒服务的流程

1. 收到风险提醒服务短信

为保护您的合法权益，我局对您××年度的纳税情况进行了风险扫描，请您于××年××月××日前到主管国税机关办税服务厅领取《税收风险提醒告知书》。

国家税务总局××省税务局××市税务局××税务局

特别提醒：目前，众多纳税人在"金三"系统的税务登记信息中的法人、财务负责人或办税人员的电话号码准确率不高，如果贵公司的法人、财务负责人或办税人员姓名、电话号码发生变更时，请及时到所属税务局的办税服务厅办理变更手续，为便于税务部门及时与您取得联系。

2. 领取《税收风险提醒告知书》

纳税人在领取《税收风险提醒告知书》的同时，主管税务部门会发放一张空白的《风险提醒服务反馈表》，由纳税人填写风险排查情况，特别要注意的是要规定期限内应将本表报送给主管税务部门。

3. 开展风险分析

纳税人需要对风险指标有可能涉及的范围进行初步分析和判定，当您遇到困难时，有以下几种方式寻求帮助。

（1）纳税咨询：纳税人如对《税收风险提醒告知书》上的内容不清楚，可以拨打12366纳税服务热线进行咨询，或者到主管税务部门咨询。

（2）纳税辅导：主管税务部门为帮助纳税人更好地开展风险排查，会组织开展专门的培训辅导讲座，会提前告知培训的时间、地点等内容，纳税人或扣缴义务人是免费参加的。

（3）税务代理：纳税人如自己无能力开展风险分析和排查，也可以与税务师事务所等中介机构联系，双方协商后纳税人支付一定费用，由代理机构专业人员协助进行自查自纠。

4. 排查疑点问题。纳税人应从程序性风险（登记、发票、申报以及资格认定）、分税种、分行业风险等方面，结合原始凭证、记账凭证、核算过程、会计报表等资料全方位开展自查，消除风险隐患。

（1）在自查中，如果发现有应缴未缴税款，您应立即到主管税务部门补充申报，按规定缴纳税款和滞纳金。

（2）进行正确的调账处理。纳税人如果不能将相关涉税事项进行正确处理，又将产生新的涉税风险。

（3）对各疑点问题进行详细的排查说明，并附相应的证明材料进行举证。核实有问题的或无问题的都要详尽说明。

5. 报送排查结果。纳税人在接收《税收风险提醒告知书》并在规定天数内，就风险分析和排查结果以《风险提醒服务反馈表》的形式反馈主管税务部门，同时辅以相关证明（不是证据！）材料。

主管纳税服务部门在接收纳税人提交的《风险提醒服务反馈表》后，会进行认真审核，结果分为以下几种：

（1）审核通过。根据纳税人反馈的《风险提醒服务反馈表》，《税收风险提醒告知书》告知的异常税收指标和潜在的税收风险，经过举证和解释，说明合理，疑点排除的，税收风险提醒服务工作结束。

（2）补充说明。如纳税人已经通过自我排查找到税收风险点，并针对该税收风险点做出了初步排查意见，这时候，纳税服务部门会再要求纳税人进行资料补充、账务调整或者税款入库等要求，得到认可后，风险提醒服务即告结束。

（3）继续排查。《税收风险提醒告知书》告知的异常税收指标和潜在的税收风险部分或全部不能排除，提供的举证材料和理由仍然无法排除该告知书指向的税收风险点，这时纳税服务部门会要求纳税人再进行风险排查，直至风险点全部排除。如纳税人拒不接受风险提醒服务，或拒不开展风险排查的，纳税服务部门可能会移交纳税评估或税务稽查处理。

（三）房地产开发行业"土地增值税"税收风险提示样本

以下是日常征管中收集房地产开发行业的九个"土地增值税"税收风险事项，贵公司可以对照查看自身是否存在相应的税收风险或问题。

1. 对普通标准住宅的界定是否符合要求。是否将适用商业用房等高预征率的商品房与普通住房混淆在一起核算，少申报缴纳税款。

2. 项目已经符合土地增值税的清算条件，是否以工程未结算、未决算或是商品房未销售完毕等各种理由不进行清算。

3. 分期或滚动开发时，是否按规定确定土地增值税的清算单位。

4. 混淆不同项目成本，把不同的项目成本费用混淆，是否按规定进行成本费用分摊；按照开出的发票金额作为销售收入环节申报税款，而对于预收账款，是否只作长期挂账处理，不作收入，少申报税款。

5. 是否未按规定从开发成本中分离并归集利息支出，将超过贷款期限的利息和罚息，在税前进行扣除。

6. 是否列支不属于清算项目的开发成本，在绿化工程支出方面，是否存在代开与实际业务价款不符的发票并据实扣除，虚增开发成本，少缴纳土地增值税。

7. 是否未按规定方法将相关项目成本，在普通住宅和非普通住宅之间进行分摊。

8. 是否通过多次对土地进行评估增值的方式增加土地成本，虚增土地成本，少缴纳土地增值税。

9. 清算后又销售或有偿转让的房产，是否未按规定进行纳税申报，仍然采用预征方式申报；是否存在已经进行清算后，剩余的存量房销售时未按原清算成本进行申报缴纳土增税，只按预征率申报而少缴税款。

税收风险提示提醒工作事项简单明确，按照总局《分类分级管理办法》要求，它是纳税服务部门的专职工作之一。税收风险提示提醒工作结果也应该是清晰明了的，是就是，有就有，不是就不是，没有就没有。高效率是唯一工作要求，纳税人对其自查自纠结果负全部责任，工作结束。一旦出现纠缠不清的事项，那就是不该实施风险提示提醒的事项，应该是税务约谈等其他应对核实方式了。

下面附件是某直辖市原地税局的税收风险提示管理办法，供参考！

附件：

原××市地方税务局
税收风险提示实施办法（试行）

第一条 为规范税收风险应对工作，进一步拓宽风险应对手段，提高风险应对水平，根据《××市地方税务局税收遵从风险管理暂行办法》制定本办法。

第二条 税收风险提示是指税务机关利用通讯工具、网络平台、信函和风险提示辅导等方式对纳税人的风险点进行提示或政策讲解，要求纳税人根据提示内容进行自查，将自查结果报送税务局的一项工作过程。

第三条 税收风险提示工作应遵循便捷、及时、有效的原则。

第四条 税收风险提示适用于低等级风险涉税事项的应对。

第五条 风险应对部门接到推送的税收风险应对任务后，根据情况可采取以下方式开展税收风险提示工作：

（一）税收风险辅导。风险应对人员发现多个纳税人存在同类风险点，可根据实际情况经所长审批后开展税收风险辅导，提示纳税人存在的涉税风险，对相关政策进行讲解。

（二）通讯提示。风险应对人员根据风险点的情况通过电话、手机短信、传真等形式，提示纳税人存在的涉税风险。

（三）网络提示。风险应对人员根据风险点的情况通过电子邮件、网络即时通讯工具等形式，提示纳税人存在的涉税风险。

（四）信函提示。风险应对人员根据风险点的情况填写《税务事项通知书》，通过挂号信的形式，提示纳税人存在的涉税风险。

第六条 纳税人根据税务机关提示的内容和要求对相关簿和凭证进行自查，填写《自查报告表》，于收到税务机关风险提示后的15个工作日内将《自查报告表》和证明资料交回风险应对部门。

风险提示起始时间按以下标准确定：拨打电话提示纳税人的当天；手机短信发送成功显示的时间；电子邮件发送成功计算机系统显示的时间；发送传真的当天；挂号

信寄出留存凭证打印的时间；开展风险提示辅导的当天。

第七条 风险应对人员审核纳税人提交的《自查报告表》和证明资料，提出处理建议，经主管领导审批后按下列情形进行处理：

（一）纳税人自查报告内容合理解释风险点，不存在涉及补税问题，风险应对人员填写《税收遵从风险管理报告——风险应对工作底稿》、《税收遵从风险管理报告——风险反馈工作底稿》。

（二）纳税人自查报告内容合理解释风险点，存在涉及补税问题，风险应对人员开具《税收缴款书》，收到纳税人完税凭证复印件后，填写《税收遵从风险管理报告——风险应对工作底稿》、《税收遵从风险管理报告——风险反馈工作底稿》。

（三）纳税人自查报告内容和提供的有关资料无法排除其涉税风险点，风险应对人员应提请转入税务约谈。

第八条 纳税人无故不参加风险辅导、在规定时间内对风险提示的内容不回复，风险应对人员应提请转入税务约谈。

第九条 税收风险提示工作过程中产生的资料与风险管理相关资料一并归档。主要资料包括：《税务事项通知书》、《自查报告表》、完税凭证复印件、相关证明资料等。

第十条 本办法由××市地方税务局负责解释。

第十一条 本办法自2014年××月1日起执行。

第二节 税务约谈

在经过确定评估对象、收集评估信息、开展评估分析和明确需要核实疑点问题后，纳税评估工作进入到关键环节——涉税疑点问题核实阶段。纳税评估的疑点核实方式有四种：税务约谈、实地调查核实、反避税调查和税务稽查，根据涉税疑点问题的风险等级高低程度，一般分为三种情况处理：一是涉及跨境交易的国际税收事项，转由国际税收部门处理，问题严重的将实施反避税调查，反避税调查立案是由国家税务总局审批的；二是问题严重涉嫌偷逃抗骗税违法行为的，不实施税务约谈或实地调查核实，直接转稽查部门处理；三是先实施约谈再进行实地调查核实，也可以根据实际情况直接进行实地调查核实，实施税务约谈或实地调查核实后，需要或必要转税务稽查处理的，再转稽查部门处理。

一、税务约谈概述

税务约谈是税务部门根据纳税人报送的纳税申报资料，以及日常掌握的各种涉税信息资料和纳税评估工作底稿中各项指标，分析发现的疑点和问题，约请办税人员或财务负责人到主管税务部门就评估分析发现的疑点问题进行解释说明，并提供相关的合同、账簿、凭证等举证资料的税务管理过程。

税务约谈，也称为约谈说明或约谈举证，是指税务部门对纳税人、扣缴义务人的纳税申报及相关资料进行指标分析和审核后发现异常，对异常现象提出质疑并给予政策性宣传和辅导，约请纳税人、扣缴义务人到税务部门进行陈述说明或补充举证，责成纳税人、扣缴义务人自查自纠的一项工作制度。

明确涉税疑点问题后，根据疑点问题制定税务约谈提纲，纳税评估工作由税务内部转向外部，进入到纳税评估的核心环节——约谈纳税人进行纳税辅导和纳税人举证环节。一般情况下，日常评估直接进行单户约谈，如果是开展行业专项评估，可以考虑先集体约谈再单户约谈。

约谈结束后，经纳税人、扣缴义务人自查自纠能够解释并说明税务部门所提出的有关涉税质疑的，经审核认可后，不再实施实地调查或税务稽查；纳税人、扣缴义务人拒绝质疑约谈、逾期不进行自查自纠或税务部门对自查自纠结果不予认可的，税务部门将实施实地调查或进入稽查程序立案查处。

实行税务约谈，将有利于税务部门减少稽查的随意性、盲目性，降低执法成本和风险，提高工作效率，同时减轻纳税人负担，营造依法纳税、诚信纳税的良好税收环境。但是，哪些类型的纳税人不适用税务约谈？如果存在以下情况，是不能进行税务约谈的：

署名举报以及有具体线索或详实材料的匿名举报案件；上级交办及有关部门转办的案件；按规定对税务稽查案件进行复查的案件；进行质疑约谈可能有碍税务检查的其他案件；发现涉嫌偷税、逃避追缴欠税、骗取出口退税以及涉嫌骗购、虚开、倒卖增值税专用发票、或涉嫌伪造、倒卖其他发票的案件。

二、税务约谈工作流程

税务部门实施税务约谈一般按照下面工作流程处理，如图9-1所示。

（一）对纳税人进行税务约谈，需经所在税源管理部门领导批准。税务约谈之前，应事先发出《税务约谈通知书》或《税务事项通知书》，提前通知纳税人。

（二）在《税务约谈通知书》中应告知其参加约谈的人员、时间、地点等。税务约谈通知书送达后，应取得《文书送达回证》并由受送达人或者其他签收人在送达回证上记明收到日期，签名或者盖章。

（三）约谈过程中，应有两名以上评估人员同时参加并做好约谈记录。

（四）约谈应对纳税人进行有针对性的税法宣传和辅导，可要求纳税人针对涉税疑点补充提供有关资料或提交自查情况说明。

（五）对纳税人在政策理解、财务核算、申报纳税及其他涉税事项方面存在错误或需调整、改进情形的，可向纳税人提出纳税评估建议，并给予一定期限提请纳税人进行自我改正。

（六）根据税务约谈结果，区别不同情况分别处理如下：疑点全部被排除，未发现新的疑点的，直接制作评估结论；发现评估对象明显存在错误或税收违法、违章行为的转入评估处理环节；经税务约谈疑点不能排除，需进一步深入调查的，应转入实地调查环节或转税务稽查。

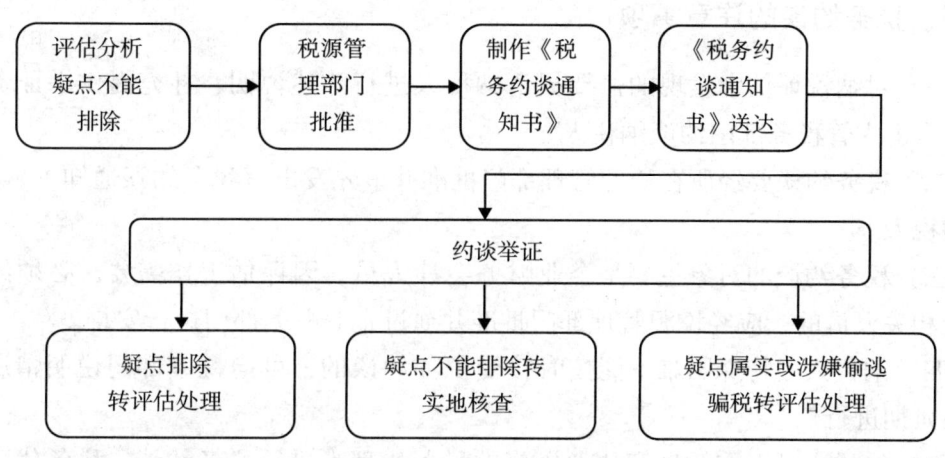

图 9-1 税务约谈工作流程图

三、税务约谈准备

（一）筛选确定疑点。选择疑点要准确，要运用所掌握的税收业务知识、财务会计等方面知识，结合纳税人生产经营状况等实际情况，精心筛选，做到具体明了，详细真实。

（二）确定约谈人员。要选择精通税收政策、熟悉了解行业经营情况、善谈具有亲和力、工作经验比较丰富的税务人员组成约谈小组，进行合理分工，有序开展约谈。一般应由两名或两名以上税务人员参加。

（三）拟定约谈提纲。正式约谈前，税务人员应向约谈参加人讲明约谈的目的。税务约谈内容提纲，一般包括准确提出的问题及顺序，以及约谈中可能出现的情况及其应对措施。

（四）约谈时间由征纳双方协商确定。纳税人因特殊困难不能按时接受税务约谈的，可向税务部门说明情况，经批准后延期进行。

（五）确定被约谈人员。根据疑点情况确定法人还是财会人员，或者兼而有之，或者其他人员进行约谈。

（六）向纳税人送达《税务约谈通知书》（《税务事项通知书》）。告知时间、地点、被约谈人，被约谈人应为企业法人代表或法人代表授权的其他人、财务负责人或其他有关人员。

（七）为保证税务约谈工作的效率，送达《税务约谈通知书》（《税务事项通知书》）的同时要告知纳税人就疑点问题进行税务约谈需准备和携带的涉税资料，使约谈有的放矢。同时，对纳税人的举证材料，要认真审核，如果当时不能确定，则需进一步审核。

四、税务约谈的注意事项

（一）对纳税评估中发现的需要提请纳税人进行陈述说明、补充提供举证资料等问题，应由主管税务部门约谈纳税人。

（二）税务约谈要经所在税源管理部门批准并事先发出《税务约谈通知书》，提前通知纳税人。

（三）税务约谈的对象主要是企业财务会计人员。因评估工作需要，必须约谈企业其他相关人员的，应经税源管理部门批准并通过企业财务部门进行安排。

（四）纳税人因特殊困难不能按时接受税务约谈的，可向税务部门说明情况，经批准后延期进行。

（五）纳税人可以委托具有执业资格的税务代理人进行税务约谈。税务代理人代表纳税人进行税务约谈时，应向税务部门提交纳税人委托代理合法证明。

（六）做好约谈记录，详细记录疑点问题的排除过程以及不能排除的疑点问题的解释。

（七）实施集体约谈，必须注意以下要求：每户都必须有纳税评估分析报告，按规定审批后分别送达《税务约谈通知书》，同时约谈做一份集体约谈记录，分户归档时使用复印件。

（八）做好《税务约谈记录》必须注意以下要求：正确区分《税务约谈记录》与《询问笔录》的不同；谈话气氛平等融洽，不是质问；用叙述性语言将约谈内容记录清楚，不用一字一句地全部记录；约谈过程中收集的相关证明资料和《税务约谈记录》共同构成评估报告核实结果的主要内容。

（九）对经评估发现同一涉税疑点或问题只下发一份《税务约谈通知书》，可以进行多次约谈，每次都要有约谈记录。

五、税务约谈记录

税务约谈的形式是约请纳税人或扣缴义务人办税人员或财务负责人到税务部门对涉税疑点或问题做出举证和解释说明，实质是纳税人或扣缴义务人的举证。由纳税人或扣缴义务人证明相关涉税疑点或问题不存在，没有发生的原因、账务处理和证明资料。约谈记录不是询问笔录，做约谈记录的要求：内容全面、描述准确、书写规范。例如：

（一）生产经营情况。如企业的经营范围、人员、资产等基本情况；企业的生产工艺基本情况；企业的水、电、气等能耗情况；企业产供销的变化情况；企业的联营投资情况。

（二）纳税申报情况。企业各税种的申报情况和发票管理及税款交纳情况以及通过审核发现的纳税申报疑点。

（三）会计核算情况。包括会计制度的使用、货款回收情况、应缴税金的计算。

（四）约谈记录应由记录人用钢笔或签字笔书写，字迹要规范清楚，也可打印。

（五）约谈记录制作完后，须被约谈人确认，如果被约谈人认为记录有遗漏和差错，应补证或改正，而后由纳税人签章或被约谈人签字。记录描述内容要真实、准确、详细、具体，和被约谈人意思一致，约谈记录不是谈话记录，可以不是被约谈人的原话，但不得修饰和形容。

约谈记录的同时，需要收集纳税人或扣缴义务人提供的证明资料，如：账页复印件、纳税申报表复印件、税收缴款书（网银支付）复印件、合同或协议复印件等，必须是"税务约谈记录+举证证明资料"共同构成税务约谈记录档案资料。

六、税务约谈不是询问

税务约谈是纳税评估的核心措施，是税务部门的纳税服务和行政管理措施，不是行政执法行为，是纳税人或扣缴义务人对可能存在涉税问题或疑点的举证说明。询问是具体行政或司法执法行为，是行政执法或司法取证，询问笔录是证据。税务约谈不是询问！税务约谈记录及资料是证明材料，也不是证据。

（一）税务约谈的定位

税务管理工作，作为国家参与经济发展和社会剩余价值再分配的重要组成部分，是税务部门代表国家实施行政管理的过程。实施税务约谈前，日常征管中已经自觉不自觉地运用约谈办法来处置税收管理事宜，只是：方式随意、过程简单、缺乏监督、难以控制，事后又无据可查，缺乏严肃性，往往不被纳税人所重视，没有取得预期的效果。税务约谈，就是将原有的征管工作进行整合而形成的一个系统规范的符合程序的行政管理方式。从行政管理学的角度来看，税务约谈充分体现两个转变：一是行政执法由以行政部门为中心的"事后处罚型"模式向站在纳税人角度考虑问题的"事先辅导型"模式的转变。二是授予纳税人自我救济的权利，保障纳税人在纳税过程中的知情权，日常征收管理由被动的"监督打击型"向主动的"管理服务型"转变。

税务约谈制度的出台，使日常税收征管工作实现了程序上的"有章可循"，使日常征收管理的整体控制得到完善,实现了"事先服务"、"事中控制"和"事后处罚"的协调与统一。税务约谈,充分体现对纳税人权利的尊重,不仅促使纳税人对行政管理的认同,减少工作阻力,而且降低行政执法成本,大大提高行政效率和纳税人的税法遵从度。

(二) 税务约谈的目的

税务约谈是税务部门在约定时间、地点、对象的情况下,就有关涉税事项与纳税人进行的有针对性的沟通,作为实现税源专业化管理的一项重要举措。

税务约谈的目的:主要解决纳税人非主观原因造成的滞、漏税款问题:即缺乏对税收法律、法规的全面了解或是对某些税收法律、法规具体条款在理解上产生歧义,因而未全面履行纳税义务,其主观上没有偷税意图。总之,通过与约谈对象的直接交流,在平等和融洽中相互促进,以简捷的方式解决日常管理问题、提高行政效率、营造诚信纳税环境。

(三) 税务约谈的作用

1. 坚持"以人为本"的理念,融洽的方式、有效的沟通,共同促进"诚信纳税、依法治税"体系的建设

在实施税务约谈之前,在日常征管过程中,征纳双方之间客观存在着以诚信为基础的缓冲区域(或称模糊区域),税务约谈将有力地推动着"诚信纳税、依法治税"体系建设向纵深方向发展。因为,税务约谈是以税务部门为主体、纳税人为客体的双方互动交流过程,建立诚信的首要条件就是双方行为的统一,税务约谈是具备的。

在实施约谈后,通过面谈能够使办税人员和税务干部以对涉税疑点问题进行解释和举证为切入点,展开有针对性的"对话",使税务部门更多的掌握纳税人的情况和需要,而且更好地向纳税人提供有关税收政策法规的宣传和辅导等服务;通过这种融洽的方式、有效的沟通,既保证税务部门公正执法、依法治税,又为纳税人"深入、透彻地掌握政策、明明白白缴纳税款"创造优质的税收征管环境。

换个角度来看,实行规范化的税务约谈更体现了行政执法由"事后处罚"向"事先服务"的人性化转变,充分体现税务行政执法教育与惩戒相结合的原则,使行政公信力得到进一步提升。

2. 能够节约税务管理成本、提高行政效率和降低行政执法风险

目前的征管状况:税务部门与纳税人发生实质性接触几乎都是稽查,而稽查工作存在:(1)以调账检查为主的检查方式不利于加强税企之间的沟通,使稽查检查的"宣传、教育职能"受到限制。(2)严谨的工作程序使稽查检查的工作效率与希望达到的效果相距较远,每年实施检查的覆盖面与总的"管户"数量之间比例失衡。(3)由于受到数量的限制,通过稽查检查发现征管问题、促进改进征管措施的作用和对日常征管的监督制约作用不能充分、有效地发挥。

面对"纳税户多,稽查覆盖面小,税源管理薄弱,整体征管质量不高"的现状,实行税务约谈后,能够节约税务管理成本、提高行政效率,特别是采用集体约谈的效果将更加突出。因为,这是由约谈工作特点决定的。(1)税务约谈工作是设置在实施稽查检查工作之前实施的,随着纳税评估、函告和约谈制度的完善和规范,以高质量的纳税评估为依托,形成以高效率的税务约谈工作为面和高质量的稽查工作为点的科学征管模式,约谈的覆盖范围逐渐扩大,同时加强各部门之间的相互配合和协作,必将全面地提高整体征管工作效率和质量。(2)税务约谈的程序简单灵活,实施方式单一,经过实践的完善后会显现突出的效果,约谈的覆盖面将是稽查检查的几倍甚至十几倍,为发现更多的需要完善的征管问题提供机会。(3)税务约谈制度的确立,提出了"为纳税人提供深层次地服务"的人文理念,标志更深层次服务理念的诞生,税务约谈的方式更易于接受,税务约谈的纳税宣传和辅导作用将更加突出。

税务执法风险是指因税务机关执法不当、执法错误或行政不作为而引起的行政复议、行政诉讼和行政赔偿等(准)司法行为发生的可能性。近年来,随着依法治税工作的不断推进,征纳双方的权利和义务进一步得到明确,纳税人依法保护自己合法权益的意识日渐增强,对依法行政的要求越来越高。为防范执法风险,除严格税收执法程序和提高执法人员的综合素质与执法能力外,通过税务约谈激发纳税人自律、自醒、诚信,在平等和融洽的氛围中解决问题,能够达到最大限度降低税收执法风险。所以,开展税务约谈是解决和规避税收执法风险的最有效手段。

3. 建立税企互动平台,完善纳税人的自查自纠机制,促进整体征管质量提高

"谈话的气氛很融洽,和税务干部面对面的平等对话,可以把问题讲明白,把税法搞清楚。"这是接受过税务约谈的办税人员反馈。由于在对税收政策的理解上存在偏差,纳税人容易出现少缴或漏缴的现象。实施税务约谈,税务部门能够根据主观恶意偷税和因过失未按规定纳税两种情况,对纳税人区别对待的做法既体现了依法治税,又体现了人性化的管理。

以纳税人为本,不仅是在平等和融洽中交流,畅通信息沟通渠道,更具有实质意义的是建立纳税人自纠机制,实现了从"过错推定"向"无过错推定"的转变,建立了一种促使纳税人自觉纳税的有效激励机制,为提高整体征管质量搭建起平台。因为,征纳关系是双方行为,良好的税收征管环境和高质量的整体征管工作是由双方共同努力才能实现的。税务约谈促进了纳税人主体地位的确立,体现对纳税人人格的尊重,激发纳税人对行政管理的认同感,为共建良好的税收征管环境创造条件。

然而,非常可笑的是,某市税务局局长,居然按照询问模式建立一个全程既录音又录像的税务约谈室,还作为创新和政绩而四处炫耀。

七、税务约谈方法与技巧

税收约谈应具有一定的方法和技巧,关键是如何通过约谈,全面掌握想要了解的

企业履行纳税义务情况。在实际工作中，基于约谈人员自身个性的差异，约谈的方法和技巧不能一言以蔽之。但是，一些基本技巧还是相同的，主要包括以下几个方面。

(一) 约谈技巧

1. 实行约谈，必须对纳税人的情况做到心中有数，如：行业特点，主体税种及税目，征管状况和政策规定等。根据约谈对象的素质情况，避免过多使用专业术语。采用日常普通语言交谈，叙述质疑涉税疑点或问题不要说得过于笼统，而要具体一些，让被约谈人员能听得懂。

2. 以平等的身份与被约谈人员交谈，避免造成质询或误会。要尊重被约谈人员，多倾听被约谈人员的解释。在约谈的过程中，要尽可能多的进行相关税收政策的宣传和辅导。对涉税疑点或问题的评价一定要客观、全面，既要说清涉税疑点或问题，也要真诚地对相关税收政策进行详细的解释和说明，特别要注意方式，既不能以停票或转税务稽查来威胁，也要尽量避免使用"偷税""处罚"等字眼。

3. 正确区分《税务约谈记录》与《询问笔录》的不同；用叙述性语言将约谈内容记录清楚，不用一字一句的全部记录；特别注意在约谈过程中收集的相关证明资料，"相关证明资料+约谈记录=税务约谈"。

4. 实施税务约谈必须注意"简洁、高效"原则的运用，避免"穷追不舍"。特别是日常评估过程中实施约谈，必须坚持"短平快"。

5. 第一次和最后一次税务约谈必须在税务局（所）面谈，期间的约谈说明可以采用当面说明、电话说明、书面说明、电子邮件说明等多种形式。当采用当面说明形式的，要有两名税务人员同时参加；当采用电话说明形式的，可由一名评估人员负责交流，并做好《约谈说明记录》。在通过当面或电话说明等形式中，积极要求纳税人提供书面证明材料。

6. 对于同行业、同规模、同一税种涉税疑点问题或同一涉税事项（如追缴欠税、执行补税等）应积极采用集体约谈方式！

(二) 约谈方法

由于纳税评估中的税务约谈是带着涉税疑点和纳税人进行的谈话，同时在约谈中，更多地要体现优化纳税服务、促进税源发展的理念，因此，在谈话中要灵活运用约谈方法，提高约谈的效果。

1. 要善于运用纳税服务用语

纳税评估约谈的过程，既是排除涉税疑点、了解企业情况的过程，也是展现税务人员政策水平和良好素质的过程。在谈话中适度地运用纳税服务文明用语，如"请您对我们评估中发现的疑点问题进行说明"既体现了税务部门对纳税人依法享有权利的尊重，又表现出了税务部门主动听取纳税人说明的诚意，往往会收到事半功倍的效果。

2. 要围绕预定目的开展约谈

在税务约谈中,要向纳税人表明想要了解的内容,给纳税人一个谈话的中心,使整个谈话过程都围绕着谈话目的进行,避免纳税人搪塞敷衍、漫无边际的回答。

3. 要尽量采取答辩式谈话模式

谈话时,应尽量采取一问一答式,对于每个提出的疑点问题,应注意听取纳税人的逐项解释,对于纳税人的解释不清楚或者又产生新的疑点,要记录下来,统一再提请纳税人进行举证说明。切记在纳税人的陈述过程中,尽量避免随意打断其回答,或者与纳税人进行无秩序的辩论。

4. 要力戒先入为主的观念

在评估约谈中,要本着客观的态度,对纳税人所做出的合理解释或说明,如果没有确凿的证据证明其存在偷、逃、骗税行为,应在充分判断的基础上,给纳税人一个公正无偏的评价,而不能单凭印象出发将其一棍子打死。

八、税务约谈记录样本

(一)税务约谈记录

1. 文书及填写说明

《税务约谈记录》是约谈纳税人或扣缴义务人的办税人员、财务负责人或法定代表人、税务代理人时,记录约谈谈话内容时使用的。

税务约谈记录

约谈对象名称:

被约谈人姓名及职务:

约谈实施机构:

约谈人员:_____   约谈时间:_____

约谈主要内容记录:

_____
_____
_____
_____
_____
_____
_____

被约谈人签字：

填写说明

一、适用范围：

按照《税务函告、约谈工作实施办法》第十一条的规定，由约谈人员对约谈情况进行记录时使用。

二、项目说明：

约谈主要内容记录：记录约谈人员提出的主要涉税问题和疑点以及被约谈人员的解释说明情况，被约谈人提供有关证明资料的，应写清资料名称、页数，并注明资料附后。

三、本记录单一式一份：

随同其他函告、约谈资料按规定存档备查。

2. 举例说明

（1）这是错误的，这是典型的询问笔录，不是税务约谈记录。

税务约谈记录

共 2 页第 1 页

约谈对象名称：____××房地产开发有限公司____

约谈地点：____××区安定门外西滨河路 18 号院首府大厦____

被约谈人姓名及职务：____吴×× 办税人员____

约谈实施机构： ××区地税局第××税务所
约谈人员： 李四 赵六
约谈方式： 面谈
约谈时间： 2015年××月12日14点30分
约谈地点： ××区安外西滨河路18号院
主要约谈内容：

问：根据国家法律规定，您应如实回答询问，根据有关资料及证明材料，并承担相应的法律责任。

答：知道了。

问：请介绍一下你单位的基本情况。

答：我单位于2008年04月成立，位于××区史家胡同××号12室，属房地产开发公司，法人代表：李××，注册资金3980万元，税务登记证号110××××××31，联系电话：139×××6，84×××7；经营范围：房地产开发。

问：请说明你单位的发票领购情况。

答：我单位未在地税局领购发票。

问：你单位在评估期间经营状况，及应税收入有哪些？

被约谈人签字：

共2页第2页

答：我公司暂时没有经营活动，无应税收入。

问：你单位记载注册资金的账簿未按规定贴花，应补缴印花税19900.00元，是否同意补缴该税款？

答：我单位已购买了印花税票，但没有及时贴花，同意补缴该税款。

问：根据《征管法》第六十四条及印花税暂行条例的相关规定督促你单位及时补缴印花税，并对你单位记载注册资金3980万元的未贴印花行为处以0.5倍罚款，金额9950元整，是否同意？

答：同意。

被约谈人签字：

（2）这才是正确的。

2015年6月，评估人员通过征管系统收集W房地产公司的财务报表、财产登记信息及申报纳税资料等信息，分析发现该公司明显存在异常，主要疑点如下：

疑点一：营业税税负率偏高

2014年主营业务收入5907万元，预收款期末数为33万元，年初数87万元，缴纳的所属期为2014年的营业税638万元，营业税税负率=638万元÷（5907万元+33万元-87万元）×100%=10.90%>5%，营业税税负率偏高，出现疑点，是否存在多缴纳税款或将应记入销售收入或预收款科目的房款计入其他往来科目？

疑点二：应缴税金科目出现负数

2014年资产负债表中的应缴税金科目，2014年年初数为119万元，而期末数为-320万元，体现多缴税金320万元，出现疑点，需结合各项税收的应纳数、计提数、缴纳情况进行进一步核实。

疑点三：其他应付款变动率高于预警值

2014年其他应付款变动率=（19718万元-11494万元）/11494万元×100%=71.54%，远远大于预警值20%，金额过高且长期挂，可能存在房屋已销售，货款收回后不入，挂"其他应付款"，不申报销售收入的问题，应结合疑点重点审查"其他应付款"科目的形成的原因和内容的真实性。

于是，2015年7月20日向企业发出了《税务约谈通知书》，通知企业财务负责人及办税人员到地税局进行约谈，制作了《纳税评估约谈记录》。以下内容是针对上述疑点进行税务约谈后，整理的记录：

7月20日企业财务负责人及办税人员准时来到××市地税局税源管理科，并提供了相关账簿等资料，在约谈过程中，该企业财务负责人介绍了企业近两年的楼盘开发及销售情况，然后重点对评估中发现的疑点问题进行了解释：

1. 对于营业税税负率偏高问题。该企业财务负责人解释说，是由于部分预收房款计入了其他应付款科目，而未计收入或预收款中，但这部分房款已申报缴纳了营业税及相关税收，计算营业税税负率时未考虑这个因素，因此，造成了营业税税负偏高。

2. 对于应缴税金期末数为负数的问题。该企业财务负责人解释说，是由于计入其他应付款房款所缴纳的税金未计提，只在缴纳时直接计入应缴税金借方造成的。并提供已完税的缴款书复印件。

3. 对于其他应付款变动率超出预警值问题。该企业财务负责人解释说，"其他应付款"科目余额过高，企业承认是因为部分预收房款挂在"其他应付款"科目上造成的。

通过约谈，以及和企业财务人员核对2014年1月1日~2014年12月31日期间的有关账簿资料，并要求企业提供上述三个会计科目的明细账页复印件等资料。

经过约谈和对证明资料的审核，涉税疑点排除，约谈结束。

(二) 纳税评估约谈情况表

纳税评估约谈情况表

评估案卷编号：

纳税人名称			纳税人识别号		
被约谈人姓名		被约谈人职务		被约谈人在职年限	
税务代理人姓名		税务代理人单位名称		约谈人	
约谈时间		约谈地点		记录人	
约　谈　内　容					
被约谈人（税务代理人）：　　　　　记录人： 约谈人：　　　　　　　　　　　　约谈日期：　　年　月　日					
评估建议	□建议实地核查确认；□建议纳税人自行改正；□建议转其他有关部门处理； □问题明确，进行评估处理；□符合相关规定，疑点排除。				
评估分析人员：　　　　　　　　　　　　　　　　　　　　年　月　日					

《纳税评估约谈情况表》是约谈结束后，在"金三"系统中录机时使用的。

第三节 集体约谈提纲

税务约谈,不仅是建立健全税收征管内控机制的需要,而且实现了"事先服务"、"事中控制"和"事后处罚"的协调与统一。同时,充分体现了对纳税人和扣缴义务人(以下简称纳税人)权利的尊重,不仅促使纳税人对行政管理的认同,减少工作阻力,而且降低了行政执法成本,显著提高行政效率和纳税人的税法遵从度。

集体约谈,是税务约谈的一种特殊形式,是提高征管质效的强力措施,能够明显降低执法成本和风险,全面提高工作效率,同时减轻纳税人负担,营造依法纳税、诚信纳税的和谐税收环境。既是提高纳税评估质效的强力抓手,更是提高整体税收征管质量和效率的强力措施。

集体约谈是先约请存在相同或类似涉税疑点的同行业、同事项或同等规模的纳税人(扣缴义务人)到税务部门,以座谈会等形式对其涉税疑点和问题提出质疑并进行相关政策宣传辅导,再分别听取每个纳税人(扣缴义务人)进行陈述说明或补充举证,责成其自查自纠的一种特殊的税务约谈形式,是提高征管质效的强力措施。例如:同一事项(新增房产未及时足额申报缴纳房产税)涉及100家企业,相关政策解读、征管规定和自查要求需要30分钟,效率提高100倍。积极组织集体约谈,充分发挥其作用,将有利于税务部门减少执法的随意性、盲目性,能够明显降低执法成本和风险,全面提高工作效率,同时减轻纳税人负担,营造依法纳税、诚信纳税的和谐税收环境。

一、税务约谈的定位

税源管理是税收管理的基石,是决定税收征管水平的重要方面。税收征管质量的高低,取决于税源管理,取决于税务部门对各类税源控管能力的强弱。目前,税收征管的主要薄弱环节就是税源管理,实现税源专业化管理既是强化税收征管的起点,也是最终落脚点。只有以全面税收风险管理理论为指引,切实抓好税源专业化管理工作,才能不断提高税收征管的质量和效率,才能全面提高税收征管水平。

深入开展企业纳税风险防控工作是被实践证明的管住管好税源的一项重要手段,要全面提高税源的控管和服务水平,必须改变传统的监控思维模式,必须坚持企业纳税风险防控以纳税评估为中心。在整体征管流程中,纳税评估处在"承前启后"的位置:前有征收、后是稽查。纳税评估是征收的延伸和深化,对其起重要监督作用;是实施税务稽查的前置和条件,为其提供准确的依据。税务稽查是对点,纳税评估是控面,点面结合相互影响,共同促进共同提高整体征管质效。

税务约谈,是企业纳税风险防控和纳税评估过程中核实涉税疑点或问题的主要方

法。从行政管理学的角度看,税务约谈充分体现两个转变:

第一,行政执法由以行政部门为中心的"事后处罚型"模式向站在纳税人角度考虑问题的"事中纠错型"模式的转变;

第二,授予纳税人自我救济的权利,保障纳税人在纳税过程中的知情权,日常征收管理由被动的"监督打击型"向主动的"管理服务型"转变。税务约谈的实施,使日常税收征管实现了程序上的"有章可循",实现了"事先服务"、"事中控制"和"事后处罚"的协调与统一。

税务约谈不是税务询问,税务约谈的过程是税务部门管理与服务的统一,不是行使询问权,不是取得证人证言的证据,不是行政执法行为。无论是国家税务总局还是基层税务分局(所),除实施行政处罚和税务稽查(日常检查)等行政执法行为外,都可以通过税务约谈的方式,实现征纳双方信息共享,加强税企联系和沟通。税务约谈主要分为单户约谈和集体约谈两种形式,集体约谈是一种非常重要的特殊形式。对"同一行业、同等规模、相同事项"的不同纳税人进行集体约谈,是提高征管质效的强力措施,使税务约谈"明显降低执法成本和风险,全面提高工作效率"的作用显得更加突出。

二、税务约谈制度原则

税务约谈制度的原则是税务约谈制度在构建、实施、完善中应该遵循的法则,也是衡量一个制度好坏的标准。

(一)依法行政

税务部门应当依据国家税收法律、行政法规行使约谈权,并在法律、法规的授权范围内明确税务约谈制度的约谈对象、约谈方式、约谈内容以及征纳双方在约谈中的权利和义务等关键性要素;同时,税务部门在约谈纳税人过程中必须以依法行政为前提,强化依法约谈,建立健全对约谈工作的审核、监督、复查机制。坚持依法约谈是税务约谈工作的灵魂和基本原则,绝不能单纯以提高行政效率为借口,损害或牺牲纳税人合法权利,或从中牟取私利,而使税务约谈沦落成权力寻租的工具。

(二)程序正当

税务部门要改变"重实体、轻程序"的观念,增强程序意识,在全国范围内对税务约谈程序进行统一,使之制度化、具体化、规范化,具有可操作性,并在实践活动中严格遵守和全面执行。接受纳税人对约谈程序执行情况的监督,追究违反法定程序者的法律责任。

(三)公平、公正、公开原则

公平原则要求税务部门要依法、合理确定约谈对象,减少随意性和盲目性;公正原则要求税务部门在涉税问题的处理上一视同仁，同样问题相同处理；公开原则要求税务部门将有关税务约谈的制度、流程等内容应向纳税人公开，接受各方面的监督。

（四）高效便民

税务部门要转变行政管理理念，坚持以人为本，坚持聚财为国、执法为民。在税务约谈中，尽可能选择方便纳税人的约谈方式，严格按法定期限履行职责，进一步优化纳税服务，广泛开展政策宣传和业务咨询辅导，同时要大力推进信息化建设，提升约谈工作的科技含量。

（五）尊重纳税人

基于纳税人的人格尊严和主体性要求，税务部门必须在实施税务约谈前，明确告知纳税人的相关权利和义务，以免因其疏忽或不知而遭受损害。税务约谈中，给予纳税人平等对待。纳税人有权要求税务部门对自己的合法权益予以保护，税务机关和税务人员不得拒绝。

（六）信赖保护

在征纳双方间构建互信机制，税务部门在尚无确凿证据证明纳税人有税务违法行为存在的情况下，应首先假定纳税人是诚实申报其真实收入，纳税人也应该信赖税务部门的决定是公正和准确的。税务部门开展税务约谈，不得干涉影响到纳税人的正常生产经营活动。

三、集体约谈的作用

税务约谈是实现企业纳税风险防控过程中最常用最有效的风险应对方式，其中，集体约谈"明显降低执法成本和风险，全面提高工作效率"的作用比单户约谈更加明显、更加突出。

（一）能够节约管理成本、提高效率和降低执法风险

面对"纳税户多，稽查覆盖面小，税源管理薄弱，整体征管质量不高"的现状，实施税务约谈后，能够节约税务管理成本、提高行政效率，特别是采用集体约谈的效果将更加突出。因为，这是由税务约谈制度特点决定的。第一，随着各项相关制度的完善和规范，逐步确立以高质量的纳税评估分析和风险识别分析为依托，形成以高效率的集体约谈为面和高质量的税务稽查（日常检查）为点的科学征管模式，集体约谈的覆盖范围逐渐扩大，同时加强配合和协作，必将全面提高整体征管工作效率和质量。第二，集体约谈的程序简单灵活，实施方式单一，经过实践的完善后会显现更加突出的效果，税务约谈的覆盖面将是稽查检查的几倍甚至十几倍，为发现更多的需要完善的征管问题提供更多的机会。

为防范执法风险，除严格税收执法程序和提高执法人员的综合素质与执法能力外，

通过税务约谈激发纳税人自律、自醒、诚信，在平等和融洽的氛围中解决问题，能够达到最大限度降低税收执法风险。所以，开展税务约谈是解决和规避税收执法风险的最有效手段。集体约谈是针对涉税风险疑点或问题进行的一种群体沟通的方式，这种方式，不仅针对性强而且公正公开，是任何其他沟通方式都无法替代的。会议的形式更具有严肃性和约束性，最直接、最直观，最符合人类原本的沟通习惯。"降低成本，提高效率，规避风险"的效果，更加明显、更加突出。

（二）坚持"以人为本"的理念，建立税企互动平台，完善纳税人自纠机制，促进整体征管质量提高

税务约谈是以税务部门为主体、纳税人为客体的面对面的交流过程，具有直接性、互动性和统一性。双方行为的统一是建立诚信的首要条件，税务约谈是具备的，更是恰当的。税务约谈是坚持"以人为本"理念在税收征管工作中的具体体现，通过这种融洽的方式、有效的沟通，充分体现了行政执法由"事后处罚"向"事中纠错"和"事先服务"的人性化转变，实现税务行政执法教育与惩戒相结合的原则，使行政公信力得到进一步提升，实现经济与税收的协调发展。

以纳税人为本，不仅是在平等和融洽中交流，畅通信息沟通渠道，更具有实质意义的是建立纳税人自纠机制，实现了从"过错推定"向"无过错推定"的转变，建立了一种促使纳税人自觉纳税的有效激励机制，为提高整体征管质量搭建起平台。因为，征纳关系是双方行为，和谐的税收征管环境和高质量的整体征管工作是由双方共同努力才能实现的。税务约谈促进了纳税人主体地位的确立，体现对纳税人人格的尊重，激发纳税人对行政管理的认同感，为共建良好的税收征管环境创造条件。

四、集体约谈应注意的问题

（一）制定标准、统一着装，规范流程、采取会议模式

针对"方式随意、过程简单、缺乏监督、难以控制，事后又无据可查，缺乏严肃性"等客观状况，无论是单户约谈还是集体约谈，税务部门在实施税务约谈过程中，必须做好：第一，设立税务约谈室，保证座谈环境舒适保密；第二，经部门领导审批后进行，两人统一着装共同参与约谈；第三，坚持"灵活、简洁、高效"原则，采取会议模式实施约谈。

（二）要做到心中有数，讲究谈话的策略

做到心中有数的目的是有的放矢，如：行业特点，主体税种及税目，征管状况和政策规定等。要做到"三个清楚"：清楚被约谈对象存在的涉税疑点或问题，清楚相关法规政策的具体规定，清楚产生涉税疑点或问题的原因。掌握纳税人的真实情况，都要在约谈之前做好充分的准备。同时，根据约谈对象的素质情况，避免过多使用专

业术语。采用日常使用的普通语言交谈，叙述质疑涉税疑点或问题不要说得过于笼统，而要具体一些，让被约谈人员能听得懂。集体约谈应该分两步：首先是对共性问题或类似疑点进行统一讲解；其次是对个性问题或差异疑点进行分别处理。税务约谈不是摊牌和谈判，是纳税人对涉税疑点或问题的解释说明和举证，所谓的"讨价还价"是根本不存在的。

根据被约谈的对象不同或问题有大有小，税务约谈必须因人而异，因事而异，集体约谈采取不同的约谈策略：第一，开门见山型：以准确、透彻的分析，直截了当地揭示问题，以无可争辩的论据和无懈可击的逻辑力量，直接触及被约谈者，促使被约谈者认同，明确为什么要这样而不能那样。第二，顺情入理型：针对被约谈者的恐惧、烦躁等不良情绪，耐心、细心、和颜悦色地阐述法规和政策规定，以求点点入心，帮助其释疑解难，使其不但有所悟，而且有所获。

集体约谈是不适用法规没有明确规定和政策执行模糊的焦点问题、争议问题的。以会议方式实施的集体约谈不是政策辅导会，也不是税法宣传会，是帮助纳税人自查自纠、引导纳税人主动遵从。

（三）要以平等的身份交谈，以理服人使约谈具有说服力

要以平等的身份与被约谈人员进行交谈，避免造成质询或误会。要尊重被约谈人员，良好的态度是赢得被约谈者信任，使约谈顺利进行，提高约谈效果的重要一环。在约谈的过程中，要尽可能多的进行相关税收政策的宣传和辅导，对涉税疑点或问题的评价一定要客观、全面，既要说清涉税疑点或问题，也要真诚地对相关税收政策进行详细的解释和说明，体现的是以理服人！在约谈时要热情、亲切，要充分体现尊重人和帮助人，尽量避免使用"转稽查""偷税""处罚"等字眼。

要正确使用约谈语言并有较强的说服力。一是要讲实效性，约谈语言要准确、客观、全面。准确，就是循法引导，有根有据；客观，就是要尊重事实，不自以为是；全面，是指要避免片面性，不说绝对话，不武断。二是要求适应性。约谈语言既要适应被约谈人员的职业特点、文化修养、身份和心理等。三要有哲理性。约谈语言要耐人寻味，发人深思，力求每句话都有分量，能给人以启迪和提示。

（四）要做好约谈记录，注意收集相关证明材料

约谈时要做好约谈记录，必须要正确区分《税务约谈记录》与《询问笔录》的不同；用叙述性语言将约谈内容记录清楚，不用"一问一答一字一句"的全部记录。纳税人针对疑点或问题提交的证明资料，比约谈记录更有价值，所以税务约谈实质是证明资料优先。

集体约谈结束后，要求纳税人进行自查自纠和对提出涉税疑点或问题进行解释或说明。约谈说明可以采用当面说明、电话说明、书面说明、电子邮件说明等多种形式。当采用当面说明形式的，原则上要有两名评估人员同时参加；当采用电话说明形式的，

可由一名评估人员负责交流，并做好《约谈说明记录》。同时，应积极要求纳税人提供书面说明材料，"相关凭证复印件+约谈记录=税务约谈"。

(五) 集体约谈不是纳税辅导或政策宣传

集体约谈的目的明确，重点是根据辖区内某行业或税种的征管现状，针对稽查、评估或日常管理发现的主要涉税问题要求被约谈单位进行自查自纠，不仅目的明确且针对性强；纳税辅导或政策宣传是对辖区所有纳税人进行的普遍性政策告知或解读，不是针对部分重点单位的。

集体约谈要按照一定流程进行审批并需要下发《税务约谈通知书》的，被约谈单位无特殊原因必须参加的，要审阅约谈记录并签字确认的；纳税辅导或政策宣传没有文书，也不是必须参加的。集体约谈是必须向每位纳税人下发《税务约谈通知书》并签送达回证的，集体约谈是统一实施模式，约谈记录是要签章的，纳税评估档案是要每户归档的。

五、集体约谈提纲样本

这是假设某地税务局，对辖区房地产开发经营行业实施专项纳税评估，在充分调取税务内部申报入库信息、本地区房地产行业信息和选取评估分析指标的基础上，发现行业共同存在的风险事项很多，因此决定对正在销售（预售）的房地产企业组织一次集体约谈。

房地产开发经营业集体约谈提纲

【下面一所述的内容，是第一次集体约谈要讲的内容，不是第一次约谈不用再作为一项内容】

一、简要介绍纳税评估工作的地位、职责和作用

纳税评估是一项世界通行的税收征管措施，是税务部门运用数据信息比对分析的方法，对纳税人和扣缴义务人申报纳税的真实性、准确性进行分析，通过税务约谈和实地调查等方法进行核实，从而作出定性、定量判断，并采取进一步征管措施的管理行为。

对纳税人和扣缴义务人进行纳税评估是强化税源管理，提高税收征收率的有效途径，是实现科学化、精细化管理的重要内容。

(一) 纳税评估工作的地位

纳税评估作为一种新型的有效管理手段，是全面提升整体征管质效的把手，是"申报征收、税收分析、纳税评估、税务稽查"四位一体横向互动机制的重要组成部分。要从整体税收征管的高度认识纳税评估，纳税评估是当前强化税源监控管理的重

要内容和手段,是税源管理的中心工作。在整体征管流程中,纳税评估应该说是"承前启后"的位置:前有征收和服务、后是稽查。纳税评估是征收的延伸和深化,对其起重要监督作用;是实施稽查的前置和条件,为其提供准确依据。

（二）纳税评估工作的职责

一是强化税源管理,通过掌控税源及变化趋势,为微观税源分析奠定数据基础,为宏观政策的制定提供科学依据;二是为纳税人提供更为深层次的服务,给纳税人提供自我纠错的机会,帮助纳税人准确理解税收政策、及时掌握相关规定和严格遵守税法;三是严格依法治税,严肃税收法纪,对于评估过程中发现存在重大税收违法行为或严重涉税疑点问题的纳税人,提请实施税务稽查或行政处罚;四是构建和谐征纳关系,通过实施纳税评估促进纳税人依法诚信纳税和税务机关依法行政,在税务机关和纳税人之间建立起一种互相尊重、信任、平等、和谐的关系。

（三）纳税评估工作的工作流程

纳税评估分为确定评估对象、实施评估分析、涉税疑点核实、评估结果处理和评估复评考核等五个环节。涉税疑点核实有两种方式:税务约谈和实地调查核实,这是我们借鉴国际先进经验、顺应税收工作内在规律实施的新举措。

税务约谈是涉税疑点核实有两种方式之一,是实现纳税评估职能最常用最有效的方式。税务约谈分为单户约谈和集体约谈两种形式,今天组织的就是集体约谈,集体约谈是提高评估质效的强力措施,能够明显降低执法成本和风险,全面提高工作效率,同时减轻纳税人负担,营造依法纳税、诚信纳税的和谐税收环境。

（四）纳税评估工作的作用

第一,提高税源监管能力,堵塞管理漏洞。

第二,深化税法宣传,提高纳税人的纳税遵从度。

第三,提高稽查工作的质量,发挥税务稽查整体效能。

第四,积极组织收入。

需要特别强调的是,纳税评估是行政管理行为不是行政执法行为。具体规定如下:《纳税评估管理办法（试行）》的第二条和第二十二条。

"第二条 纳税评估是指税务机关运用数据信息对比分析的方法,对纳税人和扣缴义务人（以下简称纳税人）纳税申报（包括减免缓抵退税申请,下同）情况的真实性和准确性作出定性和定量的判断,并采取进一步征管措施的管理行为。

第二十二条 对纳税评估工作中发现的问题要作出评估分析报告,提出进一步加强征管工作的建议,并将评估工作内容、过程、证据、依据和结论等记入纳税评估工作底稿。纳税评估分析报告和纳税评估工作底稿是税务机关内部资料,不发纳税人,不作为行政复议和诉讼依据。

【下面二所述的内容，是集体约谈的核心内容，根据实际情况调整，这只是举例说明。】

二、列举目前房地产开发经营行业存在的主要涉税问题

（一）流转税问题

1. 收到的预售收入记"应付账款""其他应付款"等往来科目，不通过"预收账款"科目核算，长期挂账未及时申报纳税。

2. 未及时足额申报纳税，尤其是在企业内部资金紧张时更易发生迟缓纳税的行为。

3. 采取以商品房抵顶工程款、土地征用费等债务，或者按照低于成本价将商品房用于职工福利、职工奖励等方面，造成少缴或不缴税款。

4. 售房时收取的价外费用，如代理办证费、手续费等计入"其他应付款"等往来科目，未按规定申报纳税。

5. 在合作建房过程中，以地换房或者以房换地后，以实物交换没有发生资金往来为由，未申报缴纳应纳税款。

6. 视同销售行为未申报纳税。

（二）所得税问题

1. 对房屋预售收入未按规定足额预缴企业所得税。

2. 以促销为名赠送储藏室、车位等不作计税收入。

3. 以开发产品抵顶应分配股东红利的情况，不作计税收入。

4. 通过中介公司加价销售条件较好房源，加价收入直接归股东所有，不作计税收入。

5. 同时开发几个项目，或者一个项目涉及多期开发，经营周期长，增加人力、财务、研发、广告费用和材料成本等手段，混摊成本费用，利用"预提费用""待摊费用"户虚列费用，人为调整应纳税所得额。

6. 利用关联关系转移利润。如向有关联关系的建筑、装饰、建材、绿化工程和物业管理等企业，通过虚开建筑发票加大建安成本造价、虚增工作量等非法手段减少或转移利润，少缴企业所得税。

（三）土地增值税问题

1. 取得预售收入，未按期足额预缴或申报缴纳土地增值税。

2. 人为拖延工程决算，拖延土地增值税清算。

3. 在销售普通标准住宅过程中，采用虚增扣除项目金额和通过分解、降低销售价格方式少缴土地增值税。

4. 未按照规定到税务部门办理土地增值税清算手续。

5. 在进行土地增值税清算时扣除项目是否准确。

6. 将非普通标准住宅混淆在普通标准住宅中，不缴土地增值税。

(四) 其他税种问题

1. 因改变土地、房屋用途是否补缴已经减征、免征契税。

2. 对自有房屋的出租租金收入不按期申报缴纳各项税费。

3. 取得土地使用权后，未按期足额申报缴纳土地使用税。

4. 因受让方违约而从受让方取得的违约金、赔偿款、滞纳金收入是否并入营业额中申报纳税。

5. 以房产补偿给拆迁户的，补偿面积超过拆迁面积的部分，是否按实际取得的价款征税。

三、关于开展房地产开发经营业专项评估对纳税人的具体要求

1. 各纳税人要高度重视此次集体约谈，不要有任何侥幸心理，积极配合做好此次专项纳税评估工作。

2. 各纳税人要按照我们的辅导内容和具体要求进行认真、全面的自查。自查年度：【2015年度和2016年度】，自查税种：所有税费，特别强调的是存在不差税款但私自延期缴纳部分，应加收的滞纳金。

3. 各纳税人要认真填写《纳税情况报告表》，及时与主管税务部门沟通，简介填写方法。

4. 各纳税人于【××月××日】前将《纳税情况报告表》一式两份报主管税务部门。

5. 根据需要添加其他要求事项。

说明：其中【 】的内容是应修改内容。

附件：

纳税情况报告表

纳税人名称：北京××房地产开发有限公司

计算机代码：01××××180　　　　　　　　　　　纳税年度：2018　　单位：元

	应纳税额	已纳税额	应补税额	滞纳金	合计
增 值 税					
城市维护建设税					
教育费附加					

(续表)

	应纳税额	已纳税额	应补税额	滞纳金	合计
企业所得税					
个人所得税					
房产税					
土地使用税					
车船使用税					
印花税					
文化事业建设费					
其他（　　）					
税费合计					

是否存在以下违法违规行为：
□违反发票管理办法；　　　□违反账簿凭证管理；
□未按规定办理纳税申报；　□未按规定代扣代缴税款；　□其他。

自查情况说明：（篇幅不够可增加附页）

声明：我（单位）自愿依法履行纳税义务，将自查应补税款计　　　　元，滞纳金计元，于　　　年　　月　　日前按规定申报缴纳。

填表人：　　　　　填表日期：　　　年　　月　　日　　　　　填表单位（公章）：

第四节　实地调查核实

对评估分析和税务约谈中发现的必须到生产经营现场了解情况、审核账目凭证的，评估人员应进行实地调查核实。实地调查核实不是日常税务检查，不能混同。日常税务检查或税务日常检查是行政执法行为，实地调查核实是纳税评估的一个环节，是对涉税疑点或问题的核实，就是确定涉税疑点或问题存在还是不存在、纳税人或扣缴义务人提供的证明资料准确不准确。在实务中，纳税评估日常检查化或实地调查核实日常检查化问题比较严重，且呈现出愈演愈烈之势。

按照《纳税评估管理办法（试行）》第二十条的规定："对评估分析和税务约谈中发现的必须到生产经营现场了解情况、审核账目凭证的，应经所在税源管理部门批准，由税收管理员进行实地调查核实。对调查核实的情况，要作认真记录。需要处理处罚的，要严格按照规定的权限和程序执行。"实地调查核实是指税源管理部门通过到纳税人生产经营场所了解情况、审核账簿凭证等方式，对评估分析中发现的涉税疑点或问题进行核实一项征管措施。对调查核实的情况，要认真做好记录。

一、房地产行业调查核实主要内容

一般情况下，对于房地产企业，需要实地调查核实的事项，主要包括以下内容：

1. 实地调查核实项目工程完工进展程度，一般情况框架结构主体建设为一个月两层，目前的预售条件是主体封顶，推算预售时间。

2. 实地调查核实户型种类和面积，是否符合普通标准住宅要求，是否存在商业用房等非普通标准住宅。

3. 实地调查核实应注意有无出租房，因为商品房、出租房之间用途是极不稳定的，如销售市场疲软，可将商品房对外出租；如销售市场看好，出租房可变为商品房对外销售。

4. 实地调查核实车位、储藏间等配套和附属设施租售情况，核查开发商与物业的资产移交情况等。

5. 进行主要核算科目的总分账核算情况核查。

二、核实方法

（一）实物核查

到企业的售楼部查看房地产开发楼盘模型，了解企业开发计划，掌握现房及期房可售数量、已售数量及库量数量。

（二）资料核查

到企业工程部、合同成本部了解开发项目商品房建设工程概预算定额，成本控制定额和单位面积平均造价，掌握合同签订情况。

（三）账册核查

有针对性地对企业的总账及明细账的相关账目进行核查。

（四）工作要求

1. 实施实地调查核实，应遵循"统一性、核准性、规范性和合并性"的原则：即由纳税评估科或税务所统筹安排，实行申请和审核工作制度，核实人员不得少于两人。

2. 实地核查要有针对性。针对案头分析和税务约谈过程中不能排除的疑点问题进行实地核查，避免全面检查，增加不必要的工作量。

3. 核查过程中认真做好记录，包括企业财务处理的时间、凭证号、内容、流向，具体核查对象的取数、计算过程、采用的计算方法以及最终的落实情况。

4. "对当年已被税务稽查部门立案稽查的，原则上不再实施"，当实地调查的涉税事宜所属期间与实施稽查检查的所属期间不同的情况下可以实施实地调查核实，比如：稽查期间是 2003 年度和 2004 年度，而实地调查核实事项是 2005 年 6 月。

5. 各税务所要按照纳税评估科的要求建立实地调查核实台账，具体要求：由专人负责，电子版和手写版同时使用，及时按顺序填写。

三、收入疑点核实内容

根据确定的纳税遵从风险点，需要采取税务约谈或实地调查核实的方式，通过企业财务人员的解释或提供相关资料证明涉税疑点是否存在，考虑到实际工作特点，仅将收入疑点核实内容进行列举。具体内容如下。

（一）经营收入疑点的核实

房地产开发经营收入包括：土地使用权转让收入、商品房销售收入、配套设施销售收入、代建工程销售收入。

1. 核查收入是否准确

完工产品的计量和开发成本的结转是否符合会计制度的规定；已销售房屋的套数、销售单价、销售金额、销售时间与销售记录和销售合同是否一致，收入金额与发票金额是否一致；销售收入的确认、销售成本的结转是否遵从会计准则的相关规定。

重点核查企业"主营业务收入"和"预售账款"科目的记载，并与售楼合同、销售发票进行对照。重点核查企业"预收账款""应付账款""其他应付款"科目具体内容，看企业是否存在房款挂往来账户未确认收入问题。

2. 核查企业收取的预收款和购房定金，有无不申报纳税的情况

部分开发商常常会以未实现销售为由，不将收取的预收款或定金及时申报纳税。如将收取售房预收款，挂在"其他应付款"账户上，不申报纳税；收取的出售商品房款，挂在"预收账款"上长期不结转"营业收入"，也不申报纳税，或者已结转"营业收入"但不申报纳税。

3. 企业按揭售房收入确认及时性核实

重点核查企业银行存款及对账单，如果银行支付按揭款时扣除了一定比例的保证金，看是否已按扣除银行保证金前的总额申报纳税。

（二）其他业务收入疑点的核实

1. 注意企业在土地使用权转让过程中，有无发生合同外再签合同的现象。企业通

过这种方式，要求受让方划出部分资金或实物，直接给出让方指定的第三方的问题。

2. 核查价外费用

注意纳税人是否将代政府及有关部门收取的契税、印花税、公证费、交易手续费、转移登记费、抵押登记费、按揭保险费等，挂在往来账上，不并入营业额计税。并注意代建手续费收入、变更姓名手续费，为购房人办理的入学、入托等服务费，逾期交款而罚没的定金收入是否冲减"其他业务支出"等成本费用科目，不申报纳税。

3. 投资方收取的固定利润，按"利润"处理，未按"租赁业"申报缴纳增值税。

（三）其他（营业外）收入疑点的核实

房地产开发经营其他收入包括：租金收入、商品房售后服务收入、材料销售收入。核查应注意有无出租房、出租车位和附属设施等。

（四）视同销售行为疑点的核实

1. 企业无偿赠予（分配）

核查"固定资产"账户贷方，看有无转出固定资产的行为；若有，检查"固定资产清理"账户及有关合同协议，看是否属于无偿捐赠他人。通过查阅董事会关于分配股利的决定，是否存在用不动产作价作为股利分配的情况；还可通过"固定资产"贷方看当期是否有减少的固定资产，如有进一步核查是否转入有关股东名下。

2. 企业以房产抵工程款，抵银行贷款和拍卖

审阅施工合同（协议）、工程预算、工程价款结算单，看工程合同（协议）有无以房抵顶工程价款的内容，看支付的工程价款结算是否少于工程结算。从而进一步确认是否有以商品房抵顶工程价款的情况。通过查看贷款合同，看企业有无被抵押的房屋，如有，则进一步了解是否贷款到期未归还，抵押的房屋被银行收走；也可通过固定资产的贷方看是否有减少的固定资产，然后查看具体的凭证看其对应的凭证是否为长期借款或短期借款。

四、实地调查核实不是日常检查

税务日常检查是税务部门的一项被按下"暂停"键的重要工作。

1997年，国家税务总局成立专业税务稽查局后，是负责税务日常检查工作的；随着征管改革的逐步深入，2003年，国家税务总局进一步明确了税务稽查的工作职责：为了避免稽查局与其本级税务局之间出现双重执法的问题，凡是税务违法行为构成了偷税、逃避追缴欠税、骗税和抗税的，一律移交稽查局处理，由稽查局独立作出决定，税务局不予干涉；凡是税务违法行为没有构成偷税、逃避追缴欠税、骗税、避税和抗税的，也就是说属于一般税务违法案件的，一律由税务局处理，稽查局不予干涉。因此，税务日常检查工作归口到征管科技司负责，而至今没有见到相关管理办法或工作规程。税务日常检查是基层税务局或税务分局（所）在日常征管中实施的，实施主体

不是专业机构的税务稽查局。日常检查工作流程简单，是稽查检查"立案—实施—审理—执行"四个环节的统一，不是四分离的；职责明确，是负责"没有构成偷税、逃避追缴欠税、骗税和抗税的"一般税务违法案件的查处。

因此，税务日常检查工作在各省、自治区、直辖市和计划单列市的具体部署和实施情况就因地制宜了。通常，税务日常检查要严格按照税收政策规定，以会计账簿凭证资料为主要检查内容，采取会计资料审核和实地检查相结合的方法。

（一）检前准备外围获取相关信息

1. 房地产行业网站

税务检查人员可以在所在地负责房屋销售网签的房产信息网查找被查房地产企业的基本情况，比如：开发经营项目的开工情况、预售情况、单价及建筑面积，对企业的经营情况有初步的了解。

2. 相关政府部门网站

浏览当地的规划局、城市建筑局及房产管理局、国土局等网站，查找相关的规划许可证、开工许可证、土地使用证、预售许可证等相关资料。了解企业的立项、开工、销售等情况。

3. 日常征收管理信息

税务检查人员要结合日常征管中采集到的信息，包括：税务登记和开发项目的基础信息、企业纳税申报（备案）和解缴税款入库数据、是否曾被税务稽查、纳税评估和发票协查等的处理结果情况。

4. 实地调查基本信息

检查人员将网络上获得的信息和征收管理中采集到的信息资料进行对比核实。在税务检查人员对该房地产企业的情况基本了解后，再组织有关检查人员实地查看，相互印证已收集的信息，以获得对该项目工程的基本认识。

检查人员在房地产企业实施日常检查期间，应经常到项目所在地进行实地查看。税务检查人员只有在熟悉楼盘实际情况的前提下，才能更好地结合财务资料，检查税款缴纳的真实性，完成税务检查任务。

（二）入户检查

检查人员应重点对售楼处、财务部门和项目实地进行现场检查。

1. 售楼处的检查

（1）以购楼名义，到售楼处调查企业项目的基本情况

一般包括了解规划许可证、土地使用证、开工许可证、预售许可证等，并询问房屋的价格及面积构成，车库价格，有无折扣和赠送，然后以购房人的身份查看楼盘情况，以印证检查前所获得项目的基本资料。检查人员要特别注意查验是否存在用个人银行卡收取房款的情况。

(2) 取得销控表等资料

按照商品房相关规定，售楼场所在销售商品房时，须公示商品房预售面积测绘技术报告书、共用面积分摊情况、建筑面积分摊的内容、房屋销控表、"五证"（详细表述）等材料。

检查人员对销控表中已售和在售楼盘与房屋交易管理网"商品房预售项目"逐一核对，比较两者是否一致。

2. 财务部门检查

检查人员可以到企业财务部门现场查，要求其提供以下资料：

（1）发票购领本（包括收据）和所有发票的领用存情况。

（2）销售台账、销售合同或协议。目前全国很多地方都已经实行销售合同网上备案，给销售合同检查提供了便利。

（3）成本构成及结转明细表。

（4）企业的账簿、凭证、财务会计报表及涉税事项鉴证报告。

检查人员在取得上述资料的情况下，进行分析性检查，并与从售楼处获得的资料进行核对，查找两者的差异并分析原因。

3. 项目实地检查

检查人员应根据不同的开发项目确定实地检查的重点，侧重核实规划与实地建筑是否相符。主要的检查重点有以下四个方面：

（1）税务检查人员到楼盘所在地进行实地调查，审查实际容积率是否与开工批复、设计图纸、竣工决算相符，有无违规变更容积率情况。

（2）实地观察的重点是车库和人防工程。由于人防工程改造的车库无法办理产权，因此用于出租或者出售的车库，企业账目上往往不反映，可能存有隐匿收入的情况。在实地检查中，税务检查人员应当去车库实地计算车库的具体数量，并对面上的资料进行计算核对。

（3）查找是否存在已售出未结转销售收入的房屋。检查人员取得房源表后到项目工地实地核查，并与物业公司所提供的入住情况核对，查验已售和未售的房屋，以确定已售房屋是否已按规定结转收入和成本。

（4）查找未入账的租赁收入。检查人员取得出租物业明细表，实地检查出租物业的情况。将出租物业明细表与租赁合同逐一核对，以便找出隐匿的租赁收入。

五、收入日常检查要点

（一）检查要点

1. 预售收入（预收账款）：预售收入是否完整，是否有账外的预售收入，预售收入是否已按规定计算缴纳企业所得税，结转收入的预收款的预计利润是否按规定作纳税调整。

2. 销售收入：销售收入结转是否及时完整，包括收到政府返还是否计入应纳税所得额、收取代收款项应计未计收入等。

3. 出租收入：出租收入是否完整，是否有未入的租赁收入，所有租赁收入是否按时纳税申报，租赁价格是否公允，有无存在关联交易等情况。

4. 视同销售：视同销售是否按时申报纳税，申报价格是否公允。

(二) 预收账款检查的主要内容

1. 税务检查人员要根据被检查企业的情况设计制作房源表，掌握收入的总体情况，方便今后核对。

2. 税务检查人员取得销售台账、预售房款票据、销售收入明细、商品房销售合同并进行核对。正常的企业勾稽关系是相符的，如核对结果不相符，应要求企业做出书面说明。税务检查人员对说明进行核查，并分析其产生差异的原因及合理性。

3. 检查会计目"应收账款"科目。如企业不设"预收账款"科目，可查看"应收账款"科目的贷方。企业可能将收取的预售款项分别在"预收账款"和"应收账款"贷方反映。企业仅将在"预收账款"科目中反映的金额申报纳税，而不申报"应收账款"的贷方数，以达到延期申报收入的目的。

4. 检查会计目"其他应付款"科目。一般企业下设二级科目"房款""订金""定金""保证金""诚意金"等都属于预售收入。税务检查人员尤其要注意检查"其他应付款"科目是否存在大额借款隐瞒收入的问题。如发现有大额借款，应追查借款合同；没有利息支付的大额借款应特别关注。

5. 检查簿中"管理费用"、"营业费用"和"待摊费用"等科目中是否存在支付给中介机构的费用。如果有支付的佣金发生，通常意味着有预售收入存在。

例如：某房地产企业与房屋中介签订了买卖合同，每卖出一套房子，中介公司收取2%的手续费。该房地产企业在2017年会计账簿的凭证中，列支给中介公司佣金720万元。根据中介费用可测算出该企业应申报预售收入为36000万元，但其预售收入所得税纳税申报实际仅为18000万元，还有另外的18000万元的具体情况需要核查。

6. 检查"银行存款"日记。让企业财务人员提供开户银行对账单，对未达账作出"银行存款余额调节表"，并与总账和报表核对是否一一相符，审查未达账的原因；检查是否有大笔款项转入，是否属于未入账的预售收入。

7. 到银行核查按揭款情况。检查人员在日常检查中，如果觉察某企业可能采取伪造销售合同的手段，隐瞒按揭款的情况，那么可以去银行审查该楼盘的购房按揭情况，把从银行获得的资料同企业销售台和销售合同进行核对，以发现企业是否存在未及时确认收入的情况。

8. 到房管部门查"销售合同"情况。检查人员可以到房管部门取得企业以下资料：销售合同备案情况、初始产权证明办理情况、房产证办理情况等。检查人员把所获得的资料同企业的销售台进行核对，以检查预售收入的核算是否准确。

（三）销售收入检查的主要内容

1. 检查人员在对已完工项目进行检查时，应重点核实开发产品完工后结转销售收入是否及时、完整、准确。检查人员要明确开发产品完工的三个条件，及时结转销售收入，销售收入包括销售开发产品过程中取得的全部价款，包括现金、现金等价物和其他经济利益。

2. 企业对代政府收取的款项的处理有两种方法：一种是纳入开发产品价内，或由开发企业开具发票的。这种账务处理就要纳入企业所得税收入申报，将来在该笔收入转给政府部门的时候作为费用列支，体现收支两条线的原则。另一种是由政府有关部门开具发票，作为代收款项，不纳入收入。

3. 检查当期应结转的销售收入是否已全部按规定入账；有无已实现的收入不确认，长期挂账往来或存在账外收入的情况；有无故意压低售价转移收入的行为。

4. 销售收入日常检查的主要方法

（1）销售收入检查的基本方法同预收款。检查人员将取得的发票、购房合同、销售台账、销售明细账进行核对，查找有无未入账的收入。未完工项目主要是对预收款进行检查，而已完工项目的检查重点则是对销售收入确认时点的检查。

（2）审查购房合同，查找合同中是否有其他经济利益条款，并与销售收入进行核对，查找未入的经济利益。

（3）结合已核实的房源表，到工程项目现场进行实地盘点、观察，审查已经销售的房子是否及时结转销售收入并进行正确的申报。

（四）租赁收入检查的主要内容

检查人员应根据房地产企业的特点，关注被检查企业是否有以下租赁收入的发生并正确地结转租赁收入：先租后售的租金收入、预租收入、其他租赁收入。

1. 先租后售：如果房地产企业对开发产品进行先租后售的，企业会计制度中将开发产品转固定资产管理的，年度所得税纳税申报中要对转到固定资产管理的开发产品视同销售，企业在纳税年度可以提取折旧并在税前扣除，等企业在出售时按固定资产清理销售进行核算。如果房地产企业对开发产品不转到固定资产进行管理的，企业年度所得税纳税申报中对该出租资产不视同销售，也不能提取折旧，等企业实际出售时再按开发产品销售做收入处理。

2. 预租收入：预租收入是指开发商将开发产品交给承租人使用前收取的订金。比如开发商建造一个出租为目的的小商品城，小商品城还没有建好，开发商就准备开始招租，并收取开发商广告说闹市旺铺，诚招出租，就收了一部分预租收入。检查人员要将预租收入与区分出售房产卖房子收取的预售收入区分开来，预售收入收到就要纳税，预租收入可以等到将开发产品交给承租人时的时候再纳税。预售收入只适用于出售房产，不适用于出租房产。

3. 其他收入：主要是车库、没有产权的车位收入、开发商的店铺收入和未开发土地的出租收入。企业是否将这些租金收入未入账未申报。

4. 租赁收入的主要检查方法

（1）检查人员应取得房地产企业出租物业明细表，明细表的内容应包括出租面积、楼层，物业性质、出租年限、单位面积租金等资料。

（2）取得所有的出租合同，并与明细账目和物业出租明细表进行核对。对明显低于市场价格的租赁合同进行关注，并进一步索取资料进行验证租赁价格是否合理、公允。

（3）根据获得的单位租金和出租面积测算当期申报的租金收入。

其计算公式为：本年度租赁收入＝租赁面积×单位租金×本年度受益期限

将测算出的出租物业租金与企业面及纳税申报表上的其他业务收入中的租金进行核对，找出差异原因。如差异过大，企业应做出书面说明，并进行合理性分析。

（4）对出租物业进行实地核实，以查找未入账的出租收入。

（五）视同销售检查的主要内容

1. 视同销售的收入确认时点是房地产企业于开发产品所有权或使用权转移，或于实际取得利益权利时确认收入（或利润）的实现。

2. 价格的确认原则：年度最近月份同类开发产品市场销售价格确定；当地同类开发产品市场公允价值确定；按开发产品成本利润率确定。

3. 视同销售主要存在开发企业以房抵工程款、以房换地等情况。

4. 视同销售的主要检查方法

（1）检查开发企业同施工单位的款项结算，抽查结算凭证和检查施工价款的支付方式，查看企业是否有以房抵工程款的情况，并注意房屋价格是否公允。

（2）在以房换地检查中，检查开发企业以房换地是否按规定视同销售，作收入处理；检查企业的土地合作开发协议，并抽查相应的会计凭证，关注合作条件、分房的比例；核实企业是否在首次分出开发产品时，将其分解为按市场公允价值销售该项目应分出的开发产品（包括首次分出的和以后应分出的）和购入该项土地使用权两项经济业务进行所得税处理。

六、开发成本日常检查要点

检查人员在进行检查前应掌握开发成本核算的主要内容和税前扣除的原则，便于对房地产企业的开发成本进行检查。

(一) 检查要点

1. 开发成本检查主要是明确土地使用及拆迁补偿费、前期工程费用、房屋建筑安装费、基础设施费、公共配套设施费、开发间接费用等项目的入账是否真实、完整。

2. 房地产企业是否准确区分期间费用和成本、开发产品建造成本和销售成本的界限；是否有虚列、重列有关的成本、费用的情况。

3. 土地征用及拆迁补偿费、公共设施配套费是否按成本对象进行归集；是否将成本对象完工后实际发生的费用全部计入当期销售成本。

4. 销售成本的结转是否正确；同一企业有多个开发项目，其发生的成本、费用能否划分清楚；在结转当期销售成本与费用时是否与收入相匹配；有无混杂其他未结转收入项目的成本、费用；有无多计开发产品单位工程成本和已售商品房面积。

5. 关注票据的合法性，检查是否有白条、收据等不规范凭据。

(二) 开发成本总体检查方法

1. 抽查与房地产成本相关的资料，包括成本明细表、合同台账（土地合同、工程施工合同、前期开发合同、销售合同）、工程结算书、现场签证、财务决算报告、审计报告和相关的涉税鉴证报告。

2. 检查人员将工程决算书同企业实际列支的成本进行核对，计算单位工程成本，以验证成本项目是否真实。并把抽查的企业合同与台账、合同付款情况台账进行核对，检查实际发生的成本项目是否与合同记载内容相符。

3. 运用整体测算法分析企业成本构成比例的合理性，找寻检查突破口。由于房地产企业财务数据多、金额大，特别是成本方面的检查，检查人员寻找切入点有一定难度。通过整体测算，分析企业成本构成比例的合理性，可以有效帮助税务检查人员寻找检查突破口。

(三) 土地征用及拆迁补偿费检查的主要内容

1. 土地征用及拆迁补偿费包括土地出让金、劳动力安置费、青苗补偿费、土地补偿费、拆迁补偿费及其他因征用土地而发生的费用。

2. 对几个开发项目共用一块土地和一次征地分期开发的情况，应确定土地征用及拆迁补偿费合理的分配标准。

3. 日常检查的主要方法

(1) 审查土地征用及补偿费合同，抽查大额的发生额凭证，审查支付金额是否符合合同规定。

(2) 查阅当地土地基准地价相关资料，将房地产开发企业的土地价格与基准地价进行比较，查找重大差异。

(3) 查阅土地补偿费、青苗补偿费、拆迁补偿费的标准并按合同规定内容进行测算,抽查支付凭证,查找重大差异。

(四) 前期工程费检查的主要内容

1. 前期工程费包括总体规划设计费、可行性研究费、勘察设计费、各项临时工程费用、七通一平或三通一平费用等。

2. 日常检查的主要方法

(1) 取得相应合同,如设计合同,勘察合同等。

(2) 按照合同规定的标准进行测算,并抽查支付款凭证。

(五) 房屋建筑安装工程费检查的主要内容

1. 建筑安装工程费包括企业以出包方式支付承建单位的建筑安装工程费、企业自营工程发生的建筑安装费等。

2. 日常检查的主要方法

(1) 取得建筑施工合同、设备采购合同和工程监理合同等资料。

(2) 检查人员应取得开发项目的工程决算,并与项目工程开工时的工程预算进行比较,查找重大差异并进行分析。差异如是工程量的变更引起的,应进一步取得监理、施工、建设单位的现场签证;如果是价格上涨引起的,应取得近期材料、人工成本进行测算。

(3) 取得当地房地产同行业平均数值,并与被检查企业的面数据进行比较,分析差异的原因。对较大的差异,由企业说明理由,并分析其合理性。

(4) 抽查大额的和异常的原始凭证,查找不合理的款项支付。

(六) 基础设施配套费检查的主要内容

1. 基础设施配套费包括因供热设施、供水设施、供电设施、供气设施、通信设施、照明设施,以及绿化等设施发生的设备及安装费。

2. 配套设施费用均应分摊计入开发成本,但核算时也会涉及以下两个方面:

(1) 配套设施一次到位,项目分期开发。在这种情况下,检查人员应注意配套设施费用是否进行合理的分摊。许多企业将配套设施费用按收付实现制原则计入当期的开发项目成本当中,应予以特别关注。

(2) 配套设施费用的预估入。会计准则中企业对配套设施费用按照一定标准进行预估,并摊入相关开发项目成本中。但是,项目完工结转后,对于预估不足或预估节余部分的会计处理不规范。对于实际成本发生额与预估成本之间的差额,应对应调整原预估数,并相应调整开发产品的成本或损益。在检查中首先需要证实企业的预估标准是否合理,对于差额则要贯彻重要性原则进行权衡。

3. 日常检查的主要方法

(1) 从当地政府部门取得配套费的标准,按建筑面积进行测算,并抽查大额的付款凭证，查出差异。

（2）抽查重大的设备和材料采购合同，并抽查付款凭证，查看金额和付款内容是否符合合同的规定。

（3）对配套设施费用分摊进行抽样验证核实。

（七）公共配套设施费检查的主要内容

1. 公共配套设施费包括锅炉房、水塔、公共厕所、自行车棚等。凡能有偿转让的公共配套设施如商店、邮局、学校、医院、理发店等都不能计入该成本项目内。

2. 日常检查的主要方法

（1）取得施工合同，并抽查大额的付款凭证，查出差异原因。

（2）抽查重大的设备和材料采购合同，并抽查付款凭证，查看金额和付款内容是否与合同相符。

（八）开发间接费用检查的主要内容

1. 开发间接费用包括工资、福利费、办公费、差旅费、折旧费、修理费、水电费、劳动保护费、周转房摊销等。企业的各行政部门为管理公司而发生的各项费用不在此列，应在"管理费用"中核算。

2. 日常检查的主要方法

（1）抽查会计凭证。

（2）检查人员将结算中的开发间接费用与预算中的开发间接费用进行比较，查找重大差异的原因。

（九）成本结转方法检查检查的主要内容

检查人员在开发成本检查确认完成的情况下，应把成本结转方法是否正确作为检查内容，检查以下内容：

1. 检查是否混淆成本对象

注意成本的分摊问题。发现开发成本虚增，要分配到已完工成本和未完工成本。成本分摊一经发现，就是大数字、大问题。

例如：某地产公司共有二期开发项目，其中第一期已完工销售，第二期尚处在预售阶段，该企业将所有地价款均摊入一期造成混淆成本。

2. 检查是否配比结转成本

根据国税发〔2009〕31号文件的规定，销售成本的确认应当按照已售的建筑面积确认。检查开发企业是否将未售部门的成本计入销售成本，从而少缴企业所得税。

3. 主要检查方法：

（1）核查开发商完整的预算资料及大项变更资料，从工程部门要工程完工进度报告，从合同管理部门要企业与建筑商签订的合同，分析开发商是否足额预计商品房开发成本及与之对应的应付建筑商的工程款。

(2) 已完工工程，应索取施工方报审的结算资料。企业往往对应合理估计的变更成本不入，等决算出来时进行调整，这种做法实际上可用来调节利润并虚减负债。

(3) 可向总包方询问截止资产负债表日，开发商应付施工单位的结算工程款情况。

(4) 抽查企业的成本结转表，复核所采用的结转方法是否合理。通过检查发现，部分企业存在开发不同项目的工程，销售成本按平均成本进行结算的情况，而销售收入是按实际销售计算，造成收入成本的严重不配比。另应关注自用楼层的成本结转是否与其他销售部分结转的方法相同。不少企业自用的楼层成本按平均成本进行结转，而对外销售部分按制定的分配方法进行结转。

第五节 税务稽查实务

税务稽查是"申报征收+税收分析+纳税评估+税务稽查（处罚）+法律救济"税收征管全流程中一个不可或缺的重要环节，通常被称为是税收征管全流程的最后一道防线，承担着"对外强化依法治税、对内促进依法行政"的重要职责。税务稽查也是实施税收风险应对的重要手段，是税务"大征管"风险管理体系的重要一环。因此，加强对房地产开发经营行业的税务稽查，不仅能够最大限度提高依法治税的威慑力，而且能够促进提高税收征管的整体质效。

一、房地产开发企业稽查思路

由于税务稽查属于事后型行政执法行为，对房地产企业的税务稽查，应以已完工或阶段性完工的开发项目为重点，全面调取销控台账、销售合同、行政审批文书和证书、招投标合同、施工预决算书、监理记录等资料，运用建安成本分析控制、利润率控制、实际投资额与投资概算差额控制、大额资金支付控制等方法找准突破口，采用实地检查与询问调查相结合、内检查与外调相结合等方法，全面审核项目的收入和成本费用支出的真实性和准确性。在实施税务稽查过程中，应重点关注开发经营各环节的以下事项。

（一）取得土地环节

土地的获取过程一般称为前期手续办理，包括从一级市场由政府协议出让、公开拍卖、招标挂牌出让方式取得和从二级市场中通过竞拍中标、转让、买卖股权、合资经营及在建工程的购入等方式取得。无论是在一级市场或在二级市场取得，土地项目的开发都必须办理四证：土地使用权证、建设工程规划许可证、施工许可证、预售或销售许可证。上述土地成本既有税前允许扣除的，也有税前不允许扣除的，还涉及以地换房、以房换地等诸多涉税问题，是稽查重点。

（二）拆迁补偿环节

此阶段支付土地及地上建筑物补偿涉及增值税、土地使用税、契税等问题。应重点检查取得土地使用权是否按规定缴纳土地使用税，有无隐瞒取得土地使用权的时间问题；是否存在利用土地补偿、地上建筑物补偿政策，伪造补偿费用，抬高土地成本现象；对用于拆迁还建的部分，是否作视同销售处理等。

（三）筹资环节

企业的筹资方式主要包括银行贷款、非金融性贷款、关联企业间的融资借贷等。各种贷款、融资财务费用进入房地产开发成本或财务费用后，都涉及能否税前扣除的问题。应重点检查是否存在以商品房抵债，抵债后是否在面上反映销售收入；是否存在关联企业的融资借贷，是否超过注册资本的50%，超过部分利息是否在税前扣除；是否存在股东先抽回资本金，然后又将抽回的资本金重新以借贷的方式列支成本费用等问题。

（四）建造施工环节

对这一环节的稽查，要通过了解掌握房地产企业的建造施工、工程价款结算所采取的方式，审核工程项目核算是否规范合理，工程量结算是否及时准确；将房地产企业账簿资料中反映的开发商品房的单位成本，与当地一般建筑物的单位面积建造成本进行对比分析，判断其成本结算是否真实、准确；了解掌握开发企业与施工企业的关系，是否为房地产企业下属企业，或是房地产开发企业以挂靠施工企业形式承包的，是否存在故意虚增建造成本，转移利润问题；审查委托建造合同，是否存在"甲供材料"的条款或约定，"甲供材料"是否直接计入房地产企业的开发成本；是否将"甲供材料"计入施工企业的工作总量，以此查验房地产企业是否存在重复列支开发成本问题。

（五）预售或销售环节

应通过了解掌握房地产企业商品房销售方式，检查销售收入是否及时足额入账；对采取委托他人销售方式的，是否存在将预售商品房收入记往来或拖延不动产转让的增值税、土地增值税和企业所得税的预缴时间；是否存在以商品房抵付应付的代理费；对于销售收入明显偏低的，是否存在购房者与开发商恶意串通，造成合同价格低于实际支付价格问题；对于销售商业店面或精装修商品房的，是否存在将总价格分解为购房款和装修价款；如果施工、装修企业为房地产企业的下属或关联企业时，更应作为重点，加强稽查。

（六）项目完工环节

房地产项目完工是企业所得税结算的纳税义务时间。房地产商品房完工后，企业所得税由预交转入按规定结算阶段。当房地产利润较高，结算后企业所得税高于预交所得税时，可能存在房地产企业不愿结算实际利润，长期停留在企业所得税预缴状态，故而税务稽查部门应重点检查开发产品的完工时间问题。

二、各税种稽查要点

（一）增值税

1. 核查"主营业务收入"与有关会计凭证，同时核对开发企业开具的"销售不动产专用发票"的存根联，看是否存在分解收入、减少营业额的情况。

2. 采取预收款项销售不动产，按增值税政策规定，在收到款项时预缴纳税，一般会计处理为借：应交税金——应交增值税，贷：银行存款，即缴纳以后在应交税金反映为借方余额，纳税人是否正确缴纳，应根据预收款年末余额×3%与应交税金借方余额比较，是否存在差异。

3. 核查"主营业务收入""分期收款开发产品"等明细与有关记账凭证、原始凭证以及销售合同，看是否存在按合同规定应收取的销售款因实际未收到等原因而未转作"主营业务收入"的情况。

4. 核查"应付账款""预收账款"等往来明细与有关记账凭证、原始凭证、销售合同，看是否存在将收入挂往来账而不纳税的情况，以及收取预收款不计算缴纳增值税的情况。分析"其他应付款"明细，看是否存在将预收款记入该科目，故意递延纳税的情况。

【案例】税务稽查人员在对××开发公司2010年的纳税情况进行检查时，发现该公司2010年"其他应付款——区财政（其他）"科目发生额为3571万元，经询问会计人员、公司负责人，初步认定此款项实际上是××开发公司项下位于××区××路南侧的土地，经××市人民政府批准，被××市土地发展中心收储所取得的收入，但该公司档案中无任何有关该土地收储的合同或资料，查阅会计原始凭证显示转付款方却是其主管单位——××国有资产营运有限公司，检查组随即外调××国有资产营运有限公司，终于取得了此项土地的土地收购合同，根据2010年签订的合同条款规定，××市土地发展中心与将土地收购款3571万元汇入××国有资产营运有限公司的账户。其主管单位收到此款项后，于2010年9月、11月分别用转及抵建设款的方式将土地款转入××开发公司，但××开发公司未将其做收入处理，未按规定申报缴纳相关税费。

5. 赠送或价格明显偏低分配给员工、股东、合作建房单位等，应合理调整计税价格。赠送属于开发产品非销售行为，稽查人员除了分析"存货项目""主营业务收入"等，还必须查阅"商品房开发项目"有关可售面积资料、查阅所有发票存根联来核实是否同销售数量、价格一致，特别注意有否开具发票而不作收入；价格是否明显偏低，通过销售部门的销售台账来核对每张发票内容，查明有否关联交易、有否为购买者逃避契税形式上压低价格等情况，以及结合市场价格来判断。

6. 以房抵债。房地产企业占用资金较大，拖欠银行、非金融机构贷款和拖欠施工企业工程款的现象比较普遍。为还贷款和欠款，直接将等值的房屋转让给贷款单位或施工企业，采取不做收入直接抵减企业的负债。检查时注意开发商与施工企业签订的合同、结算方式。注意还款期限和利息，是否有贷款长期不还现象。涉及诉讼的，应注意了解法院判决书内容。相关的会计科目为"开发产品""长期借款""财务费用"等。

7. 注意检查其他各种特殊业务，如换购房地产、无偿赠与、集资建房、委托建房、中途转让开发项目、参建联建、合作建房、拆迁补偿（安置）、以投资名义转让土地使用权或不动产所有权实为出租等行为是否按规定纳税。

（二）企业所得税

企业所得税计算公式：应纳税所得额＝收入总额－准予扣除项目金额

根据税收征管"收入优先"原则和上述公式，无论是纳税评估还是税务稽查和日常检查，涉及企业所得税的重点内容如下：

1. 应税收入检查的基本思路

（1）将从外部取得的有关开发项目信息，与企业的收入、成本等项目核对，确认应税收入纳税申报数据的合理性。

（2）将从房地产主管部门和相关部门收集各项目的建筑面积，与企业记载面积和实地核查核对，确认可售面积、已销售面积和待售面积。

（3）收集企业销售合同统计数据、预售房款统计数据、售房发票记录，与申报数据、账上记录进行核对，以确认销售（收入时间、数量、金额）准确性和及时性。

（4）到项目开发地、销售现场实地盘点，掌握项目建设及销售情况，分析账面可能存在的疑点。

（5）房地产企业涉及的关联单位较多，包括施工企业、建材商贸、销售代理公司、广告公司、物业管理等，因此对于与其业务往来频繁的单位，应进行重点关注。

2. 正确区分销售收入与预售收入

销售收入的确认是指已完工开发产品的收入确认，开发产品经过有关部门验收合格后即为完工。销售未完工开发产品收取的价款（包括定金）作为预售收入，开发产品完工后按照售房合同有关条款办理移交手续后应确认销售收入实现。企业在开发产品未办理移交手续前，所获得的分期预收款，不适用分期付款方式确认收入的规定，不作为销售收入处理，而应作为预售收入计算预计毛利额。开发产品完工后，开发企业应根据收入的性质和销售方式，按照收入确认的原则，合理地将预售收入确认为销售收入，同时按规定结转其对应的计税成本，计算出该项开发产品实际销售收入的毛利额。

凡是符合下列条件之一的，应视为开发产品已经完工：

（1）竣工证明已报房地产管理部门备案的开发产品（成本对象）。

（2）已开始投入使用的开发产品（成本对象）。

（3）已取得了初始产权证明的开发产品（成本对象）。

3. 确认销售收入

房地产开发企业不管以什么方式销售，销售的实现必须以完工产品为前提。同时，应注意销售收入实现的时间：

（1）采取一次性全额收款方式销售开发产品的，应于实际收讫价款或取得索取价款凭据（权利）之日，确认收入的实现。

（2）采取分期收款方式销售开发产品的，应按销售合同或协议约定的价款和付款日确认收入的实现。付款方提前付款的，在实际付款日确认收入的实现。

（3）采取银行按揭方式销售开发产品的，应按销售合同或协议约定的价款确定收入额，其首付款应于实际收到日确认收入的实现，余款在银行按揭贷款办理转之日确认收入的实现。

（4）采取委托方式销售开发产品的，分别确认收入的实现：

① 采取支付手续费方式委托销售开发产品的，应按销售合同或协议中约定的价款于收到受托方已销开发产品清单之日确认收入的实现。

② 采取视同买断方式委托销售开发产品的，属于企业与购买方签订销售合同或协议，或企业、受托方、购买方三方共同签订销售合同或协议的，如果销售合同或协议中约定的价格高于买断价格，则应按销售合同或协议中约定的价格计算的价款于收到受托方已销开发产品清单之日确认收入的实现。

③ 如果属于前两种情况中销售合同或协议中约定的价格低于买断价格，以及属于受托方与购买方签订销售合同或协议的，则应按买断价格计算的价款于收到受托方已销开发产品清单之日确认收入的实现。

（5）采取基价（保底价）并实行超基价双方分成方式委托销售开发产品的，属于由企业与购买方签订销售合同或协议，或企业、受托方、购买方三方共同签订销售合同或协议的，分别确认收入的实现：

① 如果销售合同或协议中约定的价格高于基价，则应按销售合同或协议中约定的价格计算的价款于收到受托方已销开发产品清单之日确认收入的实现，企业按规定支付受托方的分成额，不得直接从销售收入中减除。

② 如果销售合同或协议约定的价格低于基价的，则应按基价计算的价款于收到受托方已销开发产品清单之日确认收入的实现。

③ 属于由受托方与购买方直接签订销售合同的,则应按基价加上按规定取得的分成额于收到受托方已销开发产品清单之日确认收入实现。

(6) 采取包销方式委托销售开发产品的,包销期内可根据包销合同的约定,参照上述规定确认收入的实现;包销期满后尚未出售的开发产品,企业应根据包销合同或协议约定的价款和付款方式确认收入实现。

稽查人员应通过查看销售部门台账,清点发票存根联,审阅房产购销合同,同时,抽取部分购房客户资料,查看已开具的发票(或收款收据)和"主营业务收入"账户等,核对分析判断会计人员是否按以上规定确认的收入实现。

4. 销售未完工开发产品取得收入的纳税调整

企业销售未完工开发产品取得的收入,应先按预计计税毛利率分季(或月)计算出预计毛利额,计入当期应纳税所得额。因此,可通过纳税调整增加额和规定的预计计税毛利率反推出的金额和"预收账款"的增加额进行对比,结合开发企业的预售金额与企业财务账簿及纳税申报表所列数额进行比较,以判断调整金额是否正确。

5. 视同销售

企业将开发产品用于捐赠、赞助、职工福利、奖励、对外投资、分配给股东或投资人、抵偿债务、换取其他企事业单位和个人的非货币性资产等行为,应视同销售,于开发产品所有权或使用权转移,或于实际取得利益权利时确认收入(或利润)的实现。视同销售确认收入(或利润)的方法和顺序为:

(1) 按本企业近期或本年度最近月份的同类开发产品市场销售价格确定。

(2) 由主管税务部门参照当地同类开发产品市场公允价值确定。

(3) 按开发产品的成本利润率确定。开发产品的成本利润率不得低于15%,具体比例由主管税务部门确定。

6. 成本费用检查的基本思路

(1) 开发企业必须按规定区分期间费用和开发产品计税成本、已销售开发产品计税成本与未销售开发产品计税成本。开发产品的计税成本确认原则包括:可否销售原则、分类归集原则、功能区分原则、定价差异原则、成本差异原则、权益区分原则。成本对象由企业在开工之前合理确定,并报主管税务部门备案,成本对象一经确定,不能随意更改或相互混淆,如确需改变成本对象的,应征得主管税务部门同意。开发产品的成本核算复杂,尽管周期较长,应实行全查法。开发产品的计税成本主要有土地征用费及拆迁补偿费、前期工程费、建筑安装工程费、基础设施建设费、公共配套设施费和开发间接费。

(2) 分析土地成本的构成。掌握被查纳税人的土地来源:

① 通过政府拍卖取得的,核实拍卖成交价及支付方式、支付单位等情况;征用集体土地而取得的,查阅相关征用文件核实征地费的真实性,是否有超范围列支。

② 通过政府旧城改造，出让土地方式取得，查阅相关拆迁、出让文件，核实拆迁费用的真实性，是否有利用非拆迁人员的身份证或虚构拆迁单位协议，列支拆迁补偿费的情况。

③ 通过原工业用地变更为商业用地（包括合作单位地块）取得，核实地块的历史成本，是否有评估重置价值入账。

7. 建筑安装成本

通过查阅建筑合同，掌握总承包及分包施工单位的预算造价等信息。

① 审核建筑施工单位报送的工程预算书，检查其申报的施工成本与预算书的差异情况，分析差异产生的主要原因；审核成本费用的相关合同与结算发票是否一致，与资金的流向是否一致，有无虚列成本费用的问题。

② 通过原始凭证核对材料发票和建筑发票的有效性，是否有假发票、外地发票、票款单位不符、白条或收据代替发票等情况。

③ 分析暂估成本的合理性，房地产企业往往以决算报告尚未通过为理由，完工后仍然拖欠施工单位工程款，而在结算销售成本时过高的暂估成本。

④ 开发产品建造过程中发生的各项支出，当期实际发生的，应按权责发生制和配比原则计入成本对象。

⑤ 通过查看原始凭证检查费用的真实性、合法性和有效性，是否有与开发项目无关的费用，是否有非当期实际发生的费用，设计费用、劳务费用的真实性是分析重点；分析费用在各项目之间分配是否合理，是否有故意多分配先完工项目成本。

8. 检查开发企业完工产品与未完工产品的成本计算是否正确，对共同成本以及因多个项目同时开发或先后滚动开发而不能分清负担对象的间接成本，是否按照配比原则进行了分摊，特别是前期工程费、基础设施建设费、公共配套设施费、土地征用及拆迁费、建筑安装工程费、开发间接费用等费用，是否按规定计入了开发成本。

9. 分析开发产品的单位成本

属于非营利性且产权属于全体业主的，或无偿赠与地方政府、公用事业单位的，可将其视为公共配套设施，其建造费用按公共配套设施费的有关规定进行处理；属于营利性的，或产权归企业所有的，或未明确产权归属的，或无偿赠与地方政府、公用事业单位以外其他单位的，应当单独核算其成本。除企业自用应按建造固定资产进行处理外，其他一律按建造开发产品进行处理。

企业开发、建造的开发产品应按制造成本法进行计量与核算。其中，应计入开发产品成本中的费用属于直接成本和能够分清成本对象的间接成本，直接计入成本对象，共同成本和不能分清负担对象的间接成本，应按受益的原则和配比的原则分配至各成本对象，具体分配方法有占地面积法、建筑面积法、直接成本法、预算造价法。其他如土地成本、单独作为过渡性成本对象核算的公共配套设施开发成本、借款费用、非货币交易方式取得土地使用权的,根据《房地产开发经营业务企业所得税处理办法》(国税发〔2009〕31号)和企业所得税有关规定确定。

10. 审核当期申报扣除的已销售开发产品的计税成本,是否按当期已实现销售的可售面积和可售面积单位开发成本计算确认。可售面积单位开发成本的计算是否准确,已实现销售的可售面积是否真实。可售面积单位工程成本和已销开发产品的计税成本按下列公式计算确定:

可售面积单位工程成本=成本对象总成本÷成本对象总可售面积

已销开发产品的计税成本=已实现销售的可售面积×可售面积单位工程成本

可通过计算的单位成本与实际销售结转或留存单位成本比较后来判断是否多列成本,少计利润。

11. 核查有关费用是否超过规定标准列支,比如广告费、业务宣传费、业务招待费和借款利息等,是否将取得的预售收入也计入了广告费、业务宣传费、业务招待费等三项费用的计算基数。

12. 检查开发企业是否存在关联交易。如购进材料与建筑施工企业的关联交易是否按规定价格结算、股东借款是否超过注册资本的50%等。

13. 其他纳税调整事项的检查。其他纳税调整事项难以一一列举,可按企业所得税汇算清缴表有关纳税调整事项,结合会计事项检查进行对应分析,在表上有显示数据的,需查明具体内容,核对调整数据是否正确;在表上没有显示数据的,对经常性发生项目必须通过查看相应的会计户和分录加以证实。特别注意长期投资和投资收益,有长期投资的应查明有否以不动产等实物投资,有否按公允价值作纳税调整;查看被投资单位报表,是否存在已分利润而未到的等。

【案例分析】

某房地产开发企业,2009年以每亩188万元的价格在沿海某城市中心取得拍卖土地86亩,共开发了两个项目:城市海景一期、城市海景二期,规划建筑面积20万平方米。其中,海景一期建筑面积10万平方米,于2012年竣工;海景二期的建筑面积10万平方米,尚未竣工。

该企业2010年实现预售收入9863.90万元,2011年实现预售收入10821.23万元,2012年实现一期现房销售收入12000万元,二期预售收入3000万元。该地区对预售收入适用15%预计计税毛利率,土地增值税按照收入1%比例预征。截至2012年底,海景一期所有房屋均已售出。企业成立三年来,共取得销售收入和预售收入35685.13万元,缴纳企业所得税47.48万元,营业税金及附加2337.38万元。通过核查和外调发现该企业的开发成本明显偏高,毛利率明显偏低,销售收入同售楼部了解情况不一致。

一、企业所得税税负明显偏低

三年来，该企业取得预售收入及销售收入32685.13万元，仅缴纳企业所得税款47.48万元，企业所得税贡献率为0.13%，明显偏低，该企业可能存在虚增成本或者少计收入问题。

二、财务费用支出明显偏高

2010年和2011年，在财务费用中列支利息支出1164.68万元，该企业存在税前多列财务费用的嫌疑，需要进一步核实。

针对以上疑点，稽查人员调阅了该企业收入及预收款等有关账簿，并对企业提供的销售合同进行了累加，未发现问题。

三、坚持"收入优先"原则而拨云见日

针对该企业采取委托销售方式的特点，稽查人员全面调阅了该企业"营业费用——佣金支出"科目，果然发现在2010年12月31日和2011年12月31日的凭证中共支付销售佣金680.56万元，凭证后附的委托代销合同中，约定的代销手续费为销售额的3%，则推算该企业当年应有22685.13万元预售收入。经查阅纳税申报表，该企业申报的预售收入是20685.13万元，存在差额多达2000万元。经查发现2000万元预售款项未入账而是存入4张个人银行卡。

稽查人员在检查按揭销售收入时，发现该企业有按揭贷款人，却没有首付款项收入，根据中国房地产销售关于按揭贷款有关法律规定，这是很不正常的。经到按揭银行调查取证，发现银行保存有企业收取首付款收据的复印件，金额合计570万元。而企业辩称这是因为要替客户办理按揭贷款，采取的变通措施，伪造收据实际并未收款。尽管从银行取得首付款收据的证据已经比较扎实，为了让企业心服口服，稽查人员先后联系了5户购房者并作了询问笔录，证实购房者早在2004年就已经将首付款项交付给该企业，因此，对该项少记收入问题取得了确凿证据。

四、掩耳盗铃虚增成本发票作假

经过分析和测算，发现该企业的单位建安成本明显高于当地纳税评估指标预警值，而且该企业对主要建安材料采取自行采购的甲方供材方式。甲方供材总额2365.88万元，建安工程费7731.30万元，均存在真票假票混杂，虚增成本的可能性。因此，稽查人员对该企业建安费用发票进行认真的检查，发现有几张某地税局开出的建筑安装业代开发票存在疑点：一是同一时间、同一开票人开出的代开发票号码不在一个号段上；二是发票上代开机关的印章字体、大小、清晰程度存在微小差别；三是机打发票票面信息的字体、排版格式等存在微小差别，有的票面看似人为调整过打印格式。稽查人员进行讨论，认为同一时间、同一开票人在正常情况下应该是在同一台机器上开具的、同一时期领取的发票，发票号码跳号的可能性极小；发票上代开机关的印章，一般只在征收机关机构变更后才有可能发生变化；票面信息字体、排版格式存在的差别，一般只有在开票软件更新后才会变化。经到发票代开某地税局外调确认，共有19

份加盖有该局代开发票专用章的建筑安装（代开）发票并非该局开具，属于假发票。其中，共计 12 份建安发票属于城市海景一期，涉及金额 1450.05 万元。

因此，稽查人员对该企业大额支出的成本费用项目涉及的发票进行了全面检查，将所有的成本项目发票以明细表形式登记造册，分别录入发票查询系统进行查询。经检查，该企业以虚假发票列入开发成本总金额高达 3020 万元，其中，属城市海景一期的材料成本 1961.28 万元。

另外，经过检查发现该企业 2010 年初取得了两年期开发项目贷款是 9000 万元，在 2010 年和 2011 年的"财务费用——利息支出"中共多列支 1164.68 万元。

最终，稽查人员依法对该企业做出补税、加收滞纳金和罚款的处理。

（三）土地增值税

土地增值税的检查包括预缴和清算两个部分。对预缴部分主要是检查税额的预缴是否准确，对符合清算条件纳税人是审核土地增值税清算的申报是否正确。土地增值税的稽查检查重点是扣除项目。

1. 收入的检查

（1）获取或编制土地增值税清算项目收入明细表，复核计算是否正确，并与报表、总账、明细账及有关申报表等进行核对。

（2）审阅与土地增值税清算项目相关的合同、协议及执行情况。

（3）查明主营业务收入的确认原则和方法，注意会计制度与税收规定以及不同税种在收入确认上的差异。

（4）正确划分预售收入与销售收入。

（5）应当按照税法及有关规定审核是否准确划分征税收入与不征税收入，确认土地增值税的应税收入。

（6）检查视同销售行为，是否存在将开发的房地产用于职工福利、奖励、对外投资、分配给股东或投资人、抵偿债务、换取其他单位和个人的非货币性资产等，发生所有权转移且应视同销售情况。

（7）审核按县级以上人民政府的规定在售房时代收的各项费用，应区分不同情形分别处理：

① 代收费用计入房价向购买方一并收取的，应将代收费用作为转让房地产所取得的收入计税。实际支付的代收费用，在计算扣除项目金额时，可予以扣除，但不允许作为加计扣除的基数。

② 代收费用在房价之外单独收取且未计入房地产价格的，不作为转让房地产的收入，在计算增值额时不允许扣除。

（8）确认销售退回、销售折扣与折让业务是否真实，内容是否完整，相关手续是否符合规定，折扣与折让的计算和会计处理是否正确。重点分析给予关联方的销售折扣与折让是否合理，是否有利用销售折扣和折让将"增值额"转移到关联方。

2. 扣除项目的检查

（1）取得土地使用权所支付的金额

取得土地使用权所支付的金额，包括纳税人为取得土地使用权所支付的地价款和按国家统一规定交纳的有关费用，应重点检查下列内容：

① 取得土地使用权支付的金额是否获取合法有效凭证。

② 同一土地有多个开发项目，审核取得土地使用权支付金额的分配比例和具体金额的计算是否正确。

③ 取得土地使用权支付金额是否含有关联方的费用。

④ 是否存在将期间费用记入或预提取得土地使用权支付金额。

⑤ 比较、分析相同地段、相同期间、相同档次项目，判断其取得土地使用权支付金额是否存在明显异常。

（2）房地产开发成本

① 土地征用及拆迁补偿费，包括土地征用费、耗地占用税、劳动力安置费及有关地上、地下附着物拆迁补偿的净支出、安置拆迁用房支出等。稽查检查的重点内容包括：

征地费用、拆迁费用等实际支出与概预算是否存在明显异常；支付给个人的拆迁补偿款所需的拆迁（回迁）合同和签收花名册，并与相关目核对；在由政府或者他人承担已征用和拆迁好的土地上进行开发的相关扣除项目，是否按税收规定扣除。

② 前期工程费，包括规划、设计、项目可行性研究和水文、地质、勘察、测绘、"三通一平"等支出。稽查检查的重点内容包括：

前期工程费的各项实际支出与概预算是否存在明显异常；是否虚列前期工程费，土地开发费用是否按税收规定扣除。

③ 建筑安装工程费，是指以出包方式支付给承包单位的建筑安装工程费，以自营方式的建筑安装工程费。稽查检查的重点内容包括：

当项目工程外包时，重点审核完工决算成本与工程概预算成本是否存在明显异常。当二者差异较大时，从合同管理部门获取施工单位与开发商签订的施工合同，并与相关项目进行核对；实地查看项目工程情况，必要时，向建筑监理公司取证；审核纳税人是否存在利用关联方（尤其是各企业适用不同的征收方式、不同税率、不同时段享受税收优惠时）承包或分包工程，增加或减少建筑安装成本造价的情形。

当项目工程自营时，重点审核施工所发生的人工费、材料费、机械使用费、其他直接费和管理费支出是否取得合法有效的凭证，是否按规定进行会计处理和税务处理。

④ 基础设施费，包括开发小区内道路、供气、排污、排洪、通讯、照明、环节、

绿化等工程发生的支出。

⑤ 公共配套设施费，包括不能有偿转让的开发小区内公共配套设施发生的支出。

基础设施费和公共配套设施费的稽查检查的重点内容包括：

各项基础设施费和公共配套设施费用是否取得合法有效的凭证；有多个开发项目，基础设施费和公共配套设施费用是否分项目核算，是否将应记入其他项目的费用记入了清算项目；各项基础设施费和公共配套设施费用是否含有其他企业的费用；是否将期间费用记入基础设施费和公共配套设施费用；有无预提的基础设施费和公共配套设施费用；抽取项目概预算资料，比较、分析概预算费用与实际费用是否存在明显异常；基础设施费和公共配套设施应负担各项开发成本是否已经按规定分摊。

⑥ 间接费用，是指直接组织、管理开发项目发生的费用，包括工资、职工福利费、折旧费、修理费、办公费、水电费、劳动保护费、周转房摊销等。稽查检查的重点内容包括：

各项开发间接费用是否取得合法有效凭证；有多个开发项目，开发间接费用是否分项目核算，是否将应记入其他项目的费用记入了清算项目；各项开发间接费用是否含有其他企业的费用；是否将期间费用记入开发间接费用；有无预提的开发间接费用；纳税人的预提费用及为管理和组织经营活动而发生的管理费用，是否在本项目中予以剔除。

在计算加计扣除项目基数时，审核是否剔除了已计入开发成本的借款费用。

（3）房地产开发费用

开发土地和新建房及配套设施的费用（以下简称房地产开发费用），是指与房地产开发项目有关的销售费用、管理费用和财务费用。

财务费用中的利息支出，凡能够按转让房地产项目计算分摊并提供金融机构证明的，允许据实扣除，但最高不能超过按商业银行同类同期贷款利息计算的金额。其他房地产开发费用，按取得土地使用权所支付的金额、开发土地和房地产的价值之和的5%以内计算扣除。凡不能按转让房地产项目计算分摊利息支出或不能提供金融机构证明的，房地产开发费用在按"取得土地使用权所支付的金额"与"房地产开发成本"金额之和的10%以内计算扣除。全部使用自有资金，没有利息支出的，按照以上方法扣除。上述具体适用比例按省级人民政府规定的比例执行。

稽查检查的重点内容包括：

① 审核应据实列支的财务费用是否取得合法有效的凭证，除据实列支的财务费用外的房地产开发费用是否按规定比例计算扣除。

② 利息支出的审核。

企业开发项目的利息支出不能够提供金融机构证明的，审核其利息支出是否按税收规定的比例计算扣除；开发项目的利息支出能够提供金融机构证明的，应按下列方法进行审核；审核各项利息费用是否取得合法有效的凭证；如果有多个开发项目，利息费用是否分项目核算，是否将应记入其他项目的利息费用记入了清算项目；审核各项借款合同，判断其相应条款是否符合有关规定；审核利息费用是否超过按商业银行同类同期贷款利率计算的金额。

（4）与转让房地产有关的税金

应当确认与转让房地产有关的税金及附加扣除的范围是否符合税收有关规定，计算的扣除金额是否正确。

对于不属于清算范围或者不属于转让房地产时发生的税金及附加，或者按照预售收入（不包括已经结转销售收入部分）计算并缴纳的税金及附加，不应作为清算的扣除项目。

（5）国家规定的其他扣除项目

国家规定的加计扣除项目的检查，应当包括下列内容：

① 对取得土地（不论是生地还是熟地）使用权后，未进行任何形式的开发即转让的，审核是否按税收规定计算扣除项目金额，核实有无违反税收规定加计扣除的情形。

② 对于取得土地使用权后，仅进行土地开发（如"三通一平"等），不建造房屋即转让土地使用权的，审核是否按税收规定计算扣除项目金额，是否按取得土地使用权时支付的地价款和开发土地的成本之和计算加计扣除。

③ 对于取得了房地产产权后，未进行任何实质性的改良或开发即再行转让的，审核是否按税收规定计算扣除项目金额，核实有无违反税收规定加计扣除的情形。

（6）检查各项扣除项目分配或分摊的顺序和标准是否符合下列规定，并确认扣除项目的具体金额：

① 扣除项目能够直接认定的，审核是否取得合法、有效的凭证。

② 扣除项目不能够直接认定的，审核当期扣除项目分配标准和口径是否一致，是否按照规定合理分摊。

③ 审核并确认房地产开发土地面积、建筑面积和可售面积，是否与权属证、房产证、预售证、房屋测绘所测量数据、销售记录、销售合同、有关主管部门的文件等载明的面积数据相一致，并确定各项扣除项目分摊所使用的分配标准。

如果上述性质相同的三类面积所获取的各项证据发生冲突、不能相互印证时，应按照外部证据比内部证据更可靠的原则，确认适当的面积。

④ 审核并确认扣除项目的具体金额时，应当考虑总成本、单位成本、可售面积、累计已售面积、累计已售分摊成本、未售分摊成本（存货）等因素。

（7）检查增值额与扣除项目之比的计算是否正确，并确认土地增值税的适用税率、当期土地增值税应纳税额及应补或应退税额。

（四）个人所得税

1. 检查是否存在以企业资金为投资者本人、家庭成员及其相关人员支付与企业生产经营无关的消费性支出及购买汽车、住房等财产性支出，未按规定代扣代缴个人所得税。

2. 检查"管理费用""财务费用""开发成本""待摊费用""预提费用"等科目及原始凭证，核实发放奖金、支付集资利息、为个人投保、发放董事奖金、补贴或支付劳务报酬等，未按规定代扣代缴个人所得税。

3. 检查"应付职工福利费""其他应付款""应付股利"等科目及原始凭证，核实发放补贴、实物、股利等，未按规定代扣代缴个人所得税。

（五）房产税

通过资产类"固定资产"科目检查，了解房地产企业的所有不动产资产的原值，通过收入类"其他业务收入""营业外收入"科目检查，了解房地产企业的不动产租金收入的情况。重点审核固定资产房产原值，房屋出租租金收入、开发产品的出租收入，已交付使用挂"在建工程"的房屋，无租使用的房屋，与免税单位共同使用的房屋是否存在未缴或少缴房产税情况。稽查检查的重点内容包括：

1. 审核"固定资产""在建工程"明细及房屋产权证明等，关注房产投入使用时间、折旧情况，是否存在按评估增值后的价值申报纳税。

2. 已交付使用的房产有无暂估收入，是否按规定申报交纳房产税。

3. 商品房自用、出租、出借等，是否存在未按规定申报纳税。

4. 构成房产价值的部分附属设备如暖气、卫生、通风、照明、煤气等；各种管线，如蒸汽、压缩空气、石油、给水排水等管道及电力、电讯、电缆导线；电梯、升降机、过道、晒台等是否存在未按规定申报纳税，应计入的土地价值是否转出等。

（六）城镇土地使用税

通过资产类"无形资产"科目，查阅城镇土地使用证等情况，重点检查审核：（1）实际占用的土地面积，其包括有土地使用证的；无土地使用证，但有征地批准文件的；既无土地使用证的，又无征地批准文件的。（2）免税土地，包括开山填海土地和改造的废弃土地。（3）已征用未开发的占用的土地，未销售的商品房占用的土地是否存在未缴或少缴城镇土地使用税情况。稽查检查的重点内容包括：

1. 征税范围，是否区分征税区域和不征税区域，所在地是征税区域的是否缴纳了土地使用税，是否少缴。

2. 计税依据，纳税人申报缴纳的土地使用税是否是企业实际占用的土地面积，是否只申报原来的土地面积，而未申报新征用的土地面积。在申报上有土地使用证书的，以土地使用证上的面积为实际占用面积，尚没有土地使用证以批准文件上的面积为实际占用面积，都没有的，以实际丈量确定。

3. 地段等级及适用税率，被查纳税人所在地址的土地使用税征收等级，并核实相应的适用税率，看是否错用等级，将适用高税率的土地按低税率申报纳税，同时要注意每期应缴纳的税款是否均按期足额缴纳。

(七) 印花税

1. 征税范围：记载资金的营业账簿（如实收资本、资本公积）有否贴花，新增资金时，有否对增加部分的资金按规定贴花；其他营业账簿有否在启用时足额及时贴花；各种合同或者具有合同性质的凭证如：商品房销售合同按照产权转移书据征收印花税（一般为预缴，万分之五）、购销合同（按购销金额万分之三贴花）、建设工程承包合同（按承包金额万分之三贴花）、财产租赁合同（按租赁金额千分之一贴花）、借款合同（按借款金额万分之零点五贴花）、财产保险合同（按保险费收入千分之一贴花）等有否按规定足额申报缴纳印花税；其他应税凭证如产权转移书据、权利许可证照是否足额申报缴纳印花税。

2. 计税依据：是否存在未按规定的计税依据计算，存在少缴或不缴印花税；是否存在未按合同记载金额计税贴花，少缴印花税；应税合同修订后增加的金额是否补缴印花税。

3. 适用税率、税目：是否存在将性质相似的凭证误用税目税率，少缴印花税；对签订的"混合"合同，是否分别按规定税率、税目计税贴花，是否存在从低适用税率贴花；纳税人是否存在将应按比例税率征税的凭证按定额5元计税贴花的问题。

4. 其他注意问题。粘贴印花的位置是否正确，有无贴花不注（画）销的问题；有无重复使用印花税票的问题。

三、税务稽查重点

(一) 隐匿收入之销售开发产品收取的价款和价外费用不入账

【问题描述】

1. 收取的售房款长期滞留在销售部门，未按规定入账。

2. 采取委托销售方式销售开发产品，部分售房款由中介服务机构收取并开具发票或收据，开发企业隐匿收入。

3. 将售房款分解为两部分，一部分记入内账，另一部分记入外账。

4. 销售阁楼、停车位、地下室以及精装房装修部分单独开具收款收据，取得的收入未按规定入账。

5. 私改规划，增加销售面积，隐匿增加面积部分的收入账。

6. 旧城改造补偿给搬迁户新房，超出补偿面积部分的差价未入账。

7. 客户放弃的购房定金、没收的违约保证金、施工方延误工期的罚款收入、取得的政府奖励收入、先租后售收取的租金等收入，未入账。

【主要检查方法】

1. 实地核查项目楼盘的开发销售情况，核对房源销售平面图，调查询问楼盘的阁楼、停车位、地下室是否单独作价出售，掌握住宅、阁楼、停车位、地下室的销售状况。

2. 调取售楼处资料，收集销控台账、销售合同、销售发票、收款收据等纸质资料以及销售合同统计数据、预售房款统计数据、售房发票记录等电子文档，统计已售面积及销售金额。查看物业公司入住通知单及《钥匙发放保管登记簿》，核对销售数据的真实性。将确认的已售面积及销售金额与"预收账款""主营业务收入"账户及纳税申报表进行核对，检查企业收取的销售款是否全部入账并申报纳税。

3. 调取开发企业与中介服务机构签订的代理销售合同、协议，根据计提的销售佣金金额和比例反向计算销售额，与申报的预售收入和销售收入比对，寻找差异，并对照检查中介服务机构的销售明细表，检查有无分解开票，隐瞒销售收入问题。

4. 将《建设工程规划许可证》中开发项目的建筑面积、容积率、可销售面积、不可销售面积以及公共配套设施等信息，与账面记载面积、实地开发面积核对，检查是否存在私改规划，增加可售面积，销售后不计收入的问题。

5. 调取开发项目的《动迁房屋产权调换协议书》或回迁安置协议，抽取部分拆迁户进行调查，核实调换房屋的面积和超出补偿面积差价款的情况，检查收取的超面积安置收入是否并入当期应纳税所得额申报缴纳企业所得税，是否按补偿标准面积的工程成本价与差价款之和计算缴纳增值税等相关税费。

6. 调查部分买受人，核实开具发票的金额与收取的价款是否一致。有无将销售的阁楼、停车位、地下室和精装房装修部分取得的价款单独开具收款收据问题。

7. 调取企业开户信息和企业主要负责人、销售负责人、财务负责人等相关人员的个人银行储蓄户、信用卡户信息，核实有无隐匿外资金的情况。

（二）迟延纳税之开发产品完工前的预售收入未按规定申报纳税且完工后未按规定及时结转收入

【问题描述】

1. 在开发产品完工前采取预售方式销售，取得的预售收入未按规定申报缴纳税款，主要是迟延预交增值税和预缴土地增值税。

2. 开发产品完工后，预售收入长期挂在"预收账款"等往来账户，未按规定结转收入或做纳税调整，迟延预缴企业所得税。

【主要检查方法】

1. 对照检查"预收账款"等账户及纳税申报资料，核实预收的房款是否按规定申报纳税。

2. 实地察看各期楼盘开发销售进展情况，根据《工程竣工验收备案表》确定开发产品完工项目，根据已售楼号、门牌号，对照预售款确定应税收入，与"主营业务收入"和"预收账款"明细进行比对，核实预收账款是否按规定结转收入。

【图示】

预售收入的检查过程及主要内容，如图 9-2 所示。

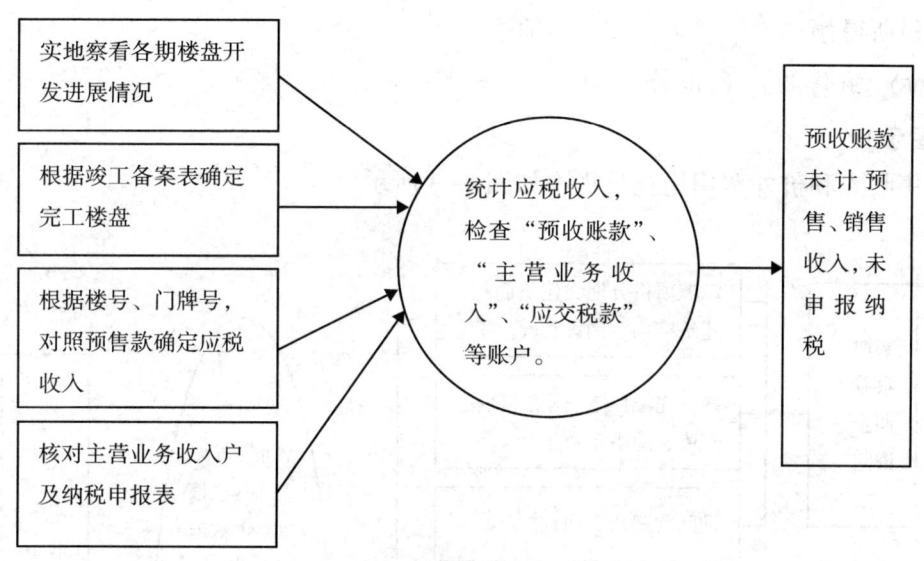

图 9-2 预售收入检查流程图

(三) 迟延纳税之收到银行按揭款未按规定确认收入

【问题描述】

1. 以银行按揭方式销售开发产品，开发企业在收到首付款，银行按揭贷款到后，均未及时确认收入，未按规定计算申报缴纳相关各税。

2. 将收到的按揭款项，以银行贷款的名义记入"短期借款"账户，隐匿收入甚至虚增财务费用。

【主要检查方法】

一般情况下，开发企业开户银行就是按揭银行，也有不是同一银行。

1. 到贷款银行检查银行按揭的保证金户存款余额（银行按贷款额的5%～7%收取保证金），推算按揭贷款数额，与结转的收入比较，查找涉税问题。

2. 到开发企业开户银行查询按揭贷款的发放情况，核对计税收入。

3. 核对银行存款日记账与银行对账单，检查从银行按揭贷款户转入的款项是否记入"预收账款"或"主营业务收入"。

【案例】在某房地产公司实施税务稽查时，发现该单位的"短期借款"科目中有一笔800多万元的贷款，经核对原始凭证，只有一张银行进单作为附件。经检查利息支付凭单，系本公司职工的按揭贷款利息。经询问公司负责人及财务人员，查明该公司为解决资金紧张问题，以公司职工购房名义办理"虚假按揭"，取得按揭贷款归公司使用，贷款利息由公司承担。解释的理由似乎非常合理，但是真假难辨。因此，按照税法规定，房屋购销合同已经产生效力，按揭贷款手续齐全，应确认收入。同时，应由购房者个人承担的按揭贷款利息不得税前扣除，应该调增对应年度的企业所得税的应纳税所得额。

（四）销售收入和价外费用

【图示】

销售收入和价外费用检查过程，如图9-3所示。

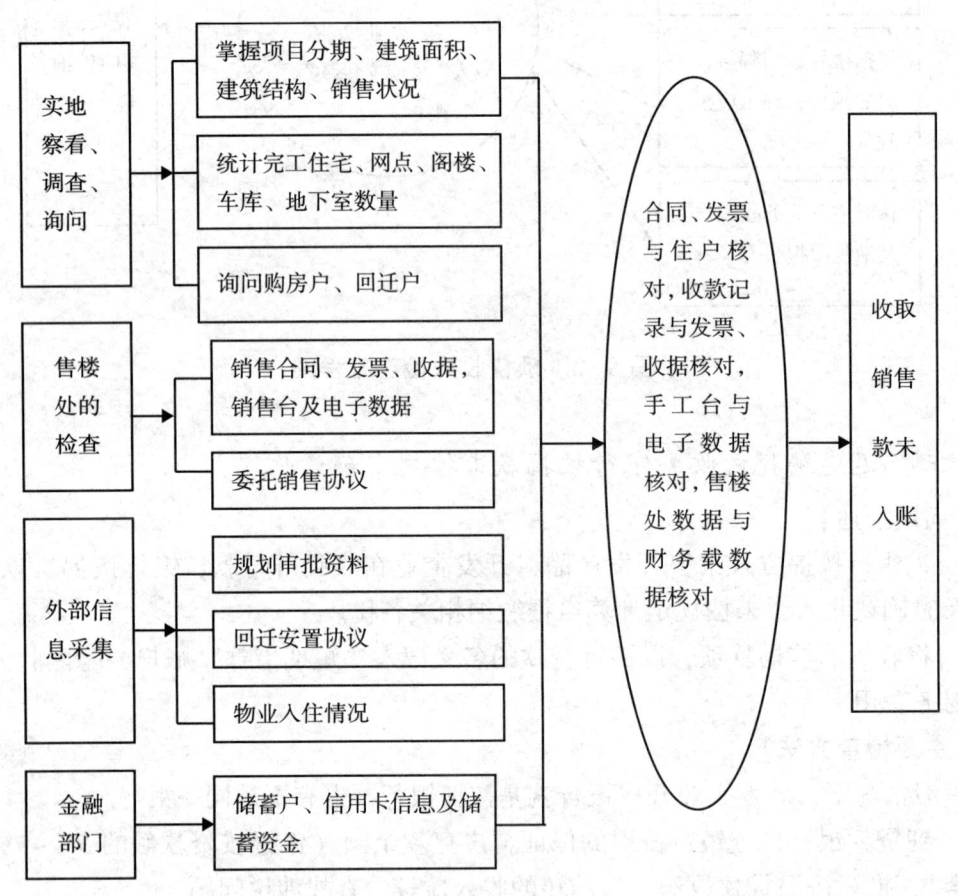

图 9-3　收入和价外费用检查流程图

（五）发生视同销售行为，未按规定申报纳税

【问题描述】

1. 以开发产品抵顶材料款、建安工程款、广告费、银行贷款本金或利息、动迁补偿费等债务，属于视同销售行为，未按规定确认收入并计算申报缴纳相关各税。

2. 以开发产品换取土地使用权、股权，属于视同销售行为，未按非货币性资产交换的准则进行税务处理。

3. 将开发产品用于捐赠、赞助、广告、样品、职工福利、奖励、对外投资、分配给投资者，属于视同销售行为，未按规定申报纳税。

【主要检查方法】

1. 比对房源销控台账登记的开发产品销售数量、财务账簿登记的已确认相关收入的开发产品销售数量，查找两者之间的差异，进行实地调查，核实未售房产的真实性。

2. 审查各项会议记录、董事会决议，核实有无抵债、赠送等特殊事项发生。

3. 审查合作建房协议，检查以房屋所有权换取土地使用权、股权等是否按规定核算收入。

4. 调查、询问部分债权人，核实长期挂账的大额未付款项的真实性，检查是否有隐匿售房款的行为。

（六）虚增成本之虚列拆迁补偿费

【问题描述】虚增拆迁户数和补偿金额，多列拆迁补偿费。

【主要检查方法】

1. 向拆迁管理部门（拆迁办公室）了解拆迁政策，并获取《房屋拆迁许可证》，调取《房屋拆迁安置补偿协议》，抽取部分拆迁户进行调查核实，审查包括补偿形式、补偿金额、支付方式、安置用房面积、安置地点，核实是否多列拆迁补偿费。

2. 将现金日记账、银行存款日记账与银行对账单进行比对，到有关银行查核企业银行存款户、企业负责人和财务负责人等有关人员的储蓄户、信用卡户，检查资金支付行为的真实性，核实是否存在资金回流情况。

（七）虚增成本之签订虚假合同多列或重复列支成本费用

【问题描述】

1. 签订虚假单项合同，取得虚开发票，加大建安工程费。

2. 从有关联关系的贸易公司购进材料，向关联企业发包或分包工程，人为提高材料价格或建安费用，转移利润。

3. 采取包工不包料方式发包工程，在开发企业提供的材料、水电和其他物资已凭发票计入开发成本的情况下，指使施工企业按劳务费和材料价款的合计额开具发票（其负担差额部分税款）重复列支开发成本。

【主要检查方法】

1. 采取工程成本总量控制法，调查当地同类开发产品的平均建筑成本，对价格过高的建筑成本进行重点审查。

2. 聘请专业的工程造价师，对照图纸，进行工程量和工程造价评估，与企业列支数额进行核对。根据工程结构施工图中配筋图的设计，计算出单体项目需用的钢筋重量，再根据钢筋市场价格确定钢筋成本，与决算书中的成本进行比较，寻找差异。

3. 审查施工合同和预（决）算书，核对工程内容，参照审计事务所出具的审计报告，对决算超出预算价格过高的项目，重点审查单项合同、补充协议的真实性。

4. 调取工程监理部门的监理记录及《材料物资进场试验报告》，核实有关材料的真实性。

5. 掌握开发企业的关联企业，通过行业比较、营业常规等方面对比分析是否存在利用关联关系转移利润。

6. 对照有关合同款项支付的约定要求，审查企业资金支付情况，对长期挂账的大额应付款项，到对方核实未付款项的真实性。

【图示】

虚列多列或重复列支成本费用的检查，如图9-4所示。

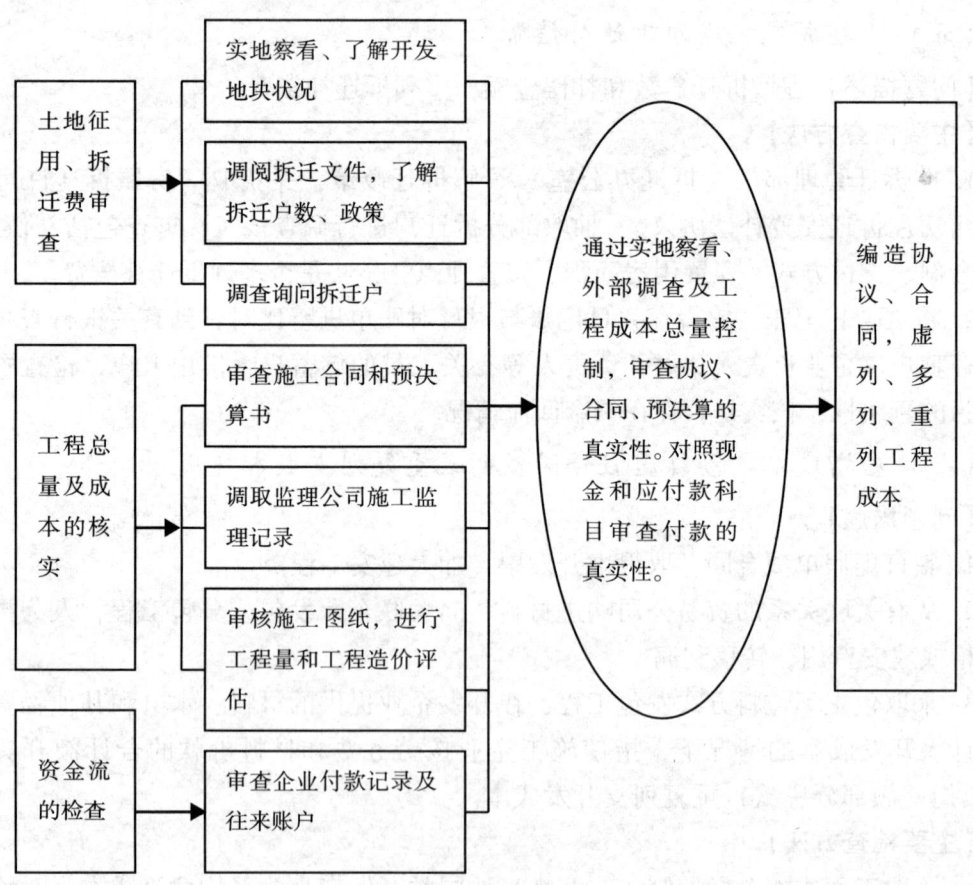

图 9-4　虚列、多列或重复列支成本费用图

（八）虚增成本之取得不符合规定的发票并入账

【问题描述】

1. 取得旧版已作废发票入账。
2. 取得开具内容不实的发票入账。
3. 取得第三方代开的虚假发票入账。

【主要检查方法】

采集大额成本费用发票的开具时间、发票代码、发票号码、开票单位、开具项目及金额等信息，对不同字段进行排序分析，并在金三信息系统（CTAIS）中查询发票流向，查找问题区别处理。

1. 票面审查

（1）检查发票版次，查看有无旧版作废发票。国税函〔2004〕521号文规定自2004年7月1日起启用新的普通发票编码规则。新版发票在发票右上角由12位代码和8位号码组成。

（2）审核发票代码信息与发票上的印章单位及实际业务是否一致，检查是否存在从第三方取得代开发票问题，特别重点审核从税务局代开的发票。

（3）从发票开具痕迹上辨别真伪。查看有无调整打印格式、字体，背面有无复写痕迹等问题。对从一般纳税人取得的发票是不是计算机打印票（国税发〔2006〕78号规定一般纳税人自2007年1月1日起开具的普通发票纳入增值税防伪税控系统管理）。

2. 通过金三信息系统（CTAIS）系统查询发票流向，对有问题发票外调取证。

3. 对照合同、协议、预决算和付款情况，审查开具内容的真实性。

【图示】

取得不符合规定的发票检查过程，如图9-5所示。

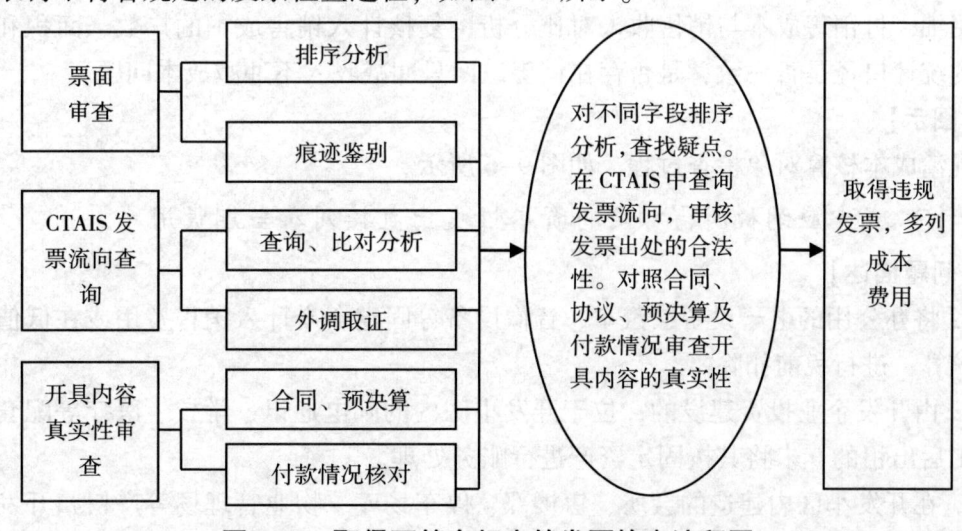

图 9-5 取得不符合规定的发票检查流程图

(九) 混淆成本核算对象，未按配比原则结转产品成本

【问题描述】

1. 未根据开发项目的特点及实际情况确定成本核算对象，所有开发工程成本在一个科目中核算，无法确认当期单项工程开发成本。

2. 企业各项目的成本核算混乱，提前列支下期项目的成本。

3. 一次性列支应由各期分摊的土地成本（含土地附属成本）。

4. 未单独核算有偿转让或自用配套设施的成本，将其全部计入可售房屋的开发成本中。

5. 虽单独核算有偿转让或自用配套设施的成本，但只分摊建筑安装工程费，而土地成本、前期工程费、基础设施费、借款利息等费用在已售房屋中分摊。

6. 发生销售退回业务，只冲减收入未冲回已结转成本。

【主要检查方法】

1. 审查《建设工程规划许可证》及规划总图，确定成本核算对象。检查是否按确定的成本核算对象归集与分配开发费用。

2. 审查土地转让协议是否有附加条件，检查在账面如何列支、分摊，是否全部计入完工产品成本。

3. 根据项目规划及测绘报告，确定完工项目总可售面积。审核是否将拆建换建面积、产权归全体业主所有的公共配套设施、开发企业自用的配套设施及周转房等不可销售或出租的房屋面积计入总可售面积，是否按测绘报告中的建筑面积计算可售面积。

4. 检查企业开发产品成本明细，审查是否将有偿转让或自用的配套设施开发成本计入可售房屋开发成本。成本分配计算表核算内容是否缺项，分摊比率是否准确。

5. 根据当期销售面积以及可售单位工程成本，计算当期销售成本。检查企业销售成本明细，将销售成本与销售收入对比分析，复核计入销售成本的户数、面积和销售收入的统计口径是否一致，是否存在销售退回只冲减收入不冲减成本问题。

【图示】

混淆成本核算对象检查过程，如图 9-6 所示。

(十) 减少应纳税所得额之将资本性支出直接列入当期费用

【问题描述】

1. 将办公用的电子设备、汽车、音像设备等固定资产计入销售费用或在低值易耗品户核算，进行税前扣除。

2. 由开发企业投资建设的，位于开发小区内的邮电通讯、学校、医疗等配套设施在完工后出租的，未将其按固定资产进行账务处理。

3. 在开发小区内建造的会所、售楼部、停车场库、物业管理场等产权归开发企业所有的，未将其按固定资产进行账务处理。

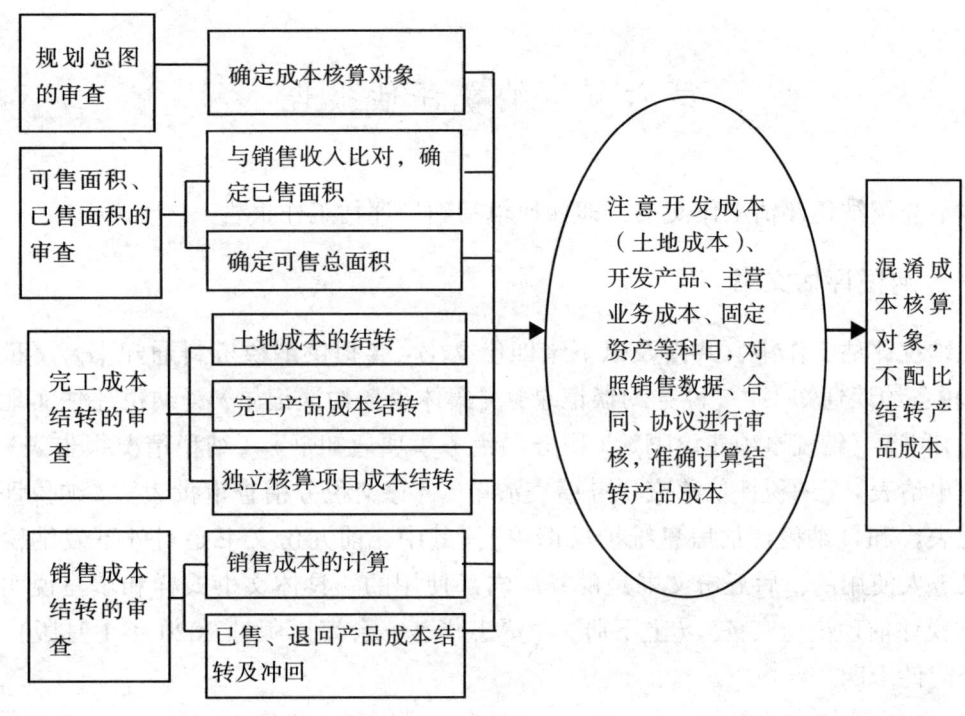

图 9-6 混淆成本核算对象检查流程图

【主要检查方法】

1. 通过现场检查，核实有无可有偿转让的配套设施，如商店、银行、邮电所等。
2. 检查固定资产明细，核实是否作为固定资产管理。
3. 审核看立项报告书和竣工验收单，了解公用设施、配套设施和经营资产的处理情况，检查企业办理产权情况，核实是否将产权为本企业所有的开发产品作为固定资产进行账务处理。

（十一）减少应纳税所得额之扩大期间费用列支范围及标准

【问题描述】

1. 将预售收入作为广告费、业务宣传费、业务招待费的计算基数，多列管理费用。
2. 开发产品完工前的借款利息，一次性计入当期损益，虚增财务费用。

【主要检查方法】

1. 以核实的销售收入为基数计算广告费、业务宣传费、业务招待费的扣除标准，审核是否多列"三项费用"。审核以前年度结转扣除的"三项费用"是否超过3年期限（2008年1月1日起，广告费、业务宣传费的扣除执行新的《企业所得税法》）。
2. 审核银行借款利息支付凭证，是否属于成本对象完工前发生的，是否计入开发产品成本。

第六节 纳税评估报告

本节介绍纳税评估工作文书,即如何填写纳税评估工作报告。

一、纳税评估文书

在纳税评估工作中,共涉及以下十四份文书:《提供纳税资料通知书》《税务函告》《税务约谈通知书》《税务约谈记录》《集体税务约谈记录》《纳税评估实地调查核实通知书》《纳税事项建议书》《税务局税务事项通知书》《纳税情况报告表》《纳税评估申请表》《纳税评估移交税务稽查清单》《移交税务稽查审批表》《纳税评估事项分配表》和《纳税评估信息维护反馈单》。其中,前九份文书是对外下发纳税人或扣缴义务人使用的,后五份文书是税务局内部使用的。具体文书式样和填写说明请查阅《纳税评估理论与实务》(上下册)(贾忠华著,台海出版社2020年1月版)的附件一至附件十四。

(一)《提供纳税资料通知书》和《提供纳税资料清单》

××区税务局提供纳税资料通知书

××税四所提通〔2018〕009号

北京××房地产开发有限公司:

根据《中华人民共和国税收征收管理法》的有关规定,请你单位按所附《提供纳税资料清单》的要求,提供与纳税或者代扣代缴、代收代缴有关的文件、证明材料和有关资料,并于2018年5月19日前送交核查。

送交地址:××区安外西滨河路58号院××大厦6座805

联系人:周×× 甲行家

电 话:6××××8

附:提供纳税资料清单

税务机关(公章)

2018年5月12日

提供纳税资料清单

单位名称：北京××房地产开发有限公司

提供纳税资料名称	所属期间	份　数
营业执照		1
税务登记证		1
财务报表	2015~2017	1
纳税情况报告表	2015~2017	1

（二）《税务约谈通知书》

××区税务局税务约谈通知书

××税四所约通〔2018〕008号

北京××房地产开发有限公司：

经评估分析，需对你（单位）2015~2017年期间的纳税情况进行核实，请对此期间的纳税情况进行自查，填写《纳税情况报告表》，并委派财务主管或财务会计在收到本通知书之日起7日（节假日顺延）内，携带《纳税情况报告表》，到××区税务局第四税务所就有关涉税问题进行面谈。具体时间，请你（单位）提前联系。请予以配合。

特此通知

联系人：周××　甲行家　　联系电话：6××××8

联系地址：××区安定门外西滨河路××号院××大厦×座

邮政编码：100011

税务机关（公章）

2018年5月26日

二、《全国税收征管规范》中关于纳税评估描述节选

（一）业务概述

纳税评估是指税务机关运用数据信息对比分析等手段，对纳税人和扣缴义务人纳税申报情况的真实性和准确性做出定性和定量的判断，并采取进一步征管措施的管理行为。纳税评估工作遵循强化管理、优化服务；分类实施、因地制宜；人机结合、简便易行的原则。它是强化税源管理主要手段，是降低税收风险，减少税款流失，不断提高税收征管的质量和效率的有效方法。

纳税评估工作主要由基层的税源管理部门及其税收管理员负责，重点税源和重大事项的纳税评估也可由上级税务机关负责。

基层税务部门是指直接面向纳税人负责税收征收管理的税务部门；税源管理部门是指基层税务局所属的税务分局、税务所或内设的税源管理科（股）。

对汇总合并缴纳企业所得税企业的纳税评估，由其汇总合并纳税企业申报所在地税务部门实施，对汇总合并纳税成员企业的纳税评估，由其监管的当地税务部门实施。

开展纳税评估工作原则上在纳税申报到期之后进行，评估的期限以纳税申报的税款所属当期为主，特殊情况可以延伸到往期或以往年度。

纳税评估主要工作内容包括：根据宏观税收分析和行业税负监控结果以及相关数据设立评估指标及其预警值；综合运用各类对比分析方法筛选评估对象；对所筛选出的异常情况进行深入分析并作出定性和定量的判断；对评估分析中发现的问题分别采取税务约谈、调查核实、处理处罚、提出管理建议、移交稽查部门查处等方法进行处理；维护更新税源管理数据，为税收宏观分析和行业税负监控提供基础信息、外部门信息交互及国地税信息交互等。

基层税务部门及其税源管理部门要根据所辖税源的规模、管户的数量等工作实际情况，结合自身纳税评估的工作能力，制定评估工作计划，合理确定纳税评估工作量，对重点税源户，要保证每年至少重点评估分析一次。

对实行定期定额（定率）征收税款的纳税人以及未达起征点的个体工商户，可参照其生产经营情况，利用相关评估指标定期进行分析，以判断定额（定率）的合理性和是否已经达到起征点并恢复征税。

（二）处理环节与职责

1. 启动评估

启动纳税评估条件：（1）由纳税遵从风险管理任务分配启动；（2）增值税即征即退类退税后启动；（3）评估人员依职权启动；（4）纳税信用等级动态调整下降为C或者D级时启动。

税务部门对征管信息、外部门交互信息进行系统分析的基础上，根据业务内容确

定评估对象，对确认为评估对象的纳税人，启动本流程。

纳税评估启动人员对评估对象进行案头分析，采用针对性更强、层次更深的分析方法，结合相关涉税信息及评估工作经验，对其纳税申报的准确性、真实性做进一步评析，形成《纳税评估分析工作底稿》。在进行案头分析和审核的工作时，可以直接调用和使用风险管理系统中提供的独立的分析工具，并且可以自主添加相关分析指标，完成更深一步的分析。

如果是由纳税遵从风险管理触发的纳税评估，则风险管理会提供风险点和初步分析的问题，推送《风险等级调整工作底稿》表内信息作为风险扫描的结论给纳税评估流程。

纳税评估分析人员利用风险扫描工具获取的风险点生成《风险扫描疑点清册》，可以利用清册信息结合手头资料进行深入分析，对评估分析中发现的主要疑点和问题进行描述，得出分析结论。

纳税评估启动人员在案头分析工作完成并形成分析结论后，在评估建议中选择评估建议："建议约谈举证确认"，可将认为需要约谈的对象转入约谈审批节点；"建议实地核查确认"，可将认为需要调查的对象转入调查核实审批节点。"建议纳税人自行改正"，可将流程转入评估处理节点；"建议转其他部门处理"，可将认为需要移送稽查检查的对象、或需要移交其他部门进一步处理的转入评估处理节点；"问题确认，进行评估处理"，对问题已经明确的，转入评估处理节点进行问题性质确认；对"符合相关规定，疑点排除"的转入评估处理节点。

2. 约谈审核

由纳税评估约谈审核人员完成。

《纳税评估分析工作底稿》中，评估建议选择"评估建议约谈举证确认"的，需要提请纳税人进行陈述说明、补充提供举证资料，经税源管理部门审批后，可发出《税务约谈通知书》约谈纳税人。

约谈审核人员接收纳税评估分析节点传递的纳税评估相关资料以及《纳税评估分析工作底稿》，通过《通用审批表》签署审批意见。审批同意的，审批后传递给约谈节点，由约谈人员根据审批的结果约谈纳税人。审批不同意的，退回分析节点重新进行案头分析。

3. 实施约谈

由纳税评估约谈人员完成。

约谈说明是评估人员在评估分析的基础上，就需要纳税人说明的疑点问题或补充提供的举证资料，约请纳税人进行说明、举证的过程。

约谈纳税人时，首先向纳税人下达《税务约谈通知书》，明确税务约谈的时间、地点、内容等事项，以及需要纳税人提供相关举证的资料。约谈人员需要确认纳税人是否能够按时接受税务部门的约谈，纳税人因特殊困难不能按时接受税务约谈的，说明情况后可酌情延期。经约谈人员确认，将纳税人是否能够按时接受税务约谈，以及是本人接收约谈还是委托税务代理人进行约谈的情况进行记录，形成《税务约谈确认情况记录表》。如果约谈人委托税务代理人进行约谈的，还应该提供纳税人委托代理的合法证明。

纳税评估约谈过程中，税务机关要认真听取纳税人陈述，收集相关证据，约谈结束后采集和制作《纳税评估约谈情况表》，提出评估建议，由约谈人、记录人和被约谈人（或者纳税人委托的税务代理人）签字确认。纳税人主动选择以自查补税代替约谈说明的，应在约定的约谈日到期前提出申请，同时应将此意见作为约谈说明的内容，在《纳税评估约谈情况表》上进行记录。

如需要实地核查确认的，应呈报审核实施现场调查；约谈建议选择其他处理方式的，记录评估情况或是结论。

4. 调查审核

由纳税评估调查审核人员完成。

《纳税评估分析工作底稿》中，评估建议选择或者经约谈后，《纳税评估约谈情况表》中评估建议选择"评估建议实地核查确认"的，纳税评估调查审核人员查询《纳税评估分析工作底稿》、《纳税评估约谈情况记录表》等纳税评估相关资料，通过《通用审批表》签署审批意见。同意到生产经营现场了解情况、审核项目凭证的，需实施现场调查，由税收管理员进行实地调查核实，不同意进行实地调查的，重新约谈处理。

5. 反馈处理

由纳税评估处理人员完成。

评估处理人员根据评估分析和约谈说明、实地核查过程中所掌握的情况进行综合分析，如有调查，还需查询《××税务局纳税人涉税事项调查表》反馈内容，制作《纳税评估报告》（可打印）。

《纳税评估报告》应详细记录"评估确定的主要疑点和问题"，详细描述评估过程，记录"评估基本情况和认定的结论"，提出纳税评估处理建议，以及需要进一步加强征管工作的建议。

评估处理建议应按以下原则进行：

（1）疑点全部被排除，未发现新的疑点，在《纳税评估报告》中注明"未发现违法行为，疑点排除"。

（2）税务部门对纳税评估中发现的计算和填写错误、政策和程序理解偏差等一般性问题，或存在的疑点问题经约谈、举证、调查核实等程序认定事实清楚，不具有偷税等违法嫌疑，无需立案查处的；纳税人对该疑点或问题认识清楚，与评估人员对处理办法达成一致的，可由纳税人自行改正，补正申报、补缴税款、调整项目。《纳税评估报告》中应详细描述补缴税款和调整项目的要求，需要对税收违法违章行为进行行政处罚的，在《纳税评估报告》中应注明详细的行政处罚内容。

（3）有下列情形之一的，在《纳税评估报告》中应建议"转稽查部门进一步检查"：明显存在虚开或接受虚开发票现象的；纳税人拒绝评估人员实地核查，或者以各种方式阻挠、刁难评估人员核查的；纳税人主动选择以自查申报代替约谈说明后，未能在规定期限内自查补税且未向税务机关说明正当理由的，以及自查补税结果与税务机关的评估结果差距较大且不能说明正当理由的；纳税评估过程中发现纳税人涉嫌偷税、逃避追缴欠税、骗税行为；在一个年度内，发现评估对象在以前纳税评估时已被发现并得以纠正的问题再次发生的。

（4）发现外商投资和外国企业与其关联企业之间的业务往来未按照独立企业业务往来收取或支付价款、费用，需调查、核实的；以及其他问题需要由国际税收部门进一步调查和处理的，在《纳税评估报告》中应建议"转相关部门进一步处理"。《纳税评估报告》由分析评估人员签字确认。

6. 执行

由纳税评估执行人员完成。

评估执行人员接收评估资料，根据《纳税评估报告》中处理意见采取不同的执行方式：

（1）在《纳税评估报告》中注明"未发现违法行为，疑点排除"的，将资料归档。

（2）在《纳税评估报告》中确定"由纳税人自行补正"的，执行人员在执行环节向纳税人发出《纳税评估税务事项通知书（纳税人自行补正）》，由纳税人自行补正申报、补缴税款、调整项目，并填报《纳税情况自查报告表》，将有关补正的资料（纳税申报表、完税凭证复印件等）收集后，对纳税人自行补正内容与税务部门《纳税评估报告》处理建议基本一致的，确认后归档；如果纳税人自行补正内容与税务部门《纳税评估报告》处理建议不一致的，纳税评估执行人员在《纳税自查执行情况确认表》中填写税务部门的确认意见，通过涉税事项内部移送流程转给稽查、其他相关业务部门处理。如果纳税人同意自行改正，但是未按照《纳税评估税务事项通知书（纳税人自行补正）》规定的期限自行补正申报、补缴税款、调整账目的，纳税评估执行人员填写《纳税自查执行情况确认表》，记录相关的信息，通过涉税事项内部移送转给稽查、其他相关业务部门处理。

纳税人选择自行补正的，税务部门应出具《纳税评估税务事项通知书（纳税人自行补正）》，规定纳税人存在疑点或问题的所属期以及限改日期，由纳税人根据《纳税评估税务事项通知书（纳税人自行补正）》自查后自行确定应补缴的税款，自行申报（或者更正申报）补缴税款。

（3）《纳税评估报告》提出"转稽查部门进一步检查"以及"转相关部门进一步处理"的评估处理建议的，移送相关部门处理并归档。

7. 归档

由档案归档启动人员完成，对需归档的资料进行归档。

归档资料清单

序号	归档资料名称	备注
1	纳税评估约谈情况表	
2	纳税评估实地调查核实情况表	
3	纳税评估报告	
4	纳税情况自查报告表	
5	其他补正的资料和相关税单、凭证复印件	
6	税务约谈通知书	
7	实地调查核实通知书	
8	纳税评估税务事项通知书（纳税人自行补正）	
9	纳税评估分析工作底稿	
10	纳税人委托税务代理人约谈的合法证明	

这是针对纳税评估工作在"金三"系统中划分为七个环节，而实务中，不是向税务稽查分环节那样分七个岗位由七位税务干部去分别完成的，一般情况是1-2名税收管理员完成全部工作的。

（三）业务流程

纳税评估的业务流程，如图9-7所示。

三、纳税评估报告提纲

（一）纳税评估报告是税务内部资料

在实务中，在完成一户企业评估后，企业要求税务部门提供结论性资料或文书。如何处理呢？

就是要依据国家税务总局《纳税评估管理办法（试行）》第二十二条的规定："纳税评估分析报告和纳税评估工作底稿是税务机关内部资料，不发纳税人，不作为行政复议和诉讼依据"。同时，某省国税局《××省国家税务局纳税评估管理办法（试行）》第二十九条规定："《纳税评估情况报告》为主管国税机关内部资料，报告所作结论仅作为建议使用，不发送纳税人，不作为行政复议和行政诉讼的法定依据。"

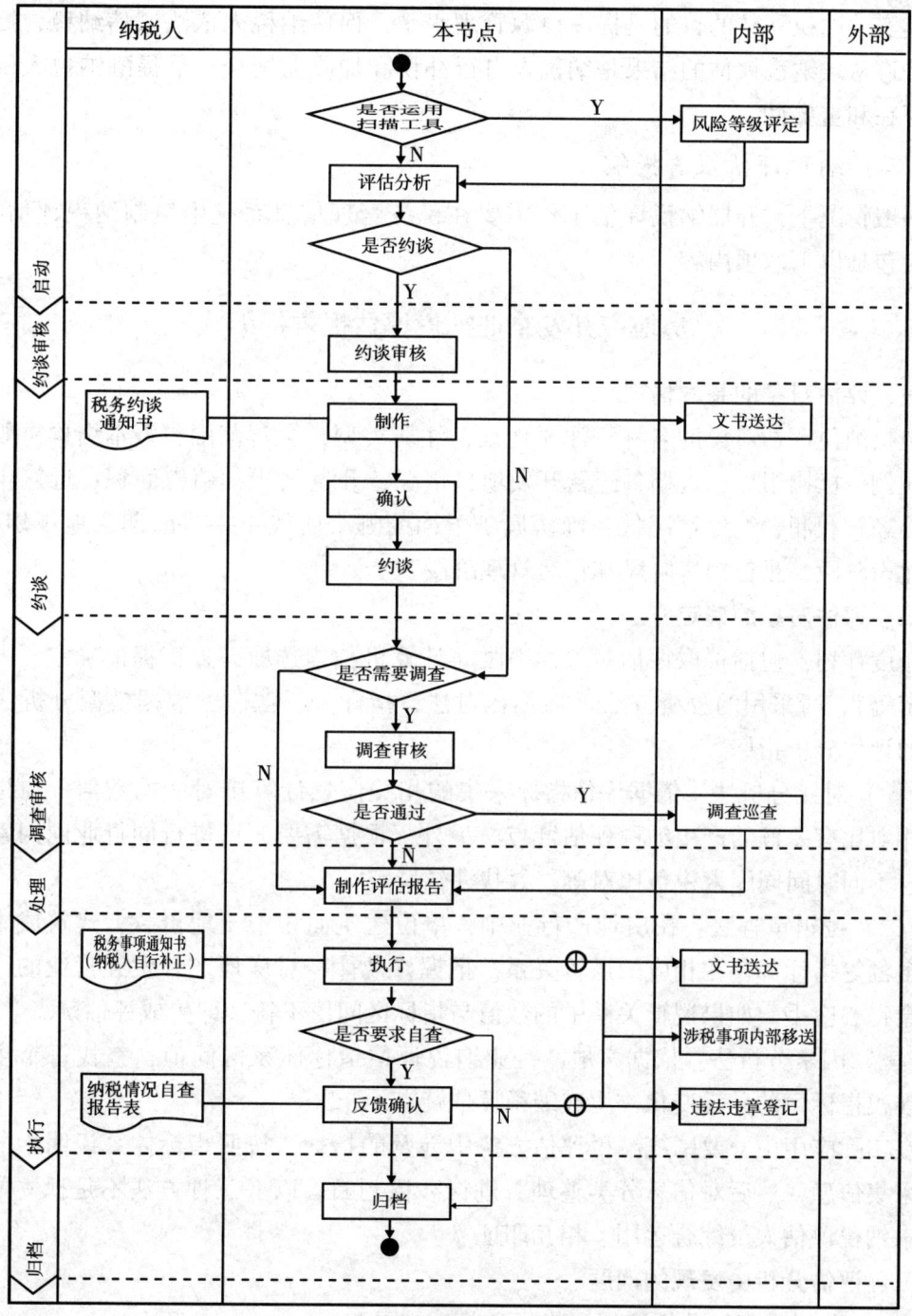

图 9-7 纳税评估业务流程图

为什么作如此规定？纳税评估是税务部门实施的一项行政管理措施，不是行政执法行为；评估补税的实质是纳税人自查的结果。

其实，纳税评估的目的是提高税源管理水平，促使纳税人依法诚信纳税，提高社会税法遵从。纳税评估的结果是纳税人自行补税和加收滞纳金，是提醒纳税人税务管理的存在和重要性。

（二）纳税评估报告提纲

一般情况下，开展纳税评估工作需要在税务管理信息系统中填制纳税评估报告，主要应包括以下八项内容。

房地产开发企业纳税评估报告提纲

一、评估对象的基本情况

包括纳税评估对象的名称，注册地址，注册类型，主营范围，资本结构，股东及持股比例，机构组成；近期各经营开发项目情况，开发面积，销售面积；近三年销售收入，经营利润，纳税情况等。确认属于下面的哪个阶段——"前期拿地规划阶段、施工建设阶段、预售销售阶段和售后管理阶段"。

二、评估对象的确定方法

年度计划，包括选取评估对象的手段（计算机扫描选取、人工提请确定、人机结合确定等），所采用的分析方法（数据比对法、指标分析法、大数据模型分析法等），采用的评估分析指标。

（一）对比分析法：依据评估指标采集的相关信息计算出对应的数值，与指标区间值相对比有差额的产生纳税评估疑点。另外，根据需要，可进行同行业同因素税负比对、不同时间同因素税负比对等，寻找评估疑点。

（二）逻辑审查法：在房地产行业中，单位建筑面积中土地价款、建筑成本、外收费金额等指标都存在相应的逻辑关系，把握好规律，对房地产开发经营业的税源管理就会得心应手。如果逻辑关系中的数值与指标区间值不符，即生成评估疑点。

（三）因素分析法：依据房地产行业纳税评估指标体系区间值，查找每个主要因素的涉税指标值的异常变化，生成纳税评估疑点。

在实际应用中，要围绕纳税评估方法中涉及的指标，按照指标体系说明中的获取途径采集信息，然后对信息分类整理，进行涉税判断。以上三种方法不是孤立的，一般要求纳税评估人员综合运用、相互印证。

三、评估分析中发现的问题

（一）分税种归纳分析依据、指标和分析结果

企业申报纳税情况及相关税收指标分析；企业经营和财务状况及相关评估指标分析；审核分析发现的疑点问题。以企业所得税为例：

1. 所得税税收负担率分析

所得税税收负担率=应纳所得税额÷利润总额×100%

本期税收负担率=5518152.22÷11843084.69×100%=46.59%

上期税收负担率=5832578.52÷（-914821.89）×100%=0

2014年1~6月，由于×房地产利润总额为-914821.89元，导致两者差异较大。因此，对企业所得税需运用其他指标做进一步分析。

2. 利润税负率分析

利润税负率=本期应纳企业所得税÷本期主营业务利润×100%

损益表反映2014年1~6月，企业主营业务利润为0，2015年同期为13995713.98元。

2015年1~6月利润税负率=5518152.22÷13995713.98×100%=39.43%

2014年1~6月利润税负率=5832578.52÷0×100%=0

同时，2014年1~6月损益表上反映无主营业务收入，与利润税负率的变动差异情况相符合。企业2014年1~6月是否确未发生主营业务收入，待进一步调查核实。

（二）发现疑点或问题，需要核实：

疑点一：本期预收款变动率比去年同期有较大的下降，原因何在？

疑点二：2015年1~6月，企业管理费用比上期增加16.93%的原因是什么，企业是否用开具劳务费的形式转移个人收入？劳务开票是否属实？

疑点三：增值税、企业所得税、土地增值税应缴税额与实际缴纳数为何不匹配？

疑点四：企业2015年1~6月的毛利率明显小于同行指标。

四、税务约谈情况

纳税人对有关疑点问题的说明及举证情况，重点对排除疑点问题进行说明以及相关疑点问题企业作出的解释，提供的证明材料。

特别强调，税务约谈记录不是询问笔录，约谈不是询问。

五、实地核查情况

重点说明经约谈不能排除的疑点问题的核查过程以及最终确定的涉税问题。特别强调，实地核查核实不是日常检查。

六、评估结果处理

根据评估结果分别采取不同的处理方法，重点针对评估结果作出具体的处理措施。

1. 补缴税款和滞纳金　　　　　　　　　　　　　　　　　　　（　　）
2. 提请非正常（税务登记证件失效）户认定　　　　　　　　　（　　）
3. 提请行政处罚　　　　　　　　　　　　　　　　　　　　　（　　）
4. 移交税务稽查　　　　　　　　　　　　　　　　　　　　　（　　）
5. 未发现问题归档　　　　　　　　　　　　　　　　　　　　（　　）
6. 提出纳税事项建议　　　　　　　　　　　　　　　　　　　（　　）

七、向主管税务部门提出加强后续税源管理的建议

着重从评估中发现的问题，针对企业存在的涉税问题，向主管理税务机关提出税源管理方面的建议以及进一步强化征管的措施，提高重点税源的监控能力，建立纳税评估与税源管理的良性互动机制。

八、企业发展前景及后续税源预测

（一）了解企业后期开发项目及投资计划；

（二）了解企业经营管理方法及营销策略的重大变革；

（三）根据评估期纳税人税源发展趋势，科学预测企业后续税源。

———————☆☆☆———————

四、专项纳税评估报告范本

根据市局专项纳税评估工作安排，我们于2019年3月28日至5月6日，对××房地产开发有限公司2016年至2018年的纳税申报情况进行了纳税评估。

一、企业基本情况

××房地产开发有限公司成立于2010年1月27日，注册地址××市××路16号。是由中国××集团下属的××投资有限公司及××厂共同出资组建，注册资本金为6000万元人民币，其中××投资限公司投资3900万元，占注册资本的65%。公司主营业务为房地产开发与经营、实业项目投资、资产受托管理、投资管理咨询、房屋中介服务等，该企业现有员工42人，其中技术人员占90%以上。该公司近三年开发的楼盘为××时代广场（包括大厦、商铺）、小区（住宅A、B、C座），桐苑（D座）、香榭丽舍以及位于彩虹转盘的星苑等楼盘，总占地74659平方米，项目按照现代人居环境理念设计，容积率2.13，绿化率40%，总开发面积182767.31平方米。

2018年末资产总额为18625.36万元，其中流动资产15525.92万元、固定资产110.4万元、长期投资20万元；负债总额为12576万元，所有者权益总额为6049.36万元。2016至2018年销售面积分别为22599.21平方米、58386.84平方米、30129.14平方米。2016至2018年销售收入分别为4363.61万元、15333.39万元、11144.55万元。2016至2018年利润总额分别为-485.53万元、1012.12万元、504.95万元。2016至2018年缴纳的各税费分别为328万元、1301万元、902万元。

二、评估分析

根据核心征管系统中信息资料和采集的纳税人2016年至2018年财务数据、申报数据，我们采用对比分析、配比分析、逻辑分析等方法，对企业纳税申报的真实性和准确性进行了评估分析：

2016至2018年销售收入分别为4363.61万元、15333.39万元、11144.55万元；

三年的主营业务收入变动率分别为：-9.23%、251.39%、27.32%；三年的主营业务成本变动率分别为：-1.75%、207%、-25.47%；三年的主营业务成本率分别为：97.1%、84.84%、86.99%；

2016年至2018年实缴各税分别为：328万元、1301万元、902万元。

（一）企业对税法遵从的评价

表 9-1

评价指标	2016年	2017年	2018年
纳税申报准确率	100%	99.28%	100%
税款入库率	100%	100%	100%
主营业务税负率	6.54%	6.53%	5.94%

（二）税种评估指标分析

1. 增值税评估分析

表 9-2

指标	2016年	2017年	2018年	预警值
增值税负担率	5.12%	5.02%	4.57%	5%
销（预）售收入税负率	5.12%	5.02%	4.57%	5%
增值税税负变动率	2.4%	-0.02%	-8.96%	
增值税税负弹性	-0.26	-0.0008	-0.003	
增值税税额变动率	-6.98%	244.58%	-33.9%	

通过指标分析，怀疑该企业2016年可能存在多缴增值税，2018年可能存在少缴增值税问题，我们对企业应缴、已缴增值税进行了定量的计算和分析。

应纳税营业额=主营业务收入+（预收款期末余额-期初余额）

表 9-3

年度	应缴税额	已缴税额	欠缴税额
2016年	2181805.55	2236039.85	-54234.3
2017年	7666693.07	7666693.07	0

(续表)

年度	应缴税额	已缴税额	欠缴税额
2018 年	5572275.3	5092744.99	479530.31
合　计	15420773.92	14995477.91	425296.01

2. 城建税及教育费附加评估分析

表 9-4

指标	2016 年	2017 年	2018 年	预警值
城建税、教育费附加负担率	10.25%	10.58%	10%	10%
城建税、教育费附加贡献率	0.51%	0.5%	0.46%	0.5%

通过指标分析，我们发现该企业 2016 年和 2018 年缴纳增值税存在疑点，对应缴、已缴的城建税及附加进行了定量的计算和分析。

表 9-5

年度	应缴税额	已缴税额	欠缴税额
2016 年	218180.56	223603.99	-5423.43
2017 年	766669.31	766669.31	0
2018 年	557227.53	509274.5	47953.03
合　计	1542077.4	1499547.8	4259.62

3. 印花税评估分析

表 9-6

指标	2016 年	2017 年	2018 年	预警值
印花税税收负担率	0.0836%	0.066%	0.06%	0.05%
印花税同步增长系数	0.71	1.66	-1.2	
应纳税额增长率	-6.54%	1167.44%	-32.79%	
印花税税负变动系数	1.03	0.789	0.9	

通过指标分析，怀疑该企业可能存在多缴印花税或未统计除产权转移书据外的其他经济合同应缴纳的印花税情况，具体计算和分析。

表 9-7

年度	应缴税额	已缴税额	欠缴税额
2016 年	31868.06	36482.21	-4614.15
2017 年	76666.93	101603.2	-24936.27
2018 年	55722.75	68288.27	-12565.52
合 计	164257.74	206373.68	-42115.94

4. 土地增值税评估分析

表 9-8

指标	2016 年	2017 年	2018 年	预警值
销（预）售收入税负率	0.9%	1%	0.91%	1%
土地增值税同步增长系数	1.99	1.16	-1.24	1

通过指标分析，怀疑该企业 2016 年、2018 年可能存在少缴土地增值税问题，我们对应缴、已缴的土地增值税进行了定量的计算和分析。

表 9-9

年度	应缴税额	已缴税额	欠缴税额
2016 年	436361.11	392402.5	43958.61
2017 年	1533338.61	1533338.61	0
2018 年	1114455.06	1013857.25	100597.81
合 计	3084154.78	2939598.36	144556.42

5. 房产税评估分析

表 9-10

年度	应缴税额	已缴税额	欠缴税额
2016 年	0	0	0
2017 年	0	0	0
2018 年	84277.16	56301	27976.16
合　计	84277.16	56301	27976.16

通过对该企业申报的基本情况资料分析，发现企业 2018 年新增自用房产，但没有房产税缴纳记录，怀疑企业 2018 年可能存在少缴房产税问题。

（三）财务指标配比分析

1. 主营业务收入变动率与主营业务利润变动率配比分析

表 9-11

年度	主营业务收入变动率	主营业务利润变动率	比值差异	是否正常	疑点
2016	-9.23%	149.31%	-0.06<1	异常	多列成本费用扩大税前扣除范围
2017	251.39%	-1404.29%	-0.18<1	异常	同上
2018	27.32%	-43.51%	-0.63<1	异常	同上

对该企业三年的主营业务收入变动率与主营业务利润变动率进行配比分析，指标异常，进一步分析主营业务利润指标及《资产负债表》中的"应付账款""预付账款""其他应付款"期末数预期初数增减变化分析。

表 9-12

年度	主营业务利润率	应付账款		
		期末数	期初数	增减额
2016	-2.6%	2789348.24	4638245.57	2325523.67
2017	9.67%	2958116.7	2789348.24	168767.86
2018	4.58%	24619627.42	2958116.7	21661511.32

表 9-13

年度	主营业务利润率	预收账款		
		期末数	期初数	增减额
2016	-2.6%	0	0	0
2017	9.67%	0	0	0
2018	4.58%	0	0	0

表 9-14

年度	主营业务利润率	其他应付款		
		期末数	期初数	增减额
2016	-2.6%	42870369.72	28878898.56	13991471.16
2017	9.67%	63808450.42	42870369.72	20938080.7
2018	4.58%	74480038.1	63808450.42	10671587.68

通过上表分析结果看出该企业主营业务利润指标异常，而且三年来"应付账款""其他应付款"期末均呈大幅增长，可能存在少计收入问题。

2. 主营业务收入变动率与主营业务成本变动率配比分析

表 9-15

年度	主营业务收入变动率	主营业务利润变动率	比值差异	是否正常	疑点
2016	-9.23%	-1.75%	5.27>1	异常	多列成本
2017	251.39%	207%	1.21>1		
2018	27.32%	-25.47%	-1.07<1	异常	存货计量是否准确，可能改变成本结转方法

通过主营业务收入变动率与主营业务成本变动率配比分析，2016年、2018年指标变动幅度较大，结合表9-12、表9-14"应付账款""其他应付款"增长幅度较大，可能存在少计收入、成本计量不准确和改变成本结转方法等问题。

3. 主营业务收入变动率与主营业务费用变动率配比分析

表 9-16

年度	主营业务收入变动率	主营业务费用变动率	比值差异	是否正常	疑点
2016	-9.23%	36.44%	-0.25<1	异常	多列费用
2017	251.39%	39.75%	6.32>1		
2018	27.32%	4.53%	6.03>1		

通过主营业务收入变动率与主营业务费用变动率指标分析，二者比值差异较大，可能存在多列费用、扩大税前扣除范围等问题，应进一步对营业费用、管理费用、财务费用及短期借款、长期借款指标进行对比分析。

表 9-17

年度	管理费用		
	期末数	期初数	增减额
2016	2782118.01	1856805.57	925312.44
2017	3824151.25	2782118.01	1042033.24
2018	4023976.77	3824151.25	199825.52

表 9-18

年度	营业费用		
	期末数	期初数	增减额
2016	881814.71	796819.71	84995
2017	1363772.23	881814.71	481958.04
2018	1357120.66	1363772.23	-6651.57

表 9-19

年度	财务费用		
	期末数	期初数	增减额
2016	-100207.92	-41766.54	-58441.38
2017	-207784.17	-100207.92	-107576.25
2018	-175430.14	-207784.17	32354.03

表 9-20

年度	长期借款		
	期末数	期初数	增减额
2016	17000000	0	17000000
2017	24840000	17000000	7840000
2018	23000000	24840000	-1840000

通过表9-17、9-18、9-19、9-20指标对比分析，可以看出期间费用三年来均呈大幅增长趋势，与主营业务收入变动反差较大，财务费用与长期借款的增减变化不合理。

4. 主营业务成本变动率与主营业务利润率配比分析

表 9-21

年度	主营业务成本变动率	主营业务利润变动率	比值差异	是否正常	疑点
2016	-1.75%	149.31%	-0.01<1	异常	多列成本
2017	207%	-1404.29%	-0.15<1	异常	同上
2018	-25.47%	-43.51%	0.59<1	异常	同上

通过对主营业务成本变动率与主营业务利润变动率配比分析，发现二率不相配比，可能存在多列成本问题的存在。

5. 资产利润率、总资产周转率、销售利润率配比分析

表 9-22

年度	资产利润率		
	本期数	上年同期数	差异
2016	-4.09%	-0.7%	-3.39%
2017	5.21%	-4.09%	9.3%
2018	1.76%	5.21%	-3.45%

表 9-23

年度	总资产周转率		
	本期数	上年同期数	差异
2016	48.45%	78.39%	-29.93%
2017	111.37%	48.45%	62.92%
2018	65.02%	111.37%	-46.35%

表 9-24

年度	销售利润率		
	本期数	上年同期数	差异
2016	-10.77%	0.64%	-11.41%
2017	9.66%	-10.77%	20.43%
2018	4.56%	9.66%	-5.1%

三项指标对比均出现异常波动，而且相互不配比，差异较大，可能存在人为调节利润问题。

6. 存货变动率、资产利润率、总资产周转率配比分析

表 9-25

年度	存货变动率		
	本期数	上年同期数	差异
2016	180.37%		
2017	18.52%	180.37%	-161.85%
2018	-8.3%	18.52%	-26.82%

表 9-26

年度	资产利润率		
	本期数	上年同期数	差异
2016	-4.09%	-0.7%	-3.39%
2017	5.21%	-4.09%	9.3%
2018	1.76%	5.21%	-3.45%

表 9-27

年度	总资产周转率		
	本期数	上年同期数	差异
2016	48.45%	78.39%	-29.93%
2017	111.37%	48.45%	62.92%
2018	65.02%	111.37%	-46.35%

比较分析本期资产利润率与上年同期资产利润率、本期总资产周转率与上年同期总资产周转率。2018年存货变动率<0，本期总资产周转率-上年同期总资产周转率<0，可能存在隐匿销售收入、多列成本问题。

通过评估分析，我们发现该企业存在以下疑点及问题：

1. 2016年多缴增值税54234.3元，2018年少缴增值税479530.01元；相应的2016年多缴城建税及教育费附加5423.43元，2018年少缴城建税及教育费附加47953.03元。

2. 2016至2018年三年都有多缴印花税的情况，累计多缴印花税42115.94元。

3. 2016年少缴土地增值税43958.61元，2018年少缴土地增值税100597.81元。

4. 房产税案头分析中发现企业有自用房产291万元，但未申报自用房产应缴纳的房产税。

5. 经过对企业所得税申报资料的对比分析，发现企业2016年主营业务收入变动率与主营业务成本变动率两项指标比值较大，互不配比，且主营业务成本率高达97.1%，与自身以前年度和以后年度相比差异较大，怀疑企业存在少记收入或多列成本问题。期间费用三年来均呈大幅增长趋势，与主营业务收入变动反差较大。针对案头分析中发现的疑点问题，需进一步对企业进行约谈。

三、约谈举证

评估人员对该企业负责人和财务人员进行了税务约谈。

针对疑点一：企业解释2016年多缴增值税、城建税及教育费附加是由于稽查补税因素影响，财务人员按照正常申报进行了处理，导致应纳税额与已纳税额的不符；2018年少缴增值税、城建税及教育费附加是由于2018年末由于资金困难未申报缴纳10月、11月份预收账款的增值税、城建税及教育费附加，于2018年2月按照规定进行了申报缴纳，并向评估人员提供了相应的凭证、资料。

针对疑点二：企业解释2016年至2018年多缴印花税是因为企业补缴建安合同、租赁合同等应当缴纳的印花税，不存在多缴印花税情况。

针对疑点三：企业解释2016年少缴土地增值税是由于现在执行的土地增值税征收办法是在开发项目清算前按照销售收入及预收账款的1%预征，此政策是从2016年5

月 1 日起执行，企业 1 至 4 月还没有按照新政策预缴土地增值税，因此造成当年少缴。2018 年少缴土地增值税是由于资金困难未申报缴纳当年 10 月、11 月份预收账款应预缴的土地增值税，于 2018 年 2 月按照规定进行了申报缴纳，并向评估人员提供了相应的凭证、资料。

针对疑点四：企业解释自用房产是在 2017 年 12 月入账的，应从 2018 年 1 月起缴纳房产税。按照《房产税暂行条例》规定，自房屋使用或缴付之次月起计征房产税，企业从 2018 年 2 月份开始投入使用的，应从 2018 年 3 月份起计征房产税。

针对疑点五：企业解释在收入的确认方面能严格按照房地产业财务核算的要求进行收入的确认，日常处理中将所有的收入记入预收账款，加之本企业开发楼盘开发周期较短，销售状况较好，年末将预收账款一次性转入主营业务收入，申报缴纳各项税费。成本结算也能按照开发项目分成本项目进行核算。主营业务成本率过高是由于当年开发的一期项目土地成本、建安成本较大，加之销售价格定位较低，导致销售收入与销售成本差异较大。期间费用均按照规定进行实际列支，并向评估人员提供了期间费用明细账及相关凭证、资料。

通过企业的解释，结合从税源管理部门了解的情况，对于企业 2016 年多缴、2018 年少缴增值税及城建税、教育费附加疑点问题予以排除；对企业 2016 年、2018 年少缴土地增值税以及期间费用列支方面存在的疑点问题也进行了排除。但对于企业多缴印花税、少缴房产税和企业所得税中涉及成本方面存在的疑点问题的解释，我们认为尚不能完全排除疑点，应进一步从企业的经营模式和收入、成本的构成以及结转办法方面查找真相，以证实评估指标异常的真实原因。

四、实地核查

实地核查中，评估人员重点对企业的经营模式、收入的构成及结转方法、成本的构成及结转方法作了详细的了解：

（一）房产税

该企业自用房产虽然是 2017 年 12 月入账，但是实际投入使用的日期为 2018 年 2 月份，那么就应该从 2018 年 3 月份开始计征房产税。自用房产入价值 2914183.65 元，应缴房产税 23133.47 元。

（二）印花税

1. 商品房销售合同应纳印花税：154207.74 元
2. 建筑安装工程承包合同：88789.13 元
3. 租赁合同：469.18 元
4. 资金簿：15000 元

应纳印花税合计：258466.05 元，已缴 233474.65 元（含 2014 年以前已缴纳印花税 27100.97 元），应补 24991.40 元。

（三）企业所得税

对于企业 2016 年主营业务收入变动率与主营业务成本变动率不相配比、主营业务成本率明显高于历史同期水平，偏离行业平均水平较大的情况，我们着重审核了企业成本计算单、查阅了开发成本、主营业务成本等相关科目并与企业年度企业所得税申报表进行逐笔核对，发现企业对 2016 年完工项目预决算差额 12968086.36 元在 2016 年度企业所得税纳税申报时进行了纳税调减，而企业当年实际未作账务处理；同时结合企业 2017 年财务报表、企业所得税申报表审核，发现企业对此预决算差额一次性计入当年的主营业务成本，但在企业所得税年度纳税申报时未作纳税调增处理，致使该项预决算差额 12968086.36 元重复扣除，从而少计应纳税所得额 12968086.36 元，少缴企业所得税 4279468.5 元。

五、评估处理

纳税评估结束后，我们与企业相关人员就纳税评估中发现的问题进行了座谈，听取了企业的陈述申辩意见。该企业表示对纳税评估中发现的少缴房产税、印花税、企业所得税的问题是由于企业财务人员对相关税收政策理解不够，财务处理和账务调整不规范造成的，企业愿意及时进行补正申报。根据《纳税评估管理办法》相关规定，作出以下处理意见：

（一）由企业自行更正纳税申报补缴房产税 23133.47 元和印花税 24991.40 元，加收相应的税收滞纳金。

（二）责令企业补缴企业所得税 4279468.5 元及加收滞纳金。

（三）督促企业及时调整主营业务成本等相关账目。

六、企业后期管理建议

（一）进一步加强成本控制管理，追求企业利润最大化目标。通过纳税评估，我们可以看到，企业近三年的主营业务成本率与同行业相比，明显偏高。

（二）规范财务核算处理，一方面要按照新准则和房地产业会计核算制度的要求，设置"开发成本——开发产品——主营业务成本"成本核算科目，按照收入确认的原则结转销售收入和主营业务成本；另一方面，要按照税法的规定，在前期预售时，按照预收款缴纳增值税、土地增值税和预缴企业所得税。

（三）提高税法遵从度，增强依法诚信纳税的意识。

七、税源管理建议

（一）应加强对企业的日常税收政策辅导。由本例看出，企业财务人员在成本准确核算方面存在的问题，主要是由于企业财务人员政策掌握不够和疏忽导致，因此税源管理部门应注重对企业的日常辅导，加强提醒服务，减少企业不必要的损失，达到不断提高征管质量的目的。

（二）加强开发项目的成本监控。通过对企业的税种指标和财务指标的对比分析，企业的主营业务成本率仍然偏高，不能排除企业在成本控制方面较弱以及成本监控比较粗放的实际情况。建议税源管理部门按照开发项目实施成本监控，及时发现成本核算中出现的问题，帮助企业开展成本控制。

（三）及时开展对已完工项目土地增值税的清算。鉴于本企业所开发项目一般情况下周期较短的实际情况，建议税源管理部门及时开展对已完工项目土地增值税的清算工作，确保税源管理工作的有序开展。

1. 通过对该户的评估，我们发现在日常征管中要及时掌握企业的基本情况，了解企业的经营状况，及时掌握企业经营情况的变化，同时也要注重本期与前期进行对比分析，从中发现相关的疑点。

2. 建立与土管、房管、规划、建设、金融等部门信息沟通制度，全面掌握房地产开发企业的立项、开工日期、预计完工日期、建筑面积、销售进度、现金流量和预收房款情况、已交付产权情况等各种信息，力求通过信息交换和分析比对，最大限度地掌握有关涉税信息，在评估中才可以做到有的放矢。

3. 充分灵活地利用纳税评估的各项指标，特别是具有行业针对性的指标，结合向有关部门了解相关信息，进行比对分析，发现税收疑点和问题，为纳税评估工作提供有价值的线索。

4. 建立房地产行业纳税评估模型，开展有针对性的税收征管工作，通过输入房地产开发面积、销售价格、销售率等基本信息，评估模型就能科学地分析测算各项指标是否合格，初步断定该企业是否存在涉税问题。

5. 税务部门应在日常税收征管工作中与企业加强交流沟通，及时将相关税收法律、法规、政策规定宣传到企业，使企业对各种地方税政策能及时掌握，有效地避免由于不了解税收政策造成的纳税风险。

第十章　典型案例

案例教学也好，案例学习也罢。在实务中，唯有中国裁判文书网的判决书的部分内容，才是最接近真实的案例的部分内容。学习需要方法，传道授业解惑需要授之以渔。本章剖析了资本软化和偷税两个概念，归集整理三类案例：税务稽查定性为偷税的案例、纳税评估分析和纳税评估案例、税务行政复议和行政诉讼案例。外行看的是热闹，内行看的是门道：舍得之间——天道酬勤、轻财聚人、厚德载物、德行天下！

第一节　资本弱化与案例

这是一个显而易见的问题，也是一个税收征管法规明确规定的问题。原问题："向关联企业支付高于银行同期利率的利息费用，或者向关联企业支付借款金额超过其注册资金50%部分的利息费用，未按规定调增应纳税所得额。"

这个问题实质上是资本弱化。资本弱化也好，假股实债也罢，资金是房地产开发经营的命脉，对应的利息支出问题是企业所得税和土地增值税管理的重点。

一、资本弱化概述

（一）相关概念

资本弱化是指企业通过加大借贷款（债权性筹资）而减少股份资本（权益性筹资）比例的方式增加税前扣除，以降低企业税负的一种行为。资本弱化又称资本隐藏、股份隐藏或收益抽取，是指纳税人为达到减少纳税的目的，用贷款方式替代募股方式进行的投资或融资。由于各国对股息和利息的税收政策不同，当纳税人筹资时，会在贷款或发行股票两者中进行选择，以达到减轻税收负担的目的。

资本弱化在税收上主要表现为：增加税前扣除的利息。借鉴国际经验，《中华人民共和国企业所得税法》规定，企业从其关联方接受的债权性投资与权益性投资的比例超过规定的标准而发生的利息支出，不得在税前扣除。

1. 资本弱化，是指企业和企业的投资者为了最大化自身利益或其他目的，在融资和投资方式的选择上，降低股本的比重提高贷款的比重而造成的企业负债与所有者权益的比率超过一定限额的现象。根据经济合作组织解释，企业权益资本与债务资本的比例应为1:1，当比值小于1时，即为资本弱化。

2. 关联方，是指与企业有下列关联关系之一的企业、其他组织或者个人：（1）在资金、经营、购销等方面存在直接或者间接的控制关系；（2）直接或者间接地同为第三者控制；（3）在利益上具有相关联的其他关系。

3. 独立交易原则，是指没有关联关系的交易各方，按照公平成交价格和营业常规所进行业务往来而遵循的原则。

4. 金融企业，参照《金融企业会计制度》的定义，中华人民共和国境内依法成立的各类金融企业，包括银行（含信用社，下同）、保险公司、证券公司、信托投资公司、期货公司、基金管理公司、租赁公司和财务公司等。

5. 实际税负，实际税负是和名义税负相对的，例如企业所得税负，通常应当指企业实际负担的企业所得税所占收入的百分比。但是需要指出的是，由于一般计税的增值税的原理，在所得税不变的前提下收入在一定程度上是可调的（平进平出），因此实际税负也是可以人为控制的。

6. 权益性投资，是指企业接受的不需要偿还本金和支付利息，投资人对企业净资产拥有所有权的投资。企业资本由权益资本和债务资本构成。权益资本是所有者投入的资本，包括投入的资本金、资本公积金、盈余公积金和未分配利润等。

7. 债权性投资，是指企业直接或者间接从关联方获得的，需要偿还本金和支付利息或者需要以其他具有支付利息性质的方式予以补偿的融资。债务资本是从资本市场、银行、关联企业的融资及正常经营过程中形成的短期债务等。

企业间接从关联方获得的债权性投资，包括：

（1）关联方通过无关联第三方提供的债权性投资；

（2）无关联第三方提供的、由关联方担保且负有连带责任的债权性投资；

（3）其他间接从关联方获得的具有负债实质的债权性投资。

8. 金额基数的确定

由于各金额是时点数，因此如何计算平均数也是一个问题。

企业债资比例=年度各月平均债权性融资之和/年度各月平均权益性融资之和，其中：

各月平均债权性融资=（债权性融资月初面余额+月末面余额）/2

在企业的生产经营所用资金中，债务资本与权益资本比率的大小，反映了企业资本结构的优劣状况。这种比率如果合理，债务资本适当，可以保证企业生产经营和防范市场风险的资金需求,并获得财务上的良性效应,即资本结构的优化;如果债务资本超过权益资本过多,比例失调,就会造成资本弱化。

(二) 相关规定

按照《中华人民共和国企业所得税法》第四十六条的规定:"企业从其关联方接受的债权性投资与权益性投资的比例超过规定标准而发生的利息支出,不得在计算应纳税所得额时扣除。"

为规范企业利息支出税前扣除,加强企业所得税管理,根据《中华人民共和国企业所得税法》(以下简称税法)第四十六条和《中华人民共和国企业所得税法实施条例》(国务院令第512号,以下简称实施条例)第一百一十九条的规定,关于企业关联方利息支出税前扣除标准有关税收政策问题的通知(财税〔2008〕121号)将企业接受关联方债权性投资利息支出税前扣除的政策问题,通知如下:

一、在计算应纳税所得额时,企业实际支付给关联方的利息支出,不超过以下规定比例和税法及其实施条例有关规定计算的部分,准予扣除,超过的部分不得在发生当期和以后年度扣除。

企业实际支付给关联方的利息支出,除符合本通知第二条规定外,其接受关联方债权性投资与其权益性投资比例为:

(一) 金融企业,为5∶1;

(二) 其他企业,为2∶1。

二、企业如果能够按照税法及其实施条例的有关规定提供相关资料,并证明相关交易活动符合独立交易原则的;或者该企业的实际税负不高于境内关联方的,其实际支付给境内关联方的利息支出,在计算应纳税所得额时准予扣除。

三、企业同时从事金融业务和非金融业务,其实际支付给关联方的利息支出,应按照合理方法分开计算;没有按照合理方法分开计算的,一律按本通知第一条有关其他企业的比例计算准予税前扣除利息支出。

四、企业自关联方取得的不符合规定的利息收入应按照有关规定缴纳企业所得税。

上述规定的理解和资本弱化管理规定的执行口径:

没有超过规定标准的利息支出,准予扣除;超过的部分不得在发生当期和以后年度扣除。

即在(财税〔2008〕121号)文中明确规定,"在计算应纳税所得额时,企业实际支付给关联方的利息支出,不超过以下规定比例和税法及其实施条例有关规定计算的部分,准予扣除,超过的部分不得在发生当期和以后年度扣除。"

1. 关联方是必要条件,不是关联方不适用,目的是防范转移利润。

对于关联方的认定,《企业所得税法实施条例》条例第一百零九条规定"所称关联方,是指与企业有下列关联关系之一的企业、其他组织或者个人:(一) 在资金、经营、购销等方面存在直接或者间接的控制关系；（二）直接或者间接地同为第三者控制；（三）在利益上具有相关联的其他关系。"

必须是对关联方借贷产生的借款利息支出，才能适用上述调整规定。

2. 实际支付是前提条件，该事项的处理原则类似适用收付实现制。

对于利息支出如未实际支付，不得税前扣除。其根据《企业所得税法》第八条的规定："企业实际发生的与取得收入有关的，合理的支出，包括成本、费用、税金、损失和其他支出，准予在计算应纳税所得额时扣除。"因此对关联企业支付的利息支出调整，强调在实际支付时。

3. 债权性投资形式复杂多样，透过现象看本质，实质重于形式。

《企业所得税法实施条例》第一百一十九条对于债权性投资和权益性投资有明确的定义。从关联方获得的债权性投资是指企业从关联方获得的需要偿还本金和支付利息或者需要以其他具有利息性质的方式予以补偿的融资。比如购买企业债券。从获得方式上，债权性投资既包括直接从关联方获得的债权性投资，又包括间接从关联方接受的债权性投资。其中间接从关联方获得的债权性投资包括：

（一）关联方通过无关联方第三方提供的债权性投资。

（二）无关联第三方提供的、由关联方担保且负有连带责任的债权性投资。

（三）其他间接从关联方获得的具有债务实质的债权性投资。

需要特别关注的是，因金融工具日益繁多，实施条例无法对债权性投资的进行具体细致的界定，因此，应更关注投资的实质。

债权性投资不仅仅包括贷款和债券等传统方式，融资租赁、补偿贸易、背靠背贷款或者委托贷款等各种具有负债实质的投资，也应被认定为债权性融资。

4. 权益性投资是判断占比标准，是政策执行依据。

权益性投资，是指企业接受的不需要支付偿还本金和支付利息，投资人对企业净资产拥有所有权的投资。该定义采用的是会计准则中的定义，其范围包括投资人对企业投入资本以及形成的资本公积金、盈余公积和未分配利润等。权益性投资反映的是所有者对企业资产的剩余索取权，是企业资产中扣除负债后应由所有者享有的部分，反映所有者投入资本的保值增值情况。

在财税〔2008〕121号文中规定："企业实际支付给关联方的利息支出，除符合规定外，其接受关联方债权性投资与其权益性投资比例为：（1）金融企业，为5∶1；（2）其他企业，为2∶1。"

对于兼营多业的处理，文件规定"企业同时从事金融业务和非金融业务，其实际支付给关联方的利息支出，应按照合理方法分开计算；没有按照合理方法分开计算的，一律按本通知第一条有关其他企业的比例计算准予税前扣除的利息支出。"

5. 企业所得税法及其实施条例（以下简称税法及其实施条例）有关规定：准予扣

除，该资本化资本化、该费化费化，超标准不能税前扣除。

税法及其实施条例有关规定主要是指向关联方支付利息应符合税前扣除的一般性规定，及关于借款费用的特别规定，还包括其他规定，其中借款费用的特别规定包括：

（1）借款费用的资本化

按照《企业所得税法实施条例》第三十七条的规定："企业在生产经营活动中发生的合理的不需要资本化的借款费用，准予扣除。企业为购置、建造和生产固定资产、无形资产和经过12个月以上的建造才能达到预定可销售状态的存货发生借款的，在有关资产购建期间发生的合理的借款费用，应当作为资本性支出计入有关资产的成本，并按照本条例有关规定扣除。"

（2）借款的利率水平

按照《企业所得税法实施条例》第三十八条的规定："企业在生产经营活动中发生的下列利息支出，准予扣除：……（二）非金融企业向非金融企业借款的利息支出，不超过按照金融企业同期同类贷款利率计算的数额的部分。"

未超过部分准予据实扣除，对关联企业支付利息支出的调整局限于超过比例的部分，不得在发生当期和以后年度扣除。不得在发生当期和以后年度扣除，不是费用化和资本化的问题。

二、实务问题解析

（一）利率的分类

利率又称利息率。表示一定时期内利息量与本金的比率，通常用百分比表示，按年计算则称为年利率。

利率的计算公式是：利息率＝利息量÷本金

各种利率是按不同的划分法和角度来分类的，以此更清楚地表明不同种类利率的特征。

1. 按计算利率的期限单位划分：年利率（％）、月利率（‰）与日利率（‱）。

现在民间借贷增多，使用分厘计算利率的也在增多。所谓分厘，都是以一元钱为基数计算的，一分利相当于百分之一，一厘相当于千分之一。大部分的民间借贷以月为单位。即月利息二分，借款1000元，每月支付利息20元。

2. 按利率的决定方式划分：

由官方确定的官方利率和由市场供求决定的市场利率。

3. 按信用行为的期限长短划分：

合同期较长的长期利率和合同期较短的短期利率。

4. 按借贷主体不同划分：

中央银行利率：包括再贴现、再贷款利率等；

商业银行利率：包括存款利率、贷款利率、贴现率等；

非银行利率：包括债券利率、企业利率、金融利率等；

5. 特殊利率：住房公积金利率和开发银行的软贷款利率。

马克思的利率决定理论认为：利率是剩余价值的一部分，是借贷资本家参与剩余价值分配的一种表现形式。利率是使用货币的代价。利率是由可贷资金的供求来决定的。

关于利率，首先需要准确认识和区分单利与复利。银行的贷款利息必须按期支付，而存款利率是到期一次性支付的，两者的口径不一致，不能直接比。其次是住房公积金利率，住房公积金贷款利率是一种特殊的利率，按照中国人民银行的规定执行。

住房公积金贷款期限在一年以内（含一年）的贷款，实行合同利率，遇法定利率调整，不分段计息。住房公积金贷款期限在一年以上的，遇法定利率调整，按中国人民银行《个人住房贷款管理办法》第十四条的规定执行，即：个人住房贷款期限在1年以内（含1年）的，实行合同利率，遇法定利率调整，不分段计算；贷款期限在1年以上的，遇法定利率调整，于下年初开始，按相应利率档次执行新的利率规定执行。这个利率变动的规定很特殊。

（二）浮动利率政策

1. 基本规定

（1）按照《中华人民共和国中国人民银行法》第四章第二十三条第二款的规定：中国人民银行为执行货币政策，可以运用下列货币政策工具：确定中央银行基准利率。

（2）按照《中华人民共和国商业银行法》第三十一条的规定：商业银行应当按照中国人民银行规定的存款利率的上下限，确定存款利率，并予以公告。

（3）按照《中国人民银行利率管理暂行规定》相关规定：

第四条　国务院批准和国务院授权中国人民银行制定的各种利率，为法定利率，其他任何单位和个人均无权变动。法定利率的公布、实施由中国人民银行总行负责。

第五条　金融机构在中国人民银行总行规定的浮动幅度内、以法定利率为基础自行确定的利率为浮动利率。金融机构确定浮动利率后，要报辖区中国人民银行备案。

第六条　中国人民银行对专业银行和其他金融机构的存、贷款利率为基准利率。基准利率由中国人民银行总行确定。

（4）中国人民银行关于实施《利率管理暂行规定》有关问题的通知中明确：浮动利率在中国人民银行总行规定的浮动幅度内仍由专业银行掌握。

2. 浮动利率管理

根据《中国人民银行关于扩大金融机构贷款利率浮动区间有关问题的通知》（银发〔2003〕250号）规定：

自2004年1月1日起，扩大金融机构贷款利率浮动区间。贷款利率浮动区间不再根据企业所有制性质、规模大小分别制定。商业银行、城市信用社贷款利率浮动区间扩大到〔0.9，1.7〕，即商业银行、城市信用社对客户贷款利率的下限为基准利率乘以下限系数0.9，上限为基准利率乘以上限系数1.7；农村信用社贷款利率浮动区间扩大到〔0.9，2〕，即农村信用社贷款利率下限为基准利率乘以下限系数0.9，上限为基准利率乘以上限系数2。

个人住房贷款、政策性银行贷款、优惠贷款及国务院另有规定的贷款，利率不上浮。

《中国人民银行关于调整金融机构存、贷款利率的通知》（银发〔2004〕251号）：从2004年10月29日起，放宽金融机构贷款利率浮动区间并允许存款利率下浮。金融机构（城乡信用社除外）贷款利率不再设定上限。商业银行贷款和政策性银行按商业化管理的贷款，其利率不再实行上限管理，贷款利率下浮幅度不变。城市信用社和农村信用社贷款利率仍实行上限管理，最大上浮系数为贷款基准利率的2.3倍，贷款利率下浮幅度不变。个人住房贷款、优惠贷款及国务院另有规定的贷款，利率不上浮。

（三）利息的征税规定

1. 营业税和增值税

（1）《财政部 国家税务总局关于非金融机构统借统还业务征收营业税问题的通知》（财税字〔2000〕7号）

为缓解中小企业融资难的问题，对企业主管部门或企业集团中的核心企业等单位（以下简称统借方）向金融机构借款后，将所借资金分拨给下属单位（包括独立核算单位和非独立核算单位），并按支付给金融机构的借款利率水平向下属单位收取用于归还金融机构的利息不征收营业税。

统借方将资金分拨给下属单位，不得按高于支付给金融机构的借款利率水平向下属单位收取利息，否则，将视为具有从事贷款业务的性质，应对其向下属单位收取的利息全额征收营业税。

（2）《国家税务总局关于贷款业务征收营业税问题的通知》（国税发〔2002〕13号）

企业集团或集团内的核心企业委托企业集团所属财务公司代理统借统还贷款业务，从财务公司取得的用于归还金融机构的利息不征收营业税；财务公司承担此项统借统还委托贷款业务，从贷款企业收取贷款利息不代扣代缴营业税。

以上所称企业集团委托企业集团所属财务公司代理统借统还业务，是指企业集团从金融机构取得统借统还贷款后，由集团所属财务公司与企业集团或集团内下属企业签订统借统还贷款合同并分拨借款，按支付给金融机构的借款利率向企业集团或集团内下属企业收取用于归还金融机构借款的利息，再转付企业集团，由企业集团统一归还的业务。

营改增后，相关政策规定应该是平移有效，继续执行的。

2. 企业所得税

(1)《中华人民共和国企业所得税法》第四十六条规定：企业从其关联方接受的债权性投资与权益性投资的比例超过规定标准而发生的利息支出，不得在计算应纳税所得额时扣除。

(2)《中华人民共和国企业所得税法实施条例》第一百一十九条规定：企业所得税法第四十六条所称债权性投资，是指企业直接或者间接从关联方获得的，需要偿还本金和支付利息或者需要以其他具有支付利息性质的方式予以补偿的融资。其中，企业间接从关联方获得的债权性投资，主要包括：

① 关联方通过无关联第三方提供的债权性投资；

② 无关联第三方提供的、由关联方担保且负有连带责任的债权性投资；

③ 其他间接从关联方获得的具有负债实质的债权性投资。

企业所得税法第四十六条所称权益性投资，是指企业接受的不需要偿还本金和支付利息，投资人对企业净资产拥有所有权的投资。

企业所得税法第四十六条所称标准，由国务院财政、税务主管部门另行规定。

(3)《关于企业关联方利息支出税前扣除标准有关税收政策问题的通知》（财税〔2008〕121号）规定：在计算应纳税所得额时，企业实际支付给关联方的利息支出，不超过以下规定比例和税法及其实施条例有关规定计算的部分，准予扣除，超过的部分不得在发生当期和以后年度扣除。

企业实际支付给关联方的利息支出，除符合本通知第二条规定外，其接受关联方债权性投资与其权益性投资比例为：

①金融企业，为5:1；②其他企业，为2:1。

企业如果能够按照税法及其实施条例的有关规定提供相关资料，并证明相关交易活动符合独立交易原则的；或者该企业的实际税负不高于境内关联方的，其实际支付给境内关联方的利息支出，在计算应纳税所得额时准予扣除。

(4) 独立交易原则

《中华人民共和国企业所得税法实施条例》第一百一十条规定：企业所得税法第四十一条所称独立交易原则，是指没有关联关系的交易各方，按照公平成交价格和营业常规进行业务往来遵循的原则。

企业间接从关联方获得的债权性投资，包括：

① 关联方通过无关联第三方提供的债权性投资；

② 无关联第三方提供的、由关联方担保且负有连带责任的债权性投资；

③ 其他间接从关联方获得的具有负债实质的债权性投资。

(5)《国家税务总局关于企业与其关联企业之间的业务往来相应调整问题的批复》（国税函〔2003〕1284号）规定：

关联企业之间的业务往来，应当按照独立企业之间的业务往来收取或者支付价款、费用；不按照独立企业之间的业务往来收取或者支付价款、费用，而减少其应纳税的收入或者所得额的，税务机关有权进行合理调整。

所说"合理调整"应包括：调整方法必须符合法律、法规的规定；调整计算依据应以独立企业之间业务往来的可比性价格等资料为基础；调增应纳税的收入或者所得额应避免双重征税。

3. 土地增值税

土地增值税中的利息规定比较简单，按照《土地增值税暂行条例实施细则》第七条第三款的要求：

（1）财务费用中的利息支出，凡能够按转让房地产项目计算分摊并提供金融机构证明的，允许据实扣除，但最高不能超过按商业银行同类同期贷款利率计算的金额。

（2）凡不能按转让房地产项目计算分摊利息支出或不能提供金融机构证明的，房地产开发费用按本条（一）、（二）项规定计算的金额之和的10%以内计算扣除。

（四）委托贷款

根据《贷款通则》第二章第七条第三款的规定，委托贷款，系指由政府部门、企事业单位及个人等委托人提供资金，由贷款人（即受托人）根据委托人确定的贷款对象、用途、金额期限、利率等代为发放、监督使用并协助收回的贷款。贷款人（受托人）只收取手续费，不承担贷款风险。说白了，委托贷款的本质其实就是通过银行为中介的企业借贷。

委托贷款的方式通常有两种，一种方式是由贷款企业（委托人）、银行（受托人）和借款企业（借款人）签订一个合同的三方协议委托贷款；另一种方式是由两个合同构成，一个是委托人与银行（受托人）的委托合同，另一个是背对背的银行（贷款人）与借款企业（借款人）的借款合同。

对于委托贷款的营业税，分别由《营业税暂行条例》第十一条和《关于银行委托贷款业务代扣代缴营业税问题的函》（国税函〔1997〕74号）进行了规定，委托贷款具有其特别的特殊性，仁者见仁智者见智。

三、典型案例

【案例一】关联方债资比超标且实际支付未纳税调整案例

一、案源情况

北京××房地产开发有限公司是某千户集团在京成员单位，按照国家税务总局2018年大企业税收风险管理应对工作计划安排，在对该公司进行税收风险扫描过程中发现："接受关联方债资比超过规定，未对实际支付给关联方的利息进行纳税调整"风险事项，推送北京市税务局进行应对。

二、风险描述

该公司接受关联方债资比超过规定，未对实际支付给关联方的利息进行纳税调整。具体情况如下：

2012年9月接受股东S投资有限公司借款本金共18.14亿元，按季度计提利息，2014年7月~2015年5月陆续还完本金，并于2014年7月和2015年6月分两次支付利息。经过核查发现，2012年~2014年该公司接受股东S公司的债权性投资对股权性投资的倍数分别为：11.71、43.13、28.86，远远超出（财税〔2008〕121号）文件规定的2∶1，且S公司的2012~2017年度均为亏损，实际税负低于该公司。根据文件规定，该公司债资比超过2∶1部分的利息支出不得税前扣除，涉及利息支出5658.16万元，该部分利息分别于2015~2017年度通过结转房地产存货至主营业务成本在企业所得税前扣除，涉及企业所得税1414.54万元。

三、政策依据

（一）按照《中华人民共和国企业所得税法》（中华人民共和国主席令2007年第63号）第四十六条：企业从其关联方接受的债权性投资与权益性投资的比例超过规定标准而发生的利息支出，不得在计算应纳税所得额时扣除。

（二）按照《中华人民共和国企业所得税法实施条例》（国务院令512号）第一百一十九条：企业所得税法第四十六条所称债权性投资，是指企业直接或者间接从关联方获得的，需要偿还本金和支付利息或者需要以其他具有支付利息性质的方式予以补偿的融资。企业所得税法第四十六条所称权益性投资，是指企业接受的不需要偿还本金和支付利息，投资人对企业净资产拥有所有权的投资。企业所得税法第四十六条所称标准，由国务院财政、税务主管部门另行规定。

（三）按照《财政部和国家税务总局关于企业关联方利息支出税前扣除标准有关税收政策问题的通知》（财税〔2008〕121号）规定：一、在计算应纳税所得额时，企业实际支付给关联方的利息支出，不超过以下规定比例和税法及其实施条例有关规定计算的部分，准予扣除，超过的部分不得在发生当期和以后年度扣除。企业实际支付给关联方的利息支出，除符合本通知第二条规定外，其接受关联方债权性投资与其权益性投资比例为：

（1）金融企业，为5∶1；（2）其他企业，为2∶1；（3）涉及税款：预估税款2469.66万元；（4）应对建议。

四、应对方式

建议税务约谈或实地调查核实。

具体应对路径：核实"房地产存货——房地产开发成本——财务费用""其他应付款——应付客户往来——暂收参资公司款项""应付利息——关联公司借款利息""实收资本""资本公积"科目，核实企业实际支付给关联公司的利息及实际支付的利息超过规定债资比的部分。

五、核实结果

经核实,该公司接受关联方债资比超过规定,未对实际支付给关联方的利息进行纳税调整的情况属实。

根据(财税〔2008〕121号)文件的第二条规定:"企业如果能够按照税法及其实施条例的有关规定提供相关资料,并证明相关交易活动符合独立交易原则的;或者该企业B的实际税负不高于境内关联方A的,其实际支付给境内关联方的利息支出,在计算应纳税所得额时准予扣除。"该公司应补缴企业所得税1414.54万元并按日加收滞纳金。

六、征管建议

将"接受关联方债资比超过规定,未对实际支付给关联方的利息进行纳税调整"风险事项作为关联企业的企业所得税重大风险,加强管理。

【案例二】关联企业间低价出租房屋案例

一、基本情况

房屋所有权人将房屋以明显低于市场的价格租给关联企业,关联企业再将房屋以市场价格对外出租,从而使得房屋所有权人得以少交房产税(从租计征)。

2014年,A区地方税务局在对部分企业进行风险分析的过程中,已发现多起利用上述手段进行避税的案例。其中BH房地产开发有限公司的房产出租列为重点风险分析对象。

BH房地产开发有限公司(以下简称"房地产公司")成立于1992年8月,原为中外合资经营企业。2013年9月23日变更为内资企业。现注册资本1800万元人民币,其中DB集团股份有限公司(以下简称"集团公司")占85%,法人代表李某。主要经营范围:在FZ市某规划范围内建造、出售、出租"BH大厦"并进行相应的物业管理。该房地产公司为国地税共管户,企业所得税在国税管征。

二、风险识别分析

通过查询征管信息系统、结合企业年度关联业务往来申报信息,税务部门认定房地产公司与集团公司、DB大酒店有限公司(以下简称"酒店")构成关联企业。依据如下:

集团公司为上市公司,成立时间:1990年1月,注册资本:34300万元,经营范围:百货零售及批发业务,控股房地产公司85%的股份;酒店原为台资企业,成立时间:1999年11月,经过多次股权变更后,2005年12月19日经批准转为内资企业。经营范围:客房、大型餐饮等,注册资本:463万元,目前由集团公司控股90%。

因此,房地产公司和酒店都是集团公司的子公司,并且集团公司对其控股比例分别为85%和90%，比例都超过25%，集团公司和房地产公司构成关联企业，房地产公司和酒店构成关联企业。

三、风险应对措施

（一）案头审核

在房地产公司与集团公司、酒店构成关联企业的前提下，发现房地产公司对酒店的整体房租明显偏低。

（二）约谈举证

通过约谈企业，企业认可了关联关系的事实，但是对关联交易中租赁价格的确定提出异议。为此，经分局领导同意，决定进行实地核查。

（三）实地核查

通过实地调取企业簿以及相关合同，调查人员确认以下事实：

1. 从2009年1月1日开始，房地产公司将大厦的8楼（共2809.5平方米）租给集团公司作为商场（由写字楼改为商场），年租金80万元人民币，换算月租金标准为23.73元/平方米。

2. 从2011年7月1日起，房地产公司又提供大厦的9层（共2596平方米）、10层（共2613平方米）给集团公司作为商场（由写字楼改为商场），月租金均为66 667元，换算月租金标准分别为25.67元/平方米和25.51元/平方米。

3. 从2008年10月1日至2010年9月30日，房地产公司将其大厦1层大堂、20层至23层（共10226平方米）按月租金10万元租给酒店，换算月租金标准为9.78元/平方米。

4. 从2010年10月1日至2012年9月30日，房地产公司将其大厦1层大堂、20层至23层（共8976平方米）按月租金10万元出租给酒店，换算月租金标准是11.14元/平方米。之后出于经营需要，从2012年10月1日开始，实际租赁面积再次下调为8500平方米，月租金仍为10万元，换算月租金标准是11.76元/平方米。

BH大厦地处市区最繁华的商业地段，在这个地段，商场和酒店经营用房，月租金标准若仅为上述水平，与其一级商圈的地位相差甚远。

BH大厦进驻的单位除上述关联方企业外，还有大量的非关联方企业。经查阅房地产公司2009年至2013年大厦租赁合同明细表，发现其租给各个非关联企业的月平均租金水平分别是：2009年（31.97元/平方米）；2010年（35.08元/平方米）；2011年（42.35元/平方米）；2012年（53.76元/平方米）；2013年（59.77元/平方米）。因此上述两个关联公司的租金水平明显明低，应进行核定其应纳税额调整。

四、应对处理

根据上述调查情况，A区地方税务局依据《中华人民共和国税收征收管理法》第三十六条，《中华人民共和国税收征收管理法实施细则》第五十四条、第五十五条、

第五十六条规定，参照房地产公司同期向非关联企业租赁的平均价格，对该企业2009年至2013年关联企业间的租赁价格进行特别纳税调整，共补缴营业税、房产税等各项税收及滞纳金250多万元。

第二节　隐匿收入案例

下面介绍的两例，系经税务稽查定性为采取隐匿收入手段偷税的案例。

【案例一】大傻房地产公司账外隐匿收入偷税案

L市大傻房地产开发有限公司成立于2013年2月，是股东全部为自然人，注册资本5000万元，拥有国家二级房地产开发资质。公司成立以来，在L市内黄金地段，先后成功开发了"甲花园"和"乙新城"高档住宅小区，现有两座豪华写字楼项目正在施工中，其中两个住宅小区已经开发完毕，账面上体现全部销售完毕。无甲供材料和施工等关联公司，是市级重点税源户和纳税信用A级企业。

一、主要违法事实及处理结果

（一）账外账隐匿销售车位和商铺收入逃（偷）税

该公司开发建设的"甲花园"小区的地下停车场，共划出了555个停车位用于销售，车位已全部销售完毕。实际少入账停车位189个，少计收入1219万元。

该公司开发建设的"乙新城"小区中的沿街商用房，其中无偿拨付给下属法人单位1580平方米，未视同销售处理，共计在账簿上少列收入2116.5万元。

（二）处理结果

根据《中华人民共和国税收征收管理法》规定，追缴该公司少缴营业税166.7万元、企业所得税82万元、土地增值税42.5万元、城市维护建设税11.7万元和教育费附加5万元，城镇土地使用税6.5万元，并同时对少缴纳税款按规定加收滞纳金。

对该公司采取"伪造账簿、记账凭证""虚假纳税申报""在账簿上少列收入"等手段，少缴纳的营业税、城市维护建设税、企业所得税、土地增值税和城镇土地使用税，定性为偷税，处少缴纳税款的二倍罚款。

二、检查过程与检查方法

本案是举报案件，因为涉及回复举报人时限要求，安排四位检查人员实施稽查。经过初步查看征管资料和外部调查，获取该房地产公司生产经营管理较规范，财务核算制度健全，财务人员对会计和税收业务知识也比较熟悉，该公司2015年被市政府评为"纳税百强单位"。因此，质疑举报人出于个人目的恶意报复。为稳妥起见，报经领导批准，决定以房地产行业税收专项检查的名义，按照一般案件实施检查要求，先调取该公司2014年至2016年的财务资料进行检查。

根据检查计划，检查人员打破"就账查账"的常规检查方法，采取全面检查与重点检查、账面检查与实地检查相结合的方法，以营业税、土地增值税和企业所得税为重点税种，以商品房开发面积、销售价格及售房收入为重点项目，对该公司进行"解剖式"检查。

（一）核对账务资料

检查人员分成A和B两个小组，A组把"甲花园"和"乙新城"两个小区的征用土地费用、建筑安装成本、配套费、商品房开发面积、商品房销售面积、商品房销售数量、销售收入等内容进行了详细的统计和核查，并制成电子表格进行归类分析，进而全面掌握企业账面开发经营成本、收入和地方税收申报缴纳等情况。同时，B组从公司的"工程资料"方面入手，对"土地征用协议、土地使用证、规划设计平面图、建筑施工合同、工程竣工验收报告、工程决算书、房屋测绘报告、商品房预售许可证、销售台账、销售合同等。分小区、分楼盘，分年份，把公司成立以来所有的商品房开发面积、竣工验收面积、可销售面积、销售价格、预收款项、销售收入"等项目进行了认真细致的检查和统计。经过20多天紧张取证，A组检查人员初步的检查结果是：该公司除了账面一部分房款用自制内部收据代替发票入账和少缴纳城镇土地使用税65400元外，没有发现举报人所说的收入不入账问题。该公司账务处理比较规范完整，账面上的销售面积、销售价格、销售收入、销售利润等都比较符合逻辑关系。该公司对查出的上述问题予以认可。

（二）深入成本核算检查

B组检查人员进一步检查工程资料，继续对该公司"工程资料"进行检查。根据工程设计图纸、工程决算书、工程竣工验收报告和预售许可证等资料，逐一统计了每个小区、每个楼盘的建筑工程决算面积、可供销售的面积。根据企业提供的商品房销售合同，逐一统计出了全部的销售面积，包括主房、配房、阁楼和停车位等各部分面积。一周后，B组的有关统计和检查数据资料出结果：经过对A组与B组取得的资料汇总对比分析，"甲花园"整个小区决算面积（可销售面积）为257296平方米，财务账面上实际销售的面积为248796平方米，存在约7050平方米的差额。"乙新城"整个小区决算面积（可销售面积）为225410平方米，财务账面上实际销售的面积为220430平方米，存在约4980平方米的差额。即截至2016年12月31日，该公司账面上应该还有约12030平方米的开发产品。但实际上，该公司账面上两个住宅小区的"开发产品""开发成本"期末均无余额，开发产品即商品房已经全部销售完毕。问题出来了，疑点和线索也显现了。

（三）实地调查情况

针对约12030平方米库存面积问题与企业财务人员核实时，被一口否认存在差额的事实，一会儿说是商品房销售合同上的面积不准确，一会儿又说是检查人员的统计错误造成的。因此，B组检查人员又先后去了建设局、房产管理局、规划局等单位进行了外围调查取证，调出了与该公司工程开发施工有关的工程决算书、工程竣工验收报告、商品房预售许可证和商品房销售合同等关键性外部证据资料。经比对，有关内容与企业提供的原始资料内容是一致的，此举进一步巩固了检查证据资料，尤其是房屋销售面积的证据。那两组统计面积为什么会出现如此大的差额呢？针对决算面积与实际销售面积存在差额的这一重大疑点，面对财务人员拒不承认差额事实和推诿的状况，检查人员先后五次到两个小区的现场查看。通过对每个小区、每个楼盘的逐一核对，最后终于发现了面积存在差额的原因。该公司故意隐匿开发产品和销售不入账等违法事实逐步浮出水面。

原来，"甲花园"小区的面积差额原因在于地下停车位。该小区的地下停车场决算面积为16650平方米，以每个30平方米的标准规划出了555个停车位用于销售，车位全部销售完毕。而该公司财务账"开发产品——停车位"实际入账只有366个计10980平方米，差额即实际少入账"开发产品——停车位"189个计5670平方米。"乙新城"的面积差额源自沿街商用房，该小区的沿街商用房决算面积为25360平方米，而该公司财务账"开发产品——沿街商用房"实际入账只有20380平方米，差额即实际少入账"开发产品——沿街商用房"4980平方米。其中，无偿拨付给下属单位——某物业公司1580平方米，用作办公场所，剩余3400平方米全部销售。

在事实和证据面前，企业财务人员和负责人不得不承认了隐匿开发产品和售房收入的事实。原来，该公司财务人员根据企业法定代表人的安排，为了达到少缴税款的目的，对纳税事项进行了"筹划"：建立一套真实的所谓"管理会计账"，用于企业内部生产经营管理。建一套"财务账"，用于报税等应付税务部门。财务人员根据以往税务部门"就账查账"的检查方式，打起"工程大、住户多、施工和销售时间长"的擦边球，利用小区沿街商用房和停车位在规划数量上不确定的漏洞，把财务账上的"成本、产品、收入"等各种勾稽关系处理协调的情况下，把开发产品——地下停车位和沿街商用房的其中一部分不反映在财务账上，以达到隐匿收入偷逃税的目的。在实地调查过程中，检查人员还通过采取抽样调查的方式，通过走访住户、电话咨询等途径，对住房、地下停车位和沿街商用房的销售价格、销售面积和销售时间等情况进行了调查取证，进一步固定了有关证据。

三、违法事实及定性处理

(一) 违法事实和作案手段

经检查核实，大傻公司主要采取设置真假两套账方式，隐匿部分开发产品从而隐匿销售收入，进行虚假纳税申报，偷逃国家税款。具体作案手段是：大傻公司财务人员按照正常的企业内部财务和经营管理制度，建立了一套全面真实反映企业开发成本、开发产品和售房收入的"管理会计账"，用于内部经营管理。同时又建立了一套成本、费用真实,但产品、收入不真实的"财务账",用于向税务部门申报纳税,以达到偷税的目的。经检查认定,该公司主要存在以下违法事实:

1. 隐匿收入偷逃税

开发建设的"甲花园"小区的地下停车场决算面积为16650平方米,以每个30平方米的标准,划出了555个停车位用于销售,车位全部销售完毕。而该公司财务账实际入账只有366个计10980平方米,实际少入账停车位189个计5670平方米。该部分车位全部销售完毕,平均售价每平方米2150元,与市场价格基本相近,视同计税价格,共计在账簿上少列收入1219万元。

开发建设的"乙新城"小区中的沿街商用房决算面积为25360平方米,而该公司财务账沿街商用房实际入账只有20380平方米,实际少入账沿街商用房4980平方米。其中,无偿拨付给下属法人单位1580平方米,剩余3400平方米全部销售。根据该公司提供的账外资料,该部分沿街商用房的平均售价每平方米4250元,与市场价格基本相近,视同计税价格,共计在账簿上少列收入2116.5万元。

同时发现,该公司采用进行虚假的纳税申报手段,少缴纳土地增值税42.5万元,城镇土地使用税6.54万元。

2. 未按规定开具发票

大傻公司在预售和销售商品房时向客户开具自制的收款收据,并且没有全部入账,共使用收据12本,开具金额6523万元。根据《中华人民共和国发票管理办法》第二十条和《中华人民共和国发票管理办法实施细则》第四十八条第(十一)项的规定,属未按规定开具发票行为。

(二) 处理结果

经稽查案件审理科审理,税务部门依法作出如下处理:

1. 根据《中华人民共和国营业税暂行条例》第一条、第二条第一款、第四条;《中华人民共和国城市维护建设税暂行条例》第二条、第三条、第四条;《征收教育费附加的暂行规定》第二条、第三条;《国务院关于教育费附加征收问题的紧急通知》第一条;《中华人民共和国企业所得税暂行条例》第一条、第二条、第三条、第五条;《中华人民共和国土地增值税暂行条例》第二条、第三条、第四条、第五条、第六条、第七条;《中华人民共和国土地使用税暂行条例》第二条、第三条以及《中华人民共和国税收征收管理法》第三十二条、第六十三条第一款规定,追缴该公司少缴营业税166.7万元、企业所得税82万元、土地增值税42.5万元、城市维护建设税11.7万元和教育费附加5万元,城镇土地使用税6.5万元,并同时对少缴纳税款按规定加收滞纳金。

2. 根据《中华人民共和国税收征收管理法》第六十三条第一款的规定,对该公司采取"伪造账簿、记账凭证""虚假纳税申报""在账簿上少列收入"等手段,少缴纳的营业税、城市维护建设税、企业所得税、土地增值税和城镇土地使用税,定性为偷税,处少缴纳税款二倍罚款。

备注:《中华人民共和国税收征收管理法》第六十三条规定:"对纳税人偷税的,由税务机关追缴其不缴或者少缴的税款、滞纳金,并处不缴或者少缴的税款的百分之五十以上五倍以下的罚款;构成犯罪的,依法追究刑事责任。"

3. 根据《中华人民共和国发票管理办法》第三十六条以及《中华人民共和国发票管理办法实施细则》第四十八条第(十一)项的规定,对未按规定开具发票的行为处以一万元的罚款。

4. 按照相关流程和工作规范要求,及时向举报人反馈案件查处结果,并给与相应的奖励。

案件点评:举报案件均应认真查处,作案方法简单但是隐蔽,同样情况会出现无差额全面积入账,而在销售单价上做文章,问题根源是车位不用办理也无法办理产权登记,非采取实地调查法不能突破。大傻之傻在于:房地产开发产品的特殊性之固定性,跑不了也烂不掉的啊!财迷心窍,得不偿失,应该罚款2倍,该!

【案例二】大疯房地产集团公司多种手段偷税案

大疯集团基本情况:该集团下辖X、Y两家房地产公司。X公司成立于2005年7月。2009年,经过股权变更成为大疯集团下属子公司。该公司自成立以来主要从事"W花园"项目的开发,该项目于2013年开始动工,至本次检查前(2016年9月15日),该项目已销售独立别墅6套(另因其他违法行为被法院没收、拍卖3套)、联体别墅384套和380个车库,有4套联体别墅、17个车库和会所未销售。Y公司成立于1998年4月。2008年11月,由原集体企业改组为有限公司,公司股东2人,其中:大疯集团股份有限公司法人代表占80%。在检查期内,该公司主要开发"Q花园"一期、二期商品房项目,共908套,面积约14万平方米,至本次检查前(2016年9月15日),尚余3套未销售。

一、案源情况

2016年5月,某省某市检察院在查办一起经济犯罪案件过程中,发现主要从事房地产开发业务的大疯集团及所属公司,在财务核算过程中使用白条情况较多,可能存在偷税嫌疑,遂将该案移交某省地税局稽查局(以下简称稽查局)查处。案件来源属于其他部门交办。

二、主要违法事实及处理结果

设立两套账,账外隐匿收入;在发票上做文章,虚列成本、费用;虚假纳税申报,偷税金额巨大。

两家公司偷税行为已涉嫌触犯《中华人民共和国刑法》第二百零一条第一款的规

定，根据《中华人民共和国税收征收管理法》第七十七条、国务院《行政执法机关移送涉嫌犯罪案件的规定》第三条及有关规定，将两公司移送司法机关追究刑事责任。

三、检查过程和检查方法

（一）查前准备

接到案源后，某省地税局领导高度重视，立即启动税警协作机制，与省公安厅联合成立专案组，制定了"集中力量、突出重点、注重程序、保证质量"的工作思路，从2016年9月15日起对大疯集团所属X、Y两家房地产公司实施了全面检查。移送前，以某省稽查局作为执法主体，调查取证工作由某省税务局负责；移送后，以某省公安局作为执法主体，调查取证工作由公安局负责。专案组人员分成账务检查小组和外围调查小组。账务检查小组对两家公司的账务进行清理，外调组负责调取银行、物管、房管、国土、建设及主要往来单位与开发项目有关的全部资料。

（二）检查具体方法

本案的查处，经历了"查前分析、突击调账、内查外调、成功突破"四个阶段。

1. 查前分析

专案组针对房地产开发经营行业可能存在的普遍性税收问题进行了充分的分析研究，认为如果存在偷税问题突出体现在隐匿收入和虚增成本方面。因此，确定办案思路：以收入和成本为切入点，以账务检查和外围调查相互结合，对两家公司取得项目土地、项目建设至销售的各个环节逐一进行清查。在查账方式上：鉴于该两户企业曾经接受过其他执法部门的检查，且前期检察院已经介入，专案组决定实施突击调账。

2. 突击调账

专案组以税收专项检查的名义实地对两家公司实施调账检查，现场监督两公司提供所有财务资料和相关涉税资料，包括开发项目报行政主管部门的审批、备案资料、施工图纸、项目平面图和大部分建筑和销售合同以及收文和发文登记簿、物业管理入住名单等。因为保密严格，行动迅速，较好地控制和掌握了第一手材料和证据。任务检查小组从账内检查入手，发现问题，明确重点。

账务检查小组首先对登记账簿资料进行了详查，分收入、成本、费用、税金进行了全面详细的审查和分类摘录、统计；然后对突击调账时调取的施工合同、项目平面图、报建文件、修建合同、销售合同、物业管理资料进行分类梳理，理清开发项目大体情况，从中发现以下问题和疑点：

（1）虚假纳税申报问题明显。通过对两家公司各年度账上计提税金、纳税申报情况、缴纳税金的精确统计，并与主管税务分局（所）征管资料进行核对，发现两家公司均存在不同程度的虚假纳税申报问题。

（2）Y公司收入不真实问题突出。2009至2015年两公司账列收入不到6个亿，且入账依据多数是收据，有的甚至无任何原始凭证，从会计资料无法了解其真实的开发、销售情况，也无法逐套统计销售情况、平均价格。检查人员认为要弄清楚是否存在隐匿收入的问题必须通过核实其开发销售的情况，与账务核算进行比对，查证。因此，检查人员将调账时一并调回的销售合同进行了列表统计，发现其售价4000至8000元不等，但销售合同不齐全。检查人员又分析了报建的审批资料，发现其开发项目建筑面积为149000平方米，按账列收入测算，平均价格不足4000元。而据外调小组调查了解，其他公司与该项目位置相同的同类型项目同期销售平均价格应在6000元以上，因此推断，Y公司存在重大隐匿收入的嫌疑，真实收入应为10亿元左右。

（3）Y公司开发产品抵偿工程款情况存疑待查。两项目早在2010年6月和2012年4月就分别全部竣工验收，于2015年已经基本售完。但截至2015年底仍有大量建筑工程款和材料挂账，账上只有少部分以房屋抵债记录。是否还有其他以房屋抵债的未按规定核算，真实性待查。

（4）X公司土地成本真实性待查。该公司2010年12月25日某凭证记录摘要为：根据转让合同付土地款，会计科目处理为：借方"开发成本——其他"，贷方"其他应收款"，金额900万元，附件为："期初购土地款进入建设成本的请示"和该公司原股东花某等人向H公司开具的收款900万元的收据。检查人员觉得很蹊跷：一是为何购置土地的价款支付给股东，难道开发项目所用地是这些股东个人转让的；二是既然是土地款为何支付价款的收据会开具给H公司。

（5）X公司4700万元成本发票涉嫌虚开。2015年10至11月建筑安装成本和绿化工程成本金额较大，以建筑安装发票49份列入建筑安装和绿化工程成本金额4700万元，发票由三家公司开具，且这三家公司分别委托另外三家公司收取工程款。发票问题：首先，多张建筑发票都是联号的，且填写金额基本是顶格填写，为什么三个不同的公司出具的发票会是联号的。其次，记账凭证所附委托收款协议书都有"我贵公司"字样，按常理，写文章的时候一般不会出现"我贵公司"之类的，而这里不但有而且是三家公司同时都这样写，检查人员怀疑很可能由一个人炮制。再结合X公司实际情况进行分析，还发现存在别的疑点：一是X公司开发的项目只有一个，项目总列总土建成本3.6亿元，按建筑面积149000平方米测算，单位土建成本为2420元，已经远远高于同类别墅单位土建成本。同时，检查过程中其会计人员还提出有工程业务还没有结算，部分成本还没有入核算，建筑成本如此高，难道真的是建筑质量高吗？二是该项目2010年动工，已于2012年完工并竣工验收合格，至2015年底已基本销售完毕。按常理其大笔的建安成本和绿化成本早应记入成本，为什么直到2015年底才入账？三是大笔的资金同时出现委托代收也不符合财务核算和经营常理。四是调取的建筑合同和施工设计图纸，该项目的主体工程系由其他建筑公司承建，也没发现转包或分包的迹象，这三家公司到底承建的哪部分工程呢？五是调取的材料中恰好没有该三家公司的建筑合同和施工图纸。以上种种矛盾和疑点，都反映这4700万元成本是属于虚构的嫌疑非常大。

3. 外调突破

在查账发现诸多疑点的同时，以全面的外部调查为依托，做好信息比对锁定线索，找到突破口。

外围调查小组到国土、建设、规划、金融、工商、房管、物业管理公司、建筑施工单位等房地产开发所必经环节进行调查取证，并对内资料进行比对。经过近两个月加班加点的工作，检查人员完成了对两家公司长达7年的账务资料和外围调查资料的梳理，将两家公司所开发房产从立项到销售的整个过程的相关数据和信息进行了清理，并把近2000套住宅、别墅、商业用房、车库的房号、购房人、房屋面积、合同价格、合同时间、收款时间及金额及发票开具情况一一录入计算机进行比对，分析，终于发现了两家公司偷税的线索。

（1）Y公司存在重大的隐匿收入嫌疑。经过对Y公司在房管部门办理销售产权登记备案资料中房屋面积、销售合同以及物业管理入住登记等情况统计，其所开发的"乙花园"项目一、二期截至2015年末只余3套住房未出售，并结合该外调小组调查了解的其他单位与该项目位置相同的同类型项目同期销售价格平均价格分析，认为其售房收入应该在10亿元以上，但该公司2009至2015年账上只记入不到6亿元的收入。

（2）通过查证房管部门备案资料和相关建筑单位和材料供应商，Y公司以房屋抵偿工程款、材料款不入账核算等问题也得到证实。

（3）X公司2000年900万元开发成本问题。根据外调H公司取证表明：B公司2009年购置项目开发用土地累计开支1800万元，2010年原股东花某等决定退出股份，由新股东T公司以2700万元价格受让并约定"B公司名称、土地项目和经营管理权交给H公司"，因此，该行为实为原股东与新股东H公司的股权转让，900万元不应列入开发成本。

（4）该公司存在重大的虚增成本嫌疑。专案组围绕上述49份建筑发票展开调查取证。一是到D市地税局进行发票鉴定，鉴定结果证明这些发票并非D市地税局监制，属于假发票；二是对发票上盖章的三家单位展开调查，到D市工商局查明其中两家公司根本就不存在；三是到另一家真实存在的开票公司调查，该公司证明与X公司从未发生过任何经济往来，也没有开具过上述发票，更未委托过任何单位代收工程款；四是到建设工程质量监督部门查证，发现无该三公司及相应工程的竣工验收报告和决算书备案资料。自此，X公司虚构经济业务，虚增成本问题被查证清楚。

4. 及时移送公安机关

在掌握上述情况后，专案组税务人员对两家公司的负责人、财务人员、办税人员及相关人员进行了询问。由于两家公司原来的实际控制人——大疯集团股份有限公司法人代表因其他违法犯罪行为尚在服刑,现负责人对检查人员提出的问题均以不知道为由进行搪塞。而财务人员又不能合理解释 Y 公司估算收入和账列收入的巨大差距,还以接手 Y 公司财务不久,原财务人员已离职,自己对 Y 公司情况不知情等理由进行推脱。办税人员则说只按会计提供的数据办理纳税申报,其他情况一概不知情。其他相关人员也一问三不知。

至此,专案组认为两家公司存在偷税的事实已基本得到证实,但要找到关键证据,税务行政手段已经无法做到,必须将案件正式移交公安机关立案侦查。2016 年 6 月 6 日,本案正式进入司法侦查阶段。公安机关及时采取司法强制措施,找到关键证据,一举突破。负责人、财务人员及办税人员交代了全部违法行为:

财务总监交代了将 X 公司假发票入虚增成本的过程,说出了由谁安排,由谁具体操作,其目的是什么等。Y 公司会计交代,2011 年根据公司原实际控制人——大疯集团股份有限公司法人代表指使,将 2009 至 2011 年已入账的售房收入 1 亿多元另设账核算,另设的账簿交由现办税人员保管;同时,开始对 2011 年后期和 2012 年设置两套账核算,少列收入 1 亿多元,合计隐匿收入 2 亿多元。办税人员也交代 Y 公司另设的账簿现放在公司一地下仓库中。专案组立即前往办税人员交代的地下仓库,搜查到了 Y 公司隐匿的账簿和其他纳税资料,Y 公司的偷税事实立即得到印证。

经过对公安机关搜查到的隐匿账簿和其他资料的整理、统计,最终证实 Y 公司共计隐瞒售房收入 4.4 亿元,占实际收入的 45%,与检查人员前期分析的差异金额基本一致。至此,案件关键证据被专案组掌握,案情也基本明了,案件取得实质性的突破。与此同时,公安机关对其财产采取了保全措施。

四、违法事实及处理定性

(一)违法事实和作案手段

1. 收入方面

(1)设立两套账,账外隐匿收入。经查实,Y 公司在账簿上共计少列开发产品销售收入 4.4 亿元。

(2)销售实现不入账。其主要表现形式为价款已经收取并开票,房屋已交付使用办理完产权,但账上未见任何记录。部分房产由大疯集团直接销售并收取款项,该房地产公司未做任何销售有关的账务处理。

(3)少列收入。其主要做法有三种:面积补差款以现金形式收取,少记收入;将销售样板房装修款直接冲开发成本,少列收入;对部分开发产品,与购房户签订了合同又退房后再销售的,以原合同价格作为销售价格(原合同价格低),少列收入。

(4)开发产品抵工程款不列收入或推迟计收入的时间。Y 开发公司与建筑单位签订以房抵工程款的协议,用所开发的商品房抵应付建筑单位、材料供应商工程款、材料款,抵款金额不列收入或待建筑公司再销售后以开发公司名义计收入。

(5) 收入长期挂往来科目，进行虚假的纳税申报。在销售已实现（项目已完工，款项已收到，产权已办，且已交付使用）的情况下，将售房款长期挂往来科目，不结转收入不申报纳税。X 公司 2013 年"预收账款" 7200 余万元直到 2015 年底未仍未转收入和申报纳税。

(6) 财务核算不规范。一是大量白条入账，二是取得收入直接冲减往来账，三是取得收入冲减成本等。

2. 成本费用方面

(1) 在发票上做文章，虚列成本、费用。一是以白条列支成本费用，有的甚至没有任何原始凭据列支成本费用。二是虚构经济业务，以假发票入账多列成本。这是 X 公司税收违法行为的主要手段之一。其主要表现形式就是虚构建筑、绿化业务，以假发票入账虚增开发成本 4700 万元。

(2) 不按财务制度和税法规定结转成本。两公司在项目已完工的情况下，以未办结算，成本不确定为由按当年结转销售收入的固定比例结转开发成本，达到调节利润少缴企业所得税的目的。

(3) 开发成本中计入应由股东负担的费用。X 公司将应由股东支付的股权转让金额计入开发成本 900 万元。

3. 税款申报缴纳方面

(1) 项目完工不按时进行工程结算，以未结算为由按"预征"方式申报缴纳税款，少缴企业所得税。以 X 公司为例，该公司各年度均按售房收入的 10% 利润率（不再扣除期间费用）按 33% 的税率计算企业所得税。而按税法规定应结算计税成本，经初步计算应缴纳企业所得税 6000 多万元，而企业实际申报缴纳数为 4000 多万元。

(2) 超标准税前列支费用，企业所得税申报时未作纳税调整。

(3) 混淆税款所属时间，逃避滞纳金。其主要表现形式为：由于以前年度未申报或少申报缴纳税款，在以后年度补申报时把税款所属时间延后，不仅造成以前年度少缴，补申报年度多缴的假象，还造成主管税务部门在征收税款未能加收滞纳金。

(4) 在商品房出售前未按规定申报缴纳土地使用税。

(5) 不进行纳税申报或进行虚假的纳税申报。即取得应税收入，发生纳税义务，不按税法规定进行纳税申报，或进行虚假的纳税申报，不缴或少缴税款。

(二) 处理结果

根据现行税收法律法规规定，专案组初步认定两公司少缴税款 1.57 亿元（其中：X 公司 8999 万元，Y 公司 6734 万元），鉴于 X 公司、Y 公司的偷税行为已涉嫌触犯《中华人民共和国刑法》第二百零一条第一款的规定，根据《中华人民共和国税收征收管理法》第七十七条和国务院《行政执法机关移送涉嫌犯罪案件的规定》第三条及有关规定，将两公司移送司法机关追究刑事责任。

公安机关抓获犯罪嫌疑人4人,已经入库税款1.2亿元。2016年12月20日,公安机关将该案移交检察机关审查起诉。

案件点评:根据刑法第二百一十一条的规定,对逃税罪的处罚如下:

1. 对自然人犯罪的处罚

刑法第二百零一条规定:纳税人采取欺骗、隐瞒手段进行虚假纳税申报或者不申报,逃避缴纳税款数额较大并且占应纳税额百分之十以上的,处三年以下有期徒刑或者拘役,并处罚金;数额巨大并且占应纳税额百分之三十以上的,处三年以上七年以下有期徒刑,并处罚金。

扣缴义务人采取前款所列手段,不缴或者少缴已扣、已收税款,数额较大的,依照前款的规定处罚。

对多次实施前两款行为,未经处理的,按照累计数额计算。

有第一款行为,经税务机关依法下达追缴通知后,补缴应纳税款,缴纳滞纳金,已受行政处罚的,不予追究刑事责任;但是,五年内因逃避缴纳税款受过刑事处罚或被税务机关给予二次以上行政处罚的除外。

2. 对单位犯罪的处罚

刑法第二百一十一条规定:单位犯本节第二百零一条、第二百零三条、第二百零四条、第二百零七条、第二百零八条、第二百零九条规定之罪的,对单位判处罚金,并对其直接负责的主管人员和其他直接责任人员,依照各该条的规定处罚。

最高刑期是有期徒刑七年,时间太短了,犯罪成本过低,建议逃(偷)税罪有期徒刑设立最高刑期十五年。

第三节 虚增成本和费用案例

本节介绍三例,系经税务稽查后定性为"采取虚增成本费用手段"偷税的案例。

一、介绍典型案例

---☆☆☆---

【案例一】二傻房地产公司虚增甲供材料偷税案

一、案源情况

根据人工与计算机相结合的选案方式,二傻房地产开发有限公司被列入××市地税局稽查局2015年度的地方税收检查对象。

二傻公司成立于2011年4月,实收资本1000万元。经营范围:房地产开发、销售。2015年营业收入963万元,营业成本777万元,利润总额38万元,应纳税所得额为0。2015年度共入库地方各税42.6万元。

二、检查过程与检查方法

(一)查前准备

1. 初步分析该公司的经营状况。该公司2015年毛利润率19%,利润率3.96%,所得贡献率为0,毛利润率、利润率都较低,不符合房地产行业经营规律。检查重点锁定在企业所得税上,一是看收入的确认是否准确及时;二是看相关成本、费用是否真实,发票是否合法,是否存在多结转销售成本的现象。

2. 查询税务管理信息系统情况。查询发现,2011年至2015年,主管税务部门未对该公司进行过纳税评估和税务检查。因此,在检查过程中,应着重注意纳税人所得税申报是否符合税收管理的规定。

通过分析,确定检查重点是企业所得税,其次是营业税及土地增值税。

(二)检查具体方法

1. 全面分析,查找疑点

检查人员首先全面审核了该公司的会计报表、账簿、凭证及有关合同、施工许可证等资料,掌握整体经营情况:该公司2012年至2015年期间,主要开发了21号楼和22号楼项目,该项目从2013年底开工建设,2015年竣工验收,可售面积5660.12平方米,2015年两座楼大部分开发产品已实现销售,销售面积3888.64平方米。

在对该公司2015年的总体情况掌握之后,21号楼和22号楼的开发成本引起了检查人员的注意,账面记载21号楼开发成本651万元,22号楼开发成本680万元,这意味着21号楼每平方米开发成本2511.55元,22号楼每平方米开发成本2457.93平方米,而其中土地及拆迁补偿费只占到了每平方米不到300元。也就是说,退除土地及拆迁补偿费,每平方米房地产开发成本仍高达2100多元,这与三线城市郊区的2015年建安成本每平方米不足1300元的行业均值相差甚远。因此,基本可以断定该公司肯定存在虚列房地产开发成本的问题。检查人员把21号楼和22号楼的开发成本作为了检查的重中之重。

2. 深入剖析,确定疑点

根据前期确定的检查重点,对该公司21号楼、22号楼项目平均每平方米2483元的开发成本项目进行了剖析后发现:21号楼、22号楼项目土地成本、基础设施费、前期工程费和配套设施费都比较符合实际情况,与同行业的市场成本价格相差不大,基本正常没有发现问题。问题出现在该项目的建安工程费高达每平方米1300多元,与该市地税局制定的房地产开发企业指标预警值相差很大。所谓的房地产开发企业所得税指标预警值,是指市地税局针对部分房地产开发企业存在建安成本核算不实的情况,根据日常对房地产企业的检查和专门调查取得的一些数据资料而制定的房地产企业建安工程费单位费额指标预警值。具体数据如下表。

建筑安装工程每平方米造价（参考）指标预警值（单位：元/平方米）

结构特征	主要装修标准	2013年	2014年	2015年	2016年
砖混（普通住宅）	普通	580	650	680	750
砖混（商住楼）	普通	680	750	780	830
框架综合楼	普通	1180	1250	1280	1400

应该说，房地产开发企业所得税指标预警值对检查人员开展检查工作起到了很好的指导和参考作用。对照上表，该公司21号楼和22号楼属砖混商住楼结构，2015年每平方米建安成本的指标预警值是780元。该公司21号楼和22号楼实际每平方米1300多元的建安成本已远远超过了指标预警值，由此可以断定该公司肯定存在虚列建安成本的现象。经过进一步查看21号楼和22号楼的《工程决算书》及甲方供料等成本项目，发现该公司有两个虚列建安成本的途径：一是虚增甲方供料金额；二是虚列电费。

3. 排查取证，确认违法事实

检查人员发现，根据21号楼和22号楼的建筑安装合同规定，甲方供料的范围主要是钢筋、水泥和木材，而这三大材在这两座楼的供料金额高达600多万元，明显异常。因甲方供料最终都要通过购料发票来入账，因此检查人员对该公司的甲方供料发票是否真实、合法、有效逐一进行了严格的审查。经审查发现问题：①使用了假发票。获取的假发票的特征主要体现在：一是发票纸张与同类真发票的纸张在纸质上不一样；二是有的发票无监制章或者无发票防伪图案；三是发票右上方的发票代码不正确。②使用了填制不规范的发票。反映在发票字轨号码与发票填开时间逻辑关系不一致。如发票批印时间为2014年，而填开时间却是2013年及以前年度。同时发现发票不是一次复写，存在"大头小尾"填开现象。经查询，发现有些发票领用单位与发票开具盖章单位不一致。该公司最终通过以上手段虚增21号楼、22号楼甲方供料金额443万元。

检查过程中发现，21号楼列支电费168771.97元，22号楼列支电费174133.37元，明显异常。在纳税人拒不交待事情真相的情况下，检查人员先后到项目现场进行察看，并到当地供电公司外调。经调查，该公司与相邻的某单位合用一个变压器，供电公司只就两个单位的用电总额对该公司开具发票。显然，该公司把应属于相邻某单位的电费也列在了21号楼和22号楼项目上，共虚列电费支出23万元。

三、违法事实及定性处理

（一）违法事实和作案手段

该公司利用不合法票据编造虚假成本费用项目，在账簿上多列支出，主要违法事实如下：

1. 21号楼成本核算不实及取得单据不合法共列支成本250万元，22号楼成本核算不实及取得单据不合法共列支成本234万元，2015年两座楼实际共结转不符合税法规定的销售成本208万元。

2. 2015年在"财务费用"列支应计入开发产品成本的贷款利息35527.5元，当年结转开发产品按比例应分摊贷款利息16889.42元，企业所得税税前多列支贷款利息18638.08元。

以上合计应调增应纳税所得额210万元，少缴企业所得税52.5万元。

（二）处理结果

1. 根据《中华人民共和国企业所得税暂行条例》第二、三、四、六条及《中华人民共和国税收征收管理法》第三十二条、第六十三条第一款之规定，追缴企业所得税52.5万元；对滞纳企业所得税税款按日加收万分之五的滞纳金；对少缴企业所得税处以1倍罚款52.5万元。

2. 该公司2015年度偷税数额52.5万元，占当年应纳税额比例62.7%，已涉嫌触犯《中华人民共和国刑法》第二百零一条第一款的规定，根据《中华人民共和国税收征收管理法》第七十七条和国务院《行政执法机关移送涉嫌犯罪案件的规定》第三条及有关规定，将该公司移送司法机关追究刑事责任。

案件点评：掩耳盗铃，自作自受。塞翁失马焉知是祸，是祸！

【案例二】某房地产公司税收筹划虚列成本偷税案

一、案源情况

根据2017年度税收专项检查工作计划，某市地税局稽查局对该市某房地产开发公司2016年度纳税情况进行检查。

该公司成立于2011年10月，2014~2015年开发某花园小区，2016年初开始销售。该公司2016年度账面反映某花园1#至5#商住综合楼共计销售收入3305.5万元，账面利润278.5万元。

二、检查过程与检查方法

（一）检查预案

先从企业调取会计核算资料、纳税资料及建安成本结算资料，然后从征管分局调取该公司周边地段其他开发商的纳税资料进行对比分析。在此基础上，收集工程监理单位、施工单位、工程造价审核单位等部门的相关资料，开展必要的外围调查取证，实施询问调查，最后锁定证据，固定事实。

(二) 具体方法

1. 比对分析，发现疑点

检查人员认真分析了该公司的有关纳税资料。该项目商用房占总开发商品房的15%，项目利润率约8%。该小区位于市区较繁华地段，其楼盘在建筑结构、容积率、绿化等方面与周边其他小区基本类似，平均售价（2110元/平方米）比周边项目高出近301元/平方米，而利润率却明显偏低。经查，该公司收入已全部入账，检查人员于是将检查重点锁定在开发成本和相关费用上。

检查人员将该公司的成本与周边行业成本逐项进行了详细比较，发现其平均建筑安装成本（1000元/平方米）比周边同等楼盘高出201元/平方米，同时高出该市同等类型房产平均成本180元。进一步检查发现，该公司面反映的工程费用均已支付给施工单位，而施工单位法定代表人与该公司法定代表人是夫妻关系。据此分析判断，企业极有可能利用这种关联关系虚增成本。

检查人员依法询问了施工单位负责人。该负责人声称工程造价是真实的，是经过权威部门审计的，并提供了由某工程造价审核机构出具的《关于某花园1#至5#商住楼工程结算的审核报告》及相关附件。报告列明该工程报审价为2041.7万元，审定价为1821.9万元。该公司也是按照工程结算报告的金额入账，相关的工程结算单均有开发商、施工单位与工程造价审核机构三方签证，该报告是具有法律效力的。但检查人员依据所掌握的全市建安成本价的平均状况，确信对该公司成本问题的判断不会有误，于是决定从外围突破。

2. 外围突破，锁定重点

检查人员先到建设局工程造价管理处，对在同一区域开发的其他房地产公司的有关情况进行了详细了解，同样得出该公司的单位工程造价偏高的结论。检查人员据此推断工程造价审核机构出具的审核报告很有可能存在问题。

由于工程施工要经建设单位、施工单位及监理单位三方协作才能完成，国家实行工程强制监理制度，监理资料完成后必须存档，因此要审核审计报告，必须要从监理资料入手。通过仔细核对，检查人员首先发现某花园2号楼的监理记录中无沙垫层，而工程结算书中却出现了沙垫层。根据这一线索，检查人员又详细查阅了监理工作日志及分部分项工程验收报告和图纸、设计变更等资料，但均未发现某花园2号楼有沙垫层的相关记录。随后，检查人员对当时负责监理的工程师进行了询问，证实某花园2号楼并未做沙垫层基础。仅此一项，该公司就多计工程造价133万元。

3. 乘胜追击，扩大战果

进一步检查发现，某花园工程桩基础图纸中明确设计为猫杆静压桩，而《工程审核结算书》中却反映为打混凝土预制桩，两者价格相差4~5倍。根据国家相关法律的规定，凡影响结构的建筑设计变更必须要由原设计单位出具工程设计变更通知书，但检查人员查阅了全部档案，也未发现桩基的变更通知，相关的监理工作日志及分部分项工程验收报告，也都反映桩基础为猫杆静压桩。经询问监理工程师和相关施工技术人员及设计单位有关人员后得知，该工程的桩基并未变更，仍为猫杆静压桩。经重新套用国家定额进行计算，此项目多列支工程成本85万元。

接着，检查人员又到某花园进行实地检查。由于工程结算书中反映该花园的道路厚度达到50厘米，与通常情况不符，检查人员便在开发商、施工单位、监理单位三方共同见证下，对道路进行随机抽样挖掘，选取若干个点，核定出道路的平均厚度只有20厘米（在后来的询问调查中，该公司和施工单位承认是按20厘米的厚度施工的），虚列成本达20万元。

4. 仔细询问，固定证据

在证据面前，该公司及审核机构对检查人员发现的问题均供认不讳，但他们只承认是工作失误，不存在主观故意。检查人员按照法定程序对工程造价审核机构的法定代表人、技术负责人、工程造价审计人员以及该公司人员分别进行了询问。

经过详细而耐心地税法宣传，慑于国家税法的威严，工程造价审核单位和该公司终于承认：为了少缴企业所得税和土地增值税，考虑在收入上不好做文章，就在建造成本上动脑筋。建造成本是专业的中介机构审核并出具报告的，中介机构出具的报告，一方面专业性较强，税务部门难于检查；另一方面，中介机构出具的报告具有相应的法律效力，税务部门也不便深查。于是，双方一拍即合，并商定由开发商支付超过国家标准几倍的工程审核费，审核机构则不按法定审核程序，只根据开发商提供的相关资料，出具虚假审核报告。

三、违法事实及定性处理

（一）违法事实和作案手段

该公司通过与关联企业、工程造价审核机构恶意串通，一是将根本没有发生的工程施工，计算工程量并按国家标准计算取费，虚增开发成本133万元；二是高套施工定额，将本应套用低标准的工程定额施工项目，人为套用高标准的定额，虚增开发成本85万元；三是人为加大工程量，虚增开发成本60万元。以上合计在账簿上多列支出278万元，造成少缴企业所得税69.5万元。

（二）处理结果

1. 根据《中华人民共和国企业所得税暂行条例》第一条、第二条、第六条第一款，《企业所得税税前扣除办法》第二条、第三条和《中华人民共和国税收征收管理法》第六十三条第一款的规定，追缴该公司少缴的企业所得税69.5万元。

2. 根据《中华人民共和国税收征收管理法》第三十二条的规定，对上述税款从滞纳之日起至实际缴纳入库之日止，按日加收万分之五的滞纳金。

3. 根据《中华人民共和国税收征收管理法》第六十三条第一款规定，对该公司在账簿上多列支出，造成少缴企业所得税69.5万元的行为认定为偷税，处以所偷税款3倍的罚款，罚款金额208.5万元。

4. 鉴于该公司偷税行为已涉嫌触犯《中华人民共和国刑法》第二百零一条第一款的规定，根据《中华人民共和国税收征收管理法》第七十七条和国务院《行政执法机关移送涉嫌犯罪案件的规定》第三条及有关规定，将该公司移送司法机关追究刑事责任。

根据《中华人民共和国税收征收管理法实施细则》第九十三条规定，对该案涉及的中介机构涉税违法行为另案处理。

【案例三】三傻房地产开发公司多列支出偷税案

2017年5月，某市（地级市）国家税务局稽查局（以下简称稽查局）按照工作计划将三傻房地产开发公司（以下简称"三傻公司"）确定为房地产行业税收专项检查对象。

三傻公司成立于2013年4月，为私营有限责任公司。成立时注册资本为800万元，2013年5月增资到2010万元。原投资方为上海H房地产开发经营有限公司（以下简称"H公司"），2013年5月31日进行股权转让，转让后的股东为上海A房地产有限公司（以下简称"A公司"）。三傻公司主营房地产开发，注册人数15人，纳税信用等级B级企业。

一、检查过程与检查方法

（一）检查预案

实施检查前，检查人员对静态资料进行分析，了解三傻公司的基本情况。三傻公司开发项目共有两幢高层楼房，分为一期和二期。此开发项目最早由J物业有限公司（以下简称"J公司"）取得土地使用权并进行开发，后转让给H公司，H公司再转让给A公司。A公司以土地使用权入股三傻公司后，三傻公司将此项目分两期开发成两幢高层楼房。一期由烂尾楼建成，共22层，于2013年12月取得预售许可证，竣工日期为2015年3月，可售面积为2.66万平方米。二期系新建而成，共32层，于2014年8月取得预售许可证，竣工日期为2016年6月，可售面积为2.6万平方米。

2016年2月，该市国家税务局某征管分局对三傻公司进行了纳税评估，发现该公司自2013年成立至2015年，取得楼盘预售收入1.7亿元未申报预缴所得税，同时还存在成本列支不规范的情况。由于该公司开发的楼盘尚未完工，征管分局除责令其补缴税款及滞纳金之外，还要求其立即整改。在纳税评估后，该公司于2016年4月进行了企业所得税汇算清缴。据统计，三傻公司2013年至2016年共计入库企业所得税1120万元，主要是纳税评估以后的补缴税款。了解到该公司已入库巨额税款，稽查部门的初步认识是：三傻公司的整改已比较到位，存在问题的可能性较小。

但检查人员通过进一步分析后发现，在已结转销售收入的2015年和2016年中，扣除预缴企业所得税的因素，该公司2015年实际缴纳企业所得税555.05万元，税收负担率为5.26%；2016年实际缴纳企业所得税为0，这极不正常。三傻公司的利润率在15.94%左右，刚刚达到15%的最低标准，明显低于该市房地产行业的同期利润水平。检查组认为有必要进一步深入检查，并确定采取现场察看与调检查相结合的方式实施稽查。

（二）检查具体方法

在调检查前，检查人员到开发现场进行外围调查，了解到三傻公司开发的两幢高楼间的空地建成了一个1500平方米左右的中心绿化景观等基本情况。然后，检查人员按法定程序调取了该公司2013年至2016年的账册、凭证等纳税资料进行检查。

1. 查阅合同核实公司的成本列支

检查人员首先对销售收入、可售面积等项目进行核对，发现该公司虽仍有部分预售收入未申报，但未有重大异常情况，遂决定将成本、费用作为检查重点。核查成本时，一笔800万元的"土地成本"引起了检查人员的注意。通过查阅原始凭证发现，发票由上海H公司开具，内容为"项目转让费"，但在银行汇款单上有一行小字标注有"股权转让费"字样。按规定，股权转让费不能列入开发成本。检查人员展开调查，发现由于三傻公司经历了增资、投资方变更、股权转让，以及主要负责人及会计人员频繁更迭，原始凭证极不规范，会计处理前后不一，合同资料残缺不全，没有人清楚整个项目开发过程。

检查人员反复研究，决定从合同文书中查找线索。检查组要求三傻公司提供所有合同协议。在三傻公司找不到合同，检查人员就到投资方上海A公司甚至到其前股东上海H公司去找。历时一个多月，终于找到了全部合同文件。原来，三傻公司的一期工程最早由苏州J公司开发，后变成烂尾楼，苏州J公司将此烂尾楼以1650万元的价格（含土地成本）转让给上海H公司，上海H公司将此烂尾楼中的土地作价800万元作为投资款，投资成立了三傻公司，一个月后，用现金增资1210万元，使注册资本达到2010万元。然后，上海H公司又将三傻公司的股权作价2010万元、烂尾楼作价2100万元，一并转让给上海A公司。烂尾楼和股权转让费中都包含了土地成本。上海H公司将股权中的800万元土地成本开具了单位名称为"上海A公司"的项目转让费发票，造成三傻公司列支的2900万元开发成本中，土地成本重复列支800万元。

2. 现场查验核实公司的费用列支

检查人员以绿化费作为检查重点，发现三傻公司一共列支了两笔绿化费。一笔是苏州M公司承建的屋顶花园，金额为27万元；一笔为上海Z公司开具的绿化费发票，金额为238万元，未写明绿化地点。经过实地查看，三傻公司整个开发项目除了屋顶花园外，就是两幢楼之间的中心绿化。那么这笔238万元的绿化费就应该是中心绿化的成本。但中心绿化面积并不大，树木也不多，为什么成本这么高？三傻公司为何要舍近求远找上海 Z 公司来搞绿化？检查组推测有可能存在成本不实的情况，因为三傻公司的投资方上海 A 公司也是一家开发企业且在上海经营。

检查人员从六大卷工程合同中找到该笔绿化合同。正文中没有线索，但细心的检查人员在附页中的"注意事项"里发现了蛛丝马迹，"注意事项"上面注明该工程植树 2700 棵。1500 平方米的绿化面积种植 2700 棵树，岂不是一平方米内要种两棵树？检查人员再次现场勘查，通过清点发现两块绿地一共不过 50 棵树。在事实面前三傻公司不得不承认，因三傻公司利润较高，上海 A 公司将集团公司在其他城市开发项目上支付的绿化费 238 万元在三傻公司列支。顺着同一思路，检查人员查出三傻公司在管理费用中列支上海 A 公司的人员工资及其他费用共 260 万元。至此，检查人员查实该公司虚列的绿化费、人员工资及其他费用合计 498 万元。水落石出，真相大白。

3. 逻辑分析公司租赁费用支出的合理性

检查人员通过面检查发现，三傻公司 2015 年 3 月列支了一笔房租 274 万元。仅从凭证看，资料一应俱全，有发票、有合同。发票由上海 A 公司到上海税务局代开。合同表明，收款原因是三傻公司租用上海 A 公司的房产作售楼处，租期为 2013 年 1 至 12 月。鉴于上海 A 公司是三傻公司的投资方，这笔关联交易的真实性成为核查的重点。检查人员仔细推敲，发现了其中的破绽，三傻公司是 2013 年 4 月成立的，一期工程的设计是 2013 年 10 月完成的，2013 年 12 月才取得预售许可证，怎么可能在公司还没成立、项目还没设计的时候就租用售楼处呢？而且不在苏州要到上海去租房？在事实面前三傻公司承认此笔租赁费是虚列的。

二、违法事实及定性处理

（一）违法事实和作案手段

三傻公司重复列支土地成本 800 万元；虚列绿化费、租赁费、人员工资及其他费用 772 万元，少缴企业所得税 393 万元。

（二）处理结果

1. 根据《中华人民共和国企业所得税暂行条例》第一条、第四条、第六条第一款、第七条第（八）项、《企业所得税税前扣除办法》和《中华人民共和国税收征管法》（以下简称《征管法》）第六十三条第一款规定，对该公司在账簿上多列支出、少缴应纳税款的行为定性为偷税，追缴其少缴的企业所得税 393 万元，并处少缴税款一倍的罚款 393 万元。

2. 根据《征管法》第三十二条的规定，按日加收滞纳金。

3. 该公司上述违法行为涉嫌触犯《中华人民共和国刑法》第二百零一条的规定。根据《征管法》第七十七条和国务院《行政执法机关移送涉嫌犯罪案件的规定》第三条及有关规定，依法移送公安机关处理。

二、偷税罪概述

（一）概念

偷税罪，是指纳税人、扣缴义务人故意违反税收法规、采取伪造、变造、隐匿、擅自销毁账簿、记账凭证、在账簿上多列支出或者不列、少列收入、经税务机关通知申报而拒不申报或者进行虚假的纳税申报的手段，不缴或者少缴应缴纳税款，情节严重的行为。根据刑法修正案（七），本罪已被逃税罪取代。

2009年2月28日，第十一届全国人大常委会第七次会议审议通过了《刑法修正案（七）》。修改后的《刑法》第201条规定：纳税人采取欺骗、隐瞒手段进行虚假纳税申报或者不申报，逃避缴纳税款数额较大并且占应纳税额百分之十以上的，处三年以下有期徒刑或者拘役，并处罚金；数额巨大并且占应纳税额百分之三十以上的，处三年以上七年以下有期徒刑，并处罚金。

扣缴义务人采取前款所列手段，不缴或者少缴已扣、已收税款，数额较大的，依照前款的规定处罚。

对多次实施前两款行为，未经处理的，按照累计数额计算。

有第一款行为，经税务部门依法下达追缴通知后，补缴应纳税款，缴纳滞纳金，已受行政处罚的，不予追究刑事责任。但是，五年内因逃避缴纳税款受过刑事处罚或被税务机关给予二次以上行政处罚的除外。

（二）偷税罪认定

首先，要注意区分偷税与漏税。漏税是指纳税人（包括扣缴义务人）并非故意，没有依照税法规定缴纳或者足额缴纳税款的行为，是一种一般税务违法行为，应由税务机关责令其补缴漏缴的税款，并加收滞纳金；偷税则是一种故意行为，行为人目的明确。从性质上看，偷税性质要比漏税严重得多，偷税情节严重，符合规定的偷税罪的条件的，应当由司法机关依法追究刑事责任。

其次，要注意区分偷税与避税。所谓避税，是指采用合法手段减轻或者不履行纳税义务的行为。广义的逃税包括偷税与避税。偷税与避税虽然都是减少或者不履行纳税义务的行为，但二者之间有着本质的不同：避税是在纳税义务发生前采取各种合乎法律规定的方法，有意减轻或者免除税收负担的行为，大多数情况下是符合立法意图的，如利用经济特区的税收优惠政策在经济特区投资，有些则是钻税法不够完善的空子；偷税是发生纳税义务后，采用非法的手段减少或者不履行纳税义务，在任何情况下，偷税都是国家法律所不允许的。对于钻法律空子的避税，只能通过不断完善税收法律的方法来防止，对于偷税、依法追究刑事责任，加强打击、是减少偷税犯罪的重要手段。

再次，要注意区分一般偷税行为与偷税犯罪。本条明确规定了偷税犯罪的定罪标准，这是区分一般偷税行为与偷税犯罪的标准，必须严格执行。本条对单位偷税犯罪与个人偷税犯罪的定罪数额标准没有作分别的、不同的规定，主要是因为规定了偷税的比例和偷税数额的双重标准。因此，和其他单位犯罪数额标准一般高于个人犯罪数额标准不同，单位偷税犯罪与个人偷税犯罪的定罪数额标准是一致的。

偷税罪是一种故意犯罪行为，表现为行为人明知自己有纳税的义务，而采取种种手段，达到不缴或少缴税款的行为。行为人偷税的主观方面只能是故意，必须出于不缴或者少缴应纳税款或已扣、已收税款的目的，行为已经造成对国家利益的侵害。过失行为导致不缴或者少缴税款的不成立本罪。偷税罪的客观方面表现为采取欺骗、隐瞒等各种手段不缴或少缴应纳税款或已扣、已收税款。

偷税罪与漏税在客观方面的表现有相同之处，都是造成了不缴或少缴应纳税款的结果。但两者有着本质区别，即在行为人的主观方面，偷税罪是一种故意犯罪，其主观恶性大，为了达到不缴或者少缴税款的目的，不惜损害国家利益，具有较大的社会危害性。而漏税是一种主观过失，主观上没有犯罪的故意，其主观恶性小，所以不能以犯罪论。"

（三）因偷税被行政处罚

这是摘自中国裁判文书网的判决书的部分内容，这才是真实的案例的部分内容。学习需要方法，传道授业解惑需要"授之以渔"。

————————————☆☆☆————————————

××房地产开发公司因偷税被行政处罚提起行政诉讼败诉

原告××房地产开发有限责任公司（以下简称××房产公司）不服××市地方税务局（以下简称市地税局）行政处罚一案，本院2014年5月27日立案受理后，依法组成合议庭，于2014年8月4日公开开庭进行了审理。本案现已审理终结。

被告市地税局于2014年2月26日作出税务行政处罚决定书，认定原告××房产公司2008年至2013年6月期间偷税和少缴税款，决定对其罚款合计8779396.05元。被告在法定期限内向本院提供了作出被诉具体行政行为的证据、依据：1. 立案审批表、任务通知书、检查通知书、执法审批表、调取账簿资料通知书、税务事项通知书、送达回证，证明被告履行了立案、审批、告知、送达等法定程序；2. 处罚告知书、听证申请书、听证通知书、听证笔录、意见书、处罚决定书，证明告知了处罚事项、原告权利，依法作出了行政处罚；3. 复议决定书，证明结果被复议机关维持；4. 工作底稿，证明原告少申报缴纳税款数额；5. 陈述意见，证明原告对认定的少申报缴纳税款、滞纳金无异议；6. 协查回复函、鉴定结果通知书，证明原告主观故意违法，性质恶劣。

经质证，原告对上述1、2、4、5、6证据的真实性、合法性无异议，但认为与本案没有关联性，不能达到应对原告作出三倍及三点五倍处罚这一证明目的；对证据3的真实性、合法性无异议，但对关联性持异议，认为达不到证明该处罚行为合法、合理的证明目的。

原告××房产公司诉称：一、从原告少缴纳税款的原因、接受处理的态度及事后的积极整改措施来看，被告对原告处以三倍及三点五倍的罚款属处罚过重。1. 原告少缴税款系因过失，不存在主观故意，情节轻，社会危害性小，不足以处罚三倍及三点五倍；2. 被告没有原告情节特别恶劣、后果特别严重的依据；3. 原告不具有《××省地方税务局规范税务行政处罚自由裁量权实施办法（试行）》第九条规定的从重处罚的情形，相反，原告积极主动配合税务稽查工作，积极缴纳拖欠税款和滞纳金，系主动消除违法行为危害后果的行为，具有第八条规定的应当依法从轻或减轻处罚的情节。二、听证程序中，被告并未列出对全市其他有同类违法行为的被查企业的处罚达三倍及三点五倍之重的相关案例，被告仅对原告处以三倍及三点五倍罚款显失公平。三、被告对原告的罚款违背了《××省地方税务局规范税务行政处罚自由裁量权实施办法（试行）》第四条"处罚与教育相结合、教育先行的"原则。综上所述，恳请撤销《税务行政处罚决定书》。

庭审中，原告提交了税收缴款书和付款凭证，证明事发后原告态度积极，缴纳了税款和滞纳金。

经质证，被告对缴纳了税款和滞纳金没异议，但认为，缴纳税款和滞纳金是在被告作出通知后，而不是主动消除后果。

被告市地税局答辩称：一、原告的违法事实。被告依法对原告2008年1月1日至2013年6月30日的地方税收缴纳情况进行检查时发现，原告少申报缴纳各类税款合计2893794.06元。二、被告作出的《税务行政处罚决定书》合法、公正。1. 原告违法行为其主观表现为故意，性质恶劣。原告采取以假发票、虚构交易事实等方式在账簿上多列支出3711150.00元，造成少缴土地增值税196027.73元，构成偷税，被告根据《税收征收管理法》第六十三条之规定，对原告按少缴税款3.5倍处以罚款；原告不进行纳税申报导致少缴各种税款2697766.33元，根据《税收征收管理法》第六十四条第二款之规定，被告对原告少申报缴纳的其他各种税款分别处以三倍罚款。2. 原告少缴纳税款的情况时间跨度大，金额大。在检查年度内，原告少缴税款占应纳税款总额的比例达到了10.41%，其中2009年至2012年尤其突出，少缴比例分别为23.35%、27.76%、27.39%、24.12%。原告在当地有一定的知名度和影响力，其行为在当地造成恶劣影响，情节严重，社会危害性较大。三、原告请求撤销《税务行政处罚决定书》无事实依据和法律依据，其理由不成立。

综上所述，被告根据原告的税收违法事实、性质、社会危害程度，作出的《税务行政处罚决定书》合法、公正，请求驳回原告的诉讼请求。

经审理查明：被告市地税局对原告 2008 年 1 月 1 日至 2013 年 6 月 30 日的地方税收缴纳情况进行检查时发现，原告 2012 年少缴营业税 571231.35 元、城市维护建设税 39986.19 元，2009 年少缴契税 127488.57 元，2009 年至 2013 年 6 月少缴城镇土地使用税 117454.92 元，2011 年至 2012 年少缴土地增值税 552657.83 元，2008 年至 2013 年 6 月少缴印花税 21396.90 元，2011 年至 2012 年少缴企业所得税 1463578.30 元。2014 年 2 月 26 日，被告作出《税务行政处罚决定书》，决定根据《中华人民共和国税收征收管理法》第六十三条、第六十四条第二款的规定，对原告在账簿上多列支出，构成偷税的 196027.73 元，按偷税金额处三点五倍的罚款，罚款金额 686097.06 元；对原告少缴营业税、城市维护建设税、印花税、企业所得税、土地增值税、契税、城镇土地使用税等税款分别处三倍罚款，合计 8093298.99 元。以上罚款合计 8779396.05 元。原告不服，向市人民政府申请复议，2014 年 4 月 17 日，市人民政府维持了被告作出的行政处罚决定。原告仍不服，向本院提起行政诉讼。

本院认为，原告作为房地产开发的实体企业，应当根据法律、法规的规定，依法承担义务。而原告在其经营活动中偷税和少缴税款，被告对此行为作出处罚，于法有据。《中华人民共和国税收征收管理法》第六十三条第一款规定："纳税人伪造、变造、隐匿、擅自销毁账簿、记账凭证，或者在账簿上多列支或者不列、少列收入，或者经税务机关通知申报而拒不申报或者进行虚假的纳税申报，不缴或者少缴应纳税款的，是偷税。对纳税人偷税的，由税务机关追缴其不缴或者少缴的税款、滞纳金，并处不缴或者少缴的税款百分之五十以上五倍以下的罚款；构成犯罪的，依法追究刑事责任。"第六十四条第二款规定："纳税人不进行纳税申报，不缴或者少缴应纳税款的，由税务机关追缴其不缴或者少缴的税款、滞纳金，并处不缴或者少缴的税款百分之五十以上五倍以下的罚款。"被告对原告偷税处以三点五倍的罚款和对原告少缴营业税、城市维护建设税、印花税、企业所得税、土地增值税、契税、城镇土地使用税等税款分别处三倍罚款，符合上述法律规定，处罚幅度适当。《××省地方税务局规范税务行政处罚自由裁量权实施办法（试行）》规定："纳税人、扣缴义务人以及其他税务行政管理相对人有下列情形之一的，应当依法从轻或减轻处罚：（一）主动消除或者减轻违法行为危害后果的；（二）受他人胁迫、诱骗实施违法行为的；（三）涉税金额或者违法所得较少的；（四）配合地税机关查处违法行为有立功表现的；（五）其他依法从轻或减轻处罚的情形。"本案中，原告缴纳税款、滞纳金的行为是发生在被告发现其违法行为后，不是在被告尚未掌握相关情况时积极主动补缴，不属主动消除违法行为危害后果，不具有上述规定的应当依法从轻或减轻处罚的情形；原告诉称的对法规学习不够以及企业现状等原因不是法律规定的从轻或者减轻行政处罚的理由，而配合被告检查工作、提供有关资料,根据《中华人民共和国税收征收管理法》第五十六条规定,是原告的法定职责,也不是从轻或减轻处罚的条件。综上,原告主张被告处罚过重,显示公平本院不予采信。被告依据原告违法的事实、性质、情节等作出的处罚决定事实清楚、证据确凿、适用法律法规正确、程序合法,应当予以维持。

为此,依照《中华人民共和国行政诉讼法》第五十四条第一款第一项之规定,判决如下:

维持××市地方税务局作出的《税务行政处罚决定书》。

本案应征收案件受理费 50 元,由××房地产开发有限责任公司承担。

如不服本判决,可在判决书送达之日起十五日内向本院递交上诉状,并按对方当事人的人数提出副本,上诉于××市中级人民法院。

二〇一四年八月十八日

第四节 虚开增值税专用发票案例

在我国现行的 23 种涉税犯罪罪名中,增值税专用发票的违法事实涉及的金额、情节、造成的后果等达到刑事立案追诉标准的罪名有六种,包括:虚开增值税专用发票罪、伪造增值税专用发票罪、出售伪造的增值税专用发票、非法出售增值税专用发票罪、非法购买增值税专用发票罪和购买伪造的增值税专用发票。

2020 年 9 月 1 日,中华人民共和国增值税专用电子发票在宁波开始试运行。

一、虚开增值税专用发票罪

根据《中华人民共和国刑法》第二百零五条的规定:虚开增值税专用发票或者虚开用于骗取出口退税、抵扣税款的其他发票,是指有为他人虚开、为自己虚开、让他人为自己虚开、介绍他人虚开行为之一的,违反有关规范,使国家造成损失的行为。

(一)构成要件

该罪侵犯的客体是增值税专用发票,未按规定如实开具增值税专用发票;该罪的客观要件是虚开,即没有经营活动而开具或虽有经营活动但不做真实的开具(比如买烟酒开电脑耗材);该罪的实施主体是单位或个人;该罪的主观要件是故意。该罪是行为犯罪不是结果犯罪。

该罪实质是虚开行为之犯罪,不是虚开结果之犯罪,因为虚开而造成国家税收损失属于偷(逃)税犯罪或骗取出口退税犯罪。

（二）客体要件

本罪侵犯的客体是增值税专用发票。这是本罪区别于其他破坏社会主义经济秩序罪的本质特征。《中华人民共和国发票管理办法》中规定："开具发票应当按照规定的时限、顺序、逐栏、全部联次一次性如实开具，并加盖发票专用章。""任何单位和个人不得转借、转让、代开发票。"《增值税专用发票使用规定（试行）》中规定：增值税专用发票（纸质版）必须按下列要求开具：

（一）字迹清楚。

（二）不得涂改。

（三）项目填写齐全。

（四）票、物相符，票面金额与实际收取的金额相符。

（五）各项目内容正确无误。

（六）全部联次一次填开，上、下联的内容和金额一致。

（七）发票联和抵扣联加盖财务专用章或发票专用章。

（八）按照本规定第六条所规定的时限开具专用发票。

（九）不得开具伪造的专用发票。

（十）不得拆本使用专用发票。

（十一）不得开具票样与国家税务总局统一制定的票样不相符合的专用发票。

而为骗取税款，虚开增值税专用发票或用于骗取出口退税、抵扣税款的其他发票的行为就是违反了发票管理制度，同时虚开增值税专用发票或用于骗取出口退税、抵扣税款的其他发票、可以抵扣大量税款，造成国家税款的大量流失，也严重地破坏了社会主义经济秩序。

（三）客观要件

本罪在客观方面表现为没有货物购销或者没有提供或接受应税劳务而为他人、为自己、让他人为自己、介绍他人开具增值税专用发票或者即使有货物购销或提供或接受了应税劳务但为他人、为自己、让他人为自己、介绍他人开具数量或者金额不实的增值税专用发票或者进行了实际经营活动，但让他人为自己代开增值税专用发票的行为。

虚开是指行为人违反有关发票开具管理的规定、不按照实际情况如实开具增值税专用发票及其他可用于骗取出口退税、抵扣税款的发票之行为。从广义上讲，一切不如实出具发票的行为都是虚开的行为。包括没有经营活动而开具或虽有经营活动但不做真实的开具、如改变客户的名称、商品名称、经营项目、夸大或缩小产品或经营项目的数量、单价及其实际收取或支出的金额，委托代扣、代收、代征税种的税率及税额、增值税税率及税额，虚写开票人、开票日期等等。狭义的虚开，则是指对发票能反映纳税人纳税情况、数额的有关内容作不实填写致使所开发票的税款与实际缴纳不符的一系列之行为。如没有销售商品、提供服务等经营活动，却虚构经济活动的项目、数量、单价、收取金额或者有关税率、税额予以填写；或在销售商品提供服务开具发票时，变更经营项目的名称、数量、单价、税目、税率及税额等，从而使发票不能反映出交易双方进行经营活动以及应纳或已纳税款的真实情况。主要体现在票与物或经营项目不符、票面金额与实际收取的金额不一致。

如果只是虚设开票人或不按规定时限提前或滞后开具日期等，虽属违法不实开具，但仍不是本罪意义上的虚开，对此不能以本罪论处。

虚开增值税专用发票的具体行为方式有以下四种：

1. 为他人虚开增值税专用发票行为。是指合法拥有增值税专用发票的单位或者个人，明知他人没有货物购销或者没有提供或接受应税劳务而为其开具增值税专用发票，或者即使有货物购销或者提供了应税劳务但为其开具数量或者金额不实的增值税专用发票或用于骗取出口退税、抵扣税款的其他发票的行为。

2. 为自己虚开增值税专用发票。是指合法拥有增值税专用发票的单位和个人，在本身没有货物购销或者没有提供或者接受应税劳务的情况下为自己开具增值税专用发票，或即使有货物购销或提供或接受了应税劳务但却为自己开具数量或者金额不实的增值税专用发票的行为。

3. 让他人为自己虚开增值税专用发票。是指没有货物购销或没有提供或接受应税劳务的单位或者个人要求合法拥有增值税专用发票的单位或个人为其开具增值税专用发票，或者即使有货物购销或提供或接受了应税劳务但要求他人开具数量或者金额不实的增值税专用发票或者进行了实际经营活动，但让他人为自己代开增值税专用发票的行为。

4. 介绍他人虚开增值税专用发票。是指在合法拥有增值税专用发票的单位或者个人与要求虚开增值税专用发票的单位或者个人之间沟通联系、牵线搭桥的行为。

虚开增值税专用发票需达到法定情节才能构成犯罪、否则不认为是犯罪。依最高人民法院于1996年10月17日发布的《关于适用〈全国人民代表大会常务委员会关于惩治虚开、伪造和非法出售增值税专用发票犯罪的决定〉的若干问题的解释》的规定：虚开税款数额1万元以上的或者虚开增值税专用发票或可用于出口退税、抵扣税款的其他发票致使国家税款被骗取5000元以上的，应当依法定罪处罚。这是法定情节！

（四）主体要件

本罪的主体均为一般主体、即达到刑事责任年龄且具有刑事责任能力的自然人均可构成。另外，依本条第3款之规定，单位也可成为本罪主体，单位构成本罪的对单位实行两罚制，对单位判处罚金并对直接负责的主管人员和其他直接责任人员依照本条第3款规定追究刑事责任。

（五）主观要件

本罪在主观方面必须是故意，而且一般具有牟利的目的。实践中，为他人虚开增值税专用发票的单位和个人一般都以收取高额的手续费为目的，为自己虚开、让他人为自己虚开，介绍他人虚开的单位和个人一般都是以收取高额的中介费、信息费为目的。

二、刑罚及量刑标准

（一）刑法条文

涉及虚开增值税专用发票的《刑法》条文摘录如下：第二百零五条　虚开增值税专用发票或者虚开用于骗取出口退税、抵扣税款的其他发票的，处三年以下有期徒刑或者拘役，并处二万元以上二十万元以下罚金；虚开的税款数额较大或者有其他严重情节的，处三年以上十年以下有期徒刑，并处五万元以上五十万元以下罚金；虚开的税款数额巨大或者有其他特别严重情节的，处十年以上有期徒刑或者无期徒刑，并处五万元以上五十万元以下罚金或者没收财产。

单位犯本条规定之罪的，对单位判处罚金，并对其直接负责的主管人员和其他直接责任人员，处三年以下有期徒刑或者拘役；虚开的税款数额较大或者有其他严重情节的，处三年以上十年以下有期徒刑；虚开的税款数额巨大或者有其他特别严重情节的，处十年以上有期徒刑或者无期徒刑。

虚开增值税专用发票或者虚开用于骗取出口退税、抵扣税款的其他发票，是指有为他人虚开、为自己虚开、让他人为自己虚开、介绍他人虚开行为之一的。

第二百零八条　非法购买增值税专用发票或者购买伪造的增值税专用发票的，处五年以下有期徒刑或者拘役，并处或者单处二万元以上二十万元以下罚金。

非法购买增值税专用发票或者购买伪造的增值税专用发票又虚开或者出售的，分别依照本法第二百零五条、第二百零六条、第二百零七条的规定定罪处罚。

第二百一十二条　犯本节第二百零一条至第二百零五条规定之罪，被判处罚金、没收财产的，在执行前，应当先由税务机关追缴税款和所骗取的出口退税款。

虚开增值税专用发票或者虚开用于骗取出口退税、抵扣税款的其他发票，是指有为他人虚开、为自己虚开、让他人为自己虚开、介绍他人虚开行为之一的。

根据刑法第二百零五条追究刑事责任的立案标准：虚开增值税专用发票、用于骗取出口退税、抵扣税款发票案虚开增值税专用发票或者虚开用于骗取出口退税、抵扣税款的其他发票，虚开的税款数额在一万元以上或者致使国家税款被骗数额在五千元以上的，应予追诉。

（二）量刑标准

虚开增值税专用发票罪的量刑标准：

【三年以下有期徒刑、拘役量刑格】虚开增值税专用发票税款数额 1 万元或使国家税款被骗取 5000 元的，基准刑为有期徒刑六个月；虚开的税款数额每增加 3000 元或实际被骗取的税款数额每增加 1500 元，刑期增加一个月。

虚开增值税专用发票税款数额不满 1 万元或使国家税款被骗取不满 5000 元的，情节严重的，可以本罪论处，基准刑为拘役刑。

【三年以上十年以下有期徒刑量刑格】虚开增值税专用发票税款数额 10 万元或使国家税款被骗取 5 万元的，或有其他严重情节的，基准刑为有期徒刑三年；虚开的税款数额每增加 6000 元或实际被骗取的税款数额每增加 3000 元，刑期增加一个月。

【十年以上有期徒刑量刑格】虚开增值税专用发票税款数额 50 万元或使国家税款被骗取 30 万元的，基准刑为有期徒刑十年；虚开的税款数额每增加 1 万元或实际被骗取的税款数额每增加 5000 元，刑期增加一个月。

【缓刑适用规定】有下列情形之一的，不适用缓刑：

（一）虚开增值税专用发票税款数额 30 万元以上或使国家税款被骗取 25 万元以上的；

（二）曾因虚开增值税专用发票被行政处罚或判刑的；

（三）虚开增值税专用发票累计 5 次以上的；

（四）未按规定缴纳 60% 以上罚金的。

三、典型案例

（一）姜某甲犯虚开增值税专用发票罪刑事判决书

辽宁省丹东市××区人民法院
刑 事 判 决 书

（2016）辽 0602 刑初 ×× 号

公诉机关：丹东市××区人民检察院

被告人姜某甲，男，196× 年 8 月 ×× 日出生，汉族，高中文化，出生地辽宁省丹东市，系丹东市××工贸有限公司法定代表人。2015 年 9 月 24 日因涉嫌犯虚开增值税专用发票罪被取保候审。

辩护人：孙××，辽宁××律师事务所律师。

丹东市××区人民检察院以丹元检公诉刑诉（2016）18 号起诉书指控被告人姜某甲犯虚开增值税专用发票罪，于 2016 年 3 月 10 日向本院提起公诉。本院依法适用简易程序，组成合议庭，公开开庭审理了本案。丹东市××区人民检察院指派检察员李××、代理检察员黄××出庭支持公诉，被告人姜某甲及其辩护人孙××到庭参加诉讼。已审理终结。

丹东市××区人民检察院指控，被告人姜某甲系丹东××工贸有限公司（以下简称××公司）法定代表人、丹东××工贸有限公司（以下简称××工贸公司）实际经营人，上述二公司的经营业务是向辽宁××内燃机配件有限公司（以下简称××内燃公司）销售五金电料、钢材、劳保用品等机电产品。2014年9月份姜某甲接到××内燃公司的订单，向他购买焊管。2014年11月初，被告人姜某甲来到天津市静海钢材批发市场，以××公司和××工贸公司的名义从钢材批发商崔某某（未查实）处购买焊管，实际花费80余万元。被告人姜某甲要求崔某某为其经营的××公司和××工贸公司开具与实际交易金额不实的增值税专用发票。其中为××公司虚开增值税专用发票价税合计99625元，其中税额为14475元；为××工贸公司虚开增值税专用发票价税合计108325元，其中税额15739.53元。虚开的增值税专用发票价税合计人民币207940元，其中税额为30214.53元。被告人姜某甲将以上增值税专用发票入公司账目并在丹东市××区国税局进行认证、抵扣，从而使××公司和××工贸公司偷逃了此笔税款。2015年9月23日，被告人姜某甲被传唤至公安机关接受调查。

对上述指控，公诉机关提供了相应的证据。公诉机关认为，被告人的行为已触犯《中华人民共和国刑法》第二百零五条之规定，应当以虚开增值税专用发票罪追究刑事责任。被告人姜某甲到案后，如实供述犯罪事实，依照《中华人民共和国刑法》第六十七条第三款之规定，可以从轻处罚。

上述事实，被告人姜某甲在开庭审理过程中无异议。并有姜某甲的供述，证人滕某某、刘某、姜某乙、岳某某的证言，增值税发票，材料入库单，税务局认定结论书，营业执照，户籍材料，案件来源及抓捕经过等证据证实，足以认定。

对于辩护人提出被告人姜某甲虚开的增值税专用发票价税合计人民币207950元，其中税额为30214.53元，根据法律规定，应以税款额计算其犯罪数额，即犯罪数额为30214.53元，并未超过100000元，不属于数额较大的范畴，应在三年以下量刑，望法庭在对其量刑时予以考虑的辩护观点，本院予以采纳。

本院认为，被告人姜某甲违反国家发票管理法规，让他人为自己虚开增值税专用发票，其行为已构成虚开增值税专用发票罪，应予惩处。公诉机关指控姜某甲的犯罪事实清楚，证据确实充分，罪名成立，本院予以支持。鉴于姜某甲到案后，如实供述犯罪事实，本院决定予以从轻处罚。本院为打击刑事犯罪，对被告人姜某甲依照《中华人民共和国刑法》第二百零五条、第六十七条第三款、第七十二条第一款、第六十四条之规定，判决如下：

被告人姜某甲犯虚开增值税专用发票罪，判处有期徒刑一年，缓刑二年，并处罚金人民币40000元。

（缓刑考验期从判决确定之日起计算。）

被告人姜某甲非法所得人民币30214.53元，依法予以追缴。

如不服本判决，可在接到判决书的第二日起十日内，通过本院或者直接向丹东市中级人民法院提出上诉。书面上诉的，应当提交上诉状正本一份，副本二份。

审　判　员：×××
代理审判员：×××
人民陪审员：×××
书　记　员：×××

二〇一六年×月××日

本案案情分析

该案件是最典型最普通的虚开增值税专用发票犯罪，为了多抵扣（目的是少缴）3万元的增值税，被判处有期徒刑一年，缓刑二年，并处罚金人民币40000元。虚开增值税专用发票的直接结果是账实不符，就是库存（材料或产品）实物价值与账载金额存在显著差异，一旦结转计入成本或费用就是罪上加罪（企业所得税偷税罪等）。透过现象看本质，利益熏心和侥幸的代价是得不偿失的。

（二）杨某某虚开增值税专用发票罪二审裁定书

陕西省高级人民法院
刑 事 裁 定 书

（2015）陕刑二终字第××号

原公诉机关：陕西省××市人民检察院

上诉人（原审被告人）杨××，曾用名杨某，男，198×年×月17日出生于河南省息县，汉族，户籍地陕西省高陵县，住西安市，西安××贸易有限公司执行董事、经理，陕西××工贸有限公司法定代表人。2013年3月27日因涉嫌犯虚开增值税专用发票罪被刑事拘留，同年5月3日被逮捕。现羁押于西安市看守所。

辩护人：陕西××道律师事务所律师

原审被告人杨××，男，196×年×月19日出生于广东省普宁市，汉族，住西安市，西安市莲湖区××五金机电经销部负责人。2013年4月12日因涉嫌犯虚开增值税专用发票罪被刑事拘留，同年5月3日被逮捕。现被西安市中级人民法院取保候审。

西安市中级人民法院审理西安市人民检察院指控原审被告人杨××犯虚开增值税专用发票罪、隐匿会计凭证、会计账簿、财务会计报告罪，原审被告人杨某某犯虚开增值税专用发票罪一案，于二〇一五年四月十四日作出（2014）西中刑二初字第00072号刑事判决。宣判后，被告人杨××不服，提出上诉。本院受理后，依法组成合议庭，经过阅卷，讯问上诉人，听取辩护人的意见，认为事实清楚，决定不开庭审理。现已审理终结。

原审判决认定：1. 2009年至2011年期间，西安××贸易有限公司（以下简称××公司）法定代表人杨××经人介绍，以收取开票费的方式，在没有真实货物交易的情况下，给不具备开具增值税专用发票资格的被告人杨某某向长沙××工程机械有限公司西安分公司（以下简称长沙××公司）代开增值税专用发票6份，价税合计414635.47元，税额合计为70488.03元，上述6份发票由受票公司向税务机关申报抵扣。2012年10月，受票公司接受了税务机关的处罚并补缴了上述已抵扣的全部税款。2. 2012年2月，××公司法定代表人杨××，以收取开票费的方式，在没有真实货物交易的情况下，向西安××电气有限公司（以下简称××电气公司）开具增值税专用发票3份，价税合计263247.83元，税额合计44752.17元，上述3份发票由受票公司向税务机关申报抵扣。3. ××公司在对外虚开增值税专用发票过程中，为了平衡账目，虚增进项金额、抵扣国家税款，降低对外虚开增值税专用发票的成本，杨××经他人联系，在××公司与陕西××商贸有限公司（以下简称××商贸公司）间并无真实货物交易的情况下，在2011年至2012年期间，接受了××商贸公司虚开的增值税专用发票23份，价税合计2119658.15元，税额合计为360341.85元，上述23份发票已全部申报抵扣。4. 2012年8月，为逃避税务机关的检查，被告人杨××将其任法定代表人的陕西××工贸有限公司（以下简称××工贸公司）2010年至2012年包含增值税专用发票抵扣联等在内的会计凭证、明细账、总分类账、财务报表，从为该公司代理记的陕西恒瑞税务师事务所索取后藏匿，后税务机关、公安机关多次要求其提供上述会计资料，杨××以各种理由拖延、推诿直至声称丢失而拒不交出。上述事实，有举报材料、西安市国家税务局移送函、破案报告、工商资料、企业法人营业执照、证人证言、行政处罚决定书、手机短信、西安市户县国税局证明、情况说明、被告人供述等证据证明。据此，原审法院认为，被告人杨××违反国家增值税专用发票管理规定，在没有货物购销的情况下，为他人代开、向他人虚开增值税专用发票、让他人为自己虚开进项增值税专用发票，虚开的税款数额巨大，其行为已构成虚开增值税专用发票罪；被告人杨××违反国家增值税专用发票管理规定，虽有真实货物交易，但在自身不具备开票资格的情况下，让他人为自己代开增值税专用发票，虚开的税款数额较大，其行为已构成虚开增值税专用发票罪。西安市人民检察院指控被告人杨××所犯虚开增值税专用发票罪罪名成立。西安市人民检察院指控被告人杨××隐匿会计凭证、会计账簿、财务会计报告罪的犯罪事实清楚，定罪及适用法律正确，应予支持。案发前，被告人杨××在税务稽查局调查时积极配合，接受处罚并退缴了所抵扣的税款，案发后能如实供述，认罪态度好，确有悔罪表现，故可依法从轻处罚。为维护国家税收征管和发票管理制度，依照《中华人民共和国刑法》第二百零五条第一款、第一百六十二条之一、第六十七条第三款、第六十九条、

第五十二条、第五十三条之规定,判决：一、被告人杨××犯虚开增值税专用发票罪,判处有期徒刑六年,并处罚金人民币八万元,犯隐匿会计凭证、会计账簿、财务会计报告罪,单处罚金二万元,数罪并罚,决定执行有期徒刑六年,并处罚金人民币十万元;二、被告人杨××犯虚开增值税专用发票罪,判处有期徒刑二年二个月,并处罚金人民币五万元;三、被告人杨××未退缴之税款继续追缴。

杨××上诉提出及其辩护人认为,原审判决认定的三宗虚开增值税专用发票的事实均是以××公司名义实施的,不是杨××的个人行为,本案应定性为单位犯罪,原审判决认定事实清楚,但适用法律错误,量刑不当,应对上诉人杨××在三年有期徒刑以下量刑。

经审理查明,原审判决认定上诉人杨××在2009年至2012年期间,以收取开票费的方式,在没有真实货物交易的情况下,给不具备开具增值税专用发票资格的原审被告人杨××向长沙××公司代开增值税专用发票6份;2012年2月,上诉人杨××以同样方式,向××公司开具增值税专用发票3份;2011年至2012年期间,上诉人杨××接受××公司虚开的增值税专用发票23份;2012年8月,上诉人杨××将宇捷公司的增值税专用发票抵扣联、会计凭证、明细账、财务报表等会计资料隐匿而拒不交出的事实是清楚的、正确的。有经过一审庭审举证、质证的举报材料、西安市国税局移送函、破案报告、抓获经过、企业法人营业执照、工商资料、证人证言、手机短信、陕西省增值税专用发票及发票清单、会计凭证、付款凭证、税务机关的证明、税务师事务所情况说明、西安京龙公司情况说明、行政处罚决定书、杨××的供述等证据证明,且能相互印证,足以认定。

本院认为,上诉人杨××违反国家增值税专用发票管理制度,在没有货物购销的情况下,为他人虚开、让他人为自己虚开增值税专用发票,虚开的税款数额较大,其行为已构成虚开增值税专用发票罪;上诉人杨××又违法国家会计管理制度,向有关主管部门隐匿、拒不交出会计凭证、会计账簿、财务会计报告等会计资料,其行为已构成隐匿会计凭证、会计账簿、财务会计报告罪,依法均应予以惩处,并数罪并罚。原审被告人杨某某违反国家增值税专用发票管理制度,虽有真实货物交易,但在其自身不具备开票资格的情况下,让他人为自己代开增值税专用发票,其行为已构成虚开增值税专用发票罪,依法应予惩处。对于杨××的上诉理由及其辩护人的意见,经查,杨××为他人虚开、让他人为自己虚开增值税专用发票,虽是以××公司名义开具的,但××公司的所有经营、管理行为均是在上诉人杨××一人掌控之下,所得收益也由杨××个人支配,其行为不符合单位犯罪的法定构成要件,故其上诉理由及辩护人的辩护意见不能成立。原审判决认定上诉人杨××、原审被告人杨××犯罪事实清楚,定罪准确,量刑适当。审判程序合法。依照《中华人民共和国刑事诉讼法》第二百二十五条第一款(一)项之规定,裁定如下:

驳回上诉，维持原判。

本裁定为终审裁定。

审判长：×××

代理审判员：××

代理审判员：××

二〇一五年八月七日

本案案情分析

就上述案件而言，将近四年时间，虚开增值税专用发票数量多和涉税金额较大（50余万元），且不配合阻挠执法取证，所以该案判罚适度，罪罚相当。

现行刑罚量刑，虚开增值税专用发票罪最高刑罚是无期徒刑，以前是有死刑的。2011年5月，中华人民共和国刑法修正案（八）中，取消2近年来较少适用或基本未适用的13个经济性非暴力犯罪的死刑，其中包括虚开增值税专用发票罪。

第五节 纳税评估案例

本节从三个角度，分别介绍了三个纳税评估案例，供读者参考。

一、税收风险管理之纳税评估案例

××市地方税务局
某房地产企业少缴税款风险管理案例

案件导读：为加强对房地产开发与经营业纳税人的税收风险管理。纳税评估、税政、稽查、信息等业务部门加强纵向联动、横向互动、内外协作，做好风险目标战略规划、风险识别、风险等级排序、风险评估、风险应对等工作，制定《××市地方税务局房地产开发与经营业纳税评估模型》，并以此开展纳税评估。本案例着重分析房地产开发与经营业纳税评估方法，提出建议，为全市开展行业税收风险管理提供借鉴。

案情介绍：通过对纳税人实施总体情况、风险指标分析、税收风险疑点分析，推送应对并对纳税人税法遵从度做出评价。

（一）总体情况

某房地产开发股份有限公司成立于2008年，注册资金18000万元，登记注册类型为股份有限公司，主要经营范围是：房地产开发及销售。对纳税人2011~2012年度主要财务数据和纳税申报数据进行初步分析。

2011~2012年度主要财务指标对比表

财务指标名称	2011年（元）	2012年（元）	增减变动率%
销售收入	1358000	861491193	63338.23%
销售成本	1027998.8	676246610.6	65682.82%
销售税金	74690	47332478.8	63271.91%
管理费用	24028162.2	28632654.4	19.16%
利润总额	-14869091	53127272.4	—

2011~2012年度税款入库对比表

税种	2011年度（元）	2012年度（元）	增减变动率%
营业税	44738556.6	260000	-99.42%
企业所得税	4186348.76	19178357.6	358.12%
个人所得税	35580	34678	-2.54%
城建税	1565849.5	9100	-99.42%
房产税	6276.92	8676.82	38.23%
土地增值税	3094784	0	—
土地使用税	50650	59007.53	16.50%
教育费附加	1342156.6	7800	-99.42%
印花税	194576.4	426380	119.13%

（二）风险指标分析

将该纳税人的主要财务数据和纳税申报数据导入《纳税遵从风险评价模型》进行运算分析。风险指标预警值计算结果显示，该纳税人涉税疑点多且偏离预警值较大，纳税遵从风险较高。

风险指标风险汇总表

序号	涉及税种	指标名称	预警值（X）	案例值	疑点描述
1	企业所得税	销售成本变动率	X>10%	65682.82%	本期成本高于基期水平
2	企业所得税	财务费用变动率	X>10%	6046.67%	本期财务费用高于基期水平
3	企业所得税	管理费用变动率	X>5%	19.16%	本期管理费用高于基期水平

（续表）

序号	涉及税种	指标名称	预警值（X）	案例值		疑点描述
4	企业所得税	营业外支出变动率	X>20%	6424.96%		本期营业外支出高于基期水平
5	企业所得税	其他应付款变动率	X>10%	65.87%		其他应付款余额增长幅度过大
6	企业所得税	收入变动率与销售利润变动率差异	X>2%	21646.84%		收入变动率大于利润变动率
7	企业所得税	收入变动率与收入变动率差异	X<-2%	-2344.59%		收入变动率小于收入变动率
8	营业税	营业税变动率	X<-20%	-99.42%		营业税比基期下降过大
9	营业税	申报计税依据差异率（2）	X<-0.01%	-101.36%	100	申报计税依据与实际不符
10	土地增值税	计税收入申报差异率（1）	X<0	-3561830.4	100	申报应税收入与实际不符
11	土地增值税	土地增值税计税收入申报差异率（2）	X>10%	65.87%	100	其他应付款比基期增幅过大

（三）税收风险疑点分析

疑点1：本期成本高于基期水平。系统显示的销售成本变动率模型值为65682.82%，远远大于系统设置的预警值（X>10%），初步判断，可能存在虚增成本或成本结转不真实等问题。

疑点2：本期财务费用高于基期水平。系统显示财务费用变动率模型值为6046.67%，远远大于系统设置的预警值（X>10%），根据经验判断，该纳税人可能存在税前列支资本化利息、超金融机构借款利率支付利息等问题。

疑点3：本期管理费用高于基期水平。系统显示纳税人本期管理费用变动率模型值为19.60%，超过了系统设置的预警值（X>5%），表示可能存在虚列管理费用等问题。

疑点4：本期营业外支出高于基期水平。系统显示纳税人本期营业外支出变动率模型值为6424.96%，大大地超过了系统设置的预警值（X>20%），因此可能存在应进行纳税调整的营业外支出项目或财产损失税前列支未经报批等问题。

疑点5："其他应付款"余额增长幅度过大。评估系统通过计算显示的其他应付款变动率模型值为65.87%，超过了系统设置的预警值（X>20%），因此可能存在隐匿收入的问题。

疑点6：资本公积余额增长幅度过大。系统显示纳税人本期资本公积变动率模型值为 16.93%，超过了系统设置的预警值（X>0），根据经验判断，该纳税人可能存在收到返还税费、接受捐赠、债务重组收益未确认所得等问题。

疑点 7：收入变动率大于利润变动率。系统显示纳税人本期销售（营业）收入变动率与销售（营业）利润变动率模型测算值为 21646.84%，远远大于系统设置的预警值（X>2%），该单位很可能存在不配比结转成本或销售税金及附加的问题。

疑点 8：收入变动率小于成本变动率。系统显示纳税人销售（营业）收入变动率与销售（营业）成本变动率指标模型测算值为 -2344.59%，远远低于系统设置的预警值（X<-2%），纳税人本期销售（营业）收入变动率比销售（营业）成本变动率小，表明该纳税人可能存在少计收入、多转成本等问题，或建材价格上涨、商品房售价下调等现象。

疑点 9：营业税比基期下降过大。系统显示纳税人本期的营业税变动率模型测算值为 -99.42%，低于系统设置的预警值（X<-20%），该纳税人可能有未如实申报营业税的问题。

疑点 10：申报的营业税计税依据与实际不符。系统显示的该纳税人本期申报计税依据差异率模型测算值为 -101.36%，远低于系统设置的预警值（X<-0.01%），初步判断，其可能存在营业税申报不实的情况。

疑点 11：申报土地增值税应税收入与实际不符。评估系统通过计算显示的模型测算值为 -3561830.40，远低于系统设置的预警值（X<0），该纳税人有可能存在少预缴土地增值税行为。

疑点 12：其他应付款比基期增长幅度过大。评估系统通过计算显示的其他应付款变动率模型测算值为 65.87%，超过了系统设置的预警值（X>20%），可能存在隐匿收入并未按规定的预征率预缴土地增值税行为。

（四）纳税遵从风险评价结果

通过纳税遵从风险评价模型计算，该纳税人纳税遵从风险值达到第四级风险，属纳税遵从风险较高。建议先实施税务约谈和实地调查核实应对，如果风险疑点不能排除再转税务稽查处理。

（五）风险应对与疑点核实

1. 税务约谈

案例分析：结合纳税人税款申报缴纳情况及其各项异常指标、疑点对其财务负责人进行了税务约谈。了解到该纳税人分三期开发"××小区"项目，一期于 2000 年，二期于 2012 年交付使用，三期在建设。

纳税人对疑点 1、疑点 7、疑点 8 解释认为："××小区"二期 2011 年施工，2012 年工程竣工。2011 年报表中列示的"其他业务成本" 51399.94 元是销售材料成本，与 2012 年项目竣工年度无可比性。

纳税人对疑点 2 解释认为：2012 年，其兑现内部员工利息，且高于银行同期贷款利率部分利息在 2012 年度企业所得税申报时已作纳税调整，并提交了相关证明材料。

纳税人对疑点 4 解释认为：其发生一笔财产损失 39 万元虽未经税务机关审批列支"营业外支出"，但在 2012 年度企业所得税申报时已作纳税调增。通过查询核实，情况属实。

纳税人对疑点 9 解释认为："××小区"二期项目在 2011 年度基本预售罄，2012 年三期尚未预售，均按预售款缴纳营业税，所以营业税缴纳金额 2012 年比 2011 年度下降幅度较大。

纳税人认为：疑点 5、疑点 12，"其他应付款"增幅属正常范围。

纳税人认为：疑点 3、疑点 6、疑点 10、疑点 11，属正常范围内，但未能给出合理的解释。

2. 实地调查核实

评估人员通过实地察看楼盘，调取纳税人售楼处、财务部门、工程部门和其他部门的相关资料，对纳税人约谈未排除疑点进一步调查核实。

经对疑点 6 核查，纳税人对此项业务的账务处理规范，企业财务负责人在被约谈时的解释属实，疑点排除。

经核查疑点 5、疑点 9、疑点 10、疑点 11 和疑点 12 发现以下涉税问题：

（1）"其他应付款"账户中记载当年向购房者收取的定金 380 万元未按规定缴纳营业税金及附加、未预缴土地增值税。

（2）"预收款"和"销售收入"账户中，取得现房销售收入 7123 万元，未按规定缴纳营业税金及附加、未预缴土地增值税。

（3）截至 2011 年底，纳税人未及时进行项目一期完工清算，未及时结转营业收入，少申报缴纳税款。

实地核查后疑点 1、疑点 3、疑点 7、和疑点 8 均涉及成本费用问题，尚待进一步确认。同时，通过核查发现其建筑安装成本达 4428 元/平方米，远高于行业平均水平。纳税人解释说明不能排除涉税疑点，且疑点较为复杂，建议移交税务稽查处理。

处理结果：一是纳税人根据纳税评估人员税务约谈的涉税疑点补充申报缴纳营业税、城建税和教育费附加共计 206 万元，预缴土地增值税 73 万元，并按规定缴纳滞纳金。二是移交税务稽查处理。

二、税源管理之纳税评估分析案例

某房地产开发有限公司纳税评估分析案例

（一）确定对象

2015 年 8 月初，××区地税纳税评估科以 2014 年度应纳税总额大于 1000 万元的重点税源户作为8月份的纳税评估对象。××房地产开发有限公司2014年度应纳税总额达2000万元,符合设定的指标范围,此次纳税评估期限为2015年1月~2015年6月(税款所属期,下同)。

(二) 评估分析

8月10日,评估人员接到任务,着手整理评估资料:

首先,从征管信息系统——"税务登记"模块了解到××房地产开发有限公司属房地产开发经营行业;经营范围为房地产开发、租赁;经济性质属私营有限;注册资金1000万元。2014年和2015年的企业所得税征收方式均为查账征收。

"项目管理"模块显示:该公司登记的房地产开发项目有2个。其中,"××山庄项目"总投资额3.5亿元,于2013年6月份开始动工,可销售总面积约12万平方米;另一"××花园"项目总投资1.5亿元,于2014年8月投入开发,可销售总面积约6万平方米。

由企业的损益表反映:2014年1~6月,企业发生管理费用958489.77元,财务费用-43667.88元,利润总额-914821.89元;2015年1~6月,企业主营业务收入13691万元,经营成本10648万元,经营税金及附加1642万元,主营业务利润1399万元,管理费用112万元,财务费用103万元,利润总额1184万元。

另外,从"企业分户台账"模块及"项目管理"模块反映:企业2014年1~6月缴纳地方各税总计1395万元。其中营业税589万元,城建税41万元,企业所得税583万元,印花税46074.67元(其中按预售收入预征的为35348.96元,按建筑安装工程合同税目缴纳的为10465.71元,按借款合同税目缴纳的为260元),土地增值税176万元,个人所得税42.5元。

2015年1~6月,企业缴纳地方各税总计1709万元。其中营业税841万元,城建税58万元,企业所得税551万元,印花税53336.69元(其中按预售收入预征的为50482.54元,按建筑安装合同税目缴纳的为2854.15元),土地增值税252万元,个人所得税261元。

该公司无欠税情况,2014年至今未实施税务稽查或日常检查。

根据上述资料,评估人员进行客观详实的评估分析,具体内容如下:

1. 营业税金及附加

(1) 营业税额占纳税总额比重分析

2015年1月~2015年6月,营业税额占纳税总额比重 = 8413756.24 ÷ 17095480.81 × 100% = 49.22%。比行业平均比重(42%)大7.22%,属不正常变动范围。

(注:已纳税总额中剔除个人所得税及不是按预售收入预征的印花税等与营业收入无关的税收。)

(2) 预收款变动率分析

企业资产负债表"预收账款"栏目反映：2015年初，企业预收账款余额为269万元，2015年6月末预收账款余额为5560万元；2014年年初预收账款为49万元，2014年6月末预收账款余额为10418万元。

2015年1~6月预收账款变动率：

= （560-2698）÷2698=106.06%

2014年1~6月预收账款变动率：

= （10418-49）÷49=207.93%

两者相差较大，考虑到房地产行业财务核算的特点：企业在项目未完工之前，预售房款在"预收账款"科目核算反映，因此"预收账款"科目的波动基本取决于当期楼盘销售状况的好坏。由此，对预收账款变动率的分析评价，需要由企业提供"预收账款"明细账以做进一步核实。

（3）其他应付款变动率分析

企业资产负债表"其他应付款"栏目反映：2015年初，企业其他应付款余额为156万元，2015年6月其他应付款余额为222万元；2014年初其他应付款余额为136万元，2014年6月余额为189万元。

2015年1~6月其他应付款变动率：

= （222-156）÷156×100%=42.14%

2014年1~6月其他应付款变动率：

= （189-136）÷136×100%=38.93%

变动差在正常范围内。

（4）将本期应缴营业税〔（本期末预收账款余额-上期末预收账款余额+本期营业收入）×税率〕与本期实际缴纳营业税进行对比分析

本期应缴营业税=（5560-2698+13691）×5%=827（万元），本期实际缴纳是841万元，差额+13万元。按房地产行业税收管理规定：企业按预收房款部分预缴的各类税金应先计入"预收账款——××项目预缴××税"科目借方，待以后项目完工，结转销售收入时转入相应科目。因此，"预收账款"科目余额中含有预缴税金的影响，仅从资产负债表上无法获取"预收账款"贷方的本期发生数。因此，需要企业提供"预收账款"明细作进一步分析。（注：预收账款数据来自资产负债表"预收账款"栏）

2. 企业所得税：

（1）所得税税收负担率分析

所得税税收负担率=应纳所得税额÷利润总额×100%

本期税收负担率=551÷1184×100%=46.59%

上期税收负担率=583÷（-91）×100%=0

2014年1~6月，由于××房地产利润总额为-91万元，导致两者差异较大。因此，对企业所得税需运用其他指标做进一步分析。

(2) 利润税负率分析

利润税负率=本期应纳企业所得税÷本期主营业务利润×100%

损益表反映 2014 年 1~6 月，企业主营业务利润为 0，2015 年同期为 1399 万元。

2015 年 1~6 月利润税负率=551÷1399×100%=39.43%

2014 年 1~6 月利润税负率=583÷0×100%=0

同时，2014 年 1~6 月损益表上反映无主营业务收入，与利润税负率的变动差异情况相符合。企业 2014 年 1~6 月是否确未发生主营业务收入，待进一步调查核实。

(3) 应纳税所得额变动率分析

鉴于房地产行业企业所得税实行按预售收入预征企业所得税，故对该指标进行分析意义不大。

(4) 将本期企业所得税应纳税额〔本期应纳税所得额+（本期末预收账款余额-上期末预收账款余额）×15%〕×税率

与当期实际应纳企业所得额比较：

本期企业所得税应纳税额=〔1184+（5560-2698）×15%〕×33%=532（万元），小于企业实际缴纳的企业所得税 551 万元。

预收账款科目余额由于受预缴税金的影响，故企业是否少缴企业所得税需对企业提供"预收账款"的明细作进一步核实。

(5) 将 2015 年 1~6 月份的毛利率与行业毛利率进行对比

2015 年 1~6 月，企业损益表上反映：主营业务收入为 13691 万元，利润总额为 1184 万元。当期毛利率=1184÷13691×100%=8.65%。

当期毛利率 8.65%<行业毛利率 15%，存在疑点，待进一步核实。

3. 个人所得税

该公司个人所得税申报表反映，2014 年 1~6 月，企业计税工资及奖金为 69 万元，企业代扣代缴个人所得税总额为 42.5 元（当期企业有一般职工 25 人，人均收入 1.8 万元，中层 20 人，人均收入 1.2 万元）；2015 年同期，企业计税工资及奖金 62 万元，企业代扣代缴个人所得税总额为 261 元（当期有一般职工 26 人，人均收入 2 万元，中层 20 人，人均收入 0.5 万元）。

(1) 税金工资比率分析：

2015 年 1~6 月税金工资比率=261÷620000=0.04%

2014 年 1~6 月税金工资比率=42.5÷690000=0.006%

(2) 个人所得税税额占应纳税总额比重分析：

2015 年 1~6 月个人所得税税额占应纳税总额比重
　　=261÷17095480.81×100%=0.0015%

2014 年 1~6 月个人所得税税额占应纳税总额比重

= 42.5÷13939273.50×100% = 0.0003%

（注：应纳税总额中已剔除和收入无关的税种）

（3）本期管理费用与去年同期进行对比：

2015 年 1~6 月企业发生管理费用 1120775.76 元，比去年同期 958489.77 元增长 16.93%。同时，征管信息库内"一户式"模块资料显示，企业曾在 2015 年 2 月份开具 30 万元的劳务临商票。企业是否存在用开具的劳务费的形式转移个人收入？待进一步核实。

通过对上述三项数据的分析，需进一步核实以下情况：

（1）在企业正常经营的状态下，为何企业计税工资及奖金的发放呈下降趋势？企业是否通过其他渠道发放工资、奖金？

（2）为什么中层人均收入比一般职工少？这违背常理，且两者的差距较大。存在疑点，待进一步核实。

（3）就企业 2015 年发放的计税工资及奖金的数据来看，按一般职工人均收入计算：〔（20000-7200）/6×15%-125〕×6×26 = 30420（元），企业存在代扣代缴个人所得税严重不足的现象。

对以上疑点，评估人员要求企业提供 2015 年 1~6 月"管理费用"明细、劳务费发放清单及相关劳务合同等资料以便进一步核实。

4. 印花税

（1）分析本期印花税负担率

印花税负担率 =（应纳税额÷计税收入）×100%

2015 年 1~6 月，企业申报各类印花税 53336.69 元，印花税负担率为 53336.69÷177780000×100% = 0.03%

2014 年 1~6 月，企业申报各类印花税 46074.67 元，企业印花税负担率为 46074.67÷157910000×100% = 0.029%

（注：上述数据采自企业印花税纳税申报表。）

（2）从印花税负担率分析，企业印花税缴纳情况似乎正常。但由于房地产企业牵涉到的印花税种类较多，所以应对将本期应缴印花税按税目分类进行分析。

① 根据规定与营业税同步预征的印花税负担率 =（应纳税额÷计税收入）×100% =（本期缴纳的印花税÷本期缴纳的营业税÷0.05）×100% = 50482.54÷8410000÷0.05 = 0.03%

此负担率与规定的预征率一致。

② 2015 年 6 月份报表显示，企业"实收资本"和"资本公积"本期内无增加。

③ 企业 2015 年 6 月资产负债表显示，"短期借款"栏目期初、期末数都为 0；

"长期借款"期初额为250万元，期末数为650万元，但企业未反映借款合同税目缴纳印花税，存在疑点，此项有待进一步核实。

④ 企业报送的"房地产开发企业开发成本、经营成本税前扣除审核表"显示，2015年1~6月，企业发生建筑安装工程费1654万元，企业当期按照此税目缴纳的印花税为2854.15元。该项印花税负担率＝（应纳税额÷计税收入）×100%＝2854.15÷16540000×100%＝0.017%＜规定的税率0.03%，存在疑点，原因待查。

（3）印花税同步增长系数指标分析：

此指标涉及主营业务收入，鉴于该公司2014年1月~2014年6月主营业务收入为零，2015年同期主营业务收入为1399万元，两者缺乏可比性，此指标不予分析。

5. 房产税

（1）征管信息库——"分户台账"显示：该公司2014年和2015年度都未缴纳房产税。"房产税源登记"模块中资料显示：2014年~2015年，其租用某建筑公司的房产作为办公用房。同时，在"税务登记"模块反映：企业在2015年1月因办公地址迁至某号办理了税务登记变更，但企业未就此情况申请变更房产税税源登记库中的信息。某号与企业开发的惠泉山庄项目属同一地段，企业是否存在将自建的房屋作为办公用房，有待进一步核实。

（2）存货变动率分析：

该公司2015年6月份资产负债表显示：2015年初，"存货"余额为268万元，在建开发产品为零；2015年6月末，"存货"余额仍为268万元，在建开发产品为零。企业存货变动率为零，企业存货是否确未发生销售行为，有待进一步核实。

6. 土地增值税

将（本期末预收账款余额－上期末预收款余额＋本期营业收入）×税率与当期实缴土地增值税进行对比：

本期应缴土地增值税＝（5560－2698＋13691）×1.5%＝248（万元）

248万元＜企业实际缴纳的土地增值税252万元。

根据规定，2015年房地产企业土地增值税的计税依据与营业税同步，因此，该差异有待企业提供"预收账款"明细账进一步核实。

（三）疑点核实之约谈举证

对上述评估分析，评估人员发现的疑点如下：

疑点一，营业税额占纳税总额比重明显大于行业平均比重。

疑点二，本期预收账款变动率比去年同期有较大下降的原因。

疑点三，在企业正常经营的状态下，为何企业计税工资及奖金的发放呈下降趋势？企业是否通过其他渠道发放工资、奖金？为什么中层人均收入比一般职工少？

疑点四，2015年1~6月，企业管理费用比上期增加16.93%的原因是什么，企业是否用开具的劳务费的形式转移个人收入？

疑点五，本期长期借款增加，企业是否缴纳相应的印花税？

疑点六，企业按建筑安装合同税目缴纳的印花税与税率不匹配。

疑点七，企业未就办公地址变更申请变更房产税税源登记库信息，是否将自建的房屋作为办公用房？

疑点八，企业2015年1~6月的毛利率明显小于同行业预警指标值。

疑点九，营业税、企业所得税、土地增值税应缴税额与实际缴纳数不匹配。

据此，评估人员向企业财务负责人发出约谈通知，要求企业对上述问题予以解释说明，同时要求企业提供如下资料：

2015年1~6月及2014年同期的"预收账款"明细账、《房地产开发企业预售收入预征企业所得税分项目明细表》；2015年1~6月"管理费用"明细账、劳务费发放清单及相关劳务合同等资料。

8月12日，企业财务负责人携带要求提供的资料，对上述问题进行了解释：

1. 对于营业税额占纳税总额比重大于行业平均比重的疑点，财务负责人解释：2014年度××山庄项目尚处于预售阶段。2015年3月，项目通过有关部门竣工决算验收，从2015年4月份开始，办理住户进户手续，开具房地产销售发票，并将"预收账款"贷方收取的房款逐步结转至"主营业务收入"的借方，正是企业预收账款的结转行为，减少了预征企业所得税的计税基数，导致本期企业所得税占纳税总额比重为32.28%（550000÷17090000）<行业41%的平均值，从而使得本期营业税额占纳税总额比重提高，大于行业平均比重。此疑点消除。

2. 对于本期预收账款变动率为何比去年同期有较大下降的问题，财务负责人解释说这是因为今年4月"××山庄"项目开始办理进户手续，"预收账款"借方开始有房款转入"主营业务收入"，导致本期"预收账款"科目发生较大变动。评估人员经过核实，发现"预收账款"科目核算正常，均为收取的房款和预缴的各项税金，本期预收账款变动率比去年同期有较大下降的原因与企业解释的一致，详见下表：

单位：元

所属期	期初余额	本期贷方数	本期借方数	期末余额
2014年1~6月	49868.52	117820000	14130000	104180000
2015年1~6月	26980000	184560000	155940000	55600000

但对房地产开发企业预售收入预征企业所得税分项目明细表做进一步审核时，评估人员发现了新问题：即表上反映，××山庄项目在2014年1~6月，共预售住宅房面

积 33665.80 平方米（298 套住宅房），当期预售房款收入为 11782 万元，销售均价为 11782 万÷33665.80＝3500 元/平方米；2015 年 1～6 月，共预售住宅房面积 45056.85 平方（385 套住宅房），当期预售房款收入为 16827 万元，销售均价为 16827 万÷45056.85＝3735 元/平方米。据了解，××山庄项目所在地段的房价 2015 年上半年已涨到了 3900 元/平方米的均价。为何有差异呢？财务负责人对此解释说：单位为奖励中层，2015 年上半年，20 个中层每人以低于市场价的优惠条件购买了一套房子。合计 4221.89 平方米，一户一价，总价为 9018800 元（均已转入"销售收入"科目）。对此，评估人员对其宣传，根据国税发〔2003〕83 号文规定：房地产开发企业将开发产品用于职工福利等方面应视同销售，并按本企业近期或本年度最近月份同类开发产品市场销售价格确定此行为的收入。财务负责人表示认可。

3. 对于疑点三、四，企业财务负责人解释说是企业为了开发"××花园"项目要节省预算，因此，削减了今年上半年的人工支出。

评估人员对企业提供的 2015 年 1～6 月"管理费用"明细账、劳务费发放清单和劳务合同进行了审核，发现 2015 年 1～6 月管理费用比去年同期增长的直接原因是企业开具了 30 万元的劳务发票。虽然劳务费发放清单上和劳务合同上的名字相符，但劳务费发放清单签收一栏的签名却和劳务合同上的名字不一致。至此，企业财务负责人承认 30 万元的劳务费是中层的奖金。

4. 对于疑点五，财务负责人解释由于税金少，一直没重视，愿意马上补缴借款合同印花税。

5. 对于疑点六，财务负责人解释 2015 年 1～6 月发生了 16548977.33 元的建筑安装工程合同业务，由于计算麻烦，因此象征性地缴纳了部分印花税。

6. 对于 2015 年年初和 2015 年 6 月末资产负债表上"存货"数均为 268 万元的疑点，财务负责人解释：资产负债表上的存货为剩余的 1080 平方米的商铺。今年上半年房地产销售形势虽然很好，但公司剩余的商铺所处地段偏僻，加上户型都是最不好销的大面积，最小的店面也要 200 多平方米。同时，公司为了尽快回笼资金，规定购房者需一次性付清 70% 的房款。因此，这部分商铺就搁置了下来，公司决定将办公地迁至空置商铺，将其中的 600 平方米作为办公用房。对于未缴纳房产税的情况，财务负责人解释不知道自用的房产也要缴纳房产税。

7. 对于营业税、企业所得税、土地增值税应缴税额与实际缴纳数不匹配的情况，评估人员对企业提供的 2015 年 1～6 月份"预收账款"明细做了进一步分析，确认 2015 年期初"预收账款"2698 万元中，包含预缴税金 758 万元。因此，2015 年 1～6 月，影响上述税款计税依据的预缴税金金额为 7582611.84－3679740.86＝390（万元）。就此，评估人员对上述税金的应缴数做进一步核算：

（1）本期应缴营业税＝（5560－2698＋13691＋390）×5%＝847（万元），大于企业

实际缴纳营业税 841 万元，差额 5.8 万元。财务负责人对两者存在差异的原因解释是直接做主营业务收入的因素影响。评估人员经核实，发现"预收账款"当期结转"主营业务收入"数为 13575 万元，而企业当期"主营业务收入"为 13691 万元，差额 116 万元。1160000×5%=58169.43 元，此数字正好与上述差额一致。那么企业为何不就此块缴纳营业税呢？财务负责人解释：全是为住户代开的煤气费，属代收代缴款项。

（2）本期应缴企业所得税 =〔1184+（5560−2698+390）×15%〕×33%=551（万元），与企业实际缴纳的企业所得税一致。

（3）本期应缴土地增值税 =（5560−2698+13691+390）×1.5%=254（万元），比企业实际缴纳的土地增值税 252 万元多 17450.83 元，企业直接作主营业务收入数 116 万元，1160000×1.5%=17450.83 元，正好为企业少缴的土地增值税款。

8. 对于为何 2015 年 1~6 月企业的毛利率只有 8.65%，远远小于同行业 15% 的平均毛利率的疑点，财务负责人解释是按实际结账的，可能是这个开发项目亏本。评估人员对 2015 年 6 月份的损益表进行查看，发现当期经营成本为 10648 万元，占当期主营业务收入（13691 万元）的 78%，是否企业经营成本结转存在问题呢？评估人员要求企业提供 2015 年 1~6 月的房地产开发企业开发成本、经营成本税前扣除审核表、开发产品明细账、开发成本明细账、经营成本明细账、预销售许可证、当期销售清册等资料做进一步分析。

经审核，发现预销售许可证上反映××山庄项目总可销售面积为 123421.69 平方米，销售清册上反映当期已销售面积为 38031.83 平方米。截至 2015 年 6 月底，太湖惠泉项目共发生开发成本 31102 万元。2015 年 1~6 月，"开发产品"科目当期发生额为 10648 万元，并在期末全部转至"经营成本"科目。即：

① 借：开发产品　　　　　　　　　　　　　　　　　　106 480 000
　　　贷：开发成本　　　　　　　　　　　　　　　　　　　　　106 480 000
② 借：经营成本　　　　　　　　　　　　　　　　　　106 480 000
　　　贷：开发产品　　　　　　　　　　　　　　　　　　　　　106 480 000

由上述情况可见，企业未按国税发〔2003〕83 号文规定结转成本。财务负责人承认自己是按照 2800 元/平方米的预估成本进行成本的结转的，并解释自己是去年接手此房开公司账目，原来做的是商品零售业的会计，因此对房地产行业的核算不太懂，并请求评估人员帮助重新核算成本。对此，评估人员按正确的方法辅导纳税人对企业 2015 年 1~6 月的经营成本进行了核算：

当期经营成本 = 当期已实现的销售面积 × 成本对象总成本 ÷ 总可销售面积 = 38031.83×311020000÷123421.69=9584（万元），企业当期多进成本为 1064 万元（10648−958）。

经调整后，企业当期毛利率 =（1184+1064）÷13691×100%=16.43%，与行业

15%的毛利率接近。

至此，该企业的全部疑点都已消除，企业财务负责人对上述问题全部认可，并表示愿意缴纳相关的税款及滞纳金。

（四）评估结果处理

评估人员经过评估分析和约谈核实，认为疑点已全部消除，制作了纳税评估报告，作出纳税差异符合性结论。并制作纳税评估建议书，建议企业进行自查自纠。

企业在六天后，自查补缴了营业税 43 万元，城建税 3 万元，教育费附加 17219.92 元，印花税 4893.53 元，土地增值税 12 万元，房产税 12529.78 元，土地使用税 300 元，企业所得税 579 万元，以及相应的滞纳金。个人所得税由其在下月全员明细申报时一并按规定计算补缴。

通过对该户的评估，评估人员提出如下建议：对进入房地产项目销售的房地产企业要重点监控，对其成本核算，税收管理员要加强日常辅导，以免企业成本结转不规范，影响当期企业所得税的正确核算。

三、税源管理之专项纳税评估案例

某房地产开发有限公司专项评估案例

（一）企业基本情况

某房地产开发有限公司成立于 2010 年 10 月 18 日，经济性质有限责任公司，注册资金 1000 万元，开发资质三级，经营范围房地产开发及销售、代建工程，法定代表人许某，注册地址位于××区内，其办公场所为承租用房。

该公司于 2014 年 10 月以出让方式，取得位于××区土地一块，国有土地使用证标注土地取得时间 2014 年 12 月 16 日，占地面积 21600 平方米；建设工程规划许可证上建筑面积 33480 平方米，容积率 1.55，配套建筑面积 670 平方米，为物业用房和社区居民委员会用房，可售建筑面积 32810 平方米，其中：住宅建筑面积 29530 平方米，公建建筑面积 3280 平方米。该开发项目建筑物 8 栋，由 6 栋多层建筑物、2 栋小高层建筑物组成，项目中住宅套数 328 套。开发项目于 2015 年 6 月开工建设，2016 年 5 月开始预售，2017 年 4 月交付使用，到 2017 年 12 月 31 日止，开发项目实现销售住宅建筑面积 18210 平方米，公建建筑面积 3280 平方米，余下建筑面积因经济纠纷于 2017 年 9 月被××市中级人民法院查封未能销售。

由于该公司成立于 2011 年 12 月 31 日之前，机构注册地在 W 区，开发项目所在地也位于 W 区，因此该公司在 W 区地方税务局缴纳的税种有城建税、教育费附加、地方教育费、土地增值税、企业所得税、房产税、土地使用税、印花税和个人所得税。以上所应缴纳的税费是本次纳税评估的范围，其中土地增值税、企业所得税是本次纳税评估的重点税种。该公司 2017 年企业所得税纳税申报情况是主营业务收入、主营业务成本为零，经营利润和应纳税所得额为负数。

(二) 评估分析

通过调取××市地方税务局税收分析系统存储的该公司各类纳税信息资料，对其开发项目进行审核、分析，发现存在以下疑点：

1. 从企业上报的 2017 年度《资产负债表》和《利润及利润分配表》来看，到 2017 年 12 月 31 日止，开发产品已完工交付使用，却没有主营业务收入，预收账款账面贷方余额 8918 万元，可能存在预收未按时结转收入的问题。

2. 从企业上报的 2017 年度《资产负债表》来看，到 2017 年 12 月 31 日止，应付款贷方余额 3060 万元，可能存在收入挂在应付账款上，或存在预提成本和费用挂在应付账款上的问题。

3. 从企业当年上报的《纳税申报表》和发票开具情况来看，到 2017 年 12 月 31 日止，申报交纳城建税和土地增值税的开发产品仅有住宅和公建，没有车库或车位，可能存在销售车库或车位收入没有入账问题。

4. 从企业上报当年的《纳税申报表》来看，2017 年 1~9 月份企业土地使用税有税申报，10~12 月份无税申报，可能存在土地使用税缴纳不足的问题。

5. 从企业上报当年的《纳税申报表》来看，在 2017 年 12 个月份中，企业法定代表人许某有 7 个月个人所得税是有税申报，剩余月份为无税申报，共计缴纳个人所得税 1428.7 元，可能存在个人所得税缴纳不足的问题。

(三) 疑点核实

1. 约谈举证

针对以上疑点，评估人员下发《税务约谈通知书》，通知该企业财务人员在规定时间携带相关资料到税务局接受约谈。在约谈过程中，企业财务人员针对评估人员提出的问题做出解释：

(1) 由于该企业资金紧张，与施工单位没有进行工程决算，开发成本最终数字无法确认，已销产品应转成本不能准确计算，所以依据会计制度关于收入确认的标准，将已销售开发产品的全部收入，仍然记在预收账款账上，其应缴纳的营业税金及附加已经缴纳、预缴的土地增值税已经缴纳。

(2) 由于企业资金紧张，未能按时将款项支付给施工单位，无法取得施工单位开具的结算发票，因此按照与施工单位签订合同的金额，从开发成本账户预提工程款 2890 万元，挂在应付账款的账户上。

(3) 2017 年 9 月，未销售的建筑面积被法院查封已不能销售，法院可能判决给债权单位，认为其所占用土地的土地使用税应由对方缴纳。

通过约谈，该企业财务人员认识到房地产开发企业税收和会计对收入的确认存在差异,在开发产品完工后,销售开发产品所取得的款项不能记在预收账款账户上,而应该全部转入主营业务收入账户中;开发成本发生额应以实际业务发生取得的合法有效凭证为依据,不得以各种理由在开发成本中进行预提;与此同时按照配比原则,对应结转已销售开发产品成本。企业未销售的开发产品虽被查封,但不论是所有权还是使用权都没有发生转移,因此,所占用土地的土地使用税应该仍由该企业缴纳。企业财务人员在约谈后承认评估疑点1、2、4存在的问题,但对评估疑点3和5进行了辩解,表示没有少向国家缴纳税款的情况。

评估人员将约谈内容形成《税务约谈记录》,并请公司财务负责人签字确认。

2. 实地核查

为了进一步核实疑点问题,评估人员按照工作程序对该公司下发了《实地调查核实通知书》,到开发项目所在现场进行实地核查,通过核查使有关疑点得到进一步落实。具体情况如下:

(1) 企业在开发小区配套时,建有车库30个,因无产权不需办理相关手续,误认为销售不需要缴纳税费,对外销售时没有开具从税务部门购买的发票,而是开具的非经营性专用收款收据,销售所得款项282万元全部放在账外,没有向国家缴纳相应的税费。应补缴2017年增值税141000元、城建税9870元、教育费附加4230元、地方教育费1410元、土地增值税56400元(2820000×2%=56400)。

(2) 企业法定代表人许某在开发公司领取的工资薪金收入,虽然与企业《个人所得税申报表》申报的数字相符,经过到户核查和征管系统提供的信息比对,发现该企业领导人在另一公司也担任法定代表人,领取同样的报酬,没有做到合并申报纳税,造成少缴个人所得税款,应补缴2017年个人所得税6021元。

(3) 企业开发成本中金额上百万笔数很多,对这些成本支出有针对性筛选5张大宗材料款、工程款发票,到对方单位进行比对核查,发现未按规定取得发票1张,金额1018000元为虚假成本支出,应调减企业开发成本的发生数。经核实和调整该公司2017年收入、成本、税金等企业所得税应税项目,调整后的应纳税所得额为800504元,应补缴企业所得税200126元(800504×25%=200126)。

根据以上调查核实发现的问题,评估人员制作《纳税评估调查核实情况表》,转入评估处理环节。

(四) 结果处理

经本次评估调查核实,该公司的评估疑点全部被排除,未发现新的疑点。对上述评估结果,企业财务人员承认了少申报税款的事实,主要是因为一方面对税收政策不熟悉;另一方面税会差异造成账务处理未能及时确认收入,可适用纳税补充申报。应补缴2017年增值税141000元、城建税9870元、教育费附加4230元、地方教育费1410元、土地增值税56400元、土地使用税33863.32元、扣缴个人所得税6021元、企业所得税 200126 元,企业随后进行了补充纳税申报,将上述税款和滞纳金补交入库。

(五)案例分析

房地产企业在纳税上普遍存在少缴税款的问题,主要表现在:

一是少申报企业收入。部分企业将预收定金和房款挂在往来账上,甚至将其放在账外,人为地调节利润达到少缴或不缴企业所得税的目的。

二是虚列开发成本,结转的收入与结转的成本不配比,造成实现的利润不实。

三是房地产企业对土地使用税纳税起始和终止时间存在错误认识,没有按土地实际取得土地时间和开发产品转让时间缴纳土地使用税。

四是部分房地产企业房屋售价明显偏低,与市场价格不符,多数是开发商与购房户达成一致,共同达到"双赢"。

(六)工作建议

房地产企业税收是税收收入的主要来源,近几年来其所占比例为组织入库税款的 30%~50%。为了加强对重点税源的管理和监控,把房地产行业税源专业化管理工作落到实处,应该对房地产开发项目进行有效的纳税评估,具体做法如下:

1. 选取对象有的放矢。抓住当地房地产行业这一重点税源开展行业纳税评估,有利于充分挖掘税收征管潜力。同时抓住该行业的重点纳税户,开展案头分析,确定评估疑点,确保了纳税评估工作的针对性。

2. 丰富的纳税评估指标体系。科学的纳税评估指标体系必须贴近纳税人的财务核算实际,科学地确定每一指标的预警值和预警区间值,为选取评估对象提供可靠的依据。

3. 加大信息共享范围,认真进行信息比对。通过从当地房管、土地和规划等部门获取数据,对评估对象申报情况提供了有价值的线索。

4. 采用人机结合的方式,促进了评估工作的整体成效。通过房地产税收管理软件监控与日常管理结合,要求评估人员在信息化的基础上根据管理经验和日常工作掌握的情况全面了解纳税人的生产经营状况、财务指标及各类涉税资料。

5. 在对企业进行纳税评估时,不仅要将纳税人的纳税资料和企业的财务报表结合起来进行评估,还要将纳税评估的触角伸向企业经济活动的载体实物和关联企业,进而从深度和广度上提高纳税评估的质量。

纳税人因房产、土地的实物或权利状态发生变化而依法终止房产税、城镇土地使用税纳税义务的,其应纳税款的计算应截止到房产、土地的实物或权利状态发生变化的当月末。

第六节 税务行政复议诉讼案例

在税收征管全流程中,最后一个环节也是很重要的。"申报征收+税收分析+纳税评估+稽查处罚+法律救济",法律救济不是税收征管所特有的,行政法律救济是所有行政管理主体在行政执法过程中可能给行政管理相对方的合法权益受到损害,对其补救的制度机制或法律途径。这是保护弱势群体的直接体现,也是由于行政管理主体与行政管理相对方的权利与义务不对等造成的。

一、税收法律救济概述

法律救济是指公民、法人或者其他组织认为自己的人身权、财产权因行政机关的行政行为或者其他单位和个人的行为而受到侵害,依照法律规定向有权受理的国家机关告诉并要求解决,予以补救,有关国家机关受理并作出具有法律效力的活动。

即法律救济是指法律关系主体的合法权益受到侵犯并造成损害时,获得恢复和补救的法律制度。目前,法律救济的方式主要有:行政复议、行政诉讼、国家赔偿和民事诉讼。

什么是税收法律救济?

税收法律救济是国家为排除税务具体行政行为对税务行政相对人合法权益的侵害,通过解决税收争议,制止和矫正违法或不当的税收行政侵权行为,从而使税务行政相对人的合法权益获得补救的法律制度的总称。具体表现为:

纳税人、扣缴义务人或者其他当事人在征纳税过程中与税务机关发生争议或者分歧时,可以依照法律规定申请行政复议,或者向人民法院提起行政诉讼。

税务机关和税务人员在征纳税过程中的职权行为侵犯纳税人、扣缴义务人或者其他当事人合法权益造成损害的,受害人可以依法取得赔偿。

税收法律救济作为法律救济的具体内容之一,主要包括:税务行政复议、税务行政诉讼和税务行政赔偿。

税务行政复议,是纳税人、扣缴义务人、纳税担保人等税务行政相对人,认为税务机关作出的具体行政行为侵犯其合法权益,依法向税务行政复议机关提出申请,复议机关受理其申请,对该具体行政行为进行审查,并作出复议决定活动的总称。

税务行政诉讼,是指公民、法人和其他组织认为税务机关的具体税务行政行为侵犯其合法权益,依法向人民法院提起诉讼,由人民法院对具体税务行政行为的合法性进行审查并作出裁决的活动。税务行政诉讼应当按照《行政诉讼法》规定的程序施行。

税务行政赔偿，是指税务机关和税务人员在行使职权时，违法侵犯了纳税人和其他税务当事人合法权益并造成损害的，由国家承担赔偿责任，并由税务机关具体履行义务的一项法律制度。

相关具体内容，请查阅即将出版的本人所著《税收法律救济》一书。

二、税务行政复议败诉案件解析

（一）税务行政诉讼案件行政判决书

河南省××市××区人民法院行政判决书

（2014）驿行初字第 75 号

原告：河南省××房地产开发有限公司

被告：××市地方税务局

原告河南省××房地产开发有限公司不服被告××市地方税务局税务行政复议一案，本院于 2014 年×月 29 日受理后，向被告送达了起诉书副本与应诉通知书。本院依法组成合议庭，于 2014 年××月 5 日公开开庭审理了本案。本案现已审理终结。

2014 年 9 月 16 日，被告××市地方税务局作出驻地税复不受字（2014）1 号《不予受理行政复议申请决定书》。查明：河南省××房地产开发有限公司未在××市地方税务局稽查局下达的税务处理决定书规定的期限内缴纳税款和滞纳金，而是逾期后才交清税款和滞纳金的，根据《中华人民共和国行政复议法》第十七条、《税务行政复议规则》第三十三条、第四十五条的规定，决定不予受理。

原告诉称，××市地方税务局稽查局于 2014 年 4 月 11 日至 2014 年 6 月 27 日对原告 2004 年 1 月 1 日至 2013 年 12 月 31 日履行纳税义务及代扣代缴义务情况进行了检查，认为原告应补缴税，遂即作出《税务处理决定书》，原告 2014 年 7 月 18 日收到该《税务处理决定书》后，积极筹措资金，缴纳了决定书中的税款和滞纳金。其后，原告向被告提起行政复议申请，被告却以逾期缴纳税款和滞纳金不予受理复议申请。原告认为被告不予受理其复议申请，违反了《行政复议法》的有关规定，剥夺了其纳税救济复议权，于法理不通，请求判决撤销被告作出的驻地税复不受字（2014）1 号《不予受理行政复议申请决定书》。原告提交的证据有：中国税务信息网上的判例《逾期 5 天履行纳税决定还有没有行政复议权》，供法庭参考。

被告辩称，其作出的被诉《不予受理行政复议决定书》认定事实清楚，法律适用正确，请求驳回原告的诉讼请求。被告于举证期限内向本院提供了作出被诉具体行政行为的证据、依据：1.《中华人民共和国税收征收管理法》、《税务行政复议规则》及释义、《国家税务总局关于纳税复议条件问题的批复》，证明被告的职权依据及法律依据；2. 税务行政复议申请书；3. ×地税稽处（2014）19 号《税务处理决定书》及送达回证；4. ×地税通（2014）19 号《税务事项通知书》及送达回证；5. 12 份完税凭证；

6. 行政执法证复印件；7. 被诉《不予受理行政复议决定书》及送达回证。该组证据（2-7）证明被诉具体行政行为认定事实清楚，程序合法，原告属于逾期缴纳。

经庭审质证，原告对被告提交事实和程序证据没有异议，对法律依据有异议，认为《中华人民共和国税收征收管理法》只能作为授权性规定，期限问题还是要依据《行政复议法》和《行政复议法实施条例》来解决。被告对原告提交的参考材料不认可，认为这个判例不能对抗相关法律法规。

本院认证意见，被告提交的证据具有真实性，与本案有关联性，能够证明本案事实，因此在本案可作有效证据使用。原告提交的参考材料，不是最高法院发布的判例，仅作参考。

本院根据以上有效证据可以认定以下事实：××市地方税务局稽查局对原告河南省××房地产开发有限公司2004年1月1日至2013年12月31日履行纳税义务及代扣代缴义务情况进行了检查，2014年7月16日，该局对原告作出×地税稽处（2014）19号《税务处理决定书》，该决定书认定原告应补缴税款7539362.49元，限原告15日内缴纳，并告知：你单位若同我局在纳税上有争议，必须先依照本决定的期限缴纳税款及滞纳金或者提供相应的担保，然后可自上述款项缴清或者提供相应担保被税务机关确认之日起60日内向××市地方税务局或××市人民政府申请行政复议。该决定书同月18日送达到原告。同年8月13日，××市地方税务局稽查局对原告又作出×地税通（2014）19号《税务事项通知书》，同日送达。原告分别于同年8月8日、8月15日、8月22日、8月28日、8月29日缴纳了税务处理决定书中的税款和滞纳金。9月11日，原告向被告提起行政复议，9月16日，被告作出×地税复不受字（2014）1号《不予受理行政复议申请决定书》，以原告未在规定的期限内缴纳税款和滞纳金，而是逾期后才交清税款和滞纳金，根据有关法律法规的规定，决定不予受理。原告不服，诉至本院。

本院认为，根据《税务行政复议规则》的规定，被告××市地方税务局有对原告河南省××房地产开发有限公司提出的行政复议申请进行审查并决定是否受理的职权。根据《行政复议法》第九条规定：公民、法人或者其他组织认为具体行政行为侵犯其合法权益的，可以自知道该具体行政行为之日起60日内提起行政复议申请，但法律规定的申请期限超过60日的除外。本案原告申请行政复议是在其收到税务处理决定之日起第55日提起的复议申请，被告应予受理。税务机关没有在税务处理决定中告知如不依照税务机关的纳税决定期限缴纳税款即丧失复议权的后果，应有的权利义务和责任没有完全告知纳税人，不符合法律救济的原则。原告虽然逾期缴纳税款和滞纳金，但仍是在复议法规定的60日内提起的复议申请，被告作出的不予受理决定书适用法律不准确，对该决定书应予撤销。根据《中华人民共和国行政诉讼法》第五十四条第（二）项的规定，经本院审判委员会讨论决定，判决如下：

撤销被告××市地方税务局2014年9月16日作出的××地税复不受字（2014）1号《不予受理行政复议申请决定书》。

诉讼费50元，由被告负担。

如不服本判决，可在判决书送达之日起十五日内向本院递交上诉状，并按对方当事人的人数提出副本，上诉于河南省××市中级人民法院。

二〇一四年十二月十五日

（二）案件解析

1. 判决结果：

根据《中华人民共和国行政诉讼法》第五十四条第（二）项的规定，经本院审判委员会讨论决定，判决如下：

撤销被告××市地方税务局2014年9月16日作出的××地税复不受字（2014）1号《不予受理行政复议申请决定书》。即被告××市地方税务局败诉！诉讼案件终结，税务局受理行政复议申请，争议事项进入行政复议程序，该房地产企业对于争议事项的复议结果不服，仍然可能就是否应该征税而再次提起税务行政诉讼！

2. 准确认识行政复议

行政复议是指公民、法人或其他组织认为行政机关的具体行政行为侵害其合法权益，依法向行政复议机关提出复查该具体行政行为的申请，行政复议机关依照法定程序对被申请的具体行政行为进行审查并作出行政复议决定的活动。

（1）目的是为了纠正行政主体作出的违法或不当的具体行政行为；

（2）以行政相对方的复议申请为前提；

（3）行政复议只能由法定机关行使；

（4）审查的是行政主体作出的具体行政行为；

（5）行政复议主要采用书面审查方式，必要时才采用开庭审理。

这是典型的税务行政复议前置案件。

那么，什么是行政复议前置？

行政复议前置是指行政相对人对法律、法规规定的特定具体行政行为不服，在寻求法律救济途径时，应当先选择向行政复议机关申请行政复议，而不能直接向人民法院提起行政诉讼；如果经过行政复议之后行政相对人对复议决定仍有不同意见的，才可以向人民法院提起行政诉讼。

纳税争议行政复议前置：纳税人、扣缴义务人、纳税担保人同税务部门在纳税上发生争议时，必须先依照税务部门的纳税决定缴纳或者解缴税款及滞纳金或者提供相应的担保，然后可以依法申请行政复议。

3. 不利变更禁止原则

为鼓励公民、法人或者其他组织通过行政复议方式依法解决行政争议、解除申请人"不敢告"的思想负担，条例规定了不利变更禁止原则，即行政复议机关在申请人的行政复议请求范围内，不得作出对申请人更为不利的行政复议决定。

新《税务行政复议规则》第七十六条：

（一）复议机关责令被申请人重新作出具体行政行为的，被申请人不得以同一事实和理由作出与原具体行政行为相同或者基本相同的具体行政行为；但是行政复议机关以原具体行政行为违反法定程序决定撤销的，被申请人重新作出具体行政行为的除外。

（二）复议机关责令被申请人重新作出具体行政行为的，被申请人不得作出对申请人更为不利的决定；但是行政复议机关以原具体行政行为主要事实不清、证据不足或适用依据错误决定撤销的，被申请人重新作出具体行政行为的除外。

本案中，为什么被告驻××地方税务局对复议申请不予受理？

《中华人民共和国税收征收管理法》第八十八条明确规定：纳税人、扣缴义务人、纳税担保人同税务机关在纳税上发生争议时，必须先依照税务机关的纳税决定缴纳或者解缴税款及滞纳金或者提供相应的担保，然后可以依法申请行政复议；对行政复议决定不服的，可以依法向人民法院起诉。

此案件属于行政复议前置案件！

"必须先依照税务机关的纳税决定缴纳或者解缴税款及滞纳金或者提供相应的担保，然后可以依法申请行政复议；对行政复议决定不服的，可以依法向人民法院起诉。"

不仅仅是剥夺原告的行政复议权，而且还剥夺了原告的行政诉讼权。

三、税务行政诉讼败诉案件点评

（一）税务行政诉讼案件行政判决书

××自治区地方税务局稽查局与××房地产开发有限公司

税务行政处罚二审行政判决书

××市中级人民法院行政判决书

上诉人（原审被告）：××自治区地方税务局稽查局。

被上诉人（原审原告）：××房地产开发有限公司。

上诉人××自治区地方税务局稽查局（下称税务局）因与被上诉人××房地产开发有限公司（下称××房产公司）税务行政处罚一案，不服××市××人民法院（2013）水行初字第25号行政判决书，向本院提起上诉，本院于2013年10月23日受理了后，依法组成合议庭于2013年12月2日公开开庭进行了审理。本案现已审理终结。

原审法院判决认定，2011年2月18日，国家税务总局下发了国税发（2011）24号《国家税务总局关于开展2011年税收专项检查工作的通知》。2011年3月21日，××自治区地方税务局下发了×地税发（2011）81号《关于开展2011年税收专项检查工作的通知》。税务局据此于2011年7月1日对××房产公司立案进行税务稽查。2011年7月19日，税务局向××房产公司发出了税务检查通知书，该通知书告知××房产公司税务局将对2009年1月1日至2010年12月31日期间涉税情况进行检查。该通知书未告知××房产公司享有申请回避的权利。2011年7月20日，税务局向××房产公司送达了该通知书并开始进行税务检查，2011年9月15日检查完毕。2011年10月8日，税务局检查部门将案卷移交给了税务局的审理部门。2011年12月30日，税务局作出《税务行政处罚告知书》，2011年12月31日，税务局将该处罚告知书送达××房产公司。2012年6月29日，税务局对××房产公司作出《税务行政处理决定书》，要求××房产公司对少缴税款进行补缴。××房产公司收到该处理决定后对少缴税款已补缴完毕。2012年10月31日，税务局对××房产公司作出××地税稽罚（2012）12号税务行政处罚决定，对××房产公司少缴2009~2010年营业税、城建税、印花税、房产税、土地使用税、土地增值税（查补数），合计1610002.80元，处以少缴款一倍的罚款计1610002.80元。对××房产公司应扣未扣个人所得税102565.72元（其中：2009年60921.00元，2010年41644.72元）处以一倍的罚款102565.72元。以上应缴款项共计1712568.52元。2012年11月7日，税务局将该处罚决定送达××房产公司。××房产公司不服，遂向法院提起诉讼。庭审中，××房产公司对新地税稽罚（2012）12号《税务行政处罚决定书》中查明的事实：（一）营业税中第1项少缴营业税1067318.28元、第3项补缴营业税1500元、第4项少缴营业税35994.85元；第5项少缴营业税2500元；（二）城建税；（三）教育附加费；（四）地方教育费附加是营业税的附征税没有异议；（五）印花税：认定2009年~2010年少缴印花税23657.5元；（六）房产税：认定2009年~2010年少缴房产税38679.64元；（七）土地使用税：只对违法行为的第1、2项进行处罚，认定少缴土地使用税数额为38957.10元；（八）土地增值税：应补缴土地增值税190440.66元；以及（九）个人所得税：第2项少扣个人所得税102565.72元（其中2009年60921.00元，2010年41644.72元）均认可。××房产公司对（一）营业税中第2项税务局认定2010年以低于市场价格销售给某投资发展有限公司离退休职工住宅，应按同期市场价格进行调整补缴营业税，调整金额2494258.77元，少缴营业税124712.94元存有异议，称其在经营过程中，对企业的商品价格进行调整是企业自主经营的权利，税务局以价格明显偏低对××房产公司进行处罚没有依据。因新地税稽罚（2012）12号《税务行政处罚决定书》中税务局仅对部分违法事实作出了处罚，庭审中，税务局就该处罚决定向法庭说明：对（一）营业税中第1、2、3、4、5项进行处罚，合计处罚数额1232026.07元，对第6项未进行处罚。对

(二）城建税处罚以营业税 1232026.07 元为基数，乘以城建税的税率 7%，合计城建税处罚总额为 86241.83 元。对（三）教育附加费、（四）地方教育费附加没有处罚。（五）印花税：认定 2009 年-2010 年少缴印花税 23657.5 元，处以一倍处罚，处罚数额为 23657.5 元。（六）房产税：认定 2009 年—2010 年少缴房产税 38679.64 元，处以一倍罚款，处罚数额为 38679.64 元。（七）土地使用税：只对违法行为的第 1、2 项进行处罚，认定少缴土地使用税处罚数额为 38957.10 元，处以一倍罚款数额为 38957.10 元。（八）土地增值税：只对违法行为的第 4 项进行处罚，认定的少缴土地增值税数额为 190440.66 元，处以一倍罚款为 190440.66 元。（九）个人所得税：只对第 2 项违法行为进行处罚，认定少缴个人所得税数额为 102565.72 元，处以一倍罚款 102565.72 元。上述款项合计处罚数额为 1712568.52 元。

原审法院认为，××地方税务局稽查局是××税务稽查工作的行政主管部门，依法行使行政处罚权是其法定职责。《中华人民共和国税收征收管理法实施细则》第八条规定：税务人员在核定应纳税额、调整税收定额、进行税务检查、实施税务行政处罚、办理税务行政复议时，与纳税人、扣缴义务人或者其法定代表人、直接责任人有下列关系之一的，应当回避：（一）夫妻关系；（二）直系血亲关系；（三）三代以内旁系血亲关系；（四）近姻亲关系；（五）可能影响公正执法的其他利害关系。本案中，税务局在向××房产公司发出税务检查通知书时未告知××房产公司享有申请回避的权利，违反法定程序。税务局在无价格认定行政职权的情况下，以××房产公司在 2010 年以低于市场价格销售给某投资发展有限公司离退休职工住宅为由，直接以同期市场价格对××房产公司进行调整补缴营业税，调整金额 2494258.77 元，并据此认定××房产公司少缴营业税 124712.94 元，属越权行政。故其认定××房产公司以低于市场价格销售的事实不清，主要证据不足。综上，××房产公司要求撤销税务局作出的新地税稽罚（2012）12 号税务行政处罚决定的诉讼请求成立，应予支持。依照《中华人民共和国行政诉讼法》第五十四条第（二）项第 1 目、第 3 目、第 4 目之规定，原审法院遂判决：撤销××自治区地方税务局稽查局 2012 年 10 月 31 日作出的×地税稽罚（2012）12 号税务行政处罚决定的具体行政行为。

上诉人税务局不服原审判决，向本院提起上诉称：1. 原审法院认定我方违反法定程序未依《中华人民共和国税收征收管理实施细则》第九条规定，向对方告知其享有回避的权利实属错误。《中华人民共和国税收征收管理法》第十二条规定："税务人员征收税款和查处税收违法案件，与纳税人、扣缴义务人或者税收违法案件有利害关系的，应当回避。"国家税务总局《税务稽查工作规程》第七条规定："税务稽查人员有《税收征管法细则》规定回避情形的应当回避。被查对象要求税务稽查人员回避的，或者税务稽查人员自己提出回避的，由稽查局局长依法决定是否回避。稽查局局长发现税务稽查人员有回避情形的，应当要求其回避。稽查局局长的回避，由所属税务局领导依法审查决定。"以上规定说明，申请回避非税务机关的法定告知程序。事实上，我局在对××房产公司稽查过程中，也未发现稽查人员有回避的情形，且××房产公司也未向我方提出回避申请，故我方在实施税务稽查过程中，未违反法定程序。2. 原审法院认定我方越权核定被查企业营业额错误。《中华人民共和国税收征收管理法》第三十五条规定："纳税人有下列情形之一的，税务机关有权核定其应纳税额：（一）依照法律、行政法规的规定可以不设置账簿的；（二）依照法律、行政法规的规定应当设置账簿但未设置的；（三）擅自销毁账簿或者拒不提供纳税资料的；（四）虽设有账簿，但账目混乱或者成本资料、收入凭证、费用凭证残缺不全，难以查账的；（五）发生纳税义务，未按规定的期限办理纳税申报，经税务机关责令限期申报，逾期仍不申报的；（六）纳税人申报的计税依据明显偏低，又无正当理由的。"《中华人民共和国营业税暂行条例》第七条规定："纳税人提供应税劳务、转让无形资产或者销售不动产的价格明显过低并无正当理由的，由主管税务机关核定其营业额。"《中华人民共和国营业税暂行条例实施细则》第二十条规定："纳税人有条例规定第七条所称的价格明显偏低并无正当理由或者本细则第五条所列视同发生应税行为而无营业额的，按下列顺序确定营业额：（一）按照纳税人最近时期发生同类应税行为的平均价格核定；（二）按其他纳税人最近时期发生同类应税行为的平均价格核定；（三）按下列公式核定：营业额＝营业成本或者工程成本×（1+成本利润率）除以（1-营业额税率）。公式中的成本利润率，由省、自治区、直辖市税务局确定。"综上，我局在实施税务检查的过程中核定的是营业额，而非价格，营业额与价格相关联，但并非同一概念。原审法院混淆了核定营业额与核定价格两个概念，以价格非税务部门认定的职权为由认定我局越职权错误。3. ××房产公司的起诉超过法定诉讼期限。公民、法人或者其他组织直接向人民法院提起诉讼的，应当在知道作出具体行政行为之日起三个月内提出。本案中，我方于2012年10月31日作出《税务行政处罚决定书》××地税稽罚字（2012）12号处罚决定，××房产公司应在2013年2月5日之前向法院提起诉讼。而原审法院于2013年3月8日受理此案，故××房产公司向人民法院提起诉讼已超过法定期间。综上，原审法院判决错误，请求二审法院依法改判。

被上诉人××房产公司答辩称，1. 上诉人税务局对我方的稽查及处罚过程违反法定程序。其在稽查过程中，未依法告知我方有申请回避的权利，将我方作为稽查对象的选案不合法，未做到公开公正，且其税务稽查的"检查""审理"均超过法定期限。2. 我方与某投资发展有限公司均为××某集团有限公司下属控股公司。某投资发展有限公司企业改制后，离退休职工收入低，住房条件差，且集体上访，造成了不良的社会影响。相关部门及领导均要求我方慎重并妥善处理此事。2010年，上级主管单位××自治区供销社（下称自治区供销社）提出给这些退休的上访老职工享受优惠售房政策，我方在接到上级主管单位自治区供销社的同意批复后，在我方开发的××花苑项目中，按照当时市场销售价下浮20%的价格,对这些老职工优惠售房。鉴于此,我方从大局出发,在开发的项目中,对这些老职工购房予以了相应的优惠,此举应为化解纠纷之善举,我方在收到《税务处理决定书》后,无奈地又补缴了营业税124712.94元,但令我方没有想到的是税务局却对此又以"无正当理由,明显低于市场价"售房为由,对我方再次处以124712.94元的罚款显失公平。税务局作为行政机关无权就我方售于生活困难的老职工的房屋是否明显低于市场价作出评价,原审认定其超越职权并无不当。3. 我方在法定期间向人民法院提起诉讼有据可查,税务局称我方起诉超过法定期间与事实不符。综上,请求二审法院驳回上诉人的上诉请求,维持一审判决。

本院经审理查明的事实与一审认定事实一致。另查明:

1. 审庭审中,2013年9月16日,上诉人税务局以××地税发(2013)221号文,向国家税务总局递交关于《××自治区税务局执法时是否要告知纳税人申请回避权等问题》函文,该文载明:(一)关于申请回避是否是税务机关在实施检查过程中的法定告知程序?(二)关于税务核定营业额是否属于越权执法的问题。同年11月4日,国家税务总局办公厅以税总办函(2013)783号文,就上诉人税务局在函文中请示的相关问题予以答复。其主要内容为:1. 关于回避问题的规定,目前,现行法律法规尚未将告知申请回避权作为税务机关执法必定的法定程序,且在税务机关统一适用的各种执法文书中,均没有告知回避的内容。2. 关于税务机关核定营业额是否属于超越执法权的问题。《中华人民共和国税收征收管理法》第三十五条第一款第六项规定,纳税人申报的计税依据明显偏低,又无正当理由的,税务机关有权核定其应纳税额。《中华人民共和国营业税暂行条例》第四条、第五条规定,营业税以营业额为计税依据,营业额为纳税人收取的全部价款和价外费用;第七条规定,纳税人提供应税劳务的,由主管税务机关核定其营业额。《中华人民共和国营业税暂行条例实施细则》第二十条规定,纳税人有条例第七条所称价格明显偏低并无正当理由或者本细则第五条所列视同发生应税行为而无营业额的,税务机关可以确定其营业额。根据上述规定,价格是计算营业税计税依据营业额的基础,税务机关只有认定价格偏低,才能认定营业额是否偏低并确定是否适用核定是否征收。据此,税务机关认定价格偏低,核定营业额等行为不属于越权执法。

2. 2013年11月28日,上诉人税务局以××地税发(2013)287号文,向国家税务总局递交《关于征收营业税核定营业额有关问题》函文,该文载明:"我区在税务稽查过程中,发现某房产开发公司销售给原拥有土地使用权单位职工(含特定关系人)的部分商品的价格,与向其他社会个人销售同类商品房的价格相差较大,税务机关依法核定了其营业额征收营业税。纳税人认为,低价销售的商品房,虽销售价格明显低于市场价格,但其是依据房屋原拥有土地使用权单位的主管部门的批复定价的,应属正当理由,税务机关不应按核定的营业额征收营业税。我们认为,该房地产开发公司低价将商品房销售给原拥有土地使用权单位职工的行为，应属关联企业间违反独立交易原则所进行的交易。因此，该房地产开发公司以原拥有土地使用权单位的主管部门的批复为依据低价销售商品房，不属于正当理由……"2013年12月24日，国家税务总局办公厅以税总办函（2013）884号文，给上诉人税务局复函，该文载明："你局《关于征收营业税核定营业额有关问题的请示》收悉。经研究，意见如下：纳税人将同类商品房销售给关联企业职工或与该纳税人有特定关系的自然人，价格明显低于销售给其他无关联关系的购房者的价格的，属于《中华人民共和国营业税暂行条例》第七条所称价格明显偏低并无正当理由的情形，主管税务机关可以按照《中华人民共和国营业税暂行条例实施细则》第二十条的规定核定其营业额"。

上诉人××房产公司对上述两份请示函文及其国家税务总局办公厅的两份复函均不认可，认为该行文只是其税务部门的内部答复非法律规定，对外不具法律效力。

3. 某投资发展有限责任公司的前身系自治区供销社下属的全民所有制企业，企业名称为××储运工贸公司。2002年该公司改制为××商贸有限责任公司，公司股权结构为自治区供销社、职工持股会及民营资本共同持股。后公司更名为某投资发展有限责任公司。2004年3月，自治区供销社决定由下属控股公司××果业有限责任公司（后更名为××集团有限公司）投资控股××商贸有限责任公司，××房产公司为××集团有限公司下属控股公司。

4. 2010年2月11日，××集团有限公司下发新果集发（2010）06号关于《对××投资发展有限公司离退休职工要求集资建房等问题的反馈意见》，该文与本案相关联的主要内容为："因某投资发展有限公司不符合现行集资建房的政策规定，经公司董事会研究，按照现行房屋均价每平方米优惠600元对某投资发展有限公司离退休职工优惠售房"。2010年3月12日，自治区供销合作社给××集团有限公司下发新供联发（2012）132号《关于××投资发展有限公司离退休职工申请购房的报告》的批复，该文件主要内容为：虽某投资发展有限公司离退休职工不符合集资建房条件，但考虑到某投资发展有限公司老职工收入低、住房条件差、生活困难多，考虑到他们工作多年，为供销合作事业做出过贡献的实际情况，切实解决信访突出问题，维护社会大局稳定，同意你公司关于某投资发展有限公司离退休职工申请购房的请求，售房价格在2009年12月份价格的基础上优惠20%向某投资发展有限公司离退休职工售房。

5. 2010年3月12日，××房产公司召开董事会会议，并形成决议，全体董事同意××投资发展有限公司离退休职工购房，销售价格在2009年12月份销售价格的基础上优惠20%。

6. 被上诉人××房产公司于2012年11月7日收到上诉人税务局对其作出的《行政处罚决定书》，同年2月5日向原审法院提起诉讼，庭审中，被上诉人××房产公司向上诉人税务局出具了原审法院的预立案登记表。

以上事实有税务局作出的《行政处罚决定书》、原审法院的预立案审批表、上诉人税务局向国家税务总局办公厅的请示函及复函、一、二审庭审笔录及当事人陈述在卷为证。

本院认为，

一、关于××房产公司提起诉讼是否超过起诉期限的问题。

诉讼时效，是指当事人应当在法定期间就其主张的权利向人民法院提起诉讼，否则，当事人亦将因起诉时效届满而丧失胜诉权。根据《中华人民共和国行政诉讼法》的规定，公民、法人、或者其他组织对具体行政行为不服直接向人民法院起诉的，应当在知道作出具体行政行为之日起三个月内提出。本案中，××房产公司于2011年11月7日收到税务局作出的处罚决定，其于2012年2月5日向原审法院提起诉讼，有原审法院预立案登记表，立案审批表在卷为证。故上诉人税务局关于××房产公司向人民法院提起诉讼已超过起诉期间的上诉理由不能成立，本院不予采信。

二、关于税务机关在稽查过程中，未向纳税人告知申请回避权是否违反法定程序的问题。

《中华人民共和国行政处罚法》第三十一条规定，行政机关在作出行政处罚决定之前，应当告知当事人作出行政处罚决定的事实、理由及依据，并告知当事人依法享有的权利。《中华人民共和国税收征收管理法》第十二条规定，税务人员征收税款和查处税收违法案件，与纳税人、扣缴义务人或者税收违法案件有利害关系的，应当回避。《中华人民共和国税收征收管理法实施细则》第八条规定，税务人员在核定应纳税额、调整税收定额、进行税务检查、实施税务行政处罚、办理税务行政复议时，与纳税人、扣缴义务人或者其法定代理人、直接责任人有下列关系之一的，应当回避：（一）夫妻关系；（二）直系血亲关系；（三）三代以内旁系血亲关系；（四）近姻亲关系；（五）可能影响公正执法的其他利害关系。从上述法律规定不难看出，行政机关向行政管理相对人告知申请回避权是行政机关的告知义务，而行政管理相对人享有被告知申请回避权的权利。上诉人税务局虽未履行该告知义务，但亦未发现上诉人税务局的行政执法人员存在应当回避的情形，故上诉人税务局在该案执法过程中存在程序瑕疵。原审法院认定上诉人税务局未告知××房产公司享有申请回避的权利违反法定程序欠妥本院予以纠正。

三、关于××房产公司向××投资发展有限公司离退休职工让利销售房屋，是否属纳税人申报的计税依据"明显偏低，又无正当理由"的问题。

《中华人民共和国税收征收管理法》第三十五条第（六）项规定"纳税人申报的计税依据明显偏低，又无正当理由的，税务机关有权核定其应纳税额。"本案中，××房产公司应其上级主管部门要求，为解决企业老职工住房困难，化解信访突出问题，经上级主管部门批准、××房产公司董事会研究决定给老职工售房价格让利20%的证据确凿，事实清楚。上述法律规定，虽规定纳税人申报计税依据明显偏低，又无正当理由的，税务机关有权核定其应纳税额，但法律法规对"计税依据明显偏低"没有具体标准，对"无正当理由"亦无没有明确的界定。况且，某投资发展有限公司前身为供销社运输公司，作为改制的国有企业，离退休职工收入低，住房条件长期得不到改善，在某投资有限公司退休职工多次到××自治区人民政府和自治区供销社上访，要求改善住房条件的情况下，××房产公司降低企业收入以低于同期销售价格20%向某投资发展有限公司离退休职工优惠售房并无不当，此举应视为××房产公司解决老国企退休职工住房困难，防止群体事件发生，化解社会矛盾的善意之举。税务局简单地将此认定为"明显低于市场价格，无正当理由的"，并以此为由对××房产公司处124712.94元营业税罚款显属错误。

四、关于××房产公司答辩所称，（1）税务局在税务稽查中，"检查"和"审理"超过法定期限；（2）税务局将其列为稽查对象的选案未公开公正，程序不合规、合法；（3）税务局未依法对其申辩情况记录或制作《陈述申辩笔录》，其处罚程序倒置；（4）《处罚决定书》对××房产公司于2011年蓝天森林花苑二期土地增值税清算、补缴的土地增值税190440.66元处以一倍罚款错误，违反了国家税务总局关于印发《土地增值税清算管理规程》的通知（国税发〔2009〕91号）第三十条、第三十一条、第三十二条的规定，违反了《税收征管法》第五十二条的规定，同时亦违反了《土地增值税暂行条例实施细则》第十九条第二款即纳税人不如实申报房地产交易额及规定扣除项目金额，造成少缴或未交缴税款的，按照《税收征管法》第四十条的规定进行处理的规定等相关问题。

上述所列问题系××房产公司在一、二审期间均向法院主张的事由，鉴于原审法院未对上述问题加以认定，××房产公司亦未对此提起上诉，故对上述问题，二审不予审理。

五、关于对税务局在二审中向法庭递交的其向国家税务总局的请示及国家税务总局办公厅复函的效力认定问题

《中华人民共和国行政诉讼法》第五十二条、第五十三条规定，人民法院审理行政案件，以法律和行政法规、地方性法规为依据。同时参照国务院部、委根据法律和国务院的行政法规、决定、命令制定、发布的规章以及省、自治区、直辖市和省、自治区的人民政府所在地的市和经国务院批准的较大的市的人民政府根据法律和国务院的行政法规制定、发布的规章。本案中，税务局向本院递交的国家税务总局办公厅税总办函（2013）783号及税总办函（2013）884号复函，非人民法院审理行政案件所应适用的法律依据，也非人民法院审理行政案件所参照的规章，且税务局向其上级主管部门的请示内容并未客观、全部地反映案件事实，故该两份复函不能作为定案的依据。

综上，本院认为，税务局作为国家税收征管机关除依法征收税款之外，通过税收征管服务，创造良序的税企关系，促进企业健康、可持续的发展，是税务机关的另一项重要职责。纵观本案税务局作出的《税务行政处罚决定书》，其将××房产公司低于市场价格销售给退休老职工的房屋，简单地定性为"无正当理由，明显低于市场价格，"属认定事实不清，主要证据不足。原审法院判决主文正确，应予维持。上诉人税务局的上诉理由不能成立，应予驳回。依据《中华人民共和国行政诉讼法》第六十一条第（一）项之规定，判决如下：

驳回上诉，维持原判主文部分。

本案二审案件受理费50元（税务局已交），由税务局负担。

本判决为终审判决。

二〇一四年十二月十六日

（二）案件点评

1. 案件要点之一：时间

2011年7月19日，税务局向××房产公司发出了税务检查通知书，该通知书告知××房产公司税务局将对2009年1月1日至2010年12月31日期间涉税情况进行检查。

2011年12月30日，税务局作出《税务行政处罚告知书》，2011年12月31日，税务局将该处罚告知书送达××房产公司。

2012年6月29日，税务局对××房产公司作出《税务行政处理决定书》，要求××房产公司对少缴税款进行补缴。××房产公司收到该处理决定后对少缴税款已补缴完毕。

2012年10月31日，税务局对××房产公司作出×地税稽罚（2012）12号税务行政处罚决定，对××房产公司少缴2009~2010年营业税、城建税、印花税、房产税、土地使用税、土地增值税（查补数），合计1610002.80元，处以少缴款一倍的罚款计1610002.80元。

2012年11月7日，税务局将该处罚决定送达××房产公司。

××房产公司不服，遂向法院提起诉讼。

上诉人税务局不服原审判决，向本院提起上诉。

2013年12月24日，国家税务总局办公厅以税总办函（2013）884号文，给上诉人税务局复函，该文载明："你局《关于征收营业税核定营业额有关问题的请示》收悉。经研究，意见如下：纳税人将同类商品房销售给关联企业职工或与该纳税人有特定关系的自然人，价格明显低于销售给其他无关联关系的购房者的价格的，属于《中华人民共和国营业税暂行条例》第七条所称价格明显偏低并无正当理由的情形，主管税务机关可以按照《中华人民共和国营业税暂行条例实施细则》第二十条的规定核定其营业额"。

一审败诉不服，二审继续败诉。

2. 争议焦点之二：核定征收

××房产公司对（一）营业税中第2项税务局认定2010年以低于市场价格销售给上级主管某投资发展有限公司离退休职工住宅，应按同期市场价格进行调整补缴营业税，调整金额2494258.77元，少缴营业税124712.94元存有异议，称其在经营过程中，对企业的商品价格进行调整是企业自主经营的权利，税务局以价格明显偏低对××房产公司进行处罚没有依据。

纳税人申报的计税依据明显偏低，又无正当理由的。这不是价格明显偏低，而且理由正当。

我方与某投资发展有限公司均为××某集团有限公司下属控股公司。某投资发展有限公司企业改制后，离退休职工收入低，住房条件差，且集体上访，造成了不良的社会影响。相关部门及领导均要求我方慎重并妥善处理此事。2010年，上级主管单位××自治区供销社（下称自治区供销社）提出给这些退休的上访老职工享受优惠售房政策，我方在接到上级主管单位自治区供销社的同意批复后，在我方开发的蓝天森林花苑项目中，按照当时市场销售价下浮20%的价格，对这些老职工优惠售房。何况是20%，就是30%又何妨？

2010年3月12日，自治区供销合作社给××某集团有限公司下发新供联发（2012）132号《关于××某投资发展有限公司离退休职工申请购房的报告》的批复，该文件主要内容为：虽某投资发展有限公司离退休职工不符合集资建房条件，但考虑到某投资发展有限公司老职工收入低、住房条件差、生活困难多，考虑到他们工作多年，为供销合作事业做出过贡献的实际情况，切实解决信访突出问题，维护社会大局稳定，同意你公司关于某投资发展有限公司离退休职工申请购房的请求，售房价格在2009年12月份价格的基础上优惠20%向某投资发展有限公司离退休职工售房；

2010年3月12日，××房产公司召开董事会会议，并形成决议，全体董事同意××某投资发展有限公司离退休职工购房，销售价格在2009年12月份销售价格的基础上优惠20%；

应纳税额核定权：《中华人民共和国税收征收管理法》第三十五条规定，税务机关有权核定纳税人以下情形的应纳税额：纳税人依照法律、行政法规的规定可以不设置账簿的；应当设置但未设置账簿的；擅自销毁账簿或者拒不提供纳税资料的；虽设置账簿，但账目混乱或者成本资料、收入凭证、费用凭证残缺不全，难以查账的；发生纳税义务，未按照规定期限办理纳税申报，经税务机关责令申报，逾期仍不申报的；纳税人申报的计税依据明显偏低，又无正当理由的。

3. 有意思的思考点

本案中，税务局在向××房产公司发出税务检查通知书时未告知××房产公司享有申请回避的权利，违反法定程序。

《中华人民共和国税收征收管理法实施细则》第八条规定：税务人员在核定应纳税额、调整税收定额、进行税务检查、实施税务行政处罚、办理税务行政复议时，与纳税人、扣缴义务人或者其法定代表人、直接责任人有下列关系之一的，应当回避：（一）夫妻关系；（二）直系血亲关系；（三）三代以内旁系血亲关系；（四）近姻亲关系；（五）可能影响公正执法的其他利害关系。

是回避？回避？还是回避？

二审庭审中，2013年9月16日，上诉人税务局以×地税发（2013）221号文，向国家税务总局递交关于《××自治区税务局执法时是否要告知纳税人申请回避权等问题》函文，该文载明：（一）关于申请回避是否是税务机关在实施检查过程中的法定告知程序？（二）关于税务核定营业额是否属于越权执法的问题。同年11月4日，国家税务总局办公厅以税总办函（2013）783号文，就上诉人税务局在函文中请示的相关问题予以答复。其主要内容为：关于回避问题的规定，目前，现行法律法规尚未将告知申请回避权作为税务机关执法必定的法定程序，且在税务机关统一适用的各种执法文书中，均没有告知回避的内容。

权力是维持"公开、公正、公平"秩序的！
权利是保障自身权益必须的！

第十一章 相关法律法规

本章实质上是房地产开发经营行业的相关法律法规库,是房地产开发经营行业纳税评估模型的政策法规库,前五节是将房地产行业主要税种分别分税种总结,按照"税种(概况)特征、减免税优惠和现行税收政策法规文件目录"分别整理备用,税收政策法规是截至 2020 年 6 月 30 日前。最后一节,是非税收征管政策法规,其中重点介绍了刑法关于涉税犯罪的规定,归集整理了"土地规划、施工建设、融资和合同管理"等房地产开发经营相关法律法规。

第一节 增值税金及附加

增值税是以商品(含应税劳务)在流转过程中产生的增值额作为计税依据而征收的一种流转税。从计税原理上说,增值税是对商品生产、流通、劳务服务中多个环节的新增价值或商品的附加值征收的一种流转税。实行价外税,也就是由消费者负担,有增值才征税没增值不征税。

一、税种特征

(一)增值税计算方法

增值税纳税义务人分两类:一般纳税人和小规模纳税人,通常,一般纳税人计算缴纳增值税是扣除法一般计税,小规模纳税人计算缴纳增值税是计算法简易计税。但是,特殊行业存在一般纳税人简易计税,比如银行。下面重点阐述一般计税的凭票扣除、差额征税和计算扣除,同时,差额征税是既有一般纳税人也有小规模纳税人的。

1. 一般情况下——凭票抵扣

增值税的计算方法有直接计算法和间接计算法两种。世界各国普遍采用间接法(扣税法),我国的增值税计算也统一采用扣税法。间接计算法,也叫扣税法,是不直接计算增值额,而是采用抵扣税款的方式计算应纳税额的方法。其计算公式为:

应纳税额=销售额×增值税率-本期购进中已纳税额

实行扣税法计算应纳税额时,理论上可行且实务中便于操作,是以购货发票所列已纳税款为依据进行进项税款扣除的。操作要点:

(1) 从销售方或提供方取得的增值税专用发票(含税控机动车销售统一发票)上注明的增值税额;

(2) 从海关取得的海关进口增值税专用缴款书上注明的增值税额;

(3) 从境外单位或者个人购进服务、无形资产或者不动产的,为税务机关或者扣缴义务人取得的解缴税款的完税凭证上注明的增值税额。

【注意】纳税人凭完税凭证抵扣进项税额的,应当具备书面合同、付款证明和境外单位的对单或者发票。资料不全的,其进项税额不得从销项税额中抵扣。

2. 特殊情况下——计算抵扣

购进方没有取得增值税专用发票、海关进口增值税专用缴款书、税收缴款凭证,但可以自行计算进项税额抵扣的情况:

(1) 购进农产品

除取得增值税专用发票或者海关进口增值税专用缴款书外,按照农产品收购发票或者销售发票上注明的农产品买价和13%(2017年7月1日前)的扣除率计算进项税额抵扣。

进项税额=买价×扣除率

农产品中收购烟叶的进项税抵扣公式比较特殊:

烟叶收购金额=烟叶收购价款+价外补贴

烟叶税应纳税额=烟叶收购金额×烟叶税税率(20%)

准予抵扣的进项税额=(烟叶收购金额+按规定缴纳的烟叶税)×扣除率(13%)

【提示】不能贸然使用如下公式:

准予抵扣的进项税额=烟叶收购价款×1.1×1.2×13%

(2) 计算抵扣收费公路通行费的进项税

通行费,是指有关单位依法或依规设立并收取的过路、过桥和过闸的费用。增值税一般纳税人支付的通行费,暂凭取得的通行费发票(不含财政票据,下同)上的收费金额,按照下列公式计算可抵扣进项税额:

通行费种类	进项税的计算抵扣
高速公路通行费	可抵扣进项税额=高速公路通行费发票上注明的金额÷(1+3%)×3%
一级公路、二级公路、桥、闸通行费	可抵扣进项税额=一级公路、二级公路、桥、闸通行费发票上注明的金额÷(1+5%)×5%

【例题】某企业在2017年3月的经营中,支付桥闸通行费6825元,支付高速公路通行费8446元,均取得通行费发票(非财政票据),则该企业上述发票可计算抵扣进项税:571元。

6825÷(1+5%)×5%+8446÷(1+3%)×3%
  =6500×5%+8200×3%=571(元)

3. 差额计税

房地产开发企业中的一般纳税人销售其开发的房地产项目(选择简易计税方法的房地产老项目除外),以取得的全部价款和价外费用,扣除受让土地时向政府部门支付的土地价款后的余额为销售额。

所述"向政府部门支付的土地价款",包括土地受让人向政府部门支付的征地和拆迁补偿费用、土地前期开发费用和土地出让收益等。在取得土地时向其他单位或个人支付的拆迁补偿费用也允许在计算销售额时扣除。纳税人按规定扣除拆迁补偿费用时,应提供拆迁协议、拆迁双方支付和取得拆迁补偿费用凭证等能够证明拆迁补偿费用真实性的材料。

相关文件:

(1) 财税〔2016〕36号文件附件2《营业税改征增值税试点有关事项的规定》;

(2) 国家税务总局公告2016年第18号《房地产开发企业销售自行开发的房地产项目增值税征收管理暂行办法》;

(3) 财税〔2016〕140号《财政部 国家税务总局关于明确金融、房地产开发、教育辅助服务等增值税政策的通知》。

除此之外,按照差额征税的还包括物业管理、劳务派遣、安保服务、金融商品转让、经纪代理、旅游服务和建筑安装等等二十几项。

(二) 税率和征收率

1. 增值税税率

2017年4月19日,国务院常务会议决定,7月1日起,将增值税税率由四档减至17%、11%和6%三档,取消13%这一档税率。中国第一大税种增值税税率简化合并迈出了第一步。

自2019年4月1日起,简并增值税税率结构后,再次下调税率,一般纳税人适用的税率有:13%、9%、6%、0%等。

【适用13%税率】销售货物或者提供加工、修理修配劳务以及进口货物。提供有形动产租赁服务。

【适用9%税率】提供交通运输业服务。农产品(含粮食)、自来水、暖气、石油液化气、天然气、食用植物油、冷气、热水、煤气、居民用煤炭制品、食用盐、农机、饲料、农药、农膜、化肥、沼气、二甲醚、图书、报纸、杂志、音像制品、电子出版物。

【适用6%税率】 提供现代服务业服务（有形动产租赁服务除外）。

【适用0%税率】 出口货物等特殊业务。

2. 增值税征收率

小规模纳税人适用征收率，征收率为3%。特殊规定如下：

（一）一般纳税人销售自己使用过的属于《中华人民共和国增值税暂行条例》第十条规定不得抵扣且未抵扣进项税额的固定资产，按照简易办法依照3%征收率减按2%征收增值税。

（二）小规模纳税人销售自己使用过的固定资产，减按2%征收率征收增值税。

（三）一般纳税人销售自产的下列货物，可选择按照简易办法依照3%征收率计算缴纳增值税：

1. 县级及县级以下小型水力发电单位生产的电力。小型水力发电单位，是指各类投资主体建设的装机容量为5万千瓦以下（含5万千瓦）的小型水力发电单位。

2. 建筑用和生产建筑材料所用的砂、土、石料。

3. 以自己采掘的砂、土、石料或其他矿物连续生产的砖、瓦、石灰（不含粘土实心砖、瓦）。

4. 用微生物、微生物代谢产物、动物毒素、人或动物的血液或组织制成的生物制品。

5. 自来水。

6. 商品混凝土（仅限于以水泥为原料生产的水泥混凝土）。

一般纳税人选择简易办法计算缴纳增值税后，36个月内不得变更。

（四）一般纳税人销售以下物品，暂按简易办法依照3%征收率计算缴纳增值税

1. 寄售商店代销寄售物品（包括居民个人寄售的物品在内）。

2. 典当业销售死当物品。

3. 经国务院或国务院授权机关批准的免税商店零售的免税品。

（三）城市维护建设税主要特征

城建税是增值税和消费税的附征税种，查补的"两税"也应补缴城建税，但不包括两税的罚款和滞纳金，城建税也要同时缴纳滞纳金。

经国家税务总局正式审核批准的当期免抵的增值税税额，应正常计算申报缴纳城建税及教育费附加。

城建税进口不征，出口不退，随"两税"的减免而减免。

对两税实行先征后返、先征后退、即征即退的，除另有规定，一律不予退（返）还城建税和教育费附加。

1. 税款专款专用,具有受益税性质

按照财政的一般性要求,税收及其他政府收入应当纳入国家预算,根据需要统一安排其用途,并不规定各个税种收入的具体使用范围和方向,否则也就无所谓国家预算。但是作为例外,也有个别税种事先明确规定使用范围与方向,税款的缴纳与受益更直接地联系起来,通常称其为受益税。城市维护建设税专款专用,用来保证城市的公共事业和公共设施的维护和建设,就是一种具有受益税性质的税种。

2. 属于一种附加税

城市维护建设税与其他税种不同,没有独立的征税对象或税基,而是以增值税、原营业税、消费税"三税"实际缴纳的税额之和为计税依据,随"三税"同时附征,本质上属于一种附加税。

3. 根据城建规模设计税率

一般来说,城镇规模越大,所需要的建设与维护资金越多。与此相适应,城市维护建设税规定,纳税人所在地为城市市区的,税率为7%;纳税人所在地为县城、建制镇的,税率为5%;纳税人所在地不在城市市区、县城或建制镇的,税率为1%。这种根据城镇规模不同,差别设置税率的办法,较好地照顾了城市建设的不同需要。

4. 征收范围较广

鉴于增值税、消费税在中国现行税制中属于主体税种,而城市维护建设税又是其附加税,原则上讲,只要缴纳增值税、消费税中任一税种的纳税人都要缴纳城市维护建设税。这也就等于说,除了减免税等特殊情况以外,任何从事生产经营活动的企业单位和个人都要缴纳城市维护建设税,这个征税范围当然是比较广的。

二、减免税优惠

在《中华人民共和国增值税暂行条例》的第十五条中,规定了下列7个项目免征增值税:

1. 农业生产者销售的自产农产品。
2. 避孕药品和用具。
3. 古旧图书。
4. 直接用于科学研究、科学试验和教学的进口仪器、设备。
5. 外国政府、国际组织无偿援助的进口物资和设备。
6. 由残疾人的组织直接进口供残疾人专用的物品。
7. 销售的自己使用过的物品。

除前款规定外,增值税的免税、减税项目由国务院规定。任何地区、部门均不得规定免税、减税项目。

其中,涉及房地产开发经营的增值税税收优惠文件包括:

1.《财政部 国家税务总局关于新型墙体材料增值税政策的通知》（财税〔2015〕73号 发布日期：2015-06-12）。

2.《财政部 国家税务总局关于印发资源综合利用产品和劳务增值税优惠目录的通知》（财税〔2015〕78号 发布日期：2015-06-12）。

3.《财政部 税务总局 海关总署关于深化增值税改革有关政策的公告》（财政部、国家税务总局、海关总署公告2019年第39号 发布日期：2019-03-20）。

4.《财政部 税务总局关于明确生活性服务业增值税加计抵减政策的公告》（总局公告2019年第87号 发布日期：2019-09-30）。

5.《国家税务总局关于安置残疾人单位是否可以同时享受多项增值税优惠政策问题的公告》（总局公告2011年第61号发布日期：2011-11-18）。

下面是财税〔2015〕73号文件及附件原文。

财政部 国家税务总局关于新型墙体材料增值税政策的通知

文号：财税〔2015〕73号 发布日期：2015-06-12

飞狼财税通编注：根据2019年10月24日 财政部、国家税务总局公告2019年第90号《财政部 税务总局关于资源综合利用增值税政策的公告》，本文第二条第一项中，"《产业结构调整指导目录》中的禁止类、限制类项目"修改为"《产业结构调整指导目录》中的淘汰类、限制类项目"；本文第二条第二项中"高污染、高环境风险"产品，是指在《环境保护综合名录》中标注特性为"ghw/ghf"的产品，但纳税人生产销售的资源综合利用产品满足"ghw/ghf"例外条款规定的技术和条件的除外。

各省、自治区、直辖市、计划单列市财政厅（局）、国家税务局，新疆生产建设兵团财务局：

为加快推广新型墙体材料，促进能源节约和耕地保护，现就部分新型墙体材料增值税政策明确如下：

一、对纳税人销售自产的列入本通知所附《享受增值税即征即退政策的新型墙体材料目录》（以下简称《目录》）的新型墙体材料，实行增值税即征即退50%的政策。

二、纳税人销售自产的《目录》所列新型墙体材料，其申请享受本通知规定的增值税优惠政策时，应同时符合下列条件：

（一）销售自产的新型墙体材料，不属于国家发展和改革委员会《产业结构调整指导目录》中的淘汰类、限制类项目。《产业结构调整指导目录》中的禁止类、限制类项目。

【飞狼财税通编注：根据2019年10月24日财政部、国家税务总局公告2019年第90号《财政部 国家税务总局关于资源综合利用增值税政策的公告》本项中"《产业

结构调整指导目录》中的禁止类、限制类项目"修改为"《产业结构调整指导目录》中的淘汰类、限制类项目"。】

（二）销售自产的新型墙体材料，不属于环境保护部《环境保护综合名录》中的"高污染、高环境风险"产品或者重污染工艺。

【飞狼财税通编注：根据 2019 年 10 月 24 日财政部、国家税务总局公告 2019 年第 90 号《财政部　国家税务总局关于资源综合利用增值税政策的公告》本项中"高污染、高环境风险"产品，是指在《环境保护综合名录》中标注特性为"ghw/ghf"的产品，但纳税人生产销售的资源综合利用产品满足"ghw/ghf"例外条款规定的技术和条件的除外。】

（三）纳税信用等级不属于税务机关评定的 C 级或 D 级。

纳税人在办理退税事宜时，应向主管税务机关提供其符合上述条件的书面声明材料，未提供书面声明材料或者出具虚假材料的，税务机关不得给予退税。

三、已享受本通知规定的增值税即征即退政策的纳税人，自不符合本通知第二条规定条件的次月起，不再享受本通知规定的增值税即征即退政策。

四、纳税人应当单独核算享受本通知规定的增值税即征即退政策的新型墙体材料的销售额和应纳税额。未按规定单独核算的，不得享受本通知规定的增值税即征即退政策。

五、各省、自治区、直辖市、计划单列市税务机关应于每年 2 月底之前在其网站上，将享受本通知规定的增值税即征即退政策的纳税人按下列项目予以公示：纳税人名称、纳税人识别号、新型墙体材料的名称。

六、已享受本通知规定的增值税即征即退政策的纳税人，因违反税收、环境保护的法律法规受到处罚（警告或单次 1 万元以下罚款除外），自处罚决定下达的次月起 36 个月内，不得享受本通知规定的增值税即征即退政策。

七、《目录》所列新型墙体材料适用的国家标准、行业标准，如在执行过程中有更新、替换，统一按新的国家标准、行业标准执行。

八、本通知自 2015 年 7 月 1 日起执行。

附件：享受增值税即征即退政策的新型墙体材料目录

一、砖类

（一）非粘土烧结多孔砖（符合 GB13544—2011 技术要求）和非粘土烧结空心砖（符合 GB13545—2014 技术要求）

（二）承重混凝土多孔砖（符合 GB25779—2010 技术要求）和非承重混凝土空心砖（符合 GB/T24492—2009 技术要求）

（三）蒸压粉煤灰多孔砖（符合 GB26541—2011 技术要求）、蒸压泡沫混凝土砖

（符合 GB/T29062—2012 技术要求）。

（四）烧结多孔砖（仅限西部地区，符合 GB13544—2011 技术要求）和烧结空心砖（仅限西部地区，符合 GB13545—2014 技术要求）。

二、砌块类

（一）普通混凝土小型空心砌块（符合 GB/T8239—2014 技术要求）。

（二）轻集料混凝土小型空心砌块（符合 GB/T15229—2011 技术要求）。

（三）烧结空心砌块（以煤矸石、江河湖淤泥、建筑垃圾、页岩为原料，符合 GB13545—2014 技术要求）和烧结多孔砌块（以页岩、煤矸石、粉煤灰、江河湖淤泥及其他固体废弃物为原料，符合 GB13544—2011 技术要求）

（四）蒸压加气混凝土砌块（符合 GB11968—2006 技术要求）、蒸压泡沫混凝土砌块（符合 GB/T29062—2012 技术要求）。

（五）石膏砌块（以脱硫石膏、磷石膏等化学石膏为原料，符合 JC/T698—2010 技术要求）。

（六）粉煤灰混凝土小型空心砌块（符合 JC/T862—2008 技术要求）

三、板材类

（一）蒸压加气混凝土板（符合 GB15762—2008 技术要求）。

（二）建筑用轻质隔墙条板（符合 GB/T23451—2009 技术要求）和建筑隔墙用保温条板（符合 GB/T23450—2009 技术要求）。

（三）外墙外保温系统用钢丝网架模塑聚苯乙烯板（符合 GB26540-2011 技术要求）

（四）石膏空心条板（符合 JC/T829—2010 技术要求）。

（五）玻璃纤维增强水泥轻质多孔隔墙条板（简称 GRC 板，符合 GB/T19631—2005 技术要求）。

（六）建筑用金属面绝热夹芯板（符合 GB/T23932—2009 技术要求）。

（七）建筑平板。其中：纸面石膏板（符合 GB/T9775—2008 技术要求）；纤维增强硅酸钙板（符合 JC/T564.1—2008、JC/T564.2—2008 技术要求）；纤维增强低碱度水泥建筑平板（符合 JC/T626—2008 技术要求）；维纶纤维增强水泥平板（符合 JC/T671—2008 技术要求）；纤维水泥平板（符合 JC/T412.1—2006、JC/T412.2—2006 技术要求）。

四、符合国家标准、行业标准和地方标准的混凝土砖、烧结保温砖（砌块）（以页岩、煤矸石、粉煤灰、江河湖淤泥及其他固体废弃物为原料，加入成孔材料焙烧而成）、中空钢网内模隔墙、复合保温砖（砌块）、预制复合墙板（体），聚氨酯硬泡复合板及以专用聚氨酯为材料的建筑墙体。

三、现行主要文件目录

（一）增值税

1.《中华人民共和国增值税暂行条例》（国务院令第538号）发布日期：2008-11-10

2.《中华人民共和国增值税暂行条例实施细则》（财政部、国家税务总局令2008年第50号）发布日期：2008-12-15

3.《财政部 国家税务总局关于全面推开营业税改征增值税试点的通知》（财税〔2016〕36号）发布日期：2016-03-23

4.《财政部、国家税务总局关于明确金融、房地产开发、教育辅助服务等增值税政策的通知》（财税〔2016〕140号）发布日期：2016-12-21

5.《国家税务总局关于发布〈纳税人转让不动产增值税征收管理暂行办法〉的公告》（总局公告2016年第14号）发布日期：2016-03-31

6.《国家税务总局关于发布〈房地产开发企业销售自行开发的房地产项目增值税征收管理暂行办法〉的公告》（总局公告2016年第18号）发布日期：2016-03-31

7.《国家税务总局关于土地价款扣除时间等增值税征管问题的公告》（总局公告2016年第86号）发布日期：2016-12-24

8.《国家税务总局关于发布〈纳税人提供不动产经营租赁服务增值税征收管理暂行办法〉的公告》（总局公告2016年第16号）发布日期：2016-03-31

9.《国家税务总局关于促进残疾人就业增值税优惠政策有关问题公告》（总局公告2013年第78号）发布日期：2013-12-30

10.《国家税务总局关于办理增值税期末留抵税额退税有关事项的公告》（总局公告2019年第20号）发布日期：2019-04-30

11.《国家税务总局关于发布〈纳税人跨县（市、区）提供建筑服务增值税征收管理暂行办法〉的公告》（总局公告2016年第17号）发布日期：2016-03-31

12.《国家税务总局关于营业税改征增值税委托地税机关代征税款和代开增值税发票的公告》（总局公告2016年第19号）发布日期：2016-03-31

13.《国家税务总局关于发布〈不动产进项税额分期抵扣暂行办法〉的公告》（税务总局公告2016年第15号）发布日期：2016-03-31

14.《国家税务总局关于取消增值税扣税凭证认证确认期限等增值税征管问题的公告》（总局公告2019年第45号）发布日期：2019-12-31

15.《国家税务总局关于国内旅客运输服务进项税抵扣等增值税征管问题的公告》（总局公告2019年第31号）发布日期：2019-09-16

16.《国家税务总局关于全面推开营业税改征增值税试点后增值税纳税申报有关

事项的公告》（总局公告 2016 年第 13 号）发布日期：2016-03-31

17.《国家税务总局关于增值税一般纳税人登记管理若干事项的公告》（总局公告 2018 年第 6 号）发布日期：2018-01-29

18.《国家税务总局关于增值税发票管理等有关事项的公告》（总局公告 2019 年第 33 号）发布日期：2019-10-09

19.《国家税务总局关于增值税发票管理若干事项的公告》（总局公告 2017 年第 45 号）发布日期：2017-12-18

20.《国家税务总局关于扎实做好全面推开营业税改征增值税改革试点工作的通知》（税总发〔2016〕32 号）发布日期：2016-03-08

21.《国家税务总局关于深化增值税改革有关事项的公告》（总局公告 2019 年第 14 号）发布日期：2019-03-21

22.《国家税务总局关于纳税人资产重组有关增值税问题的公告》（总局公告 2011 年第 13 号）发布日期：2011-02-18

23.《国家税务总局关于纳税人转让不动产缴纳增值税差额扣除有关问题的公告》（总局公告 2016 年第 73 号）发布日期：2016-11-24

24.《国家税务总局关于营改增试点若干征管问题的公告》（总局公告 2016 年第 53 号）发布日期：2016-08-18

25.《国家税务总局关于资产（股权）划转企业所得税征管问题的公告》（总局公告 2015 年第 40 号）发布日期：2015-05-27

26.《增值税一般纳税人登记管理办法》（国家税务总局令第 43 号）发布日期：2017-12-29

27.《最高人民法院关于虚开增值税专用发票定罪量刑标准有关问题的通知》（法〔2018〕226 号）发布日期：2018-08-22

28.《财政部 国家税务总局关于中华人民共和国增值税法（征求意见稿）向社会公开征求意见的通知》发布日期：2019-11-27

29.《财政部关于印发〈增值税会计处理规定〉的通知》（财会〔2016〕22 号）发布日期：2016-12-03

30.《财政部关于修改中华人民共和国增值税暂行条例实施细则和中华人民共和国营业税暂行条例实施细则的决定》（财政部令第 65 号）发布日期：2011-10-28

31.《财政部 国家税务总局关于棚户区改造有关税收政策的通知》（财税〔2013〕101 号）发布日期：2013-12-02

32.《财政部 国家税务总局 海关总署关于深化增值税改革有关政策的公告》（公告 2019 年第 39 号）发布日期：2019-03-20

33.《财政部 国家税务总局关于明确养老机构免征增值税等政策的通知》（财税

〔2019〕20号）发布日期：2019-02-02

34.《财政部 国家税务总局关于明确生活性服务业增值税加计抵减政策的公告》（总局公告2019年第87号）发布日期：2019-09-30

35.《财政部 国家税务总局关于调整增值税税率的通知》（财税〔2018〕32号）发布日期：2018-04-04

36.《财政部会计司关于〈关于深化增值税改革有关政策的公告〉适用〈增值税会计处理规定〉有关问题的解读》发布日期：2019-04-19

（二）发票

1.《国家税务总局关于纳税人虚开增值税专用发票征补税款问题的公告》（总局公告2012年第33号）发布日期：2012-07-09

2.《关于实行海关进口增值税专用缴款书"先比对后抵扣"管理办法有关问题的公告》（总局公告2013年第31号）发布日期：2013-6-14

3.《关于调整增值税纳税申报有关事项的公告》（总局公告2013年第32号）发布日期：2013-6-19

4.《关于简化增值税发票领用和使用程序有关问题公告》（总局公告2014年第19号）发布日期：2014-5-1

5.《国家税务总局关于纳税人对外开具增值税专用发票有关问题的公告》（总局公告2014年第39号）发布日期：2014-07-02

6.《关于启用新版增值税发票有关问题的公告》（总局公告2014年第43号）发布日期：2014-07-08

7.《关于推行增值税发票系统升级版有关问题的公告》（总局公告2014年第73号）发布日期：2014-12-29

8.《国家税务总局关于印发税务机关代开增值税专用发票管理办法》（国税发〔2004〕153号）发布日期：2004-12-22

9.《国家税务总局关于进一步加强增值税发票管理的通知》（总局公告2017年第16号）发布日期：2017-05-19

10.《关于调整增值税一般纳税人管理有关事项的公告》（总局公告2015年第18号）发布日期：2015-3-30

11.《关于全面推行增值税发票系统升级版有关问题的公告》（总局公告2015年第19号）发布日期：2015-3-30

12.《关于纳税人认定或登记为一般纳税人前进项税额抵扣问题的公告》（总局公告2015年第59号）发布日期：2015-08-19

13.《关于修订增值税专用发票使用规定补充通知》（国税发〔2007〕18号）发布日期：2007-02-16

14. 《国家税务总局关于印发〈全国普通发票简并票种统一式样工作实施方案〉的通知》（国税发〔2009〕142号）发布日期：2009-09-30

15. 《关于全面推行增值税发票系统升级版工作有关问题的通知》（税总发〔2015〕42号）发布日期：2014-12-29

16. 《最高人民法院关于虚开增值税专用发票定罪量刑标准有关问题的通知》（法〔2018〕226号）发布日期：2018-08-22

17. 《国家税务总局关于统一编印1995年增值税专用发票代码的通知》（国税函〔1995〕18号）发布日期：1995-01-14

18. 《国家税务总局关于纳税人折扣折让行为开具红字增值税专用发票问题的通知》（国税函〔2006〕1279号）发布日期：2006-12-29

19. 《国家税务总局关于使用新版机动车销售统一发票有关问题的通知》（国税函〔2006〕479号）发布日期：2006-05-22

20. 《国家税务总局关于金税工程增值税征管信息系统发现的涉嫌违规增值税专用发票处理问题的通知》（国税函〔2006〕969号）发布日期：2006-10-30

21. 《关于纳税人善意取得虚开增值税专用发票已抵扣税款加收滞纳金问题的批复》（国税函〔2007〕1240号）发布日期：2007-12-12

22. 《国家税务总局关于加强防伪税控一机多票系统开具增值税普通发票管理有关问题的通知》（国税函〔2007〕507号）发布日期：2007-05-21

23. 《国家税务总局关于下放增值税专用发票最高开票限额审批权限的通知》（国税函〔2007〕918号）发布日期：2007-08-28

24. 《国家税务总局关于推行机动车销售统一发票税控系统有关工作的紧急通知》（国税函〔2008〕117号）发布日期：2008-12-15

25. 《关于开展部分大型电器零售企业增值税存根联滞留票专项核查的通知》（国税函〔2008〕279号）发布日期：2008-04-14

26. 《国家税务总局关于失控增值税专用发票处理的批复》（国税函〔2008〕607号）发布日期：2008-06-19

27. 《国家税务总局关于调整增值税扣税凭证抵扣期限有关问题的通知》（国税函〔2009〕617号）发布日期：2009-11-09

28. 《国家税务总局关于加强增值税征收管理若干问题的通知》（国税发〔1995〕192号）发布日期：1995-10-18

29. 《增值税专用发票使用规定》（国税发〔2006〕156号）发布日期：2006-10-17

30. 《国家税务总局关于印发〈全国普通发票简并票种统一式样工作实施方案〉的通知》（国税发〔2009〕142号）发布日期：2009-09-30

31. 《国家税务总局关于启用增值税普通发票有关问题的通知》（国税发明电

〔2005〕34号）发布日期：2005-08-19

32.《国家税务总局关于纳税人取得虚开的增值税专用发票处理的通知》（国税发〔2000〕182号）发布日期：2000-11-06

33.《国家税务总局关于纳税人善意取得虚开的增值税专用发票处理问题的通知》（国税发〔2000〕187号）发布日期：2000-11-16

34.《国家税务总局关于修改《国家税务总局关于严格控制增值税专用发票使用范围的通知》的通知》（国税发〔2000〕75号）发布日期：2000-05-08

35.《国家税务总局关于商业企业向货物供应方收取的部分费用征收流转税问题的通知》（国税发〔2004〕136号）发布日期：2004-10-13

36.《国家税务总局关于印发《税务机关代开增值税专用发票管理办法（试行）》的通知》（国税发〔2004〕153号）发布日期：2004-12-22

37.《国家税务总局关于加强增值税专用发票管理有关问题的通知》（国税发〔2005〕150号）发布日期：2005-09-12

38.《国家税务总局关于国家税务局为小规模纳税人代开发票及税款征收有关问题的通知》（国税发〔2005〕18号）发布日期：2005-02-28

39.《国家税务总局关于增值税专用发票和其他抵扣凭证审核检查有关问题的补充通知》（国税发〔2005〕6号）发布日期：2005-01-10

40.《关于新版公路 内河货物运输业统一发票有关使用问题的通知》（国税发〔2007〕101号）发布日期：2007-08-26

第二节 企业所得税

企业所得税，亦称法人所得税，是指对中华人民共和国境内的企业法人（居民企业及非居民企业）和其他取得收入的法人组织以其生产经营所得为课税对象所征收的一种所得税。作为企业所得税纳税人，应依照《中华人民共和国企业所得税法》按年申报缴纳企业所得税。企业所得税纳税义务人是法人，个人独资企业和合伙企业不是法人，不适用本法，这两类企业不是企业所得税纳税义务人而征收个人所得税，是避免重复征税。

一、税种概况

（一）计税依据

依照《中华人民共和国企业所得税法》，企业所得税的计算公式为：

企业应纳所得税额＝当期应纳税所得额×适用税率

应纳税所得额=收入总额-准予扣除项目金额

1. 准予扣除项目

企业所得税法定扣除项目是据以确定企业所得税应纳税所得额的项目。企业所得税实施条例规定，企业应纳税所得额的确定，是企业的收入总额减去成本、费用、损失以及准予扣除项目的金额。

成本是纳税人为生产、经营商品和提供劳务等所发生的各项直接耗费和各项间接费用；费用是指纳税人为生产经营商品和提供劳务等所发生的销售费用、管理费用和财务费用；损失是指纳税人生产经营过程中的各项营业外支出、经营亏损和投资损失等。除此以外，在计算企业应纳税所得额时，对纳税人的财务会计处理和税收规定不一致的，应按照"税法优先"原则和具体税收规定予以调整。

2. 不得扣除项目

在计算应纳税所得额时，下列支出不得在企业所得税前扣除：

（1）资本性支出。是指纳税人购置、建造固定资产，以及对外投资的支出。企业的资本性支出，不得直接在税前扣除，应以提取折旧的方式逐步摊销。

（2）无形资产受让、开发支出。是指纳税人购置无形资产以及自行开发无形资产的各项费用支出。无形资产受让、开发支出也不得直接扣除，应在其受益期内分期摊销。

（3）资产减值准备。固定资产、无形资产计提的减值准备，不允许在税前扣除；其他资产计提的减值准备，在转化为实质性损失之前，不允许在税前扣除。

（4）违法经营的罚款和被没收财物的损失。纳税人违反国家法律、法规和规章，被有关部门处以的罚款以及被没收财物的损失，不得扣除。

（5）各项税收的滞纳金、罚金和罚款。纳税人违反国家税收法规，被税务部门处以的滞纳金和罚款、司法部门处以的罚金，以及上述以外的各项罚款，不得在税前扣除。

（6）自然灾害或者意外事故损失有赔偿的部分。纳税人遭受自然灾害或者意外事故，保险公司给予赔偿的部分，不得在税前扣除。

（7）超过国家允许扣除的公益、救济性捐赠，以及非公益、救济性捐赠。纳税人用于非公益、救济性捐赠，以及超过年度利润总额12%的部分的捐赠，不允许扣除。

（8）各种赞助支出。

（9）与取得收入无关的其他各项支出。

（二）税目和税率

企业所得税的税率为25%的比例税率。内资企业和外资企业一致，国家需要重点扶持的高新技术企业为15%，小型微利企业为20%，非居民企业为20%。

企业所得税税率表

类别	适用范围	税率	法律法规依据
基本税率	境内的企业（居民企业及非居民企业）和其他取得收入的组织	25%	《企业所得税法》第四条
低税率	（1）非居民企业在中国境内未设立机构、场所的，或者虽设立机构、场所但取得的所得与其所设机构、场所没有实际联系的，其来源于中国境内的所得；（2）符合条件的小型微利企业	20%	《企业所得税法》第四条、《企业所得税法》第二十八条
优惠税率	国家需要重点扶持的高新技术企业	15%	《企业所得税法》第二十八条
优惠税率	非居民企业取得企业所得税法第二十七条第（五）项规定的所得，亦即企业所得税法第三条第三款规定的所得，亦即：非居民企业在中国境内未设立机构、场所的，或者虽设立机构、场所但取得的所得与其所设机构、场所没有实际联系的，其来源于中国境内的所得	10%	《企业所得税法实施条例》第九十一条

（三）主要特征

企业所得税的税前扣除规定与企业实际会计处理的关系：

1. 税法优先原则：在计算应纳税所得额时，企业财务、会计处理办法与税收法律法规的规定不一致的，应当依照税收法律法规的规定计算。

2. 税法协调原则：对企业依据财务会计制度规定，并实际在财务会计处理上已确认的支出，凡没有超过《企业所得税法》和有关税收法规规定的税前扣除范围和标准的，应按企业实际会计处理确认的支出，在企业所得税前扣除，计算其应纳税所得额。

3. 税法空白原则：税收法律法规和国务院财政、税务主管部门未明确规定的具体扣除项目，在不违反税前扣除基本原则的前提下，按国家财务和会计规定计算。

《中华人民共和国企业所得税法》及其实施条例、《中华人民共和国税收征收管理法》及其实施细则、《房地产开发经营业务企业所得税处理办法》（国税发〔2009〕31号）（以下简称国税发〔2009〕31号）等有关税收法律、行政法规和规范性文件规范了房地产开发经营业务的企业所得税征收管理。国税发〔2009〕31号文件适用于中国境内从事房地产开发经营业务的企业。这里的企业既包括内资企业，也包括外商投资企业。

二、减免税优惠

企业所得税减免是指国家运用税收经济杠杆,为鼓励和扶持企业或某些特殊行业的发展而采取的一项灵活调节措施。

税法规定的企业所得税税收优惠方式包括免税、减税、加计扣除、加速折旧、减计收入、税额抵免等。其中,直接减免和减半征收的适用范围中几乎不涉及房地产行业,定期减免的2免3减半和3免3减半(自取得第一笔生产经营收入所属纳税年度起)也不涉及房地产行业。

(一) 低税率

1. 20%税率的适用范围:

小型微利企业:资产不超过5000万元;人数不超过300人;所得额不超过300万元。

2. 15%税率的适用范围:

(1) 国家重点扶持的高新企业;

(2) 投资80亿元、$0.25\mu m$的电路企业;

(3) 西部开发鼓励类产业企业。

3. 10%税率的适用范围:

(1) 非居民企业优惠;

(2) 国家布局内重点软件企业。

(二) 据实扣除后的加计扣除

加计扣除50%的适用范围:

1. 研究开发费;

2. 形成无形资产的按成本150%摊销。

加计扣除100%的适用范围:企业安置残疾人员所支付的工资。

(三) 投资抵税

投资额的70%抵扣所得额,投资中小高新技术2年以上的创投企业(股权持有满2年);

投资额的10%抵扣税额,购置并实际使用的环保、节能节水、安全生产等专用设备。

(四) 有免征额优惠

居民企业转让技术所有权所得500万元的适用范围:

1. 所得不超过500万元的部分,免税;

2. 超过500万元的部分,减半征收所得税。

(五) 西部大开发的税收优惠

1. 鼓励类及优势产业的项目进口自用设备免征关税；
2. 鼓励类的企业其主营业务收入占总收入 70%以上的，减按 15%的税率。

三、房地产企业所得税预缴管理

预缴管理主要包括预缴周期、预缴的计税依据、预缴时的优惠享受以及亏损弥补。预缴是根据企业当期实际的会计利润计算预缴数，年度终了后 5 个月内，按规定办理汇算清缴。

(一) 预缴周期

企业所得税按公历年计算。房地产企业通常按季或按月由主管税务局确定预缴周期。季度预缴一律在季度末 15 日内（节假日顺延）。

(二) 预缴计税依据

房地产企业以法定会计《利润表》所载"利润"为计税依据，不进行纳税调整，即成本、费用类扣除额无需进行纳税调整，但是以前年度亏损和季度可享受的税基式优惠可以减除。只有在企业按实际会计利润预缴存在困难的前提下，才可以申请按上年实际纳税额的 1/4，或者与主管税务局商议的其他数额预缴。

国家税务总局于 2008 年 4 月 7 日发布《关于房地产开发企业所得税预缴问题的通知》（国税函〔2008〕299 号），规定对房地产开发企业开发产品未完工前采取预售方式销售取得的预售收入，按预计毛利率计算出预计利润额，计入利润总额，申报时填入"特定业务计算的应纳税所得额"开发产品完工、结算计税成本后按照实际利润再行调整。

预计毛利额指开发项目未满足开发产品完工条件以前，有房产预售收入的开发企业，按各省税务局规定的"预计毛利率"预估提前确认征税的预计利润。

(三) 计税毛利率

企业预售房款按预计毛利率计算预计毛利额，计入当年的应纳税所得额。适用不得低于 15%计税毛利率的城市包括和 27 个省会城市、4 个直辖市及 5 个计划单列市。地级市指下辖区（县）的城市，可以规定 10%的预计利得率。地级市所辖的郊县、下辖镇的县级市、县城、乡镇的预计利得率均为 5%。

(四) 预缴企业所得税时先予弥补亏损

企业预缴申报时，存在以前年度未弥补亏损的，在本季预缴时可以先行低减利润额，从而减少本期预缴税额。由于企业所得税是按年度纳税的，季度预缴并不是真正意义上的弥补亏损，实际弥补应以年度申报表弥补情况为准。

四、现行主要文件目录

1. 《中华人民共和国企业所得税法》（主席令 2007 年第 63 号）发布日期：2007-03-16

2. 《中华人民共和国企业所得税法实施条例》（国务院令 2007 年第 512 号）发布日期：2007-12-06

3. 《房地产开发经营业务企业所得税处理办法》（国税发〔2009〕31 号）发布日期：2009-03-06

4. 《国家税务总局关于房地产开发企业注销前有关企业所得税处理问题的公告》（总局公告 2010 年第 29 号）发布日期：2010-12-24

5. 《关于房地产开发企业开发产品完工条件确认问题的批复》（国税函〔2010〕201 号）发布日期：2010-05-12

6. 《中华人民共和国企业所得税月（季）度预缴纳税申报表（A 类）》（总局公告 2011 年第 64 号附件 1）发布日期：2011-11-30

7. 《国家税务总局关于房地产开发企业成本对象管理问题的公告》（总局公告 2014 年第 35 号）发布日期：2014-06-16

8. 《国家税务总局关于房地产开发企业土地增值税清算涉及企业所得税退税有关问题的公告》（总局公告 2016 年第 81 号）发布日期：2016-12-09

9. 《国家税务总局关于企业向自然人借款的利息支出企业所得税税前扣除问题的通知》（国税函〔2009〕777 号）发布日期：2009-12-31

10. 《关于企业清算业务所得税处理有关操作问题的通知》（财税〔2009〕60 号）发布日期：2009-04-30

11. 《国家税务总局关于贯彻落实企业所得税法若干税收问题的通知》（国税函〔2010〕79 号）发布日期：2010-02-22

12. 《国家税务总局关于进一步明确企业所得税过渡期优惠政策执行口径问题的通知》（国税函〔2010〕157 号）发布日期：2010-04-21

13. 《国家税务总局关于企业所得税若干税务事项衔接问题的通知》（国税函〔2009〕98 号）发布日期：2009-02-27

14. 《国家税务总局关于企业贷款支付利息税前扣除标准的批复的通知》（国税函〔2003〕1114 号）发布日期：2003-09-30

15. 《国家税务总局关于企业所得税执行中若干税务处理问题的通知》（国税函〔2009〕202 号）发布日期：2009-04-21

16. 《国家税务总局关于企业之间相互提供贷款担保发生担保损失税前扣除问题的批复的通知》（国税函〔2007〕1272 号）发布日期：2007-12-18

17.《国家税务总局关于确认企业所得税收入若干问题的通知》(国税函〔2008〕875号) 发布日期：2008-10-30

18.《国家税务总局关于实施国家重点扶持的公共基础设施项目企业所得税优惠问题的通知》(国税发〔2009〕80号) 发布日期：2009-04-16

19.《国家税务总局关于小型微利企业预缴2010年度企业所得税有关问题的通知》(国税函〔2010〕185) 发布日期：2010-05-06

20.《国家税务总局关于印发〈企业所得税汇算清缴管理办法〉的通知》(国税发〔2009〕79号) 发布日期：2009-04-16

21.《国家税务总局关于印发〈企业资产损失税前扣除管理办法〉的通知》(国税发〔2009〕88号) 发布日期：2009-05-04

22.《关于房地产开发企业以房屋抵顶地价计算缴纳企业所得税问题的批复》(国税函〔2002〕172号) 发布日期：2002-02-04

23.《关于房地产企业开发产品完工标准税务确认条件的批复》(国税函〔2009〕342号) 发布日期：2009-06-26

24.《国家税务总局关于企业所得税若干问题的公告》(总局公告2011年第34号) 发布日期：2011-06-09

25.《国家税务总局关于企业重组业务企业所得税征收管理若干问题的公告》(总局公告2015年第48号) 发布日期：2015-06-24

26.《国家税务总局关于加强股权转让企业所得税征管工作的通知》(税总函〔2014〕318号) 发布日期：2014-07-08

27.《国家税务总局关于发布企业所得税税前扣除凭证管理办法的公告》(总局公告2018年第28号) 发布日期：2018-06-06

28.《国家税务总局关于发布修订后的〈企业所得税优惠政策事项办理办法〉的公告》(总局公告2018年第23号) 发布日期：2018-04-25

29.《国家税务总局关于固定资产加速折旧税收政策有关问题的公告》(总局公告2014年第64号) 发布日期：2014-11-14

30.《财政部 国家税务总局关于专项用途财政性资金企业所得税处理问题的通知》(财税〔2011〕70号) 发布日期：2011-09-07

31.《财政部 国家税务总局关于企业参与政府统一组织的棚户区改造有关企业所得税政策问题的通知》(财税〔2013〕65号) 发布日期：2013-09-30

32.《财政部 国家税务总局关于公共基础设施项目和环境保护、节能节水项目企业所得税优惠政策问题的通知》(财税〔2012〕10号) 发布日期：2012-01-05

33.《财政部 国家税务总局关于合伙企业合伙人所得税问题的通知》(财税〔2008〕159号) 发布日期：2008-12-23

34.《财政部 国家税务总局关于非货币性资产投资企业所得税政策问题的通知》（总局公告 2015 年第 33 号）发布日期：2015-05-08

附件：

《房地产开发经营业务企业所得税处理办法》

（国税发〔2009〕31 号）

第一章 总 则

第一条 根据《中华人民共和国企业所得税法》及其实施条例、《中华人民共和国税收征收管理法》及其实施细则等有关税收法律、行政法规的规定，制定本办法。

第二条 本办法适用于中国境内从事房地产开发经营业务的企业（以下简称企业）。

第三条 企业房地产开发经营业务包括土地的开发，建造、销售住宅、商业用房以及其他建筑物、附着物、配套设施等开发产品。除土地开发之外，其他开发产品符合下列条件之一的，应视为已经完工：

（一）开发产品竣工证明材料已报房地产管理部门备案。

（二）开发产品已开始投入使用。

（三）开发产品已取得了初始产权证明。

第四条 企业出现《中华人民共和国税收征收管理法》第三十五条规定的情形，税务机关可对其以往应缴的企业所得税按核定征收方式进行征收管理，并逐步规范，同时按《中华人民共和国税收征收管理法》等税收法律、行政法规的规定进行处理，但不得事先确定企业的所得税按核定征收方式进行征收、管理。

第二章 收入的税务处理

第五条 开发产品销售收入的范围为销售开发产品过程中取得的全部价款，包括现金、现金等价物及其他经济利益。企业代有关部门、单位和企业收取的各种基金、费用和附加等，凡纳入开发产品价内或由企业开具发票的，应按规定全部确认为销售收入；未纳入开发产品价内并由企业之外的其他收取部门、单位开具发票的，可作为代收代缴款项进行管理。

第六条 企业通过正式签订《房地产销售合同》或《房地产预售合同》所取得的收入，应确认为销售收入的实现，具体按以下规定确认：

（一）采取一次性全额收款方式销售开发产品的，应于实际收讫价款或取得索取价款凭据（权利）之日，确认收入的实现。

（二）采取分期收款方式销售开发产品的，应按销售合同或协议约定的价款和付款日确认收入的实现。付款方提前付款的，在实际付款日确认收入的实现。

（三）采取银行按揭方式销售开发产品的，应按销售合同或协议约定的价款确定收入额，其首付款应于实际收到日确认收入的实现，余款在银行按揭贷款办理转之日确认收入的实现。

（四）采取委托方式销售开发产品的，应按以下原则确认收入实现：

1. 采取支付手续费方式委托销售开发产品的，应按销售合同或协议中约定的价款于收到受托方已销开发产品清单之日确认收入的实现。

2. 采取视同买断方式委托销售开发产品的，属于企业与购买方签订销售合同或协议，或企业、受托方、购买方三方共同签订销售合同或协议的，如果销售合同或协议中约定的价格高于买断价格，则应按销售合同或协议中约定的价格计算的价款于收到受托方已销开发产品清单之日确认收入的实现；如果属于前两种情况中销售合同或协议中约定的价格低于买断价格，以及属于受托方与购买方签订销售合同或协议的，则应按买断价格计算的价款于收到受托方已销开发产品清单之日确认收入的实现。

3. 采取基价（保底价）并实行超基价双方分成方式委托销售开发产品的，属于由企业与购买方签订销售合同或协议，或企业、受托方、购买方三方共同签订销售合同或协议的，如果销售合同或协议中约定的价格高于基价，则应按销售合同或协议中约定的价格计算的价款于收到受托方已销开发产品清单之日确认收入的实现，企业按规定支付受托方的分成额，不得直接从销售收入中减除；如果销售合同或协议约定的价格低于基价的，则应按基价计算的价款于收到受托方已销开发产品清单之日确认收入的实现。属于由受托方与购买方直接签订销售合同的，则应按基价加上按规定取得的分成额于收到受托方已销开发产品清单之日确认收入的实现。

4. 采取包销方式委托销售开发产品的，包销期内可根据包销合同的有关约定，参照上述1至3项规定确认收入的实现；包销期满后尚未出售的开发产品，企业应根据包销合同或协议约定的价款和付款方式确认收入的实现。

第七条 企业将开发产品用于捐赠、赞助、职工福利、奖励、对外投资、分配给股东或投资人、抵偿债务、换取其他企事业单位和个人的非货币性资产等行为，应视同销售，于开发产品所有权或使用权转移，或于实际取得利益权利时确认收入（或利润）的实现。确认收入（或利润）的方法和顺序为：

（一）按本企业近期或本年度最近月份同类开发产品市场售价确定；

（二）由主管税务机关参照当地同类开发产品市场公允价值确定；

（三）按开发产品的成本利润率确定。开发产品的成本利润率不得低于15%，具体比例由主管税务机关确定。

第八条 企业销售未完工开发产品的计税毛利率由各省、自治、直辖市国家税务局、地方税务局按下列规定进行确定：

（一）开发项目位于省、自治区、直辖市和计划单列市人民政府所在地城市城区和郊区的，不得低于15%。

（二）开发项目位于地及地级市城区及郊区的，不得低于10%。

（三）开发项目位于其他地区的，不得低于5%。

（四）属于经济适用房、限价房和危改房的，不得低于3%。

第九条 企业销售未完工开发产品取得的收入，应先按预计计税毛利率分季（或月）计算出预计毛利额，计入当期应纳税所得额。开发产品完工后，企业应及时结算其计税成本并计算此前销售收入的实际毛利额，同时将其实际毛利额与其对应的预计毛利额之间的差额，计入当年度企业本项目与其他项目合并计算的应纳税所得额。

在年度纳税申报时，企业须出具对该项开发产品实际毛利额与预计毛利额之间差异调整情况的报告以及税务机关需要的其他相关资料。

第十条 企业新建的开发产品在尚未完工或办理房地产初始登记、取得产权证前，与承租人签订租赁预约协议的，自开发产品交付承租人使用之日起，出租方取得的预租价款按租金确认收入的实现。

第三章 成本、费用扣除的税务处理

第十一条 企业在进行成本、费用的核算与扣除时，必须按规定区分期间费用和开发产品计税成本、已销开发产品计税成本与未销开发产品计税成本。

第十二条 企业发生的期间费用、已销开发产品计税成本、营业税金及附加、土地增值税准予当期按规定扣除。

第十三条 开发产品计税成本的核算应按第四章的规定进行处理。

第十四条 已销开发产品的计税成本，按当期已实现销售的可售面积和可售面积单位工程成本确认。可售面积单位工程成本和已销开发产品的计税成本按下列公式计算确定：

可售面积单位工程成本＝成本对象总成本÷成本对象总可售面积

已销开发产品的计税成本＝已实现销售的可售面积×可售面积单位工程成本

第十五条 企业对尚未出售的已完工开发产品和按照有关法律、法规或合同规定对已售开发产品（包括共用部位、共用设施设备）进行日常维护、保养、修理等实际发生的维修费用，准予在当期据实扣除。

第十六条 企业将已计入销售收入的共用部位、共用设施设备维修基金按规定移交给有关部门、单位的，应于移交时扣除。

第十七条 企业在开发区内建造的会所、物业管理场所、电站、热力站、水厂、文体场馆、幼儿园等配套设施，按以下规定进行处理：

（一）属于非营利性且产权属于全体业主的，或无偿赠与地方政府、公用事业单位的，可将其视为公共配套设施，其建造费用按公共配套设施费的有关规定进行处理。

（二）属于营利性的，或产权归企业所有的，或未明确产权归属的，或无偿赠与地方政府、公用事业单位以外其他单位的，应当单独核算其成本。除企业自用应按建造固定资产进行处理外，其他一律按建造开发产品进行处理。

第十八条 企业在开发区内建造的邮电通讯、学校、医疗设施应单独核算成本，其中，由企业与国家有关业务管理部门、单位合资建设，完工后有偿移交的，国家有关业务管理部门、单位给予的经济补偿可直接抵扣该项目的建造成本，抵扣后的差额应调整当期应纳税所得额。

第十九条 企业采取银行按揭方式销售开发产品的，凡约定企业为购买方的按揭贷款提供担保的，其销售开发产品时向银行提供的保证金（担保金）不得从销售收入中减除，也不得作为费用在当期税前扣除，但实际发生损失时可据实扣除。

第二十条 企业委托境外机构销售开发产品的，其支付境外机构的销售费用（含佣金或手续费）不超过委托销售收入10%的部分，准予据实扣除。

第二十一条 企业的利息支出按以下规定进行处理：

（一）企业为建造开发产品借入资金而发生的符合税收规定的借款费用，可按企业会计准则的规定进行归集和分配，其中属于财务费用性质的借款费用，可直接在税前扣除。

（二）企业集团或其成员企业统一向金融机构借款分摊集团内部其他成员企业使用的，借入方凡能出具从金融机构取得借款的证明文件，可以在使用借款的企业间合理的分摊利息费用，使用借款的企业分摊的合理利息准予在税前扣除。

第二十二条 企业因国家无偿收回土地使用权而形成的损失，可作为财产损失按有关规定在税前扣除。

第二十三条 企业开发产品（以成本对象为计量单位）整体报废或毁损，其净损失按有关规定审核确认后准予在税前扣除。

第二十四条 企业开发产品转为自用的，其实际使用时间累计未超过12个月又销售的，不得在税前扣除折旧费用。

第四章 计税成本的核算

第二十五条 计税成本是指企业在开发、建造开发产品（包括固定资产，下同）过程中所发生的按照税收规定进行核算与计量的应归入某项成本对象的各项费用。

第二十六条 成本对象是指为归集和分配开发产品开发、建造过程中的各项耗费而确定的费用承担项目。计税成本对象的确定原则如下：

（一）可否销售原则。开发产品能够对外经营销售的，应作为独立的计税成本对象进行成本核算；不能对外经营销售的，可先作为过渡性成本对象进行归集，然后再将其相关成本摊入能够对外经营销售的成本对象。

（二）分类归集原则。对同一开发地点、竣工时间相近、产品结构类型没有明显差异的群体开发的项目，可作为一个成本对象进行核算。

（三）功能区分原则。开发项目某组成部分相对独立，且具有不同使用功能时，可以作为独立的成本对象进行核算。

（四）定价差异原则。开发产品因其产品类型或功能不同等而导致其预期售价存在较大差异的，应分别作为成本对象进行核算。

（五）成本差异原则。开发产品因建筑上存在明显差异可能导致其建造成本出现较大差异的，要分别作为成本对象进行核算。

（六）权益区分原则。开发项目属于受托代建的或多方合作开发的，应结合上述原则分别划分成本对象进行核算。

成本对象由企业在开工之前合理确定，并报主管税务机关备案。成本对象一经确定，不能随意更改或相互混淆，如确需改变成本对象的，应征得主管税务机关同意。

第二十七条 开发产品计税成本支出的内容如下：

（一）土地征用费及拆迁补偿费。指为取得土地开发使用权（或开发权）而发生的各项费用，主要包括土地买价或出让金、大市政配套费、契税、耕地占用税、土地使用费、土地闲置费、土地变更用途和超面积补交的地价及相关税费、拆迁补偿支出、安置及动迁支出、回迁房建造支出、农作物补偿费、危房补偿费等。

（二）前期工程费。指项目开发前期发生的水文地质勘察、测绘、规划、设计、可行性研究、筹建、场地通平等前期费用。

（三）建筑安装工程费。指开发项目开发过程中发生的各项建筑安装费用。主要包括开发项目建筑工程费和开发项目安装工程费等。

（四）基础设施建设费。指开发项目在开发过程中所发生的各项基础设施支出，主要包括开发项目内道路、供水、供电、供气、排污、排洪、通讯、照明等社区管网工程费和环境卫生、园林绿化等园林环境工程费。

（五）公共配套设施费：指开发项目内发生的、独立的、非营利性的，且产权属于全体业主的，或无偿赠与地方政府、政府公用事业单位的公共配套设施支出。

（六）开发间接费。指企业为直接组织和管理开发项目所发生的，且不能将其归属于特定成本对象的成本费用性支出。主要包括管理人员工资、职工福利费、折旧费、修理费、办公费、水电费、劳动保护费、工程管理费、周转房摊销以及项目营销设施建造费等。

第二十八条 企业计税成本核算的一般程序如下：

（一）对当期实际发生的各项支出，按其性质、经济用途及发生的地点、时间区进行整理、归类，并将其区分为应计入成本对象的成本和应在当期税前扣除的期间费用。同时还应按规定对在有关预提费用和待摊费用进行计量与确认。

（二）对应计入成本对象中的各项实际支出、预提费用、待摊费用等合理的划分为直接成本、间接成本和共同成本，并按规定将其合理的归集、分配至已完工成本对象、在建成本对象和未建成本对象。

（三）对期前已完工成本对象应负担的成本费用按已销开发产品、未销开发产品和固定资产进行分配，其中应由已销开发产品负担的部分，在当期纳税申报时进行扣除，未销开发产品应负担的成本费用待其实际销售时再予扣除。

（四）对本期已完工成本对象分类为开发产品和固定资产并对其计税成本进行结算。其中属于开发产品的，应按可售面积计算其单位工程成本，据此再计算已销开发产品计税成本和未销开发产品计税成本。对本期已销开发产品的计税成本，准予在当期扣除，未销开发产品计税成本待其实际销售时再予扣除。

（五）对本期未完工和尚未建造的成本对象应当负担的成本费用，应按分别建立明细台账，待开发产品完工后再予结算。

第二十九条 企业开发、建造的开发产品应按制造成本法进行计量与核算。其中，应计入开发产品成本中的费用属于直接成本和能够分清成本对象的间接成本，直接计入成本对象，共同成本和不能分清负担对象的间接成本，应按受益的原则和配比的原则分配至各成本对象，具体分配方法可按以下规定选择其一：

（一）占地面积法。指按已动工开发成本对象占地面积占开发用地总面积的比例进行分配。

1. 一次性开发的，按某一成本对象占地面积占全部成本对象占地总面积的比例进行分配。

2. 分期开发的，首先按本期全部成本对象占地面积占开发用地总面积的比例进行分配，然后再按某一成本对象占地面积占期内全部成本对象占地总面积的比例进行分配。

期内全部成本对象应负担的占地面积为期内开发用地占地面积减除应由各期成本对象共同负担的占地面积。

（二）建筑面积法。指按已动工开发成本对象建筑面积占开发用地总建筑面积的比例进行分配。

1. 一次性开发的，按某一成本对象建筑面积占全部成本对象建筑面积的比例进行分配。

2. 分期开发的，首先按期内成本对象建筑面积占开发用地计划建筑面积的比例进行分配，然后再按某一成本对象建筑面积占期内成本对象总建筑面积的比例进行分配。

（三）直接成本法。指按期内某一成本对象的直接开发成本占期内全部成本对象直接开发成本的比例进行分配。

（四）预算造价法。指按期内某一成本对象预算造价占期内全部成本对象预算造价的比例进行分配。

第三十条 企业下列成本应按以下方法进行分配：

（一）土地成本，一般按占地面积法进行分配。如果确需结合其他方法进行分配的，应商税务机关同意。

土地开发同时连结房地产开发的，属于一次性取得土地分期开发房地产的情况，其土地开发成本经商税务机关同意后可先按土地整体预算成本进行分配，待土地整体开发完毕再行调整。

（二）单独作为过渡性成本对象核算的公共配套设施开发成本，应按建筑面积法进行分配。

（三）借款费用属于不同成本对象共同负担的，按直接成本法或按预算造价法进行分配。

（四）其他成本项目的分配法由企业自行确定。

第三十一条 企业以非货币交易方式取得土地使用权的，应按下列规定确定其成本：

（一）企业、单位以换取开发产品为目的，将土地使用权投资企业的，按下列规定进行处理：

1. 换取的开发产品如为该项土地开发、建造的，接受投资的企业在接受土地使用权时暂不确认其成本，待首次分出开发产品时，再按应分出开发产品（包括首次分出的和以后应分出的）的市场公允价值和土地使用权转移过程中应支付的相关税费计算确认该项土地使用权的成本。如涉及补价，土地使用权的取得成本还应加上应支付的补价款或减除应收到的补价款。

2. 换取的开发产品如为其他土地开发、建造的，接受投资的企业在投资交易发生时，按应付出开发产品市场公允价值和土地使用权转移过程中应支付的相关税费计算确认该项土地使用权的成本。如涉及补价，土地使用权的取得成本还应加上应支付补价款或减除应收到的补价款。

（二）企业、单位以股权的形式，将土地使用权投资企业的，接受投资的企业应在投资交易发生时，按该项土地使用权的市场公允价值和土地使用权转移过程中应支付的相关税费计算确认该项土地使用权的取得成本。如涉及补价，土地使用权的取得成本还应加上应支付的补价款或减除应收到的补价款。

第三十二条 除以下几项预提（应付）费用外，计税成本均应为实际发生的成本。

（一）出包工程未最终办理结算而未取得全额发票的，在证明资料充分的前提下，其发票不足金额可以预提，但最高不得超过合同总金额的10%。

（二）公共配套设施尚未建造或尚未完工的，可按预算造价合理预提建造费用。此类公共配套设施必须符合已在售房合同、协议或广告、模型中明确承诺建造且不可撤销，或按照法律法规必须配套建造的条件。

（三）应向政府上交但尚未上交的报批报建费用、物业完善费用可以按规定预提。物业完善费用是指按规定应由企业承担的物业管理基金、公建维修基金或其他专项基金。

第三十三条　企业单独建造的停车场所，应作为成本对象单独核算。利用地下基础设施形成的停车场所，作为公共配套设施进行处理。

第三十四条　企业在结算计税成本时其实际发生的支出应当取得但未取得合法凭据的，不得计入计税成本，待实际取得合法凭据时，再按规定计入计税成本。

第三十五条　开发产品完工以后，企业可在完工年度企业所得税汇算清缴前选择确定计税成本核算的终止日，不得滞后。凡已完工开发产品在完工年度未按规定结算计税成本，主管税务机关有权确定或核定其计税成本，据此进行纳税调整，并按《中华人民共和国税收征收管理法》的有关规定对其进行处理。

第五章　特定事项的税务处理

第三十六条　企业以本企业为主体联合其他企业、单位、个人合作或合资开发房地产项目，且该项目未成立独立法人公司的，按下列规定进行处理：

（一）凡开发合同或协议中约定向投资各方（即合作、合资方，下同）分配开发产品的，企业在首次分配开发产品时，如该项目已经结算计税成本，其应分配给投资方开发产品的计税成本与其投资额之间的差额计入当期应纳税所得额；如未结算计税成本，则将投资方的投资额视同销售收入进行相关的税务处理。

（二）凡开发合同或协议中约定分配项目利润的，应按以下规定进行处理：

1. 企业应将该项目形成的营业利润额并入当期应纳税所得额统一申报缴纳企业所得税，不得在税前分配该项目的利润。同时不能因接受投资方投资额而在成本中摊销或在税前扣除相关的利息支出。

2. 投资方取得该项目的营业利润应视同股息、红利进行相关的税务处理。

第三十七条　企业以换取开发产品为目的，将土地使用权投资其他企业房地产开发项目的，按以下规定进行处理：

企业应在首次取得开发产品时，将其分解为转让土地使用权和购入开发产品两项经济业务进行所得税处理，并按应从该项目取得的开发产品（包括首次取得的和以后应取得的）的市场公允价值计算确认土地使用权转让所得或损失。

第六章 附 则

第三十八条 从事房地产开发经营业务的外商投资企业在 2007 年 12 月 31 日前存有销售未完工开发产品取得的收入,至该项开发产品完工后,一律按本办法第九条规定的办法进行税务处理。

第三十九条 本通知自 2008 年 1 月 1 日起执行。

第三节 土地增值税

土地增值税是土地的增值税,是特殊的增值税。土地增值税属地征收,显著特征可以概括八个字:"国有、有偿、转让、增值"。

一、税种特征

(一) 土地增值税概述

1. 纳税人

(1)《土地增值税暂行条例》第二条:转让国有土地使用权、地上的建筑物及其附着物(以下简称转让房地产)并取得收入的单位和个人,为土地增值税的纳税义务人(以下简称纳税人)。

(2)《土地增值税实施细则》第六条:条例第二条所称的单位,是指各类企业单位、事业单位、国家机关和社会团体及其他组织。

条例第二条所称个人,包括个体经营者。

2. 纳税行为

(1) 转让国有土地使用权并取得收入;(2) 转让地上的建筑物及其附着物并取得收入。

3. 计税依据

(1)《土地增值税暂行条例》第四条:纳税人转让房地产所取得的收入减除本条例第六条规定扣除项目金额后的余额,为增值额。

(2)《土地增值税暂行条例》第五条:纳税人转让房地产所取得的收入,包括货币收入、实物收入和其他收入。

(3)《土地增值税实施细则》第五条:条例第二条所称的收入,包括转让房地产的全部价款及有关的经济收益。

4. 税率

《土地增值税暂行条例》第七条土地增值税实行四级超率累进税率:

增值额未超过扣除项目金额50%的部分，税率为30%。

增值额超过扣除项目金额50%、未超过扣除项目金额100%的部分，税率为40%。

增值额超过扣除项目金额100%、未超过扣除项目金额200%的部分，税率为50%。

增值额超过扣除项目金额200%的部分，税率为60%。

土地增值税率表

级数	计税依据	适用税率	速算扣除率
1	增值额未超过扣除项目金额50%的部分	30%	0
2	增值额超过扣除项目金额50%、未超过扣除项目金额100%的部分	40%	5%
3	增值额超过扣除项目金额100%、未超过扣除项目金额200%的部分	50%	15%
4	增值额超过扣除项目金额200%的部分	60%	35%

5. 纳税地点

土地增值税的纳税人应向房地产所在地主管税务部门办理纳税申报，并在税务部门核定的期限内缴纳。"房地产所在地"，是指房地产的坐落地。纳税人转让的房地产坐落在两个或以上地区的，应按房地产所在地分别申报纳税。

6. 房地产企业的应税行为

（1）土地使用权转让

根据《国家税务总局关于印发〈土地增值税宣传提纲〉的通知》（国税函发〔1995〕110号）第六条的规定：

① 对取得土地或房地产使用权后，未进行开发即转让的，计算其增值额时，只允许扣除取得土地使用权时支付的地价款、交纳的有关费用，以及在转让环节缴纳的税金。

② 对取得土地使用权后投入资金，将生地变为熟地转让的计算其增值额时，允许扣除取得土地使用权时支付的地价款、交纳的有关费用，和开发土地所需成本再加计成本的20%以及在转让环节缴纳的税金。

（2）在建工程转让

《国家税务总局关于房地产开发企业土地增值税清算管理有关问题的通知》（国税发〔2006〕187号）第二条第一款：符合下列情形之一的，纳税人应进行土地增值税的清算：

……整体转让未竣工决算房地产开发项目的。

（3）新建房转让，这个就不用说了，先预征，再清算。

(4) 存量房转让

存量房地产是指已经建成并已投入使用的房地产，其房屋所有人将房屋产权和土地使用权一并转让给其他单位和个人的行为。也征！

(5) 以房地产投资、联营

按照《财政部　国家税务总局关于土地增值税一些具体问题规定的通知》（财税字〔1995〕048号）第一条：对于以房地产进行投资，联营的，投资，联营的一方以土地（房地产）作价入股进行投资或作为联营条件，将房地产转让到所投资，联营的企业中时，暂免征收土地增值税。对投资，联营企业将上述房地产再转让的，应征收土地增值税。(2006年3月2日以前有效)

按照《财政部　国家税务总局关于土地增值税若干问题的通知》（财税〔2006〕21号）第五条：房地产开发企业以其建造的商品房进行投资和联营的，均不适用《财政部　国家税务总局关于土地增值税一些具体问题规定的通知》（财税字〔1995〕048号）第一条暂免征收土地增值税的规定。(2006年3月2日以后有效)

(6) 合作建房

按照《财政部　国家税务总局关于土地增值税一些具体问题规定的通知》（财税字〔1995〕048号）第二条：对于一方出地，一方出资金，双方合作建房，建成后按比例分房自用的，暂免征收土地增值税；建成后转让的，应征收土地增值税。

(7) 企业兼并

《财政部　国家税务总局关于土地增值税一些具体问题规定的通知》（财税字〔1995〕048号）第三条：在企业兼并中，对被兼并企业将房地产转让到兼并企业中的，暂免征收土地增值税。

(8) 房地产抵押

房地产抵押的在抵押期间不征税，抵押期满后如房地产权属未转移的不征税；如以房地产抵债而发生的房地产权属转移，则属于土地增值税的征税范围。

(9) 房地产出租

房地产出租是指房产的产权所有人、依照法律规定取得土地使用权的土地使用人，将房产、土地使用权租赁给承租人使用，由承租人向出租人支付租金的行为。房地产出租没有涉及转让，因此不属于土地增值税的征税范围。

(10) 房地产赠与不征收土地增值税

按照《土地增值税实施细则》第二条：条例第二条所称的转让国有土地使用权、地上的建筑物及其附着物并取得收入，是指以出售或者其他方式有偿转让房地产的行为。不包括以继承、赠与方式无偿转让房地产的行为。

按照《财政部　国家税务总局关于土地增值税一些具体问题规定的通知》（财税字〔1995〕048号）第四条：

细则所称的"赠与"是指如下情况：房产所有人，土地使用权所有人通过中国境内非营利的社会团体，国家机关将房屋产权，土地使用权赠与教育，民政和其他社会福利，公益事业的。

（11）房地产交换

房地产交换是指单位一方以房地产与另一方的房地产进行交换或一方以房地产与另一方的实物进行交换的行为，由于这种行为既有房地产的转移又取得了收入，因此，属于土地增值税征税范围。

（12）房地产自用

按照《国家税务总局关于房地产开发企业土地增值税清算管理有关问题的通知》（国税发〔2006〕187号）第三条第二款：房地产开发企业将开发的部分房地产转为企业自用或用于出租等商业用途时，如果产权未发生转移，不征收土地增值税，在税款清算时不列收入，不扣除相应的成本和费用。

（13）视同销售

按照《国家税务总局关于房地产开发企业土地增值税清算管理有关问题的通知》（国税发〔2006〕187号）第三条第一款：房地产开发企业将开发产品用于职工福利、奖励、对外投资、分配给股东或投资人、抵偿债务、换取其他单位和个人的非货币性资产等，发生所有权转移时应视同销售房地产。

（14）代建项目

房地产开发公司代客户进行房地产开发，开发完成后向客户收取代建收入，并没有发生房地产产权的转移，不属于土地增值税的征税范围。

（15）房地产重估

对于由于清产核资等原因的资产重估，同样没有发生房地产产权的转移，也不属于土地增值税的征税范围。

（二）主要特征

1. 以转让房地产的增值额为计税依据

土地增值税的增值额是以征税对象的全部销售收入额扣除与其相关的成本、费用、税金及其他项目金额后的余额，与增值税的增值额略有所不同。

2. 征税面比较广

凡在中国境内转让房地产并取得收入的单位和个人，除税法规定免税的外，均应依照土地增值税条例规定缴纳土地增值税。换言之，凡发生应税行为的单位和个人，不论其经济性质，也不分内、外资企业或中、外籍人员，无论专营或兼营房地产业务，均有缴纳土地增值税的义务。

3. 实行超率累进税率

土地增值税的税率是以转让房地产增值率的高低为依据来确认，按照累进原则设计，实行分级计税，增值率高的，税率高，多纳税；增值率低的，税率低，少纳税。

4. 实行按次征收

土地增值税在房地产发生转让的环节，实行按次征收，每发生一次转让行为，就应根据每次取得的增值额征一次税。

二、减免税优惠

免征土地增值税，免征不等同于不征，虽然其效果类似。

1. 《土地增值税条例》第八条第一款：纳税人建造普通标准住宅出售，增值额未超过扣除项目金额20%的，免征；若超过则全额征收。

2. 《土地增值税条例》第八条第二款：因国家建设需要依法征用、收回的房地产。

3. 对个人之间互换自有居住用房地产的，经当地税务部门核实，可以免征土地增值税。

4. 个人因工作调动或改善居住条件而转让原自用住房，经向税务部门申报核准，凡居住满五年或五年以上的，免予征收土地增值税。

三、清算的规定

（一）主动清算和被动清算

1. 主动清算

按照《国家税务总局关于房地产开发企业土地增值税清算管理有关问题的通知》（国税发〔2006〕187号文）第二条第一款的规定：

符合下列情形之一的，纳税人应进行土地增值税的清算：

① 房地产开发项目全部竣工、完成销售的；

② 整体转让未竣工决算房地产开发项目的；

③ 直接转让土地使用权的。

2. 被动清算

按照《国家税务总局关于房地产开发企业土地增值税清算管理有关问题的通知》（国税发〔2006〕187号文）第二条第二款的规定：

符合下列情形之一的，主管税务部门可要求纳税人进行清算：

① 已竣工验收的房地产开发项目，已转让的房地产建筑面积占整个项目可售建筑面积的比例在85%以上，或该比例虽未超过85%，但剩余的可售建筑面积已经出租或自用的；

② 取得销售（预售）许可证满三年仍未销售完毕的；

③ 纳税人申请注销税务登记但未办理土地增值税清算手续的；

④ 省税务机关规定的其他情况。

（二）分期开发

按照《国家税务总局关于房地产开发企业土地增值税清算管理有关问题的通知》（国税发〔2006〕187号文）第一条的规定：

土地增值税以国家有关部门审批的房地产开发项目为单位进行清算，对于分期开发的项目，以分期项目为单位清算。

（三）核定征收

应纳税额核定征收权是税务部门最大的权力，是税收强制性的体现。

根据《土地增值税暂行条例》第九条规定：

纳税人有下列情形之一的，按照房地产评估价格计算征收：

1. 隐瞒、虚报房地产成交价格的；
2. 提供扣除项目金额不实的；
3. 转让房地产的成交价格低于房地产评估价格，又无正当理由的。

按照《国家税务总局关于房地产开发企业土地增值税清算管理有关问题的通知》（国税发〔2006〕187号文）第七条的规定：

房地产开发企业有下列情形之一的，税务机关可以参照与其开发规模和收入水平相近的当地企业的土地增值税税负情况，按不低于预征率的征收率核定征收土地增值税：

1. 依照法律、行政法规的规定应当设置但未设置簿的；
2. 擅自销毁簿或者拒不提供纳税资料的；
3. 虽设置簿，但目混乱或者成本资料、收入凭证、费用凭证残缺不全，难以确定转让收入或扣除项目金额的；
4. 符合土地增值税清算条件，未按照规定的期限办理清算手续，经税务机关责令限期清算，逾期仍不清算的；
5. 申报的计税依据明显偏低，又无正当理由的。

但在实务中，有些地方的税务部门扩大了核定征收的范围，其后果就是，有的时候增加了企业负担，也有的时候减少了企业负担。

四、现行主要文件目录

1. 《中华人民共和国土地增值税暂行条例》（国务院令第138号）发文日期：1993-12-13
2. 《中华人民共和国土地增值税暂行条例实施细则》（财法字〔1995〕006号）发文日期：1995-01-27
3. 《财政部关于对1994年1月1日前签订开发及转让合同的房地产征免土地增值

税的通知》（财法字〔1995〕007号）发文日期：1995-01-27

4.《关于印发企业交纳土地增值税会计处理规定的通知》发文日期：1995-03-07

5.《国家税务总局关于印发〈土地增值税宣传提纲〉的通知》（国税函发〔1995〕110号）发文日期：1995-03-16

6.《财政部 国家税务总局关于土地增值税一些具体问题规定的通知》（财税字〔1995〕048号）发文日期：1995-05-25

7.《财政部 国家税务总局关于调整房地产市场若干税收政策的通知》（财税字〔1999〕210号）发文日期：1999-07-29

8.《财政部 国家税务总局关于土地增值税优惠政策延期的通知》（财税字〔1999〕293号）发文日期：1999-12-24

9.《国家税务总局关于认真做好土地增值税征收管理工作的通知》（国税函〔2002〕615号）发文日期：2002-07-10

10.《国务院办公厅转发建设部等部门关于做好稳定住房价格工作意见的通知》（国办发〔2005〕26号）发文日期：2005-05-09

11.《财政部 国家税务总局关于土地增值税若干问题的通知》（财税〔2006〕21号）发文日期：2006-03-02

12.《财政部 国家税务总局关于土地增值税普通标准住宅有关政策的通知》（财税〔2006〕141号）发文日期：2006-10-20

13.《国家税务总局关于房地产开发企业土地增值税清算管理有关问题的通知》（国税发〔2006〕187号）发文日期：2006-12-28

14.《财政部 国家税务总局关于廉租住房、经济适用住房和住房租赁有关税收政策的通知》（财税〔2008〕24号）发文日期：2008-03-03

15.《财政部 国家税务总局关于调整房地产交易环节税收政策的通知》（财税〔2008〕137号）发文日期：2008-10-22

16.《国家税务总局关于印发〈土地增值税清算鉴证业务准则〉的通知》（国税发〔2007〕132号）发文日期：2007-12-29

17.《国家税务总局关于印发〈土地增值税清算管理规程〉的通知》（国税发〔2009〕91号）发文日期：2009-05-12

18.《国家税务总局关于加强土地增值税征管工作的通知》（国税发〔2010〕53号）发文日期：2010-05-25

第二条："为了发挥土地增值税在预征阶段的调节作用，各地须对目前的预征率进行调整。除保障性住房外，东部地区省份预征率不得低于2%，中部和东北地区省份不得低于1.5%，西部地区省份不得低于1%，各地要根据不同类型房地产确定适当的预征率（地区的划分按照国务院有关文件的规定执行）。对尚未预征或暂缓预征的地区，应切实按照税收法律法规开展预征，确保土地增值税在预征阶段及时、充分发挥调节作用。"

19.《国家税务总局关于土地增值税清算有关问题的通知》（国税函〔2010〕220号）发文日期：2010-05-19

20.《国家税务总局关于纳税人开发回迁安置用房有关营业税问题的公告》（总局公告2014年第2号）发文日期：2014-01-08

21.《国家税务总局关于通过招拍挂方式取得土地缴纳城镇土地使用税问题的公告》（总局公告2014年第74号）发文日期：2014-12-31

22.《财政部 国家税务总局关于企业改制重组有关土地增值税政策的通知》（财税〔2015〕5号）发文日期：2015-02-02

第五条："五、上述改制重组有关土地增值税政策不适用于房地产开发企业。"

23.《财政部 国家税务总局关于营改增后契税、房产税、土地增值税、个人所得税计税依据问题的通知》（财税〔2016〕43号）发文日期：2016-04-25

24.《国家税务总局关于营改增后土地增值税若干征管规定的公告》（总局公告2016年第70号）发文日期：2016-11-10

25.《国家税务总局关于房地产开发企业土地增值税清算涉及企业所得税退税有关问题的公告》（总局公告2016年第81号）发布日期：2016-12-09

26.《财政部 国家税务总局关于土地增值税普通标准住宅有关政策的通知》（财税〔2006〕141号）发布日期：2006-10-20

27.《中国注册税务师协会关于印发土地增值税清算鉴证业务指导意见（试行）的通知》（中税协发〔2011〕110号）发布日期：2011-12-14

28.《国家税务总局关于修订土地增值税纳税申报表的通知》（税总函〔2016〕309号）发布日期：2016-07-07

29.《国家税务总局关于建立土地增值税重点税源户监控制度的通知》（国税函〔2007〕544号）发布日期：2016-07-07

30.《国家税务总局关于深入开展土地增值税清算工作的通知》（国税总函〔2013〕658号）发布日期：2013-12-02

31.《国家税务总局关于进一步加强土地增值税征收管理工作的通知》（国税发〔1996〕227号）发布日期：1996-12-17

32.《国家税务总局关于转让地上建筑物土地增值税征收问题的批复》（国税函〔2010〕347号）发布日期：2010-07-26

（截至2021年6月）

第四节 个人所得税

个人所得税的纳税义务人,既包括居民纳税义务人,也包括非居民纳税义务人。居民纳税义务人负有完全纳税的义务,必须就其来源于中国境内、境外的全部所得,缴纳个人所得税;而非居民纳税义务人仅就其来源于中国境内的所得,缴纳个人所得税。

一、税种特征

(一)课税对象(征税范围)

2019年1月1日,新个税法实施后,个人所得税税目有原来的十一个改为六个,撤销了"其他所得",将"工资、薪金所得,劳务报酬所得,稿酬所得,特许权使用费所得"改成新税目——"综合所得"的子项目。

1. 综合所得

(1)工资、薪金所得

工资、薪金所得,是指个人因任职或受雇而取得的工资、薪金、奖金、年终加薪、劳动分红、津贴、补贴以及与任职或受雇有关的其他所得。这就是说,个人取得的所得,只要是与任职、受雇有关,不管其单位的资金开支渠道或以现金、实物、有价证券等形式支付的,都是工资、薪金所得项目的课税对象。

(2)劳务报酬所得

劳务报酬所得,是指个人从事设计、装潢、安装、制图、化验、测试、医疗、法律、会计、咨询、讲学、新闻、广播、翻译、审稿、书画、雕刻、影视、录音、录像、演出、表演、广告、展览、技术服务、介绍服务、经济服务、代办服务以及其他劳务取得的所得。

(3)稿酬所得

稿酬所得,是指个人因其作品以图书、报纸形式出版、发表而取得的所得。这里所说的"作品",是指包括中外文字、图片、乐谱等能以图书、报刊方式出版、发表的作品;"个人作品",包括本人的著作、翻译的作品等。个人取得遗作稿酬,应按稿酬所得项目计税。

(4)特许权使用费所得

特许权使用费所得,是指个人提供专利权、著作权、商标权、非专利技术以及其他特许权的使用权取得的所得。提供著作权的使用权取得的所得,不包括稿酬所得。作者将自己文字作品手稿原件或复印件公开拍卖(竞价)取得的所得,应按特许权使用费所得项目计税。

2. 经营所得

是将原个体工商户的生产、经营所得和原对企业事业单位的承包经营、承租经营所得合并了。其中，个体工商户的生产、经营所得包括：

（1）经工商行政管理部门批准开业并领取营业执照的城乡个体工商户，从事工业、手工业、建筑业、交通运输业、商业、饮食业、服务业、修理业及其他行业的生产、经营取得的所得。

（2）个人经政府有关部门批准，取得营业执照，从事办学、医疗、咨询以及其他有偿服务活动取得的所得。

（3）其他个人从事个体工商业生产、经营取得的所得，既个人临时从事生产、经营活动取得的所得。

（4）上述个体工商户和个人取得的生产、经营有关的各项应税所得。

对企事业单位的承包经营、承租经营所得，是指个人承包经营、承租经营以及转包、转租取得的所得，包括个人按月或者按次取得的工资、薪金性质的所得。

3. 利息、股息、红利所得

利息、股息、红利所得，是指个人拥有债权、股权而取得的利息、股息、红利所得。利息是指个人的存款利息（征过一段时间的个税，2008年10月9日起暂免征个人所得税）、货款利息和购买各种债券的利息。股息，也称股利，是指股票持有人根据股份制公司章程规定，凭股票定期从股份公司取得的投资利益。红利，也称分红，是指股份公司或企业根据应分配的利润按股份分配超过股息部分的利润。股份制企业以股票形式向股东个人支付股息、红利即派发红股，应以派发的股票面额为收入额计税。

4. 财产租赁所得

财产租赁所得，是指个人出租建筑物，土地使用权、机器设备车船以及其他财产取得的所得。所称财产包括动产和不动产。

5. 财产转让所得

财产转让所得，是指个人转让有价证券、股权、建筑物、土地使用权、机器设备、车船以及其他自有财产给他人或单位而取得所得，包括转让不动产和动产而取得的所得。对个人股票买卖取得的所得暂不征税。

6. 偶然所得

偶然所得，是指个人取得的所得是非经常性的，属于各种机遇性所得，包括得奖、中奖、中彩以及其他偶然性质的所得（含奖金、实物和有价证券）。个人购买社会福利有奖募捐奖券、中国体育彩票，一次中奖收入不超过10000元的，免征个人所得税，超过10000元的，应以全额按偶然所得项目计税。

其中，新《个人所得税法》撤销的其他所得，并入了偶然所得税目。

(二) 主要特征

2019年1月1日，新《中华人民共和国个人所得税法》及其实施细则施行后，个人所得税征管呈现以下重要特征：

1. 掌握"内外有别、综分结合"的征管原则

对于单一工资薪金项目的个人，税负基本是下降的，而对于"工资薪金+"模式的个人，即有一份工作又有"劳务报酬、稿酬所得和特许权使用费所得"中一项或几项所得的个人，大部分税负是上升的。同时，综合所得按年计税的报税成本支出也是一项新增费用。

新个税法不仅增加了反避税条款规定，更是明确实施"居民和非居民"分类管理，重点加强居民全球所得和非居民来源于中国所得的个税征管。因此，个人所得税纳税义务人＝居民自然人+非居民自然人。

2. 把控"三分税目、分类征管"的过渡模式

三分税目是指综合所得、经营所得和资本利得（含偶然所得），其中变化最大的就是综合所得，包括六项专项附加扣除办法：是简单中的复杂！工资薪金所得的新代扣代缴和累计预扣计算法！

这只是小综合，待大综合之日，方是按家庭征收个税之时！

3. 熟知"扣缴优先、责任自负"的汇缴申报制度

新个税法实施后，延续"源泉扣缴"的代扣代缴制度！综合所得按年申报纳税，年度汇算清缴多退少补。非居民个人所得税和分类所得不汇算清缴！纳税记录横空出世，只是申报记录不是完税证明！代扣代缴义务人，只对及时帮助纳税义务人缴纳税款负责，不对是否足额缴纳税款负责，偷逃税责任完全是由纳税人自己承担的。

二、减免税优惠

(一) 免征个人所得税

按照《个人所得税法》第四条规定，下列十项所得免纳个人所得税：

1. 省级人民政府、国务院部委和中国人民解放军军以上单位，以及外国组织、国际组织颁发的科学、教育、技术、文化、卫生、体育、环境保护等方面的奖金；

2. 国债和国家发行的金融债券利息；

3. 按照国家统一规定发给的补贴、津贴；

4. 福利费（《国家税务总局关于生活补助费范围确定问题的通知》国税发〔1998〕155号）、抚恤金、救济金；

5. 保险赔款；

6. 军人的转业费、复员费；

7. 按照国家统一规定发给干部、职工的安家费、退职费、退休费、离休费、离休生活补助费;

8. 依照中国有关法律规定应予免税的各国驻华使馆、领事馆的外交代表、领事官员和其他人员的所得;

9. 中国政府参加的国际公约、签订的协议中规定免税的所得;

10. 经国务院财政部门批准免税的所得。

除此之外,财政部、国家税务总局先后发文明确免征个人所得税的所得还有十七项:

11. 根据《财政部 国家税务总局关于发给见义勇为者得奖金免征个人所得税问题得通知》(财税〔1995〕25号)规定:见义勇为者获得的乡、镇人民政府或经县及县上人民政府主管部门批准成立的机构、有章程的见义勇为基金会或类似组织颁发的奖金或奖品,经主管税务机关核准,免予征收个人所得税。

12. 根据《国家税务总局关于"明天小小科学家"奖金免征所得税的通知》(国税函〔2001〕692号)规定:对学生个人参与"明天小小科学家"活动获得的奖金,免予征收个人所得税。

13. 《国家税务总局关于国有企业职工因解除劳动合同取得一次性补偿收入征免个人所得税问题的通知》(国税发〔2000〕77号)规定:对国有企业职工,因企业依照《中华人民共和国企业破产法(试行)》宣告破产,从破产企业取得的一次性安置费收入,免予征收个人所得税。

14. 《财政部 国家税务总局关于个人与用人单位解除劳动关系取得的一次性补偿收入征免个人所得税问题的通知》(财税字〔2001〕157号)规定:个人因与用人单位解除劳动关系而取得的一次性补偿收入(包括用人单位发放的经济补偿金、生活补助费和其他补助费用),其收入在当地上年职工平均工资3倍数额以内的部分,免征个人所得税;超过的部分按照《国家税务总局关于个人因解除劳动合同取得经济补偿金征收个人所得税问题的通知》(国税发〔1999〕178号)的有关规定,计算征收个人所得税。

15. 《国家税务总局关于失业保险费(金)征免个人所得税问题的通知》(国税发〔2000〕83号)规定:城镇企业事业单位及其职工个人按照《失业保险条例》规定的比例,实际缴付的失业保险费,均不计入职工个人当期的工资、薪金收入,免予征收个人所得税。

16. 《财政部 国家税务总局关于住房公积金、医疗保险金、养老保险金征收个人所得税问题的通知》(国税发〔1997〕178号)规定:企业和个人按照国家或地方政府规定的比例提取并向指定金融机构实际缴付的住房公积金、医疗保险金、基本养老保险金,不计入个人当期的工资、薪金收入,免予征收个人所得税。超过国家或地方政府规定的比例缴付的住房公积金、医疗保险金、基本养老保险金，应将其超过部分并入个人当期的工资、薪金收入，计征个人所得税。

个人领取提存的住房公积金、医疗保险金、基本养老保险金时，免予征收个人所得税。

17.《国家税务总局关于下岗职工从事社区居民服务业享受有关税收优惠政策问题的通知》（国税发〔1999〕43号）规定：下岗职工从事社区居民服务业，对其取得的经营收入和劳务报酬所得，从事个体经营的自其领取税务登记证之日起、从事独立劳务服务的自其持下岗证明在当地主管税务机关备案之日起，三年内免征个人所得税；但第1年免税期满后由县以上主管税务机关就免税主体及范围按规定逐年审核，符合条件的，可继续免征1至2年。

18.《国家税务总局关于"长江小小科学家"免征个人所得税的通知》（国税函〔2000〕688号）规定：对学生个人参与"长江小小科学家"活动并获得的奖金，免予征收个人所得税。

19.《国家税务总局关于"西部地区十四所重点建设高校重点课程教师岗位计划"任课教师奖金免征个人所得税的通知》（国税函〔2002〕737号）规定：对十四所支援高校派往西部地区高校教学的任课教师取得的有关奖金，免予征收个人所得税。

20.《国家税务总局关于曾宪梓教育基金会教师奖免征个人所得税的函》（国税函发〔1994〕376号）规定：对个人获得曾宪梓教育基金会教师奖的奖金，可视为国务院部委颁发的教育方面的奖金，免予征收个人所得税。

21.《国家税务总局关于香港柏宁顿（中国）教育基金会首届"孺子牛金球奖"获得者免征个人所得税的函》（国税函发〔1995〕501号）规定：对获得香港柏宁顿（中国）教育基金会首届"孺子牛金球奖"的奖金，可视为国务院部委颁发的教育方面的奖金，免予征收个人所得税。

22.《财政部 国家税务总局关于国际青少年消除贫困奖免征个人所得税的通知》（财税字〔1997〕51号）规定：特对个人取得的"国际青少年消除贫困奖"，视同从国际组织取得的教育、文化方面的奖金，免予征收个人所得税。

23.《财政部 国家税务总局关于生育津贴和生育医疗费有关个人所得税政策的通知》（财税〔2008〕8号）规定，生育妇女按照县级以上人民政府根据国家有关规定制定的生育保险办法，取得的生育津贴、生育医疗费或其他属于生育保险性质的津贴、补贴，免征个人所得税。

24.根据《财政部 国家税务总局关于城镇房屋拆迁有关税收政策的通知》（财税〔2005〕45号）规定，对被拆迁人按照国家有关城镇房屋拆迁管理办法规定的标准取得的拆迁补偿款，免征个人所得税。

25.根据《中华人民共和国国家赔偿法》的规定，国家机关及其工作人员违法行使职权，侵犯公民的合法权益，造成损害的，对受害人依法取得的赔偿金不予征税。

26.《国家税务总局 建设部关于个人出售住房所得征收个人所得税有关问题的通知》（财税字〔1999〕278号）规定，为鼓励个人换购住房，对出售自有住房并拟在现住房出售后1年内按市场价重新购房的纳税人，其出售现住房所应缴纳的个人所得税，视其重新购房的价值可全部或部分予以免除。

27.《关于代扣代缴储蓄存款利息所得个人所得税手续费收入征免税问题的通知》（国税发〔2001〕31号）第二条：储蓄机构内从事代扣代缴工作的办税人员取得的扣缴利息税手续费所得免征个人所得税。

（二）减征个人所得税

根据《中华人民共和国个人所得税法》及实施条例规定，有下列情形之一的，经批准可以减征个人所得税：

1. 残疾、孤老人员和烈属的所得。
2. 因严重自然灾害造成重大损失的。
3. 稿酬所得，按20%税率计算的应纳税额减征30%。
4. 个人将其所得通过中国境内的社会团体、国家机关向教育事业、其他社会公益事业以及遭受严重自然灾害地区、贫困地区的捐赠，捐赠额未超过纳税人申报的应纳税所得额30%的部分，可以从其应纳税所得额中扣除。
5. 其他经国务院财政部门批准减税的。

（三）暂免征个人所得税

按照《财政部 国家税务总局关于个人所得税若干政策问题的通知》（财税字〔1994〕020号）第二条的规定，以下项目暂免征个人所得税：

1. 外籍个人以非现金形式或实报实销形式取得的住房补贴、伙食补贴、搬迁费、洗衣费。
2. 外籍个人按合理标准取得的境内、外出差补贴。
3. 外籍个人取得的探亲费、语言训练费、子女教育费等，经当地税务机关审核批准为合理的部分。
4. 个人举报、协查各种违法、犯罪行为而获得的奖金。
5. 个人办理代扣代缴税款手续，按规定取得的扣缴手续费。
6. 个人转让自用达五年以上、并且是唯一的家庭生活用房取得的所得。
7. 对达到离休、退休年龄，但确因工作需要，适当延长离休退休年龄的高级专家（指享受国家发放的政府特殊津贴的专家、学者），其在延长离休退休期间的工资、薪金所得，视同退休工资、离休工资免征个人所得税。
8. 外籍个人从外商投资企业取得的股息、红利所得。
9.《财政部 国家税务总局关于储蓄存款利息所得有关个人所得税政策的通知》

（财税〔2008〕132号）规定，储蓄存款在2008年10月9日后（含10月9日）孳生的利息所得，暂免征收个人所得税。

10.《财政部 国家税务总局关于个人转让股票所得继续暂免征收个人所得税的通知》（财税字〔1998〕61号）规定：对个人转让上市公司股票取得的所得继续暂免征收个人所得税。

11.《国家税务总局关于促进科技成果转化有关个人所得税问题的通知》（国税发〔1999〕125号）规定：科研机构、高等学校转化职务科技成果以股份或出资比例等股权形式给予科技人员个人奖励，经主管税务机关审核后，暂不征收个人所得税。

12.《国家税务总局关于个人获得光华科技基金会奖励金免征个人所得税的批复》（国税函发〔1994〕048号）规定：对光华科技基金会奖励科技人员的奖金，暂予免征个人所得税。

13.《国家税务总局关于征用土地过程中征地单位支付给土地承包人员的补偿费如何征税问题的批复》（国税函发〔1997〕87号）第二条的规定，对土地承包人取得的青苗补偿费收入，暂免征收个人所得税。

14.《国家税务总局关于中国福利赈灾彩票征免个人所得税的通知》（国税函〔1998〕803号）规定：对个人购买民政部分配的中国福利彩票赈灾专项募集额度内的福利彩票而取得的中奖所得，按《国家税务总局关于社会福利有奖募捐发行收入税收问题的通知》（国税发〔1994〕127号）的有关规定执行，即一次中奖收入在1万元以下的（含1万元）暂免征个人所得税，超过1万元的全额征收个人所得税。

15.《财政部 国家税务总局关于个人取得体育彩票中奖所得征免个人所得税问题的通知》（财税字〔1998〕12号）规定：对个人购买体育彩票中奖收入的所得税政策作如下调整：凡一次中奖收入不超过1万元的，暂免征收个人所得税；超过1万元的，应按税法规定全额征收个人所得税。

16.《财政部 国家税务总局关于个人取得有奖发票奖金征免个人所得税问题的通知》（财税〔2007〕34号）规定，个人取得单张有奖发票奖金所得不超过800元（含800元）的，暂免征收个人所得税；个人取得单张有奖发票奖金所得超过800元的，应全额按照个人所得税法规定的"偶然所得"目征收个人所得税。

三、现行主要文件目录

1.《中华人民共和国个人所得税法》主席令2011年第48号发文日期：2018-08-31

2.《中华人民共和国个人所得税法实施条例》国务院令第707号发文日期：2018-12-18

3.《国家税务总局关于外籍个人取得有关补贴征免个人所得税执行问题的通知》（国税发〔1997〕54号）发文日期：1997-04-09

4. 《国家税务总局关于调整个人取得全年一次性奖金等计算征收个人所得税方法问题的通知》（国税发〔2005〕9号）发文日期：2005-01-21

5. 《财政部 国家税务总局关于企业促销展业赠送礼品有关个人所得税问题的通知》（财税〔2011〕50号）发文日期：2011-06-09

6. 《国家税务总局关于生活补助费范围确定问题的通知》（国税发〔1998〕155号）发文日期：1998-09-25

7. 《国家税务总局关于纳税人取得不含税全年一次性奖金收入计征个人所得税问题的批复》（国税函〔2005〕715号）发文日期：2005-07-07

8. 《国家税务总局关于雇主为雇员承担全年一次性奖金部分税款有关个人所得税计算方法问题的公告》（总局公告2011年第28号）发文日期：2011-04-28

9. 《国家税务总局关于企业年金个人所得税征收管理有关问题的通知》（国税函〔2009〕694号）发文日期：2009-12-10

10. 《财政部 人力资源社会保障部 国家税务总局关于企业年金、职业年金个人所得税有关问题的通知》（财税〔2013〕103号）发文日期：2013-12-06

11. 《财政部 国家税务总局关于个人与用人单位解除劳动关系取得的一次性补偿收入征免个人所得税问题的通知》（财税〔2001〕157号）发文日期：2001-09-10

12. 《财政部 国家税务总局关于个人股票期权所得征收个人所得税问题的通知》（财税〔2005〕35号）发文日期：2005-03-28

13. 《国家税务总局关于个人股票期权所得缴纳个人所得税有关问题的补充通知》（国税函〔2006〕902号）发文日期：2006-09-30

14. 《财政部 国家税务总局关于股票增值权所得和限制性股票所得征收个人所得税有关问题的通知》（财税〔2009〕5号）发文日期：2009-01-07

15. 《国家税务总局关于明确个人所得税若干政策执行问题的通知》（国税发〔2009〕121号）发文日期：2009-08-17

16. 《国家税务总局关于股权激励有关个人所得税问题的通知》（国税函〔2009〕461号）发文日期：2009-08-24

17. 《国家税务总局关于个人所得税有关问题的公告》（总局公告2011年第27号）发文日期：2011-04-18

18. 《国家税务总局关于股权奖励和转增股本个人所得税征管问题的公告》（总局公告2015年第80号）发文日期：2015-11-16

19. 《财政部 国家税务总局关于完善股权激励和技术入股有关所得税政策的通知》（财税〔2016〕101号）发文日期：2016-09-20

20. 《国家税务总局关于外籍个人取得的探亲费免征个人所得税有关执行标准问题的通知》（国税函〔2001〕336号）发文日期：2001-05-14

21.《财政部 国家税务总局关于个人非货币性资产投资有关个人所得税政策的通知》（财税〔2015〕41号）发文日期：2015-03-30

22.《国务院关于印发〈个人所得税专项附加扣除暂行办法〉的通知》（国发〔2018〕41号）发文日期：2018-12-13

23.《国家税务总局关于全国职工优秀技术创新成果奖奖金免征个人所得税的通知》（国税函〔2011〕10号）发文日期：2011-01-05

24.《国家税务总局关于限售股转让所得个人所得税征缴有关问题的通知》（国税函〔2010〕23号）发文日期：2010-01-18

25.《国家税务总局关于做好企业年金、职业年金个人所得税征收管理工作的通知》（税总发〔2013〕143号）发文日期：2013-12-27

26.《国务院关于修改〈对储蓄存款利息所得征收个人所得税的实施办法〉的决定》（国务院令第502号）发文日期：2007-07-20

27.《国家税务总局关于个人兼职和退休人员再任职取得收入如何计算征收个人所得税问题的批复》（国税函〔2005〕382号）发文日期：2005-04-26

28.《财政部 国家税务总局关于股息红利个人所得税有关政策的通知》（财税〔2005〕102号）发文日期：2005-06-13

29.《国务院办公厅转发民政部等部门关于扶持城镇退役士兵自谋职业优惠政策意见的通知》（国办发〔2004〕10号）发文日期：2004-01-20

30.《对储蓄存款利息所得征收个人所得税的实施办法》（国务院令第272号）发文日期：1999-09-30

31.《国家税务总局关于股权转让所得个人所得税计税依据核定问题的公告》（总局公告2010年第27号）发文日期：2010-12-14

32.《国家税务总局关于个人提前退休取得补贴收入个人所得税问题的公告》（总局公告2011年第6号）发文日期：2011-01-17

33.《国家税务总局关于企业年金个人所得税有关问题补充规定的公告》（总局公告2011年第9号）发文日期：2011-01-30

34.《国家税务总局关于〈关于个人独资企业和合伙企业投资者征收个人所得税的规定〉执行口径的通知》（国税函〔2001〕84号）发文日期：2001-01-17

35.《国家税务总局关于个人以股权参与上市公司定向增发征收个人所得税问题的批复》（国税函〔2011〕89号）发文日期：2011-02-14

36.《国家税务总局关于个人取得解除商品房买卖合同违约金征收个人所得税问题的批复》（国税函〔2006〕865号）发文日期：2006-09-19

37.《国家税务总局关于个人投资者收购企业股权后将原盈余积累转增股本个人所得税问题的公告》（总局公告2013年第23号）发文日期：2013-05-07

38. 《国家税务总局关于个人终止投资经营收回款项征收个人所得税问题的公告》（总局公告 2011 年第 41 号）发文日期：2011-07-25

39. 《国家税务总局关于个人股权转让过程中取得违约金收入征收个人所得税问题的批复》（国税函〔2006〕866 号）发文日期：2006-09-19

40. 《国家税务总局关于个人非货币性资产投资有关个人所得税征管问题的公告》（总局公告 2015 年第 20 号）发文日期：2015-04-08

41. 《国家税务总局关于企业改组改制过程中个人取得的量化资产征收个人所得税问题的通知》（国税发〔2000〕60 号）发文日期：2000-03-29

42. 《国家税务总局关于促进科技成果转化有关个人所得税问题的通知》（国税发〔1999〕125 号）发文日期：1999-07-01

43. 《国家税务总局关于全面实施新个人所得税法若干征管衔接问题的公告》（总局公告 2018 年第 56 号）发文日期：2018-12-19

44. 《国家税务总局关于印发〈个人所得税管理办法〉的通知》（国税发〔2005〕120 号）发文日期：2005-07-06

45. 《国家税务总局关于印发〈个人所得税自行纳税申报办法（试行）〉的通知》（国税发〔2006〕162 号）发文日期：2006-11-06

46. 《国家税务总局关于印发〈征收个人所得税若干问题的规定〉的通知》（国税发〔1994〕089 号）发文日期：1994-03-31

47. 《国家税务总局关于发布〈个人所得税专项附加扣除操作办法（试行）〉的公告》（总局公告 2018 年第 60 号）发文日期：2018-12-21

48. 《国家税务总局关于发布〈个人所得税扣缴申报管理办法（试行）〉的公告》（总局公告 2018 年第 61 号）发文日期：2018-12-21

49. 《国家税务总局关于发布〈股权转让所得个人所得税管理办法（试行）〉的公告》（总局公告 2014 年第 67 号）发文日期：2014-12-07

50. 《关于营改增后契税、房产税、土地增值税、个人所得税计税依据问题的通知》（财税〔2016〕43 号）发文日期：2016-04-25

51. 《国家税务总局关于将个人所得税〈税收完税证明〉（文书式）调整为〈纳税记录〉有关事项的公告》（总局公告 2018 年第 55 号）发文日期：2018-12-05

52. 《国家税务总局关于房屋买受人按照约定退房取得的补偿款有关个人所得税问题的批复》（税总函〔2013〕748 号）发文日期：2013-12-30

53. 《国家税务总局关于推广实施商业健康保险个人所得税政策有关征管问题的公告》（总局公告 2015 年第 93 号）发文日期：2015-12-25

54. 《国家税务总局关于盈余公积金转增注册资本征收个人所得税问题的批复》（国税函〔1998〕333 号）发文日期：1998-06-04

55. 《国家税务总局关于股份制企业转增股本和派发红股征免个人所得税的通知》（国税发〔1997〕198号）发文日期：1997-12-25

56. 《国家税务总局关于进一步加强高收入者个人所得税征收管理的通知》（国税发〔2010〕54号）发文日期：2010-05-31

57. 《国家税务总局关于个人所得税偷税案件查处中有关问题的补充通知》（国税函发〔1996〕602号）发文日期：1996-09-17

58. 《国家税务总局关于未分配的投资者收益和个人人寿保险收入征收个人所得税问题的批复》（国税函〔1998〕546号）发文日期：1998-09-16

59. 《国家税务总局关于外国企业的董事在中国境内兼任职务有关税收问题的通知》（国税函〔1999〕284号）发文日期：1999-05-17

60. 《国家税务总局关于〈关于个人独资企业和合伙企业投资者征收个人所得税的规定〉执行口径的通知》（国税函〔2001〕84号）发文日期：2001-01-17

61. 《国家税务总局关于个人独资企业个人所得税税前固定资产折旧费扣除问题的批复》（国税函〔2002〕1090号）发文日期：2002-12-18

62. 《国家税务总局关于加强企业债券利息个人所得税代扣代缴工作的通知》（国税函〔2003〕612号）发文日期：2003-06-06

63. 《国家税务总局关于纳税人收回转让的股权征收个人所得税问题的批复》（国税函〔2005〕130号）发文日期：2005-01-28

64. 《国家税务总局关于企业为股东个人购买汽车征收个人所得税的批复》（国税函〔2005〕364号）发文日期：2005-04-22

65. 《国家税务总局关于企业高级管理人员行使股票认购权取得所得征收个人所得税问题的批复》（国税函〔2005〕482号）发文日期：2005-05-19

66. 《财政部 国家税务总局关于住房公积金、医疗保险金、基本养老保险金、失业保险基金个人帐户存款利息所得免征个人所得税的通知》（财税字〔1999〕267号）发文日期：1999-10-08

67. 《国家税务总局关于个人独资企业变更为个体经营户是否享受个人所得税再就业优惠政策的批复》（国税函〔2006〕39号）发文日期：2006-01-19

68. 《国家税务总局关于离退休人员再任职界定问题的批复》（国税函〔2006〕526号）发文日期：2006-06-05

69. 《国家税务总局关于个人取得房屋拍卖收入征收个人所得税问题的批复》（国税函〔2007〕1145号）发文日期：2007-11-20

70. 《国家税务总局关于离退休人员取得单位发放离退休工资以外奖金补贴征收个人所得税的批复》（国税函〔2008〕723号）发文日期：2008-08-07

71. 《国家税务总局关于做好证券市场个人投资者证券交易结算资金利息所得免

征个人所得税工作的通知》（国税函〔2008〕870号）发文日期：2008-10-30

72.《国家税务总局关于加强个人工资薪金所得与企业的工资费用支出比对问题的通知》（国税函〔2009〕259号）发文日期：2009-05-15

73.《国家税务总局关于加强股权转让所得征收个人所得税管理的通知》（国税函〔2009〕285号）发文日期：2009-05-28

74.《国家税务总局关于股权激励有关个人所得税问题的通知》（国税函〔2009〕461号）发文日期：2009-08-24

75.《国家税务总局关于曾宪梓教育基金会教师奖免征个人所得税的函》（国税函发〔1994〕376号）发文日期：1994-06-28

76.《国家税务总局关于印发〈境外所得个人所得税征收管理暂行办法〉的通知》（国税发〔1998〕126号）发文日期：1998-08-12

77.《财政部 国家税务总局关于合伙企业合伙人所得税问题的通知》（财税〔2008〕159号）发文日期：2008-12-23

78.《国家税务总局关于个人因解除劳动合同取得经济补偿金征收个人所得税问题的通知》（国税发〔1999〕178号）发文日期：1999-09-23

79.《国家税务总局关于明确单位或个人为纳税义务人的劳务报酬所得代付税款计算公式对应税率表的通知》（国税发〔2000〕192号）发文日期：2000-11-24

80.《国家税务总局关于国有企业职工因解除劳动合同取得一次性补偿收入征免个人所得税问题的通知》（国税发〔2000〕77号）发文日期：2000-05-08

81.《国家税务总局关于明确个人所得税若干政策执行问题的通知》（国税发〔2009〕121号）发文日期：2009-08-17

82.《财政部 国家税务总局、证监会关于上市公司股息红利差别化个人所得税政策有关问题的通知》（财税〔2015〕101号）发文日期：2015-09-07

83.《财政部 国家税务总局、证监会关于实施上市公司股息红利差别化个人所得税政策有关问题的通知》（财税〔2012〕85号）发文日期：2012-11-16

84.《财政部 国家税务总局关于个人所得税法修改后有关优惠政策衔接问题的通知》（财税〔2018〕164号）发文日期：2018-12-27

第五节　财产行为税

一、印花税

（一）主要特征

1. 兼有凭证税和行为税性质

印花税是单位和个人书立、领受的应税凭证征收的一种税，具有凭证税性质。同时，任何一种应税经济凭证反映的都是某种特定的经济行为，因此，对凭证征税，实质上是对经济行为的课税。

2. 征税范围广泛

印花税的征税对象包括了经济活动和经济交往中的各种应税凭证，凡书立和领受这些凭证的单位和个人都要缴纳印花税，其征税范围是极其广泛的。

3. 低税率和轻税负

印花税与其他税种相比较，税率要低得多，其税负较轻，具有广集资金、积少成多的财政效应。

4. 由纳税人自行完成纳税义务

纳税人通过自行计算、购买并粘贴印花税票的方法完成纳税义务，并在印花税票和凭证的骑缝处自行盖戳注销或画销。

(二) 减免税优惠

1. 对已缴纳印花税的凭证副本或抄本，免纳印花税。(《印花税暂行条例》第四条)；以副本或者抄本视同正本使用的，应另贴印花。(《印花税条例实施细则》第十一条)；

2. 财产所有人将财产赠给政府、社会福利单位、学校所书立的书据，免纳印花税。(《印花税暂行条例》第四条)；

3. 对无息、贴息贷款合同，免纳印花税。(《印花税条例实施细则》第十三条)；

4. 国家指定的收购部门与村民委员会、农民个人书立的农副产品收购合同，免纳印花税。(《印花税条例实施细则》第十三条)；

5. 外国政府或者金融组织向中国政府及国家金融机构提供优惠贷款所书立的合同，免纳印花税。(《印花税条例实施细则》第十一条)；

6. 商店、门市部的零星加工修理业务的修理单，免纳印花税。(国税地字〔1988〕第 025 号)；

7. 对房产管理部门与个人订立的租房合同，凡用于生活居住的，暂免贴花。(国税地字〔1988〕第 025 号)；

8. 对办理借款展期业务使用的借款展期合同或者其他凭证，按信贷制度规定仅载明延期还款事项的可暂不贴花。(国税发〔1991〕第 155 号)；

9. 出版合同不属于印花税列举征税的凭证，免纳印花税。(国税发〔1991〕第 155 号)；

10. 在代理业务中，代理单位与委托单位之间签订的委托代理合同，凡仅明确代理事项、权限和责任的，不属于应税凭证，免纳印花税。(国税发〔1991〕第 155 号)；

11. 凡按照规定的同业拆借期限和利率签订的同业拆借合同,不贴印花;凡不符合规定的,应按借款合同贴花。(国税发〔1991〕155号)

12. 对廉租住房、经济适用住房经营管理单位与廉租住房、经济适用住房相关的印花税以及廉租住房承租人、经济适用住房购买人涉及的印花税予以免征。(财税〔2008〕24号)

13. 企业改制前签订但尚未履行完的各类应税合同,改制后需要变更执行主体的,对仅改变执行主体、其余条款未作变动且改制前已贴花的,免纳印花税。(财税〔2003〕183号)

14. 对个人销售或购买住房,暂免征印花税。(财税〔2008〕137号)。

(三) 现行主要文件目录

1. 《中华人民共和国印花税暂行条例》〔1988〕国务院令第11号发文日期:1988-08-06

2. 《中华人民共和国印花税暂行条例施行细则》〔1988〕财税字第255号发文日期:1988-09-29

3. 《国家税务局关于印发〈印花税宣传提纲〉的通知》(国税地字〔1988〕012号)发文日期:1988-10-22

4. 《国家税务局关于印花税若干具体问题的规定》(国税地字〔1988〕025号)发文日期:1988-12-12

5. 《国家税务局关于对借款合同贴花问题的具体规定》(国税地〔1988〕30号)发文日期:1988-12-12

6. 《国家税务局关于对技术合同征收印花税问题的通知》(国税地字〔1989〕034号)发文日期:1989-04-12

7. 《国家税务局关于印花税若干具体问题的解释和规定的通知》(国税发〔1991〕第155号)发文日期:1991-09-18

8. 《国家税务总局关于资金帐簿印花税问题的通知》(国税发〔1994〕第025号)发文日期:1994-08-10

9. 《财政部 国家税务总局关于印花税违章处罚问题的通知》(财税字〔1994〕第065号)发文日期:1994-10-10

10. 《国家税务总局关于印花税违章处罚有关问题的通知》(国税发〔2004〕15号)发文日期:2004-01-29

11. 《国家税务总局关于进一步加强印花税征收管理有关问题的通知》(国税函〔2004〕150号)发文日期:2004-01-30

12. 《财政部、国家税务总局关于印花税若干政策的通知》(财税〔2006〕162号)发文日期:2006-11-27

13. 《财政部 国家税务总局关于调整房地产交易环节税收政策的通知》（财税〔2008〕137号）发文日期：2008-10-22

14. 《财政部 税务总局关于对营业账簿减免印花税的通知》（财税〔2018〕50号）发文日期：2018-05-03

二、契税

契税是指不动产（土地、房屋）产权发生转移变动时，就当事人所订契约按不动产价格的一定比例向新业主（产权承受人）征收的一次性税收。取得土地、房屋权属包括下列方式：国有土地使用权出让，土地使用权转让（包括出售、赠与和交换），房屋买卖、赠与和交换。以下列方式转移土地房屋权属的，视同土地使用权转让、房屋买卖或者房屋赠与征收契税：

1. 以土地、房屋权属作价投资、入股；
2. 以土地、房屋权属抵偿债务；
3. 以获奖的方式承受土地、房屋权属；
4. 以预购方式或者预付集资建房款的方式承受土地、房屋权属。

（一）课税对象（征税范围）

契税的征税对象是境内转移的土地、房屋权属。包括以下五项内容：

1. 国有土地使用权的出让，由承受方交。

是指土地使用者向国家交付土地使用权出让费用，国家将国有土地使用权在一定年限内让与土地使用者的行为。

2. 土地使用权的转让，除了考虑土地增值税，另由承受方交契税。

是指土地使用者以出售、赠与、交换或者其他方式将土地使用权转移给其他单位和个人的行为。土地使用权的转让不包括农村集体土地承包经营权的转移。

3. 房屋买卖，即以货币为媒介，出卖者向购买者过渡房产所有权的交易行为。以下几种特殊情况，视同买卖房屋：

（1）以房产抵债或实物交换房屋，应由产权承受人，按房屋现值缴纳契税。

（2）以房产作投资或股权转让，以自有房产作股投入本人独资经营的企业，免纳契税。

（3）买房拆料或翻建新房，应照章纳税。

（4）房屋赠与的，赠与方不纳土地增值税，但承受方应纳契税。

房屋交换在契税的计算中，注意过户与否是一个关键点。

4. 承受国有土地使用权支付的土地出让金。

对承受国有土地使用权所应支付的土地出让金，要计征契税。不得因减免土地出让金而减免契税。

契税实行3%～5%的幅度税率。实行幅度税率是考虑到我国经济发展的不平衡，各地经济差别较大的实际情况。因此，各省、自治区、直辖市人民政府可以在3%～5%的幅度税率规定范围内，按照该地区的实际情况而决定。

（二）主要特征

除与其他税收有相同的性质和作用外，契税还具有其自身的特征：

1. 征收契税的宗旨是为了保障不动产所有人的合法权益。通过征税，契税征收机关便以政府名义发给契证，作为合法的产权凭证，政府即承担保证产权的责任。因此，契税又带有规费性质，这是契税不同于其他税收的主要特点。

2. 纳税人是产权承受人。当发生房屋买卖、典当、赠与或交换行为时，按转移变动的价值，对产权承受人课征一次性契税。

3. 契税采用比例税率，即在房屋产权发生转移变动行为时，对纳税人依一定比例的税率课征。

4. 契税是按次征收的，过户（所有权人变更）一次征收一次。

（三）减免税优惠

1. 不征税范围

（1）法定继承人（包括配偶、子女、父母、兄弟姐妹、祖父母、外祖父母）继承；（国税函〔2004〕1036号）

（2）农村集体土地承包经营权的转移；（《契税暂行条例》第二条）

（3）集体所有制土地所有权的转移；（《契税暂行条例》）

（4）出售或租赁房屋使用权；

（5）离婚后原共有房屋产权的归属人（国税函〔1999〕391号）；

（6）政府主管部门对国有资产进行行政性调整和划转过程中发生的土地、房屋权属转移，不征收契税；（财税〔2003〕184号）

（7）企业改制重组过程中，同一投资主体内部所属企业之间土地、房屋权属的无偿划转，不征收契税；（财税〔2003〕184号）

（8）由于股权变动引起企业法人名称变更，并因此进行相应土地、房屋权属人名称变更登记的过程中，土地、房屋权属不发生转移，不征收契税（国税函〔2002〕71号）。

2. 减免税范围

1. 国家机关、事业单位、社会团体、军事单位承受土地、房屋用于办公教学、医疗、科研和军事设施的免征（《契税暂行条例》第六条）；

2. 城镇职工按规定第一次购买公有住房的免征（《契税暂行条例》第六条）；

3. 因不可抗力失去住房而重新购买住房的酌情予以减半或免征（《契税暂行条例》第六条）；

4. 财政部规定的其他减征、免征项目（《契税暂行条例》第六条）；

5. 已购公有住房经补缴土地出让金和其他出让费用成为完全产权住房的，免征土地权属转移的契税（财税〔2004〕134号第三条）。

6. 对个人首次购买90平方米及以下普通住房的，契税税率暂统一下调到1%（《财政部 国家税务总局关于调整房地产交易环节税收政策的通知》财税〔2008〕137号）。

7. 个人购买自用普通住宅，暂减半征契税（财税〔1999〕210号）。

8. 企业公司制改造非公司制企业，按照《中华人民共和国公司法》的规定，整体改建为有限责任公司（含国有独资公司）或股份有限公司，或者有限责任公司整体改建为股份有限公司的，对改建后的公司承受原企业土地、房屋权属，免征契税。（财税〔2003〕184号第一条）

9. 根据《中华人民共和国契税条例细则》，经县级以上人民政府批准，城镇职工第一次购买公有住房且所购面积在国家规定的标准面积以内的可以免征契税。对于所购面积超出国家规定的标准面积以外的部分按规定缴纳（财税〔1999〕210号）。

10. 非公司制国有独资企业或国有独资有限责任公司，以其部分资产与他人组建新公司，且该国有独资企业（公司）在新设公司中所占股份超过50%的，对新设公司承受该国有独资企业（公司）的土地、房屋权属，免征契税。（财税〔2003〕184号第一条）

11. 企业股权重组在股权转让中，单位、个人承受企业股权，企业土地、房屋权属不发生转移，不征收契税。

国有、集体企业实施"企业股份合作制改造"，由职工买断企业产权，或向其职工转让部分产权，或者通过其职工投资增资扩股；将原企业改造为股份合作制企业的，对改造后的股份合作制企业承受原企业的土地、房屋权属，免征契税。（财税〔2003〕184号第二条）

12. 企业合并两个或两个以上的企业，依据法律规定、合同约定，合并改建为一个企业，对其合并后的企业承受原合并各方的土地、房屋权属，免征契税。（财税〔2003〕184号第三条）

13. 企业分立，企业依照法律规定、合同约定分设为两个或两个以上投资主体相同的企业，对派生方、新设方承受原企业土地、房屋权属，不征收契税。（财税〔2003〕184号第四条）

14. 企业出售国有、集体企业出售，被出售企业法人予以注销，并且买受人妥善安置原企业30%以上职工的，对其承受所购企业的土地、房屋权属，减半征收契税；全部安置原企业职工的，免征契税。（财税〔2003〕184号第五条）

15. 对于承受与房屋相关的附属设施（如停车位、汽车库等）所有权或土地使用权的行为,按照契税法律、法规的规定征收契税;对于不涉及土地使用权和房屋所有权转移变动的,不征收契税。(财税〔2004〕126号)

16. 土地使用权交换、房屋交换,交换价格不相等的,由多交付货币、实物、无形资产或者其他经济利益的一方缴纳税款。交换价格相等的,免征契税(《契税暂行条例细则》第十条)。

(四) 现行主要文件目录

1. 《中华人民共和国契税暂行条例》(国务院令第224号) 发文日期:1997-07-07

2. 《中华人民共和国契税暂行条例细则》(财法字〔1997〕52号) 发文日期:1997-10-28

3. 《财政部 国家税务总局关于契税征收中几个问题的批复》(财税〔1998〕96号) 发文日期:1998-05-29

4. 《国家税务总局关于进一步明确契税纳税人有关法律责任的通知》(国税发〔1998〕195号) 发文日期:1998-11-10

5. 《财政部 国家税务总局关于调整房地产市场若干税收政策的通知》(财税字〔1999〕210号) 发文日期:1999-07-29

6. 《国家税务总局关于出售或租赁房屋使用权是否征收契税问题的批复》(国税函〔1999〕465号) 发文日期:1999-07-08

7. 《国家税务总局关于抵押贷款购买商品房征收契税的批复》(国税函〔1999〕613号) 发文日期:1999-09-16

8. 《国家税务总局关于以补偿征地款方式取得的房产征收契税的批复》(国税函〔1999〕737号) 发文日期:1999-11-11

9. 《国家税务总局关于以项目换土地等方式承受土地使用权有关契税问题的批复》(国税函〔2002〕1094号) 发文日期:2002-12-18

10. 《财政部 国家税务总局关于房屋附属设施有关契税政策的批复》(财税〔2004〕126号) 发文日期:2004-07-23

11. 《财政部 国家税务总局关于国有土地使用权出让等有关契税问题的通知》(财税〔2004〕134号) 发文日期:2004-08-03

12. 《国家税务总局关于免征土地出让金出让国有土地使用权征收契税的批复》(国税函〔2005〕436号) 发文日期:2005-05-11

13. 《国家税务总局关于房地产税收政策执行中几个具体问题的通知》(国税发〔2005〕172号) 发文日期:2005-10-20

14. 《国家税务总局关于承受装修房屋契税计税价格问题的批复》(国税函〔2007〕606号) 发文日期:2007-06-16

15. 《国家税务总局关于未办理土地使用权证转让土地有关税收问题的批复》（国税函〔2007〕645号）发文日期：2007-06-14

16. 《财政部 国家税务总局关于土地使用权转让契税计税依据的批复》（财税〔2007〕162号）发文日期：2007-12-11

17. 《国家税务总局关于改变国有土地使用权出让方式征收契税的批复》（国税函〔2008〕662号）发文日期：2008-07-11

18. 《财政部 国家税务总局关于调整房地产交易环节税收政策的通知》（财税〔2008〕137号）发文日期：2008-10-22

19. 《关于企业改制过程中以国家作价出资（入股）方式转移国有土地使用权有关契税问题的通知》（财税〔2008〕129号）发文日期：2008-10-22

20. 《财政部 国家税务总局关于购房人办理退房有关契税问题的通知》（财税〔2011〕32号）发文日期：2011-04-26

21. 《财政部 国家税务总局关于营改增后契税、房产税、土地增值税、个人所得税计税依据问题的通知》（财税〔2016〕43号）发文日期：2016-04-25

三、城镇土地使用税

（一）土地使用税介绍

1. 纳税人

（1）《城镇土地使用税暂行条例》第二条：

在城市、县城、建制镇、工矿区范围内使用土地的单位和个人，为土地使用税的纳税人。

（2）《关于土地使用税若干具体问题的解释和暂行规定》（国税地字〔1988〕第015号）第四条：土地使用税由拥有土地使用权的单位或个人缴纳。拥有土地使用权的纳税人不在土地所在地的，由代管人或实际使用人纳税；土地使用权未确定或权属纠纷未解决的，由实际使用人纳税；土地使用权共有的，由共有各方分别纳税。

2. 征收方法

《城镇土地使用税暂行条例》第三条：土地使用税以纳税人实际占用的土地面积为计税依据，依照规定税额计算征收。

3. 纳税时间

（1）《城镇土地使用税暂行条例》第九条：

新征用的非耕地，自批准征用次月起缴纳土地使用税。

（2）《城镇土地使用税暂行条例》第八条：

土地使用税按年计算、分期缴纳。

参照各地的规定来看，企业基本按季缴纳，但是对于房地产企业，有按月征收的情况。

4. 房地产企业的特殊规定

自2007年1月1日起,房地产开发企业开始缴纳城镇土地使用税。

按照《财政部 国家税务总局关于房产税、城镇土地使用税有关政策的通知》(财税〔2006〕186号),以出让或转让方式有偿取得土地使用权的,应由受让方从合同约定交付土地时间的次月起缴纳城镇土地使用税;合同未约定交付土地时间的,由受让方从合同签订的次月起缴纳城镇土地使用税。

5. 减免税

按照《国家税务总局关于进一步加强城镇土地使用税和土地增值税征收管理工作的通知》(国税发〔2004〕100号),除经批准开发建设经济适用房的用地外,对各类房地产开发用地一律不得减免城镇土地使用税。

6. 集体所有建设用地

按照《财政部 国家税务总局关于集体土地城镇土地使用税有关政策的通知》财税〔2006〕56号,在城镇土地使用税征税范围内实际使用应税集体所有建设用地、但未办理土地使用权流转手续的,由实际使用集体土地的单位和个人按规定缴纳城镇土地使用税。(自2006年5月1日起执行)。

(二) 开始计税时间

1. 取得土地方式

根据《城市房地产管理法》,土地的取得方式可以有划拨、出让、转让等,同时考虑企业形式的变更,还可以有合并、分立等。

2. 文件规定

(1) 按照《城镇土地使用税暂行条例》第九条的规定,新征用的土地,依照下列规定缴纳土地使用税:

征用的耕地,自批准征用之日起满1年时开始缴纳土地使用税;

征用的非耕地,自批准征用次月起缴纳土地使用税。

(2) 按照《财政部 国家税务总局关于房产税、城镇土地使用税有关政策的通知》(财税〔2006〕186号)第二条规定:

出让或转让方式有偿取得土地使用权的,应由受让方从合同约定交付土地时间的次月起缴纳城镇土地使用税;合同未约定交付土地时间的,由受让方从合同签订的次月起缴纳城镇土地使用税。

(三) 终止计税时间

1. 转让方式

(1) 直接转让土地使用权;

(2) 转让在建工程;

(3) 转让商品房；

(4) 以土地、在建工程、商品房等形式投资；

(5) 自用、出租、出借商品房。

严格说，最后一种方式也是需要继续缴纳土地使用税的，但毕竟采用另一种计算方式，所以就包括在内。

2. 终止时间

（1）文件规定

按照《城镇土地使用税暂行条例》第三条，土地使用税以纳税人实际占用的土地面积为计税依据，依照规定税额计算征收。所以，在房地产公司实际占用终止的时候即终止缴纳土地使用税。

（2）具体情况

根据《城市房地产管理法》第三十一条，房地产转让、抵押时，房屋的所有权和该房屋占用范围内的土地使用权同时转让、抵押。同时根据第四十一条，房地产转让时，土地使用权出让合同载明的权利、义务随之转移。因此，在商品房转让的时候，土地使用权同时转移，房地产公司实际不占用土地，因此终止缴纳土地使用税。因此，在交付使用以后，购房者即成为新的纳税义务人，从而也证明了开发单位不再是纳税义务人了。否则，就是重复纳税了（虽然新的购房者很可能免征税）。

（四）现行主要文件目录

1. 《中华人民共和国城镇土地使用税暂行条例》〔1988〕国务院令第 17 令发文日期：1988-09-27

2. 《关于土地使用税若干具体问题的解释和暂行规定》（国税地字〔1988〕第 015 号）发文日期：1988-10-24

3. 《关于土地使用税若干具体问题的补充规定》（国税地〔1989〕140 号）发文日期：1989-12-21

4. 《国家税务局关于受让土地使用权者应征收土地使用税问题的批复》（国税函发〔1993〕501 号）发文日期：1993-03-24

5. 《国家税务总局关于房产税城镇土地使用税有关政策规定的通知》（国税发〔2003〕89 号）发文日期：2003-07-15

6. 《财政部 国家税务总局关于集体土地城镇土地使用税有关政策的通知》（财税〔2006〕56 号）发文日期：2006-04-30

7. 《财政部 国家税务总局关于房产税、城镇土地使用税有关政策的通知》（财税〔2006〕186 号）发文日期：2006-12-25

8. 《关于贯彻落实国务院关于修改〈中华人民共和国城镇土地使用税暂行条例〉的决定的通知》（财税〔2007〕9 号）发文日期：2007-01-19

9.《财政部 国家税务总局财政部关于对外商投资企业和外国企业在华机构的用地不征收土地使用税的通知》(财税〔1988〕260号)发文日期：1988-11-02

10.《国家税务总局关于外商投资企业和外国企业征收城镇土地使用税问题的批复》(国税函〔2007〕596号)发文日期：2007-06-01

11.《国家税务总局关于未办理土地使用权证转让土地有关税收问题的批复》(国税函〔2007〕645号)发文日期：2007-06-14

12.《财政部 国家税务总局关于企业范围内的荒山、林地、湖泊等占地城镇土地使用税有关政策的通知》(财税〔2014〕1号)发文日期：2014-01-20

13.《国家税务总局关于城镇土地使用税等"六税一费"优惠事项资料留存备查的公告》(总局公告2019年第21号)发文日期：2019-05-28

另外，耕地占用税适用《中华人民共和国耕地占用税法》主席令第十八号发文日期：2018-12-29。

四、房产税

（一）基本规定

1. 纳税义务人

按照《房产税暂行条例》的第二条规定：房产税由产权所有人缴纳。产权属于全民所有的，由经营管理的单位缴纳。产权出典的，由承典人缴纳。产权所有人、承典人不在房产所在地的，或者产权未确定及租典纠纷未解决的，由房产代管人或者使用人缴纳。前款列举的产权所有人、经营管理单位、承典人、房产代管人或者使用人，统称为纳税义务人。

2. 计税依据

按照《房产税暂行条例》的第三条规定：房产税依照房产原值一次减除10%至30%后的余值计算缴纳。具体减除幅度，由省、自治区、直辖市人民政府规定。没有房产原值作为依据的，由房产所在地税务部门参考同类房产核定。房产出租的，以房产租金收入为房产税计税依据。

3. 税率

按照《房产税暂行条例》第四条规定：房产税的税率，依照房产余值计算缴纳的税率为1.2%；依照房产租金收入计算缴纳的税率为12%。

4. 房产

按照《财政部 税务总局关于房产税和车船使用税几个业务问题的解释与规定》(财税地字〔1987〕第003号)的第一条规定：

"房产"是以房屋形态表现的财产。房屋是指有屋面和围护结构（有墙或两边有柱），能够遮风避雨，可供人们在其中生产、工作、学习、娱乐、居住或储藏物资的场所。

独立于房屋之外的建筑物，如围墙、烟囱、水塔、变电塔、油池油柜、酒窖菜窖、酒精池、糖蜜池、室外游泳池、玻璃暖房、砖瓦石灰窑以及各种油气罐等，不属于房产。

（二）房地产公司的房产税

1. 纳税时间

按照《国家税务总局关于房产税城镇土地使用税有关政策规定的通知》（国税发〔2003〕89号）规定：

一、关于房地产开发企业开发的商品房征免房产税问题

鉴于房地产开发企业开发的商品房在出售前，对房地产开发企业而言是一种产品，因此，对房地产开发企业建造的商品房，在售出前，不征收房产税；但对售出前房地产开发企业已使用或出租、出借的商品房应按规定征收房产税。

二、关于确定房产税、城镇土地使用税纳税义务发生时间问题

（一）购置新建商品房，自房屋交付使用之次月起计征房产税和城镇土地使用税。

（二）购置存量房，自办理房屋权属转移、变更登记手续，房地产权属登记机关签发房屋权属证书之次月起，计征房产和城镇土地使用税。

（三）出租、出借房产，自交付出租、出借房产之次月起计征房产税和城镇土地使用税。

（四）房地产开发企业自用、出租、出借本企业建造的商品房，自房屋使用或交付之次月起计征房产税和城镇土地使用税。

2. 工地用房

按照《财政部 税务总局关于房产税若干具体问题的解释和暂行规定》（财税地字〔1986〕第008号）的第二十一条规定：

凡是在基建工地为基建工地服务的各种工棚，材料棚，休息棚和办公室，食堂，茶炉房，汽车房等临时性房屋，不论是施工企业自行建造还是由基建单位出资建造交施工企业使用的，在施工期间，一律免征房产税。但是，如果在基建工程结束以后，施工企业将这种临时性房屋交还或者估价转让给基建单位的，应当从基建单位接收的次月起，依照规定征收房产税。

3. 地下人防

按照《财政部 国家税务总局关于具备房屋功能的地下建筑征收房产税的通知》（财税〔2005〕181号）的规定：

一、凡在房产税征收范围内的具备房屋功能的地下建筑，包括与地上房屋相连的地下建筑以及完全建在地面以下的建筑、地下人防设施等，均应当依照有关规定征收房产税。

上述具备房屋功能的地下建筑是指有屋面和维护结构，能够遮风避雨，可供人们在其中生产、经营、工作、学习、娱乐、居住或储藏物资的场所。

二、自用的地下建筑，按以下方式计税：

1．工业用途房产，以房屋原价的 50-60% 作为应税房产原值。

应纳房产税的税额 = 应税房产原值×〔1-（10% -30%）〕× 1.2 %。

2．商业和其他用途房产，以房屋原价的 70-80% 为应税房产原值。

应纳房产税的税额 = 应税房产原值×〔1-（10% - 30%）〕×1.2 %。

3．对于与地上房屋相连的地下建筑，如房屋的地下室、地下停车场、商场的地下部分等，应将地下部分与地上房屋视为一个整体按照地上房屋建筑的有关规定计算征收房产税。

三、出租的地下建筑，按照出租地上房屋建筑的有关规定计算征收房产税。

四、本通知自 2006 年 1 月 1 日起执行，《财政部税务总局关于房产税若干具体问题的解释和暂行规定》（财税地字〔1986〕第 008 号）第十一条同时废止。

4．售楼处

根据售楼处的来源及其使用完毕后处理的方式不同，可以分为：

（1）单独修建售楼处，待销售完成后，将其拆除；

（2）单独修建售楼处，待销售基本完成后，将其转作自用或出租；

（3）利用企业自有房屋或商品房作为售楼处，待销售基本完成后，再将该售楼处对外销售；

（4）利用企业自有房屋或商品房作为售楼处，待销售完成后，将其转作自用或出租；

（5）租用外单位的房屋修建售楼处，待销售基本完成或房屋到期后，归还房屋。

根据售楼处的来源不同，分别适用不同的房产税政策。

（三）减免税优惠

1．国家机关、人民团体、军队自用的房产免征房产税（暂行条例第五条第一款）。

但上述免税单位的出租房产以及非自身业务使用的生产、营业用房，不属于免税范围。（财税地字〔1986〕第 008 号第六条）

人民团体是指经国务院授权的政府部门批准设立或登记备案并由国家拨付行政事业费的各种社会团体。（财税地字〔1986〕第 008 号第三条）。

这里的"自用的房产"，是指这些单位本身的办公用房和公务用房。（财税地字〔1986〕第 008 号第六条）。

2．由国家财政部门拨付事业经费的单位自用的房产免征房产税（暂行条例第五条第二款）。

实行差额预算管理的事业单位，虽然有一定的收入，但收入不够本身经费开支的部分，还要由国家财政部门拨付经费补助。因此，对实行差额预算管理的事业单位，也属于是由国家财政部门拨付事业经费单位，对其本身自用的房产免征房产税。（财税地字〔1986〕第008号第四条）

由国家财政部门拨付事业经费的单位，其经费来源实行自收自支后，应征收房产税。但为了鼓励事业单位经济自立，由国家财政部门拨付事业经费的单位，其经费来源实行自收自支后，从事业单位经费实行自收自支的年度起，免征房产税3年。（财税地字〔1986〕第008号第五条）

3. 宗教寺庙、公园、名胜古迹自用的房产免征房产税（暂行条例第五条第三款）。

宗教寺庙自用的房产，是指举行宗教仪式等的房屋和宗教人员使用的生活用房屋。公园、名胜古迹自用的房产，是指供公共参观游览的房屋及其管理单位的办公用房屋。（财税地字〔1986〕第008号第六条）。

公园、名胜古迹中附设的营业单位，如影剧院、饮食部、茶社、照像馆等所使用的房产及出租的房产，应征收房产税。（财税地字〔1986〕第008号第二十二条）。

4. 个人所有非营业用的房产免征房产税（暂行条例第五条第四款）。

个人所有的非营业用房，主要是指居民住房，不分面积多少，一律免征房产税。（财税地字〔1986〕第008号第十三条）

个人出租的房产，不分用途，均应征收房产税。（财税地字〔1986〕第008号第十二条）

5. 对行使国家行政管理职能的中国人民银行总行（含国家外汇管理局）所属分支机构自用的房产，免征房产税（国税函〔2001〕770号）。

6. 经财政部批准免税的其他房产（暂行条例第五条第五款）。

（1）损坏不堪使用的房屋和危险房屋，经有关部门鉴定，在停止使用后，可免征房产税。（财税地字〔1986〕第008号第十六条）

（2）对因企业停产、撤销而闲置不用的房产，经省、自治区、直辖市地方税务局批准可暂不征收房产税。但如果这些房产转让给其他征税单位使用或者企业恢复生产的时候，应照章纳税。（财税地字〔1986〕第008号第二十条）

（3）房产大修停用半年以上的，经纳税人申请，税务机关审核，在大修期间可免征房产税。（财税地字〔1986〕第008号第二十四条）

（4）在基建工地为基建工地服务的各种工棚、材料棚、休息棚和办公室、食堂、茶炉房、汽车房等临时性房屋，在施工期间，一律免征房产税。但工程结束后，施工企业将这种临时性房屋交换或估价转让给基建单位的，应从基建单位接收的次月起，照章纳税。（财税地字〔1986〕第008号第二十一条）

（5）为鼓励利用地下人防设施，暂不征收房产税。（财税地字〔1986〕第008号第十一条，2006年1月1日起被财税〔2005〕181号代替）

(6) 对微利企业和亏损企业的房产，依照规定应征收房产税，以促进企业改善经营管理，提高经济效益，但为了照顾企业的实际负担能力，可由地方根据实际情况在一定期限内暂免征收房产税。（财税地字〔1986〕第 008 号第十八条）

(7) 从 1988 年 1 月 1 日起，对房管部门经租的居民用房，在房租调整改革之前收取租金偏低的，可暂缓征收房产税。对房管部门经租的其他非营利用房，是否给予照顾，由各省、自治区、直辖市根据当地具体情况按税收管理体制的规定办理。

(8) 对为高校学生提供住宿服务并按高教系统收费标准收取租金的学生公寓，免征房产税。对从原高校后勤管理部门剥离出来而成立的进行独立核算并有法人资格的高校后勤经济实体自用的房产、土地免征房产税和城镇土地使用税。（财税〔2006〕100 号）

(9) 对非营利性医疗机构、疾病控制机构和妇幼保健机构等卫生机构自用的房产，免征房产税。对营利性医疗机构自用的房产，自 2000 年起免征房产税 3 年。（财税〔2000〕42 号）

(10) 老年服务机构自用房产免征房产税。（财税〔2000〕97 号）

老年服务机构是指专门为老年人提供生活照料、文化、护理、健身等多方面服务的福利性、非营利性的机构，主要包括：老年社会福利院、敬老院（养老院）、老年服务中心、老年公寓（含老年护理院、康复中心、托老所）等。

(11) 从 2001 年 1 月 1 日起，对按政府规定价格出租的公有住房和廉租住房，包括企业和自收自支事业单位向职工出租的单位自有住房；房管部门向居民出租的公有住房；落实私房政策中带户发还产权并以政府规定租金标准向居民出租的私有住房等，暂免征收房产税。（财税〔2000〕125 号）

(12) 对邮政部门坐落在城市、县城、建制镇、工矿区范围内的房产，应当依法征收房产税；对坐落在城市、县城、建制镇、工矿区范围以外的尚在现邮政局内核算的房产，在单位财务账中划分清楚的，从 2001 年 1 月 1 日起不再征收房产税。（国税函〔2001〕379 号）

(13) 未开征地区免税。在未开征地区范围之内的工厂、仓库，不征收房产税。（财税地〔1986〕8 号）

(14) 集贸市场减免。工商行政管理部门的集贸市场用房，由各省根据具体情况暂予减征或免征房产税。（财税地〔1987〕3 号）

(15) 个人住房免税。个人以标准价向单位购买公有住房，以及通过集资、合作建房等形式取得住房，用于自住的，免征该住房个人出资部分的房产税。（财综〔1992〕106 号）

(16) 铁道部企业房产免税。铁路运输、工业、供销、建筑施工企业，铁道部直属铁路局的工附企业和由铁道部自行解决工交事业费的单位，其自用房产，免征房产

税。(财税〔1997〕8号)

(17) 劳改劳教企业免税。由国家财政拨付事业费的劳改劳教单位，免征房产税。对经费实行自收自支的劳改劳教单位，在规定免税期满后实行下列税收优惠：(财税地〔1987〕21号、29号)

对少年犯管教所的房产，免征房产税；

对劳改工厂、劳改农场和生产规模较大的监狱，凡作为管教或生活用房产，免征房产税。凡生产经营用房产，照章征税；

对监狱的房产，若主要用于关押犯人，只有极少数用于生产经营的，可全部免征房产税。

(18) 农民居住用房产，免征房产税。(国税发〔1999〕44号)

(19) 对批准从事采集、提供临床用血的血站，自用的房产，免征房产税。(财税〔1999〕264号)

(20) 对主要从事应用基础研究或向社会提供公共服务的非营利性科研机构自用的房产，免征房产税。(国办发〔2000〕78号)

(21) 对房地产开发企业建造的商品房，在售出前，不征收房产税。但对售出前房地产开发企业已使用或出租、出借的商品房应按规定征收房产税。(国税发〔2003〕89号)

(22) 从2001年1月1日起，对个人按市场价格出租的居民住房，房产暂减按4%的税率征收。(财税〔2000〕125号、财税〔2008〕24号)

(四) 现行主要文件目录

1.《中华人民共和国房产税暂行条例》国发〔1986〕90号 发文日期：1986-09-15

2.《财政部 税务总局关于房产税若干具体问题的解释和暂行规定》(财税地字〔1986〕第008号) 发文日期：1986-09-25

3.《财政部 国家税务总局关于房产税和车船使用税几个业务问题的解释与规定》(财税地字〔1987〕第003号) 发文日期：1987-03-23

4.《财政部 国家税务总局关于对房屋中央空调是否计入房产原值等问题的批复》(财税地〔1987〕28号) 发文日期：1987-11-20

5.《国家税务总局关于安徽省若干房产税业务问题的批复》(国税函发〔1993〕368号) 发文日期：1993-11-08

6.《国家税务总局关于房产税城镇土地使用税有关政策规定的通知》(国税发〔2003〕89号) 发文日期：2003-07-15

7.《财政部 国家税务总局关于调整房产税有关减免税政策的通知》(财税〔2004〕140号) 发文日期：2004-08-19

8.《国家税务总局关于进一步明确房屋附属设备和配套设施计征房产税有关问题的通知》（国税发〔2005〕173号）发文日期：2005-10-21

9.《财政部 国家税务总局关于具备房屋功能的地下建筑征收房产税的通知》（财税〔2005〕181号）发文日期：2005-12-28

10.《财政部 国家税务总局关于房产税、城镇土地使用税有关政策的通知财税》（财税〔2006〕186号）发文日期：2006-12-25

11.《国家税务总局关于城镇土地使用税等"六税一费"优惠事项资料留存备查的公告》（总局公告2019年第21号）发文日期：2019-05-28

第六节　房地产相关法律法规

除了税收政策法规外，房地产开发经营过程中涉及很多相关法律法规。很多内容是决定和影响税收征管的，需要学习。

一、刑法关于涉税犯罪的规定

违法就是指违反现行法律，给社会造成某种危害的、有过错的行为。违法行为按照情节严重程度分为一般违法行为和严重违法行为（即犯罪行为）。按照其违反的法律，可分为行政违法行为、民事违法行为、刑事违法行为和违宪行为。

违法与犯罪的联系是犯罪一定违法，违法不一定犯罪。区别是犯罪的社会危害程度比违法行为严重，犯罪行为大多数要负刑事责任，违法行为承担行政责任或民事责任。

行政违法是指行政主体所实施的违反行政法律规范，侵害受法律保护的行政关系尚未构成犯罪的有过错的行政行为。

民事违法行为是指违反民事法律规定，损害他人民事权利的行为。

犯罪行为是指违反刑法且刑法明文规定为犯罪的行为。

犯罪特征：

第一，犯罪是危害社会的行为。行为对社会的危害性，是犯罪最本质的特征。

第二，犯罪是触犯刑律的行为。也就是说危害社会的行为必须同时是触犯《刑法》规定的行为，才构成犯罪。

第三，犯罪必须是应受刑罚处罚的行为，只有应受刑罚处罚的危害社会的行为，才被认为是犯罪。上述特征是确定任何一种犯罪必须具备的缺一不可的条件。《刑法》同时还规定，情节显著轻微、危害不大的，不认为是犯罪。这就说明，行为的情节和对社会危害的程度是区分违法和犯罪的界限。

目前，我国现行涉税犯罪的罪名共计23种，各罪罪名和构成犯罪标准如下：

按照现行法律制度，税收违法行为的界定及处罚规定分布《税收征管法》、《发票管理办法》等行政法律法规中，税收行政违法案件由税务机关管辖。而对涉税犯罪的惩治则属于《刑法》调整的对象，涉税刑事案件由公安机关管辖。在部分税收法条中均规定"构成犯罪的，依法追究刑事责任"。在此，对现行刑事法律中23种涉税犯罪的罪名及刑事立案标准作如下归集。

税收违法行为的违法事实涉及的金额、情节、造成的后果等，达到下列标准的，即属于应当予以刑事立案追诉的涉嫌犯罪行为：

（一）逃税罪

根据《刑法》第二百零一条，逃税罪：逃避缴纳税款，涉嫌下列情形之一的，应予立案追诉：

（一）纳税人采取欺骗、隐瞒手段进行虚假纳税申报或者不申报，逃避缴纳税款，数额在5万元以上并且占各税种应纳税总额百分之十以上，经税务机关依法下达追缴通知后，不补缴应纳税款、不缴纳滞纳金或者不接受行政处罚的；

纳税人在公安机关立案后再补缴应纳税款、缴纳滞纳金或者接受行政处罚的，不影响刑事责任的追究。

（二）纳税人五年内因逃避缴纳税款受过刑事处罚或者被税务机关给予二次以上行政处罚，又逃避缴纳税款，数额在五万元以上并且占各税种应纳税总额百分之十以上的；

（三）扣缴义务人不适用不予追究刑事责任的特别条款。只要采取欺骗、隐瞒手段，不缴或者少缴已扣、已收税款，数额在5万元以上的即应立案追诉。

"偷税"改为"逃税"，在刑法中已经修改多年了，而税收征管法还是"偷税"，可以这样理解——税法的偷税就是刑法的逃税！

（二）抗税罪

根据《刑法》第二百零二条，抗税罪：以暴力、威胁方法拒不缴纳税款，涉嫌下列情形之一的应立案追诉：

（一）造成税务工作人员轻微伤以上的；

（二）以给税务工作人员及其亲友的生命、健康、财产等造成损害为威胁，抗拒缴纳税款的；

（三）聚众抗拒缴纳税款的；

（四）以其他暴力、威胁方法拒不缴纳税款的。

该标准明确了纳税人为了拒不缴纳税款造成税务工作人员"轻微伤"即构成抗税犯罪；明确将税务工作人员特别是及其亲友的生命、健康、财产等权益列入刑法的保护范围。

（三）逃避追缴欠税罪

根据《刑法》第二百零三条，逃避追缴欠税罪：纳税人欠缴应纳税款，采取转移或者隐匿财产的手段，致使税务机关无法追缴欠缴的税款，数额在1万元以上的，应予立案追诉。

应注意的是，构成本罪的欠税人必须有将财产转移或隐匿的实际逃避行为，且致使税务机关采取法律赋予的手段仍无法追回的欠税数额在1万以上，而非行为人转移或隐匿的财产数额，也不是行为人的实际欠税数额。

（四）骗取出口退税罪

根据《刑法》第二百零四条，骗取出口退税罪：以假报出口或其他欺骗手段，骗取国家出口退税款，数额在5万元以上的，应予立案追诉。

纳税人缴纳税款后，采取上述所列欺骗方法，骗取所缴纳的税款的，依照《刑法》第二百零一条的规定以逃税罪定罪处罚；骗取税款超过所缴纳的税款部分，则适用上述的规定。

（五）虚开增值税专用发票相关罪（四罪）

根据《刑法》第二百零五条，虚开增值税专用发票罪、虚开用于骗取出口退税发票罪、虚开用于抵扣税款发票罪、虚开发票罪：虚开发票是指有为他人虚开、为自己虚开、让他人为自己虚开、介绍他人虚开行为之一的。

（一）虚开增值税专用发票如货物运输业增值税专用发票、增值税专用发票等或者虚开用于骗取出口退税发票、抵扣税款的其他发票如农产品销售发票等，虚开的税款数额在1万元以上或者致使国家税款被骗数额在5千元以上的，应予立案追诉。

（二）虚开上述增值税专用发票、用于骗取出口退税发票、用于抵扣税款发票以外的其他发票，即常见的建筑安装业发票、餐饮服务业发票等普通发票，涉嫌下列情形之一的，应予立案追诉：

虚开发票100份以上或者虚开金额累计在40万元以上的；（此"虚开发票"是指虚开普票，既非增值税专用发票。）

虽未达到上述数额标准，但五年内因虚开发票行为受过行政处罚二次以上，又虚开发票的；

其他情节严重的情形。

（六）伪造增值税专用发票罪（两罪）

根据《刑法》第二百零六条，伪造增值税专用发票罪、出售伪造的增值税专用发票：

伪造增值税专用发票25份以上或者票面额累计在10万元以上的；出售伪造的增值税专用发票25份以上或者票面额累计在10万元以上的，应予立案追诉。

（七）非法出售增值税专用发票罪

根据《刑法》第二百零七条，非法出售增值税专用发票罪：

非法出售经税务机关监制的增值税专用发票25份以上或者票面额累计在10万元以上的，应予立案追诉。

（八）《刑法》第二百零八条，非法购买增值税专用发票罪、购买伪造的增值税专用发票罪（两罪）

非法购买增值税专用发票或者购买伪造的增值税专用发票25份以上或者票面额累计在10万元以上的，应予立案追诉。

对于非法购买增值税专用发票或者购买伪造的增值税专用发票后又虚开的，按照虚开增值税专用发票罪的的标准，即虚开税款数额在1万元以上或者致使国家税款被骗数额在5千元以上的，应立案追诉。

对于购买增值税专用发票或者购买伪造的增值税专用发票又出售的，分别按照出售伪造的增值税专用发票、非法出售增值税专用发票罪的标准，即出售增值税专用发票25份以上或者票面额累计在10万元以上的，应立案追诉。

（九）骗取出口退税相关罪（四罪）

根据《刑法》第二百零九条第一款，非法制造用于骗取出口退税发票罪、非法制造用于抵扣税款发票罪、出售非法制造的用于骗取出口退税、出售非法制造的抵扣税款发票罪

伪造、擅自制造或者出售伪造、擅自制造的可以用于骗取出口退税、抵扣税款的非增值税专用发票，即制造或者出售具有出口退税、抵扣税款功能的假普通发票等，数量在50份以上或者票面额累计在20万元以上的，应予立案追诉。

（十）非法制造发票罪（两罪）

刑法第二百零九条第二款非法制造发票罪、出售非法制造的发票罪：

伪造、擅自制造或者出售伪造、擅自制造的不具有骗取出口退税、抵扣税款功能的普通发票，即制造或者出售一般的假普通发票如建安发票、普通货物销售发票等，数量在100份以上或者票面额累计在40万元以上的，应予立案追诉。

（十一）《刑法》第二百零九条第三款，非法出售用于骗取出口退税发票罪、非法出售用于抵扣税款发票罪

非法出售可以用于骗取出口退税、抵扣税款的非增值税专用发票，即出售经税务机关监制的具有出口退税、抵扣税款功能的普通发票，数量在50份以上或者票面额累计在20万元以上的，应予立案追诉。

（十二）《刑法》第二百零九条第四款，非法出售发票罪：

非法出售普通发票，即出售经税务机关监制的一般普通发票如建筑安装发票、餐

饮发票等，数量在100份以上或者票面额累计在40万元以上的，应予立案追诉。

(十三)《刑法》第二百一十条之一，持有伪造的发票罪

"持有"是独立于作为与不作为之外的第三种犯法行动情势。明知是伪造的发票而持有，即行为人实施或处于对明知是伪造的发票而非法支配、控制的事实或状态，如存放、占有、携带、藏有、把持等，无需处于行为人的物理性把持之下，即使伪造的发票与行动人的人身或住所分别，但根据事实，物品仍为行动人所把持，也视为持有。

明知是伪造的发票而持有，具有下列情形之一的，应予立案追诉：

（一）持有伪造的增值税专用发票（含增值税专用发票、货物运输业增值税专用发票、税控机动车销售统一发票）50份以上或者票面额累计在20万元以上的；

（二）持有伪造的可以用于骗取出口退税、抵扣税款的其他发票如农副产品收购发票等100份以上或者票面额累计在40万元以上的；

（三）持有伪造的第（一）项、第（二）项规定以外的其他发票，如建筑业、服务业、餐饮业发票等200份以上或者票面额累计在80万元以上的。

根据《刑法》的相关规定，除抗税案件外，其他所有涉税犯罪行为既可以是个人犯罪也可以是单位犯罪，不论是个人还是单位纳税人（扣缴义务人）都适用上述立案追诉标准。构成单位犯罪的，对单位判处罚金；并对其直接负责的主管人员和其他直接责任人，依照规定量刑处罚。

二、土地和规划法律制度

在实施房地产开发经营过程中，通常会涉及以下八项法律法规：

《中华人民共和国城市规划法》（1989年12月26日第七届全国人民代表大会常务委员会第十一次会议通过，主席令第23号）、《中华人民共和国土地管理法》（1998年8月29日第九届全国人民代表大会常务委员会第四次会议修订）、《中华人民共和国土地管理法实施条例》（1998年12月24日国务院第12次常务会议通过）、《闲置土地处理办法》（国土资厅发〔1999〕97号）、《协议出让国有土地使用权规定》（国土资源部令第21号）、《国有土地使用权合同纠纷案件适用法律问题的解释》（2004年11月23日最高人民法院审判委员会第1334次会议通过，法释〔2005〕5号）、《建设用地审查报批管理办法》（国土资源部令第3号）、《招标拍卖挂牌出让国有土地使用权规定》（国土资源部令第11号，2002年7月1日起施行）。

（一）土地法律制度

1. 中国的土地所有制

是社会主义公有制。只有全民所有制土地（国有土地）才能进行房地产开发。如果为劳动群众集体所有制土地，即集体土地实施房地产开发，必须先征收变为国有土

地后，才能进行房地产开发建设。

2. 土地登记制度

国家依法实行土地登记发证制度。土地登记簿应当载明下列内容：

① 土地权利人的姓名或者名称、地址；

② 土地的权属性质、使用权类型、取得时间和使用期限、权利以及内容变化情况；

③ 土地的坐落、界址、面积、宗地号、用途和取得价格；

④ 地上附着物情况。

3. 土地查询制度

县级以上人民政府国土资源行政主管部门负责土地登记资料的公开查询工作。具体内容，请查阅《土地登记资料公开查询办法》。

4. 土地用途管制与土地利用规划制度

5. 国有土地使用权有偿出让制度

国家依法实行国有土地有偿使用制度（划拨除外）。土地使用权出让年限限制制度。出让方式：招标拍卖挂牌、协议。

成交确认书，应当包括出让人和中标人、竞得人的名称、地址，出让标的，成交时间、地点、价款，以及签订《国有土地使用权出让合同》的时间、地点等内容。

6. 土地闲置处置制度

7. 拆迁补偿、安置制度

拆迁补偿协议的内容：补偿方式和补偿金额、安置用房面积和安置地点、搬迁期限、搬迁过渡方式和过渡期限等事项。拆迁补偿的方式可以实行货币补偿，也可以实行房屋产权调，也可以二者组合。

（二）城市规划法律制度

1. 施工前，开发企业需要办理《建设用地规划许可证》和《建设工程规划许可证》。

2. 规划的具体内容：建筑高度、建筑密度、容积率、绿地率等控制指标；确定公共设施配套要求、交通出入口方位、停车泊位、建筑后退红线距离等要求。（具体内容，请查阅《城市规划编制办法》）

3. 注意查询《建筑物分户实测成果表》。

三、建筑施工法律制度

（一）建筑工程依法实行招标发包制度

开标由招标人主持，邀请所有投标人参加。招标人和中标人应当自中标通知书发出之日起三十日内，按照招标文件和中标人的投标文件订立书面合同。

（二）建筑工程竣工验收和竣工验收备案管理制度，尤其注意技术档案和施工管理资料和按合同约定支付工程款的情况。

（三）建筑工程依法实行质量保证金制度（工程造价的5%）。

（四）建设工程价款结算制度

合同条款中对涉及工程价款结算事项进行约定。工程进度款结算与支付的规定，包括工程进度款结算方式、工程量计算、工程进度款支付、工程竣工结算等内容。

四、房产交易法律制度

（一）相关法律

1. 《中华人民共和国城市房地产管理法》（1994年7月5日第八届全国人民代表大会常务委员会第八次会议通过）

2. 《城市房地产开发经营管理条例》（国务院令第248号）

3. 《中华人民共和国物权法》（2007年3月16日第十届全国人民代表大会第五次会议通过，自2007年10月1日起施行）

4. 《城市商品房预售管理办法》（建设部令第95号，由第131号令重发）

5. 《房产测量规范》（2000-02-22国家质量技术监督局发布，2000-08-01实施，中华人民共和国国家标准GB/T17986-2000），对房屋的建筑面积、共有建筑面积、产权面积、使用面积等测算做出了明确的规定。

（二）交易管理制度

1. 房产交易实行基准地价、标定地价和各类房屋的重置价格定期确定与公布制度。

2. 国家房地产权属登记制度，但对房屋的转移占有，视为房屋的交付使用。注意初始登记的内容：房屋已竣工的证明与房屋测绘报告。而且建筑区划内依法属于全体业主共有的公共场所、公用设施和物业服务用房等房屋一并申请登记。

3. 房地产转让的方式：买卖、赠与、以房地产作价入股、提供土地使用权合作、合资、收购、兼并或合并、以房地产抵债等形式。

4. 房地产转让合同的主要内容。（略）

5. 国家实行房地产成交价格申报制度。房地产转让应当以申报的房地产成交价格作为缴纳税费的依据。成交价格明显低于正常市场价格的，以评估价格作为缴纳税费的依据。（《城市房地产转让管理规定》）

6. 城市地下空间开发利用管理规定。本着"谁投资、谁所有、谁受益、谁维护"的原则，允许建设单位对其投资开发建设的地下工程自营或者依法进行转让、租赁。建筑区划内，规划用于停放汽车的车位、车库的归属，由当事人通过出售、附赠或者出租等方式约定。（《城市地下空间开发利用管理规定》第二十五条、《物权法》第七

十四条)

7. 禁止采取售后包租或者变相售后包租方式销售未竣工商品房。(《商品房销售管理办法》第四十二条)

8. 房产交易实行商品房预售许可制度。申请预售许可,还应提供商品房预售方案。预售方案应当说明预售商品房的位置、面积、竣工交付日期等内容,并应当附预售商品房分层平面图。(《城市商品房预售管理办法》第六条、第七条)

9. 已竣工但尚未出售或者尚未交给物业买受人的物业,物业服务费用由建设单位交纳。(《物业管理条例》第四十二条)

10. 建筑区划内的道路、绿地、公共场所、公用设施和物业服务用房,属于业主共有。

五、融资法律制度

按照《中国人民银行关于进一步加强房地产信贷业务管理的通知》(银发〔2003〕121号)规定:对土地储备机构发放的贷款为抵押贷款,贷款额度不得超过所收购土地评估价值的70%,贷款期限最长不得超过2年。商业银行要严格防止建筑施工企业使用银行贷款垫资房地产开发项目。为减轻借款人不必要的利息负担,商业银行只能对购买主体结构已封顶住房的个人发放个人住房贷款。对借款人申请个人住房贷款购买第一套自住住房的,首付款比例仍执行20%的规定;对购买第二套以上(含第二套)住房的,应适当提高首付款比例。

各商业银行对于房贷均制定具体的贷款规定。

六、合同法律制度

1. 合同成立的要件
双方当事人经过协商,就合同内容意思表示一致,合同就成立。具体要件为:
(1) 有两个以上的相互独立的订约当事人。
(2) 订约各方意思一致。
2. 合同成立的时间
(1) 书面合同,以最后签字或者盖章的时间为合同成立时间。
(2) 当事人要求在合同成立之前签订确认书的,签订确认书的时间为合同成立时间。
3. 合同成立的地点
(1) 承诺生效的地点为合同成立的地点。
(2) 当事人采用合同书形式订立合同的,双方当事人签字或者盖章的地点为合同成立的地点。双方当事人签字或者盖章的地点不为同一地的,以最后签字或者盖章的时间为合同成立时间。

(3) 采用数据电文形式订立合同的，当事人有约定合同成立地点的，以其约定；没有约定的，收件人的主营业地为合同成立的地点；没有主营业地的，其经常居住地为合同成立的地点。

4. 合同的条款

(1) 当事人的名称或者姓名和住所；(2) 标的；(3) 数量；(4) 质量；(5) 价款或者报酬；(6) 履行期限、地点和方式；(7) 违约责任；(8) 解决争议的方法。

七、相关文件目录

(一) 土地规定

1. 《中华人民共和国城市规划法》(1989年主席令第23号) 发文日期：1989-12-26
2. 《中华人民共和国土地管理法》(根据2019年8月26日第十三届全国人民代表大会常务委员会第十二次会议修订) 发文日期：2019-08-26
3. 《中华人民共和国土地管理法实施条例》(1998年12月24日国务院第12次常务会议通过，2014年7月29日修正版) 发文日期：1998-12-24
4. 《闲置土地处理办法》(国土资厅发〔1999〕97号文) 发文日期：1999-4-26，2012年5月22日国土资源部修订
5. 《协议出让国有土地使用权规定》(国土资源部令第21号) 发文日期：2003-6-11
6. 《国有土地使用权合同纠纷案件适用法律问题的解释》(法释〔2005〕5号) 发文日期：2004-11-23
7. 《建设用地审查报批管理办法》(国土资源部令第3号) 发文日期：1999-2-24
8. 《招标拍卖挂牌出让国有土地使用权规定》(国土资源部令第11号) 发文日期：2002-4-3

(二) 工程造价、成本、定额预算方面的规定

1. 《中华人民共和国建筑法》(2019年4月23日第十三届全国人民代表大会常务委员会第十次会议通过) 发文日期：2019-04-23
2. 《中华人民共和国招标投标法》(中华人民共和国主席令第21号) 发文日期：1999-8-30。2017年12月27日修订
3. 《基本建设财务管理规定》(财建〔2002〕394号) 发文日期：2002-9-27
4. 《建设工程施工发包与承包价格管理暂行规定》(建标〔1999〕1号) 发文日期：1999-1-6
5. 《会计师事务所从事基本建设工程预算、结算、决算审核暂行办法》(财协字〔1999〕103号) 发文日期：1999-8-5
6. 《关于发布〈全国统一建筑装饰装修工程消耗量定额〉的通知》(建标〔2001〕271号) 发文日期：2001-12-26

7.《建设部关于发布国家标准〈建设工程工程量清单计价规范〉的公告》（第119号）发文日期：2003-2-17

8.《关于发布〈全国建筑装饰装修工程量清单计价暂行办法〉的通知》（建标〔2001〕270号）发文日期：2001-12-26

9.《建设部关于发布〈全国统一安装工程基础定额〉公告》（2014年第431号）发文日期：2014-5-29

10.《中华人民共和国建设部关于发布国家标准〈建筑工程建筑面积计算规范〉的公告》（2013年第326号）发文日期：2013-12-19

11.《建设工程施工发包与承包价格管理暂行规定》（建标〔1999〕1号）发文日期：1999-1-5

12.《关于印发〈建设工程造价咨询合同（示范文本）〉的通知》（建标〔2002〕197号）发文日期：2002-7-22

13.《关于印发〈建筑安装工程费用项目组成〉的通知》（建标〔2003〕206号）发文日期：2003-10-15

14.《关于贯彻执行〈建设工程工程量清单计价规范〉若干问题的通知》（建办标〔2003〕48号）发文日期：2003-8-28

（三）房产规定

1.《中华人民共和国城市房地产管理法》发文日期：1994-7-5，2007年8月30日修订。

2.《城市房地产开发经营管理条例》（国务院令第248号）发文日期：1998-7-20

3.《中华人民共和国物权法》发文日期：2007-3-16。2021年1月1日废止，合并为《中华人民共和国民法典》。

（四）贷款规定

《中国人民银行关于进一步加强房地产信贷业务管理的通知》（银发〔2003〕121号）发文日期：2003-6-5

（五）销售规定

1.《城市商品房预售管理办法》（建设部令第95号，由第131号令重发）发文日期：2004-7-13

2.《房产测量规范》（中华人民共和国国家标准GB/T17986-2000）发文日期：2000-2-22

3.《中华人民共和国土地管理法》（2019年修正）发文日期：2019-08-26

4.《中华人民共和国城市房地产管理法》（2019年修正）发文日期：2019-9-9

5.《中华人民共和国政府信息公开条例》（国务院令第492号）发文日期：2008-

3-28。2019 年 4 月 3 日修订。

6.《住房和城乡建设部 国家发展改革委关于印发房屋建筑和市政基础设施项目工程总承包管理办法的通知》（国办发〔2017〕19 号）发文日期：2017-02-23

7.《住房和城乡建设部关于印发建设用地容积率管理办法的通知》（建规〔2012〕22 号））发文日期：2012-2-17

8.《关于印发关于对房地产领域相关失信责任主体实施联合惩戒的合作备忘录的通知》（发改财金〔2017〕1206 号）发文日期：2017-6-23

（六）税务管理

1. 最高人民法院关于适用《中华人民共和国行政诉讼法》的解释（法释〔2018〕1 号）发文日期：2018-02-06

2.《税务行政复议规则》（国家税务总局令第 21 号）发文日期：2010-02-10

3.《税收票证管理办法》（国家税务总局令第 28 号）发文日期：2013-02-25

4.《税收违法行为检举管理办法》（国家税务总局令第 49 号）发文日期：2019-11-26

5.《重大税务案件审理办法》（国家税务总局令第 34 号）发文日期：2014-12-02

6.《中华人民共和国税收征收管理法》（主席令 1992 年第 60 号）发文日期：1992-09-04

7.《国家税务总局关于印发纳税人分类分级管理办法的通知》（税总发〔2016〕99 号）发文日期：2016-06-28

8.《国家税务总局关于发布纳税人转让不动产增值税征收管理暂行办法的公告》（总局公告 2016 年第 14 号）发文日期：2016-03-31

9.《国家税务总局关于发布纳税信用管理办法（试行）的公告》（总局公告 2014 年第 40 号）发文日期：2014-07-04

10.《国家税务总局关于发布纳税信用评价指标和评价方式（试行）公告》（总局公告 2014 年第 48 号）发文日期：2014-08-25

11.《国家税务总局关于印发税务稽查案源管理办法（试行）的通知》（税总发〔2016〕71 号）发文日期：2016-05-19

12.《国家税务总局关于印发税务稽查随机抽查对象名录库管理办法（试行）的通知》（税总发〔2016〕73 号）发文日期：2016-05-24

13.《国家税务总局关于印发税务稽查随机抽查执法检查人员名录库管理办法（试行）的通知》（税总发〔2016〕74 号）发文日期：2016-05-24

14.《国家税务总局关于印发税务行政应诉工作规程的通知》（税总发〔2017〕135 号）发文日期：2017-11-29

15.《国家税务总局关于深化行政审批制度改革切实加强事中事后管理的指导意

见》(税总发〔2016〕28号)发文日期:2016-02-28

附件:

国家税务总局纳税信用管理系列文件目录

序号	标题	文号	发布时间
1	国家税务总局关于纳税信用管理有关事项的公告	国家税务总局公告2020年第15号	2020-09-13
2	财政部、税务总局关于境外所得有关个人所得税政策的公告	财政部、国家税务总局公告2020年第3号	2020-01-17
3	国家税务总局关于纳税信用修复有关事项的公告	国家税务总局公告2019年第37号	2019-11-07
4	国家发展改革委办公厅、国家税务总局办公厅关于加强个人所得税纳税信用建设的通知	发改办财金规〔2019〕860号	2019-08-20
5	国家税务总局办公厅关于印发《税收管理领域基层政务公开标准指引》的通知	税总办发〔2019〕65号	2019-07-18
6	国家税务总局:对十三届全国人大一次会议第2304号建议的答复		2018-07-16
7	国家税务总局关于修改部分税收规范性文件的公告	国家税务总局公告2018年第31号	2018-06-15
8	国家税务总局关于公布全文失效废止和部分条款失效废止的税收规范性文件目录的公告	国家税务总局公告2018年第33号	2018-06-15
9	国家税务总局关于开展2018年"便民办税春风行动"的意见	税总发〔2018〕19号	2018-02-22
10	国家税务总局关于纳税信用评价有关事项的公告	国家税务总局公告2018年第8号	2018-02-01
11	国家税务总局关于进一步深化税务系统"放管服"改革优化税收环境的若干意见	税总发〔2017〕101号	2017-09-14
12	关于印发《关于对房地产领域相关失信责任主体实施联合惩戒的合作备忘录》的通知	发改财金〔2017〕1206号	2017-06-23
13	国家税务总局关于开展2017年"便民办税春风行动"的意见	税总发〔2017〕10号	2017-01-19

（续表）

序号	标题	文号	发布时间
14	国家税务总局关于印发《税收法治宣传教育第七个五年规划（2016-2020年）》的通知	税总发〔2016〕134号	2016-09-07
15	国家税务总局关于印发《国家税务局、地方税务局合作工作规范（3.0版）》的通知	税总发〔2016〕94号	2016-06-21
16	国家税务总局关于深化行政审批制度改革切实加强事中事后管理的指导意见	税总发〔2016〕28号	2016-02-28
17	国家税务总局关于完善纳税信用管理有关事项的公告	国家税务总局公告2016年第9号	2016-02-16
18	国家税务总局关于印发《2016年税收重点工作任务》的通知	税总发〔2016〕15号	2016-01-20
19	国家税务总局关于明确纳税信用管理若干业务口径的公告	国家税务总局公告2015年第85号	2015-12-02
20	国家税务总局关于明确纳税信用补评和复评事项的公告	国家税务总局公告2015年第46号	2015-06-19
21	国家税务总局关于全面推进依法治税的指导意见	税总发〔2015〕32号	2015-02-27
22	关于印发《关于对重大税收违法案件当事人实施联合惩戒措施的合作备忘录》的通知	发改财金〔2014〕3062号	2014-12-30
23	国务院关于推广中国（上海）自由贸易试验区可复制改革试点经验的通知	国发〔2014〕65号	2014-12-21
24	发展改革委、税务总局、最高人民法院、公安部、财政部等21部门关于对重大税收违法案件当事人实施联合惩戒措施的合作备忘录		2014-12-17
25	国家税务总局关于印发《中国〔上海〕自由贸易试验区创新税收服务措施逐步复制推广方案》的通知	税总函〔2014〕545号	2014-11-17
26	国家税务总局关于税务行政审批制度改革若干问题的意见	税总发〔2014〕107号	2014-09-15
27	国家税务总局关于发布《纳税信用评价指标和评价方式（试行）》的公告	国家税务总局公告2014年第48号	2014-08-25
28	国家税务总局关于发布《纳税信用管理办法（试行）》的公告	国家税务总局公告2014年第40号	2014-07-04

附 件

附件一：

中华人民共和国税收征收管理法（修正）

主席令 2013 年第 5 号　发布日期：2013-06-29

（1992 年 9 月 4 日第七届全国人民代表大会常务委员会第二十七次会议通过，根据 2013 年 6 月 29 日第十二届全国人民代表大会常务委员会第三次会议《关于修改〈中华人民共和国文物保护法〉等十二部法律的决定》修正）

第一章　总　则

第一条　为了加强税收征收管理，规范税收征收和缴纳行为，保障国家税收收入，保护纳税人的合法权益，促进经济和社会发展，制定本法。

第二条　凡依法由税务机关征收的各种税收的征收管理，均适用本法。

第三条　税收的开征、停征以及减税、免税、退税、补税，依照法律的规定执行；法律授权国务院规定的，依照国务院制定的行政法规的规定执行。

任何机关、单位和个人不得违反法律、行政法规的规定，擅自作出税收开征、停征以及减税、免税、退税、补税和其他同税收法律、行政法规相抵触的决定。

第四条　法律、行政法规规定负有纳税义务的单位和个人为纳税人。

法律、行政法规规定负有代扣代缴、代收代缴税款义务的单位和个人为扣缴义务人。

纳税人、扣缴义务人必须依照法律、行政法规的规定缴纳税款、代扣代缴、代收代缴税款。

第五条 国务院税务主管部门主管全国税收征收管理工作。各地国家税务局和地方税务局应当按照国务院规定的税收征收管理范围分别进行征收管理。

地方各级人民政府应当依法加强对本行政区域内税收征收管理工作的领导或者协调，支持税务机关依法执行职务，依照法定税率计算税额，依法征收税款。

各有关部门和单位应当支持、协助税务机关依法执行职务。

税务机关依法执行职务，任何单位和个人不得阻挠。

第六条 国家有计划地用现代信息技术装备各级税务机关，加强税收征收管理信息系统的现代化建设，建立、健全税务与政府其他管理机关的信息共享制度。

纳税人、扣缴义务人和其他有关单位应当按照国家有关规定如实向税务机关提供与纳税和代扣代缴、代收代缴税款有关的信息。

第七条 税务机关应当广泛宣传税收法律、行政法规，普及纳税知识，无偿地为纳税人提供纳税咨询服务。

第八条 纳税人、扣缴义务人有权向税务机关了解国家税收法律、行政法规的规定以及与纳税程序有关的情况。

纳税人、扣缴义务人有权要求税务机关为纳税人、扣缴义务人的情况保密。税务机关应当依法为纳税人、扣缴义务人的情况保密。纳税人依法享有申请减税、免税、退税的权利。纳税人、扣缴义务人对税务机关所作出的决定，享有陈述权、申辩权；依法享有申请行政复议、提起行政诉讼、请求国家赔偿等权利。纳税人、扣缴义务人有权控告和检举税务机关、税务人员的违法违纪行为。

第九条 税务机关应当加强队伍建设，提高税务人员的政治业务素质。

税务机关、税务人员必须秉公执法，忠于职守，清正廉洁，礼貌待人，文明服务，尊重和保护纳税人、扣缴义务人的权利，依法接受监督。

税务人员不得索贿受贿、徇私舞弊、玩忽职守、不征或者少征应征税款；不得滥用职权多征税款或者故意刁难纳税人和扣缴义务人。

第十条 各级税务机关应当建立、健全内部制约和监督管理制度。

上级税务机关应当对下级税务机关的执法活动依法进行监督。各级税务机关应当对其工作人员执行法律、行政法规和廉洁自律准则的情况进行监督检查。

第十一条 税务机关负责征收、管理、稽查、行政复议的人员的职责应当明确，并相互分离、相互制约。

第十二条 税务人员征收税款和查处税收违法案件，与纳税人、扣缴义务人或者税收违法案件有利害关系的，应当回避。

第十三条 任何单位和个人都有权检举违反税收法律、行政法规的行为。收到检举的机关和负责查处的机关应当为检举人保密。税务机关应当按照规定对检举人给予奖励。

第十四条 本法所称税务机关是指各级税务局、税务分局、税务所和按照国务院规定设立的并向社会公告的税务机构。

第二章 税务管理

第一节 税务登记

第十五条 企业，企业在外地设立的分支机构和从事生产、经营的场所，个体工商户和从事生产、经营的事业单位（以下统称从事生产、经营的纳税人）自领取营业执照之日起三十日内，持有关证件，向税务机关申报办理税务登记。税务机关应当于收到申报的当日办理登记并发给税务登记证件。

工商行政管理机关应当将办理登记注册、核发营业执照的情况，定期向税务机关通报。

本条第一款规定以外的纳税人办理税务登记和扣缴义务人办理扣缴税款登记的范围和办法，由国务院规定。

第十六条 从事生产、经营的纳税人，税务登记内容发生变化的，自工商行政管理机关办理变更登记之日起三十日内或者在向工商行政管理机关申请办理注销登记之前，持有关证件向税务机关申报办理变更或者注销税务登记。

第十七条 从事生产、经营的纳税人应当按照国家有关规定，持税务登记证件，在银行或者其他金融机构开立基本存款账户和其他存款账户，并将其全部账号向税务机关报告。

银行和其他金融机构应当在从事生产、经营的纳税人的账户中登录税务登记证件号码，并在税务登记证件中登录从事生产、经营的纳税人的账户账号。

税务机关依法查询从事生产、经营的纳税人开立账户的情况时，有关银行和其他金融机构应当予以协助。

第十八条 纳税人按照国务院税务主管部门的规定使用税务登记证件。税务登记证件不得转借、涂改、损毁、买卖或者伪造。

第二节 账簿、凭证管理

第十九条 纳税人、扣缴义务人按照有关法律、行政法规和国务院财政、税务主管部门的规定设置账簿，根据合法、有效凭证记账，进行核算。

第二十条 从事生产、经营的纳税人的财务、会计制度或者财务、会计处理办法和会计核算软件，应当报送税务机关备案。

纳税人、扣缴义务人的财务、会计制度或者财务、会计处理办法与国务院或者国务院财政、税务主管部门有关税收的规定抵触的，依照国务院或者国务院财政、税务主管部门有关税收的规定计算应纳税款、代扣代缴和代收代缴税款。

第二十一条 税务机关是发票的主管机关，负责发票印制、领购、开具、取得、保管、缴销的管理和监督。

单位、个人在购销商品、提供或者接受经营服务以及从事其他经营活动中，应当按照规定开具、使用、取得发票。发票的管理办法由国务院规定。

第二十二条 增值税专用发票由国务院税务主管部门指定的企业印制；其他发票，按照国务院税务主管部门的规定，分别由省、自治区、直辖市国家税务局、地方税务局指定企业印制。

未经前款规定的税务机关指定，不得印制发票。

第二十三条 国家根据税收征收管理的需要，积极推广使用税控装置。纳税人应当按照规定安装、使用税控装置，不得损毁或者擅自改动税控装置。

第二十四条 从事生产、经营的纳税人、扣缴义务人必须按照国务院财政、税务主管部门规定的保管期限保管账簿、记账凭证、完税凭证及其他有关资料。

账簿、记账凭证、完税凭证及其他有关资料不得伪造、变造或者擅自损毁。

第三节 纳税申报

第二十五条 纳税人必须依照法律、行政法规规定或者税务机关依照法律、行政法规的规定确定的申报期限、申报内容如实办理纳税申报，报送纳税申报表、财务会计报表以及税务机关根据实际需要要求纳税人报送的其他纳税资料。

扣缴义务人必须依照法律、行政法规规定或者税务机关依照法律、行政法规的规定确定的申报期限、申报内容如实报送代扣代缴、代收代缴税款报告表以及税务机关根据实际需要要求扣缴义务人报送的其他有关资料。

第二十六条 纳税人、扣缴义务人可以直接到税务机关办理纳税申报或者报送代扣代缴、代收代缴税款报告表，也可以按照规定采取邮寄、数据电文或者其他方式办理上述申报、报送事项。

第二十七条 纳税人、扣缴义务人不能按期办理纳税申报或者报送代扣代缴、代收代缴税款报告表的，经税务机关核准，可以延期申报。

经核准延期办理前款规定的申报、报送事项的，应当在纳税期内按照上期实际缴纳的税额或税务机关核定的税额预缴税款，并在核准的延期内办理税款结算。

第三章 税款征收

第二十八条 税务机关依照法律、行政法规的规定征收税款，不得违反法律、行政法规的规定开征、停征、多征、少征、提前征收、延缓征收或者摊派税款。

农业税应纳税额按照法律、行政法规的规定核定。

第二十九条 除税务机关、税务人员以及经税务机关依照法律、行政法规委托的单位和人员外，任何单位和个人不得进行税款征收活动。

第三十条 扣缴义务人依照法律、行政法规的规定履行代扣、代收税款的义务。

对法律、行政法规没有规定负有代扣、代收税款义务的单位和个人，税务机关不得要求其履行代扣、代收税款义务。

扣缴义务人依法履行代扣、代收税款义务时，纳税人不得拒绝。纳税人拒绝的，扣缴义务人应当及时报告税务机关处理。税务机关按照规定付给扣缴义务人代扣、代收手续费。

第三十一条　纳税人、扣缴义务人按照法律、行政法规规定或者税务机关依照法律、行政法规的规定确定的期限，缴纳或者解缴税款。

纳税人因有特殊困难，不能按期缴纳税款的，经省、自治区、直辖市国家税务局、地方税务局批准，可以延期缴纳税款，但是最长不得超过三个月。

第三十二条　纳税人未按照规定期限缴纳税款的，扣缴义务人未按照规定期限解缴税款的，税务机关除责令限期缴纳外，从滞纳税款之日起，按日加收滞纳税款万分之五的滞纳金。

第三十三条　纳税人可以依照法律、行政法规的规定书面申请减税、免税。

减税、免税的申请须经法律、行政法规规定的减税、免税审查批准机关审批。地方各级人民政府、各级人民政府主管部门、单位和个人违反法律、行政法规规定，擅自作出的减税、免税决定无效，税务机关不得执行并向上级税务机关报告。

纳税人依照法律、行政法规的规定办理减税、免税。地方各级人民政府、各级人民政府主管部门、单位和个人违反法律、行政法规规定，擅自作出的减税、免税决定无效，税务机关不得执行，并向上级税务机关报告。

第三十四条　税务机关征收税款时，必须给纳税人开具完税凭证。扣缴义务人代扣、代收税款时，纳税人要求扣缴义务人开具代扣、代收税款凭证的，扣缴义务人应当开具。

第三十五条　纳税人有下列情形之一的，税务机关有权核定其应纳税额：

（一）依照法律、行政法规的规定可以不设置账簿的；

（二）依照法律、行政法规的规定应当设置账簿但未设置的；

（三）擅自销毁账簿或者拒不提供纳税资料的；

（四）虽设置账簿，但账目混乱或者成本资料、收入凭证、费用凭证残缺不全难以查账的；

（五）发生纳税义务，未按照规定的期限办理纳税申报，经税务机关责令限期申报，逾期仍不申报的；

（六）纳税人申报的计税依据明显偏低，又无正当理由的。

税务机关核定应纳税额的具体程序和方法由国务院税务主管部门规定。

第三十六条　企业或者外国企业在中国境内设立的从事生产、经营的机构、场所与其关联企业之间的业务往来，应当按照独立企业之间的业务往来收取或者支付价款、费用；不按照独立企业之间的业务往来收取或者支付价款、费用，而减少其应纳税的收入或者所得额的，税务机关有权进行合理调整。

第三十七条 对未按照规定办理税务登记的从事生产、经营的纳税人以及临时从事经营的纳税人，由税务机关核定其应纳税额，责令缴纳；不缴纳的，税务机关可以扣押其价值相当于应纳税款的商品、货物。扣押后缴纳应纳税款的，税务机关必须立即解除扣押，并归还所扣押的商品、货物；扣押后仍不缴纳应纳税款的，经县以上税务局（分局）局长批准，依法拍卖或者变卖所扣押的商品、货物，以拍卖或者变卖所得抵缴税款。

第三十八条 税务机关有根据认为从事生产、经营的纳税人有逃避纳税义务行为的，可以在规定的纳税期之前，责令限期缴纳应纳税款；在限期内发现纳税人有明显的转移、隐匿其应纳税的商品、货物以及其他财产或者应纳税的收入的迹象的，税务机关可以责成纳税人提供纳税担保。如果纳税人不能提供纳税担保，经县以上税务局（分局）局长批准，税务机关可以采取下列税收保全措施：

（一）书面通知纳税人开户银行或者其他金融机构冻结纳税人的金额相当于应纳税款的存款；（二）扣押、查封纳税人的价值相当于应纳税款的商品、货物或者其他财产。纳税人在前款规定的限期内缴纳税款的，税务机关必须立即解除税收保全措施；限期期满仍未缴纳税款的，经县以上税务局（分局）局长批准，税务机关可以书面通知纳税人开户银行或者其他金融机构从其冻结的存款中扣缴税款，或者依法拍卖或者变卖所扣押、查封的商品、货物或者其他财产，以拍卖或者变卖所得抵缴税款。

个人及其所扶养家属维持生活必需的住房和用品，不在税收保全措施范围内。

第三十九条 纳税人在限期内已缴纳税款，税务机关未立即解除税收保全措施，使纳税人的合法利益遭受损失的，税务机关应当承担赔偿责任。

第四十条 从事生产、经营的纳税人、扣缴义务人未按照规定的期限缴纳或者解缴税款，纳税担保人未按照规定的期限缴纳所担保的税款，由税务机关责令限期缴纳，逾期仍未缴纳的，经县以上税务局（分局）局长批准，税务机关可以采取下列强制执行措施：

（一）书面通知其开户银行或者其他金融机构从其存款中扣缴税款；

（二）扣押、查封、依法拍卖或者变卖其价值相当于应纳税款的商品、货物或者其他财产，以拍卖或者变卖所得抵缴税款。

税务机关采取强制执行措施时，对前款所列纳税人、扣缴义务人、纳税担保人未缴纳的滞纳金同时强制执行。

个人及其所扶养家属维持生活必需的住房和用品，不在强制执行措施范围内。

第四十一条 本法第三十七条、第三十八条、第四十条规定的采取税收保全措施、强制执行措施的权力，不得由法定的税务机关以外的单位和个人行使。

第四十二条 税务机关采取税收保全措施和强制执行措施必须依照法定权限和法定程序，不得查封、扣押纳税人个人及其所扶养家属维持生活必需住房和用品。

第四十三条 税务机关滥用职权违法采取税收保全措施、强制执行措施，或者采取税收保全措施、强制执行措施不当，使纳税人、扣缴义务人或者纳税担保人的合法权益遭受损失的，应当依法承担赔偿责任。

第四十四条 欠缴税款的纳税人或者他的法定代表人需要出境的，应当在出境前向税务机关结清应纳税款、滞纳金或者提供担保。未结清税款、滞纳金，又不提供担保的，税务机关可以通知出境管理机关阻止其出境。

第四十五条 税务机关征收税款，税收优先于无担保债权，法律另有规定的除外；纳税人欠缴的税款发生在纳税人以其财产设定抵押、质押或者纳税人的财产被留置之前的，税收应当先于抵押权、质权、留置权执行。

纳税人欠缴税款，同时又被行政机关决定处以罚款没收违法所得的，税收优先于罚款、没收违法所得。税务机关应当对纳税人欠缴税款的情况定期予以公告。

第四十六条 纳税人有欠税情形而以其财产设定抵押、质押的，应当向抵押权人、质权人说明其欠税情况。抵押权人、质权人可以请求税务机关提供有关的欠税情况。

第四十七条 税务机关扣押商品、货物或者其他财产时，必须开付收据；查封商品、货物或者其他财产时，必须开付清单。

第四十八条 纳税人有合并、分立情形的，应当向税务机关报告，并依法缴清税款。纳税人合并时未缴清税款的，应当由合并后的纳税人继续履行未履行的纳税义务；纳税人分立时未缴清税款的，分立后的纳税人对未履行的纳税义务应当承担连带责任。

第四十九条 欠缴税款数额较大的纳税人在处分其不动产或者大额资产之前，应当向税务机关报告。

第五十条 欠缴税款的纳税人因怠于行使到期债权，或者放弃到期债权，或者无偿转让财产，或者以明显不合理的低价转让财产而受让人知道该情形，对国家税收造成损害的，税务机关可以依照合同法第七十三条、第七十四条的规定行使代位权、撤销权。

税务机关依照前款规定行使代位权、撤销权的，不免除欠缴税款的纳税人尚未履行的纳税义务和应承担的法律责任。

第五十一条 纳税人超过应纳税额缴纳的税款，税务机关发现后应当立即退还；纳税人自结算缴纳税款之日起三年内发现的，可以向税务机关要求退还多缴的税款并加算银行同期存款利息，税务机关及时查实后应当立即退还；涉及从国库中退库的，依照法律、行政法规有关国库管理的规定退还。

第五十二条 因税务机关的责任，致使纳税人、扣缴义务人未缴或者少缴税款的，税务机关在三年内可以要求纳税人、扣缴义务人补缴税款，但不得加收滞纳金。

因纳税人、扣缴义务人计算错误等失误，未缴或者少缴税款的，税务机关在三年内可以追征税款、滞纳金；有特殊情况的，追征期可以延长到五年。对偷税、抗税、骗税的，税务机关追征其未缴或者少缴的税款、滞纳金或者所骗取的税款，不受前款规定期限的限制。

第五十三条 国家税务局和地方税务局应当按照国家规定的税收征收管理范围和税款入库预算级次，将征收的税款缴入国库。

对审计、财政机关依法查出的税收违法行为，税务机关应当根据有关机关的决定、意见书，依法将应收的税款、滞纳金按照税款入库预算级次缴入国库，并将结果及时回复有关机关。

第四章 税务检查

第五十四条 税务机关有权进行下列税务检查：

（一）检查纳税人的账簿、记账凭证、报表和有关资料，检查扣缴义务人代扣代缴、代收代缴税款账簿、记账凭证和有关资料；

（二）到纳税人的生产、经营场所和货物存放地检查纳税人应纳税的商品、货物或者其他财产，检查扣缴义务人与代扣代缴、代收代缴税款有关的经营情况；

（三）责成纳税人、扣缴义务人提供与纳税或者代扣代缴、代收代缴税款有关的文件、证明材料和有关资料；

（四）询问纳税人、扣缴义务人与纳税或者代扣代缴、代收代缴税款有关的问题和情况；

（五）到车站、码头、机场、邮政企业及其分支机构检查纳税人托运、邮寄应纳税商品、货物或者其他财产的有关单据、凭证和有关资料；

（六）经县以上税务局（分局）局长批准，凭全国统一格式的检查存款账户许可证明，查询从事生产、经营的纳税人、扣缴义务人在银行或者其他金融机构的存款账户。税务机关在调查税收违法案件时，经设区的市、自治州以上税务局（分局）局长批准，可以查询案件涉嫌人员的储蓄存款。税务机关查询所获得的资料，不得用于税收以外的用途。

第五十五条 税务机关对从事生产、经营的纳税人以前纳税期的纳税情况依法进行税务检查时，发现纳税人有逃避纳税义务行为，并有明显的转移、隐匿其应纳税的商品、货物以及其他财产或者应纳税的收入的迹象的，可以按照本法规定的批准权限采取税收保全措施或者强制执行措施。

第五十六条 纳税人、扣缴义务人必须接受税务机关依法进行的税务检查，如实反映情况，提供有关资料，不得拒绝、隐瞒。

第五十七条 税务机关依法进行税务检查时，有权向有关单位和个人调查纳税人、扣缴义务人和其他当事人与纳税或者代扣代缴、代收代缴税款有关的情况，有关单位和个人有义务向税务机关如实提供有关资料及证明材料。

第五十八条 税务机关调查税务违法案件时，对与案件有关的情况和资料，可以记录、录音、录像、照相和复制。

第五十九条 税务机关派出的人员进行税务检查时，应当出示税务检查证和税务检查通知书，并有责任为被检查人保守秘密；未出示税务检查证和税务检查通知书的，被检查人有权拒绝检查。

第五章 法律责任

第六十条 纳税人有下列行为之一的，由税务机关责令限期改正，可以处二千元以下的罚款；情节严重的，处二千元以上一万元以下的罚款：

（一）未按照规定的期限申报办理税务登记、变更或者注销登记的；

（二）未按照规定设置、保管账簿或者保管记账凭证和有关资料的；

（三）未按照规定将财务、会计制度或者财务、会计处理办法和会计核算软件报送税务机关备查的；

（四）未按照规定将其全部银行账号向税务机关报告的；

（五）未按照规定安装、使用税控装置，或者损毁或者擅自改动税控装置的。

纳税人不办理税务登记的，由税务机关责令限期改正；逾期不改正的，经税务机关提请，由工商行政管理机关吊销其营业执照。

纳税人未按照规定使用税务登记证件，或者转借、涂改、损毁、买卖、伪造税务登记证件的，处二千元以上一万元以下的罚款；情节严重的，处一万元以上五万元以下的罚款。

第六十一条 扣缴义务人未按照规定设置、保管代扣代缴、代收代缴税款账簿或者保管代扣代缴、代收代缴税款记账凭证及有关资料的，由税务机关责令限期改正，可以处二千元以下的罚款；情节严重的，处二千元以上五千元以下罚款。

第六十二条 纳税人未按照规定的期限办理纳税申报和报送纳税资料的，或者扣缴义务人未按照规定的期限向税务机关报送代扣代缴、代收代缴税款报告表和有关资料的，由税务机关责令限期改正，可以处二千元以下的罚款；情节严重的，可以处二千元以上一万元以下的罚款。

第六十三条 纳税人伪造、变造、隐匿、擅自销毁账簿、记账凭证，或者在账簿上多列支出或者不列、少列收入，或者经税务机关通知申报而拒不申报或者进行虚假的纳税申报，不缴或者少缴应纳税款的，是偷税。对纳税人偷税的，由税务机关追缴其不缴或者少缴的税款、滞纳金，并处不缴或者少缴的税款百分之五十以上五倍以下的罚款；构成犯罪的，依法追究刑事责任。

扣缴义务人采取前款所列手段，不缴或者少缴已扣、已收税款，由税务机关追缴其不缴或者少缴的税款、滞纳金，并处不缴或者少缴的税款百分之五十以上五倍以下的罚款；构成犯罪的，依法追究刑事责任。

第六十四条 纳税人、扣缴义务人编造虚假计税依据的，由税务机关责令限期改正，并处五万元以下的罚款。

纳税人不进行纳税申报，不缴或者少缴应纳税款的，由税务机关追缴其不缴或者少缴的税款、滞纳金，并处不缴或少缴的税款百分之五十以上五倍以下罚款。

第六十五条 纳税人欠缴应纳税款，采取转移或者隐匿财产的手段，妨碍税务机关追缴欠缴的税款的，由税务机关追缴欠缴的税款、滞纳金，并处欠缴税款百分之五十以上五倍以下的罚款；构成犯罪的，依法追究刑事责任。

第六十六条 以假报出口或者其他欺骗手段，骗取国家出口退税款的，由税务机关追缴其骗取的退税款，并处骗取税款一倍以上五倍以下的罚款；构成犯罪的，依法追究刑事责任。

对骗取国家出口退税款的，税务机关可在规定期间内停止为其办理出口退税。

第六十七条 以暴力、威胁方法拒不缴纳税款的，是抗税，除由税务机关追缴其拒缴的税款、滞纳金外，依法追究刑事责任。情节轻微，未构成犯罪的，由税务机关追缴其拒缴的税款、滞纳金，并处拒缴税款一倍以上五倍以下的罚款。

第六十八条 纳税人、扣缴义务人在规定期限内不缴或者少缴应纳或者应解缴的税款，经税务机关责令限期缴纳，逾期仍未缴纳的，税务机关除依照本法第四十条的规定采取强制执行措施追缴其不缴或者少缴的税款外，可处不缴或者少缴的税款百分之五十以上五倍以下的罚款。

第六十九条 扣缴义务人应扣未扣、应收而不收税款的，由税务机关向纳税人追缴税款，对扣缴义务人处应扣未扣、应收未收税款百分之五十以上三倍以下罚款。

第七十条 纳税人、扣缴义务人逃避、拒绝或者以其他方式阻挠税务机关检查的，由税务机关责令改正，可以处一万元以下的罚款；情节严重的，处一万元以上五万元以下的罚款。

第七十一条 违反本法第二十二条规定，非法印制发票的，由税务机关销毁非法印制的发票，没收违法所得和作案工具，并处一万元以上五万元以下的罚款；构成犯罪的，依法追究刑事责任。

第七十二条 从事生产、经营的纳税人、扣缴义务人有本法规定的税收违法行为，拒不接受税务机关处理的，税务机关可以收缴其发票或停止向其发售发票。

第七十三条 纳税人、扣缴义务人的开户银行或者其他金融机构拒绝接受税务机关依法检查纳税人、扣缴义务人存款账户，或者拒绝执行税务机关作出的冻结存款或者扣缴税款的决定，或者在接到税务机关的书面通知后帮助纳税人、扣缴义务人转移存款，造成税款流失的，由税务机关处十万元以上五十万元以下的罚款，对直接负责的主管人员和其他直接责任人员处一千元以上一万元以下罚款。

第七十四条 本法规定的行政处罚，罚款额在二千元以下的，可以由税务所决定。

第七十五条 税务机关和司法机关的涉税罚没收入，应当按照税款入库预算级次上缴国库。

第七十六条 税务机关违反规定擅自改变税收征收管理范围和税款入库预算级次的，责令限期改正，对直接负责的主管人员和其他直接责任人员依法给予降级或者撤职的行政处分。

第七十七条 纳税人、扣缴义务人有本法第六十三条、第六十五条、第六十六条、第六十七条、第七十一条规定的行为涉嫌犯罪的，税务机关应当依法移交司法机关追究刑事责任。

税务人员徇私舞弊，对依法应当移交司法机关追究刑事责任的不移交，情节严重的，依法追究刑事责任。

第七十八条 未经税务机关依法委托征收税款的，责令退还收取的财物，依法给予行政处分或者行政处罚；致使他人合法权益受到损失的，依法承担赔偿责任；构成犯罪的，依法追究刑事责任。

第七十九条 税务机关、税务人员查封、扣押纳税人个人及其所扶养家属维持生活必需的住房和用品的，责令退还，依法给予行政处分；构成犯罪的，依法追究刑事责任。

第八十条 税务人员与纳税人、扣缴义务人勾结，唆使或者协助纳税人、扣缴义务人有本法第六十三条、第六十五条、第六十六条规定的行为，构成犯罪的，依法追究刑事责任；尚不构成犯罪的，依法给予行政处分。

第八十一条 税务人员利用职务上的便利，收受或者索取纳税人、扣缴义务人财物或者谋取其他不正当利益，构成犯罪的，依法追究刑事责任；尚不构成犯罪的，依法给予行政处分。

第八十二条 税务人员徇私舞弊或者玩忽职守，不征或者少征应征税款，致使国家税收遭受重大损失，构成犯罪的，依法追究刑事责任；尚不构成犯罪的，依法给予行政处分。

税务人员滥用职权，故意刁难纳税人、扣缴义务人的，调离税收工作岗位，并依法给予行政处分。

税务人员对控告、检举税收违法违纪行为的纳税人、扣缴义务人以及其他检举人进行打击报复的，依法给予行政处分；构成犯罪的，依法追究刑事责任。

税务人员违反法律、行政法规的规定，故意高估或者低估农业税计税产量，致使多征或者少征税款，侵犯农民合法权益或者损害国家利益，构成犯罪的，依法追究刑事责任；尚不构成犯罪的，依法给予行政处分。

第八十三条　违反法律、行政法规的规定提前征收、延缓征收或摊派税款的，由其上级机关或者行政监察机关责令改正，对直接负责的主管人员和其他直接责任人员依法给予行政处分。

第八十四条　违反法律、行政法规的规定，擅自作出税收的开征、停征或者减税、免税、退税、补税以及其他同税收法律、行政法规相抵触的决定的，除依照本法规定撤销其擅自作出的决定外，补征应征未征税款，退还不应征收而征收的税款，并由上级机关追究直接负责的主管人员和其他直接责任人员的行政责任；构成犯罪的，依法追究刑事责任。

第八十五条　税务人员在征收税款或者查处税收违法案件时，未按照本法规定进行回避的，对直接负责的主管人员和其他直接责任人员，依法给予行政处分。

第八十六条　违反税收法律、行政法规应当给予行政处罚的行为，在五年内未被发现的，不再给予行政处罚。

第八十七条　未按照本法规定为纳税人、扣缴义务人、检举人保密的，对直接负责的主管人员和其他直接责任人员，由所在单位或者有关单位依法给予行政处分。

第八十八条　纳税人、扣缴义务人、纳税担保人同税务机关在纳税上发生争议时，必须先依照税务机关的纳税决定缴纳或者解缴税款及滞纳金或者提供相应的担保，然后可以依法申请行政复议；对行政复议决定不服的，可以依法向人民法院起诉。

当事人对税务机关的处罚决定、强制执行措施或者税收保全措施不服的，可以依法申请行政复议，也可以依法向人民法院起诉。

当事人对税务机关的处罚决定逾期不申请行政复议也不向人民法院起诉、又不履行的，作出处罚决定的税务机关可以采取本法第四十条规定的强制执行措施，或申请人民法院强制执行。

第六章　附　则

第八十九条　纳税人、扣缴义务人可以委托税务代理人代为办理税务事宜。

第九十条　耕地占用税、契税、农业税、牧业税征收管理的具体办法，由国务院另行制定。

关税及海关代征税收的征收管理，依照法律、行政法规的有关规定执行。

第九十一条　中华人民共和国同外国缔结的有关税收的条约、协定同本法有不同规定的，依照条约、协定的规定办理。

第九十二条　本法施行前颁布的税收法律与本法有不同规定的，适用本法规。

第九十三条　国务院根据本法制定实施细则。

第九十四条　本法自2001年5月1日起施行。

附件二：

中华人民共和国税收征收管理法实施细则

最新修订 2016 年 2 月 6 日

第一章 总 则

第一条 根据《中华人民共和国税收征收管理法》（以下简称税收征管法）的规定，制定本细则。

第二条 凡依法由税务机关征收的各种税收的征收管理，均适用税收征管法及本细则；税收征管法及本细则没有规定的，依照其他有关税收法律、行政法规的规定执行。

第三条 任何部门、单位和个人作出的与税收法律、行政法规相抵触的决定一律无效，税务机关不得执行，并应当向上级税务机关报告。

纳税人应当依照税收法律、行政法规的规定履行纳税义务；其签订的合同、协议等与税收法律、行政法规相抵触的，一律无效。

第四条 国家税务总局负责制定全国税务系统信息化建设的总体规划、技术标准、技术方案与实施办法；各级税务机关应当按照国家税务总局的总体规划、技术标准、技术方案与实施办法，做好本地区税务系统信息化建设的具体工作。地方各级人民政府应当积极支持税务系统信息化建设，并组织有关部门实现相关信息共享。

第五条 税收征管法第八条所称为纳税人、扣缴义务人保密的情况，是指纳税人、扣缴义务人的商业秘密及个人隐私。纳税人、扣缴义务人的税收违法行为不属于保密范围。

第六条 国家税务总局应当制定税务人员行为准则和服务规范。

上级税务机关发现下级税务机关的税收违法行为，应当及时予以纠正；下级税务机关应当按照上级税务机关的决定及时改正。

下级税务机关发现上级税务机关的税收违法行为，应当向上级税务机关或者有关部门报告。

第七条 税务机关根据检举人的贡献大小给予相应的奖励，奖励所需资金列入税务部门年度预算，单项核定。奖励资金具体使用办法以及奖励标准，由国家税务总局会同财政部制定。

第八条 税务人员在核定应纳税额、调整税收定额、进行税务检查、实施税务行政处罚、办理税务行政复议时，与纳税人、扣缴义务人或者其法定代表人、直接责任人有下列关系之一的，应当回避：

（一）夫妻关系；（二）直系血亲关系；（三）三代以内旁系血亲关系；（四）近姻亲关系；（五）可能影响公正执法的其他利害关系。

第九条 税收征管法第十四条所称按照国务院规定设立的并向社会公告的税务机构，是指省以下税务局的稽查局。稽查局专司偷税、逃避追缴欠税、骗税、抗税案件的查处。国家税务总局应当明确划分税务局和稽查局的职责，避免职责交叉。

第二章 税务登记

第十条 国家税务局、地方税务局对同一纳税人的税务登记应当采用同一代码，信息共享。税务登记的具体办法由国家税务总局制定。

第十一条 各级工商行政管理机关应当向同级国家税务局和地方税务局定期通报办理开业、变更、注销登记以及吊销营业执照的情况。

通报的具体办法由国家税务总局和国家工商行政管理总局联合制定。

第十二条 从事生产、经营的纳税人应当自领取营业执照之日起30日内，向生产、经营地或者纳税义务发生地的主管税务机关申报办理税务登记，如实填写税务登记表，并按照税务机关的要求提供有关证件、资料。

前款规定以外的纳税人，除国家机关和个人外，应当自纳税义务发生之日起30日内，持有关证件向所在地的主管税务机关申报办理税务登记。个人所得税的纳税人办理税务登记的办法由国务院另行规定。税务登记证件的式样，由国家税务总局制定。

第十三条 扣缴义务人应当自扣缴义务发生之日起30日内，向所在地的主管税务机关申报办理扣缴税款登记，领取扣缴税款登记证件；税务机关对已办理税务登记的扣缴义务人，可以只在其税务登记证件上登记扣缴税款事项，不再发给扣缴税款登记证件。

第十四条 纳税人税务登记内容发生变化的，应当自工商行政管理机关或者其他机关办理变更登记之日起30日内，持有关证件向原税务登记机关申报办理变更税务登记。

纳税人税务登记内容发生变化，不需要到工商行政管理机关或者其他机关办理变更登记的，应当自发生变化之日起30日内，持有关证件向原税务登记机关申报办理变更税务登记。

第十五条 纳税人发生解散、破产、撤销以及其他情形，依法终止纳税义务的，应当在向工商行政管理机关或者其他机关办理注销登记前，持有关证件向原税务登记机关申报办理注销税务登记；按照规定不需要在工商行政管理机关或者其他机关办理注册登记的，应当自有关机关批准或者宣告终止之日起15日内，持有关证件向原税务登记机关申报办理注销税务登记。

纳税人因住所、经营地点变动，涉及改变税务登记机关的，应当在向工商行政管理机关或者其他机关申请办理变更或者注销登记前或者住所、经营地点变动前，向原税务登记机关申报办理注销税务登记，并在30日内向迁达地税务机关申报办理税务登记。

纳税人被工商行政管理机关吊销营业执照或者被其他机关予以撤销登记的，应当自营业执照被吊销或者被撤销登记之日起15日内，向原税务登记机关申报办理注销税务登记。

第十六条　纳税人在办理注销税务登记前，应当向税务机关结清应纳税款、滞纳金、罚款，缴销发票、税务登记证件和其他税务证件。

第十七条　从事生产、经营的纳税人应当自开立基本存款账户或者其他存款账户之日起15日内，向主管税务机关书面报告其全部账号；发生变化的，应当自变化之日起15日内，向主管税务机关书面报告。

第十八条　除按照规定不需要发给税务登记证件的外，纳税人办理下列事项时，必须持税务登记证件：

（一）开立银行账户；（二）申请减税、免税、退税；（三）申请办理延期申报、延期缴纳税款；（四）领购发票；（五）申请开具外出经营活动税收管理证明；（六）办理停业、歇业；（七）其他有关税务事项。

第十九条　税务机关对税务登记证件实行定期验证和换证制度。纳税人应当在规定的期限内持有关证件到主管税务机关办理验证或者换证手续。

第二十条　纳税人应当将税务登记证件正本在其生产、经营场所或者办公场所公开悬挂，接受税务机关检查。纳税人遗失税务登记证件的，应当在15日内书面报告主管税务机关，并登报声明作废。

第二十一条　从事生产、经营的纳税人到外县（市）临时从事生产、经营活动的，应当持税务登记证副本和所在地税务机关填开的外出经营活动税收管理证明，向营业地税务机关报验登记，接受税务管理。

从事生产、经营的纳税人外出经营，在同一地累计超过180天的，应当在营业地办理税务登记手续。

第三章　账簿、凭证管理

第二十二条　从事生产、经营的纳税人应当自领取营业执照或者发生纳税义务之日起15日内，按照国家有关规定设置账簿。前款所称账簿，是指总账、明细账、日记账以及其他辅助性账簿。总账、日记账应当采用订本式。

第二十三条　生产、经营规模小又确无建账能力的纳税人，可以聘请经批准从事会计代理记账业务的专业机构或者财会人员代为建账和办理账务。

第二十四条 从事生产、经营的纳税人应当自领取税务登记证件之日起15日内,将其财务、会计制度或者财务、会计处理办法报送主管税务机关备案。

纳税人使用计算机记账的,应当在使用前将会计电算化系统的会计核算软件、使用说明书及有关资料报送主管税务机关备案。

纳税人建立的会计电算化系统应当符合国家有关规定,并能正确完整核算其收入或者所得。

第二十五条 扣缴义务人应当自税收法律、行政法规规定的扣缴义务发生之日起10日内,按照所代扣代收的税种,分别设置代扣代缴、代收代缴税款账簿。

第二十六条 纳税人、扣缴义务人会计制度健全,能够通过计算机正确、完整计算其收入和所得或者代扣代缴、代收代缴税款情况的,其计算机输出的完整的书面会计记录,可视同会计账簿。

纳税人、扣缴义务人会计制度不健全,不能通过计算机正确、完整计算其收入和所得或者代扣代缴、代收代缴税款情况的,应当建立总账及与纳税或者代扣代缴、代收代缴税款有关的其他账簿。

第二十七条 账簿、会计凭证和报表,应当使用中文。民族自治地方可同时使用当地通用的一种民族文字。外商投资企业和外国企业可以同时使用一种外国文字。

第二十八条 纳税人应当按照税务机关的要求安装、使用税控装置,并按照税务机关的规定报送有关数据和资料。税控装置推广应用的管理办法由国家税务总局另行制定,报国务院批准后实施。

第二十九条 账簿、记账凭证、报表、完税凭证、发票、出口凭证以及其他有关涉税资料应当合法、真实、完整。

账簿、记账凭证、报表、完税凭证、发票、出口凭证以及其他有关涉税资料应当保存10年;但是,法律、行政法规另有规定的除外。

第四章 纳税申报

第三十条 税务机关应当建立、健全纳税人自行申报纳税制度。纳税人、扣缴义务人可以采取邮寄、数据电文方式办理纳税申报或者报送代扣代缴、代收代缴税款报告表。数据电文方式,是指税务机关确定的电话语音、电子数据交换和网络传输等电子方式。

第三十一条 纳税人采取邮寄方式办理纳税申报的,应当使用统一的纳税申报专用信封,并以邮政部门收据作为申报凭据。邮寄申报以寄出的邮戳日期为实际申报日期。

纳税人采取电子方式办理纳税申报的,应当按照税务机关规定的期限和要求保存有关资料,并定期书面报送主管税务机关。

第三十二条 纳税人在纳税期内没有应纳税款的，也应当按照规定办理纳税申报。纳税人享受减税、免税待遇的，在减税、免税期间应当按照规定办理纳税申报。

第三十三条 纳税人、扣缴义务人的纳税申报或者代扣代缴、代收代缴税款报告表的主要内容包括：税种、税目、应纳税项目或者应代扣代缴、代收代缴税款项目，计税依据，扣除项目及标准，适用税率或者单位税额，应退税项目及税额、应减免税项目及税额，应纳税额或者应代扣代缴、代收代缴税额，税款所属期限、延期缴纳税款、欠税、滞纳金等。

第三十四条 纳税人办理纳税申报时，应当如实填写纳税申报表，并根据不同的情况相应报送下列有关证件、资料：

（一）财务会计报表及其说明材料；

（二）与纳税有关的合同、协议书及凭证；

（三）税控装置的电子报税资料；

（四）外出经营活动税收管理证明和异地完税凭证；

（五）境内或者境外公证机构出具的有关证明文件；

（六）税务机关规定应当报送的其他有关证件、资料。

第三十五条 扣缴义务人办理代扣代缴、代收代缴税款报告时，应当如实填写代扣代缴、代收代缴税款报告表，并报送代扣代缴、代收代缴税款的合法凭证以及税务机关规定的其他有关证件、资料。

第三十六条 实行定期定额缴纳税款的纳税人，可以实行简易申报、简并征期等申报纳税方式。

第三十七条 纳税人、扣缴义务人按照规定的期限办理纳税申报或者报送代扣代缴、代收代缴税款报告表确有困难，需要延期的，应当在规定的期限内向税务机关提出书面延期申请，经税务机关核准，在核准的期限内办理。

纳税人、扣缴义务人因不可抗力，不能按期办理纳税申报或者报送代扣代缴、代收代缴税款报告表的，可以延期办理；但是，应当在不可抗力情形消除后立即向税务机关报告。税务机关应当查明事实，予以核准。

第五章 税款征收

第三十八条 税务机关应当加强对税款征收的管理，建立、健全责任制度。税务机关根据保证国家税款及时足额入库、方便纳税人、降低税收成本的原则，确定税款征收的方式。税务机关应当加强对纳税人出口退税的管理，具体管理办法由国家税务总局会同国务院有关部门制定。

第三十九条 税务机关应当将各种税收的税款、滞纳金、罚款，按照国家规定的预算科目和预算级次及时缴入国库，税务机关不得占压、挪用、截留，不得缴入国库以外或者国家规定的税款账户以外的任何账户。

已缴入国库的税款、滞纳金、罚款，任何单位和个人不得擅自变更预算科目和预算级次。

第四十条 税务机关应当根据方便、快捷、安全的原则，积极推广使用支票、银行卡、电子结算方式缴纳税款。

第四十一条 纳税人有下列情形之一的，属于税收征管法第三十一条所称特殊困难：（一）因不可抗力，导致纳税人发生较大损失，正常生产经营活动受到较大影响的；（二）当期货币资金在扣除应付职工工资、社会保险费后，不足以缴纳税款的。

计划单列市国家税务局、地方税务局可以参照税收征管法第三十一条第二款的批准权限，审批纳税人延期缴纳税款。

第四十二条 纳税人需要延期缴纳税款的，应当在缴纳税款期限届满前提出申请，并报送下列材料：申请延期缴纳税款报告，当期货币资金余额情况及所有银行存款账户的对账单，资产负债表，应付职工工资和社会保险费等税务机关要求提供的支出预算。

税务机关应当自收到申请延期缴纳税款报告之日起20日内作出批准或者不予批准的决定；不予批准的，从缴纳税款期限届满之日起加收滞纳金。

第四十三条 享受减税、免税优惠的纳税人，减税、免税期满，应当自期满次日起恢复纳税；减税、免税条件发生变化的，应当在纳税申报时向税务机关报告；不再符合减税、免税条件的，应当依法履行纳税义务；未依法纳税的，税务机关应当予以追缴。

第四十四条 税务机关根据有利于税收控管和方便纳税的原则，可以按照国家有关规定委托有关单位和人员代征零星分散和异地缴纳的税收，并发给委托代征证书。受托单位和人员按照代征证书的要求，以税务机关的名义依法征收税款，纳税人不得拒绝；纳税人拒绝的，受托代征单位和人员应当及时报告税务机关。

第四十五条 税收征管法第三十四条所称完税凭证，是指各种完税证、缴款书、印花税票、扣（收）税凭证以及其他完税证明。

未经税务机关指定，任何单位、个人不得印制完税凭证。完税凭证不得转借、倒卖、变造或者伪造。完税凭证的式样及管理办法由国家税务总局制定。

第四十六条 税务机关收到税款后，应当向纳税人开具完税凭证。纳税人通过银行缴纳税款的，税务机关可以委托银行开具完税凭证。

第四十七条 纳税人有税收征管法第三十五条或者第三十七条所列情形之一的，税务机关有权采用下列任何一种方法核定其应纳税额：

（一）参照当地同类行业或者类似行业中经营规模和收入水平相近的纳税人的税负水平核定；

（二）按照营业收入或者成本加合理的费用和利润的方法核定；

（三）按照耗用的原材料、燃料、动力等推算或者测算核定；

（四）按照其他合理方法核定。

采用前款所列一种方法不足以正确核定应纳税额时，可以同时采用两种以上的方法核定。

纳税人对税务机关采取本条规定的方法核定的应纳税额有异议的，应当提供相关证据，经税务机关认定后，调整应纳税额。

第四十八条 税务机关负责纳税人纳税信誉等级评定工作。纳税人纳税信誉等级的评定办法由国家税务总局制定。

第四十九条 承包人或者承租人有独立的生产经营权，在财务上独立核算，并定期向发包人或者出租人上缴承包费或者租金的，承包人或者承租人应当就其生产、经营收入和所得纳税，并接受税务管理；但是，法律、行政法规另有规定的除外。

发包人或者出租人应当自发包或者出租之日起 30 日内将承包人或者承租人的有关情况向主管税务机关报告。发包人或者出租人不报告的，发包人或者出租人与承包人或者承租人承担纳税连带责任。

第五十条 纳税人有解散、撤销、破产情形的，在清算前应当向其主管税务机关报告；未结清税款的，由其主管税务机关参加清算。

第五十一条 税收征管法第三十六条所称关联企业，是指有下列关系之一的公司、企业和其他经济组织：

（一）在资金、经营、购销等方面，存在直接或者间接的拥有或者控制关系；

（二）直接或者间接地同为第三者所拥有或者控制；

（三）在利益上具有相关联的其他关系。

纳税人有义务就其与关联企业之间的业务往来，向当地税务机关提供有关的价格、费用标准等资料。具体办法由国家税务总局制定。

第五十二条 税收征管法第三十六条所称独立企业之间的业务往来，是指没有关联关系的企业之间按照公平成交价格和营业常规所进行的业务往来。

第五十三条 纳税人可以向主管税务机关提出与其关联企业之间业务往来的定价原则和计算方法，主管税务机关审核、批准后，与纳税人预先约定有关定价事项，监督纳税人执行。

第五十四条 纳税人与其关联企业之间的业务往来有下列情形之一的，税务机关可以调整其应纳税额：

（一）购销业务未按照独立企业之间的业务往来作价；

（二）融通资金所支付或者收取的利息超过或者低于没有关联关系的企业之间所能同意的数额，或者利率超过或者低于同类业务的正常利率；

（三）提供劳务，未按照独立企业之间业务往来收取或者支付劳务费用；

（四）转让财产、提供财产使用权等业务往来，未按照独立企业之间业务往来作价或者收取、支付费用；

（五）未按照独立企业之间业务往来作价的其他情形。

第五十五条 纳税人有本细则第五十四条所列情形之一的，税务机关可以按照下列方法调整计税收入额或者所得额：

（一）按照独立企业之间进行的相同或者类似业务活动的价格；

（二）按照再销售给无关联关系的第三者的价格所应取得的收入和利润水平；

（三）按照成本加合理的费用和利润；

（四）按照其他合理的方法。

第五十六条 纳税人与其关联企业未按照独立企业之间的业务往来支付价款、费用的，税务机关自该业务往来发生的纳税年度起3年内进行调整；有特殊情况的，可以自该业务往来发生的纳税年度起10年内进行调整。

第五十七条 税收征管法第三十七条所称未按照规定办理税务登记从事生产、经营的纳税人，包括到外县（市）从事生产、经营而未向营业地税务机关报验登记的纳税人。

第五十八条 税务机关依照税收征管法第三十七条的规定，扣押纳税人商品、货物的，纳税人应当自扣押之日起15日内缴纳税款。

对扣押的鲜活、易腐烂变质或者易失效的商品、货物，税务机关根据被扣押物品的保质期，可以缩短前款规定的扣押期限。

第五十九条 税收征管法第三十八条、第四十条所称其他财产，包括纳税人的房地产、现金、有价证券等不动产和动产。机动车辆、金银饰品、古玩字画、豪华住宅或者一处以外的住房不属于税收征管法第三十八条、第四十条、第四十二条所称个人及其所扶养家属维持生活必需的住房和用品。

税务机关对单价5000元以下的其他生活用品，不采取税收保全措施和强制执行措施。

第六十条 税收征管法第三十八条、第四十条、第四十二条所称个人所扶养家属，是指与纳税人共同居住生活的配偶、直系亲属以及无生活来源并由纳税人扶养的其他亲属。

第六十一条 税收征管法第三十八条、第八十八条所称担保，包括经税务机关认可的纳税保证人为纳税人提供的纳税保证，以及纳税人或者第三人以其未设置或者未全部设置担保物权的财产提供的担保。

纳税保证人，是指在中国境内具有纳税担保能力的自然人、法人或者其他经济组织。

法律、行政法规规定的没有担保资格的单位和个人，不得作为纳税担保人。

第六十二条 纳税担保人同意为纳税人提供纳税担保的，应当填写纳税担保书，写明担保对象、担保范围、担保期限和担保责任以及其他有关事项。担保书须经纳税人、纳税担保人签字盖章并经税务机关同意，方为有效。

纳税人或者第三人以其财产提供纳税担保的，应当填写财产清单，并写明财产价值以及其他有关事项。纳税担保财产清单须经纳税人、第三人签字盖章并经税务机关确认，方为有效。

第六十三条 税务机关执行扣押、查封商品、货物或者其他财产时，应当由两名以上税务人员执行，并通知被执行人。被执行人是自然人的，应当通知被执行人本人或者其成年家属到场；被执行人是法人或者其他组织的，应当通知其法定代表人或者主要负责人到场；拒不到场的，不影响执行。

第六十四条 税务机关执行税收征管法第三十七条、第三十八条、第四十条的规定，扣押、查封价值相当于应纳税款的商品、货物或者其他财产时，参照同类商品的市场价、出厂价或者评估价估算。

税务机关按照前款方法确定应扣押、查封的商品、货物或者其他财产的价值时，还应当包括滞纳金和拍卖、变卖所发生的费用。

第六十五条 对价值超过应纳税额且不可分割的商品、货物或者其他财产，税务机关在纳税人、扣缴义务人或者纳税担保人无其他可供强制执行的财产的情况下，可以整体扣押、查封、拍卖。

第六十六条 税务机关执行税收征管法第三十七条、第三十八条、第四十条的规定，实施扣押、查封时，对有产权证件的动产或者不动产，税务机关可以责令当事人将产权证件交税务机关保管，同时可以向有关机关发出协助执行通知书，有关机关在扣押、查封期间不再办理该动产或者不动产的过户手续。

第六十七条 对查封的商品、货物或者其他财产，税务机关可以指令被执行人负责保管，保管责任由被执行人承担。

继续使用被查封的财产不会减少其价值的，税务机关可以允许被执行人继续使用；因被执行人保管或者使用的过错造成的损失，由被执行人承担。

第六十八条 纳税人在税务机关采取税收保全措施后，按照税务机关规定的期限缴纳税款的，税务机关应当自收到税款或者银行转回的完税凭证之日起1日内解除税收保全。

第六十九条 税务机关将扣押、查封的商品、货物或者其他财产变价抵缴税款时，应当交由依法成立的拍卖机构拍卖；无法委托拍卖或者不适于拍卖的，可以交由当地商业企业代为销售，也可以责令纳税人限期处理；无法委托商业企业销售，纳税人也无法处理的，可以由税务机关变价处理，具体办法由国家税务总局规定。国家禁止自由买卖的商品,应当交由有关单位按照国家规定的价格收购。

拍卖或者变卖所得抵缴税款、滞纳金、罚款以及拍卖、变卖等费用后,剩余部分应当在3日内退还被执行人。

第七十条 税收征管法第三十九条、第四十三条所称损失,是指因税务机关的责任,使纳税人、扣缴义务人或者纳税担保人的合法利益遭受的直接损失。

第七十一条 税收征管法所称其他金融机构,是指信托投资公司、信用合作社、邮政储蓄机构以及经中国人民银行、中国证券监督管理委员会等批准设立的其他金融机构。

第七十二条 税收征管法所称存款,包括独资企业投资人、合伙企业合伙人、个体工商户的储蓄存款以及股东资金账户中的资金等。

第七十三条 从事生产、经营的纳税人、扣缴义务人未按照规定的期限缴纳或者解缴税款的,纳税担保人未按照规定的期限缴纳所担保的税款的,由税务机关发出限期缴纳税款通知书,责令缴纳或者解缴税款的最长期限不得超过15日。

第七十四条 欠缴税款的纳税人或者其法定代表人在出境前未按照规定结清应纳税款、滞纳金或者提供纳税担保的,税务机关可以通知出入境管理机关阻止其出境。阻止出境的具体办法,由国家税务总局会同公安部制定。

第七十五条 税收征管法第三十二条规定的加收滞纳金的起止时间,为法律、行政法规规定或者税务机关依照法律、行政法规的规定确定的税款缴纳期限届满次日起至纳税人、扣缴义务人实际缴纳或者解缴税款之日止。

第七十六条 县级以上各级税务机关应当将纳税人的欠税情况,在办税场所或者广播、电视、报纸、期刊、网络等新闻媒体上定期公告。

对纳税人欠缴税款的情况实行定期公告的办法,由国家税务总局制定。

第七十七条 税收征管法第四十九条所称欠缴税款数额较大,是指欠缴税款5万元以上。

第七十八条 税务机关发现纳税人多缴税款的,应当自发现之日起10日内办理退还手续;纳税人发现多缴税款,要求退还的,税务机关应当自接到纳税人退还申请之日起30日内查实并办理退还手续。

税收征管法第五十一条规定的加算银行同期存款利息的多缴税款退税,不包括依法预缴税款形成的结算退税、出口退税和各种减免退税。退税利息按照税务机关办理退税手续当天中国人民银行规定的活期存款利率计算。

第七十九条 当纳税人既有应退税款又有欠缴税款的,税务机关可以将应退税款和利息先抵扣欠缴税款;抵扣后有余额的,退还纳税人。

第八十条 税收征管法第五十二条所称税务机关的责任,是指税务机关适用税收法律、行政法规不当或者执法行为违法。

第八十一条 税收征管法第五十二条所称纳税人、扣缴义务人计算错误等失误,是指非主观故意的计算公式运用错误以及明显的笔误。

第八十二条 税收征管法第五十二条所称特殊情况,是指纳税人或者扣缴义务人因计算错误等失误,未缴或者少缴、未扣或者少扣、未收或者少收税款,累计数额在10万元以上的。

第八十三条 税收征管法第五十二条规定的补缴和追征税款、滞纳金的期限,自纳税人、扣缴义务人应缴未缴或者少缴税款之日起计算。

第八十四条 审计机关、财政机关依法进行审计、检查时,对税务机关的税收违法行为作出的决定,税务机关应当执行;发现被审计、检查单位有税收违法行为的,向被审计、检查单位下达决定、意见书,责成被审计、检查单位向税务机关缴纳应当缴纳的税款、滞纳金。税务机关应当根据有关机关的决定、意见书,依照税收法律、行政法规的规定,将应收的税款、滞纳金按照国家规定的税收征收管理范围和税款入库预算级次缴入国库。

税务机关应当自收到审计机关、财政机关的决定、意见书之日起30日内将执行情况书面回复审计机关、财政机关。

有关机关不得将其履行职责过程中发现的税款、滞纳金自行征收入库或者以其他款项的名义自行处理、占压。

第六章 税务检查

第八十五条 税务机关应当建立科学的检查制度,统筹安排检查工作,严格控制对纳税人、扣缴义务人的检查次数。

税务机关应当制定合理的税务稽查工作规程,负责选案、检查、审理、执行的人员的职责应当明确,并相互分离、相互制约,规范选案程序和检查行为。

税务检查工作的具体办法,由国家税务总局制定。

第八十六条 税务机关行使税收征管法第五十四条第(一)项职权时,可以在纳税人、扣缴义务人的业务场所进行;必要时,经县以上税务局(分局)局长批准,可以将纳税人、扣缴义务人以前会计年度的账簿、记账凭证、报表和其他有关资料调回税务机关检查,但是税务机关必须向纳税人、扣缴义务人开付清单,并在3个月内完整退还;有特殊情况的,经设区的市、自治州以上税务局局长批准,税务机关可以将纳税人、扣缴义务人当年的账簿、记账凭证、报表和其他有关资料调回检查,但是税务机关必须在30日内退还。

第八十七条 税务机关行使税收征管法第五十四条第(六)项职权时,应当指定专人负责,凭全国统一格式的检查存款账户许可证明进行,并有责任为被检查人保守秘密。检查存款账户许可证明,由国家税务总局制定。

税务机关查询的内容，包括纳税人存款账户余额和资金往来情况。

第八十八条 依照税收征管法第五十五条规定，税务机关采取税收保全措施的期限一般不得超过6个月；重大案件需要延长的，应当报国家税务总局批准。

第八十九条 税务机关和税务人员应当依照税收征管法及本细则的规定行使税务检查职权。

税务人员进行税务检查时，应当出示税务检查证和税务检查通知书；无税务检查证和税务检查通知书的，纳税人、扣缴义务人及其他当事人有权拒绝检查。税务机关对集贸市场及集中经营业户进行检查时，可使用统一的税务检查通知书。

税务检查证和税务检查通知书的式样、使用和管理的具体办法，由国家税务总局制定。

第七章 法律责任

第九十条 纳税人未按照规定办理税务登记证件验证或者换证手续的，由税务机关责令限期改正，可以处2000元以下的罚款；情节严重的，处2000元以上1万元以下的罚款。

第九十一条 非法印制、转借、倒卖、变造或者伪造完税凭证的，由税务机关责令改正，处2000元以上1万元以下的罚款；情节严重的，处1万元以上5万元以下的罚款；构成犯罪的，依法追究刑事责任。

第九十二条 银行和其他金融机构未依照税收征管法的规定在从事生产、经营的纳税人的账户中登录税务登记证件号码，或者未按规定在税务登记证件中登录从事生产、经营的纳税人的账户账号的，由税务机关责令其限期改正，处2000元以上2万元以下的罚款；情节严重的，处2万元以上5万元以下的罚款。

第九十三条 为纳税人、扣缴义务人非法提供银行账户、发票、证明或者其他方便，导致未缴、少缴税款或者骗取国家出口退税款的，税务机关除没收其违法所得外，可以处未缴、少缴或者骗取的税款1倍以下的罚款。

第九十四条 纳税人拒绝代扣、代收税款的，扣缴义务人应当向税务机关报告，由税务机关直接向纳税人追缴税款滞纳金；纳税人拒不缴纳的，依照税收征管法第六十八条的规定执行。

第九十五条 税务机关依照税收征管法第五十四条第（五）项的规定，到车站、码头、机场、邮政企业及其分支机构检查纳税人有关情况时，有关单位拒绝的，由税务机关责令改正，可以处1万元以下的罚款；情节严重的，处1万元以上5万元以下的罚款。

第九十六条 纳税人、扣缴义务人有下列情形之一，依照税收征管法第七十条的规定处罚：

（一）提供虚假资料，不如实反映情况，或者拒绝提供有关资料的；
（二）拒绝或者阻止税务机关记录、录音、录像、照相和复制与案件有关的情况和资料的；
（三）在检查期间，纳税人、扣缴义务人转移、隐匿、销毁有关资料的；
（四）有不依法接受税务检查的其他情形的。

第九十七条 税务人员私分扣押、查封的商品、货物或者其他财产，情节严重，构成犯罪的，依法追究刑事责任；尚不构成犯罪的，依法给予行政处分。

第九十八条 税务代理人违反税收法律、行政法规，造成纳税人未缴或者少缴税款的，除由纳税人缴纳或者补缴应纳税款、滞纳金外，对税务代理人处纳税人未缴或者少缴税款50%以上3倍以下的罚款。

第九十九条 税务机关对纳税人、扣缴义务人及其他当事人处以罚款或者没收违法所得时，应当开付罚没凭证；未开付罚没凭证的，纳税人、扣缴义务人以及其他当事人有权拒绝给付。

第一百条 税收征管法第八十八条规定的纳税争议，是指纳税人、扣缴义务人、纳税担保人对税务机关确定纳税主体、征税对象、征税范围、减税、免税及退税、适用税率、计税依据、纳税环节、纳税期限、纳税地点以及税款征收方式等具体行政行为有异议而发生的争议。

第八章 文书送达

第一百零一条 税务机关送达税务文书，应当直接送交受送达人。受送达人是公民的，应当由本人直接签收；本人不在的，交其同住成年家属签收。

受送达人是法人或者其他组织的，应当由法人的法定代表人、其他组织的主要负责人或者该法人、组织财务负责人、负责收件的人签收。受送达人有代理人的，可以送交其代理人签收。

第一百零二条 送达税务文书应当有送达回证，并由受送达人或者本细则规定的其他签收人在送达回证上记明收到日期，签名或者盖章，即为送达。

第一百零三条 受送达人或者本细则规定的其他签收人拒绝签收税务文书的，送达人应当在送达回证上记明拒收理由和日期，并由送达人和见证人签名或者盖章，将税务文书留在受送达人处，即视为送达。

第一百零四条 直接送达税务文书有困难的，可以委托其他有关机关或者其他单位代为送达，或者邮寄送达。

第一百零五条 直接或者委托送达税务文书的，以签收人或者见证人在送达回证上的签收或者注明的收件日期为送达日期；邮寄送达的，以挂号函件回执上注明的收件日期为送达日期，并视为已送达。

第一百零六条 有下列情形之一的,税务机关可以公告送达税务文书,自公告之日起满 30 日,即视为送达:

(一)同一送达事项的受送达人众多;(二)采用本章规定的其他送达方式无法送达。

第一百零七条 税务文书的格式由国家税务总局制定。本细则所称税务文书,包括:(一)税务事项通知书;(二)责令限期改正通知书;(三)税收保全措施决定书;(四)税收强制执行决定书;(五)税务检查通知书;(六)税务处理决定书;(七)税务行政处罚决定书;(八)行政复议决定书;(九)其他税务文书。

第九章 附 则

第一百零八条 税收征管法及本细则所称"以上"、"以下"、"日内"、"届满"均含本数。

第一百零九条 税收征管法及本细则所规定期限的最后一日是法定休假日的,以休假日期满的次日为期限的最后一日;在期限内有连续 3 日以上法定休假日的,按休假日天数顺延。

第一百一十条 税收征管法第三十条第三款规定的代扣、代收手续费,纳入预算管理,由税务机关依照法律、行政法规的规定付给扣缴义务人。

第一百一十一条 纳税人、扣缴义务人委托税务代理人代为办理税务事宜的办法,由国家税务总局规定。

第一百一十二条 耕地占用税、契税、农业税、牧业税的征收管理,按照国务院的有关规定执行。

第一百一十三条 本细则自 2002 年 10 月 15 日起施行。1993 年 8 月 4 日国务院发布的《中华人民共和国税收征收管理法实施细则》同时废止。

附件三：

《中华人民共和国个人所得税法》（2018版）

> （1980年9月10日第五届全国人民代表大会第三次会议通过；根据2018年8月31日中华人民共和国第十三届全国人民代表大会常务委员会第五次会议通过的《全国人民代表大会常务委员会关于修改〈中华人民共和国个人所得税法〉的决定》第七次修正）

第一条 在中国境内有住所，或者无住所而一个纳税年度内在中国境内居住累计满一百八十三天的个人，为居民个人。居民个人从中国境内和境外取得的所得，依照本法规定缴纳个人所得税。

在中国境内无住所又不居住，或者无住所而一个纳税年度内在中国境内居住累计不满一百八十三天的个人，为非居民个人。非居民个人从中国境内取得的所得，依照本法规定缴纳个人所得税。纳税年度，自公历一月一日起至十二月三十一日止。

第二条 下列各项个人所得，应当缴纳个人所得税：

（一）工资、薪金所得；（二）劳务报酬所得；（三）稿酬所得；（四）特许权使用费所得；（五）经营所得；（六）利息、股息、红利所得；（七）财产租赁所得；（八）财产转让所得；（九）偶然所得。

居民个人取得前款第一项至第四项所得（以下称综合所得），按纳税年度合并计算个人所得税；非居民个人取得前款第一项至第四项所得，按月或者按次分项计算个人所得税。纳税人取得前款第五项至第九项所得，依照本法规定分别计算个人所得税。

第三条 个人所得税的税率：

（一）综合所得，适用百分之三至百分之四十五的超额累进税率；

（二）经营所得，适用百分之五至百分之三十五的超额累进税率；

（三）利息、股息、红利所得，财产租赁所得，财产转让所得和偶然所得，适用比例税率，税率为百分之二十。

第四条 下列各项个人所得，免征个人所得税：

（一）省级人民政府、国务院部委和中国人民解放军军以上单位，以及外国组织、国际组织颁发的科学、教育、技术、文化、卫生体育、环保等方面的奖金；

（二）国债和国家发行的金融债券利息；

（三）按照国家统一规定发给的补贴、津贴；

（四）福利费、抚恤金、救济金；

（五）保险赔款；

（六）军人的转业费、退役金；

（七）按照国家统一规定发给干部、职工的安家费、退职费、基本养老金或者退休费、离休费、离休生活补助费；

（八）依照有关法律规定应予免税的各国驻华使馆、领事馆的外交代表、领事官员和其他人员的所得；

（九）中国政府参加的国际公约、签订的协议中规定免税的所得；

（十）国务院规定的其他免税所得。

前款第十项免税规定，由国务院报全国人民代表大会常务委员会备案。

第五条 有下列情形之一的，可以减征个人所得税，具体幅度和期限，由省、自治区、直辖市人民政府规定，并报同级人民代表大会常务委员会备案：

（一）残疾、孤老人员和烈属的所得；（二）因自然灾害遭受重大损失的。

国务院可以规定其他减税情形，报全国人民代表大会常务委员会备案。

第六条 应纳税所得额的计算：

（一）居民个人的综合所得，以每一纳税年度的收入额减除费用六万元以及专项扣除、专项附加扣除和依法确定的其他扣除后的余额，为应纳税所得额。

（二）非居民个人的工资、薪金所得，以每月收入额减除费用五千元后的余额为应纳税所得额；劳务报酬所得、稿酬所得、特许权使用费所得，以每次收入额为应纳税所得额。

（三）经营所得，以每一纳税年度的收入总额减除成本、费用以及损失后的余额，为应纳税所得额。

（四）财产租赁所得，每次收入不超过四千元的，减除费用八百元；四千元以上的，减除百分之二十的费用，其余额为应纳税所得额。

（五）财产转让所得，以转让财产的收入额减除财产原值和合理费用后的余额，为应纳税所得额。

（六）利息、股息、红利所得和偶然所得，以每次收入额为应纳税所得额。

劳务报酬所得、稿酬所得、特许权使用费所得以收入减除百分之二十的费用后的余额为收入额。稿酬所得的收入额减按百分之七十计算。

个人将其所得对教育、扶贫、济困等公益慈善事业进行捐赠，捐赠额未超过纳税人申报的应纳税所得额百分之三十的部分，可以从其应纳税所得额中扣除；国务院规定对公益慈善事业捐赠实行全额税前扣除的，从其规定。

本条第一款第一项规定的专项扣除，包括居民个人按照国家规定的范围和标准缴纳的基本养老保险、基本医疗保险、失业保险等社会保险费和住房公积金等；专项附加扣除，包括子女教育、继续教育、大病医疗、住房贷款利息或者住房租金、赡养老人等支出，具体范围、标准和实施步骤由国务院确定，并报全国人民代表大会常务委员会备案。

第七条　居民个人从中国境外取得的所得，可以从其应纳税额中抵免已在境外缴纳的个人所得税税额，但抵免额不得超过该纳税人境外所得依照本法规定计算的应纳税额。

第八条　有下列情形之一的，税务机关有权按照合理方法进行纳税调整：

（一）个人与其关联方之间的业务往来不符合独立交易原则而减少本人或者其关联方应纳税额，且无正当理由；

（二）居民个人控制的，或者居民个人和居民企业共同控制的设立在实际税负明显偏低的国家（地区）的企业，无合理经营需要，对应当归属于居民个人的利润不做分配或者减少分配；

（三）个人实施其他不具有合理商业目的的安排而获取不当税收利益。

税务机关依照前款规定作出纳税调整，需要补征税款的，应当补征税款，并依法加收利息。

第九条　个人所得税以所得人为纳税人，以支付所得的单位或者个人为扣缴义务人。纳税人有中国公民身份号码的，以中国公民身份号码为纳税人识别号；纳税人没有中国公民身份号码的，由税务机关赋予其纳税人识别号。扣缴义务人扣缴税款时，纳税人应当向扣缴义务人提供纳税人识别号。

第十条　有下列情形之一的，纳税人应当依法办理纳税申报：

（一）取得综合所得需要办理汇算清缴；（二）取得应税所得没有扣缴义务人；（三）取得应税所得，扣缴义务人未扣缴税款；（四）取得境外所得；（五）因移居境外注销中国户籍；（六）非居民个人在中国境内从两处以上取得工资、薪金所得；（七）国务院规定的其他情形。

扣缴义务人应当按照国家规定办理全员全额扣缴申报，并向纳税人提供其个人所得和已扣缴税款等信息。

第十一条　居民个人取得综合所得，按年计算个人所得税；有扣缴义务人的，由扣缴义务人按月或者按次预扣预缴税款；需要办理汇算清缴的，应当在取得所得的次年三月一日至六月三十日内办理汇算清缴。预扣预缴办法由国务院税务主管部门制定。

居民个人向扣缴义务人提供专项附加扣除信息的，扣缴义务人按月预扣预缴税款时应当按照规定予以扣除，不得拒绝。

非居民个人取得工资、薪金所得，劳务报酬所得，稿酬所得和特许权使用费所得，有扣缴义务人的,由扣缴义务人按月或者按次代扣代缴税款,不办理汇算清缴。

第十二条 纳税人取得经营所得,按年计算个人所得税,由纳税人在月度或者季度终了后十五日内向税务机关报送纳税申报表,并预缴税款;在取得所得的次年三月三十一日前办理汇算清缴。

纳税人取得利息、股息、红利所得,财产租赁所得,财产转让所得和偶然所得,按月或者按次计算个人所得税,有扣缴义务人的,由扣缴义务人按月或者按次代扣代缴税款。

第十三条 纳税人取得应税所得没有扣缴义务人的,应当在取得所得的次月十五日内向税务机关报送纳税申报表,并缴纳税款。

纳税人取得应税所得,扣缴义务人未扣缴税款的,纳税人应当在取得所得的次年六月三十日前,缴纳税款;税务机关通知限期缴纳的,纳税人应当按照期限缴纳税款。

居民个人从中国境外取得所得的,应当在取得所得的次年三月一日至六月三十日内申报纳税。非居民个人在中国境内从两处以上取得工资、薪金所得的,应当在取得所得的次月十五日内申报纳税。

纳税人因移居境外注销中国户籍的,应当在注销中国户籍前办理税款清算。

第十四条 扣缴义务人每月或者每次预扣、代扣的税款,应当在次月十五日内缴入国库,并向税务机关报送扣缴个人所得税申报表。

纳税人办理汇算清缴退税或者扣缴义务人为纳税人办理汇算清缴退税的,税务机关审核后,按照国库管理的有关规定办理退税。

第十五条 公安、人民银行、金融监督管理等相关部门应当协助税务机关确认纳税人的身份、金融账户信息。教育、卫生、医疗保障、民政、人力资源社会保障、住房城乡建设、公安、人民银行、金融监督管理等相关部门应当向税务机关提供纳税人子女教育、继续教育、大病医疗、住房贷款利息、住房租金、赡养老人等专项附加扣除信息。

个人转让不动产的,税务机关应当根据不动产登记等相关信息核验应缴的个人所得税,登记机构办理转移登记时,应当查验与该不动产转让相关的个人所得税的完税凭证。个人转让股权办理变更登记的,市场主体登记机关应当查验与该股权交易相关的个人所得税的完税凭证。

有关部门依法将纳税人、扣缴义务人遵守本法的情况纳入信用信息系统,并实施联合激励或者惩戒。

第十六条 各项所得的计算,以人民币为单位。所得为人民币以外的货币的,按照人民币汇率中间价折合成人民币缴纳税款。

第十七条 对扣缴义务人按照所扣缴的税款,付给百分之二的手续费。

第十八条 对储蓄存款利息所得开征、减征、停征个人所得税及其具体办法,由国务院规定,并报全国人民代表大会常务委员会备案。

第十九条 纳税人、扣缴义务人和税务机关及其工作人员违反本法规定的,依照《中华人民共和国税收征收管理法》和有关法律法规的规定追究法律责任。

第二十条 个人所得税的征收管理,依照本法和《中华人民共和国税收征收管理法》的规定执行。

第二十一条 国务院根据本法制定实施条例。

第二十二条 本法自公布之日起施行。

附件四：

中华人民共和国个人所得税法实施条例

(1994年1月28日中华人民共和国国务院令第142号发布 2018年12月18日中华人民共和国国务院令第707号第四次修订)

第一条 根据《中华人民共和国个人所得税法》(以下简称个人所得税法)制定本条例。

第二条 个人所得税法所称在中国境内有住所,是指因户籍、家庭、经济利益关系而在中国境内习惯性居住;所称从中国境内和境外取得的所得,分别是指来源于中国境内的所得和来源于中国境外的所得。

第三条 除国务院财政、税务主管部门另有规定外,下列所得,不论支付地点是否在中国境内,均为来源于中国境内的所得：

(一)因任职、受雇、履约等在中国境内提供劳务取得的所得;

(二)将财产出租给承租人在中国境内使用而取得的所得;

(三)许可各种特许权在中国境内使用而取得的所得;

(四)转让中国境内的不动产等财产或在中国境内转让其他财产取得的所得;

(五)从中国境内企业、事业单位、其他组织以及居民个人取得的利息、股息、红利所得。

第四条 在中国境内无住所的个人,在中国境内居住累计满183天的年度连续不满六年的,经向主管税务机关备案,其来源于中国境外且由境外单位或者个人支付的所得，免予缴纳个人所得税；在中国境内居住累计满 183 天的任一年度中有一次离境超过 30 天的，其在中国境内居住累计满 183 天的年度的连续年限重新起算。

第五条 在中国境内无住所的个人，在一个纳税年度内在中国境内居住累计不超过 90 天的，其来源于中国境内的所得，由境外雇主支付并且不由该雇主在中国境内的机构、场所负担的部分，免予缴纳个人所得税。

第六条 个人所得税法规定的各项个人所得的范围：

（一）工资、薪金所得，是指个人因任职或者受雇取得的工资、薪金、奖金、年终加薪、劳动分红、津贴、补贴以及与任职或者受雇有关的其他所得。

（二）劳务报酬所得，是指个人从事劳务取得的所得，包括从事设计、装潢、安装、制图、化验、测试、医疗、法律、会计、咨询、讲学、翻译、审稿、书画、雕刻、影视、录音、录像、演出、表演、广告、展览、技术服务、介绍服务、经纪服务、代办服务以及其他劳务取得的所得。

（三）稿酬所得，是指个人因其作品以图书、报刊等形式出版、发表而取得的所得。

（四）特许权使用费所得，是指个人提供专利权、商标权、著作权、非专利技术以及其他特许权的使用权取得的所得；提供著作权的使用权取得的所得，不包括稿酬所得。

（五）经营所得，是指：

1. 个体工商户从事生产、经营活动取得的所得，个人独资企业投资人、合伙企业的个人合伙人来源于境内注册的个人独资企业、合伙企业生产、经营的所得；

2. 个人依法从事办学、医疗、咨询以及其他有偿服务活动取得的所得；

3. 个人对企业、事业单位承包经营、承租经营以及转包、转租取得的所得；

4. 个人从事其他生产、经营活动取得的所得。

（六）利息、股息、红利所得，是指个人拥有债权、股权等而取得的利息、股息、红利所得。

（七）财产租赁所得，是指个人出租不动产、机器设备、车船及其他财产取得的所得。

（八）财产转让所得，是指个人转让有价证券、股权、合伙企业中的财产份额、不动产、机器设备、车船以及其他财产取得的所得。

（九）偶然所得，是指个人得奖、中奖、中彩以及其他偶然性质的所得。

个人取得的所得，难以界定应纳税所得项目的，由国务院税务主管部门确定。

第七条 对股票转让所得征收个人所得税的办法，由国务院另行规定，并报全国人民代表大会常务委员会备案。

第八条 个人所得的形式，包括现金、实物、有价证券和其他形式的经济利益；

所得为实物的，应当按照取得的凭证上所注明的价格计算应纳税所得额，无凭证的实物或者凭证上所注明的价格明显偏低的，参照市场价格核定应纳税所得额；所得为有价证券的，根据票面价格和市场价格核定应纳税所得额；所得为其他形式的经济利益的，参照市场价格核定应纳税所得额。

第九条　个人所得税法第四条第一款第二项所称国债利息，是指个人持有中华人民共和国财政部发行的债券而取得的利息；所称国家发行的金融债券利息，是指个人持有经国务院批准发行的金融债券而取得的利息。

第十条　个人所得税法第四条第一款第三项所称按照国家统一规定发给的补贴、津贴，是指按照国务院规定发给的政府特殊津贴、院士津贴，以及国务院规定免予缴纳个人所得税的其他补贴、津贴。

第十一条　个人所得税法第四条第一款第四项所称福利费，是指根据国家有关规定，从企业、事业单位、国家机关、社会组织提留的福利费或者工会经费中支付给个人的生活补助费；所称救济金，是指各级人民政府民政部门支付给个人的生活困难补助费。

第十二条　个人所得税法第四条第一款第八项所称依照有关法律规定应予免税的各国驻华使馆、领事馆的外交代表、领事官员和其他人员的所得，是指依照《中华人民共和国外交特权与豁免条例》和《中华人民共和国领事特权与豁免条例》规定免税的所得。

第十三条　个人所得税法第六条第一款第一项所称依法确定的其他扣除，包括个人缴付符合国家规定的企业年金、职业年金，个人购买符合国家规定的商业健康保险、税收递延型商业养老保险的支出，以及国务院规定可扣除的其他项目。

专项扣除、专项附加扣除和依法确定的其他扣除，以居民个人一个纳税年度的应纳税所得额为限额；一个纳税年度扣除不完的，不结转以后年度扣除。

第十四条　个人所得税法第六条第一款第二项、第四项、第六项所称每次，分别按照下列方法确定：

（一）劳务报酬所得、稿酬所得、特许权使用费所得，属于一次性收入的，以取得该项收入为一次；属于同一项目连续性收入的，以一个月内取得的收入为一次。

（二）财产租赁所得，以一个月内取得的收入为一次。

（三）利息、股息、红利所得，以支付利息、股息红利时取得的收入为一次。

（四）偶然所得，以每次取得该项收入为一次。

第十五条　个人所得税法第六条第一款第三项所称成本、费用，是指生产、经营活动中发生的各项直接支出和分配计入成本的间接费用以及销售费用、管理费用、财务费用；所称损失，是指生产、经营活动中发生的固定资产和存货的盘亏、毁损、报废损失，转让财产损失，坏账损失，自然灾害等不可抗力因素造成的损失以及其他损失。

取得经营所得的个人，没有综合所得的，计算其每一纳税年度的应纳税所得额时，应当减除费用6万元、专项扣除、专项附加扣除以及依法确定的其他扣除。专项附加扣除在办理汇算清缴时减除。

从事生产、经营活动，未提供完整、准确的纳税资料，不能正确计算应纳税所得额的，由主管税务机关核定应纳税所得额或者应纳税额。

第十六条 个人所得税法第六条第一款第五项规定的财产原值，按照下列方法确定：

（一）有价证券，为买入价以及买入时按照规定交纳的有关费用；

（二）建筑物，为建造费或者购进价格以及其他有关费用；

（三）土地使用权，为取得土地使用权所支付的金额、开发的费用以及其他有关费用；

（四）机器设备、车船，为购进价格、运输费、安装费以及其他有关费用。

其他财产，参照前款规定的方法确定财产原值。

纳税人未提供完整、准确的财产原值凭证，不能按照本条第一款规定的方法确定财产原值的，由主管税务机关核定财产原值。个人所得税法第六条第一款第五项所称合理费用，是指卖出财产时按照规定支付的有关税费。

第十七条 财产转让所得，按照一次转让财产的收入额减除财产原值和合理费用后的余额计算纳税。

第十八条 两个以上的个人共同取得同一项目收入的，应当对每个人取得的收入分别按照个人所得税法的规定计算纳税。

第十九条 个人所得税法第六条第三款所称个人将其所得对教育、扶贫、济困等公益慈善事业进行捐赠，是指个人将其所得通过中国境内的公益性社会组织、国家机关向教育、扶贫、济困等公益慈善事业的捐赠；所称应纳税所得额，是指计算扣除捐赠额之前的应纳税所得额。

第二十条 居民个人从中国境内和境外取得的综合所得、经营所得，应当分别合并计算应纳税额；从中国境内和境外取得的其他所得，应当分别单独计算应纳税额。

第二十一条 个人所得税法第七条所称已在境外缴纳的个人所得税税额，是指居民个人来源于中国境外的所得，依照该所得来源国家（地区）的法律应当缴纳并且实际已经缴纳的所得税税额。

个人所得税法第七条所称纳税人境外所得依照本法规定计算的应纳税额，是居民个人抵免已在境外缴纳的综合所得、经营所得以及其他所得的所得税税额的限额（以下简称抵免限额）。除国务院财政、税务主管部门另有规定外，来源于中国境外一个国家（地区）的综合所得抵免限额、经营所得抵免限额以及其他所得抵免限额之和，为来源于该国家（地区）所得的抵免限额。

居民个人在中国境外一个国家（地区）实际已经缴纳的个人所得税税额，低于依照前款规定计算出的来源于该国家（地区）所得的抵免限额的，应当在中国缴纳差额部分的税款；超过来源于该国家（地区）所得的抵免限额的，其超过部分不得在本纳税年度的应纳税额中抵免，但是可以在以后纳税年度来源于该国家（地区）所得的抵免限额的余额中补扣。补扣期限最长不得超过五年。

第二十二条　居民个人申请抵免已在境外缴纳的个人所得税税额，应当提供境外税务机关出具的税款所属年度的有关纳税凭证。

第二十三条　个人所得税法第八条第二款规定的利息，应当按照税款所属纳税申报期最后一日中国人民银行公布的与补税期间同期的人民币贷款基准利率计算，自税款纳税申报期满次日起至补缴税款期限届满之日止按日加收。纳税人在补缴税款期限届满前补缴税款的，利息加收至补缴税款之日。

第二十四条　扣缴义务人向个人支付应税款项时，应当依照个人所得税法规定预扣或者代扣税款，按时缴库，并专项记载备查。前款所称支付，包括现金支付、汇拨支付、转支付和以有价证券、实物以及其他形式的支付。

第二十五条　取得综合所得需要办理汇算清缴的情形包括：

（一）从两处以上取得综合所得，且综合所得年收入额减除专项扣除的余额超过6万元；

（二）取得劳务报酬所得、稿酬所得、特许权使用费所得中一项或者多项所得，且综合所得年收入额减除专项扣除的余额超过6万元；

（三）纳税年度内预缴税额低于应纳税额；

（四）纳税人申请退税。

纳税人申请退税，应当提供其在中国境内开设的银行户，并在汇算清缴地就地办理税款退库。汇算清缴的具体办法由国务院税务主管部门制定。

第二十六条　个人所得税法第十条第二款所称全员全额扣缴申报，是指扣缴义务人在代扣税款的次月十五日内，向主管税务机关报送其支付所得的所有个人的有关信息、支付所得数额、扣除事项和数额、扣缴税款的具体数额和总额以及其他相关涉税信息资料。

第二十七条　纳税人办理纳税申报的地点以及其他有关事项的具体办法，由国务院税务主管部门制定。

第二十八条　居民个人取得工资、薪金所得时，可以向扣缴义务人提供专项附加扣除有关信息，由扣缴义务人扣缴税款时减除专项附加扣除。纳税人同时从两处以上取得工资、薪金所得，并由扣缴义务人减除专项附加扣除的，对同一专项附加扣除项目，在一个纳税年度内只能选择从一处取得的所得中减除。

居民个人取得劳务报酬所得、稿酬所得、特许权使用费所得，应当在汇算清缴时向税务机关提供有关信息，减除专项附加扣除。

第二十九条 纳税人可以委托扣缴义务人或者其他单位和个人办理汇算清缴。

第三十条 扣缴义务人应当按照纳税人提供的信息计算办理扣缴申报，不得擅自更改纳税人提供的信息。

纳税人发现扣缴义务人提供或者扣缴申报的个人信息、所得、扣缴税款等与实际情况不符的，有权要求扣缴义务人修改。扣缴义务人拒绝修改的，纳税人应当报告税务机关，税务机关应当及时处理。

纳税人、扣缴义务人应当按照规定保存与专项附加扣除相关的资料。税务机关可以对纳税人提供的专项附加扣除信息进行抽查，具体办法由国务院税务主管部门另行规定。税务机关发现纳税人提供虚假信息的，应当责令改正并通知扣缴义务人；情节严重的，有关部门应当依法予以处理，纳入信用信息系统并实施联合惩戒。

第三十一条 纳税人申请退税时提供的汇算清缴信息有错误的，税务机关应当告知其更正；纳税人更正的，税务机关应当及时办理退税。

扣缴义务人未将扣缴的税款解缴入库的，不影响纳税人按照规定申请退税，税务机关应当凭纳税人提供的有关资料办理退税。

第三十二条 所得为人民币以外货币的，按照办理纳税申报或者扣缴申报的上一月最后一日人民币汇率中间价，折合成人民币计算应纳税所得额。年度终了后办理汇算清缴的，对已经按月、按季或者按次预缴税款的人民币以外货币所得，不再重新折算；对应当补缴税款的所得部分，按照上一纳税年度最后一日人民币汇率中间价，折合成人民币计算应纳税所得额。

第三十三条 税务机关按照个人所得税法第十七条的规定付给扣缴义务人手续费，应当填开退还书；扣缴义务人凭退还书，按照国库管理有关规定办理退库手续。

第三十四条 个人所得税纳税申报表、扣缴个人所得税报告表和个人所得税完税凭证式样，由国务院税务主管部门统一制定。

第三十五条 军队人员个人所得税征收事宜，按照有关规定执行。

第三十六条 本条例自 2019 年 1 月 1 日起施行。

附件五：

中华人民共和国增值税暂行条例（2017修订版）

（1993年12月13日中华人民共和国国务院令第134号公布）

第一条　在中华人民共和国境内销售货物或者加工、修理修配劳务（以下简称劳务），销售服务、无形资产、不动产以及进口货物的单位和个人，为增值税的纳税人，应当依照本条例缴纳增值税。

第二条　增值税税率：

（一）纳税人销售货物、劳务、有形动产租赁服务或者进口货物，除本条第二项、第四项、第五项另有规定外，税率为17%。

【飞狼财税通编注：根据2018.04.04财税〔2018〕32号自2018年5月1日起，纳税人发生增值税应税销售行为或者进口货物，原适用17%的，税率调整为16%。】

【飞狼财税通编注：根据2019.03.20财政部、国家税务总局、海关总署公告2019年第39号自2019年4月1日起，原适用16%税率的，税率调整为13%。】

（二）纳税人销售交通运输、邮政、基础电信、建筑、不动产租赁服务，销售不动产，转让土地使用权，销售或者进口下列货物，税率为11%：

【飞狼财税通编注：根据2018.04.04财税〔2018〕32号自2018年5月1日起，纳税人发生增值税应税销售行为或者进口货物，原适用11%税率的，税率调整为10%。】

【飞狼财税通编注：根据2019.03.20财政部、国家税务总局、海关总署公告2019年第39号自2019年4月1日起，原适用10%税率的，税率调整为9%。】

1. 粮食等农产品、食用植物油、食用盐；

2. 自来水、暖气、冷气、热水、煤气、石油液化气、天然气、二甲醚、沼气、居民用煤炭制品；

3. 图书、报纸、杂志、音像制品、电子出版物；

4. 饲料、化肥、农药、农机、农膜；

5. 国务院规定的其他货物。

（三）纳税人销售服务、无形资产，除本条第一项、第二项、第五项另有规定外，税率为6%。

（四）纳税人出口货物，税率为零；但是，国务院另有规定的除外。

（五）境内单位和个人跨境销售国务院规定范围内的服务、无形资产，税率为零。

税率的调整，由国务院决定。

第三条 纳税人兼营不同税率的项目，应当分别核算不同税率项目的销售额；未分别核算销售额的，从高适用税率。

第四条 除本条例第十一条规定外，纳税人销售货物、劳务、服务、无形资产、不动产（以下统称应税销售行为），应纳税额为当期销项税额抵扣当期进项税额后的余额。应纳税额计算公式：应纳税额＝当期销项税额－当期进项税额

当期销项税额小于当期进项税额不足抵扣时，其不足部分可以结转下期继续抵扣。

第五条 纳税人发生应税销售行为，按照销售额和本条例第二条规定的税率计算收取的增值税额，为销项税额。销项税额计算公式：销项税额＝销售额×税率

第六条 销售额为纳税人发生应税销售行为收取的全部价款和价外费用，但是不包括收取的销项税额。销售额以人民币计算。纳税人以人民币以外的货币结算销售额的，应当折合成人民币计算。

第七条 纳税人发生应税销售行为的价格明显偏低并无正当理由的，由主管税务机关核定其销售额。

第八条 纳税人购进货物、劳务、服务、无形资产、不动产支付或者负担的增值税额，为进项税额。下列进项税额准予从销项税额中抵扣：

（一）从销售方取得的增值税专用发票上注明的增值税额。

（二）从海关取得的海关进口增值税专用缴款书上注明的增值税额。

（三）购进农产品，除取得增值税专用发票或者海关进口增值税专用缴款书外，按照农产品收购发票或者销售发票上注明的农产品买价和11%的扣除率计算的进项税额，国务院另有规定的除外。

【飞狼财税通编注：根据2018.04.04财税〔2018〕32号自2018年5月1日起，纳税人购进农产品，原适用11%扣除率的，扣除率调整为10%。纳税人购进用于生产销售或委托加工16%税率货物的农产品，按照12%的扣除率计算进项税额。】

【飞狼财税通编注：根据2019.03.20财政部、国家税务总局、海关总署公告2019年第39号自2019年4月1日起，纳税人购进农产品，原适用10%扣除率的，扣除率调整为9%。纳税人购进用于生产或者委托加工13%税率货物的农产品，按照10%的扣除率计算进项税额。】

进项税额计算公式：进项税额＝买价×扣除率

（四）自境外单位或者个人购进劳务、服务、无形资产或者境内的不动产，从税务机关或者扣缴义务人取得的代扣代缴税款的完税凭证上注明的增值税额。

准予抵扣的项目和扣除率的调整，由国务院决定。

第九条 纳税人购进货物、劳务、服务、无形资产、不动产，取得的增值税扣税凭证不符合法律、行政法规或国务院税务主管部门有关规定的，其进项税额不得从销

项税额中抵扣。

第十条 下列项目的进项税额不得从销项税额中抵扣：

（一）用于简易计税方法计税项目、免征增值税项目、集体福利或者个人消费的购进货物、劳务、服务、无形资产和不动产；

（二）非正常损失的购进货物，以及相关的劳务和交通运输服务；

（三）非正常损失的在产品、产成品所耗用的购进货物（不包括固定资产）、劳务和交通运输服务；

（四）国务院规定的其他项目。

第十一条 小规模纳税人发生应税销售行为，实行按照销售额和征收率计算应纳税额的简易办法，并不得抵扣进项税额。

应纳税额计算公式：应纳税额＝销售额×征收率

小规模纳税人的标准由国务院财政、税务主管部门规定。

第十二条 小规模纳税人增值税征收率为3%，国务院另有规定的除外。

第十三条 小规模纳税人以外的纳税人应当向主管税务机关办理登记。具体登记办法由国务院税务主管部门制定。

小规模纳税人会计核算健全，能够提供准确税务资料的，可以向主管税务机关办理登记，不作为小规模纳税人，依照本条例有关规定计算应纳税额。

第十四条 纳税人进口货物，按照组成计税价格和本条例第二条规定的税率计算应纳税额。组成计税价格和应纳税额计算公式：

组成计税价格＝关税完税价格+关税+消费税 应纳税额＝组成计税价格×税率

第十五条 下列项目免征增值税：

（一）农业生产者销售的自产农产品；

（二）避孕药品和用具；

（三）古旧图书；

（四）直接用于科学研究、科学试验和教学的进口仪器、设备；

（五）外国政府、国际组织无偿援助的进口物资和设备；

（六）由残疾人的组织直接进口供残疾人专用的物品；

（七）销售的自己使用过的物品。

除前款规定外，增值税的免税、减税项目由国务院规定。任何地区、部门均不得规定免税、减税项目。

第十六条 纳税人兼营免税、减税项目的，应当分别核算免税、减税项目的销售额；未分别核算销售额的，不得免税、减税。

第十七条 纳税人销售额未达到国务院财政、税务主管部门规定的增值税起征点的，免征增值税；达到起征点的，依照本条例规定全额计算缴纳增值税。

第十八条 中华人民共和国境外的单位或者个人在境内销售劳务,在境内未设有经营机构的,以其境内代理人为扣缴义务人;在境内没有代理人的,以购买方为扣缴义务人。

第十九条 增值税纳税义务发生时间:

(一)发生应税销售行为,为收讫销售款项或者取得索取销售款项凭据的当天;先开具发票的,为开具发票的当天。

(二)进口货物,为报关进口的当天。

增值税扣缴义务发生时间为纳税人增值税纳税义务发生的当天。

第二十条 增值税由税务机关征收,进口货物的增值税由海关代征。

个人携带或者邮寄进境自用物品的增值税,连同关税一并计征。具体办法由国务院关税税则委员会会同有关部门制定。

第二十一条 纳税人发生应税销售行为,应当向索取增值税专用发票的购买方开具增值税专用发票,并在增值税专用发票上分别注明销售额和销项税额。

属于下列情形之一的,不得开具增值税专用发票:

(一)应税销售行为的购买方为消费者个人的;

(二)发生应税销售行为适用免税规定的。

第二十二条 增值税纳税地点:

(一)固定业户应当向其机构所在地的主管税务机关申报纳税。总机构和分支机构不在同一县(市)的,应当分别向各自所在地的主管税务机关申报纳税;经国务院财政、税务主管部门或者其授权的财政、税务机关批准,可以由总机构汇总向总机构所在地的主管税务机关申报纳税。

(二)固定业户到外县(市)销售货物或者劳务,应当向其机构所在地的主管税务机关报告外出经营事项,并向其机构所在地的主管税务机关申报纳税;未报告的,应当向销售地或者劳务发生地的主管税务机关申报纳税;未向销售地或者劳务发生地的主管税务机关申报纳税的,由其机构所在地的主管税务机关补征税款。

(三)非固定业户销售货物或者劳务,应当向销售地或者劳务发生地的主管税务机关申报纳税;未向销售地或者劳务发生地的主管税务机关申报纳税的,由其机构所在地或者居住地的主管税务机关补征税款。

(四)进口货物,应当向报关地海关申报纳税。

扣缴义务人应当向其机构所在地或者居住地的主管税务机关申报缴纳其扣缴的税款。

第二十三条 增值税的纳税期限分别为1日、3日、5日、10日、15日、1个月或者1个季度。纳税人的具体纳税期限,由主管税务机关根据纳税人应纳税额的大小分别核定;不能按照固定期限纳税的,可以按次纳税。

纳税人以 1 个月或者 1 个季度为 1 个纳税期的，自期满之日起 15 日内申报纳税；以 1 日、3 日、5 日、10 日或者 15 日为 1 个纳税期的，自期满之日起 5 日内预缴税款，于次月 1 日起 15 日内申报纳税并结清上月应纳税款。

扣缴义务人解缴税款的期限，依照前两款规定执行。

第二十四条　纳税人进口货物，应当自海关填发海关进口增值税专用缴款书之日起 15 日内缴纳税款。

第二十五条　纳税人出口货物适用退（免）税规定的，应当向海关办理出口手续，凭出口报关单等有关凭证，在规定的出口退（免）税申报期内按月向主管税务机关申报办理该项出口货物的退（免）税；境内单位和个人跨境销售服务和无形资产适用退（免）税规定的，应当按期向主管税务机关申报办理退（免）税。具体办法由国务院财政、税务主管部门制定。

出口货物办理退税后发生退货或者退关的，纳税人应当依法补缴已退的税款。

第二十六条　增值税的征收管理，依照《中华人民共和国税收征收管理法》及本条例有关规定执行。

第二十七条　纳税人缴纳增值税的有关事项，国务院或者国务院财政、税务主管部门经国务院同意另有规定的，依照其规定。

第二十八条　本条例自 2009 年 1 月 1 日起施行。

附件六：

中华人民共和国增值税暂行条例实施细则

文号：财政部、国家税务总局令 2008 年第 50 号

发布日期：2008-12-15

第一条 根据《中华人民共和国增值税暂行条例》（以下简称条例），制定本细则。

第二条 条例第一条所称货物，是指有形动产，包括电力、热力、气体在内。

条例第一条所称加工，是指受托加工货物，即委托方提供原料及主要材料，受托方按照委托方的要求，制造货物并收取加工费的业务。

条例第一条所称修理修配，是指受托对损伤和丧失功能的货物进行修复，使其恢复原状和功能的业务。

第三条 条例第一条所称销售货物，是指有偿转让货物的所有权。

条例第一条所称提供加工、修理修配劳务（以下称应税劳务），是指有偿提供加工、修理修配劳务。单位或者个体工商户聘用的员工为本单位或者雇主提供加工、修理修配劳务，不包括在内。本细则所称有偿，是指从购买方取得货币、货物或者其他经济利益。

第四条 单位或者个体工商户的下列行为，视同销售货物：

（一）将货物交付其他单位或者个人代销；（二）销售代销货物；（三）设有两个以上机构并实行统一核算的纳税人，将货物从一个机构移送其他机构用于销售，但相关机构设在同一县（市）的除外；（四）将自产或者委托加工的货物用于非增值税应税项目；（五）将自产、委托加工的货物用于集体福利或者个人消费；（六）将自产、委托加工或者购进的货物作为投资，提供给其他单位或者个体工商户；（七）将自产、委托加工或者购进的货物分配给股东或者投资者；（八）将自产、委托加工或者购进的货物无偿赠送其他单位或者个人。

第五条 一项销售行为如果既涉及货物又涉及非增值税应税劳务，为混合销售行为。除本细则第六条的规定外，从事货物的生产、批发或者零售的企业、企业性单位和个体工商户的混合销售行为，视为销售货物，应当缴纳增值税；其他单位和个人的混合销售行为，视为销售非增值税应税劳务，不缴纳增值税。

本条第一款所称非增值税应税劳务，是指属于应缴营业税的交通运输业、建筑业、金融保险业、邮电通信业、文化体育业、娱乐业、服务业税目征收范围的劳务。本条

第一款所称从事货物的生产、批发或者零售的企业、企业性单位和个体工商户,包括以从事货物的生产、批发或者零售为主,并兼营非增值税应税劳务的单位和个体工商户在内。

第六条 纳税人的下列混合销售行为,应当分别核算货物的销售额和非增值税应税劳务的营业额,并根据其销售货物的销售额计算缴纳增值税,非增值税应税劳务的营业额不缴纳增值税;未分别核算的,由主管税务机关核定其货物销售额:

(一)销售自产货物并同时提供建筑业劳务的行为;

(二)财政部、国家税务总局规定的其他情形。

第七条 纳税人兼营非增值税应税项目的,应分别核算货物或者应税劳务的销售额和非增值税应税项目的营业额;未分别核算的,由主管税务机关核定货物或者应税劳务的销售额。

第八条 条例第一条所称在中华人民共和国境内(以下简称境内)销售货物或者提供加工、修理修配劳务,是指:

(一)销售货物的起运地或者所在地在境内;

(二)提供的应税劳务发生在境内。

第九条 条例第一条所称单位,是指企业、行政单位、事业单位、军事单位、社会团体及其他单位。条例第一条所称个人,是指个体工商户和其他个人。

第十条 单位租赁或者承包给其他单位或者个人经营的,以承租人或者承包人为纳税人。

第十一条 小规模纳税人以外的纳税人(以下称一般纳税人)因销售货物退回或者折让而退还给购买方的增值税额,应从发生销售货物退回或者折让当期的销项税额中扣减;因购进货物退出或者折让而收回的增值税额,应从发生购进货物退出或者折让当期的进项税额中扣减。

一般纳税人销售货物或者应税劳务,开具增值税专用发票后,发生销售货物退回或者折让、开票有误等情形,应按国家税务总局的规定开具红字增值税专用发票。未按规定开具红字增值税专用发票的,增值税额不得从销项税额中扣减。

第十二条 条例第六条第一款所称价外费用,包括价外向购买方收取的手续费、补贴、基金、集资费、返还利润、奖励费、违约金、滞纳金、延期付款利息、赔偿金、代收款项、代垫款项、包装费、包装物租金、储备费、优质费、运输装卸费以及其他各种性质的价外收费。但下列项目不包括在内:

(一)受托加工应征消费税的消费品所代收代缴的消费税;

(二)同时符合以下条件的代垫运输费用:

1.承运部门的运输费用发票开具给购买方的;2.纳税人将该项发票转交给购买方的。

（三）同时符合以下条件代为收取的政府性基金或者行政事业性收费：

1. 由国务院或者财政部批准设立的政府性基金，由国务院或者省级人民政府及其财政、价格主管部门批准设立的行政事业性收费；2. 收取时开具省级以上财政部门印制的财政票据；3. 所收款项全额上缴财政。

（四）销售货物的同时代办保险等而向购买方收取的保险费，以及向购买方收取的代购买方缴纳的车辆购置税、车辆牌照费。

第十三条 混合销售行为依照本细则第五条规定应当缴纳增值税的，其销售额为货物的销售额与非增值税应税劳务营业额的合计。

第十四条 一般纳税人销售货物或者应税劳务，采用销售额和销项税额合并定价方法的，按下列公式计算销售额：销售额＝含税销售额÷（1＋税率）

第十五条 纳税人按人民币以外的货币结算销售额的，其销售额的人民币折合率可以选择销售额发生的当天或者当月1日的人民币汇率中间价。纳税人应在事先确定采用何种折合率，确定后1年内不得变更。

第十六条 纳税人有条例第七条所称价格明显偏低并无正当理由或者有本细则第四条所列视同销售货物行为而无销售额者，按下列顺序确定销售额：

（一）按纳税人最近时期同类货物的平均销售价格确定；

（二）按其他纳税人最近时期同类货物的平均销售价格确定；

（三）按组成计税价格确定。组成计税价格的公式：组成计税价格＝成本×（1＋成本利润率）

属于应征消费税的货物，其组成计税价格中应加计消费税额。

公式中的成本是指：销售自产货物的为实际生产成本，销售外购货物的为实际采购成本。公式中的成本利润率由国家税务总局确定。

第十七条 条例第八条第二款第（三）项所称买价，包括纳税人购进农产品在农产品收购发票或者销售发票上注明的价款和按规定缴纳的烟叶税。

第十八条 条例第八条第二款第（四）项所称运输费用金额，是指运输费用结算单据上注明的运输费用（包括铁路临管线及铁路专线运输费用）、建设基金，不包括装卸费、保险费等其他杂费。

第十九条 条例第九条所称增值税扣税凭证，是指增值税专用发票、海关进口增值税专用缴款书、农产品收购发票和农产品销售发票以及运输费用结算单据。

第二十条 混合销售行为依照本细则第五条规定应当缴纳增值税的，该混合销售行为所涉及的非增值税应税劳务所用购进货物的进项税额，符合条例第八条规定的，准予从销项税额中抵扣。

第二十一条 条例第十条第（一）项所称购进货物，不包括既用于增值税应税项目（不含免征增值税项目）也用于非增值税应税项目、免征增值税（以下简称免税）

项目、集体福利或者个人消费的固定资产。

前款所称固定资产，是指使用期限超过 12 个月的机器、机械、运输工具以及其他与生产经营有关的设备、工具、器具等。

第二十二条 条例第十条第（一）项所称个人消费包括纳税人的交际应酬消费。

第二十三条 条例第十条第（一）项和本细则所称非增值税应税项目，是指提供非增值税应税劳务、转让无形资产、销售不动产和不动产在建工程。

前款所称不动产是指不能移动或者移动后会引起性质、形状改变的财产，包括建筑物、构筑物和其他土地附着物。纳税人新建、改建、扩建、修缮、装饰不动产，均属不动产在建工程。

第二十四条 条例第十条第（二）项所称非正常损失，是指因管理不善造成被盗、丢失、霉烂变质的损失。

第二十五条 纳税人自用的应征消费税的摩托车、汽车、游艇，其进项税额不得从销项税额中抵扣。

第二十六条 一般纳税人兼营免税项目或者非增值税应税劳务而无法划分不得抵扣的进项税额的，按下列公式计算不得抵扣的进项税额：

不得抵扣的进项税额＝当月无法划分的全部进项税额×当月免税项目销售额、非增值税应税劳务营业额合计÷当月全部销售额、营业额合计

第二十七条 已抵扣进项税额的购进货物或者应税劳务，发生条例第十条规定的情形的（免税项目、非增值税应税劳务除外），应当将该项购进货物或者应税劳务的进项税额从当期的进项税额中扣减；无法确定该项进项税额的，按当期实际成本计算应扣减的进项税额。

第二十八条 条例第十一条所称小规模纳税人的标准为：

（一）从事货物生产或者提供应税劳务的纳税人，以及以从事货物生产或者提供应税劳务为主，并兼营货物批发或者零售的纳税人，年应征增值税销售额（以下简称应税销售额）在 50 万元以下（含本数，下同）的；

（二）除本条第一款第（一）项规定以外的纳税人，年应税销售额在 80 万元以下的。本条第一款所称以从事货物生产或者提供应税劳务为主，是指纳税人的年货物生产或者提供应税劳务的销售额占年应税销售额的比重在 50%以上。

【飞狼财税通编注：根据 2018.04.04 财税〔2018〕33 号《财政部、税务总局关于统一增值税小规模纳税人标准的通知》自 2018 年 5 月 1 日起，增值税小规模纳税人标准为年应征增值税销售额 500 万元及以下。】

第二十九条 年应税销售额超过小规模纳税人标准的其他个人按小规模纳税人纳税；非企业性单位、不经常发生应税行为的企业可选择按小规模纳税人纳税。

第三十条 小规模纳税人的销售额不包括其应纳税额。

小规模纳税人销售货物或者应税劳务采用销售额和应纳税额合并定价方法的，按下列公式计算销售额：销售额=含税销售额÷（1+征收率）

第三十一条 小规模纳税人因销售货物退回或者折让退还给购买方的销售额，应从发生销售货物退回或者折让当期的销售额中扣减。

第三十二条 条例第十三条和本细则所称会计核算健全，是指能够按照国家统一的会计制度规定设置簿，根据合法、有效凭证核算。

第三十三条 除国家税务总局另有规定外，纳税人一经认定为一般纳税人后，不得转为小规模纳税人。

第三十四条 有下列情形之一者，应按销售额依照增值税税率计算应纳税额，不得抵扣进项税额，也不得使用增值税专用发票：

（一）一般纳税人会计核算不健全，或者不能够提供准确税务资料的；

（二）除本细则第二十九条规定外，纳税人销售额超过小规模纳税人标准，未申请办理一般纳税人认定手续的。

第三十五条 条例第十五条规定的部分免税项目的范围，限定如下：

（一）第一款第（一）项所称农业，是指种植业、养殖业、林业、牧业、水产业。农业生产者，包括从事农业生产的单位和个人。农产品，是指初级农产品，具体范围由财政部、国家税务总局确定。（二）第一款第（三）项所称古旧图书，是指向社会收购的古书和旧书。（三）第一款第（七）项所称自己使用过的物品，是指其他个人自己使用过的物品。

第三十六条 纳税人销售货物或者应税劳务适用免税规定的，可以放弃免税，依照条例的规定缴纳增值税。放弃免税后，36个月内不得再申请免税。

第三十七条 增值税起征点的适用范围限于个人。起征点的幅度规定如下：

（一）销售货物的，为月销售额2000-5000元；

（二）销售应税劳务的，为月销售额1500-3000元；

（三）按次纳税的，为每次（日）销售额150-200元。

【飞狼财税通编注：根据2011.10.28中华人民共和国财政部令第65号《关于修改〈中华人民共和国增值税暂行条例实施细则〉和〈中华人民共和国营业税暂行条例实施细则〉的决定》，本细则自2011年11月1日起第三十七条第二款修改为："增值税起征点的幅度规定如下：

（一）销售货物的，为月销售额5000-20000元；

（二）销售应税劳务的，为月销售额5000-20000元；

（三）按次纳税的，为每次（日）销售额300-500元。"

前款所称销售额，是指本细则第三十条第一款所称小规模纳税人的销售额。

省、自治区、直辖市财政厅（局）和国家税务局应在规定的幅度内，根据实际情

况确定本地区适用的起征点，并报财政部、国家税务总局备案。}

第三十八条 条例第十九条第一款第（一）项规定的收讫销售款项或者取得索取销售款项凭据的当天，按销售结算方式的不同，具体为：

（一）采取直接收款方式销售货物，不论货物是否发出，均为收到销售款或者取得索取销售款凭据的当天；

（二）采取托收承付和委托银行收款方式销售货物，为发出货物并办妥托收手续的当天；

（三）采取赊销和分期收款方式销售货物，为书面合同约定的收款日期的当天，无书面合同的或者书面合同没有约定收款日期的，为货物发出的当天；

（四）采取预收货款方式销售货物，为货物发出的当天，但生产销售生产工期超过12个月的大型机械设备、船舶、飞机等货物，为收到预收款或者书面合同约定的收款日期的当天；

（五）委托其他纳税人代销货物，为收到代销单位的代销清单或收到全部或者部分货款的当天。未收到代销清单及货款的，为发出代销货物满180天的当天；

（六）销售应税劳务，为提供劳务同时收讫销售款或者取得索取销售款的凭据的当天；

（七）纳税人发生本细则第四条第（三）项至第（八）项所列视同销售货物行为，为货物移送的当天。

第三十九条 条例第二十三条以1个季度为纳税期限的规定仅适用于小规模纳税人。小规模纳税人的具体纳税期限，由主管税务机关根据其应纳税额的大小分别核定。

第四十条 本细则自2009年1月1日起施行。

附件七：

《中华人民共和国耕地占用税法》已由中华人民共和国第十三届全国人民代表大会常务委员会第七次会议于 2018 年 12 月 29 日通过，现予公布，自 2019 年 9 月 1 日起施行。

中华人民共和国主席　习近平
2018 年 12 月 29 日

中华人民共和国耕地占用税法

（2018 年 12 月 29 日第十三届全国人民代表大会常务委员会第七次会议通过）

第一条 为了合理利用土地资源，加强土地管理，保护耕地，制定本法。

第二条 在中华人民共和国境内占用耕地建设建筑物、构筑物或者从事非农业建设的单位和个人，为耕地占用税的纳税人，应当依照本法规定缴纳耕地占用税。

占用耕地建设农田水利设施的，不缴纳耕地占用税。本法所称耕地，是指用于种植农作物的土地。

第三条 耕地占用税以纳税人实际占用的耕地面积为计税依据，按照规定的适用税额一次性征收，应纳税额为纳税人实际占用的耕地面积（平方米）乘以适用税额。

第四条 耕地占用税的税额如下：

（一）人均耕地不超过一亩的地区（以县、自治县、不设区的市、市辖区为单位，下同），每平方米为十元至五十元；

（二）人均耕地超过一亩但不超过二亩的地区，每平方米为八元至四十元；

（三）人均耕地超过二亩但不超过三亩的地区，每平方米为六元至三十元；

（四）人均耕地超过三亩的地区，每平方米为五元至二十五元。

各地区耕地占用税的适用税额，由省、自治区、直辖市人民政府根据人均耕地面积和经济发展等情况，在前款规定的税额幅度内提出，报同级人民代表大会常务委员会决定，并报全国人民代表大会常务委员会和国务院备案。各省、自治区、直辖市耕地占用税适用税额的平均水平，不得低于本法所附《各省、自治区、直辖市耕地占用税平均税额表》规定的平均税额。

第五条 在人均耕地低于零点五亩的地区，省、自治区、直辖市可以根据当地经济发展情况，适当提高耕地占用税的适用税额，但提高的部分不得超过本法第四条第二款确定的适用税额的百分之五十。具体适用税额按照本法第四条第二款规定的程序确定。

第六条 占用基本农田的,应当按照本法第四条第二款或者第五条确定的当地适用税额,加按百分之一百五十征收。

第七条 军事设施、学校、幼儿园、社会福利机构、医疗机构占用耕地,免征耕地占用税。

铁路线路、公路线路、飞机场跑道、停机坪、港口、航道、水利工程占用耕地,减按每平方米二元的税额征收耕地占用税。

农村居民在规定用地标准以内占用耕地新建自用住宅,按照当地适用税额减半征收耕地占用税;其中农村居民经批准搬迁,新建自用住宅占用耕地不超过原宅基地面积的部分,免征耕地占用税。

农村烈士遗属、因公牺牲军人遗属、残疾军人以及符合农村最低生活保障条件的农村居民,在规定用地标准以内新建自用住宅,免征耕地占用税。

根据国民经济和社会发展的需要,国务院可以规定免征或者减征耕地占用税的其他情形,报全国人民代表大会常务委员会备案。

第八条 依照本法第七条第一款、第二款规定免征或者减征耕地占用税后,纳税人改变原占地用途,不再属于免征或者减征耕地占用税情形的,应当按照当地适用税额补缴耕地占用税。

第九条 耕地占用税由税务机关负责征收。

第十条 耕地占用税的纳税义务发生时间为纳税人收到自然资源主管部门办理占用耕地手续的书面通知的当日。纳税人应当自纳税义务发生之日起三十日内申报缴纳耕地占用税。

自然资源主管部门凭耕地占用税完税凭证或者免税凭证和其他有关文件发放建设用地批准书。

第十一条 纳税人因建设项目施工或者地质勘查临时占用耕地,应当依照本法的规定缴纳耕地占用税。纳税人在批准临时占用耕地期满之日起一年内依法复垦,恢复种植条件的,全额退还已经缴纳的耕地占用税。

第十二条 占用园地、林地、草地、农田水利用地、养殖水面、渔业水域滩涂以及其他农用地建设建筑物、构筑物或者从事非农业建设的,依照本法的规定缴纳耕地占用税。

占用前款规定的农用地的,适用税额可以适当低于本地区按照本法第四条第二款确定的适用税额,但降低的部分不得超过百分之五十。具体适用税额由省、自治区、直辖市人民政府提出,报同级人民代表大会常务委员会决定,并报全国人民代表大会常务委员会和国务院备案。

占用本条第一款规定的农用地建设直接为农业生产服务的生产设施的,不缴纳耕地占用税。

第十三条 税务机关应当与相关部门建立耕地占用税涉税信息共享机制和工作配合机制。县级以上地方人民政府自然资源、农业农村、水利等相关部门应当定期向税务机关提供农用地转用、临时占地等信息,协助税务机关加强耕地占用税征收管理。

税务机关发现纳税人的纳税申报数据资料异常或者纳税人未按照规定期限申报纳税的,可以提请相关部门进行复核,相关部门应当自收到税务机关复核申请之日起三十日内向税务机关出具复核意见。

第十四条 耕地占用税的征收管理,依照本法和《中华人民共和国税收征收管理法》的规定执行。

第十五条 纳税人、税务机关及其工作人员违反本法规定的,依照《中华人民共和国税收征收管理法》和有关法律法规的规定追究法律责任。

第十六条 本法自 2019 年 9 月 1 日起施行。2007 年 12 月 1 日国务院公布的《中华人民共和国耕地占用税暂行条例》同时废止。

各省、自治区、直辖市耕地占用税平均税额(元/平方米)

上海　45

北京　40

天津　35

江苏、浙江、福建、广东　30

辽宁、湖北、湖南　25

河北、安徽、江西、山东、河南、重庆、四川　22.5

广西、海南、贵州、云南、陕西　20

山西、吉林、黑龙江　17.5

内蒙古、西藏、甘肃、青海、宁夏、新疆　12.5

附件八：

国家税务总局关于印发
《纳税评估管理办法（试行）》的通知

国税发〔2005〕43号　　发布日期：2005-03-11

各省、自治区、直辖市和计划单列市国家税务局、地方税务局，扬州税务进修学院，局内各单位：

为推进依法治税，切实加强对税源的科学化、精细化管理，总局在深入调查研究、总结各地经验的基础上，制定了《纳税评估管理办法（试行）》，现印发给你们，请结合实际认真贯彻执行。对在试行过程中遇到的情况和问题，要及时报告总局。

附件：1. 纳税评估通用分析指标及其使用方法
　　　2. 纳税评估分税种特定分析指标及其使用方法

二〇〇五年三月十一日

纳税评估管理办法（试行）

第一章　总　则

第一条　为进一步强化税源管理，降低税收风险，减少税款流失，不断提高税收征管的质量和效率，根据国家有关税收法律、法规，结合税收征管工作实际，制定本办法。

第二条　纳税评估是指税务机关运用数据信息对比分析的方法，对纳税人和扣缴义务人（以下简称纳税人）纳税申报（包括减免缓抵退税申请，下同）情况的真实性和准确性作出定性和定量的判断，并采取进一步征管措施的管理行为。纳税评估工作遵循强化管理、优化服务；分类实施、因地制宜；人机结合、简便易行的原则。

第三条　纳税评估工作主要由基层税务机关的税源管理部门及其税收管理员负责，重点税源和重大事项的纳税评估也可由上级税务机关负责。

前款所称基层税务机关是指直接面向纳税人负责税收征收管理的税务机关；税源管理部门是指基层税务机关所属的税务分局、税务所或内设的税源管理科（股）。

对汇总合并缴纳企业所得税企业的纳税评估，由其汇总合并纳税企业申报所在地税务机关实施，对汇总合并纳税成员企业的纳税评估，由其监管的当地税务机关实施；对合并申报缴纳外商投资和外国企业所得税企业分支机构的纳税评估，由总机构所在地的主管税务机关实施。

第四条 开展纳税评估工作原则上在纳税申报到期之后进行，评估的期限以纳税申报的税款所属当期为主，特殊情况可以延伸到往期或以往年度。

第五条 纳税评估主要工作内容包括：根据宏观税收分析和行业税负监控结果以及相关数据设立评估指标及其预警值；综合运用各类对比分析方法筛选评估对象；对所筛选出的异常情况进行深入分析并作出定性和定量的判断；对评估分析中发现的问题分别采取税务约谈、调查核实、处理处罚、提出管理建议、移交稽查部门查处等方法进行处理；维护更新税源管理数据，为税收宏观分析和行业税负监控提供基础信息等。

第二章　纳税评估指标

第六条 纳税评估指标是税务机关筛选评估对象、进行重点分析时所选用的主要指标，分为通用分析指标和特定分析指标两大类，使用时可结合评估工作实际不断细化和完善。

第七条 纳税评估指标的功能、计算公式及其分析使用方法参照《纳税评估通用分析指标及其使用方法》（附件1）、《纳税评估分税种特定分析指标及其使用方法》（附件2）。

第八条 纳税评估分析时，要综合运用各类指标，并参照评估指标预警值进行配比分析。评估指标预警值是税务机关根据宏观税收分析、行业税负监控、纳税人生产经营和财务会计核算情况以及内外部相关信息，运用数学方法测算出的算术、加权平均值及其合理变动范围。测算预警值，应综合考虑地区、规模、类型、生产经营季节、税种等因素，考虑同行业、同规模、同类型纳税人各类相关指标的若干年度的平均水平，以使预警值更加真实、准确和具有可比性。纳税评估指标预警值由各地税务机关根据实际情况自行确定。

第三章　纳税评估对象

第九条 纳税评估的对象为主管税务机关负责管理的所有纳税人及其应纳所有税种。

第十条 纳税评估对象可采用计算机自动筛选、人工分析筛选和重点抽样筛选等方法。

第十一条 筛选纳税评估对象，要依据税收宏观分析、行业税负监控结果等数据，结合各项评估指标及其预警值和税收管理员掌握的纳税人实际情况，参照纳税人所属行业、经济类型、经营规模、信用等级等因素进行全面、综合的审核对比分析。

第十二条 综合审核对比分析中发现有问题或疑点的纳税人要作为重点评估分析对象；重点税源户、特殊行业的重点企业、税负异常变化、长时间零税负和负税负申报、纳税信用等级低下、日常管理和税务检查中发现较多问题的纳税人要列为纳税评估的重点分析对象。

第四章　纳税评估方法

第十三条 纳税评估工作根据国家税收法律、行政法规、部门规章和其他相关经济法规的规定，按照属地管理原则和管户责任开展；对同一纳税人申报缴纳的各个税种的纳税评估要相互结合、统一进行，避免多头重复评估。

第十四条 纳税评估的主要依据及数据来源包括：

"一户式"存储的纳税人各类纳税信息资料，主要包括：纳税人税务登记的基本情况，各项核定、认定、减免缓抵退税审批事项的结果，纳税人申报纳税资料，财务会计报表以及税务机关要求纳税人提供的其他相关资料，增值税交叉稽核系统各类票证比对结果等；

税收管理员通过日常管理所掌握的纳税人生产经营实际情况，主要包括：生产经营规模、产销量、工艺流程、成本、费用、能耗、物耗情况等各类与税收相关的数据信息；

上级税务机关发布的宏观税收分析数据，行业税负的监控数据，各类评估指标的预警值；本地区的主要经济指标、产业和行业的相关指标数据，外部交换信息，以及与纳税人申报纳税相关的其他信息。

第十五条 纳税评估可根据所辖税源和纳税人的不同情况采取灵活多样的评估分析方法，主要有：对纳税人申报纳税资料进行案头的初步审核比对，以确定进一步评估分析的方向和重点；通过各项指标与相关数据的测算，设置相应的预警值，将纳税人的申报数据与预警值相比较；将纳税人申报数据与财务会计报表数据进行比较、与同行业相关数据或类似行业同期相关数据进行横向比较；将纳税人申报数据与历史同期相关数据进行纵向比较；根据不同税种之间的关联性和勾稽关系，参照相关预警值进行税种之间的关联性分析，分析纳税人应纳相关税种的异常变化；应用税收管理员日常管理中所掌握的情况和积累的经验，将纳税人申报情况与其生产经营实际情况相对照，分析其合理性，以确定纳税人申报纳税中存在的问题及其原因；通过对纳税人生产经营结构，主要产品能耗、物耗等生产经营要素的当期数据、历史平均数据、同行业平均数据以及其他相关经济指标进行比较，推测纳税人实际纳税能力。

第十六条 对纳税人申报纳税资料进行审核分析时，要包括以下重点内容：

纳税人是否按照税法规定的程序、手续和时限履行申报纳税义务，各项纳税申报附送的各类抵扣、列支凭证是否合法、真实、完整;纳税申报主表、附表及项目、数字之间的逻辑关系是否正确,适用的税目、税率及各项数字计算是否准确,申报数据与税务机关所掌握的相关数据是否相符;收入、费用、利润及其他有关项目的调整是否符合税法规定,申请减免缓抵退税,亏损结转、获利年度的确定是否符合税法规定并正确履行相关手续;与上期和同期申报纳税情况有无较大差异;税务机关和税收管理员认为应进行审核分析的其他内容。

第十七条 对实行定期定额(定率)征收税款的纳税人以及未达起征点的个体工商户,可参照其生产经营情况,利用相关评估指标定期进行分析,以判断定额(定率)的合理性和是否已经达到起征点并恢复征税。

第五章 评估结果处理

第十八条 对纳税评估中发现的计算和填写错误、政策和程序理解偏差等一般性问题,或存在的疑点问题经约谈、举证、调查核实等程序认定事实清楚,不具有偷税等违法嫌疑,无需立案查处的,可提请纳税人自行改正。需要纳税人自行补充的纳税资料,以及需要纳税人自行补正申报、补缴税款、调整账目的,税务机关应督促纳税人按照税法规定逐项落实。

第十九条 对纳税评估中发现的需要提请纳税人进行陈述说明、补充提供举证资料等问题,应由主管税务机关约谈纳税人。

税务约谈要经所在税源管理部门批准并事先发出《税务约谈通知书》,提前通知纳税人。

税务约谈的对象主要是企业财务会计人员。因评估工作需要,必须约谈企业其他相关人员的,应经税源管理部门批准并通过企业财务部门进行安排。

纳税人因特殊困难不能按时接受税务约谈的,可向税务机关说明情况,经批准后延期进行。

纳税人可以委托具有执业资格的税务代理人进行税务约谈。税务代理人代表纳税人进行税务约谈时,应向税务机关提交纳税人委托代理合法证明。

第二十条 对评估分析和税务约谈中发现的必须到生产经营现场了解情况、审核目凭证的,应经所在税源管理部门批准,由税收管理员进行实地调查核实。对调查核实的情况,要作认真记录。需要处理处罚的,要严格按照规定的权限和程序执行。

第二十一条 发现纳税人有偷税、逃避追缴欠税、骗取出口退税、抗税或其他需要立案查处的税收违法行为嫌疑的,要移交税务稽查部门处理。

对税源管理部门移交稽查部门处理的案件,税务稽查部门要将处理结果定期向税源管理部门反馈。

发现外商投资和外国企业与其关联企业之间的业务往来不按照独立企业业务往来

收取或支付价款、费用，需要调查、核实的，应移交上级税务机关国际税收管理部门（或有关部门）处理。

第二十二条 对纳税评估工作中发现的问题要作出评估分析报告，提出进一步加强征管工作的建议，并将评估工作内容、过程、证据、依据和结论等记入纳税评估工作底稿。纳税评估分析报告和纳税评估工作底稿是税务机关内部资料，不发纳税人，不作为行政复议和诉讼依据。

第六章 评估工作管理

第二十三条 基层税务机关及其税源管理部门要根据所辖税源的规模、管户的数量等工作实际情况，结合自身纳税评估的工作能力，制定评估工作计划，合理确定纳税评估工作量，对重点税源户，要保证每年至少重点评估分析一次。

第二十四条 基层税务机关及其税源管理部门要充分利用现代化信息手段，广泛收集和积累纳税人各类涉税信息，不断提高评估工作水平；要经常对评估结果进行分析研究，提出加强征管工作的建议；要做好评估资料整理工作，本着"简便、实用"的原则，建立纳税评估档案，妥善保管纳税人报送的各类资料，并注重保护纳税人的商业秘密和个人隐私；要建立健全纳税评估工作岗位责任制、岗位轮换制、评估复查制和责任追究制等各项制度，加强对纳税评估工作的日常检查与考核；要加强对从事纳税评估工作人员的培训，不断提高纳税评估工作人员的综合素质和评估能力。

第二十五条 各级税务机关的征管部门负责纳税评估工作的组织协调工作，制定纳税评估工作业务规程，建立健全纳税评估规章制度和反馈机制，指导基层税务机关开展纳税评估工作，明确纳税评估工作职责分工并定期对评估工作开展情况进行总结和交流；

各级税务机关的计划统计部门负责对税收完成情况、税收与经济的对应规律、总体税源和税负的增减变化等情况进行定期的宏观分析，为基层税务机关开展纳税评估提供依据和指导；

各级税务机关的专业管理部门（包括各税种、国际税收、出口退税管理部门以及县级税务机关的综合业务部门）负责进行行业税负监控、建立各税种的纳税评估指标体系、测算指标预警值、制定分税种的具体评估方法，为基层税务机关开展纳税评估工作提供依据和指导。

第二十六条 从事纳税评估的工作人员，在纳税评估工作中徇私舞弊或者滥用职权，或为有涉嫌税收违法行为的纳税人通风报信致使其逃避查处的，或瞒报评估真实结果、应移交案件不移交的，或致使纳税评估结果失真、给纳税人造成损失的，不构成犯罪的，由税务机关按照有关规定给予行政处分；构成犯罪的，要依法追究刑事责任。

第二十七条 各级国家税务局、地方税务局要加强纳税评估工作的协作，提高相关数据信息的共享程度，简化评估工作程序，提高评估工作实效，最大限度地方便纳税人。

附件1：

纳税评估通用分析指标及其使用方法

一、通用指标及功能

（一）收入类评估分析指标及其计算公式和指标功能

主营业务收入变动率＝（本期主营业务收入－基期主营业务收入）÷基期主营业务收入×100%。

如主营业务收入变动率超出预警值范围，可能存在少计收入问题和多列成本等问题，运用其他指标进一步分析。

（二）成本类评估分析指标及其计算公式和功能

单位产成品原材料耗用率＝本期投入原材料÷本期产成品成本×100%。

分析单位产品当期耗用原材料与当期产出的产成品成本比率，判断纳税人是否存在账外销售问题、是否错误使用存货计价方法、是否人为调整产成品成本或应纳所得额等问题。

主营业务成本变动率＝（本期主营业务成本－基期主营业务成本）÷基期主营业务成本×100%，其中：主营业务成本率＝主营业务成本÷主营业务收入。

主营业务成本变动率超出预警值范围，可能存在销售未计收入、多列成本费用、扩大税前扣除范围等问题。

（三）费用类评估分析指标及其计算公式和指标功能

主营业务费用变动率＝（本期主营业务费用－基期主营业务费用）÷基期主营业务费用×100%，其中：主营业务费用率＝（主营业务费用÷主营业务收入）×100%。

与预警值相比，如相差较大，可能存在多列费用问题。

营业（管理、财务）费用变动率＝〔本期营业（管理、财务）费用－基期营业（管理、财务）费用〕÷基期营业（管理、财务）费用×100%。

如果营业（管理、财务）费用变动率与前期相差较大，可能存在税前多列支营业（管理、财务）费用问题。

成本费用率＝（本期营业费用＋本期管理费用＋本期财务费用）÷本期主营业务成本×100%。

分析纳税人期间费用与销售成本之间关系，与预警值相比较，如相差较大，企业可能存在多列期间费用问题。

成本费用利润率=利润总额÷成本费用总额×100%，其中：成本费用总额=主营业务成本总额+费用总额。

与预警值比较，如果企业本期成本费用利润率异常，可能存在多列成本、费用等问题。

税前列支费用评估分析指标：工资扣除限额、"三费"（职工福利费、工会经费、职工教育经费）扣除限额、交际应酬费列支额（业务招待费扣除限额）、公益救济性捐赠扣除限额、开办费摊销额、技术开发费加计扣除额、广告费扣除限额、业务宣传费扣除限额、财产损失扣除限额、呆（坏）损失扣除限额、总机构管理费扣除限额、社会保险费扣除限额、无形资产摊销额、递延资产摊销额等。

如果申报扣除（摊销）额超过允许扣除（摊销）标准，可能存在未按规定进行纳税调整，擅自扩大扣除（摊销）基数等问题。

（四）利润类评估分析指标及其计算公式和指标功能

主营业务利润变动率=（本期主营业务利润-基期主营业务利润）÷基期主营业务利润×100%

其他业务利润变动率=（本期其他业务利润-基期其他业务利润）÷基期其他业务利润×100%

上述指标若与预警值相比相差较大，可能存在多结转成本或不计、少计收入问题。

税前弥补亏损扣除限额。按税法规定审核分析允许弥补的亏损数额。如申报弥补亏损额大于税前弥补亏损扣除限额，可能存在未按规定申报税前弥补等问题。

营业外收支增减额。营业外收入增减额与基期相比减少较多，可能存在隐瞒营业外收入。营业外支出增减额与基期相比支出增加较多，可能存在将不符合规定支出列入营业外支出。

（五）资产类评估分析指标及其计算公式和指标功能

净资产收益率=净利润÷平均净资产×100%。

分析纳税人资产综合利用情况。如指标与预警值相差较大，可能存在隐瞒收入，或闲置未用资产计提折旧问题。

总资产周转率=（利润总额+利息支出）÷平均总资产×100%。

存货周转率=主营业务成本÷〔（期初存货成本+期末存货成本）÷2〕×100%。

分析总资产和存货周转情况，推测销售能力。如总资产周转率或存货周转率加快，而应纳税税额减少，可能存在隐瞒收入、虚增成本的问题。

应收（付）款变动率=〔期末应收（付）款-期初应收（付）款〕÷期初应收（付）款×100%。

分析纳税人应收（付）款增减变动情况，判断其销售实现和可能发生坏情况。如应收（付）款增长率增高，而销售收入减少，可能存在隐瞒收入、虚增成本的问题。

固定资产综合折旧率＝基期固定资产折旧总额÷基期固定资产原值总额×100%。

固定资产综合折旧率高于与基期标准值，可能存在税前多列支固定资产折旧额问题。要求企业提供各类固定资产的折旧计算情况，分析固定资产综合折旧率变化的原因。

资产负债率＝负债总额÷资产总额×100%，其中：负债总额＝流动负债+长期负债，资产总额是扣除累计折旧后的净额。

分析纳税人经营活力，判断其偿债能力。如果资产负债率与预警值相差较大，则企业偿债能力有问题，要考虑由此对税收收入产生的影响。

二、指标的配比分析

(一) 主营业务收入变动率与主营业务利润变动率配比分析

正常情况下，二者基本同步增长。(1) 当比值<1，且相差较大，二者都为负时，可能存在企业多列成本费用、扩大税前扣除范围问题。(2) 当比值>1且相差较大、二者都为正时，可能存在企业多列成本费用、扩大税前扣除范围等题。(3) 当比值为负数，且前者为正后者为负时，可能存在企业多列成本费用、扩大税前扣除范围等问题。

对产生疑点的纳税人可从以下三方面进行分析：结合"主营业务利润率"指标进行分析，了解企业历年主营业务利润率的变动情况；对"主营业务利润率"指标也异常的企业，应通过年度申报表及附表分析企业收入构成情况，以判断是否存在少计收入问题；结合《资产负债表》中"应付账款"、"预收账款"和"其他应付款"等科目的期初、期末数进行分析，如出现"应付账款"和"其他应付款"红字和"预收账款"期末大幅度增长等情况，应判断存在少计收入问题。

(二) 主营业务收入变动率与主营业务成本变动率配比分析

正常情况下二者基本同步增长，比值接近1。当比值<1，且相差较大，二者都为负时，可能存在企业多列成本费用、扩大税前扣除范围等问题；当比值>1且相差较大，二者都为正时，可能存在企业多列成本费用、扩大税前扣除范围等问题；当比值为负数，且前者为正后者为负时，可能存在企业多列成本费用、扩大税前扣除范围等问题。

对产生本疑点的纳税人可以从以下三个方面进行分析：结合"主营业务收入变动率"指标，对企业主营业务收入情况进行分析，通过分析企业年度申报表及附表《营业收入表》，了解企业收入的构成情况，判断是否存在少计收入的情况；结合《资产负债表》中"应付账款"、"预收账款"和"其他应付款"等科目的期初、期末数额进行分析，如"应付账款"和"其他应付款"出现红字和"预收账款"期末大幅度增长情况，应判断存在少计收入问题；结合主营业务成本率对年度申报表及附表进行分析，了解企业成本的结转情况，分析是否存在改变成本结转方法、少计存货（含产成品、在产品和材料)等问题。

(三) 主营业务收入变动率与主营业务费用变动率配比分析

正常情况下,二者基本同步增长。当比值<1且相差较大,二者都为负时,可能存在企业多列成本费用、扩大税前扣除范围等问题;当比值>1且相差较大,二者都为正时,可能企业存在多列成本费用、扩大税前扣除范围等题;当比值为负数,且前者为正后者为负时,可能存在企业多列成本费用、扩大税前扣除范围等问题。

对产生疑点的纳税人可从以下三个方面进行分析:结合《资产负债表》中"应付账款"、"预收账款"和"其他应付款"等科目的期初、期末数进行分析,如"应付账款"和"其他应付款"出现红字和"预收账款"期末大幅度增长等情况,应判断存在少计收入问题;结合主营业务成本,通过年度申报表及附表分析企业成本的结转情况,以判断是否存在改变成本结转方法、少计存货(含产成品、在产品和材料)等问题;结合"主营业务费用率""主营业务费用变动率"两项指标进行分析,与同行业的水平比较;通过《损益表》对营业费用、财务费用、管理费用的若干年度数据分析三项费用中增长较多的费用项目,对财务费用增长较多的,结合《资产负债表》中短期借款、长期借款的期初、期末数进行分析,以判断财务费用增长是否合理,是否存在基建贷款利息列入当期财务费用等问题。

(四) 主营业务成本变动率与主营业务利润变动率配比分析

当两者比值大于1,都为正时,可能存在多列成本的问题;前者为正,后者为负时,视为异常,可能存在多列成本、扩大税前扣除范围等问题。

(五) 资产利润率、总资产周转率、销售利润率配比分析

综合分析本期资产利润率与上年同期资产利润率,本期销售利润率与上年同期销售利润率,本期总资产周转率与上年同期总资产周转率。如本期总资产周转率-上年同期总资产周转率>0,本期销售利润率-上年同期销售利润率≤0,而本期资产利润率-上年同期资产利润率≤0时,说明本期的资产使用效率提高,但收益不足以抵补销售利润率下降造成的损失,可能存在隐匿销售收入、多列成本费用等问题。如本期总资产周转率-上年同期总资产周转率≤0,本期销售利润率-上年同期销售利润率>0,而本期资产利润率-上年同期资产利润率≤0时,说明资产使用效率降低,导致资产利润率降低,可能存在隐匿销售收入问题。

(六) 存货变动率、资产利润率、总资产周转率配比分析

比较分析本期资产利润率与上年同期资产利润率,本期总资产周转率与上年同期总资产周转率。若本期存货增加不大,即存货变动率≤0,本期总资产周转率-上年同期总资产周转率≤0,可能存在隐匿销售收入问题。

附件2：

纳税评估分税种特定分析指标及使用方法

一、增值税评估分析指标及使用方法

（一）增值税税收负担率（简称税负率）

税负率=（本期应纳税额÷本期应税主营业务收入）×100%。

计算分析纳税人税负率，与销售额变动率等指标配合使用，将销售额变动率和税负率与相应的正常峰值进行比较，销售额变动率高于正常峰值，税负率低于正常峰值的；销售额变动率低于正常峰值，税负率低于正常峰值的和销售额变动率及税负率均高于正常峰值的均可列入疑点范围。运用全国丢失、被盗增值税专用发票查询系统对纳税评估对象的抵扣联进行检查验证。

根据评估对象报送的增值税纳税申报表、资产负债表、损益表和其他有关纳税资料，进行毛益率测算分析、存货、负债、进项税额综合分析和销售额分析指标的分析，对其形成异常申报的原因作出进一步判断。

与预警值对比。销售额变动率高于正常峰值及税负率低于预警值或销售额变动率正常，而税负率低于预警值的，以进项税额为评估重点，查证有无扩大进项抵扣范围、骗抵进项税额、不按规定申报抵扣等问题，对应核实销项税额计算的正确性。

对销项税额的评估，应侧重查证有无外经营、瞒报、迟报计税销售额、混淆增值税与营业税征税范围、错用税率等问题。

（二）工（商）业增加值分析指标

1. 应纳税额与工（商）业增加值弹性分析

应纳税额与工（商）业增加值弹性系数=应纳税额增长率÷工（商）业增加值增长率。其中：

应纳税额增长率=（本期应纳税额-基期应纳税额）÷基期应纳税额×100%；

工（商）业增加值增长率=〔本期工（商）业增加值-基期工（商）业增加值〕÷基期工（商）业增加值×100%。

应纳税额是指纳税人缴纳的增值税应纳税额；工（商）业增加值是指工资、利润、折旧、税金的合计。弹性系数小于预警值，则企业可能有少缴税金的问题。应通过其他相关纳税评估指标与评估方法，并结合纳税人生产经营的实际情况进一步分析，对其申报真实性进行评估。

2. 工（商）业增加值税负分析

工（商）业增加值税负差异率=〔本企业工（商）业增加值税负÷同行业工（商）业增加值税负〕×100%。其中：

本企业工（商）业增加值税负=本企业应纳税额÷本企业工（商）业增加值；

同行业工（商）业增加值税负=同行业应纳税额总额÷同行业工（商）业增加值。

应用该指标分析本企业工（商）业增加值税负与同行业工（商）业增加值税负的差异，如低于同行业工（商）业增加值平均税负，则企业可能存在隐瞒收入、少缴税款等问题，结合其他相关评估指标和方法进一步分析，对其申报真实性进行评估。

（三）进项税金控制额

本期进项税金控制额=（期末存货较期初增加额+本期销售成本+期末应付款较期初减少额）×主要外购货物的增值税税率+本期运费支出数×7%。

将增值税纳税申报表计算的本期进项税额，与纳税人财务会计报表计算的本期进项税额进行比较；与该纳税人历史同期的进项税额控制额进行纵向比较；与同行业、同等规模的纳税人本期进项税额控制额进行横向比较；与税收管理员掌握的本期进项税额实际情况进行比较，查找问题，对评估对象的申报真实性进行评估。

具体分析时，先计算本期进项税金控制额，以进项税金控制额与增值税申报表中的本期进项税额核对，若前者明显小于后者，则可能存在虚抵进项税额和未付款的购进货物提前申报抵扣进项税额的问题。

（四）投入产出评估分析指标

投入产出评估分析指标=当期原材料（燃料、动力等）投入量÷单位产品原材料（燃料、动力等）使用量。

单位产品原材料（燃料、动力等）使用量是指同地区、同行业单位产品原材料（燃料、动力等）使用量的平均值。对投入产出指标进行分析，测算出企业实际产量。根据测算的实际产量与实际库存进行对比，确定实际销量，从而进一步推算出企业销售收入，如测算的销售收入大于其申报的销售收入，则企业可能有隐瞒销售收入的问题。通过其他相关纳税评估指标与评估方法，并与税收管理员根据掌握税负变化的实际情况进行比较，对评估对象的申报真实性进行评估。

二、内资企业所得税评估分析指标及使用方法

（一）分析指标

1. 所得税税收负担率（简称税负率）

税负率=应纳所得税额÷利润总额×100%。

与当地同行业同期和本企业基期所得税负担率相比，低于标准值可能存在不计或少计销售（营业）收入、多列成本费用、扩大税前扣除范围等问题，运用其他相关指标深入评估分析。

2. 主营业务利润税收负担率（简称利润税负率）

利润税负率=（本期应纳税额÷本期主营业务利润）×100%。

上述指标设定预警值并与预警值对照，与当地同行业同期和本企业基期所得税负

担率相比，如果低于预定值，企业可能存在销售未计收入、多列成本费用、扩大税前扣除范围等问题，应做进一步分析。

3. 应纳税所得额变动率

应纳税所得额变动率=（评估期累计应纳税所得额－基期累计应纳税所得额）÷基期累计应纳税所得额×100%。

关注企业处于税收优惠期前后，该指标如果发生较大变化，可能存在少计收入、多列成本，人为调节利润问题；也可能存在费用配比不合理等问题。

4. 所得税贡献率

所得税贡献率=应纳所得税额÷主营业务收入×100%。

将当地同行业同期与本企业基期所得税贡献率相比，低于标准值视为异常，可能存在不计或少计销售（营业）收入、多列成本费用、扩大税前扣除范围等问题，应运用所得税变动率等相关指标做进一步评估分析。

5. 所得税贡献变动率

所得税贡献变动率=（评估期所得税贡献率－基期所得税贡献率）÷基期所得税贡献率×100%

与企业基期指标和当地同行业同期指标相比，低于标准值可能存在不计或少计销售（营业）收入、多列成本费用、扩大税前扣除范围等问题。

运用其他相关指标深入详细评估，并结合上述指标评估结果，进一步分析企业销售（营业）收入、成本、费用的变化和异常情况及其原因。

6. 所得税负担变动率

所得税负担变动率=（评估期所得税负担率－基期所得税负担率）÷基期所得税负担率×100%

与企业基期和当地同行业同期指标相比，低于标准值可能存在不计或少计销售（营业）收入、多列成本费用、扩大税前扣除范围等问题。

运用其他相关指标深入详细评估，并结合上述指标评估结果，进一步分析企业销售（营业）收入、成本、费用的变化和异常情况及其原因。

（二）评估分析指标的分类与综合运用

1. 企业所得税纳税评估指标的分类

对企业所得税进行评估时，为便于操作，可将通用指标中涉及所得税评估的指标进行分类并综合运用。

一类指标：主营业务收入变动率、所得税税收负担率、所得税贡献率、主营业务利润税收负担率。

二类指标：主营业务成本变动率、主营业务费用变动率、营业（管理、财务）费用变动率、主营业务利润变动率、成本费用率、成本费用利润率、所得税负担变动率、所得税贡献变动率、应纳税所得额变动率及通用指标中的收入、成本、费用、利润配比指标。

三类指标：存货周转率、固定资产综合折旧率、营业外收支增减额、税前弥补亏损扣除限额及税前列支费用评估指标。

2. 企业所得税评估指标的综合运用

各类指标出现异常，应对可能影响异常的收入、成本、费用、利润及各类资产的相关指标进行审核分析：

（1）一类指标出现异常，要运用二类指标中相关指标进行审核分析，并结合原材料、燃料、动力等情况进一步分析异常情况及其原因。

（2）二类指标出现异常，要运用三类指标中影响的相关项目和指标进行深入审核分析，并结合原材料、燃料、动力等情况进一步分析异常情况及其原因。

（3）在运用上述三类指标的同时，对影响企业所得税的其他指标，也应进行审核分析。

三、外商投资企业和外国企业所得税评估分析指标及其使用方法

（一）综合对比审核分析

外商投资企业和外国企业所得税纳税评估时，除按《纳税评估管理办法》第十六条的内容审核外，还应包括以下内容：

1. 会计师查账报告中涉及的税收问题是否在纳税申报中作出了正确的反映或说明；2. 预提所得税代扣代缴是否完整、及时，所涉及的使用费转让是否有合同，收取比例是否合理；3. 纳税人存在关联交易的，是否就其关联交易进行申报，与关联企业的业务往来是否有明显异常；4. 主管税务局认为应审核分析的其他内容。

在纳税评估审核分析时，应特别关注下列类型的企业：长期亏损企业；由免税期或减税期进入获利年度后，利润陡降或由赢利变亏损的企业；赢利但利润率水平明显低于同行业平均水平或持续低于同行业利润水平的企业等。

（二）分析指标

1. 所得税税收负担率（同内资企业所得税指标，公式及使用方法略，以下简称同略。）

（1）主营业务收入税收负担率＝（本期应纳税额÷本期应税主营业务收入额）×100%。

（2）主营业务利润税收负担率（同略）

2. 应纳税所得额变动率（同略）

3. 资本金到位额：不得税前列支的利息支出＝按规定而未到位资本×借款利率

如果注册资本金未按照税法规定实际到位，则相应得利息支出不得在税前列支。

4. 境外应补所得税发生额

如果存在境外应补所得税额不实或者有误等问题，应进一步审核、分析。

5. 生产性企业兼营生产性和非生产性经营收入划分额

非生产性经营收入÷全部收入≥50%；生产性经营收入÷全部收入≥50%。

如果生产性经营收入未超过全部业务收入50%或非生产性经营收入≥50%时，按照税法规定不能享受当年度生产性企业相关的减免税待遇。

6. 借款利息

分析时应考虑：（1）是否存在关联企业间借贷利息支出问题；（2）借款金额是否过大，如果存在关联企业间借款金额过大，考虑借款和权益的比率，分析是否存在资本弱化现象。

7. 出口销售毛利率

出口销售毛利率=（出口收入–出口成本）÷出口收入×100%。

按照公平交易原则，如果该指标明显低于可比对象，可能存在关联企业间交易价格偏低，又转移利润的嫌疑，需提示做进一步反避税调查。

8. 资产（财产）转让利润率

资产（财产）转让利润率=〔资产（财产）转让实际收取的价款–资产（财产）原面价值–转让费用〕÷资产（财产）原面价值。

如果该指标小于零，可能存在企业向较低税率的关联企业转让资产（财产）避税问题。

9. 关联出口销售比例

关联出口销售比例=关联出口收入÷主营业务收入×100%。

如果本指标较大并且可能存在关联交易的，应重点关注。

10. 关联采购比率

关联采购比率=关联采购额÷全部采购额×100%。

本比值重点分析购销价格，如果关联采购占全部采购额的比值较大时，应对相关纳税人重点关注。

11. 无形资产关联交易额

要特别关注特许权使用费，如果数额较大超过预警值时，应对相关纳税人重点关注。

12. 融通资金关联交易额

应特别关注筹资企业的负债与权益比例，如果融通资金数额较大，或者可能存在资本弱化问题，应对相关纳税人重点关注。

13. 关联劳务交易额

如果劳务费数额过高，或劳务费收取标准高于市场水平，应对相关纳税人重点关注。

14. 关联销售比率：关联销售比率＝关联销售额÷全部销售额×100%。如果该比值较大，应作为反避税重点做进一步分析。

15. 关联采购变动率

关联采购变动率＝（本期关联采购额－上期关联采购额）÷上期关联采购额×100%。

本指标通过分析关联企业间采购的变动情况，了解企业是否通过转让定价转移利润的问题。如果对比值较大并且可能存在关联交易的，应重点关注。

16. 关联销售变动率

关联销售变动率＝（本期关联销售额－上期关联销售额）÷上期关联销售额×100%。如果对比值较大并且可能存在关联交易的，应重点关注。

(三) 关联交易类配比分析

1. 关联销售变动率与销售收入变动率配比分析

重点分析关联销售商品金额占总销售商品金额比例较大的企业，如关联销售变动率<销售收入变动率，则说明企业关联销售商品金额的变化没有带来相应的关联销售收入的变化，销售同样数量商品，关联销售收入小于非关联销售收入，可能存在关联交易定价低于非关联交易定价的问题，存在转让定价避税嫌疑。

2. 关联销售变动率与销售利润变动率配比分析

重点分析关联销售商品金额占总销售商品金额比例较大的企业，如关联销售变动率>销售利润变动率，则说明企业关联销售商品金额的变化没有带来相应的销售利润的变化，销售同样数量商品，关联销售利润小于非关联销售利润，可能存在关联交易定价低于非关联交易定价的问题，存在转让定价避税嫌疑。

3. 关联采购变动率与销售成本变动率配比分析

重点分析关联购进原材料金额占总购进原材料金额比例较大的企业，如关联采购变动率>销售成本变动率，则说明企业关联购进原材料金额的变化导致过大的关联销售成本的变化，采购同样数量原材料，关联采购成本大于非关联采购成本，可能存在关联交易定价高于非关联交易定价的问题，存在转让定价避税嫌疑。

4. 关联采购变动率与销售利润变动率配比分析

重点分析关联购进原材料金额占总购进原材料金额比例较大的企业，如关联采购变动率>销售利润变动率，则说明企业关联购进原材料金额的变化导致过大的关联销售成本的变化，影响了销售利润，采购同样数量原材料，关联采购成本大于非关联采购成本，可能存在关联交易定价高于非关联交易定价的问题，存在转让定价避税嫌疑。

5. 无形资产关联购买变动率与销售利润变动率配比分析

重点分析存在无形资产关联交易的企业支付特许权使用费等，如无形资产关联购买变动率>销售利润变动率，则说明企业购买的无形资产没有带来相应的收益增长，可能支付了过高的无形资产购买价格或通过购买无形资产的形式转移利润，存在转让定价避税嫌疑。

四、印花税评估分析指标及使用方法

（一）印花税税负变动系数

印花税税负变动系数＝本期印花税负担率÷上年同期印花税负担率，其中：印花税负担率＝（应纳税额÷计税收入）×100%。

本指标用于分析可比口径下印花税额占计税收入的比例及其变化情况。本期印花税负担率与上年同期对比，正常情况下二者的比值应接近1。当比值小于1时，可能存在未足额申报印花税问题，进入下一工作环节处理（下同）。

（二）印花税同步增长系数

印花税同步增长系数＝应纳税额增长率÷主营业务收入增长率，其中：

应纳税额增长率＝〔（本期累计应纳税额－上年同期累计应纳税额）÷上年同期累计应纳税额〕×100%。

主营业务收入增长率＝〔（本期累计主营业务收入额－上年同期累计主营业务收入额）÷上年同期累计主营业务收入额〕×100% 。

本指标用于分析印花税应纳税额增长率与主营业务收入增长率，评估纳税人申报（贴花）纳税情况真实性。适用于工商、建筑安装等行业应纳税额增长率与主营业务收入增长率对比分析。正常情况下二者应基本同步增长，比值应接近1。当比值小于1时，可能存在未足额申报印花税问题。分析中发现高于或低于预警值的，要借助其他指标深入分析并按照总局纳税评估管理办法规定处理。

（三）综合审核分析

1. 审核纳税申报表中本期各税目应纳税额与上期应纳税额、上年同期应纳税额相比有无重大差异，能否合理解释。

2. 是否连续零申报，能否合理解释。

3. 适用税目税率等是否正确；是否有错用税目以适用低税率；有无将按比例税率和按定额税率计征的凭证相互混淆；有无将载有多项不同性质经济业务的经济合同误用税目税率，应税合同计税依据是否正确。

4. 申报单位所属行业所对应的应税凭证是否申报纳税（如工商企业购销合同是否申报）。

5. 参考同行业的合同签订情况以及其他影响印花税纳税的情况进行调查，评估纳税人印花税的纳税状况。

6. 对于签订时无法确定金额的应税凭证，在最终结算实际金额时是否按规定补贴印花。

7. 审核《营业税纳税申报表》中申报项目是否有租赁、建筑安装、货物运输、销售不动产、转让无形资产等应税收入，是否申报缴纳了印花税。

8. 实行印花税汇总缴纳的纳税人，其"利润表"中的"主营业务收入"与申报的"购销合同"计税金额或"加工承揽合同"的计税金额是否合理，有无异常现象，能否合理解释。

9. 根据"利润表"中"财务费用"以及"资产负债表"中的"短期借款"和"长期借款"项目的变动情况，确定申报"借款合同"的计税金额是否合理。

10. "资产负债表"中"实收资本"项目和"资本公积"项本期数与上期数相比是否增加，增加数是否申报缴纳印花税。

11. "管理费用"等科目中体现的保险支出与已申报情况进行对比是否有出入。

12. 审核《资产负债表》中的"固定资产"科目中"不动产"项目增加或减少情况，据此检查纳税人书立领受的"产权转移书据"是否缴纳了印花税。

13. 审核《资产负债表》中的"在建工程"科目是否有建筑、设备安装等项目，"委托加工物资"科目是否发生委托加工业务，是否申报缴纳了印花税。

14. 审核其他业务收入和营业外收入项目是否有应税收入。

15. 审核有无查补收入。

16. 其他需要审核、分析的内容。

五、资源税评估分析指标及使用方法

（一）资源税税负变动系数

分析纳税人申报缴纳的资源税占应税产品销售收入的比例及其变化情况，评估纳税人申报的真实性。

资源税税负变动系数＝本期资源税税收负担率÷上年同期资源税税收负担率，其中：

资源税税收负担率＝〔应纳税额÷主营业务收入（产品销售收入）〕×100％。

本指标是本期资源税负担率与上年同期资源税负担率的对比分析。一般在产品售价相对稳定的情况下二者的比值应接近1。当比值小于1时，可能存在未足额申报资源税问题，进入下一工作环节处理。当比值大于1时，无问题。

（二）资源税同步增长系数

分析资源税应纳税额增长率与主营业务收入（产品销售收入）增长率，评估纳税人申报情况的真实性。

资源税同步增长系数＝应纳税额增长率÷主营业务收入（产品销售收入）增长率。

应纳税额增长率＝〔（本期累计应纳税额－上年同期累计应纳税额）÷上年同期累计应纳税额〕×100％。

主营业务收入（产品销售收入）增长率＝｛〔本期累计主营业务收入（产品销售收入）－上年同期累计主营业务收入（产品销售收入）〕÷上年同期累计主营业务收

入（产品销售收入）}×100%。

本指标是应纳税额增长率与主营业务收入（产品销售收入）增长率的对比分析。正常情况下二者应基本同步增长（在产品销售单价没有较大波动的情况下），比值应接近1。当比值小于1时，可能存在未足额申报资源税问题。分析中发现高于或低于预警率指标的要借助其他指标深入分析并按照评估管理办法规定处理。

（三）综合审核分析

1. 审核《资源税纳税申报表》中项目、数字填写是否完整，适用税目、单位税额、应纳税额及各项数字计算是否准确。

2. 审核《资源税纳税申报表》、《代扣代缴代收代缴税款报告表》中申报项目是否有收购未税矿产品。

3. 是否连续零申报，能否合理解释。

4. 是否以矿产品的原矿作为课税数量，折算比率是否合理。

5. 纳税人自产自用的产品是否纳税。

6. 纳税人开采或者生产不同税目的产品，是否分别核算纳税，未分别核算的，是否有从低选择税率的问题。

7. 纳税人本期各税目、税额与上期应纳税额、上年同期应纳税额相比有无较大差异，能否合理解释。

8. 减税、免税项目的课税数量是否单独核算，未单独核算或者不能准确提供课税数量的，是否按规定申报缴纳了资源税。

9. 与上期申报表进行比对，审核增减变化情况，并与同期矿产资源补偿费增减变化进行比对。

10. 审核扣缴义务人取得的《资源税管理证明》。

11. 审核《利润表》中的应税矿产品"销售（营业）收入"与企业产品产销存明细表中应税矿产品产量比率增减变化情况，同时与申报表中资源税申报额进行比对，审核增减变化情况。

12. 审核纳税人申报的课税数量与其利润表中的"主营业务收入"或者"其他业务收入"的比率是否合理，以期发现纳税人有无少申报课税数量的情况。

13. 是否有将销售收入直接计入"营业外收入""盈余公积"等户。

14. 是否有将已实现的销售收入挂"应付账款"户，不结转销售收入。

15. 审核应税产品期初库存量加当期产量减当期销量减当期自用量是否与期末库存量一致。

16. 其他需要审核、分析的内容。

附件九：

财政部、国家税务总局关于非货币性资产投资企业所得税政策问题的通知

财税〔2014〕116号　　发布日期：2014-12-31

各省、自治区、直辖市、计划单列市财政厅（局）、国家税务局、地方税务局，新疆生产建设兵团财务局：

为贯彻落实《国务院关于进一步优化企业兼并重组市场环境的意见》（国发〔2014〕14号），根据《中华人民共和国企业所得税法》及其实施条例有关规定，现就非货币性资产投资涉及的企业所得税政策问题明确如下：

一、居民企业（以下简称企业）以非货币性资产对外投资确认的非货币性资产转让所得，可在不超过5年期限内，分期均匀计入相应年度的应纳税所得额，按规定计算缴纳企业所得税。

二、企业以非货币性资产对外投资，应对非货币性资产进行评估并按评估后的公允价值扣除计税基础后的余额，计算确认非货币性资产转让所得。

企业以非货币性资产对外投资，应于投资协议生效并办理股权登记手续时，确认非货币性资产转让收入的实现。

三、企业以非货币性资产对外投资而取得被投资企业的股权，应以非货币性资产的原计税成本为计税基础，加上每年确认的非货币性资产转让所得，逐年进行调整。被投资企业取得非货币性资产的计税基础，应按其公允价值确定。

四、企业在对外投资5年内转让上述股权或投资收回的，应停止执行递延纳税政策，并就递延期内尚未确认的非货币性资产转让所得，在转让股权或投资收回当年的企业所得税年度汇算清缴时，一次性计算缴纳企业所得税；企业在计算股权转让所得时，可按本通知第三条第一款规定将股权的计税基础一次调整到位。

企业在对外投资5年内注销的，应停止执行递延纳税政策，并就递延期内尚未确认的非货币性资产转让所得，在注销当年企业所得税年度汇算清缴时，一次性计算缴纳企业所得税。

五、本通知所称非货币性资产，是指现金、银行存款、应收账款、应收票据以及准备持有至到期的债券投资等货币性资产以外的资产。

本通知所称非货币性资产投资，限于以非货币性资产出资设立新的居民企业，或将非货币性资产注入现存的居民企业。

六、企业发生非货币性资产投资，符合《财政部 国家税务总局关于企业重组业务企业所得税处理若干问题的通知》（财税〔2009〕59号）等文件规定的特殊性税务处理条件的，也可选择按特殊性税务处理规定执行。

七、本通知自2014年1月1日起执行。本通知发布前尚未处理的非货币性资产投资，符合本通知规定的可按本通知执行。

附件十：

财政部、国家税务总局关于合伙企业
合伙人所得税问题的通知

文号：财税〔2008〕159号　发布日期：2008-12-23

各省、自治区、直辖市、计划单列市财政厅（局）、国家税务局、地方税务局，新疆生产建设兵团财务局：

根据《中华人民共和国企业所得税法》及其实施条例和《中华人民共和国个人所得税法》有关规定，现将合伙企业合伙人的所得税问题通知如下：

一、本通知所称合伙企业是指依照中国法律、行政法规成立的合伙企业。

二、合伙企业以每一个合伙人为纳税义务人。合伙企业合伙人是自然人的，缴纳个人所得税；合伙人是法人和其他组织的，缴纳企业所得税。

三、合伙企业生产经营所得和其他所得采取"先分后税"的原则。具体应纳税所得额的计算按照《关于个人独资企业和合伙企业投资者征收个人所得税的规定》（财税〔2000〕91号）及《财政部 国家税务总局关于调整个体工商户个人独资企业和合伙企业个人所得税税前扣除标准有关问题的通知》（财税〔2008〕65号）的有关规定执行。

前款所称生产经营所得和其他所得，包括合伙企业分配给所有合伙人的所得和企业当年留存的所得（利润）。

四、合伙企业的合伙人按照下列原则确定应纳税所得额：

（一）合伙企业的合伙人以合伙企业的生产经营所得和其他所得，按照合伙协议约定的分配比例确定应纳税所得额。

（二）合伙协议未约定或者约定不明确的，以全部生产经营所得和其他所得，按照合伙人协商决定的分配比例确定应纳税所得额。

（三）协商不成的，以全部生产经营所得和其他所得，按照合伙人实缴出资比例确定应纳税所得额。

（四）无法确定出资比例的，以全部生产经营所得和其他所得，按照合伙人数量平均计算每个合伙人的应纳税所得额。

合伙协议不得约定将全部利润分配给部分合伙人。

五、合伙企业的合伙人是法人和其他组织的，合伙人在计算其缴纳企业所得税时，不得用合伙企业的亏损抵减其盈利。

六、上述规定自2008年1月1日起执行。此前规定与本通知有抵触的以本通知为准。

财政部　国家税务总局
二〇〇八年十二月二十三日

附件十一：

国家税务总局关于取消增值税扣税凭证认证确认期限等增值税征管问题的公告

文号：总局公告2019年第45号　　发布日期：2019-12-31

现将取消增值税扣税凭证认证确认期限等增值税征管问题公告如下：

一、增值税一般纳税人取得2017年1月1日及以后开具的增值税专用发票、海关进口增值税专用缴款书、机动车销售统一发票、收费公路通行费增值税电子普通发票，取消认证确认、稽核比对、申报抵扣的期限。纳税人在进行增值税纳税申报时，应当通过本省（自治区、直辖市和计划单列市）增值税发票综合服务平台对上述扣税凭证信息进行用途确认。

增值税一般纳税人取得2016年12月31日及以前开具的增值税专用发票、海关进口增值税专用缴款书、机动车销售统一发票，超过认证确认、稽核比对、申报抵扣期限，但符合规定条件的，仍可按照《国家税务总局关于逾期增值税扣税凭证抵扣问题的公告》（2011年第50号，国家税务总局公告2017年第36号、2018年第31号修改）、《国家税务总局关于未按期申报抵扣增值税扣税凭证有关问题的公告》（2011年第78号，国家税务总局公告2018年第31号修改）规定，继续抵扣进项税额。

二、纳税人享受增值税即征即退政策，有纳税信用级别条件要求的，以纳税人申请退税税款所属期的纳税信用级别确定。申请退税税款所属期内纳税信用级别发生变化的，以变化后的纳税信用级别确定。

纳税人适用增值税留抵退税政策，有纳税信用级别条件要求的，以纳税人向主管税务机关申请办理增值税留抵退税提交《退（抵）税申请表》时的纳税信用级别确定。

三、按照《财政部、税务总局、海关总署关于深化增值税改革有关政策的公告》（2019年第39号）和《财政部、税务总局关于明确部分先进制造业增值税期末留抵退税政策的公告》（2019年第84号）的规定，在计算允许退还的增量留抵税额的进项构成比例时，纳税人在2019年4月至申请退税前一税款所属期内按规定转出的进项税额，无需从已抵扣的增值税专用发票、机动车销售统一发票、海关进口增值税专用缴款书、解缴税款完税凭证注明的增值税额中扣减。

四、中华人民共和国境内（以下简称"境内"）单位和个人作为工程分包方，为施工地点在境外的工程项目提供建筑服务，从境内工程总承包方取得的分包款收入，属于《国家税务总局关于发布〈营业税改征增值税跨境应税行为增值税免税管理办法（试行）〉的公告》（2016年第29号，国家税务总局公告2018年第31号修改）第六条规定的"视同从境外取得收入"。

五、动物诊疗机构提供的动物疾病预防、诊断、治疗和动物绝育手术等动物诊疗服务，属于《营业税改征增值税试点过渡政策的规定》（财税〔2016〕36号附件3）第一条第十项所称"家禽、牲畜、水生动物的配种和疾病防治"。

动物诊疗机构销售动物食品和用品，提供动物清洁、美容、代理看护等服务，应按照现行规定缴纳增值税。动物诊疗机构，是指依照《动物诊疗机构管理办法》（农业部令第19号公布，农业部令2016年第3号、2017年第8号修改）规定，取得动物诊疗许可证，并在规定的诊疗活动范围内开展动物诊疗活动的机构。

六、《货物运输业小规模纳税人申请代开增值税专用发票管理办法》（2017年第55号发布，国家税务总局公告2018年第31号修改）第二条修改为：

"第二条 同时具备以下条件的增值税纳税人（以下简称纳税人）适用本办法：

（一）在中华人民共和国境内（以下简称境内）提供公路或内河货物运输服务，并办理了税务登记（包括临时税务登记）。

（二）提供公路货物运输服务的（以4.5吨及以下普通货运车辆从事普通道路货物运输经营的除外），取得《中华人民共和国道路运输经营许可证》和《中华人民共和国道路运输证》；提供内河货物运输服务的，取得《国内水路运输经营许可证》和《船舶营业运输证》。

（三）在税务登记地主管税务机关按增值税小规模纳税人管理。"

七、纳税人取得的财政补贴收入，与其销售货物、劳务、服务、无形资产、不动产的收入或者数量直接挂钩的，应按规定计算缴纳增值税。纳税人取得的其他情形的财政补贴收入，不属于增值税应税收入，不征收增值税。

本公告实施前，纳税人取得的中央财政补贴继续按照《国家税务总局关于中央财政补贴增值税有关问题的公告》（2013年第3号）执行；已经申报缴纳增值税的，可以按现行红字发票管理规定，开具红字增值税发票将取得的中央财政补贴从销售额中扣减。

八、本公告第一条自2020年3月1日起施行，第二条至第七条自2020年1月1日起施行。此前已发生未处理的事项，按照本公告执行，已处理的事项不再调整。《国家税务总局关于中央财政补贴增值税有关问题的公告》（2013年第3号）、《国家税务总局关于国内旅客运输服务进项税抵扣等增值税征管问题的公告》（2019年第31号）第五条自2020年1月1日起废止。《国家税务总局关于增值税一般纳税人取得防伪税控系统开具的增值税专用发票进项税额抵扣问题的通知》（国税发〔2003〕第17号）第二条、《国家税务总局关于调整增值税扣税凭证抵扣期限有关问题的通知》（国税函〔2009〕617号）、《国家税务总局关于增值税一般纳税人抗震救灾期间增值税扣税凭证认证稽核有关问题的通知》（国税函〔2010〕173号）、《国家税务总局关于进一步明确营改增有关征管问题的公告》（2017年第11号，国家税务总局公告2018年第31号修改）第十条、《国家税务总局关于增值税发票管理等有关事项的公告》（2019年第33号）第四条自2020年3月1日起废止。《货物运输业小规模纳税人申请代开增值税专用发票管理办法》（2017年第55号发布，国家税务总局公告2018年第31号修改）根据本公告作相应修改，重新发布。

特此公告。

附件十二：

国家税务总局关于印发
《税务行政应诉工作规程》的通知

文号：税总发〔2017〕135号　发布日期：2017-11-29

各省、自治区、直辖市和计划单列市国家税务局、地方税务局，局内各单位：

现将税务总局制定的《税务行政应诉工作规程》印发给你们，请遵照执行。执行中遇到有关问题和重要情况，请及时向税务总局（政策法规司）报告。

税务行政应诉工作规程

第一章　总　则

第一条　为了规范税务机关行政应诉行为，提高行政应诉水平，促进依法行政，维护国家税收利益，根据《中华人民共和国行政诉讼法》、《中华人民共和国税收征收管理法》以及《国务院办公厅关于加强和改进行政应诉工作的意见》（国办发〔2016〕54号）、《国家税务总局关于进一步加强和改进税务行政应诉工作的实施意见》（税总发〔2017〕110号）等相关规定，制定本规程。

第二条　税务行政应诉是指公民、法人或者其他组织认为税务机关的行政行为侵犯其合法权益，依法向人民法院提起诉讼，或者人民检察院依法提起税务行政公益诉讼，税务机关依法参加诉讼的活动。

第三条　税务机关应当充分行使诉讼权利、履行诉讼义务，尊重公民、法人或者其他组织的诉讼权利，自觉接受司法监督，不得干预、阻碍人民法院受理和审理税务行政诉讼案件。

第四条　各级税务机关的主要负责人是本机关行政应诉工作的第一责任人，应当积极出庭应诉。

第五条　各级税务机关应当建立职责明晰、集成高效、运转顺畅的行政应诉工作机制，充分发挥法制工作机构在行政应诉工作中的组织、协调、指导作用，强化被诉行政行为承办机构的应诉责任。

第六条　复议机关和作出原行政行为税务机关作为共同被告的，复议机关统筹行政应诉工作，作出原行政行为税务机关应当协同配合做好有关工作。

第七条 各级税务机关的行政应诉工作适用本规程。

各级税务机关作为第三人参加行政诉讼的，参照本规程相关规定执行。

税务分局、税务所和按照国务院规定设立并向社会公告的税务机构作为行政诉讼被告的，上级税务机关应当予以指导。

第二章 机构与职能

第八条 各级税务局应当成立税务行政应诉工作领导小组（以下简称"领导小组"），加强对行政应诉工作的领导。领导小组可以与税务行政复议委员会合署办公。

领导小组应当及时研究解决行政应诉工作中的重大问题，为行政应诉工作提供必要的组织保障和工作条件，确保依法、及时、全面履行行政应诉工作职责。

第九条 涉及下列重大事项的，税务行政应诉工作应当提交领导小组集体研究确定：

（一）涉及重大公共利益的；

（二）社会关注度高的；

（三）可能引发群体性事件的；

（四）其他重大事项。

第十条 法制工作机构应当在收到应诉通知书和起诉状副本之日起 2 日内牵头组建行政应诉工作小组（以下简称"工作小组"）。

工作小组负责行政应诉具体工作，其成员应当由被诉行政行为承办机构和法制工作机构组成。有关问题需要领导小组审定的，由法制工作机构呈报领导小组。

公职律师、法律顾问根据需要参与相关应诉工作。

第三章 应诉准备

第十一条 负责收发信件的机构应当于收到应诉通知书和起诉状副本等涉诉材料当日转送法制工作机构。

第十二条 法制工作机构收到材料后，应当对案件的案号、案由、当事人、立案人民法院、收文日期、答辩期限等进行登记，并将起诉状副本分送工作小组成员。

第十三条 被诉行政行为承办机构应当积极参与行政应诉工作，并在收到起诉状副本之日起 5 日内，向工作小组提交作出行政行为的全部证据和依据，并提交书面意见，结合相关证据和依据说明作出行政行为的全部过程。

证据应当提交原件并办理移交手续。证据应当按照时间顺序或者办理流程进行编号排列，并编制目录。案件办理完结后，证据原件应当退回被诉行政行为承办机构。

法制工作机构负责处理工作小组的其他事务。

第十四条 工作小组应当审查原告的起诉状，认为案件管辖不符合法律、法规和司法解释规定的，可以提出建议，经领导小组审定后以税务机关的名义向人民法院提出管辖异议。管辖异议应当在税务机关收到应诉通知书和起诉状副本之日起10日内以书面形式提出。

第十五条 经审查发现下列情形之一的，应当在答辩状中写明，提请人民法院裁定驳回原告的起诉：

（一）原告无诉讼主体资格；

（二）没有明确的被告或者错列被告；

（三）没有具体的诉讼请求或者事实根据；

（四）不属于人民法院受案范围或者受诉人民法院管辖；

（五）超过法定起诉期限且无正当理由；

（六）未按照法律规定由法定代理人、指定代理人、代表人为诉讼行为；

（七）未按照法律、法规规定先向行政机关申请复议；

（八）重复起诉；

（九）撤回起诉后无正当理由再行起诉；

（十）行政行为对其合法权益明显不产生实际影响；

（十一）诉讼标的已为生效裁判所羁束；

（十二）不符合其他法定起诉条件。

第十六条 工作小组应当及时拟定答辩状、证据清单、法律依据以及授权委托书，报领导小组审定。

第十七条 答辩状应当清晰明了，从实体和程序两个方面说明行政行为的合法性和合理性。

答辩状主要包括以下内容：

（一）答辩人以及被答辩人的基本信息；

（二）明确的答辩请求；

（三）被诉行政行为的名称、文号、内容、作出的行政机关、作出的时间以及送达情况；

（四）主体资格以及依据；

（五）执法程序以及依据；

（六）认定的事实以及证据；

（七）适用依据的名称以及条款；

（八）其他有关的问题或者事实。

第十八条 证据清单应当载明证据的编号、名称、来源、内容、证明目的，并列明案号、举证人和举证时间。

第十九条 授权委托书应当载明委托代理人的基本信息、委托事项、代理权限和代理期限。

委托代理人应当包括法制工作机构的工作人员或者律师，以及被诉行政行为承办机构的工作人员。

第二十条 税务机关应当自收到应诉通知书和起诉状副本之日起15日内，将据以作出被诉行政行为的全部证据和所依据的规范性文件，连同答辩状、证据清单、法律依据、授权委托书、法定代表人身份证明及其他诉讼材料一并递交人民法院。

答辩状、证据清单、授权委托书及法定代表人身份证明应当加盖税务机关印章，授权委托书还应当加盖法定代表人签名章或者由法定代表人签字。

第二十一条 共同被告案件，作出原行政行为税务机关和复议机关对原行政行为的合法性共同承担举证责任。作出原行政行为税务机关对原行政行为的合法性进行举证，复议机关对复议程序的合法性进行举证。

第二十二条 税务机关因不可抗力等正当事由不能按期举证的，以及原告或者第三人提出了其在行政处理程序中没有提出的理由或者证据的，应当分别在举证期限内向人民法院提出延期提供证据或者补充证据的书面申请。

第二十三条 人民法院要求提供或者补充证据的，税务机关应按要求提交证据。

第二十四条 税务机关发现证据可能灭失或者以后难以取得的，可以向人民法院申请保全证据。

第二十五条 工作小组在开庭审理前应当组织召开庭前准备会议，研究拟定质证意见、法庭辩论提纲和最后陈述，并对可能出现的突发状况准备应急预案。对行政赔偿、补偿及税务机关行使法律、法规规定的自由裁量权的案件，还应当做好是否接受调解的预案并报领导小组审定。

第四章　出庭应诉

第二十六条 税务机关的出庭应诉人员包括负责人和委托代理人。

第二十七条 主要负责人不能出庭的，由分管被诉行政行为承办机构的负责人出庭应诉。分管被诉行政行为承办机构的负责人也不能出庭的，主要负责人指定其他负责人出庭应诉。

负责人不能出庭应诉的，应当委托本机关相应的工作人员出庭。

第二十八条 涉及重大事项的案件及人民法院书面建议负责人出庭应诉的案件，税务机关负责人应当出庭应诉。

对于因纳税发生的案件，地市级税务局负责人应当出庭应诉。县级税务局和县级以下税务机构负责人对所有案件均应当出庭应诉。

第二十九条 人民法院书面建议负责人出庭应诉，但负责人不能出庭应诉的，税务机关应事先向人民法院反映情况，并按照人民法院的要求出具书面说明。

第三十条 税务机关应当按照人民法院通知按时出庭,因特殊情况不能按时出庭的,应当向人民法院申请延期开庭。

税务机关收到人民法院的传票时距离开庭时间不足 3 日的,可以申请人民法院变更开庭时间。

第三十一条 税务机关认为审判人员以及书记员、翻译人员、鉴定人、勘验人与本案有利害关系或者其他关系,可能影响公正审判的,应当申请回避。

申请回避一般应当在案件开庭审理前提出,回避事由在案件开庭审理后知道的,也可以在法庭辩论终结前提出。申请回避可以口头提出,也可以书面提出。

第三十二条 诉讼期间,税务机关认为需要停止执行行政行为的,应当向人民法院说明,由人民法院裁定停止执行。

第三十三条 税务机关对人民法院作出的回避决定、停止执行裁定以及先予执行的裁定不服的,可以向作出决定或者裁定的人民法院申请复议一次。

第三十四条 发现对方出庭人员并非当事人本人或者其法定代表人,且未办理委托代理手续等情形,税务机关可以向法庭提出异议。

第三十五条 在法庭调查过程中,税务机关应当根据法庭询问,以答辩状的内容为基础进行陈述。

第三十六条 在举证过程中,税务机关应当出示证据材料,说明证据的名称、来源、内容和证明目的。

第三十七条 在质证过程中,税务机关应当从以下三个方面对其余各方当事人提交的证据发表质证意见:

(一)对证据关联性的质证

证据与被诉行政行为是否具有法律、事实上的关系。

(二)对证据合法性的质证

1. 证据的来源是否合法;
2. 证据的形式是否合法;
3. 是否存在影响证据效力的其他违法情形。

(三)对证据真实性的质证

1. 证据的内容是否真实;
2. 证据是否为原件、原物,复印件、复制件与原件、原物是否一致;
3. 提供证据的主体或者证人与当事人是否具有利害关系;
4. 是否存在影响证据真实性的其他情形。

税务机关应当发表结论性意见,明确是否认可其余各方当事人提交证据的证明目的。

经法庭许可,税务机关可以向证人、鉴定人、勘验人发问,可以申请重新鉴定、调查或者勘验。

第三十八条　在法庭辩论中，税务机关应当在法庭主导下，从以下方面发表辩论意见：

（一）是否认可法庭总结、归纳的争议焦点问题；

（二）围绕案件事实、证据效力、适用依据和程序规范等争议焦点问题，阐明作出行政行为的合法性与合理性；

（三）反驳对方当事人关于争议焦点问题的意见。

如果发现案件事实尚未查清的，税务机关可以申请恢复法庭调查。

第三十九条　税务机关应当做好最后陈述，坚持答辩意见，请求人民法院依法裁判。

第四十条　对于人民法院依法主持调解的案件，税务机关应当按照调解预案向法庭表明是否接受调解。

第四十一条　税务机关出庭应诉人员应当核对庭审笔录并签字确认，有异议的及时向法庭提出，并在法庭许可后进行更正。

第四十二条　原告无正当理由，超过法定期限改变诉讼请求、提出新的诉讼理由和事实、提交新的重要证据依据，税务机关应当提出异议并根据应急预案妥善处理。

第四十三条　在接受调解的案件中，工作小组应当结合原告提出的调解方案、人民法院的调解建议拟定调解方案，并报领导小组审定。

第四十四条　在行政诉讼过程中发现本机关作出的行政行为确有错误的，工作小组应当提出建议。经领导小组审定后，税务机关可以在人民法院对案件宣告判决或者作出裁定前，按照法定程序改变其所作的行政行为，并书面告知人民法院和其他各方当事人。

第五章　上诉与申诉

第四十五条　对上诉案件或者再审案件，税务机关应当结合具体情况，参照本规程第三章、第四章的规定办理。

第四十六条　对人民法院作出的一审判决及管辖异议裁定是否提起上诉，工作小组应当提出建议并报领导小组审定。

税务机关决定上诉的，应当在收到人民法院判决书之日起15日内或者收到裁定书之日起10日内向上一级人民法院提起上诉。上诉状应当向一审人民法院提交。

第四十七条　上诉状应当包括以下内容：

（一）上诉人与被上诉人的基本信息；

（二）一审人民法院名称、案号和案由；

（三）明确的上诉请求；

（四）提起上诉的事实和理由。

第四十八条 对已经发生法律效力的判决、裁定或者调解书，工作小组认为确有错误的，应当就是否申请再审提出建议并报领导小组审定。

税务机关决定申请再审的，应当在法定期限内向上一级人民法院提出。

第四十九条 在上诉或申诉案件中，原告或者第三人提出新的事实、理由、证据或者依据的，工作小组应当核实并撰写答辩状。

第五十条 工作小组发现有下列情形之一的，应当就是否申请抗诉或者申请向人民法院发送检察建议提出建议，并报领导小组审定：

（一）人民法院驳回再审申请的；

（二）人民法院逾期未对再审申请作出裁定的；

（三）再审判决、裁定有明显错误的。

税务机关决定申请抗诉或者申请向人民法院发送检察建议的，应当依法向人民检察院提出。

第五十一条 工作小组在收到生效判决、裁定或者调解书之后，应当及时向领导小组报告应诉工作情况和诉讼结果，结合案件具体情况提出意见和建议，并将裁判文书转交被诉行政行为承办机构。

对于败诉的案件，工作小组还应当形成分析报告，对败诉的原因进行分析，提出后续整改措施，并由法制工作机构报送上一级税务机关法制工作机构，同时抄送上一级税务机关相关业务工作机构。

第六章 履行与执行

第五十二条 税务机关要依法自觉履行人民法院生效判决、裁定和调解，不得拒绝履行或者拖延履行。被诉行政行为承办机构负责具体执行。

对人民法院作出的责令重新作出行政行为的判决，税务机关应当在法定期限或者人民法院指定的期限内重新作出，除原行政行为因程序违法或者法律适用问题被人民法院判决撤销的情形外，不得以同一事实和理由作出与原行政行为基本相同的行政行为。

第五十三条 原告拒不执行生效判决、裁定或者调解的，税务机关应当依法强制执行，或者向人民法院申请强制执行。

第五十四条 对人民法院提出的司法建议或者人民检察院提出的检察建议，税务机关要认真研究并按照要求作出书面回复，确有问题的要加以整改。

第七章 附 则

第五十五条 法制工作机构应当在行政诉讼活动全部结束后30日内，将案件的卷宗材料装订成册，并按相关规定归档保管。

案件卷宗应一案一卷，按诉讼流程或者时间先后顺序排列诉讼材料并编制目录清单。

第五十六条 法制工作机构应当在行政诉讼活动全部结束后 10 日内，将案件的有关情况和生效裁判文书报送上一级税务机关法制工作机构。

法制工作机构应当按照上级税务机关要求的形式和期限报送当年的税务行政诉讼案件统计表和年度分析报告。

第五十七条 法制工作机构应当会同相关机构开展集中培训、旁听庭审、模拟法庭和案例研讨等活动，提高税务机关及其工作人员的依法行政水平和行政应诉能力。

第五十八条 需要缴纳诉讼费用的，由相关机构会同法制工作机构办理。

第五十九条 各级税务机关应当将行政应诉工作纳入绩效考核范围。

第六十条 本规程中的日期均指自然日。

第六十一条 本规程由国家税务总局负责解释。

第六十二条 本规程自 2018 年 1 月 1 日起施行。1995 年制发的《税务行政应诉工作规程（试行）》（国税发〔1995〕9 号文件印发）同时废止。

后　记

《房地产开发经营业纳税评估模型的应用与操作实务》一书是我的处女作，本书是第二版。再版是初版之时就决定了的。也是在一个非常特殊的时期完成的：因2020年新冠肺炎疫情暴发而启动，至北京税务职级并轨改革结束时完稿。

人生都是丰富多彩的。有些时候，需要有坚定的信念指引方向，需要用希望做动力来激励前进，更是需要有实现目标的追求过程，无怨无悔或无欲无求。说来也是一种巧合。在我工作受挫之时，恰是此书再版著说成功之日。

这是一套书，是一个税收征管系列，希望它会是一个财税传奇。

2011年11月，首版图书的出版属于偶然，却激发我开拓一条任重道远的传道授业解惑之路。如贾岛的诗《剑客》所云："十年磨一剑，霜刃未曾试。今日把示君，谁有不平事。"

2014年11月，我的第二部著作《税源专业化管理》出版发行。该书从税收征管工作的基本面入手，系统介绍了税源专业化管理的主要内容，以行业税源专业化管理为主线，思路清晰、观点明确、重点突出、逻辑严谨、通俗易懂。与此书和《纳税评估理论与实务》共同组成一个系统的整体，共同构成对我国税收征管"一个核心、两个目标、三个阶段、四个环节、五个中心和六个转变"的诠释和论证。

2020年1月，我的第三部著作《纳税评估理论与实务》出版发行。纳税评估是强化税源管理，提高税源监控能力和水平的重要手段，是一项融管理与服务于一体的"内外兼修"的综合管理工作，是提升整体征管工作质效的抓手。纳税评估是对纳税人事中管理和纳税服务行为，不是行政执法行为。针对纳税评估"是什么""怎么做""谁去做""如何做好"等问题所做的论述与总结，是准确的、务实的。不仅全面准确地介绍了相关的工作标准、内容和流程，而且系统传授开展行业纳税评估和纳税风险防控的方法和技巧。

这部图书，突出特点是：理论与实务巧妙结合。它以操作实务为切入点，按照纳税评估工作流程，重点介绍开展房地产开发经营行业纳税评估过程中"评估信息的采集、确定纳税评估对象、实施纳税评估分析和疑点问题核实"的方法和技巧。针对如何加强对房地产开发经营业的税收管理，有效规范房地产开发经营业的纳税行为，全面提升行业纳税遵从进行了积极的探索。

  此书的出版得到国家税务总局征管和科技司原司长李林军先生和司京民先生的大力支持和悉心指导，也得到中国商业出版社刘毕林先生的帮助，在此深表感谢！

  由于水平有限，难免有不足之处，敬请批评指正。

  我的邮箱：jzh20090928@sina.com weixin：zgnspg02

甲行家·贾忠华

二〇二〇年十一月